김상준 金相俊

경희대학교 공공대학원 교수(2001~). 1980년 서울대학교 사회대 입학 후 학생운동으로 강제 징집되었다 만기 제대하고, 1992년까지 인천, 구로의 공단 지역에서 노동운동을 했다. 1993년 뉴욕으로 유학하여, 뉴스쿨에서 석사학위, 컬럼비아대학교에서 박사학위(사회학, 2000)를 받았다.

지은 책으로 『맹자의 땀 성왕의 피: 중층근대와 동아시아 유교문명』, 『미지의 민주주의: 신자유주의 이후의 사회를 구상하다』, 『유교의 정치적 무의식』, 『진화하는 민주주의: 아시아 · 라틴아메리카 · 이슬람 민주주의 현장 읽기』, 『코리아 양국체제: 촛불혁명과 체제전환』 등이 있고, 시민의회론, 성찰윤리론, 중층근대론, 중간경제론, 비서구 민주주의론, 후기근대론, 동아시아 내장근대론, 내장적 문명전환론 등의 새로운 학술 담론을 제기해왔다.

『붕새의 날개 문명의 진로』는 지구촌 곳곳에서 문명전환의 담론이 쏟아지는 현실에서 새로운 문명의 상에 대한 선명한 비전을 제시한다. 인류사의 과거와 미래를 통찰하는 상징으로 제시된 『장자(莊子)』 속 '붕새'는 시베리아 최한극과 태평양 최열극을 매년 주기적으로 오가는 동아시아 계절풍이자 내장적 문명화의 전환력이다.

붕새의 날개 — 문명의 진로

붕새의 날개 ― 문명의 진로

팽창문명에서 내장문명으로

김상준 지음

아카넷

길을 잃었던 과거의 나에게,
이제 그 나이에 도달한 오늘의 젊은이에게.

책머리에

잃어버린 열쇠를 찾아서

"멀리 돌았기에 온전하고, 굽었기에 곧다(曲則全, 枉則直)."

— 『도덕경』 22장

지구촌 도처에서 '문명전환'에 대한 이야기가 쏟아져 나오고 있습니다. 그렇지만 놀랍게도 그 '문명전환'의 방향이 어디인지, 그렇듯 '전환'하는 문명은 어떠한 문명이 될 것인지 선명하게 밝혀주는 이야기는 찾아보기 어렵습니다. 눈사태와 같은 변화의 현상에 압도되어 '문명전환'의 상은 흐릿해지고 맙니다. 이 책은 '문명전환의 방향과 진로', 그리고 '새로운 문명의 상'에 대한 선명한(clear) 비전을 제시합니다. 흐릿한 어두움 속에서도 '붕새의 날개'처럼 힘차게 비상하는 희망의 메시지를 찾았습니다. '선명한 비전'과 '희망의 메시지'에 이르는 길은 긴 우회로였습니다. 먼 길을 돌았기에 많은 일을 겪고, 많은 것을 보고, 많은 이야기를 들었습니다. 그렇게 도달한 결론이기에 가볍지 않습니다. 무거운 추(錘)처럼 곧을 것입니다. '멀리 돌았기에 온전하고, 굽었기에 곧다.' 노자 『도덕경』 '곡즉전 왕즉직'의 깊은 의미를 여기서 깨닫게 됩니다.

1

잃어버린 열쇠를 가로등 밑에서만 찾으려고 하지 말라는 금언이 있지요. 모든 금언이 그렇듯, 이 금언도 비유를 통해 실제 현실에서 자주 벌어지는 일을 경계하고 있습니다. 야밤에 잃어버린 열쇠를 가로등 밑에서만 죽자고 찾으려 했던 사람들이 없지 않았던가 봅니다. 이 책 역시 '잃어버린 열쇠'를 찾는 작업이었다 할 수 있습니다.

필자가 '열쇠를 잃어버렸다'는 느낌을 처음 품게 되었던 때는 1987년 한국의 6월투쟁부터 소련동구권 붕괴와 냉전 종식, 그리고 그 이후의 진동이 이어졌던 1990년대 초중반까지의 시간이었습니다. 민주화 이후도 냉전 종식 이후도 모두가 방향을 잃고 표류하고 있는 것으로 보였습니다. 세계는 무엇인가 그 심도를 알 수 없는 깊은 바닥에서부터 거대하게 변화하고 있음이 분명했지만, 그 변화가 무엇인지, 어디에서 비롯한 것인지, 어디를 향하고 있는 것인지, 그때는 정확히 알 수가 없었습니다. 답답했지요.

당시 유행했던 '사회주의에 대한 자본주의와 자유민주주의의 승리를 통한 역사의 종말'(프랜시스 후쿠야마), '문명충돌과 테러와의 전쟁'(새뮤얼 헌팅턴과 조지 부시 미국 대통령) 등의 진단이 사태의 근원을 포착하지 못하고 있다는 사실은 분명해 보였습니다. 당시 포스트모더니즘 역시 크게 유행했는데, 그 시대 진단은 고작 '거대 담론의 종언'이었어요. 아쉬웠죠. 이제야말로 제대로 된 큰 전망과 시야가 필요했던 순간에 말입니다. 아울러 '현실사회주의'가 실패한 것이지 사회주의가 실패한 것은 아니라는 좌파 진영의 주장도 자기위안일 뿐 사태 변화의 의미를 제대로 읽지 못하고 있다는 점에서 마찬가지로 보였습니다. 이렇듯 무엇이 아닌지는 분명히 알 수 있었지만, 그것이 정확히 무엇인지는 알 수가 없었어요. 습관적인 생각의 틀과 행동이 사태 변화의 깊은 흐름을 파악하는 것을 가로막고 있었습니다.

한국의 민주화 역시 마찬가지였습니다. 수십 년에 걸친 엄청난 희생 위에 이룬 민주화였지만, 민주화 진영의 분열로 군부 세력이 재집권하였을 뿐 아니라 냉전 종식으로 열렸던 남북 평화체제·양국체제의 가능성도 1992년 이래 급속히 닫히고 말았어요. 북미, 남북 간 대립과 적대는 오히려 더욱 높아져 1994년에는 전쟁 일보 직전까지 갔습니다.4부 4론 한국의 민주화 역시 방향을 잃고 표류하고 있었습니다. 나갈 길이 어디인가, 막막했지요.

그렇게 길을 잃었습니다. 단순히 부주의하거나 길눈이 어두워, 또는 날이 어두워져 길을 잃은 것이 아니었어요. 지형과 방위 자체가 변하고 있었습니다. **지각과 지축이 변하고 있었던 것**이죠. 당시의 변화가 그렇듯 엄청난 규모의 대변동이라는 것을 어렴풋이 감지할 수는 있었지만, 그 현상의 전모는 전혀 감 잡을 수 없었습니다. 당시의 그런 느낌을 '열쇠를 잃어버렸다'고 했습니다. 그것은 정치적 지형만이 아니라 존재론적 지형의 변화이기도 했습니다. 존재는 지향(志向)을 가지고 존속해갑니다. 그런데 그 지향 자체가 흔들리고 무너지는 상황이기도 하였던 것입니다. 불교에서는 이런 상황을 '소를 잃었다'고 하죠. 그렇게 잃어버린 소를 찾는 것을 '심우(尋牛)'라고 하고, 잘 아시다시피, 불교에서 심우는 구도와 구원을 상징하는 알레고리입니다. 불교만이 아니라 모든 고등 종교에 이렇듯 잃어버린 것을 찾아간다는 비유와 상징이 있습니다. 이것을 '열쇠를 잃어버렸다'고 한 것입니다.

절박했습니다. 그 열쇠가 가로등 빛 환히 비추는 발밑에 떨어져 있

붕새의 날개 문명의 진로

었다면, 군이 '잃어버렸다'는 말을 쓸 필요도 없을 것입니다. 그렇지 않았습니다. 가로등 불빛 아래엔 그 열쇠가 없었습니다. 이제 돌이켜 볼 때 그 '가로등 빛'이란 그 당시까지 지배적이었던 '서구 중심 역사관 · 세계관 · 문명관'이었다고 할 수 있겠습니다. 그 빛이 우리의 시선의 방향과 인식구조를 사로잡고 있었으니까요. '무엇인가 본질적인 것을 잃어버리고 있다.' 이러한 깨달음이 왔을 때를 '철학하기에 좋은 시간'이라고 합니다. 그 가로등 빛 밖으로 과감히 나가야 했습니다. 그 가로등 빛 안에는 분명 잃어버린 열쇠가 없었습니다. 그 빛 밖으로 나가는 그 길이 '동아시아를 통한 우회'였습니다. '발견의 방법'이었죠.

그 우회와 탐사의 시간이 어느덧 30년입니다. 그리하여 '동아시아 내장문명과 내장근대'의 실체와 의미를 이해할 수 있게 되었습니다. 그러나 이 우회로는 단지 동아시아만을 새롭게 발견하자는 길이 아니었습니다. 새로 발견한 동아시아를 통해, 바깥 세계를 다시 비추어보게 되었습니다. **내장문명과 팽창문명이라는 두 개의 거울이 서로를 비추는 것이죠.** 이러한 되비춤을 통해, 문명 비교의 방법을 통해, 우리는 근대세계사뿐 아니라 인류문명사, 인류진화사 전반을 관통하는 일관된 흐름을 찾을 수 있었습니다. 그 결과 **내장과 팽창의 장구한 인류사 변증법이 이제 전(全) 지구적 차원의 내장적 문명전환으로 귀결되고 있다**는 결론에 이르게 되었습니다. 이것이 우리가 가로등 바깥으로 나가는 '긴 우회'를 통해, 어둠 속에서 30여 년에 걸친 탐색을 통해, 이윽고 찾게 된 '잃어버린 열쇠'라고 할 수 있겠습니다.

2

오늘날의 세계를 보면 머지않아 인간이 곧 새 인간을 창조라도 할 기세입니다. 아니, 인공장기와 유전자 가위, AI와 나노 로보틱스를 이용해 '불사의 인간'이 되겠다는 야심 찬 선언까지 나오고 있지요. 인간의 능력과 지식이 이만큼 대단했던 적이 일찍이 없었습니다. 그럼에도 인류의 미래가 이처럼 불투명하고 혼란스러우며 두렵게 느껴졌던 때도 일찍이 없었습니다. '문명전환'과 함께, '문명붕괴', '대파국', '인류종말'을 경고하는 책, 논문, 논평, 보도가 크게 늘어나고 있습니다.

그러나 '종말'을 운위하기에 인류-호모사피엔스는 아직 너무 젊습니다. 과학자들은 태양이 50억 년 후 소멸할 것이고, 그 이후 태양계보다 훨씬 광대한 우주가 다시 수축하여 특이점 안으로 사라질 시간은 그보다 배 이상 길 것이라고 합니다. 그 50억 년, 100억 년은 상상할 수 없이 긴 시간입니다. 반면 호모사피엔스의 나이는 이제 불과 '20만 년'에 불과합니다. 그렇다면 인간에게 주어진 미래 수명은 (현대 과학이 추정한 태양계의 수명으로 보자면) 살아온 20만 년을 앞으로 2만 5000번 더 할 수 있고, (앞으로 남은 우주의 수명으로 보자면) 그 20만 년을 5만 번 더 할 수 있다는 뜻입니다. 이 정도면 아직 앞길이 한참이나 창창한 '한창때의 젊은 종(種, spieces)'임이 분명합니다. 그렇지만 이상하게도 전 세계의 뛰어난 지식인과 과학자들이 그렇듯 '젊디젊은 종'의 불과 100년 후 미래의 안녕과 존속에 대해서조차 확신하지 못하고 있습니다. 예리한 지성일수록 깊은 불안과 두려움, 공포감을 감추지 못하고 있어요.

지금 널리 거론되고 있는 '인류 종말의 시나리오' 셋을 들어볼까요.

봉새의 날개 문명의 진로

1) 기후위기로 인간이 살 수 없는 지구가 될 위험, 2) 강대국 패권 경쟁으로 세계 핵전쟁이 일어나 인류가 절멸할 위험, 3) 인간보다 우월한 AI 반인(半人)-반(半)로봇 집단이 인류를 노예로 삼을 위험. 공상과학소설이 아니라 눈앞의 현실로 다가온 섬뜩한 위험들입니다. 맞습니다. 지금 인류의 상황은 날카로운 칼을 천장에 가느다란 실로 매달아 놓고 그 아래 앉아있는 것과 같습니다('다모클레스의 칼'). 그러나 다시 한번 생각해보면, 그 모두가 인간이 스스로 만들어낸 위기이기도 합니다. 따라서 '불가항력의 종말'이 아니고, 인간의 힘으로 막을 수 있는 위험(risk)인 것이지요. 인류가 이룩해낸 그 높은 능력과 지식을 어떤 방향으로 모아내고 어떤 방식으로 발휘하느냐에 달려 있는 문제입니다.

이 책은 인류가 그렇듯 실로 '전대미문의 위기'에 봉착하게 된 곡절과 원인을 밝혔습니다. 아울러 당면한 파국을 극복하여 새로운 문명을 열어갈 방법, 방향, 근거를 제시했습니다. 이 책의 탐구를 시종일관 이끌어가는 안내자는 **'내장(內張)'과 '팽창(膨脹)'이라는 새로운 개념과 관점**입니다. 그 두 개의 렌즈가 초점을 잡아 발견을 안내합니다. '내장'은 안(內)으로부터 스스로 성장하는(張) 것이고, '팽창'은 바깥으로부터의 포식(捕食)을 통해 성장하는 것을 말합니다.

생물의 기본 단위인 세포는 자가증식합니다. 안에서 안으로 스스로 증식하는 것이지요. 수정란의 왕성한 세포분열은 자가증식의 두드러진 예입니다. 이러한 자가증식 현상을 '내장', 즉 '안(內)으로 확장(張)한다'고 했습니다. 태양에서 오는 광자(光子)와 지구 토양의 무기물과 대기의 분자를 흡수하여 이루는 식물의 생장도 '자생적'이라는 의미에서 내장적입니다. 반면 '팽창'이란 생물이 다른 생물을 먹이로 삼는 포식(捕食)에서 그 원형을 찾을 수 있습니다. 특히 육식동물의 포식이 '팽창'의 전형이지요. 자신보다 약한 동물을 '잡아먹음'으로써 덩치와 힘과 생명력을 키웁니다. '팽창'이란 다른 생명체의 희생을 통한 성장입니다.

이 책은 내장과 팽창이라는 분석의 틀을 근대사와 문명사, 그리고 인류사에 적용했습니다. **인류는 내장적 탄생과 발육기를 거쳐 팽창적 성장기를 지나 이제 다시금 내장적 성숙기로 접어들고 있습니다. 이 책의 제목인 '붕새의 날개'는 이렇듯 거대한 변화주기를 일으키는 운동양식을, '문명의 진로'는 그러한 운동의 결과 인류문명의 전환이 내장적 성숙을 향해가고 있음을 뜻합니다.** '붕새'의 의미에 대해서는 본론 서두에서 상세히 설명하겠습니다. ^{서론부 1론} **오늘날 인류가 당면하고 있는 커다란 위험과 위기들은 팽창적 질서가 내장적 질서로 대전환하는 과정에서 수반되는 성장통입니다.** 전환이 큰 만큼 그 성장통 역시 인류의 존멸(存滅)을 걸고 다툴 만큼 큽니다.

이 책은 '동아시아 근대사'라는 입구로 들어가 '인류사'라는 출구로 나옵니다. 서세동점으로 오랜 시간 곤경에 처했던 동아시아가 오늘날 다시금 당당한 위상을 회복할 수 있었던 근본적 이유는 외부의 포식이 아니라 내적 자가증식에 기초했던 내장적 발전양식, 생활양식의 뿌리가 깊었기 때문입니다. 그러한 내장적 저력의 재발견과 귀환은 이제 전 지구적 요청과 맞물리고 있습니다. 외부의 포식에 기초한 무한팽창의 신화가 깨졌기 때문입니다. 인류의 존멸을 묻는 기후위기와 '지구선택'의 상황이 '무한팽창이라는 환상의 종언'을 극적으로 예증하고 있지요. 이제 인류문명은 무한팽창적 지향과 가치를 버리고 내장적 질서로 회귀해야 합니다. 이러한 발견의 연쇄로 인하여, 이 책은 동아시아라는 입구로 들어가 인류사라는 출구로 나오는 특이한 여정을 밟게 되었습니다.

그 '특이한 여정'에 대해 조금 더 안내해보겠습니다. 이 책은 200년 전 평온했던 동아시아와 '동아시아 내장근대'로부터 시작합니다. 서론과 제1부 그러나 곧 '서양 팽창근대'라는 거대한 파도에 휩쓸려 한 조각 위태로운 조각배가 된 듯했어요. 제2, 3부 그러나 더욱 거세어져만 갔던 폭풍 속에서 곧 침몰할 것만 같았던 그 위태로운 '동아시아 내장호'는 휘청거리면서도 결국 살아남았을 뿐 아니라, 놀랍게도 세계사 전체를 내장적 방향으로 이끌어가는, 카오스 이론의 '끌개(attractor)' 역할을 하게 되었습니다. 제4, 5부 2020년의 세계를 뒤흔든 코로나19* 팬데믹에 한국을 포함한 동아시아 국가들이 가장 효과적으로 대응하였다는 점 역시 이 사실을 예증해주고 있습니다.

근대세계사에서 발생한 '내장의 귀환'은 그동안 정복과 지배의 팽창성이 우위에 섰던 기존의 인류문명의 속성을 근본부터 바꾸어나가는 발본적 의미의 '문명전환'이기도 합니다. 그래서 '동아시아 내장문명의 귀환'을 '인류사적 의미에서 내장의 귀환'이라고 했습니다. 인류사의 뿌리에 대한 진화론적 분석을 통해 그 사실을 확인할 수 있었습니다. 제5부 4, 5론 따라서 이 '내장의 귀환'은 근대사와 문명사, 그리고 인류사라는 3중의 차원에서 동시에 진행 중인 거대한 사건입니다.

동아시아에서 시작해 인류사에 이르는 그 '특이한 여정'을 이 책은 〈형(形), 류(流), 세1(勢1), 세2(勢2), 형´(形´=형 다시)〉라는 다섯 단계의 변화 과정으로 풀이했습니다. 이 다섯 단계가 이 책의 1부~5부를 구성합니다. 그 다섯 단계가 동아시아 내장근대와 서양 팽창근대의 변증법의

* '코로나 바이러스 19(COVID19)'를 줄임.

역사적 전개 과정이기도 합니다. 〈형－류－세1－세2－형´〉의 패턴은 동아시아만 아니라 근대세계사 전체의 전환 과정을 보여줍니다. 이러한 변화 속에서 이 책은 문명사 전체, 더 나아가 인류사 전체의 흐름이 **원형적 形에서 미래적 形´(형 다시)로 회귀**하고 있음을 밝혔습니다.

1부~5부 앞에 서론부를 따로 두어 이 책 전체의 흐름과 주요 개념을 안내했습니다. 그래서 전체 부(部)는 6개가 됩니다. 이 여섯 부의 머리에는 각 부 전체 논의를 안내하는 짧은 〈발제〉가 있습니다. 본격 집필에 들어가기 전에 먼저 〈발제〉의 '초고'를 썼습니다. 그 〈발제〉가 이 책에서 6개 부 안으로 나뉘어 들어갔으니, **〈발제〉는 이 책의 모태(母胎)**라고 할 수 있습니다. 이 여섯 개의 〈발제〉가 포괄하는 시기의 주요 사건과 논점들에 대한 토론이 각 부마다 (평균) 4개의 '론(論)'으로 이어집니다. 그래서 이 책은 서론을 포함한 '6개의 부(部)'와 각 부를 안내하는 '6개의 〈발제〉', 그리고 그 6개의 발제를 풀이하는 24개의 논으로 구성되어 있습니다.

이 책 차례를 보면 그 구성을 한눈에 이해할 수 있습니다. 결국 다섯 단계의 이야기입니다. 복잡하지 않습니다. 그 다섯 단계도 핵심을 보면, **1(형)이 2(류－세1－세2)를 거쳐 3(형´)으로 올라가는 세 단계의 이야기입니다. 또 그 세 개의 단계도 形이 形´(형 다시)로 변하는 하나의 과정**으로 더욱 간명하게 압축할 수 있습니다. 1이 더 높은 1로 올라가는 것이죠.

봉새의 날개 문명의 진로

이 책은 '탐사보고서'처럼 읽어주시기 바랍니다. 모든 탐사는 자신을 사로잡는 작은 단서로부터 시작하지만, 이후 무엇이 탐사되고 무엇이 발견될 것인지 미리 정해져 있지 않습니다. 단서를 잡고 하나씩 하나씩 풀어가면서 발견될 대상의 전모가 점차 드러납니다. 이 탐사는 30여 년 전에 시작되었습니다. 팔수록 진원지는 더욱 깊어 보였습니다. 도달했나 싶으면 또 멀어지고, 더 파면 다시 멀어지는 과정이 반복되었습니다. 그러한 반복 속에서, 탐사를 위해 필요하다면, 어느 학문 영역이든 가리지 않고 뛰어들었습니다. 탐사란 헤매기 일쑤인 작업이지만, 아무튼 멈추지 않았습니다. 멈출 수가 없었어요.

이 책은 그렇듯 길었던 탐사의 '제1차 종결보고'가 되겠습니다. 모든 '좋은 탐사보고서'의 진정한 묘미는 어느 한 구석의 작은 단서들을 가지고 '눈 못 뜨고 헤매며' 추적하는 처절한 과정들에 단연코 있을 것입니다. 다만 문제는, 탐사 추적의 그 '현장감'을 이 책에서 어떻게 실감나게 잘 전달할 수 있을까. 어떤 방식으로 써야 하나. 집필을 시작하기 전에 많이 고심했습니다. 꽤 오랜 고심 중 번쩍 떠오른 생각이 있었습니다.

여럿이 고민하며 풀어나가는 대화체로 쓰자! 그렇다! '탐사'라는 일부터가 '팀'으로 할 일이지, 혼자 할 일이 아니다. 그렇다! 이 '탐사보고서'는 '탐사팀'의 보고서가 되어야 마땅하다!

그렇게 혼자 느낌표를 몇 개 찍고서 다시 생각해보니, 그동안의 탐사가 실제로 나 혼자만의 작업이었다고 전혀 말할 수 없는 것이었습니다. 나 혼자라니, 그것은 터무니없는, 도대체 염치가 없는 말이었습니다. 그동안 저로 하여금 이 탐사를, 밉거나 곱거나, 좋거나 싫거나, 멈추지 못하고 끝까지 계속하도록 몰아붙였던, 그토록 지독한 '동기부여'를 했던, 저의 20~30대, 한국의 1980년대와 1990년대는 수없이 많은 이들의 고뇌의 용광로와 같은 것이었습니다. 그런데, 혼자라니! 무슨 허깨비 같은 비양심의 망발인가. 이 보고서는 여러 목소리가 갈등하고 고심해가며 어렵게 길을 찾아가는 대화체로 써야 마땅하다! 또 늦깎이 공부 길에 나선 이후, 그렇듯 '멈출 수가 없었던' 그 탐사를 위해, 그토록 가난한 마음으로 기웃거렸던 여러 분야의 뛰어난 대가들과 여러 연구자, 증언자들로부터 나는 얼마나 많은 것을 배웠던가. 그렇듯 다양했던 조사와 배움의 과정 역시 다성적(polyphonic) 대화 형식으로 더욱 잘 표현될 수 있을 것 같았습니다.

그리하여 **이 책의 화자(話者), 탐사자, 보고자, 이야기꾼은 홀로가 아니라, 네 사람의 길벗이 되었습니다. 이름하여 동선생, 서선생, 남선생, 북선생입니다.** 각각 지구 동반구, 서반구, 남반구, 북반구의 문화와 전통, 정서와 사상의 흐름에 상대적으로 배움이 깊고 익숙하다고 보면 되겠습니다. 이들 네 길벗, '사방(四方) 선생'으로 하여금 필자를 대신하여 북도 치고 장구도 치면서 알아서 가보라고 내맡기기로 했습니다. 미리 만들어진 각본에 따라 하는 대화란 대화일 수가 없습니다. 대화는 대화가 만들어갑니다. 미리 결정돼 있는 것은 없습니다. 실제로 대화체로 써가면서 글의 토픽이 대화의 흐름에 따라 저절로 생성되어 감을 반복적으로 체험했습니다. 탐사란 결과가 미리 결정되어 있지 않기 마련인데, 대화체가 그런 탐사의 '제맛'을 내게 해주는 데 도움이 되었

봉새의 날개 문명의 진로

습니다. 또 그 결정 덕분에 집필 과정 내내 정다운 친구들과 함께 시간을 보내고 있다는 오붓한 기분을 누릴 수 있었습니다.

대화체 형식은 이 책을 보다 대중적이고 가독성 있게 쓰기 위한 선택이기도 했습니다. 이 책이 결코 가벼운 주제들을 다루고 있는 것은 아니지만, 최대한 이해하기 쉽고 읽기 편한 방식으로 전달하고 싶었습니다. 대화체는 인류의 가장 오래되고 낯익은 글쓰기 방식에 속합니다. 논어, 맹자도, 플라톤도, 많은 불경도, 대화체로 쓰였지요. 진지한 주제를 대화체로 풀어가는 것은 현대소설의 몫이기도 했습니다. 대화체는 구어체이기도 합니다. 사람들은 대화를 통해서 어려운 이야기도 쉽게 하지요. 구어의 힘입니다. 이 책이 과연 대화와 구어의 힘을 잘 살렸는지는 이제 독자들이 판단해줄 몫이 되었습니다. 부족한 점이 많을 것입니다. 소설적 대화보다는 탐사적 대화의 재미에 주목해주시기 바랍니다. 이 책은 소설이 아닌 학술적 탐사이고, 거대한 어둠에 봉착한 '원팀(one-team)'이 머리를 맞대 협력하면서 그 어둠을 한 꺼풀씩 벗겨가는 이야기이기 때문입니다.

아마 저와 시대 경험, 세계 감각을 공유하는 학계와 강단의 연구자들, 그리고 장안과 강호의 숨은 고수, 독서인들이 이 책을 먼저 읽어주실 것 같습니다만, 읽고 난 후 아끼는 후배와 학생, 사랑하는 자녀에게도 권하는 책이 되기를 소망해봅니다. 그러나 누가 또 알겠습니까, 그 순서가 혹 거꾸로 될지. 그렇다면 더욱 소망스러운 일이겠지요. 그렇게 기백 있고 영민한 젊은이들이 많아져서 이 책의 논지를 크게 발전시켜줄 것을 기대해봅니다.

굳이 젊은 세대를 말하는 이유가 있습니다. 어쩌면 저는, 길을 잃고 이 탐사를 시작했던 30여 년 전의 제 나이(20~30대)에 이제 도달한 오늘날의 젊은이들을 위해, 이 책을 썼던 것이 아닐까 싶기 때문입니다. 묘한 느낌입니다. 저 자신에게 답을 주기 위해 30년 전 길을 나섰습니다. 이제 그 답을 찾은 듯하여 돌아보니 30년 전 제 나이의 새로운 젊은이들이 서 있습니다. 그 열쇠는 가장 필요한 사람에게 돌아가야 마땅하겠지요. 이 책의 진단과 전망은 이제 그 세대의 젊은이들에게 가장 필요한 것이 되었습니다.

스물네 개의 고갯길이 앞에 있습니다. 어느 고개 하나 만만하지 않습니다. 너무 급하게 주파하려 하면 쉽게 지칠 수 있습니다. 느긋하게 시간 여유를 두고, 한 고개씩 느리다 싶을 정도로 천천히 넘는 것이 먼 길을 쉽게 가는 요령일 것입니다. 기존의 상식을 깨는 새로운 발견과 과감한 해석들이 기다립니다. 느리게 가더라도, 혹 쉬어 가더라도, 결코 멈추지 맙시다. 스물네 고개를 차곡차곡 다 넘었을 때, 그 발견과 해석의 의미가 이윽고 보름달처럼 가득 찰 것입니다.

2020년 늦가을
회기동 연구실에서
김상준

봉새의 날개 문명의 진로

차례

일러두기

· 지은이가 강조한 내용은 **볼드체** 또는 〈꺾쇠〉에 묶어 드러냈다.
· 지은이가 근대세계사의 흐름을 다섯 단계로 구분한 〈形-流-勢(1, 2)-形〉는 〈형-류-세(1, 2)-형 다시〉로 읽으며, 문자에 담긴 맥락을 온전히 드러내고자 한자어만으로 적기도 했다.
· 외국의 인명, 지명 표기는 국립국어원의 외래어 표기법에 따랐으나 일부 관행으로 굳은 것은 예외로 두었다.

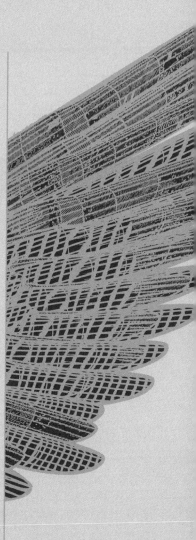

─ 서론 ─

붕새의 날개

〈종합발제〉 역사의 새의 시간 비행

인류사는 어디에서 와 어디로 가는 것일까. 시간의 대지(大地) 위를 높이 나는 거대한 새에게 답을 구하고자 한다. 그를 '역사의 새'라 부르자. 그의 시야에 들어온 광대한 대지는 시간의 흐름 속에서 꿈틀거린다. 어떤 일정한 형태를 이루고 있다가 풀어지고, 풀어졌다 또다시 새로운 형태를 이루는 스펙터클한 변환 과정, 파노라마를 본다.

비행을 시작한 그의 시야에는 우선 광대한 대지의 안정된 **형국(形)**이 들어왔을 것이고 그 형국은 비행의 상당 시간 원래의 모습을 유지할 것이다. 그러다 어느 순간 이 안정된 형국의 몸체를 가로지르는 새로운 **흐름(流)**들이 하나둘 눈에 띈다. 애초에 광대한 시간의 대지에 가는 패임을 만들었을 이 흐름들은 점차 깊어지고 길어지고 이어지면서 어느 순간 큰 절곡(折曲)과 대류(大流)를 이룬다. 이러한 큰 흐름들이 합류하여 거대한 **세(勢)**를 이루고, 거대한 세는 원래의 형상의 중심까지를 침식해 허물어뜨린다. 그리하여 결국 기존의 형태 자체를 바꾸어 놓고야 만다. 격렬했던 침식과 붕괴의 시공간을 날았던 역사의 새는 또 어느 순간 새로운 균형이 이루어져 또 다른 안정된 형국이 이뤄지기 시작한다. 그 결과 **새로운 형국(形')**이 태어난다. 이 새로운 형태가 이루어지고 나면, 거세던 세는 잠잠해지고 새로운 형태는 또 상당한 기간 제 모습을 유지한다. 形(형)에서 시작하여, 流(류)의 균열을 거쳐, 勢(세)가 형을 크게 흔들어 놓다가, 다시금 또 다른 形, 즉 形'(형 다시)로 이어지는 **形-流-勢-形'의 파노라마**다. 하나의 균형에서, 그 균형이 흔들리고 해체되는 충격과 변형의 과정을 거쳐, 또 다른 새로운 균형에 이르는 스펙터클이다.

역사의 새의 이러한 시각 체험을 근대 동아시아라는 시간의 대지 위에 투사해보면 어떻게 될까? 가장 두드러진 점은 허물어졌다 다시 회복하는 '형(形)의 복귀'의 스펙터클일 것이다. 21세기 들어 새롭게 형성되고 있는 동아시아의 형국이 200년여 전, 아편전쟁 이전과 흡사한 양상으로 되돌아가고 있다. 세계사 전체 속에서 동아시아가 차지하는 비중이 그러하다. 아편전쟁 이후 20세기 후반까지 근 200년, 동아시아는 분열되고 상쟁하여 위축되었다. 그 시간 동안 세계 전체에서 차지하는 비중은 줄곧 축소되었다. 그러다 20세기 후반 이후 오늘날까지 동아시아의 세계 속 비중은 서서히 반등하여 다시금 18세기 말~19세기 초 이전의 상태로 되돌아가고 있다.

그렇다면 동아시아에서 그렇듯 허물어지기 이전의 첫 번째 큰 형국(形)이 이뤄졌던 시점은 어느 즈음일까? 17세기 초중반 청과 조선, 그리고 일본의 도쿠가와 막부, 베트남의 레(黎) 왕조가 정립했던 시기이다. 역사학자들이 '동아시아 초기근대(early modern age)'라고 부르는 시기다. 이 시기 동아시아는 유교의 예(禮)적 질서에 입각해 이후 '200년 평화'를 일구었다. 아울러 생산과 인구의 증가율이 동시에 높아져 보기 드문 안정과 번영을 이룬 시기였다. 이러한 '200년의 평화와 번영'이 동아시아에 '내장(內張)적 근대 발전'의 터전이 되었다. 이때 형성된 동아시아사의 큰 형국이 19세기 초엽까지 큰 변화 없이 지속했다. 당시 동아시아 주요 국가의 국가 결집도, 문명과 생활수준은 같은 시기 영국, 프랑스, 스페인, 네덜란드, 러시아 등 당시의 유럽 국가들과 대등한 상태였다.

16~17세기에 걸쳐 남중국해와 필리핀, 대만, 그리고 흑룡강 일대에 유럽 세력이 출현하기 시작하지만, 동아시아의 큰 형국에는 변화를 일

으키지 못한다. 이때까지 유럽은 동아시아의 예(禮)적 문명 질서와 평화, 그리고 번영을 배우고 흡수하려 했다. 그러나 또한 이 기간 유럽은 아메리카와 아프리카, 인도, 동남아에 점차 팽창과 지배의 발판을 마련하여 서서히 동아시아를 넘보는 세력으로 성장했다. 그러다 19세기 초반부터 동아시아의 큰 형국(形)을 크게 변형·교란시키는 다양한 흐름(流)들이 생기기 시작한다. 청나라와 영국 간의 아편전쟁이 분수령이 되었다. 이러한 흐름(流)들은 형(形)의 변경을 허물어가다 19세기 후반이 되면 거대한 기세(勢)로 변하여 형의 기틀과 축까지를 무너뜨리기 시작한다. 그중 압도적으로 강하고 거셌던 것은 물론 그간 크게 성장한 구미열강의 서세(西勢)였다. 이어 탈아입구(脫亞入歐)를 표방하여 스스로를 아시아의 내부에서 외부로 탈바꿈한 일본이 가세함으로써, 동아시아 형국의 균열은 격심해지고 복합골절의 중상(重傷)으로 심화된다.

그러나 동아시아에서 새로운 세가 기존의 형의 기본을 그 핵심까지 거세게 흔들어 놓았던 것은 20세기였다. 먼저 일본이 서세를 대체하여 동아시아, 더 나아가 아시아 전체의 패자(覇者)가 되려 했다. 우선 청일전쟁과 러일전쟁을 통해 대만과 조선을 차례로 강점하고, 이어 1, 2차 대전으로 내분에 빠진 구미열강이 중국과 동남아시아에 남겨 둔 빈자리를 일본이 차지하려 함으로써였다. 그러나 일제(日帝) 대동아주의의 맹렬했던 세는 태평양전쟁의 패전으로 순식간에 물거품이 된다. 동아시아 근대의 원형을 완전히 뒤바꿔놓으려 했던, 그러나 실패로 끝난 첫 번째 세(勢)의 흐름을 '세의 제1단계(勢1)'라 부른다.

이어 20세기 후반기에는 냉전체제의 초강대국 미국이 동아시아에서 지배적인 위치를 점하게 된다. 한때 거대한 위협이 되었던 냉전의 또 다른 축은 예기치 못한 중·소 갈등으로 크게 약화되고 급기야 미·중 화해에 이어 동구권과 소련의 붕괴로 이어졌다. 이 붕괴 이후 미국은 타 지역에서와 마찬가지로 동아시아에서도 유일 패권자로 군림하는 듯했다. 그렇지만 이러한 상황은 10년을 넘지 못했다. 결국 '세의 제2 단계(勢2)' 역시 동아시아 근대의 원형을 완전히 해체하지도 대체하지도 못한 것이다.

이렇듯 거대한 세의 연속된 파고는 17세기에 형성된 '200년 평화'의 동아시아의 기본 형국을 크게, 그리고 반복적으로 흔들어 놓았다. 그러나 그럼에도 결코 완전한 해체, 변형, 대체에 이르지 못했다. 오히려 냉전 종식 이후 동아시아는 평화와 번영을 구가했던 과거의 모습을 회복해가고 있다. 이를 대표하는 것이 20세기 후반의 '동아시아의 부상' 과 그 마지막 10년 이래 중국의 급속한 굴기다. 21세기에 이 추세는 더욱 가속화되고 있다. 동아시아의 약진은 1950년대 중반 이래 일본의 회복과 그를 이은 소위 '동아시아 네 소룡(小龍)'의 급속한 성장으로 이미 예비되고 있었다. 다만 여기에 더해 중국의 급부상이 더해지고 그 선두가 일본에서 중국으로 바뀜으로써 '동아시아의 약진'은 그 이전과 크게 다른 의미를 갖게 되었다. 동아시아의 기본 형국, 즉 세계 속에서 동아시아가 점하는 비중과 동아시아 여러 나라의 정립 상태와 힘 관계가 19세기 초 이전의 모습으로 되돌아가고 있음이 불현듯 선명해진 것이다. 서양 우위의 압도적 낙차가 생겨 출현했던 '동서 대분기(great divergence)'는 사라지고 동서가 다시금 대등한 관계로 만나는 '동서 대수렴(great convergence)'의 시간이 왔다. 이것이 형'의 시간이다.

20세기 후반 들어 동아시아는 군사적 패권 추구 없이 평화적 경로를 통해 1, 2차 산업혁명의 성과를 짧은 시간에 따라잡았을 뿐 아니라,

이제 21세기에 들어 3, 4차 산업혁명을 오히려 선도해가는 모습을 보여주고 있다. 아울러 동아시아에서도 팽창의 생태기후적 한계에 대한 경각심이 높아지면서 자연공존적 문명양식의 창출에 대한 요구가 커지고 있음에 주목한다. 이러한 요구는 물론 동서를 넘어선 인류 공통의 과제가 아닐 수 없다. 이로써 19세기 중반 이래 동아시아에 깊게 파여 온 식민-피식민, 서구-비서구의 차별과 불균등의 상흔이 점차 지워지고 있다. 그렇게 완성될 형′는 더 이상 동아시아의 것만이 아니다. 새롭게 고양된 문명적 지평 위에 동과 서의 구분을 넘어 새롭게 완성해가는 인류 공통의 미래다. 그 미래는 내장근대의 전 지구화이며, 이를 통해 근대 자체를 넘어서는 새로운 문명단계로의 진입이 시작된다. 그 새로운 문명은 인류공존, 자연공존의 장기지속을 담보할 전 지구적 내장문명이 될 것이다.

열역학 제2법칙에서 '시간의 화살' 개념이 말해주듯 시간은 오직 한 방향, 미래로만 흐른다. 따라서 형에서 형′로의 진행이란 애초에 과거로의 역진일 수가 없는 현상이다. 과거의 형이 큰 변동을 통해 새로운 미래, 새로운 형(形′)으로 다시 태어나는 미래로의 귀환이다. 그러한 미래적 귀환은 동아시아에만 국한된 현상이 아니다. 세계사 전체의 흐름 속에서 나타나고 있는 현상이며, 더 나아가 호모사피엔스의 출현 이래 형성된 장구한 인류사의 '거대한 뿌리'가 다시금 미래로 회귀하고 있는 놀라운 사건이기도 하다. 이후 우리의 논의가 수없이 많은 격변과 사건의 골짜기를 지나 여행의 마지막 단계인 형′의 시간에 이르렀을 때, 우리는 비로소 그 전모를 분명하게 확인할 수 있을 것이다.

제1론

『장자』 붕새와 형-류-세-형′

남(南)선생　책의 서두를 여는 〈종합발제〉는 짧지만, 이 책 전체의 방법과 내용, 핵심 테마와 메시지를 모두 담고 있습니다. 먼저 '시간의 대지 위를 높이 나는 역사의 새의 시각 체험'이란 연구 관점과 방법을 상징합니다. 그 '거대한 새'가 목격한 '거대한 형체의 스펙터클한 변환 과정, 파노라마'는 핵심 발견과 연구 내용이죠. 그것을 〈形-流-勢1-勢2-形′(형 다시)〉라는 5단계의 변화로 집약했어요. 이 책 전체가 그 〈형-류-세1-세2-형′〉의 다섯 단계의 순서대로 제1부에서 제5부까지 이어집니다. 이 다섯 단계는 '동아시아 내장근대와 서양 팽창근대의 변증법'의 역사적 전개 과정이기도 합니다.

　〈형-류-세1-세2-형′〉의 전개는 동아시아만이 아니라 근대세계사 전체의 변화와 맞물려 있는 현상입니다. 따라서 근대세계사 전체의 전환 과정을 아울러 보여줍니다. 이러한 변화 속에서 문명사 전체, 더 나아가 **인류사 전체의 흐름이 원형적 형(形)에서 미래적 형′(形′=형 다시)로 회귀하고 있다고 했습니다.** 이 책은 〈종합발제〉의 이 예고를 도합 스물네 번의 논의를 통해 하나하나 입증해갈 것입니다.

영국의 천재적 철학자이자 수학자인 화이트헤드는 2,500년 서양철학 전체가 플라톤 한 사람의 저작에 대한 긴 각주라고 했는데요, 그렇다면 앞으로 우리 논의 전체는 앞서 짧은 〈종합발제〉에 대한 긴 각주라고 할 수도 있을지 모르겠습니다. 이 말을 하니 빙긋이 웃으시는군요. 이 〈종합발제〉를 감히 플라톤의 저작 전체와 견줘 보자는 것이냐. 또 이 책 한 권을 2500년 서양철학 전체와 겨루자는 것이냐. 언감생심(焉敢生心), 감히 어찌 그렇겠습니까. 다만 압축과 축척의 비율만을 보면 그럴 수도 있겠다는 말씀일 뿐이지요. 이 〈종합발제〉는 아주 짧지만, 이 책 전체는 그에 비해 상당히 기니까 말입니다. 이제 먼 길을 가야 하는데, 웃는 마음, 유머의 정신으로 발걸음 가볍게 시작해 보자는 뜻입니다.

그런데 위 〈종합발제〉는 압축적인 데다가 새로운 개념과 은유를 쓰고 있어서, 간단해 보이지만 조금 생각해보면 실은 그리 간단하지만 않습니다. 본격적인 논의에 들어가기에 앞서 미리 설명과 풀이가 꼭 필요한 부분들이 있습니다. 여기서 이런 점들을 미리 풀어보도록 하겠습니다. 저로서는 무엇보다 우선 '수백 년 시간의 대지 위를 난다'고 하는 그 '역사의 새'의 정체가 무엇인지 궁금합니다. 이건 분명 은유인데요, 뭔가 잡힐 듯하면서도 구체적으로 무엇을 뜻하는 것인지 아직은 손에 딱 잡히지 않습니다. 일단 이 거대한 '역사의 새'가 '동아시아'와 연관되어 있다는 사실은 분명한 것 같습니다. 그 '역사의 새'의 시각 체험을 우선 동아시아 근대사를 들어 예시했으니까요. 그렇다면 우선 이 새는 동아시아의 창공을 날면서, 동아시아 근대사의 큰 흐름이 어떻게 변화해왔는지를 바라보았던 존재가 됩니다. 그러한 존재란 과연 어떤 것일까요? 구체적인 상을 잡아볼 수 있을까요?

거대한 새: 풍파 3천리, 장도 9만리

북(北)선생   제가 말씀드려 보겠습니다. 동아시아 한자 문화권의 오
랜 고전인 『장자(莊子)』 내편(內篇)을 펼치면 첫 대목에 '거대한 새' 이야
기가 나옵니다. 많은 분들이 잘 알고 있고 그만큼 널리 언급된 이야기
입니다. '붕(鵬)'이라고 했지요. 바로 붕새입니다. 흔히 대붕(大鵬)이라
고도 하죠. 북명(北冥), 즉 아득한 북쪽에 산다는 거대한 새 이야기입
니다. 얼마나 크냐 하면, 이 새가 한 번 날개를 쳐 오르면 '구만리 상
공'이라 했고, '그 날갯짓 한 번이 일으키는 풍파가 3천리에 이른다' 했
습니다. 이 어마어마한 새가 한 번 날기 시작하면 '6개월을 내리 난다'
고 했는데요, 그 6개월의 긴 비행 끝에 이르는 곳을 남쪽 아득한 곳,
'남명(南冥)'이라 했습니다. 그 남명을 '천지(天池)'라고도 했지요. 붕새
는 '북명'에서 '남명'까지 내리 6개월을 나는 것입니다.

   그런데 그 '붕새'란 도대체 무엇이며, 또 '북명'이란 어디이고, '남명'
이란 도대체 어디를 말하는 것일까요. 그렇게 널리 알려지고, 오랜 세
월 동안 수많은 명사와 문인들의 인구(人口)에 회자(膾炙)되어온 이야
기이지만, 아쉽게도 이 점을 분명히 밝혀주었던 글을 저는 아직 읽어
보지 못했습니다. 물론 제가 과문(寡聞)해서 그렇겠지요. 수천 년 동안
동아시아 문명권의 그 수많았던 준재, 명인, 학사들이 이 대목을 논했
는데, 제가 그걸 하나도 빠짐없이 모두 다 찾아 읽어보았다고 감히 말
할 수는 없으니까요. 그러나 어쨌든 그렇듯 부족한 대로 제 나름 곰곰

이 생각을 해보았습니다. 여기에는 아직 밝혀지지 않은 중요한 무엇이 있지 않느냐는, 해소되지 않는 갈등이 있었기 때문입니다.

성함이 '주앙저우(莊周)'였다는 장자(莊子) 자신도 그중 한 분이었겠습니다만, 고대 중국인들은 자신들이 북쪽에 앉아서 남쪽을 향하고 있다고 생각했습니다. 우리가 지금 통상 접하는 지도를 책상 위에 펼쳐놓고 보면 내 쪽이 남쪽이고 건너편은 북쪽으로 되어 있습니다. 그러나 고대 중국의 방위 감각은 반대입니다. 내 쪽이 북쪽이고 남쪽이 건너편에 있는 겁니다. 지금 우리가 쓰는 지도의 남북이 거꾸로 되어 있다고 보면 됩니다. 『주역(周易)』의 괘(卦)도 전부 그렇게 배치되어 있습니다. 그래서 붕새는 북에서 남으로 난다고 했을 것입니다. 내가 있는 쪽에서 그 반대쪽으로 날아간다고 말이지요. 그런데 『장자』 「소요유」편은 거기까지만 말하고 있어요. 저는 늘 그건 좀 이상하다고 생각했습니다. 남쪽으로 날아간 붕새는 '천지'라고 부른 남명에 도달한 후, 거기에 둥지를 틀고 이제는 영영 그곳에 사는 것일까요? 아니죠. 제 생각에는 그럴 수가 없어요. 북명을 향해 반드시 다시 돌아오지 않겠습니까? 그게 동양사상의 핵심이라고 하는 '생생(生生)' 아닙니까? 늘 가고 또 늘 돌아오니까, 그렇게 늘 이어지니까, 영원한 것이죠. 우리가 늘 보아왔듯, 기러기가 그렇고 두루미가 그렇지 않습니까? 철새들은 항상 먼 거리를 갔다가 놀랍도록 정확하게 떠났던 그곳으로 되돌아옵니다. 붕새 역시 그렇다고 보아야 자연스럽겠지요.

『장자』에서 붕새는 한 번 날개를 펼치면 6개월을 계속 난다고 했습니다. 그럼 우선 장자가 말한 대로 북명에서 남명으로 6개월을 날겠지요. 그리고 나서는 필경 남명에서 북명으로 돌아올 것입니다. 그리고 그 시간이 또 정확히 6개월이 되지 않겠습니까? 합하면 딱 1년입니다.

또 그 붕새가 오직 딱 한 해만 날개를 폈다가 그 후로는 영영 날지 않는 새라면 이야기가 싱겁겠지요. 그럴 리가 없습니다. 그런 장대한 비행이 계속 이어지고 있다고 해야 비로소 그 이야기가 『장자』의 첫머리에 실릴 만한 무게를 갖추게 됩니다. 그렇다면 붕(鵬)이란 필시 이렇듯 북명과 남명을 매년 주기적으로 오가는 어떤 거대한 흐름을 뜻하는 것으로 보아야 하지 않겠습니까?

그런 흐름이란 과연 무엇일까요? 보통 새는 바람을 타고 납니다. 그런데 붕새는 자기가 바람을 만든다고 했습니다. 날갯짓 한 번이 일으키는 풍파가 3천리에 이른다 했으니까요. 그러니 붕새 자신이 큰바람입니다. 보통 큰 게 아니라 상상하기 어려울 만큼 어마어마하게 큰바람이겠지요. 그것이 무엇일까요?

제 생각에, **장자의 붕새란 6개월은 북명에서 남명으로 불고, 6개월은 남명에서 북명으로 부는 거대한 계절풍**입니다. 지구에서 거대한 계절풍은 주로 큰 육지와 큰 바다 사이에서 발생합니다. 계절풍이 생기는 이유는 육지와 바다가 태양에서 오는 열에너지를 저장하고 반사하는 방식이 크게 다르기 때문입니다. 겨울이면 육지는 매우 차고 바다는 상대적으로 따듯합니다. 반면 여름이 되면 육지는 매우 뜨거워지지만 바다는 상대적으로 서늘하지요. 그런데 대기는 찬 쪽(고기압)에서 더운 쪽(저기압)으로 움직입니다. 그래서 겨울에는 찬 육지에서 더운 바다 쪽으로, 여름에는 반대로 서늘한 바다에서 뜨거운 육지 쪽으로 대기가 흐르지요.

지구상에서 바다와 육지 사이의 이러한 계절적 대기 이동이 가장 거대한 규모로 발생하는 곳이 바로 아시아 대륙과 태평양 사이입니다. 왜 가장 거대할까요? 당연합니다. 아시아는 지구에서 가장 거대한 땅덩어리

이고 **태평양은 가장 거대한 바다**이니까요. '가장 거대하다'는 것은 장자가 붕새를 이야기했을 때의 사고의 스케일에 잘 어울리는 말입니다. 아시아 대륙에서 겨울철에 가장 추운 곳은 시베리아 북동부입니다. 아시아만이 아니라 세계의 최한극(最寒極) 지점이기도 합니다. 그렇다면 장자가 말한 북명(北冥), '아득한 북쪽'은 필경 이곳이 아닐 수 없겠습니다.

반대로 지구에서 태양열을 가장 많이 축적하여 품고 있는 곳은 적도 이북 서남 태평양 일대입니다. 전 지구 바다의 3분의 1을 점하는 거대한 태평양이 흡수한 막대한 태양열이 바로 이 일대로 몰려듭니다. 좌에서 우로 도는 지구의 자전(自轉) 운동이 적도의 더운 바닷물과 상공의 더운 대기를 동태평양에서 서태평양 쪽으로 몰아가기 때문입니다. 또한 태평양의 해저 역시 아시아 쪽이 깊고 아메리카 쪽은 낮아서 대양의 흐름이 동에서 서로 움직이죠. 세계에서 가장 깊은 해구도 아시아 태평양에 위치한 마리아나 해구입니다. 깊이가 1만 미터가 넘지요. 그 결과 이곳 아시아 태평양 일대가 지구 전체에서 가장 막대한 태양에너지를 품게 됩니다. 따라서 장자가 말하는 남명(南冥), '아득한 남쪽'이란 필시 이곳일 것입니다. 태평양에서 태양에너지를 가장 높게 집적한 곳, 즉 보르네오 북쪽 바다와 필리핀해 일대를 포괄하는 적도 부근의 광대한 더운 바다 말입니다.

겨울철 장자의 붕새는 극한(極寒)의 시베리아 '북명'에서, 막대한 열에너지를 품고 있는 극서(極暑)의 '남명'을 향해 솟구쳐 올라 날아갑니다. 앞서 말했듯, 기류는 찬 곳에서 더운 곳으로 움직이니까요. 반대로 여름에는 뜨거운 태양이 달군 대륙의 표면이, 열기를 내부로 끌어안는 바다보다 훨씬 뜨겁습니다. 상대적이죠. 그래서 여름에는 붕새가

서론

남명의 대양에서 솟구쳐 올라 북명의 대륙을 향해 날아갑니다. 붕새가 날아가는 그 장대한 행로에는 큰바람과 큰구름이 일고, 큰비와 큰눈이 흩뿌리겠죠. 붕새의 그 비행경로 안에서 장엄한 자연사와 생명사, 인간사가 함께 엮이며 펼쳐질 것입니다.

물론 장자 선생이 그의 생존 당시에 아시아와 태평양, 그리고 지구의 운동에 대해 지금과 같은 수준의 구체적인 과학적 지식을 가지고 있지는 않았겠지요. 그러나 서술의 스케일을 보면 비록 직관적인 수준이라고 하여도 깊은 관찰에 근거한 거대한 자연순환, 기상현상에 대한 날카로운 통찰을 분명히 엿볼 수 있습니다. 그동안 『장자』가 자연과학적 통찰이 풍부한 저작이라고 보아왔던 지적에는 충분히 그만한 근거가 있습니다. 대기와 기후, 물과 땅, 그리고 생명의 거대한 순환과 상호작용에 대한 깊은 통찰과 관심이 동양철학에서 '풍수(風水)'나 '풍토(風土)'에 대한 다양하고 풍부한 자연철학적 사유를 낳게 한 배경일 것입니다.

서(西)선생　　놀랐습니다. 『장자』의 붕새를 그렇게 새롭게 해석해주니 '역사의 새'가 아주 생생하게 눈앞에 다가옵니다. 저는 '역사의 새'란 아마 '역사학자가 시간을 관통하여 역사를 보는 관점'을 말하는 것이겠지, 라는 정도로 생각했거든요. 이렇게 말하면 분명히 틀린 이야기는 아니겠지만, 아직은 추상적이고 솔직히 좀 밋밋합니다. 학자들끼리의 관념적 언어 같아요. 그런데 갑자기 '장자의 붕새'가 나오니까 느낌이 확 새로워집니다. 눈에 들어오고 피부에 와 닿습니다. 늘 듣던 여름철 장마 빗소리가 들리고, 늘 보던 겨울철 함박눈 풍경이 그려집니다. '구름이 솟으니 비가 되고, 이슬이 맺히니 서리가 된다(雲騰致雨 結露爲霜)'고 했던 옛적 『천자문』 구절이 새삼 가깝게 다가오고요. 우리가, 우리 조상들이 그러한 '땅과 바람(風土)의 세계' 안에서 살아왔고, 우리의 후손들도 그러한 '바람과 물(風水)의 세계' 속에서 살아가겠지요. 그 모두가 붕새와 무관하지 않았네요. 앞으로도 무관할 수 없을 것이고요.[1]

아울러 '역사'를 보는 시야가 탁 트이는 느낌입니다. '역사'의 전후 연관이 넓어지고, 상하 폭도 깊어지네요. 생각해보면 그 붕새는 근대 이전에도 날았고 근대 이후에도 여전히 날 것입니다. 사실 우리가 지금 살고 있는 '근대'란 호모사피엔스의 역사 20만 년과 비교해보면 굉장히 짧은 시간입니다. 그런데 그 붕새는 '인간의 시간'만이 아니라 '자연과 생명의 시간'도 함께 날았어요. 그렇다면 '붕새'란 문명적 존재로서 동아시아 '천하'를 나타낼 뿐 아니라 자연적·풍토적 존재로서의 동아시아, 동아시아 역사, 동아시아인의 삶 전체, 더 나아가 동아시아의 모든 자연과 생명의 삶 전체를 상징한다고도 말할 수 있겠습니다. 그렇다면 그 붕새가 보았던 역사란, '인간만의 역사가 아니라 자연과 생명과 함께하는 인간의 역사'가 되겠지요. 또 그렇듯 자연과 생명과 함께할 수 있는 인간의 역사만이 '지속가능한 역사'일 것입니다. 이것을 잊고 자연의 희생 위에 인간 문명을 구축하려 할 때 인간의 역사는 커다란 위기에 빠질 수 있지요. 인류가 21세기 들어 점차 심각하게 경험하고 있는 '기후위기', 그리고 2020년의 '코로나 팬데믹'은 이 점을 다시금 깊게 깨닫게 해주었습니다.

붕새가 북선생 말씀대로 동아시아 계절풍이라면 그 자체가 기후 현상이기도 하지요. 따라서 **붕새는 동아시아 전체를 기후적으로 하나로 묶어주는 존재**라고 할 수 있겠네요. 기후 현상이란 빈부귀천의 차이 없이 누구에게나 공평한 현상이지요. 가뭄에 단비가 돈 많은 사람 머리 위로만 떨어지는 것이 아니고, 부드러운 봄바람이 권력이 많은 사람에게 만 불어주는 것도 아니니까요. 그렇게 보니 붕새가 바로 그렇듯 공평 무사한 존재네요.

그렇듯 지리적, 기후적 시각에서 붕새를 보면, 장자가 말하는 '북명' 과 '남명'을 동아시아의 범위를 지리적으로 획정(劃定)해주는 두 극점으 로 볼 수 있겠습니다. 자연지리만 아니라 인문지리적으로도 그렇습니 다. 지금까지 '동아시아'라는 범주가 너무 협소하다거나 애매하다는 의 견도 있었죠. 그런데 붕새로 비유해보니까 전혀 그렇지가 않네요. **지 구 대륙의 최대 한극(寒極)과 지구 바다의 최대 열극(熱極) 간의 스펙터클 한 상호작용이 벌어지는 지역이 바로 동아시아군요.** 각각의 작은 자국사 (自國史)에 묶여 있던 좁다란 동아시아사 인식의 폭이 한꺼번에 열리며 확장된다는 느낌입니다.[2] 아울러 이 시각은 동아시아 시공의 범위를 안으로 크게 잡아주면서 동시에 바깥으로도 크게 열어줍니다. 우선 이 붕새는 최소한 지난 수십만 년은 계속 같은 패턴으로 날았을 겁니다. 아니, 현재와 같은 지구 5대양 6대주의 꼴이 형성되었다고 하는 300만 년 전부터 지금과 같은 붕새의 비행 패턴은 시작되었다고 보아야 하겠 지요. 동아시아라는 자연사적 · 문명사적 단위의 지속성, 항속성을 여 기서 볼 수 있겠습니다. 깊은 정체성, 아이덴터티죠. 앞으로 수천만 년 에 걸친 지각판 대변동이 대륙의 연결과 바다의 흐름을 다시 한 번 크 게 바꿔놓기 전까지, 앞으로도 장구한 시간 지속될 현상이기도 합니 다. **붕새가 상징하는 이러한 장구성이 인류사를 그 기원에서부터 먼 미래 에 이르기까지 통찰할 수 있게 해주는 발판, 토대가 됩니다.**

붕새의 비행은 고립적이지 않습니다. 오히려 동아시아 바깥 영역 들과의 자연적 · 문명적 연쇄를 암시합니다. 북선생은 '붕새의 날갯짓'

을 바다와 대륙의 열에너지 차이에서 생겨나는 기후 현상으로 풀이했습니다. 그러한 기후 현상은 동아시아와 태평양만이 아니라 지구 도처에서 발생합니다. 말하자면 붕새는 지구상에 하나가 아니라 여럿입니다. 다만 아시아 대륙과 태평양 사이를 나는 붕새의 날개가 그중 가장 크다고 했을 뿐이죠. 날개의 크기 차이는 서로 영향을 주고받는 바다와 대륙이 만드는 열에너지 차이의 크기에 비례합니다. 그런데 크든 작든 지구상의 여러 붕새들의 날갯짓은 서로가 영향을 주고받지 않을 수 없게 되어 있습니다. 기후 현상이 본래 그런 것이죠. 지구는 기후적으로 완전히 열려 있는 '한통속', 즉 열역학에서 말하는 '열린계(open system)'입니다. 그래서 기후 현상은 늘 글로벌한 차원에서 그 연동 관계를 생각해야 합니다. 그래서 붕새 현상이란 항상 바깥으로 열려 있다고 말할 수 있습니다. 동아시아는 한편으로 내부의 항속적 정체성을 가지고 있으면서, 동시에 항상 바깥으로 열려서 주변 문명과 상호작용을 해왔던 것입니다. 그런데 그러한 문명 교류는 때론 공존적이고 때론 갈등적이었습니다.

이제 이쯤이면 이 책의 제목이 뜻하는 바를 간단히 설명할 순서가 된 것 같습니다.

'붕새의 날개, 문명의 진로'는 붕새의 날개가 문명의 진로를 열고 있는 모습이죠. 앞서 '책머리에'에서 언급한 것처럼 지금은 문명적 대전환의 시기이자 동시에 문명적 대위기의 시대이기도 합니다. 이러한 시대에 '문명의 진로를 열어간다'는 것은 파국적 대위기를 벗어나 '상승적 대전환'을 이룬다는 뜻이 됩니다. '붕새의 날개'는 그러한 상승적 대전환의 힘찬 역동을 상징합니다. 책의 부제인 '팽창문명에서 내장문명으로'는 그러한 역동적 대전환이 그런 방향으로 이뤄지고 있다는 뜻입니다.

그러한 대전환에 관통되고 있는 원리를 우리는 '내장과 팽창의 변
증법'이라고 합니다. 우리가 이 원리를 미리 상정해둔 것이 아닙니다.
역사의 흐름을 오래 검토하고 분석한 결과 찾게 된 것이죠. 이후 논의
를 통해 하나하나 풀이해갈 것입니다. 그 큰 흐름과 결론을 미리 간단
히 설명해보면 다음과 같습니다. 이제 인류문명은 그동안 팽창근대가
증폭해온 문명 간, 민족 간, 계급 간, 성별 간, 그리고 인간/자연 간의
낙차(落差)를 줄여가는 일대 전환점에 이르렀으며, 이를 통해 인류문
명 전체가 '새로운 문명' 즉 '내장적 문명'으로 전환하는 길목에 접어들
었다.

강수량의 문명사

동(東)선생   장자(莊子) 선생의 붕새가 우리 논의의 앞길을 활짝 열어
주는군요. 서선생의 해석과 정리도 훌륭했습니다. 그중 **'내장과 팽창의
변증법'은 이후 우리가 논의를 전개해가는 핵심 개념이자 방법**이기 때문
에, 여기에 대해 약간 부가해 보겠습니다. '팽창(膨脹)'과 '내장(內張)'은
'문명적 성장의 두 방법'을 말합니다. 간단히 말하면, **팽창은 밖으로 식
민지를 만들어 성장하는 방법, 내장은 식민지 없이 내적으로 성장하는 방
법**을 말합니다. 서양문명은 '대항해 시대'에 자기 문명권 바깥 세계를
식민지로 만들면서 크게 성장했죠. 이런 모습을 '서구 팽창' 또는 '서양
팽창주의'라고 불러왔습니다. 반면 동아시아 문명은 기존의 문명 발상
지를 크게 벗어나지 않고 자기 문명권 내부에서 성장을 이뤄왔어요.

왜 이러한 차이가 생겼을까요? 여기에 대해 북선생이 말한 『장자』 붕새의 비유가 중요한 근거를 제시해주고 있다고 생각합니다.

기후 현상이란 글로벌한 차원에서 서로 맞물려 이어져 있습니다. 그 기후 현상 안에서 바람 따라 물길이 이어지고 끊기며 비 따라 육지길이 열리고 닫혔지요. 이 길을 따라 동서문명 교류도 고대 세계에서부터 존재해왔던 것이고, 문제의 '서세동점'도 그런 배경에서 시작될 수 있었습니다. 그렇긴 하지만 여러 문명권이 처한 자연적 조건이 모두 동일했던 것은 물론 아니었죠. 오히려 조건이 다르니까 유무상통의 교류가 이루어졌던 것 아니겠습니까. 이러한 문명적 차이를 결정하는 데 매우 중요한 요소가 '문명의 자연적 자생성'의 정도입니다. 문명권의 자생성이 충분할수록 굳이 바깥으로 나갈 필요를 느끼지 못합니다. 이로써 문명이 내장적 경향을 갖게 됩니다. 반면 자생성이 부족하면 바깥으로 나가려는 동기가 생기죠. 그 결과 문명이 팽창적 경향을 갖게 되는 것이고요. 이러한 '문명의 자연적 자생성'을 규정하는 요인들은 여럿이 있겠지만, 근대 산업사회 이전의 농업사회에서 가장 중요한 요인은 그 문명권에 주어진 자연적 수량(水量)이었습니다. 수량은 해당 문명권의 인구가 먹고살 수 있는 한계를 설정했다고 할 수 있지요. 물이 충분히 주어진 쪽은 농업생산력이 높아서 자생성이 강합니다. 반면 물이 부족하면 자생성이 약해집니다.

동아시아 붕새의 날개가 가장 컸다는 것은 북선생의 붕새 비유가 정확히 지적하는 바와 같이 아시아 대륙과 태평양 사이의 열에너지 차이가 가장 컸음을 말하죠. 이는 동시에 붕새가 날았던 동아시아에 강수량이 가장 많았다는 뜻이기도 합니다. 태평양의 적도권 상공에서 형성된 막대한 양의 수증기가 태평양 적도 서부의 열극(熱極) 지대 상공으로 몰린 후 붕새의 날개를 타고 날아와 동아시아의 대륙과 반도, 열도에 뿌려지게 되니까요. 결국 태평양의 막대한 물이 아시아의 광대한 대지에 뿌려져 아시아 습윤 지역의 생산적인 농경을 가능하게 했던 것이죠. 대표적인 것이 물 대는 논에서 짓는 쌀농사 아니겠습니까. 아시아의 물 대는 쌀농사, 수도작(水稻作) 농업의 생산력은 세계 다른 어떤 문명권보다 높았습니다. 전(前)산업 농업시대 동아시아 번영의 물질적 기초가 바로 붕새가 가져다준 강수량에 있습니다.

여기에 비해 유럽문명의 기반이 된 그리스 · 로마 문명은 강수량이 풍부한 문명이 아니었습니다. 오히려 건조한 편입니다. 부족한 강수량 때문에 농업 자생성이 부족하니까 바깥으로 나가려는 동기가 문명 초기부터 존재했습니다. 여기에 더해 지중해는 대양(大洋)에 비하면 잔잔한 내해(內海)입니다. 그러니까 일찍부터 배를 타고 바다로 나가기가 쉬웠습니다. 그런데 배를 타고 바깥으로 나가서 이루는 교류가 평화적으로만 되는 것은 물론 아니죠. 폭력으로 정복해서 식민지로 만드는 일이 많았습니다. 정복민은 노예가 되는 것이고요. 유럽문명에서 최초의 사실적인 역사서라고 하는 헤로도토스의 『역사』가 해양 습격과 여자 약탈 이야기에서 시작하는 것은 우연이 아닙니다.[3] 호머의 유명한 서사시 『일리아드』도 마찬가지죠. 여자 약탈로 인하여 트로이전쟁이 시작되니까요. 같은 호머의 작품인 『오디세이』에서는 주인공 오디세이의 행동을 설명할 때 '약탈(plunder)'이라는 어휘가 매우 자주 등장합니다. 그런데 읽다 보면 좀 당황스러운 게, 이 '약탈'이라는 말이 주인공의 행위를 깎아내리거나 비난하기 위해서가 아니라 오히려 대부분 대단한 일로 인정하고 칭송하는 표현으로 나오거든요.[4] 당시 고대 그리스 해양 문화권에서는 '영웅은 약탈자'라는 등식을 당연시했다는 이야기입니다. 그러한 전통과 서사를 이어받은 유럽문명이 훗날 유럽과 지중해를 벗어나 무력을 앞세워 바다를 통해 다른 문명권으로 팽창해갔던 것 역시 결코 우연한 일만은 아니었을 것입니다.

흔히 콜럼버스와 바스쿠 다가마의 항해로 상징되는 유럽의 '대항해' 이후의 역사에서 보듯 문명의 팽창성과 내장성이라는 풍토적 차이가 근대에는 매우 증폭된 형태로 나타났습니다. 이 차이를 분명히 하기 위해 '서양 팽창근대'와 '동아시아 내장근대'라는 개념을 제안하게 된 것이죠. 그렇지만 이러한 개념 설정은 서양 역사에는 내장성이 전혀 없었고 동양 역사에는 팽창성이 전혀 없었다는 식의 절대적인 이항 대립이 아닙니다. 서양의 역사 내부 흐름을 깊게 보면 여기서도 유구한 내장적 전통을 찾을 수 있고, 반대로 동아시아 역사를 헤쳐 보면 여기에서도 제국적 팽창의 역사가 있습니다. **다만 유럽의 '대항해' 이후의 근대세계사의 구체적 전개 과정에서 서양근대의 팽창성과 동아시아의 내장성이 크게 대비되었기 때문에, 이러한 실제 역사 전개의 패턴에서 차별성을 선명하게 드러내기 위해 '동아시아 내장근대'와 '서양 팽창근대'라는 대비적 개념을 설정한 것입니다.**

다음으로 미리 소개해두고 싶은 것은 '근대'와 '근대성'의 개념입니다. 이후 본론 제1부에서부터 상세히 논의될 것이니 여기서는 간략하게 하겠습니다. 보통 '근대(modern age)'라고 하면 영국의 산업혁명 이후, 총생산과 인구가 비약적으로 증가한 시기 이후를 말합니다만, 세계사를 더 깊게 분석해보면 산업혁명 이전에도 총생산과 인구가, 산업혁명 이후만큼은 아니지만, 두드러지게 성장하기 시작했던 시기가 있었습니다. 이 시대를 역사학자들은 '초기근대(early modern age)'라고 부르고, 이 시대를 근대세계사의 초입 단계로 정의하고 있습니다.

유럽이 '대항해'를 통해 아시아로 진출하기 이전에, 아시아에서 비옥했던 논농사 중심지역이 바로 그렇듯 이미 '초기근대' 상태에 진입해 있었어요. 생산력과 인구가 동시에 두드러지게 증가하고 있었으니까요. '동아시아 내장근대'가 이미 유럽의 대항해 이전부터 성립했던 것이지요. 유럽 역시 '대항해'를 시작할 만큼의 초기근대적 동력을 갖춰가고 있었습니다. 그런데 이후 유럽의 근대적 발전의 본격적인 동력은 아메리카·아프리카·아시아를 차례로 식민지화하면서 형성됩니다. 그래서 이러한 팽창 메커니즘과 동력을 '서양 팽창근대'라고 했습니다. 요약하면, **총생산과 인구, 두 부분의 증가율이 두드러지게 커지는 시기를 '근대(modern age)'라고 하며, 그 양상이 동아시아에서는 '내장근대'로, 서양에서는 '팽창근대'로 나타났던 것입니다.**

동아시아의 내장근대와 서양의 팽창근대의 상호작용이 역사적으로 전개되는 과정과 방식을 우리는 '변증법적'이라고 풀이합니다. 그 변증법의 논리는 **'팽창근대는 자신을 극한까지 확장함으로써 내장근대를 전 지구적으로 완성한다'**는 것으로 요약할 수 있어요. 변증법이란 부정을 통해 자신을 완성하는 논리입니다. 역설로 보이지만, 합리적 논리에 부합하는 합당한 역설입니다. **내장근대는 자신이 팽창근대에 의해 일시 부정됨으로써 결국 전 지구적으로 완성되는 것이니 그 과정이 변증법적이**라 할 수 있습니다. 또한 **팽창근대는 내장근대를 식민화하여 승리한 듯 하였지만, 결국 팽창근대는 그 승리의 극한에서 부정되어 전 지구적 내장근대 완성의 매개체가 되는 것이니 이 역시 변증법적입니다.** 이러한 변증법적 전개 과정은 순탄한 상승 과정이 아니었습니다. 혹독한 고통과 위기를 헤쳐가고 전진과 후퇴를 거듭하며 이뤄졌던 과정이었지요. 당면한 위기 앞에 굴하면 천길 낭떠러지로 추락하고 말 것 같은 숱한 위기들을 헤쳐 나왔습니다. 현재도 그렇습니다. 지금 인류가 당면하고 있는 '기후위기'를 생각해보세요. 그러나 그 위기가 큰 만큼, 이 위기를 헤쳐 나갔을 때 다다를 수 있는 새로운 차원의 문명적 지평 역시 그만큼 넓습니다. 내장근대가 전 지구적으로 완성된다는 것은, 문명사 차원에서 팽창적 문명이 주도적 역할을 다하고 내장적 문명이 전면화하는 시간이 온다는 것이지요.

따라서 이 시간은 '문명적 대전환의 시간'입니다. 그러나 이번의 문명전환은 고대문명 이래 인류문명의 성격 자체, 본질 자체가 변화하는 매우 깊은 차원의 문명전환입니다. 내장근대가 전 지구적으로 완성된다는 것은 그러한 의미를 가지고 있습니다.

문명전환의 5단계: 변증법적 순환과 상승

서선생 그러니까 〈形-流-勢1-勢2-形〉라고 하는 5단계의 변화 과정은 동아시아 내장근대의 변화패턴을 보여주는 것이면서, 동시에 세계 전체가 팽창을 통해 내장화되어 가는, 그리하여 '문명전환의 시간'에 이르는 변증법적 전개 과정이기도 하군요. 우선 이 다섯 단계의 처음과 끝이 形과 形(형 다시)로 같은데요, 이는 **동아시아의 초기 내장근대가 여러 위기와 변화의 과정을 겪은 후 다시 발전된 형태의 내장근대로 복귀한다**는 것을 보여줍니다. 그 복귀는 앞서 언급되었듯 결코 과거로의 복귀가 아니라 미래로 회귀해오는 것을 뜻합니다. 따라서 이는 **동아시아 내장근대의 완성일 뿐 아니라, 전 지구적 근대의 내장화이자 근본적 문명전환의 계기이기도 하다**는 말씀이지요. 전지구의 내장화가 가능하다는 것은 결국 내장의 근거가 동서 문명권에 이미 공히 존재하고 있었기 때문이었겠지요.

그런데 이 形, 流, 勢라는 말이 좀 특이합니다. 기존의 역사적 변화 패턴을 표현하는 말로 잘 알려진 것은 18세기 이탈리아의 잠바티스타 비코가 설정한 '신의 시대-영웅의 시대-인간의 시대'라는 구분이 있고, 또 하나 들어보자면 19세기의 카를 마르크스의 '노예제-봉건제-자본주의-사회주의'라는 구분법이 있습니다. 비코의 것은 섭리적 발전단계 논리가, 마르크스의 구분에는 사회구성체적 발전단계 논리가 깔려 있습니다. 그런데 형, 류, 세, 형'란 말은 우선 그런 식으로 섭리에 의해 예정된(비코), 또는 물질적 질서에 따라 필연적인(마르크스), 단계적 발전 순서나 서열을 전제하고 있지 않습니다. 500년 동서 근대의 역사적 형국(形局)의 변화 과정을 기술하고 해석하고 있을 뿐이죠. 미리 설정된 목표나 목적이 없습니다. 그러니 신학적 또는 목적론적 가치가 배제된 자연과학적 개념, 지리적 형국 변화를 표현한 지리학적 개념 같기도 합니다. 그렇지만 그 용어는 기존 사회과학이나 역사학의 유럽식 언어와는 다릅니다. 形, 流, 勢를 유럽어로 번역하면 form, flows, torrents 정도가 되겠지만 그렇게 옮겨놓고 나면 이 한자어에 담긴 풍부한 뜻이 다 표현되지 못합니다.

남선생　형-류-세-형'(형 다시)는 어떤 사회패턴이 크게 변화해가는 매우 역동적인 과정을 표현하고 있습니다. 그것을 지형과 지리가 장기적으로 변해가는 과정으로 묘사하고 있으니, 지리학적 또는 지질학적 비유를 차용하고 있음은 분명합니다. 形에서 形로 사이클을 이루어 다시 돌아온다는 점에서 순환론적으로 보이기도 하지요. 그렇지만 형과 형'는 결코 동일한 것이 아닙니다. 새로운 형이죠. 그러나 원형(原形)을 보존하고 있습니다. 이렇듯 동형이지만 동일하지 않은 것을 위상수학에서는 '위상동형(topological equivalent)'이라고 하지요. 굳이 순환이라면 나선형으로 상승·발전하는 변증법적 순환이 되겠습니다. 형-류-세-형'은 각각의 언어가 외부로부터 사전에 부여된 목적론적 섭리나 가치의 위계를 전제하고 있지 않습니다. 그러나 이 개념들을 연속적으로 이어놓게 되면 이 흐름 전체가 강렬한 역동성과 방향성을 내포하게 됩니다.

　形, 流, 勢는 한자(漢字) 문화권에서는 매우 평범하고 익숙한 말이지만 서양어로 쉽게 번역되지 않습니다. 그래서 뛰어난 서양학자들이 이런 동양사상의 개념 하나를 이해해보겠다고 책을 몇 권씩이나 쓰기도 하죠.[5] 동양사상 내부로 보면, 형, 류, 세라는 개념의 계보는 인(仁), 예(禮)와 같은 유가적 계보보다는 도가(道家), 황로(黃老), 또는 『손자병법』과 같은 병가(兵家)적 개념과 더욱 친화성이 있습니다. 무엇보다 형-류-세-형'의 패턴 변화는 동아시아와 유럽이 만나면서 벌어졌던 격렬한 힘의 상호관계를 나타내고 있는데, 도가와 황로, 그리고 병가사상은 이러한 역동적인 상호작용을 표현하는 데 적절합니다. 형-류-세 모두 변화를 나타내는 말입니다. 동양사상은 절대적으로 고정된, 변화하지 않는 실체란 존재하지 않는다고 보죠. 形 역시 변화가 연속되는 生生의 과정에서 한 시기 동안 이루어진 안정된 상태를 말하죠. 形 역시 항상 움직입니다. 그러나 流나 勢에 비하면 상대적으로 완성된, 움직임이 덜한 상태를 말합니다. 반면 류와 세는 움직임이 매우 활발한 상태를 나타냅니다. 그러나 류와 세는 그 강도와 파급력, 결과에 미치는 효과에 있어서 차이가 있습니다. '류'는 주어져 있는 형의 표면 형태와 높이 등에 변화를 일으키지만, 아직 '형'의 전체 틀을 변형시킬 만큼 강하지는 않은 변화의 추세를 말합니다. 반면 '세'는 形의 꼴, 틀 자체에 변형을 일으키는, 보다 깊은 차원의 변화 추세입니다. 지각변동을 일으켜 땅 자체의 위치와 외형이 변하고 뒤바뀌게 됩니다.

이 형-류-세1-세2-형'은 두 가지 과정이 하나의 순환적 흐름으로 엮인 복합패턴의 변화 과정으로 풀이할 수 있습니다. 첫째, 하나의 완성된 形(출발)이 한 단계 높은 또 다른 완성에 이르는 形'(도달)로 상승하는 과정이 있습니다. **종적 · 상승적 변화**입니다. 아울러 둘째, 그 상승은 '류-세1-세2'라는 투쟁 상태, 즉 形을 해체 · 변형시키려는 힘과 形을 유지 · 보전하면서 이 形을 보다 높은 수준으로 완성하려는 힘 간의 밀고 당기는 길항(拮抗)적 연쇄 과정이기도 합니다. 이는 **횡적 · 연쇄적 변화**입니다.

이러한 변화 과정에 미리 결정돼 있는 형이상학적 섭리나 법칙을 우리는 상정하지 않았습니다. 어떤 요인을 궁극적 결정인으로 전제하지도 않습니다. 지리, 기후만 아니라 정치, 경제, 군사, 종교 등 인간사 · 인류사의 다원적 힘이 엮어내는 총체적 흐름에 주목합니다. 그 흐름의 운동과 추이와 결과를 분석하면서 그 변화 과정에 상승과 발전이 수반되었음을 확인합니다.

제2론

동아시아의 안과 밖

붕새 지리학

북선생　이제부터 은유나 상징, 개념과 논리, 그리고 방법론에 대해서가 아니라 좀 더 실체적이고 실물적인 이야기를 시작해보겠습니다. 앞서 1론에서 소개한 이 책의 논리 구조를 철저히 마스터하고 가야겠다고 다시 복습하실 필요는 없습니다. 단번에 모든 것이 이해되지는 않습니다. 초벌 학습이었다고 생각하고 잠시 잊고 계속해 갑시다. 논의가 차차 진행되면서 앞서의 어떤 내용이 떠오를 때 그때 다시 들추어 확인하는 것이 효과적입니다.

　2론의 테마는 '동아시아란 무엇인가?'가 되겠습니다. 손에 잡히는 '실체적이고 실물적인' 의미에서 말이죠. 동아시아의 범주에 대한 기존의 논의는 범위가 애매하고 나라마다 아전인수(我田引水) 격으로 해석해왔던 것이 사실입니다. 논란의 여지가 없는 분명한 사실로부터 이야기를 시작하는 것이 좋겠습니다. 1론에서 제가 붕새의 북명, 남명 이야기를 했고, 여기에 대해 서선생이 동아시아의 지리적 범위를 획정하는 기준이 될 수 있겠다고 제안해주었습니다. 이 착상을 받아서 제가 먼저 동아시아의 지리적 범위를 좀 더 구체적으로 설명하고 구획해보겠습니다. 그러고 나면 동아시아 내부의 차이, 그리고 동아시아와 이어져 있는 동남아시아와 남아시아와의 연결 문제에 대해서도 더 명확한 상을 잡을 수 있겠습니다.

먼저 붕새가 오가는 북명-남명의 남북 축(軸)이 있고, 여기에 더해 북명-남명의 대기 운동의 에너지원이 되는 아시아 대륙과 태평양의 접면을 이루는 사선(斜線)을 그릴 수 있습니다. 이 사선은 아래쪽으로는 베트남, 위쪽으로는 극동 러시아를 남서에서 북동 방향으로 대략 45도 정도 기울기로 잇는 비스듬한 선입니다. 베트남-중국의 동안과 대만-한반도-일본-극동 러시아를 잇는 선이죠. '북명-남명 축'과 '아시아-태평양 사선'이 교차하는 지점에 컴퍼스 바늘을 찍고 둥글게 원을 그리면 동아시아의 영역을 얻을 수 있습니다. 그 영역 안에는 오늘날의 남북 코리아, 중국, 몽골, 극동 러시아, 일본, 필리핀, 대만, 그리고 베트남이 포함됩니다.〈그림 서-1〉

동아시아: 대륙/바다, 건조/습윤, 1몬순/2몬순

동선생　붕새의 비유가 그런 것처럼, 〈그림 서-1〉도 자연과 인문을 모두 포괄하는 새로운 차원의 동아시아의 범위 도시(圖示)가 되겠네요. 이제 이 그림을 전제로 해서 동아시아의 안과 밖에 대해 좀 더 세밀히 살펴보기로 하겠습니다. 먼저 대륙-대양 사이의 사선이 통과하

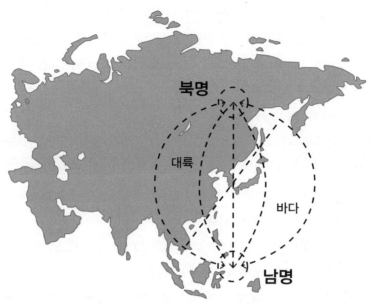

〈그림 서-1〉 북명-남명 축과 아시아-태평양 사선을 기준으로 본 동아시아의 범위

는 지역에 대해 조금 더 자세히 들여다보죠. 유라시아 대륙의 동안(東岸)과 태평양 사이에는 필리핀 군도(群島)와 일본 열도(列島), 그리고 사할린이 있고, 그 사이에 길게 이어진 남중국해, 황해(동중국해), 동해라는 세 개의 바다가 있죠.〈그림 서-2〉 이렇듯 대륙과 연한 대륙붕 지역의 바다를 지리학에서는 '연해(緣海, side sea)'라고 부릅니다. 이 세 바다는 대륙붕 지역이라 수심이 태평양보다 한참 낮죠.

그런데 저는 이 세 바다가 붕새가 비행하는 대륙과 태평양의 사이를 가르는 지점에 놓여 있다는 의미에서 '동아시아 사이 바다', 또는 붕새의 영향권의 중심부 지름을 가로지르고 있는 바다라는 의미에서 '동아시아 안 바다'라고 부르고 싶네요. '연해'는 일반칭이지만, '사이 바다'

'안 바다'는 보다 구체적입니다. 이·세 개의 '동아시아 사이 바다(안 바다)'는 모두 넓은 의미의 태평양에 포함된다고 할 수 있겠어요. 유럽의 지중해와 비교하면, 태평양이라는 지구 최대의 대양(大洋)에 열리고 연결되는 부분이 크기 때문에 대양의 영향을 훨씬 크게 받죠. 더구나 강한 계절풍의 영향권에 있어 예부터 항해하기 쉬운 바다는 아니었습니다. 그러나 이 세 개의 '사이 바다'를 통해 동아시아의 사람들은 오랜 시간 서로 오갔습니다. 이 세 개의 '사이 바다'는 동아시아의 광대한 영역의 중심부를 차지하면서 오랜 시간 역사적 · 지리적 공통성의 중요한 토대가 되어왔던 바다입니다.

더 넓게 보면 캄차카반도와 오호츠크해를 더할 수도 있겠습니다만, 이쪽 바다가 동아시아 역사의 일부가 되었다고 할 수 있는 시기가 다른 세 개의 '사이 바다'에 비해 아주 짧습니다. 따라서 이 바다를 포함시킨다고 하더라도 아주 제한적인 의미에서 그럴 수 있겠습니다. '3+1'이라고 할까요. 거기에다 이 바다는 다른 세 '안 바다'에 비해 태평양에 아주 크게 열려 있어 동아시아의 '안 바다'라기보다는 태평양의 일부에 가깝다고 볼 수 있겠습니다.

'동아시아 사이 바다'보다 아마도 더욱 중요한 것은 동아시아를 크게 둘로 구획하는 '습윤 동아시아'와 '건조 동아시아'의 구분선일 것입니다. 이 구분은 단지 동아시아만이 아니라 아시아 전체의 구분과도 연관되어 있습니다. 아시아사 전체에서 매우 중요한 구분선이죠. 이 습윤-건조의 구분의 기준 역시 육지와 바다, 즉 아시아 대륙과 태평양의 관계에서 비롯된 것입니다. 결국 땅과 바다의 열에너지 보유 방식의 차이에 따라 형성되는 것입니다. 다시 강수량 문제인데요, 동아시아 해안에서 내륙 깊숙이 들어갈수록 연강수량은 떨어집니다. 그래서

오호츠크해

동해

황해

남중국해

〈그림 서-2〉 동아시아의 '사이 바다(안 바다)' 3+1

1920년대에 아시아 건조지대를 탐사했던 미국인 학자 라티모어(Owen Lattimore)는 '15인치 연강수량' 선을 따라 건조와 습윤, 유목과 농경의 두 개의 아시아가 존재한다고 말했죠.6〈그림 서-3〉 물론 이 지역에서는 아주 오래전부터 잘 알려진 사실이었습니다. 라티모어는 만리장성이 대략 이 선을 따라 세워졌다고 보았죠. 중국사에서 말하는 '내(內)중국'과 '외(外)중국'의 구분선, 농경 문화권과 유목 문화권의 구분선이기도 합니다. 중화의식에서는 문명과 야만의 경계선으로 보았지만, 사실은 건조아시아−외중국은 육상 실크로드를 통해 동서 문명을 잇는 중요한 역할을 해왔죠. 건조와 습윤의 두 개의 아시아란 기본적으로 대륙이

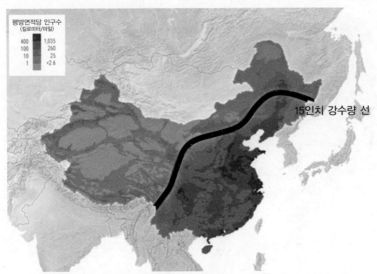

〈그림 서-3〉 오언 라티모어의 습윤-건조 구분선(중국): 15인치 강수량 선과 인구밀도

바다의 영향, 즉 태평양의 영향을 받는 정도를 말하는 것이라고 할 수 있겠습니다. 즉 태평양이 가져다주는 강수 혜택의 정도에 따라 습윤과 건조가 나뉘는 것이죠.

여름철 태평양의 물을 흠뻑 빨아올려 남명을 차오른 붕새는 북명을 향한 거대한 비행을 시작하지만 비행 끝에 이윽고 북명에 도달했을 때는 온몸의 비를 이미 다 뿌려 그의 몸은 바짝 말라 있는 형국입니다. 그러나 이제 겨울이 되면 붕새는 다시 날개를 펴 반대 방향으로 북명에서 몽골과 시베리아의 찬바람 눈보라를 몰고 아시아 대륙을 거꾸로 휩쓸어 내려오지요. 『천자문』에 나오는 '추위가 오고 더위는 가며 가을에 걷고 겨울에 저장하는(寒來暑往 秋收冬藏)' 시간입니다. 피어나고 육성하는 시간과 저장하고 준비하는 시간의 교차입니다. 동아시아 문명

서론

은 이러한 한서, 건습의 교차 패턴을 바탕에 깔고 있습니다.

　유라시아 대륙의 동안(東岸)이 남북–동서의 비스듬한 사선을 이루고 있다고 했는데요, 동아시아의 기상 자체도 남북 직선만이 아니라 동서 방향의 영향을 동시에 받습니다. 지구 자전의 영향이죠. 그래서 벡터 작용이 생겨 동서로 비스듬한 방향으로 움직입니다. 그 결과 겨울에는 단순히 북풍이 아니라 북서 북동 계절풍이, 여름에는 남풍이 아니라 남동 남서 계절풍이 붑니다. 우리가 동아시아를 이해할 때 남북만이 아니라 동서의 축을 함께 고려해야 한다는 것은 역사적 고찰 이전에 이렇듯 순전히 자연의 이치상 분명합니다. 동아시아의 남북 축의 기상운동은 대륙과 대양이 태양열을 품고 반사하는 정도 차이에 따라 형성되고, 동서 축의 운동은 지구의 자전에 큰 영향을 받습니다. 지구는 좌에서 우로 자전하고 있는데요, 여기에 기압과 위도의 영향을 받아 크게 적도에서 북위 30도, 그리고 북위 30도에서 60도, 그리고 60도에서 북극까지 바람 방향이 달라집니다. 〈그림 서-4〉

남선생　　동선생의 동아시아 개념에는 통상 동남아시아로 구분해온 지역이 일부 포함되어 있군요. 베트남과 필리핀이 그렇습니다. 이의를 제기하자는 것은 아닙니다. 사실 모든 역사적, 지리적 지역(region) 구획이란 게 항상 어느 정도는 상대적이고 일정 부분 겹치게 마련이니까요. 저도 태평양권 아시아를 동아시아로 보자는 것은 분명히 합리적인 근거가 있다고 생각합니다. 역사적으로 베트남과 필리핀은 동아시아 역사의 긴밀한 일부로 자주 등장하죠. 그렇게 보면 중국, 한국, 일본이 현재의 아세안(동남아시아국가연합)+3의 협동포럼의 일원이 된 것도 오히려 자연스럽습니다. 인접 지역이란 늘 중첩되고 유동적입니다. 여기서 저는 동아시아와 동남아시아 지역 구획 간의 중첩지대, 점이지대에

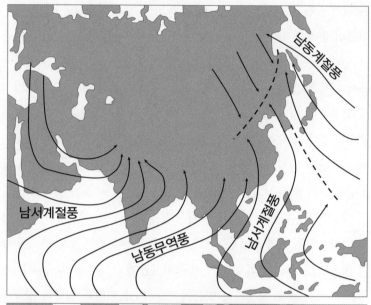

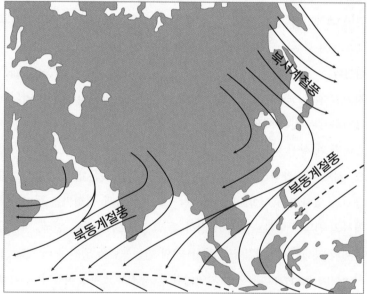

〈그림 서-4〉 아시아의 여름 몬순(위쪽)과 겨울 몬순(아래쪽)

서론

대해 조금 더 세심히 들여다보려고 합니다. 이를 통해 양 지역의 연관성이 좀 더 분명해지기 바랍니다.

앞서 북선생은 『장자』에서 언급한 북명과 남명을 동아시아 구획의 기본 축으로 보았습니다. 그런데 동아시아만이 아니라 아시아 전체를 보면 또 다른, 제2의, 북명과 남명이 있다고 할 수 있습니다. 왼편 그림에도 어느 정도 나타나 있습니다만, 티베트고원('제2 북명')과 인도양('제2 남명')이 그렇습니다. 인도양 역시 대단히 큰 바다입니다. 그리고 티베트고원 역시 겨울에 대단히 춥습니다. 육지와 바다 간의 온도 차, 기압 차가 생겨 양자 간의 거대한 대기의 움직임이 생기는 원리도 같습니다. 그 결과 인도에서 동남아시아에 걸쳐 강력한 몬순 현상이 발생하죠. 흔히 '몬순(monsoon)'이라 하면 인도의 장마 정도로 알고 있지만, 지리학자들은 '인도양권 몬순'과 '태평양권 몬순'을 함께 묶어 '아시아 몬순'이라고 합니다. 그러니 한국의 장마도 당연히 몬순 현상인 거죠. 따라서 한국도 당연히 '몬순 아시아'의 일부입니다.

동남아시아의 경우 여름철 몬순은 거의 주로 인도양권의 영향 아래 있습니다. 즉 동남아시아의 여름비는 대부분 인도양에서 온 것입니다. 그런데 이곳에는 겨울에도 몬순이 있습니다. 겨울에도 춥지 않고 따뜻한 바다 습기가 북동풍을 타고 와 비를 뿌립니다. 그런데 동남아 지역의 겨울 몬순은 태평양권의 영향이 더 강해집니다. 즉 동남아의 겨울비는 대부분 태평양과 그 일부인 남중국해에서 온 것입니다. 그 배경에는 역시 『장자』에서 말한 북명(北冥), 즉 시베리아 극한대의 영향이 있습니다. 동남아의 겨울은 분명 장자 붕새의 활동과 관련되어 있습니다.

반면 남아시아인 인도, 실론, 방글라데시는 여름, 겨울 몬순 모두 인도양 영향권입니다. 북명의 역할도 이곳에서는 시베리아가 아니라 티베트고원과 중앙아시아가 하고 있습니다. 이와 달리 동남아시아는 인도양과 태평양의 영향을 동시에 받는 지역입니다. 여름엔 인도양-티베트의 남북 축의 영향, 겨울엔 몽골·시베리아-태평양 축의 영향을 받죠. 반면 동아시아는 인도양-티베트 축과는 거의 무관하고 압도적으로 북명(시베리아·몽골)-남명(태평양) 축의 영향권 아래 있는 곳입니다.

아시아 몬순 지역도 크게 둘로 나눌 수 있습니다. 겨울 몬순이 있는 곳과 없는 곳이지요. 대략 북위 30도 이북은 겨울 몬순이 없습니다. 겨울 몬순이 있는 곳은 아열대와 열대 기후대고, 쌀의 2모작, 3모작이 가능합니다. 이렇게 보면 태평양권을 동아시아로 본다고 하더라도, 겨울 몬순의 유무에 따라 동아시아는 둘로 나눠집니다. '1(여름) 몬순 동아시아'와 '2(여름/겨울) 몬순 동아시아'죠. 그렇다면 먼저 크게 '건조 동아시아'와 '습윤 동아시아'가 있는 것이고, 그중 습윤 동아시아에는 '1몬순 동아시아'와 '2몬순 동아시아'가 있는 거죠. 1몬순 동아시아 지역은 시베리아 한랭 고기압의 영향을 받아 겨울이 아주 춥습니다. 그래서 일년 춘하추동이 분명하게 구분되죠. 반면 북위 30도 이남 2몬순 동아시아 지역은 시베리아 북명의 영향이 매우 약해서 연중 기온차가 크지 않습니다. 고지대를 제외하고는 겨울에도 눈 내리는 곳이 거의 없고, 사계절이 뚜렷하지 않습니다.

붕새와 가루다의 계절풍 운동과 문명의 교류

서선생　그럼 제가 이쯤에서 『장자』의 붕새 이야기를 종합 정리해 볼 순간인 것 같습니다. 우선 아시아에는 붕새가 둘이 있다고 하겠습니다. 하나는 시베리아–태평양 노선의 붕새, 또 하나는 티베트–인도양 붕새죠. 여기서 앞의 붕새는 동아시아 붕새, 뒤의 붕새는 남아시아 붕새라고 하겠습니다. 그 사이에 있는 동남아는 여름에는 남아시아 붕새, 겨울에는 동아시아 붕새의 영향을 주로 받는 거죠. 남아시아 몬순에 대해서도 '붕새'라 이름 붙이는 건 정당하지 않을 수 있겠습니다. 힌 두권의 신조(神鳥)인 '가루다(Garuda)'라고 하는 게 맞겠네요. 그렇다면 '동아시아의 붕새'와 '남아시아의 가루다'는 아시아의 육지와 바다를 연 결하여 건습, 냉온의 생태적 다양성을 조성해냈습니다.〈그림 서-5〉아시 아의 자연과 생명, 그리고 그 안에서 인간이 번성할 터전을 이루어낸 거죠. 결국 아시아의 생명사, 문명사가 붕새와 가루다의 거대한 날갯 짓에 의해 형성된 것이라 하겠으니, 두 거조(巨鳥)는 참으로 위대하다 하지 않을 수 없네요. 장자(莊子) 선생의 사유의 스케일을 이제야 조금 이해하게 됩니다.

　붕새와 가루다의 거대한 비행은 서로 일부 중첩하여 두 광대한 영역 을 연결합니다. 이를 통해 동아시아와 동남아시아, 그리고 남아시아와 서아시아를 잇는 거대한 순환 사이클이 형성되지요. 먼저 두 거조가 만들어낸 계절풍은 바다를 통해 아시아의 남북과 동서를 연결했습니다. 〈그림 서-5〉와 앞서 아시아 계절풍〈그림 서-4〉에서 한눈에 보이 듯 아라비아해, 인도양과 동남아해, 남중국해, 동중국해(황해), 그리고 동해는 가루다와 붕새가 일으킨 계절풍을 통해 하나로 이어진 길이 될

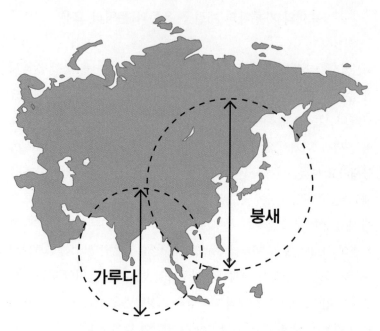

〈그림 서-5〉 동아시아 붕새와 남아시아 가루다의 영향권

수 있었습니다. 이 길을 따라 오래전부터 아라비아, 페르시아와 인도, 동남아와 남중국, 고구려 · 백제 · 신라 · 발해 · 고려와 일본이 바닷길로 서로 통할 수 있었습니다. 동서 아시아를 잇는 중계지인 동남아는 그래서 힌두교, 불교, 유교, 이슬람, 그리고 가톨릭 문명이 차례로 도래하여 무지개나 동심원처럼 공존하는 지역이 되었고요.

바닷길만이 아닙니다. 붕새와 가루다라는 두 큰 새가 북방에서 일으킨 건조한 바람은 몽골 중앙아시아 실크로드를 조성하였고 이 길을 따라 아시아의 동서가 회통하였죠. 불교가 이 길을 따라 인도에서 중국으로 넘어왔고, 중국과 신라, 일본, 고려의 사문(沙門) · 승려들이 이

서론

길을 따라 서역으로 들어갔다가 바닷길로 계절풍을 타고 다시 고국, 고향으로 돌아왔습니다. 매우 일찍부터 육로와 해로가 이어져 상통하고 있었죠. 이렇듯 붕새와 가루다는 아시아 동서남북의 상호교류의 길을 열어주었습니다. 이 길은 육로와 해로를 통해 아라비아, 페르시아, 아프리카 동안(東岸), 레반트, 소아시아로 이어졌지요. 육지 실크로드, 바다 실크로드가 그것입니다.

이를 '문명 간 통로'라고 하는데요, 아프로－유라시아의 거대한 육지 덩어리를 보면 그 내부 문명 통로의 큰 방향은 주로 동서 방향으로 이뤄졌습니다. 제러미 다이아몬드가 『총균쇠』에서 했던 이야기이기도 합니다. 인류문명의 교류와 진화는 남북보다는 주로 동서, 즉 경도보다는 주로 위도를 따라 오가며 이뤄졌다고 했지요. 그러나 그렇듯 위도를 횡으로 따라가는 동서 교류가 아시아에서는 붕새와 가루다라고 하는 남북 간의 두 초거대 계절풍의 운동을 통해 가능했던 것이죠.

지구 위도상의 좌우의 상대적 위치를 통상 동서(東西)라고 합니다마는, 실은 동서란 꼬리가 꼬리를 무는 식이어서 무슨 고정점이 없습니다. 지구는 둥글고 늘 도니까요. 반면 남북 방향은 지축이라는 고정점이 있습니다. 원래 동이냐 서냐는 어느 문화, 문명권이든, 동은 해가 뜨는 곳, 서는 해가 지는 곳입니다. 자기 위치에서 보면서 말하는 것뿐입니다. 해 뜨는 곳을 자꾸 따라가다 보면 그곳이 결국 원래 위치에서는 해가 졌던 곳임을 알게 되죠. 동서란 그렇게 항상 빙빙 돌아서 제자리로 돌아오는 것입니다. 동양·서양이란 말도 따지고 보면 상대적인 표현일 뿐이죠. 유럽에서는 아시아 쪽에서 해가 뜨니까 이쪽을 동양이라 했지만, 미국에서 보면 유럽 쪽에서 해가 뜨니 그쪽이 동양인 것이고, 태평양 너머 서쪽으로 해가 지니 그쪽에 있는 아시아가 서양 아니겠습니까. 지구를 돌다 보면 서양이 동양이 되고, 동양이 서양이 된다는 거죠. 빙빙 돌면서 말입니다.

지난 몇 세기 아시아에서의 '서세동점'도 상대적이고 일시적인 현상이었습니다. 유럽이 아시아를 점차 장악하고 지배해온 흐름을 '서세동점'이라고 합니다. 그러나 유럽 배가 아시아의 바다에 처음 나타나 활동하기 시작했던 16세기는 아직 '서세'였다 할 수 없어요. 유럽 세력이 아시아의 바닷가 몇 곳에서 간신히 발 딛고 설 자리를 찾는 데 급급했죠. '서세'라고 하면 유럽 세력이 이미 '동(아시아)'에서 우위에 있었다는 뜻입니다. 그러나 남아시아, 동남아시아는 17~18세기부터, 한중일 3국에는 19세기 중반에 이르러서야 비로소 '서세'가 되었다 할 수 있습니다. 이후로 이 광대한 지역 전체가 거의 식민화되었습니다. 그 트라우마는 굉장히 컸지요. 자기중심이 무너졌으니까요. 그렇다 보니 서양의 모든 것은 우월하고 동양의 모든 것은 열등하다는 의식이 생겼습니다. 아직까지도 그런 생각이 남아 있어요. 그러나 일시적이고 상대적인 현상이었을 뿐입니다. 역사를 길게 보면 서세동점 시기는 오히려 짧고 아시아가 유라시아의 중심이었던 시간이 훨씬 깁니다. 서세(西勢)가 아시아를 지배했던 시기는 19, 20세기 불과 200년입니다. 불과 200년이기는 하지만 매우 특이한 시기였던 것은 사실이죠. 인류문명사 전체를 보더라도 한 지역의 문명이 여타 문명 전체에 압도적인 지배력을 행사한 시기는 오직 이 200년뿐이었으니까요.

그러나 그렇듯 지극히 이례적인 한 시대가 끝나고 있음도 분명합니다. 한때 '동아시아의 부상(浮上)', '동아시아의 귀환'이라는 말이 유행했는데요, 주로 중국, 일본, 그리고 한국을 비롯한 소위 '동아시아의 작은 네 마리 용'의 급속한 경제성장을 가리키는 말이었죠. 이제는 동아시아만이 아닙니다. 인도와 동남아를 포함한 아시아 전체의 부상과 귀환을 말합니다. 라틴아메리카와 중동, 이슬람권에서 서구의 지배력도 더는 과거와 같지 않습니다. 이제 서구의 세계지배라는 지극히 이례적이었던 한 시대가 분명히 끝나가고 있음을 말해줍니다. 여러 문명과 지역들이 보다 균등하게 정립하는 시대로 가고 있습니다. 세계사가 정상화되고 있다, 이제야 비로소 노멀(normal)한 상태로 가고 있다고 말할 수 있겠죠. 이렇듯 여러 문명과 지역이 비교적 동등한 상태에서 병립하는 상태가 역사적으로 훨씬 오래 지속했던 '정상적' 현상이었습니다. 그래서 정상, 노멀이라고 했습니다. 이미 우리의 젊은 세대는 이러한 시대감각을 가지고 있습니다. 문명적 열등감-우열감, 또는 민족적 우월감-열등감, 이런 게 없거나 매우 약합니다. 젊은 세대로 갈수록 이런 모습이 분명합니다.

북선생　붕새의 날개가 포괄하는 영역의 내부를 세심히 들여다보니 동아시아라는 단위도 하나로 간단히 묶어지는 것이 아니라는 사실을 새삼 깨닫게 됩니다. 건습에 따른 큰 구획선이 있었고, 몬순 지역도 겨울 몬순이 있느냐 없느냐에 따라 상당히 다른 환경이 조성되는 것을 보았습니다. 이것은 동아시아 내부에서도 내장과 팽창의 상대적 편차가 생길 수 있음을 말해줍니다. 우리가 '동아시아 내장근대'라고 할 때는 전체로 보아 지배적인 경향을 말하는 것입니다. 어느 문명에서나 내장과 팽창의 상대적인 내적 편차는 존재하는 것이겠지요. 제1론에서 동선생이 언급한 것처럼, 유럽에 내부에도 팽창과 내장의 상대적 편차는 존재합니다. 다만 전체로 보아 근대 시기 유럽의 지배적인 경향이 팽창적이었기 때문에 '서양 팽창근대'라고 하는 것이고요.

또 우리는 동아시아 붕새와 남아시아 가루다가 구분됨을 보았고, 동남아시아는 이 두 거조의 영향을 동시에 받는 곳임을 알았습니다. 그리고 붕새의 날개로 시작한 동아시아 이야기가 서선생의 '서세동점' 논의를 통해 어느덧 세계사 속의 동아시아 논의로 이어졌습니다. 〈종합 발제〉를 보면 이 '서세동점'을 통해 동아시아의 形은 변화하기 시작하여 형-류-세-형'의 사이클 운동을 시작하게 됩니다. 따라서 '역사의 새'가 발견한 동아시아 근대사의 역사적 패턴의 전모를 이해하기 위해서는 서론을 넘어 본론으로 넘어가기 전에 우선 '서세동점'의 기본 메커니즘에 대한 사전정리가 필요하겠습니다.

제3론
|
서세동점의 내력

|

대항해, 동아시아로 가자!

남선생　서세동점은 흔히 유럽의 '대항해'에서 시작된 것이라고 합
니다. 그런데 그 대항해란 애당초 어디를 향해 가려고 했던 것일까요?
여기서부터 시작해보지요. 이 질문은 매우 중요합니다. 이것을 먼저
알아야 세계사의 큰 흐름이 어느 방향으로 움직이고 있었는지를 알게
되니까요. 포르투갈 사람 바스쿠 다가마(Vasco da Gama)가 1497년 리
스본의 벨렝(Belém) 앞바다를 출발했을 때의 목표지는 바로 아시아였
습니다.〈그림 서-6〉 힘겹고 우여곡절 많았던 항해 끝에 아프리카 희망봉
을 돌아 인도 캘리컷에 도착했던 때가 1498년입니다. 아시아에 왔던
유럽인은 물론 그전에도 있었지요. 적지 않은 유럽인들이 아시아에 갔
었습니다. 바스쿠 다가마보다 200년 전쯤의 유럽인인 마르코 폴로도
그런 사람이죠. 그러나 그때는 지중해를 통해 육지로 왔습니다. 유럽
에서 배로 출발해서 아프리카를 돌아 인도양을 건너 인도에 도착했던

〈그림 서-6〉 바스쿠 다가마의 출항지 리스본 벨렝 해안(1650년대의 그림)

첫 유럽인들은 바스쿠 다가마 일행이었습니다. 그런 의미에서 최초이
고 그래서 역사적인 사건이 되는 것입니다. 이렇게 배를 통한 유럽과
아시아의 직통 연결이 이로써 시작되었습니다. 당시에는 뱃길이 가장
빠른 여행수단이었으니까 유럽과 아시아 사이에 해상 고속도로가 뚫
린 셈이었다고 할 수 있겠습니다.

　그러면 이제 '대항해' 이야기에서 바스쿠 다가마보다 더 유명한 크
리스토퍼 콜럼버스는 어땠을까요? 남다른 사람이었으니만큼 그는 정
말 애초부터 '신대륙'을 발견하기 위해 출발했던 것 아닐까요? 보통 중
고등학교에서는 '콜럼버스가 신대륙을 발견했다'고만 가르치니까 그런
착각도 생길 수 있습니다. 그러나 아시다시피 전혀 그렇지 않았죠. 콜

서론

럼버스 역시 아시아로 가려고 했습니다. 콜럼버스가 일기에 직접 썼듯이 당시 유럽 언어로 '카타이(중국)'와 '시팡구(일본)'가 그가 가고자 했던 목표였습니다.[7] 당시에 콜럼버스는 아메리카 대륙이 존재한다는 것을 꿈에도 몰랐어요. 콜럼버스만이 아닙니다. 유라시아-아프리카 사람들 아무도 몰랐지요. 물론 아메리카에 이미 1만 년 넘게 잘살고 있던 아메리카 원주민들을 빼고는 말입니다. 그러니까 '콜럼버스가 신대륙을 발견했다'는 그동안 익숙해진 그 말은, 실로 말이 안 되는 말, 어불성설(語不成說)이었던 것입니다. 이미 수많은 아메리카 원주민들이 오랜 세월 문명을 이뤄 멀쩡히 잘살고 있었던 곳을 새롭게 '발견'했다느니, '신대륙'이니 떠든다는 게 난센스죠. 아니, 오만입니다. 순전히 콜럼버스와 유럽인들 중심의 일방적인 관점만을 드러내고 있는 것입니다.

콜럼버스는 지구는 둥글다는 학설을 알고 있었고 그래서 서쪽 바다로 배를 몰고 가면 일본, 중국, 인도에 도착할 수 있다고 생각했습니다. 당시 지구가 둥글다는 생각은 유럽에서도 아주 일부 사람들만 가지고 있었지요. 따라서 콜럼버스 혼자만의 생각은 아니었지만 어쨌든 직접 배를 몰아 대서양을 건너 아시아로 가보겠다고 하는 발상은 대담한 것이었죠. 콜럼버스가 보통 사람은 아니었다는 사실은 분명합니다. 그렇다고 해도 그가 이끌고 간 선원들은 그저 뱃사람들에 불과하니 불안하지 않을 수 없었죠. 콜럼버스가 가고자 하는 뱃길은 누구도 가보지 않았던 미지의 바다입니다. 선원들의 심리는 땅 위에 발 딛고 선 사람들과는 크게 다릅니다. 더구나 당시에 대서양 너머 먼 바다는 근원적으로 공포요 불확실성입니다. 다만 일확천금의 보상을 기대하고 모험을 해보는 것입니다. 지구가 둥글다는 콜럼버스의 믿음도 당시에는 아직 검증된 사실이 아니었어요. 콜럼버스 자신도 속으로는 굉장히 불안했어요. 그의 항해를 후원했던 스페인 왕실도 콜럼버스의 항해를 정확하게 '도박'이라고 보았습니다. 이런 불안감은 콜럼버스만의 것이 아니었습니다. 사실은 아프리카를 돌아 인도양으로 나갈 수 있다는 것 역시 바스쿠 다가마 이전까지는 검증된 사실이 아니었거든요.

스페인 왕실이 후원했던 콜럼버스보다 포르투갈의 바스쿠 다가마 이야기를 먼저 했던 데에는 이유가 있습니다. 포르투갈의 인도 항로 개척 노력이 콜럼버스의 시도보다 훨씬 앞서 있었기 때문입니다. 포르투갈은 15세기 초엽부터 아프리카 서해안을 따라 점점 남쪽으로 항해해 갑니다. 그러면서 가는 길에 닻을 내린 곳에서는 내륙 탐사를 했습니다. 내륙 탐사를 하면서 세운 십자가들이 지금도 남아 있습니다. '미지의 항로'를 연다는 것이 '대항해'의 정신이라면, 그 시작은 콜럼버스가 아니라 포르투갈의 아프리카 탐사였습니다. 탐사에 나서면서 포르투갈인들은 문제의 노예무역도 시작해요. 이러면서 1480년이면 콩고 부근까지 내려갑니다. 가나만 일대의 아프리카 해안이 동쪽으로 꺾어들자 포르투갈은 이제 곧 바다가 인도양으로 통할 것이라고 믿고 기뻐했습니다. 아프리카 끝까지 다 내려온 것으로 생각했던 것입니다.

그러나 그것이 아니었죠. 아프리카 해안은 적도에서부터 다시 꺾여 끝없이 남쪽으로 이어졌습니다. 실망과 회의가 밀려왔죠. 그럼에도 포르투갈 군주는 포기하지 않고 계속 배를 보냈습니다. 모험을 강행합니다. '올인'한 것입니다. 만일 성공만 하면 그 경제적 대가가 매우 클 것이라는 기대가 있었기 때문입니다. 여기에 더해 자신의 항해가 십자군운동의 연장이라는 종교적 동기가 있어요. 유럽의 변방 신생국가 포르투갈이 십자군운동의 새로운 선봉이 됨으로써 기독교 문명권에서 위신을 크게 세울 수 있다고 보았어요.

　요즈음은 아주 흔한 용어가 된 '리스크(risk)'라는 말, 요즘은 주로 금융용어로 쓰이고 있는데요, 이 말이 이즈음 포르투갈어(risqué)로 처음 출현했습니다. 그전까지 위험을 뜻하던 '데인저(danger)'와는 전혀 다른 뜻으로 말입니다. 데인저는 여러 차례 겪어본 적이 있는, 이미 알려져 있는 위험이고, 리스크란 지금까지 겪어본 적이 없는, 알려진 적이 없는, 전혀 새로운 위험이라는 뜻이 되겠습니다. 미지의 먼 바다로 항해해 가야 했던 포르투갈 뱃사람들이 만들어낸 신조어였던 것이죠. 결국 그렇게 계속 모험을 감행한 끝에 1488년 바르톨로뮤 디아스가 드디어 아프리카의 끝, 희망봉에 도착합니다. 이제 드디어 인도로 가는 길, 인도양의 진입로에 도달했던 것이죠. 그러나 기진맥진해진 디아스의 선원들은 더 이상 항해하기를 거부했다고 합니다. 너무나 지치기도 했지만 그때까지도 확신할 수가 없었죠. 두려웠던 것입니다. 그래서 돌아옵니다.

　그즈음인 1485년경 이탈리아 제노바 사람인 콜럼버스가 '대서양을 횡단하는 중국 항로' 아이디어를 가지고 포르투갈 왕실과 교섭을 시작합니다. 그러나 결국 설득에 실패해서 스페인으로 가게 되는데요, 포르투갈 왕실로서는 거의 다 개척해 놓았다고 생각한 아프리카 루트가 있었기 때문에 한 '투기꾼'의 불확실한 제안에 쉽게 넘어갈 이유가 없었던 것이죠. 콜럼버스도 보통 사람이 아닙니다. 뜻대로 되지 않자 이번에는 스페인으로 가서 다시 집요하게 왕실 설득 작업을 합니다. 이번에는 스페인과 포르투갈 사이의 아시아 항로 개척의 경쟁심을 이용하죠. 결국 7년 만인 1492년 8월, 콜럼버스는 역사적인 출항에 나설 수 있었어요. 그런데 콜럼버스는 불과 33일 만에 오늘날의 산살바도르에 도착했거든요. 이 성공에 포르투갈은 커다란 충격을 받지 않을 수 없었죠. 그리하여 다시 심기일전하여 바스쿠 다가마를 보내 결국 희망봉을 돕니다. 그래서 1498년 인도에 도착하게 되지요. 콜럼버스보다 늦기는 했지만, 실제 자신이 가려고 했던 제 목표에 도착한 것은 콜럼버스 쪽이 아니라 바스쿠 다가마 쪽이었어요. 콜럼버스는 엉뚱한 데 도착해서 자신이 중국 어디쯤에 왔다고 착각하고 있었으니까요.

바스쿠 다가마나 콜럼버스가 아시아를 향한 까닭은 아시아에 가면 큰 부가 있고, 일확천금을 할 수 있다는 희망이 있었기 때문입니다. 전혀 근거 없는 믿음이나 공상이 아니었습니다. 오히려 당시에 널리 퍼져 있던 믿음이었어요. 아시아와의 교역은 먼 옛날 로마 시대부터 있었고, 몽골제국이 유라시아 통로를 열어놓았을 때는 그 교역이 더욱 활발했으니까요. 특히 인도, 동남아에서 오는 향신료(spice)는 유럽의 식단과 입맛을 이미 크게 바꿔놓았습니다. 비단이나 도자기에 대한 수요도 이미 형성되어 있었고요. 그러나 아시아로 통하는 길이 점차 닫히게 됩니다. 먼저 아시아와 유럽을 이어주던 동로마제국이 이슬람 세력에 의해 위협받게 됩니다. 11~13세기 8차에 걸쳐 벌어진 유럽의 십자군 전쟁은 이슬람 땅이 된 예루살렘을 되찾고 이슬람의 위협을 받고 있는 동로마를 지원하자는 것이었습니다만 결국 실패했죠. 십자군 전쟁의 배경에는 아시아와의 교역로를 유지하려는 경제적 동기가 컸습니다. 그러나 결국 동로마는 1453년 강력한 신흥 이슬람 국가인 오스만 튀르크에게 멸망하죠. 그후 아시아 물품 특히 향신료 수입은 이집트 맘룩 왕조와 연결된 베네치아의 독점에 의해 간신히 유지되고 있었을 뿐입니다. 그만큼 향신료 등 아시아 물산은 고가품이 되었어요. 대다수 유럽 국가와 상인들은 그조차 구하기 어려웠습니다.

이렇게 되자 유럽인들은 아시아로 가는 새로운 교역로를 찾으려 했습니다. 그러다 궁리 끝에 오스만제국을 피해 대서양을 건너고 아프리카를 돌아서 아시아로 바로 가보겠다고 생각하게 된 거죠. 이 길은 당시로는 '이론'만으로 가능하지 누구도 가본 적이 없는 길이었죠. 매우 불확실하고 위험성이 높은 방법이지만, 그들은 모험을 시도했습니다. 그만큼 아시아의 부와 물산(物産)에 대한 필요가 컸던 것입니다. 육지길만 생각하면 포르투갈과 스페인은 인도, 중국에서 가장 멉니다. 그러나 만일 바다로 간다면? 오히려 가장 가까울 수 있다고 본 거죠. 육지길로 가장 멀리 떨어져 있었기 때문에 바닷길로 가장 가까울 수 있다! 재미있는 역설입니다.

여기서 빼놓을 수 없는 게 종교적 요인입니다. 기독교 문명을 이해하는 데 중요한 키워드의 하나가 종말론입니다. 1부(形)에서 상세히 보겠습니다만, 팽창근대의 팽창동력과 종말론적 상상은 매우 깊은 관계가 있습니다. 바스쿠 다가마와 콜럼버스가 대항해에 나서던 당시에는 강력하게 성장하고 있는 오스만 튀르크의 힘 앞에 동로마제국의 운명이 풍전등화의 위기에 처하고 유럽 전반에 기독교 문명에 대한 위기감이 감돌고 있던 때였습니다. 당시 많은 유럽인들이 이런 위기를 종말과 심판의 기호로 읽었지요. 오스만 튀르크가 바로 「요한계시록」 20~22장에 나오는 '사탄의 지휘를 받는 곡(Gog)과 마곡(Magog)의 민족'이며, 계시록이 예언한 대로 '곡과 마곡의 민족'이 불의 심판을 받고 '하나님 나라'와 '새 예루살렘'이 도래할 것이라 상상했습니다. 바스쿠 다가마와 콜럼버스도 자신들의 항해가 '곡과 마곡의 민족' 즉 오스만 튀르크를 바다를 돌아 포위하여 쳐부수기 위한 '최후의 성전'이라고 믿었습니다. 더구나 당시 스페인과 포르투갈은 무려 800년간 이어진 이슬람의 이베리아 반도 지배를 끝장냈다는 자부심이 아주 컸습니다.

이 기세를 몰아 이제 바다를 통한 우회가 성공하여 오스만 튀르크의 후방인 아시아에 도달하게 되면 아시아와 동맹해 이슬람을 협공할 수 있을 것이라는 희망도 있었습니다. 이미 13~14세기에 로마 교황청은 원나라에 사절단을 보내 그 가능성을 타진했던 적도 있지요. 당시에는 동방 깊은 곳에 기독교도인 '프레스터 존'이 다스리는 강력한 기독교 왕국이 존재한다는 전설이 널리 회자했다고 합니다.[8] 이러한 당시의 믿음에 대해서 중앙아시아 일원에 약 80년간(1132~1211) 존속했던 서요(西遼)제국이 동방 기독교인 네스토리우스교 즉 경교(景敎)를 신봉했으며, 이 서요제국의 왕인 야율대석을 '프레스터 존'의 후보로 해석할 수 있다는 견해가 있습니다. 후대의 풀이죠.[9] 그런 식으로 풀이하자면, 서요 이후에 들어선 몽골제국의 황실에도 네스토리우스교 신자가 적지 않았다고 하니 몽골제국의 내부에도 그 후보자들이 존재했다고 할 수 있겠습니다. 그러나 '프레스터 존'은 없었어요. 몽골제국 시대에는 물론 대항해 이후에도 유럽 종말론자들이 기대했던 '유럽과 아시아의 대(對)이슬람 기독교 연합전선'은 형성되지 않았습니다.

어쨌든 15세기 말에 포르투갈과 스페인이 바다로 나간 것을 후일의 서양 역사가들은 '대항해'라 부르며 칭송했지만, 처음에는 그 이름과 같이 그렇게 거창한 게 아니었어요. 곤경에 처한 쪽에서 지푸라기라도 잡는 심정으로 필사적인 모험을 감행했던 것입니다. 그러니까 이들이 바닷길로 아시아를 찾아 나섰을 때부터 그 무슨 '서세동점' 같은 게 있을 수가 없지요. '서세동점'이라는 말 자체가 이미 '서'는 '세'가 있다, 힘과 부의 우위에 있다는 것을 전제하는 말이니까요. 실상은 오히려 반대였죠. 힘과 세가 있는 쪽은 오히려 아시아 쪽이라고 여겨지고 있었으니까요. 처음에 유럽 세력이 아프리카를 돌아 아시아로 들어갔을 때 유럽의 힘이 아시아보다 우위에 있었던 것이 아닙니다. 아시아의 중심은 중국(청), 인도(무굴), 페르시아(사파비)와 같은 큰 제국, 그리고 미얀마, 태국, 베트남, 일본, 조선과 같은 탄탄한 왕국들인데, 아시아로 처음 넘어온 유럽 세력은 이런 탄탄한 국가들은 전혀 넘볼 수 없었습니다. 인도의 고아나 동남아의 말라카, 필리핀의 루손 등 뱃길 요지의 조그마한 무슬림 또는 힌두 영주들이 지배하는 항구 도시들을 공격해서 빼앗는 정도였죠. 큰 나라들에 대해서는 고분고분한 모습을 보이며 환심을 사서 교역의 기회를 얻으려 했습니다. 마카오나 나가사키는 그런 방식으로 교역을 허락받았던 곳입니다. 그래서 대항해 초기에는 아시아에서 서세동점이라는 말이 성립되지 않습니다.

아메리카와 아프리카, 서세동점의 밑천이 되다

서선생   유럽이 '서세동점'을 말할 수 있을 만큼 힘이 커질 수 있었던 밑천은 아메리카의 획득에서 나왔지요. 특히 스페인이 아즈텍, 잉카 제국을 멸망시키고 엄청난 은을 채굴할 수 있었던 것이 매우 중요했습니다. 아즈텍, 잉카제국은 아직 철기 문명이 아니기도 했지만, 유라시아에서 온 새로운 병균에 무방비 상태였던 것이 그들에게는 치명적인 결과가 되었죠.[10] 멸망한 제국에서 엄청난 금은을 약탈한 데다가, 여기에 더해 오늘날 볼리비아에 해당하는 지역의 포토시(Potosi)에서 어마어마한 은광이 발견돼요. 여기서 스페인인들은 원주민들을 노예로 부리면서 막대한 은을 채굴합니다. 혹사당한 남미 원주민들이 죽어 나가니까 나중에는 아프리카에서 원주민을 노예로 잡아 와서 부리죠.

요즘 '대박'이란 말이 유행합니다만, 정말 유럽 근대사에 '대박'이란 게 있다면 그건 바로 아메리카 획득입니다. 큰 희생 없이 어마어마한 금덩어리, 은덩어리, 땅덩어리를 한꺼번에 차지할 수 있게 된 게 바로 아메리카 덕분이니까 말입니다. 유럽 전래 동화를 보면, 다른 곳의 부를 훔쳐 일확천금한다는 종류의 이야기가 아주 많습니다. 잘 알려진 것으로 「잭과 콩나무」, 「브레멘 음악대」 등이 있죠. 그 동화 속에서 빼앗기는 쪽은 항상 사람 잡아 먹는 거인 또는 도깨비 식으로 철저히 낯설고 이질적인 타자(他者)로 설정되죠. 당하는 입장, 즉 남북 아메리카 원주민들의 입장에서 보면 기가 차서 까무러칠 이야기죠. 그렇게 되기까지 이들이 흘린 피와 고통은 이루 말할 수가 없으니까요. 그 희생은 남북 아메리카 원주민에 그치지 않습니다. 아프리카가 있죠. 엄청난 수의 아프리카인들을 남북 아메리카에 노예로 잡아 왔으니까요. 남미의 원주민들이 정복과 혹사, 그리고 전염병으로 거의 절멸될 정도에 이르러 새로운 노예 노동력이 필요했기 때문입니다. 이 노예 장사로도 유럽인들은 큰돈을 벌었지요. 이 역시 이들 '정복자(conquistador)'에게는 또 하나의 대박이었습니다. 앞서 말한 그 막대한 은의 채굴도 결국 노예화된 남미 원주민과 아프리카에서 팔려온 노예들에 의해 이뤄졌습니다.

그렇듯 채굴된 막대한 은의 큰 부분이 아시아로 흘러 들어갔습니다. 당시 아시아에는 유럽인들이 매우 좋아하는 상품이 아주 많았습니다. 향신료, 도자기, 비단, 차가 대표적이죠. 이런 물건을 사들이기 위해서는 캐시(cash), 은이 필요했던 겁니다. 유럽에 떼다 팔면 아주 큰 이윤을 남길 수 있었으니까요. 결국 남미의 은이 아시아에서 유럽 사람들이 큰 장사를 벌일 밑천이 된 겁니다.

　1521년 페르디난드 마젤란은 스페인 함대를 이끌고 남미에서 태평양을 횡단하여 필리핀으로 항해하는 데 성공합니다. 이것을 보통 '최초의 세계 일주'라고 하죠. 그러나 마젤란은 아시아를 거쳐 스페인으로 돌아가는 항로만을 개발했을 뿐, 거꾸로 아시아에서 남미로 돌아오는 루트는 개발하지 못했습니다. 16세기 후반에야 필리핀과 멕시코를 왕복하는 루트가 개발됩니다. 그리하여 남미의 은이 본격적으로 아시아로 들어오게 되죠. 이 막대한 은이 없었다면 유럽인들에게 서세동점이란 꾸지도 못할 꿈이었습니다. 당시 유럽은 아시아에 팔 만한 상품이 별로 없었습니다. 아시아 특산물을 사들일 수 있는 귀금속도 넉넉지 못했죠. 남은 방법은 약탈인데, 작은 항구 정도야 힘으로 약탈할 수 있었지만, 아시아의 큰 나라는 무력으로 굴복시킬 힘이 아직 없었어요. 사가지고 가면 큰 이윤이 남는 물건은 많은데 구매수단은 부족했던 상황에서 마침 남미에서 막대한 은을 확보하게 된 겁니다. 이렇게 해서 남미의 은을 밑천으로 아시아 무역에서 서서히 거점을 확보하게 됩니다.[11]

　마젤란은 1521년 필리핀에 도착해서 그쪽 사람들에게 무모한 무력도발을 하다 그중 한 소부족과의 싸움에서 전사하고 말아요. 그래서 엄밀히 말하면 결국 마젤란 자신은 세계 일주를 마치지 못한 셈이죠. 마젤란이 죽고 후임 선장의 이름이 델 카노(Del Cano)입니다. 그래서 이 항해를 마젤란-델 카노의 세계 일주라고 하죠. 세계 일주를 목표로 스페인에서 떠났을 때는 배가 5척이었는데, 돌아왔을 때는 배 한 척만 간신히 남았습니다. 300여 명이 출발했는데, 10여 명만 살아 돌아왔습니다. 그만큼 고난의 항해였던 거죠. 최초로 세계 일주를 시도한 마젤란의 포부와 항해술은 대단한 것이었지만, 그렇다고 해도 그의 함대의 '勢'는 아직 아시아의 중심 문명권과 한참 떨어진 남양 군도의 소부족들도 쉽게 압도하지 못하는 정도였다는 것이죠. 아시아와 아메리카는 그만큼 달랐습니다. 이후 스페인이 마닐라를 거점화하는 데까지 50년 정도의 시간이 더 걸립니다.

16세기 스페인은 남미에서 횡재한 부 덕에 유럽에서 가장 강한 나라가 되었지만, 100년을 못 가고 점차 기울어 갑니다. 그것을 상징하는 사건이 1588년 스페인의 '무적함대'가 영국을 공격하다 참패한 사건입니다. 이때 네덜란드는 영국 편에 서서 싸우죠. 원래 네덜란드는 스페인 식민지였다가, 독립하기 위해 투쟁 중이었거든요. 당시 영국 쪽 함대를 지휘했던 사람 중 유명한 이가 드레이크(Drake)인데요, 이 사람은 일찍부터 해적으로 유명했던 사람입니다. 영국 해적들은 주로 스페인의 보물선을 노렸는데, 그중에서 드레이크가 가장 유명했어요. 약탈한 금은이 얼마나 많았는지 당시 영국 여왕 엘리자베스가 훈장까지 주었을 정도입니다. 국부 증대에 큰 공헌을 했다는 뜻이죠. 후일 '해양제국' 영국의 시작은 이런 해적질이었어요.

이 드레이크는 남미에서 채굴한 은을 싣고 필리핀으로 가는 스페인 배들을 뒤쫓아 다니면서 마젤란의 루트를 따라 태평양, 인도양까지 건너서 아프리카를 돌아 다시 유럽으로 왔습니다. 해적질 하다 또 한 번의 세계 일주를 하게 된 것이죠. 그래서 마젤란-델 카노(1차 일주)와 드레이크의 (2차) 세계 일주 경로는 상당히 겹칩니다. 해적치곤 대단한 해적이죠. 그래서 영국 여왕이 훈장을 주고 귀족 작위까지 내렸지요. 그런데 이렇게 드레이크 식으로 민간 해적단이 주도하고 나중에 국가가 인정해주는 게 영국식 팽창방식이 됩니다. 나중에 인도와 아시아

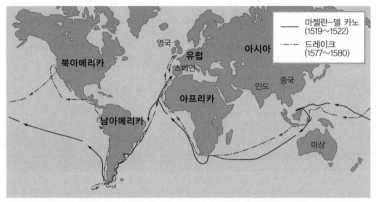

〈그림 서-7〉 마젤란-델 카노와 드레이크의 세계 해양 횡단 항로

침략을 위해 만든 동인도회사도 민간회사였지요.

스페인과 영국의 이 두 개의 세계 일주 경로를 보면,〈그림 서-7〉해양으로 진출한 유럽의 초기 세력선(勢力線)을 어느 정도 가늠해볼 수 있습니다. 남북 아메리카를 석권하고 이를 발판으로 아시아 적도권에서부터 근거지를 마련해가고 있습니다. 세계를 순환하는 '시파워(sea power)' 활동선이 구축됨으로써 이후 세계패권을 향해 갈 기본 플랫폼이 마련된 형국입니다. 이후 논의에서 자주 등장할 영미 '지정학(geopolitics)' 논리의 핵심입니다.

1588년 영국의 스페인 무적함대 격파는 스페인-포르투갈의 시대가 가고, 영국-네덜란드의 시대가 왔음을 말해줍니다. 아시아에서는 영국이 1600년에 인도에 동인도회사를, 네덜란드가 1602년에 인도네시아에 동인도회사를 각각 세우죠. 초기에는 네덜란드가 앞서 갑니다. 그 당시까지만 해도 동아시아에서 '서양의 군사적 우위'란 분명하지 않았어요. 예를 들면 네덜란드는 포르투갈로부터 빼앗아 잠시 차지하고 있던 대만을 중국의 한 변경 세력[반청(反靑) 세력]이었던 정성공(鄭成功)의 함대에 패해 항복하고 내주고 맙니다(1662년). 일본에서도 나가사키 앞바다의 데지마(出島)라는 조그만 인공섬 위에서 매우 통제된 교역만을 허락받았을 뿐입니다. 그 이상은 감히 요구하지도 못합니다.

당시 16~17세기의 유럽은 항상 전쟁 상태에 있던 '전국(戰國)시대'였고, 그 과정에서 후일의 역사가들이 '군사혁명'이라 부를 정도로 군사기술의 급속한 발전이 이뤄지고 있었습니다. 임진왜란 때 일본군이 가지고 들어온 '조총'도 16세기 중반 일본에 온 포르투갈인들에게서 입수한 것이었죠. 그러나 그렇다 해도 전체적인 군사적 세(勢)란 몇 가지 무기나 기술만으로 판가름 나지 않습니다. 당시 유럽 국가들은 종합적인 세의 비교에서 아시아의 큰 나라들과 정면 대결할 수준이 되지 못했습니다. 이 당시에도 '서세'라는 게 있었다고 굳이 말한다면, 아시아의 주변 지역 일부에 무역 네트워크를 마련하고 이를 점차 확대해가는 수준의 세였을 뿐이겠죠.

유럽의 팽창과 거대한 낙차의 창출

동선생　이제까지 이야기를 모아 생각해보면 '대항해' 자체가 참 묘한 역설이네요. 원래는 더 큰 부와 기회가 있을 것이라고 기대하면서 아시아와 필사적으로 접속해보려는 시도였어요. 그런데 그 아시아에 접속하려는 과정에서 전혀 뜻밖에 아메리카를 발견하게 되고, 또 사하라 사막 이남의 (예상보다 훨씬 크고 길었던) 아프리카를 알게 되었습니다. 이 두 개의 뜻밖의 '발견'이 이후 유럽 '팽창'의 결정적인 발판이 되

　서론

었지요. 이 두 곳에 유럽 세력은 '정복자'로서 무력으로 마구 밀고 들어갈 수 있었습니다. 이러한 '무도(無道)한' 방식이 이후 유럽의 '팽창' 방식의 원형(proto-type)적 스타일이 되었다고 해도 좋습니다. 유럽이 아메리카와 아프리카에서 '힘이 세질 수 있는 밑천'을 단단히 챙겼다고 했죠. 쉽게 설명하기 위해 서선생이 '대박'이라는 표현도 썼습니다만, 마른하늘에 날벼락처럼 당하고 말았던 아메리카, 아프리카인들에게는 문자 그대로 '대재앙'이었죠.

유럽인들이 아프리카, 아메리카에서 그렇듯 큰 횡재를 할 수 있도록 한 방식을 무엇이라고 부를까요. 물론 침략과 약탈이죠. 그런데 이걸 저는 **'거대한 낙차(落差)의 창출'**이라고 표현해보겠습니다. 현상을 개념화해 본 것입니다. 원래 아메리카, 아프리카는 원주민들이 자체의 고유한 밀도(密度)를 가진 가치체계·가치공동체를 이루어 살고 있던 곳이었죠. 그러나 유럽인들이 들어가 그 가치체계를 단번에 영(0)으로 평가해버린 겁니다. '해체'죠. 모든 것이 '공짜'라는 겁니다. 엄청난 땅, 자연, 자원과 인간을 거의 완전히 '공짜'로 쳐서 차지한 것이니까요. 그러니 엄청난 가치의 '낙차'가 생긴 겁니다. 어마어마한 부(富)를 변변한 대가도 없이 몽땅 접수했으니까요. 이렇듯 땅, 자연, 자원, 인간을 극히 저렴하게, 사실상 공짜로, 차지하게 되었다는 것은 이후 유럽 근대의 자연관에 큰 영향을 미칩니다. 무한한 자연과 인력이 유럽문명에 무궁무진하게 제공될 수 있다는 잘못된 생각이죠.[12] 이렇듯 거의 공짜로 점유하여 확보하게 된 힘이 이후 유럽이 아시아에 진출하는 밑천이 되었습니다. 그러니까 '대항해'란 원래는 더욱 높은 가치 지대로 접속하려던 것이었는데, 그러려다 보다 낮은 가치 지대를 경유하게 되면서 이곳에서 거대한 '낙차에너지'를 창출하고 축적하게 된 것이죠. 그리고 바로 그 낙차에너지를 이후 아시아 침략의 동력원으로 삼았던 것입니다. 물론 침략과 정복은 또 다른 '낙차'를 창출합니다. 결국 '**팽창**'이란 '**낙차 창출의 연속 과정**'입니다.

이렇듯 기구한 과정을 통해서 아시아에서도 유럽 세력의 힘이 점점 커지기 시작합니다. 그러다가 어느 시기를 기점으로 '세의 역전'이 발생하게 되었죠. 이러한 역전 과정을 간략히 정리해볼 필요가 있겠습니다. 17세기 후반에 들어서면 영국은 네덜란드와의 전쟁에 이기고 해상 패권을 장악하게 됩니다. 그 후 영국의 주 경쟁자는 프랑스가 되죠. 프랑스는 주로 북아메리카와 인도에서 영국과 세를 겨루게 되는데, 18세기 중후반 '7년 전쟁' 시 이 두 곳 모두에서 영국에 패하고 물러납니다. 특히 영국이 1757년 인도 벵골 지역에서 프랑스와 동맹한 벵골 왕국을 완파했던 플라시 전투가 중요합니다. 유럽 세력이 최초로 아시아에서 상당한 규모의 왕국과 전쟁을 벌여 승리한 것입니다. 인도에서 영국 그리고 서세가 패권을 잡으면서 아시아 국가에 대한 '서세'의 우위, 무력의 우위가 드러나기 시작한 것입니다. 1757년 인도 캘커타 북부의 플라시(Plassey, 인도어로는 팔라시)에서 벌어진 전투의 승리를 결정적 계기로 영국은 경쟁자 프랑스를 축출하고 인도의 상당 부분을 군사적·행정적으로 실효 지배하기 시작합니다. 그러면서 그 실효 지배를 인도 전역으로 차츰차츰 확장해갔습니다. 그 과정에서 크고 작은 여러 전쟁을 불사했죠. 당시 인도는 소왕국들이 많고 그 내부에 종교적인 차이도 있어서 영국은 그 틈을 이용해 교묘한 분할지배(divide and rule) 전략을 구사했습니다. 무굴제국은 플라시 전투 이후 정확히 100년 후에 공식적으로 멸망하지만(1857년), 그전부터 이미 무너지고 있었던 것이죠.

서론

이렇듯 먼저 인도가 무너져갔지만, 플라시 전투 이후에도 영국을 위시한 유럽 세력은 여전히 중국은 아직 범접하지 못하고 있었습니다. 최대 부국은 중국이었으니, 중국의 벽을 허물고 교역을 여는 것이 유럽 서세의 오랜 꿈, 궁극적 목표였죠. 그러나 중국 무역은 남쪽 끝의 광둥(廣東)에만 제한되어 허용되고 있었습니다. 일본과의 교역도 여전히 나가사키의 데지마로 제한되어 있었습니다. 조선과 베트남과 같은 나라에도 쉽게 접근하지 못했습니다. 아편전쟁 이전까지의 상황이 그렇습니다. 가장 욕심나는 중국과 동아시아는 아직 어떻게 해보지 못하고 여전히 관망하고 있었어요. 따라서 '서세동점'이란 동아시아에 가장 늦게 도달했던 것이죠. 더구나 중국과의 무역에서 유럽은 일방적인 역조 상태를 벗어나지 못하고 있었습니다. 중국의 차, 비단, 도자기에 대한 유럽의 수요는 굉장히 커지고 있는데, 중국에서 잘 팔리는 유럽의 히트 상품은 거의 없었습니다. 18세기 유럽의 중국 열풍을 당시 유럽의 교양어이던 불어로 '시누아세리(chinoiserie)'라고 했는데요, 정말 대단했습니다. 웬만큼 산다 싶은 유럽인들은 집안 장식과 정원을 다 중국풍으로 꾸미려고 했었죠. 일종의 문화적 경쟁입니다. 요즘 말로 '유행'이고 '트렌드'죠. 일반 평민들까지 중국차를 마시게 되었고, 집안에 중국 도자기 한두 점은 꼭 들여놓고 싶어 했어요. 우리도 한때 유럽과 미국을 굉장히 동경하고 그쪽 물건과 가구를 집안에 들여놓고 싶어 했던 때가 있었지 않습니까? 잘사는 나라, 선진국이라고 생각했으니까요. 그런데 200~300년 전에는 이게 반대였다는 이야기입니다.

그러나 이러한 상황에 대해서 불만을 품는 유럽인들도 점차 늘어가고 있었습니다. 18세기가 되면 유럽에서 중국과 동아시아에 대한 두 가지의 상반된 소리가 동시에 터져 나옵니다. 한쪽은 높이 칭송하고,

다른 쪽은 마구 깎아내립니다. 칭송하는 쪽이 문화나 도덕 등 정신적인 면을 주목한다면, 깎아내리는 쪽은 상업적 이익과 군사적 패권에 관심이 많습니다. 17세기까지는 칭송하는 쪽이 오히려 주류인데 18세기가 되면 점차 깎아내리는 쪽의 힘이 강해집니다. 이러한 흐름의 착종과 전환을 보여주는 흥미로운 사례가 1719년 출판된 『로빈슨 크루소』 2권입니다.

이 소설은 읽어보지 않으신 분들도 스토리를 대강 아실 것입니다. 난파한 로빈슨 크루소가 태평양의 외딴 섬에서 혼자 살아간다는 이야기인 1권만 널리 알려져 있습니다만, 실은 2권에 더 흥미로운 대목이 많아요. 2권에서 영국으로 돌아온 크루소는 '방랑병'을 못 이겨 다시 바다로 나가는데요, 결국 중국까지 갑니다. 저자인 다니엘 디포(Daniel Defoe)는 평생 무인도는 물론이려니와 중국에도 가본 적이 없고, 자료에 충실한 학자도 아니었지만, 그의 뛰어난 이야기꾼 재능은 당대 영국의 선원 계급이나 상업 세력의 멘탈을 아주 잘 표현해주고 있어요. 그들 사이에 들끓고 있던 모종의 '욕망'을 읽은 겁니다. 2권에서는 특히 중국에 대한 군사적 정복의 암시가 풍부하게 나타나고 있다는 점이 흥미로워요. 만리장성은 허깨비고 중국인은 전쟁에 소질이 없다는 식의 언급이 많습니다.[13] **아메리카나 아프리카처럼 중국도 군사적 정복을 통해 '낙차'를 만들어서 마구 밀고 들어가 볼 수 있지 않겠느냐는 욕망**이죠. 그 이면에는 커져가는 아시아 무역역조에 대한 영국 상업세력의 불만이 있고, 중국의 무역 제한을 폭력적으로라도 타파해보려고 하는 야심이 있습니다. 당시 영국에는 바다를 통한 공세적인 세력 확장을 통해 강력한 이권망을 형성한 상업-무역 부르주아 세력이 성장하고 있었어요.

중국과의 무역역조 문제를 해결해보려고 영국 동인도회사가 고안한 수단이 아편수출이죠. 18세기 후반부터입니다. 인도의 아셈과 벵골 지역에서 대규모로 아편을 재배, 제작하여 중국으로 밀수출하는 것이었어요. 이 '묘안'은 큰 성공을 거두었습니다. 중국으로 몰려 들어가던 은이 급속도로 중국에서 빠져나와 다시 영국 상인들의 손아귀로 빨려 들어갑니다. 은본위제였던 중국은 화폐 부족으로 물가가 오릅니다. 은으로 세금을 내야 했던 중국의 납세자, 농민들은 커다란 곤경에 빠집니다. 은의 가치가 올라가면 세금이 올라가는 것과 같아지니까요. 또 아편 중독자들이 많아지면서 커다란 사회문제가 됩니다. 청나라가 이러한 현상들을 심각하게 여기지 않을 수 없었죠. 이것을 막아보려는 과정에서 1839년 아편전쟁이 터집니다. 청나라의 강직한 중신(重臣) 임칙서가 처음에는 영국 여왕에게 편지를 보내는 등 영국의 도덕심에 호소하려 했지만, 전혀 반응이 없었죠. 그래서 강경책으로 나가 광동의 영국 아편을 몰수해서 태워버립니다. 이렇게 되니 이제 영국의 상업—무역 부르주아의 아성이 된 영국 의회가 들고 일어나 '자유무역' 위반이라고 벌떼처럼 성토합니다. 이어 영국의 동인도회사가 중국 지형에 맞춤 제작한 군함을 보내 전쟁을 시작하죠.

이 전쟁은 영국 편에서 볼 때도 결코 '정의의 전쟁'이라 할 수가 없었어요. 후일 영국 수상이 되는 윌리엄 글래드스턴(William Gladstone) 같은 대정치인은 당시 의회의 토론에서 아편수출과 아편전쟁을 강력하게 반대했죠. 그러나 현실 역사 속의 전쟁이란 정의가 늘 이기는 게임이 결코 아니거든요. 세와 세, 힘과 힘의 냉엄한 각축입니다. 당시 영국 의회를 보면, 돈의 힘, 돈의 논리죠. 당시 영국은 국운의 일대 상승기였어요. 유럽에서는 숙적 나폴레옹을 꺾은 후 확고한 챔피언이 되었습니다. 해외 식민지에서도 독보적인 우위를 확보했죠. 소위 '왕관의 가장 큰 보석'이라는 인도를 확고하게 지배하고 있다는 것이 컸습니다. 더 나아가 18세기 말 제임스 쿡의 항해를 통해 확보한 호주와 뉴질랜드, 그리고 여러 남양 군도들이 '대영제국'의 명망을 높이고 있었습니다. 그렇게 소위 '팍스 브리태니카'의 시대가 이미 시작되고 있었던 것이죠. 여기에 더해 동력혁명(증기기관)과 산업혁명이 일어나 기계로 가동되는 공장(factory)들이 우후죽순처럼 생겨나면서 영국은 '세계의 공장'으로 등극하고 있었습니다. 이렇듯 강력해진 영국은 아편전쟁을 통해 드디어 '최후의 공략 목표'였던 중국제국에 대해 '서세의 본때' 즉 '산업화된 군사력'의 힘을 매섭게 보여줍니다. 큰 판다(중국)는 방심하다 크게 한 방 맞은 셈입니다. 이렇게 중국이 크게 흔들리면서 '서세'는 이제 그 '최후의 목표지'라고 할 수 있는 동아시아로 물밀듯이 밀고 들어오게 되었어요.

시베리아 서세동점

북선생　그런데 동아시아에서의 서세동점이 남명 즉 바닷길 쪽으로만 이뤄졌던 것은 아니었습니다. 그와 거의 비슷한 시기에 시베리아 북명 쪽으로도 또 하나의 서세동점의 흐름이 있었습니다. 바다가 아니라 유라시아 대륙의 중앙선을 따라서 말입니다. 이 이야기의 주인공은 러시아입니다. 이 이야기는 바다 팽창의 '서세동점'에 비해 잘 알려져 있지 않죠. 그러나 육지 팽창의 서세동점 역시 매우 중요하니만큼 제가 이야기를 해보겠습니다.

서론

원래 러시아 일대는 13~15세기 동안 몽골 지배 아래 있었는데, 몽골의 힘이 약화되자 16세기부터는 거꾸로 동쪽으로 여러 개로 나뉘어 있던 몽골 칸국들을 정복해갑니다. '역류'가 시작된 거죠. 시베리아를 향한 '동진정책'인데요. 과거 몽골제국이 러시아를 정복했던 경로를 거꾸로 따라갔던 것이죠. 1552년 카잔 칸국, 1556년 아스트라한 칸국, 그리고 1582년에는 우랄산맥을 넘어 시비르(시베리아) 칸국을 연이어 정복합니다. 유럽에서 모피의 수요가 컸던 것이 이 동진의 동기가 되었다고 하죠. 당시 최고급 모피는 족제비과 동물인 담비(marten)의 가죽이었는데, 시베리아에는 담비가 많이 서식하고 있었습니다. 러시아의 모피 수출은 재정에서 큰 비중을 차지할 정도였습니다. 러시아는 시비르 칸국 평정 후에도 몽골 고원 이북의 시베리아 길을 따라 횡단을 계속해 1636년에는 태평양 북단인 오호츠크해에 이릅니다. 시베리아 동진은 주로 시베리아 도처에 흐르는 강을 이용했습니다. 배를 띄워 강으로 이동하다 강의 흐름이 동서와 달라지면 배를 끌고 다음 강줄기로 이동했다고 합니다. 사나운 코사크 병사들을 앞세운 러시아의 이 동진은 원주민들에게 매우 가혹한 것이었습니다. 이 사실을 발굴한 후세의 연구자들은 코사크의 시베리아 정복이 스페인 '정복자(conquistador)'의 잔인했던 남미 정복에 못지않았다고 하지요.14

러시아는 이렇게 동진해가다 17세기 중반 흑룡강(아무르강) 일대에서 청나라 군대와 마주치게 됩니다. 여기서 군사적인 충돌이 생기는데요, 이때 조선과 러시아의 최초의 대면이 이뤄집니다. 이때가 조선 효종 때인데요, 조선군 수백 명이 청 황제의 요청을 받고 두 차례(1654, 1658년) 출병합니다. 조선의 기록에 '나선(羅禪)정벌'로 나오는 대목입니다. 조선과 중국 기록에는 조선군이 총을 잘 쏘고 잘 싸워서 승리

〈그림 서-8〉 네르친스크 조약으로 확정된 청·러 국경선(굵은 선)

를 거두었다고 나옵니다. 이때 러시아의 남하는 일단 저지되는데요, 국경 문제는 정리되지 않은 상태였습니다. 그러다 1681년 남쪽의 '삼번의 난'을 평정한 청의 강희제는 흑룡강 문제를 해결할 결심을 하고 1685~1686년 러시아의 흑룡강 거점이던 알바진 요새를 공격해서 태워버립니다. 청의 완벽한 승리였죠. 러시아의 집요한 남하 시도는 여기서 꺾이고 맙니다. 이제 더 이상의 남하 욕심은 포기하고 청나라와 교역이나 하면서 이득을 챙기자고 마음을 바꿔 먹고 국경조약을 맺습니다. 1689년의 네르친스크 조약입니다.

위 그림에 나타난 대로 러시아의 남진은 네르친스크 조약을 통해 외흥안령(스타노보이 산맥)에서 막힙니다. 그림의 점선 지역 역시 1727년의 캬흐타 조약으로 확정합니다. 청이 건재하던 시기 러시아는 캬흐타 무역을 통해 호황을 누리는 한편, 시베리아 동쪽 끝으로 동진을 계속하여 18세기 말에는 캄차카 반도와 시베리아 끝 베링해협 건너 알래스카에까지 도달합니다. 네르친스크-캬흐타 체제에서 러시아의 국력은 크게 성장합니다. 이때는 표트르 대체와 예카테리나 여제 시대인데요. 서쪽으로는 표트르-예카테리나의 서구화 정책을 펼치고 동쪽으로는 캬흐타 무역을 통해 번영합니다. 그 결과 19세기 초 나폴레옹을 꺾은 두 힘은 영국과 러시아라고 할 만큼, 러시아의 힘이 성장하게 되었습니다.

그런데 그 후 네르친스크-캬흐타 체제는 어떻게 되었을까요? 오늘날 국경선을 보면 러시아가 네르친스크-캬흐타 조약 당시보다 훨씬 남쪽으로 내려와 있지 않습니까? 어떻게 청나라에 막혔던 러시아가 외흥안령 넘어 아무르강 일대와 연해주까지를 차지하게 되었을까요? 청나라가 1차 아편전쟁 이후 크게 약해졌기 때문입니다. 1856~1860년에는 2차 아편전쟁이 벌어지는데, 이때 영불 연합군의 공세에 청 조정이 지리멸렬한 틈을 타 러시아도 청을 강하게 압박합니다. 1858년의 아이훈 조약과 톈진 조약, 그리고 1860년의 베이징 추가 조약을 밀어붙이면서 스타노보이 산맥 남쪽으로 우수리강 일대와 연해주까지를 강압적으로 병합해버립니다. 이미 당시 청은 이 지역을 지킬 만한 힘이 없었습니다. 청의 쇠약기에 이 지역에 야금야금 들어와 기반을 강화해가다가 2차 아편전쟁이 터지고 청이 위기에 처하자 뛰어들어 빼앗은 것입니다.[15]

동선생 북쪽에서든 남쪽에서든, 바다에서든 육지에서든, 서세동점의 패턴은 비슷했군요. 아메리카와 시베리아라는 땅을 우선 빼앗고, 그렇게 얻은 힘으로 아시아를 압박한 것이네요. 그렇게 힘을 키운 서세가 동아시아에 최종단계에 밀어닥쳤던 것이고요. 그만큼 동아시아의 기존 체제가 만만치 않았다는 이야기입니다. 16세기에 유럽 배가 아시아에 들어오지만 18세기 중반까지도 아시아 전체를 볼 때 '서세'의 우위는 아직 분명하지 않았습니다. 러시아의 동진은 시베리아를 따라 계속되지만, 남진은 일단 17세기부터 저지되고 있습니다. 그러다 18세기 말 플라시 전투 이후 인도가 '서세'에 넘어간 게 세계판도 변화의 큰 고비가 되었습니다. 그 후 19세기에 들어서면서 아편전쟁을 통해 동아시아에도 '서세'가 우위를 점하게 되죠. 중국이 약해지니까 러시아도 만주 쪽으로 판도를 넓히려고 합니다. 이렇게 서세가 동아시아까지 석권하게 되면서 이제 유럽세의 세계패권은 전 지구적 차원에서 분명해지게 됩니다. 이미 유럽 세력권 안에 들어와 있던 아프리카와 오스만제국의 분할이 파죽지세로 이어지죠. 이렇게 인도, 오스만, 중국이 무너진 이후 서양의 '제국주의'의 시대가 19세기 중반 이후부터 본격화됩니다.

19~20세기 동아시아의 부침은 아주 극적입니다. 중국이 무너지기 시작하면서 힘의 중심이 급격히 유럽 쪽으로 옮겨가죠. 중국에 이어 버마, 베트남 등 동남아시아가 함께 넘어갑니다. '서구의 비상(飛翔)'과 '동아시아의 추락(墜落)'의 대비는 극적일 정도로 아주 현저해요. 동아시아의 예외는 일본인데, 일본은 소위 '탈아입구'를 통해 스스로 서세화하는 데 성공합니다. 먼저 중국을 무너뜨리는 서양 세력에 가담하다가 나중에는 유럽 패권국가들 간의 자중지란(1, 2차 세계대전)을 이용해서 중국을 아예 독차지하려고 하죠. 이 과정에서 조선과 대만, 만주가 일본의 식민지가 되었습니다. 2차 대전 때는 동남아까지 그 영역을 확대했고요. 2차 대전 후 미소 냉전시대에도 아시아는 여전히 분열과 추락을 벗어나지 못했습니다. 여기까지가 형-류-세, 그러니까, 동아시아의 원래 '형(形)'이 서세동점의 힘의 흐름(流)에 흔들리고, 거대한 세력(勢)이 된 서세의 힘에 의해 원래의 동아시아적 '형'이 소멸될 정도로

위기에 처하는 과정이 되겠습니다. 그러나 이어지는 이야기가 있습니다. 영원할 것 같았던 동아시아, 붕새의 추락은 미소 냉전의 종식과 맞물리며 어느 사이 반등(反騰)의 시간을 맞았습니다. 앞서 언급된 '동아시아의 부상', '동아시아의 귀환'이 20세기 끝 무렵부터 갑자기 분명해지기 시작한 것입니다. 그럼으로써 동아시아는 다시금 원래의 '형'을 회복하는 모양새를 보입니다. 그러나 200년 전의 과거로의 단순한 복귀가 아닙니다. 200년의 곤경을 딛고 일어선 새로운 형입니다. 그래서 '형'(形'=형 다시)'라고 했습니다. 이 정도로 서론을 마치고, 이어 본론 1부~5부까지 차례로 형-류-세1-세2-형'의 다섯 단계에 대한 본격적인 논의로 들어가겠습니다.

제1부

形

〈발제〉 동아시아 내장근대의 원형

이 시기 유럽인이 남겼던 동아시아에 대한 진술에서 시작해보자. 1685년, 당시 유럽의 해외 팽창을 선도하던 네덜란드의 한 저술가는 다음과 같이 썼다. "이곳은 철학자들만이 통치하는 플라톤적 공화국이다 … 여기에는 세습귀족이 없고 학자들만이 귀하다 … 그들의 왕이 죄를 범하면, 이들 철학자들은 왕을 비판할 자유가 있다. 그 비판은 일찍이 이스라엘의 예언자들이 왕을 비판했던 것보다 더욱 엄중하다."[1] 네덜란드와 유럽 정치체제에 비판적이었던 이 화란인이 정치 선진국으로 여기던 '이곳'이란 어디를 지칭하는 것일까? 이곳은 당시 화란인들이 '지나(Sina)' 또는 복수로 '지나스(Sinas)'라고 부르던 중국과 조선(Corea)이며, 더러 일본까지 포함하기도 했다. 1662년 네덜란드 해군은 대만에서 일개 반청(反淸) 저항 세력이던 정성공(鄭成功)에게 참패하여 물러나면서 중국의 거대한 부와 힘을 실감했고, 1653~1666년 조선에 표류해 13년을 머물렀던 화란 선원 하멜은 이 나라에서 "기독교인이 오히려 무색할 정도로 이교도들로부터 후한 대접을 받게 되었다"라고 쓰기도 했다.[2] 이러한 기록들이 말해주듯, 이 당시 유럽인들의 눈에 비친 '지나스=동아시아'는 경제적으로나, 정치군사적으로나, 문화적으로나 결코 유럽보다 낙후하지 않은, 최소한 동등하고, 어떤 측면에서는 오히려 앞서 있는 선진지역이었다.

동아시아의 과거가 유럽보다 선진적이었다니! 지금으로부터 20년 전, 아니 10년 전만 하더라도 서구중심적 시각에 익숙해져 있던 대부분의 동아시아인들에게는 쉽게 받아들이기 어려웠을 주장이다. 아니, 강하게 부정하고 싶었을 것이다. '말도 안 된다! 우리 조상들이 못나고 뒤떨어져서 망했는데, 이제 그것을 잊자는 말이냐!'라고 부르짖었을지도 모른다.

그러나 이제 더는 그렇지 않다. 여러 이유가 있지만 일단 동아시아인들 일반의 눈으로 보기에도 위 서양인들의 진술이 오늘날 동아시아의 현실과 전혀 또는 그다지 동떨어진 모습으로 보이지 않기 때문이다. 그만큼 현실이 크게 변했다. 이제 옛 지나스(현재의 동아시아)만으로도 유럽 전체와 무게감이 비슷하게 되었다. 동시에 부상하고 있는 인도와 동남아시아 역시 세계 속에서 만만치 않은 비중을 점하게 되었다. 이러한 상황 변화가 앞서 언급한 17세기 화란인들의 경험, 진술이 전혀 낯설게 느껴지지 않게 한다. 그리하여 과거에는 무시되고 묻혀있던 이러한 진술들이 이제 급증하고 있는 새로운 연구들을 통해 새롭게 조명되고 있다. 지워졌고 잃어버렸던 과거가 현실로 다시 떠오르고 있는 것이다.

이 책이 제시하는 〈초기근대-서구주도근대-후기근대의 3단계론〉은 이러한 회귀적 상황을 이해하는 데 적절하다. 초기근대와 후기근대가 짝을 이루고, 형(形)-류(流)-세(勢)-형'(形'=형 다시)의 흐름에서 첫 번째 단계의 형(形)과 마지막 단계의 형'(形')가 짝을 이룬다. 초기근대는 이미 학계에서 널리 인정되고 있는 시대구분이다. 그러나 이제 한 발 더 나아가 초기근대와 짝을 이루는(위상동형, topological equivalent) 시대로 '후기근대'를 설정하고, 그 중간 단계를 서구주도근대로 볼 때 근대역사의 전(全) 국면이 포착될 수 있다. 그럴 때 지구근대사의 오늘날에 이르는 전체 궤적, 사이클이 하나의 흐름으로 펼쳐져 간명하게 이해할 수 있기 때문이다.

이 시기 분석의 핵심은 동아시아 초기근대 체제의 특징을 석출(析

形

出)해내는 데 있고 그 방법의 요체는 비교다. 특히 당시 역사적 상황에서 서구 체제와의 비교가 중요하다. 동아시아는 내장(inpanding)형, 유럽은 팽창(expanding)형으로 유형화할 수 있을 것이다. 당시 동아시아 내장형 체제는 집약노동과 내부 분업의 강화를 통해 생산력을 높여 가지만, 서구 팽창형 체제는 식민지를 통한 시장 확장과 인적·물적 자원약탈이 주요 성장 메커니즘이 되었다. 찰스 틸리는 유럽 근대사를 폭력(coercion)과 자본(capital)의 상호증폭 운동으로 집약한 바 있다.[3] 유럽 내부의 격렬한 군비경쟁은 일찍이 14세기부터 시작되었고, 그 특징은 상업과 전쟁이 결합되었다는 데 있었다['상업화된 전쟁'과 '군상(軍商)복합체'의 형성].[4] 그 결과 유럽 내부에서는 17세기부터 역사가들이 '군사혁명(military revolution)'이라 부르는 변화가 연쇄적·경쟁적으로 이루어졌다.[5] 이후 유럽을 본격근대로 진입하게 한 18세기 말~19세기 초 산업혁명, 정치혁명의 배경에 이러한 경쟁적 군사혁명이 존재했음을 주의해 볼 필요가 있다. 동시에 산업혁명의 신기술, 에너지가 군사적으로 이용됨으로써(석탄, 증기기관, 강철의 군사 자원화) 19세기 초중반 이후 서양의 우위가 분명해진 것이기도 하다.

초기근대 유럽의 '군상복합체' 체제가 바로 중상주의 체제였고, 그 주역은 유럽대륙 주변의 해양 세력들이었다. 이들이 소위 '대항해'를 통해 유럽 내부 전국(戰國)체제의 전 지구적 확장의 첨병이 되었다. 이렇듯 형성된 서구 팽창형 체제의 주역이 중상주의적 경제정치 부르주아였다면, 동아시아 내장형 체제의 주역은 내치지향의 유교적 국가정치 부르주아였다고 할 수 있다.[6] 중상주의는 본국에서도 공유지 약탈, 빈민 탄압 등 폭력적인 자원 집중·계급정치를 추구했지만, 내장형 체제는 상평창, 환곡 등의 재분배 경제를 통한 소농 항산·소민 보호에 치중하는 뚜렷한 정책적 차이를 보인다. 서방 경로의 역사적 승리가 명백한 만큼 이러한 차이에 대한 관심을 더 이상 무의미하다고 묵살해 버리는 것은 이제 오히려 반(反)미래적이다.

당시 동아시아가 세계 GDP상 점하는 비율은 1600년 39.3%, 1700년 34.1%, 1820년 41.1%로 매우 높았다.[7] 생산의 가장 중요한 기반은 당시 동아시아에 정착한 수도작(水稻作) 소농생산체제였다. 이는 좁은 농지에 가족노동을 투여하여 토지의 한계생산성을 극한까지 끌어올리는 노동집약적 생산양식이고, 베짜기, 양잠, 유채 등 다양한 부업을 통해 인근의 활발했던 상업적 수공업망에 연계되었다. 동아시아 유교국가는 품종개량, 저수지와 관개수로 건설을 주도하여 농업생산력 증대에 능동적 역할을 하였고, 상공업 활동에 대해서도 우호적이었다. 이 시기 동아시아의 농업 생산력 수준이 고른 수준에 도달했다는 것은, 그만큼 동아시아 광역교역권이 그 이전 시대부터 활발하게 작동되어 왔음을 보여준다. 그 결과 정치제도나 문화문물뿐 아니라 농법과 기술도 널리 전파·공유된 것이다. 이러한 생산체제의 특징은 생태 공존, 저에너지 소비, 고용 유발, 중간기술의 활성화, 로컬 연결의 강조 등으로 요약되는 오늘날의 지속가능한 발전 모델과 공통성이 있다. 오늘날의 기술과 시스템의 이점을 동아시아 소농체제의 특징과 효율적·선택적으로 결합시킬 방안을 생각해볼 때가 되었다.[8]

이 책 1부가 포괄하는 시기는 중국에서 명청(明淸) 교체, 일본에서 전국(戰國) 종료와 도쿠가와 막부 성립, 그리고 조선에서 양난의 여파가 갈무리되는 17세기 중엽부터 19세기 아편전쟁 이전까지의 200여 년이다. 이 시기 유럽세는 남아시아, 동남아시아 몇 곳에 거점을 마련하고 세력을 점차 확장해갔다. '지구근대사 최초의 근대적 따라

形

잡기(modern catch-up)'라 불리는 이 과정에서 동서 교류의 역할에 역시 주목하고, 이 따라잡기(catch-up)가 동서의 소위 '대분기(great divergence)'로 귀결하게 된 근거에 대해, 과거의 서구중심적 편견을 깨트린 선구적 연구들이 많다.[9]

이 시기 조선과 중국, 베트남은 문인 과거(科擧) 관료제, 일본은 무인 봉건 관료제 국가였다. 이 유형들은 모두 지방 귀족이 분할통치를 하는 중세봉건형 분권 단계를 넘어선 초기근대형 중앙집권 국가였다. 작위와 영토를 세습하는 귀족 신분제의 해체는 초기근대의 주요 징표다. 중국에서 귀족 신분제는 이미 당송(唐宋) 교체기부터 크게 약화되어 이후 송원명(宋元明)을 거치면서 소멸했다. 남아 있는 세습 귀족은 황족뿐이었다. 한반도에서는 고려-조선 교체 과정에서 지방 귀족 세력이 결정적 타격을 입고, 조선 중기가 되면 중세적 세습 귀족은 사라진다. 베트남도 일찍부터 과거제도를 시행하여 문신(文紳)·문치 전통이 형성되었지만, 남진(南進)이 완성되고 남북통합이 이뤄지는 18세기 후반까지 봉건적 지역지배력이 아직 강했다. 과거제 유교국가는 과거에 의해 선발된 문인관료에 의해 운영되었다. 시험으로 선발하는 관료제는 이미 근대적이다. 그러나 이러한 체제가 봉건적인 세습 왕조를 위해 가동되었다는 점에서, 조선과 중국의 국가체제는 근대적 요소와 봉건적 요소가 뒤섞인 상태였다.

두 요소가 혼합되어 있다는 점에서 일본도 마찬가지였다. 일본의 경우 260여 번(藩)은 다이묘가 세습통치하는 봉건 영지였지만, 모든 다이묘는 조세, 군사, 상업, 심지어 거주와 혼인까지 도쿠가와 막부의 강한 중앙 통제 아래 있었다. 오랜 전란을 종식시킨 일본 막부체제는 잠재적 위험 세력인 무사층을 농촌에서 분리하여 중앙통제 아래 귀속시

컸다(병농분리). 이로써 일본의 무인은 도시에 거주하면서 오직 영주의 녹봉에 의지하여 살아가는 소비계층이 되었다. 그 결과 그들의 사회 기반은 토지에 여전히 결합해 있던 조선과 중국의 문인층에 비해 불안 정했다. 베트남에서도 일본과 같은 병농분리는 발생하지 않아 베트남 문신층의 토지결합도는 일본보다는 중국과 조선에 가까웠다. 일본 무 사층의 이러한 토지결합의 불안정성은 후일 외적 변화에 대해 조선·중국·베트남의 문인층보다 민감하고 모험적인 방식으로 대응하였던 경향과 무관하지 않다. 이들 동아시아 4국은 유교의 영향을 크게 받았 지만, 그 양상은 각기 달랐다. 이러한 차이들이 이후 서세동점 이후 각 국의 대응 양상의 차이와 어떻게 연관되는지도 주목할 지점이다.

形

제1론

근대세계사와 동아시아

〈근대화 = 서구화 = 문명화〉라는 신성한 공식

남선생　서론에서부터 팽창'근대', 내장'근대', '근대'세계사 등 '근대'라는 말을 매우 빈번히 사용하고 있습니다. '근대'라는 시대구분 용어가 전혀 낯선 말은 아니지만 그렇다고 누구나 잘 이해하고 있는 말은 아닙니다. 역사학자가 아닌 일반인들 대부분은 시대구분 개념에 대해 깊게 생각해볼 기회가 별로 없습니다. 그러나 시대구분법은 일반인의 일상 사안이나 시사문제에 대한 판단에 알게 모르게 큰 영향을 미치고 있어요. 실은 매우 중요한 문제인 것이죠. 앞으로 먼 길을 가야 하는데, 우선 서두에서 그 의미를 먼저 간략하게나마 정리해두기로 하겠습니다.

보통 중고등학교 역사 시간에 고대, 중세, 근대라는 시대구분을 배우게 되지요. 여기서 '근대(近代, the modern age)'란 우리가 지금 사는 시대, 또는 현재 시대와 가까운(近) 시대(代)를 말합니다. '현대(現代)'라는 말도 쓰지요. 영어로는 'the modern age'로 같아요. 그런데 우리는 현대는 지금 우리가 살고 있는 시대, 'contemporary times'라는 의미로 쓰고, 근대는 그보다 조금 더 넓은 의미로 쓰고 있습니다. 사회의 성격이 현재와 이어져 있는 과거 역시 근대라고 부르는 것입니다. 영어권에서는 근대, 현대의 구분이 없지만, 대항해 이후의 16~18세기 300년은 '초기근대(early modern age)'라고 하고 산업혁명 이후는 '근대(또는 현대)'라고 불러 나름대로 근대 내부에 세부적인 시대구분을 합니다.

역사란 결국 인간이 지내온 시간 이야기입니다. 그 시간을 먼 옛날(고대), 약간 먼 옛날(중세), 지금 그리고 지금과 가까운 시대(근대)로 나눠보는 것은 복잡한 역사 이론을 떠나서 어느 인간사회에서나 통용되는 상식적인 역사관입니다. 인간의 시간 감각의 보편성에 기초한 것이니까요. 그런데 이제 '사론(史論)'의 영역으로 들어가 보면 이러한 상식을 벗어나는 특이한 '이론(theory)'도 나옵니다. 그중 한때 널리 퍼졌던 한 이론은 '근대'를 그렇듯 상식적이고 보편적인 시간 개념이 아니라, 오직 서양에서 시작되어 세계로 확산된 특정한 '이념'이나 '사회체제'를 말하는 것이라고 봅니다. 여기서 '서양'이란 주로 영국, 프랑스, 독일, 그리고 미국을 말하죠. 서유럽과 미국, 이 둘을 묶어 '구미(歐美)'라고 칭하기도 합니다. 이런 입장에 따르면 오직 그곳에서만 근대적인 개인, 국가, 사상, 과학, 제도, 번영이 시작되었다고 하죠. 그리고 오직 그곳에서만 시작되고 또 완성된 근대가 점점 밖으로 퍼져나가 세계 전체가 '근대화'된 것이라고 설명합니다. 근대화를 영어로 modernization이라고 하죠. 그렇게 보면 '근대화'란 그렇게 근대를 시작했다는 몇몇 서구 국가들이 비서구 국가들로 팽창하는 과정,

形

그리고 그 비서구 국가들이 서구 근대문명을 따라가고 닮아가는 과정일 뿐입니다. 그런 입장에서 보면 '근대화(modernization)'란 '서구화(westernization)'와 같은 말이 됩니다.

아마 지금 이 대목을 읽는 분들도 좀 혼란스러우실 겁니다. 맞지 않나? 아닌가? 틀렸나? 왔다 갔다 하시죠? 여러분 탓이 아닙니다. 어릴 때부터 그렇게 배워서 그렇습니다. 사실 지금도 여전히 학교에서 그런 식으로 가르치고 있는 선생님들이 꽤 계신 것 같습니다. 그러나 미리 말씀드리면, 세계 역사학계에서는 이러한 〈근대화=서구화〉라는 도식을 폐기한 지 이미 한참 되었습니다. 그러한 옛날 이론을 아직도 학교에서 가르치고 있는 선생님들은 과거 자신들이 그렇게 배웠기 때문에 지금도 똑같이 가르치고 있을 뿐입니다. 현실의 변화가 너무나 분명하고 그에 맞추어 역사이론도 크게 변화하고 있기 때문에 이러한 '지체 현상'은 머지않아 모두 바로잡힐 것입니다.

조금만 깊이 생각해보아도 〈근대화=서구화〉 논리는 아주 이상하다는 것을 알 수 있습니다. 앞서 말한 대로 근대란 '우리가 사는 시대, 또 그와 가깝게 여겨지는 과거'를 말합니다. 시간 개념이죠. 그렇다면 어떤 지역, 어떤 사회의 역사에도 '자신들의 근대'가 있는 것 아니겠어요. 이후 우리가 자세히 살펴보겠지만 동아시아에는 동아시아 나름의 근대가 있어요. 그런데 〈근대화=서구화〉라는 논리를 받아들이게 되면, 이런 당연한 사실을 몽땅 부정해야 합니다.

생각해봅시다. 오직 서구화가 되어야 근대라고 하면, 서구가 아닌 사회에서의 근대, 근대화란 어떤 것일까요? 자신의 과거를 완전히 부정해야죠. 자신의 정체성을 완전히 지우고, 서양 사람처럼 되어야 근대고, 근대화가 된다고 하니 말입니다. 그런데 이런 일이 우선 가능이

나 한 일일까요? 우리 자신을 생각해봅시다. 자신을 완전히 지우고 다른 사람이 될 수 있을까요? 공상과학 영화나 소설이 아니라 우리가 사는 현실에서 말입니다. 만일 그런 일이 벌어진다면 아주 슬프고 비극적인 일이 아닐 수 없겠죠. 자신의 존재와 기억과 뿌리를 몽땅 부정해야 하니까요. 여기까지 말해야 하나 싶지만, 해외 입양인들을 생각해보세요. 그중에 특별히 운이 좋아 유복한 가정에 입양되어 행복한 어린 시절을 보냈다고 하는 분들도, 철이 들면 고통 속에서 자신의 성장 과정을 돌아보기 마련입니다. 저는 개인적으로도 이런 분들을 꽤 많이 만나보았습니다. 자기의 뿌리를 지워버린다는 것은 굉장히 비극적인 사건일 수밖에 없어요. 그리고 아무리 억지로 지우려고 애써봐도 그렇게 될 수가 없습니다. 개인만 그런 것이 아니죠. 개인들이 모인 사회와 역사도 마찬가지입니다.

〈근대화=서구화〉란 이렇듯 현실적으로 무리한 말이고, 논리적으로도 성립이 안됩니다. 앞서 말했듯 근대란 시대구분 개념이니까 '시간 개념'이죠. 반면 '서구'란 특정 지역을 가리키는 '공간 개념'입니다. 시간과 공간은 범주가 달라서 서로 등치될 수가 없어요. 그런데 근대화와 서구화를 같은 말이라고 하면, 서로 다른 범주를 같은 범주로 섞어버리는 것입니다. 대학 막 들어오면 교양과정 논리학 강의에서 이런 것을 '범주오류'라고 배웁니다. 절대로 범해서는 안 되는 논리적 오류라고 강조합니다. 〈근대화=서구화〉 도식이야말로 정확하게 바로 이러한 아주 기초적인 논리적 오류를 범하고 있습니다.

〈근대화=서구화〉라는 생각은 이렇게 조금만 생각해봐도 말이 안 되는 것인데, 이상하게도 우리 현실에서는 그런 사고방식이 의외로 아직도 넓게 퍼져 있습니다. 앞서 말했듯 어린 시절에 학교에서 잘못 배워서 그렇습니다. 지금 40~50대까지만 해도 중고등학교 국사 시간에 한국 근대의 시작은 일본과 맺은 '강화도조약'이라고 배웠어요. 그 조약이 우리 역사에서 최초로 '서양식으로' 맺은 국가 간 조약이기 때문에 그렇다고 했지요. 그러니까 이 논리대로 하자면 중국 근대의 시작은 중국이 아편전쟁에 지고 나서 영국과 맺은 조약이 되겠죠. 일본 근대의 시작은 당연히 미국 흑선이 에도 앞바다에서 함포를 쏘며 겁박한 다음에 할 수 없이 맺은 미·일 조약이 되는 것이고요. 이런 논리가 바로 〈근대화=서구화〉의 논리입니다. '영국, 미국 등 서구, 구미 국가들과 정식으로 관계를 맺었을 때야 비로소 동아시아의 근대는 시작되었다'는 논리죠. 그렇게 조약을 맺은 다음에 열심히 배우고 따라 해서 영국, 미국 닮아가면 그것이 바로 '근대화'라는 것입니다. 그래서 '근대화는 바로 서구화'라고 하고요.

한발 더 나아가 바로 그런 '근대화=서구화'는 동시에 '문명화'라고 합니다. 여기서 〈근대화=서구화=문명화〉라는, 성스러운 '삼위일체' 도식이 완성됩니다. 이 도식대로라면 서구화되지 않은 사람들은 '문명'인이 아닌 '미개'인이고, 서구화 이전의 시대는 '문명'시대가 아닌 '미개' 시대라는 뜻이 됩니다. 여러 역사와 문명을 알고 있는 분이라면 이런 논리가 얼마나 유치하고 어설픈 것인지 긴 설명이 필요하지 않을 것입니다. 그러나 그런 식의 사고방식이 한번 주입되면, 즉 이런 이상한 게임을 한번 인정하고 들어가면, 서구가 아닌 사회의 과거는 한사코 부정하고 지워야 하는 과거가 됩니다. 죽자사자 자기를 부정하고 오직 서구가 되기 위해, 서구를 쫓아가야 합니다. 너무나 위험한 생각이요, 이론이 아닐 수 없습니다.

중고등학생 때야 역사 과목이란 그저 외우는 과목이라고 생각하니까, 그냥 생각 없이 그렇게 알고 '닥치고 열공'했죠. 그런데 이제는 우리 초중고 역사 과목도 많이 달라지고 있어요. 조선과 동아시아에서 벌어진 근대적 변화를 먼저 가르치고 그다음에 서양과의 교류가 나옵니다. 역사학에서는 봉건신분제가 붕괴해야 근대가 온다고 하지요. 그런데 봉건신분제는 유럽보다 동아시아에서 훨씬 일찍 무너지기 시작합니다. 중국 송나라가 선두고 그다음이 조선시대 중후기입니다. 그래서 이 시기에 중국과 조선에서 초기근대가 시작되었다고 하는 것이죠. 근대의 또 다른 표징 중의 하나가 인구증가율과 생산성증가율이 동시에 커지는 것인데요. 이러한 현상 역시 유럽이 아니라 동아시아에서 먼저 시작됩니다.[10] 다만 그 두 증가율이 급속하게 커지는 것은 영국의 산업혁명 이후였고, 이를 계기로 동서 간의 (즉 동아시아와 유럽 간의) '대분기'가 시작되었다고 하지요.

이러한 사실은 이제 동서양의 역사학계에서 널리 인정되고 있는 베이직(basic)이 되었어요. 〈근대화=서구화=문명화〉라는 괴이한 논리가 우선 학계로부터 퇴출된 것입니다. 근대의 다양한 유형과 경로, 그리고 그 합류 과정이 이제 연구대상입니다. 〈근대화=서구화=문명화〉 도식의 문제는 단순히 논리적으로 잘못되었다는 정도에 그치지 않습니다. 서구 국가들이 과거 식민지 침략과 지배를 정당화하기 위해 만들어낸 통치 이데올로기로 철저히 비판되고 있지요. 과거 침략을 당하고 식민지를 경험했던 나라의 학자들 쪽에서만 먼저 이렇게 주장하고 나서고 있는 것도 아닙니다. 오히려 반대로 영국, 미국, 프랑스, 독일의 학자들이 더 강하게 비판하고 반성합니다. 그렇다 보니 이제 서구 사학계에서 〈근대화=서구화=문명화〉라는 잘못된 옛날 논리를 여전히 고집하는 학자들은 아주 보수적이거나 아주 고령인 극소수에 불과

形

합니다. 그런 사람들은 이제 학문적으로 전혀 진지하게 취급되지 못해요. 흘러간 옛 노래 하는 2류, 3류 학자들, 또는 노골적인 인종주의자로 취급될 뿐입니다.

그런데 이상하게도 유독 한국에서는 그런 주장을 하는 학자들이 여전히 꽤 남아 있는 것 같습니다. 근래에는 그런 입장을 신봉하는 일부 학자들, 종교인, 정치인들이 모여서 그런 주장을 '뉴라이트 사관'이라는 말로 포장해서 마치 새로운 주장이나 되는 것처럼 내놨습니다. 시대착오적인 〈근대화=서구화=문명화〉 논리를 아직도 신주단지처럼 신봉하는 것입니다. 그런데 조선의 경우 식민지 침략은 서구 국가에 의해서가 아니라 '탈아입구'를 내세워 서구화한 일본에 의해서 이뤄졌지 않습니까? 그래서 이들 '뉴라이트' 학자들은 조선의 근대화는 오직 일본의 식민지 지배를 통해서만 이뤄졌다고 주장합니다. 소위 '식민지 근대화론'입니다.

〈서구화=문명화〉 도식과 〈문명화=일본 식민지 지배〉라고 하는, 언뜻 서로 잘 어울리지 않을 것 같은 주장이 1990년대부터 시작된 한국의 '뉴라이트 운동'에서 합류했습니다. 미국의 '신우파 기독교 운동(new Christian right)'을 그대로 카피한 한국 기독교 종파의 일부와 일본 우파 학계의 식민지 근대화론을 그대로 카피한 한국 학계 일부가 결합하면서 1990년대 초반에 탄생했지요. 그러니 한국의 '뉴라이트'란 미국과 일본의 우파운동을 베낀 '2중 복제'에 불과한 것이기 때문에 자기 뿌리가 없는 존재입니다. 뿌리 없는 나무가 어떻게 꽃을 피우겠습니까. 미국의 신우파 기독교 운동, 즉 미국 '뉴라이트' 운동이란 미국만이 종말론적 세계에서 구원받은 나라, 구원받은 '선민'이라는, 미국 밖에서 보면 터무니없는 독선적 종교관을 가진 미국 기독교 일부 종파의 선교 운동을 말합니다. 미국의 이러한 독선적 선교 종파가 1980년대부터 레이건 정부의 냉전적 대결주의에 편승하면서 크게 성장했지요. 미국 교계의 영향을 원래부터 크게 받고 있었던 한국 기독교의 일부 종파가 1990년대부터 미국 뉴라이트 운동을 모방해서 한국의 '뉴라이트 운동'을 시작했어요. 여기에 과거에 좌파 학술운동을 했던 일부 인사들이 소련동구권 붕괴 이후에 갑자기 서구숭배, 일본숭배로 180도 입장을 바꾸면서 가담했죠. 현실의 변화에 따라 이론도 변화하는 것은 오히려 정상입니다. 그렇지만 그렇다고 사람이 갑자기 다른 사람이 된 것처럼 전혀 다른 소리를 하면 이건 정말 이상하죠.

얼마 전 이들 '뉴라이트' 운동의 학계 구성원을 이루는 분들이 몇 모여서 자신들의 평소의 소신을 대담하게 펼친 『반일 종족주의』라는 책을 냈더군요.[11] 저는 이 책을 읽고 정말 놀랐습니다. 우리나라의 고유한 역사와 특성에 대해서는 몽땅 비하하고 일본과 서구 문명에 대해서는 무조건 찬양하여 숭배하고 있습니다. 미리 역사를 흑백과 우열로 전제해놓고 이야기를 짜 맞추고 있는 것이지요. 어느 역사를 대할 때라도 이러한 태도는 배격되어야 합니다. 그런데 묘하게도 이 책은 자기 역사에 대해 그러한 열등과 비하의 태도를 자청하고 있습니다. 이렇게 비뚤어진 태도는 서양과 일본을 숭배하고 따라가는 길만이 옳았고, 그렇지 못한 길은 모두 틀렸다는 너무나도 치우친 역사관에서 비롯하고 있습니다. 그런 치우침이 어느덧 독선이 되어 우려하고 비판하는 시각을 이제는 더 이상 받아들이지 못할 정도가 된 것 같습니다. 왜 그렇게까지 빗나가게 되었는지 깊이 생각해볼 문제입니다.

어느 사회와 문명이든 외부와 영향을 주고받습니다. 고대, 중세, 근대로 올수록 그 교류와 상호 영향이 더욱 활발해지죠. 이런 과정에서

形

앞서가는 지역과 문명의 영향을 받고 배우는 것은 당연한 일입니다. 서양이 앞서 있으면 동양이 배우고 동양이 앞서 있으면 서양이 배웁니다. 역사가 그랬습니다. 그러나 그렇듯 받아들이는 것도 자기 역사의 연속성과 정체성 위에서 가능합니다. 그래서 문화적 수용에는 항상 고유한 맥락과 변형이 따릅니다. 그래서 그 과정 자체가 항상 창조성을 수반하죠. 〈근대화=서구화=문명화〉 도식은 그러한 자연스러운 맥락을 너무나 부자연스럽게 내치고 말았습니다.

세계가 변하다

북선생　'왜 그렇게까지 빗나가게 되었는가'를 물었지요. 동아시아에서 서세동점이라는 현상이 19~20세기 동안 역사에 분명히 존재했고 서구가 거의 전 세계를 식민지로 지배하던 시절이 있었으니까 〈서구화=근대화=문명화〉라는 논리도 생겼던 것이겠지요. 그런 시각으로 세계를 해석하는 방식을 바로 지엄한 학문적 체계와 방법론이라고 생각하면서 수많은 학도들이 그렇게 가르치는 선생님들에게 열심히 배우고 익혔던 시절도 있었습니다. 한국의 경우에는, 어쩌면 아직까지도, 그런 방식으로 학문을 배운 세대가 그런 방식으로 논문을 쓰고 교과서를 쓰고 가르치고 있다고 할 수 있겠지요. 그리고 세계가 그런 방식으로 돌아가는 한, 그런 논리가 힘을 가질 수밖에 없었던 것이고요. 논리 이전에 힘이었고, 힘이 논리를 규정했던 것이지요. 그런 한계 안에 아직도 갇혀 있는 분들이 있는가. 앞서 남선생의 언급은 이런 상태에 대한 진한 아쉬움을 깔고 있었던 것 같습니다.

그렇습니다. 이제 세계가 변했습니다. 이 변화의 정체가 무엇인지 잘 보아야 하겠어요. 힘을 숭배하는 경향이 그동안 학문을 왜곡시켰으니, 이제 힘이 아니라 도덕을 숭배하자!? 이런 식으로 시작해서는 변화의 흐름을 제대로 읽을 수도 없고, 탈 수도 없습니다. 아닙니다. **힘 자체가 변했어요.** 힘 자체, 세가 변하여, 形이 변했습니다. 그러니 현실이 달라지지요. 따라서 이제는 자의든 타의든 틀린 이야기를 더 이상 배우고 가르칠 이유도 없게 되었어요.

지구상에 공식적인 식민지는 더 이상 없습니다. 서구와 비서구의 여러 격차도 빠르게 줄어들고 있지요. 세계 불평등을 연구해온 경제학자들은 세계 전체의 불평등 지수가 1990년대 이후 점차 낮아지고 있음을 발견했습니다. 개별 국가의 불평등이 현저하게 커지고 있음에도,[12] 지구 전체를 한 단위로 보면 불평등이 오히려 줄어들고 있다는, 충격적이기도 하고 또한 흥미롭기도 한 발견입니다. 주로 중국, 인도, 인도네시아, 브라질과 같은 거대 인구 국가들에서 절대 빈곤층이 크게 줄어든 결과입니다.[13]

이 세계 불평등은 서구가 세계를 일방적으로 지배했던 시대에 가장 크게 벌어졌지요. 그 시절에는 국가별 불평등이 엄청나게 커졌습니다. 서구와 비서구의 자산과 소득 차이가 엄청나게 벌어졌지요. 먼 과거에는 어느 나라 사람이냐가 아니라 어느 나라 사람이든 그 나라에서 귀족이냐 평민이냐 천민이냐의 신분계급의 차이가 불평등의 정도를 결정했는데, 서구의 세계지배 시대에는 어느 나라 사람이냐가 불평등을 압도적으로 더 크게 결정하게 되었습니다. 부자 나라 노동자가 가난한 나라 웬만한 사장보다 잘살게 되었던 것이죠. 그렇다고 사정이 조금 변해서 지금 이 시대에는 국가별 불평등이 무의미해졌다는 것은 아

形

닙니다. 그러나 과거의 빈국과 부국, 서구와 비서구 사이의 압도적이었던 불평등 추세가 이제 서서히 균형추를 잡아가기 시작하고 있어요. 서구가 세계를 일극적, 일방적으로 지배하던 시대에서, 이제 여러 문명권의 부와 세력이 다극화, 다원화되는 시대로 세계사가 바뀌고 있습니다.

동선생　말씀대로 나라 간, 그리고 문명 간 격차와 불평등이 약화해가면서 세계 역사를 보는 눈도 크게 달라지고 있습니다. 2018년 한국(ROK)의 국가 GDP는 세계 11위, 개인 GDP는 29위입니다. 동아시아와 동남아시아를 합하면 경제규모가 EU보다 큽니다. 중국이 이제 미국에 버금가는 나라가 되었습니다. 20~30년 전만 해도 누구도 도대체 상상조차 하기 어려웠던 현상입니다. 확실히 서세동점의 시대는 이제 끝나가고 있습니다. 한 시대가 끝나가다 보니 이제 사람들이 '서세동점의 시대'의 시작은 어디였던가를 묻습니다. 이런 질문은 주로 역사학자들이 먼저 해왔습니다. 기존의 자료도 다시 검토하고, 또 새로운 자료도 많이 발굴합니다. 그러면서 새로운 발견과 새로운 해석들이 나옵니다. 여러 자료가 있습니다만, 그중 가장 간명하고 압축적인 자료를 하나 보겠습니다. 〈그림 1-1〉은 서기 1년부터 오늘날까지 세계 GDP 총량에서 각국의 GDP가 점하는 비율을 조사하여 도표로 만든 것입니다.[14]

　좋은 그림이란 간단해 보여도 들여다볼수록 많은 이야기를 담고 있어요. 좀 세게 말하면 하루 종일 이 그림만 들여다보고 있어도 될 만합니다. 그만한 내용이 있어요. 먼저 이 그림의 왼편을 보면 왜 콜럼버스와 바스쿠 다가마가 그토록 아시아로, 중국과 인도로 가려고 했는지를 말해주고 있어요. 부가 압도적으로 그쪽에 있으니까(1000~1500년 사

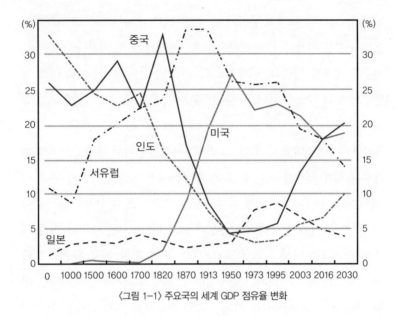

〈그림 1-1〉 주요국의 세계 GDP 점유율 변화

이) 그랬던 것이죠. 이제 시선을 오른쪽으로 조금씩 이동해보면 중국과 인도가 급격히 기울고 먼저 서유럽이, 그리고 약간 뒤처져 미국이 크게 상승하는 교차지대를 볼 수 있습니다(1700~1870년 사이). 바로 이 지점이 '서세동점의 시작'이죠. 인도는 1700년 이후, 중국은 1820년 이후가 됩니다. 이 시기 이후, 특히 세계경제에서 중국의 비중이 급속하게 꺾이기 시작하는 1820년 이후, 서유럽과 미국의 세계 GDP 비중은 반대로 급격하게 상승하는 것을 볼 수 있습니다. 그 이후를 보면 중국과 인도의 비중은 끝없이 추락하고 있죠.

그러나 그렇게 추락하다 그 추락이 바닥을 치고 서서히 반등하기 시작한 게 대략 1990년대입니다. 이후 상승 추세가 아주 가파릅니다. 그림에서 보시다시피 오늘까지 그 상승은 이어지고 있어요. 이 그림은

形

2030년까지의 추정치를 포함하고 있습니다. 참고로 이 연구조사팀을 대표하는 앵거스 매디슨이라는 경제사학자는 네덜란드 학자이고, 이 팀의 지표는 UNESCO의 공인을 받고 있습니다. 결코 아시아 중심, 중국-인도 중심적 연구가 아니라는 것이죠. UNESCO의 공인을 받고 있다는 것은 객관성을 널리 인정받고 있음을 말해줍니다. 지금도 이 팀은 매년 조사 방법과 자료를 보완, 보정해서 자료를 인터넷상에 공개하고 있습니다.

이 그림은 아시아에서 '서세동점'이 18~19세기에 시작되어 매우 가파른 상승세를 보이면서 20세기까지 지속되었음을 보여줍니다. 그러다 20세기 후반 꺾이기 시작하여 21세기에 접어들면, 확실한 하강국면으로 가고 있습니다. 그런데 이 그림에서 일본이 차지하는 비중은 좀 특이해요. 아시아 서세동점기에도 그 이전의 수준을 대략 유지하고 있고, 한국전쟁을 계기로 오히려 상승하기 시작합니다. 그러다 1990대 이후 약간 꺾이는 추세죠. 이 그림이 GDP 즉 경제력만을 보여주고 있다는 한계가 여기서 드러납니다. 정치적, 군사적 비중을 합한다면 19세기 말에서 1945년까지 일본의 국력은 이 그림보다는 높은 것이 되겠죠. 조선, 대만, 만주 등을 차지하여 지배하고 있었고, 이후 동남아시아까지 밀고 들어갔었으니까요. 반대로 패전 이후로 GDP 비중은 커지지만 미국에 종속되어 있기 때문에 정치군사적 지위는 더 낮은 것이 됩니다.

그렇다면 한중일 3국의 추세를 비교해보면 어떻게 될까요? 마찬가지로 매디슨 팀의 자료(매년 갱신하고 있음)를 기초로 정리해보면 아래와 같습니다. 1700~2017년간 한중일 삼국의 세계 GDP 점유율입니다, 〈그림 1-2〉 코리아의 경우 1950년 이후는 '북측(DPRK)'의 자료가 없어 대

	1700	1820	1913	1950	1980	1990	2017
중국	22.3	32.9	8.8	4.6	2.3	4.1	15.1
일본	4.1	3.0	2.6	3.0	7.8	8.9	6.2
한국	2.0	1.2	0.5	0.3 (ROK)	0.6 (ROK)	1.2 (ROK)	1.9 (ROK)

〈그림 1-2〉 1700~2017년간 한중일 삼국의 세계 GDP 점유율 변화 추이(단위: %)

한민국(ROK)만에 한했습니다.

이 그림을 보면 3국 중 서세동점의 타격을 가장 크게 그리고 오래 받은 나라는 중국이고, 코리아는 정도는 약하지만 하강 패턴은 비슷했던 것으로 나타납니다. 중국과 코리아가 하강세일 동안 일본은 별다른 변동이 없습니다. 일본은 1950~1990년까지 성장세를, 이후는 하강세를 보입니다. 미국의 보호 아래 전후 큰 성장세를 보이다 중국이 급성장하면서 상대적인 비중이 다소 저하되고 있습니다. 한국의 1970~1980년대의 회복세는 일본의 성장세를 20년 정도 뒤쳐져 따라가는 흐름이었고, 1990년대 이후에는 중국의 성장세에 발맞추어 비중을 높여가고 있는 모양새입니다. 전체적으로 동아시아가 세계에서 차지하는 위치와 비중이 '서세동점' 이전으로 돌아가고 있음을 알 수 있어요. 아울러 코리아의 비중이 식민지 시대에 작아지고 한국전쟁기에 바닥을 치다가 1980~1990년대에 들어서야 겨우 식민지 이전의 위치를 되찾게 됨을 알 수 있습니다.

근대세계사의 3단계론: 초기근대, 서구주도근대, 후기근대

서선생　　이쯤에서 중간정리를 한번 해볼까요. 지금까지 살펴본 근대세계사의 큰 흐름은 서세우위 이전, 서세우위, 서세우위 이후, 이 셋으로 나누어 볼 수 있습니다. 이를 각각 초기근대(early modern age), 서구주도근대(westernizing modern age), 후기근대(late modern age)로 구분할 수 있습니다.

서세우위 이전	서세우위	서세우위 이후
초기근대	서구주도근대	후기근대

〈그림 1-3〉 근대세계사의 3단계

이 근대세계사의 세 단계를 근대론의 시각에서 다시 풀어보도록 하죠. 저는 근대를 '서세(西勢)' 즉 서구 세력의 세계적 확장과 연관시켜 보아온 것에는 어느 정도 근거가 있다고 봅니다. 물론 〈근대화=서구화=문명화〉는 전혀 잘못된 도식입니다. 그렇지만 세계사적으로 서세의 등장이 일으킨 글로벌한 파급력이 세계사를 모던(modern)한 시대, 즉 근대로 전환시키는 데 큰 영향을 준 것 역시 분명한 사실입니다. 그 '글로벌한 파급력'은 장기적으로 효과를 미쳤기 때문에, '서세동점'이 분명해지기 한참 이전부터 그 파급력이 수용되는 과정이 있습니다. 이 부분, '서세동점' 이전의 중간지대, 점이지대를 좀 더 세심하게 들여다 볼 필요가 있습니다. 우리가 근대, 즉 modern age라고 부를 때는 현재 우리에게 아주 익숙한 모종의 존재론적, 인식론적 전제를 공유하는 시대, 또는 그런 전제가 형성된 시대를 말하고 있다고 생각합니다. 그것은 '서구화'라는 말로는 결코 포괄되지 않습니다. 그보다 훨씬 넓은 과정이 전제로 깔려 있습니다.

세계사에서 말하는 인류문명의 4대 발상지가 모두 하나로 이어진 '아프로-유라시아'라는 연결된 거대한 땅덩어리 위에서 이뤄진 것이 죠. 아프리카, 유럽, 아시아는 하나로 연결되어 있으니까요. 그런데 이 아프로-유라시아라는 오랜 문명적 본거지를 최초로 벗어나 보았던 것이 '서세'였습니다. 이유야 어떻든 말입니다. 그러면서 그전까지 그 존재를 몰랐던 아메리카를 알게 되었습니다. 이것은 전혀 우연이었지만 어쨌든 새로운 발견이었죠. 그전에 바이킹이, 말레이인 또는 중국인이 콜럼버스 이전에 이미 아메리카를 갔다 안 갔다 설왕설래가 있습니다만, 이것은 포인트가 아닙니다. 그때는 점을 따라 간 것이고 지구 차원의 인식은 전혀 없었습니다. '아메리카의 발견'은 기존의 문명적 인식판, 좌표축을 넘어서는 최초의 계기였지요. 이로써 인류는 최초로 진정한 의미에서 '지구적인 존재'가 된 것 아닐까요. 지금은 '5대양 6대주'란 말이 초등학생도 입에 달고 사는 당연한 상식이 되었습니다. 지구에 대한 인식이 누구에게나 인식 이전의 인식, '전(前)인식(pre-conception)'이 된 거죠. 그런 전인식이 되어버린 지구에 대한 인식, 지구적 존재로서의 자기인식, 이 점이 모던(modern)한 것이죠. 우리가 모던하다, 근대적이다, 현대적이다라고 말할 때 그 바탕에 바로 지구에 대한 이러한 '전(前)인식'이 있습니다.

이 새로운 지구적 차원은 아주 빨리 도처의 사람들의 생활 속으로 흡수돼 들어갔습니다. 중국의 차를 유럽인들이 즐기게 된 것 역시 모던한 것입니다만, 이것은 아프로-유라시아 판의 교역의 확장이었을 뿐입니다. 이미 알려진 판의 양적 확장이었죠. 그러나 순 아메리카산

形

고추, 감자, 옥수수, 담배가 아프로-유라시아에 들어온 것은 미지(未知)의 판의 확장, 즉 새로운 질적 확장이었던 것입니다. 문자 그대로 '지구적' 차원이 생활 속으로 들어온 거죠. 최초로. 한국의 김치도 그때 남아메리카에서 들어온 고추로 인해 비로소 오늘날의 '빨간' 김치가 된 것 아닙니까. 그전에도 인도로부터 들어온 매운 고추가 없었던 것은 아니지만 아메리카 고추가 들어오면서 널리 대중화된 것이죠. 그러니까 우리가 먹는 빨간 김치는 진정 모던한 것, 근대적인 것입니다.

물론 서세는 쉽게 동점(東漸)하지 못했습니다. 여기서 '점(漸)'은 야금야금 먹어 들어간다는 뜻입니다. 그럴 수 있을 만큼 우위에 있다는 것을 말합니다. 아메리카의 발견만으로도, 희망봉을 돌아 아시아에 도달했다는 것만으로도 세(勢)였다 할 수 있겠습니다만, 그 세가 아시아에 들어서자마자 곧바로 동점(東漸)을 할 만큼, 즉 우위에 설 만큼은 전혀 되지 못했었다는 거죠. 앞서 서론에서 우리가 검토해본 것처럼, 1497~1498년 아프리카 희망봉을 돌아 아시아에 도달한 서세가 아시아에서 우위에 서기까지는 200~300년의 시간이 걸립니다. 인도에서는 18세기 중반 이후, 중국에서는 19세기 1, 2차 아편전쟁 이후가 됩니다. 그러나 서세동점이든 서세우위든 그게 핵심적인 것은 아니라고 봅니다. 그 서세가 일으킨 글로벌한 임팩트가 빠르게 일반인의 생활 차원까지 공유되었다는 것이 포인트죠. 서세우위 훨씬 이전부터 아메리카의 존재, 아메리카의 산물은 유럽과 아프리카, 그리고 아시아인의 생활 속에 깊게 파고들었으니까요. 유럽의 소위 '대항해'를 통해 이렇듯 인류가 의식적이든, 아니면 전(前)인식적이든, 지구적 차원의 존재가 되었다는 사실이 인류의 '모던'한 공통감각(sensus communis)의 바탕을 이루고 있습니다.

서세가 이렇듯 대서양을 건너고 희망봉을 돌 만큼의 기와 세가 있었으면서도, 막상 아시아에 들어와서는 아메리카나 아프리카에서처럼 단숨에 판을 뒤집지 못하고 매우 조심스러울 수밖에 없었던 이유가 뭘까요? 아시아의 중심판의 문명적 수준이 그만큼 높았기 때문입니다. 16, 17세기에 유럽은 격심한 전란(戰亂)기입니다. 국가들 간의 영토전쟁이자, 신구교 간의 종교전쟁이기도 했습니다. 마치 중국 고대의 전국시대처럼 혼란스럽습니다. 그러면서 동시에 중국의 전국시대가 그런 것처럼 새로운 아이디어들이 백가쟁명하죠. 여기에다 신대륙 발견과 아시아 진출이 겹치면서 당시 유럽은 매우 역동적인 변화가 일어납니다. 그러면서 각 전국(戰國)들의 국력과 전력(戰力)은 점점 강화되어가죠. 그러나 당시 유럽의 전체적인 질서는 매우 불안정했습니다.

반면 이 시기 아시아, 특히 동아시아는 상대적으로 매우 안정되어 있었습니다. 이 시기는 일본의 조선침략과 명청 교체기 이후입니다. 중국은 명청 교체기를 수습하면서 명대를 뛰어넘어 내중국, 외중국을 포괄하는 강력한 제국을 형성합니다. 조선은 외침의 상처를 수습하면서 중국에서도 이루지 못한 높은 수준의 세련된 유교 국가를 수립합니다. 일본은 전국(戰國) 상황을 수습하면서 봉건적 분산성을 중앙의 쇼군이 통제하는 도쿠가와 막부(에도 막부)15 체제가 성립합니다. 그래서 동아시아의 이 세 나라는 17세기에 성립된 청, 조선, 도쿠가와 막부 시대를 현시대와 연결되어 있는 가까운 시대로 인식하고 있습니다.

서구인들은 자신들이 생각하는 근대, 즉 '현시대와 연결된 가까운 시대'의 시점을 그들이 말하는 '대항해 시대' 이후로 잡고 있습니다. 같은 시기의 동아시아에 비해 매우 불안정하고 혼란스럽기까지 했던 시대이지만, 그 시대를 거치면서 오늘날 자신들의 부와 번영을 이루었다

形

고 생각하기 때문이죠. 여기서 '부와 번영'이란 '인구와 총생산의 두드러진 증가'[16]를 말하고 이를 '근대적 성장'이라고 합니다. 유럽에서 이 근대적 성장은 두 단계를 거칩니다. 먼저 대항해와 아메리카 발견 이후 16~18세기 300년의 초기근대적 성장이고, 두 번째는 산업혁명 이후의 근대적 성장입니다. 잘 아시듯 산업혁명 이후의 성장세가 훨씬 가파릅니다. 그러나 대항해 이후의 초기근대에도 괄목할만한 성장세가 있었기 때문에 이 시기를 '근대'의 시발점으로 보는 것입니다. 그런데 '인구와 총생산의 두드러진 증가'는 대항해 이후의 유럽에서만 벌어졌던 일이 아닙니다. 앞서 언급한 바와 같이 유럽의 대항해 이전부터 동아시아에서 나타났던 현상입니다. 그래서 서구 도래 이전에 이미 동아시아에서 초기근대가 시작되었다고 하는 것입니다.

'근대'란 현재를 살고 있는 사람들이, 그 '새로운 현재'의 시작이라고 보는 시대인데요, 그런데 그 '시작'과 오늘날의 '현재'의 감각에는 차이가 있을 수밖에 없습니다. 이미 500년 전이니까 꽤 오랜 과거이기도 하지요. 그때를 간단히 지금과 같은 근대사(modern history)라고 하기에는 너무 먼 거죠. 그 500년 전에는 그의 동이나 서나 신분차별도 상당히 남아 있었고요. 분명히 근대적 성격이 나타나기 시작하지만, 아직 과거의 유습도 남아있는 상태입니다. 이런 문제를 풀기 위해 역사학자들이 고안한 개념이 '초기근대(early modern age)'입니다. 앞서 남선생도 언급했던 개념입니다. 모던한 게 시작은 되었지만, 근대 이전(pre-modern)의 영향도 아직은 남아 있는 중간지대이면서 동시에 근대의 초반부인 시대라는 뜻입니다.

유럽사에서는 초기근대에서 본격적인 근대로 넘어가는 시기를 '계몽주의'가 만발하는 18세기로 보고 있습니다. 계몽주의란 중세의 종교적 교권 지배를 의문에 부치고 교권 대신 이성이 지배하게 되는 시대풍조라는 뜻이죠. 어둠(교권)이 아닌 빛(이성)입니다. 그래서 인라이트먼트(enlightenment)죠. 이 말은 프랑스에서 먼저 나왔죠. 루미에르(Lumières), 빛이라는 뜻이 보다 선명합니다. 계몽(啓蒙)이라는 한자는 '어두운 것, 어리석은 것을 깨쳐준다'라는 뜻이기는 합니다만 그 뜻이 잘 전달되지 않는 것 같습니다. 우리말로 하면 '빛의 시대'가 되겠네요. 계시신앙은 어둠이 되고, 이성(理性)의 힘이 빛이 됩니다. 그런데 '계몽주의'는 유럽 내부용 언어여서 근대사의 변화를 세계 차원에서 풀이하는 말로는 부족합니다. 유럽이 초기근대에서 본격근대(서구주도근대)로 넘어가는 데 무엇이 어떻게 바뀌는 것인지를 분명히 보여주지 못하죠. 초기근대와 본격근대(서구주도근대)의 차이는 유럽 내부보다는 글로벌한 관점, 즉 세계사적 세(勢)의 이동을 함께 보아야 선명해집니다. 세계사적 세의 중심이 아시아 중심에서 유럽 중심으로 이동하는 모멘텀이 중요합니다.

그렇다면 1757년 인도에서의 플라시 전투 이후 1839년 아편전쟁의 발발까지의 기간을 초기근대에서 서구주도근대로 전환하는 시기라고 볼 수 있습니다. 이 기간은 프랑스혁명과 그 영향의 확산에 따라 유럽에서 민족주의와 근대국가 열풍이 불었던 시기이기도 합니다. 또 인도에서 수입되어 오는 면직물에 대항하기 위해 영국에서 면직물의 공장제 생산(factory system production)이 우후죽순처럼 창업되기 시작했던 때이기도 하죠. 이것이 영국 산업혁명의 발화점이 되었습니다. 면직산업에서 시작된 석탄과 증기라는 새로운 동력 시스템이 이후 증기기차, 증기기선의 출현으로 이어졌죠. 철도와 기선은 군사적 팽창의 도구이기도 했음을 잊지 말아야겠죠. 아편전쟁에서 중국의 패배 이후 이제 서세의 힘은 그 무엇도 막을 수 없게 되었습니다. 그리하여 '서구주도근대'의 시대가 되었습니다.

콜럼버스 이전의 글로벌 임팩트

북선생　　서선생은 통상 말하는 '서세동점'을 '서세우위 이전'과 '서세우위' 두 시기로 나누고, 그 각각을 '초기근대'와 '서구주도근대'라고 정리해주었습니다. 그리고 이제 우리는 그 서세우위의 시대, 즉 서구주도근대가 종료되고 있음을 우리 눈으로 목격하고 있습니다. '서구주도근대'가 끝나가고 있는 것입니다. 그렇다면 초기근대는 16~18세기의 300년이 되고, 서구주도근대는 19~20세기의 200년이 됩니다.

이제 우리는 구시대가 가고 새로운 시대가 시작되고 있음을 목격하고 있습니다. 이제 '구시대'란 '서구주도근대'의 시대인 것이고, '새로운 시대'란 '서구주도근대 이후'의 시대가 되는 것입니다. 그 새로운 시대를 '후기근대'라 했는데요, 이 용어에 대해 먼저 약간의 사전 설명이 필요할 것 같습니다. 이런 지구적 차원의 변화를 가리키는 용어는 단번에, 쉽게 출현하지 않습니다. '후기근대'라는 개념 이전에 1980년대와 1990년대에 구미사회를 중심으로 크게 유행했던 '포스트모던(post-modern)'이라는 용어가 있었습니다. '근대 이후'라는 뜻이죠. 이 사조는 기존의 서구중심적 가치나 개념체계를 비판하고 해체하는 데 강점을 보였지만, 막상 서구근대 세계체제의 해체와 새로운 세계질서의 등장에 대해서는 제대로 말한 것이 없습니다. 당시는 신자유주의가 부상하던 상황인데, 여기에 대한 비판적 대응도 불분명했습니다. 또 이 시기에 미소 냉전이 해체되었는데, 이 사건에 대한 해석이나 그 이후의 새로운 전망에 대한 제시도 분명하지 못했습니다. 근대세계사 500년을 글로벌한 차원에서 서구와 비서구를 포괄하여 설명하는 시야가 없었습니다. 그렇다 보니 '포스트모던'이란 '신자유주의의 이념' 또는 '후기자본주의의 정치적 무의식'에 불과한 것이 아니냐고 비판을 받기도 했습니다. 서구주도 세계체제를 대체한 새로운 세계상을 제시하지 못하면서 '근대 이후'라고 표방하는 것이 공허하기도 했지요. 그러면서 21세기 들어서면서 '포스트모던' 대신 '후기근대'라는 개념이 점차 널리 쓰이기 시작합니다.

후기근대에 대해서는 이 책 5부의 주제이기도 하니까 여기서는 간략히 소개만 하겠습니다. 냉전 해체 이후 소련 동구권이 해체된 세계에서 미국 일극주의가 풍미하는 듯했지만, 고작 10여 년이었습니다. 미국은 이라크 전쟁에서 수렁에 빠지고 연이어 금융위기를 겪으면서 일극주의는 조용히 사라졌습니다. 그 자리에 다극주의가 들어섰습니다. 중국, 인도, 남아메리카의 주목할 만한 부상이 있었죠. 21세기 들어 선명해진 사실입니다. 그리하여 서구주도 세계체제를 대신하는 한 새로운 다극적 세계체제가 형성되고 있습니다. 이 시대를 '후기근대(late modern age)'라 합니다. 이제 '후기근대'라는 개념은 널리 쓰이는 말이 되었습니다.

이로써 근대세계사가 세 개의 단계를 거쳐 진행 중인 것을 우리가 확인할 수 있게 되었습니다. 즉 초기근대와 서구주도근대를 거쳐 이제 후기근대에 접어든 것입니다. 이것이 '근대세계사의 3단계론'입니다.[17] '후기근대'라는 말은 이 시대가 근대의 마지막 단계임을 함축하고 있습니다. 초장(初章), 중장(中章), 종장(終章)에서 종장이라는 뜻이

서세동점 이전	서세동점	서세동점 이후
초기근대	서구주도근대	후기근대
形	流 - 勢1 - 勢2	形'

〈그림 1-4〉 근대세계사의 3단계와 〈형-류-세1-세2-형'〉

죠. 후기근대를 통해 세계사는 우리에게 아직 미지(未知)인, 진정 '근대 이후'일, 새로운 세계로 진행해가고 있습니다. 그것이 지금보다 바람직한 세계일 것인가, 아니면 오늘날의 많은 SF 작품이 그리듯 가공할 디스토피아가 될 것인가. 지금 우리는 알 수 없습니다. 다만 현재 우리가 만들어가고 있는 현실이 그 미래를 결정할 것임을 알 수 있을 뿐입니다.

미리 참고로 말해두면, 서론 〈발제〉에서 제시했던 〈형-류-세1-세2-형〉 역시 이 근대세계사의 세 단계의 표 안으로 깔끔하게 정리할 수 있습니다. 물론 형에서 형'로의 다섯 단계의 흐름에 대해서는 이후 각 부 순서에 따라 차근차근 살펴볼 것입니다. 사전 정리 차원에서 앞서 서선생이 제시했던 그림에 이 다섯 단계를 포함시키면 〈그림 1-4〉와 같습니다.

이 그림에서 보는 초기근대, 서구주도근대, 후기근대의 세계적 흐름 속에 동아시아 근대가 있습니다. 동아시아의 초기근대를 일부 동아시아권 학자들은 '근세(近世)'라고 하여, 이어지는 서구주도근대와 구분하기도 합니다. 그 시기는 대개 중국은 명청시대, 코리아는 조선 중후기, 일본은 도쿠가와 막부의 에도시대로 보고 있습니다. 앞서 서선생은 아메리카의 발견을 '모던'의 출발로 보았는데요, 물론 아메리카의 발견은 매우 중요합니다. 그렇지만, 그 사건만으로 초기근대의 기원을 제한할 이유는 없을 것 같습니다. '지구적 차원'이란 반드시 아메리카의 발견으로만 국한되어야 하는 것은 아니기 때문입니다. 아프로-유라시아라는 거대한 육지가 하나의 단위로 인식되기 시작한 것도 매우 중요한 '글로벌 임팩트'였습니다. 인류문명의 거의 대부분이 이곳 아프로-유라시아라는 거대한 판에서 이뤄져왔었기 때문에, 이 거대한 문명판이 하나의 단위로 이어지게 되었다는 것을 제1차 '글로벌 임팩트'로 볼 수 있다는 것이죠.

그 최초의 계기는 몽골제국의 성립이었습니다. 몽골제국 이후 아프로-유라시아를 하나로 인식했음을 보여주는 예는 아주 많아요. 그중에서 우리의 사례를 들어보죠. 조선 초기 태종 때인 1402년 제작된 〈혼일강리역대국도지도〉가 있습니다. 이 지도는 지금 우리 중등학교 교과서에도 실려서 아주 익숙해요. 이 지도를 보면 유라시아와 아프리카가 하나의 전체로 뚜렷하게 나타나 있습니다.〈그림 1-5〉 이 지도는 몽골제국에서 통용되던 지도를 조선 중심으로 다시 제작한 것입니다. 보시다시피 조선만 유독 좀 크지요. 당시엔 정확한 척도가 없었을 뿐 아니라 주관적 감각을 그림 상의 크기로 표현하던 시대이기도 했음을 이해해줍시다. 어쨌거나 이 지도는 유라시아와 아프리카가 모두 들어가 있는 최초의 세계지도 중 하나입니다. 대항해 이전에 그려진 세계지도임을 생각하면 놀랍지요. 몽골제국 시대에 아프로-유라시아의 전모가 이미 상당히 정확하게 인식되고 있었음을 보여줍니다.

그런데 몽골제국이 과연 아프로-유라시아 전체를 정말로 포괄했던 것인지, 실제적인 '세계제국'이었다고 볼 수 있는 것인지, 의문을 제기하실지도 모르겠습니다. 칭기즈칸의 손자인 바투가 당시 무적이던 몽

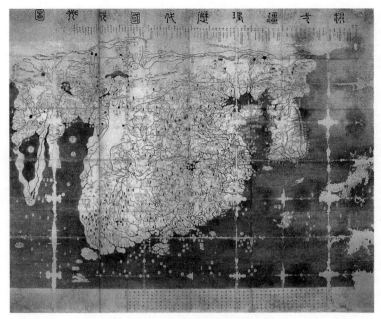

〈그림 1-5〉 혼일강리역대국도지도

골군을 이끌고 러시아와 카스피해 일대를 정복해서 '킵차크 칸국'을 세웠지만 유럽 내부 깊숙이 들어가지는 않았던 것 아니냐고 말이죠. 또 페르시아를 무너뜨리고 세운 '일칸국'도 아프리카까지 들어갔던 것은 아니었다고 지적할 수도 있겠지요. 이러한 '고급 질문'에 대해서는 팔레스타인 출신의 미국 사회학자 재닛 아부-루고드가 쓴 『유럽 패권 이전』이라는 책이 분명한 답을 줍니다. 이 책은 당시 몽골제국이 형성한 아프로-유라시아 네트워크를 '13세기 세계체제'라고 정리하고 있습니다.

보시다시피 아부-루고드의 '13세기 세계체제' 지도는 8개의 동그라

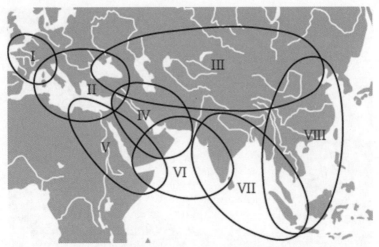

〈그림 1-6〉 재닛 아부-루고드의 '13세기 세계체제'

미를 그리고 있습니다. 그런데 이 8개의 동그라미 지역 전체와 조선 초
기의 〈혼일강리역대국도지도〉에서 보이는 세계의 모습은 놀랍도록 일
치하는 것을 알 수 있습니다.〈그림 1-6〉 다시 한번 잘 비교해보시기 바랍
니다. 이 동그라미들은 8개의 권역을 나타내는데, 몽골제국의 직접 관
할한 지역은 그중 셋이 됩니다. VIII 권역은 원나라의 영향권이고, III은
킵차크, 오고타이 칸국의 영역, 그리고 IV의 일, 차가타이 칸국의 영역
입니다. 그러나 이 셋이 축이 되어 아시아와 유럽, 그리고 아프리카가
서로 고리처럼 맞물려 하나의 '세계체제(world system)'를 이루고 있었
다는 것이죠. 몽골제국이 아프로-유라시아 전체를 직접 포괄했던 것
은 아니지만, 일부는 직접 지배하고 그 밖의 다른 주요 부분은 간접 포
괄하고 있었던 것입니다. 그래서 이를 하나의 분명한 '세계체제'였다고
주장합니다. 당시에는 아프로-유라시아가 사실상의 '전 세계'였으니까

形

요. 〈혼일강리역대국도지도〉는 바로 이 '몽골리카의 세계체제'를 보여주고 있는 것입니다.

아부-루고드의 책이 1989년에 출판되었는데요, 그 후 이 분야의 연구가 활발하게 진행되어 이제 내용적으로 많이 보강되었습니다. 그 결과들을 감안하여 이 그림을 약간 수정해볼 수 있어요. Ⅲ의 영역은 오늘날 러시아 쪽으로 더 올라가고, Ⅳ의 영역은 인도 서부로 확장되며, Ⅷ의 영역은 아시다시피 고려를 포괄하는 것이 맞습니다. 고려는 분명 몽골 세계제국의 일부였으니까요. 그러면서도 주권의 자주성을 상당히 보장받고 있던 특수한 나라에 속합니다. 이러한 팍스 몽골리카의 '13세기 세계체제'가 있었기 때문에 이탈리아인 마르코 폴로가 중국까지 갈 수 있었고, 아랍인 이븐 바투타가 아프로-유라시아를 종횡할 수 있었습니다. 모두 몽골제국 전성기인 14세기에 벌어진 일입니다. 그래서 초기근대의 첫 임팩트, 최초의 지구화(globalization)는 몽골제국 시대의 '팍스 몽골리카(Pax Mongolica)'였다고도 하지요. 아랍의 몽골제국은 이후 오스만제국과 이란의 사파비제국으로 이어졌고, 후일 러시아의 동진(東進)은 이곳의 몽골제국이 깔아온 길을 역으로 밟아 나온 것입니다. 바스쿠 다가마와 콜럼버스가 미지의 바다로 나갈 수 있었던 이유도 몽골제국 시기 세계교역의 기억이 남아 있었기 때문에 가능했던 것이고요.

이렇게 보면 초기근대의 시점을 굳이 '아메리카의 발견'으로 한정할 필요가 없습니다. 동아시아의 경우는 특히 그렇습니다. 몽골제국 등장 이전인 중국 송대에 11세기 즈음부터 이미 초기근대적 특징이 분명히 나타나고 있었으니까요. 이미 많은 연구들이 밝혀준 신분제 소멸, 중앙집권화, 상업혁명 등이 그렇습니다. 그 결과 앞서 동선생이 언급했던 '동아시아에서 인구와 총생산 증가율의 두드러진 증가 현상'이 나타나기 시작합니다. 이런 특징들은 사회에 큰 변화가 일어났음을 말해줍니다. 그리고 그런 변화들은 오늘날의 세계의 모습을 상당히 예고해주는 것이기도 합니다. 여기에서 '근대의 중국 송대 기원설'이 나옵니다. 정확히 말하면 '초기근대'는 유럽이 아니라 오히려 중국에서 시작되었다는 것입니다.[18] 중국 송대의 이러한 초기근대적 선진성이 이후 몽골제국이 '세계체제'를 건설하는 데 밑바탕이 되었습니다. 이후 유럽의 초기근대는 몽골 세계체제가 일으킨 글로벌 임팩트의 결과가 되는 것이고요.

그러면 이 '초기근대'를 동아시아 차원에서 말하면 어떻게 될까요. 송나라와 몽골제국이 일으킨 임팩트가 동아시아 각 지역으로 확산하여 내면화하기 위해서는 일정한 시간이 걸립니다. 우리는 그 시기를 16세기 말~17세기 초 명청 교체기의 동아시아로 보고 있습니다. 이 시기부터 동아시아 차원에서의 초기근대를 말할 수 있다는 것입니다. 이때 동아시아는 거대한 변동을 겪습니다. 일본이 중국에 도전장을 내밀고 조선을 공격하여 한중일이 전쟁을 합니다. '동아시아 삼국전쟁'인데, 우리는 보통 '임진왜란'이라 하죠. 이 전쟁의 여파로 중국에서는 명나라가 무너져 청나라가 들어서고, 조선에서는 건국 훈신 세력이 물러가고 신진 사대부 체제가 들어서고, 일본에서는 도쿠가와 막부가 세워져 험난했던 전국(戰國) 상황을 드디어 종료합니다. 모두 17세기 초중반입니다. 그 이후 200여 년 이 삼국은 평화를 유지합니다. 동아시아의 중심축이 안정된 거죠. 이런 상태를 서론의 〈발제〉에서 동아시아 초기근대가 안정된 형(形)을 갖추었다고 했습니다. 그 '동아시아 200년 평화'의 시기가 바로 '동아시아 초기근대'입니다. 그러다 19세기 들어

形

1, 2차 아편전쟁으로 동아시아의 평화가 깨지고 동아시아 전체가 점차 전쟁의 소용돌이에 휘말려 들어가죠. 동아시아에 서세동점이 거세게 밀어닥쳐 동아시아 초기근대의 형(形)에 균열이 가고 흔들리기 시작하는 때입니다. 이 부분은 이 책 2부에서부터 논의할 내용입니다. 이제 이상으로 1부 1론의 논의를 정리할 수 있겠습니다만, 그 이전에 이상의 개괄적 논의에서 빠진 점이 있으면 끝으로 보완해주시지요.

남선생 '아메리카의 발견'이 '지구적 차원'을 열었다고 했습니다만, 그와 동시에 '발견된' 인류에게는 그 결과가 아주 참혹했다는 사실을 반드시 지적해두어야 하겠습니다. 아메리카 원주민만이 아니라 시베리아 원주민도 그렇고, 18세기 영국 제임스 쿡 선장에 의해 '발견'된 호주 대륙, 그리고 하와이를 비롯한 여러 섬들의 원주민들의 운명도 그렇습니다. 그 이전의 글로벌한 제국이라 했던 몽골제국도 정복한 문명에 상당한 타격을 가했죠. 역사상의 모든 제국의 특징이기도 합니다. 그러나 몽골제국은 기존 문명을 뿌리 뽑지는 않았어요. 오히려 결국 기존 문명에 섞여 들어갔죠. 그러나 아메리카, 오세아니아, 사하라 이남 아프리카로 들어간 서구 문명은 기존 문명을 뿌리 뽑고 말살했습니다. 원주민들은 밖에서 찾아온 손님을 환대했지만 돌아온 것은 멸종에 가까운 학살과 약탈이었습니다.

아프로-유라시아 바깥을 열었던 '지구적 차원'의 발견은 분명 '모던'합니다. 그리고 그 '모던'의 이름으로 '개발'과 '발전'이 이뤄졌지만, 그에 수반된 '파괴'와 '소멸'이라는, '모던'의 어두운 뒷면이 있었음을 잊어서는 안 되겠죠. 아메리카의 발견이 '모던'한 것이지만, 동시에 아메리카를 비롯한 새로 '발견'된 세계 여러 지역 원주민 문명의 파괴와 말살 역시 '모던'한 것이었습니다. 이 '모던'에 의해 파괴되고 사라진 것은 원주민 문명과 문화만은 아니었죠. 지구의 자연과 생명이 전례 없는 수준으로 위협받게 되었습니다. '모던' 특히 유럽 모던에는 자연이든 인간이든 대상을 포획하고 정복하려는 파우스트적 욕망이 있습니다. '아메리카'란 그러한 대항해 시대 유럽인들의 포획, 정복의 욕망을 상징하는 기호이기도 합니다. 과연 인류가 그리고 이 지구의 자연이 근대문명의 무한한 정복 욕망을 더 감당할 수 있을지 심각한 의문이 제기되고 있습니다. 근대문명의 지속가능성 문제가 제기되고 있는 것이죠. 이 문제는 이 책의 5부에서 우리가 상세히 검토할 주제이기도 합니다.

서선생　비어 있던 곳을 아프게 찔러주시네요. 얼마 전 뉴스에서 호주에서 벌어진 '호주의 날' 반대 시위를 보았습니다.⟨그림 1-7⟩ 매년 1월 26일은 1788년 영국의 아서 필립 선장의 선단이 시드니에 도착해 영국의 식민지로 선포한 날인데요, 호주 정부는 이를 기념해 국경일로 삼아왔습니다. 그런데 이 기념일을 바꿔야 한다는 여론이 높아지고 있다는 보도였죠. 말씀대로 영국의 호주 식민화는 군대와 죄수를 앞세워 원주민을 잔인하게 소탕하며 이뤄졌으니까요. 생존한 원주민의 후손뿐 아니라 많은 유럽계 시민들이 이 반대 운동을 주도하고 있다고 합니다.

이 보도를 보면서 몇 년 전 암스테르담을 방문했던 기억이 떠올랐습니다. 네덜란드가 '황금시대(golden age)'라 부르며 그리워하는 시대가 17세기인데요, 그 시대가 상징하는 것은 바다와 항해입니다. 그곳의 해양 박물관(Het Scheepvaartmuseum)에서 이 시기의 해상활동을 잘 볼 수 있죠. 여길 들렀더니 뜻밖에 노예무역 특별전을 하고 있었어요. 내용을 보니 철저하게 자기반성을 하는 특별전이었습니다. 당시 노예무

〈그림 1-7〉 '호주의 날' 반대시위.
한 어린이가 아빠의 목말을 타고 "호주는 언제나 그들(호주 원주민)의 땅이었고,
앞으로도 언제나 그럴 것이다"는 피켓을 들고 있다.

역선 모형을 만들어서 노예들이 얼마나 비인간적으로 대우받았는지를 생생하게 느낄 수 있도록 해놓았더군요. 16~18세기 유럽의 노예 삼각무역에 대해서도 상세하게 설명해 놓았고요. 아이들을 데리고 온 가족 관람객들이 많은 것이 무척 인상적이었습니다. 진지하고 심각한 표정으로 관람하면서 아이들에게 조용히 설명해주는 부모들의 모습을 보았습니다. 자신의 아이들에게 자신들 선조의 자랑스러운 점만이 아니라, 부끄러웠던 점도 알리고 교육해야 한다는 마음이 느껴졌습니다. 여전히 많은 숙제들이 있지만, 서구 내부에서도 이렇듯 자신의 역사를 진지하게 비판적으로 성찰하는 힘 역시 존재한다는 것을 느꼈습니다. 그것이 일부 양심적 지식인층에만 한정된 것이 아니고 상당한 시민적 역량으로 축적되어 있다는 것이 부럽기도 하더군요. 물론 이러한 반성

적 힘이 서방 세계의 지배적인 정서라고 말하기는 어렵겠지요. 그럼에
도, 아니 그렇기 때문에 더욱, 그렇듯 서방세계의 건강하고 자성(自省)
적인 힘과의 세계적 연대가 필요하다는 사실은 분명합니다.

'근대'는 절대선도 절대악도 아니다

동선생　저도 하나 더해 보겠습니다. 앞서 〈근대화=서구화=문명
화〉라는 도식에 대한 비판이 있었습니다. 그런데 이 입장을 거꾸로 뒤
집어놓은 듯한 또 다른 입장이 있습니다. 〈근대화=서구화=문명화〉 도
식이 서구근대를 '절대선'으로 본다면, 이쪽은 반대로 서구근대를 '절
대악'으로 봅니다. 그러면서 '근대'라는 개념 자체가 문제라고 합니다.
'근대'란 말 자체, 그리고 고대-중세-근대라는 시대구분 자체가 서양
에만 존재했을 뿐, 우리 역사, 동양에는 애당초 없었던 것이라고 하죠.
그러면서 우리에게 있지도 않았던 '근대'라는 외래 개념을 우리가 받아
들여 쓰다 보니까, 〈근대화=서구화=문명화〉라는 말도 안 되는 주장까
지 나오게 되는 것이라고 해요. 이렇게 애당초 '근대'라는 말 자체가 문
제니까 그런 말 자체를 안 쓰면 된다고 합니다.

　이런 주장을 얼핏 보면 '뉴라이트'와 같이 서양근대와 일본근대를
맹목적으로 숭배하는 입장에 대해 가장 분명하게 반대하고 있는 것으
로 보입니다. 그래서 힘이 있어 보이지만, 실은 그렇지가 않아요. 좀
더 생각해보아야 합니다. 우선 근대라는 개념, 관념이 우리에게는 없
던 것일까요. 앞서 남선생도 고대, 중세, 근대라는 시대구분은 꼭 서양
역사에서만 있었던 것이 아니라고 했습니다. 먼 옛날(上古), 가까운 옛

날(中古), 그리고 오늘날(近·現)을 구분하는 것은 인간의 보편적인 시간 감각입니다. 문명이 성립하고 역사의식이 생겼을 때 자신들의 지난 역사를 이렇듯 몇 개의 단계로 구분해보는 것은 아주 자연스러운 것이죠. 사마천의 『사기』에도 삼황오제의 오랜 과거, 춘추전국과 진나라 통일의 중간 과거, 그리고 지금이자 가까운 시대인 한나라 시대, 이런 시대구분이 있지 않습니까? 우선 시대구분 의식 그리고 근대라는 관념 자체가 동양에는 없었던 것처럼 주장하는 것은 전혀 타당하지 않습니다. 그런 생각이 오히려 오리엔탈리즘, 동양에 대한 편견에서 나오는 사고방식입니다. 결국 동양에는 역사 그리고 역사 관념이 없었다는 것이니까요. 아시다시피, 이건 아주 터무니없는 생각이지요. 동양, 특히 동아시아 문명은 오래전부터 역사의식이 매우 높았고 역사서술도 굉장히 치밀했지 않습니까.

물론 지금 우리가 논하는 것은 사마천 시대의 중국사가 아니라 서세동점 전후의 세계근대사입니다. 세계사적으로 볼 때, 현재의 근대 감각은 '지구성'과 연관되어 있다고 했죠. 그 지구성의 시작을 아메리카의 발견으로부터 보는 시각과 그 이전인 몽골제국의 아프로-유라시아 네트워크로 보는 시각에 대해서도 이미 검토해보았습니다. 우리가 그런 논의를 했던 이유가 뭔가요? 근대 감각, 근대성, 근대 생활사란 결코 서구만의 것이 아니었고, 아프로-유라시아 사람들이 일찍부터 상당히 광범하게 공유하고 있었던 공통근거, 전(前)인식이었음을 밝혀보기 위한 것이었죠. 그런 큰 흐름 속에서 봐야 세계 속의 자기 위치를 정확히 알 수 있다는 것입니다. 근대라는 시간 개념, 시대구분은 보편적인 것이라고 했는데요, 보편적이기 때문에 세계사의 보편 개념일 수 있는 것이기도 합니다. '동아시아 근대'란 동아시아를 근대세계사의 맥락 속에서 본 동아시아를 말합니다. 이렇듯 세계를 포괄하는 글로벌한 시각에서 항상 우리 문제를 바라볼 수 있어야 합니다. 그래야 우리의 생각, 우리의 해법이 또한 세계 전체에 통할 수 있는 언어가 될 수 있겠지요.

둘째는 '근대'라는 말을 부정하고 회피하기만 하면 근대로부터 해방될 수 있느냐는 것입니다. 근대 전체, 근대 자체를 몽땅 부정하는 태도를 '반근대적 정서(anti-modern mentality)'라고 하는데요, 이런 태도는 자신이 부정적으로 보는 모든 것을 '근대'라는 말 안에 쏟아 넣습니다. 그렇게 하면 근대란 세상의 온갖 죄와 악행, 고통, 불의를 담고 있는 보따리가 됩니다. 이렇게 '근대'라는 보따리에다 모든 나쁜 것을 다 퍼 담아놓은 뒤, 이제 그 '근대'라는 보따리만 어디 밖에다 내던져 버리면 됩니다. 아주 쉽죠?

그러나 이렇듯 너무나 손쉬워 보이는 해결법에 쉽게 넘어가면 안 됩니다. '근대'란 그렇게 간단하게 내던져지지 않습니다. 상식적으로 생각해보세요. 인류가 500년간 서로 교직하며 만들어간 근대세계사가 그렇게 간단히 '폐기처분' 되겠습니까? 어떻게 한 가지 얼굴만 하고 있겠습니까? 근대세계사는 분명 한쪽으로 보면 약탈과 침략을 확장해간 역사입니다. 인간과 문명끼리도 그렇고, 인간문명과 자연 사이에도 그렇습니다. 그러나 우리가 앞으로 차근차근 살펴보겠습니다만, 근대역사는 그러한 약탈, 침략에 맞서고 저항하면서 약탈 대신 공유, 침략 대신 평화를 이루려고 했던 '또 다른 근대'의 역사이기도 했어요. 동서 간에도 그렇고, 동서 내부에서도 그렇습니다. 이 두 힘들을 같이 이해해야 근대세계사를 전면적으로 이해할 수 있게 됩니다. '근대'를 그저 우리와 상관없는, 순전히 우리 바깥에서 온 '외부의 힘'으로만 이해하면,

오히려 그 의도와는 정반대로, 근대를 벗어날 수 있는 방법도, 힘의 근거도 찾을 수 없게 됩니다.

근대를 '절대선'으로 보는 것도, 반대로 근대를 '절대악'으로 보는 것도 모두 오류입니다. 그렇게 보면 일면적이고 치우칠 수밖에 없습니다. 그러한 두 입장이 겉으로 보면 정반대로 보입니다. 그렇지만 잘 들여다보면, 우리의 역사, 동아시아 역사의 내부에는 애초부터 '근대'라는 역사단계가 없었다고 보는 점에서는 꼭 같아요. 두 입장 모두가 근대란 원래 우리 내부에는 없었던 것이고 순전히 외부에서, 서양에서, 유럽에서 왔을 뿐이라고 보니까요. 다만 그렇듯 외부에서 왔다는 '근대'를 선으로 보느냐 악으로 보느냐의 차이가 있을 뿐이죠. 근대를 '절대선'이라 숭상하는 쪽은 그러한 식의 근대가 존재하지 않았다고 하는 우리의 내부를 '절대악'으로 봅니다. 반대로 외부에서 온 근대를 '절대악'으로 배척하는 쪽은 그런 절대악이 존재하지 않았다고 하는 우리 내부를 '절대선'으로 보겠지요. 이렇듯 이 둘은 겉으로는 정반대로 보이지만 뒤집혀 있을 뿐, 사고의 구조와 패턴이 같은 겁니다. 이런 걸 거울상 이미지라고 하죠.

근대라는 역사 시대는 결코 서양만의 것이 아닙니다. 근대세계사는 동서의 여러 문명이 씨실과 날실이 되어 함께 교직(交織)해 간 역사입니다. 한쪽 눈으로만, 한쪽 편에서만 보면 안 됩니다. 두 눈으로, 양면에서 모두 보아야 합니다. 그러나 위의 두 주장은 그렇지 못합니다. 한 눈으로만 보지요. 그렇다 보니 보이지 않고, 볼 수가 없는 맹점 지대가 많을 수밖에 없어요. 그 결과 여러 가지 치우친 주장을 하게 됩니다. 이제부터 차근차근 살펴보겠습니다만, 이후 우리의 논의는 이같이 한 편으로 치우친 시각을 교정하고 극복하자는 것이기도 합니다. 이를 통해 글로벌한 근대세계사의 온전한 전체 모습과 진행 과정을 정확하게 이해하자는 것입니다.

제2론
|
동아시아 소농체제와 내장근대
|

『하멜표류기』에는 인종주의가 없다

서선생　1론에서 근대와 근대화의 개념, 시대구분 개념에 대해 이론적 정리를 해보았습니다. 여러 현실 문제에 대해 암묵적으로 큰 영향을 주고 있는 개념들이니, 조금 복잡해 보여도 꼭 기억해두어야 합니다. '이론'이라고 하면 일반인들에게는 너무 학술적이어서 쉽게 친해지기 어렵다는 인상을 줍니다. 그렇지만 이론 작업이 꼭 필요할 때가 있습니다. 잠시 고생을 하더라도 이론적 정리를 한번 해두면 바탕이 튼튼해져서 이후 오래 도움이 됩니다. '근대'의 개념도 겉보기에 간단해 보여도 자세히 들여다보면 사실은 간단하지 않거든요. 이럴 때 사전에 이론적으로 정리해두면 역사를 깊이 있게 이해하는 데 큰 도움이 됩니다.

　그럼 이제 2론에서는 동아시아 초기근대의 풍경, 실제 현실 이야기를 해보기로 하겠습니다. 1부 서두의 〈발제〉가 17세기 두 네덜란드(화란)인이 본 동아시아 이야기로 시작했지요. 여러 유럽 나라들이 있는데 왜 네덜란드냐. 당시 네덜란드는 아시아에서 가장 활발한 해상활동을 펼치던 유럽 국가였습니다. 지금의 인도네시아 자카르타인 바타비아(Batavia)에 동인도회사 본부를 차려두고 남중국과 대만, 그리고 일본의 나가사키를 활발히 오갔죠. 당시 조선 연안에 가장 가까이 오갔던 것도 네덜란드 배였음이 분명합니다. 그러던 중 한국 사람이라면 누구나 알고 있는 『하멜표류기』의 하멜이 타고 있었던 상선 스페르베르호가 난파하여 제주에 도착한 게 1653년 8월입니다. 하멜 포함 36명이 살아남았습니다. 모두가 네덜란드 사람들이었습니다. 이 배는 바타비아를 출발하여 대만[네덜란드인들은 포모사(formosa)라고 불렀음]을 경유 나가사키로 가던 길이었어요. 중간에 폭풍을 만나 난파한 거죠. 아시다시피 7~8월의 동아시아의 이 바다는 태풍이 자주 부는 험한 바다입니다. 태풍을 만나 난파한 거죠.

그런데 그렇게 해서 제주도에 머무르게 된 그해 10월 하멜 일행은 또 다른 네덜란드 사람을 만나게 됩니다. 벨테브레라는 이름의 네덜란드 노인인데요, 이 사람은 놀랍게도 한양에서 조선 왕(효종)이 보낸 통역관이었습니다. 그런데 그는 하멜 일행에게 자신이 1627년에 조선에 왔다고 밝히죠. 하멜을 만났을 때 벨테브레는 이미 무려 26년 동안이나 조선에서 살고 있었던 것입니다. 하멜 일행과 마찬가지로 배를 타고 일본으로 가던 중 역풍을 만나 조선에 이르렀고 식수를 구하려고 보트로 육지까지 왔다가 주민들에게 붙들렸다고 해요. 이후 왕실 군관(軍官) 신분으로 지내며 조선의 총포 개량에 기여했다고 합니다. 하멜 일행을 처음 만났을 때는 화란어를 잘 못했다고 하죠. 26년 동안 화란어로 대화하지 못했으니 다 잊어먹었던 것이죠. 그러다 고국 사람을

〈그림 1-8〉 제주에 표류한 하멜 일행(1668년 로테르담에서 출간된 『하멜 여행일지』의 삽화)

만나 며칠간 이야기를 나누다 보니 모국어가 터지기 시작합니다. 그리고 자기 고향 이야기, 두고 온 처자 이야기를 하면서 이 노인네가 마구 눈물을 흘려 옷깃을 다 적셨다고 해요.

저는 얼마 전(코로나 사태 이전) 한 학회에서 네덜란드 학자로 조선 역사를 평생 연구해온 월라번(Boudewijn Walraven) 교수를 만나 이 하멜과 벨테브레에 관해 이야기를 나눈 적이 있습니다. 그의 말 중 기억에 오래 남았던 것이 "『하멜표류기』에는 인종주의(racism)가 없다"는 말이었어요. 이 기록을 남긴 하멜은 항해 기록을 담당했던 평범한 젊은 이로서 많은 교육을 받은 사람은 아닙니다. 동시대 화란인 보시우스처럼 당시 동아시아(Sina)의 정치체제에 대해 논할 만큼의 학식은 전혀 없습니다. 다만 그가 직접 보고 직접 들은 것에 대해서만 쓰고 있습니다. 좋은 점도 나쁜 점도 소박하게 본 대로 느낀 대로 그리고 들은 그

〈그림 1–9〉 하멜이 7년간 머물렀던 강진 병영의 하멜기념관에 세워진 하멜 동상.
하멜의 고향인 네덜란드 호르쿰 시에서 강진군에 기증한 것이다.

대로 쓰고 있습니다. 읽다 보면 뿌듯한 점도 있고 아픈 지적도 있습니다. 그렇지만 아픈 지적을 할 때도 보면 인종주의로 볼 수 있는 우월 감의 시각이 없어요. 월라번 교수가 말한 인종주의란 근대 서구인들이 비서구인들에 대해 품고 있는 인종적·문명적 우월주의를 말합니다. 바로 서세동점의 소산이죠. 오늘날에도 분명 그런 것이 남아 있습니다.

지금 한국인도 인종주의에 대해 우리와는 전혀 관계가 없는 순전히 남의 문제라고 비난만 할 수는 없을 것입니다. 한국이 이제 제법 잘살게 되고 외국으로도 많이 나가는데, 외국에서 보면 종종 우리보다 못사는 나라 사람들에 대해 우월감을 느끼고 그들을 비하하는 모습을 보

形

이는 사람들이 적지 않은 것 같습니다. 국내에서도 피부가 흰 서양인들에게는 친절하게 하면서 피부가 까무잡잡하고 가난한 나라에서 온 것 같은 외국인들에게는 근처에도 가지 않으려고 하는 모습을 보기도 합니다. 이런 게 인종주의입니다. 이건 이방인에 대한 경계와 다릅니다. 서구인을 우월하게 보고 비서구인은 열등하게 보는 차별의식을 많은 한국인들도 어느 사이 내면화한 겁니다. 한국인이 동남아인에 비하면 서구인이라고, 우월하다고, 알게 모르게 생각할 수도 있습니다. 한쪽으로는 일본인이 서구인 행세를 한다고 비난하면서, 다른 쪽으로는 그렇게 되는 것을 선망합니다. 이율배반이고 모순입니다. 부끄러운 현대 문명병이죠. 그런데 월라번 교수는 17세기 화란인 하멜의 조선에서의 기록을 보면 조선 사람들에 대한 그런 식의 서구우월주의나 인종적 편견이 전혀 느껴지지 않는다고 한 겁니다. 저도 그렇게 읽었습니다. 그런데 만나서 그 책을 이야기하는 첫마디에 그 점을 콕 찍어 이야기하는 게 인상적이었습니다. 그런데 그렇듯 인종주의가 안 느껴지는 게 그 표류기를 썼던 하멜이라는 청년이 특별히 인격이 훌륭한 사람이었기 때문인가? 그런 게 아닙니다. 하멜은 그저 평범한 20대의 뱃사람이었습니다. 글을 쓸 줄 알았을 뿐 특별히 받은 교육도 없습니다. 당시 하멜의 의식세계엔 근대적 인종주의란 게 애당초 존재하지 않았던 겁니다. 그래서 난 유럽인이니까 잘났다 우월하다, 이런 생각 자체가 없었던 것이죠. 그러니까 그 청년이 쓴 글에서 인종주의가 보이지 않을 수밖에 없지요. 얇은 책입니다. 직접 읽고 확인해보시기 바랍니다.

그런가 하면 1부 〈발제〉에서 소개했듯 하멜과 거의 같은 시대를 살았던 보시우스 같은 네덜란드 지식인은 서구우월주의는커녕 오히려 거꾸로 동아시아의 정치체제를 칭송하고 있습니다. 당시의 동아시아

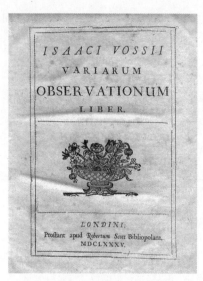

〈그림 1-10〉 지나(Sina)의 정치체제를 칭송하는 글이 실린 보시우스의 책(1685년 출간)

정치체제란 유교체제입니다. 하멜과 보시우스는 다릅니다. 보시우스
는 박식한 지식인입니다. 그래서 보시우스의 글에는 급진적 지식인으
로서 자신이 속한 체제에 대한 날카로운 비판의식이 담겨 있습니다.
중국과 조선은 학자들이 다스리는데 화란과 유럽은 종교적 맹신과 왕
실, 귀족들 간의 폭력과 전쟁이 지배하는 세상이라고 본 겁니다. 당시
유럽에는 유럽의 지배체제에 대해 매우 근본적이고 날카로운 비판의
식을 지닌 지식인들이 있었습니다. 이들은 유럽이 아메리카와 아프리
카, 그리고 동남아 일대를 식민화하면서 저지른 행위에 대해서도, 인
종주의와 타 종교에 대한 불관용에 대해서도 날카롭게 비판했습니다.
당시 유럽의 이런 지식인들을 후대 학자들은 '급진적 계몽주의자'라고
부릅니다.[19]

形

우리도 한때 그랬지만 우리 정치 현실을 비판하기 위해 서구 정치 체제를 미화하곤 했었지요. 자 봐라, 미국 프랑스 영국과 같은 선진국은 저렇게 민주적이고 훌륭한데 도대체 우리 정치는 이게 뭐냐, 라고 말이죠. 이때 보시우스와 '급진적 계몽주의자들'은 이걸 거꾸로 한 겁니다. 자, 저 아시아의 지나(Sina)를 봐라 훌륭하지 않느냐, 그런데 우리는 이게 도대체 뭐냐, 라고 말이죠. 우리는 보시우스의 동아시아 찬미를 보면서 한쪽으로 기분이 나쁘지는 않지만, 솔직히 말해서 17세기 중국과 조선의 정치체제가 그렇게까지 이상적이었나, 고개를 갸우뚱할 수 있습니다. 우리가 지난 시절 반독재 투쟁하면서 서구 체제를 이상화하고 찬미할 때 서구의 비판적 지식인들도 그랬습니다. 한편으로 뿌듯하면서도 당황스러운 구석이 있죠. 틀림없이 이렇게 생각했을 겁니다. "사실 우리에게도 문제가 없는 것이 아닌데… 서구 체제의 모든 것이 다 이상적인 것은 아닌데… 이것 참 곤란하군."

어쨌거나 17세기까지는 서구우월주의, 인종주의가 유럽인들 사이에 그렇게 분명하지 않았습니다. 16~17세기는 유럽 내부가 매우 혼란스러웠습니다. 신구교 간 격심한 갈등이 내전과 국제전으로 번져서 하루도 분란이 끊일 날이 없었습니다. 원래 전쟁은 상대에 대한 적대감을 수반하기 마련이지만, 이때의 유럽 전쟁은 신앙과 깊게 결부되어 있었죠. 상대는 단순히 군사적 적이 아니라 신앙의 적이 되는 겁니다. 타협점을 찾기 어렵게 되고 전쟁은 더 격렬해지고 장기화되었지요. 보시우스 같은 지식인은 유럽의 그런 상황을 매우 비판적으로 본 겁니다. 그가 읽고 전해 들은 동아시아에는 그런 게 없다고 본 거죠. 맹신과 폭력 대신 학식과 평화가 지배한다고 본 겁니다.

보시우스의 동아시아관은 16세기 후반부터 이 지역에서 활동한 가톨릭 선교사들의 기록과 견해의 영향을 많이 받았습니다. 우리가 잘 알고 있는 사람이 중국으로 가 명나라 황실까지 들어간 예수회 신부 마테오 리치죠. 그는 그가 보았던 유교의 가르침과 유교 정치체제를 높이 평가했습니다. 그래서 유교 교리에 입각해 가톨릭을 전파하려고 했죠. 보유론(補儒論)이라고 합니다. 이후 가톨릭 선교사들이 유교 경전을 열심히 번역하여 유럽에 소개하고, 많은 유럽 지식인들이 이를 적극적으로 받아들입니다.[20] 영국의 정치인 템플 경(윌리엄 템플), 독일의 철학자 라이프니츠, 프랑스의 문필가 볼테르는 17~18세기 유럽의 '중국 사랑(chinoicherie)' 열풍을 대표하는 계몽 지식인들입니다. 보시우스도 그중 한 사람이었던 것이죠.

지금 우리의 관점에서 보면, 당시 유럽 지식인 중 일부가 중국과 동아시아에서 '또 하나의 근대'를 보았던 것이라고 말 할 수 있겠습니다. 그와 관련해 1690년대 영국에서 재미있는 논쟁이 벌어집니다. 관련 학계에서는 아주 유명한 '고대와 근대 논쟁'인데요. 당시 명망 높았던 노련한 정치가 윌리엄 템플(William Temple)과 20대의 똑똑한 수재 윌리엄 우튼(William Wotton) 사이의 논쟁입니다. 덕망 높은 지식인이자 국왕과 가까운 고위급 정치가였던 템플은 당대 유럽의 지독한 종교전쟁에 큰 환멸감을 품고 있었고, 일확천금을 노리는 당대 유럽인들의 상업적 식민주의적 탐욕을 경멸했습니다. 신분 높은 귀족이었지만 의식은 진보적이고 고결했지요. 템플은 그가 비판했던 천박한 욕망의 시대정신을 '모던(modern)'이라고 불렀습니다. 그러면서 그에 대한 대안을 로마 세네카의 시대, 그리고 뜻밖에도 중국에서 찾습니다. 템플은 바깥소식에 민감했고, 먼 바다 건너 다른 문명에 대한 소식을 항상 누구보다 빨리 구하려고 했습니다. 직접 만나 귀로도 듣고, 구한 자료를 눈

形

으로 읽었습니다. 그 결과 중국이 종교적 맹신 없이도 부유하고 평화로운 나라를 이룰 수 있다는 것을 보여준다는 결론에 도달했어요. 그리고 그러한 중국의 상황과 정신 상태가 로마의 '고대(ancient)'와 통한다고 했습니다. 당시 유럽은 고대 로마를 이상향으로 보았으니까. 당대의 중국이 그 이상향과 다름없다는 뜻이었어요.

반면 평범한 신분의 젊은 우튼은 템플이 '모던'이라 부르며 비판했던 당대의 시대정신을 거꾸로 열렬히 옹호하면서 템플에 맞섭니다. 우튼은 템플의 고대 옹호에 맞서 그의 당대의 근대 정신을 변호합니다. 그래서 이 논쟁을 '고대와 근대 논쟁(debate between the ancients and the moderns)'이라고 하지요. 유럽 지성사에서는 매우 유명한 논쟁입니다. 당시 템플이 '고대'라 하면서 실제 말하고자 했던 것은 그가 읽고 전해들은 그의 당대의 중국이었고, 그 중국은 템플이 당대의 유럽에서 이루고 싶은 모델이었습니다.[21] **템플이나 보시우스 같은 유럽 지식인들은 '또 하나의, 보다 바람직한 근대'의 모델을 중국과 동아시아에서 찾아보려고 했던 것이죠.** 반면 우튼은 열렬한 개신교도로서 템플이 부정적으로 보았던 종교 내전의 열정을 자신의 삶의 동력으로 삼고 있었죠. 그래서 성경에 기록된 역사를 상대화하고, 성경 밖의 역사인 중국의 역사를 높게 평가하는 템플에 분노했습니다.

또 하나 재미있는 사실은 이제 세계의 어린이들이 널리 읽고 있는 다니엘 디포의 『로빈슨 크루소』(1719)와 조너선 스위프트의 『걸리버 여행기』(1726)를 '템플 대 우튼의 고대와 근대 논쟁'의 연장으로 읽을 수 있다는 점입니다. 로빈슨 크루소는 '근대파(the moderns)'인 우튼의 입장을, 걸리버는 '고대파(the ancients)'인 템플의 사상을 대변하고 있다고 볼 수 있거든요. 다니엘 디포는 근대파의 열렬한 지지자였고, 조너선 스위프트는 젊은 시절 템플 경의 비서였습니다.

그 두 책을 비교해보면 아주 재미있습니다. 특히 유럽 바깥의 세계에 대한 두 작가의 태도 차이가 거의 극과 극이라 할 만큼 아주 큽니다. 로빈슨 크루소에게 유럽 바깥 세계의 대지와 자연, 그리고 그곳에 사는 원주민은 항상 획득과 소유의 대상입니다. 반면『걸리버 여행기』에서의 바깥 세계는 유럽 내부의 문제점을 비추는 반성적 거울의 역할을 하지요. 이런 역사적 배경을 이해하고 이 두 여행기를 읽으면 굉장히 새롭고 놀라운 점이 많아요. 지금까지 이 두 책이 대체로 아이들을 위한 동화 정도로만 받아들여졌던 것은 참 아쉽지요. 실은 유럽 근대의 시원에 있는 두 가지 서로 다른 흐름이 뚜렷하게 드러나 있는 수준 높은 문제작들입니다.

북선생　그러니까 그 유명했던 '고대와 근대 논쟁'이란 게 알고 보니까 '동아시아 근대'와 '유럽 근대'라고 하는, '두 개의 근대'의 우열에 관한 논쟁이었던 것이네요. 앞서 본 1부의 〈발제〉에서 그 '두 개의 근대'를 '유럽형의 팽창근대'와 '동아시아형의 내장근대'라 구분했습니다. 일단 팽창형 근대는 유럽이 아메리카로 그리고 아프리카 아시아로 팽창해갔다는 뜻으로 쉽게 이해됩니다. 그동안 역사학과 사회과학에서 '팽창'과 '팽창주의'를 정확히 이렇듯 자기 외부를 침략하여 식민화한다는 뜻으로 써왔으니 이 개념의 의미는 굳이 새로운 설명을 더 할 필요가 없을 것 같습니다. 그런데 내장형 근대란 무엇인지 좀 더 설명이 필요할 것 같군요. 서론에서 약간의 소개가 있었습니다만, 이제 본격적인 개념 풀이를 시작해볼까요.

'내장'은 안으로(in) 확장한다(pand)는 뜻

동선생　'내장(內張)'은 안으로 늘어난다, 확장한다는 뜻입니다. 한자에 주목해주십시오. 이 '장(張)' 자는 당기고 밀어서 늘어난다는 뜻입니다. 고무풍선 불기를 생각해보면 되겠습니다. 풍선을 열심히 불면 풍선 내부의 공기 밀도가 높아져 풍선이 커집니다. 내부의 운동을 통해 안쪽으로 확장하는 것입니다. 이것을 '내장'이라 했습니다. 반면 서구 근대의 성장 과정은 자꾸 자신의 바깥으로 나가 바깥의 무엇을 뜯어와 자신에게 붙이는 방식으로 자신의 몸체를 불려왔습니다. 그걸 '팽창'이라 했지요. 간단히 말하면 **식민지화 없는 근대적 성장을 내장형 근대, 식민지화를 수반하는 근대적 성장을 팽창형 근대**라고 한 것입니다.

북선생　내장과 팽창, 이 말의 차이가 아주 재미있습니다. 둘 다 뭔가가 늘어난다, 커진다, 성장한다는 말입니다. 그러나 그렇듯 성장하는 방식이 서로 아주 다른 것이군요. 근대의 유형으로 볼 때, 한쪽은 식민지 없는 성장, 다른 쪽은 식민지를 통한 성장이라고 했습니다. 말만 가지고 볼 때는 미세한 차이 같지만, 실제로는 엄청나게 큰 차이가 있습니다.

　제 나름대로 두 개의 서로 다른 성장, 증대의 방식을, 풍선을 예로 들어 설명해보겠습니다. 풍선은 처음엔 납작하죠. 그런데 힘껏 불어놓으면 다른 입체(立體)로 보입니다. 그렇지만 둘 다 '구멍이 하나인 토러스'라는 점에서 납작한 풍선과 빵빵한 풍선은 위상기하학적으로 같은 사물입니다. 그래서 위상수학에서는 이 둘이 '위상적으로 같다'고 하죠. '위상동형(topological equivalent)'입니다. 쉽게 말해 원래의 풍선에 아무런 변형이 없다는 것입니다. 풍선을 찢어서 늘리거나 다른 물체를 뜯어와 갖다 붙여서 원래의 형태를 변화시킨 것이 아니라는 것이죠. 앞서 '근대적 성장'의 두 경우를 가지고 말하면, 이 경우가 '식민지 없는 성장'이 됩니다. 성장을 했지만, 원래의 형태에 변화가 없는 것이죠. 내장, 즉 '안으로 확장한다'는 것을 그렇게 위상수학의 사고법으로 생각하면 쉽게 이해가 됩니다.

반면 '팽창' 즉 '바깥으로 확장한다'는 것은, 찢거나 갖다 붙여서 원래 위상적 형태가 변하는 것이 됩니다. 풍선에 구멍을 내서 여기에다 다른 풍선의 입구를 가져다 붙인다면 그와 같이 되겠네요. 이제는 구멍이 하나가 아니라 추가로 붙이는 풍선에 따라 여럿이 되는 토러스가 됩니다. 이런 경우를 두고 위상수학에서는 '원래 형태에 변형이 발생했다, 위상적으로 달라졌다'고 합니다. 이런 경우가 바로 자기 영역 바깥에 식민지를 만들어 성장하는 '팽창근대'의 패턴인 것이죠.

그렇다면 이제 유럽어, 영어로는 팽창과 내장을 어떻게 표현할 수 있을까를 생각해보았습니다. 먼저 우선 우리가 통상 써왔던 '팽창'에 해당하는 말은 'expand'가 있습니다. Ex는 '자신의 바깥으로', pand는 '확장한다'는 뜻이니까요. 그래서 팽창근대는 'expansive modern age'로 쉽게 번역할 수 있겠어요. 앞서 말했듯, 침략전쟁이나 제국주의를 통상 '팽창적', '팽창주의'라고 부릅니다. 또 유럽 대항해 이후 유럽 세력의 확장을 '서구팽창'이라고 해왔죠. 자기 바깥으로 나가 외부를 삼켜서 덩치를 키우는 것을 '팽창'이라 부르는 것은 이미 관례화되어 있고 이미 확고하게 정착된 용법입니다. 영어로도 이런 의미의 팽창을 expansion, 팽창주의를 expansionism이라고 하지요. 어느 모로 보나 '팽창'과 'expansion'은 딱 맞아떨어지는 말입니다.

그렇지만 내장(內張)이란 말은 그 의미에 딱 들어맞는 영어를 찾기가

形

참 어렵습니다. 꽤 궁리를 해보았습니다. 우선 쉽게 떠오르는 include 라는 말은 안으로(in) 포함한다(clude)는 뜻이지 확장한다는 의미는 없습니다. '내장'이란 말에 포함된 역동성이 없어요. Involve라는 말이 있는데, 이건 안으로(in) 감는다(volve)는 뜻이죠. 이 말로도 안쪽으로 새로운 영역, 공간이 창출된다는 뜻이 충분히 담기지 않습니다. 질적 심화나 확장이 없이 그저 양적으로 빡빡하게 말아간다는 뜻입니다. 끝으로 inflate가 의미상 가장 가깝게 보이기는 합니다. 풍선 불기를 inflate 라고 하니까요. 그런데 이 말에는 경제학에서 말하는 인플레이션의 의미가 너무 강하게 배어 있습니다. 경제학에서 '인플레이션'은 통상 부정적인 현상으로 취급되지 않습니까. 그렇다 보니 inflate라는 말로 번역해서 'inflating modern age' 하면 '내장근대'가 아니라 '헛바람 근대'나 '뻥튀기 근대'로 들립니다. 원래 내장근대가 뜻하는 것과 거의 반대의 의미가 되어버리죠. 그래서 번역이란 게 어렵다고 하는가 봅니다.

그래서 지금까지 기존의 영어 어휘 중에 여기에 딱 맞는 말을 못 찾았습니다. 고민하다가 어학에 박식한 어느 분에게 물었더니 'impregnate(임신시키다)'이 있다고 하던대요, 어떻게 그런 절묘한 말을 묻자마자 그 순간 떠올렸는지 대단하기는 합니다만, 사회체제의 성격을 밝혀주는 표현으로는 미안하게도 역시 아무래도 적절하지는 않다는 생각입니다. 그래서 저는 불가피하게 조어(造語)를 하나 생각해보았습니다. Inpand, inpansion이죠. 자기 안으로(in), 확장한다(pand)이니 '내장'에 딱 맞는 말입니다. 물론 영어 사전에는 '아직' 안 나옵니다. 왜 이런 좋은 말이 지금까지 영어에 없었는지 모르겠습니다. 저는 inpand 에는 impregnate의 함의도 포함된다고 생각합니다. 여성의 입장에서는 conceive나 gestate, 즉 '잉태하다'가 되겠죠. 사실 잉태와 탄생이

〈그림 1-11〉 내장하는 꽃의 형상

얼마나 아름답고 신비스럽습니까. 생물학에서 발생학(embryology) 분야를 보십시오. 모든 생명의 발생 과정은 확실히 내장(內張)적입니다. 발생 과정의 세포분열은 정확히 내적 자기 확장이거든요. 꽃이 피어나는 모습도 마찬가지입니다. 자기 모습을 프랙털적으로 펼쳐나가죠. 앵무조개의 아름다운 형상과 무늬도 그렇습니다. 생명현상 전반이 내장적 자기전개의 모습을 보인다고 말할 수 있지요. 내친김에 말씀드리면 우주의 역사 자체가 내장적입니다. 우주는 빅뱅을 통해 자기 내부에서 확장을 한 것이지 우주 바깥으로 팽창한 게 아니거든요. 이런 이야기를 더 늘어놓다 보면 제 자신이 '팽창적'으로 될까 봐 여기까지만 하겠습니다.

形

아무튼, 내장의 번역어로 'inpand'를 채택하자고 정중하게 제안하는 바입니다. 그러면 '내장근대'는 'inpansive modern age', 내장근대성은 'inpansive modernity'가 되는 겁니다. 제가 좀 삼천포로 빠졌나요. 그러나 원래 이렇게 '진도'와 무관한 내용이 더 오래 기억되는 법이죠. 이제 다시 본론으로 돌아가겠습니다. 유럽 근대의 서세동점에 대해서는 앞서 예비검토를 했으니 이제 동아시아 내장근대의 특성부터 살펴볼까요.

서선생　잠깐 그 전에 'inpand'라는 말에 대해서인데요, 아주 적절한 조어를 제안해주었다고 생각합니다. 잠시 옆으로 빠졌던 그 삼천포 길이 아주 좋았습니다. 새로운 사상은 새로운 언어를 요구한다고 합니다. '내장'이란 말부터가 새로운 조어 아닙니까. 신조어지만 전혀 어렵지 않습니다. 누구나 잠깐만 설명해도 금방 이해할 수 있는 말이죠. '펼칠 장(張)' 자의 뜻 정도를 이해하는 한자 실력이면 아무런 설명이 없어도 글자만 봐도 금방 이해할 수 있습니다. 신조어를 쉽게 만들 수 있는 게 한자어의 강점 중 하나입니다.

영어는 세계어 비슷하게 되기도 했고, 그러면서 다른 언어가 많이 흘러들어와 신조어가 굉장히 많이 생기는 언어인데요, 그럼에도 inpand라는 말이 없었다는 것을 가만히 다시 생각해보니 정말 흥미롭네요. 혹시 영국, 미국의 근대사가 팽창적이어서 그랬던 것은 아닐까 싶기도 합니다. 어쨌거나 inpand는 조어로 매우 적절해 보입니다. 뜻도 분명하고 이해하기도 쉽습니다. 독일의 하이데거나 프랑스의 데리다가 'Dasein'이나 'deconstruction', 'différance'와 같은 신조어를 만들어냈던 것은 자신들이 표현하고 싶었던 새로운 사상이 있었기 때문입니다.[22] 그래서 그것을 표현할 새로운 언어가 필요했던 거예요. 그럴 수밖에 없습니다. 동서의 많은 사상가들이 그랬습니다. 새로운 사상은 반드시 새로운 언어를 요구하니까요. 과학 분야도 마찬가지입니다. 생물계의 독특한 작동방식에 주목한 칠레의 생물학자 움베르토 마투라나가 '자기생성(autopoiesis)'이라는 새로운 언어를, 비선형적 기하(geometry) 현상에 주목한 프랑스 수학자 브누아 망델브로가 카오스와 복잡계 과학 분야에 중요한 돌파구를 연 '프랙털(fractal)'이라는 신개념을 제안했었죠. 신개념을 제안하는 과학은 사상 분야와 반드시 밀접한 관련을 가지게 됩니다.

우리가 내장근대-팽창근대라는 새로운 개념을 쓰지 않을 수 없는 것도 근대 동아시아사, 더 나아가 근대세계사 전체에 대해 과거와는 완전히 다른 새로운 인식과 사고법, 관점, 사상을 제안하고 있기 때문입니다. 그런 새로운 사고법, 관점, 사상은 반드시 새로운 언어를 요청합니다. 그런 차원에서 內張의 번역어인 inpand, inpansion이라는 적절한 신조어를 제안해준 게 아주 좋았습니다.

동선생　'내장'과 '팽창', 이 두 개념은 근대적 성장과 발전의 두 유형을 구분하기 위해 도입되었지요. 따라서 이 두 개념은 두 가지 서로 구분되는 근대적 유형의 발전 동력과 에너지를 표상하는 말이기도 합니다. 이런 차원에서 풀이해보면, **팽창근대란 '낙차(落差)에너지를 이용한 근대적 성장'을, 내장근대란 '밀도(密度)에너지를 이용한 근대적 성장'을 뜻한다**고 할 수 있습니다. 서구의 근대발전에서 빼놓을 수 없는 식민지 확보란, 바깥으로 나가 에너지 준위가 낮은 지역을 창출해서 낙차에너지를 발생시키는 것이었다고 풀이할 수 있어요. 이 책 서론에서 대항해와 아메리카·아프리카 발견을 말하면서 '낙차'에 대해 잠깐 언급했었죠. 그런데 서양 근대의 역사를 보면 그런 식민지를 바깥에만

　　　　　　　　　　　　　　　　　　　　　　　　形

만들었던 게 아닙니다. '내부 식민지'를 늘 만들었어요. 대표적으로 영국의 인클로저(enclosure) 운동이 그런 것입니다. 대대로 경작지에 대한 경작권을 가지고 땅을 파먹던 농민들을 강제로 쫓아내는 것인데요, 그런 땅에서 다 몰아내고 졸지에 무슨 울타리를 쳐대니까 이것을 울타리치기, 인클로저라고 불렀습니다. 그렇게 된 결과 땅을 잃은 농민들은 굉장히 낮은 위치에 서게 되었어요. 생존을 위해 어떤 힘들고 비참한 일이라도 시키는 대로 다 하도록 만듭니다. 반면 사람 다 내쫓고 땅을 홀로 다 차지하게 된 지주나 신흥 자본가들은 굉장히 높은 위치를 점하게 되는 거죠. 여기서 커다란 낙차에너지가 발생합니다.

대항해 시기 유럽 '군상복합체'의 원거리 상업도 마찬가지입니다. 낙차를 발생시키자는 것이죠. 지리적 거리, 지리적 거리의 차이, 각 지역 특산물의 차이를, 상업이윤이라는 낙차로 전환시킵니다. 재주라면 이것도 대단한 재주입니다. 유럽 내부만이 아니라 전 지구를 돌아다니면서 이러한 낙차를 만들어냈죠. '대항해' 초기 아메리카, 아프리카에서는 땅덩어리 전체, 자연 전체, 원주민 전체를 공짜로 접수해서 '낙차'를 만들어냈다고 했습니다. 그래서 서양 근대, 서양 자본주의 체제의 발흥(Rise)을 '공짜 자연(체제)의 발흥(The Rise of Cheap Nature)'이라고 패러디하기도 합니다.[23] 여기서 '발흥(Rise)'이란 바로 '낙차 형성을 위한 올라타기(Rise)'라고 풀이할 수 있겠죠. 서양 팽창근대란 이렇게 모든 차이를 낙차로 전환시키는 시스템이라고 할 수 있습니다. 그리고 그렇게 얻어낸 에너지를 군사적·상업적 힘으로 모아내고, 이 힘으로 팽창을 확대시켜 더욱 큰 낙차의 창출에 매진했죠. 그 결과 세계를 정복하고 지배할 수 있었습니다. 여기서 자본주의가 나왔죠. 독점자본이 초과이윤을 창출하는 비결이 바로 큰 낙차를 만들어내는 기술입니다.

낙차에너지란 결코 원시적인 구식 에너지가 아닙니다. 그 반대죠. 오히려 지극히 '모던'한 에너지입니다. 낙차를 이용한 수력 발전이 20세기 초반까지만 해도 근대적 에너지 생산의 핵심 상징이었던 것을 생각해보기 바랍니다. 그런데 낙차에너지는 고저 · 우열의 차이가 좁혀질수록 약해집니다. 이후 차차 논의되겠습니다만, 후기근대 들어 문명 간, 지역 간 낙차가 감소하고 있습니다. 그래서 우리는 팽창근대가 이제 그 한계에 도달해가고 있다고 보는 것입니다.

그럼 밀도에너지란 뭘까요. 집적(集積)에너지입니다. 내장(內張, inpansion)이란 바로 이 밀도에너지, 집적에너지가 계속 증장(增長)해가는 확장 양식입니다. 동일한 공간에 더 많은 사물과 사건이 촘촘히 쌓이고 채워지는 것입니다. 동일 공간에서 인간과 인간의 관계, 인간과 자연의 상호관계의 밀도가 높아집니다. 같은 땅에 투여되는 노동의 증가를 통해 생산성이 꾸준히 증가하고, 또 원거리 상업이 아니라 근거리 장시(場市)가 아주 촘촘하게 발달하죠. 곧 이야기할 '동아시아 소농체제', '근면혁명(industrious revolution)'이 그런 것입니다. 이러한 높은 밀도에너지가 발생할 수 있었던 데에는 역시 붕새 효과, 즉 아시아 몬순의 영향이 큽니다. 따라서 소농체제와 근면혁명은 동아시아에서 가장 높게 발전했지만, 아시아 몬순권 전반에서 밀도에너지가 발생했다고 할 수 있습니다. 서론의 논의를 상기하자면, 동아시아의 '붕새' 현상만이 아니라 남아시아의 '가루다' 현상 역시 여기에 포함된다는 것이죠.

그런데 그런 것이 '밀도에너지'라면 이건 제한된 공간에 많은 인구가 집중되면서 벌어지는 현상이고, 그러한 성장이란 '수확체감의 법칙' 또는 '맬서스의 함정'에 곧 빠지고 말 지극히 제한적인 성장이 아니었겠

形

냐는 합리적 의문이 생길 수 있습니다. 그러나 특히 동아시아 소농체제는 이러한 제약과 한계를 훌쩍 뛰어넘는 놀라운 성장력을 보여주었습니다. 그러나 이후 서양 팽창근대가 전 지구적 낙차에너지를 빨아들여 이루어낸 '산업혁명(industrial revolution)'의 획기적 생산력에는 견줄수가 없었습니다. 그래서 결국 팽창근대의 힘 앞에 동아시아 내장근대는 패배하고 말았죠.

그러나 영원하지 않았습니다. 그 이후의 역사를 보면 팽창근대의 낙차에너지는 어느 수준까지 오르다가 정점에 이른 후에는 계속 낮아지고 있습니다. 반면 내장근대의 밀도에너지는 팽창근대의 낙차에너지와 반대의 커브를 그리고 있죠. 앞서 1론에서 보았던 〈주요 국가의 세계 GDP 점유율 변화〉 그림의 교차 커브를 '내장근대의 밀도에너지와 팽창근대의 낙차에너지'의 교차 커브로 보아도 무방할 것입니다.〈그림1-1〉 그런데 제가 내장근대의 밀도에너지는 초기근대 동아시아에서 '소농체제', '근면혁명'으로 나타났다고 했는데요, 그렇다면 그러한 밀도에너지란 농업사회적이고 농민적인 에너지에 불과한 것이 아니냐는 의문이 생길 수 있을 것입니다. 물론 초기근대 사회는 농업사회였으니까 밀도에너지가 농업사회의 '소농체제'나 '근면혁명'의 형태로 표현됩니다. 그렇지만 산업사회, 후기산업사회에서는 또 다른 방식으로 나타납니다.

우선 산업사회에서는 공장노동의 조직방식이 밀도의 조직이었음을 알 수 있지요. 노동 과정을 분해해서 조밀하게 연결시키는 방법이었습니다. 이제 후기산업사회, 고도 테크놀로지 사회가 되면서 나타나는 밀도에너지가 집중되는 모습이 또 달라집니다. 후기산업사회 IT 혁명의 시원에 반도체 혁명이 있죠. 반도체는 물질의 전도력을 고도로 응용하여 합성한 신물질입니다. 물질 내부에 잠재된 에너지의 성격을 특정 목적에 맞게 극대화한 것이죠. 정확하게 '밀도에너지'를 극대화시키는 방법이라고 말할 수 있습니다. 꼭 같은 원리를 이용해 제한된 공간에 전자회로를 극대로 집적시킵니다. 여기서 반도체 집적도가 2년에 두 배 성장한다는 '무어의 법칙'(1965년 발표), 그리고 이어 1년에 두 배 성장한다는 '황의 법칙'(2002년 발표)이 나왔어요. 이러한 후기산업사회 '집적(集積)혁명'의 중심에 동아시아가 있다는 사실이 결코 우연한 것은 아니라고 생각합니다. 내장근대의 오랜 전통이 배경에 있다는 말씀이지요. 이러한 집적혁명의 결과 발생한 정보통신혁명은 노동 과정의 밀집방식에도 변화를 일으키고 있습니다. '온라인 밀도'라고 하는 '비장소적, 비대면적 밀도'가 생겨났지 않습니까? 여기에 대해서 지금 다 이야기하면 너무 앞서 나가는 것이 되겠지요. 이 '비장소, 비대면 밀도에너지' 부분은 이 책 5부(形)에서 상세히 논의하기로 하겠습니다.

내장과 팽창의 개념은 이렇듯 앞서 말했던 위상학적 차원과 낙차–밀도라는 에너지 형태의 차원, 이 두 개의 차원을 결합해서 생각할 때 비로소 완전해진다고 봅니다. 위상학은 꼭짓점과 빗면의 수와 같은 기하학적 차원, 위치와 형태의 차원에서 사고합니다. 에너지론은 운동과 진행, 생성의 차원에서 생각하지요. 두 차원이 다 필요합니다.

앞서 1론에서 **서양 팽창근대에도 내장적 요소가 있고 동아시아 내장근대에도 팽창적 요소가 있다. 그러나 그 안에서 지배적 힘이 전체의 성격을 결정한다**고 했습니다. 서양 근대 시기 팽창적 성격이 압도적으로 우세했기 때문에 서양 팽창근대라 했고, 같은 시기 동아시아에는 내장적 성격이 우월했기 때문에 동아시아 내장근대라 한다 했습니다. 낙차증대와 밀도 증가(=낙차감소)의 관계도 마찬가지입니다. 변증법(dialectic)이란 변증적 관계의 상대를 '절대적 타자'로 보지 않습니다. 설령 싸우더라도 서로 영향을 주고받는 '상호적 타자'로 봅니다. 상대에게서 자신의 일면을 보기 때문에 서로 영향을 받으면서 변화해갈 수 있는 것입니다. 동아시아의 음양론도 매우 유사한 논리입니다. 음 속에 양이 있고, 양 속에 음이 있습니다. 『주역』의 괘를 보면 음양이 6개의 층(6효)을 이뤄 상호영향을 줍니다. 그러면서 부단히 변화하지요. 현대 카오스 이론에서 말하는 프랙털 현상도 비슷하죠. 같은 패턴이 그저 반복되는 것 같지만, 그 결과 놀라운 변화가 만들어집니다.

남선생 　앞서 이야기가 다 좋았습니다만 제가 좀 엉뚱한 말씀을 드려 볼게요. '안으로 확장'도 좋고, '밀도에너지'도 좋은데, 왜 하필 그게 '내장(內臟)'이냐, 아마도 이런 오해를 살지도 모르겠다 싶어요. 한자에 주목해주십시오. '內張'의 한자 동음이의어를 가지고 패러디하는 거죠. 새로운 말과 사상이 나오면 항상 반발이 있기 마련입니다. 패러디는 그러한 반발의 일종이지요. 처음에는 익숙하지 않으니까, 어찌 보면 놀리면서 거부하는 것이 자연스러운 반응일 수 있어요. 그런 걸 아니까, 우리도 사실 절대적으로 불가피하지 않다면, 굳이 신조어를 만들어낼 생각은 없었습니다. 그러나 '내장'이라는 말은 바로 그런 경우에 해당하는 것 같습니다.

　우선 '內張'이란 '팽창'과 짝을 이룰 개념이 꼭 필요했기 때문에 고민 끝에 고안해본 어휘인데요, 이보다 더 좋은 표현이 있다면 우리는 언제든 수용할 생각이 있다고 먼저 말씀드립니다. 그렇기는 합니다만, 저는 글쎄요, 소장, 대장, 심장, 간장, 그 '내장'이 왜 문제일까 싶습니다. 내장은 누구에게나 소중한 것이죠. 내장 중에서도 그동안 비하되어 왔던 소장, 대장조차도 이제는 '장내 미생물균(microbiome)'의 중요성이 인식되면서 최첨단의 장기로 다시 인식되고 있습니다. '장내 미생물균'은 대장, 소장에 살고 있는 수십억 종류의 박테리아인데요, 신경활성물질을 생산해서 뇌세포와 상호작용하면서 인간의 유전자 발현을 업그레이드하는 기능을 한다는 것이 최근 밝혀지고 있습니다. 우린 그동안 '뇌'만 너무 중시해왔어요. 이것도 '근대병'의 일종이 아닌지 모르겠습니다. 그런데 알고 보니 뇌를 건강하게 돌아가게 해주는 게 바로 '내장'이라는 말씀이에요. 내장을 우습게 보면 절대 안 되죠. 우리 몸 안에서도 수십억 개의 다른 유전자가 공생·공존하면서 인체의 건강과 인간 활동력의 고양에 큰 역할을 하고 있는, 우리 몸 안에서 유전체적으로 매우 특별한 부분이 내장입니다.[24] 우리 몸 안에서도 특별히 더 공존적인 부분이라는 뜻이죠. 이렇듯 최근의 과학적 발견들이 말해주고 있는 내장의 공생, 공존, 공영, 내적 업그레이드 능력, 그 모두가 '내장근대'와 '내장성'에 잘 부합하는 개념들입니다.

동선생　내장이 그렇게 대단한 물건인지 저도 이제 새롭게 알았습니다. 감사합니다. 그러고 보니 『황제내경』에 "오장에 신(神)이 있다(五臟藏神)"라는 말이 있습니다. 내장과 뇌가 긴밀히 연결되어 있다는 사실을 아주 태곳적부터 알고 있었던 것 아닐까요. 그렇게 보면 뇌 역시 내장에 속하는 것이지요. 그 둘을 분리하려는 게 문제였습니다. 아무튼 내장-팽창은 이 책의 핵심 개념이어서 특별히 강조하다 보니 설명이 조금 길어졌습니다. 이후에도 자주 등장할 것이니 여기서는 이 정도로 해두고, 이제 동아시아 내장근대의 특성으로 본격적으로 들어가보죠.

形

동아시아 내장근대의 특성

동아시아 근대는 '형-류-세-형'의 변형 과정을 경과해왔다고 했는데요, 그 출발점, 원형의 단계인 形의 단계가 내장근대의 원형적 특징이 형성된 시기입니다. 17세기 초중반에서 19세기 초중반까지 200년이죠. 이 시기 동아시아가 세계 GDP에서 점하는 비율은 줄곧 30%를 상회합니다. 같은 기간 서구 경제가 빠르게 팽창하고 있었지만 동아시아가 세계경제에서 점하는 큰 비중에는 변함이 없습니다. 당시 동아시아 경제도 꾸준히 상당히 빠른 속도로 성장하고 있었다는 것이죠. 그 결과로 나타난 것이 동아시아 인구의 급속한 증가입니다. 그 **200년 동안 동아시아에서 2배의 인구증가가 있었는데요, 이는 산업혁명 이전 시대에는 어느 곳에서도 찾아볼 수 없는 놀라운 현상입니다.**

'가난한 나라의 너무 많은 인구가 문제'라는 말은 산업시대, 20세기 이후의 언어일 뿐입니다. 최근에는 다시 선진국의 인구 정체, 노령화 사회 문제가 새롭게 제기되고 있기도 합니다만, 이는 이제 21세기의 이야기입니다. 17~18세기는 동이든 서든, 어느 문명권과 국가에서든, 인구가 국력으로 인식되고 있었습니다. 그래서 인구증가는 그 나라가 번영하고 있다는 분명한 증거였습니다. 그런데 이 시기에 인구가 단순히 증가하는 정도가 아니라 2배로 증가했다는 것은 당시의 세계에서는 도대체 금시초문입니다. 이건 당시 세계인들은 상상조차 하기 어려운 사건이죠. 그래서 맬서스의 법칙이 여기서는 깨졌다고 하는 겁니다. 유럽에서도 산업혁명 전에는 물론 이런 정도의 인구증가는 없었습니다. 그렇다고 중국과 동아시아가 이 시기에 유럽이 그랬던 것처럼 아메리카나 시베리아로 외부 팽창을 했던 것도 아닙니다. 인도와 같은 거대한 식민지도 없었습니다. 어떻게 해서 이러한 일이 가능했을까요.

먼저 이 200년 동안 이 지역에는 전쟁이 없었다는 사실을 꼽아야 하겠습니다. 한중일 모두 이 기간 전란을 종식한 상태에서 내부 회복에 힘을 쏟았습니다. 이 지역의 주곡은 쌀인데요, 쌀농사에는 우선 물의 확보와 관리가 중요합니다. 저수지와 수로 정리가 착실히 진행되었습니다. 그리고 강변, 해안의 저습지 개간이 활발히 이루어져 경지 면적이 꾸준히 확대되었죠. 농업기술도 발전하여 품종개량이 이뤄지고 2모작, 3모작(남중국의 경우)이 확대되었습니다. 임야 개발도 활발히 이뤄져 산간 농지도 크게 확대되었죠. 또 아메리카에서 옥수수, 감자, 고구마 등 척박한 토양에서 잘 자라는 구황작물이 들어와 널리 재배되면서 흉작기 아사의 위협을 줄여주었죠. 여기에 더해 이후 설명할 경작 소농민들의 노동 집약도가 높아지는 '근면혁명'이 진행됩니다. **농업생산 인프라와 생산력 · 생산성이 크게 성장**했던 것이죠. 이런 점들이 종합적으로 작용해서 당시로서는 상상하기 어려운 놀라운 인구증가가 가능했습니다.

중국 비하를 많이 했던 18세기 프랑스의 몽테스키외는 『법의 정신』에서 중국에서의 그러한 놀라운 인구증가에 대해 묘하게 꼬여 있는 풀이를 합니다. 중국 여성들의 놀라운 다산(多産) 능력 때문이라고 했죠. 당시 동아시아에서 벌어지고 있는 경제와 인구 상황에 대해 제대로 모르면서 엉뚱한 분석을 한 거죠. 반면 당시 중국 사정을 훨씬 잘 알고 있었던 동시대의 프랑스 경제학자 케네는 훌륭한 정부와 정책이 있으니 그 많은 인구를 먹여 살릴 수 있는 것이라고 반론합니다.[25]

이처럼 저수지 만들고, 물길 잇고, 새로운 품종과 경작법을 급속히 확대해 갈 수 있었다는 것은 이를 뒷받침하는 탄탄한 사회체제가 존재했음을 말해줍니다. 산업사회 이전 단계의 사회임에도 그렇듯 주목할 만한 농업 성장, 인구증가가 광범한 지역에서 상당히 균질하게 진행될 수 있도록 했던 주목할 만한 체제입니다. 전국적(全國的=national)인 집행력을 갖춘 사회시스템이 당시 한중일에 작동했다는 뜻입니다. 중앙 관료제와 그에 협력하는 지방 향촌체제가 되겠지요. 중국과 조선에서는 과거(科擧) 문인 관료체제고, 일본에서는 막부(幕府) 무인 관료체제입니다. 조선과 중국에서 봉건영주는 이미 사라졌고, 일본에 봉건영주(다이묘)는 여전히 남아 있지만 도쿠가와 막부의 중앙통제력이 강합니다. 그 공식 이념은 모두 유교, 주자학입니다. 일본은 유교가 아니라 불교 아니냐 하는 분도 있습니다만, 그렇게 보면 청나라도 만주족, 황족은 유교보다는 불교, 라마교라고 할 수 있습니다. 그러나 청나라도, 도쿠가와 막부도, 관료제의 공식 이념은 주자학이었습니다. 청나라를 지배한 만주족은 말을 타던 무인들이었지만 한족, 특히 한족의 향도층에 해당하는 향신=유학자층을 끌어들이기 위해서라도 유교를 표방하지 않을 수 없었고, 도쿠가와 막부는 전국시대의 거친 무인들을 순치시켜 관료화하기 위해 주자학을 공식 이념으로 삼았습니다. 조선은 집권층 자체가 유학자층이었으니 강력한 유교체제가 되었던 것이고요.

　사회체제를 말할 때 빼놓을 수 없는 것이 이 시기에 동아시아에 '소농(小農)체제'가 정착했다는 점입니다. 소농은 2~3세대가 한 가호(家戶)를 이뤄 소규모 농업을 경영합니다. 소규모 토지를 소유하기도 하고, 지금은 자기 땅이 없어 남의 땅을 소작하더라도 여력이 생기면 자기 토지를 소유할 수 있습니다. 소농체제에 지주는 물론 존재합니다만 그의 지위는 봉건 영주와는 크게 다릅니다. 그 지역의 사법적, 군사적 지배자가 아닙니다. 이 시기 일본에는 봉건 영주(다이묘)가 여전히 존재했습니다. 그렇지만 농촌 마을(무라)에서의 농민들의 경작권과 자율권은 존중했습니다. 소농체제란 이렇듯 자신이 짓는 땅의 개개의 경작주, 소유주 가호(家戶)들이 체제의 기본 단위, 셀(cell)이 되는 농업시스템, 신분시스템입니다.

소농은 경작지에 대한 실질적 소유권(경작권)을 보유한 경작의 주체입니다. 이 점이 노예나 농노와 크게 다릅니다. 땅을 직접 가는 소 경작자가 실질적 소유권을 갖게 되었다는 것은 그 사회의 생산력 수준이 그만큼 높은 수준에 있다는 것을 말합니다. 이 역시 '동아시아 초기근대'의 중요한 징표의 하나입니다. 그 결과 소 경작자, 즉 소농이 자기 책임을 가지고 주어진 땅에서 최대의 산출을 내기 위해 엄청난 노력을 퍼붓게 됩니다. 거름주기, 땅갈기, 객토, 물대기, 잡초뽑기, 김매기, 논두렁·밭두렁에 보조 작물 심기, 거기에다 길쌈하고 새끼꼬기 등 쉴새 없는 노력 투하가 이뤄집니다. 거의 모든 작업이 한 가족의 남녀노소가 모두 동원된 집약적 노동에 의해 이뤄집니다. 모두 소농의 좁은 땅에 집중투여 되지요. 매우 집약적이고 세심하게 계획된 노력이 요구됩니다. 물론 모내기 등 공동작업에서 필요한 협동 역시 활발하게 이뤄졌지요.

당시 동아시아 농업생산력 상승의 밑바탕에는 이렇듯 동아시아 소농들의 집약적 노동투여가 있습니다. 이러한 집약적 소농생산은 농법의 개량과 동시에 진행되어 생산성의 상승을 수반했지요.[26] 이를 서구 '산업혁명(industrial revolution)'과 구별하여 동아시아의 '근면혁명(industrious revolution)'이라 부르기도 합니다.[27] 바로 앞서 설명했던 내장근대의 '밀도에너지'가 이런 방식으로 작동했습니다. 이러한 소농체제는 거저 이뤄지지 않습니다. 각개 소농이 그만한 책임 영농을 계획

形

하고 실행할 수 있을 정도의 수준에 도달해 있어야 가능합니다. 우선 소농의 토지보유권이 안정되어야 하고 소농 경영을 가능하게 하는 농법, 작물, 배수, 저수 등의 인프라가 갖추어져 있어야 합니다. 그 역할을 유교국가가 했던 것이죠. 앞서 말했던 18세기 프랑스인 프랑수아 케네가 중국에서 가장 부러워했던 것이 왕과 관료가 농업을 가장 중시한다는 점이었습니다. '농자천하지대본(農者天下之大本)'이라 했죠. 특히 자기 땅을 직접 경작하는 농부, 즉 소농을 가장 중시했습니다. 이렇게 위로는 유교 관료체제가 있고 밑으로는 소농체제가 결합한 것이 초기근대 동아시아 사회시스템의 핵심인데요, 이를 '동아시아 유교소농체제'라고 합니다.[28] 소농체제란 대영지를 지배하는 세습 봉건영주가 존재하지 않는 체제입니다. 토지 소유가 인구의 다수를 점하는 소농에게 분산되어 있으니, 경제적 낙차가 봉건사회에 비해 크게 낮을 수밖에 없지요. 대표적으로 중국과 조선이 그렇습니다.[29] 이 체제의 생활수준이 오늘날의 기준에서 물질적으로 '풍요로웠다'고 할 수는 없겠죠. 그러나 흉작이나 전란 또는 유별난 탐관오리의 과중한 수탈이 없이 정상적으로 운영되었을 때, 농민들이 생업에 열중하면 조금씩이나마 살림을 펴가며 나름대로 그 삶에 만족하며 살아갈 수 있었던 체제였다고 하겠습니다. 같은 시기 다른 문명권의 어느 농업사회에 비교해 보더라도 삶의 수준이 결코 뒤떨어지지 않았던 체제였지요.

서선생　　풍선 불기라는 비유가 이제 쉽게 이해가 되는군요. 주어진 땅과 노동력의 양 자체에는 확장이 없는 상태에서 영농 기법과 노동 과정을 고도화시켜 한계생산력을 높여가는 것이네요. 그게 바로 주어진 공간에서 '밀도에너지'가 커지는 것이 되겠고요. 여기에 유교 관료제와 소농체제가 결합한 사회시스템이 큰 역할을 했다는 말씀이지요. 그럼에도 동아시아가 그렇듯 안으로 밀도를 높여갈 수 있었던 데는 주어진 자연의 특성이 특별히 강조되어야 하는 것 아닐까요. 초기 근대 시기란 동이든 서든 모두 농업사회 아니겠습니까. 상업이나 수공업, 초기공업이 존재했다고 해도 모두가 바탕은 농업에 기초한 사회였죠. 그런데 이 당시 유럽의 밀과 아시아의 쌀의 '모곡 생산비율'(한 씨앗에서 산출된 수확량)이 크게 차이가 납니다. 유럽의 밀은 1:8, 아시아의 쌀은 1:20으로 추산하고 있습니다.[30] 여기에는 물론 농업의 조직방식의 차이도 있습니다. 앞서 말했듯 동아시아 소농체제는 단위 면적당 수확률을 최대한 끌어올리는 집약적 소농가족농업을 통해 한계생산성을 극대화한 것이죠. 밀과 쌀의 모곡 생산비율은 그런 경농 방식의 차이와도 무관하지 않습니다.

여기까지는 사회제도적 차원이라고 할 수 있습니다. 그러나 그렇다 해도 쌀 생산이 그토록 높은 생산성을 가질 수 있었던 것은 역시 이 지역에 강수량이 매우 풍부했다는 점을 빼고는 설명되지 않을 것 같습니다. 물대는 논에서 자라는 쌀이라는 품종의 생산성에 더하여 2모작 3모작을 가능하게 했으니까요. 역시 아시아 몬순의 힘이 동아시아 초기 근대의 내장적 특징의 자연적 바탕을 이루고 있었다는 점이 크게 느껴집니다. 유럽 농업은 강수량이 많지 않아 조방적인 농업을 할 수밖에 없습니다. 농업생산력의 이런 자연적인 차이가 내장형과 확장형의 차이를 낳은 자연적 바탕이라고 할 수 있겠네요.

동선생　서론에 나왔던 『장자』의 붕새가 다시 나왔네요. 맞습니다. 가장 막대한 수량(水量)이 대기를 통해 바다에서 대륙으로 이동하는 곳은 아시아 몬순 지역이니까요. 그렇지만 그러한 자연의 힘이 그대로 혜택이 되는 것은 아닙니다. 사회체제가 그 힘을 적절히 통제할 수 없는 상태에서는, 자연의 변화가 왕성한 만큼, 홍수나 가뭄 같은 대형 재해로 바뀔 수도 있지요. '동아시아 유교소농체제'란 수리(水利)와 영농의 관리가 상당히 고도화되어, 그러한 자연의 주기적 재해의 위험을 어느 정도 통제할 수 있게 되었을 때 비로소 '동아시아 유교소농체제'가 성립할 수 있었던 것이죠. 반면 같은 시기 인도나 동남아시아에서는 몬순의 힘을 사회체제가 통제하는 힘이 상대적으로 조금은 부족했던 것 같습니다.

동아시아 유교소농체제가 자리 잡은 결과 동아시아의 17~18세기는 매우 높은 인구증가가 나타나는데요, 아무리 개간을 해서 토지를 늘린다 해도 인구증가를 따라잡을 수 없었습니다. 토지가 부족해지고 보유 농지가 줄어들었죠. 그럼에도 200여 년간 높은 인구증가율을 유지했다는 사실이 놀라운 것입니다. 여기에는 추가적 원인이 있습니다. 내부 시장의 활성화입니다. 유교소농체제가 정착되면서 향촌 시장 조직망이 촘촘해진 것이죠. 그래서 특용작물이나 작은 잉여를 인근 장터에서 들고 나가 거래하면서 부가적인 소득을 얻을 수 있었습니다. 향촌 사회의 촘촘한 장시(場市)는 압도적으로 향촌 농민들이 주체가 됩니다만, 흉년이 들면 국가가 시장에 개입하여 비교적 작황이 양호한 지역의 곡물을 대량 구매하여 흉작 지대에서 싼 값에 풀기도 했습니다.[31]

남선생　　동아시아 유교소농체제가 초기근대 시기에 대단히 높은 수준의 사회적 관리 능력을 보여주었다는 점은 분명합니다. 그럼으로써 아시아 몬순이 주는 효과도 더욱 고도화시킬 수 있었죠. 그렇지만 동아시아 내장체제란 역시 '붕새의 시각'에서 더 넓게 봐야 그 전모가 다 드러난다고 생각합니다. 붕새의 눈으로 보면 동아시아는 해양과 대륙, 그리고 습윤과 건조가 공존하는 지역 아닙니까? 해양과 대륙, 습윤과 건조 지역이 서로 교류하고 공존하는 큰 틀을 보아야 동아시아 내장체제의 전체 풍경이 드러난다는 것이죠.

해양과 대륙, 습윤과 건조의 교류와 공존은 우선 원거리 교역을 발생시켰습니다. 초기근대 동아시아 무역은 해륙무역과 건습무역(또는 내륙무역) 크게 둘로 나눠볼 수 있습니다. 건습 내륙 무역은 오랜 시간 중국사의 중요한 일부였죠. 전투적인 유목민족의 침공으로부터 중원(中原)을 방어하려는 안보상의 원인이 컸지만, 이들을 무마하려는 교역은 중국 경제의 다변화와 번영에 상당한 역할을 했습니다. 내륙을 통해 페르시아, 아랍, 유럽의 물산이 들어와 교역되는 창구의 역할을 하기도 하였고요. 초기근대 동아시아에서는 유목계통 만주족인 청이 중원의 주인이 됨으로써 북쪽과 서쪽의 광대한 건조, 유목 지대와의 교류가 더욱 원활해졌습니다. 건국 과정에서부터 동몽골과 긴밀한 동맹 관계를 형성하고 있었고, 이후 티베트와 서몽골에 대한 적극적인 정책을 폅니다. 만주족 자신이 몽골 유목민 계통이었기 때문에 이쪽이 돌아가는 원리를 잘 알고 있었고 그만큼 자신감이 있었습니다. 네르친스크-캬흐타 조약 이후 러시아와의 교역도 활발했죠. 안보상의 이익은 청나라 쪽이, 경제적인 혜택은 러시아 쪽이 컸다고 합니다. 어쨌든 양쪽이 윈윈(win-win)하는 상태였다고 할 수 있습니다.

조선, 베트남 북부와 청 역시 내륙으로 연결된 무역체제였습니다. 매년(조선) 또는 격년(베트남) 오갔던 조공(朝貢)을 통한 무역 이외에도 변경 지역에 양국 정부가 개설한 시장이 형성돼 변경무역이 이뤄졌습니다. 조·청 무역은 의주, 중간, 회령, 경원에서, 청·베트남 무역은 양국을 가르는 베이룬허(北崙河) 양측에서 이뤄졌습니다. 오늘날도 북·중 간, 중·베 간의 이 지역에서 국경 무역이 활발합니다. 이 두

形

국경 시장을 이르는 말 역시 당시의 언어인 '호시(互市)'입니다. 동아시아 초기근대가 오늘날과 이어지고 있음을 보여주는 한 예입니다.

동아시아의 해상무역은 당제국 시대 이래 오랜 시간 활발했었죠. 명나라가 해금(海禁) 정책을 폈지만 그동안에도 오래전부터 이어져 오던 민간 해상활동을 막을 수는 없었습니다. 소위 '왜구(倭寇)'라 불리는 해적들도 꼭 일본만이 아니고 중국과 동남아 일대의 유민(流民), 해상민들이 많았습니다. 동남아 연구자들은 15~17세기를 '동남아시아 상업의 시대'라고 부르기도 합니다.[32] 대항해 이전부터 이 지역 무역이 활발했음을 보여주는 거죠. 청나라 강희제가 정성공 등 명나라 해상 저항 세력을 진압하고 1684년 해금을 해제한 이후 광둥(廣東), 푸젠(福建), 저장(浙江), 장쑤(江蘇) 네 곳에 해관을 설치합니다. 청이 적극적인 무역 정책으로 전환한 거죠. 이후 동아시아 바다의 해상무역은 다시 활발해집니다. 주로 중국 배들이 일본, 여송(필리핀, 마닐라), 베트남, 태국, 말레이반도, 자카르타를 오갔고, 여기에 유럽 배들도 부지런히 끼어들었습니다. 유럽 배의 경우 16세기에 주역이었던 포르투갈은 밀려나고, 17~18세기에는 네덜란드와 영국 동인도회사의 배들이 활발하게 왕래합니다. 일본은 나가사키와 사쓰마 번(藩)을 통해 중국, 동남아와, 대마도와 부산 왜관(倭館)을 통해서는 조선과 무역했습니다. 지금의 오키나와인 류큐 왕국은 이러한 동아시아 해상무역의 중계항으로 번성했습니다. 중국의 광둥(주강 하구)과 강남(양자강 하구) 일대에 거대한 도자기, 차, 견직 산업지대, 상업구역들이 생겨 많은 농촌 인구를 끌어들였다거나, 일본의 오사카나 에도가 큰 상업도시로 성장할 수 있었던 배경으로 이렇듯 활발했던 해상무역을 빼놓을 수 없습니다.

조선의 평범한 한 어부가 남긴 당시 동아시아의 활발한 바다 교역에

〈그림 1-12〉 표해시말

대한 흥미로운 증언이 있습니다. 이미 상당히 알려져 있습니다만, 전라도 신안의 어부로 홍어 잡이에 나섰다가 풍랑을 만나 1801~1803년 간 류큐(오키나와)-여송(呂宋, 마닐라)-오문(澳門, 마카오)에 머물다 중국을 거쳐 귀향한 문순득의 증언이지요. 정약용 선생의 형인 정약전 선생이 흑산도에 귀향 가 있다가 문순득을 만나 이 증언을 직접 듣고 쓴 기록이 「표해시말(漂海始末)」입니다.〈그림 1-12〉 여기서 문순득은 "다른 나라는 우리와 달라 중국, 안남(베트남), 여송 사람들이 서로 같이 살며, 짝을 지어 장사를 하는 것이 한 나라나 다름이 없다. 하물며 안남과 오문은 서로 그리 멀지 않고, 함께 배를 타고 함께 장사를 하니 이상한 일이 아니다"고 말하고 있습니다. 자신도 바다 상인으로서 국경 없이 자유로이 거래하는 그곳 사람들을 긍정적으로 보고 부러워하는 마음이 느껴집니다.[33]

결국 동아시아의 내장(內張)근대란 이렇듯 대륙과 바다, 그리고 습

形

윤과 건조의 교류와 공존을 통해 대단히 광대한 범위에서 작동하고 있었습니다. 대륙/바다, 습윤/건조의 광대한 상호작용이 바로 붕새를 날게 했던 동력이었다는 사실을 다시 상기하게 합니다. 이러한 내장적 질서가 오랜 시간 존속할 수 있었던 것은 당시 동아시아 전체가 평화공존의 질서 속에 통합되어 있었기 때문이었습니다. 당시 평화공존의 질서 속에는 동아시아 바다에까지 이르러 활발히 활동했던 네덜란드와 영국도 포함되어 있었습니다.

동아시아 소농농법의 친환경성

북선생　끝으로 '동아시아 소농체제'를 논하는 데 결코 빠질 수 없는 주제가 있습니다. **동아시아 초기근대 소농농법의 '지속가능성'과 '친환경성'**에 관한 인식 문제입니다. 전(前) 산업사회인 초기근대 동아시아 농업과 농법을 말하면서 '친환경성'을 거론하는 것은 시대착오적이라고 하실지 모르겠습니다. 산업화가 없던 그 시대에 무슨 친환경, 반환경이 있었느냐고 말입니다. 그렇기는 합니다만, 전 산업사회의 농업에서도 지력보호적 농법과 지력약탈적 농법은 구분할 수 있습니다. 여기서 '지력보호적 농법'을 오늘날의 언어로 '친환경적이고 지속가능한 농법'이라고 할 수 있지요. 역설적이지만 당시에는 체제 바깥의 변경지대들보다(여기서는 화전농법 등과 같은 지력약탈적 농법이 빈번하게 행해졌습니다), 오히려 동아시아 소농체제의 내부로서 농지가 잘 관리되었던 지역의 농법이 오늘날의 시각에서 지력보호적이고 지속가능한 유기농법이었다고 말할 수 있습니다. 현대적 시각에서 배울 점이 많은 모범적 유기농법이었는데요, 이러한 사실은 묘하게 거꾸로 발견되었다고 할 수 있습니다.

1909년 미국의 농학자이자 연방정부 농림부 관료(토양관리국장)였던 프랭클린 킹 박사가 동년 2월부터 11월까지 9개월간 중국, 조선, 일본을 차례로 방문하면서 밝혀냈던 사실이니까요. 킹 박사는 귀국 후 얼마 안 돼 작고하였고(1911년), 그의 부인이 정리해둔 그의 연구일지는 오랜 세월 묻혀 있다가 2004년에 이르러야 출간되었습니다. 2006년 그 책이 한국어로 『4천년의 농부: 한중일의 유기농법』이라는 제목으로 번역되었지요.[34] 킹 박사는 동아시아 방문 이전에 이미 공업사료와 무기비료에 의존하는 서양의 농법이 지력약탈적이고 반환경적이라는 매우 선진적인 생각을 가지고 있었던 것으로 보입니다. 그러던 중 한중일을 여행하면서 '지속가능한 유기농법의 살아있는 예'를 보고 크게 놀랐습니다. 한중일의 농부들이 '질소가 풍부한, 잘 숙성시킨 유기물 거름'을 대량으로 만들어 땅과 작물에 공급하여 지력을 보호하면서, 사이짓기(간작), 섞어짓기(혼작), 돌려짓기(윤작) 등의 방법을 통해 시간과 공간을 한 치, 한 틈도 낭비하지 않고 근면하게 농사짓는 모습을 보고 농학자로서 탄복했던 것이지요. 특히 당시 조선과 중국은 국운이 크게 기울었던 암울한 시기였음에도 킹 박사는 이곳 농민들이 보여준 강인한 농업방식에서 놀라운 지혜를 발견할 수 있었습니다. 이 책 서문에서 그는 다음과 같이 말합니다.

중국과 조선, 일본이 모두 인구밀도가 매우 높은데도 불구하고 어떻게 이 좁은 땅에서 삶을 지속시켜왔는지를 완벽하게 설명만 할 수 있다면, 이로부터 우리는 세계 어느 나라에도 적용할 수 있는 산업적 · 교육적 · 사회

形

적 시사점을 매우 많이 배울 수 있을 것이다. 이 진화 산물의 많은 과정과 단계, 풍습은 과거에 묻혀버렸지만 수십 세기 전에 습득한 높은 효율성은 현재에도 거의 사라지지 않고 남아 있어 그 연구 가치는 매우 높다 하겠다. 고립의 세기에서 세계주의의 세계로 넘어가면서 산업과 교육, 사회가 전반적인 재조정을 요구하고 있는 지금이 바로 이를 연구할 적기다. 모든 나라는 상호이해와 협력을 통해 다른 나라를 연구해야 한다. 이런 연구 결과를 모두에게 공개해 지구상의 모든 사람은 동등하며 세계 발전을 위해 서로 도와야 한다는 것을 가슴으로 느껴야 한다. … 무엇보다 이 나라들이 농업 효율성을 유지할 수 있었던 것은 생산계층이 삶의 모든 부문에서 실천해온 모범적인 생활 태도 때문일 것이다. 동아시아에서 땅은 먹을거리와 연료, 옷감을 생산하는 데 남김없이 쓰인다. 먹을 수 있는 모든 것은 사람과 가축의 입으로 들어간다. 먹거나 입을 수 없는 모든 것은 연료로 쓰인다. 사람의 몸과 연료, 옷감에서 나온 배설물과 쓰레기는 모두 땅으로 되돌아간다. 동아시아인들은 이것들을 잘 보관해뒀다가 1~3개월에서 길게는 6개월 동안 꾸준히 작업을 해서 거름으로 쓰기에 아주 좋은 상태로 만든다. 이는 축적된 지식을 바탕으로 충분한 사전 준비를 거쳐 이뤄진다. 한 시간, 또는 하루의 노동이 조금이라도 생산량을 늘릴 수 있다면 일을 놓지 않고, 비가 오거나 땡볕이 쏟아져도 일을 게을리하거나 미루지 않는 것은 이들에게 적어도 불가침의 원칙으로 보인다.[35]

그러나 킹 박사가 이 구절을 썼던 시간 이후 오랫동안 불행하게도 동아시아 전통 농법은 무시당하고 잊혔습니다. 그 자리에 킹 박사가 우려하던 산업화된 농업과 축산이 자리 잡았지요. 이제 동아시아의 농업도 화학비료와 살충제에 절대적으로 의존하게 되었고, 육류는 공업식 축사에서 대량 사육·생산됩니다. '기후위기'가 심각한 문제로 부각한 오늘날에 이르러서야 비로소 공업화된 농업, 축산, 임업이 탄소배출의 주요 원인자의 하나로 되어버린 사실을 자각하게 되었습니다. 무기화학비료는 짧게는 수확량을 늘렸지만 길게는 결국 땅을 죽이고 강과 바다까지 죽이고 말았죠. 이런 농법으로는 오래갈 수가 없어요. 화학비료와 살충제는 화석연료에서 추출하는 것입니다. 또 경운기든, 파종기든, 트랙터든 석유를 쓰지 않으면 움직일 수가 없습니다. 농업 전반이 화석연료에 절대적으로 의존하게 된 것입니다.

공장식 축산은 대량 탄소배출 문제만이 아니라, 가축의 종(種) 내부 다양성을 극도로 좁게 만들어 야생동물에서 비롯한 전염병 확산에 취약하게 만들고, 또 그 전염병이 인수(人獸)공통 전염병으로 진화해 쉽게 인간에게 전파되도록 하였지요.[36] 그렇다 보니 요즈음은 이러한 문제에 대응하는 최신의 '신농법'이라 하여, 미생물 농법, 혼농임업, 임간축산, 재생농법, 수목간작 등이 주목을 받고 있습니다. 이러한 방법이 화학비료와 화석연료의 소비를 줄이고 자연의 건강성과 재생력을 극대화하는 방법이라고 합니다.[37] 그러나 오늘날 발견된 그 '신농법'들의 원형이 사실은 동아시아 소농체제의 유기농법에 이미 존재하고 있었던 것입니다. 헬레나 노르베리-호지가 일찍이 1970년대에 '작은 티베트'이라 불리는 라다크에서 발견했던 '오래된 미래'[38]를 바로 이곳 동아시아의 전통 농법에서도 찾을 수 있는 것입니다.

그러한 삶의 방식이 과연 낙후하기만 한 것이었느냐에 대해서도 종래와는 전혀 다른 '탈근대적인' 관점들이 제기되고 있습니다. 에도시대 일본 농촌의 소농적 삶의 모습을 재현한 『만족을 알다』라는 책도 그 중 하나입니다.[39] 이 책은 '만족을 모르는' 무한한 욕망의 충족을 추구

形

하는 현대인의 삶의 양식에 경종을 울리고 있습니다. 그러한 삶의 양식에 대안으로서 동아시아 소농사회의 자연친화적인 삶의 모습을 제시하고 있는 것이죠. 이 또한 '오래된 미래'가 아니겠습니까. 물론 과거 모습 그대로 되돌아가자는 뜻이 아닙니다. 그것은 가능하지도 않고 바람직하지도 않습니다. 그동안 현대사회가 이룬 새로운 능력을 자연과 조화하는 한 단계 높은 사회적 협동 능력으로 전환해내야죠. 제가 이 책의 논의 순서를 너무 앞질러 가면 안 되겠습니다만, **21세기 후기근대에 들어 동아시아의 소농체제의 삶의 방식과 지혜가 여러 차원에서 다시 소환되고 있다**는 사실만은 여기서 미리 밝혀둘 필요가 있겠습니다.[40]

제3론

동아시아 평화체제와 유럽 내전체제

북선생   이제 다음 주제입니다. 앞서 2론에서 동아시아의 대륙과 바다, 습윤 지역과 건조 지역이 공존하면서 교류했던 것이 동아시아 초기근대의 전체상이었다고 했습니다. 그런데 그러한 '공존과 교류'가 어떻게 가능했을까요? 광대하고 다양한 영역에 걸쳐 풍토권과 문화권의 공존과 공영을 가능하게 했던 모종의 배경이 있지 않겠습니까. 역시 평화가 관건이겠지요. 실제로 17~18세기를 '**동아시아 200년의 평화**'라고 합니다. 일본이 침략에 나서기 전까지 근 300년 동아시아 국가들 사이에는 평화를 유지해왔습니다. 평화롭게 지속된 200~300년의 상태가 동아시아 근대의 첫 단계, 즉 형-류-세-형'에서의 첫 단계인 형(形)을 이뤘던 것이지요. 그 形은 '**동아시아 유교소농체제**'이자 동시에 '**동아시아 평화체제**'였다고 하겠습니다. 이제 당시 그렇게 존재했던 동아시아 평화체제의 작동 방식에 대해서 논의해보도록 하지요.

동선생   평화란 우선 전쟁이 없는 것이죠. 17세기에는 조중일에 전란이 종식됩니다. 베트남도 레(黎)왕조가 아직 남북 세력권으로 나뉘어 있지만 내부가 전쟁상태는 아니었죠. 북방의 러시아 문제도 교역을 통한 공존에 합의하는 네르친스크-캬흐타 체제로 봉합됩니다. 바다 역시 정성공의 저항이 종식된 이후 동아시아의 바다는 평화의 바다가 됩니다. 그 자신감이 강희제가 동중국과 남중국 바다 네 곳에 해관을 열 수 있게 한 배경이었죠. 조선의 홍어 장수 문순득이 목격했던 것처럼 여러 나라 배들이 동아시아의 바다를 활발하게 오갔습니다. 우선 중국, 일본, 베트남 등 해양권의 국가들이 안정되어 있었고, 네덜란드와 영국을 중심으로 한 서양 배들도 이들 국가가 정해놓은 룰을 준수했습니다. 한자권에서는 일치일란(一治一亂)이란 말을 쓰는데요, 우선 동아시아의 중심국인 중국, 조선, 일본이 모두 일란(一亂)의 시대를 지나 일치(一治)의 시대에 접어들었습니다. 동아시아의 육지와 바다, 그리고 각국이 모두 공교롭게도 일치 시대의 국면으로 모아든 것입니다.

당시 '동아시아 평화체제'는 조공(朝貢)과 호시(互市)라는 두 개의 축으로 굴러가고 있었습니다. 요즘 언어로 하면 조공은 국가주도 무역, 호시는 민간주도 무역이라 할 수 있겠어요. 그러나 요즘 언어로 옮기기엔 한계가 있습니다. 두 개의 축 중에서 동력 축은 조공이 되니까, 조공부터 풀어보죠. 조공체제란 제국의 질서입니다. 정치, 군사, 경제 모두를 포괄하는 질서죠. 중심에 제국의 황제(emperor) 주권이 있고 주위에 황제로부터 책봉(冊封)을 받은 소 주권, 국가들이 느슨하게 병렬해 있는 질서(order)입니다. 책봉이란 내(황제)가 너를 네 나라의 왕으로 인정해준다, 임명한다는 뜻입니다. 이로써 그 나라의 왕이 되지만 동시에 제국 황제의 신하가 되는 거죠.

이러한 제국질서를 동아시아, 동남아시아에서는 조공-책봉 체제라 했습니다. 중국이 중심 역할을 해왔죠. 물론 조공을 바치던 나라가 중

形

원을 차지하는 경우도 있었습니다. 일찍이 요나라, 금나라가 그랬고, 원나라와 청나라는 중원을 넘어 중국 전체를 차지했죠. 그러면서 제국의 영역을 크게 확장했습니다. 동아시아 초기근대란 바로 그 청나라 시대입니다. 연암 박지원이 건륭제 때인 1780년에 청나라 황제의 여름 궁전이었던 열하(熱河)에 가보니 몽골의 왕만 48명이라고 했습니다(『열하일기』). 동몽골 서몽골의 여러 부족장들을 모두 왕으로 책봉한 것이죠. 그러나 당시에는 몽골뿐 아니라 티베트, 신장도 청제국의 일부였습니다. 중국 밖의 주요 조공국은 조선, 안남, 여송, 태국(시암), 미얀마, 류큐 등이었습니다. 동아시아 조공체제는 정치적 제국체제였고 동시에 무역체제이기도 했습니다. 정기적 조공사절을 통해 중국과 주변국과의 무역이 이뤄졌던 것이죠. 그렇게 보면 호시(互市)는 조공체제의 일부라 할 수 있습니다. 정기 조공사절을 통한 무역에 더하여 상시적 무역이 가능한 곳으로 열어둔 곳이 호시이니까요. 조선에서 중국(명)과 전쟁을 했던 일본은 조공체제에 빠져 있지만 호시를 통해 제국질서에 참여하고 있었습니다. 영국과 네덜란드 러시아 등 서양 세력도 조공국은 아니면서 동아시아 호시체제에 참여하고 있었던 것입니다.

동아시아 평화 200년간에는 전쟁이 없었는가

남선생　　주제의 큰 외곽은 잘 정리된 것 같습니다만, 문제를 좀 파고들 필요가 있겠습니다. 그래야 두루뭉수리 넘어가지 않고 문제의 성격이 좀 더 분명해질 것 같습니다. 논의의 심화를 위해서 우선 몇 가지 의문을 제기해보겠습니다. 과연 동아시아의 '200년 평화'란 어떤 평화,

어느 정도의 평화였을까요. 그런데 당시에 전쟁이 없었느냐 하면 그렇지도 않습니다. 청나라는 신장과 티베트를 침공하여 영토를 병합했지 않습니까. 러시아와도 충돌이 있었죠. 또 베트남과 미얀마에 출병해서 전쟁이 벌어지기도 했습니다. 이러한 전쟁들을 어떻게 보아야 할까요.

북선생　제가 우선 북쪽에서 벌어졌던 사건들에 대해 설명해보겠습니다. 먼저 러시아와 청나라의 국경 문제를 볼까요. 서론부 3론에서 간략히 살핀 바와 같이 러시아는 16세기부터 동진하여 17세기 중엽이면 흑룡강에 이릅니다. 1643~1646년 130여 명의 코사크 병사로 구성된 '아무르강(흑룡강) 원정단'이 흑룡강 중부까지 내려와 탐사하는데요, 이때 흑룡강 지역의 원주민들이 청나라에 조공을 바치고 있다는 정보를 얻게 됩니다. 청의 영역임을 알게 된 겁니다. 역사적으로 보면 원나라가 출병하여 이 지역과 사할린을 영토화한 이래 이쪽은 줄곧 중국의 영역으로 되어 있었습니다. 러시아는 이때 그런 역사적 연원까지야 알 수 없었지만, 아무튼 청의 영역임을 알게 된 이후에도 진출을 멈추지 않았어요. 바로 2차 원정대를 보내(1651~1653년) 흑룡강을 따라 내려가면서 이 지역을 탐사하고 주민들을 약탈합니다. 이 과정에서 러시아는 이 지역을 정복하기 위해서는 대규모의 병력이 필요하다는 것을 알게 됩니다. 그동안 제대로 된 정규군의 저항 없이 쉽게 밀고 갈 수 있었던 시베리아와는 달랐던 거죠. 그래서 진지를 구축하고 병력을 증강합니다. 그러던 과정에서 청나라와 첫 군사적 충돌이 발생했던 것입니다. 이때 청나라의 요청을 받고 조선군도 출병합니다. 그걸 조선 사람들은 '나선정벌'이라고 했죠. 러시아는 주춤하지만 그렇다고 문제가 말끔하게 해결된 것은 아니었습니다. 양측 모두 손을 떼고 관망하는 상태가 됩니다. 당시 청의 내부는 아직 안정되지 못했습니다. 중국 남서부에서의 '삼번의 난'을 진압한 이후에야 여력이 생겨 어느 정도의 병력을 모아 이곳으로 보낼 수 있었죠. 그 힘에 러시아가 밀리면서 남하를 포기하게 됩니다. 그 결과가 '네르친스크-캬흐타 체제'였어요. 따라서 당시 청러 간의 국경 분쟁이 어느 편의 팽창성에 의해 발생했는가는 쉽게 판단할 수 있는 문제죠. 러시아가 아무르강(흑룡강) 일대가 청의 영역임을 알고 있었음에도 이를 차지하려고 밀고 내려오면서 벌어졌던 일입니다. 청은 이를 막으려 했던 것이고요.

흑룡강 일대는 역사적으로 강력한 유목국가들이 등장하곤 했던 '중앙유라시아 스텝지역'의 동쪽 끝에 해당합니다. 중국은 이곳 동향에 민감할 수밖에 없습니다. 오랜 기간 유목민족들은 중원에 위협적인 존재로 인식되어왔으니까요. 거의 중국 문명의 출발부터 그랬다고 할 수 있습니다. 춘추전국시대부터 전쟁을 하고 만리장성을 쌓기 시작합니다. 진시황은 새로 출현한 거대 초원제국인 '흉노'를 견제하기 위해 장군 몽염(蒙恬)을 보내 전쟁을 벌이죠. 한나라도 흉노와 밀고 밀리는 몇 차례 큰 전쟁을 벌였습니다. 당나라 때는 돌궐이 강력한 세력을 형성했고, 이후 위구르, 서하, 요, 금이 연이어 출현했지요. 이곳 유목민이 통합하여 '유목 초원제국'을 이루면 항상 중원의 '정주(定住) 농업제국'에 큰 위협이 되었습니다. 그런데 17세기에 들어 그 자리에 '러시아'라는 전에 보지 못했던 새로운 세력이 갑자기 불쑥 등장했던 것이지요. 서쪽에서 새로 온 흉노인가? 당시 청나라의 눈에는 이 정체불명의 세력이 그렇게 보일 수밖에 없었을 것입니다.

오늘날 실크로드라 불리는 광대한 스텝지역에서 활동했던 '초원제국'은 주변의 동서 정주(定住)문명권과 대등한 수준의 힘을 갖추고 있었던 또 하나의 문명이었습니다. 기마술과 기마전차가 이곳에서 시작되어 주변의 동서 정주국가들로 전파되었지요. 우월한 기동력을 기반으로 넓은 지배권을 이루어 주변 정주국가들에 교역과 조공을 요구하며 압박하곤 했습니다.[41] 총과 대포가 등장하기 이전까지 유목민 기마부대의 위력은 대단했습니다. 그 결정판이 몽골제국이고 원나라죠. 유라시아 전체를 휩쓸었으니까요. 몽골제국, 원나라가 물러간 이후에도 항상 경계의 대상일 수밖에 없었습니다. 실제로 몽골고원으로 퇴각했던 몽골부족들이 세를 이뤄 1449년 명나라 황제를 생포해가는 일도 벌어졌죠. 이를 '토목의 변'이라고 합니다. 청나라는 유목부족의 이러한 저력과 역동성의 메커니즘을 어느 한족 왕조보다 잘 알았습니다. 바로 자신들이 그쪽 계통에서 나왔으니까요. 청나라 황실은 우선 동몽골과는 혼인을 통해 연합관계를 이뤘습니다. 많은 부족장들을 왕에 봉하고 조공관계를 맺었습니다. 이쪽에 통합 세력이 나오지 않도록 선심 공세를 펴면서 굉장한 노력을 기울입니다. 미리 예방하고자 한 것입니다. 그러면서 스스로 '초원제국'의 적통자임을 자임했습니다. 그러면서 동시에 만리장성 안쪽으로는 중국적 통치방식을 받아들여 발전시키죠. 그래서 청나라는 유교적 농업제국과 유목적 초원제국, 두 개의 얼굴을 모두 가지고 있습니다.

그런데 러시아가 동진하여 흑룡강에 이르는 시기와 비슷한 17세기 중엽 들어 서몽골(동키르기스탄)에 '준가르 칸국'을 칭하는 또 하나의 강력한 세력이 출현합니다. 준가르는 러시아와 달리 원단 유목민족이 이룬 유목국가입니다. 역사상 '최후의 초원제국'이라 불리는 세력입니다. 이 세력은 티베트 내정에도 관여하여 강력한 발판을 형성했습니다. 또 사절을 보내 러시아와도 외교 관계를 맺습니다. 당시 준가르와 티베트는 청의 조공국임을 자처하고 있었지만, 청으로서는 준가르를 심각한

形

〈그림 1-13〉 청나라와 준가르 칸국의 전투영역(戰域)

위협으로 간주하지 않을 수 없었습니다. 그러다 17세기 후반 준가르에 갈단이라는 강력하고 야심적인 군주가 출현하면서 청과의 갈등은 더욱 날카로워집니다. 청나라의 위대한 군주 강희제가 네르친스크 조약에서 러시아와 타협한 것은 러시아와 준가르가 힘을 합하는 것을 방지하기 위한 목적도 있었습니다. 1696년 강희제는 준가르의 내부 갈등을 이용하여 준가르 원정을 단행, 갈단을 전사시킵니다. 그러자 이번에는 갈단의 내부의 경쟁자였던, 따라서 갈단의 패망에 협조했던 체왕 랍단이 준가르의 새로운 수장이 되어 청을 위협하죠. 또 체왕 랍단은 티베트 내정에 깊숙이 개입하여 세력을 강화합니다. 체왕 랍단을 이은 갈단 체렝은 카자크 초원과 몽골 두 방향으로 팽창을 시도하는데 카자크 칸국은 러시아의 보호를 구하게 되고, 몽골에서는 청과 충돌합니다. 그러다 1745년 갈단 체렝이 죽자 준가르의 내부분열이 일어나 크게 약화되요. 그 틈을 이용하여 건륭제는 1755년 몽골과 연합하여 준가르를 멸망시키고 이 지역을 '신장(新疆, 새 영토)'이라 명명하여 청제국에 포함시킵니다.

청은 준가르와는 군사적으로 대결해왔지만 티베트에 대해서는 달라이 라마를 '황제의 스승'으로 대우하면서 유화적으로 끌어들이기 위해 많은 공을 들였습니다. 준가르의 배후지가 될 싹을 잘라내기 위한 것이기도 했습니다. 그러다 준가르가 멸망하면서 티베트도 청의 영향권으로 들어오게 되었죠. 티베트와 몽골의 유착관계는 원나라 때부터 시작됩니다. 티베트를 정벌한 원나라가 티베트 불교를 적극적으로 받아들이면서죠. 몽골과 가까웠던 만주족 역시 티베트 불교의 영향을 크게 받았습니다. 그래서 청나라 황제가 티베트의 달라이 라마를 '황제의 스승'으로 모셨다는 것은 결코 겉치레나 시늉만은 아니었습니다. 진지했습니다.

『열하일기』에 조선 사절단이 1780년 열하에 머무르고 있던 달라이 라마를 만나는 광경이 나옵니다. 조선의 유학자들은 불교 승려를 천하게 보았지 않습니까. 그런데 건륭제가 조선 사절단에게 달라이 라마를 뵙고 정식으로 인사를 드리라고 요구합니다. 거절하지도 못하고 그렇다고 제대로 예를 올리지도 못하면서 쩔쩔매는 조선 사절단의 모습이 『열하일기』에 생생하게 기록되어 있습니다. 이렇듯 말하기 곤란한 이야기를 아주 사실감 있게, 거기다가 골계미(유머)를 더해서 기록했던 연암 선생은 분명 별난 유학자이자, 아주 재미있는 분입니다.

그렇다면 이렇듯 이루어진 신장과 티베트 병합을 서세동점과 같은 성격의 '제국주의적 식민화'로 볼 수 있을까요. 학자들 간에 이 문제에 대한 의견이 분분합니다.[42] 제가 보기에는 서구의 제국주의적 식민화

形

〈그림 1-14〉 18세기 『열하일기』 필사본

와 청의 신장·티베트 병합에는 상당한 차이가 있습니다. 우선 유럽이 식민화한 지역들은 자국과 인접하지도 않았고 역사적으로도 오랜 연관이 있었던 지역도 아니었습니다. 바다에서 갑자기 출현해서 차츰차츰 식민화해 갔습니다. 그 지역이 자국의 안보에 크게 위협을 주고 있기 때문에 식민화한 것도 아니었습니다. 그러나 신장과 티베트는 중국과 인접해 있고 오랜 역사적 관계가 있었습니다. 조공관계였거나 혹은 간접통치 지역이었죠. 신장은 이미 당나라 때, 티베트는 원나라 때 중국의 일부이기도 했습니다. 그리고 당시 청은 인접한 준가르와의 갈등을 심각한 안보 위협으로 보고 있었습니다. 둘째, 유럽의 해외 팽창은 문자 그대로 '식민화'를 수반했습니다. 유럽인이 대거 이민하여 새로운 유럽을 그곳에 건설한 것이죠. 아메리카가 대표적이지만, 원주민을 청소하고 그 문화를 말살하는 경우가 많았습니다. 그리고 식민지역의 생산과 소비구조를 본국 필요에 따라 변형시키죠. 반면 청나라는 병합 이후 신장과 티베트에 대규모 이민을 보내 중국화하려 들지 않았습니다. 그쪽 주민의 문화와 자율권을 인정했습니다. 그 지역 경제를 변형하지도 않았습니다. 물론 그 이전의 주권을 잃고 중국 내부로 편입되었죠. 그렇다고 기존 생활양식에서 크게 달라진 것은 없었습니다. 변화라면 그 전까지 중국 외부의 조공체제에 있다가 이제 중국 내부의 조세체계 안으로 편입된 정도였습니다.

신장과 티베트에서 중국의 '제국적 팽창'이 이루어진 것은 분명한 사실입니다. 그러나 그것은 서구의 제국주의적 팽창과는 성격이 다릅니다. '외부 조공체제의 내부화'라고 할 수 있겠습니다. 원래 외부에서 조공하던 지역을 내부화하여 내부에서 조공하는 지역으로 바꾼 것입니다. 원래 조공체제란 지역 통치의 자율성을 인정하면서 제국질서 내에 통합하는 시스템이고, 이는 내부 조공체제와 외부 조공체제로 이뤄져 있었다고 할 수 있겠습니다.

그렇지만 '외부 조공체제의 내부화'란 결코 쉽게 이뤄지지 않습니다. 신장 복속 100년 후, 신장 문제가 다시 한번 불거지죠. 1864년 신장의 회교(回敎) 주민들이 강력한 반청봉기를 일으킵니다. 이후 중국사에서는 '신장사변'이라고 하죠. 무하마드 야쿱 벡이라는, 강력한 카리스마를 가진, 중앙아시아 코칸드 칸국의 장군이 지도자가 됩니다. 이들 이슬람 봉기 세력은 빠르게 세를 이루면서 신장 북부의 이리(伊犁)와 남부의 카슈가르, 그리고 톈산산맥 너머 우르무치까지 점거합니다.

이렇게 되니까 이 지역에 지정학적 욕심을 가지고 있던 러시아와 영국이 개입하죠. 먼저 1871년 러시아군이 진압을 명목으로 이리를 점령합니다. 당시 청은 내우외환에 빠져 힘이 없었습니다. 나중에 청나라 장군이 가서 이제 우리가 정리하겠으니 반환하라고 하지만 러시아는 결코 안 내놓죠. 한편 영국은 야쿱 벡을 막후에서 지원하면서, 청나라 조정을 통해서는 이곳을 할양받으려고 공작을 폅니다. 영국은 중앙아시아로 내려오는 러시아 세력에 맞서 이 지역을 확보하려고 했습니다. 영국이 페르시아, 인도, 아프가니스탄에 이루어놓은 세력권을 위협한다고 생각했기 때문입니다.

청나라 조정은 우왕좌왕입니다. 당시 조정에서 영향력이 컸던 리홍장(李鴻章)은 국력을 바다 방위(海防)에 집중해야 하니 신장은 포기하자고까지 합니다. 리홍장은 2차 아편전쟁에서 바다를 통해 북경이 위협받았던 데 충격을 받았고, 서양 세력만 아니라 일본의 동태도 심상치 않다고 보고 있었습니다. 리홍장은 내(內)중국, 한족(漢族)의 중국이 중심이고, 이것부터 지켜야 한다고 생각한 것이죠. 그러나 조정의 다른 중신(重臣)인 좌종당(左宗棠)의 생각은 달랐습니다. 그 역시 한족이었지만 그는 '신장을 잃으면 몽골을 잃고, 몽골을 잃으면 북경을 잃는다'고 항변했습니다. 서북 변경이 중요하다는 새방(塞防)론입니다. 이는 중원을 핵으로 생각하는 한족 문명의 오랜 지정학적 사고의 표현입니다. 또한 강희제—건륭제의 신장 정벌론의 논거이기도 합니다. 신장은 중국사에서 항상 매우 중요한 전략적 지위를 점합니다.

그런데 당시에 신장 문제에서 고려해야 할 초점은 몽골이 아니라 오히려 러시아였습니다. 좌종당의 말처럼 신장을 잃는다고 하면, 그다음은 이미 청에 의해 내부화된 몽골이 아니고, 러시아에 의해 북경이 위협받게 되는 상황이었습니다. 좌종당 역시 이 점을 어렴풋이나마 알고 있었습니다. 어쨌거나 바다와 내륙, 두 방향의 거대한 위협을 리훙장과 좌종당은 느끼고 있었던 것입니다. 그로 인해 유명했던 리훙장의 해방론과 좌종당의 새방론의 대립이 나왔습니다. **'바다 서세(西勢)'의 위협을 먼저 막아야 하느냐(海防), '서북 서세(西勢)'의 위협을 먼저 막아야 하느냐(塞防).**

청나라 황제는 둘 다 중요하다고 절충해서 결국 (조정에서 약세에 있던) 좌종당은 1876년 신장에 출병할 수 있게 됩니다. 그리고 봉기군에 연승을 거두어 진압에 성공합니다. 이후 청은 러시아와의 길고 긴 불리한 교섭 끝에 많은 이권(利權)을 내주고 간신히 신장을 회복하여 1884년 이 지역을 신장성(省)으로 개편합니다. 신장성으로의 개편은 지역의 자치에서 내지(內地) 통치로 전환하자는 것입니다. 외부로부터의 주권 침탈에 시달리고 있던 청나라가 내부 통합의 방식을 일층 강화시키고자 했던 것이죠. 위기의식의 표현이었습니다. 그러나 그렇다 하더라도 이 개편을 서구와 같은 방식의 식민화라고 부를 수는 없겠지요. 1755년 이래 이미 내부였던 지역의 통합 방식을 강화하자는 것이었으니까요. 당시 청나라가 그런 식의 강한 통합을 제대로 할 수도 없는 상태에 있었지만 말입니다.

동선생 북선생 설명대로 준가르 문제는 특수합니다. 건국 초부터 청나라는 그들이 세워가고 있는 중원 제국의 안정을 위해서는 서몽골, 그리고 준가르 복속이 필수적이라고 생각했습니다. 그만큼 잠재적 위협이라고 본 거죠. 그것을 기존 중국권 밖으로의 외부 팽창이라고 생각하지 않았습니다. 준가르를 자신들(만주족)과 같은 부류라고 생각했죠. 실제로 그렇고요. 중국은 내(內)중국과 외(外)중국의 합이라고 하는

形

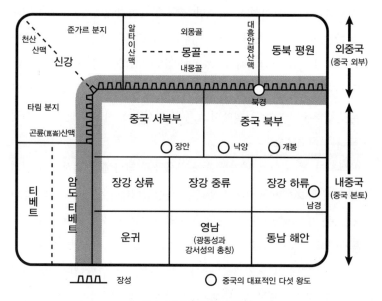

〈그림 1-15〉 내중국과 외중국[44]

데요.[43] 신장, 몽골, 티베트, 만주는 외중국에 속합니다.〈그림 1-15〉 그래서 청은 준가르·티베트 지역이 반드시 청에 포함돼야 한다고 보았습니다. 더구나 신장, 몽골 너머에 전에 못 보던 새로운 세력, 러시아가 출현했다는 사실은 준가르 복속의 절박성을 한층 배가했습니다. 동아시아 평화를 위해서는 중국의 안정이 필수적인데요, 청은 강희제 이래 준가르 문제의 해결을 안정 확보의 관건이라고 보았던 것입니다.

그러나 준가르를 끝으로 오랜 시간 유라시아 문명변동의 다이내미즘에서 엄청난 역할을 했던 내륙 아시아 '초원제국'이 그 대가 끊기고 말았지요. 수천 년 동안 초원제국에는 국경이 없었습니다. 카스피해에서 바이칼호를 지나 만주에 이르는 광대한 초원지역이 그들이 말 타고 달렸던 하나의 공간이었죠. 광대한 영역에 흩어져 있던 그들에게 위대한 통합자가 나타나 초원제국을 이루고 그 힘을 좌우로 밀고 갈 때마다 유라시아 동서 세계사에 큰 파동이 일었습니다.[45] 수천 년간 인류문명사에서 독특한 역할을 했던 초원제국이 이제 그 역사적 역할을 다하고 완전히 사라졌다는 사실에서 모종의 역사적 감회, 비애감이 느껴짐을 금하기 어렵네요.

역설적인 것은 그런 막강했던 초원제국을 역사에서 퇴장시킨 힘의 근원이 바로 초원제국 자신이었다는 사실입니다. 여기서도 변증법의 작용을 볼 수 있습니다. 역사상 최대의 초원제국은 몽골제국입니다. 몽골제국이 이룩한 아프로-유라시아 네트워크가 근대세계의 시발점이 되었고, '최후의 초원제국' 준가르를 양쪽으로 압박했던 러시아와 청은 모두 몽골제국의 유산 상속자들이라고 할 수 있습니다. 서몽골의 후예는 러시아요, 동몽골의 후예는 청이라 할까요. 그 러시아와 청이 양편에서 조여 들어와 그 양 국경선이 이윽고 맞닿게 됨으로써 이제 '초원제국'의 근거지는 영영 사라지고 말았습니다. 그래서 아이러니라고 한 거죠. 이제 그들에게 남은 것은 획정된 '근대적' 국경선의 이쪽이냐 저쪽이냐의 선택이었을 뿐입니다.

조공체제가 항상 평화체제였다고 할 수는 없습니다. 중국에 강력한 제국이 형성되고 에너지가 넘쳐나면 항상 주변 조공국을 정벌하려 했죠. 그 과정에서 반드시 전쟁이 벌어집니다. 그래서 베트남 북부와 한반도 북부는 한(漢), 당(唐) 시대에 중국이 정복하여 직접 통치하기도 했었지요. 베트남에 대한 중국의 군사 공세는 한반도보다 더 길게 이어져 명나라도 20여 년(1407~1428) 북베트남을 정복하여 지배한 바 있습니다. 오늘날 베트남의 강렬한 반중(反中) 정서에는 그만한 역사적

원인이 있습니다. 청나라 역시 한, 당에 못지않은 강한 제국이었음에
분명합니다. 그러나 17~18세기 동아시아에서 중국은 한, 당과 같은
압도적 중심성을 가지지 못했습니다. 주변 국가들의 수준이 한나라,
당나라 시대에 비해 훨씬 높아졌습니다. 청이 강하다 해도 쉽게 정복
할 대상이 이미 아니었습니다. 모든 문제는 상대적이죠. 그래서 조선,
일본, 베트남 등 주변국에서도 소중화(小中華) 의식이 나타나지 않습니
까? 이렇듯 중심과 주변이 균형을 이뤄 안정화된 상태가 동아시아의
내장근대체제, 평화체제의 뼈대라고 할 수 있습니다.

17~18세기를 '동아시아 200년 평화'라 했습니다만, 그렇다고 해서
이 시기에 국가 간 전쟁이 전혀 없었다는 뜻은 아닙니다. 조선, 중국,
일본 간의 관계로 좁혀 보면 분명히 이 삼국 간의 전쟁은 없었습니다.
그러나 동아시아 전체로 보면 지역적 분쟁은 간헐적으로 존재했습니
다. 먼저 준가르와 청의 전쟁을 살펴보았는데, 여기에 대해서는 어느
정도 그 의미가 정리된 것 같습니다. 청의 체제를 안정화시키기 위한
전쟁이었죠. 삼번의 난의 진압과 타이완 복속과 같은 차원의 전쟁이었
다고 볼 수 있습니다. 이 문제들을 정리하면서 청이 안정적으로 성립
된 것이고, 그렇게 해서 '동아시아 내장근대의 200년 평화'의 중심축이
될 수 있었습니다.

그러나 건륭제의 베트남, 미얀마 출병은 그렇게 보기 어렵습니다.
청 체제의 안정화를 위해 불가결했던 전쟁이 아니라 이미 힘이 세어진
청의 위세를 과시하려던 출병이었죠. 세의 극점에 이른 건륭제의 오만
과 허세 부리기가 엿보입니다. 지금 중국 도처의 유적에 남아 있는 그
의 글씨에서도, 분명히 잘 쓴 글씨이기는 하지만, 그런 과도함을 느낄
수 있습니다. 항상 어느 적정함을 넘어섭니다. 명분은 중국 황제가 책

봉한 기존 왕조를 무너뜨린 세력을 징벌한다, 혼내준다는 것이었지만, 전통적 조공체제의 논리가 늘 그래왔듯 속셈은 새 왕조를 길들이기 위한 것이었죠.

청의 건륭제는 미얀마에는 1765~1769년간 네 차례, 베트남에는 1788~1789년 사이 출병합니다. 미얀마에서는 18세기 중엽 강력한 새 왕조가 들어서 중국에 조공하던 태국의 아유타야 왕국을 멸망시킵니다. 베트남에서는 중부에서 강력한 세력이 출현해 분열되고 쇠약해진 레왕조를 밀어내고 남북을 통합시키죠. 베트남 최초의 남북통합입니다. 여기에 건륭제가 개입했던 것인데요, 군사적으로는 미얀마, 베트남에서 모두 실패했습니다. 쉽게 정복당할 나라들이 아닙니다. 애당초 그럴 목적으로 출병한 것도 아니었고요. 중요한 건 중화(中華), 천조(天朝)의 명분입니다. 일진일퇴하면서 중국은 입조(入朝)와 조공을 요구하고, 상대 쪽도 적당한 선에서 (전투에서는 이겼지만) 지는 척하고 요구를 받아들이면서 이 의례(儀禮) 전쟁은 끝이 납니다. 빤한 결과죠. 청이 미얀마나 베트남을 정복해서 통치할 수도 없고, 미얀마나 베트남도 청을 공격해서 정복하겠다는 생각이 없습니다. 얼마나 자주성을 지키느냐, 얼마나 길을 들이느냐의 기세 싸움일 뿐입니다. 결국은 소모적인 전쟁 끝에 새로 들어선 세력과 중국이 다시 조공-책봉 관계를 맺으면서 끝이 납니다. 그 빤한 결과를 위해서 그런 전쟁을 꼭 했어야만 하는지 회의적이지 않을 수 없습니다. 굳이 전쟁이 아니더라도 조공관계는 성립할 수 있기 때문입니다.

최근 중국사 연구에서 '중국변경사'에 대한 관심이 커지고 있습니다. 이러한 변화는 G2로 불릴 만큼 중국의 힘이 커지고 있는 상황을 반영하고 있습니다. 이러한 현상에 대한 경계와 우려가 학계의 중국변

形

경사 연구에도 투영되어 나타나고 있는 것이지요. 물론 이러한 '중국 견제' 또는 '중국 때리기(China bashing)'를 앞장서서 주도하고 있는 쪽은 서방 학계가 아니라 서방 언론과 정치권입니다. '중화주의', '패권주의'를 넘어 '제국주의'라는 표현까지 동원되고 있습니다. 현재와 미래 문제는 이 책 5부에서 다루겠습니다만, 최소한 여기서는 과거 조공체제의 중국이 제국주의적이었다는 식의 표현은 매우 문제적임을 지적해두어야 하겠습니다. 중국이 19세기 이래 서양 제국주의에 의해 침탈당했던 것 아닙니까? 그런데 침략했던 쪽이 침략당했던 쪽을 제국주의적이었다고 공격하는 것은 앞뒤가 맞지 않아요.

근대세계사에서 '제국주의'란 자본주의, 국민국가, 해외침략, 식민화를 합한 것입니다. 식민지의 주권을 뺐고 직접 지배할 뿐 아니라 경제구조를 변형·종속시키고 약탈하죠. 과거의 중국 조공-책봉 체제는 그러한 식의 제국주의와는 무관했습니다. 그래서 학자들은 제국과 제국주의를 분명히 구분합니다. 제국에서 주변국은 정치적·경제적·군사적 자치권을 가지고 제국 중심과 느슨하게 결합해 있습니다. 조선, 베트남, 태국, 미얀마가 그랬던 것처럼 그 자치권이란 허울이 아니라 실제적인 것이었죠. 그러나 제국주의 본국과 식민지와의 관계에서는 그런 자치권이 허용될 수가 없었습니다. 조공-책봉 체제 시대의 조선, 베트남, 미얀마와 이후 제국주의 식민지 시대의 이 나라들의 상태를 비교해보면 너무나 명백하죠. 그리고 역사가 보여주듯 제국주의 시대에는 필연적으로 침략전쟁들, 그리고 궁극적으로 패권국들 간의 세계전쟁이 발발할 수밖에 없습니다. 반면 조공체제에서는 침략전쟁이 오히려 예외적으로 벌어질 뿐이었습니다. 주변국의 수준이 점차 높아지면서 그 역시 점차 벌어지기 어려운 일이 되어갔죠. 그래서 건륭제의 베트남, 미얀마 출병이 불필요했던 과잉행동으로 보이는 겁니다.

동아시아와 유럽의 전쟁과 평화는 왜 엇갈렸는가

서선생　17~18세기 동아시아가 과연 평화 상태였는지, 어느 정도나 평화 상태였는지를 판명하기 위해서는 같은 시기 유럽과의 비교가 아주 유효한 방법이 되겠습니다. 동아시아 안에서만 보면 오히려 잘 안 보일 수 있습니다. 물고기가 물을 못 느끼는 것처럼 말입니다. 그러다가 지엽적인 문제를 가지고 갑론을박할 수도 있고요. 이럴 때 비교의 강점이 빛나죠. 비교는 발견의 수단이자, 애매했던 문제를 명료하게 해주는 거울입니다. 동아시아가 얼마나 평화적인 상태였는지를 당시 유럽을 보면 확실히 알 수 있습니다.

같은 시기 유럽에서는 16세기 종교개혁 이후 19세기 초 나폴레옹 전쟁까지 근 300년간 끊임없이 전쟁이 이어졌지요. 유럽의 초기근대는 기나긴 전쟁 시대였습니다. 당시 동아시아와 크게 대비됩니다. 실로 '유럽의 길고 긴 내전시대, 전국(戰國)시대'였다 할 수 있습니다. 시작은 마르틴 루터의 '종교개혁(Reformation)'으로부터 촉발된 신구교 간의 격심한 종교내전입니다. 16세기 초부터 유럽 도처에서 다발적으로 시작된 유럽내전은 점점 확산돼 17세기에 이르러 거의 온 유럽이 가담한 30년 전쟁(1618~1648년)에서 절정에 도달합니다. 이때쯤 되면 신구교 국가들 간의 전쟁으로 선명하게 양분되는 것도 아닙니다. 왕조 간의 이해관계와 복잡하게 맞물리면서 전선이 복잡하게 꼬입니다. 베스트팔렌 조약으로 30년 전쟁은 끝나지만, 그 후에도 국가 간, 국가 내에

　　　　　　　　　　　　　　　　　　　　　　　形

서 크고 작은 종교전쟁은 그치지 않습니다. 1710년에서 1714년까지 스페인 왕위 계승권과 통치 영역을 두고 가톨릭 진영과 신교 진영 간에 벌인 전쟁이 종교적 차이를 내세운 마지막 국제전이었습니다.

18세기가 되면 종교적 차이보다 국력의 우열을 놓고 싸우는 전쟁으로 중심이 옮겨 갑니다. 주요 전쟁만 보자면, 유럽 북부에서는 스웨덴과 러시아가 발트해 패권을 놓고 북방전쟁(1700~1720)을, 중유럽에서는 오스트리아, 바이에른, 프로이센 등이 오스트리아 왕위계승 전쟁(제1차 1740~1748, 제2차 1756~1763)을 벌이죠. 18세기 유럽은 영국과 프랑스가 대표 강국인데요, 이 두 나라는 모든 전쟁에 자국의 영향력을 높이기 위해 이리저리 개입합니다. 이 양 강국 간의 판세를 결정한 것이 7년 전쟁이라고도 부르는 제2차 오스트리아 왕위계승 전쟁인데요, 이 전쟁에서 영국이 지원한 프로이센이 승자가 됩니다. 패자는 프랑스가 지원한 오스트리아였죠. 이렇게 기울었던 프랑스를 다시 살려 놓은 게 프랑스혁명입니다. 프랑스혁명의 거대한 에너지를 이용해서 프랑스를 유럽의 패자(霸者)로 만든 게 나폴레옹이었죠. 이 나폴레옹의 '10년 영화(榮華)'가 결국은 영국, 러시아, 프러시아 연합군에게 꺾이고 끝납니다. 워털루 전투죠. 나폴레옹의 러시아 원정 패전이 컸습니다. 이로써 유럽에서 영국의 우위가 분명해지는데요, 해상 패권의 압도적 우위가 핵심입니다. 해상 패권의 독점을 지렛대로 영국은 유럽 대륙의 여러 세력들 사이에서 힘의 균형추 역할을 합니다. 이제 영국은 유럽 대륙 어느 곳에도 자유로이 개입할 수 있게 되었던 것이죠. 이후 유럽에는 평화가 찾아옵니다. 이것을 영국 중심의 평화, '팍스 브리태니카'라고 하죠. 물론 '동아시아의 200년 평화 기간'에도 전쟁이 완전히 사라지지는 않았던 것처럼, 유럽의 19세기에도 보불전쟁이나 크림전쟁이 있습니다. 그러나 전란에 휩쓸렸던 그 전 세기들과는 전혀 비교가 안 되는 평화시기였습니다. 유럽인들은 지금도 이 시절을 그리워하죠. 불어로 벨 에포크(bell epoch), '아름다웠던 시절'이라고 하면서 말입니다.

앞서 동아시아의 17~18세기가 '200년 평화'라고 했는데요, 유럽에서는 나폴레옹 전쟁을 마감한 1811년의 빈(Wien)회의 이후 1차 세계대전이 발발한 1914년까지를 '유럽의 100년 평화'라고 부릅니다. 흥미롭지 않습니까? 동아시아가 평화로웠던 200년 동안, 유럽은 끊임없는 전쟁이었습니다. 반면, 유럽이 평화로웠던 100년 동안, 동아시아는 심각한 전란에 빠져듭니다. 이 역의 상관관계의 배경에 무엇이 있을까요?

유럽에서 17세기까지의 전쟁은 종교가 주된 이유고, 18세기에는 국가 간 영향력을 놓고 벌이는 전쟁이 주가 된다고 했습니다. 이 와중에 유럽의 많은 소 공국(公國)들이 강대국에 편입돼 들어갑니다. 여기에 더해 해외 식민지 전쟁과의 연관성을 함께 볼 필요가 있습니다. 점차 유럽 안에서의 전쟁이 유럽 바깥에서의 전쟁과 연결되는 빈도가 커집니다. 16세기에는 스페인과 포르투갈이 해외 식민지를 놓고 다투다가, 17세기가 되면 스페인과 네덜란드, 영국이 다툽니다. 그러다 18세기가 되면 영국과 프랑스가 주로 해외 식민지를 놓고 다투죠. 17세기 중후반 7년 전쟁의 해외 전쟁에서 영국이 프랑스에 완승을 거두면서 해외 식민지에서 영국의 우위가 결정 납니다. 이후 나폴레옹이 다시 한번 영국의 해상패권에 도전합니다만 1805년 트라팔가 해전에서 참패하면서 끝나죠.

종교만이 이유가 되었다면 유럽의 내전이 이렇듯 장기간 지속되기 어려웠을 겁니다. 무려 300년입니다. 전쟁이란 이념만으로 할 수 없습니다. 자원이 받쳐주지 않으면 계속할 수 없습니다. 전쟁은 특별히 자

形

원 소모, 인간 소모적인 행위입니다. 그 자원이 어디서 왔나요? 유럽 내부에서도 쥐어짰던 것이지만 아메리카로부터 시작해서 아시아와 아프리카에서 획득한 막대한 부가 더해졌습니다. 거꾸로 말하면, 해외에서 차지할 수 있는 막대한 몫을 차지하기 위해 끝없는 전쟁이 이어졌던 것이죠. 전쟁이 계속 전쟁을 불렀습니다. 그 과정에서 전쟁 기술과 무기의 개량이 이어집니다. 유럽사가들은 그래서 유럽에서는 산업혁명 전에 군사혁명이 일어났다고 하죠.[46] 이렇듯 유럽의 내전과 식민지 쟁탈전은 하나로 엮여 있었습니다. 따라서 그토록 길었던 '유럽 전국시대'의 동력은 둘이라고 할 수 있겠습니다. 하나는 종교적 열정의 외피를 쓴 내부 쟁패전, 다른 하나는 식민지의 자원과 식민지 획득의 열망입니다. 이 둘은 전혀 어울리지 않는 것으로 보이지만, 묘하게도 너무나도 잘 융합되었습니다.

그렇다면 이제 동아시아와 유럽에서의 전쟁과 평화가 반대로 교차했던 이유도 분명히 알 수 있습니다. 유럽이 내부 패권과 식민지 확장을 위해 격렬히 상호 투쟁하던 16~18세기 동안 동아시아는 유럽 세력이 아직 우세를 점하지 못했고, 따라서 자유롭게 침탈하지 못했던 지역이었습니다. 그동안은 동아시아 체제의 룰에 따를 수밖에 없었죠. 불만이 많았더라도 말입니다. 그러나 16~18세기를 거치며 유럽의 힘은 막강하게 성장했습니다. 그리고 19세기에 들어서면 그 힘이 이윽고 동아시아의 방어벽까지 무너뜨릴 만큼 커지게 됩니다. 1차 아편전쟁이 시작이었죠. 2차 아편전쟁 후로는 거침이 없습니다.

그리하여 19세기에 유럽은 동아시아를 포함한 전 세계를 석권하게 되고, 그 힘은 정점에 이릅니다. 유럽이 세계에서 누리는 엄청난 영화와 영광으로 인해 더 이상 유럽 내부에서 자신들끼리 아옹다옹 싸울

이유가 사라진 것처럼 보였죠. 물론 잠시였고, 착각이었지만 말입니다. 어쨌거나 그 시간이 19세기 '유럽의 100년 평화'였던 것입니다.

종교전쟁과 유럽내전

남선생 서와 비교하니까 동이 확실히 더 잘 보이네요. 비교의 방법이 지닌 힘을 새삼 분명히 느꼈습니다. 그러면 이제 제가 결자해지(結者解之)의 심정으로 유럽 전쟁 그리고 유럽 팽창체제의 특징을 조금 더 구체적으로 분석해보겠습니다. 근대 유럽이 종교전쟁과 대항해를 시발로 하였다는 사실은 의미심장합니다. 유럽 근대의 특징이 이후 세계사에 깊은 흔적을 남기게 되었기 때문에 그에 관한 분석이 중요합니다.

유럽 종교전쟁의 특징부터 살펴보죠. 무엇보다 두드러진 점은 대단히 불관용적이었다는 사실입니다. 신구 양 기독교가 결코 공존하지 못합니다. 같은 종교 내부의 분열이라 더 무섭고 필사적이었습니다. 어느 문명에서나 지배 종교는 있지만 소수 종교가 존립할 틈은 주었습니다. 이슬람 문명도 그렇고 힌두, 동아시아 문명도 그렇습니다. 지배적 종교가 있기 때문에 공존할 수 있습니다. 그러나 유럽의 종교개혁은 지배적 종교를 짧은 시간에 두 쪽 냈습니다. 가톨릭과 신교는 서로를 '안티 그리스도=적그리스도', '사탄'이라 부르며 악마시했어요. 그 증오와 공포는 정치적, 군사적인 적대감 수준을 훨씬 뛰어넘습니다. 이 세상만이 아닌 저세상까지를 건 전쟁, 육신만이 아닌 영혼을 건 전쟁이 되죠. 신앙의 전쟁이 되니 수단도 가혹합니다.

形

〈그림 1-16〉 1572년 프랑스 파리, 성 바르톨로뮤 대학살

실례를 하나 들어볼까요. 〈그림 1-16〉은 프랑수아 뒤부아(François Dubois)가 그린 1572년 파리에서 벌어졌던 〈성 바르톨로뮤 대학살〉입니다. 스위스 로잔 박물관에 가면 실물을 볼 수 있습니다. 가톨릭 세력이 종교 축제일에 신교도를 대량 학살한 사건입니다. 궁정 음모로 치밀하게 계획하고 실행했던 인간 도륙이었어요. 축일인 8월 24일 파리에서 시작해서 지방으로 확산되어 10월까지 학살이 진행됩니다. 뒤부아는 당시 파리에 살고 있었기 때문에 그 광경을 생생하게 목격할 수 있었습니다. 임산부의 태아를 꺼내는가 하면, 시신 목에 밧줄을 묶어 끌고 다니는 등 아주 끔찍한 장면들이 그림에 자세합니다. 뒤부아는 신교도였지만 요행히 참변을 피해 탈출할 수 있었죠. 그래서 이 유명한 그림을 남길 수 있었습니다. 종교전쟁의 섬뜩함과 잔인성이 잘 나타나 있습니다.

이것은 하나의 대표적인 사례일 뿐, 이러한 사태가 유럽 도처에서 벌어지고 있었습니다. 16세기까지는 종교별로 국가가 분명하게 구분되지 않았습니다. 어느 나라에든, 크든 적든, 구교도와 신교도가 있고, 그들 사이에는 격심한 충돌이 벌어졌습니다. 유럽의 종교전쟁이란 '전 유럽의 내전(內戰)'이었던 것입니다. 내전이 진행되면서 대규모 난민이 발생하고, 신교도는 신교도끼리, 구교도는 구교도끼리 모이게 됩니다. 그래야 안전을 보장받을 수 있으니까요. 위 그림을 그린 뒤부아도 프랑스에서 스위스로 도피한 난민이죠.

이런 상태가 17세기에도 이어집니다. 이렇듯 유럽 전역을 휩쓸고 있던 내전 상태의 공포를 잘 묘사한 것이 유명한 토머스 홉스(Thomas Hobbes)의 문제작 『리바이어던』이죠. 홉스는 내전상태를 '자연상태 (state of nature)'라고 했습니다. 이 상태에서는 '인간이 인간에 대해 서로 늑대(homo homini lupus)'가 되며, 그러한 상태에서의 삶은 '고독하고, 빈궁하고, 끔찍하고, 거칠며, 짧다(solitary, poor, nasty, brutish, and short)'라고 했죠. 오늘날에도 널리 인용되고 있는, 결코 잊을 수 없는 표현입니다.

저는 유럽 근대가 이렇듯 구교와 신교 간의 깊은 불신과 증오의 내전 상태에서 시작되었다는 사실이 이후 세계근대사에 지울 수 없는 깊은 흔적을 남겼다고 생각합니다. 종교전쟁의 뜨거운 종교열은 유럽 안에 국한되지 않았습니다. 대항해의 정열의 풀무가 되기도 합니다. 유럽의 기독교가 둘로 찢기며 생긴 공백과 상실을 해외에서의 선교 확장으로 보상하려 했죠. 즉 해외 팽창은 종교 확장의 명분으로 정당화되었습니다. 대항해의 동기는 물론 일확천금에 있었습니다. 상업적 이익을 구하는 지극히 세속적인 열정이 이교도에게 기독교를 전파한다는 종교적 명분과 열정으로 포장된 것이죠.

유럽의 내전상태는 온 유럽이 휘말려 들어간 17세기 30년 전쟁에

形

서 정점을 찍습니다. 그 전쟁의 피해와 희생이 너무나 컸기 때문에 타협을 하게 되는데, 그것이 유명한 '베스트팔렌 조약'입니다. 유럽의 내전상태를 종식하자는 것이 목표죠. 나라마다 종교문제로 싸우고 경쟁적으로 나라 바깥에서 자기편을 끌어들이려 온 유럽이 휘말린 처지였으니까요. 이 조약의 핵심은 셋입니다. 첫째는 군주가 자기 영토의 최상위 지배자라는 것. 그전까지는 군주 위에 교황이 있었습니다. 이걸 정리한 거죠. 둘째는 각 국가의 종교는 그 나라의 군주가 결정한다는 것. 라틴어로 'Cuis Regio, eius religio'라고 하죠. 영어로 직역하면, 'Whose realm, his religion'이 됩니다. '그(왕)의 영토(에서는), 그(왕)의 종교(가 지배한다)'라는 뜻입니다. 세 번째는 어느 한 나라가 절대적 패권자로 등장하지 않도록 반패권 세력균형을 유지한다는 것. 그 셋 모두 각국에서 종교 내전이 발생할 소지, 유럽 전체가 종교전쟁에 휩쓸릴 소지를 없애려 한 것이었죠.

그렇다고 당장 깨끗이 해결되지 않았습니다. 영국내전이 대표적이죠. 개신교가 지배하는 의회와 가톨릭을 옹호하는 왕권 간의 내전입니다. 물론 영국내전은 구질서를 대변하는 대지주, 귀족 세력과 도시 신흥 상인, 중소지주 계급 간의 주도권 쟁탈전과 얽혀 있습니다. 이 과정에서 올리버 크롬웰의 신교도 철기군에 의해 가톨릭을 옹호하던 찰스 1세의 목이 잘리죠. 크롬웰의 짧은 독재적 공화정을 거쳐 왕정이 복고된 후 찰스 2세와 제임스 2세는 더욱 노골적인 가톨릭 옹호정책을 폅니다. 영국의 숙적이라고 여겨지던 주변 강국 프랑스와 스페인이 모두 가톨릭 국가였기 때문에 종교문제는 그 자체로 매우 정치적인 문제였습니다. 결국 의회 세력이 네덜란드에서 새로운 개신교 왕가를 영입하면서 1688년에야 영국내전이 마감됩니다.

16~17세기의 유럽 전쟁은 종교적 분열과 열정으로 들끓었지만, 베스트팔렌 조약을 경과하여 18세기에 이르면 '국가이성(raison d'État)'이라 부른 국익의 냉철한 추구가 점차 그 자리를 대신합니다. 유럽 국가 간의 경쟁이 종교적 적대의 언어에서 점차 법률적 규칙의 언어로 바뀌어 가죠. 이 과정에서 '유럽공법(Jus Publicum Europeaum)'이라는 국제법 체계가 만들어집니다. 그리하여 최소한 유럽에서는 종교적 적대로 인한 깊은 분열선이 점차 사라져 가는 듯해 보입니다. 그러나 그 적대의 분열선은 대상을 달리하여 이동했을 뿐 사라지지 않았습니다. 그 대상은 이제 유럽의 바깥, 이교도의 세계가 됩니다. 신교/구교 사이의 분열선에서 이제 유럽/비유럽 사이의 분열선으로 옮겨갔을 뿐입니다. 과거에는 구교/신교 사이에 결코 넘지 못할, 섞이지 못할 깊은 심연이 존재했지만, 이제는 그 심연이 유럽/비유럽, 서구/비서구라는 구분선으로 이동했던 것입니다. 중요한 것은 서구/비서구의 구분선이 기독교/비기독교(이교도)이자 동시에 문명/야만의 선으로 규정되었다는 사실입니다. 따라서 유럽 종교전쟁 시기에는 구교/신교가 서로 정복해야 할 대상이었지만, 이제 해외 팽창에서는 이교도=야만, 즉 '비유럽성'이 정복의 대상이 됩니다. **'적대의 외부화(externalization)' 또는 '적대의 외부로의 전이(轉移)'**라고 할 수 있겠지요.

그 과정에서 문제의 인종주의(racism)가 나왔죠. 정리해보면, 16세기에서 19세기까지의 유럽 발 변화는 유럽 종교내전에서 내전의 봉합으로, 그리고 내적 분열을 해외 팽창을 통한 세계 분열로 전가(轉嫁)하는 일련의 과정이었다고 할 수 있습니다. 16~17세기 유럽의 신구교 분열선이 깊은 심연이었지만, 그에 이은 18~19세기 세계의 서구/비서구의 분열은 심연이 오히려 그보다 더 깊었습니다. 여기서 '근대적 인종주

形

의'[47]도 출현했던 것이지요. 유럽은 16~17세기의 종교내전을 간신히 봉합했지만, 이는 유럽의 분열선을 세계의 분열선으로 대체함으로써 이뤄진 것이었습니다. 그러나 그 유럽내전의 봉합이 일시적일 뿐이었다는 것은, 19세기 유럽의 평화가 100년 만에 파국으로 끝나고 말았던 것에서 드러납니다. 유럽의 분열을 바깥 세계로 떠넘겨 확장시킨 분열선은 결국 유럽 세력들이 식민지를 더 많이 차지하기 위해서 다투다가 그들 간의 통제 불능한 또 한 번의 내전, 이번에는 세계로 확대된 유럽내전으로 엄청나게 터지고 맙니다. 이것이 제1차 세계대전입니다. 정확하게 말하면 '세계로 확대된 유럽내전'이었습니다.

리바이어던, 또는 '예외를 결정하는 자'

북선생　유럽 팽창근대의 기원에 종교내전의 화해 불가능한 적대와 공포가 있다는 지적은 의미심장합니다. 그것이 서구근대의 이마에 찍힌 지워지지 않는 표지(標識)일 수도 있겠습니다. 이후 종교적대, 문명적대, 계급적대로 확대되는 근대세계의 표지 말이죠.

　남선생 지적대로 그 내전의 공포 속에서 근대국가의 원리를 뽑아낸 것이 홉스의 『리바이어던』이었어요. 리바이어던은 성경 「욥기」에서 "지상의 권력에는 이것과 겨룰 자 없다"고 했던 무적의 괴물을 말합니다. 홉스는 내전을 종식시킬 절대주권을 '리바이어던'으로 상징한 것이죠. 홉스는 내전의 공포에 빠진 구성원들이 합의, 즉 '신의계약(信義契約, covenant)'을 통해 자신들의 '자연상태'에서의 자유를 주권자에게 양도하여 절대주권을 세운다고 했습니다. 후일 20세기 독일의 법학자 카를

〈그림 1-17〉1651년 출판된 『리바이어던』의 책 표지.
상단에 작게 보이는 문자는 성경에서 따온 구절, "지상의 권력에는 이것과 겨룰 자가 없나니(non east potestas super terram quae comparutur ei)"이다.

슈미트(Carl Schmitt)는 홉스의 리바이어던의 권능 즉 근대주권의 성격에 대해 아주 예리한 해석을 합니다. 근대 국가의 주권자란 '예외상태를 결정하는 자'라고 했어요. 예외상태란 한계의 영역을 말합니다. 즉 어디가 한계인지, 누가 한계의 밖에 있는지를 결정하는 힘이 주권이라는 뜻입니다.[48] 카를 슈미트는 이 책에서 앞으로도 자주 나오는 이름이니 꼭 기억해두시기 바랍니다.

'예외를 결정하는 자'라는 수수께끼 같은 말이 뜻하는 바는 토머스 홉스가 공포스럽게 바라보았던 17세기 종교내전의 상황을 생각하면

形

쉽게 풀립니다. 서로를 화해 불가능한 적으로 보고 있는 내전의 양측이 대치하는 한 평화는 없습니다. 17세기 유럽은 이 문제를 어떻게 풀었을까요? 앞서 설명된 베스트팔렌 조약의 원리 속에 답이 있습니다. '군주가 자기 영토의 종교를 결정하라(Cuis Regio, eius religio)'는 것입니다. 일국의 종교를 그 나라 군주의 종교로 단일하게 결정한다는 것, 이것이 한계의 설정인데요, 그런데 이렇게 한계를 설정했다고 해서 내전의 적대와 공포가 완전히 해소된 것일까요? 카를 슈미트는 그렇지 않다고 보았습니다. 이제 적대와 공포의 처소(處所)가 바로 그 한계가 설정된 영역, 즉 그가 예외상태라고 불렀던 주변적, 경계적 공간으로 옮겨졌을 따름이라는 것입니다. 즉 리바이어던은 내부의 적대와 공포를 외부(한계, 예외)에 대한 적대와 공포로 전환시킴으로써, 그 적대와 공포를 이용해서 절대권을 행사하게 된다는 것이죠. 그래서 국내에서의 내전은 종식된 것으로 간주되지만, 국가의 외부 관계, 즉 국가와 국가의 관계에서는 오히려 잠재적 내전상태가 항상 존재하게 된 것입니다.

그래서 베스트팔렌 조약 이후에도 국가들끼리의 관계는 항상 잠재적인 적입니다. 그래서 이런 유럽 국가들이 식민지를 획득해서 덩치를 키우다가 결국은 서로 다시 전쟁을 하게 되는 것을 피할 수 없었습니다. 다시 내전, 다시 전국(戰國)시대가 된 것입니다. '1, 2차 대전은 세계로 확대된 유럽내전'이라고 했는데요, 달리 말하면 세계적 차원의 내전, 즉 '세계내전'이었던 것이죠. 현대 국제정치학의 고전들, 주류 입장도 그렇게 봅니다. 현대사회의 국제관계는 홉스가 말한 '자연상태(state of nature)'와 정확히 같다고 말입니다.[49] 결국 세계적 내전 상태라는 말입니다. 그러니 '유럽 팽창근대의 역사가 결국 유럽내전의 세계적 확장 과정이었다'는 남선생의 풀이는 정곡을 찌르고 있습니다. 1, 2

차 세계대전이 확장된 유럽 내전이었고, 2차 대전 이후의 미소 냉전도 유럽내전의 또 다른 연장이었습니다. 미소 냉전의 붕괴, 해소에서 우리는 비로소 '긴 유럽내전(long European civil war)'의 끝을 봅니다. 이제야 비로소 〈유럽내전 이후의 세계〉에 대해 이야기할 수 있게 되었습니다.

한 가지 덧붙이면, 카를 슈미트가 말하는 '예외상태의 결정'이란 적대의 외부화이면서 동시에, 내부에서의 적이 누군지, 무엇인지를 결정하는 것이기도 합니다. 즉 근대주권 개념에서는 내전에서 비롯된 적대와 공포가 국제관계에서뿐 아니라 국내 문제에서도 늘 잠재해 있습니다. 국가가 긴급조치나 계엄령을 통해 법을 정지시키고 절대적 비상대권을 행사할 때 그런 특징이 표면에 돌출합니다. 비상대권을 통해 내부의 적을 설정하고 색출합니다. 이렇게 호명된 '내부의 적'은 흔히 '외부의 적'과 연계됩니다. 외부의 '스파이', '잠입자', '간첩'으로 낙인찍히죠. 이것은 엄청난 권력행사입니다. 외적 적대의 설정이 내적 독재권의 근거가 되죠. 이렇듯 안팎의 적대가 묶여서 이용됩니다. 슈미트는 근대국가의 본질이 이렇듯 내외의 적을 설정하고 호명하는 데 있다고 본 것입니다. 결국 '예외상태의 결정자'란 안팎의 적을 설정하고 색출하여 말살시킬 권한, 즉 독재권을 말합니다. 동아시아가 서양 팽창근대에 휘말려 들어가면서 19세기 말부터는 동아시아 국가에도 이런 현상이 나타납니다.

形

유럽내전의 심리학과 종말론

남선생　　유럽의 종교전쟁이 유럽내전으로 그리고 세계내전으로 확대해간 역사가 무려 500년입니다. 그 역사가 동시에 서양 팽창근대 500년과 겹치는데요, 그 500년 동안이나 팽창전쟁을 이어가게 한 심리적 에너지, 동기가 무엇일까요. 물질적, 경제적 동기가 아니라 심리적 동기 말입니다. 일반적으로 인간이 전쟁적 상황을 견디면서 적대적 심리를 유지한다는 데는 일정한 한계가 있거든요. 그런데 **어떤 심리적 에너지가 있었기에 무려 500년 동안이나 지속적으로 내전적 동기를 유지하도록 한 것일까요.** 이를 파악하기 위해서는 유럽 종교전쟁의 신학적, 심리적 내면을 살펴볼 필요가 있습니다.

유럽 종교개혁(Reformation)을 촉발한 독일인 사제 마르틴 루터가 가톨릭교회와 교황의 면죄부 장사에 분노했다는 것은 잘 알려져 있습니다. 로마 가톨릭교회가 '종말론'을 가지고 장난을 치고 있다고 본 것입니다. 부패한 교회가 돈을 받고 인간의 죄를 감히 사(賜)하여 주면서 '종말'을 감히 유예시키고 있다는 것이죠. 기독교(christianity)에서 '종말'이란 '예수의 재림(parousia)'을 통해 '신의 심판'이 이루어지는 '최후의 시간'입니다. 그런 '종말'을 기독교에서는 그리스어로 '에스카톤(eschaton, ἔσχατον)'이라고 하고, 그래서 '종말론'을 에스카톨로지(eschatology)라고 합니다. '신적인 정의'가 이뤄지는 순간이자, 죄로 가득한 인간의 역사가 종언을 고한다는 거룩한 순간입니다. 그래서 루터는 '종말'을 유예시키고 있는 로마 교황은 신의 거룩한 최후의 심판을 부정한 방법으로 가로막고 있는 것이고, 따라서 이러한 행태야말로 교회가 타락한 결정적 증거라고 확신했습니다. 그리고 그러한 로마 교회에 대한 그의 반란이, 바로 '신의 목소리', '신의 분노'를 대신하고 있는 것으로 굳게 믿었죠.

그런데 성경에는 종말 즉 '에스카톤'을 가로막는 사악한 세력이 있다고 했고, 이 세력을 '적그리스도'라고 불렀습니다. 루터가 보기에는 부패한 가톨릭교회와 교황이 영락없는 '적그리스도'였던 것이죠. 이 '적그리스도'와의 전쟁은 단순한 전쟁이 아닙니다. '영혼의 구제'를 위한 전쟁이고, 이 세상을 위한 전쟁이기도 하지만 그보다는 영원한 구원의 저세상의 삶을 위한 전쟁이 됩니다. 이 '적그리스도'를 하루빨리 멸하고 '최후의 심판'의 날을 앞당겨야 합니다. 그래서 루터를 따르는 개신교 진영에 종말론적 열정이 강했습니다. 그러나 공격을 당하는 가톨릭교회의 입장에서는 정반대입니다. 가톨릭이 에스카톤(종말)과 예수의 재림과 최후의 심판을 가로막고 있다는 루터의 비난은 사악한 거짓이 됩니다. 가톨릭교회야말로 종말을 준비하는 '예수의 대리인' 아닙니까. 그러한 가톨릭교회를 공격하는 프로테스탄트야말로 따라서 사탄이 아닐 수 없죠. 가톨릭교회야말로 '적그리스도'의 등장을 가로막고 있는 울타리라는 것이 가톨릭의 교리니까요. 따라서 그러한 가톨릭교회와 교황에 반란을 일으킨 프로테스탄트야말로 '사탄=적그리스도'가 아닐 수 없습니다. 이렇듯 서로가 상대를 '사탄=적그리스도'로 지목한 이상 타협은 불가능합니다. 필사적인 전쟁상태에 빠지지 않을 수 없습니다.

이런 근원적 적대감은 16세기 종교전쟁에서 시작해서 17세기 30년 전쟁에 이르기까지 100년 넘는 전쟁을 통해 유럽을 초토화시켰지요. 그렇게 하다가 보니까 결과가 너무나 참혹합니다. 그래서 베스트팔렌 조약으로 일단 타협하죠. 그 기준이 '군주가 자기 영토의 종교를

形

결정하라'는 원칙이었다고 했습니다. 그런데 이건 앞서 북선생이 짚어준 바와 같이 적대의 해소가 아니라 적대의 이전(移轉)이나 재배치에 불과한 것이었습니다. 가톨릭 국가와 프로테스탄트 국가 간의 적대는 잠재해 있었죠. 그렇게 유럽 내부에서는 잠시 눌러두고 유럽 밖 세계로는 그 적대가 더욱 팽창합니다. 먼저 비유럽 세계에 대한 식민정책이 대대적으로 이뤄지면서 기독교 종말론에도 새로운 해석이 생기기 시작합니다. 전 지구의 모든 나라가 모두 기독교화된 이후에 정의로운 '천년왕국'이 이뤄지며, 그 천년왕국 이후에 '최후의 심판'의 날이 온다는 것입니다. 그렇다면 전 지구 모든 나라, 모든 인류의 기독교화는 '천년왕국'과 '최종 심판'이라는 기독교적 목표가 성취되기 위해 반드시 그전에 이루어져야만 하는 성스러운 과업이 되는 것이죠. 이 과업의 수행에 저항하는 세력 역시 '적'이 아닐 수 없습니다. 이런 방식으로 **세계의 식민지화, 즉 전 세계로 확장한 유럽내전이 종교적으로 정당화되고, 종말론적 적대가 세계로 팽창**했습니다.

그렇다면 식민지 시대 이후인 미소 냉전시대의 적대적 심리적 에너지의 정체는 무엇이었을까요. 이 역시 서로를 '적그리스도'라고 지목하며 필사적으로 싸웠던 유럽 종교전쟁의 초기 버전과 매우 닮아 있지 않습니까? 물론 20세기는 루터의 16세기에 비해 매우 세속화된 세계였지요. 세속화된 자본주의·자유주의 '서방진영'은 공식적으로는 종말론 교리를 내세우지 않는 것으로 보였고, 소련 등 '현실사회주의' 진영은 무신론을 표방했으니 겉으로만 보면 전혀 종교와 무관한 대립이었던 것 같아 보입니다. 그러나 그 적대를 강렬하게 추동했던 심리적 에너지는 꼭 같은 구조와 형태를 가지고 있습니다. 냉전의 양진영이 **적대하는 상대를 '완전한 정의(=신적 정의)'가 수립되는 '그날'의**

실현을 가로막고 있는 악의 세력, 바로 '적그리스도'로 보고 있었던 것이죠. '구조적 상동'입니다. 그래서 소련 진영이 붕괴한 이후, 미국 진영의 이데올로그들이 '역사의 종언'을 말하지 않습니까? 그들이 말하는 '역사의 종언'이란 바로 '적그리스도'가 소멸한 이후의 세계, '신의 심판'이 이루어진 세계, 바로 기독교 '천년왕국'의 세속화 버전이었던 것입니다.

그렇다면 이제 우리는 종교내전에서 비롯한 유럽내전이 500여 년 동안 세계 식민지 전쟁, 미소 냉전으로 **한 길을 따라 팽창해갈 수 있었던 그 심리적 에너지의 정체를 말할 수 있겠습니다. 그것은 종말론적 적대감을 증폭시켜 심리적 적대, 낙차를 극대화하는 아주 독특하고 일관된 심리적 · 신학적 메커니즘이었던 것이죠.** 내전적 팽창에너지가 500년간이나 지속된 배경에는 이러한 신학적 · 심리적 메커니즘이 있었습니다.

북선생 아주 중요한 이야기입니다. 어느 문명과 사회에서도 위기나 파국은 닥칠 수 있습니다. 그러나 그것을 의식하고 대응하는 방식에서는 차이가 있었던 것 같습니다. 동아시아도 유럽의 종교개혁과 같은 시기인 16세기와 17세기가 위기와 파국의 시대였다고 할 수 있습니다. 명말 청초의 왕조교체 상황과 일본의 치열한 내전상황, 그리고 조선에서는 '왜란', 즉 '동아시아 7년 전쟁'과 두 번의 '호란'이 이어졌으니까요. 전쟁과 굶주림, 병마와 죽음이 휩쓸었으니 「요한계시록」에서 말하는 '묵시록의 네 기사'가 총출동했던 시대였다고 할까요. 더구나 17세기는 지구가 소빙하기에 들어 기후위기에 처해 있었다고 하지요. '17세기 소빙하기설'입니다. 기후변화로 동아시아와 유럽만 아니라 지구 곳곳이 모두 어려웠다는 학설입니다. 그러면 '묵시록의 다섯 기사'가 됩니까? 어쨌든 대단한 참화와 파국이었습니다. 그렇지만 동아시

形

아에서는 이런 상황에서 크게 폭발했던 갈등과 적대가 같은 시기 유럽의 '종말론적 적대'와 같은 방식으로 증폭되지 않았거든요. 그렇게 증폭시킬 심리적·종교적 메커니즘이 존재하지 않았어요. 동아시아의 전통언어로는 '일치일란(一治一亂)'입니다. 천하가 안정되어 있다가 혼란에 빠질 수 있지만, 다시 안정으로 돌아간다는 것이죠. 혼란 상태의 갈등과 적대는 '일란(一亂)'의 시대로 끝날 뿐 '일치(一治)'의 시대까지 이어지지 않습니다. 그래서 '일란'의 시대였던 명청 교체, 일본 전국시대, 조선의 왜란·호란의 갈등과 적대가 이후 성립된 '동아시아 200년 평화'를 흔들지 않았습니다.

그러나 기독교의 종말론적 사고법은 다릅니다. 에스카톤(종말)과 심판의 그날, 그 시간이 오기 전까지는 항상 종말 전야입니다. 16세기 종교개혁기만이 아니라 그 후 유럽내전 500년의 내면의 심리상태가 그렇습니다. 항상 종말의 전야고 항상 종말을 기다리고 있습니다. 루터만 그랬던 게 아닙니다. 토머스 홉스도 그랬고, 올리버 크롬웰도 그랬고, 30년 전쟁을 벌이던 유럽의 군주들도 그랬고, 미국으로 건너간 퓨리턴들도 그랬습니다. 오늘날에도 마찬가지죠. 곧 종말과 심판의 날이 온다고 하죠. 일부 이단 교파만의 이야기가 아닙니다. 이런 교파가 정치를 지배하기도 하지요. 오늘날 미국 그리고 묘하게도 한국이 그런 기독교 종말론 교파가 정치에 큰 영향력을 행사하는 나라가 되었습니다.

그렇다고 종말관이 동아시아 전통에 전혀 없었던 것은 아닙니다. 모든 인간 개인의 삶은 죽음, 즉 종말을 피할 수 없기 때문에 종말론적 심리에는 모든 문명과 종교를 관통하는 보편성이 있습니다. 동아시아의 경우 종말, 파국, 즉 생로병사의 윤회에 대한 구원사상을 대표하는 것은 불교라고 할 수 있습니다. 그런데 불교의 종말관에는 최후의 날,

그리고 최후의 심판이라는 의식이 없습니다. 굳이 종말이라면 모든 중생, 모든 생명을 윤회의 고리에서 구원하는 날이 종말이겠지요. 누구는 구원받고, 누구는 심판받는다는 구분법도 없습니다. 구원받지 못한 마지막 한 생명까지 모두 구원한다고 합니다. 지장보살이 그런 서원(誓願)을 한 분이죠. 종말 관념이 적대의 증폭이 아닌 오히려 적대의 소멸과 결부되어 있습니다. 이 점은 모든 윤리종교의 교리와 가르침에서 공통적인 것이죠.

포스트 전국시대: 계몽철학자들이 바라본 동아시아

동선생　　깊이 생각할 점이 많은 주제들에 대해 논의했습니다. 저는 초기근대의 '유럽내전의 상태'와 '동아시아 평화 200년'의 차이에 주목해야 한다는 앞서의 논의를 약간 보완해 보겠습니다. 이 차이를 잘 봐야 왜 템플, 보시우스, 라이프니츠, 볼프, 케네 등과 같은 당시 유럽의 계몽철학자들이 멀리 떨어진 공자와 유교, 그리고 동아시아(Sina)에 매료되었는지도 정확히 이해할 수 있겠습니다. 예를 들어『대학』,『중용』,『논어』,『소학』,『효경』,『맹자』등의 유교 경전을 오래 연구했던 18세기 초반의 독일 철학자 크리스티안 볼프는 '중국의 철학은 일찍이 인간의 타고난 본성이 자연의 법칙과 조화를 이룰 수 있는 길을 찾았고 이를 국가와 개인의 도덕적 행위의 일반규칙으로 삼았다'고 보았습니다. 또 그것이 '자신이 강조해온 보편적 실천철학의 원리와 다르지 않았다'고 했습니다. 그러면서 '중국에 계시종교(기독교)가 없었음에도 조화롭고 수준 높은 문명을 이룰 수 있었던 것은 그러한 실천철학의 원리를 실현하고 있기 때문'이라 했습니다. 그러면서 공자를 모세, 예수, 무하마드(모하메드)와 동렬의 인물로 찬양했죠. 1721년 프로이센의 할레대학 부총장 퇴임식에서 행했던 「중국인의 실천철학에 대한 연설」의 내용입니다.[50]

신학자와 사제들은 이 연설에 크게 반발했고 당시 프로이센 군주인 프리드리히 빌헬름 1세에게 그를 고발했어요. 이 온화해 보이는 연설의 이면에는 종교전쟁·패권전쟁으로 날을 지새우던 유럽의 폭력적 현실에 대한 날카로운 비판이 숨어 있었거든요. 볼프를 포함한 17~18세기 유럽의 계몽사상가들은 자신들이 '두 개의 폭정'과 싸우고 있다고 생각했습니다. '종교적 독단의 폭정'과 '왕가-귀족의 패권적 독단의 폭정'입니다. 사제권력과 군주패권의 폭정이죠. 이 두 권력은 결합하여 유럽에 끊이지 않는 전쟁과 폭력의 소용돌이를 일으키고 있었습니다. 그래서 계몽주의자들은 이 두 독단의 폭정을 이성의 힘으로 제어하고 순치해야 한다고 보았어요. 당시 유럽 내부에서 절박했던 이러한 문제의식을 우리는 잘 모릅니다. 학교에서는 배우지도 가르치지도 않으니까요. 학교에서 쓰는 세계사 교과서를 보면 계몽주의 시대 유럽은 모든 점에서 우아하고 완벽했다는 식의 서술 일색입니다. 역사를 너무나 일면적이고 편파적으로 가르치는 거죠. 그러나 실제는 그렇게 일면적이지도 단순하지도 않았습니다.

당시 유럽의 계몽사상가들은 중국과 동아시아의 소식에 귀 기울이고 그곳의 철학과 도덕을 연구했습니다. 그 결과 바로 그곳이 이미 신앙의 독단과 폭력의 독단 없이 평화와 번영을 이루고 있다는 결론에 이르렀어요. 보수적 신학자, 사제들은 계몽주의자들의 이런 결론에 격분했습니다. 그래서 볼프와 같은 이들을 '무신론자'라고 고발했지요.

기독교 신앙 없이도 도덕적일 수 있다는 주장은 신을 부정하는 것과 같다는 논리였습니다. 그래서 교회와 군주로부터 핍박을 당했습니다. 종교적 독단이죠. 계몽사상가들이 생각한 신은 폭정의 수단이 아니라 인류 보편에 합치하는 진리와 구원의 섭리였습니다. 그것이 이들이 생각한 참된 기독교였고, 예수가 설파한 사랑의 종교였습니다. 이러한 원리에 합치한다면 공자와 마호메트가 모세와 예수와 다를 바 없다고 보았던 것입니다. 신구교를 막론하고 사제들은 이러한 계몽철학을 가혹하게 탄압했습니다. 당시 '무신론자'라는 낙인은 과거 군사독재 시절 한국에서 '빨갱이'로 몰리는 것과 꼭 같은 무서운 폭력이었죠. 그런 낙인이 찍히는 순간, 그의 생명은 더 이상 안전할 수 없게 됩니다.

계몽철학자들이 보기에, 당시 중국과 동아시아(Sina)에서는 사람들이 종교적 독단과 그로 인한 전쟁과 폭력 없이 도덕적으로 잘살고 있었고, 국가는 민생의 안정을 최우선으로 삼는 정책을 펼치고 있었습니다. 유럽은 여기저기 온통 전쟁이고 종교적 탄압이 즐비한데, 동아시아는 평화로웠습니다. 그런데 두 지역이 이런 차이를 나타낸 역사적 뿌리가 있습니다. 당시의 동아시아는 이미 '전국(戰國)시대'를 오래전에 졸업한 상황이었죠. '전국시대'란 봉건시대이기도 합니다. 조각조각 나뉜 지방패권들이 늘 싸우는 상태죠. 계몽철학자들이 접했던 유교 경전들은 중국 문명이 무려 2000년 전에 일찍이 졸업했던 전국시대 이후, 즉 한대 이후에 체계적으로 정리한 사상을 담고 있습니다. 그러니 유교사상은 당시의 유럽에서 보면 최신 '포스트(post)' 철학이 아닐 수 없습니다. '포스트 전국시대'의 사상이죠. 반면 당시 유럽은 유럽판 전국시대의 마지막 국면을 지나고 있었습니다. 따라서 '포스트 전국시대' 사상은 당시의 유럽의 상태에 딱 들어맞았던 것입니다.

중국 전국시대의 사상은 다양했지만 결국 문(文)과 예(禮)의 힘으로 전쟁 군주를 계도하고 폭력을 순치하려 했던 공맹의 유교사상이 '포스트 전국시대'의 지배적인 흐름이 되었지요. 유교의 국가관, '국가의 존재이유'는 '민유방본(民唯邦本)'입니다. 국가의 기본은 오직 민의 복리와 안녕에 있다는 뜻입니다. 민유방본이라는 말이 오늘날의 현대 민주주의 사회를 사는 사람들에게는 너무나 당연하게 들릴지 모르겠습니다. 아니, 믿음을 못 주는 정치인들이 하도 '국민'을 입에 달고 다니는 세상이 되었으니 그런 말이 이제는 식상하고 진부하다고까지 생각할지도 모르겠네요. 그러나 그거야 오늘날의 국가와 정치가 문제인 것이지, '민유방본'의 사상의 문제가 아닙니다.

유교 국가론의 바탕을 이루는 '민유방본'의 철학은 당시 유럽의 계몽철학자들에게는 대단히 혁신적이고 현대적인 사상으로 받아들여졌습니다. 아마 오늘날의 독자들은 과거의 유럽이 동아시아의 유교 체제를 높이 평가했다는 사실이 쉽게 믿기지 않을 것입니다. 아전인수 아니냐 말이죠. 그래서 역사를 볼 때 과거를 자기 시대의 눈으로가 아니라 당시 사람들의 시각으로 먼저 볼 수 있어야 합니다. 당시 유럽의 왕조체제에서 '국가의 존재이유'란 항상 신의 영광(glory), 그리고 신을 대변하는 군주의 영광(glory)을 구현하는 것이었습니다. 모든 왕국이 신의 영광, 왕권의 영광을 앞세웠죠. 군주의 영광의 가장 뚜렷한 징표는 항상 전쟁에서의 승리, 정복의 확장이죠. 그리고 그것을 항상 신의 축복의 징표로 해석했고요. 대다수 사람들이 이런 생각을 당연한 것으로 받아들이고 있는데, 갑자기 국가의 존재이유가 '민유방본'이라고 하면, 이건 완전히 새롭고 급진적인 생각이 아닐 수가 없었던 것입니다.

당시의 유럽은 매우 강력한 귀족 중심 신분제 사회였고, 교황과 사제들의 힘이 막강했던 교권 사회였음을 기억해야 합니다. 우리는 보통 정치혁명 · 사회혁명 이후 현재의 유럽만을 생각하기 때문에 그 이전의 과거 구체제 하의 귀족 · 교권 사회의 유럽을 잘 상상하지 못합니다. 그러나 정치, 사회혁명 이전의 유럽과 이후의 유럽과 크게 다릅니다. 신(神)의 이념이 압도적이고 민(民)의 이념은 매우 희박했습니다. 이러한 사회에서 '민유방본'이란 사상은 가히 혁명적인 발상으로 들렸던 것입니다. 중국 철학에서 그러한 혁명성을 보았기 때문에 유럽의 현상 타파를 열망하던 수많은 계몽사상가들이 그토록 매료될 수 있었습니다. 프랑스 경제학자 케네가 중국에서 본 것이 이러한 민유방본의 농본주의였습니다. 그래서 중국의 농업정책, 재정정책을 참고해서 유명한 『경제표』를 내놓죠. 당시 중국과 동아시아의 경제적 번영에 대해서는 18세기 후반 애덤 스미스의 『국부론』도 인정하고 있습니다. 교역과 시장도 활발하다고 했죠. 다만 대외 무역이 더 활발하면 좋겠다고 하였는데, 이것은 애덤 스미스가 이미 당시 중국과 영국 사이의 심각한 무역역조에 대한 영국 상인계급의 불만을 잘 알고 있었기 때문에 덧붙인 말입니다. 그러나 그가 그렇듯 권장했던 중국의 대외 무역의 확장이란 게 불과 몇십 년 후 영국이 중국에서 벌인 대규모 아편 밀무역이라는 방식으로 이뤄지리라는 사실을 이 책을 쓰던 당시의 애덤 스미스는 꿈에도 몰랐지요.

당시의 동아시아를 이상화하자는 것이 아니라 제 모습을 제대로 보자는 것입니다. 그동안 동아시아 유교체제에 대한 인식이 너무나 왜곡되어왔기 때문에 이를 바로잡는 작업이 반드시 필요합니다. 부의 수준으로 보면 16~18세기 유럽과 동아시아는 비슷했습니다. 그러나 양쪽 체제의 성격과 사회의 에너지는 상당히 달랐어요. 우선 이 차이를 주목해야 양쪽의 실제 모습이 다가옵니다. 당시 유럽 계몽주의 철학자들이 동아시아 유교체제의 어떤 점을 높이 평가했는지에 주목하면 그런 차이점들이 드러납니다. 자신의 현 상태를 바꿔보려는 의지는 유럽 쪽이 더욱 강했다고 할 수 있습니다. 그러니까 유럽에서 계몽주의가 나왔죠. 동아시아는 상대적으로 안정된 상태에 안주하고 있었어요. 그래서 그 계몽주의자들이 유럽을 어떻게 바꾸려고 했는지, 어떻게 바꿨는지, 그리고 얼마나 성공했는지, 이런 점들을 이제 우리가 거꾸로 다시 보고 배울 필요가 있습니다. 유럽 계몽주의의 성취는 유교에 내재했던 가능성을 깊게 흡수하고 발전시킨 결과이기도 하니까요. 그들이 그렇게 '청출어람 청어람' 하여 더 깊어진 바 있다면, 이번에는 또 동아시아에서 유럽이 이룬 그 성과를 배워야죠. 예를 들어, 프랑스혁명이 표방한 '자유, 평등, 박애'는 계몽주의 정신의 표현입니다. 유럽 계몽주의가 유교로부터 배워 갔던 '민유방본'의 내장적 가치를 그렇게 발전시켰던 것이죠. 그 가치를 동아시아는 19세기 후반 이후 다시 배우고 흡수하려고 노력해왔습니다. 그러나 다 알고 계시듯, 유럽이 19~20세기에 이룬 '자유, 평등, 박애' 역시 완전하지 못했습니다. 팽창근대의 질주, 제국주의, 식민주의를 막지 못했지요. 오히려 그 일익이 되기도 하였지요. 이러한 한계를 함께 보면서 이제 다시금 한 단계 더 높은 수준으로 도약할 때입니다.

지금 우리가 동아시아와 유럽의 역사를 돌아보는 이유는 과거가 아니라 오히려 미래에 있습니다. 지난 역사를 알아야 하겠지만 그것 자체가 목표는 아닙니다. 우리가 '동아시아 초기근대 200년'의 경험을 다시 돌아보는 이유는 그 속에 더욱 높은 수준에서 발전시켜야 할 미래의 싹이 잠재해 있다고 생각하기 때문입니다. 1부 〈종합발제〉에서 이 시기 동아시아 초기근대의 形이 이후 후기근대에 形'로 새롭게 귀환한다고 했던 이유도 여기에 있습니다. 되돌아오지만 과거의 형태가 그대로 되돌아오는 것은 아닙니다. 그래서 새로운 형태로 귀환한다, 부상한다고 했습니다. 앞서 말한 '자유, 평등, 박애'의 정신이 '동아시아 내장근대와 유럽 팽창근대의 변증법'을 통해 이번에는 전 지구적 차원에서 더욱 높은 수준에서 실현되는 것이 되겠지요.

앞서 내장과 팽창을 이야기하면서 위상수학 이야기가 몇 번 오갔는데요, 저도 약간 덧붙이려고 합니다. '形'(형 다시)로의 귀환'은 위상수학에서 말하는 '위상동형'이라는 말이 잘 표현해주기 때문입니다. 중요한 문제이니만큼 강조 삼아 다시 이야기해보겠습니다. 쉽게 설명하면, 어떤 기하학적 물체를 찢거나 붙이지 않고 구부리거나 늘여 다른 형태로 변형했을 때 원래의 물체와 변형된 물체는 '위상동형'이라고 정의합니다. 많이 드는 예가 머그컵과 도넛이라고 했죠. 머그컵이 아주 부드럽고 신축성 뛰어난 밀가루 반죽으로 만들어졌다고 합시다. 그러면 이 머그컵을 찢거나 붙이지 않고 두 손으로 이리저리 밀고 눌러서 잘 매만지면 도넛 모양을 만들 수 있습니다. 손으로 직접 해보면 솜씨도 좋아야 하고 시간도 꽤 걸리겠죠. 그러나 분명히 그렇게 됩니다. 직접 해보시지 않더라도 조금만 생각해보면 직관적으로 그렇다는 것을 알 수 있습니다. 그래서 전혀 다른 물체 같지만 머그컵과 도넛을 위상학적으로 동형, 즉 '위상동형'이라고 합니다. 이러한 발상을 발전시킨 것이 위상수학입니다.

우리가 말하는 동아시아의 形과 形'란 바로 위상동형인 두 개의 形을 뜻하고 있는 것입니다. 외형이 서로 달라 보이지만 위상적으로는 같은 사물이라는 것이죠. 따라서 우리가 **17~18세기 유교 내장근대를**

形

살펴볼 때 주목해야 할 대목은 이 시기에 이미 성취했던 점보다 오히려 충분히 펼치지 못했던 잠재성, 가능성에 있다고 할 수 있습니다. 위상학적 비유를 하자면, 머그컵은 왜 도넛이 되다가 못 되었을까. 어떻게 하면 이제 마저 머그컵을 도넛으로 완성시킬 수 있을까. 그것을 잘 생각해보자는 것이죠. 그것이 무엇인지 잘 찾아내서 다가오는 미래에 활짝 피어날 수 있도록 준비해야 하겠습니다.

유럽 내장근대의 뿌리

서선생　왜 템플, 보시우스, 라이프니츠, 볼프, 케네와 같은 유럽 계몽주의자들이 민유방본의 유교사상과 체제를 이상화했던 것일까? 이 질문에 대해 한 단계 더 깊게 숙고해볼 필요가 있습니다. 당시 유럽에 그러한 흐름이 존재했다는 사실 자체가 당시 유럽 내부에도 내장근대의 근거와 지향이 분명히 존재하고 있음을 보여주기 때문입니다. 우리가 '유럽 팽창근대, 동아시아 내장근대'라고 대비하고 있지만, 이러한 대비에는 항상 '제한조건'이 있습니다. 유럽에는 팽창적 사상만 있었고, 동아시아에는 내장적 사상만 있었다는 뜻은 아니었죠.^{이 책, 48쪽} 유럽 내에도 내장근대를 지향하는 흐름이 분명히 존재했었다는 사실을 항상 염두에 둘 필요가 있습니다. 다만 그동안 그 흐름이 유럽 내에서 지배적인 힘으로 되지는 못했다는 것이죠.

　이 문제와 관련해서 영국의 과학사 전공자인 스티븐 툴민 교수가 아주 흥미로운 주장을 한 바 있습니다. 유럽 근대 역사에 '숨겨진 근대성'의 역사가 있다고 했지요.[51] 무엇이 숨겨졌던가? 이 이야기를 하려

〈그림 1-18〉 르네 데카르트(1596~1650)

면 먼저 숨겨진 것이 아니라, 겉으로 드러나 지배적이었던 주류 근대
성이 무엇이었느냐부터 말해야겠지요. 툴민은 그것을 '불확실성을 배
제하는 이성주의적 · 과학주의적 근대성'이라고 했습니다. 이게 17세기
초중반 데카르트의 방법론에서 주창되기 시작해서, 17세기 후반~18
세기 초반 뉴턴 물리학에서 완성된다고 했습니다. 그런데 툴민은 흥미
롭게도 데카르트의 방법론이 출현했던 심리적 동인을 종교내전의 공
포로 읽었어요. 내전의 양측이 목숨을 걸고 싸우면서 자기주장을 펼치
는 상황에 커다란 심리적 압박을 받은 결과였다는 것이죠. 공포와 강
박이 컸기 때문에, 기존의 대립하는 견해들과는 방법과 토대를 완전히
달리하는 새로운 관점만이 문제를 해결할 수 있을 것이라는 생각에 이
르게 되었다는 것입니다. 그것이 바로 이제 아주 유명해진 표현인 프
랑스인 데카르트의 '명석 판명한(clear and distinct)' 기하학적 · 수학적

形

방법입니다.

그런데 툴민은 복잡한 인간사를 푸는 데 기하학적 방법만이 유일하게 타당하다는 주장은 오히려 굉장히 배타적이고 편협한 시각이라고 보았어요. 맞는 말이죠. 인간사가 그렇게 수학적으로만 돌아가는 게 아니잖습니까. 또 툴민은 데카르트의 방법이 정신과 물질, 인간과 자연, 그리고 이성과 감정 사이에 결코 화해할 수 없는 분할선을 그어놓았다고 비판합니다. 결코 건너갈 수 없는 삼엄한 38선과 같죠. 이러한 지적들은 물론 툴민 교수가 처음 한 것은 아닙니다. 이전부터 널리 지적되어온 사실들입니다. 그가 새롭게 부각시킨 것은 데카르트의 기하학적, 분할적 방법 자체가 17세기 유럽을 휩쓸었던 내전적 강박을 반영하고 있다는 사실을 역사적 상황을 치밀하게 검토하면서 입증했다는 점입니다. 이 작업을 툴민 교수는 성 바르톨로뮤 대학살, 앙리 4세의 암살, 그리고 데카르트의 학창시절 등을 엮어가면서 입담 좋게 풀어놓고 있는데요, 아주 재미있습니다. 그의 명저인『코스모폴리스』에서 이 대목(1, 2장)만은 꼭 직접 읽어보시기 바랍니다.

우리는 앞서 유럽 팽창근대의 기원이 유럽내전에 있다고 했고, 이를 주로 종교적 · 정치적 적대에서 찾았습니다. 이런 점에서 툴민도 굉장히 비슷한 시각에서 문제를 보았던 것이죠. 데카르트는 어느 쪽이든 공통으로 받아들일 수 있는 방법을 찾겠다고 했지만 그 자체가 타자와의 공존과 화해를 허용하지 않는 배타적 사고법으로 귀결되고 말았다고 툴민은 주장합니다. 그런 사고와 방법을 공유하지 않는 쪽은 '적대적 외부'가 되지 않을 수 없습니다. 그리고 그런 외부에 대한 차별과 지배가 정당화되는 것이죠. 툴민은 이런 방법과 세계관이 뉴턴의 물리학, 우주관에서 완성된다고 보고 있습니다. 태양을 중심으로 행성들이 위계에 따라 질서정연하게 도는 것처럼, 인간 세계 역시 군주, 국가, 계급, 인종의 위계에 따라 질서정연하게 돈다고 보는 세계관입니다. 뉴턴의 이러한 세계관이 유럽 초기근대 절대주의 체제의 보수적 세계관을 완성했다. 근대 영국, 그리고 유럽의 '전통'과 '보수'는 여기서 비로소 형성되었다고 툴민은 보고 있습니다.

이러한 데카르트-뉴턴적 세계관을 툴민은 '유럽에서 승리하여 지배적으로 되었던 근대성'이라고 하였습니다. 그렇다면 그렇듯 지배적으로 되었던 근대성이 덮어버린 또는 묻어버린 '숨겨진 근대성' 또는 달리 말하면 '억눌린 근대성'은 무엇이었을까? 이 점이 툴민 주장의 핵심입니다. 툴민은 16세기에 지배적이었던 '르네상스 인문주의 근대성'이라고 말합니다. 에라스무스, 라블레, 셰익스피어, 몽테뉴 등을 대표적인 인물로 들죠. 이 시기도 역시 종교개혁 이후고, 내전적 갈등이 이미 시작되고 있었던 때였기는 합니다. 그러나 아직 파국적 상황에 이르지는 않았습니다. 그러다 16세기 말에 성 바르톨로뮤 대학살이 벌어지고 여기서 폭발한 종교 갈등을 해소하려 노력했던 앙리 4세가 1610년 암살되죠. 이 끔찍한 일들은 유럽 종교내전의 격화를 상징하는 대표적인 사건들입니다. 툴민은 그렇듯 종교 갈등이 격화되는 17세기 이전인 16세기의 '르네상스 인문주의 근대성'에 주목하자고 말합니다. 분명 16세기 에라스무스, 몽테뉴는 종교 문제에 배타적인 확실성을 요구하는 것은 진실하지도 성숙하지도 못한 태도라고 비판했습니다. 셰익스피어는 다양한 열정과 인생관의 태피스트리를 보여줬고, 라블레[52]는 16세기 유럽을 배타적 심각성이 아니라 민중적 공존세계, 몸과 신앙, 웃음과 진지가 공존하는 세계로 풀었지요. 정신/물질, 인간/자연, 이성/감정의 이분법은 르네상스 인문주의에 아주 낯선 관념이었습니다. 그래

形

서 16세기가 그 이후의 유럽에 비해 덜 배타적이고, 덜 계급적이고, 덜 인종적이고, 덜 폭력적인 시대였다는 것이죠.

훌륭한 분석입니다. 그런데 툴민의 저작에서 아쉬운 것은 그 16세기의 공존적 근대성의 흐름이 그 후 어떻게 이어졌는지를 잘 밝혀주지 못했다는 점입니다. 17세기에 데카르트−뉴턴적 세계관이 승리하면서 '억눌려' 사라졌다고만 했죠. 그리고 그렇게 승리하여 주류가 된 데카르트−뉴턴적 세계관은 19세기 말~20세기 초에 양자물리학과 정신분석학 등이 나오면서 비로소 흔들리기 시작했다고 합니다. 그렇다면 그 사이의 거의 300년 동안은 오직 하나의 흐름만이 존재하는 것이 되지 않습니까? 그건 이상하죠. 툴민이 말하는 '숨겨진 근대성'은 어디로 간 것일까요? 우리가 보기에는 앞서 유럽 내에서 내장근대적 사고를 했던 사람들로 분류했던 17~18세기의 템플, 보시우스, 라이프니츠, 볼프, 볼테르, 케네와 같은 이들이 바로, 툴민이 말하는, 16세기에 우세했다가 이후 열세에 놓였던 '숨겨진 근대성'의 흐름을 잇고 있습니다.

이런 유럽 근대성의 내부 가닥을 아주 깊게 파헤친 책이 조너선 이스라엘 교수의 『계몽주의』 연작인데요.[53] 그가 주목한 것은 유럽 계몽주의에 '주류(온건) 계몽주의(moderate Enlightenment)'와 '급진 계몽주의(radical Enlightenment)'라는 두 개의 구분되는 흐름이 존재해왔다는 사실입니다. 앞서 남선생이 인종주의를 말하면서 '계몽주의에도 사이비(선무당) 계몽주의가 있다'[주석 1부 47번 참조]고 야유했습니다만, 여기서 제가 말하는 계몽주의는 제대로 된 계몽주의를 말하니 오해 없으시기 바랍니다. 제가 앞서 2론 논의에서 중국과 코리아의 정치제도를 높이 평가했던 보시우스 소개를 하면서 '급진 계몽주의'를 잠깐 언급했는데요, 여기서 보완해보기로 하겠습니다. 앞서 툴민의 논의와 이어보

〈그림 1-19〉 바뤼흐 스피노자(1632~1677)

면 '주류(온건) 계몽주의'는 데카르트-뉴턴의 근대성을 잇는 흐름과 가깝습니다. 이스라엘 교수는 로크, 볼테르, 홉스, 몽테스키외, 흄 등을 그 주류근대성 흐름의 대표자로 봅니다. 그러면 급진 계몽주의의 계보의 원조는 누구냐. 이스라엘 교수는 화란인 바뤼흐 스피노자(Baruch Spinoza)라고 말합니다. 그리고 앞서 말한 템플, 보시우스, 라이프니츠, 볼프, 케네, 그리고 벨(Pierre Bayle), 디드로 등이 스피노자의 계보를 잇고 있다고 하죠. 혀를 내두를 정도로 철저하고 광범한 분석입니다.

스피노자는 확실히 데카르트의 정신/물질, 인간/자연, 이성/감정의 이분법을 뛰어넘고 있습니다. 그리고 계급주의, 성차별주의, 식민주의, 인종주의와 어울리지 않는 사유체계를 가지고 있습니다. 서양 철학사에서 스피노자는 오랜 세월 동안 이상스러우리만큼 지워진 존재

形

였습니다. 사유방식이 비유럽적이다, 동양적이다, 무신론적이다, 라는 식으로 제대로 된 '비판'이라기보다는, '왕따'시키려는 '비난'을 주로 받아왔죠. 종교내전의 소산인 배타성과 적개심을 스피노자에게 투사했던 것입니다. 물론 스피노자의 사상 근원은 그를 공격했던 사람들보다 폭넓었습니다. 그러나 유럽 내부의 사상적 계승의 뿌리 역시 확고했어요. 스피노자와 급진 계몽주의의 흐름은 16세기 르네상스 인문주의 정신의 핵심을 이어받고 있었다고 할 수 있습니다. 주류 근대성보다 항렬로 따지면 오히려 한 세대 위의 근대성의 흐름을 이어받은 셈이죠. 항렬이 높은 쪽이 오히려 더욱 급진적이고 진보적이었던 것입니다. 16세기 인문주의라는 게 무엇입니까. 고대 희랍 사상을 매개하여 중세 유럽에 전해주었던 이슬람 인문주의의 역할을 충분히 이해하고 있던 흐름입니다. 또한 이러한 흐름이 16세기 말부터 전해지기 시작한 동아시아 유교문명의 선진성에 관한 소식들에 대해서도 개방적인 수용태도를 보이죠. 그래서 대항해 이후 유럽을 휩쓴 식민주의, 제국주의, 인종주의의 바람에 휩쓸리지 않았어요. 그렇기 때문에 오히려 공존적 세계, 내장적 세계의 정신과 닿아 있는 흐름이었다고 생각합니다.

앞서 거론된 기독교 종말론 문제도 두 가닥으로 나눠 보아야 더욱 정확하게 이해할 수 있을 것입니다. 한편으로 파국이나 내전적 적대의 갈등 상황을 수직적 기존 지배질서의 강화로 회수하는 흐름이 있고, 다른 한편 거꾸로 더 공존적이고 수평적인 새로운 질서의 정립으로 바꿔가려는 흐름이 있습니다. 이 두 흐름은 역사적으로 뚜렷이 대비가 돼요. 예를 들어 16세기 독일농민전쟁에서 루터는 전자(수직화)의 입장에 섰고, 토마스 뮌처와 재세례파는 후자(수평화)의 입장에 섰죠.[54] 17세기 영국내전에서 홉스는 전자(수직화)의 입장이었고, 평등사회를 지향했던 디거스(Diggers)와 수평파(Levellers)를 이끈 제러드 윈스탠리와 같은 인물들은 후자(수평화)의 입장이었습니다.[55] 전자가 종말론을 왕권과 교권 강화에 이용했다면, 후자는 민권 강화에 활용했습니다. 전자가 하늘과 내세, 초월(transcendence) 중심이었다면, 후자는 이곳과 현세, 내재(immanence) 지향이었죠. 두 흐름은 서로 반명제처럼 대조적인 경우가 많습니다. 계몽주의 전반, 그중에서도 특히 '급진 계몽주의'는 후자의 흐름을 잇고 있었습니다. 따라서 **문제는 기독교 종말론의 교리 자체라기보다 종말론적 심리를 팽창근대의 심리적 에너지, 즉 공격적 팽창을 위한 적대적 에너지로 이용했던 쪽에 있었다고** 보아야 하겠지요.

제가 이 부분을 덧붙이는 것 역시 미래를 말하고 싶기 때문입니다. 동아시아와 마찬가지로, 내장적 유럽의 이러한 원형도 이제 미래에서 완성될 수 있을 것입니다. 이 주제를 더 이야기하면 제가 진도를 너무 앞서 나가는 것이 되니, 이후 제4, 5부로 넘기기로 하겠습니다.

形

제4론

|

동아시아 유교체제
문과 무, 군현과 봉건

|

동선생　이제 제1부 논의의 마지막 순서로 동아시아 내장체제–평화체제의 내부를 심층 분석해볼 차례가 되었습니다. 공자와 유교에 매료되었던 유럽 계몽주의자들이 중국과 동아시아의 평화체제를 유교체제로 집약해 보았던 것은 정확했습니다. 불교나 도교도 상당한 지분을 가지고 있었지만 현실 사회체제를 규율하던 중심 사상은 어디까지나 유교였으니까요. 그러나 유럽 계몽주의자들이 그러한 유교체제 내부의 모순적 대립들과 그 대립으로 인한 갈등까지는 파악하기 어려웠겠죠. 유럽 세계와 기독교 종말론의 내부만 복잡했던 게 아니고, 동아시아 세계와 유교 사상의 내부도 그에 못지않게 복잡했습니다. 그러한 유교 내부의 모순적 대립의 핵심축은 '문(文)과 무(武), 그리고 봉건(封建)과 군현(郡縣)의 모순과 갈등'으로 집약할 수 있습니다. 그리고 그러한 모순적 대립구조를 통해 유교체제 내부의 다이내믹스가 전개되고 체제적 특징이 드러나죠. 이러한 과정을 분석해보면, 동아시아 유교권 나라마다 전개 양상이 조금씩 다르기 때문에, 그러한 차이의 분석을

통해 중국, 조선, 일본, 베트남 유교체제의 유형(類型, types) 분류도 가능할 것입니다.

유교는 어떻게 폭력을 길들였는가

남선생　에두르지 말고 바로 핵심으로 들어가자는 말씀이죠? 좋습니다. 그러나 그 전에 약간의 사전정리가 필요할 것 같습니다. 우선 동아시아 초기근대의 중국, 조선, 일본, 베트남이 모두 유교체제라고 할 수는 있겠지만, 그 각각이 그 정도와 방식이 다릅니다. 그것을 이해하기 위해서라도 우선 그 전사(前史)부터 간략하더라도 정리할 필요가 있겠습니다.

　먼저 중국부터 간단하지 않습니다. 우선 왕조의 요즘 말로 '국교'라고 할까요, 국가 공식 사상으로 유교가 처음 자리 잡은 것은 한나라 때부터입니다. 춘추전국 시대에는 제자백가의 하나였을 뿐이죠. 전국시대를 끝낸 것이 유교였던 것도 아닙니다. 오히려 강병(强兵)과 법치를 추구한 진나라였고, 진시황이었고, 법가였습니다. 진시황이 주나라 봉건제를 없애고 군현제를 세웠죠. 봉건제는 주나라 왕 아래 여러 제후(諸侯)국이 각각 자치권을 가지면서 병립하였는데, 진시황이 그 모든 제후국을 통일한 겁니다. 다시 말해 모든 제후국을 없애고 오직 유일한 천하의 통치자, 황제(皇帝)가 되었죠. 봉건(封建)이란 제후국들의 울타리 체제를 말하는데요, 진시황은 그 울타리를 모두 터서 깨끗이 없애고, 그 자리를 황제가 다스리는 군과 현으로 재편했습니다. 각 봉건국가마다 달랐던 도량형과 문자도 하나로 통일합니다. 그리고 그 군과

　　　　　　　　　　　　　　　　　　　　　　　形

현에 황제가 임명한 관료를 파견해서 다스리겠다는 것입니다. 바로 군현(郡縣)제입니다. 진시황은 수백 년의 주나라 봉건제를 하루아침에 군현제로 바꾸어놓은 사람입니다. 봉건 왕족들, 귀족들을 싹 쓸어내고, 그 자리에 중앙 조정에서 파견한 관료들을 앉혔어요. 어떻게 보면 대단한 혁명가죠. 2000년 후쯤 오는 나폴레옹이 오히려 난장이로 보일 정도입니다. 어쨌든 이렇게 출현한 진(秦)제국은 당시까지 인류가 처음 경험하게 되는 강력한 중앙집권 국가였습니다. 프랜시스 후쿠야마는 이런 의미에서 진나라를 '최초의 근대국가(the first modern state)'라고 했어요.56 잘 알려진 사실이지만, 요즘 중국을 차이나(China)라고 하는 것도 바로 이 진(Qin)나라에서 유래한 것이죠.

그러나 역사를 보면 이런 엄청난 변화에는 물리학 법칙이라고 할까요, 꼭 반작용이 따릅니다. 그 대단한 진시황의 통일제국 진나라(BC 221~206)가 불과 20년을 못 채우고 무너지고 맙니다. 그리고 내전 끝에 한나라가 들어서죠. 이 한나라가 유교를 국교로 채택합니다. 원래 춘추전국시대 공맹 시절부터 유교는 전쟁 군주, 독재적 군주를 좋아하지 않습니다. 공자, 맹자, 이 두 분은 항상 절대 권력을 휘두르던 전쟁 군주들 앞에서 전쟁하지 말고 민생과 평화부터 챙기라고 잔소리를 했습니다. 『논어』와 『맹자』에서 반복되는 내용입니다. 특히 『맹자』에는 저 양반이 왕 앞에서 저렇게 직격탄을 날려도 되나 싶을 위태위태한 장면이 많습니다. 그러면서도 목숨을 부지하여 장수하셨던 게 신기하죠. 괜히 공자님 맹자님은 아닌 모양입니다. 어쨌거나 공맹의 가르침이 그런 것이었으니 '절대의 절대' 권력을 휘어잡게 된 진시황 같은 이가 유교를 좋아했을 리가 없죠. 그래서 천하통일을 이룬 뒤에 '분서갱유(焚書坑儒)'를 했던 것 아닙니까. 문자 그대로 책을 태우고 유학자를 생매장했습니다. 자기 체제, 자기 천하의 적이요, 폐기물이라고 본 것이죠. '분서갱유'라는 이 유명한 말에서 서(書)와 유(儒)가 동의어처럼 반복되고 있는 것이 흥미롭죠. 그만큼 책, 그러니까 글로 쓰는 문(文)은 유교가 대표하고 있었던 것입니다.

칼과 법만으로 천하가 다스려지지 않는다는 것을 진나라가 망하는 것을 보고 한나라가 알게 됩니다. 그래서 유교를 국교로 채택하게 된 것이죠. 그러나 어디까지나 '채택'했을 뿐입니다. 원래 유교는 통치자, 정복자, 지배자의 내심에서 나온 철학일 수가 없습니다. 예수의 신약 사상도 그렇죠. 로마제국이 결국 기독교를 국교로 받아들이지만 그것은 이미 많은 종족이 포함된 거대한 로마제국의 평화를 유지하려고 하는 현실적인 목적이 있었죠. 예수의 가르침은 로마제국에 속한 많은 종족을 포괄할 수 있는 보편적 호소력이 있었습니다. 그래서 윤리종교, 세계종교라고 하죠. 유교도 마찬가지였습니다. 서로 싸우던 여러 세력과 종족을 하나로 모아 평화적 질서를 세우기 위해서는 유교 사상과 의례가 필요하다고 본 것이죠. 통치자, 군주, 지배자의 입장에서 볼 때 쓸모가 있으니까 빌려온 것일 뿐입니다. 정복자, 지배자의 힘의 근원은 항상 힘, 폭력, 무(武)입니다. 반면 공맹의 유교는 항상 반대로 평화, 교육, 문(文)을 내세웠습니다. 물론 유교 사상과 의례를 이러한 통치자의 요구에 맞추어 준 권력지향적 유교의 흐름도 항상 존재했지요. 동아시아 세계에서 유교를 '국교화'했던 동중서(董仲舒)와 같은 인물은 기독교를 로마 황제의 입맛에 맞게 정치신학적으로 변용해주었던 에우세비우스(Eusebius) 주교와 비교해볼 수 있습니다.

그래서 현실권력의 차원에서 보면 이러한 '정치신학적 유교'가 늘 우위에 있었던 것으로 보이기도 합니다. 그러나 유학의 내적 · 정신적 흐

形

름에서는 항상 '공맹 유학'이 중심을 이루고 있었습니다. 그래서 유교사 전체를 보면 무를 대표하는 군주와 문을 대표하는 유학자들 간에는 항상 근원적 긴장이 흐르고 있습니다. 유럽 계몽주의자들이 유교를 높이 평가했습니다마는, 먼 바깥에서 보았을 때는 이렇듯 내부 깊숙한 미묘한 긴장까지는 보기 어려웠겠지요. 그러나 그러한 성격의 폭력과 윤리, 문과 무 사이의 긴장은 동서를 막론하고 보편적인 것입니다. 공자에 매료되었던 계몽철학자들도 사실은 그들의 전쟁군주를 문(lettre)과 윤리(ethics)의 힘으로 평화적으로 계도하려고 했던 것이니까요. 이것이 볼프가 말했던 실천철학 또는 이후 볼프를 사숙(私淑)했던 칸트가 강조했던 '실천이성의 보편적 사명'이기도 합니다.

유교가 표방한 문(文)은 폭력을 길들이는 것입니다. 그 방법이 글공부와 예법이죠. 그래서 전국시대를 졸업한 한나라 이후 중국에서는 예법서가 굉장히 많이 나옵니다. 대표적인 것이 예기, 주례, 의례의 3례서죠. 국가의례에서 제사의례, 군사의례, 식사의례, 음주의례, 가정의례까지 인간 생활에서 다루지 않는 영역이 없습니다. 엄청나게 방대한 양이고, 굉장히 디테일합니다. 3례서는 국가가 주도하는 공식적인 의례서의 성격이 강합니다만, 민간 차원에서도 매우 많은 예서들이 나오죠. 조선시대와 도쿠가와 막부 시대도 마찬가지입니다. 모두 무의 지배를 극복하려고 했던 시대였습니다.

그런데 16세기 르네상스 유럽에서 갑자기 유교 의례서들과 성격이 상당히 비슷한 예법서들이 다수 출현하기 시작했다는 점이 아주 흥미롭습니다. 이 당시 유럽의 풍속과 매너를 아주 흥미롭게 분석한 『문명화과정』이라는 명저가 있습니다.[57] 이 책을 보면, 당시 출간된 많은 예법서들이 칼 쓰는 봉건 귀족과 기사들의 난폭함과 폭력성을 인사예절,

식사예절, 행동예절, 침대예절 등을 통해 길들이고자 애쓰고 있어요. 예를 들어 허리에 찬 칼을 뽑아 식탁의 고기를 썰지 말고, 칼로 이를 쑤시지 말라, 식탁에 앉아서 몸을 긁지 말아라, 공공장소에서 옷을 벗지 말라, 잠자리에서는 잠옷을 입어라 등등의 시시콜콜한 권고를 합니다. 일상의 폭력성과 무절제를 순치시키기 위해 일상의 세세한 점까지 나름 엄청난 노력을 했던 셈입니다. 까마득한 옛적부터 칼 대신 젓가락을 써왔고, 식탁예절, 의복예절, 인사예절 등 어쩌면 너무 지나치다 싶을 만큼 세세했던 과거의 일상 예법에 대해 오히려 너무 심하지 않았냐는 생각을 가지고 있는 오늘날의 동아시아 사람들이 보기에는 우스꽝스럽기도 하고 놀랍기도 한 이야기들로 가득 찬 책입니다. 16세기 이래 유럽 '문명화'의 핵심은 이렇듯 일상사에서 거친 폭력성과 무절제의 순치 과정이었다는 것을 보여주는 것이지요. 엘리아스는 이러한 16세기에서 18세기까지 유럽의 '문명화과정'의 핵심을 '폭력에 대한 민감성이 커지는 과정'이라고 정리했어요.

16세기의 유명한 르네상스 인문주의자 에라스무스도 널리 읽힌 예법서 저자였습니다. 에라스무스를 르네상스 시대의 유학자였다고 해도 무방할 것입니다. 물론 당시까지는 유럽이 유교를 잘 몰랐으니 이렇게 부르는 게 어폐가 있겠습니다만, 그의 예법서의 취지를 보면 내용상 분명 그러하다는 뜻입니다. 에라스무스의 직속 후계자들인 유럽 계몽주의자들이 유교를 높이 평가하기 시작했던 것을 보면, 에라스무스를 '유교를 몰랐던 르네상스 시대의 유학자'라고 불러도 크게 무리할 것 같지는 않습니다. 아무튼 당시의 유교 세계가 동시대의 유럽에 비해 얼마나 일찍 그리고 깊숙이 '문명화'되어 있었는지를 이해하는 데 긴 설명이 필요 없습니다. 엘리아스의 『문명화과정』을 꼭 한번 읽어보시기 바랍니다.

그렇다고 유교 세계에서 무(武)와 폭력이 사라졌다는 말은 물론 아닙니다. 인간 세계에서 그런 일은 없을 것 같습니다. 다만 **폭력을 순치하려는 시도가 어떻게, 어느 수준에서, 언제부터 이뤄졌느냐는 문명의 수준을 평가하는 중요한 기준**이 된다는 사실을 알 수 있습니다. 이렇게 보면 '문과 무의 긴장'이란 어느 문명에나 존재해왔습니다. 그러나 그 긴장의 정도와 수위는 문명마다 상당히 달랐어요. 그 긴장이 컸다는 것은 그만큼 '문명화'가 깊숙이 진행되었다는 것을 말합니다. 유교가 전국시대의 종료 이후 주도적 사상이 되지만, 문과 무의 긴장은 여전히 존속합니다. 이 딜레마는 유교를 받아들인 모든 국가에서도 유사한 형태로 반복되지요.

조선은 중국보다 더욱 유교적인 국가, 아마도 역사상 가장 유교적인 국가였다고 할 수 있습니다. 조선의 개국(開國)은 무장(武將)인 이성계와 유학자인 정도전의 합작품이었죠. 문과 무의 합작이라 할 수 있습니다. 여기까지는 동서에 많은 유사한 사례가 있습니다. 그러나 한 나라 개국의 전략을 문(文)의 힘이, 유학자가 이토록 깊게 주도한 경우는 세계 역사에서도 쉽게 찾기 어려울 것입니다. 조선이라는 국가의 디자인을 제대로 된 유학자가 애초부터 맘먹고 했던 것입니다. 그러나 그 정도전 역시 이성계의 아들인 태종 이방원에 의해 참살되고 맙니다. 현실 권력의 논리와 유교적 철학 국가의 구상이 바탕에서 충돌했던 것이죠. 공맹이 그랬듯 조선 유학은 패권적 왕권을 경계하고 항상 이를 순치시키려 했습니다. 패권적 왕권이란 결국 무(武)의 힘일 수밖에 없고, 이 힘은 유교 교리와 상치된다는 것을 잘 알고 있었으니까요. 그러다 또 야심가 세조로 인해 '사육신(死六臣)'이라는 유교의 순교자들이 나옵니다. 세조는 왕이 될 순서가 아닌데도 어린 조카(단종)를 죽이고 왕이 된 사람이죠. 조선 유교가 대단한 게 이런 시련과 순교를 거듭 겪으면서도 자신들의 이상을 버리거나 굽히지 않습니다. 군주의 세력에 맞서다 여러 차례 된서리를 맞죠. 사화(士禍)라고 합니다. 한 미국인 학자는 이를, '문인(文人) 숙청(literati purges)'이라 했습니다.[58] 조선의 17~18세기는 유교체제의 전성기인데요, 이렇게 수없이 군주권력으로부터 타격을 받았던 유교 세력이 굽히지 않고 중앙에 진출해서 결국 군주권력과 동렬에 서서 공동통치할 수 있을 정도로 힘을 키웠던 것입니다.

일본은 도쿠가와 막부에 이르러서 유교가 통치사상으로 표명되기 시작합니다. 그전까지 일본 유교는 아주 미약합니다. 전쟁의 시대, 전국시대였으니까요. 전국시대가 끝나고 나서야 유교가 본격적으로 호명됩니다. 이런 상황은 전국시대 이후 한나라가 유교를 국교로 채택했던 것과 유사합니다. 유교가 개국의 공신이어서가 아니라 전국(戰國)시대 무력의 넘쳐나는 잉여를 순치시키기 위해 유교의 힘을 빌려보고자 했던 것입니다. 도쿠가와 막부체제는 전국시대를 종식시킨 후, 200여 다이묘에 대해 강력한 통제권을 확보했던 '포스트 전국체제'였음에 분명합니다. 유교가 공식이념이 될 수 있는 필요조건을 갖춘 것이죠. 그러나 무인 다이묘들 역시 여전히 자기 영지(領地)에서 강력한 통치권을 보유하고 있었습니다. 그래서 아직 전국시대의 봉건 잔재가 많이 남아 있었습니다. 막강한 도쿠가와 막부가 중앙권력이 되었지만, 진시황이 그랬던 것처럼 지방권력을 소멸시키지는 못했던 것이죠.

이러한 체제에서 유학자란 무인들인 쇼군(將軍)과 다이묘(大名)를 위해 문서나 작성해주는 존재를 넘어서지 못했습니다. 무엇보다 막부에

形

서 유학을 공부하라고 독촉을 받았던 사람들이 바로 검을 차고 다니는 사무라이였다는 사실이 아이러니죠. 막부로서는 전국시대가 끝났으니 이제 칼 차고 다니는 위험 분자들을 얌전히 공부하게 만들어 평화시대 새 질서의 충복(忠僕)을 만들고 싶었습니다. 중국 한나라의 유교 '채택'과 마찬가지의 논리입니다. '목적'이 아닌 '수단'으로 유교를 이용하고 싶었던 것이죠. 그러나 도쿠가와 막부체제란 무장한 200여 개 봉건 다이묘의 연합체제입니다. 그리고 사무라이란 자기 번(藩)과 다이묘를 위해 항상 목숨 걸고 칼을 쓸 준비가 되어 있어야 하는 사람들입니다. 바탕이 전쟁을 위한 존재죠. 그러니 개중에 뛰어난 학자가 나와 '유학이야말로 칼이다. 칼 대신 유학이다'라고 가르쳐도 무사들은 칼을 결코 허리춤에서 풀어 놓지 않습니다. 그들 존재 조건 자체가 평화가 아닌 전쟁을 위한 존재였으니까요. 더구나 도쿠가와 막부체제는 여전히 스스로가 결국 칼의 힘으로 집권하고 있는 체제였고 그렇듯 무장한 번(藩)들의 연합체제였기 때문에 무사들에게 칼을 버리라고 요구할 수도 없었습니다. 그래서 '칼 대신 책'이라고 가르치는 유학자조차도 칼을 차고 있어야만 했던 것입니다. 도대체 칼을 차지 않은 자는 통치의 자격이 없다는 것이 막부체제의 실상이었으니 말입니다. 중국과 조선에서는 감추어진 형태로 내연(內燃)했던 유교체제에서의 문과 무의 딜레마가, 도쿠가와 막부 일본에서는 묘하게도 손에는 유교 경전을 들어 칼의 지배를 부정하면서도 동시에 항상 허리춤에서는 칼을 뽑을 준비를 하고 있는, 그런 방식으로 칼의 지배를 정당화하고 있던 2중 체제였던 것입니다.

베트남 유교사의 디테일에 대해 우리가 충분한 확신을 가지고 말하기 위해서는 좀 더 많은 연구 성과를 기다려야 하겠습니다만, 지금의 연구 수준에서도 큰 흐름을 밝히는 정도는 가능하다고 봅니다. 지금 이 대목은 그런 한계를 감안해 주시기 바랍니다. 베트남은 한나라 때부터 1000년 동안 중국 통치를 받았으니 중국의 영향은 조선보다 크다 할 수 있습니다. 중국 세력을 몰아내고 독립을 쟁취한 게 10세기고, 11세기가 되면 리(李) 왕조(1010~1225)가 들어섭니다. 리 왕조는 바로 국자감(유교 대학)을 설립하고 과거제를 실시했습니다. 이런 점에서 한 번도 과거를 시행한 적이 없는 일본과는 크게 다르죠. 그러나 베트남에 유교가 '국교'가 되었다고 말할 수 있는 시기는 15세기에 레(黎)왕조에 들어서입니다. 이때 유교의 여러 제도가 안정됩니다. 과거(科擧)가 정기화, 정규화되기 시작한 것도 이때부터입니다. 그렇지만 레왕조는 17세기부터 남북으로 분열되어 200여 년 상쟁합니다. '일국이주(一國二主)' 시대라 하죠. 베트남의 유학자층인 '문신(文紳)'이 레왕조 시기에 성립합니다만, 200년 넘게 지속된 남북 항쟁의 상황은 유교 문치주의가 제대로 정립될 조건은 되지 못했습니다.

베트남의 남북 분열기를 끝냈던 것은 남북 양 왕조가 아니라, 밑으로부터 봉기한 신세력이었습니다. 이 세력이 분열 대립했던 남북 왕조를 짧은 시간에 차례로 타도하고 오늘날의 베트남의 전 영역을 포괄하는 남북통일을 최초로 이룹니다. 그러나 불행하게도 단명했던 떠이선(西山) 왕조죠(1788~1802). 이 시기 역시 유교 문치가 안정될 상황은 아니었습니다. 떠이선 왕조의 영웅 꽝중(光中) 황제는 건륭제의 침공을 물리쳤던 기백이 있어서인지 중국식 과거제도에 거부감을 보이기도 했습니다. 과거시험에 사용하는 문자를 베트남식 표기(字喃)로 하고 교과목도 바꾸려 했으니까요. 반면 떠이선 왕조를 무너뜨린 응우옌(阮) 왕조는 꽝중 황제와 반대로 '중국식 유교화'에 충실했습니다. 청과의 관계도 좋았고, 사회경제적 안정도 이루어져 유교 문신층도 탄탄하게 성장했던 시기였습니다. 그러나 떠이션 왕조와의 투쟁 과정에서 다소간 도움을 준 인연으로 새 왕조에서 발판을 마련했던 프랑스 가톨릭 세력이 점차 식민화의 야욕을 드러내죠. 청나라에 구원을 청하지만 청불전쟁(1883~1885)에서 청나라는 프랑스를 확실히 물리치지 못합니다. 중국의 내부 사정부터 심란했던 상황이었으니까요. 그래서 결국 베트남은 식민화되고 맙니다. 그래서 베트남 유교정치사는 그 진면목을 다 보여주기도 전에 갑자기 몰아친 서세동점의 돌풍에 꺾이고 맙니다. 미처 다 피지 못한 꽃이었다 할까요. 그렇다고 다 사라져버렸던 것은 전혀 아닙니다. 베트남 유교의 저력은 프랑스에 의해 베트남이 식민화되는 과정에서 저물어가는 유교왕조를 수호하는 근왕(勤王)운동의 형태로 제대로 표현되었죠. 이 근왕운동, 국권회복 운동이 이후 베트남 독립운동의 씨앗이 되었습니다.

폭력의 악순환을 어떻게 끊을 것인가: 유교 성왕론

북선생　불과 몇 분 만에 단순히 전사(前史)가 아니라 유교정치의 전사(全史)를 보여주시네요. 놀랍습니다. 이 개괄을 들으면서 동아시아 유교체제라 해도 각 나라 내부에 무와 문의 긴장이 항상 날카롭게 흐르고 있었다는 사실을 새삼 다시 느낍니다. '패도(覇道)와 왕도(王道) 사이의 긴장'이라고 할 수 있겠죠. 군주의 권력은 항상 패도적 경향을 가집니다. 왕 자신, 왕가, 왕권, 왕국의 영광을 높이는 것이 목표가 되니까요. 그래서 내적으로는 전제(專制)적, 독재적 경향을 갖게 되고, 외적으로는 팽창과 정복을 지향합니다. 그런데 이상하게도 이런 패권적 군주들이 후대 사람들에게는 인기가 높아요. 진시황도 그렇고 알렉산드로스 대왕이나 나폴레옹도 그렇습니다. 이들은 물론 영웅이지만 후대 사람들은 그들의 위업과 영광을 위해 죽어간 막대한 수의 이름 없는 인명에 대해서는 별로 생각하지 않습니다.

그런데 유교는 반대입니다. 그렇게 팽창을 지향하는 영웅 군주를 좋아하지 않아요. 영웅의 야심이 실현되는 세상이 아니라, 민(民)이 평안하게 사는 세상을 최고로 봅니다. 그래서 유교 경전의 최고 성왕(聖王)인 요순(堯舜) 임금은 결코 자신을 내세우지 않아요. 민의 안녕과 복지를 위해서 좋은 정책을 펼 수 있는 좋은 사람들을 잘 찾아 관직을 내릴 뿐입니다. 그렇듯 큰 직분을 행할 뿐, 조용히 있는 듯 없는 듯한 무위(無爲)의 왕이 최고의 군주라고 생각했습니다. 유교에서 요순임금 다음의 성스러운 왕은 백성들에게 물길을 내주기 위해 9년 동안 집에 한 번도 들어가지 않고 팔을 걷어붙이고 일만 했다는 우왕(禹王)입니다. 진흙뻘 속에 들어가 어찌나 일만 많이 했던지 정강이에 털이 하나도 남아 있지 않았었다고 해요. 이게 다 유교 경전에 나오는 이야기입니다. 그리고 마지막 세 번째 등급의 성왕은 세상이 어지러워져 폭군이 등장했을 때 이 폭군을 물리쳐주는 왕입니다. 은나라를 세운 탕왕(湯王), 주나라를 세운 무왕(武王)이 그렇습니다. 이 탕왕과 무왕이 몰아냈다는 폭군들이 바로 전쟁군주, 영웅군주들입니다. 그러니까 유교에서 이상화하는 군주인 '성왕(聖王)'의 이미지는 여타 다른 문명의 역사와 신화 속의 영웅군주, 전쟁군주와는 완전히 정반대입니다. **'반영웅주의(counter heroism)' 또는 '뒤집어진 영웅주의(reversed heroism)'**라고 할까요. 이 점은 쉽게 넘어갈 대목이 아닙니다. 동서를 막론하고 국

形

가와 통치의 근원에 내포된 폭력의 보편성을 생각하면 이렇듯 일견 무기력해 보이기까지 하는 '유교 성왕론'의 평화주의에는 무엇인가 범상치 않은 점이 있습니다.

오늘날 유교가 인기가 없는 이유 중 하나가 문약(文弱)했다는 편견이지요. 무력(武力)이 강한 영웅이 아니었다. 재미없다. 그래서 서양의 검은 군함과 함포 앞에 맥없이 쓰러진 것 아니냐는 것입니다. 혈기 넘치는 씩씩한 청년 남성들에게 유교가 그다지 매력 없어 보이는 이유일 것입니다. 서양의 함포에 의해 무너진 게 결국 유교 왕조들이었으니 패자에게 무슨 할 말이 있겠습니까만, 그러나 이런 생각을 가만히 들여다보면, 결국 거꾸로 **기회만 된다면 자기가 그렇듯 남을 정복하는 입장이 돼야 한다, 되고 싶다는 욕망의 표현**이기도 하지요. 조선을 식민지로 만든 일본 제국주의를 겉으로는 열심히 비판하지만, 막상 속마음으로는 나에게도 그런 기회가 오면 그렇게 꼭 같이 침략하고 지배하고 싶다는 욕망을 품고 있다면, 그런 비판에 어떤 의미가 있는 것일까요? 자기가 비판하는 역사가 반복될 뿐입니다. 내가 가해자, 지배자가 못 되었던 것이 억울하다는 이야기밖에는 안 되는 것이죠. 그런 식으로 생각하다 보면, 당해본 사람이 작은 자리 차지하면 갑질하고, 큰자리 차지하면 독재자가 되고 가해자 되는 악순환을 끊어낼 수 없습니다. 이 순환을 끊어야 합니다.

유교는 일찍부터 이런 점에 주목했다고 생각합니다. 그래서 그 '폭력의 악순환'의 고리를 끊으려고 했습니다. 아주 깊은 차원에서 말이죠. 요순임금이 지극히 순한 인물로 나오는 『서경』 성왕론의 플롯은, 이런 점을 생각해보면, 재미없고 시시한 맹탕이 아니라 오히려 거꾸로 매우 흥미롭고 심오한 것임을 알 수 있습니다. 민(民)의 입장에서 생각하면 화근은 오히려 그러한 절대 영웅의 출현이 아닌가. 아마도 공맹 한참 이전 시대의 유교 태동기의 선배 유자들부터 이러한 생각을 했던 것으로 보입니다. 이런 생각으로부터 강자가 약자를 지배하는 질서를 예방하기 위해서는 '폭력과 절대적으로 무관한 왕' 즉 요순임금과 같은 특별한 '성왕'이 반드시 필요하다는 새로운 사상이 나왔던 것이죠.[59]

아울러 여기서 반드시 알아두어야 할 사실은 실제 **역사에서 뛰어난 유자(儒者)들이 군주와 협력하여 다스렸던 시대, 유교정치가 진정 활발했던 시대는 결코 문약하지 않았다**는 것입니다. 조선의 세종 시대, 그리고 효종에서 영정조 시대, 중국 송대에 범중엄(范仲淹)이나 왕안석이 재상으로 활약하던 시기, 그리고 베트남의 응우옌 왕조의 성종(明命帝) 시대(1820~1841)가 그렇지요. 이러한 시대에는 유학이 높이 존숭되면서도 국세(國勢)가 강했습니다. 오히려 군주의 독단이 강해지거나 또는 소수 귀족 벌열층이 형성되어 유학자층의 활발한 국정 참여가 배제되었을 때 나라는 기울어갔죠. 그러한 벌열층도 유학을 내세웁니다. 겉으로는 예를 따지는 점잖은 모습이지요. 그러나 내면은 깊게 부패해 있습니다. 그럴 때 유교국가는 소위 '문약(文弱)'해집니다. **강직한 유자들이 배제되고 약화되었을 때, 유교정치가 약해졌을 때, 나라는 문약해진다고 할 수 있죠. 흔히 말하듯 유교 때문에 나라가 망한 것이 아니라, 반대로 유교가 기울면서 나라도 기울었다**고 말하는 것이 정확합니다.

그런데 그래서 어쩌란 말이냐. 어쨌거나 망했고, 망한 것은 유교체제 아니었냐 하면 이걸 부정할 수는 없습니다. 그러나 그다음이 중요합니다. 그러면 또 이제는 어쩌자는 것이냐. 지금껏 통했던 대답은 그러니까 **패배한 유교를 버리고, 동양을 버리고, 이겼던 서양처럼 되자**는 것이었지요. 앞서 1부 1론에서 살펴보았던 〈근대화=서구화=문명화〉

形

공식이 이런 식의 사고방식에서 나옵니다. 물론 배울 건 배워야죠. 그러나 우선 배움이란 게 자기를 다 지우고 남이 될 수는 없는 것이거든요. 여기에 더해 그렇게 배워왔던 그 서양의 길, 즉 서구주도근대 자체가 이제 한계에 도달했습니다. 서구 근대가 길을 열어놓은 무한팽창, 무한경쟁, 무한소모적 성장 노선은 이제 전 세계적으로 극단에 이른 양극화와 생태재앙, 기후위기 앞에 속수무책입니다. 이젠 모든 것이 즉물적으로 속물적으로 무한히 소비되는 세계가 되었어요. 한때 서구주도근대의 정신적 위용이 있었죠. 자기독립과 자기성실을 통해 정신계와 물질계의 통합적 구원을 이룬다는 메시지였죠. 그러나 이제 그런 것도 사라졌습니다. 막스 베버와 같은 서구 근대론의 주요 대변자조차 이미 1차 대전의 전야에 그가 찬미했던 서구적 근대정신의 핵인 '프로테스탄트 윤리'가 현세적 욕망의 '강철 재킷' 안에 갇히고 말았음을 간파했지 않습니까? 유럽의 중심에서 베버가 그런 말을 해도, 따라하기 바쁜 사람들은 그런 말이 무엇인지를 몰랐어요. 그러나 따라가고 모방하던 자들만 공허해진 것이 아니라, 본래의 중심이 공허해졌습니다. 이게 아주 새로운 현상이 아니라 실은 그런 조짐이 아주 오래전부터 있었다는 말입니다.

이제 새로운 출구를 찾아야 합니다. 이런 말을 이제야 하는 게 많이 늦은 것입니다. 그런 차원에서 서구 근대노선에서 배울 것은 배우면서 아울러 동아시아 내장근대에 잠재해 있던 가능성을 재검토해야 하는 때가 왔습니다. 오히려 서구 쪽에서도 그러한 새로운 대안을 기대하고 주목하는 심리가 있습니다. 지금은 모두가 위기니까요. 최소한 서구 지성의 최선의 부분에서는 그런 마음이 있습니다. 인류가 살아나갈 새로운 정신적 원리를 이번에는 아시아 쪽에서 기대해보는 것이죠. 어디서든 좋은 방법이 나오면 서로 배워야죠. 같이 살아보자는 것이니까요.

초기근대 동아시아 유교체제가 보여준 것은 먼저 **침략과 식민화가 없는 근대적 발전과 성장이 가능하다**는 사실이었습니다. 그것을 앞서 '동아시아 유교소농체제'로 정리해보았죠. 정책과 제도, 그리고 자연적 조건이 나름대로 맞아떨어지면서 형성된 체제였습니다. 소농체제에서는 자연의 착취가 아닌 자연공생, 소생산자 차원에서 활용 가능한 중간기술(intermediate and soft technology)의 활성화, 자본에 의한 노동대체가 아닌 업무 다변화·집약화를 통한 노동기회를 유지하는 것, 로컬 연결망의 중요성 등이 강조됩니다. 이러한 특성에는 후기근대의 특징이나 요구와 맞아떨어지는 점들이 아주 많습니다. 예를 들어 요즘 4차 산업혁명을 많이 이야기하는데, 생산력의 획기적인 제고가 예상되는 반면 고용의 급감에 대한 대책은 없습니다. 선두 개발자의 독점적 초격차만 강조하게 되면 정말 1 대 99의 사회가 될 수도 있습니다. 반대로 범용화 가능한 기술 영역에 중점을 두고 지원하게 되면 그 효과가 소단위 사업, 개인사업자에 널리 퍼질 수 있죠. 현대적 소농주의가 필요한 이유입니다.

유교소농체제란 국가의 소농보호제체이기도 합니다. 흉작이 들면 농민들에게 곡식을 보조하는 시스템이 있었죠. 상평(常平), 사창(社倉), 환곡(還穀)이라고 했습니다. 상평(중국)과 환곡(조선)은 국가주도로 구휼미를 준비했다가 가뭄이나 홍수와 같은 재해가 생겼을 때 소민에게 풀어주는 제도입니다. 반면 사창은 농촌공동체가 중심이 돼서 구휼미를 보험 형식으로 모아서 축적해두었다가 수확이 저조한 재난 시기에 풀어주는 제도였어요. 농업문명에서 국가주도의 구휼제도는 보편적으로 나타나지만, 농민공동체가 주체가 되어 구휼제도를 시행했다는 것은 매우 선진적이라고 볼 수 있지요.[60] 현대 복지체제에서도 고려해볼 점이 많습니다.

유교가 인기 없는 또 다른 이유가 유교는 봉건주의, 군주주의이기 때문이라고 하는데요, 군주제가 세습제고 세습제는 봉건제이니까, 늘 입만 열면 '성왕(聖王)' 운운했던 유교가 군주주의이고 봉건주의가 아니냐고 비판하는 것은 당연히 맞는 말처럼 들립니다. 미리 토를 좀 달면, 그러면서 왜 영국과 영 연방국, 그리고 네덜란드, 덴마크, 스웨덴 이런 나라들에서 바로 오늘날까지도 남아 있는 서양의 군주제에 대해서는 봉건주의, 군주주의라고 비판하지 않는지는 잘 모르겠지만 말입니다. 어쨌거나 유교가 주나라 봉건시대에 나온 것은 맞습니다. 그런데 유교를 잘 들여다보면 봉건주의나 군주주의를 넘어서는 요소가 애초부터 많았습니다. 우선 유교의 기초 중의 기초인 성왕론에서부터 굉장히 현대적인 요소를 찾을 수 있습니다. 유교 경전 중의 경전이라 불리는 『서경』의 1장 1절에 나오는 요임금, 순임금, 우임금, 이분들은 부자(父子) 관계가 아닙니다. 아무 인척 관계가 없어요. 그러니 세습이 아니죠. 밑으로부터 어떤 사람이 덕성이 훌륭한지 여론을 모아서 찾아냈다고 써 있습니다. 그러니까 오히려 성왕론에는 봉건제가 없어요.

정약용 선생은 아주 박식한 분이었으니까 물론 이런 이야기를 잘 알고 있었는데요, 그분 글 중에 「원목(原牧)」이란 게 있습니다. 옛날(太古)에 임금 뽑는 방법을 이야기하고 있는데, 태곳적에는 분쟁이 생길 때 현명한 사람에게 물어 해결했고, 이러한 이를 추대하여(推) 고을의 대표로 삼았으며, 이들이 모여 점점 더 넓은 지역을 대표하는 사람으로 뽑혀가고, 마지막 단계에서 그들 중에서 임금을 뽑았다(選)는 것입니다. 이게 다산(茶山) 선생이 지어낸 말이 아니라 유교 경전들과 앞선 유학자들의 주장을 단서로 했던 이야기입니다. 요즘 말로 하면 밑으로부터 대표자를 뽑아 올라가는 풀뿌리 민주주의 방식입니다. 유교식 선거(選擧), 아니, '선추(選推)'라고 할까요. 아무튼 요즘처럼 돈과 미디어가 지배하는 혼탁한 선거제도가 제대로 된 선거인지를 다시 생각하게 할 만큼 현대적일 뿐 아니라, 레디컬하기조차 합니다. 미래적이죠.

만리장성은 왜 세워졌는가

동선생　재미있게 들었습니다. 유교체제에서 문/무, 봉건/군현의 문제는 결국 유교 주권(主權)의 성격과 깊게 관련되어 있습니다. 앞서 〈유럽 팽창근대〉와 〈동아시아 내장근대〉를 대비해 보았는데요, 주권 문제에서도 동일한 기준에서 〈유럽 팽창주권〉과 〈동아시아 내장주권〉을 대비해 볼 수 있습니다. 물론 앞서 3론 말미에 서선생이 특별히 강조해서 지적했던 '제한조건', '유보조건'을 전제하고 하는 말입니다. 유럽에서 지배적이었던 팽창주권과 동아시아에서 지배적이었던 내장주권의 사상과 제도를 말하는 것이지, 유럽에는 팽창주권론만 있었고, 동아시아에는 내장주권론만 있었다는 뜻은 아니라는 것입니다.

팽창에는 바깥이 있지만, 내장(內張)에는 바깥이 없습니다. 유교 주권론에서 바깥이 없어진 것은 진시황의 통일 이후죠. 통일할 대상이 더는 없으니 바깥이 없는 것입니다. 과연 그런가, 중국사에서 흉노, 돌궐, 말갈, 몽골, 여진 등, 바깥이 계속 존재하지 않았나, 의문이 따릅니다. 그러나 한족 문명은 이 부분을 나가서 통일해야 할 외부라고 생

形

각하지 않았습니다. 굳이 바깥이라면 '문명의 바깥'으로 생각했던 것인데, 중국이 생각하는 문명은 이미 완결되어 있어서 굳이 바깥으로 나갈 생각을 하지 않으니, 의미가 없는 바깥, 나갈 의지가 없는 바깥, 그러니 비어 있는 바깥이 되겠지요. 다만 바깥에서 자꾸 내부로 밀고 들어오려고 하니 그것은 막아야 한다고 생각했습니다. 그래서 일찍이 춘추전국시대부터 만리장성을 쌓기 시작했던 것입니다. 물론 이것은 중국 중심의 문명관일 뿐입니다. 유목 세력에게는 중국제국의 팽창이 자신들의 터전을 침탈하는 것이 아닐 수 없었겠죠. 우리는 이제 실크로드의 '초원제국' 역시 또 하나의 어엿한 문명이었음을 잘 알고 있습니다. 정주문명이 아니라 유목적인 교역문명이었던 것이지요.

어쨌거나 인공위성에서도 보인다고 하는 만리장성은 매우 상징적인 건축물입니다. 만리장성의 바깥을, 밀고 나가서 정복하고 획득해야 할 대상으로, 카를 슈미트 식으로 '주권적 외부'로 보았다면 그런 식으로 담을 쌓지 않았겠죠. 만리장성이 아니라 거꾸로 길을 뚫고 다리를 이어 계속 나갔어야죠. 만리장성은 그 반대입니다. 여기까지다, 우리는 더 이상 안 나간다는 거죠. 오히려 내려오지 못하게 막겠다는 것입니다. 물론 그렇다고 만리장성이 반드시 평화를 상징하는 것은 아닙니다. 유목민의 영역으로 밀고 들어가 그곳에 요새를 세운 것이니까요. 예방적 차원의 요새이기는 하지만 상황에 따라 언제든 공격거점이 될 수 있습니다. 외중국과 내중국의 밀고 밀리는 긴장의 관계를 상징하는 것으로 봐야 합니다.

그런데 '초원제국'이 건재했던 시대에는 어느 동서의 주변 제국도 초원제국의 영역 전체를 평정한다는 생각을 할 수 없었습니다. 그 영역이 끝도 없이 이어질 뿐 아니라 수도나 중심도시가 존재했던 것도 아니니까요. 강한 세력이 공격해 오면 초원 너머로 끝없이 멀리멀리 가버리면 됩니다. 그러나 반대로 강대한 초원제국이 형성되면 거꾸로 밀고 내려와 농업제국 전체를 차지해버리는 경우는 동서 세계사에서 자주 발생했습니다.[61] 농업제국에는 중심지역이 있으니까 이곳을 차지해버리면 됩니다. 중국에 대해서도 마찬가지였습니다. 그런데 그 초원제국의 중원 내습(來襲)과 점거가 성공적일수록 이들 유목 정복왕조는 중국화되고 말았습니다. 외부가 내부로 밀고 들어와 내부가 되어버린 것입니다. **내장이 팽창에 먹혔는데 결국 전체가 내장화되어버린 거죠. 이런 논리에는 내장근대와 팽창근대의 변증법을 예고하는 바가 있습니다.** 금나라와 청나라가 대표적입니다. 반면 원나라는 결국 완전히 내장화되지 못했어요. 결국 다시 몽고 초원으로 돌아갔죠.

'바깥이 없다'는 것은 달리 말하면 내부에 울타리가 없다는 것입니다. 그렇다면 반대로 내부에 울타리가 생선 비늘처럼 촘촘히 늘어서 있는 상태는 무엇이었을까요. 고대 중국인들은 그것을 '봉건(封建)'이라고 했습니다. 내부에 각자 주권을 가진 여러 나라가 촘촘히 늘어서 있는 거죠. 내부에 주권이 여럿이니 다 각각이 서로 '바깥'입니다. 그러니 서로 싸울 수밖에 없습니다. 그래서 춘추전국시대 550년(기원전 770~221) 동안 서로 끝없이 싸웠죠. 춘추시대 초기에 대략 170~180여 개의 제후국이 있었다고 하는데, 전쟁 중에 하나하나 줄어가다 기원전 464년에는 23개 나라가 남고, 결국 기원전 221년에는 진나라 하나만 남습니다.[62] **울타리가 하나씩 없어져가다 결국은 모두 사라진 것이죠.** 울타리가 없는 체제를 '군현제(郡縣制)'라 불렀습니다. 이미 춘추전국시대부터 군현제를 실시한 나라들이 있었다고 합니다만, 이건 울타리 내부의 작은 군현제였을 뿐입니다. 큰 군현제, 즉 일체의 울타리를 없앤 완전한 통

形

째 군현제는 진나라 통일에서 비로소 이뤄진 게 맞습니다.

이렇듯 봉건제란 일국에 다수의 주권이 존재하는 상태를 말합니다. 현대 정치학·사회학에서 국가주권의 본질은 '폭력의 합법적 독점'에 있다고 하는데, 이 말은 과거에도 맞습니다. 그러니까 봉건 상태란 일국 내에 폭력을 합법적으로 독점하고 있는 단위가 여럿인 복수 주권 상태죠. 한 산에 호랑이가 여러 마리인 꼴입니다. 그렇다 보니 전쟁이 날 수밖에 없습니다. 그래서 주나라 봉건시대는 늘 전국(戰國)시대였고, 그 봉건 군주들은 전쟁 군주일 수밖에 없었습니다. 문무의 시각에서 보면 봉건 상태에서는 늘 무(武)가 우위일 수밖에 없습니다. 그래서 전국시대 제자백가의 글에는 전쟁을 직접 논하거나, 전쟁에 빗대어서 사상을 전개하는 경우가 많습니다.

유교는 좀 별달랐습니다. 전쟁 이야기를 싫어했어요. 굳이 전쟁을 이야기한다면 전쟁하지 않는 방법을 주로 말합니다. 그렇다 보니 유교는 전쟁군주에게 늘 잔소리를 많이 합니다. 전쟁군주 역시 그런 유교가 좋았을 리 없습니다. 공맹이 명성이 있으니 겉으로는 듣는 체하지만, 속마음은 달랐죠. 진시황 역시 마찬가지였습니다. 그래서 천하통일을 해서 더 이상 누구 눈치 볼 필요가 없게 되자 그는 '분서갱유'를 감행했습니다. 그래서 진시황이 유교의 '공적(公敵) 1호'가 됩니다.

그러나 묘하게도 결국 유교가 국교가 되는 데 최대 공신은 진시황이었다고 할 수 있습니다. 역설인데, 역사에는 그런 역설이 왕왕 발생합니다. 어쩌면 아이러니가 역사의 문법인지도 모릅니다. 역사의 변증법이라고 할 수도 있겠죠. 전국시대에는 군주들에게 유교가 별 쓸모가 없었습니다. 그래서 공맹 같은 성인·현자가 아무리 풍찬노숙 고생하고 돌아다니면서 왕들을 설득해도 이들은 패권 경쟁을 멈추지 않아요.

내가 먼저 치지 않으면, 저쪽이 먼저 나를 친다는 전국(戰國) 상황이었으니 전쟁을 멈추지 못하는 것을 이 전쟁 군주들의 부족한 인품과 덕성 탓만으로 돌릴 수는 없는 일이었습니다. 그러나 이제 울타리가, 즉 봉건제가 청소되고 나면 사정은 크게 달라집니다. 이제 유일한 주권자, 황제는 자신의 영토 내에서 무장 세력이 다시 등장하는 것을 기필코 막아야 합니다. 이때 문(文)의 힘이 정말로 필요해집니다. 물론 이걸 깨닫고 유교를 국교화한 것은 잘 아시다시피 진나라가 아니라 한나라였어요. 진나라는 무모한 대형 토목사업을 '법대로'만 앞세우며 강행하다 노역에 시달린 농민들이 들고일어나 무너지고 말았죠. 그 대단한 진나라가 밑으로부터 농민봉기로 무너진 겁니다. 이건 전 세계 고대사에서 전무후무한 일입니다. 예를 들어 스파르타쿠스 노예반란이 유명하지만 로마제국은 노예들에 의해 무너진 게 아닙니다. 진압했죠. 로마제국은 그들이 제국 팽창을 위해 불러들인 용병들에 의해 무너집니다.

중국사에서 농민들의 힘은 이렇게 일찍부터 크게 부각됩니다. 거기에다 진나라가 무너진 이후 일개 농민 출신이 황제가 되지 않습니까? 한 고조 유방(劉邦)이죠. 여기에도 중국사의 특이성이 있습니다. 결국은 농민이 천하를 결정하고 농민이 황제가 된다는 것입니다. 명나라 세운 주원장이 그렇고 지금의 중국을 세운 마오쩌둥도 마찬가지입니다. 모두 농민 출신이에요. 그래서 농심이 천심이라는 말이 중국에서는 아직도 허언이 아닙니다. 다시 한나라로 돌아가면, 한나라가 유교를 국교로 할 수 있었던 것은 진나라가 반면교사가 되어 주었기 때문이었기도 합니다. 칼과 법만으로는 안 되는구나. 문과 예가 같이 있어야 한다는 걸 배운 거죠. 이걸 저는 근본적으로 보면 유방이 농민의 심성으로 이해한 것이 아니었겠느냐 생각합니다. 이로써 유교가 이후 중

形

국 통일제국의 공식이념, 국교가 됩니다.

군현제에서는 무장한 봉건군주들이 사라졌으니 이들 간의 무-무 갈등은 사라졌다고 할 수 있겠죠. 그럼에도 문-무의 갈등은 아직 남아 있습니다. 황제 쪽으로 보면 유교는 제국의 군현체제를 작동시키기 위한 관료기구입니다. 봉건제에서는 봉건 제후들이 자기 땅을 다스렸지만 이제 봉건제후가 사라졌으니 이제 황제의 명을 받아 이를 대신할 기구가 필요해진 것이죠. 봉건 지배층의 신분은 혈통이 보장했지만, 이제 군현 관료제의 선발 기준은 실력주의가 됩니다. 요즘말로 하면 능력주의, 메리토크라시(meritocracy)죠. 더는 귀족 혈통이 신분의 세습을 보장해주지 않아요. 실력의 기준이 유교 경전을 얼마나 공부했느냐로 되었고, 여기서 국가 관료를 뽑기 위한 '과거(科擧)제도'가 들어섭니다. 유교 공부를 위한 교육기관도 번성하죠. 유교에는 이렇듯 황제의 국정운영의 필요에 부응할 콘텐츠가 있었기 때문에 과거제의 교과목으로 채택되고 제국의 종교가 될 수 있었습니다. 참고로 영국이 국가 공직 임명에서 귀족 정실주의를 없애고, 시험제도를 도입한 게 1870년입니다. 당시 영국 내부의 계급적 상황 변화를 반영한 것이지만, 이러한 제도 변화에 유교의 과거제도를 참고했던 것도 분명한 사실입니다. 영국의 봉건제는 그만큼 오래 지속되었던 것입니다. 봉건제의 역사도 글로벌하게 보아야 합니다.

유교 공화주의

여기서 주목할 점은 유교의 핵심정신은 과거제도의 도입에 만족만

하고 있지 않았다는 사실입니다. 관료기계의 역할에 결코 만족하지 않았습니다. 오히려 비판 정신을 한 단계 더 높게 벼려 냈습니다. 군주의 필요에 부응하여 그의 관료가 되었지만 군주의 수족 노릇으로 그치지 않았죠. 유교에는 막스 베버가 말한 '세계윤리종교적 성격을 가진 보편윤리'가 있습니다. 성왕(聖王)의 윤리, 대동(大同)의 윤리입니다. 이제 춘추전국시대 공자님 맹자님 말씀을 안 듣고 그렇게 애를 먹였던 전쟁군주들은 사라졌지만, 최후에 남은 전쟁군주가 있습니다. 최고, 최후의 봉건세습 전쟁군주, 바로 군현제 사회의 황제, 군주와 그 가문, 일가인척들입니다. 그래서 공맹이 평생 전쟁군주들을 설득하면서 애를 써야 했듯이, 이제 공맹의 도통(道統)을 이어받겠다는 후대 공맹의 사도들은 마지막 남은 이 군현제 국가의 군주를 계도하고 설득하여 바로잡는 데 목숨과 신명을 다 바쳐 온갖 노력을 다해야만 했습니다. 이것이 그들의 신앙이자 의무니까요. 그래서 유교체제에서 문무의 날카로운 갈등은 바로 여기, 군주와 유자(儒者) 사이에서 생깁니다. 여기서 '두 개의 신성한 카리스마'가 충돌하죠. 하나는 '군주 왕통(王統)의 카리스마'고, 또 하나는 '공맹 도통(道統)의 카리스마'입니다. 그래서 정통 유교 왕조국가 권력의 핵심내부를 깊이 들여다보면 두 개의 신성한 주권이 병립하고 갈등하고 있음을 알 수 있습니다.[63] 이 대목은 매우 중요합니다. 그 박식했던 막스 베버를 비롯해서 어떤 서양 사상가·학자들도 이 지점을 제대로 정확히 뚫어보지 못했으니까요. 대저 유교란 그저 엎드려 절대군주에 복종하는 '오리엔트 종교'라고 밋밋하게 생각했지요. 그러나 이 역시 유럽의 세계패권이 이뤄진 이후의 현상이었음을 보아야 하겠지요. 앞서 살펴보았듯, 그 이전까지 유럽의 유교관은 매우 우호적이었습니다. 한때 흠모의 대상이었던 유교를 어느 때부터

形

인가 '오리엔탈리즘'의 대상으로 뒤바꾸어 버린 것입니다.

유교사회에서 이 문/무의 갈등, 왕통과 도통의 갈등은 유교 이념의 깊은 내부에 군주의 폭력적 전권(專權)에 대한 부정과 비판이 잠재해 있었다는 것을 말해줍니다. 유교의 근본사상인 성왕(聖王)론부터가 그렇습니다. 완벽한 성왕인 요순임금은 폭력과 전적으로 무관한 분들입니다. 이것이 유교의 고전 중 고전이라는 『서경』의 핵심사상입니다. 또 이분들은 왕위를 세습시키지 않았습니다. 어느 모로 보나 현실 군주제 사회의 군주와 세습 왕가와는 180도 다른 모습입니다.[64] 여기에는 깊이 생각해볼 점이 있습니다. **유교의 핵심교리 내부 깊은 곳에 세습군주제를 래디컬하게 부정하는 공화주의적 사상의 싹이 있었다**는 것을 보여주고 있으니까요. 아무도 못 보게 깊이 비밀스럽게 숨겨두고 있었던 것도 아닙니다. 『서경』이야 예나 지금이나 어려운 책이지만, 학동들에게 처음 글자를 가르쳤던 『천자문』에도 '추위양국 유우도당(推位讓國 有虞陶唐)'이라는 말이 『천자문』의 125개 8자 성어 중에서 12번째로 아주 앞부분에 나오지 않습니까. 동네 서당 보름만 다녔어도 반드시 배우게 되는 말입니다. '요임금(陶唐) 순임금(有虞)과 같은 훌륭한 임금님들은 임금 자리와 나라를 자기 아들에게 세습하지 않고 현명한 사람에게 양보하여 물려줬다'는 뜻입니다. 코 흘리는 학동도 다 배우게 되는 국민 상식, 백성 상식이었어요. 중의(衆意)에 따라 추대된 왕이 중망(衆望) 받는 현자들의 도움을 받아 다스리는 체제가 좋은 체제라고 배웠던 것이지요. 이러한 성왕이나 그를 돕는 현자들은 모두 덕이 뛰어나고 학이 출중한 인물들이라고 배웁니다. 그러니 글 열심히 배우라고 말이죠.

원래 서양 정치철학에서 '공화주의'란 비군주제이면서 동시에 귀족적 공동통치제입니다. 귀족제란 물론 세습신분제도입니다. 반면 유교의 요순사상에서 세습제 부정은 훨씬 강합니다. 현자든 학인이든 자신의 지위나 영지를 세습할 명분이 없어요. 요순임금이 부정하신 것이지 않습니까. 그러니 유교에서 말하는 현자나 학인은 세습귀족일 이유가 없습니다. 세습보다 더욱 높은 정당성 근거가 있지요. 오직 학의 수련과 여기서 우러난 덕을 중시합니다. 조정에서도 향촌에서도 그러한 학인과 현자를 존중합니다. 그렇다면 '유교적 공화주의'란 덕과 학의 공동체가 다스리는 비세습적 '문인공동체 공화주의'라 할 수 있겠습니다. '공화(共和)'란 서양 정치철학의 용어이기 이전에 공자가 편찬했다는『춘추좌전』에 출현하는 말이기도 합니다. 폭군이었던 주나라 여왕(厲王)을 몰아내고 공동통치를 했던 시대를 말합니다. 그러니 '공화'란『춘추』를 달달 외던 유학자들에게는 익숙한 말이었어요. 그래서 나중에 서양의 republicanism이라는 말이 들어오니까 금방 '아, 이건 왕을 몰아내고 귀족들이 다스리는 것이네?' 하면서 바로 '공화주의'로 번역했던 것이죠. 어쨌든 제대로 된 유교체제에서는 조정에서나 향촌에서나 이러한 비세습적 '문인공동체'가 항상 중심이 되었습니다. 앞서 1부 2론에서 보았듯, 17세기의 화란인 보시우스가 동아시아(Sina)의 유교정치체제를 두고 경탄하여 '플라톤적 공화국'이라고 했던 데는 그만한 이유가 있었습니다.

그러나 현실세계의 유교통치체제는 세습군주제였지요. 여기서 유교의 근본정신과 현실체제 간의 근원적 갈등이 발생합니다. 군주제 사회에서 무(武)의 가치는 동이나 서나 최고 권력인 군주가 대표합니다. 군주제 사회에서 군주의 권위란 절대적인 것입니다. 군주가 유교적 언어를 쓴다고 해도 군주의 실제적 힘은 압도적인 무위(武威)에 있습니다. 청나라 때의 강희제나 건륭제 같은 이가 대표적이죠. 이들이 한편으로는 적극적인 유교 존중 정책을 쓰지만, 그리고 그런 정책을 만방에 과시하지만, 내심으로는 유교 핵심에 깊이 내재한 전제군주에 대한 비판적 견제의 힘을 꺾어놓으려 노심초사하지 않았습니까. 대대적인 비판적 유학자 탄압인 '문자의 옥'이 대표적인 해프닝이고, 〈고금도서집성〉이나 〈사고전서(四庫全書)〉의 편찬과 같은 초대형 인문학 사업도 사실은 유교 문인들의 에너지를 비정치적이고 무해한 곳으로 돌리고, 고전의 표준 텍스트(canon)를 청 왕조의 정통성을 뒷받침해주는 방향으로 '편집'하려 했던 것이죠. 고분고분한 유학자만 쓰고, 비판적인 유학자들은 몰아내려는 술책이었습니다.

이러한 일들이 꼭 청과 같은 정복왕조에서만 벌어졌던 것은 아닙니다. 한, 송, 명과 같은 한족 왕조에서도 정도의 차이가 있을 뿐, 기본적인 패턴이 반복됩니다. 이렇듯 유교체제에서 문과 무의 날카로운 갈등은 이렇듯 군주권력과 유학자들 사이에 항상 내재해 있었습니다. 그럼에도 불구하고 근본적으로 무를 통제하려는 성격을 가진 유교를 군주 측에서 번번이 공식 교의로 채택했다는 사실이 흥미롭죠. 군주 쪽에서도 왕조의 정당성을 유교적 천명(天命)론에 의탁하지 않을 수 없었던 것입니다. 천명을 받든다는 것은 결국 민유방본이라는 유교적 국가원리에 충실하겠다는 서약입니다. 현실 유교체제에서 문과 무의 타협이죠.

유교 반폭력 사상과 성적 평등주의의 미래

서선생　확실히 유교 성왕론은 특이합니다. 유럽 엘리트들이 받았던 인문 고전교육(humanities)은 주로 그리스와 로마의 고대 텍스트를 읽는 것이었는데요, 플라톤의 '철인(哲人)왕'과 같은 예외가 있습니다 만, 군사적 무덕(武德)을 강조하는 내용이 아주 많습니다. 유럽의 고전 교육에서 중시하는 로마의 역사는 시종일관 전쟁이었어요. 그래서 유럽의 인문주의는 군사적 덕성에 대한 강조와 함께 갑니다. 둘을 떼기가 어렵지만 무게 중심은 오히려 무(武) 쪽에 있고, 문사(文士, literati) 전통은 보조적 · 부차적이라고 할 수 있습니다. 그런데 유교 체제에서는 이 관계가 정반대로 되어 있습니다. 문(文) 쪽에 확실한 가치적 중심이 있는데, 그 배경에는 성왕론이라는 매우 특이한 이념체계가 놓여 있는 것 같습니다.

그렇다고 유교 전통에 무(武)의 요소가 완전히 배제되어 있다고 할 수는 없습니다. 정당한 무력의 행사는 성왕론에서도 인정되고 있으니까요. 탕왕과 무왕의 폭군 방벌(放伐)을 위한 무력부터가 그렇지 않습니까? 그렇듯 무력의 정당한 행사를 보장하기 위해서 문을 무의 위에 놓았다고도 할 수 있습니다. 유교체제에서는 문관이 군사지휘권 행사에서 항상 무관의 위에 있습니다. 특히 내부의 농민반란에 대응할 때는 문신이 직접 군대를 지휘해서 나가는 경우가 많습니다. 유자들은 군사적 문제에 대한 교양을 경시하지 않았습니다. 무경(武經) '7서'다 '10서'다 했던 전쟁론 · 군사론 저서들을 무인들뿐 아니라 많은 문인들도, 모두는 아니었겠지만, 깊은 관심을 가지고 연구했었죠. 이러한 무경들 자체가 전쟁은 피해야 하지만 굳이 해야 한다면 민의 고통을 최소화하는 방식으로 해야 한다고 주장하고 있습니다. 단순히 군사기술이 아니라 전쟁의 철학이 있습니다. 여기에는 노장과 법가뿐 아니라 유교사상의 영향도 크게 반영되어 있습니다.

앞서 유교 주권이 바깥으로 팽창하려 하지 않았다, 내장적이라고 했

形

지요. 확실히 이 점은 서구 근대주권의 성격과 큰 비교가 됩니다. 어쩌면 서구의 근대주권론은 여전히 로마제국의 주권론이고 중세봉건 주권론의 연장인지 모르겠다는 생각이 듭니다. 로마제국은 팽창의 한계점에서 붕괴했습니다. 반면 진나라는 만리장성이라는 한계설정 안에서 울타리를 지워가면서 통일했죠. 로마제국에는 그렇게 미리 설정된 자기한계가 없었습니다. 계속 팽창해가다 힘의 한계가 왔을 때 무너졌죠. 그리고 분해되어 버렸습니다.

로마제국이 망한 후 유럽에는 봉건제가 들어섭니다. 유럽 봉건제 후기는 중국 전국(戰國)시대와 비슷한 양상을 보입니다. 봉건유럽의 내전체제죠. 종교개혁과 대항해는 이 유럽의 전국시대, 내전상태를 오히려 격화시켰을 뿐입니다. 그러다 팽창의 대상을 유럽 내부에서 유럽 외부로 점차 이전해갑니다. 이 과정에서 유럽에 절대왕정, 중상주의 왕권이 성립하는데, 이것을 유럽의 초기근대주권(early modern sovereignty)이라고 합니다. 이 주권은 봉건제 주권이 그렇듯 여전히 전쟁주권입니다. 그리고 대항해를 통해 그 팽창성은 더욱 고조되었죠. 유럽 주권들은 무너뜨릴 울타리를 이제는 유럽 안에서만이 아니라 유럽 밖에서 찾아냈고, 계속 그 울타리를 무너뜨려 가는 방식으로 자신의 세력권을 확장해왔던 것이죠. 그 결과가 '세계의 유럽 식민지화'였습니다. 어쩌면 로마제국이 못 다했던 꿈을 이룬 것이었다고 할까요. 물론 그것은 궁극적으로 이루어질 수 없는 꿈이었지만 말입니다. 유럽은 팽창 과정에서 결국 다시 자신들끼리 충돌하여 1, 2차 세계대전에 휘말려 들어갔고, 그 결과 식민지를 잃고 제자리로 돌아갔으니까요. 그러나 그 로마의 꿈을 1, 2차 대전을 통해 미국과 소련이 릴레이처럼 이어왔던 것일 수도 있겠습니다. 미국은 서로마제국의 꿈, 그리고 소련은 동로마제국의 꿈을 이었다고 할까요. 그러나 이제 그 역시 끝이 났습니다.

　이렇듯 서양 팽창근대가 종식되고 과거 서구 국가들에 의해 지배되었던 지역과 문명들이 다시 '귀환'하고 '부상'하는 시대를 '후기근대'라고 했습니다. 일극체제에서 다극체제로 가고 있는 것입니다. 이런 세계 상황은 서세동점 이전의 상황과 아주 비슷합니다. 그런데 이러한 시대에는 **외적 팽창을 자기제한하는 내장형 주권이야말로 인류의 미래를 위해 합당하고 진정으로 문명적인 주권 형태**가 될 것입니다. 그러한 국가들의 연합은 '내장적 주권체들의 세계연합'과 같은 것이 되겠지요. 이것이 칸트가 말했던 '개별 공화국들 간 평화연맹(födus pacificum)'의 실체가 아니었겠는가 생각합니다.

　물론 팽창을 자기제한한다는 것이지 교류와 협력을 자기제한한다는 것은 전혀 아닙니다. 오히려 내장주권들의 세계에서는 평화롭고 대등한 교류와 협력이 촉진됩니다. 그렇다면 바로 지금이야말로 오랜 기간 안정, 평화, 번영을 누리며 존속했던 유교형 내장주권체제의 역사적 경험을 눈을 비비고 새롭게 다시 보고 창조적으로 재해석해야만 하는 때가 아닐까요? 유교 내장주권이 서구 팽창주권의 힘 앞에 패배했던 것은 분명한 역사적 사실이지만, 그 패배는 영영 잊기 위한 것이 아니라 오히려 반대로 그 패배를 통해 기억 속에 깊이 상처로 남아서 오히려 새롭고 더욱 완성된 형태로 부활하기 위한 것이 아니었을까요? 제가 말하는 '창조적 재해석'은 유교에 대해 진정으로 비판적인 대면을 할 때 비로소 가능합니다. 좋은 비판이란 결코 자기이익을 위해 남을 헐뜯는 일이 아닙니다. 참된 발견과 재구성의 방법이죠. 과학적 방법의 정수(精髓)입니다. 이 책에서 우리가 논의하는 '유교'는 모두 그런 철저한 비판적 대면을 통해 그 정수를 걸러내고 재구성한 것이라는 점

形

을 강조해두고 싶습니다.

그러한 방법을 '유교에 대한 비판적 대면을 통해 유교의 진면목을 구한다'고 할 수 있겠는데요, 앞서 북선생이 유교를 '문약'했고, '세습적=봉건적'이었다고 보기 때문에 비판적으로 보는 세간의 시각에 대해 언급을 했었죠. 유교체제에서는 분명 그런 측면이 있었습니다. 원래 봉건적 왕통을 견제했던 유교 도통(道統)은 그 자체로 혈연적 세습 계보가 아니었고 학문적 계승을 말하는 것이었지요. 그러나 그 '학문적 계승'이라는 것이 가문의 세습, 종법적 세습과 흔히 유착되고는 했습니다. 공맹의 유교가 세습적 종법권력을 주창한 것은 아니었지만, 유교가 체제가 되고 현실권력이 되면서 실권을 갖게 된 일부 유학자 가문들이 세습화, 귀족화를 시도하기도 했죠. 그러면서 세습적 종법주의가 유교의 핵심가치인 것처럼 오해되기도 했었고요. 이런 점들은 마땅히 비판되어야 합니다. 조선에서 세습적 종법주의가 우위에 설 때면 양반유교가 되었죠. 신분유교가 되는 것입니다. 이 국면의 유교는 타락한 유교입니다. 본말전도가 되었으니까요.[65]

유교 비판의 기준이 바로 서지 못하면 편견에서 못 벗어난, 흔해 빠진 유교 비난을 벗어날 수 없습니다. 무엇이든 유교라면, 유교와 관련된 것은 무엇이든 모두 나빴다는 식이죠. 유교의 모든 것이 '망국의 원인'이었고, 낡은 '전근대 사상'에 불과했다고 비난하고는, 그저 모두 지난 일로 다 잊어버리고만 싶어합니다. 이런 입장에서는 저희가 하는 이야기가 잘 받아들여지지 않겠지요. 그러나 우선 그런 선입견을 벗어나지 못하면 눈 뜬 장님 신세를 면할 수 없습니다. 조상 탓만 하지, 조상이 물려준 땅을 열심히 일구면 풍요로운 수확을 가져다준다는 평범한 진실도 못 보게 되지요. 자기 눈앞의 그 땅이 바로 보물인데 그걸 못 보는 겁니다. 이 역시 또 하나의 본말전도의 결과입니다. 선입견으로 굳어진 유교 부정론도, 흔한 비난의 대상이 되었던 보수적 유교의 모습도 유교의 진정한 핵심이 아니었습니다. 유교는 문으로 무를 통제했고, 성왕론으로 세습 군주권력을 순치했습니다. 이러한 사실이 의미하는 바를 그동안 깊게 분석하고 충분히 이해하지 못했어요.

이와 관련해서 앞서 논의에서 빠졌던 중요한 부분을 하나 지적하고 싶습니다. 유교는 '반(反)여성적'이었다는 또 하나의 '선입견' 또는 '통념'에 관한 것입니다. 과거 유교 체제에서 여성의 지위가 오늘날만 못했다는 것은 두말할 것 없는 분명한 사실입니다. 그렇다고 그것이 유독 과거 유교 사회만의 문제였다는 뜻은 물론 아니지요. 인류학자들은 수렵채집 사회나 초기 정주 사회에서는 오늘날과 같은 의미의 남녀 '차별'은 존재하지 않았다고 합니다. '알파 수컷'을 허용하지 않았고, '가부장'이 존재하지 않았기 때문입니다. 그러나 그 이후 국가와 계급이 발생한 이후, '문명'의 역사에서는 항상 남녀의 '차별'이 존재해왔습니다. 결코 유교문명에서만의 문제가 아니었다는 것입니다.

문명사적 시각에서 보면, 오히려 근대문명에 이르러 남녀 간의 성적 차별이 더욱 커지고 고착되었음을 알 수 있습니다. 이는 팽창근대의 일반론과 정확히 합치합니다. 문명 간, 계급 간, 민족 간, 그리고 자연/인간 간의 낙차가 커지는 것과 함께 성별 낙차도 함께 증대되지 않을 수 없었습니다. 문명 간, 계급 간, 인종 간, 민족 간에 만들어진 우열과 존비의 격차가 성별 간에도 관통하지 않을 수 없었던 것이죠. 우선 지배와 피지배 나라/문명/민족 사이의 성별 낙차가 2중으로 증폭되리라는 것은 자명합니다. 그러나 지배 국가/문명/계급 내부에서도 성별 낙차는 증대했습니다. 그래서 팍스 브리태니카의 절정기인 19세기

形

영국 빅토리아 시대에서 우리는 남녀 간의 성차별이 매우 날카로워졌을 뿐 아니라, 그러한 차별을 퓨리턴적 도덕률로 매우 엄격하게 정당화했던 것을 볼 수 있습니다. 1891년 발표된 토머스 하디의 소설『테스』가 그런 모습을 잘 보여줍니다. 미국의 퓨리턴 이민사회 역시 마찬가지였지요. 역시 잘 알려진 소설로 1850년 발표된 너새니얼 호손의『주홍글씨』를 예로 들 수 있겠지요. 그렇지만 역사의 역설이나 변증법이 항상 그런 것처럼, 이렇게 깊숙이 진행된 성(性) 낙차의 도덕적 정당화가 여성의 성적 자의식을 오히려 날카롭게 하여, 바로 이곳에서부터 그러한 도덕화된 성 낙차를 고발하고 감쇄하려는 현대적 '여성운동'이 탄생했습니다. 이후 20세기 들어 서구사회 전반에서 성평등 운동이 크게 일어났고, 2차 대전 이후에 이르러 상당한 성과를 냈지요.

'성평등' 문제도 이렇듯 먼저 문명사, 그리고 근대세계사의 큰 흐름 속에서 그 위치를 보아야 하겠어요. 그렇지 않고, 현 세대가 경험한 짧은 시간만을 보면서, 역시 서구사회는 항상 성평등적이었고, 유교사회를 포함한 비서구사회는 모두 그리고 항상 성차별적이었다고 단정해버리면 이는 사실과 전혀 다른 이야기가 되어 버립니다. 성별 낙차의 극복은 오늘날에도 여전히 동이나 서나 초미의 과제입니다. 그렇듯 여전히 존재하는 한계를 어떻게 극복해갈 것이냐. 실질적인 고민이 필요합니다. 물론 근대세계사의 아이러니의 결과 서구에서 먼저 시작된 성평등 운동의 성과에서 많은 것을 배워야죠. 그러나 그것만으로 해결되지 않습니다. 서구 여성운동은 자신의 토양과 역사에서 나온 자체의 적합성이 있습니다. 이를 배워가되 동시에 우리의 토양과 역사에 맞는 적합성을 또한 찾아야 합니다. 유교 역시 이런 관점에서 다시 볼 수 있어야겠지요. 단순히 과거의 유교는 성평등에 무관심했다고 비난만 하고 외면해버리고 만다면 이는 우리 안의 소중한 자산 하나를 포기해버리는 것입니다. 유교의 깊은 내면에 여성성 또는 양성(兩性) 평등성과 친화적인 측면이 무엇이 있었는지를 진지하게 탐색할 수 있어야 하지 않을까요?

저는 지금까지 우리가 탐색해온 **'유교 내면 깊은 곳에 존재했던 반폭력성'에서 성적 평등으로 발전해나갈 가능성을 찾을 수 있다고 봅니다.** 성왕론의 핵심에 '유교 내면 깊은 곳의 반폭력성'이 있었지요. 그것은 권력의 독점자를 순치시켜 평등의 방향으로 끌어당기는 논리였습니다. 폭력의 순치는 남성의 폭력성 통제와 결코 무관하지 않습니다. 노르웨이의 평화학자 요한 갈퉁이 갈파했듯 정치적 폭력성과 성적 폭력성은 깊은 관계가 있습니다.[66] 소위 '정치'가 남성의 독점 영역이 되는 사회체제에 대한 근본적인 재고가 필요한 대목입니다. 폭력, 국가, 정치, 성적 지배의 결탁구조에 대한 래디컬한 사고가 요구되는 지점이지요. 이런 근본적인 지점을 다시 생각해보는 데 정치적, 군사적 폭력을 부정했던 유교적 발상법이 도움이 될 수 있지 않을까요? 유교에서 문명화란 반폭력입니다. '반폭력'과 '성적 평등'은 깊은 관계를 가지고 있는 것이 아닐까요. 그동안 동서 문명 공히 '문명화'를 '여성화'로 비유해왔던 것에는 깊이 생각해볼 근거가 있는 것 아닐까요? 그렇다면 성왕론에서 표현된 정치적 폭력 순치 사상 안에는 남녀 간의 평등의 사상으로 발전해갈 잠재력이 분명히 존재하고 있었다고 보아야 하지 않을까요?[67] 동아시아 현대사에서 식민통치와 독재정치에 용감하게 맞섰던 투사들이 유교적 비판정신의 과거와 무관할 수 없듯이, 저는 오늘날 과거 유교사회에서 성평등의 부족을 질타하는 비판의 날 속에도 폭력에 대한 과거 정통유교의 근원적 비판정신이 서려 있음을 봅니다.

形

이것은 유교에 대한 개인적 선호의 문제와 무관합니다. 문화적 계승, 에스티테메의 전승의 표현인 것이죠.

과거 유교시대의 유교정치사에서는 이러한 특징이 학자-문인의 문의 힘이 군주의 무의 전횡과 팽창성을 통제하고 순치하는 쪽으로 주로 나타났지(정치적 평등성 방향), 남성/여성 간의 성적 낙차를 줄여가는 쪽(성적 평등성 방향)으로는 충분히 발현되지 못했습니다. 거듭 말씀드리지만, 그렇다고 해서 성적 평등 문제에 관한 한, 유교 전통은 할 말도 없고, 미래에도 기여할 것도 없다고 미리 단정하고 문을 닫아 걸어둘 이유는 없을 것입니다. 오히려 반대로 '반폭력 · 비폭력'을 핵심으로하는 유교 사상의 정수를 보편적으로 확장할 때 미래의 성적 평등주의에 기여할 잠재력이 매우 클 것이라고 봅니다.

동아시아 유교국가의 4가지 유형

남선생 　유교의 정치적 비폭력주의에 내재된 성적 평등주의의 가능성은 말씀대로 매우 중요한 주제입니다. 성적 차별과 격차가 감소해가는 것은 내장적 문명의 '완성도'를 측정하는 중요한 기준의 하나이지요. '완성'에 대한 논의는 이후의 토론 거리로 남겨 두기로 하고, 여기서는 1부 4론의 논의를 종합해서 동아시아 정치사, 주권사의 큰 흐름과 유교체제의 큰 유형을 정리해 볼 순서입니다.

유교 정치사, 주권사의 흐름을 큰 프레임으로 보면 〈팽창에서 내장으로, 무에서 문으로, 봉건에서 군현으로 변화해가는 스펙트럼〉이 그려집니다. 앞서 논의에서 문/무, 봉건/군현 관계의 주권적 성격은 충분히 논의된 것 같지만, 매우 중요한 '신분적 함의'가 빠진 것 같아 먼저 보완해보겠습니다. 봉건제란 신분 세습제입니다. 봉건 영주부터 말단 농민까지 신분이 정해져 있고 그 신분이 대대손손 세습됩니다. 그래서 봉건제의 와해 과정은 신분제의 와해 과정이기도 합니다. 중국 춘추전국시대에 사(士)의 신분이 평민임에도 여러 나라를 자유롭게 오가고 군주에게 인정받아 높은 관직에 오르기도 하는데요, 이러한 상태 자체가 이미 신분제가 조금씩 흔들리고 있었음을 말해줍니다. 진나라 통일 이후에도 세습귀족은 단번에 없어지지 않습니다. 여러 차례의 분열과 통일을 겪고 송나라에 이르러 비로소 중국에 세습귀족이 뿌리가 뽑혔다고 하죠. 역사가들이 '중국 송나라가 세계사적으로 최초의 근대사회'라고 했을 때는 이 신분 해체가 굉장히 중요한 기준입니다. 코리아의 경우는 조선시대 들어 봉건세습귀족이 사라지고, 베트남의 경우는 응우옌 왕조 이후가 그렇습니다. 봉건세습귀족의 소멸이 일체의 신분의 소멸은 아닙니다. 세습귀족은 사라져도 관직에 오르고 땅도 많은 양반가문과 그렇지 못한 일반 농민 간의 신분적 차이가 남습니다. 급속히 해체되긴 했지만 노비와 백정과 같은 천민 신분도 존재했습니다. 그러나 일반 농민들이, 그리고 천민이라고 할지라도, 점차 자신이 농사짓는 땅의 실제적 소유권을 가진 경작자가 되면서 밑바닥에 잔존하던 봉건적 신분차별 역시 힘을 잃어갔습니다.

그러나 일본에서는 특이하게 봉건적 신분제가 상하층 모두에서 오래 지속되었습니다. 메이지유신 이전까지도 그랬습니다. 최고 권력집단인 쇼군, 다이묘의 직위뿐 아니라, 사무라이 층도 직위가 세분화되어 세습되었습니다. 도시의 상인, 수공업인(町人=조닌)도 직분이 정해져 세습되었고, 농민(百姓=하쿠쇼) 역시 태어난 부락(村=무라)을 떠날 수 없습니다. 가장 하층 신분인 천민도 정해진 거소를 떠날 수 없고 그 신분을 세습해야 합니다. 이렇듯 너무 오래 지속된 신분적 경직성에 대한 반발이 이후 막부 붕괴와 메이지유신의 주요한 에너지원이 되었다고 봐야 합니다. 봉건신분제의 축이 세습 영주와 귀족들의 힘인데요, 그 힘의 근원이 무장력에 있었으니, 봉건제가 무(武)와 친화력을 가진다는 것도 쉽게 알 수 있습니다.

그럼 이제 문/무, 봉건/군현이라는 프레임으로 동아시아 주요 국가의 유형 분류가 가능할 것 같습니다. 동아시아 전(全) 역사를 놓고 이 이야기를 하자면 너무 길어지겠고요, 지금 우리 논의가 초점으로 잡은 17~18세기 동아시아 국가들을 사례로 하면 구체적이고 간명하게 줄여볼 수 있겠습니다. 먼저 청나라는 명나라의 군현제를 그대로 이어받았습니다만, 정복왕조이다 보니 무인적 통제국가의 성격이 상당히 강합니다. 그러한 무적 성격은 앞서 보았듯 신장과 미얀마, 베트남 출병과 같은 팽창적 모습으로 나타나기도 했습니다. 유교의 모범국가를 자부했던 조선은 완연히 문치가 강한 군현사회, 내장체제입니다. 유형적으로 보면 성격상의 흔들림 없이 가장 안정되어 있죠. 베트남은 일찍부터 과거제를 시행하여 문신(文紳) · 문치 전통이 형성되어 있지만, 남진(南進)이 완수되고 남북통합이 이뤄지는 18세기 후반까지는 아직 봉건성과 팽창성이 남아 있습니다. 일본은 15~16세기 전국시대와 16세기 말 조선 침공에서 봉건성과 팽창성의 정점을 찍죠. 이후 16세기 도쿠가와 막부가 들어서면서 무사 세력을 길들여가면서 내장형 주권으로의 변모를 시도합니다. 그러나 봉건무사체제의 관성이 여전히 강하죠. 단순화를 무릅쓰고 이 네 나라 유교체제의 유형화를 시도해보면 아래와 같겠습니다. 〈그림 1-20〉에서 봉건-무는 '팽창'과, 군현-문은

	봉건	군현
무(武) 우위	일본	청
문(文) 우위	베트남	조선

〈그림 1-20〉 17~18세기 동아시아 4국의 유교체제 유형

'내장'과 유형적으로 상통합니다.

이런 식으로 줄을 쳐 가르는 방식의 '유형 분류(ideal type classification)'라는 게 항상 어느 정도의 '개념적 폭력'을 동반하지 않을 수 없다는 사실을 감안해주기 바랍니다. 현실 속의 살아있는 사물이 개념적으로 쳐놓은 줄 안으로 쏙 들어가는 것은 아니거든요. 전체를 보기 위한 가건물, 임시 조망대 정도로 보면 되겠습니다.

특히 일본과 베트남의 경우 유형 사이의 동요, 변화의 움직임이 큽니다. 일본은 도쿠가와 막부의 강력한 유교화 의지에도 불구하고 기존 다이묘 체제의 무 우위의 봉건체제의 관성이 매우 컸습니다. 도쿠가와 막부는 우선 사무라이를 학문(유교)으로 길들여 문 중심의 봉건으로 가고, 여기에 군현적 중앙통제력을 강화하려 했습니다. 그러나 지방 번들, 특히 도쿠가와에 패배하여 차별과 억압을 받고 있던 도자마(外樣)번들은 영지가 크게 줄었음에도 여전히 강한 세력을 유지하면서 중앙통제에 저항심을 품고 있었죠. 조슈(長州)번이 대표적입니다. 결국 나중에 막부토벌(討幕) 운동의 선봉이 되죠. 베트남의 레왕조는 공식적으로는 과거제도와 유교교육기관이 작동하는 유교문치체제이면서도 실제는 남북국가 간 항쟁과 남진(南進)의 진행으로 인한 봉건성과 팽창성을 가지고 있었습니다. 1802년 응우옌 통일왕조가 들어서면서 비로

形

소 봉건에서 군현으로, 무에서 문으로의 본격적인 이동이 이루어진다고 할 수 있습니다. 큰 방향에서 볼 때 이 두 나라는 분명 '더 많은 유교화'로 가고 있었습니다. 그러다 일본은 1853년 미국 페리 제독의 미국 함대 4척이 에도 앞바다 우라가(浦賀)에서 시위한 '흑선내항(黑船來航)' 이후, 베트남은 1859년 프랑스가 가톨릭 탄압을 빌미로 전쟁을 도발하여 사이공 일대를 장악한 이후부터 격변이 벌어집니다.

청나라는 만리장성 남쪽 끝 산해관(山海關) 너머에서 온 만주족이 건립한 국가 아닙니까? 그런데 이들은 이미 유교의 천명사상에 대해 아주 익숙하게 정통하고 있었습니다. 한족 문화나 유교사상을 자극하지 않고 오히려 최대한 포용하고 이용하려 했죠. 과거 원나라보다는 금나라의 정책을 깊이 연구했습니다. 같은 여진족 국가였던 이유도 있었죠. 청의 승리는 민심을 성공적으로 얻을 수 있었던 이유가 큽니다. 그리고 이후 민생 향상에 실제적인 성과를 많이 이뤄냈죠. 이런 결과는 겉으로만 '시늉내기'로는 결코 이뤄질 수 없습니다. 청나라 왕조의 창업군주들과 강희, 옹정, 건륭 이 세 황제는 중국 인민의 민심을 얻기 위해 진심으로 근면하게 노력했던 군주들이었습니다. 그래서 지금도 청나라 전성기 군주들, 특히 강희제는 중국인들에게 인기가 높습니다. 그러나 청나라 권력의 중추는 역시 만주 팔기군의 군사력, 무의 힘이었습니다. 이 힘은 만리장성 밖에서 온 외래의 무력이었기 때문에 정통 유학자들은 반발하지 않을 수 없었죠. 여기서 비롯된 갈등과 길항이 청나라 역사의 이면에 항상 깔려 있습니다.

주목할 만한 것은 명나라가 망하는 과정을 직접 목격했던 저명한 한족(漢族) 유학자들이 '과연 중국의 기존 체제, 즉 군현제도가 나라를 유지하는 데 적합한 것인가, 아닌가'라는 매우 흥미로운 논의를 전개했다는 사실입니다. 황종희(黃宗義, 1610~1695), 고염무(顧炎武, 1613~1682)가 대표적입니다. 이 두 분은 명나라가 허망하게 너무 쉽게 청나라에게 무너진 이유가 외침(外侵)에서 나라를 지켜줄 안전판들, 중간 방어막, 울타리가 모두 사라졌기 때문이라고 보았습니다. 그 안전판, 울타리 체제를 '봉건'제도라고 했어요. 여기서 '울타리' 논의가 다시 나오는데요, 나라에 울타리가 하나도 없이 툭 터져 있으니까 큰 외침 세력이 바깥에서 밀고 내려와도 중간에서 막아줄 장치가 없이 한번에 무너지더라는 반성이었습니다. 다시 통일 이전의 상태로 돌아가자는 것은 아니고, '군현제의 현실에 봉건제 장점의 보완이 필요하다(寓封建之意, 於郡縣之中)'고 했습니다. 향촌의 유교적 자치권을 살려 지방권력을 강화해주어야 한다는 뜻이었습니다. 치적이 탁월해 지역민의 칭송을 받는 지방관료(親民官)에게는 세습권을 줄 수도 있지 않느냐고 했습니다. 향촌의 유교 신사(紳士)층이 중심이 된 지방분권적인 사회, 교육, 행정, 안보체제를 강조했던 것이죠.[68] 이런 방식으로 유학자의 비판기능을 말살하려던 청나라를 은근히 비판한 것이었기도 합니다. 공맹 이래 유교의 정론을 다른 방식으로 풀어냈던 건데, 이를 봉건제로 군현제를 보완하자는 제목으로 다시 논의를 펼쳤던 거죠.

조선과 일본의 유학자들 간에도 유사한 논의가 이행되는데요, 그 방향은 중국과는 아주 달랐습니다. 조선 역시 군주 외에는 세습적 지위가 없는 완연한 군현제 사회였습니다. 그러나 17~18세기에는 유학자의 힘이 중앙에서뿐 아니라 향촌에서도 매우 강했습니다. 이렇다 보니 고염무 등이 바라는 사회상태가 이미 조선에서는 이루어져 있는 것으로 보면서, 오히려 나라 뺏긴 중국 유학자들의 처지를 은근히 동정해주기까지 하는 형편이었습니다. 그러면서 이제 중화는 중국에서 조선으로 옮겨왔다는 의식이 강해졌습니다. 다른 한편 정치적으로 패배하여 권력에서 소외된 남인(南人) 진영에서는 다른 방식의 반성이 이뤄집니다. 조선은 중앙과 향촌을 막론하고 집권당의 과도한 권력 독점과 부패가 문제가 되었으니 관료체제를 보다 엄정하게 재조직해야 한다고 봅니다. 19세기 초 18년의 유배 생활을 통해 이르게 된 정약용의 결론이었죠.[69] 봉건제보다는 오히려 군현제를 더욱 강화, 쇄신할 것을 주장한 셈입니다.

일본에서도 조선의 집권 세력과 유사한 아전인수 격의 해석이 이뤄집니다. 일본 유학자들은 황종희, 고염무가 강조한 '봉건의 미덕'이 이미 일본에서는 만개하고 있다고 했습니다. 분명 당시 일본은 200여 봉건영주가 병존하는 봉건제 사회였습니다. 그러나 황종희, 고염무가 말했던 봉건의 강화란 전국(戰國)적 봉건상태가 아니라 유교에서 이상화하는 춘추전국 이전의 주나라 초기의 봉건제도를 말하는 것이었습니다. 이들의 본의와는 무관하게 일본의 유학자들은 중국에서의 논의를 일본의 현실을 자화자찬하는 쪽으로 이용한 것이죠. 그러면서 조선의 유학자들과 같이 일본 유학자들 역시 자신들 나름의 소중화 의식을 강화해갔습니다. 이제 일본이 중국보다 못할 것 없다. 일본이 중국보다 더 중국적인 나라라는 생각입니다. 그렇지만 도쿠가와 막부는 병농을 분리시켜 사무라이의 향촌지배의 끈을 끊어놓고, 참근교대제를 통해 다이묘들이 에도(동경)에서 쇼군의 사실상의 인질생활을 하도록 하였습니다. 여전히 봉건사회이기는 하지만 사무라이와 다이묘들을 중앙에서 강하게 통제하고 규율하고 있는 특이한 체제였던 것이죠. 유학자들이 막부체제의 이러한 엄연한 현실을 전혀 못 본 체할 수도 없었겠죠. 그래서 야마가 소코나 오규 소라이 같이 막부체제에 복무했던 일부 유학자들은 '봉건에 군현의 요소를 가미할 필요가 있다(寓郡縣之意 於封建之中)'고 주장하기도 합니다. 고염무의 언설을 순서를 반대로 바 꿔 뒤집어놓은 것이죠.[70]

이상으로 17~18세기 동아시아 주요 국가들의 체제 유형을 살펴보 았는데요. 2부 논의로 넘어가기 전에, 당시 동아시아에는 이들 국가 외에도 흑룡강 북부까지 내려와 있던 러시아 세력과 태평양상의 여송 (필리핀), 그리고 '동아시아 사이 바다'서론부 2론의 류큐가 있었다는 사실 은 지적해두어야 하겠습니다. 홋카이도와 사할린, 캄차카 일대에 아이 누(에조[蝦夷], 우타리) 부족도 있죠. 이들 모두 내륙 또는 해상을 통한 동아시아 교류체제의 일부였습니다. 그러나 러시아는 동방정교, 여송 은 가톨릭권(민다나오 남부는 이슬람권), 아이누는 고유 민족종교권이어 서 유교 내장체제의 유형 안에 들어오지 않습니다. 류큐는 1492년 건 국 이후 내장형 유교 왕국으로서의 정체성이 분명했습니다. 주로 중국 과의 교류를 통해 유교화가 상당히 진행되었죠. 일본에 합병(1879년)되 기 이전까지는 베트남 유형에 가까웠을 것으로 봅니다. 봉건제가 잔존 하는 가운데, 문이 우위에 있는 유형이죠. 다만 도서(島嶼) 소왕국이었 고 이후 합병되어 위 〈그림 1-20〉의 유형 안에 넣지는 않았습니다.

形

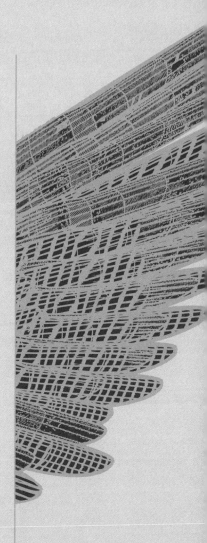

제 2 부

流

〈발제〉서세동점과 동아시아의 대응

유라시아 외곽의 후발주자였던 유럽은 아메리카와 아프리카에 거점을 마련함으로써 초기근대 수세기 동안 점차 세력을 확장해갈 수 있었다. 세계의 중심을 자처하던 중국이 영국 동인도회사의 함포 앞에 무력하게 굴복한 아편전쟁(1839~1842)은 드디어 서구 세력이 지구적 근대의 패자(覇者)로 올라섰음을 상징하는 사건이었다.

유럽은 아메리카 진출 직후부터 '무주지(無主地) 점유권'이라는 특이한 법(권리) 개념을 발전시켰다. 그 효시는 대서양 서쪽의 발견지(無主地)는 스페인에, 동쪽의 발견지는 포르투갈에 점유권이 있다고 하는 1494년 양국의 합의였고, 교황이 이를 추인했다. 그 분할선을 당시 유럽인들은 '대양의 분할선(particion del mar océano)'이라 했다. 이후 유럽 밖에서 경쟁하던 유럽 국가들은 여러 차례 이러한 자의적인 분할선(Raya)을 세계 곳곳에 긋는다. 물론 아메리카를 포함 어디에도 '주인 없는 땅(無主地)'은 없었다. 이후 무주지 점유권이라는 개념은 점차 '육지취득(Landnahmen)', '해양취득(Seenahmen)'이라는, 더 적극적이고 공격적인 개념으로 변형되었다. '분할선'이 그어지는 '취득 공간'은 유럽 밖의 모든 땅과 바다다. 어느 곳이든 '분할'하고 '취득'할 수 있는 유럽의 권리(법)는 '문명'이라는 이름으로 합리화되었다. 유럽(=문명)과 비유럽(=비문명)이라는 개념적 대립과 분할이 창출되고 그 권리(=법)의 체계는 '유럽공법(Jus Publicum Europaeum)'의 이름으로 성문화된다. 유럽공법의 성립사에서 중요한 이름으로는 그로티우스, 푸펜도르프, 켄틸리스, 바텔, 그리고 휘튼 등이 있다.[1] 그 국제법 질서의 특징은 "실정법주의, 유럽중심주의, 팽창주의에 입각한 폭력의 규범"이었다.[2] 서구 세력이 그 "폭력의 규범"을 행사한 마지막 장소가 동아시아다. 지리적으로 거리가 멀어서만은 아니었다. 초기근대 세계에서 가장 중심적인 곳, 가장 번성하던 곳이었기 때문이다.

아편전쟁의 패배에 대해 청 황실과 사대부층은 놀랍도록 무감각했다. 패배라는 의식조차 없었다. 아편전쟁에 대한 청의 공식기록은 이를 '정무(征撫)'라 표현했다. 천하의 남쪽 한 귀퉁이에서 벌어진 '소동을 누르고 다독였다'는 뜻이다. 사나운 오랑캐의 소동 때문에 남쪽 영토의 몇 점(點)을 내주었으나 그것은 천하의 극히 일부에 불과하고, 결국 이들을 달래 황제의 위엄을 지켰으니 큰 문제가 아니라는 의식이었다. 주로 북경을 통해 정보를 접하던 조선은 청과 유사한 태도를 보였던 반면, 일본은 중국의 패배에 커다란 충격과 위기의식을 느꼈다.

3국의 이러한 차이는 어디서 비롯된 것일까? 서양 정보의 수취, 지정학적 위치에 따른 안보 위기의 체감, 내부체제의 안정성, 문화적 관행 등 몇 가지 주요 차이점의 복합적 결과다. 특히 주목할 점은 당시 서구의 "팽창주의에 입각한 폭력의 규범"에 대한 수용성 정도다. 막부 일본은 여기에 아주 민감했다. 나가사키를 통해 네덜란드와 지속적으로 접촉해온 터라 세계 판도와 서구 세력의 힘에 대해 상당히 현실적인 인식을 가지고 있었고, 북으로부터 남하에 오는 러시아에 대한 경계심도 싹트고 있었다. 과거와 달리 해양이 열린 상황은 섬 국가인 일본에 위기의식을 불러일으켰다. 이러던 차 아편전쟁의 전황(戰況)이 네덜란드인들을 통해 사실적으로 전해지면서 위기의식이 퍼져갔다. 막부 무사층은 여전히 전국적(戰國的) 세계관의 소지자였다. 특히 병농분리로 경제근거가 취약해진 하급 무사층의 동요는 컸다. 역설적으로 바로 이 불안정과 위기의식이 체제개혁을 가능케 했다. 반면 청과 조선

流

의 지배체제는 안정적이었고, 그만큼 접근해 오는 서구 세력에 대한 위기의식도 무뎠다. 같은 동아시아 내장(內張)체제였으나, 그 체제의 안정성 여부, 체제에 대한 위기의식, 그리고 새로운 국제관계에서 폭력의 규범에 대한 수용성·민감도에서 3국간에 드러나는 차이에 대한 인식이 중요하다.

최근 연구에서 흥미로운 점은 막부 말기 일본의 급속한 유교화(士化), 그리고 이렇듯 유교화한 하급무사들이 막부 타도에서 행한 주도적 역할에 대한 강조다. 과연 막부 타도파가 내세운 '존왕양이(尊王攘夷)'는 매우 유교적인 슬로건으로 보인다. 불만을 품은 하급 무사층이 서양의 위협을 빌미로 왕이 중심이 되는 유교적 중앙집권체제를 내세웠다는 것이다.[3] 최근 일본에서 주목받은 '중국화하는 일본'이라는 역사관[4]의 또 다른 버전이다. 그러나 이 천황제 유교란 돌연변이였다. '무인유자(武人儒者)'라고 하는 존재의 모순적 에토스는 '폭력의 규범'에 친화적·수용적이었고, 그만큼 내장체제에서 팽창체제로의 변화에 신속히 적응했다. 폭력과 군주독재에 대한 결연한 반대, 윤리적 비판을 핵심 에토스로 하는 유교가 이 양자에 거꾸로 오히려 아주 친화적인 형태로 뒤집힌 셈이다. 이렇듯 극에서 극으로 탈바꿈한 돌연변이가 유교가 다음 절에서 살펴볼 '전쟁체제'로의 전환의 소프트웨어가 되었다는 역설이 생겨났다. 1868~1869년 반(反)막부 세력이 막부군을 무력으로 격파하고 권력을 장악했을 때, 이미 이들의 양이(攘夷) 구호는 이미 개국(開國)으로 바뀌어 있었다. 스스로 서구형 팽창체제로 변모하려 한 것이다. 메이지유신 이후 급속히 이루어진 징병제(1873), 대만출병(1874), 강화도조약(1876), 류큐합병(1879) 등의 군사화·팽창화 노선은 그 귀결이었다.

당시 동아시아 3국의 내부 거버넌스의 차이를 잘 보여주는 또 하나의 지표로는 각국 조세 수취율의 차이를 들 수 있다. 조선과 청의 조세율은 총생산량의 5% 내외, 일본은 16% 정도였다.[5] 이러한 차이는 동아시아 3국이 유교소농체제였다는 점에서 같지만, 거버넌스 양식에서는 상당한 차이가 있었음을 말해준다. 조선과 중국에서의 징세는 지주이자 면세 혜택을 받는 향촌의 민간 사족의 협조에 의해 이루어진 반면, 일본에서는 지방관인 다이칸(代官)이 농민들에게 직접 수취했다. 조선과 중국의 국가는 향촌 사족과의 협치 체제였고, 일본은 일단 중앙 수취를 거쳐 그 일부로 무인관료에게 녹봉을 지급하는 방식이었다. 통치 구조상 통치 파트너가 되는 계층의 위상에 차이가 있었다. 일본의 무인은 토지와의 관계가 끊겼지만, 조선과 중국의 사족은 향촌에서 땅의 근거가 여전히 강했다. 그 결과 일본은 중앙권력의 위기가 바로 중간층(특히 하급 무사층)에게 바로 파급되지만, 조선과 중국의 향촌 사족은 근거지에서 그런대로 안정을 유지할 수 있었다.[6] 조선−중국과 일본 사이에 10% 내외의 조세율 차이는 결국 조선−중국의 사족층이 면세나 중간 수취의 방식을 통해 점유한 비율로 설명할 수 있을 것이다. 19세기 초중반에 이르면 동아시아 3국의 생산력이 공히 정체되는 현상을 보이는데, 이러한 상황은 서세동점의 외환(外患)과 겹쳐 위기적 징후로 나타나게 된다. 그러나 그 위기에 대한 체감도와 긴박성에서 조선−중국과 일본의 체제관리층 간에 차이가 난 것이다. 최고 통치층의 태도 역시 달랐다. 조선과 중국의 유교체제가 끝까지 사족층에 의존하였고, 사족층 역시 최후까지 기존 체제에 안주하려 했던 반면, 일본의 막부 체제는 위기 이후 불만 무사층과 대립하다 결국 이들에 의해 타도된다.

流

제1론

'두 근대'의 충돌과 동서 대분기

세계는 동아시아의 과거에 왜 다시 주목할까

동선생　이제 운명의 19세기입니다. 19세기에 들어서면 동서 '두 개의 근대'가 더는 병립·공존하지 못하고 정면충돌합니다. 동아시아 내장근대와 유럽 팽창근대죠. 역사학계에서는 '**대분기(大分岐)**'라고 합니다. **동과 서, 동아시아와 유럽의 차이가 크게 벌어지는 시대라**는 뜻입니다. 영어로는 꼭 대문자를 쓰고 정관사를 붙여서 'The Great Divergence'라고 합니다. '대분기'를 19세기에 벌어진 동과 서의 우세 역전, 격차 심화라고 하는데, 엄밀히 말하면 이때 '동과 서'란 동은 동아시아, 서는 서유럽과 미국을 말합니다. 인도와 말레이시아, 인도네시아는 이미 그 이전에 영국, 네덜란드 등에 의해 식민화된 상태였으니까요. 서양 팽창근대는 이제 19세기에 이르러 팽창의 최종, 최대의 목표였던 동아시아 침탈에 들어갑니다. 주 타깃은 중국입니다. 두 번의 전쟁, 1839~1842년의 1차 아편전쟁과 1856~1860년의 2차 아편전쟁이 그 충돌을 대표합니다. 1차 전쟁은 중국과 영국의 충돌이었고, 2차 전쟁에는 영국 쪽에 프랑스도 군대를 보냈고, 러시아와 미국은 배후 교섭의 방식으로 부분 참가했습니다. 이 전쟁들의 결과는 모두 알고 있는 바와 같이 서구 팽창근대의 완승이었습니다. 그 파급력은 중국에만 그치지 않고 조선, 일본, 베트남 전체에 미쳤습니다. 중국에서 시작하여 힘의 균형이 무너지기 시작한 대란(大亂)이 동아시아 전역으로 확산된 것이죠. 이로써 동아시아 원형근대(초기근대)의 '형(形)'이 무너지기 시작합니다. '형'이 변형되기 시작하는 것을 '류(流)'라고 했습니다. 시스템적 완결성을 가지고 있던 하나의 지질학적 형(formation)이 큰 홍수나 지진에 의해 변형되어 물의 흐름들(流)이 바뀌는 상황을 그려보면 되겠습니다. 두 근대의 충돌은 왜 그렇게 일방적인 결과로 나타났던 것일까요.

18세기까지 유럽세는 힘으로 동아시아를 무너뜨리겠다는 생각을 하지 못하고 있었습니다. 중국은 인도에 비해 훨씬 내부 통합성이 강했으니까요. 조선, 일본 또한 오랜 역사를 가진 통합국가로서 내부 중심이 단단했습니다. 베트남도 역사가 오랜 국가였고 18세기 말이면 남북이 통합되면서 결코 쉽게 침공할 수 없는 중심을 형성하게 되었어요. 유럽의 세가 계속 성장하고 있었지만, 동아시아는 여전히 유럽이 쉽게 뚫고 들어올 수 없는 곳이었습니다. 따라서 18세기까지는 '두 개의 근대' 사이에 일종의 '힘의 균형'이 유지되었다고 봐야 합니다. 그러나 19세기 들어서 힘의 균형이 급격히 무너지기 시작합니다. '대분기'란 '두 근대'의 균형이 급격히 깨지게 된 것, 내장근대의 위치는 크게 하락하는 반면에 팽창근대의 위상은 급격히 상승하게 되는 희비쌍곡선을 말합니다. 1부 1론에서 보았던 그림을 다시 살펴보겠습니다.〈그림 2-1〉서

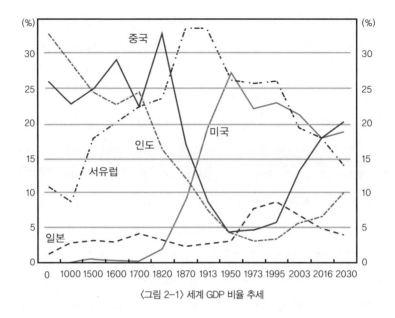

〈그림 2-1〉 세계 GDP 비율 추세

유럽과 미국은 크게 상승하고 중국과 인도는 크게 하강하는 흐름을 한 눈에 볼 수 있습니다. 그 커브의 교차가 '희비쌍곡선'을 이루고 있죠.

어떻게 해서 이렇듯 급격한 대역전이 벌어질 수 있었을까요. 힘의 균형이란 어디까지나 상대적인 문제 아니겠습니까. 위 그림이 보여주는 것도 그렇습니다. 구미의 상승세와 중국, 인도의 하강세가 뚜렷이 맞물려 있습니다. 이 역의 상관관계를 먼저 분석해보아야 하겠습니다.

남선생　　이 '대분기', '대역전'이 세인(世人)의 주목을 다시금 받게 된 것은 20세기 후반 들어 '동아시아의 부상(The Rise of the East Asia)'이 두드러지면서부터입니다. 1960~70년대 일본과 1970~80년대 홍콩, 싱가포르, 대만, 한국 등 '동아시아의 네 소룡'의 경제발전에 이어, 1990년대부터 중국이 이 흐름에 가세합니다. 그러면서 세계경제에서 동아시아가 차지하는 비중이 크게 신장되었습니다. 이 현상은 일시적인 것이 아니었고, 21세기 들어서 오히려 더욱 분명해지고 있습니다. 이렇다 보니 이 현상을 분석하는 연구들이 많이 나오게 되고, 그 결과 19세기의 극적인 세의 역전에 다시 주목하게 된 것이죠.

흥하게 되니까 과거에 망했던 역사가 다시 주목받는 것입니다. 역설적이죠. 이렇게 다시 흥하게 되지 않았다면 '대분기'라는 개념도 새롭게 주목받지 못했을 것입니다. '동아시아의 부상' 이전과 이후의 동서 문명에 관한 담론은 크게 다릅니다. 그 이전까지 동서 문명은 빛과 어둠과 같이 인식되었죠. 근대의 '빛'은 오직 서구에서 밝혀졌고, 이 빛이 점차 어둠 속의 비서구 문명들을 밝혀온 것이라고 했습니다. 그렇게 보면 그 서구 문명의 빛은 아메리카와 아프리카, 중동, 인도, 동남아시아를 밝히고 이제 최후로 동아시아에 이르렀던 것입니다. 이렇듯 세계를 밝혀줄 빛의 에너지는 원래부터, 고대 그리스-로마, 기독교 문명에서부터, 서구문명에 완전한 형태로 존재했던 것이고, 그 완전함이 르네상스와 종교개혁, 그리고 대항해를 통해 표출되어 서서히 바깥으로 뻗쳐나갔던 셈입니다. 바로 그 빛이 근대문명이라 했죠.

이런 시각에서 볼 때는 서세동점 이전의 동아시아에는 어떤 근대적 번영이나 잠재력도 존재하지 않았습니다. 서구와 동아시아의 격차란 문명의 시작부터 애당초 현저했던 것이고, 서세동점을 통해서야 동아시아는 비로소 뒤늦게 '문명화'의 막차를 탈 기회를 갖게 되었다는 식입니다. 이런 관념은 20세기까지 세계인의 인식을 지배했던 표준적인 생각입니다. 전 세계에서 가르치는 '세계사'가 그런 방식으로 '표준화'되어 있었지요. 그도 그럴 것이 19~20세기의 세계는 실제로 서구가 지배하고 주도하는 세계였으니까요. 현실이 그러하니 과거의 역사도 그런 방식으로 쓰였던 것입니다. 이걸 두고 역사는 승리자가 쓰는 것이라고 하나요. '지면 역적, 이기면 충신'이라는 말도 있죠. 양심적인 역사가나 학자들에게는 굉장히 부끄러운 말이기도 합니다. 이렇게 보면 역사란 승자의 이데올로기를 받아 적는 것에 불과하니까요. 역사가 과연 그런 것이라면 역사가나 학자는 도대체 왜 존재하는 것인지 모멸감이 들 수밖에 없지요.

이러한 관념, 이데올로기에 이의(異意)를 제기했던 선구자들이 없지 않았지만, 오랫동안 극소수의 메아리 없는 외침에 지나지 않았어요. 그러나 현실이 서구주도근대의 석양을 보이기 시작하자, 그 극소수의 이견이 점차 주목을 받기 시작했습니다. 그리고 지난 과거의 역사에 대한 새로운 연구들이 왕성하게 이뤄지기 시작합니다. 위에서 다시 살펴본 〈그림 2-1〉도 그런 연구들이 보여준 결과의 하나지요. 학술상의 발견은 먼저 관점의 전환이 있어야 가능합니다. '패러다임의 전환'이라고도 하지요. 그 이전과 다른 관점에서 문제를 보기 시작할 때, 비로소 새로운 발견의 길이 열립니다. 동아시아 문제도 마찬가지입니다. 기존의 '서구중심 근대론'의 지배적인 시각, 이데올로기로 볼 때는 동아시아라는 영역은 아무리 연구하고 발굴해야 쓸 만한 것이 나오지 않는 곳입니다. 이념의 프레임이 이미 씌어 있었습니다. 그렇기 때문에 어디를 왜 새로 파야 하는지 연구해야 하는지, 도대체 이유와 관심이 생길 리가 없습니다. 보나 마나 별 볼 일 없는 곳에 왜 정력을 쏟겠습니까. 그러나 그 관점, 관심의 전환이 20세기 말부터 왕성해지기 시작했습니다. 다시 말씀드리지만 '동아시아의 기적'이라고도 불리는 '동아시아의 부상'과 결코 무관하지 않은 변화였습니다.

그렇게 바닥부터 다시 연구조사를 해보니까, 19세기 '대분기'의 역사

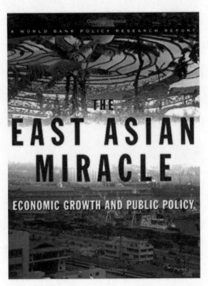

〈그림 2-2〉 세계은행의 1993년 보고서 '동아시아의 기적'

적 실체가 새롭게 드러나게 되었습니다. 쓸 만한 것이 없다고 간주해 왔던 과거 동아시아의 초기근대가 서구 문명에 못지않은 번영을 누린 또 하나의 '다른 근대'였음이 드러난 거죠. 서구는 빛이고 비서구는 어둠이었다는 '문명화론' 또는 '근대화=서구화' 이론이 여기서 뒤집힙니다. 그런 이론은 서구가 지배적이었던 19~20세기 서구주도근대의 현실을 과거에 대입해서 과거의 세계사 전체를 그에 맞추어 재단했던 데 불과했다는 깨달음입니다. 그러한 관점 전환의 한 선구자인 독일 출신의 미국 역사사회학자 안드레 군더 프랑크는 동아시아가 서구의 '문명화의 빛'의 마지막 수혜자가 아니라, 거꾸로 서구가 번성하던 아시아 교역망에 최후로 탑승한 '무임승차자'였고, 중국과 동아시아는 당시의 세계경제의 중심이었다고 지적했습니다.[7] 이어 미국의 중국사학자 케

流

네스 포머란츠는 '대분기' 전후의 인구와 지리적 크기가 비슷한 중국의 강남(江南) 지역과 영국을 비교분석해서 양측의 상태가 크게 다르지 않았음을 보여주었습니다. 그리하여 '대분기' 연구는 새로운 국면을 맞이하게 되죠. 왜 그렇듯 비슷한 상황에 있던 두 지역에서 그렇듯 급속한 '대분기'가 발생하게 되었는지를 밝혀보자는 것입니다.[8]

산업혁명이 영국에서 일어난 까닭

서선생　포머란츠의 논의에서 중요했던 것은 왜 중국의 강남 지역이 아닌 영국에서 산업혁명이 발생했는가라는 문제였습니다. 산업혁명은 영국과 중국을 갈라놓은 결정적인 분기점이라 할 수 있으니까요. 1차 아편전쟁의 해전(海戰)이 상징적이었죠. 산업혁명의 소산인 철제 증기선과 함포가 풍력에 의존한 중국의 목선 전함들을 압도했으니까요. 두 지역에서 부의 크기나 소득수준, 상업화 정도가 유사했음에도 왜 중국의 강남이 아닌 영국에서 산업혁명이 일어났는가. 그리하여 두 근대의 충돌에서 일방적인 결과가 발생했는가.

　이 문제를 둘러싸고 지금까지 여러 논의가 있었습니다. 이를 종합한다면 내장근대와 팽창근대의 역사와 작동방식의 차이가 낳은 결과였다고 정리할 수 있겠습니다. 산업혁명의 핵심은 기계로 인력을 대신한다는 것과 기계를 움직이는 동력원으로 석탄이 사용되었다는 것입니다. 이 둘을 가능하게 했던 조건이 강남이 아닌 영국에서 먼저 조성되었다는 것이죠. 먼저 기계로 인력을 대체한다는 것은 간단한 일이 아닙니다. 기계가 발명된다는 것과 그것이 널리 쓰이게 된다는 것은 아주 다른 문제죠. 산업혁명의 기폭제가 되었다고 하는 증기기관의 모형은 14세기 초 원나라의 왕정(王禎)이 『농서(農書)』에서 일찍이 제시했던 것입니다. 방적기는 이미 중국에 인력, 수력, 축력을 이용한 다양한 형태가 있었고요. 기계 방적기에 대한 수요가 분명했다면, 왕정의 증기기관과 기존의 방적기를 연결시켜 최초의 증기기관 기계 방적기가 중국에서 출현했을 가능성은 충분합니다. 그랬다면 산업혁명은 영국보다 중국에서 먼저 시작했을 수 있죠. 단, '그 기계에 대한 수요가 분명해야 한다'는 전제가 중요합니다. 처음 그런 기계를 만들고, 또 그 기계를 가동시키기 위한 에너지를 확보하는 데는 상당한 비용이 듭니다. 영국에서 초기 증기기관도 매우 비효율적이었다고 하죠. 효율 대비 비용의 비율이 높습니다. 가동시키기에 매우 비싼 기계였던 것입니다. 그럼에도 증기 방적기가 널리 채택되기에 이릅니다. 그러나 중국의 강남은 그렇지 못했습니다. 어떤 차이가 있었을까요. 저는 주로 경제사 학계의 최근 논의를 중심으로 요약해보겠습니다.

우선 임금의 차이가 강조되고 있습니다. 18세기 말~19세기 초 강남과 영국의 평균 소득수준은 비슷했지만, 소득 방식은 달랐습니다. 강남의 노동자들은 소농기반을 가지고 여러 부업을 했습니다. 반면 영국의 도시 노동자들은 자기 땅이 없습니다. 소득 구조가 다릅니다. 영국 농민들이 땅을 잃게 된 것은 영국의 양모(羊毛)가 유럽에서 경쟁력을 갖게 되자 땅을 가진 귀족들이 농민들을 몰아내고 양을 키웠기 때문입니다. 이를 인클로저(enclosure)라고 했죠. 토머스 모어가 '양이 사람을 잡아먹는다'고 했던 게 이 사건입니다. 땅에서 쫓겨난 농민들의 일부는 양모 가공업에 종사하지만, 모두에게 일자리가 생기는 것은 아니었죠. 인클로저 초기에는 땅을 잃은 수많은 농민들이 비참한 처지에 빠

流

집니다. 유랑자가 되고 산적이 되기도 했죠. 이런 행위에 대해 영국 귀족들은 아주 가혹하게 엄벌주의로 탄압했습니다.[9]

그러나 당시 영국에는 이러한 잉여 노동력이 빠져나갈 출구가 있었습니다. 이곳으로 영국에서 뿌리를 잃은 수많은 사람들이 흘러들어갈 수 있었죠. 바로 아메리카 식민지입니다. 아메리카라는 감압(減壓) 장치가 없었다면 오늘날의 영국은 애초에 불가능합니다. 영국에서 땅을 잃은 사람들이 아메리카에서는 몇 년 동안 영국 귀족·부자들의 하인 노릇을 하면서 모아둔 돈으로 계약 만료 후에 땅을 구할 수 있었습니다. 물론 그 땅은 영국 식민정부가 원주민들을 쫓아내고 차지한 땅이죠. 그렇게 보면 인클로저는 영국만의 현상이 아닙니다. 글로벌하게 봐야 합니다. 식민지에서 오히려 더욱 대대적으로 벌어졌습니다. 영국에서 인클로저로 쫓겨난 사람들이 이번에는 아메리카에서 인클로저로 쫓겨난 원주민의 땅을 차지한 것이죠. 이들은 충분히 독립할 만한 농지를 분여 받습니다. 충분한 땅이 있으니까 노동시장에 나갈 필요가 없게 됩니다. 그 결과 노동력 공급이 줄어들어 노동시장에 남은 노동자 임금은 올라가게 되었죠.

또 영국은 17세기 후반부터 스페인, 네덜란드를 제치고 해상 패권을 차지하게 됩니다. 그 결과 유럽-아메리카-아프리카를 잇는 삼각무역과 인도 장악에서 생긴 특수로 인해 상업과 무역이 급팽창합니다. 도시 역시 급성장하죠. 이런 과정에서 노동자의 임금이 상승합니다. 땅이 없는 영국의 도시 노동자는 임금만으로 살아가야 합니다. 임금이 생계비 전체를 감당해야 하는 겁니다. 반면 중국 소농에게 고용노동은 부업입니다. 도시로 나온 노동자도 대부분 인근 농촌의 소농 터전을 왕래하고 있었습니다. 그래서 고용노동에 대한 임금은 영국보다 낮았습니다. 생계비가 소농기반으로 보전되는 몫이 있었기 때문입니다. 또 중국에는 아메리카와 같은 잉여 노동력의 출구가 없었습니다. 노동력이 풍부했던 것입니다. 고용노동 비용을 끌어내리는 또 다른 원인이었죠. 이런 상황에서는 증기 방적기가 발명되었다고 해도 굳이 그것을 사용할 이유가 없다는 것이 경제사학자들의 풀이입니다. 기계 대신 사람을 쓰면 생산비가 더 싸니까요. 그러나 영국에서는 사람을 쓰려면 비용이 더 많이 들었다는 것이죠. 그래서 기계를 채택할 유인이 형성되었다고 봅니다.

다음으로 기계를 가동시킬 에너지 문제입니다. 산업혁명 전야의 영국과 강남은 각각 팽창근대와 내장근대의 방식으로 가장 번영을 누리던 곳이었습니다. 도시화, 상업화가 급속히 진행되었고, 인구가 크게 증가했습니다. 땔감 수요가 크게 늘어 주변 산림이 크게 훼손되었습니다. 목재 구하기가 힘들어지면서 목재 가격도 오릅니다. 그러면서 도시에서는 목재 대신 석탄을 사용하기 시작합니다. 도시 주변에 대규모 석탄 매장지가 존재했기 때문입니다. 증기기관은 석탄 탄광 바닥에 차는 물을 뽑아 올리는 양수기 동력장치로 먼저 활용되기 시작했죠. 목재에서 석탄으로의 에너지 공급원 전환을 '유기에너지(organic energy)'에서 '무기에너지(mineral energy)'로의 역사적 전환이라고 합니다.[10] 요즘 유행하는 말로 하면 '탄소에너지(carbon energy)'라고 하는 게 더 적절할 수도 있겠습니다. 아무튼 이러한 전환의 필요가 컸고, 상대적으로 저렴한 비용으로의 무기에너지 획득이 가능한 곳이 영국이었습니다. 결국 〈고임금+저에너지비용〉이라는 조건이 동력기계에 대한 수요를 일으켜 영국에서 산업혁명이 시작될 수 있었습니다.[11] 중국 강남도 인구 증가, 도시 발전에 따른 산림 훼손이 심각하여 대체에너지에 대

流

한 필요는 존재했지만 주변에 석탄 매장지가 존재하지 않았습니다. 화북지방에 석탄이 많았지만 당시의 운송 수준과 비용으로 볼 때 이를 강남까지 운반하는 것을 생각하기 힘들었습니다.[12]

저는 여기에 더해 영국의 산업혁명이 방적업에서부터 운송, 철강, 군사 산업으로 신속하게 확대될 수 있었던 조건을 함께 생각하는 것이 중요하다고 봅니다. 지배적인 위치에 있던 국제 무역망을 확대하고 유지해야 할 강력한 상업적·군사적 필요가 존재했던 것이죠. 거대한 시장이 존재했기 때문에 기술혁신에 따른 회수 효과가 컸습니다. 산업혁명으로 기계화한 면공업이 인도의 면직물을 빠르게 대체하여 인도와 유럽, 미국이라는 거대한 시장을 장악했던 것이 일례입니다. 즉 초기 기술혁신에 따른 기계 채택에 고비용이 들어가지만 여기서 생기는 초과이윤의 규모가 투자를 크게 상회할 수 있다는 것을 타산하게 됩니다. 면방직을 시작으로 이런 투자가 크게 성공을 거두자 기계를 채택한 공장제 생산이 여러 품목으로 급속하게 확산되죠. 이로써 영국은 '세계의 공장'이라는 명성을 얻게 됩니다. 이렇게 공장제 생산에 따라 상품량이 크게 늘어난 만큼, 판로 즉 시장에 대한 요구가 커집니다. 가장 거대한 시장으로 알려진 중국을 반드시 열어야 한다는 요구 또한 높아졌습니다.

역사적으로 보면 광대한 식민지 획득을 통한 자원 확보, 그리고 인클로저를 통한 토지와 '토지 없는 노동력'의 확보라는 사전적 조건이 있습니다. 바로 카를 마르크스가 영국의 자본주의화 과정을 보면서 '자본의 시초축적(primitive accumulation of capital)'이라고 했던 과정입니다.[13] 이를 발판으로 산업혁명을 개시하고 확산시킬 수 있는 막대한 초기자본을 감당할 수 있었던 것이죠. 영국 중상주의 경제는 동시에 전쟁 경제이기도 했습니다. 해외 식민지 경쟁에서 우위를 유지하기 위해서는 군사력의 지속적인 강화가 필수적이었으니까요. 그래서 찰스 틸리가 유럽근대의 두 축이라고 했던 '자본'과 '전쟁'의 상호상승 작용[14]은 유럽에서 '대항해'와 '군사혁명', 그리고 '산업혁명'이 삼박자를 이루는 방식으로 나타났습니다.

요약하자면, 영국이 팽창근대의 최선두에 서 있었다는 것이 산업혁명을 가능하게 한 조건이었습니다. 네덜란드나 프랑스와 같은 국가들도 팽창근대의 노선을 걷고 있었지만, 위에서 살펴본 조건 모두를 갖추지 못했습니다. 프랑스는 고임금과 저렴한 석탄이 없었고, 네덜란드는 석탄과 넓은 시장이 없었죠. 그래서 영국은 유럽 내에서도 경쟁자 없이 수십 년간 산업혁명의 독점효과를 누릴 수 있었습니다. 산업혁명의 기술혁신이 범용화되어 그 도입비용이 낮아지기 전까지 말이죠.

동아시아는 스스로 붕괴하지 않았다

북선생　서선생이 '대분기'에 대한 경제사학계의 논의를 잘 정리해 주었습니다. 그런데 이제는 '대분기'라는 프레임 자체를 과감하게 뒤집어 볼 필요가 있을 것 같습니다. 그 개념 자체가 어느 한쪽은 승리, 다른 쪽은 패배라는 우열적 대립 구도를 전제한다는 한계가 있기 때문입니다. 프레임을 씌우고 있는 것이죠. 그 구도를 벗어나지 못하면 오늘날에도 중국은 영국이 되어야 하고, 내장근대는 팽창근대가 되어야 한다는 식의 시대착오적인 단순 반복논리의 함정에서 벗어나기 어려울 것입니다. 오늘날의 상황에서 그렇게 한다는 것은 우선 가능하지도 않

流

은 일이지만, 전혀 바람직하지도 않습니다.

이제 더 이상 지구상에 소위 '신세계'로서의 아메리카나 오세아니아는 존재하지도 않습니다. 대항해 시기 유럽인들이 '주인 없는 땅'이라고 불렀던 곳 말입니다. 또 이제 더 이상 멀쩡한 나라의 주권을 강탈해서 식민지를 삼을 수도 없습니다. 지금 지구상의 어느 나라가 '우리가 문명화시켜줄 테니까 식민지가 되어다오'라는 말을 절로 듣겠습니까. 이제는 팽창근대의 '낙차 창출'이 어려워진 겁니다. '팽창근대'가 끝나가고 있는 것이에요. 그래서 이제는 19세기의 대분기와 산업혁명을 거꾸로 뒤집어 상대화해서 바라볼 수 있어야겠다는 생각이 나오게 되지요. 그래야 마땅합니다. 그래야만 새로운 출구를 발견할 수 있을 것입니다.

서선생도 강조해주었습니다만, '인클로저'라는 게 영국보다는 오히려 식민지에서 비교할 수 없이 막대한 크기로 진행되었던 것 아닙니까. 유럽의 세계 식민화란 바로 '세계 인클로저'였습니다. 영국 이전에 스페인, 포르투갈, 네덜란드가 남미, 아프리카, 아시아 일대에서 엄청난 규모의 인클로저를 감행했어요. 이게 카를 마르크스가 말했던 '자본의 시초축적'의 바탕이고 핵심입니다. '팽창근대의 승리'에는 이렇듯 엄청난 규모의 피와 강탈, 즉 '폭력'이 깔려 있습니다. 영국 산업혁명의 성공 역시 내부의 시각에서 보면 마찬가지입니다. 마르크스의 『자본론』이나 칼 폴라니의 『대전환(The Great Transformation)』 같은 고전에 상세히 묘사된 것처럼, 그 과정에서 영국의 무산층이 겪어야 했던 비참과 고통은 상상을 뛰어넘습니다.

영국의 인클로저에서 땅을 뺏기고 쫓겨난 농민들은 강제노동 수용소(구호소)에 갇히거나 이 구속을 벗어난 사람들은 아주 잔인한 형벌을

받았습니다. 공장들이 들어서자 채 열 살도 되지 않은 아이들까지 공
장 바닥을 기어 다니며 하루 종일 노동해야 했지요. 경제사학자들이
임금의 차이를 강조하는데, 이런 식의 시각으로만 보면 마치 당시 영
국의 노동자들이 중국 강남의 노동자(+소농)들보다 행복했던 것처럼
들립니다. 소득이 더 높았다는 거죠. 그러나 이 '소득'이라는 말이 환상
입니다. 숫자 놀음일 뿐, 삶의 실제 모습이 없습니다. 땅 잃고 고향 잃
은 자의 '소득'이란 게 무엇일까요? 산업혁명 초기의 그 현실은 지극히
참담한 것이었습니다.

실제 현실은 정반대였다는 게 오히려 진실에 가까울 것입니다. 중
국 강남의 노동자들은 그래도 돌아갈 땅과 고향마을이 있었어요. 그런
데 영국의 노동자들에게는 돌아갈 곳이 없었지 않아요? 그래서 지극
히 비인간적이고 불결한 공단 내 거주지에 살면서 과거보다 훨씬 길고
강도 높은 노동을 강요받았습니다. 돌아갈 데가 없으니까요. 칼 폴라
니가 거듭 강조했던 것처럼 당시 영국은 '무역이 흥성할수록 빈민들의
빈곤이 증대'했습니다. 자본과 노동이 완전히 극과 극으로 따로 돌아
가고 있었다는 뜻입니다. 여기에 관해서는 수많은 연구들이 있지만 특
히 『대전환』의 7~10장과 『자본론』 I권의 8편은 꼭 직접 읽어보시기 바
랍니다. 당시 영국의 그 현실을 비탄했던 기록이 아주 많습니다만, 예
술적으로는 역시 고향 잃은 노동자 출신인 윌리엄 블레이크의 시와 그
림 들이 많은 감동을 줍니다.〈그림 2-3〉

19~20세기는 인류사에서 분명히 특이한 시기로 기억될 것 같습니
다. 우리는 아직도 너무 이 시대에 가까워서 충분히 실감하지 못할 수
있겠지만, 시간이 흐를수록 그 사실은 분명해질 것입니다. 인구와 생
산력이 크게 증가했고 생활수준이 크게 높아졌다고 하지만, 동시에 전

流

〈그림 2-3〉 뿌리 뽑힌 영국 민중의 상태를 표현한 블레이크의 작품.15

레 없는 참혹한 전쟁과 적대가 이어졌습니다. 분명 인류가 부쩍 가까워진 지구촌이 되었지만, 동시에 문명 간 격차가 이처럼 크게 벌어졌던 시기는 존재하지 않았습니다. 바로 서양 팽창근대가 창출해낸 '낙차에너지'가 낳은 격차였죠. '문명 간 낙차'만이 아닙니다. '인간과 자연 간 낙차'도 급격하게 증가해왔다고 해야겠죠. 서양의 '대항해' 정신은 자연은 인간(주로 서구인을 상정했던 것이지만)에게 무진장한 성장의 자원을 제공해주는 것이라고 생각했습니다. 인간과 자연 간의 일종의 '무한한 낙차에너지'를 전제하고 있었던 것이죠.

그 결과 인류와 자연의 분열, 괴리, 소외도 이처럼 극심한 적이 없었다고 해야 하겠지요. 먼 미래에서 돌아본다면 굉장히 극심한 분열과 격차의 시대였다고 하지 않을까요? 팽창근대의 낙차에너지가 극한에 이른 모습에 대해 이미 우리는 상당히 잘 알게 되었습니다. 이제 우리가 그러한 지난 200년을 또다시 반복해서는 곤란하지 않겠습니까? 아니 도대체 그러한 반복이 이미 불가능하게 된 것이 아닐까요? 이렇듯 극적으로 대조적인 양면이 존재하는 지난 200년을 생각하면서, 19세기의 '대분기'도 산업혁명도 다시 돌아보아야 할 것 같습니다. 이제 그것을 단순히 '성공'이고 '승리'였다고 할 수 있을까요? 그 명암과 요철을 함께 균형 있게 볼 수 있는 새로운 관점은 어디서 어떻게 시작될까요?

남선생   무엇보다 우선 '또 다른 근대'가 존재했었다는 사실을 적극적으로 다시 새겨보는 것이 중요하다고 봅니다. 무엇보다 우선 '동아시아 내장근대'의 존재에 대한 인식이 그것입니다. 이 동아시아 내장근대는 서양 팽창근대의 힘 앞에 패배했습니다. 패배했지 스스로 붕괴하지 않았습니다. 패배했다고 해서 실패한 것은 아닙니다. 이 점은 중요합니다. 풀이 밟혔다고 소멸하는 것은 아니지 않아요? 그런 관점에서 동아시아에 존속했던 '또 다른 근대'를 다시금 주의 깊게 살펴보아야 할 시점이 되었습니다.

그런 시각에서 동아시아 초기근대를 다시 보겠습니다. 이 시기 동아시아에는 농업생산력 증진과 상업화, 그리고 일정한 규모의 안정된 국제 교역이 오래 존속했습니다. 이를 뒷받침하는 동아시아 국가체제도 안정되어 있었고요. '내장근대란 바깥을 설정하지 않는 체제'라고 말한 바 있습니다.1부 4론 팽창과 침략을 '자기제한'했던 체제였다고 했죠. 그런 체제 속에서 평화 속의 공존이 가능했고, 산업화 이전 단계의 사회에서는 상상하기 어려운 수준의 인구와 생산력 증가를 이뤄냈습니다. 또 주목할 점은 이런 성취를 이뤄낸 방식이 문명 간, 계급 간, 그리고 인간과 자연의 낙차를 극대화한 것이 아니라, 내적 집적도, 밀도에

流

너지를 높여간 방법에 있습니다. 물론 동아시아 내장근대는 여러 한계를 가지고 있었습니다. 밀도에너지의 생산력은 아직 낮은 단계에 있었고, 낙차에너지를 감쇄하는 힘도 부족했습니다. 그렇지만 서구 팽창근대와 비교해볼 때 동아시아 근대의 내장성은 상대적으로 분명했습니다. 그래서 이 시기의 200~300년을 서구 근대와는 또 다른 근대, 동아시아 내장근대였다고 하는 것이죠.

그리고 우리가 꼭 기억해야 할 것은 동아시아 내장근대체제는 결코 스스로 붕괴하지 않았다는 사실입니다. 외적 타격과 내적 교란으로 인해 100년이 넘는 심각한 장애를 겪었을 뿐입니다. 그리고 이제 다시 살아나고 있지 않습니까? 외적 타격이란 물론 19세기 이후의 서세동점이고, 내적 교란(攪亂)이란 동아시아의 내부인 일본이 메이지유신 이후 서세화, 제국주의화되어 동아시아를 내침(內侵)하면서 발생한 현상을 말합니다. 그럼에도 동아시아 내장근대의 중핵은 결코 무너지지 않고 지금껏 유지되어왔다고 할 수 있습니다. 앞서 말한 '동아시아의 부상'이라는 20세기 후반의 현상 역시 내장근대의 저력이 말살되지 않고 발현된 결과입니다. 그 '동아시아의 부상'은 다른 어디를 침략하고 식민지로 만들어서 이룬 것이 아닙니다. 이 시기 '동아시아의 부상'은 청일전쟁 이후 태평양전쟁까지 '일본 군국주의 제국의 부상'과는 전혀 다릅니다.

동아시아에서 17~18세기 동안 안정적으로 번영했던 내장형 근대 역시 결코 붕괴하거나 사라지지 않았습니다. 20세기 후반의 '동아시아의 부상'부터가 내장근대의 발전적 연속입니다. 전쟁 없이, 식민지 없이 이룬 성장이었으니까요. 또 '후기근대'는 그러한 내장형 근대가 비로소 전 지구화된 시대라고 말할 수 있습니다. 미소 냉전이라는 거대한 적대가 종식된 시대이니까요. 가까이 한국을 보세요. 냉전시대에는 지구 절반의 나라에 갈 수도 없었습니다. '적성국가'였으니까요. 그러나 지금은 북쪽 말고 한국 국민이 자유로이 못 가는 나라가 어디 있나요? 그럼에도 여전히 냉전이 끝나지 않았다거나 '신냉전'이 온다거나 하는 말을 마치 몹시 그리워라도 하는 것처럼 하기 좋아하는 분들이 있습니다. 그때가 나의 전성기였다는 듯 말이죠.

미소 냉전은 19세기의 유럽내전에서 배태(胚胎)되었습니다. 1848년 유럽혁명이 기점이 되겠죠. 이때부터 유럽은 부르주아적 자본주의(bourgeois capitalist) 노선과 평민적 사회주의(popular socialist) 노선 간의 숨은 내전이 시작되었죠. 이는 서양 팽창근대의 내부 분열이었고 유럽내전이 제3단계로 진입했음을 알리는 신호였습니다. 유럽내전의 제1단계는 16~17세기의 신구교 간 종교전쟁이었고, 제2단계는 이 적대를 서구/비서구의 분할선으로 전환시켜 식민지 쟁탈전으로 탈바꿈시키면서 전개되었죠. 그래서 2단계의 유럽내전은 유럽 내에서가 아니라 주로 유럽 밖에서 유럽 국가들끼리 식민지를 놓고 싸우는 방식으로 나타났던 것이고요. 제3단계는 제1, 2단계 유럽내전의 바탕 위에서 복잡하게 얽히면서 진행되었습니다. 종교내전과 식민지 쟁탈전에다 자본주의/사회주의 이념투쟁이 중첩되어, 좌우내전, 제국주의 전쟁(1차 대전), 파시즘 전쟁(2차 대전)으로 이어졌죠. 2차 대전의 대(對)파시즘 전선에서 연합했던 미국과 소련이 종전하자 다시 서로를 적으로 간주하면서 필사적인 적대관계를 이어갔던 것이 미소 냉전이었습니다. 이제 21세기를 사는 젊은 세대에게는 이조차 까마득한 과거의 일일 뿐입니다. 미소 냉전이 끝난 게 1990년대 초반이니까요. 이미 한 세대, 30년이 지났습니다.

流

냉전시대 미국과 소련이 크게 대립했지만 양측 모두 서양 팽창근대의 전형적 속성을 보였다는 점에서는 크게 다르지 않았어요. 과거 구제국주의와 같은 노골적인 식민화의 방식은 아니었지만, 미소 양측 모두 팽창적 제국이 되어 미국은 신식민주의, 소련은 사회제국주의라는 별로 아름답지 못한 이름을 얻었죠. 자원소모적 무한성장을 지향했다는 점에서도 팽창근대의 특성을 공유했습니다. 이 두 제국은 가공할 핵무기 경쟁을 통해 '인류 절멸'의 최종 전쟁이라는 시나리오가 현실화될 수 있는 상황을 낳기도 했습니다. 미소 간의 대립선은 그만큼 필사적이었죠.

미소 냉전 종식 이후의 세계에는 더 이상 그렇듯 필사적인 적대선이 존재하지 않습니다. 지금도 여전히 미/중이나 미/소 간에 과거와 같은 불구대천의 적대선을 다시금 긋기 위해 밤낮없이 노심초사하는 일부 세력들이 있습니다. 그러나 그렇듯 세계를 가르는 거대하고 필사적인 적대선이란 인위적인 공작으로 결코 만들어지지 않습니다. 그러한 행위는 다만 결국 소멸할 과거의 관성을 조금 더 늘여 보겠다는 것 이상으로는 보이지 않아요.

근대세계사를 움직여온 그 필사적인 적대의 힘이 추동력을 잃게 되는 구체적인 과정은 이후에 충분히 논의할 기회가 있겠습니다만, 우선 여기서 분명히 해두고 싶은 것은, 그렇듯 **거대하고 필사적이었던 적대선이 사라진 세계, 더 이상 외부로의 침략이나 팽창이 존재하지 않는 세계는 분명 과거 동아시아 내장근대의 세계상과 유사해 보인다**는 점입니다. 이렇듯 적이 사라진 새로운 세계 상황이 역사적으로 전례가 없다고 하면 너무나 막연해서 불안할 수도 있겠습니다. 도대체 그게 뭔지 알 수가 없을 테니까요. 그러나 다행히도 역사적으로 그러한 상태와 유사했던 내장근대가 상당한 시간 동아시아에서 성공적으로 존속했습니다. 그렇다면 동아시아 내장근대의 경험은 더 이상 단순한 실패와 패배의 역사가 아닙니다. 오히려 반대로 아주 적극적이고 긍정적인 관심을 가지고 들여다볼 가치가 충분하죠. 동아시아 내장근대의 경험은 이제 과거가 아니라 인류의 미래를 위해서 진지하게 분석해보아야 마땅합니다.

세계로 퍼져나간 유럽내전

동선생   남선생의 말을 듣다 보니, '**팽창근대가 전 지구적 차원에서 내장근대를 완성시켰다**'고 할 수 있겠군요. 아주 중요한 발상이자, 혁신적인 명제로 들립니다. 그렇게 '전 지구적으로 완성된 내장근대'가 이제 근대를 넘어서는 새로운 시대를 잉태하는 시대가 되었고, 이를 '후기근대'라 부르게 되었다는 것이지요?

팽창이란 외부가 존재할 때 가능합니다. 팽창근대에서의 외부란 자신을 소멸시킬 수도 있는 심각한 적대와 위험이 존재하는 곳입니다. 따라서 그 외부란 정복하느냐 정복당하느냐, 소멸되느냐 소멸하느냐의 필사적 투쟁의 대상이기도 합니다. 그것이 16세기 종교개혁 이후 유럽 팽창근대 역사의 기본 구도라 할 수 있습니다. 같은 시기 동아시아 내장근대의 상황은 거꾸로 이렇듯 심각하고 치명적인 위협을 주는 외부가 사라졌습니다. 이 시기 청은 준가르 정복으로 서융(西戎)의 위협이라는, 역사적으로 연원이 깊었던 외부의 화근을 제거했습니다. 동아시아 삼국전쟁(임진왜란)의 종식, 그리고 청나라와 도쿠가와 막부의

流

성립 이후 조중일 삼국에는 평화가 정착되었습니다. 청의 베트남·미얀마 출병이 있었지만 상대를 '심각하고 치명적인 외부의 적'이라고 보았기 때문이 아니었습니다. 출병하면서 '정무(征撫)'한다고 했죠. '주변 오랑캐를 혼 좀 내서 길들인다'는 말입니다. 조공질서 중심제국의 허례요 허풍이 담긴 말입니다. 결국 일시적인 해프닝으로 끝났고, 이들 관계는 전보다 더욱 가깝고 평화로워졌습니다.

같은 시기 유럽은 대항해를 통해 아메리카로, 아프리카로, 아시아로 맹렬히 팽창 중이었습니다. 유럽 팽창주의자들이 즐겨 말했던 '문명화의 사명'이란 그만큼 유럽 밖의 세계를 어둠과 적대의 대상으로 보고 있었다는 반증이기도 합니다. 키플링의 '백인의 부담(whiteman's burden)'이라는 말, 즉 비서구 식민화에는 비서구인들에 대한 동정이나 의무감이 있다는 식의 표현은 기만입니다. 만일 상대를 '문명과 야만'의 대립구조 속에서 '야만'으로 인지하게 된다면, 그러한 대상에 대한 1차적인 심리적 반응, 또는 그 이전의 무의식적 반응은 결코 공감이 될 수 없습니다. 우선 같은 부류가 아니라는 선을 그어놓고 기피하고 부정하죠. 반발과 적대가 깔린 감정입니다. 그래야 가책 없이 잔인하게 살육도 하고 노예로 부려먹을 수도 있습니다. 그런데 그렇게 하다 보니 그중에서 '좀 배운' 사람들은 자기 안의 잔인함과 무의식적 적대감에 스스로 좀 꺼림칙한 마음이 생깁니다. 그래서 억지로 상대에 대한 동정과 공감의 마음을 만들어내려고 하는데, 그러다 나온 게 '백인의 부담'이라고 하는 괴상한 자기합리화였던 것입니다. 못된 짓을 하면서 이것이 너희를 위한 것이라고 자기 위로 하는 것입니다. 이런 식의 키플링 류의 위선적인 식자들에게서는 견고하게 형성된 '유럽 기독교 백인의 문명'과 그 바깥, 외부의 '어둠 속 야만'이라는 고정관념을 고쳐나갈 역량도 의지도 전혀 없었습니다. '문명과 야만'이라는 허구의 틀을 깨뜨리지 않은 한, 이렇게 무의식 깊게 깔린 차별과 적대의 벽은 결코 무너지지 않습니다.

유럽 근대사에서 이러한 적대적 외부의 출현은 바로 유럽 내 신구교 간 종교전쟁에서부터 시작되었다고 하였지요. 이 '적대적 외부'라는 관념은 유럽 팽창근대의 근본 동력을 이루는 것이었습니다. 적대적 외부와의 투쟁을 통해 계속 팽창을 유지하는 것이죠. 더 나아가 자신의 존립근거이기도 합니다. 카를 슈미트의 유명한 '예외주권론'도 바로 '이 적대적 외부의 설정'이 유럽 근대 국민국가의 주권관 형성에 얼마나 핵심적이었는지를 보여주는 예입니다.[16]

팽창근대가 결국 전 지구적으로 내장근대를 완성시켰다고 했는데요, 이는 '후기근대'에 들어서야 비로소 불현듯 발견하고 깨닫게 된 사실입니다. 그 이전까지는 이런 발상조차 떠올리기 힘들었습니다. 팽창근대가 뻗어나갈 '적대적 외부'가 더는 존재하지 않는다는 사실이 갑자기 분명해졌습니다. 역시 현실이 변하니 의식이 따라옵니다. 이걸 '의식은 존재를 반영한다'라고 하나요. '후기근대'에 이르러 전 지구적 차원에서 뻗어나갈 적대적 외부가 사라졌으니, 이제야말로 내장근대가 글로벌한 차원에서 완성되었다고 볼 수 있습니다.

그런데 이 말을 곰곰 잘 생각해보면, 이렇듯 내장근대가 전 지구적 차원에서 완성되기 이전까지 팽창근대가 모든 세계를 완전히, 지구 끝까지, 다 삼켰다는 뜻이기도 합니다. 남는 게 이제 아무것도 없어요. 그렇게 완전히 삼켰으니까 이제 더는 삼킬 외부가 없게 되었다고 하는 것이죠. 동아시아도 전혀 예외가 아닙니다. 그런데 그렇듯 삼켜졌다는 것은 삼킨 자의 속성을 내부화한다는 뜻이기도 합니다. 일단 정복되면

流

정복자의 특성을 내면화하는 것은 피할 수 없는 일입니다. 동아시아는 서구주도근대에 포섭되는 과정에서 스스로 팽창근대적 속성을 내재화하게 되지요.

그 결과 애초의 동아시아 내장근대 상황에서는 매우 미약하거나 존재하지 않았던 '적대적 외부'가 동아시아 내부에서도 섬뜩한 형태로 출현하게 되었습니다. 애초에는 동아시아 바깥에서 출현했던 '적대적 외부'가 점차 내부화되어갔던 것입니다. 처음에는 동아시아에 갑자기 들이닥친 '양이(洋夷=바다 오랑캐)'와 적대적 외부로 관계했다가 나중에는 동아시아 내부에 '적대적 외부'가 생겨나 내부에서 격심한 적대관계로 발전합니다. 일본이 서세에 가담하면서부터죠. 이후 동아시아 내부의 '적대적 외부'는 오래, 깊게 지속했습니다. 오늘날 코리아 남북 간의 깊은 적대도 그 잔존물입니다. 한국 고대사, 중세사에 삼국시대, 양국시대가 있었습니다만, 오늘날의 코리아 남북처럼 지독한 적대관계는 존재하지 않았습니다. 남북 코리아 간의 적대는 그런 의미에서 매우 모던한 현상이고, 팽창근대적 속성, 적대적 외부를 자신의 존립근거로 하는 근대주권론의 특징을 극단적 형태로 구현하고 있는 것이죠. 그래서 반대로 만일 코리아 남북의 적대를 해소할 수 있게 된다면 팽창근대를 지탱하는 마지막 버팀목 하나가 뽑히는 겁니다. 이렇듯 한반도에서 '내면화된 적대적 외부'가 사라진다는 것은, 글로벌한 차원에서 '적대적 외부'가 사라져가는 중요한 징표가 되겠지요.

서선생　　동선생 말을 듣다 보니 저도 떠오르는 게 있습니다. 그렇다면 19세기 유럽에서 제3차 유럽내전의 형태로 출현한 자본주의와 사회주의의 적대관계도 지극히 '모던'한 것이자, 팽창근대의 전형적인 특징의 표현이었다고 할 수 있겠네요. 실제로 자본주의와 사회주의는 서로를 치명적인 '외부의 적'으로 보았고, 그러한 적대관계의 설정을 통해 자신의 힘을 결집할 수 있었습니다. 팽창근대가 설정한 적대적 외부가 종교적 기원을 가지고 있고, 항상 강렬한 종교적 배타성을 유지했다는 것은 자본주의와 사회주의의 대립에서도 분명히 확인할 수 있는 사실입니다. 특히 기득권에 도전하는 입장에 있었던 사회주의 운동에는 종교개혁 초기의 개혁파들과 같은 도덕적 엄격함의 기율과 기풍이 있었습니다. 그런데 이제 미소 냉전이 종식되면서 자본주의도 사회주의도 적대적 외부를 상실한 상황이 되다 보니 자본주의도 사회주의도 그 경계가 모호하게 되는, 전혀 예상치 못했던 기묘한 상황이 벌어지고 있습니다.

이러한 상황을 읽지 못하고 냉전 종식과 소련 동구권 붕괴를 자본주의의 승리, 사회주의의 패배로 해석하는 것은 너무나도 표피적이고 단순합니다. 실제로는 승자도 패자도 없습니다. 우선 소련이 붕괴하면서 사회주의의 패배가 분명한 것 같았지만, 이후 미국 자본주의 역시 연이은 금융위기로 크게 흔들렸습니다. 이렇게 되니 도대체 누가 승자고 무엇이 패배인지 모호하게 되었습니다. 어느 쪽의 승리니 패배니 하는 기준이 무의미해지면서, 자본주의도 사회주의도 '무엇인가에 의해 초월되어버린 듯한', 그런데 그것이 도대체 무엇인지는 전혀 모르겠다고 하는, 매우 특이한 상황이 벌어졌어요. 상황 자체가 갑자기 전혀 다른 차원으로 넘어간 것입니다.

나중에 더욱 상세히 검토할 기회가 있겠으니 여기서는 이 문제를 더 깊이 파헤치지는 않겠습니다. 다만 무엇인가에 의해 '초월되어버렸다'는 것은 **사회주의와 자본주의라는 대립적 이념이 공히 기반하고 있었던 팽창근대의 입지 자체, 딛고 선 땅 자체가 사라져버린** 데서 오는 인식이 분명합니다. 150년 넘게 대립하던 양측의 그토록 강렬했던 존재감과 자기의식은 무엇보다 그 둘이 결코 양립할 수 없는 적대적 외부로 맞서 있다는 사실에 기초한 것이었으니까요. 그 '적대적 외부'가 무너지고 더 이상 그 대체물을 찾기 어려워지니까, 불현듯 자기 존재의 근거 자체가 혼란스러워졌던 것이지요.

제2론

|

내장근대의 미래와 과거

|

17~18세기 동아시아 번영의 비결

북선생　앞서 논의에서 동아시아 내장근대는 외부의 힘에 의해 패배했을지언정 실패한 것은 아니었다, 그 중심은 계속 존속했고, 이제 21세기 '후기근대'에 이르러 내장근대는 오히려 전 지구적으로 완성되었다고 했습니다. 그렇다면 내장근대는 팽창근대에 의해 일시 패배했지만 종국에는 승자가 된 것이군요. 그렇다면 팽창근대와 내장근대는 유럽과 동아시아로 나뉘는 것이 아니라, 근대의 일반유형으로서 근대A, 근대B라 할 수 있겠네요. '내장근대'란 어느 국가나 지역에 한정되는 것이 아니라, 팽창근대와 대비되는 '또 하나의 근대'로서 근대적 '체제 유형', '발전 유형'이 되는 것이죠. 내장근대와 팽창근대를 가르는 기준은 군사적 침략과 지배를 통한 식민지·신식민지화를 수반하느냐의 여부입니다.

　19~20세기의 서구주도근대는 팽창근대 유형이 단연 지배적이었던

근대적 성장의 시대였습니다. 군사력에 기반한 식민지·신식민지화가 수반되었죠. 그러나 21세기 들어 새로운 가능성이 열리고 있습니다. 군사력에 의한 팽창이 한계에 이르고 글로벌한 힘의 다극적 균형이 이루어져가는 추세입니다. 따라서 어느 일방의 폭력에 의한 강압이 감쇄되는 상황에서의 성장 패턴이 주축을 이루게 됩니다. 이러한 방식을 내장근대라고 하였고, 이런 패턴이 글로벌한 차원에서 진행되고 있기 때문에 이제 팽창근대가 한계에 이르고 내장근대가 주도적인 시대로 가고 있다고 보는 것입니다. 어쨌거나 내장근대와 팽창근대를 가르는 기준은 군사적 침략과 지배를 통한 식민지·신식민지화를 수반하느냐에 있습니다.

그런 의미에서 '또 하나의 근대로서 내장근대'란 반드시 동아시아에 국한되는 것이 아닙니다. 그렇게 국한된다고 하면 본의 아니게 '동아시아주의'가 되고 맙니다. 우리의 본의는 보다 넓은 '비서구 내장근대'에 있습니다. 이렇게 말할 수 있는 풍부한 증거와 자료들이 있습니다. 여기엔 많은 공통성이 있습니다. 다만 이 책에서 이렇게 확장해서 비서구 문명권 전체에 대해 다 이야기할 수는 없습니다. 이건 다른 책에서 다뤘던 문제이기도 하니 그것을 참고해주시고,[17] 여기서는 이 정도로만 언급하고 넘어가겠습니다.

따라서 '후기근대에 전 지구화한 내장근대'란 17~18세기 동아시아의 내장근대만을 국한해서 말하는 것은 아닙니다. 그러나 그것이 중요한 원형(原形), 프로토타입(proto-type)이었음은 분명합니다. '후기근대'에 전 지구화된 내장근대가 과거 동아시아 내장근대와 다른 점은 팽창근대의 세계화를 경유하여 내재화한 내장근대라는 점이겠지요. 과연 실제로 20세기 후반 '동아시아의 부상'이 그렇습니다. 서구주도근대가 깔아놓은 판을 이용하면서 내장근대의 강점을 발휘했던 것이니까요. 그러나 '후기근대에 전 지구화한 내장근대'란 비서구 전반을 포함한 글로벌한 현상임을 다시 강조합니다. 이를 전제로 이제 17~18세기 동아시아 내장근대의 메커니즘을 면밀히 살펴볼 시간입니다.

서선생　'후기근대'가 폭력적 강압을 통한 팽창적 발전노선이 완전히 사라진 시대라고는 결코 말할 수 없겠지만, 분명 지난 19~20세기에 비하면 분명히 완화된 상태라고 말할 수 있겠습니다. 곧 논의할 아편전쟁도 과거의 팽창적 발전노선이 야기한 대표적인 폭력 사례가 되겠지요. 논의에 앞서 먼저 팽창적 성장, 내장적 성장이라는 구분과 자본집약적 성장, 노동집약적 성장이라는 구분은 서로 다른 차원의 것임을 밝혀두어야 하겠습니다. 팽창근대, 내장근대라는 구분은 경제 유형과 함께 국가, 군사, 국제정치를 포괄하는 개념입니다. 반면 자본집약-노동집약의 구분은 경제 유형에 한정된 것이죠. 그러니까 개념적으로만 보면 자본집약성장-노동집약성장은 팽창근대에도 내장근대에도 다 들어갈 수 있는 하위 개념입니다. 서구 팽창근대에서 자본집약이 우세했고 동아시아 내장근대에서는 노동집약이 우세했었죠. 그렇게 되었던 기반이 서구의 세계식민화였습니다. 마르크스가 말한 '시초축적'이자, 전 세계로 확대된 '인클로저'의 결과입니다. 그러나 내장근대는 일시 패자가 되었으나 이후 노동집약성장에 기초해서 자본집약성장까지를 팽창근대와 같은 타국의 식민화 없이 이룰 수 있었습니다. 이러한 발전 양상을 20세기 후반의 '동아시아 부상'이라고 했습니다.

아편전쟁은 자본중심의 팽창근대가 노동(소농)중심의 내장근대를 압도하게 되었다는 것을 분명히 보여주었어요. 그러나 그러한 발전노선이 무한 지속할 수는 없습니다. 이제 팽창근대가 자연적 한계에 이르면서 이 사실이 분명히 드러나고 있습니다. 반면 동아시아 내장근대는 팽창근대에 처음 맞닥뜨렸을 때는 매우 취약한 모습을 드러냈지만, 장기적 차원에서 보면 생명력이 오히려 더 강하다고 할 수 있습니다. 팽창근대는 팽창의 한계에 이르면 끝이지만, 내장형 근대는 팽창이 한계에 다다를 때 오히려 완성의 발판을 얻기 때문입니다. 그래서 내장근대의 원형과 발전과정에 대한 이해가 중요합니다. 결국 팽창근대보다 내장근대가 오히려 미래적이기 때문입니다.

내장근대의 원형을 초기근대 단계의 동아시아 내장근대라고 했었죠. 이 시기 동아시아 내장근대는 '소농항산(小農恒産)'을 중시했습니다. 동아시아 소농들은 노동집약을 통해 토지생산성을 극도로 끌어올렸죠. 유럽과 동아시아의 토지생산성을 연구한 학자들은 그 비율이 1:10으로 보고 있습니다.[18] 동아시아 내장근대가 대자본을 집중하는 데서는 유럽 팽창근대에 비해 뒤떨어졌지만, 자원이 그다지 풍부하지 못한 조건에서도 많은 인구를 먹여 살리는 데는 분명히 성공했던 체제였죠. 소농 농가들과 유교국가의 합작품이라 할 수 있습니다. 품종, 농법 개량, 개간, 관개(灌漑) 시설이 그렇죠. 흉년에 국가가 적극 개입해 보조곡을 지급했던 제도인 상평, 환곡 등의 제도도 그렇습니다. 이런 방식으로 특히 17~18세기에 높은 인구증가를 이루고 이를 떠받칠 노동과 토지의 생산성을 높일 수 있었기 때문에 이 시기를 '또 하나의 근대'로서 동아시아 내장근대라고 하는 것입니다.

이 경로는 자본 중심이 아니기 때문에 비자본주의적이면서, 동시에 토지와 자본의 생산성을 노동집약적 방식으로 고도화했다는 점에서 독특한 근대노선을 보여주었습니다. 그런 바탕이 있었기 때문에 이후 서구주도근대에 편입된 후에도 자본집약과 노동집약을 혼합한 독

流

특한 발전노선을 형성할 수 있었습니다. 노동 분업과 시장 발전에 기초한 (애덤) 스미스형 내적확대 성장(Smithian growth)에 기술과 에너지 그리고 경영조직 혁신을 중심으로 하는 슘페터형 성장(Shumpeterian growth)을 결합했던 것이지요.[19] 이 결합의 결과가 20세기 후반에 이르러 '동아시아의 부상'으로 나타났던 것입니다. 이렇게 해서 주목받기 시작한 '동아시아 모델'은 21세기에 이르면 이제 세계로 확장된 내장체제, 즉 '세계 내장체제'의 선도체(先導體)가 되었다고 할 수 있습니다.

전쟁에 지고서도 안일했던 청나라

동선생 '17~18세기 동아시아의 번영'도 글로벌한 맥락에서 보아야 전면적인 이해가 가능할 것 같습니다. 유교소농체제는 그전부터 형성되어 있던 것이지만, 대항해 초기의 교역 활성화가 동아시아 내부의 경제순환에 긍정적인 부가 작용을 하면서 내장근대의 안정과 번영을 가능하게 했던 측면이 있으니까요. 당시 세계화폐였던 은(銀)이 동아시아 특히 중국으로 몰려들었다는 사실이 그런 사정을 압축적으로 보여줍니다. 그리고 이제 반대로 몸집을 불린 서세가 서서히 은을 뽑아가면서 동아시아 내부도 번영의 한계를 드러내기 시작했던 것이고요.

그런 전환이 시작된 시기는 산업혁명과 함께 유럽에서 나폴레옹 전쟁의 종식기로 볼 수 있겠습니다. 이 전쟁을 통해 영국은 여타 유럽 국가들에 비해 확고한 우위를 차지하게 됩니다. 그전까지 네덜란드가 차지하고 있는 아시아 교역 거점들도 거의 영국의 세력권으로 들어가게 되죠. 동아시아 교역은 당시 청나라에서 유일하게 열어놓은 광저우가 중심이 되는데요, 여기서 영국은 다른 구미 국가들에 비해 압도적으로 큰 비중을 차지합니다. 다른 유럽 국가들과 마찬가지로 영국도 중국과의 무역에서 역조가 컸습니다. 무역 규모가 큰 만큼 역조 규모도 컸죠. 비단, 도자기, 향신료, 약초, 차(茶) 등이 주 수입품이었는데 특히 영국의 차 수요는 폭발적으로 늘어서 17세기 말에 200파운드였던 것이 18세기 초중반이 되면 40만 파운드가 되고 19세기 초에는 2800만 파운드를 넘어서게 됩니다. 이 무역을 담당했던 동인도회사는 처음에 이 적자를 삼각무역으로 만회하려 했죠. 인도에서 재배한 면화를 중국의 차와 교환하여 이 차를 영국에 수출하고 그 수익금으로 회사를 운영하는 식입니다. 그러나 18세기 말부터 중국에서 면화를 직접 재배하면서 면화에 대한 수요가 급감합니다. 또 미국에 차를 고가에 팔고 미국 은으로 다시 중국 차를 사는 방식도 동원됩니다만, 미국 혁명으로 이 또한 좌절됩니다. 잘 알려진 미국 독립전쟁의 기폭제가 된 보스턴 차 투척 사건 때 버려졌던 것이 바로 영국 동인도회사가 수출한 중국산 차였죠. 또 남미의 독립 움직임도 영국이 중국 상품을 구매할 수단인 남미 은 획득에 어려움을 주었습니다.

그래서 주목한 게 아편이었죠. 인도에서 재배한 아편은 면화를 급속도로 대체했는데요, 18세기 말에서 19세기 초까지 광저우를 통해 수입되는 아편의 양이 10배나 증가했습니다. 은이 급속도로 빠져나가 1793년의 은보유액 7000만 냥이 1820년이면 1000만 냥으로 급감할 정도였습니다. 은값이 치솟으면서 동전과의 환율이 붕괴되고 은으로 세금을 내는 농민들의 부담은 크게 가중되었죠. 19세기 들어서면 인구의 10% 정도가 아편에 중독되어 그로 인한 광범한 무기력과 기강해이에 대해 조정에서 심각하게 토론하는 상태가 되었습니다. 광저우 아편 무역 수

流

익의 80%는 영국에 돌아갔는데요, 영국 내에서도 아편무역의 부도덕성에 대한 비판이 높았습니다. 그러나 당시 영국 왕실 수입의 17%가 중국과의 교역에서 나오고 있었고, 아편무역이 없다면 이 수익이 무너질 수도 있는 상황이었죠. 여기에다 당시 급부상하고 있던 영국의 상공인 계급은 정부에 대량생산되는 영국 제품에 대한 대(對)중국 판로를 열라는 압력을 높이고 있었고, 귀족 중심의 영국의 지배층에서는 전쟁을 통해 중국 시장을 열어야 한다는 강경론이 힘을 얻어가고 있었습니다. 그러던 차에 청나라 조정이 아편에 대한 대응을 강경히 하자 영국 정부는 이를 빌미로 삼아 기다렸다는 듯이 전쟁에 나섰던 것이죠.

린쩌쉬(林則徐)가 몰수한 아편 2만 3000 상자를 광저우 앞바다에 버렸던 1839년 5월을 시작으로 본다면 아편전쟁은 마지막 난징조약을 체결했던 1842년 8월까지 3년여를 밀고 당기며 진행됐습니다. 청나라는 처음에는 문제를 간단하게 보아 전쟁 준비도 하지 않았지만 무력을 앞세운 영국 측이 점점 더 강경한 요구 조건을 내세웠어요. 군사력, 특히 해군력에서 압도적으로 밀린 청나라는 결국 영국 측의 모든 요구를 수락하고 말았죠. 배상금 2100만 은원(청나라 1년 예산의 20%), 광저우 외 4개 항구를 더 열고 홍콩을 양도하며, 관세권, 영사재판권, 최혜국대우 등을 다 내어줬어요. 동아시아 불평등 조약의 시작이었습니다. 물론 아편 거래에 대해서는 조약문에 넣지도 못했습니다.

남선생　놀라운 일이지만 청나라는 1차 아편전쟁의 패배에 대해 그다지 심각하게 생각하지 않았습니다. '양이(洋夷)'라고 불렸던 남쪽의 바다 오랑캐가 중국의 남쪽 한구석에서 행패를 좀 부린 정도로 보았을 뿐입니다. 아편전쟁 이전부터 린쩌쉬나 그의 참모(幕友)이자 『해국도

〈그림 2-4〉 1차 아편전쟁. 영국의 철제 증기선 네메시스호가 청나라 범선(정크선)을
포격하고 있다.(*Illustrated London News*, 1824년 11월 12일)

지』의 저자인 웨이위안(魏源)이 구미 세력에 대한 경계와 해방(海防)의
필요성을 강조했지만 황실과 조정에서는 대단치 않게 생각했습니다.
이 바다 오랑캐가 중원을 차지하려는 것도 아니고 그럴 수도 없다고
보았으니까요. 해안 일부야 뭐 해적들에게 잠시 떼어줄 수 있다는 식
이죠. 천하는 여전히 확실하게 자신들의 것이라고 굳게 믿고 있었으니
까요. 이어진 태평천국운동 진압에서 보여준 영국과 프랑스 무기의 우
수함을 보고서야, 그리고 또 이어진 2차 아편전쟁을 통해 훨씬 처참한
패배를 경험하고서야, 비로소 어쩔 수 없이 변화가 필요함을 조금씩
인정하기 시작합니다. 그래서 '양무(洋務)운동', 서양 기술을 배워 강해
지자는 운동을 시작합니다. '중체서용(中體西用)운동'이라고도 했죠. 주
로 서양 군사기술 수입에 치중한 운동이었는데, 청일전쟁에서 패전하
면서 한계를 드러냈습니다. 그래서 정치제도도 변화시키자는 '변법(變

法)운동'이 일어나지만 이 역시 좌절을 겪다 결국 1911년 신해혁명으로 청나라는 붕괴합니다.

이제 당시 세계의 급격한 변화를 생각한다면 중국의 이런 반응은 굉장히 느리고 둔해 보입니다. 그렇지만 중국이라는 나라의 크기가 주는 공간 감각과 시간의 템포가 원래 그렇습니다. 어떤 변화가 중국 전체 차원에서 이뤄지려면 굉장히 긴 시간이 걸리죠. 또 시간과 공간 감각의 그런 특유의 패턴은 굉장히 오랜 역사를 통해 형성된 것이기 때문에 쉽게 바뀔 수가 없습니다. 그래서 청나라가 19세기의 위기에 대응하는 패턴도 과거 수천 년 동안 반복되어온 변화에 대한 대응 패턴을 크게 벗어날 수 없었죠. 이들은 서구 세력이 역사적으로 완전히 새로운 힘이라는 것을 인식할 수 없었습니다. 무엇이 역사적으로 완전히 새롭다, 우선 이런 개념이 성립하지 않습니다. 새롭게 보이는 모든 것은 이미 있었던 것의 반복이다, 라고 생각했죠. 이들 역시 수천 년 세월 중국 변방을 소란스럽게 했던, 한때 왔다가 다시 돌아갈 오랑캐라는 식의 사고를 쉽게 떨쳐버릴 수 없었던 것입니다. 이들은 최소한 수백 년의 시간 감각으로 현실을 보고 있었으니까요.

이런 사고방식은 오늘날의 중국에서도 여전히 어느 정도는 존재한다고 보아야 하겠습니다. 영국이든 일본이든 러시아든 그들도 왔다가 한때 기승을 부리더니 결국은 다시 돌아갔지 않느냐고 말이죠. 그리고 이제 미국 역시 마찬가지일 것이라고 보는 것입니다. 그렇지만 그런 생각이 있다고 하더라도, 지난 150년 동안 세계 속의 중국의 지위가 바닥까지 추락했다는 것, 그리고 이것은 그들이 역사적으로 처음 겪는 완전히 새로운 경험이었다는 엄연한 사실만은 모든 중국인들이 뼈아프게 인정할 수밖에 없습니다. 거의 3000년간 세계의 중심이라고 생각했는데 100년 넘게 끝 모르게 추락했죠. 이 사실을 깨닫기까지 중국은 19세기를 온통 다 보내야 했습니다. 중국만이 아니죠. 중국의 영향을 크게 받았던 조선과 베트남도 별반 다르지 않았습니다.

북선생　그렇습니다. 그들은 밖이 아니라 안을 들여다보고 있었죠. 그것이 그들의 세계였으니까요. 변화가 있더라도 안에서 벌어지는 변화가 중요하지 밖에서 오는 변화는 별로 의미가 없다고 보았습니다. 안에서 천만변화를 다 이룰 수 있는데 밖이 무슨 의미가 있냐는 식입니다. 내장(內張)성 문명의 원형적 특성이라고 할 수 있겠습니다.

그래서 그들에게 가장 중요하고 늘 일차적인 문제는 자기 사회 내부의 문제였습니다. 민유방본이라는 유교적 가치에 따라 민생을 살피고 백성의 항산(恒産)을 보장해주면 문제가 없다고 생각합니다. 그래서 18세기의 전성기에 청의 건륭제와 조선의 군주들은 모두 세율을 낮추는 정책을 폅니다. 그것을 어진 정치, '인정(仁政)'의 요체로 보았기 때문이죠. 인정을 펴면 천명(天命)이 떠나지 않는다고 믿는 것입니다. 힘이 약한 소민(小民)의 민원에 대해서도 분쟁이 벌어지면 오히려 힘이 센 호민(豪民)보다 소민의 편에 동정적인 판단을 내리곤 하였습니다. 청을 외래왕조라고 합니다만, 오히려 그렇기 때문에 그 군주들은 더욱 인정의 유교적 가치에 충실하려고 노력했다고 할 수 있습니다. 청에서는 강희, 옹정, 건륭, 조선에서는 영·정조라고 하는 뛰어난 군주들이 연이어 나와 성세를 이루기도 하였고요.

그러나 이러한 내장형 유교 왕조의 역사에는 피해가기 어려운 왕조 교체 주기(life cycle)가 있습니다. 일단 새 왕조가 들어서면 구 왕조 기득권층의 토지가 재분배되고 세금이 경감되면서 농민의 처지도 향상됩니다. 1단계죠. 그러나 왕조가 지속될수록 새로운 기득권층이 점점 두텁게 형성됩니다. 이들 세력이 경향(京鄕)에 준세습적인 특권층을 형성하게 되면서 소민(小民)의 부담이 커집니다. 이게 2단계입니다. 그러다 그 부담이 크기가 견디기 어려울 정도로 커지면 밑으로부터 저항이 일어나 다시 왕조가 교체된다고 하는 3단계 사이클입니다. 청이 바다 건너 나타난 '양이'에 대해서는 대수롭지 않게 보면서, 내부에서 터져 나온 태평천국운동에 대해서는 심각하게 반응했던 것도 외부가 아닌 밑으로부터의 농민들의 저항이야말로 왕조의 존립을 흔들 수 있다고 보았기 때문입니다. 청 역시 역대 왕조의 교체 주기를 민감하게 의식하고 있었다는 것을 보여줍니다.

제3론

|

태평천국혁명과 동학혁명의 미래성

|

태평천국의 강령

북선생   이제 논의의 차수를 변경해 볼까요. 태평천국혁명과 조선의 동학농민혁명은 19세기 동아시아 농민혁명을 대표합니다. 동아시아 내장근대를 논의할 때 두 농민혁명은 특별한 의미가 있습니다. 과연 서세동점이 밀어닥치던 시기, 동아시아 내장근대의 원형에 균열이 가고 변형이 시작되던 역사적 순간에, 과연 동아시아 농민들은 어떤 사회를 그리고 있었을까? 이것을 두 혁명 속에서 엿볼 수 있기 때문입니다.

　우선 이 혁명의 주도자들이 남긴 기록들이 그 이전의 농민혁명들에 비하면 훨씬 많고 분명합니다. 시대적으로 가깝기 때문이기도 하지만, 그것보다는 이 혁명의 주도자, 참여자들이 그만큼 자기 생각을 분명히 표현할 수 있었기 때문입니다. 당시 과거제가 시행되고 있던 청, 조선, 베트남은 향촌 단위에서부터 교육기관이 운영되고 있었고, 일본은 과거제는 시행되지 않았지만 에도시대에 유교 교양이 높게 평가되면서 19세기에 들어서면 농민층까지 기초적인 유교 교양을 습득할 기회를 갖게 됩니다. 특히 중국과 조선의 과거열(科擧熱)은 매우 뜨거웠죠. 문제는 과거 지망자에 비해 과거 등재자의 비율이 너무나 한정되어 있었다는 점입니다. 인구가 증가할수록 이 문제는 점점 더 심각해졌지요. 결국 극소수의 과거 합격자를 내는 층은 청나라는 상층 신사(紳士), 조선의 최고 양반층으로 한정됩니다. 요즘 1 대 99라는 말이 유행입니다만, 그때 과거제도의 판이 정말 그렇습니다. 99는 공부만 죽어라 했지 합격할 가능성은 거의 없습니다. 능력이 있어도 조건이 안 돼요. 배상제교(拜上帝敎)를 창시한 홍슈취안(洪秀全)과 동학교를 창도한 최재우, 그리고 동학봉기의 영수(領袖) 전봉준이 모두 그런 인물들이었습니다.

서선생　태평천국혁명이 남긴 대표적인 강령은 홍슈취안의 「천조전무제도(天朝田畝制度)」와 그의 조카인 홍런간(洪仁玕)이 쓴 「자정신편(資政新編)」이죠. 「천조전무제도」는 토지를 농민들에게 균분하여 '대동(大同)' 사상의 보편복지를 구현한다는 내용입니다. 모두가 유교 천하위공, 민유방본 사상에서 유래한 것입니다. 과거 공부를 많이 한 사람다운 강령입니다. 대동 사상은 『예기』, 그리고 토지 균분론은 『맹자』의 정전제(井田制) 논의에서부터 많은 유학자들이 주장해왔던 것이죠. 여기에 홍수취안이 계시받았다는 기독교 상제(上帝) 사상이 섞입니다. 상제 앞에 모든 인간은 평등하다는 것이죠. 태평천국이 실시한 과거제도는 등용의 문호를 넓혀서 많은 사람들이 선발될 수 있었는데요, 여기에는 여자도 포함되어 있었습니다.

　서양의 영향은 홍런간의 「자정신편」에서 훨씬 분명하게 드러납니다. 홍런간은 영국이 할양받은 홍콩에서 오래 체류하면서 서양 제도를 폭

流

넓게 연구했다고 하죠. 그래서 당시 유럽, 특히 영국에서 시행되고 있던 경제, 정치, 사회의 거의 모든 제도의 실현을 「자정신편」은 열거하고 있습니다. 그래서 과연 「천조전무제도」와 「자정신편」, 이 두 개의 강령이 공존할 수 있는 것이냐에 대한 논쟁이 있을 정도입니다. 「천조전무제도」는 중국 고유의 이상적 제도고 「자정신편」은 서양 제도를 이상적으로 정리한 것인데 이 둘이 합치될 수 있느냐는 것이죠.[20] 한쪽은 농촌사회주의이고 다른 쪽은 자본주의인데 맞지 않는다는 비판도 있습니다. 그러나 이 강령을 당시 홍슈취안이나 홍런간은 듣지도 보지도 못했을 자본주의니 사회주의니 하는 개념으로 굳이 해설할 필요는 없을 것 같습니다. 시대착오적이죠. 다만 이 혁명의 주도자들이 이루고 싶었던 사회가 이런 것이라고 자기들 나름대로 궁리해서 정리한 것뿐입니다.

「자정신편」은 혁명의 후기에 완성된 것인데, 홍슈취안 자신이 검토하고 승인했던 것이라 하죠. 홍슈취안은 조카인 홍런간이 서양 사람들을 많이 만나고 서양 문물 공부를 많이 하고 와서 이런저런 것이 좋더라고 하니까 토론을 해보고 좋은 생각이라고 인정해준 겁니다. 이렇게 홍런간이 보고 정리하고 홍슈취안이 승인한 것은 그들이 보기에 배울 만하다고 생각한 서양의 제도였지, 그 제도의 침략성이 아니었습니다. 이들이 「자정신편」을 내세웠던 게 서양의 제도를 배워서 우리도 식민지 침략에 나서자는 뜻은 전혀 아니었던 것이죠. 이들에게 지금 우리가 이 자리에서 논의하고 있는 팽창근대론, 제국주의론을 이해하고 있어야만 마땅하다고 주문하는 것은 너무 지나친 일이 아니겠습니까? 오히려 저는 「천조전무제도」와 「자정신편」 사이에 무슨 모순이 있다기보다, 이 둘을 합쳐보면 그것이 중국 농민들이 당시 생각했던 중국의 바람직한 미래에 대한 강령적 구상으로 충분하지 않았나 생각합니다. 사실 그 내용은 이후 마오쩌둥의 중국 공산당이 추구했던 강령과 크게 다르다고 볼 수도 없습니다.

물론 태평천국혁명이 그 강령을 실현할 수 있었던 것은 아닙니다. 이 혁명은 15~16년 동안 시종 진압군과의 치열했고 참혹했던 전쟁 상태를 벗어나지 못했습니다. 강령을 제대로 펼쳐볼 만한 충분한 기회가 없었죠. 그렇다고 혁명의 승리 이후를 생각하면서 그때 그 강령을 차근차근 실현해나갈 구체적인 방법론과 전략을 준비하고 있었느냐 하면 그것도 그다지 분명해 보이지 않습니다. 혁명에 이런 사전적 완결성을 주문하는 것은 어느 혁명에서든 무리한 주문이기는 합니다. 분명히 당시의 상황에서 현실성의 기준으로 보면 공상적인 점이 있습니다. 그러나 그들은 당시 자신들의 상황에서 절실하다고 생각하는 문제를 강령화했던 것입니다. 그만한 절박한 현실성이 있습니다. 그랬기 때문에 그토록 많은 사람들이 호응하고 나왔던 것이고요.

아쉬운 것은 이 혁명이 전략적 동반자를 확대하지 못했다는 점입니다. 당시 중국에서 가장 큰 힘은 청 조정이고 다음은 지방의 유교 지도세력인 신사(紳士) 층입니다. 혁명이 반청(反淸)·반만주족(反滿)의 기치를 든 이상 청 조정과 협상의 여지는 애당초 없었죠. 반만(反滿), 이건 청나라 조정의 가장 예민한 곳인데, 이걸 들고 나온 이상 협상의 여지가 없습니다. 그렇다고 태평천국 쪽에서는 이미 청나라 내부에 발을 뻗고 있는 서양 세력과 동맹할 의도도 없었습니다. 홍슈취안의 글들을 보면 서양 세력이 중국에 미친 영향, 특히 아편의 영향에 대해 굉장한 거부감을 보입니다. 서양에 좋은 제도가 있다면 받아들일 생각이 있지만, 아편을 팔아먹고 있는 서양 세력과 힘을 합할 뜻은 없었던 것이죠.

流

영국 쪽에서도 초기에는 이쪽을 자기편으로 만들 수 있겠나 정보활동을 많이 합니다. 교주가 기독교를 표방한다고 하니 솔깃했죠. 마이동풍식의 청나라 조정을 대신할 화끈한 파트너가 돼줄 수 있지 않겠나 은근히 기대했던 겁니다. 그러나 곧 포기합니다. 예수님 동생을 표방했다고 하지만 접촉해보니까 서양 사람들 시각에서는 이건 전혀 기독교가 아닌 데다가 자기들 편에 서서 고분고분 말을 들어줄 것 같지도 않았던 것입니다.

그렇다면 남은 동맹의 대상은 지방의 신사층이 됩니다. 동맹까지 어렵다면 최소한 이들이 적극적으로 대항해 나오지 않도록 중립화시킬 수 있어야 했겠지요. 그러나 보수적인 신사층은 그동안 누린 기득권과 질서를 조금도 양보할 생각이 없었고, 하층민이 주도하는 급진적인 평등주의에 반발도 컸습니다. 반면 또 혁명 측은 신사층 내부로 파고들어 우호 세력을 만들어낼 만한 안목과 역량이 부족했습니다. 그래서 결국 쩡궈판(曾國藩), 쥐종탕(左宗棠), 리홍장 같은 출중한 지방의 유교 신사들이 혁명의 치명적인 대항 세력, 진압 세력으로 결집하게 되었지요. 당시 청 조정은 힘이 크게 약화된 상태였습니다. 이미 아편전쟁에서부터 약점이 드러나 있었죠. 중앙에서 힘을 결집할 능력이 떨어져 있는 겁니다. 그런 상황에서 쩡궈판과 같은 지방의 신사 세력이 조정을 대신해서 태평천국혁명에 맞서 싸우면서 그 힘을 크게 키웁니다. 이런 과정에서 청나라의 분권화가 시작되지요. 그리고 영불(英佛) 세력은 지방 신사들이 조직한 민병대인 단련(團練=淮軍, 湘軍)과 연합합니다. 결국 〈지방 신사 민병+유럽 세력+청 조정〉이 연합군을 이뤄 태평천국혁명을 짓누르게 되었습니다. 전략적으로 고립된 데다가 내부가 분열하여 갈등하고 상쟁하면서 태평천국 세력은 종말을 고합니다.

동학혁명군의 민관공치, 세계 혁명사상 전대미문의 사건

남선생   조선의 동학농민혁명은 1894년 한 해에 진행된 사건이지만 의미심장하기로는 태평천국혁명에 못지않습니다. 태평천국혁명이 1차 아편전쟁 이후 중국의 내장근대가 위기에 빠지면서 벌어졌던 사건인 것처럼, 동학농민혁명 역시 조선이 1876년 일본에 개항한 이래 조선 사회의 위기의식도 급격히 높아지던 시점에 발발했죠. 국제적 관점에서 보면 그동안 동학혁명 자체에 대한 관심은 청일전쟁의 도화선이 되었다는 사실에 밀려있던 측면이 있습니다. 청일전쟁으로 동아시아에서 청일의 역관계가 역전되었고 일본이 서구형 팽창근대로 전환하였음이 분명해졌으니까 세계사적으로 굉장히 큰 사건이었죠. 그래서 동학농민봉기가 일본 부상과 패권의 빌미를 준 것이 아니냐는 소극적인 시각도 있어요. 이렇게 보면 태평천국혁명도 2차 아편전쟁의 빌미를 주었다는 식의 부정적인 평가에 머무르고 맙니다. 그러나 서세의 중국 침탈 확장, 그리고 일본의 팽창근대화와 조선침략은 중국과 조선의 농민혁명과 무관하게 이미 자체 논리로 진행되고 있었습니다. 오히려 청과 조선에 발본적인 개혁이 필요하다는 경종을 울렸고, 그러한 개혁의 방향을 제시한 것으로 높게 평가되어야 마땅합니다.

동학농민혁명도 태평천국혁명과 같이 농민이 무장봉기를 했고 짧은 시간에 전주를 점령했습니다. 이는 태평천국혁명이 남경을 점령했던 것과 같은 일입니다. 남경과 전주가 두 나라에서 차지하는 위상이 비슷합니다. 여기서 조선의 동학농민혁명에서 놀라운 일이 발생하는데요, 농민군이 점령한 지역에서 관(官)과 협약을 맺고 공치(共治)를 했다는 사실입니다. '민관공치의 집강소 체제'입니다. 이는 정말로 놀라

流

운 사건이지 않을 수 없는데요, 무장을 하고 국토의 상당한 지역을 장악했던 강력한 봉기 농민군과 국가가 화약(和約, 평화조약)을 맺고 양자 민관공치를 성사시켜 상당 기간 성공적으로 존속했던 사례는, 태평천국혁명뿐 아니라, 세계 어느 혁명사에서도 찾아보기 힘듭니다.

농민군의 전주 점령 직후 이를 빌미로 일본과 청이 조선에 군대를 보내자 농민군은 즉각 북진을 멈추고 전라도 관찰사와 협약(전주 화약)을 맺고 전주에서 철수합니다. 화약의 핵심은 농민군이 장악한 삼남(三南)의 광범한 지역에서 농민 집강소와 관아(官衙)가 공치를 한다는 것이었죠. 청일의 파병 이전에 이미 전라도 관찰사는 국왕과 면대하여 그러한 화약의 기조를 결정하였습니다. 농민군의 의사도 원래 그런 것이어서 전주 화약은 쉽게 합의에 이를 수 있었죠. 이때부터 그해 겨울 일본군과 조선 관군의 연합군에게 농민군이 패배하기까지 6개월 동안 삼남 일대는 '민관공치의 집강소 체제'가 유지됩니다. 〈일본군에 포획된 조선 왕조 중앙〉과 〈지방의 민관공치의 통치체제〉라고 하는 2중 권력 상태가 유지되었던 것이죠.

전주 화약은 청일 출병이라는 비상한 사태에 대한 농민군과 조정의 태도를 분명히 보여주었습니다. 무력 대치를 풀고 이후 평화적인 협력을 통해 농민의 요구를 해결해 가자는 것이었죠. 이 방침은 농민군이 전주성을 빠져나간 후 전라도 관찰사 김학진의 네 차례 효유문을 통해 더욱 분명히 표현됩니다. 전라도 전역 면·리·군 단위의 농민자치, 관민공치의 집강소 설치와 관아의 협력을 명시한 것입니다. 물론 그 이전에도 동학군의 지역통치 도소(都所) 체제는 자연스럽게 나타나고 있었습니다. 그러나 이를 국가가 정식으로 통치 단위의 일익으로 인정하고 지역 관(官) 체제와의 협치·공치를 표방하면서 오히려 권장하기에 이른 것이죠. 민관 집강체제란 봉기농민의 요구, 즉 여러 차례 여러 버전으로 제출되었던 폐정개혁안을 국가에서 사실상 대부분 수용했음을 말하고, 더 나아가 그 개혁안의 실행을 위해 민관이 협력하는 체제입니다.

이를 조정의 일시적인 위기 모면책이었다고 보기도 어렵습니다. 봉기군과 조정 사이에 모종의 공통문법, 공통언어, 공통감각이 분명히 존재하고 작동하고 있었음을 확인할 수 있기 때문입니다. 이는 봉기군 측의 각종 창의문, 격문, 통문, 폐정개혁안과 정부 측의 각종 효유문에 중첩되어 나타나는 공통된 언어와 정서에서 찾아볼 수 있어요. 이는 나라의 근본은 민(民)에 있다는 민유방본(民惟邦本)의 정신, 나라를 지켜 민을 안정시킨다는 보국안민(輔國安民)의 정신으로 집약할 수 있겠습니다. 권귀와 탐관은 쳐내되 군주와 나라는 오히려 지킨다고 하는 봉기군 격문의 언어를 군주 측은 충군(忠君), 보국(輔國)의 충정의 표현으로 인정하였던 셈입니다. 여기에 청일 출병이라는 상황이 더해지면서 양측은 보국안민, 민유방본의 원칙 아래 하나로 뭉칠 수 있었습니다. 이로써 봉기군과 정부군이 협력하여 민관공치를 한다고 하는, 극히 이례적인 사태가 현실이 될 수 있었습니다.

물론 집강소 민관공치가 순조롭게 진행되었던 것만은 아닙니다. 엄연히 전주 화약과 감사 효유문을 통해 폐정개혁의 공치가 공표되었음에도, 이에 저항했던 일부 관아들도 있었고, 민병을 조직해 동학군에 맞섰던 지주·유림 세력도 적지 않았습니다. 그 주축은 그동안 누대에 쌓인 적폐에 이권이 걸려 있던 적폐결탁 세력이었습니다. 민관공치가 순조롭게 진행되었던 곳이라 하더라도 민관의 주도권 향배와 개혁 시행의 수준과 정도를 놓고 길항과 마찰이 있었죠. 일본군이 서울에서

流

조정을 무력장악하고 고종(高宗)과 대신들을 좌지우지하게 된 이후 민관공치에 대한 왕과 조정의 뒷받침은 약해지고 혼란스러워질 수밖에 없었습니다. 오히려 이러한 상황에도 민관공치의 방침을 밀고 나갔던 전라 감사와 지방 수령들의 역할에 대한 재평가가 매우 중요한 과제로 남아 있다고 봅니다. 현재 남아 있는 공문서의 대부분이 동학혁명이 진압되고 난 이후에 정리된 것들이기 때문에 더욱 그렇습니다. 이런 문서들은 거의 대부분 한때 왕명에 따라 농민군과의 공치에 적극적으로 임했던 관 측을 일방적으로 비하·규탄하고 있고, 농민 자치기구의 활동을 무정부적 혼란 상태로만 매도하고 있거든요.

민을 중심에 두는 통치가 유가의 인정(仁政)론이고, 농민의 항의와 저항에 대해 '적자(赤子, 어린아이)를 대하는 가엾은 마음'으로 임한다는 것이 유교 통치자들의 공식 이념이었습니다. 아무리 그렇다 하더라도 적지 않은 관원(官員)들이 봉기 와중에 농민군에 의해 처단되기도 하였던 혁명적 사태를 과감하게 인정하고 농민봉기 세력과 함께 공치에 나선다고 하는 것은 좀처럼 상상하기 어려운 일입니다. 당시 청일 양국이 조선에 군대를 보냈다는 긴급 상황을 고려한다 하더라도 이런 일은 쉽게 성사되기 어렵습니다. 이러한 극적인 상황 전개는 유교 통치 이념이 강했던 조선과 중국이라고 하더라도 그 이전 역사에서는 찾아보기 힘든 파격입니다. 세계사적으로도 매우 독특한 사건이지 않을 수 없습니다. 당시 조선이 유교의 대중화가 가장 깊숙하게 진행되었던 곳이었다는 사실과 무관하지 않을 것입니다. 위기에 처한 조선의 내장근대가 지금 생각하더라도 놀라운 수준의 혁신적 잠재력을 보여주었던 사례입니다.

기존의 '표준적인', '교과서적인' 의미의 '근대국가'들은 모두 내란,

봉기에 대해 극히 엄격한 태도를 취했어요. 그 기원을 16세기 유럽 종교전쟁과 내전들에서 찾든, 17~18세기 영국과 프랑스의 혁명에서 찾든, 그러한 '표준적' 근대국가들은 모두 끝까지 가는 무자비한 내전을 통해서 탄생했지 않습니까. 영국 군주와 귀족들이 인클로저를 하면서 여기에 저항하는 자국 농민들을 얼마나 가혹하게 처벌했는지는 우리가 앞서 이 책 1부와 2부 여러 곳에서 살펴본 바 있습니다. 동아시아권은 어땠습니까. 조선과 중국, 베트남은 농민들의 민란·민요(民擾)에 대해 늘 어느 정도 동정적이고 유화적인 태도를 보였습니다. 언급된 바와 같이 유교 이념의 영향이 큽니다. 반면 일본은 '잇키(一揆)'라고 부르는 농민 저항에 대해 거의 항상 극히 가혹한 엄벌주의로 일관했어요. 그런데 이러한 엄벌주의야말로 근대국가의 행위양식에 부합했다, 따라서 그런 엄벌주의가 일본의 근대를 가능케 하였다고 주장하는 연구도 있더군요.[21] 이런 점 역시 일본이 서구와 닮아 있다는 것인데요, 그런 것까지 닮아야 좋다는 뜻인지 너무나 노골적이어서 듣기에 민망스러울 정도지만, 팽창근대의 시각에서 보면 그게 맞는 것으로 보이겠지요. 그러나 바로 그렇기 때문에, 그러한 팽창근대 국가론의 엄벌주의적 '표준'과 동학혁명기 집강소 민관공치(=혁명 세력과 정부의 공치)라는 놀라운 현상과의 거리는 그만큼 아주 멀어 보입니다. 그리고 그 거리가 멀게 느껴지는 만큼 동학혁명의 미래성이 더욱 돋보입니다.

왜 이렇게 말씀드리느냐 하면 근대국가의 소위 '표준'이란 게 인클로저의 영국이나, 일본의 엄벌주의 같은 것만 있는 게 아니지 않습니까. 더 가까운 시대인 20세기 특히 2차 세계대전 이후를 돌이켜 보면 어떻습니까. 민주주의가 전 세계적으로 확산·심화되면서 그러한 방식의 폭력적 주권행사에 대해서 부정적으로 보는 입장이 새로운 중심이 되

流

지 않습니까. 오늘과 같은 상황에서도 과거 팽창근대가 보여준 엄벌주의적 주권관의 역사만이 '표준'이고 조선의 내장근대가 위기상황에서 보여준 동학혁명의 민관공치 방식은 과연 '표준'이 아니라고 할 수 있을까요? 더구나 이제 21세기 '후기근대'의 상황에서는 약자에 대한 엄벌주의를 표방하는 국가보다는 일반 시민이 일상적으로 정책결정에 참여할 수 있는 시스템을 갖춘 국가가 더욱 선진적인 국가로 인정받고 있습니다. 그렇다면 오히려 집강소와 같은 민관공치의 통치방식이 영국, 일본의 엄벌주의 통치방식보다 더욱 발전되고 세련된 통치체제, 국가체제였던 것이 아니었을까요? 동학혁명이 영국, 일본의 통치체제보다 오히려 미래적이지 않았습니까?

21세기 후기근대의 시민참여적 민주주의에 대해 조금 더 말해보죠. 지금 동서를 막론하고 여러 나라에서 중앙과 지방 차원의 다양한 민관협치, 참여예산제, 시민의회, 기본소득 등의 활발한 제도화가 추진되고 있습니다.[22] 사실 민주주의의 핵심이란 이렇듯 민이 일상적으로 통치에 다양한 방식으로 참여하는 것입니다. 민주주의란 민의 자기통치이니까요. 그렇다면 **동학혁명기 '집강소 민관공치'야말로 민주주의의 중요한 역사적인 모범을 보여주었던 사례**라고 보아야 마땅할 것입니다. 보통 일반적으로 민주주의하면 '선거'를 생각하는데, 실은 선거란 민주주의의 일부에 불과합니다. 민의 자기통치가 중심이고 선거는 오히려 곁가지입니다. 민의 자기통치가 중심에 서지 않으면 선거는 또 하나의 엘리트 지배수단로 전락할 수 있습니다. 이럴 때일수록 민주주의의 중심원리가 무엇인지 뿌리가 무엇인지 다시 생각할 필요가 있습니다. 민주주의에 대해서도 우리 내부에서 자라왔던 뿌리와 경로를 정확히 알아야 하겠습니다. 이렇게 보면 동학혁명과 동학혁명의 민관공치 경험이 오늘날 한국 민주주의의 중요한 뿌리임을 알 수 있죠. 동학혁명이 이렇듯 선구적인 통치체제를 가동할 수 있었던 것은 그 주도체가 민중화한 유교적 통치원리를 이미 익숙하게 자기화하고 있었기 때문입니다. 동학혁명의 지도자들은 조선후기 '대중유교'의 지도자들이기도 하였던 것이지요.[23]

동학혁명의 미래성

동선생 그렇군요. 동학봉기의 혁명성은 무엇보다 그 실천 양식 속에서 찾아야 하고, 그 속에서 진보성과 미래성을 찾을 수 있는 것 같습니다. 태평천국혁명이 「천조전무제도」나 「자정신편」과 같은 사회개혁의 강령을 분명히 표방한 데 비해, 1년이 채 안 되어 일본이 주도한 무력진압으로 꺾이고 말았던 동학혁명군이 내걸었던 강령은 소박해 보이기조차 합니다. 그러나 강령 문제에서도 문구의 급진성 여부보다는 실천 속에서 드러난 가능성과 미래성을 포착해낼 수 있는 관점이 더욱 중요해 보입니다.

그동안 동학혁명군이 내세운 '폐정개혁안'을 놓고 그 혁명성에 대한 논란이 많았습니다. 우선 정치적으로 '권귀척결 보국안민'을 내세운 것은 진보적이기는커녕 오히려 봉건적·퇴행적일 뿐이라는 반론이 있었어요.[24] 손가락만 보고 달은 못 보는 지적입니다. 우선 앞서 보았듯 봉기 세력과 정부가 상당 기간 평화적인 민관공치를 하였다는 사실 자체가 동학혁명의 놀라운 혁명성을 여실히 보여주고 있습니다. 당시 조선에서 신분 해방의 장기 추세가 오히려 매우 조숙하다고 할 수 있는 새로운 국가형태, 새로운 근대의 가능성을 품고 있었습니다. 동학의 혁명성은 어떤 점에서는 기존의 '표준적' 근대관에서의 혁명성보다 오히려 한 차원 높은 미래적 혁명성이었다고 할 수 있겠습니다. 첨언하면 봉기 농민들이 내세웠던 '권귀척결 보국안민'이 유교적 언어라 하여 그들의 지향이 퇴행적이라고 하는 것은 당시 조선에서 크게 일어나고 있던 대중유교에 내포된 평등적 잠재성과 역동성[25]을 전혀 이해하지 못하고 있다는 사실을 고백할 뿐입니다. 과거 식민사관과 서구우월주의 사상에서 한 치도 벗어나지 못한 주장입니다.

이런 시각에서 동학군의 신분, 경제 강령 역시 혁신성이 없었다고 비하하는 견해가 있었어요. 우선 동학혁명에 직접 참여했던 오지영의 『동학사』를 한갓 픽션으로 희화화하면서 여기서 제시된 '집강소 강령' 의 신분제 폐지 조항이 실재하지 않았다고 치부하는 흐름이 있습니다. 그러나 『동학사』뿐 아니라, 『오하기문』, 『속음청사』, 『갑오약력』, 『대한계년사』 등 동학혁명 당시의 현장 상황을 전하는 여러 기록들에서 공통적으로 노비문서를 불태우거나, 위세 양반층을 공박하고 조롱·징치하는 등 격렬한 신분혁명이 진행 중임을 보여주는 대목들이 빈번히 등장합니다. 이미 18세기 이래 조정에서부터 신분철폐를 공론화하고 있었고, 고종 당대에도 사노비 혁파 절목을 반포하는 등 나라의 공식 입장도 신분철폐에 대해 적대적이지 않았습니다. 다른 폐정개혁안에서 신분제 철폐 항목이 나오지 않는다 하여 동학군에 그런 입장이 없었다고 함은 숲속에 들어가 나무 한두 그루만 보고 엄연한 숲은 굳이 안 보려고 하는 태도와 다르지 않습니다.

경제 조항 역시 마찬가지입니다. 오지영 '집강소 강령'에만 '토지균분' 조가 있다 하여 동학군의 경제 강령에 혁명성이 없다고 할 수 있을까요? 토지균분은 정전제 이래 유교 이념의 오래된 이상에 해당하고, 조선의 많은 개혁적 유자들이 이러한 이념의 구현을 주장해왔습니다. '정전제'란 오늘날 주목받는 '기본소득' 구상의 유교적 버전이라고 할 수 있어요. 유학자들이 늘 주장해온 정전제, 균전제, 한전제가 강조점이 조금씩 다를 뿐, 모두가 결국 일반 농민들이 항산(恒産)을 유지할 수 있어야 한다는 이념을 표현했던 것입니다. 유교적 이상사회에서 농민들이 불렀다는 〈격양가(擊壤歌)〉는 오늘날 기본소득 주창자들이 바람직하다고 보는 일반인의 삶의 일상과 크게 다르지 않습니다.[26]

日出而作(일출이작) 日入而息(일입이식)
해 뜨면 일하고 해 지면 쉬고
耕田而食(경전이식) 鑿井而飮(착정이음)
땅 갈아 밥해 먹고 우물 파서 물 마시니
帝力於我何有哉(제력어아하유재)
내게 황제의 권력이 무슨 소용 있으리?

유교적 이상의 구현을 표방했던 동학농민혁명의 지도층 역시 당연히 이러한 유교적 경제 이념을 공유하고 있었습니다. 그러나 그러한 이념이란 '이상적 지향'이기 때문에 현실적 요구, 실체적 혁명성과는 직접적 연관이 없을 수 있습니다. 오히려 당시의 구체적인 상황에서의 실체적 혁명성이란 여러 폐정개혁안에서 반복적으로 제시되었던 바, 당시의 국정농단에서 비롯되었던 여러 초과 중복 과세 행태와 그로 인한 심각한 공·사 채무상태에 대한 총체적 혁파와 탕감에 대한 요구였습니다.

流

이러한 요구를 '삼정(三政) 문란의 척결'이라 요약할 수 있겠습니다. 우리가 보통 '삼정 문란'이라는 말을 중학교 역사 시간에 처음 배우는데요, 그동안은 이 말을 '삼정' 자체가 문란하고 나쁜 것이라는 뜻으로 이해하는 경향이 있었어요. 선생님들이 제대로 설명을 안 해주면 어린 학생들은 그렇게 알아들을 수밖에 없습니다. 우선 원래의 말뜻 그대로 문제는 '삼정이 문란하게 된 것'이지 삼정 자체가 문제였다는 말이 아니지 않습니까. 그렇다면 그 삼정을 원래의 정상적인 상태로 회복하는 것이 당시의 상황에서는 가장 실체적인 혁명성이지 않을 수 없지요. 하나도 어려울 것도 이상할 것도 없는, 너무나 당연한 이야기입니다.

그렇다면 19세기 '삼정 문란' 이전의 삼정의 상황이란 어떠한 것이었을까요. 삼정이란 공납, 군포, 환곡의 3대 조세정책을 말하는 것입니다. 쉽게 요즘 말로 공납은 소득세, 군포는 방위세, 환곡은 국민연금 정도로 이해하면 되겠습니다. 우선 17세기에는 공납 총량을 파격적으로 인하하는 조치가 취해집니다. 그것이 유명한 대동법의 도입입니다. 1750년에는 영조가 군포 2필을 1필로 반감하는 균역법을 시행합니다. 그리고 정조 때인 18세기 말까지 총량 1000만 석에 이르는 막대한 환곡을 확보하여 환곡 운영이 여유로운 상태가 되죠. 이렇듯 18세기까지는 '삼정'이 양난(兩難) 이후 곤궁하게 된 소민·소농의 형편을 펴주는 쪽으로 꾸준히 개선되어왔습니다. 그러하던 '삼정'이 '문란'하게 되었던 것은 19세기 들어 '세도(勢道)정치'가 기승을 부리면서 시작되었던 현상입니다. 그 '세도정치'가 60년을 갑니다.

19세기 세도정치란 왕가의 외척 몇 개 가문이 카르텔을 만들어 고위 관직을 독점하고 세습하는 체제였습니다. 순조에서 철종까지 안동 김씨, 풍양 조씨 세도정치가 대표적이죠. 이때 조선 유교정치의 높은 기상과 공공성은 꺾이고 맙니다. 그리하여 사적 결탁과 국고 약탈의 '가문주의 유교정치'가 그 자리를 꿰차게 됩니다. **'가문(家門)정치'란 유교정치가 사적 약탈의 도구로 타락한 정치입니다. 그렇듯 타락한 세도정치, 가문정치를 바로 잡아보겠다는 게 대원군의 포부였죠.** 그래서 '삼정 문란'을 시정하려는 정책을 폈습니다. '삼정 문란'의 장본인이 바로 세도적 가문정치였으니까요. 그래서 1867~1868년간 사창(社倉)제를 통해 18세기 환곡제를 부활시켜 보려고 시도했고, 1870년에는 호포제를 통해 양반의 군포 면제 특권을 박탈합니다. 그 나름대로 소민과 소농의 처지를 개선해보려 여러 방면으로 노력했던 것이죠.

당시 문제의 핵심은 서울에서 고위직을 독점한 왕의 외척 집안 카르텔('경화 벌열')과 지방관 사이에 촘촘히 짜인 국정과 국고의 사유화, 그리고 국가의 이름을 빈 체계적인 늑탈·사취 구조에 있었습니다. 그러나 대원군도 고종도 결국 이 문제를 해결하지 못했어요. 그러다 외세가 기승하고 왕권이 약해지면서 국력이 크게 기울어갔습니다. 이렇듯 풀리지 못하고 있는 국가적 문제의 해결에 가장 가까이 접근했던 것이 동학농민혁명이 이룬 민관공치의 새로운 통치체제, 통치공간이었다고 할 수 있지요. 당시 군주인 고종의 입장에서는 농민혁명의 힘을 빌려, 즉 농민혁명 세력과 공치 구조를 이룸으로써, 비로소 삼정을 정상화하고 이를 통해 영정조대의 안정과 번영으로 되돌아갈(反正) 길을 열어보려 했던 뜻도 없지 않았을 것 같습니다. 그러나 이렇듯 어렵게 열렸던 문은 이후 일본의 무력 개입으로 난폭하게 닫히고 말았어요.

결국 동학농민군의 경제적 지향은 18세기 조선의 안정된 소농소민 중심사회, 소민주의 사회를 향하고 있었다고 볼 수 있습니다. 혹자는 여전히 이러한 소민주의를 두고 고작 '삼정'의 회복이고 과거지향적

流

일 뿐이어서 여기에는 어떠한 혁명성도 찾을 수 없다고 격하할지 모르겠습니다. 그러나 이런 시각이야말로 문명사적 단위에서 근대세계사를 보지 못하고 있기 때문에 생긴 착시에요. 이제 근대의 제2단계, 즉 서구주도근대의 경제적 지향 전체를 다시 생각해볼 때가 되었습니다. 그 핵심 지향 중 하나가 부르주아 중심주의 그리고 소생산자·소농(= 소부르주아) 소멸의 전망입니다. 그러나 이후 전개된 현실이 이런 전망을 모두 부정했어요. 특히 IT 혁명이 주도하는 후기산업사회에서는 소생산자의 주도성이 크게 활성화되고 있습니다. 과거에는 땅이라는 생산수단을 뺏긴 농민들이 모두 땅과 자본이라는 생산수단을 독점한 자본가 계급에 종속될 것이라고 했었죠. 그러나 요즘 보세요. 휴대전화와 노트북 컴퓨터를 생산수단으로 삼아 살아가는 소민(小民)들이 얼마나 많습니까? 소민·소농은 결코 소멸하지 않았습니다. 오히려 미래는 소민·소농이 주도하는 세계가 될 가능성이 큽니다. 그래서 후기근대에는 부르주아 중심주의가 한계에 봉착하고 소생산자가 다시 돌아온다고 합니다.[27] 물론 이때의 소민·소농이란 과거처럼 농촌에 거주하는 농민만을 말하는 것이 아니죠. 이제는 그 다수가 도시에 거주합니다.

그래서 이제는 주류 경제학 내부에서도 이후의 세계에는 혼합경제가 강화될 것으로 보고 있습니다. 혼합경제란 칼 폴라니(Karl Polanyi)가 주장했던 것처럼 시장경제와 재분배경제, 호혜경제가 공존하는 체제를 말합니다. 18세기 조선의 경제가 오히려 이에 가까운 점이 있어요. 환곡 1000만 석 중 약 7할이 매년 농가에 대부되었습니다. 재분배경제죠. 장시를 통한 시장 교역량보다 오히려 컸습니다. 향촌에서 두레 등을 통한 호혜경제도 활발했죠. 물론 18세기 조선은 산업사회가 아니었습니다. 영국형 산업혁명의 모형을 18세기 조선에 덮어씌울 필요가 없습니다. 이후 산업주의는 서구주도근대의 기관차가 되어 전 세계를 휩쓸고 제패했죠. 이제 한국도 긴 고난을 딛고 산업주의의 중간 선두 그룹을 달리게 되었습니다. 그러나 이제 시대의 흐름이 산업주의 이후, 서구주도근대 이후로 옮겨가고 있음을 보아야 합니다.

지금 우리가 목도하고 있듯이 부르주아 중심주의가 결국 도달한 곳은 승자독식과 극심한 양극화, 실업과 비정규직 증가의 세계 아닙니까. 이 '1 대 99 사회'에서 99의 자기정체성이란 우리 언어로 '소민(小民)'이라는 말이 적절할 것 같습니다. 비정규직, 파트타임 노동자의 상태를 보세요. 반은 고용된 노동자이되 다른 절반은 여러 형태의 작은 부업을 통한 자가생산자이기도 합니다. 정보통신 기술의 일상화는 이러한 반(半)고용 · 반(半)소생산자의 활동성과 활동범위를 크게 확대시키고 있어요. 소위 4차 산업혁명의 파고 속에서 티핑 효과를 독점하려는 부르주아적 · 독점적 수직 재편의 힘과 경제적 기회를 수평적으로 확산시키려는 새로운 '평등화 경향'의 힘은 날카롭게 길항할 것입니다.

과거 산업주의 근대관은 거대사업장 속에 밀집한 거대한 노동자 집단과 극소수 대부르주아를 상정하고 중간에 낀 소생산자는 완전히 소멸하는 세계를 전망했었죠. 이 전망은 이제 완전히 틀린 것으로 판명났지 않습니까? 지금 우리 눈앞에 펼쳐지고 있는 후기근대의 상은 부동하는 경제적 네트워크에 단속적으로 접속하는 새로운 소생산자들이 다수를 이루는 세계로 되어가고 있습니다. 소민의 소멸이 아니라, 정반대로 새롭게 소민이 사회의 다수를 이루는 '소민사회'로 되어가고 있는 것입니다. 이런 사회에서 복지제도나 기본소득은 후기근대의 환곡이라 할 수 있는 것이고(재분배경제), 성장하고 있는 사회적 경제, 다양

流

한 형태의 중간경제[28]는 이 시대의 새로운 두레(호혜경제)라고 볼 수 있습니다. 삼정의 정상 회복을 내걸었던 동학혁명의 경제 강령에서 후기 근대의 미래적 혁명성을 미리 엿볼 수 있다고 주장하는 데에는 이처럼 분명한 현실적 근거가 있습니다.

동아시아의 전통에는 민주주의가 없었다?

북선생　앞서 제가 "유교의 핵심교리 내부 깊은 곳에 세습군주제를 래디컬하게 부정하는 공화주의 사상이 잠재해 있었다"고 했습니다. 1부 4론 그런데 저는 이제 한 걸음 더 나아가 이 동학농민혁명에서 **공화제를 넘어서서 더욱 진보적으로 나가는 민주주의적 지향**을 읽게 됩니다. 앞서 서선생도 '집강소 관민공치'의 민주적 선진성과 '대중유교'와의 관련성을 언급했지요. 여기에 제가 약간 보완해보겠습니다. '대중유교'라는 게 동아시아 초기근대에서 여러 나라에 광범하게 나타나는 현상입니다만, 이게 특히 조선에서 가장 깊고 폭넓게 진행되었습니다. 당시 동아시아 신분제의 강도는 일본이 가장 강했고, 그다음으로 조선과 베트남이 비슷한 수준, 그리고 청나라가 가장 약했다고 할 수 있습니다. 조선에는 노비제가 문제였죠. 그런데 이게 대중유교의 바람을 타면서 급격하게 무너집니다. 노비를 탈출하면 목표가 바로 유교를 공부하는 학생의 신분, 즉 '유학(幼學)'이라는 직역(職役)을 획득해 양반 행세를 하는 것입니다. 그러자면 우선 돈을 벌어야 하겠죠. 돈이 있어야 양반 족보도 살 수 있고, 유학의 신분도 얻을 수 있습니다.

　조선은 일본처럼 신분 위계질서가 그렇게 촘촘하고 엄격하지 않았습니다. 크게 양반과 양인(良人) 그리고 노비가 있습니다. 그래서 노비를 탈출하면 그 목표가 양인을 넘어 바로 양반을 향하게 되는 것입니다. 모든 양인들의 목표 역시 '유학' 신분을 얻고 과거 시험장에 드나들면서 양반이 되는 것이었으니까 노비 탈출을 한 사람들도 당연히 같은 목표를 갖게 되는 것이죠. 신분적 출신의 위계가 뚜렷이 박혀 있는 고향 마을을 탈출한 노비들의 열망이 그렇게 됩니다. 그래서 정약용 선생도 이런 현상을 보면서 '온 나라가 양반이 되고 있다(通一國爲兩班)'고 썼어요. 이런 글을 쓴 심정을 헤아려보면 '걱정 반 희망 반'입니다. 우선 최고 양반가 출신으로 이 현상은 당연히 심각한 걱정거리였겠지요. 양반 값이 떨어지고 있으니까요. 그러나 그 내면의 무의식을 들여다보면 정치투쟁에서 패배하여 출세의 사다리에서 완전히 밀려난 '폐족'으로서 사회의 총체적 개혁을 바라는 마음도 엿볼 수 있을 것입니다. '온 나라 양반 되기'란 분명 평등화의 거대한 사회적 흐름이거든요. 이런 도도한 흐름 속에서 조선의 동학이 창시되었습니다.[29]

그래서 **동학의 교리에는 신분제를 완전히 넘어서자는 평등주의가 아주 뚜렷**해요. 양반 상놈만이 아니라 남녀 차별도 없애자는 이야기를 실생활을 들어서 아주 구체적으로 합니다. 유교가 엘리트 학자층이 중심이 되었을 때는 공화주의적 성격을 갖는다고 했고, 그것을 앞서 '유교 문인공동체 공화주의'라고 했습니다.[1부 4론] 그런데 그 **유교가 대중 속에 넓게 퍼져 대중이 그 공화적 원리의 주체로 스스로 나서게 되면 그 '대중유교'는 이제 민주주의의 넓은 흐름과 합치하게 됩니다. '민주주의의 넓은 흐름'이란 밑으로부터 위로 회합과 대화를 통해 합의를 만들어가는 민중의 생활세계에 깊숙이 흐르고 있는 전통**을 말합니다.

이러한 의미의 '민주주의의 넓은 흐름'은 인류문명사, 더 나아가 인

流

류사에 깊은 뿌리를 내리고 있습니다. 예를 들어 존 킨의 『민주주의의 삶과 죽음』은 동서 고대문명 여러 곳에서 민주주의의 깊은 뿌리를 확인하고 있지요. 시리아-메소포타미아의 고대 '회의체', 고대 바빌로니아와 아시리아의 '시초 민주주의(primitive democracy)', 인도 고대 초기 베다 시대의 '회의체 공화주의' 등 풍부한 예를 들고 있습니다.[30] 그렇다면 중국 춘추시대 이전부터 존재했던 사(士)의 활발한 집단토의 전통[31]은 '사(士)의 회의체 전통'이라 불러 마땅할 것입니다. 크리스토퍼 보엠과 같은 인류학자는 한발 더 나아가 민주주의의 뿌리를 고대문명 이전 수렵채집공동체의 생활방식에서 찾고 있습니다.[32] 인간 사회성의 구조 안에, 특히 민중의 생활세계의 작동방식 내부에 민주주의의 깊은 뿌리가 내재해 있다는 것이죠. 오늘날의 선거와 정당제도는 그러한 민주주의의 큰 흐름, 큰 뿌리에서 자라 나온 하나의 가지인 것입니다. 반대가 아닙니다.

한국인 그리고 동아시아인들 중에는 유교 또는 아시아 전통과 민주주의는 애초에 전혀 관계가 없다는 '이상한 확신'을 품고 있는 분들이 아직도 적지 않은 것 같습니다. '강한 편견'이 더 적합한 말이겠죠. 어렸을 적부터 잘못 배웠기 때문입니다. 민주주의란 오직 유럽에서, 미국에서, 외부에서 들어왔던 것이라고 배웠으니까요. 지난 세대의 역사와 역사교육이 그랬습니다. 민주주의라는 거대한 나무의 전체 몸체 중에서 뿌리 한 가닥만을 잡고 '이것만이 민주주의다!'라고 얇게, 짧게 배운 것입니다. 이런 사고방식을 가만히 들여다보면 마치 '진정한 민주주의'란 외국 공부, 서양 공부 많이 하고 서양의 최고 학교에서 유학한 사람들만이 제대로 알고 이해할 수 있는 무엇인 것처럼 되어 있습니다. 그러나 이러한 생각만큼 민주주의와 동떨어진 것은 없을 것입니다. 그렇듯 '이상한 관념 속의 민주주의'는 현실의 실제 민주주의와는 아무런 관련도 없습니다. 지극히 엘리트적인, 그러나 그 내면은 열등의식으로 가득 찬, 관념 덩어리에 불과합니다. 현실의 실제 민주주의는 오히려 그와 정반대에 가까울 것입니다. 즉 서양 공부나 외국 유학 경험과 가장 멀리 떨어져 있는 수많은 평범한 사람들이 자신의 문제를 해결하기 위해 일상생활 속에서 의견을 모아가고 투쟁해가는 나날의 현실입니다. 그것이 동서고금을 관통하는 민주주의의 본체요 뿌리입니다.

서양중심적 편견으로 가득 찬 눈으로는 동학혁명 집강소의 경험에서 민주주의의 참모습을 결코 찾을 수 없을 것입니다. 어떻게 서양 민주주의가 아직 '수입'되지도 않았던 궁벽한 조선 땅에서 무슨 민주주의를 운위할 수 있느냐고, 도대체가 어불성설이라고, 짜증부터 내실지도 모르겠어요. 그러나 우선 이제는 그런 태도 자체가 편견의 뚜렷한 징표가 되었음을 인정해야 합니다. 그런 편견을 만들었던 서양중심주의가 이제 서양의 내부에서부터 통하지 않고 있습니다. 오히려 부끄러움의 대상이 되었어요. 서양 내부에서부터 말이죠. 이제 세계 역사를 보는 눈이 변한 것처럼, 민주주의와 민주주의의 역사를 보는 눈도 크게 변했습니다. 세계 전체가 그렇습니다. 민주주의의 역사 역시 유럽중심주의를 넘어 전 지구적 차원, 인류문명사적 차원에서 다시 씌어지고 있습니다. 그래서 앞서 언급했던 영국인 존 킨이나 미국인 크리스토퍼 보엠의 연구가 그런 큰 흐름 속에서, 서양 내부에서부터 나오고 있는 것입니다.

동학은 대중유교, 더 나아가 유교, 불교, 그리고 민간사상에 깊이 내재했던 민주적 요소를 융합하여 아주 깊게 밀고 나갔습니다. 남성과

流

여성, 어른과 아이의 벽도 넘어서야 한다고 했지요. 성평등, 세대평등의 사상입니다. 밥과 사람('법'이 아니라 '밥'입니다), 경제와 인간, 자연과 인간도 서로 존중하는 사이가 돼야 한다고도 하지요. **문명 간, 민족 간, 계급 간, 성별 간, 세대 간, 인간/자연 간의 낙차를 줄여 나가려는 '내장적 문명성'의 두드러진 표현**이 아닐 수 없습니다. **아주 래디컬하고, 매우 후기근대적인 민주주의요 평등주의**입니다. 이런 사고방식과 실천에서 지금 우리의 선거제도나 의회주의보다 오히려 더 깊은 차원에서 민주적인 점을 많이 찾을 수 있습니다. 뿌리에서부터 민주적인, 문자 그대로 래디컬(radical)한 민주주의인 것이죠. 이것이야말로 '진정한 민주주의'입니다. 우리가 통상 민주주의와 등치하고 있는 선거나 의회제도는 대표제이고 엘리트제도이기 때문에 이것을 민주주의의 진정한 핵심이라고 말하기는 어려워요. 선거제와 의회제의 의의와 한계를 파헤친 책은 많습니다만, 그중에서 프랑스 정치학자인 버나드 마넹이 쓴 『선거는 민주적인가』와 미국에서 정치학을 공부한 중국 정치학자 왕샤오광의 『민주사강』(그중 1강)을 권합니다.[33] 아주 재미있으니 일부라도 꼭 한번 읽어보길 권합니다.

생명과 평화의 가르침, 협동과 우애의 공동체

서선생　끝으로 저는 그동안 그다지 부각되지 않던 동학농민혁명의 평화지향성을 강조해두고 싶습니다. 무기를 들고 혁명에 나섰는데 평화를 이야기하는 게 얼핏 모순으로 들릴지 모르겠습니다. 그러나 농민군이 봉기해서 전주성 점령까지 진격해가는 동안, 그리고 이후 관민공치 시기에도 살상은 미미했습니다. 동학혁명에서의 대량 살상은 우금치 패전 이후 사실상 무장해제 상태로 패주하는 농민군을 남쪽 바다 끝까지 몰고 가는 '토벌작전'에서 벌어집니다. 이 토벌작전을 '근대일본이 벌인 최초의 제노사이드, 대량학살'이라고 합니다. 양심적인 일본학자들의 주장이에요.[34] 최근 1894년 당시 일본군 측의 자료가 새로 발굴돼서 이 자료에 의거한 연구가 많이 나왔는데요, 이 연구들은 1894년 일본군의 서울과 경복궁 점령, 국왕 포로화, 농민군에 대한 '제노사이드' 군사작전 등 일련의 과정을 '조선전쟁', '조일전쟁'이라 부르고 있습니다. 조일전쟁과 청일전쟁은 한 묶음으로 진행되었다는 것이죠. 그리고 '제2차 조일전쟁'은 이후 러일전쟁과 함께 진행되었다고 보고 있습니다.[35] 당시 일본에서 동학혁명을 보는 시각이 한쪽으로만 쏠리지 않았다는 점도 지적하고 싶군요. 당시 일본 신문들은 동학군의 규율이 엄정하다고 보도했고, 당시 일본의 중의원 다나카 쇼조(田中正浩)는 1896년에 쓴 글에서 동학혁명군의 규율에 대해 '문명적'이라고 찬탄하기까지 했습니다.[36]

일본인들의 시각에서도 그렇게 보였던 것이니, 동학군의 평화지향성에 대해 제가 없는 이야기를 하거나 과장해서 말하는 것이 아닙니다. 이는 봉기 직후 전봉준 자신이 포고했던 '4대명의(四大名義)'라는 행동강령과 '12개조 기율'에도 분명히 표현되어 있습니다. 간략하게 4대명의만 소개하면 이렇습니다.

(1) 매번 적을 상대할 때 우리 동학농민군은 칼에 피를 묻히지 아니하고 이기는 것을 가장 으뜸의 공으로 삼을 것이며, (2) 비록 어쩔 수 없이 싸우더라도 사람의 목숨만은 해치지 않는 것을 귀하게 여겨야 할 것이다. (3)

流

〈그림 2-5〉 동학농민혁명 진압을 위해 파병된 일본군 19대대가 제물포항에 내리는 모습

또한 매번 행진하며 지나갈 때에는 다른 사람의 물건을 해하지 말 것이며, (4) 부모에게 효도하고 형제간에 우애하며 나라에 충성하고 사람들 사이에서 신망이 두터운 사람이 사는 동네 십리 안에는 절대로 주둔해서는 아니 될 것이다.

저는 이런 기록들을 읽으면서 그로부터 그다지 길지도 않은 50년 이후 같은 땅에서 벌어졌던 6·25전쟁에서 이런 사람들의 후손들이 더구나 같은 민족 간에 보여주었던 잔인함과 적대감을 떠올리지 않을 수 없습니다. 왜 이렇게 무섭도록 변해버렸을까요? 그동안 도대체 무슨 일이 벌어졌길래 사람들이 이토록 달라지게 된 것일까요? 무엇인가 우리 심성에 굉장한 뒤집힘, 변화가 있었던 것 아닐까요? 앞서 우리가 해왔던 분석과 연결시켜 말한다면, 그 50년 동안 코리안들 내부에도 '외부의 적'의 존재, '적대적 외부'의 설정이 자기 존립의 근거가 되는 팽창근대의 폭력성이 깊이 스며들었다고 봐야 하는 것 아닐까요?

동선생   동학혁명의 평화지향성은 결코 우연한 것이 아니고 동학사상 자체, 특히 1863년 수운 선생의 처형 이후 2대 교주를 맡았던 해월 최시형 선생의 생명주의, 평화주의와 깊은 관련이 있다고 봅니다. 해월 선생은 일평생 박해 속에서 밑바닥 농민 속에 깊이 몸을 숨기고 포교를 한 분입니다. 수운 선생의 '시천주(侍天主)' 사상을 해월 선생은 '온 생명이 천주'라는 방향으로 심화시켰죠. 그래서 천주를 모시는 것은 곧 온 생명을 모시는 일이 됩니다. 동학이 생명을 지키고 살리자는 종교가 된 것입니다. 지구생태와 기후위기에 봉착한 오늘날 우리들에게 더욱 빛나 보이는 높은 가르침이 아닐 수 없습니다. 해월 선생은 교조신원운동에서도 평화적인 방법을 내세웠고, 농민봉기가 일어났을 때도 평화주의를 일관되게 강조했습니다. 물론 평화란 생명을 지키자는 평화이니, 해월 선생이 생명을 지키기 위한 봉기에 반대했던 것은 아닙니다. 억압됐던 농민들의 혁명이 규율된 평화주의를 유지한다는 것은 결코 쉬운 일이 아님에도, 동학혁명이 그런 성격을 유지할 수 있었던 데는 해월 선생이 끈질기게 강조한 생명과 평화의 가르침의 영향이 컸다고 하겠지요.

그 평화지향성의 뿌리는 깊습니다. 동학의 연원은 다양하지만 역시 유교의 천하위공, 민유방본의 오랜 전통이 가장 깊은 바탕에 있습니다.[37] 그런 평화적 공(公)사상의 뿌리가 대중유교로서의 동학과 동학혁명으로 이어졌고, 일제하 3·1운동으로 그리고 한국전쟁 이후 한국의 반독재민주화운동으로 이어졌습니다. 4·19혁명, 87년 6월 투쟁, 그

流

〈그림 2-6〉 수운 최제우 선생의 영정과 1898년 체포되어 처형당하기 직전 해월 최시형 선생의 모습

리고 최근의 촛불혁명이야말로 이러한 평화적 공공(公共) 사상의 전통
이 고난의 역사 속에서도 면면히 이어지고 있음을 보여줍니다. 1980년
의 광주항쟁 역시 생명을 지키고자 하는 봉기였다는 점에서 해월과 동
학혁명의 전통에서 한 치도 어긋나지 않았습니다. 시민들을 잔인하게
학살했던 공수부대를 물리쳐 몰아내고 광주에서 형성된 '완벽한 평화
와 협동과 우애의 공동체'가 그것을 입증해주고 있습니다. 이 기간 '해
방 광주'에서는 폭력과 파괴가 완전히 사라졌지요.[38] 후일 한 연구자는
이러한 사실을 뒤늦게 발견하고 학자로서 큰 충격을 받습니다. 그러
면서 당시의 그 광주를 '절대공동체'라고 명명합니다.[39] 그때 광주에서
시민들이 공수부대를 몰아냈기 때문에 이후 87년 6월투쟁도, 2017년
촛불혁명도 평화적으로 승리할 수 있었음을 기억해야 할 것입니다. 그

후 한국에서는 군대가 시민혁명을 '무력진압'하는 것이 불가능해졌기 때문입니다.

북선생　'동학의 평화지향성'과 광주에서의 '절대공동체'를 생각하면서 다시금 강조하고 싶은 것이 2016년 겨울과 2017년 봄에 걸친 거대한 '촛불혁명'이 보여준 '평화와 우애의 정신'입니다. 근 5개월에 걸친 연인원 수천만의 촛불 대중행동 속에 어떤 폭력과 파괴도 없었지요. '반촛불 집회'를 한다고 나섰던 이들의 미미한 소동을 빼곤 말이죠. 정말 놀라운 일이 아닐 수 없었습니다. 이런 일은 축적된 시민적 저력이 없으면 불가능한 일이거든요. 우리만 아니라 세계가 놀랐지요. 최근 한국의 어느 평자는 당시의 상황에 대해 다음과 같은 감흥을 남겼더군요.

> '촛불시위'야말로 우애에 대한 요구였으며 우애의 일시적이지만 경이적인 실현이었음을 상기하게 된다. 스스로 주권자임을 자각해나간 그 과정은 또한 서로를 주권자로 호명하는 과정이었고 그럼으로써 부단히 갱신되는 공동체로서 커먼즈를 체감하는 과정이었다. 하나의 목표가 수많은 의견을 이끌어내고 하나의 주장이 여러 요구들로 공명되어나간 그때, 분노와 저항으로 광장에 나간 사람들이 더 강렬하고 뿌듯하게 감각한 그것이 우애가 아니라면 무엇이었을까.[40]

'촛불혁명'은 아주 근래 벌어진 일이어서 우리 모두의 기억에 어제 일처럼 생생합니다. 여전히 완성을 향해 지금 이 순간에도 진행 중인 '미완의 사건'이기도 합니다. 동선생의 지적처럼 87년 민주화, 80년 시민항쟁, 4·19, 3·1운동, 그리고 동학농민혁명까지를 포함한 여러 '역

〈그림 2-7〉 한국의 촛불혁명 (2016.11.26. 집회)

사적 사건들'을 중첩시켜 떠올리지 않을 수 없게 했던 아주 특별한 순간이었습니다.

제4론

내장근대 체제전환의 유형

내장근대 체제전환의 유형

중심-주변, 문-무, 군현-봉건

동아시아는 서세동점에 어떻게 대응해야 했을까

남선생　이제 제2부의 마지막 논의입니다. 동학농민혁명을 분석하다 120년 이후의 '촛불혁명'까지 이르게 되었습니다. 이제 다시 2부에서 살펴왔던 역사적 흐름 내부로 차분하게 되돌아가 당대의 시각에서 문제를 정리해볼 시간입니다. 심각한 내우외환에 처했던 19세기 동아시아가 나아갔어야 할 방향과 과제는 무엇이었을까요? 저는 그것을 '**산업화 없는 초기 상태의 내장근대**'를 '**산업화와 결합한 내장근대**'로 전**환하는 것**이었다고 요약해봅니다. 단, 〈산업화와 결합한 내장근대〉라는 표현에 두 가지의 단서를 미리 전제해두겠습니다. 첫째는 〈**산업화와 결합한 내장근대**〉란 〈**산업화로 무장한 팽창근대**〉**와는 전혀 다른 길**이라는 점입니다. 〈산업화와 결합한 내장근대〉란 〈식민화 없는 내장적 산업화〉를 말하는 것이니까요. 두 번째는 이 〈산업화와 결합한 내장근대〉란 어디까지나 당시의, 즉 19세기 서세동점 이래 서양 제국주의의 정복과 지배의 위협을 받고 있던 당대 동아시아 여러 나라들의 목표요 과제를 말하고 있다는 점입니다. **그 당시의 목표와 과제를 우리가 지금 이 논의를 하고 있는 현재의 시점, 즉 오늘날 21세기 후기근대의 시점에서 동아시아의 목표로 오인하지 말자**는 것입니다.

21세기 후기근대의 현재 상황에서는 1, 2차 산업혁명과 같은 방식의 자원 소모적, 기후위기 유발적 산업화에 대한 문제의식이 매우 높아진 상황입니다. 과거와 같은 유형의 근대화 모형 자체의 유효성이 이제 시효 만료가 되었어요. 지금 저는 이러한 21세기의 관점에서 동아시아 내장근대의 목표를 말하고 있는 것이 아닙니다. 19세기 당시의 상황에서 시대변화를 읽고 있던 동아시아인들이 생각했던 동아시아 사회의 발전 목표를 말하고 있음을 유념해주시기 바랍니다. 이제 동아시아는 20세기를 경과하면서 여러 난관 속에서 이미 1, 2차 산업혁명의 성과를 따라잡는 데 이미 성공했습니다. 21세기 내장근대의 새로운 목표와 지향에 대해서는 이 책 5부에서 상세히 논의할 것입니다.

이제 다시 19세기의 동아시아로 돌아가지요. 당시 동아시아 사회들의 과제가 동아시아 초기근대의 내장적 산업화에 있었지만, 그러한 전환은 서양 팽창근대의 침탈 속에서 진행되어야 했기 때문에 심각한 장애가 따르지 않을 수 없었습니다. 이러한 시대적 전환을 이루어내려면 무엇보다 우선 새롭고 강력한 정치적 중심을 형성할 수 있어야 했어요. 그러나 여기에 청, 조선, 베트남은 실패했고, 일본만이 성공했습니다. 그러나 일본은 정치체제의 전환에 성공한 것이었지, 〈산업화와 결합한 내장근대〉로의 전환에 성공한 것은 아니었습니다. 〈산업화로 무장한 서양 팽창근대〉 노선을 모방하여 〈동아시아 내부의 팽창근대〉로 나가고 말았으니까요. 이로써 동아시아는 내우외환이 더욱 깊어지고

流

말았습니다. 동아시아 내장근대의 원형(形)을 위기에 빠뜨린 류(流)의 흐름은 서양 팽창근대에 일본의 팽창근대가 더해짐으로써 더욱 심각한 것이 되었습니다.

청에서 산업화 시도는 양무개혁기부터 있었지만 산업화를 위한 내부 체제개혁이 미약한 상태에서 다만 서양의 군사기술을 수입해오자는 피상적인 수준을 넘지 못했습니다. 그조차 내부 반발이 컸고, 개혁을 하자는 쪽도 여러 지역 세력으로 사분오열되어 힘을 모을 수 없었습니다. 결국 양무개혁은 1894년 청일전쟁에서 패함으로써 끝납니다. 그 개혁이란 게 실속 없이 진행되어 실패했음을 단적으로 보여주었죠. 청일전쟁에서 청이 일본에 패한 것을 보고 서양 세력은 청을 더욱 우습게 보고 더욱 노골적인 침탈에 나섭니다. 청일전쟁의 결과, 시모노세키 조약에서 일본이 청에 강요하여 빼앗아낸 몫을 러시아가 독일, 프랑스를 끌어들여 다시 빼앗은 것입니다. 이를 '삼국간섭'이라 하지요.

러독불 3국의 힘에 밀린 일본은 '눈물을 머금고' 산둥반도를 러시아에 넘겨주는 대신, 청에 요구하는 전쟁 배상금을 은화 2억 냥에서 3000만 냥을 추가하여 더 받기로 했습니다. 독일이 차지한 것은 칭다오, 프랑스는 상하이 조계지, 영국은 양쯔강-버마 철도부설권 등입니다. 쓰러진 먹이를 놓고 다투는 동물들과 다를 바 없는 모습이지요. 몫을 좀 빼앗겼지만 그래도 일본은 타이완을 차지하고 조선 식민화의 발판을 마련합니다. 또 서구 열강이 중국에서 누리고 있던 불공정 조약의 여러 특권도 입게 되었죠. 더하여 2억 3000만 냥의 배상금은 당시 일본 예산의 3년분에 해당하는 막대한 금액이었어요.

청일전쟁이 보여준 것은 이제 중국은 아무나 힘만 있으면 쳐들어가 이것저것 마음대로 빼앗아 와도 되는, 참으로 처량한 신세로 전락했다는 사실입니다. 당시의 서양이 표방한 '만국공법'의 질서란 게 얼마나 노골적인 약탈적 체제였는지를 그대로 보여주는 장면들입니다. 결국 청일전쟁은 서양 세력의 중국 침탈에 일본이 가담하는 결과를 가져왔을 뿐 아니라, 서양의 중국 침탈을 곱으로 강화한 계기가 되었습니다. 서양의 침탈을 받고 있지만 그래도 동아시아의 중심국가로서 저력이 있다는 자부심도 완전히 깨졌습니다. 청일전쟁에서 큰 충격을 받은 캉유웨이 등 중국의 '변법(變法)' 세력은 정치제도를 포함한 포괄적 사회 개혁을 표방하지만 이 역시 서태후로 대표되는 구체제 수구파의 저항에 막혀 실패하고 맙니다.

조선과 베트남은 중국만 믿고 있다가 같이 떠내려간 셈입니다. 애초에 청나라 조정이 그랬던 것처럼, 장사나 하고 다니는 바다 오랑캐가 소동을 좀 벌였다고 해서 '천조(天朝)의 대국'이 그까짓 일로 무너질 리가 없다고 생각하고 있었습니다. 기존 체제의 기강만 바로잡으면 문제없을 것이라는 식이죠. 문제는 긴 역사를 가진 '내부'지, 족보도 없이 갑자기 나타난 '외부'가 아니라는 사고방식입니다. 그동안 자신들이 알고 있는 세계와 역사가 그런 것이었으니, 그런 식으로만 생각한 것입니다. 그러나 현실에서는 자신들이 그동안 알고 있던 역사와는 질적으로 완전히 다른 사태가 진행 중이었죠.

베트남 먼저 볼까요. 1802년 들어선 응우옌(阮) 왕조는 베트남 역사에서 통치영역이 가장 넓고 가장 번성했던 왕조입니다. 제도적으로도 유교적 국가체제를 가장 높은 수준으로 정비했습니다. 그래서 자신을 동남아의 중심으로 자부하고 주변 라오스나 캄보디아를 조공국으로 간주했죠. 개국 초기였기 때문에 자신감이 컸습니다. 개국 과정에서 약간의 지원을 했던 프랑스도 처음에는 조공국의 하나쯤으로 취급하고 있을 정도였습니다. 프랑스와 응우옌 왕조와의 인연은 개국조인 자롱제(嘉隆帝)가 개국 이전 어려웠던 시절에 캄보디아에 와 있던 프랑스인 가톨릭 신부의 도움을 받았던 데에서 시작됩니다. 프랑스는 19세기 초반까지는 영국에 밀려 동남아에 근거가 매우 미약했습니다. 그러나 1차 아편전쟁에서 청이 영국에 패배하는 것을 보면서 베트남과 캄보디아, 라오스에 대한 야욕을 갖기 시작합니다. 베트남은 프랑스의 가톨릭 교세 확장을 경계하고 제재하기 시작하죠. 그러자 프랑스는 2차 아편전쟁에서 영국 편에 가담하면서 베트남에 대한 군사공세를 시작합니다. 베트남은 항전했지만 연이어 패하여 1862년, 1874년 조약을 맺고 남베트남을 프랑스에 넘겨줄 수밖에 없게 됩니다. 그리고 청나라에 구원을 요청하죠. 어느 정도 군비를 갖추었다고 생각한 청은 조공국가 베트남에 대한 종주권을 주장하며 출병하여 1884~1885년 청불전쟁이 벌어지는데요, 청의 지상군은 통킹에서 승리를 거두지만, 해군은 복건성 연안의 해전에서 참패를 당하죠. 프랑스 함대는 당시 청이 양무운동을 통해 힘들여 건설해놓은 푸저우(福州)의 선정국(船政局, 해군조선소)을 완전히 파괴했습니다. 청은 프랑스가 상하이까지 올라와 공격을 확대할 것을 우려하여 사실상의 항복을 하고 베트남에 대한 프랑스의 지배권을 인정해줍니다. 청나라의 양무·자강운동은 청일전쟁 이전에 이미 청불전쟁에서 약점을 노출하고 큰 타격을 받았던 것입니다.

조선은 베트남보다 청나라와 연관이 더 컸어요. 조공관계도 훨씬 잦았고 정기적이었지요. 국경 무역도 그만큼 더 활발했습니다. 그렇다 보니 19세기 초부터 청나라 경제의 활력이 저하되는 영향을 베트남보다 더 크게 받았습니다. 또 당시 신생 왕조인 베트남과 다르게 조선은 유교 왕조 사이클의 초기가 아닌 후기의 상태에 있었습니다. 조선 왕조가 이미 400년째에 접어들었고, 세습 벌열(閥閱) 세력이 왕조의 힘을 잠식하는 상태가 시작되고 있었어요. 이런 요인들이 겹치면서 농민들의 상태가 어려워져 갑니다. 그러다 관서지방의 홍경래 봉기나 삼남지방의 농민항쟁이 터집니다. 그런데 1863년 대원군이 집정하면서 벌열 세력을 누르고 조정의 힘을 회복하려는 개혁조치가 이뤄집니다. 왕조의 하강추세를 잠시 억제하죠. 동시에 서양 세력에 대해 '척화(斥和)'를 내세워 강경하게 대치하고 서해안에 출현한 서양 함선을 퇴치하는 데 성공하기도 합니다. 이러한 왕권 회복과 척화 노선은 민심의 지지를 받지만, 그렇다고 대원군의 '척화' 노선이 세계의 흐름을 잘 보고 있었던 것이라고 말할 수는 없습니다.

당시 조선이 주목해야 할 경계 대상은 서양 쪽보다 오히려 일본이었습니다. 당시 서양 세력이 욕심내던 대상은 중국이지 조선이 아니었습니다. 이 점에서는 일본도 중국 덕을 봤어요. 조선이나 일본이나 유럽 세력이 각축을 벌이고 있던 동남아나 남중국으로부터 떨어진 지역이었죠. 1853년 미국의 흑선이 와서 함포로 일본을 위협하여 개항시켰지만, 미국의 궁극적 목표도 중국 진출에 있었지 일본을 차지하려는데 있지 않았습니다. 그 틈새를 이용해 일본은 체제전환에 성공할 수 있었죠. 그러나 일본에서는 메이지유신 이전부터 일본의 이익을 지키기 위해서는 조선을 먼저 공략해야 한다는 팽창적·공격적 기류가 일각에서 이미 형성되어 있었습니다. 그런 나라가 정치변혁에 성공해 힘을 급속히 키워가던 상황이었습니다. 그런 상황에서 대원군의 무차별적 '척화' 노선과 국내 가톨릭에 대한 강경 탄압 일방노선이 현명했다보기 어렵습니다. 당시는 중국에서 벌어진 1, 2차 아편전쟁의 결과를

流

조선에서 알고 있던 상황 아닙니까? 그걸 뻔히 보면서도 문 닫아걸고 수성만 잘하고 있으면 괜찮다고 하면 무책임한 거죠. 이런 생각의 배후에는 지금 중국이 어렵기는 하지만 결국 대국답게 일시적 위란을 잘 수습해서 다시 천하질서를 원상으로 돌려줄 것이라는 막연한 기대나 예측이 있었겠죠. 오랜 조공질서 안에 안주하려 했던 것입니다. 안일하고 어두웠습니다. 문제를 다시 보고 사고의 틀을 전환해보려는 안목이나 용기가 안 보입니다.

만일 대원군이 내부개혁을 하면서 동시에 외부에 대해서는 오히려 적극적으로 조선에 대해 우호적일 수 있는 서양 세력을 선별하여 접촉하는 정책을 앞장서 구사했다면 어땠을까요? 당시는 조선에 대해 적극적인 야욕을 보이는 서세가 없는 상황이었으니만큼, 거꾸로 상대적으로 무해하고 우호적일 수 있는 서세를 찾아 주도적으로 개항 교섭에 나섰다면 말입니다. 잠시 프리미엄을 주고 시간을 버는 거죠. 중국이 당하는 모습만 아니라, 일본이 미국 흑선에 강제 개항했던 사정도 이미 알려져 있던 상황 아닙니까? 그런 소식들을 들었던 대원군의 심중에는 무슨 생각이 있었던 것일까요? 중국도 일본도 서세 열강에 밀리고 있는 게 분명한 상황에서, 그 서세 중에서 조선에 우호적인 자강의 기회를 줄 만한 나라를 찾아 만국을 회람해보려는 넓은 시야가 절실했던 때였는데 말입니다. 경복궁을 중건하는 것보다 이 일에 만금을 투자해야 했던 것 아닌가요? 만일 대원군이 그런 정도의 폭넓은 시야를 가지고 있었다면, 그의 내부개혁도 훨씬 체계적이고 장기적인 것이 될 수 있었을 것입니다.

그러나 그런 일은 벌어지지 않았습니다. 대원군 역시 해외 사정에 대해서만큼은 당시 조선의 대다수 양반 엘리트층과 마찬가지로 동아시아만이 천하요, 천하의 중심이라고 생각하는 오랜 사유 틀을 벗어날 수 없었어요. 그런 대원군이 1873년 아들 고종이 성년이 되어 실각하듯 물러나자, 조선에 대한 본격적인 '함포외교'는 서양이 아니라 메이지유신으로 체제전환을 하고 조선에 대한 분명한 야심을 품고 있던 일본에 의해 이뤄집니다. 1875년 강화도에 나타난 일본 함선 운양호는 그 전 해인 1874년 일본이 타이완 침공했을 때 앞장세웠던 바로 그 배입니다. 이 배는 메이지유신의 주도 세력인 조슈(長州)번이 1870년 영국에서 사들였던 포함(砲艦)인데, 타이완에 이어 조선에 나타났던 것이죠. 처음 부산 해안에서 무단측량과 함포훈련을 하다가 강화도까지 올라와 교전을 벌여 수비 포대를 함락하고 약탈하는 행패를 부렸죠. 그러면서 자신들이 먼저 공격을 받았다고 거꾸로 조선에 사과와 개항을 요청합니다. 그리고 다음 해에는 군함 세 척을 이끌고 와 함포로 강압하죠. 모두가 서양이 중국에 그리고 자신들에게 하던 수법을 베낀 것입니다. 결국 조선은 개항을 하게 되지만, 이미 자신이 주도한 선택이 아닌 피동적 선택이었을 뿐입니다.

당시 청나라 조선정책의 주요 결정권자였던 리훙장이 조선 조정에 일본에 대한 개항을 권유했다는 사실은 부기해 둘만 합니다. 청의 입장에서 보았을 때, 당시 조선이 개항을 거부하면 조선은 일본과 전쟁을 해야 하는데, 이때 청이 개입하지 않을 수 없다는 사정이 부담스럽다고 판단했던 거죠. 리훙장 자신이 키우고 있던 북양함대의 준비 정도가 아직 일본의 전쟁 상대가 되지 않았다고 생각했습니다. 이미 그때부터도 조선에게 청은 의지할 만한 대상이 되지 못했습니다. 청나라는 이미 여러 조각으로 균열 난 상태였습니다. 리훙장은 당시 중국의 여러 파벌의 하나에 불과했고요.

流

이후 청은 조선에서 일본의 힘이 커가는 것을 수수방관하다가 1882년 일본의 개입에 대한 반발로 조선에서 임오군란이 벌어지자 갑자기 강압적인 개입전략으로 돌변합니다. 임오군란으로 권력에서 밀려날 위기에 처한 조선 조정(朝廷)의 일부 세력이 청나라에 원병(援兵)을 요청했어요. 굉장히 어리석고 잘못된 행동이죠. 이때쯤이면 리훙장도 조선에서 일본을 밀어내고 조선에서 종주권을 강화할 만한 힘을 좀 키웠다고 생각하고 있었어요. 그래서 2000여 명의 군대를 함선에 태워 보냅니다. 그런데 그 개입방식이란 게 이미 서구 제국주의적 강압방식을 흉내 낸 것이었어요. 군사적 강압으로 임오군란 주도 세력이 옹립한 대원군을 중국으로 납치해가고 리훙장이 보낸 위안스카이가 조선 조정에서 마치 총독처럼 행세하기 시작했습니다. 이때 이미 과거의 유교적인 대소국 간 예(禮)의 질서, 조공질서는 사라진 겁니다. 그리고 그때 조선에 파병한 병력 규모에서 청에 밀린 일본은 일단 물러서면서 속으로는 다음 기회를 보겠다고 칼을 갈게 되었죠.

〈천하도〉, 중심-주변 세계관의 조선 버전

북선생　시작부터 너무 뜨거운데요, 이쯤 해서 열을 좀 내리고, 이제 서세동점에 대한 동아시아 내부의 대응에서 차이가 난 이유부터 좀 냉정하게 분석해볼까요. 한편에는 기존 체제를 유지하던 중국, 조선, 베트남이 있고, 다른 한편에는 기존 체제를 바꾸는 데 성공했던 일본이 있습니다. 이 초기의 대응 차이는 이후 양 진영의 커다란 균열로 이어지죠. 왜 이런 차이가 생겼을까요?

서선생   우선 '동아시아 내장형 문명의 중심과 주변의 차이'를 들 수 있겠습니다. 서세동점 이전 동아시아가 각 국가로는 유교소농체제, 국가 간에는 조공과 호시(互市)체제에 기반한 내장근대의 상태에 있었다는 점은 모두 같습니다. 그 중심에 중국이 있다는 생각도 공유하고 있었고요. 그러나 이러한 동심원적 세계의 '바깥'이 출현했을 때, 이 '바깥'에 대한 민감도는 이 동심원상의 위치, 즉 중심으로부터의 거리에 따라 달랐습니다. 이것을 '중심(core)과 주변(periphery 또는 margin)의 문제'라고 하죠. '수력(水力)사회론'을 제기한 비트포겔(Karl Wittfogel), 그리고 이후 '자본주의 근대세계체제론'을 제창한 월러스틴(Immanuel Wallerstein) 등의 거시이론가들이 발전시킨 개념입니다.

그렇지만 중심과 주변이라는 생각은 꼭 20세기 들어 사회과학이 새롭게 창안했던 게 아닙니다. 중심 제국이 존재했던 여러 문명권에서 그런 관념은 오래전부터 존재했습니다. 아주 오랜 이야기는 접어두고 현재와 비교적 가까운 시대의 동아시아 예를 하나 들어보죠. 18세기 동아시아 민간에서 유행했던 〈천하도(天下圖)〉라는 지도에 아주 간명하게 잘 나타나 있는 관념이 그렇습니다.〈그림 2-8〉

이 〈천하도〉를 들여다보면 중심은 '中國'으로 표기되어 있습니다. 북경과 중원 일대에 중국이라 표기되어 있는데요, 이를 중심에 두고 중앙의 거대한 땅덩어리가 보입니다. 이 중앙의 땅덩어리에 연결된 나라들이 조선, 안남(베트남), 섬라(暹羅, 캄보디아와 태국)이고, 바다 쪽으로 유구(류큐, 오늘날 오키나와), 일본이 보입니다. 그리고 그 바깥으로 이 〈천하도〉의 바깥 원주를 이루고 있는 동그란 땅덩어리가 있죠. 이 지역은 천하 문명의 바깥, '권외(圈外)'라 하겠습니다. 여기에 적힌 이름들은 『산해경』과 같은 도교 계통의 중국 고전에 나오는 일종의 '가상의

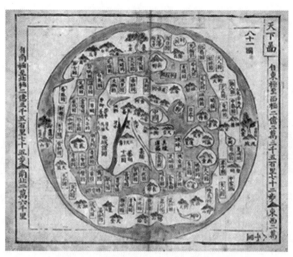

〈그림 2–8〉 18세기 동아시아 민간에서 유행했던 〈천하도〉

나라'들입니다. 이 지도를 실증적으로 보면 14~15세기의 〈혼일강리역
대국도지도〉보다 퇴화된 것으로 보이죠. 일단 엉성해 보이니까요. 그
러나 〈혼일강리역대국도지도〉가 조정, 국가 차원에서 당대 최고의 대
외 지식을 가지고 제작한 지도인 반면, 〈천하도〉는 평범한 민간인들이
제작하여 아주 다양한 버전으로 광범위하게 유통되고 있던 민간 지도임
을 같이 고려해야 합니다. 민화와 비슷한 것이죠. 17~18세기 동아시
아 내장근대를 살고 있던 민간의 자족적 세계관을 소박하게 표현한 것
으로서 그 나름의 충분한 가치가 있습니다.

　이 〈천하도〉를 가지고 보면 동아시아에 나타난 '서세'란 바깥 원주
쪽, 즉 문명의 '권외'로부터 온 세력입니다. '권외'란 자체의 뿌리도 역
사도 희미한 떠돌이 세력으로 간주됩니다. 중심을 위협할 실력도 내
용도 없다고 보는 거죠. 그렇지만 중심으로부터 거리가 먼 곳일수록

'권외'의 출현은 더욱 직접적인 위협으로 느껴지게 됩니다. 중국을 중심으로 동심원을 그린다고 생각합시다. 중국이 동심원의 중심이 되고 (제1원), 그리고 중국과 연접(連接)한 조선, 안남, 섬라, 섬이지만 거리상 중국에 가까운 유구 등이 그다음의 제2원이 됩니다. 그리고 중국으로부터 상당한 거리의 바다로 격리되어 있는 일본이 그다음의 제3원에 속하게 되는 것이지요. 그 제3원 바깥, 원주 쪽의 지역이 '권외', 문명의 외부가 되는 거죠. 이후 세계체제론자들은 제1원을 중심(core), 제3원을 주변(periphery)이라고 하고, 제2원에 해당하는 지역은 반주변(semi-periphery)이라 했습니다. 표현상 '半주변'보다는 '반(半)중심(semi-core)' 또는 '준(準)중심(sub-core)'이 더 정확한 표현이 되겠습니다. 중심지향성을 보다 정확히 표현해주니까요.

준중심의 지역에서는 중심이 '바깥'으로부터의 울타리가 되어준다고 생각하죠. 중심에서는 또 그만한 자신감이 있습니다. 그래서 청은 17세기 북에서 러시아가 내려올 때 네르친스크 조약으로 가볍게 막을 수 있었고, 남으로부터 포르투갈, 네덜란드, 영국 등이 나타났을 때도 몇 곳을 열어주면서 통제할 수 있다고 보았습니다. 1차 아편전쟁을 겪고 나서도 이런 생각에 큰 변화가 없었죠. 반중심에 속하는 조선과 안남 역시 청과 같은 생각이었습니다. 그래서 중심을 믿고 새로 출현한 '바깥'에 대해 그다지 심각하게 생각하지 않았습니다.

그러나 '제3원'의 지역, 즉 '주변'에 속한 일본은 달랐습니다. 중국을 중심으로 인정하기는 하지만, 그 중심이 자신의 울타리가 되어줄 것이라고 믿지는 않습니다. 그러기에는 좀 멀죠. 오히려 경계심도 있습니다. 경계와 믿음의 중간 정도라고 해야겠죠. 그런 상태이기 때문에 '바깥' '권외'의 출현에 더 민감합니다. 중국이라 해봐야 반(半)은 바깥이라

流

고 생각합니다. 그래서 '반은 바깥'으로서의 중국 문명에 대해서도 주변으로서의 민감성을 가지고 수용하려 해왔죠. 여기에 조선이 중간에서 중국문명을 일본에 전해주는 역할을 했고요. 그러다 16세기부터 출현한 포르투갈 등 새로운 '바깥', 즉 '권외로부터 출현한 바깥'의 출현에 대해서도 민감성을 가지고 반응합니다. 그래서 전국시대부터 오다 노부나가 등이 포르투갈의 철포(鐵砲, 조선에서는 조총[鳥銃]이라 했음)를 받아들이고, 도쿠가와 막부 들어서 해금(海禁) 정책을 취하면서도 나가사키에 네덜란드와의 교역창구는 열어두었습니다. 이들 바다에서 온 유럽 세력을 일본은 남만(南蠻), 즉 남쪽에서 온 오랑캐라고 불렀습니다. 그러나 이 남만 단계까지도 일본은 새로운 '바깥'의 출현을 심각한 위협으로 보지 않았습니다. 참고로 1853년 미국의 페리 제독이 몰고 온 미국 기선을 흑선(黑船), 쿠로후네라고 했는데요, 이 쿠로후네라는 말은 이미 200년 전 나가사키에 왔던 포르투갈의 배가 검은색이었던 데서 유래한 이름이었다고 합니다.

그런데 세월이 좀 지나자 남쪽만이 아니라 북쪽에서도 금시초문의 새로운 '바깥'이 출현하면서 사태변화에 대한 '주변부' 일본의 인식이 심각해지기 시작합니다. 바로 1780년대 들어 사할린과 홋카이도 일대에 나타나기 시작한 러시아인들입니다. 급기야 1792년에는 러시아 황제가 홋카이도에 사절을 보내 국교를 요청하기에 이르죠. 당황한 막부는 이 요청을 일단 무조건 거절하고 봅니다. 러시아 사절은 조용히 물러갔지만, 재야에는 '외래 위기론'이 점차 번져나가기 시작했습니다. 그러한 '위기의 시대' 사고법의 결과 중 하나가 1825년 아이자와 야스시(會澤安)라는 무사가 미토 번주에게 진상한 『신론(新論)』이라는 글로 표현되었는데요, 여기서 아이자와는 당시의 세계를 과거 중국 고대 전

〈그림 2-9〉 16세기 말 나가사키에 내린 포르투갈 상인들과 선교사들을 그린 일본의 '남만병풍
(南蠻屏風)'에 나타난 흑선(쿠로후네). 막부 전속 화가였던 가노 나이젠의 작품이다.

국(戰國)시대의 '전국칠웅'이 경합하는 상태와 같은 것으로 봅니다.『춘
추』,『사기』와 같은 중국식 역사서술에 익숙한 의식과 언어의 세계를
보여주고 있습니다. 어쨌거나 그 '전국칠웅'을 러시아, 오스만, 무굴제
국, 페르시아, 유럽, 청, 일본이라 했습니다. 그러면서 어느덧 중국적
세계관을 넘어 동아시아를 세계 속에서 상대화하고 세계상황 전체를
전쟁상태로 보고 있습니다. 당시 세계 판도의 실상을 아주 정확하게
그린 것은 아니지만, 세계의 큰 추이는 제대로 읽었던 것이죠. 팽창근
대의 서세 확장의 세계 판도는 분명 전쟁적 상황이었으니까요. 아이자
와는 이런 상황에서 일본은 이 전쟁판의 일익, 즉 전쟁국가로 적극적
으로 나가야 간다고 주장했으니, 사뭇 자기예언적이기도 합니다.

당시 집권 세력인 도쿠가와 막부는 이러한 견해들이 사회 동요를 일
으킬 수 있다고 보아 억누릅니다. 평화를 국시로 두고 유교사상을 강
조하고 있던 도쿠가와 막부에게는 아이자와와 같은 견해가 전국(戰國)

流

시대의 호전성을 다시 불러들일 수 있는 위험한 생각이라고 보였겠지요. 그렇지만 이러한 신 전국 사상은 일본 사회 저변에 서서히 확산되어갑니다. 도쿠가와 막부가 일본에서 전쟁을 마감한 지 200년이 되었지만, 아직도 일본은 이 새로운 전쟁 시대의 예감에 본능적인 흥분을 느끼는 무인사회를 벗어나지 못하고 있던 것이지요. 그러다 미국 '흑선'의 압박을 받아 강제 개항을 하자, 이제는 일본이 공격적으로 나가 주변 국가를 침략해야 한다는 주장이 본격적으로 나타나기 시작합니다. 불평등 조약으로 입은 손실을 조선침략으로 보상해야 한다고 주장했던 요시다 쇼인(吉田松陰) 같은 사람들입니다. 이런 생각을 품은 세력이 메이지유신의 핵심 세력이 되었다는 사실이 문제였습니다. 이후 일본은 류큐 병합, 타이완 침공, 조선 개항으로 거침없이 이어지는 군사행동을 통해 전쟁국가로 되어갑니다.

도쿠가와 막부의 내장성 재평가

북선생　서선생이 말한 중심–주변 차이와 함께 문인사회–무인사회의 차이도 함께 보아야 할 것 같습니다. 문제를 인식하는 방향과 대응 방식에서 차이가 있거든요. 문인사회가 내부의 문제를 중시하고 안에서부터 문제를 해결하는 것을 우선한다면, 무인사회는 내부에서 생긴 문제도 바깥으로 위험을 전가하면서 해결하는 방식을 취합니다. 일본에서 바깥의 위협을 강조했던 것은 '주변'의 민감성과 함께, 이렇듯 문제를 바깥으로 전가하면서 내부문제를 해결하려는 경향과 무관하지 않습니다.

당시 동아시아 사회들에 나타난 문제는 바깥의 문제만이 아니었습니다. 안에서 발생한 문제란 역설적이지만 내장근대의 성공에서 비롯된 것이라 할 수 있습니다. 무엇보다 인구가 크게 성장하면서 토지에 대한 압박이 커집니다. '근면혁명'을 통해 토지생산성을 극도로 높였지만 갈수록 작은 농지에서 사투를 벌여야 하는 농민층이 받는 압박은 커졌습니다. 반면 결국 농민들이 먹여 살려야 하는 기식(寄食)층은 더욱 두터워집니다. '왕조의 사이클'이라 했던 게 이때도 작용하기 시작한 거죠. 그래서 동아시아 내장근대의 정점(頂點)이라 할 수 있는 18세기 말부터 농민들의 저항이 늘어가죠.

그런데 여기에 대한 중국, 조선, 베트남의 문인사족(士族)과 일본의 무인사족(사무라이)의 대응은 뚜렷한 차이가 있습니다. 문인사족은 향촌사회가 근거지입니다. 그래서 향촌의 지주사족은 농민에 대한 직접적인 수탈자가 되기도 하지만, 영락한 하층 사족의 형편은 농민의 처지와 별다를 바 없었기 때문에 농민저항에 동참하거나 오히려 주도하는 경우가 많습니다. 반면 일본은 도쿠가와 막부 등장 이래 무사층은 '병농분리' 정책으로 농촌에서 이탈해 도시에 거주하게 됩니다. 일본에서도 18세기 후반부터 농민 항의가 잦아지는데요, 무사집단인 각 번과 막부는 늘 강경한 탄압으로 일관합니다. 무라(村)에 거주하는 농민들은 자신의 편에 서줄 식자층도 주변에 존재하지 않았죠. 이런 차이가 문인사족들이 문제를 향촌 안으로부터 해결하는 데 주력한 반면, 일본의 무인사족은 문제를 향촌 밖의 시각에서 보고 외부에서 해결방법을 찾으려 하는 경향을 만들었죠. 이후 밖으로부터의 강제적인 불평등 개항을 통해 농민이 받는 압박이 더욱 커지자 중국, 조선, 베트남의 향촌의 하층 문인사족들은 농민과 함께 저항에 나서 문제를 해결하려고 합

流

니다. 반면, 일본 무인사족들은 농민에 대해서는 강경하게 대처하면서 주변 국가로의 군사적 팽창을 통해 문제를 해결하려고 합니다. 조선의 전봉준과 일본의 요시다 쇼인의 차이는 여기서 비롯된 것입니다.

일본의 내부도 세심히 들여다보면, 침략주의만이 존재했던 것이 아닙니다. 이 점에서 도쿠가와 막부를 다시 볼 필요가 있습니다. 전국시대를 종식시킨 막부는 일본의 전국성(戰國性), 무인의 호전성을 억누르고 평화주의, 문치주의를 신장하기 위해 노력했습니다. 그 힘을 순치시킬 수 있느냐 없느냐에 따라 막부체제의 존립이 달려 있었다고 할 수 있죠. 결국 호전적 세력이 다시 일어서면 막부는 무너질 수 있는 것이니까요. 도쿠가와 막부가 왜 줄곧 유교화, 문치화 노선을 추진했는지 그 이유가 분명히 있었던 것입니다. 막부의 유교 문치화 노선은 시늉만 내는 것이 아니라 진심이었고, 실제로 흑선 사건으로 외부의 위협이 두드러지기 전까지 이 노선은 상당한 성공을 거두었어요.

그러나 이런 노선에 대한 반발 세력이 막부 시대 초기부터 존재했죠. 전국시대 최후의 결전에서 도쿠가와 세력에 패하여 영지의 상당부분을 빼앗기고 서쪽 변경으로 몰리게 된 소위 도자마(外樣)번의 핵심세력들입니다. 이들은 막부에 대해 늘 절치부심, 복수의 칼을 갈고 있었습니다. 후일 메이지유신의 주력이 된 조슈번과 사쓰마번이 대표적입니다. 이 번들은 힘에서 눌리니 잠시 면종복배를 하고 있지만 기회만 온다면 다시 뒤집겠다는 복수심을 불태우고 있었던 것입니다. 그렇기 때문에 18세기 말부터 시작된 '외부의 위협'에 대한 일본 무사층 내부의 상당히 과장된 '초민감' 반응은 에도 체제의 평화 노선에 대한 호전적 번과 무사층의 불만이 기회를 포착해서 터져 나왔던 것이라고 할 수 있어요.

반면 막부 측은 초기부터 이렇듯 지나치게 과장된 반응을 경계하고 억누르는 태도를 취했습니다. 이것이 막부의 평화노선에 대한 불만 세력을 자극할 것임을 잘 알고 있었기 때문이죠. 따라서 흑선 도래 이후 메이지유신에 이르는 과정에서의 벌어진 일본 내전은 〈내장근대의 개국 자강 노선〉과 〈팽창근대로의 노선 전환〉이라는 두 길 사이의 투쟁이기도 했습니다.

개국 자강 노선은 막부에서 먼저 시작했습니다. 개항 이후 부지런히 유럽, 미국, 러시아 등에 유학생과 사절단을 보냈습니다. 서양식 제도와 군사기술의 도입에 적극적이었죠. 막부 시대 가쓰 가이슈(勝海舟)가 주도한 코베의 해군조련소는 유명하죠. 해군조련소는 서양 군함을 수입하고 이를 운용할 해군을 양성했습니다. 그 결과 1860년 일본 군함이 태평양을 횡단할 수 있었습니다. 그렇지만 가쓰 가이슈는 일본의 해외 침략 노선에 반대했습니다. 이처럼 서구 제도 도입을 주도하면서 대외 평화노선을 견지하는 세력이 막부 진영에 오히려 주류를 이루고 있었습니다.

반막부파는 막부가 양이(洋夷)에게 무릎을 꿇고 굴욕적으로 개항했다고 비판했지요. 그러나 이 비판은 그저 감정적일 뿐 일관성이 없습니다. 오히려 막부의 개항은 중국에서와 달리 전쟁을 피하면서 중국보다는 나은 조건에서 이뤘던 것이라는 점에서 평가를 받아야 합니다. 막부가 개항을 아무 준비 없이 한 것도 아니었어요. 결국은 오고야 말 일이라는 것을 알고 있었죠. 미국의 페리 제독이 흑선을 몰고 올 것이라는 정보도 미리 가지고 있었습니다. 반면 '존왕양이(尊王攘夷)'를 내세운 반막부파의 막무가내식 개항반대론은 애초에 현실성이 없었어요. 다만 장기 평화상태에서 지위가 하락한 하급무사들의 불만을 선동

流

하였을 뿐이죠. 그런 방식으로 세력을 모으는 데는 성공했다고 해야겠습니다. 막부체제가 200년 넘게 존속하면서 생긴 타성이나 보수성에 대한 반발을 잘 이용했던 것이지요. 그런데 그렇게 모인 에너지가 어디로 튈지는 도무지 알 수가 없는 것이었어요.

결국 반막부 세력은 내전에서 승리한 이후 '존왕양이'에서 '존왕'만 남기고 '양이'를 금방 내립니다. 그리고 대신 스스로 양이(洋夷)가 되는, 그리하여 해외 침략에 나서는 길을 걷습니다. 자기논리를 뒤집는 것 같지만, 반막부 운동의 배경을 보면 반복되는 동일한 논리가 있습니다. 정권 찬탈 이전에는 서양 오랑캐(洋夷)라는 '외부의 적'을 내세워 내부의 불만층을 모아내고, 찬탈 이후에는 그 '외부의 적'을 서양 세력이 아니라 '미개(未開)'하다 딱지 붙인 중국과 조선으로 바꿔치기해서 무사층의 억눌린 호전성이 뚫고 나갈 방향을 열어준다는 것이죠. '외부의 적'을 자신의 존립근거로 삼는다는 것, 바로 팽창근대의 논리입니다. 이후 또 보겠습니다만, 일본 메이지유신기의 대표적인 '문명개화론자' 후쿠자와 유키치(福澤諭吉)는 중국과 조선을 이렇게 '미개'하다 딱지 붙이고는, 그렇게 미개하기 때문에 '나쁜 친구(惡友)'가 되었다고 했습니다. 문자 그대로 적반하장이지요. 과거의 친구에게 칼날을 돌려 침략에 나서는 쪽을 '악우'라 부르는 것 아닌가요. 더구나 과거 오랜 시간 문명을 배워왔던 쪽에 느닷없이 '미개'하다 딱지까지 붙이면서 말입니다.

봉건제, 군현제, 공화제

동선생　북선생의 말을 듣다 보니 도쿠가와 막부의 개국 자강 노선을 진지하게 재평가해야 되겠다는 생각이 듭니다. **도쿠가와 막부의 노선이 동아시아의 초기 내장근대가 산업화와 결합한 내장근대로 발전할 가능성을 품고 있었다고 할 수 있으니까요.** 이후 메이지 체제가 계속 전쟁 확대의 길로 나갈 때, 일본 내부에서 이 노선에 맞서면서 평화주의, 침략 반대, 반전주의, 소일본주의를 주창했던 흐름이 끊기지 않고 지속될 수 있었던 힘의 역사적 뿌리도 여기서 찾아볼 수 있겠습니다. 일본 내장근대의 전통을 바로 이 흐름이 잇고 있었던 것이죠. 겉으로는 서양형 팽창근대로 전환했지만, 내부에서는 자신의 전통을 잇는 흐름이 존속했다는 데서 일본의 진면목을 보아야 하는 것인지도 모르겠습니다.

그럼 이제 4론의 마지막으로 〈군현사회와 봉건사회의 차이와 체제 전환의 관련성 문제〉를 살펴보기로 하겠습니다. 우선 일본이 개항 이후 메이지유신을 통해서 막부체제에서 천황입헌제로 전환하는데요, 다구치 우키치의 『일본개화소사』 등 이 당시 쓰여진 일본 역사서들은 이 전환을 '봉건체제에서 군현체제로의 전환'이라고 서술하고 있습니다. 다구치 같은 사람은 서양 역사학이 아닌 유학을 배운 세대이기 때문에 중국 사서(史書)의 봉건, 군현 개념을 아직 그대로 쓰고 있죠. 1부 4절에서 논의했던 것인데요, 이미 18세기부터 일본 유학자들 간에는 일본의 막부체제를 봉건제도에 군현제를 다소 가미한 것으로 이해하는 논의가 있었습니다. 그런데 메이지유신 직후인 1871년 취해진 유명한 폐번치현(廢藩置縣) 조치, 즉 번을 없애고 현을 설치한다는 것은 바로 봉건제를 없애고 군현제도로 간다는 뜻이거든요. 군현이란 세습 봉건영주, 일본에서는 번의 다이묘가 없어지고 대신 중앙에서 파견한 관료가 관리하는 행정 단위를 말합니다. 다이묘들은 영지(藩)에서 손을 떼는 대신 귀족 작위를 받고 연금을 타게 되었죠. 그런데 일본의 체제 전환은 천황제, 폐번치현 그리고 대의제도를 합해서 봐야 합니다. 천황의 힘이 절대적이고 의회의 힘은 미약했지만 그래도 어쨌든 의회제도를 도입해서 입헌군주제의 외양을 취했습니다.

일본의 의회제 도입은 과거 막부 봉건제와 상당한 연관이 있었습니다. 마지막 쇼군인 도쿠가와 요시노부의 측근인 니시 아마데는 쇼군정부와 상하 양원의 의정원(議政院)의 헌법 구상을 제안했는데요, 상원은 세입 만 석 이상의 다이묘로, 하원은 각 번에서 한 명씩 선출한 번사(藩士)로 구성한다고 되어 있었습니다. 또 메이지유신 초기부터 이와 유사한 의사소, 공의소, 집의원 등의 이름의 논의기구들이 작동했는데, 그 원리는 니시가 제안했던 의정원과 비슷한 것이었습니다. 이런 논의기구가 모태가 돼서 이후 1890년 헌법이 제정되었을 때 제국의회가 된 것이죠. 제국의회의 상원인 귀족원은 결국 천황이 임명하는 것이었고, 중의원(衆議院)은 현(縣) 단위로 선거를 해서 뽑되, 선거권은 15엔 이상의 조세를 납부하는 성인남자들로 제한했습니다. 첫 선거인 1890년 유권자는 약 45만 명이었는데 이는 전체 성인 남자인구의 5%에 불과했어요. 결국 귀족원은 황족과 구 다이묘들이 차지하고, 중의원은 현이 속했던 과거의 번(藩)의 지도급 인사들로 채워지는 것이었죠. 그러니까 제국의회와 막부 봉건체제가 굉장히 가까웠다고 하는 것입니다.

제국의회 귀족원이란 천황의 뜻대로 움직이는 것이었고, 중의원도 헌법상 권한이 예산 수립권밖에 없었습니다. 입법권도 천황이 '제국의 회의 동의하에 행사'하는 것으로 되어 있었으니까요. 천황이 군통수권, 행정권, 입법권을 행사하는 천황 절대주의 체제였던 것이죠. 그러나 이런 제한 속에서도 중의원은 때에 따라 활발한 모습을 보이기도 했습니다. 일본의 메이지유신이란 이렇듯 봉건제에서 군현제로의 체제전환이라는 문법이 작용했고, 그 결과는 구 봉건제도의 영향이 강하게 남아 있는 천황절대주의적 입헌군주제가 되었습니다.

그렇다면 **봉건제가 사라진 지 한참 오래된 청과 조선의 경우**는 어땠을까요. 1부에서 살펴보았지만 17~18세기 유럽의 계몽철학자들이 선진적인 정치제도로 주목했던 것이 중국과 조선의 과거에 의한 관료선발제도와 육조(六曹)·내각(內閣)형 정부체제였거든요. 당시 동아시아 언어로는 군현제죠. 반면 그들이 비판했던 유럽의 군사적 귀족지배체제는 유럽 언어로 feudalism입니다. 봉건주의죠. 반면 청과 조선은 봉건제가 이미 사라지고 없습니다. 중국에서는 봉건적 신분제가 거의 완전히 소멸한 상태였고, 조선 역시 17세기부터 남아 있던 신분제가 급속히 소멸합니다. 이런 현상이 유교가 사회 하층으로 대중화하는 '대중유교' 현상과 함께 진행되기 때문에 이를 '유교적 평등화'라고 합니다.[41] 일본 막부체제에만 봉건적 신분제가 강하게 남아 있었죠.

유럽의 계몽철학자들은 동아시아의 유교 통치체제를 플라톤적인 '철학자 통치' 체제라고 했습니다만, 동아시아 유교국가들이 모두 꼭 같았던 것은 아닙니다. 상당한 차이가 있습니다. 유럽 계몽철학자들이 그 차이까지 알지는 못했습니다. 중국은 과거제도와 문인관료체제가 존재하지만 황권의 전제(專制)성이 강합니다. 원나라 통치기 때부터 형성된 흐름이었죠. 명나라는 한족 왕조이지만 원나라의 전제황권의 영

流

향이 이어집니다. 그래도 한족 왕조였기 때문에 문이 무를 통제한다는 유교적 기본원리가 함께 작동했습니다. 유럽 17~18세기의 템플이나 케네가 부러워했던 내각체제란 바로 명나라의 재상-육조 체제인 내각 제를 보고 말하는 것이었죠. 그러다 청이 들어서면 원나라와 같은 정도는 아니지만 체제가 이원화되고 전제화됩니다. 청은 외중국과 내중국을 겸병한 제국이었죠. 그래서 몽골, 신장, 티베트 등 외중국 대상의 통치기구와 만리장성 안쪽의 내중국을 통치하는 기구가 구분되어 있습니다. 내중국 통치에서도 황제는 관료기구 위에서 초월적 지위를 가지고 있습니다. 명나라 식의 내각체제가 존재하기는 하지만 이를 '와이팅(外廷)'이라 했고, 권력의 실세는 그와 구분해 따로 조직한 황제의 '네이팅(內廷)' 라인을 따라 움직였죠. 한족의 문치 문화는 겉으로는 존중받는 것 같지만, 권력 행사의 핵심에서는 소외되어 있었습니다. 문사들의 자유로운 의견개진이 크게 제약되어 있는 상황이었습니다.

반면 조선은 '신권(臣權)이 왕권(王權)을 능가한다'는 말이 나올 정도로 문인 사대부층의 힘이 강했어요. 특이하죠. 사실은 모든 권력이 군주를 중심으로 돌아가는 왕조사회에서는 거의 불가능한 말입니다. 그러나 그런 말이 여기저기 나올 정도로 조선의 문인관료와 향촌사족의 힘은 강했다는 것입니다. 17~18세기의 조선은 유교적 왕권과 신권이 균형을 이루었던 시기였습니다. 유교적 정당체제라고 할만한 '붕당(朋黨)정치'가 이뤄졌죠. 노선을 달리하는 유교적 정파들이 경쟁하면서 정국의 주도권을 번갈아가면서 행사하는 정치체제였습니다. 주도 정치인의 학식과 사상의 수준, 정치논쟁의 수준이 아주 높아요. 이 정도까지 사정을 깊이 알았었더라면 당시 유럽의 계몽철학자들이 가장 이상적으로 보았을 법한 정치제제였죠. 지금 현재 우리의 '막말' 정치행태에 비교해보면 수준이 훨씬 더 높지 않았나 싶습니다.

주도 정파가 바뀌는 것을 '환국(換局)'이라고 했는데, 이 환국의 양상이 시간이 지나면서 점차 당파 간의 폭력적인 보복의 행태를 띠게 된 것이 문제가 됩니다. 이게 한계였어요. 18세기 영·정조는 역량이 뛰어난 군주로서 이런 문제를 해결하려고 여러 정파를 섞어 쓰는 탕평책을 구사했어요. 그러나 19세기에 들어서면 지배 정파가 왕가 외척(外戚)의 지위를 굳혀 세력을 독점하게 되지요. 그리하여 붕당 간 경쟁이 사라지고 권력의 독점화·세습화가 벌어지는 '유교 왕조 사이클'의 하강 국면의 모습을 보이기 시작합니다.

이제 문제는 청과 조선의 이러한 체제가 내우외환이 겹치는 19세기의 상황에서 어떠한 체제전환을 모색했느냐는 것입니다. 일본의 경우는 존왕양이를 슬로건으로 내세우면서 '봉건제에서 군현제로의 체제전환'이 발생했습니다. 그러나 이미 군현제인 청과 조선은 이제 어떤 방향으로 '체제전환'을 해야 했던 것일까요? 앞서 살펴보았듯이,[1부 4론 고염무 식으로 '군현을 봉건으로 보완하자'는 방식과 같은 체제전환은 어떻습니까? 그러나 '봉건제에서 군현제로'라는 전환은 시간적으로 순차적 진행 순서가 되지만, 그 반대는 잘 성립하지 않았던 것으로 보입니다. 최소한 정치체제를 놓고 볼 때, 높은 평판을 받은 지방 수령(知縣)을 세습화시켜서, 귀족화시켜서, 봉건제로 되돌아가자는 식의 고염무의 해법은, 봉건제가 일단 사라진 세계에서는 도저히 받아들여질 수가 없었어요. 역사는 거꾸로 흐르지 않는다는 말을 여기서 확인할 수 있습니다.

청나라가 크게 기울기 시작한 19세기 후반에 유럽식의 입헌군주제에 대한 논의가 중국에서도 나오기 시작합니다. 1880년경 쓴 정관잉의

『이언(易言)』도 그런 글 중의 하나죠. '易言'이라고 하면 '쉬운 말'도 되고 '바꾸자는 말'도 되는 중의법입니다. 조선의 개화파에게도 큰 영향을 끼친 책이죠. 입헌군주제란 의회제와 군주제의 결합인데요, 『이언』은 유럽의 입헌군주제라는 게 중국 고대의 군주와 신하의 합의제 전통과 같은 것이라고 설명했어요. 받아들이기 쉽게 당의정을 입힌 거죠. 실은 굉장히 혁명적인 주장인데, 이것을 아주 친숙한 말로 표현한 것입니다. 그 후 캉유웨이가 지도자가 되는 변법운동 단계에 들어가면 입헌군주제는 변법파의 공론(公論)이 됩니다. 그러나 아직 서태후의 힘이 강했고, 불과 집권 100일 만에 변법파는 축출됩니다. 1900년 의화단 사건으로 서태후의 세가 크게 꺾이고 난 후에야 입헌군주제 논의는 비로소 다시 힘을 얻게 되죠. 청의 마지막 개혁인 '신정(新政)개혁'이 이렇게 시작됩니다.

그 결과 우여곡절 끝에 청나라 버전의 의회인 자정원(資政院)이 1910년 소집되는데요. 각 성(省)에서 선출된 민선의원 100명과 황실과 조정 중신으로 채운 100명의 흠선의원이 자정원을 구성했습니다. 또 각 성에는 지방의회 격인 자의국(諮議局)이 소집되었어요. 민선의원 선거는 각 성의 자의국 의원들이 2배수로 후보자를 선출한 후 각 성 총독과 순무가 그중 절반을 당선자로 확정하는 식이었습니다. 재미있는 것은 이렇게 해서 구성된 의원들 중에서 성급 이상 과거급제자인 거인, 진사의 비율이 매우 높았다는 사실입니다. 자정원은 90%가, 자의국은 46%가 과거(科擧) 합격의 학위 소지자들이었다고 합니다.[42] 일본 봉건제에서 번의 다이묘와 번사들이 차지하던 위치를 중국에서는 과거 급제자들이 하고 있는 모양새입니다. 그러나 청나라의 이러한 신정개혁도 실패합니다. 민심의 요구에 비해 황실은 여전히 황제의 절대권을 고집했기 때문입니다. 자정원, 자의국이라는 대의제도를 두긴 했지만 부여된 권한은 미미했습니다. 그리하여 신정개혁이 1908년 반포한 흠정헌법의 보수성에 대한 반발은 결국 신해혁명으로 폭발하고 맙니다. 1911년 신해혁명이 터지면서 자정원은 바로 문을 닫고 1912년 중화민국 임시참의원으로 대체됩니다.

신해혁명과 프랑스혁명, 어느 쪽이 더 세계사적 사건일까

남선생　바탕을 잘 깔아주었으니 이어서 제가 마무리해볼까요.

동선생　길어져서 숨이 좀 차던 참이라 불감청(不堪請)이었는데 고소원(固所願)입니다.

남선생　양보 감사합니다. 좀 힘들어 보이셔서. **신해혁명은 중국의 수천 년 군주제를 끝내고 공화제를 선포했으니 실로 세계사적 의미를 갖는 역사적 일대 사건**이었습니다. 실로 '수천년래 일대사건'이었지요. 이런 정도의 사건이면 '인류사적 사건'이라고 해야 하나요. 그러나 이 사건은 결코 우연히, 우발적으로 벌어진 일이 아니었습니다. 깊은 뿌리가 있습니다. '2000년 군현제의 역사'라는 뿌리입니다. 그리고 이 오랜 뿌리가 군주제를 완전히 지우고 공화제로 나가는 바탕이 돼주었다고 할 수 있습니다. 서양 고대 로마나 르네상스 시기 이탈리아 도시국가에서 나타났던 공화제란 그 중심은 귀족제입니다. 서양에서 유럽 봉건제 · 귀족제와 결별한 최초의 근대적 공화제는 독립혁명 이후의 미국에서 비로소 출현했습니다.[43] 그래서 **아메리카 공화정의 수립도 서반구를 대표하는 세계사적 정치 사건**이라 할 수 있습니다. 그에 짝하는 동반

流

구의 세계사적 정치 사건이 2000년 군현군주제를 끝냈던 신해혁명의 공화주의 선포가 되는 것이죠.

앞서 동선생이 일본에서는 봉건제가 군현제로 체제전환이 되었는데, 그렇다면 이미 군현제였던 중국과 조선은 어떤 방향으로 체제전환이 이루어져야 되었을까를 물었습니다. 그리고 군현제가 다시 봉건제로 되돌아가는 일은 발생하지 않았다고 했죠. 그렇습니다. 군현제인 청이 망하고 난 자리에 봉건제가 다시 돌아오지 않았습니다. 혼란기에 잠시 군벌체제가 들어서지만 이건 세습 봉건제가 아닙니다. 그 자리에 결국 공화제가 들어섰습니다. 군주주의, 왕조체제에 종지부를 찍은 것이죠. 이 점에서 봉건 막부제에서 천황주의 군현제로 나갔던 일본보다 체제전환의 정도와 방향이 오히려 더욱 진보적인 것입니다. 조선 역시 망국 이후 공화제가 들어섰습니다. 1919년 3·1운동 직후 들어선 대한민국 임시정부였습니다. 그러니까 **동아시아에서 정치체제의 변동은 봉건제-군현제-공화제의 순서로 진행해갔던 것**이라고 정리할 수 있습니다.

2000년 군현제의 역사가 공화제를 여는 바탕이 되었다고 했습니다. 결코 근거 없이 하는 말이 아닙니다. 매우 깊은 뿌리가 있습니다. 예를 하나 들어볼까요. 한나라는 중국사에서 군현제가 본격적으로 실시되기 시작한 때인데요, 기원전 91년~기원전 49년간 한나라의 10대 황제였던 선제(宣帝) 때의 유학자인 개관요(蓋寬饒)는 다음과 같은 말을 남겼습니다.

일찍이 오제(五帝)는 천하위공을 하셨는데(제위를 선양하셨는데), 3왕에 이르러 이를 세습하여 사유화했다. 가문의 재산은 아들에게 물려주지만,

공(公)의 자리는 가장 덕이 있는 자에게 돌아가야 한다. 이것은 사계절의 순환과 같다. 자기의 업(業)을 다한 자는 자리에서 물러나야 한다. 위(位)를 지킬 자격이 없는 사람이 그 자리를 차지하고 있어서는 안 된다.[44]

이미 2000년 전의 유학자가 왕위의 세습체제를 부정하고 있습니다. 놀랍지 않습니까? 실제로 5제만이 아니라 요순임금도 선양했지 세습하지 않았습니다. 유교의 고경(古經)들이 실제로 그렇게 말하고 있습니다. 개관요는 왕위의 세습을 부정할 뿐 아니라 여기에 더해 지금 왕위에 있는 자도 업을 다했으면 자리에서 물러나라 하고 쓰고 있습니다. 현대 정치에서 대통령과 수상이 실정을 하면 물러나야 한다는 사고방식과 크게 다르지 않습니다. 이런 급진적인 주장이 2000년 전에 나오고 있었던 것입니다. 믿기 어려울 정도입니다. 바로 그런 사회가 유교 군현제 사회였습니다. 그리고 이러한 생각은 누구만의 특별히 유별난 것이 아니라, 유교 고전에 깊이 통하고 있는 유학자라면 누구나 체득할 수 있는 것이었습니다.

그 뿌리가 되는 공맹의 사상은 이미 주나라 봉건사회에서 출현했습니다. 이어진 군현제 유교국가들에서는 공맹의 사상이 더욱 급진화됩니다. 그래서 한나라에서는 개관요에 의해 '황제의 자리란 공적인 자리(公位)'라는 사상이 나오고, 송나라 주희에 이르면 유학자의 도통 계보가 군주의 왕통 계보보다 이념적으로 우월하다는 사상(道統論)이 나오며, 명나라 황종희에 이르면 군주란 사욕(私慾) 덩어리에 불과하다는 급진적인 군주제 부정론(『명이대방록』)으로 이어지게 되는 것입니다. 군주제를 부정하면 공화주의로 이어집니다. 우리가 앞서 동아시아의 군현제는 이념적으로 공화제로 넘어가는 징검다리가 된다고 했는데요,

流

1부 4론 이제 개관요나 황종희의 주장을 보면 이를 거듭 분명히 이해할 수 있습니다. 군현제 군주 국가에서 유교적 공화주의 사상은 항상 잠복해있습니다. 이것을 '유교 문인공동체 공화주의'라고 했지요(1부 4론). 그러다가 때가 되면 왕통(王統)과 도통(道統), 문과 무의 갈등의 형태를 빌려 여러 모습으로 터져 나오죠. 청나라 말기에도 그런 사상이 다시 터져 나오기 시작하는데요, 1880년대에 나온 캉유웨이의 유명한 『대동서』도 그중 하나입니다. 군주제를 부정하고 세계 공의정부를 주장하지요. 공화주의적 세계정부입니다. 지금 읽어도 미래적입니다.

조선은 어떻습니까. 중국보다 더 유교적인 나라라고 하죠. 같은 시대 중국에서는 조선이 신권이 왕권을 능가하는 나라라고 비판하기도 했습니다. 중국에서 그렇게 비판했다고 하더라도, 오늘날 우리에게는 그 말이 **조선이 비록 군주제 국가이나 '유교 문인공동체 공화주의'의 특징이 가장 강했다**는 뜻으로 읽힙니다. 우선 조선후기의 예송논쟁은 유교적 공화주의의 핵심인 군신 공치(共治) 사상이 조선에서 매우 강력했음을 분명히 보여주고 있습니다. 이 군신 공치의 범위는 상층 유학자를 넘어 점차 확대되어 가지요. 18~19세기에 동아시아에서 가장 거셌던 조선의 대중유교 현상이 이를 말해줍니다. 굉장히 넓은 층이 군신 공치의 범위 안으로 들어옵니다. 그 현상을 극적으로 보여주었던 것이 동학농민혁명이었습니다. 농민혁명군이 접수했던 지역의 행정기관인 집강소(執綱所)는 '민관공치'의 통치기구였습니다. 농민군과 지방행정 기구가 협력하여 공동통치를 했던 것입니다. 전봉준 선생이나 농민군은 캉유웨이 같은 이론가가 아닙니다. 외세에 위협받고 있던 당시 군주인 고종을 부정할 이유가 없었죠. 힘을 합해야 마땅한 상황이었습니다. 그렇다고 동학농민혁명은 군주제를 넘어서는 비전이 없었다고 하면, 이야말로 손가락만 보고 달은 못 보는 말입니다. 동학농민혁명의 실상, 실체를 보아야 합니다. 그 속에서 『대동서』에 못지않은, 역시 오늘날의 관점에서도 매우 미래적인, 급진적 공화주의, 민주주의 지향의 실체를 볼 수 있습니다. 이에 관해서는 이어지는 3론에서 상세히 논의하도록 하겠습니다.

이러한 역사의 큰 흐름을 차분히 고찰해보면, 동아시아 유교사회에서 봉건-군현-공화-민주로 전환되는 논리에는 그 자체의 고유성과 특성이 있음을 알 수 있습니다. 이렇듯 서로 달랐던 동과 서의 정치체제의 내적 전환의 논리를 깊게 읽을 수 있어야 합니다. 이 과정을, 지금까지 흔히 그래왔던 것처럼, 일본은 서양의 근대적 체제를 성공적으로 받아들였는데, 중국과 조선은 실패했다는 식으로만 보는 것은 지극히 피상적입니다. 껍데기만 보고 핵심을 다 놓치고 있어요.

일본이 서양체제를 성공적으로 받아들였다는 것은 무엇을 말할까요? 메이지유신 당시의 일본이 '대항해'에 나섰던 단계의 유럽과 비슷한 봉건제 말기 사회였다는 것을 말합니다. 그래서 일본은 유럽식 팽창근대 노선을 빠르게 받아들일 수 있었습니다. 16~17세기 팽창근대로의 길로 나선 유럽 국가들 역시 일본처럼 봉건적인 군사적, 분권적 성격이 아직 강하게 남아 있는 봉건제 말기 사회였습니다. 유럽 내부의 전국(戰國) 상황을 유럽 외부로의 팽창으로 전환시켰던 것이고 이것이 팽창근대의 원동력이 되었죠. 일본도 그 길을 따라 걸었던 것이고요.

반면 이미 내부에 전국 상황이 존재하지 않는 중국과 조선과 같은 군현제 사회는 무력에 의한 외부 팽창의 동기가 별로 존재하지 않았습니다. 그 대신 전환의 힘이 내부의 근본적 변화를 향해 한 단계 깊어

流

졌죠. 군현제 사회에서 마지막 남은 봉건제는 무엇입니까? 봉건 영주
는 모두 사라졌죠. 유일하게 남은 게 왕가입니다. 그래서 **체제적 위기
에 처한 중국과 조선의 체제전환은 봉건제의 마지막 남은 근거인 왕조체
제 자체, 군주제 자체를 부정하는 방향으로 나갔지요. 이런 변화의 동력은
깊은 곳에서 나오기 때문에 그러한 힘에 의한 부정이 한번 이뤄지면 결코
돌이키지 못합니다. 그래서 중국과 조선에서 신해혁명과 3·1운동 이후
한번 부정된 군주제는 다시 부활할 수 없었습니다.** 위안스카이가 황제를
칭하는 것과 같은 반동(反動)의 움직임이 있었지만 별다른 의미 없는
일시적 해프닝에 그치고 말았죠. 반면 일본의 경우는 봉건제의 위기
감이 오히려 군주제 강화로 나갔습니다. 군주가 하나인 체제가 군현제
아닙니까. 결국 **일본의 메이지유신이란 중국에서 2000년 전에 이뤄진 봉
건에서 군현으로의 체제전환이 아주 뒤늦게야 이뤄진 사건**으로 볼 수 있
습니다.

　더 나아가 우리는 17세기 영국의 정치혁명과 18세기 프랑스혁명도
공화제의 철저성이란 차원에서 다시 생각해보아야 합니다. 17세기 영
국혁명은 어떻습니까. 크롬웰이 수장이 된 공화국이 고작 15년 만에
다시 왕정복고로 돌아가지 않았습니까? 그 뒤로 명예혁명이 있었지만
그 후의 영국도 결국 군주제 국가입니다. 하원의 힘이 강해졌지만 군
주와 귀족 역시 절반 정도의 권력을 나누고 있는 사회였습니다. 그렇
다면 우리가 가장 대표적인 공화주의 혁명으로 배워온 프랑스혁명은
어떻습니까. 엄청난 혁명이었지만, 혁명 발발 후 불과 10년 만에 군주
제가 다시 돌아왔죠. 나폴레옹입니다. 그 후로 프랑스 왕정과 공화정
은 1870년까지 엎치락뒤치락을 했습니다. 결국 1870년 프랑스 제3공
화국이 들어서면서 비로소 공화정이 안정된 것입니다. 그러니 그 대단

한 프랑스혁명이었지만 군주제를 뿌리 뽑는 데 무려 80년의 시간이 걸렸다는 뜻입니다. 그 80년은 순탄한 시간이 아니라 격렬하고 폭력적인 정치투쟁이 계속되었던 시간이었습니다. 이것은 유럽의 봉건제의 뿌리가 그만큼 깊었다는 것을 말해줍니다. 가장 철저했다는 프랑스혁명도 19세기 말에 이르러서야 군주제를 완전히 뿌리 뽑을 수 있었으니까요.

중국의 신해혁명과 조선의 3·1운동 이후 군주제가 다시 복귀하지 않았다는 사실에 대해 세계사적 차원에서 다시금 깊이 생각해볼 필요가 있습니다. 중국과 조선이 그만큼 군현제가 오래 지속되었기 때문이고, 그렇듯 **오래 지속했던 군현사회의 군주제가 위기에 처하고 결국 폐기되었을 때, 이 사회에 군주제는 결코 다시 돌아올 수 없게 되었다는 것이거**든요.

서선생　기존의 역사 공식을 완전히 뒤집는 파천황적인 결론이군요. 매우 흥미롭습니다. 여러 가지 중요한 점들을 다시 생각해보게 합니다. 한 가지 궁금한 부분이 남았는데요, 보충 설명을 해주시면 좋겠습니다. 그렇다면 조선에서 왕조체제의 마지막 국체를 이어갔던 대한제국(1897~1910)은 어떤 의미를 갖는 것일까요. 대한제국의 위상에 대해서는 학계의 의견이 크게 갈리고 있기도 합니다.

동선생　이번에는 제가 숨을 좀 골랐으니 남선생을 이어서 답해볼까요. 4론 서두에서 남선생은 "19세기 동아시아의 과제는 〈산업화(industrialization) 없는 초기 상태의 내장근대〉를 〈산업화와 결합한 발전된 내장근대〉로 전환하는 데 있었다"고 했었죠. 중국의 양무개혁－변법개혁－신정개혁이란 바로 그 전환의 길을 기존의 군주체제를 가지고 추구해보려다 결국 실패했던 것이었죠. 조선의 경우에는 그와 같은 길을 본격적으로 추진해보려 했던 것이 대한제국이었다고 할 수 있습니다. 그러나 역시 실패했습니다. 다만 청에 비해 대한제국의 실패는 일본의 침탈에 의한 것이 분명했기 때문에 군주제적 개혁의 길에 대한 평가가 분분했던 것이죠. 즉 중국의 경우에는 청 황실 주도의 개혁에 더 이상 기대할 것이 없었다는 평가가 분명한 반면, 대한제국의 경우에는 군주제적 방식의 개혁의 가능성이 있었느냐 없었느냐의 논란이 여전히 남게 된 것입니다. 그러나 이미 임오군란 이래 조선의 군주제는 어리석게도 외세의 개입을 자초해서 위기에 빠져 있었습니다. 이후 개화파나 동학운동에 대해서도 군주제는 통합적 지도력을 발휘하지 못했습니다. 갑오년의 동학농민혁명의 1차 봉기 시 민관공치의 가능성을 보여주었지만, 농민봉기를 빌미로 밀고 들어온 청·일 양국군의 침탈을 막을 힘이 전혀 없었고, 결국은 일본군에 의해 국왕이 처량한 포로 상태가 되고 말았죠. 그래서 청일전쟁 과정에서 일본군이 관군과 합세해서 동학혁명을 철저하게 파괴했던 일도 벌어질 수 있었습니다. 이 사태를 앞서 언급된 바와 같이 '제1차 조일전쟁'이라고 합니다.45 침략에 대한 저항전쟁에서 패한 것입니다. 저는 이미 그때 조선에서 군주제가 통합적 지도력을 발휘해서 '산업화와 결합시킨 발전된 내장형 근대'를 주도해갈 수 있는 가능성은 소멸되었다고 봅니다. 또 일본이 동학혁명의 말살 이후 주도했던 조선의 갑오경장이란 일본의 조선 식민화의 제1보였을 뿐입니다.

대한제국이란 조선 군주제의 무능과 한계가 이처럼 이미 명확해진 상태에서 러시아를 필두로 한 삼국간섭의 영향으로 일본의 조선 지배력이 잠시 이완된 상황을 이용해서 출현했던 것입니다. 조선의 마지막 군주인 고종이 군주권·군주제의 힘으로 국권을 지키면서 〈동아시아 내장근대에 산업화를 결합시킨다〉는 개혁에 마지막으로 전력했던 시기였습니다. 그러나 그때쯤이면 조선의 고위직 개화파는 이미 거의 모두가 친일화되어 있었고, 동학혁명의 주도 세력은 이미 결정적인 타격을 받은 상태였습니다. 따라서 고종의 대한제국은 서로 의지해서 목표를 향해 손잡고 합심해 나갈 주도 세력이 매우 미약했지요. 이렇게 취약한 상태에서도 대한제국이 짧은 시간이지만 상당한 성과를 거둘 수 있었다는 사실은 놀라운 것입니다. 그러한 성과의 배경에는 조선이라는 나라를 보전할 마지막 보루가 고종의 군주권이 되었기 때문에 국권을 지키려는 조선의 민심이 고종의 군주권을 지키고 강화하는 데로 모아지지 않을 수 없었기 때문입니다. 그런 의미에서 대한제국의 고종황제의 위상은 중국 신해혁명을 훔치려 했던 위안스카이의 칭제(稱帝)와는 전혀 다릅니다. 고종황제는 분명한 정통성을 가지고 있었고 조선 민심의 지지를 받고 있었던 반면, 위안스카이는 전혀 그렇지 못했어요. 대한제국의 상태는 국권이 프랑스로 넘어간 후 군주권을 지키기위한 근왕운동이 크게 일어났던 베트남과 가까운 것이었습니다.

그렇지만 고종은 바둑으로 말하자면 강화도조약 이후 외세와의 대국(對局)에서 이미 너무 많은 집을 내어준 상태였습니다. 그동안의 실착(失着), 완착(緩着)이 너무 많았어요. 그래서 고종이 대한제국을 통해 포착하려 했던 그 마지막 절체절명의 기회도 러일전쟁의 발발과 일본의 승리로 한순간에 다 사라지고 말았죠. 그후 1907년, 일본은 고종을 퇴위시키고 대한제국 군대를 해산시키는 등 식민화를 위한 마지막 조치를 취합니다. 이에 맞서 전국적인 의병운동이 거세게 일어나지만, 일본은 다시 한번 동학농민혁명 때처럼 우세한 무력을 앞세워 이를 말살했습니다. 이렇듯 일본의 조선 식민화는 1894년과 1907년, 두 차례

流

에 걸쳐 대대적으로 일어났던 조선 민중의 거대한 항거를 철저히 폭력으로 짓밟고서야 비로소 가능했습니다. 이를 조선 말기의 두 차례 '조일전쟁'이었다고 했죠. 침략에 맞선 두 차례의 저항전쟁에서 패배함으로써 조선은 일본의 식민지가 되었습니다. 한 나라가 '을사오적'과 같은 몇 사람의 농간과 배신만으로 거저 넘어갔던 것은 아닙니다. 물론 그렇다고 그들이 치명적인 순간에 치명적인 역할을 하였다는 사실이 결코 지워질 수 없습니다. 결국 이런 경로를 거쳐 고종이 조선왕조의 마지막 망국주(亡國主)가 됨으로써 그와 함께 이 땅에서 군주제의 정당성은 영구히 종식되었습니다. 일본은 고종을 강제 퇴위한 후 순종을 즉위시키지만, 그는 이미 의미가 없는 존재, 더 이상 군주가 아닌 허깨비 군주였죠.

그렇기에 이미 3·1운동 당시에도 왕조의 복벽(復辟)은 더 이상 의미 있는 대안이 될 수 없었습니다. 물론 3·1운동은 고종의 서거를 계기로 터져 나왔습니다. 그때 나라 잃은 조선민족이 마지막 군주 고종의 죽음을 진심으로 슬퍼했던 것은 분명한 사실입니다. 그렇지만 이미 조선의 미래가 조선왕조가 다시 돌아오는 데 있다고 생각하지 않았습니다. 그래서 3·1운동 직후에 수립된 대한민국 임시정부는 국체를 군주제가 아닌 공화제로 합의했습니다. 조선민중은 고종을 떠나보내면서 이 땅에서 군주제의 역사도 함께 떠나보냈던 것입니다.

북선생　이제 2부의 논의를 정리할 수 있겠습니다. 우리는 〈19세기 말 동아시아에서 진행된 체제전환〉이 그동안 통상적으로 이해해왔던 것보다 훨씬 깊은 의미를 지니고 있음을 비로소 깨닫게 되었습니다. '그동안의 통상적인 인식'이란 '왜 일본은 체제전환에 성공했고, 중국, 조선, 베트남은 실패했는가'라는 단순한 '성공/실패'의 이분 논리에 사로잡혀 있는 것이었습니다. 여기서 '성공'이란 물론 '서구화'입니다. 그래서 〈주변-무-봉건〉이라는 일본의 조건은 '서구화'를 가능하게 한 '우월한' 것이었고, 반대로 〈중심(또는 半중심)-문-군현〉이라는 중국, 조선, 베트남의 조건은 '서구화'에 실패하게 한 '열등한' 조건이라고 치부되어 왔던 것입니다. 〈서구=우월, 비서구=열등〉이라는, 지극히 폭력적이고 편견에 가득 찬 논리를 부지불식간에 반복해온 셈이죠.

그러나 지금까지 우리는 지금까지 우세했던 팽창적 세력의 특징을 '보편적 우세종'으로 단정해왔던 시각의 타당성을 물었습니다. 기존의 고정관념에서는 물을 수 없었던 새로운 문제제기들이 있었습니다. 우선 **'일본의 메이지유신이 신해혁명, 3 · 1운동보다 과연 더 개혁적이었는지'**를 물었습니다. 그리고 더 나아가 과연 **'유럽의 영국혁명, 프랑스혁명이 동아시아의 신해혁명, 3 · 1운동보다 래디컬한 것인지'**를 물었습니다. 이런 질문들은 지금까지 한 번도 제대로 제기된 적이 없었습니다. 이 질문을 우리의 언어로 다시 정리해 요약하면 **'과연 인류사적 차원에서 팽창근대의 길이 내장근대의 길보다 우월한 것이었는지'**를 묻고 있는 것입니다.

폭력적 팽창의 길이 진보적이고 우월한 것이라면 인류의 미래는 어두울 것입니다. 과거만이 아니라 미래에도 인류의 어느 지역, 어느 집단이든 누구나 '진보적이고 우월한' 폭력적 팽창의 길로 앞다투어 나설 것이기 때문입니다. 그 종국은 인류의 공멸일 수밖에 없습니다. 결국 폭력적 팽창의 길은 인류 전체가 패배하는 길입니다. 지난 19~20세기는 폭력적 팽창의 노선이 전 세계적으로 폭주했던 시간입니다. 전 세계가 전쟁터가 되었고, '전쟁체제'가 전 지구화되었습니다. 이 기간 평화적 내장근대의 존재와 역사는 폭력적 팽창근대의 질주 앞에 철저히 짓밟히고 열등한 것으로 부정되었습니다.

그러나 그렇듯 짓밟혔던 평화적 내장노선이 다시금 소생하고 있습니다. '동아시아의 부상과 회귀'는 그 소생을 상징해주는 키워드이기도 합니다. 과연 이제 거인으로 다시 돌아온 동아시아가 앞으로 어떤 길을 걸을 것인가가 매우 중요한 문제가 되었습니다. 과연 동아시아는 우선 '동아시아 전쟁체제'의 함정에서 빠져나올 수 있을까요? 그리하여 평화적 내장체제를 전 지구 차원에서 완성하는 역사적 임무의 완결자가 될 수 있을까요? 아니면 거꾸로 이제 피해자가 되었던 굴욕의 지난 200년을 뒤집어, 이번에는 자신이 폭력적 팽창의 가해자로 변신하여 지난 역사에 대해 복수를 하려고 하는 것일까요. 이 의문에 대한 답을 이어지는 제3~4부에서 고통스러웠던 그 '전쟁체제'의 지난 시간을 깊이 들여다보면서 찾아보기로 하겠습니다.

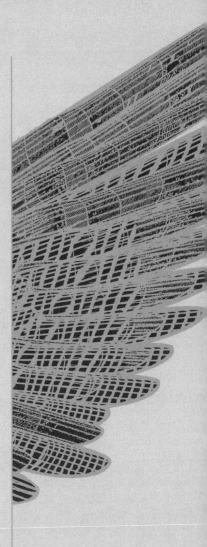

―제 3 부―

勢
1

〈발제〉 동아시아 전쟁체제

이 시기 동아시아 근대의 원형(形)에 중대한 변형이 발생하기 시작했다. 서세(西勢)의 외적 침탈로 내장(內張)적 원형이 약화되어가던 상황에서 동아시아 내부로부터 팽창근대 세력이 출현하여 동아시아 전체를 전쟁체제로 몰아갔다. 전쟁체제란 민간의 모든 힘을 국가가 호출하여 빨아들이는 무제한적 국가동원체제다. 전쟁국가는 민간의 일체의 권리와 향유를 정지하고 압수하며, 적으로 규정된 모든 것을 무제약적으로 제거할 수 있는 무한권력을 쥐게 된다. 전선(戰線)과 적대의 편만성(遍滿性)과 모호성, 그리고 그러한 상태에서 언제, 어느 곳에서든 적을 규정하고 색출하여 처분할 수 있는 힘이 전쟁국가 절대권의 근거이자 본질이다. 권력의 이러한 무제한적 성격은 제국주의 침략 진영에만 아니라 여기에 맞서는 반제국주의 진영에도 형성되었다. '총력전시체제' 또는 '총력적 체제'라 불리는 이러한 극한의 전쟁체제는 1차 세계대전 때 출현하여 2차 대전 때 완성되었다. 그전까지 이러한 유형의 '무제한적 국가동원 전쟁체제'는 동서 어느 곳에서도 존재하지 않았다. 중일전쟁 이후 동아시아 전역, 2차 대전 중 유럽 전역이 이러한 상태가 되었다. 영토 내에서 전면적 교전이 벌어지지 않았던 영국과 미국에서도 그 강도는 낮았지만 범주상 역시 같은 체제가 작동되었다.

이렇듯 1, 2차 세계대전을 통해 형성된 전쟁체제에는 동서를 관통하는 보편성이 있다. 그러나 이 시기 동아시아 전쟁체제에는 고유한 특징이 존재했다. 먼저 **장기성과 조기성**이다. 1, 2차 아편전쟁을 통해 먼저 중국이 전장화되었다. 이어 동아시아 전반이 전쟁체제에 휘말리게 되는 동력은 일본 제국주의였다. 일제의 침략에 맞서면서 동아시아 전역이 점차 전쟁체제로 전환되기 시작했다. 일본의 '무제한적 국가동원 전쟁체제'로의 전환은 매우 빨랐고(조기성), 오래 지속되었다(장기성). 메이지 시대 전쟁체제로 전환한 일본이 최초로 인접국가에 군대를 보내 전투를 시작한 것은 1874년의 대만출병이다. 그 이후 2차 대전에서 패전까지 근 70여 년 일본은 쉬지 않고 침략 전쟁을 벌였다.

물론 17세기 이래 성립된 동아시아 평화체제를 흔들어놓기 시작한 것은 일본이 아닌 서구 제국주의다. 그러나 청일전쟁, 러일전쟁, 만주사변, 중일전쟁을 연이어 일으켜 동아시아의 전화(戰禍)를 확장하고 장기화한 것은 일본이었다. 일본의 연이은 침략에 따라 동아시아 전역이 전쟁지대로 변했다. 유럽의 상황은 달랐다. 역사가들은 1815년에서 1914년까지를 '유럽의 100년 평화시대'라고 부른다.[1] 1차 대전 전까지 유럽은 해외에서 전쟁을 벌이고 식민지를 경영하되, 내부에서는 전면적 전쟁체제로 돌입하지 않고 있었다. 19세기는 유럽 도약의 절정기다. 높은 수준의 문화예술과 과학기술, 민주주의와 사회운동의 착실한 진보가 이 시기에 이루어졌다. 피억압국의 많은 지식인·혁명가들이 이 시대 유럽의 진보 사상에 영감을 받았다. 반면 이 시기에 이미 동아시아는 장기 전쟁터가 되어 있었다. 아무리 탈아(脫亞)를 외쳐도 결국 지리적으로 아시아에 속했고, 서구 열강에 뒤쳐진 후발 제국주의 국가였던 일본은 일찍부터 서구 열강들보다 훨씬 강한 압박을 받고 있었고, 그 결과 스스로 내부에서부터 총체적 전쟁체제로, 유럽보다 훨씬 강압적이고 여유 없는 방식으로, 변모해야만 했다. 그런 의미에서 '총력전 체제(total war system)'의 세계적 선구는 1873년 징병제 도입, 1874년 대만출병, 1894년 조선출병 전후 흐름 속의 일본이었다 할 것이다.

일본이 메이지유신을 통해 신속하게 전쟁체제로 돌입할 수 있었던 것은 일본 막부체제의 무인적·전국(戰國)적 성격과 무관하지 않다. 중국과 조선에서는 일찍이 무인귀족층이 사라지고 이를 문인관료층이 대체했지만 일본에서 무인지배의 기본 골격은 1945년 종전까지 유지되었다. 17세기 초 성립한 도쿠가와 체제란 그 이전 150여 년의 전국적 폭력 상황을 봉합했던 것이었지만, 그 법체계인 각종 핫도(法度)는 무인의 군법 원리에 기초해 있었다. 일본의 전국체제에서 문치체제-평화체제로의 전환은, 적극적으로 평가한다 하더라도, 아직 반보의 진행에 머무르고 있었다. 이후 군함을 앞세운 서구 제국주의가 동아시아를 침탈하였을 때, 이러한 상태가 오히려 이점으로 작용했다. 문치의 중국과 조선은 무기력했던 반면 무치의 일본은 신속하게 적응하여 그 세를 크게 팽창할 수 있었다.

동아시아 내장형 체제는 유교 이념과 수도작 소농주의에 기반하고 있었다. 반면 메이지 이후 일본이 택한 팽창형 체제는 유교적 내장체제의 반대명제에 가깝다. 그럼에도 메이지 일본은 '교육칙어' 등으로 표현된 유교적 이념을 내세웠다. 유교적 수사를 쓰고 있지만 그 내용은 천황에 대한 절대적 충성을 강조하는 것으로써 조선, 중국의 유교와는 달랐다. 메이지의 이념체계란 무인적 군법원리의 연장으로서 문치적 유교 이념을 거꾸로 뒤집어놓은 것이었다. 이는 1882년 반포된 '군인칙유(勅諭)'에서 더 선명히 드러난바, 충(忠)과 의(義)라는 유교적 가치를 천황에 대한 절대적 복종과 군사적 헌신의 논리로 뒤집어놓았다. 애초에 무인지배체제를 정당화하는 논리로 형성되었던 도쿠가와 시대의 무인형 유교가 메이지 이래 전쟁국가의 유교 이념으로 다시금 쇼군에서 천황으로 머리만 바꾸어 연장된 것이다.

이 시기 동아시아 전쟁체제의 또 다른 특징은 내향(內向)성과 불균등성이다. 이 역시 유럽과의 비교에서 분명해진다. 1, 2차 대전에서 유럽은 유럽 밖 식민지 지배권을 놓고 싸웠고, 상쟁하는 유럽 내 블록들 간의 산업생산력, 군사력 상태는 대등했다(1차 대전은 미국, 2차 대전은 미소의 뒤늦은 참전으로 연합국이 간신히 승리할 수 있었다). 반면 일본의 팽창은 동아시아 안으로 국한되었고, 침략국 일본과 피침략국들의 군사력·경제력에는 큰 격차가 존재했다. 그런데 일본의 팽창은 서구의 동아시아 침탈에 대항한다는 명분을 썼다. 침략하면서 그것을 서구에 맞서는 아시아 연대라고 말했다. '동문동종(同文同種)', 즉 같은 문명이요, 같은 인종이라는 미명 아래 동원되었다. 동양평화론을 외친 안중근이 이토 히로부미를 저격한 일은 침략을 연대와 동의어로 만드는 바로 그 기만을 겨냥한 것이다. 진정한 동양평화론, 아시아연대론이라면 무엇보다 우선 아시아국가 상호간의 침략이 없어야 마땅하다. 일본의 아시아 침략이 노골화되기 전까지는 조선과 중국 등 여타 아시아 국가들에서도 일본을 대상으로 한 선의의 아시아 연대론이 존재했다. 그 환상은 곧 깨지고 말았다. 일본은 철저한 힘의 논리에 따라 대만, 조선, 만주를 차례로 점령하고 중국과 동남아시아까지 차지하려 했다. 최종 단계에서 태평양전쟁을 일으킨 것도 동아시아 장악을 완결하기 위한 것이었다(자원 확보). 일본은 자중지란에 빠진 서구를 대신해, 그리고 일시적으로 형성된 우월적 지위를 이용해 아시아의 지배자가 되려 했던 것인데, 그 지배와 침탈 방식은 서구 열강보다 오히려 가혹하고 전면적이었다. 우선 장기 전쟁터가 된 중국의 피해가 가장 컸고, 가혹한 전시동원체제 아래서 인명과 물자 공급지 역할을 해야 했던 식민지 조선과 대만의 피해도 막심했다. 무한 동원되어야 했던 일본 민중의 고통도 결코 적지 않았다.

이렇듯 형성된 동아시아 전쟁체제의 특징은 이 시기 동아시아 모든 국가와 사회를 예외 없이 깊이 규정하고 있었다. 그러나 그 내부의 하위 유형들에 대한 변별적 이해 역시 필요하다. 이때 형성된 동아시아 전쟁체제의 규정력이 오늘날까지도 아직 완전히 해소되었다고 볼 수 없기 때문에 더욱 그러하다. 우선 전쟁체제란 적의 설정, 전선에서 피아의 구분에 의해 성립한다. 그러나 앞서 말한 동아시아 전쟁체제의 특징은 그 전개 양상을 대등한 군사적 힘 간의 충돌이 아니라, 현저히 불균등한 힘들 간의 침략(팽창)과 저항(항전)이라는 비대칭적 형태로 만들었다. 그 비대칭성의 일면은 우선 침략의 축이 된 일본이 대등한 적과의 투쟁이라는 인식과 개념 대신 늘 문명화, 아시아연대, 팔굉일우(八紘一宇), 오족협화(五族協和) 등의 위선적·시혜적 이념을 앞세워 침략을 정당화하는 양상으로 표출되었다. 그 반대편에서 맞서는 측에서는 물론 이러한 시혜적 이념을 철저히 부정하면서 저항과 항전을 지고의 가치로 삼았다. 그러나 그 중간에 제3의 회색지대 역시 성립했다. 우선 식민지화한 조선과 대만이 그러했고, 중국(그리고 태평양전쟁 시 동남아)에서도 우월한 힘을 지닌 일본과의 협력 또는 합작을 추구하거나 또는 강요받게 되는 세력이 늘 존재했다. 이러한 상황이 동아시아 전쟁체제를 침략-항전과 함께 내부의 내전을 동반하는 복잡한 양상으로 만들었고, 전쟁체제의 긴장과 압력을 더욱 상승시키는 결과를 낳았다. 왜냐하면 침략-항전과 내전이라는 두 개의 전쟁이 깊이 그리고 장기간 서로 맞물렸기 때문이다. 이로써 전쟁체제의 규정력은 두 개의 전선에 걸쳐 넓게, 외부만이 아닌 내부, 의식만이 아닌 무의식 깊이 뿌리박게 되었다.

우선 크게 중국 내부에 펼쳐진 침략과 저항의 전선 양방을 향해 앞서 말한 '적으로 규정된 모든 것을 무제약적으로 말살하는' 전장(戰場)의 논리가 작용하고, 각 전선의 안쪽으로는 넓게 펼쳐진 내부의 회색지대에 대한 무제한적 전쟁의 논리가 동시에 맞물려 작동함으로써 전쟁체제의 압박을 극도로 강하게 만들었다. 그리하여 공개 전선만이 아닌 내부 전선에서도 무수한 사상자가 나왔다. 이들에게는 일제 스파이, 국민당 스파이, 공산당 스파이, 소련 스파이라는 오명이 씌워졌다. 그렇듯 형성된 동아시아 전쟁체제의 강력한 규정력은 극과 극으로 대립하는 세력들의 존재양식과 권력구조, 의식구조까지를 역설적이게도 매우 흡사하게 만들었다.

제1론

|

동아시아 팽창근대의 논리와 심리

|

|

역사는 거꾸로 흘러가고 있는가

남선생　2부에서는 동아시아 근대의 원형(原形)이 흔들리기 시작했던 시기를 다뤘고 이를 '류(流)'라 했습니다. 이제 3부에서는 그 동아시아 근대의 원형의 성격 자체가 바뀌기 시작하는 시기입니다. 이를 '세1(勢1)'이라 했어요. '류'가 원형에 금을 내는 정도였다면 '세'는 원형의 판 자체를 흔들고 변형하는 힘입니다. 금이 가고 지형의 고저가 바뀌는 정도가 아니라, 지각판 자체가 움직이고 뒤바뀌기 시작한 것입니다. '류'란 '형'의 꼴을 유지하면서 진행되는 변화인 반면, '세'란 '형'의 꼴 자체를 변형시키는 변화인 것이죠. 19세기 말부터 20세기 말까지 100년 동안이었습니다. 그 100년의 전반부를 '세1'이라 하고, 다음 4부에서 다룰 후반부를 '세2'라고 했습니다. '세1'의 시기는 1, 2차 세계대전 즉 제국주의 세계전쟁기와 겹칩니다. '세2'의 시기는 2차 대전 후의 미소(美蘇) 냉전시대죠. 이 역시 전쟁체제의 시대, 세계내전의 시간이었습니다.

동아시아 근대의 원형, 즉 내장형 근대의 지각판 변동은 동아시아 내부에서 이질적 세력, 즉 팽창근대의 제국주의 세력이 등장하면서 시작되었습니다. 물론 메이지유신 이후의 일본입니다. 그 과정을 개괄해볼까요. 굵직한 사건들만 보기로 하겠습니다. 1874년의 대만침공, 1876년의 강화도조약, 1879년 류큐합병, 1894년의 청일전쟁과 동학농민전쟁(제1차 조일전쟁), 1895년 대만병탄, 1900년 중국 의화단 사건 대규모 군대 파견, 1905년 러일전쟁, 1907~1910년 조선 의병전쟁(제2차 조일전쟁2), 1910년 조선병탄, 1915년 중국에 21개조 요구·관철, 1918~1922년 러시아혁명을 이용한 시베리아 출병, 1931년 만주사변 유발, 1932년 만주국 수립, 1937~1945년 중일전쟁, 1941~1945년 태평양·대동아전쟁으로 이어집니다. 70여 년을 계속 팽창 전쟁을 해온 거죠.

일본 사학계 일각에서는 만주사변 이후 1945년 패전까지의 15년 전쟁, 또는 1936년 2·26 쿠데타와 1937년 중일전쟁 이후 패전까지의 10년 전쟁만을 '군국주의 전쟁'으로, 즉 문제 있는 전쟁으로 보고, 그 이전의 전쟁은 불문에 부치는 경향이 있습니다. 정당화하는 것입니다. 이런 태도는 진 전쟁만을 문제로 보고, 이긴 전쟁은 문제없었다고 하는 것과 다르지 않습니다. 이런 시각으로 역사의 전모가 제대로 보일 리 없습니다. 일본 내부에서도 이러한 시각에 대해 많은 반대가 있습니다. 역사를 공부하는 목적은 과거를 배우면서 동시에 넘어서는 것에 있을 것입니다. 과거의 승자와 패자의 관점에 사로잡혀 있는 역사는 미래로 열린 미래 세대의 역사일 수 없습니다. 바로 그 미래와 미래 세대를 위해서, 이 시기에 벌어졌던 사태의 전체적인 구도와 역학을 제대로 파악하는 것은 매우 중요한 일이 되겠습니다.

2부에서 서세의 침탈에 처한 동아시아 각국의 사정들이 꼭 같지 않았음을 살펴본 바 있습니다. 이제 돌아보면 각국이 처한 조건과 상황들에 따라 달려야 할 거리가 달랐다고 할 수 있겠습니다. 중국, 코리아, 베트남의 경우 장거리를 뛰어야 했습니다. 목표가 그만큼 더 멀고, 더 깊었다고 할 수 있겠습니다. 과거로부터의 더욱 근본적인 변화를 이루어야 했기 때문입니다. 문치적이고 군현적인 초기근대 사회가 이루어야 할 변화는 더욱 평등하고, 더욱 평화적인 세계의 완성일 것입니다. 그 과제와 함께 산업화와 결합한 내장근대를 완성해야 했습니다. 이 길을 완수할 때 동아시아 내장근대의 세계사적 소명, 즉 전쟁과 침탈이 없는 내장근대의 세계화라는 전망 역시 열 수 있게 되는 것이었지요. 그 과제는 그만큼 깊었습니다. 인류사적 차원에서 볼 때, 서양 팽창근대가 제시한 길보다 더욱 심원하고 높은 길을 제시해야 했기 때문입니다. 그래서 그만큼 더 많이 달려야 했습니다.

일본의 경우 중심이 아닌 주변, 문이 아닌 무, 군현이 아닌 봉건이라는 조건과 상황이 빠른 시간에 소위 '탈아입구' 식의 근대화가 가능할 수 있도록 했습니다. 그 길은 서구형 팽창근대 노선의 모방이었고, 그 결과는 이웃들에 대한 제국주의적 침략이었습니다. 일본은 이 경로를 중국, 코리아, 베트남이 달려야 했던 거리보다 짧은 코스를 통해 목표에 도달한 것으로 생각할 수도 있겠죠. 그러나 그 과정에서 동아시아의 주변 이웃들에게, 일본식으로 말하자면, 너무나도 큰 '메이와쿠(迷惑, 폐)'를 끼쳤습니다. 그리고 일본 역시 목표에 다 도달한 것이 아닙니다. 일본에게도 아직 달려야 할 길이 남아 있습니다. 짧은 경로를 달린 만큼 해결하지 못한 문제들이 많이 남아 있습니다. 그 길을 마저 달리는 것이 진정 일본의 미래를 위한 길이 되겠지요. 공존 공영하는 동아시아 내장체제의 완성, 그리고 그 평화적 공존 공영체제의 세계화를 위한 길입니다. 이제 남은 길은 동아시아의 이웃들과 손을 잡고 같이 달려야 하겠지요.

동선생　　결론까지 미리 내주신 것 같습니다. 중요한 문제이니만큼 조금 더 부연해보겠습니다. 말씀한 바와 같이, 19세기 산업화한 서세에 침탈당하고 있던 동아시아가 지향했던 길은 '산업화와 결합한 내장근대'였다고 지난 2부에서 정리했습니다. 그러나 그럴 수 있는 힘을 모아내기까지 먼 길을 달려야 했습니다. 19세기에 중국, 조선, 베트남은 안간힘을 써보았지만 결국 실패했지요. 그래서 20세기 100년도 그 길을 완주하기 위해 달려야 했습니다. 많은 고통과 시련을 겪었죠. 그 고난의 주파(走破) 속에서 이제 어느덧 그 목표에 성큼 다다르고 있습니다. 20세기에 '산업화와 결합한 내장근대'의 목표는 이미 달성하였고, 이제 21세기에 들어서는 3, 4차 산업혁명을 이끌어갈 뿐 아니라 새로운 문명전환을 앞서 열어갈 보다 높은 목표를 바라보고 있습니다. 그것이 고도화된 내장근대의 완성이고, 그러한 내장근대의 세계화입니다.

　그런데 19세기의 기로에서 일본은 다른 길을 갔습니다. 할 수 있는 한 최대로 빨리 '서구화'하자는 길이었지요. 그 길은 '산업화와 결합한 내장근대'가 아니었습니다. **내장근대 노선을 버리고 팽창근대 노선으로 갈아타는 것**이었어요. 이것을 메이지유신기의 저명한 논설가인 후쿠자와 유키치(福澤諭吉)는 '탈아입구(脫亞入歐)', 즉 '아시아를 빠져나가 구라파 즉 유럽으로 들어간다'고 했지요. 그 길은 서구적 팽창근대의 길, 제국주의 노선이었습니다. 그런데 과연 이 길은 과연 성공의 길이었는가? 오랜 시간 제대로 제기되지 못한 질문입니다. 그동안 그런 질문조차 제기되기 어려웠을 만큼, 메이지유신과 탈아입구 노선이 정당화되고 신화화되어왔던 것이죠. 그러나 이제 그 정당화와 신화화를 제대로 의심해볼 시간이 왔습니다. 세계사적 시간이, 세계사적 시각이 그렇게 바뀌었습니다.

일본이 2차 대전의 패전을 통해 '군국주의'를 반성하고 '전후 민주주의'로 갔다고 하지만, 이 문제, 자신이 걸었던 팽창근대의 길 자체에 대해서는 아직 근본적인 검토가 이뤄지지 못하고 있습니다. 한때 안정되어 보이던 일본의 '전후 민주주의'가 다시 동아시아가 부상하는 후기 근대에 들어 오히려 위기에 빠지고 있는 묘한 상황은 이 문제와 관련이 깊습니다. **일본 '전후 민주'의 내부에 무엇인가 중대한 취약점이 있지 않았었나**를 물어야 할 때입니다. 딛고 선 바탕을 다시 확인해보아야 합니다. 즉 일본의 '전후 민주'는 일본의 팽창근대 노선 전체에 대한 근본적 재평가 위에 서 있었던가? 그렇지 못해 보입니다. '일본제국'의 최후 단계였던 '대동아-태평양전쟁'이나 중일전쟁, 혹은 만주사변 도발에 대한 비판과 반성 정도에 머물러 있었습니다.

그건 도마뱀 꼬리 자르기 식의 비판과 비슷한 것입니다. 도마뱀은 결코 잡지 못했어요. 이 도마뱀이 이제 냉전 종식과 소련 해체 이후 재무장을 해서 다시 악어가 되어보겠다고 몸집을 불려가고 있는데, 일본의 '전후 민주파' 또는 '리버럴(자유주의)파'는 이걸 제대로 막지 못하고 있습니다.[3] 왜 그런 것일까요? 중요한 이유 중 하나가 '일본회의' 등으로 결집하고 있는 일본 우파와 분명히 차별되는 역사관, 미래관이 분명하지 않은 데 있지 않을까요? 일본의 리버럴파는 물론 분명히 과거 '제국 일본'의 과오를 묻고 비판합니다. 그런데 그렇게 묻는 과오라는 게 일본 군부가 1941년 태평양전쟁, 1938년 중일전쟁을 도발했던 사실, 또는 한 걸음 더 나가서, 1931년 만주사변을 일으켰던 것에 대한 비판과 반성 정도에 머무르는 것 아닐까요?

일본 우파는 물론 이러한 비판조차 받아들이지 않지요. 이런 것 역시 '자학(自虐)사관'에 불과하다고 반격합니다. 이러한 두 입장에 차이가 없다고 할 수는 없습니다. 분명히 존재합니다. 그렇지만 그 차이가 그런 정도라면, 중일전쟁과 만주사변 이전에 이미 분명히 정립되어 있던 일본의 아시아 침략정책의 기조에 대한 인식에서는 양자가 무엇이 다른지 아직 분명하지 않은 것이지요. 다시 말해 류큐합병, 대만침공, 조선침략, 청일전쟁, 대만병탄, 러일전쟁, 조선강점으로 이어졌던 일련의 침략정책에 대한 '리버럴파'와 '전후 민주파'의 입장은 어떠한 것인지 불분명하지 않나요? 그렇다 보니 최근 30여 년, 과거의 '제국 일본'을 합리화하고 그 영광을 되찾자고 나오는 우익의 급성장에 대해 일본 '리버럴파'와 '전후 민주파'가 제대로 된 대응을 하기 어려웠던 것 아닐까요? 메이지유신 이후 일본이 걸었던 팽창근대의 길 전체에 대한 근원적 반성이 없으면 이후로도 일본 민주주의는 뿌리를 깊게 내리기 어려울 것입니다. 과거 제국의 영광을 부활시키자는 일본 우익의 주장을 근본적으로 반박할 논거나 기반이 단단하지 못하기 때문입니다.

여기서 일본 내부의 사정에 대해 약간의 설명이 필요하겠습니다. 냉전 종식 이전과 이후의 일본은 크게 달라졌습니다. 냉전 종식 이전까지는 일본의 과거 침략 역사에 대해 일본 내부에서도 자기비판하고 자기반성하는 흐름이 상당히 강하게 존재했다고 할 수 있습니다. 그런 모습이 전후 일본의 건전성을 보여주었다고 할 수 있죠. 그런데 소

勢1

련 동구권 몰락 이후 일본 내의 그런 비판 세력이 크게 위축되어버립니다. 비판성의 자기근거와 전통이 그만큼 약했던 것이죠. 그리고 이렇게 크게 약화된 일본 내의 자기비판적 흐름에 대한 대대적인 역공이 펼쳐집니다. 이런 흐름에 앞장을 섰던 게 지난 아베 내각의 대부분을 차지한다고 해서 유명해진 '일본을 지키는 국민회의'였습니다. '일본회의'의 전신이죠. 이 모임의 주도 멤버들이 과거 일본의 침략에 대한 자기반성을 '자학사관'이라고 공격했지요. 그리고 침략전쟁 과정에서 벌어진 학살이나 위안부 문제도 모두 부정했습니다. 오히려 침략전쟁인 것도 부정하며 야만을 문명화하고 서양 제국주의의 지배에서 해방시키기 위한 해방전쟁이었다고 우겼죠. 설마 아무렴 그리했을까 여기실 분들에게 몇 구절 직접 인용을 해보겠습니다. 먼저 '자학사관' 공격을 주도했던 도쿄대의 후지오카 노부카츠(藤岡信勝)가 쓴 1997년의 글입니다.

조선반도는 가만히 두면 러시아나 구미 열강의 각축장이 되고, 일본의 안전을 위협하는, '항상 일본에 겨누어진 흉기'이다. 따라서 조선은 일본을 비난하기 전에, 당시 스스로가 타인에게 폐를 끼치지 않는, 자기 관리 능력을 지닌 확고한 근대국가였는지 아닌지를 반성하는 일이 우선일 것이다. '피해'를 입은 것은 조선이 아니라 일본이다. 따라서 '반성'해야 할 쪽은 일본이 아니라 조선이다.

이번에는 그 후지오카가 '자학사관' 공격의 또 다른 선봉이었던 니시오 간지(西尾幹二)와 함께 1996년 출간한 책에서 주장한 내용을 볼까요.

여전히 중국과 조선은 서구적인 기준으로 한다면 문명을 알지 못하고, 150년 전과 마찬가지로 근대화되지 않은 나라이기 때문에, 냉전 붕괴 후 동아시아의 사태는 점차 청일전쟁 전의 상황으로 돌아가고 있다. 노대국 (老大國, 중국)은 야만이고 문명을 갖추지 못했지만 무력은 지니고 있어 말을 듣지 않는다. 이러한 상황에서 점차 일본은 어떻게 자립자존해 나갈 지 중대한 국면에 직면하고 있다. 일본은 모든 야만에 고독하게 대처하지 않으면 안 된다.[4]

이제 일본은 이러한 황당한 주장이 횡행하는 나라가 되어버렸습니다. 지난 20~30년 동안 소위 '자학사관 비판'이 일본에서 승리하고 득세한 것입니다. 일본의 '전후 민주파', '리버럴파'는 이렇게 역사가 거꾸로 흘러가는 것을 막지 못했습니다.

이런 문제적 상황은 결코 일본만의 것이 아니라고 생각합니다. 동아시아 전체의 문제이기도 합니다. 침략을 받았던 쪽에서도 단지 침략을 받았다는 사실에 분개할 뿐, 과연 일본이 걸었던 팽창적 근대화 노선 자체가 타당한 것이었는지에 대해서는 아직도 분명한 인식을 갖지 못하고 있습니다. 일본은 어쨌든 동아시아에서 가장 먼저 '근대화'를 이루는 데 성공하지 않았는가, 따라서 그 모델은 여전히 유효한 것이 아닌가, 여전히 우리가 따라 배워야 하는 길 아닌가, 라는 생각이 아직도 상당히 잔존해 있습니다. 이런 생각이 본질적으로 무엇을 의미하는지 똑바로 의식하지 못하는 상태로 말입니다. 이 역시 팽창근대와 내장근대에 대한 분별적 의식이 부재하기 때문에 생기는 현상입니다.

지난 2019년 7, 8월 일본 아베 정부의 한국에 대한 느닷없는 '경제 보복(수출규제) 조치'로 인해 벌어진 일들은 이렇듯 깊은 뿌리를 가지고 있는 문제들을 일거에 분명하게 드러냈습니다. 일본의 아베 전 총리는 일본 우익, 즉 일본 팽창근대의 과거의 영광을 재현하자는 세력을 대변하는 정치인입니다. 그는 자신이 가장 존경하는 인물이 과거 메이지유신 전야에 아시아 침략의 로드맵을 제시했던 요시다 쇼인(1830~1859)이라고 공공연히 주장하고 다니죠. 일본은 이제 총리가 이렇게 위험한 발언을 하고 다녀도 아무 문제가 없는 사회가 되어버렸어요. 또 그 총리 밑의 부총리라는 이가 "(재무장) 헌법 개정은 나치스 수법을 배워서" 하면 된다는 어이없는 망언을 해도 그 자리를 멀쩡히 지킬 수 있는 상태입니다. 안타깝게도 이런 세력이 여전히 일본 집권 세력의 다수를 이루게 된 것입니다.[5]

이번에 한일 간의 갈등이 높아지게 된 근본적 원인이 뭘까요. 일본의 식민지 지배 사과 문제로 한일 간에 마찰이 있었던 것은 어제오늘의 일이 아니지 않습니까. 그런데 왜 이번에는 아베 정부가 강제징용 배상과 종군 위안부 문제를 가지고 적반하장 격의 '보복조치'를 꺼내게 된 것일까요. 촛불혁명 이후 한국이 나가는 길이 자신들이 가려는 길과 크게 갈라지고 있다고 보기 때문입니다. 촛불 이후의 한국은 이제 분명한 '탈냉전'의 길, 남북 코리아 공존의 길, 동아시아 평화와 동반 번영의 길로 나가고 있습니다. 그 길은 냉전시대와 제국주의 시대의 분열과 대립을 반성하고 극복하여 평화와 공존의 동아시아를 만들자는 것이지요. 그러나 일본 우익은 미소 냉전 종식 이후 줄곧 그리고 지금도 계속 동아시아에서 냉전적 대립을 유지하고 싶어 합니다. 그래서 항상 '북조선'에 대한 강경한 제재와 압박을 내세웠습니다. 미국보다 더 강경한 대북압박 정책을 세우고 미국 정부와 의회, 그리고 주요 국제관계·안보연구소 등에 치밀한 로비를 벌여왔지요.

아베 신조의 정치경력 자체가 '북조선 때리기'로부터 만들어졌다고 할 수 있습니다. 2000년도 초반 고이즈미 수상이 김정일 위원장과 북일 관계 정상화를 시도했을 때, '북조선의 일본인 납치문제'를 내걸고 나와 제동을 걸면서 대중 정치인으로 주목을 받기 시작했던 것이 아베였거든요. 일본 우익은 1990년대 이래 일본의 소위 '잃어버린 20년'의 정체기를 오직 '외부의 적 만들기'라는 낡은 수법으로 덮어보려 했습니다. 그 대상이 '북조선'이었습니다. 그러면서 집요하게 일본의 평화헌법을 개정하여 재무장하려고 해왔어요. 아베가 이러한 우익의 '과업'을 완수하기 위한 대표로 선정되었던 셈이지요. 잘 나가나 싶었는데, 그 행보에 결정적인 걸림돌이 된 것이 한국의 촛불혁명이었습니다. 아베 정부의 '북조선 때리기' 전략에 큰 차질이 생긴 것이죠. 2018년에 들어서면 남북 정상뿐 아니라 북미 정상까지 만나서 종전(終戰)과 수교(修交)를 논의하게 되었어요. 여기에 아베 정부가 낄 틈이 없었습니다. 아베 정부와 일본 우익으로서는 그들의 기본 구상에 큰 구멍이 난 셈이죠. 초조하게 된 것입니다. 아베 정부가 갑자기 공세적으로 나왔던 데는 이런 배경이 있습니다.

그런데 재미있는 것은, 아베 정부의 갑작스런 '보복조치'에 대해 한국 쪽에서 노골적으로 아베 정부의 편을 들고 나서는 세력이 불쑥 나타났다는 사실입니다. 언론이나 정계에서 상당히 영향력 있는 사람들이 많았어요. 한둘이 아니라 아주 많았죠. 그런데 가만 보니까 이 사람들이 결국 촛불 이후 남북, 북미 간 화해 기조에 반발했던 사람들이었단 말이죠. 결국 **한국과 일본의 냉전대결 세력들끼리 이해관계가 완전히 합치했던 것**입니다. 사실은 그 당사자들은 오랫동안 깊이 감춰두고 싶어했던 일종의 '비밀'이었는데, 일시에 아주 묘하게, 그리고 선명하게, 그 실체가 몽땅 드러나버렸어요.

그런데 한국의 바닥 민심은 우선 아베 정부의 느닷없는 보복조치에 크게 반발하여 불매운동이 거세게 일어났거든요. 그러다 보니 그 거센 민심이 갑자기 돌출한 아베 지지 세력을 '아베 내통 세력'으로 인식하게 되었어요. 그렇게 튀니까 그렇게 보일 수밖에 없죠. 일종의 돌발적 '커밍아웃'이었다고 할까요. 이후 유행어가 된 '토착 왜구'라는 말도 그런 흐름에서 자연스럽게 나온 네티즌들의 창작품이었습니다. 실제로 한국의 뉴라이트와 일본 우파의 입장은 매우 가깝습니다. 한국의 일베와 일본의 넷우익도 아주 비슷하죠. 거의 구분이 안 돼요. 그러나 그동안은 이런 사실이 널리 알려지지는 않았어요. 그러다 이번의 '커밍아웃'을 계기로 갑자기 '중인환시리'에 뻔히 드러나버린 것이죠. **뉴라이트나 '토착 왜구'란 결국 일본의 팽창근대 노선에 대한 숭배자들입니다.** 그러니 아베 정부, 일본 우익과 생각과 가치가 정확히 같은 것입니다.

현안 문제로 이야기가 좀 길어졌습니다. 이제 다시 원래 주제로 돌아가겠습니다. 핵심 포인트는 역사적인 큰 흐름이 어떻게 되어가고 있는지를 볼 수 있어야 한다는 것입니다. 후기근대 들어 팽창근대 모델은 더 이상 지속가능하지 않다는 점이 분명히 드러났습니다. 일본 우파도, 한국에서 '토착 왜구'라는 멸칭(蔑稱)까지를 받게 된 아베와 일본 우파 추종 세력도, 시대를 착각하고 있어요. 이제 '외부효과'를 통해, 즉 자신의 부담을 침략과 식민화를 통해 외부에 떠넘기면서 이뤄지는 번영 자체가 한계에 이르렀습니다. 이제 어느 나라도 더는 그렇게 만만한 봉이 되어주지 않습니다. 이제 다른 길을 찾아야 합니다. 국내적으로나 국제적으로나 더 평등하고 더 민주적인 방식으로 공존과 공영을 추구하는 길입니다. 그것이 한때 팽창근대의 힘 앞에 꺾였던 '또 다른 근대', '동아시아 내장근대'를 한 단계 높은 수준에서 완성시키는 길이 되겠고요. 이런 각도에서 '세1', '세2'의 시간을 완전히 다른 방법으로 새롭게 다시 읽어야 하겠습니다. 그러기 위해 우선 동아시아에서 출현했던 팽창근대의 논리와 심리를 근본적으로 다시 들여다볼 필요가 있습니다.

『문명론의 개략』의 논리와 심리

북선생 앞서 소위 '자학사관 비판'의 이론가였다는 후지오카 노부카츠나 니시오 간지가 펼쳤다는 주장을 보면서 저는 놀라지 않을 수 없었습니다. 지난 2부 4론에서 잠시 언급했던 후쿠자와 유키치가 100여 년 전 주장했던 '문명개화'와 '조선침략'의 논리와 판에 박은 듯 너무나 꼭 같았기 때문입니다. 믿기지 않을 정도입니다. 결국 '일본회의' 등 일본 우파의 속셈은 100여 년 전 요시다 쇼인과 후쿠자와 유키치 시대의 일본으로 되돌아가 그때의 '영광'을 재현해보자는 것이군요. 그렇다면 말씀하신 '일본 팽창근대의 논리와 심리'를 분석해보기 위해서는 무엇보다 우선 후쿠자와 유키치의 '문명개화'의 논리와 심리에서 시작하는 것이 적절하겠습니다.

원래 '문명개화'라는 말은 후쿠자와가 1875년 『문명론의 개략』에서 유럽어인 civilization을 번역한 말이었죠. 이 책은 19세기 영국의 역사학자 헨리 버클의 『영국문명사』(1857~1861)와 같은 시대 프랑스의 역사학자이자 정치가였던 프랑수아 기조의 『유럽문명사』(1828)에 큰 영향을 받아 저술되었습니다. 두 저서의 제목은 '영국문명사', '유럽문명사'

지만 각자 영국 우위, 유럽 우위의 시각에서 세계문명사를 논단하고 있습니다. 유럽만이 유일하게 제대로 된 '문명'이고 유럽 바깥은 문명 수준이 크게 떨어져 유럽의 계도가 필요하다는 시각입니다. 유럽의 세계지배에 대한 반성적 시각은 전혀 없고, 오히려 그 지배를 당연한 것으로 간주하고 있는 저술들이죠. 서술 전반에서 '우월'한 서구와 '열등'한 비서구의 백과 흑 식의 대비적 비교가 반복됩니다. 이제는 학계에서 비판받아 퇴출된 '유럽중심주의(Eurocentrism)' 역사관의 원조 격인 저서들이죠. 후쿠자와는 이렇듯 지극히 문제적인 시각을 거의 그대로 베껴 옵니다. 『문명론의 개략』의 많은 부분이 두 유럽 저서의 번안이라고 할 만큼 서술의 순서와 내용을 모방하고 있습니다.[6] 그러면서 '서양화'가 바로 '문명화'라는 주장을 당연하다는 듯 널리 전파했지요. 후쿠자와에게 '개화'라는 말은 '서양화=문명화' 등식과 같은 뜻이었습니다.

후쿠자와 유키치는 일본 메이지 시대 근대성의 상징과 같은 인물입니다. 일본에서는 근대 서구 시민적 개인관, 국가관을 널리 전파한 선각자로 여겨지고 있죠. 평생 관직을 맡지 않고 시민사회에서 언론과 교육, 저술 활동을 했기 때문에 시민사회의 자유로운 지식인이라는 이미지도 있습니다. 아무튼 진보적이고 자유주의적인 이미지로 일본인들에게 일반적으로 널리 각인되어 있는 인물이죠. 그래서 2004년부터 일본 화폐의 최고액권인 1만 엔권에 그의 초상이 들어갈 수 있었겠지요.〈그림 3-1〉이 시기가 일본에서 소위 '자학사관' 비판이 힘을 얻어가던 때였다는 점이 묘하기는 합니다. 이 1만 엔권이 20년 가까이 쓰이다 보니 이제 '유키치'는 일본에서 1만 엔권을 뜻하기도 한다고 해요.[7] 어쨌거나 일본에서는 후쿠자와 유키치라는 이름이 널리 애용되고 그만큼 존경도 받고 있음을 말해줍니다. 그러나 이러한 이미지는 후쿠자와

〈그림 3-1〉후쿠자와 유키치(1891년경 촬영).
2004~2023년간 일본 1만 엔권 화폐 초상의 원안이 된 사진이다.

의 한쪽 얼굴일 뿐입니다. 일본의 근대화·서구화의 선구자라는 면만
부각될 뿐 그 이면의 팽창성·침략성은 지워버리는 것이죠. 앞서 언급
되었듯, 일본 사학계 일각이 '패전' 이전의 군국주의 15년 전쟁, 10년
전쟁만을 반성할 뿐, 그 이전 60년의 침략의 역사는 망각 속에 묻어두
는 것과 같습니다.

그 양면을 보아야 합니다. 그 양면은 팽창근대의 양면입니다. 작은
번의 하급 무사 가문 출신인 후쿠자와 유키치(1835~1901)는 이미 10대
후반과 20대 초반에 막부의 해외 사절단의 수행원으로 미국과 유럽에
세 차례 다녀와 매우 일찍부터 적극적인 개화파가 됩니다. 20대와 30
대의 초기 저작에서는 서양 사정을 소개하고 만민평등, 만국평등, 자

勢1

립, 자강을 강조하죠. 오늘날까지도 일본의 주류 사회는 후쿠자와의 이 일면만을 기억하려 합니다. 그러나 이처럼 서구적 근대화의 선구적 계몽가가 되면서 후쿠자와에게 동시에 나타나는 모습은 아시아 멸시, 이웃 국가 비방입니다. 아주 초기부터 나타나 시종 일관된 모습을 보이고 있습니다. 역시 '기억하고 싶은 것만 기억하기'와 관계되겠습니다만, 후쿠자와 유키치의 이런 모습은 뜻밖에도 잘 알려져 있지 않습니다. 몇 대목만 인용해볼까요.

청조(淸朝) … 모두 세상물정에 어둡고 자기 나라를 더할 나위 없이 귀중한 것으로 보고 … 임칙서라는 지혜롭지 못한 성급한 자가 나와 … 이렇다 저렇다 말도 없이 영국에서 싣고 온 아편을 다짜고짜 태워버려 … 자업자득.(1865, 「당인왕래(唐人往來)」)

지나(支那, 중국)는 … 세상 돌아가는 것을 모른 채 깊은 잠에 빠져 있다. 폭군과 탐관오리가 제멋대로 … 영국과 불화를 일으켜 단 한 판의 교전에 패해 화친을 구했다. 배상금은 서양 은화로 2100만이고 5개 항구를 개항해도 여전히 질리지 않는 무지한 백성, 도리에 맞지 않는 일로 전쟁을 함부로 전쟁을 시작하고 유약한 병사는 패주하고 전쟁에도 패하여 지금의 모습에 이르렀으니, 그 꼴이 무어란 말인가.(1869, 「세계국진(世界國盡)」)

대만 야만인은 금수와 같은 자로 사람 두서넛 잡아먹는 것은 보통이고 … 조선인은 그저 완고함으로 똘똘 뭉친 사람으로 외국선만 발견하면 다짜고짜 발포하는 것은 마치 우리나라의 지난날과 같다.(1876, 「요지론(要知論)」)

조선인은 미개한 백성이다. … 극히 완고하고 어리석으며 … 흉포하고 싫다고 해도 … 정찰선박으로 군함을 조선의 한 항구에 묶어두는 데는 1함 1년 경비가 1만 엔 내외로 … 결행을 권고.(1882, 「조선 원산진의 변보(變報)」)

지나인은 최근 문명의 기본적인 관념을 모른다. … 무학의 국민으로 … 유교주의에 배불러 부패.(1883, 「조선에 자본을 융통」)

지나 인민의 겁약하고 비굴함은 실로 터무니없고 그 유례가 없다.(1883, 「지나 인민의 전도」)

지나인 … 가장 좋은 점은 염치를 가볍게 여겨 보통 사람이 할 수 없는 일을 하는 데 있다. 필생의 심사는 그저 돈을 얻는 것 하나에 집약되기 때문에 타인에게 노예시 당하고 또한 정말 그 노예가 되어도 돈만 얻을 수 있다면 굳이 꺼리지 않는다.(1884, 「서양인과 지나인」)

우리 일본의 국토는 아세아의 동쪽에 있다고는 하나 그 국민의 정신은 이미 아시아의 옛 보루에서 벗어나 서양의 문명으로 옮겼다. … 지나 … 조선 … 이 두 나라 … 그 고풍구습에 연연하는 마음은 백천 년 옛날과 다르지 않으며 … 도덕마저 땅바닥에 떨어지고 잔혹·불염치는 극에 달해도 여전히 오만하여 자성의 마음이 없는 자와 같다.(1885, 「탈아론(脫亞論)」)[8]

혼자 쓰고 읽는 일기도 아니고 공개적인 신문지상에 이웃나라와 이웃나라 사람들을 이렇듯 노골적으로 비하, 비방, 멸시하는 글을 버젓

勢1

이 발표했다는 것이 믿기지 않을 정도입니다. 후쿠자와는 막부의 하급 무사였던 부친이 평생 창고지기를 하다 일찍 생을 마감했던 것에 대해 한을 품고 있었다고 하죠. 유교 공부를 열심히 했지만 정해진 신분의 틀을 벗어날 수 없었던 것이죠. 그의 형도 유학 공부를 많이 했다고 하고, 후쿠자와는 그 형에게 유학을 배웠다고 합니다. 후쿠자와는 그런 형이 말단직을 벗어나지 못했다고 한탄했고, 아버지와 형의 그런 모습을 보면서 자기 가문의 불운과 불행이 모두 유교 탓이라고 단정했습니다. 그거야 일본 봉건제의 문제였지 유교 탓은 아니었는데 말이죠. 당시 더 완숙한 유교사회였던 청과 조선의 신분 구속은 일본보다 훨씬 약했어요. 과거를 통해 관료가 되고 신분 상승을 할 수 있는 길이 열려 있었지요. 과거제도가 없고, 신분이 고정되어 있는 것은 일본이 유교화가 덜 되었음을 보여주는 것입니다. 후쿠자와는 말하자면, 종로에서 뺨맞고 엉뚱하게 한강에다 화풀이를 한 셈이죠.

그런 사실을 알았든 몰랐든, 그러한 신분적 제약 아래서 후쿠자와가 서양 체험을 통해 신분 해방과 자립, 자강을 강조하고 이를 일본 내에서 열정적으로 설파했던 것은 충분히 공감하고 지지할 수 있는 일입니다. 그렇지만 한편으로는 그렇듯 '개화적'이고, 그렇듯 '문명적'인 주장을 폈던 후쿠자와가 어떻게 다른 한편으로는 주변국에 대해 그렇듯 격심한 편견과 멸시감을 표출할 수 있었던 것일까요? 이런 노골적인 편견과 멸시감은 전혀 문명적이지도 개화적이지도 못한 관념이고 태도 아닌가요? 이 양면은 과연 양립할 수 있는 것일까요?

저는 양립할 수 있다고 봅니다. 아니, 바로 이 양립에 후쿠자와 사상의 핵심이 있습니다. 후쿠자와가 보고 배웠던 것은 단지 '근대화' '서구화'가 아니라 '서양 팽창근대화'였음을 알게 되면 수수께끼는 풀립니다. 예민한 젊은 나이에 나라 안팎에서 보고 들었던 것을 그는 있는 그대로 소화했던 것입니다. '문명'과 '개화'를 결코 아름답게만 받아들이지 않았습니다. 여기엔 아주 잔혹한 측면이 있다는 것을 아주 일찍부터 잘 알고 있었죠. 그가 이와 관련해 남긴 글들을 몇 개만 볼까요.

이 사람 십수 년 전에 … 영국의 관리가 … (식민지) 현지인을 다루는 정황은 방약무인(傍若無人), 동등한 인간을 대하는 것으로 거의 생각되지 않는다.(1860년대의 경험을 회상한 것, 1882, 「동양의 정략 과연 어떻게 할 것인가」)

누군가 서양 제국의 백인을 문명이라고 한다. 바로 이들은 인도(人道) 밖에 존재하는 백귀(白鬼)이다. 야소교(기독교)의 교의도 엿 먹어라. 무용의 성직자를 우리나라에 파견하여 쓸데없는 사람을 교화하기보다 … 도둑과 강간한 시말을.(1875, 「도미다 데쓰노스케에게 보낸 서간」)

살인쟁리(殺人爭利) … 지금의 문명 양태에 있어서는 어쩔 수 없는 추세로 전쟁은 독립국의 권리와 의무를 신장하는 방도.(1875, 『문명론의 개략』)

이 나라 저 나라에 대해 … 권리는 정당하고 동일해야 한다는 취지 … 교제 현장에서 보면 결코 그렇지 않다 … 영국인이 동인도 지방을 지배하기 위해 취한 조치의 잔혹무정함은 실로 말로 다할 수 없는 것이 있다. … 그 외 동양 제국(諸國) 및 오세아니아 제도(諸島)의 형편은 어떠한가. … 서구인의 손이 닿은 곳에서 능히 그 본국의 권리와 이익을 온전히 지켜 참된 독립을 유지한 것이 있단 말인가. … 서구인의 손이 닿은 곳은 토지는 생명력을 잃고 풀도 나무도 성장할 수 없다. 심한 경우는 그 인종을 말살하게 된 곳도 있다. … 외국과의 교제에서 천지의 공도(公道)를 기대한다는 것은 과연 어떤 마음이런가. 세상물정 모르기도 또한 이만저만이 아니다.(1875, 『문명론의 개략』)

백 권의 만국공법은 몇 문의 대포보다 못하고, 몇 책의 화친조약은 한 상자의 탄약보다 못하다. 대포 탄약은 있는 도리를 주장하는 대비가 아니라 없는 도리도 만들어내는 기계다. … 각국이 교제하는 길은 두 가지, 멸망시키든가 멸망당하는 것뿐이라고 할 수 있다. … 우리 일본의 외국 교제법은 최후에 호소하는 바를 전쟁으로 하고.(1878, 『통속국권론』)

세계 각국이 서로 대치하는 것은 금수가 서로 잡아먹으려는 기세로, 잡아먹는 자는 문명의 국민이고 먹히는 자는 미개한 나라이므로 우리 일본국은 그 잡아먹는 자의 대열에 서서 문명국민과 함께 좋은 먹잇감을 찾자.(1883, 「외교론」)

모두 후쿠자와가 30대 때 쓴 글들입니다. 그만큼 직설적이고 거리낌이 없습니다. 당시 그는 이미 서양 사정을 소개한 책으로 유명인이 되어 있었고, 위에서 인용한 『문명론의 개략』과 같은 책은 이후 일본 '전후 민주주의'의 주요 사상가인 마루야마 마사오 같은 이가 극찬하여 일본에서는 '고전'의 반열에 오른 책이기도 합니다. 제가 후쿠자와 유키치를 예로 드는 이유는 일본 '전후 민주론'의 비어 있는 점, 취약성을 밝혀 보이기 위해서입니다. 마루야마 마사오가 숭배하는 후쿠자와 유키치의 진면목을 보자는 것입니다. 마루야마 마사오는 자신의 '전후 민주'의 사상적 기반을 후쿠자와에서 찾거든요. 제가 후쿠자와 유키치의 『문명론의 개략』의 논리와 심리'를 알아야 한다고 하는 것은, 그렇게 해야 마루야마가 1946년에 쓴 「초국가주의의 심리와 논리」의 한계도 밝혀진다고 보기 때문입니다. 그 논문은 마루야마의 출세작이자 일본의 '전후 민주주의' 입론 단계에서 아주 중요한 논문입니다.[9]

마루야마 마사오가 그렇게 높이 평가하는 『문명론의 개략』에서 후쿠자와 유키치는, 앞서 소개한 글에서 잘 나타난 바와 같이, 그가 생각하는 '문명'과 '개화'에 대해 아주 솔직하게 밝혀놓고 있습니다. 그는 자신이 본 '서구 근대'의 본질이 힘에 의한 지배에 있음을 파악하고 있었고, 이러한 힘에 의한 지배를 '문명화'요 '개화'라 부르고 있음을 잘 알고 있었던 것입니다. 이런 후쿠자와였기 때문에 대만, 조선, 중국 침공 등 연이은 일본의 무력 팽창 행위를 항상 아주 적극적으로 지지했을 뿐 아니라, 오히려 이를 앞장서서 거리낌 없이 부추기고 선동할 수 있었던 것입니다. 후쿠자와의 글을 좀 더 보겠습니다.

결국 지나로 하여금 50만 테일(tael)의 배상금을 지불하게 한 것은 국가를 위해 축하할 일이다. … 원래 전쟁은 국가의 영욕에 관련되는 바, 국권을 따라 성하기도 하고 쇠하기도 하는 바 … 이번에 지나에 대한 승리에 의해 우리 국민의 기풍을 일변시키고, 비로소 내외의 구분을 분명히 해 민족주의적 국체의 기반을 굳건히.(1874, 대만침공으로 청의 배상을 받아낸 이후, 「정대화의(征臺和議)의 연설」)

가장 긴요한 일은 전국 인민의 머릿속에 국가의 사상을 주입시키는 것이다. … 일국의 인심을 흥기하여 전체를 감동시키는 방편으로는 외전(外

戰)에 필적하는 것이 없다. 진구황후의 삼한정벌은 1700년의 옛날에 있었고 도요토미의 출사도 이미 300년이 지났지만 인민은 이를 잊을 수 없다. … 전쟁은 인심을 감동시켜 오랜 세월에 걸쳐 지속시키는 힘이 강대한 것 … 우리 인민의 보국심을 진작하기 위한 수단은 이들과 일전을 벌이는 것보다 나은 것은 없다.(1878, 『통속국권론』)

류큐 같은 왕국은 … 인민에게 군사의 정신이 결여되어 있을 뿐만 아니라 병기 하나도 구비하지 않았다는 것은 실로 지구상에 유례없는 국권으로 … 우리 일본 정부의 보호를 받게 된 것은 지극히 다행한 일이다.(1879, 류큐합병 이후, 「대외관」)

철도는 군사상 필요하다. … 이미 철도를 부설해두었다면, 어느 날 아침 도쿄 조정회의에서 의견일치를 보고 마침내 개전·출병한다는 명령 아래 수만의 군병은 즉각 도쿄 정거장을 출발하여 이튿날 미명에 시모노세키 항에 도착하고 바다를 건너 10시간 만에 부산에 상륙, 다시 기차를 타고 저녁에는 이미 조선 경성의 남대문 위에 일장기가 펄럭이는 것을 보게 되는 것이다.(1882, 조선의 임오군란에 즈음하여, 『철도론』)

지금 일본 본토(日本島)를 지킴에 있어 가장 가까운 방어선으로 정해야 할 땅은 필히 조선 지방이어야 함에 의심의 여지가 없다.(1887, 「조선은 번병(藩屏)이다」, 1890년 일본 육군대장 야마가타 아리토모의 동일한 주장에 앞섬)

일본의 병사 수를 비교적 많게 하여 곧바로 경성으로 진입한 것은 도무지 이해할 수 없다는 따위의 주장을 하는 사람이 있다 해도, 그 병력 수가 많은 것이야말로 곧 일본이 평화를 우선하고 사건이 일어나는 것을 좋아하지 않는다는 증거일 것이다. … 문명의 선진국이 미개국에 대해 흔히 하는 일로서 … 한 점의 사사로움이 있는 것은 아니다.(1894. 7. 27, 동학농민혁명에 일본군을 파견하고 조선 왕궁을 점령한 것에 대해, 「나에게 끼어들 바 없다」)

바로 지나의 국경을 넘어 들어가, 우선 심양(盛京), 길림, 흑룡강 3성을 점령해 … 일본의 판도에 편입시켜야 … 단지 만주 3성뿐만 아니라 지나 제국 400여 주(州)는 결국 만청(滿淸) 정부의 소유가 아님을 각오해야 할 것이다.(1894, 청일전쟁 개전 직후, 「우선 만주」)

평양의 전쟁은 예상대로 우리 군의 대승리 … 청국 병사들 … 돼지 꼬랑지 새끼, 겁쟁이다. … 승리 … 필경 우리 천황폐하의 위광과 장교 이하의 충성에 의한 것으로 … 중재론이 제기돼도 단연코 이를 사절.(1894, 청일전쟁 평양전투 승리 직후, 「평양」)

전쟁에 대해 쓴 글인데도 상당히 유쾌한 기분으로 썼다는 것을 느낄 수 있지요. 전쟁을 일으킨 데 대해서 하나도 꺼림칙한 게 없습니다. 청일전쟁 때면 후쿠자와의 나이가 환갑이 되었을 때고, 60이면 당시로는 분명 '노인'이었을 텐데도, 노인다운 조심스러움이나 신중함이 전혀 느껴지지 않습니다. 여기까지 살펴보면 후쿠자와 근대 논리에 내재한 것으로 보인다고 하였던 이중성과 모순은 애초부터 존재하지 않았다고 말할 수 있겠어요. 지금까지의 후쿠자와 연구는 대부분 그의 사상이

勢1

전기에는 계몽적 · 진보적이었다가 후기에 침략적 · 보수적으로 변했다고 풀이해왔습니다. 그 둘이 서로 안 맞고 모순된다는 것이죠. 그러나 앞서 본 대로 후쿠자와의 생각은 전기나 후기나 다를 바가 없습니다.

후쿠자와뿐만이 아닙니다. 메이지 정부를 이끌었던 핵심 당국자들 역시 추종하고 모방하려 했던 것은 서양 팽창근대 노선 하나였을 뿐입니다. 그 점에서 이들은 일관성을 보이고 있습니다. 재야의 후쿠자와나 유신 권부의 핵심들의 생각이 전혀 다르지 않습니다. 실제로 후쿠자와는 이토 히로부미, 이노우에 가오루와 같은 메이지 정부의 핵심들과 은밀히 속마음을 나누는 사이였습니다. 그 팽창근대의 논리는 함포외교와 해외팽창, 식민지화를 당연히 포함하고 있었어요. 그러한 팽창과 식민지화를 합리화하는 논리가 문명화, 개화였던 것이고요. 그래서 계몽의 후쿠자와는 기억하고, 침략 미화의 후쿠자와는 잊겠다는 선택적 논리는 성립하지 않습니다. 이런 논리야말로 모순적이고 일관되지 못한 것이지요. 이런 방식으로 사고해서는 결코 팽창근대의 프레임을 벗어날 수 없습니다. 같은 상황이 또 닥친다 해도 앞으로는 '문명'을 말하고 뒤로는 '반문명적 행위'를 태연하게 자행하는 기괴함을 벗어나지 못하는 것입니다.

서두에서 말한 바와 같이, 자칭 '자학사관 비판가'들이자 '일본회의'의 이론가들인 후지오카 노부카츠나 니시오 간지와 같은 이들의 논리가 후쿠자와 유키치를 그대로 베끼고 있다는 것도 이 정도면 분명해졌을 것입니다. 후쿠자와는 버클과 기조를 베끼고, '일본회의'는 후쿠자와를 베끼고 있습니다. 후쿠자와가 베낀 것은 아시아에 대한 편견에 가득 찬 19세기의 영국, 프랑스 저작들입니다. 후쿠자와나 '자학사관 비판가'들이나 원래부터가 오리지널이 없고, 뿌리가 없어요. 그저 베끼기였을 뿐입니다. 마루야마 마사오가 후쿠자와 유키치를 극찬했던 『문명론의 개략'을 읽는다』는 일본에서 1986년 출판되었습니다. 냉전 종식 직전이죠. 그러고 나서 불과 10년 후에, 마루야마 마사오가 경계 했던 일본 우익이 바로 그 후쿠자와 유키치를 이용해서 마루야마 마사 오 자신이 대표했던 일본의 '전후 민주파'와 '리버럴파'를 공격하고 나 왔어요. 이렇게 될 것을 그는 과연 예상이나 할 수 있었을까요?

남선생　마루야마 교수가 1996년 작고했으니, 소위 '자학사관 비판' 과 '일본회의' 등 일본 우익 세력이 이제 초기에 세력을 모아가던 시점 이었죠. 시대 정세에 매우 예민했던 분이었으니 무엇인가 잘못되어가 고 있다는 것을 느끼지 않았을까 싶기는 합니다. 마루야마는 일본이 군국주의로 치닫던 1930년대 말, 20대 후반의 젊은 대학원생으로 후쿠 자와 유키치를 읽고, 그의 생각이 당시의 일본 현실을 비판적으로 보 는 시각을 제공해주었다고 했습니다.[10] 그러나 결국 그 정도의 시야를 평생 벗어나지 못했던 것으로 보입니다. 일본의 학자로서 젊었을 적 후쿠자와 유키치의 저서에서 많은 영감을 받았다는 것을 탓할 수는 없 겠지만, 그가 존경받는 대학자의 위치에 올랐던 만큼 더욱 전체적이고 객관적인 시각에서 후쿠자와를 보았어야 마땅했다는 생각을 지울 수 없습니다. 제가 이렇게 이야기하지 않을 수 없는 이유를 조금 더 말씀 드리겠습니다.

앞서 북선생이 후쿠자와 유키치가 전쟁에 대해 쓰면서 사뭇 유쾌한 기분이었던 같다고 했죠. 글쎄요. 굳이 '유쾌'라고 한다면 저로서는 불 장난하는 어린아이의 치기(稚氣)에서 보이는 유쾌함이랄까요, 그런 느 낌을 저버릴 수가 없네요. 예를 들어 이런 대목 말입니다. "일본의 병 사 수를 비교적 많게 하여 곧바로 경성으로 진입한 것은 도무지 이해할 수 없다는 따위의 주장을 하는 사람이 있다 해도, 그 병력 수가 많은 것이야말로 곧 일본이 평화를 우선하고 사건이 일어나는 것을 좋아하지 않는다는 증거일 것"이라고 운운합니다. 동학혁명 당시 일본은 8000명을, 청나라는 2800명을 파병했죠. 이것이 "병사의 수를 비교적 많게 했다"는 대목입니다. 그런데 청나라는 동학군을 대적한다고 아산만으로 군대를 보냈는데, 일본은 엉뚱하게도 인천에 상륙해서 곧바로 서울로 진격했어요. 그리고 바로 왕궁을 점령하고 국왕을 포로로 만들어버렸죠.

남의 나라에 군대를 보낸 건 두 나라 모두의 잘못이지만, 그 의도가 같지 않았음을 볼 수 있는 대목입니다. 일본의 본심은 이미 조선의 주권의 찬탈에 있었어요. 이 대목에 대해 쓰고 있는 후쿠자와 유키치를 보면 확실히 신이 나 있습니다. 이런 말도 하고 있군요. "수만의 군병은 즉각 도쿄 정거장을 출발하여 이튿날 미명에 시모노세키 항에 도착하고 바다를 건너 10시간 만에 부산에 상륙, 다시 기차를 타고 저녁에는 이미 조선 경성의 남대문 위에 일장기가 펄럭이는 것을 보게 되는 것"을 대망한다고 말이죠. 그래 놓고는 그러한 노골적인 군사적 침략이 "평화를 사랑하고 사건이 일어나는 것을 좋아하지 않는다는 증거"라고 사뭇 즐거운 기분으로 말하고 있습니다. 이런 정도라면 이것을 불장난하는 어린아이가 신바람이 나서 늘어놓는 치언(癡言) 이상이라고 보아줄 수가 있을까 싶은 것입니다.

이 사태에서 나날의 진행 과정은 당시 일본 외무대신이었던 무쓰 무네미쓰가 쓴 『건건록』에도 생생히 기록되어 있습니다. 『건건록』의 분위기는 후쿠자와의 글과는 매우 다릅니다. 후쿠자와의 글에는 '치기'가 있지만, 무쓰의 글에는 '살벌함'이 있습니다. 무서울 정도로 차분해요.

미리 다 계산을 해두고 있었던 거죠. 전쟁을 사전에 결정해놓고 벌인 일이었습니다. 이런 사정을 누구보다도 잘 알고 있었을 후쿠자와 유키치는 이제 옆에서 손뼉치고 춤추는 치어 리더의 역할을 자임한 것일까요? 그러한 군사적 폭거를 두고 "문명의 선진국이 미개국에 대해 흔히 하는 일로서 … 한 점의 사사로움이 있는 것은 아니다." 등등 운운하며 너무나 태연하게 둘러대는 대목에서는 정말이지 실소를 금치 못하게 됩니다.

후쿠자와 유키치는 청일전쟁에 대해 사뭇 열광하고 있는데요, 그렇다면 이 전쟁에서 벌어진 무참한 민간인 학살에 대해서는 어떻게 생각했을까요. 1894년 11월 21~24일 사이 벌어진 '뤼순(旅順) 대학살(중국어로는 대도살)'로 불리는 사건 말입니다. 이때 영국의 《타임스》지가 일본군이 청나라 패잔병 소탕 과정에서 엄청난 수의 무고한 민간인들을 학살했다고 보도했었죠. 이때 후쿠자와 유키치는 오리발을 내밉니다. 저도 그 대목을 인용해보면 다음과 같습니다. "뤼순의 대승에 대해 외국인들 가운데 살육이 많았다고 하는데 … 우리 군인이 무고한 지나인을 도륙했다는 것은 실로 아무런 근거도 없는 오보이다.(1894. 12, 「뤼순의 살육 근거 없는 유언」)" 당시 《동경일일신문》 등 일본 신문들조차 잔학행위가 있었다고 보도하고 있는데, 후쿠자와 유키치는 전혀 근거 없다고 우기고 있습니다.

또 하나 빼놓을 수 없는 문제가 있습니다. 당시 조선에서는 뤼순에서보다 훨씬 큰 규모의 학살이 자행되고 있었거든요. 패주하는 동학농민군에 대한 일본군의 '섬멸작전'을 통해서였어요. 농민혁명군을 공격하기 위해 일본군 대본영은 최신식 무기로 무장한 6개 중대를 파견했습니다. 신무기 앞에 농민군 주력이 1894년 11월 말에서 12월 초 사이에 무너지죠. 그 후 패주하는 농민군을 끝까지 추격해 살해하는 잔인한 살육전이 벌어졌던 것입니다. 당시 농민군은 군사훈련을 전혀 받지 못한 사람들이었습니다. 그 수가 많았지만, 군사적 격돌 후 뿔뿔이 흩어져 패주하는 상황에서는 대다수가 맨손 비무장의 상태였어요. 조선 관군이 그 '섬멸작전'을 같이 합니다만, 지휘권은 이미 일본군에게 있었어요. 전투 중에 사망한 농민군만 최소한 2만여 명, 소위 '섬멸작전' 과정에서 사망한 비무장 비전투 사망자는 최소한 20만 명에 이른다고 합니다. '섬멸'이란 군인과 군인 사이의 전쟁 언어입니다. 군인의 비무장 평민에 대한 살육은 '학살'이라고 하지요. 당대의 목격자들의 기록과 후대의 연구 결과가 말해주는 사실입니다.[11] 그런데 이 엄청난 '학살'에 대해서 그 말 많은 후쿠자와 유키치는 한마디 말도 남기지 않았습니다.

주목할 점은 일본군 대본영의 동학군에 대한 군사작전 결정과 거의 같은 시기에 조선의 일본공사를 이노우에 가오루로 교체했다는 사실입니다. 이노우에는 10대 시절부터 이토 이로부미와 함께 정한론(征韓論)으로 유명한 요시다 쇼인의 쇼카손주쿠(松下村塾) 문하생이었죠. 어쨌거나 이노우에와 이토는 이렇듯 어릴 적부터 가까웠던 사이이자 이후 조슈번 출신의 메이지유신 주역으로서 서로 밀고 밀어주며 출세가도를 같이 달려왔던 사이이기도 합니다. 이노우에가 조선의 일본공사로 갔을 때는 이미 외무대신을 두 번이나 역임했던 메이지 체제의 중심인물이었죠. 이런 '거물'을 동학군 '섬멸작전' 직전인 10월에, 직급상 명백한 하급직인 조선공사로, 이토 히로부미가 중심이 된 일본 내각에서 급파했던 것은 그만큼 이 기회에 조선을 확실히 장악해야 한다고 생각했음을 보여줍니다. 그런데 그 이노우에와 후쿠자와가 또 긴밀한 밀담을 주고받는 사이였어요. 그리고 조선에 정보망이 누구 못지않게 많았다는 후쿠자와 유키치 아닌가요? 과연 그런 후쿠자와가 당시 조선에서 벌어지고 있던 '동학군 섬멸전'의 상황을 전혀 모르고 있었을까요? 아니면, 알면서도 모른 채 침묵했던 것일까요? 뤼순 학살과 같이 이미 세상에 널리 알려진 사실에 대해서도 전혀 없었던 일처럼 태연하게 오리발을 내밀고 있는 후쿠자와 유키치의 모습을 볼 때, 그리고 당시의 여러 정황 증거를 종합해볼 때, 단연코 후자일 수밖에 없습니다.

바다 건너 산둥성 뤼순에서의 대학살은 그나마 영국의 《타임스》 기자가 취재 보도를 해서 세상에 널리 알려졌지만, 조선에서 소위 '섬멸작전'의 이름 아래 자행된 이 무자비한 대량 살육에 대해서는 국제사회가 전혀 주목하지 않았습니다. 서구 세력의 이해관계의 바깥이라고 보았기 때문이겠죠. 일본이 청일전쟁을 결심하게 된 것은 그 직전에 성사되었던 영일동맹의 타결이 결정적이었습니다. 『건건록』에 보면 아주 생생하게 나옵니다. 현재까지도 일본에서는 당시 조선에서 벌어졌던 그 대학살을 아는 사람들은 극소수에 불과합니다. 그런 내용은 그들이 전혀 들어보지도 배워보지도 못했던 것이니까요. 그래서 그런 말을 처음 듣게 되면 보통 일반인들은 전혀 믿으려 하지 않습니다. 오히려 근거 없는 험담을 한다고 화를 내죠. 이런 거대한 침묵 속에 후쿠자와 유키치의 노골적인 침략선동 역시 깊이 묻혀 있는 것입니다.

후쿠자와 유키치, 일본 팽창근대의 전략가

서선생　　그럼에도 저는 후쿠자와 유키치가 모종의 매우 날카로운 직관의 소유자였다는 사실만은 인정하게 되는데요, 특히 중국, 조선 등 주변국에 대한 강렬한 멸시와 비하의 감정을 앞장서서 유포하는 대목에서 그렇습니다. 왜 그런가 하면, 그의 그런 작업이 팽창근대 국가주권론에서 핵심이라고 하는 '적의 창출' 작업으로 보이기 때문입니다. 적의 설정이 근대주권론의 핵심에 있다는 주장은 1920년대에 독일 법학자 카를 슈미트가 한 것이니, 그 이전 시대 인물인 후쿠자와가 슈미트의 주장을 알았을 리는 없습니다. 논리가 아닌 직관으로 '적을 만들어내라!'라는 슈미트적 핵심 요청을 선취하고 있는 것입니다. 그런 점에서 날카롭다는 것을 인정하게 된다고 했습니다.

'적의 창출'이란 바로 '낙차(落差)의 창출'입니다. 팽창근대의 핵심 에너지이자 기술이죠. 여기서의 '낙차'란 '문명적 낙차'를 창출하는 것입니다. 자기를 '문명' 쪽에, 침략할 대상을 '미개' 쪽에 세움으로써 그런 낙차를 만들어냅니다. 그 문명적 낙차 창출의 기술은 후쿠자와 유키치가 젊은 시절부터 여러 나라를 돌아보면서 직접 목격했던 모습들, 즉 서구열강의 '지배자'들이 식민지의 소위 '현지인'들을 대하는 방식들을 보면서 서서히 배워간 것이었습니다. 처음에는 그도 젊은 아시아 청년으로서 분개했지만, 점차 내가, 우리가 '지배자'의 쪽에 서야 되겠다고 입장을 바꿉니다. 그렇듯 멸시하고 비하해야 침략을 하면서도 그런 행위를 '문명'이요 '개화'라고 정당화할 수 있고, 침략하여 못된 짓을 하면서도 떳떳하다고 생각할 수 있다는 것을 배우게 됩니다.

그런 점에서 후쿠자와는 서구 팽창근대의 논리와 심리를 아주 제대로 뚫어보았다고 할 수 있죠. 그러나 B급 정치가나 투기꾼, 군인이 아니라 나름 선구자를 자처하는 문필가가 그런 멸시와 비하에 직접 앞장섰다는 것을 보면서 우리는 그의 지성의 수준을 측량해볼 수 있습니다. 그가 그토록 존숭했던 유럽에서는 1급 문필가들이 그런 식의 노골적인 멸시와 비하에 직접 앞장서는 경우가 없습니다. 품격의 문제죠. 대부분 오히려 날카롭게 비판하고 자성을 요구합니다. 설혹 비슷한 일을 하게 되더라도 키플링처럼 '백인의 짐' 어쩌고 하면서 아주 교묘하게 꼬아서 하지, 후쿠자와 유키치처럼 그렇게 막 대놓고 욕하는 식으로 하지는 않아요. 어쨌든 멸시와 비하는 결코 단순한 무시가 아닙니다. 무시란 관심을 지운다는 것이죠. 그런 의미에서 후쿠자와는 결코 조선이나 중국을 무시하지 않았습니다. 거꾸로 아주 강렬한 관심을 가지고 있었죠. 아주 일찍부터 조선 침략, 중국 침략의 구상이 있었지 않습니까? 그렇지만 오랜 이웃 국가인 조선과 중국에서 먼저 적대행위를 한 것도 아닌데 갑자기 적대감을 불러일으키기는 어려웠겠죠. 그 대신 택한 방법이 멸시와 비하입니다. 그러니까 멸시와 비하는 강렬한 적대감의 대체물이자 등가물이었던 것입니다. 절묘하죠. 그저 괜히 가볍게 해본 것이 아니었습니다. 이 멸시와 비하는 그의 심중에 열망하고 있었던 미래의 침략을 내다본 고도의 사전 포석이었습니다. 지극히 전략적인 사고가 엿보입니다. 이런 것을 후쿠자와 식의 '팽창근대의 논리와 심리'라고도 할 수 있겠습니다. 이런 차원에서 보면 후쿠자와는 단순한 문필가가 아니라 일본 팽창근대의 전략가, 선동가였다고 보는 게 정확합니다. 후쿠자와가 적을 창출해내는 방법에서 날카로운 직관력을 보았다고 했는데요. 제가 그렇게 느낀 것은 후쿠자와에 앞서 수백 년 전, 서구 팽창근대의 기원에서 보이는 어떤 장면과 오버랩되는 부분이 있어서였습니다. 좀 섬뜩하죠. 그 장면에 대해 조금 말씀드리겠습니다.

이 책 서론에서부터 논의해온 것처럼 서구 팽창근대의 아시아 진출의 첫 물꼬는 포르투갈이 텄지요. 그 첫 페이지에 바스쿠 다가마라는 인물이 나왔습니다. 아프리카를 돌아 아시아의 바다, 인도양에 처음 들어선 유럽인들이 그곳 사람들에게 처음 드러낸 감정이 바로 '적대 감'이었거든요. 때는 1498년 3월입니다. 바스쿠 다가마가 희망봉을 돌아 인도양에 접한 모잠비크에 도착합니다. 여긴 무슬림 항구였죠. 이곳 술탄은 처음 나타난 포르투갈인들에게 우호적으로 대접합니다. 이들도 같은 무슬림이라고 생각했죠. 무슬림이 아니라고 해도 상관없었습니다. 인도양에서 오래전부터 행해지던 교역에서는 종교가 문제가 되지 않았거든요. 이슬람, 힌두, 실론의 불교도, 중국 상인, 심지어 베네치아에서 온 기독교 상인들이 뒤섞여 교역하고 있었으니까요. 그러나 희망봉을 돌아 갑자기 나타난 포르투갈인들은 그렇지가 않았습니다. 그들의 아시아 진출 자체가 이슬람에 대한 성스러운 종교전쟁이기도 하다는 생각이 있었거든요. 아프리카를 돌아 이슬람의 후방을 공격한다는 것이죠. 그래서 인도양에 들어선 첫 대면에서부터 이슬람에 대한 강렬한 종교적 '적대감'을 표출합니다.

희망봉을 돌아 첫 기항한 아프리카 동안의 무슬림 항구 모잠비크와 말리니에서부터 그랬습니다. 미리 적대감을 가지고 거리를 둡니다. 그럼에도 교역에 익숙한 무슬림 술탄이 호의를 베풀어 힌두인 뱃길 안내자(pilot)를 소개해주어 인도 캘리컷까지 항해할 수 있게 되지요. 그런데 이번에는 그곳의 힌두 영주에게 이슬람과 교역을 끊으라고 윽박지릅니다. 캘리컷의 영주는 어안이 벙벙했겠죠. 이슬람은 이미 오랜 손님이고 캘리컷에는 무슬림 촌까지 형성되어 있는데 갑자기 처음 나타난 자들이 이슬람과 거래를 끊고 그곳에서 살고 있는 무슬림들도 다 쫓아내라고 하니 말입니다. 당연히 거부했죠. 그런데 이렇게 자기 뜻대로 안 해주니까 그곳 사람을 인질을 잡고 대포를 쏘며 작은 전쟁을 벌입니다. 그러다 쫓겨납니다. 기가 죽어서 물러난 게 아니라 두고 보자며 복수의 칼을 갈며 돌아갔어요. 그리고 몇 년 후에 더 많은 배와 더 많은 대포를 가지고 돌아와서 폭력으로 위협합니다. 카브랄(Pedoro Alvares Cabral)이 1500년에, 그리고 다가마 자신이 1502년에 다시 캘리컷에 와서 한 행동이 그렇습니다.

다가마가 다시 인도에 와서 항해하던 1502년 10월, 메카 순례를 마치고 귀항하던 범선 미리(Miri)를 나포하여 며칠 동안 끌고 다니다 200여 순례자들을 모두 불살라 살해했던 잔인한 사건의 기록은 많은 이들을 경악하게 했습니다.[12] 후일의 역사가들은 이런 종류의 집요한 잔인함의 이유를 도무지 이해할 수 없었습니다. 그래서 서구 팽창근대의 기원에는 팽창 대상에 대한 모종의 근원적인 '적대감'이 있다고 하는 것입니다. 그러한 '모종의 근원적 적대감'이란 당시의 세계에서는 이교도에 대한 종교적 적대감을 빼고는 따로 설명하기 어렵습니다. 그리고 그런 '적대감'은 반드시 '잔인함'으로 표출됨을 바스코 다가마가 보여주었습니다. '불과 몇백 명'이 죽은 사건을 두고 너무 과장하는 거 아니냐고 하실지 모르겠습니다. 그러나 역사적 전환의 결정적 징후는 양과 무관하게 표출됩니다. 한 발의 총알, 한 사람의 죽음이 1차 세계대전을 일으키지 않았습니까?

문제는 그 '모종의 근원적 적대감'입니다. 그래서 후쿠자와 유키치가 미래의 침략을 깊이 염두에 두면서 먼저 '멸시와 비하'를 유포하는 방법으로 적대감을 창출하였던 것을 보고 저는 '섬뜩함'을 느낀다고 했던 것입니다. 후쿠자와가 1498년, 1500년에 바스쿠 다가마와 카브랄이 했던 행동을 알 리가 없지 않습니까? 그런데도 500년 터울을 둔 행동

勢1

과 심리적 동기의 패턴이 아주 흡사하거든요. '팽창근대의 논리와 심리'가 시공을 뛰어넘어 동일한 모습을 보인다는 점이 섬뜩하다는 말씀입니다.

포르투갈과 스페인이 서구 팽창근대를 여는 '대항해'를 개시했다는 사실에는 깊이 생각해볼 점이 있습니다. 이 두 나라가 세워진 것 자체가 이베리아반도를 정복했던 무어인들(이슬람교를 믿는 아랍인들)을 기독교인들이 몰아내는 전쟁을 통해서였습니다. 엄청난 종교적 열정이 추동력이 되었죠. 이베리아 기독교인들은 이 전쟁을 또 하나의 십자군 전쟁이라고 생각했어요. 그들이 아시아를 찾아 나선 것도 예루살렘을 차지하고 있는 이슬람 세력을 우회하여 포위하기 위해서라고 생각했습니다. 원래의 십자군 전쟁이 그랬던 것처럼 신앙과 금(경제)이라는 두 개의 동기가 함께 작용했지요. 이런 동기에서 시작된 포르투갈의 아프리카 진출의 시작은 1415년인데요, 지브롤터 해협 너머 모로코의 소국 세우타(Ceuta)를 공격합니다. 모로코는 물론 이슬람 국가입니다. 당시 신생국 포르투갈은 이 침공을 당연히 이슬람에 대한 성전(聖戰), 십자군 전쟁으로 선포했습니다. 이 전쟁에서 거둔 승리로 신생국 포르투갈은 기독교 유럽의 당당한 일원으로 이름을 날리게 되었어요. 사정이 이러하니 유럽의 초기근대의 기원을 좀 더 폭넓게 확대해보아야 합니다. 종교개혁과 르네상스 운동에 더해 스페인과 포르투갈의 '대(對)이슬람 십자군운동=성전'이라는 요인을 더할 필요가 있습니다. 실제로 그 요인이 '대항해'를 촉발한 근거가 되었으니까요. 이슬람을 우회하기 위해 바다로 나갔던 데는 아시아의 부를 찾는 경제적 동기와 함께 신앙의 적인 이슬람의 후방을 친다고 하는 '종교전쟁'의 맹렬한 심리적 동기가 있었던 것입니다.

정화의 남해원정과 서구의 대항해의 차이점

남선생   아주 흥미롭네요. 그 말을 듣다 보니 저도 다시 생각해보고 싶은 대목이 있습니다. 1415년 포르투갈이 모로코 공격을 시작으로 아프리카 서해안을 따라 밑으로 내려가고 있을 즈음, 아프리카 대륙 건너편 동쪽에도 새로운 손님이 왔었죠. 잘 알고 계시듯, 유명한 명나라 정화(鄭和)의 남해원정 함대였습니다. 이들은 1407년에서 1433년까지 모두 7차례의 원정을 했는데요, 5차 원정 때는 동아프리카 모가디슈, 말린디와 잔지바르까지 왔다고 하죠. 1417~1418년 즈음입니다. 공교롭게도 포르투갈의 모로코 공격과 아주 비슷한 시기네요. 그러나 시기는 비슷하지만 행동 양식은 크게 달랐습니다. 이 점을 다시 생각하게 됩니다. 정화의 함대는 다가마나 카브랄의 것과는 전혀 비교가 안 될 만큼 거대했죠. 그러나 어느 곳에서도 무력시위를 하지 않았습니다. 어느 쪽을 몰아내라는 주장을 한 적도 없습니다. 즉 포르투갈이 그랬던 것처럼 무역의 독점권을 주장하지도 않았어요. 기존에 이뤄지고 있던 여러 문명 간의 평화로운 자유교역에 전혀 간섭하지 않았습니다.

흔히 그때 명나라가 남해원정을 계속했더라면 지금 서구의 위치를 중국이 차지하고 있을 것이라고 하는데, 저는 좀 다르게 봅니다. 그 '지금 서구의 위치'란 팽창근대 500년의 결과입니다. 그 결과란 세계 전체가 그 이전보다 훨씬 불균등해져서 서구와 비서구 간에 압도적인 격차가 생겼다는 것입니다. 요즘 세상에는 그런 '격차'를 숭상하는 기풍까지 생겨날 정도입니다. 그러나 '그때 명나라가 남해원정을 계속했더라면'이라는 가정의 귀결은 반드시 달랐을 것이라고 봅니다. 무엇보다 정화의 남해원정은 침략이나 식민지화가 없었습니다. 그러니 남해

勢1

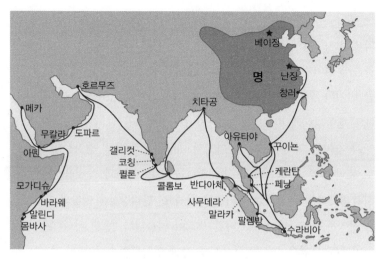

〈그림 3-2〉 정화의 남해원정(1405~1433)의 항로와 기착지들

원정이 계속되었다는 가정의 귀결이 오늘날 같은 서구 대 비서구, 아니 중국 대 비중국 간의 현저한 불균등으로 귀결되었을 리도 없었죠. 정화의 항해를 통상 '원정(遠征)'이라고 합니다만, 이 문맥에서 '征'은 정벌한다, 침략한다가 아니라, '명나라의 위광을 널리 떨친다'는 뜻으로 해석하는 게 맞습니다. 조공(朝貢)의 망을 넓힌다는 것이죠. 실제로 그랬습니다. 지도에 나타난 여러 곳을 가서도 그 영토를 빼앗아 식민지화한 곳이 없습니다.〈그림 3-2〉 오히려 그곳 왕과 귀족들을 모아 대접해주고 선물을 주었습니다. 그리고 선물을 받아왔죠. 그곳 왕들이 파견한 사절단이 정화의 배를 타고 직접 중국까지 선물을 들고 가기도 했습니다. 그래서 중국에 기린과 코뿔소, 코끼리가 선보일 수 있었죠. 명나라 당시에는 중국에서 사라졌던 동물들이었습니다. 물론 교역도 있었습니다. 그것은 조공경제 즉 선물경제의 연장이었고, 그 조공경제

는 해당 지역의 토착 교역 질서를 바꾸거나 깨뜨리지 않았습니다. 정화 원정이 7차에 걸쳐 거의 30년 동안 이뤄졌으니 이러한 방식의 교역을 단발적이거나 일시적인 제스처에 불과했다고 볼 수도 없습니다. 일곱 번이나 '원정'하여 같은 패턴을 반복하였지 않습니까? 유럽의 대항해의 행동방식과 비교해보면 큰 차이가 있었음을 알 수 있습니다.

그 차이를 이제 우리는 동아시아 내장문명과 유럽 팽창문명의 차이로 요약할 수 있겠습니다. 만리장성을 만든 문명과 그것을 깨뜨리고 침략해가려는 문명과의 차이라고 할까요. **만리장성은 팽창의 자기제한을 상징**하죠. 그 바깥으로 나갈 생각이 없습니다. 반면 바다에는 그런 자기제한이 없습니다. 서론에서도 잠깐 언급되었습니다만, 이집트 문명과 로마 문명에도 그런 차이가 있었죠. 이집트는 나일강이 비옥했기 때문에 자체 몸집이 커지더라도 굳이 바깥으로 나갈 이유가 없었습니다. 내부를 확장하면 되었기 때문이죠. 그래서 이집트 문명 역시 내장형입니다. 반면 그리스와 로마는 자기 부양의 한계가 있었기 때문에 지중해를 통해 늘 바깥으로 나갔습니다. 팽창형이죠. 이제 동아시아와 유럽으로 돌아와보면, 중국은 비옥한 황하와 양자강을 낀 대륙을, 그런 비옥한 내부가 빈약했던 포르투갈, 스페인, 네덜란드, 영국은 바다를 기반으로 했습니다. 18~19세기 이전까지는 그러한 차이가 직접적인 충돌로 나타나지는 않았습니다. 그러다 결국 바다로, 시베리아로, 유럽세가 동아시아로 들이닥치면서 이 차이가 선명하게 드러나게 된 것이죠.

그동안의 '명나라 남해원정이 계속되었더라면'이라는 가정에는, 스스로 문을 닫아걸어서 세계의 패권자가 될 기회를 스스로 날려버린 어리석은 중국'이라는, 밖으로부터의 은근한 조롱과 안으로부터의 자기

책망이 깔려 있었습니다. 이런 식의 심리의 바탕은 내외가 상통하는 바 있습니다. 물론 과거에 바다 활동을 더 활발하게 못한 것은 반성해야 하겠죠. 그래야 더 넓게 협동하는 세계가 가능했지 않겠습니까? 그러나 그런 반성이 "우리가 서구의 지금 저 자리를 차지하고 있었어야 하는데…"라는 숨은 욕망의 표현, 폭력에 의한 지배욕의 또 다른 표현이라면 곤란하겠죠.

이제 그 가정은 '다른 미래를 향한 또 다른 가정'으로, '완전히 다른 방향의 상상'으로 180도 바뀌어야 할 때가 된 것 같습니다. 즉 팽창근대가 이제 더 이상의 지속가능성을 잃은 오늘날, 우리가 생각해보아야 할 미래는 바스쿠 다가마 식의 세계가 아니라 정화(鄭和)적인 세계에 보다 가까운 것이 아니겠느냐 하는 것입니다. 그 미래란 **고도화된 내장근대의 세계화, 또는 글로벌하게 완성된 내장적 세계체제**가 되겠지요. 저는 '그 미래'를 '천년 후'라는 식의 무책임한 유토피아적 상상이 아니라 바로 오늘, 바로 내일 가능하고, 그래서 우리가 일구어야 할 가까운 미래, 그렇듯 이미 현재에 들어와 있는 세계체제로 말하고 있습니다. 그러한 '새로운 세계체제'에서는 미국이든 중국이든 또는 그 어디든 반드시 유일한 패권국가가 되어야 할 이유도 없겠죠. 물론 어느 특정 지역이나 특정 문명이 유일한 패권지역, 패권문명이 되어야 할 필요도 없습니다.

동선생   일본에서 아시아 침략 사상은 후쿠자와 유키치 윗세대에서 이미 시작되었죠. 그에게만 고깔모자를 씌우려고 하면, 역으로 그를 실상보다 커 보이게 하는 착시효과를 일으킬 수 있습니다. 일본에서는 이미 19세기 초부터 아시아 팽창론·침략론이 제기되어 꾸준히 이어져왔죠.2부 4론 처음에는 연해주 일대 러시아의 출현에 자극받았다가 아편전쟁과 페리 흑선 출현 이후 그런 충동이 커집니다. 위기가 생기면 대외 팽창으로 그 압력을 전가하여 해결하려는 충동이죠. 조슈번의 하급무사 요시다 쇼인이 그런 충동을 열정적으로 설파했고, 그의 조선, 만주, 류큐, 대만 침략론은 그의 문하생들이자 이후 메이지 권력의 중추가 되는 이토 히로부미, 이노우에 가오루, 야마가타 아리토모 등으로 바로 전수되었습니다. 그리고 이 세 사람은 이후 아시아 침략에서 핵심 실세의 역할을 하게 됩니다.

원래 아시아 침략론은 조슈번과 사쓰마번 등 반(反)막부 진영의 소위 '웅번(雄藩)'에서 강했습니다. 막부 쪽은 이런 주장을 억누르는 입장이었고요. 후쿠자와 유키치는 집안이 하급무사였기는 하지만 어쨌든 막부 쪽이었기 때문에 반막부 세력이나 막부 타도운동과는 무관한 사람입니다. 그가 미국과 유럽 구경을 일찍 하게 된 것도 순전히 막부의 구미순방단에 하급 수행원으로 낄 수 있었던 덕이었고요. 나중에 유명해지고 난 후에 그가 메이지 정권의 관직을 안 맡는 것은 집안사람이 막부 쪽에서 일했기 때문이라고 은근슬쩍 자신이 '의리의 사나이'임을 내세우기도 했었죠. 정말 그런 이유로 평생 관직을 안 맡았던 것인지, 진심과 진실은 분명치 않습니다만. 어쨌거나 후쿠자와는 계보상 아시아 침략론의 원류(原流), 본류(本流)와는 거리가 있습니다. 다만 그가 아시아 침략 구상을 언론에서 시끄럽게 떠들었기 때문에 그의 구상이 침략 과정에서 실제 역할이나 위상보다 과대 인식되는 점이 있습니다. 실제 침략은 겉으로는 모호한 말을 하면서 뒤로는 무서운 음모를 짜고 군대를 움직이는 세력에 의해 이뤄졌으니까요. 후쿠자와의 침략사상은 젊을 적 해외견문을 통해 서구근대의 팽창성을 직접 체험했다는 데서 나왔습니다. 그가 보았던 것을 반성적으로 승화시키지 못하고 그것

勢1

을 그대로 모방하여 반복하겠다고 생각했던 게 그의 지성의 한계였죠.

메이지유신 전후의 일본에 아시아 침략을 전제한 팽창적 근대기획만 존재했던 것은 아닙니다. 유신 이전 막부의 개국(開國) 노선에 주목할 필요가 있습니다. 막부는 이미 1차 아편전쟁 이후 공격적인 양이(攘夷) 노선을 접었습니다. 이후 세를 얻는 반막부적 양이 노선보다 훨씬 성숙한 입장이었어요. 1853년 페리의 흑선이 도래했을 때도 이를 전혀 예상 못한 것이 아니었죠. 미리 나가사키의 네덜란드인들을 통해 정보를 입수하고 있었고, 나름대로 조심스럽게 통제된 개항을 준비하고 추진했습니다. 미국에 이어 영국, 러시아, 프랑스와 조약을 맺죠. 문호를 열어줄 테니 서양 세력들끼리 서로 견제를 해라, 즉 이이제이(以夷制夷)의 효과를 기대했던 겁니다. 그동안 일본에서는 메이지유신만 칭송을 받고, 반대로 그에 의해 타도됐던 막부체제는 아주 낙후하고 꽉 막힌 시대로 비난받아왔습니다만, 이제는 완전히 새롭게 인식할 필요가 있습니다. 도쿠가와 막부가 전국시대의 전쟁체제를 평화체제로 바꾸려는 노력은 진지했습니다. 물론 그렇다고 해도 바탕이 무사체제이니 통치방식이 살벌하고 폭력적이었죠. 그러나 무단적 사회를 문민적 사회로 바꾸려 꾸준히 노력했다는 사실은 인정해주어야 합니다. 도쿠가와 막부의 유교화 노력은 결실을 봐서 18세기 중반부터 유교 학당들이 번교(藩校), 사숙(私塾)의 이름으로 전국적으로 나타납니다. 이런 기본 방침이 강한 무력을 앞세운 서양 세력에 대한 대응에서도 나타납니다. 개항은 하되 가능한 폭력적 충돌을 피하면서 부국강병을 이룰 수 있는 노선이 모색되었습니다.

따라서 19세기 일본 사무라이층의 유학화, 지사(志士)화 현상을 도쿠가와 막부 반대 세력의 결집 현상으로만 보아서는 안 되겠어요.[13] 일찍부터 일본의 개국과 자강을 모색하면서 아시아 침략에는 반대했던 인사들이 많습니다. 이들은 대부분 막부 세력이며, 팽창파가 아닌 내장파입니다. 원래 친유학적이었던 막부의 보호 아래 유학 교육을 받은 사람들이죠. 그 세력의 역사적 비중이 매우 큼에도 메이지유신 성공 이후에는 거의 주목받지 못하고 묻혀 있습니다. 특히 일찍부터 '자강적 개국'을 주장했던 막부 측 주요 인사들에 주목할 필요가 있습니다. 막부 말기 근대적 해군을 육성했던 가쓰 가이슈(1823~1899)도 그런 인물 중 하나죠. 서양 문물을 일찍 견문했다고 해서 모두가 이토 히로부미나 후쿠자와 유키치와 같이 해외 침략 신봉자가 되었던 것은 아닙니다. 나카에 조민(1847~1901)과 같이 해외 견문을 통해 제국주의 팽창 노선을 근본적으로 회의하면서 자강과 평화, 그리고 아시아 연대를 모색하려던 인물들이 많았습니다. 메이지유신 이전까지는 이들이 오히려 일본의 주류고 여당이었죠. 이러한 흐름이야말로 유교를 보다 정통적으로 이해하면서 이를 새롭게 발전시키려 했던 세력이었습니다.

그러한 내장적 자강파의 흐름은 팽창적 공격성이 강한 메이지 세력이 득세하면서 일본 사회의 저류(低流)로 깔리지만, 이후 메이지 정부의 침략 노선에 대한 비판 세력을 형성하게 됩니다. 팽창주의 · 대국주의(대일본주의)에 대비되는 평화주의 · 소국주의(소일본주의)를 표방하죠. 메이지유신 자체가 비교적 내전의 피해를 최소화하면서 이뤄질 수 있었던 것도 막부 내 평화적 체제이행파가 상당한 세력을 이루고 있었던 이유가 큽니다. 이런 점이 새롭게 부각되고 평가되어야 합니다. 만일 그렇듯 평화적 자강 노선을 취했던 세력이 공격적이고 팽창적인 반막부 세력을 물리쳐서 봉건제에서 군현제로의 평화적 체제전환을 주도할 수 있었다면 일본의 전쟁국가화는 미연에 방지할 수도 있었어요.

침략성을 규제하면서 자강적 내장근대 노선, 즉 산업화와 기존의 내장근대를 결합시켜 고도화하는 길을 택했을 가능성이 존재했기 때문입니다. 특히 일본에 팽창주의 세력이 다시 부상하고 있는 오늘날, 막부파의 내장적 평화 노선에 대한 재평가가 매우 중요하게 되었다고 봅니다. 막부 평화파가 꺾이면서 일본에 팽창주의, 군국주의를 저지할 수 있는 둑이 무너졌던 것이니까요. 그 결과는 조선, 중국만 아니라 연속된 팽창전쟁으로 결국 혹독한 대가를 치른 일본에도 파괴적이었지요. 여기서 **일본에 오직 팽창근대의 외길만이 존재했던 것이 아니라는 사실**을 분명하게 짚어두어야 합니다.

그리고 앞서 '서구 팽창근대의 근원에 놓여 있는 모종의 근원적 적대감', 그리고 그것이 동아시아에서 되풀이되는 것에 대한 '섬뜩함'이라고 했던 부분에 대해 조금 부연해보죠. 저도 서선생의 바스쿠 다가마 이야기에서 번쩍 뜨인 게 있어서 하는 말입니다. 그 '서구 팽창근대의 근원에 놓여 있는 모종의 근원적 적대감'이란 매우 깊고 구조적인 것이고, 팽창근대의 근본 동력을 이루고 있는 것으로 보입니다. 우리는 앞서 '유럽 팽창근대의 기원에 종교 내전의 화해 불가능한 적대와 공포가 있음'을 밝혀보았습니다.[1부 3론] 그 기원이 유럽의 종교전쟁에 있다고 했지요. 그것은 '종말론적 적대와 공포'였습니다. 홉스의 『리바이어던』에서도 그것을 볼 수 있었고, 카를 슈미트의 '적대를 설정하는 주권론'은 홉스 사상의 영향을 깊게 받았던 것이라고 했었죠. 이렇듯 근대 주권론의 배경에 주권의 경계지대, 바깥에 대한 '깊은 종말론적 적대와 공포'가 있다는 사실은 동아시아 전통에서는 아주 생소한 것입니다.

그런데 바스쿠 다가마의 이야기를 들여다보면 유럽의 외적 팽창,

즉 '대항해' 역시 출발점에서부터 이러한 깊은 종교적 적대감이 동력이 되었음을 볼 수 있습니다. 유럽내전에서 기원한 '화해 불가능한 적대'가 전 세계적으로 팽창할 싹, 즉 적대가 외부화할 싹이, '대항해' 즈음의 유럽에 이미 존재하고 있었죠. 유럽 내부의 종교 내전을 통해 극단적으로 증폭된 '종말론적 적대와 공포'입니다. 이제 그것이 유럽 외부를 대상으로 투사되고 전이되었다고 하겠습니다. 그 '대항해' 200~300년을 통해 유럽의 우위가 점차 구축되면서 이교도, infidel, 불신자(不信者)에 대한 종교적 적대감은 점차 비유럽에 대한 문명적 우월감, 문명적 멸시와 비하로 성격이 변해갑니다. 근대적 의미의 인종주의가 출현하기 시작한 것이죠. 따라서 팽창근대에서 팽창대상에 대한 적대감과 인종주의는 서로 대체될 수 있는 등가물, 한 동전의 양면이었던 것입니다. 앞서 유럽의 팽창근대 논리를 분석하면서1부 3론 '대항해'에서 유럽 바깥, 이교도는 야만으로 취급되고, "그러한 '비유럽성'이 정복과 소멸의 대상"이 되었고 이는 "유럽 내부 적대의 외부화(externalization)"였다고 했던 것이 바로 이 점을 지적한 것이죠. '유럽 바깥' 그리고 그 유럽 외부의 '비유럽성' 자체가 적대의 대상이 되었고, 그 '적대'가 인종주의로 '발전'했던 것이지요. 인종주의 연구자들은 하나같이 '인종주의(racism)'란 전적으로 근대적인 현상'이라고 말합니다. 유럽 초기근대의 식민주의에서 비롯하여 이후 '과학'의 이름을 빌린 문명적, 신체적(physical) 우열단계, 발전단계 '이론'으로 합리화한 근대 이데올로기의 하나이기 때문이죠.[14] 일본이 팽창근대화하면서 이런 것까지 함께 배워온 것입니다.

반면 동아시아의 초기근대를 보면 분명 내장적 방식의 발전과 성장이 이루어지지만, 식민화를 수반하지 않기 때문에, 인종주의 역시 출

勢1

현하지 않았습니다. 이 시기의 소중화(小中華) 의식을 생각해보세요. 조선, 일본, 베트남이 저들끼리는 오히려 자신이 진짜 중화라고 우겼지 않습니까. 중국이야 뭐라고 생각하든 말입니다. 소중화의 세계에서는 나라들마다 각자 우월감과 자존감은 있어도 열등감과 자기비하는 없었습니다. 화이(華夷) 관념 자체가 상대화되고 말았던 것입니다.

제2론

팽창근대와 전쟁체제

세계대전, 팽창근대의 필연적 귀결

서선생　일본이 침략을 통한 근대화, 즉 팽창근대 노선을 취하면서 일본뿐 아니라 일본에 침략당한 동아시아 전반이 '전쟁체제'의 소용돌이 안으로 빨려 들어갔습니다. 먼저 이 '전쟁체제'에 대해 큰 가닥을 정리해보도록 하죠.

　팽창근대란 전쟁을 근대적 발전의 필수적 일부로 삼았던 체제였습니다. 먼저 유럽의 초기근대는 16세기 유럽내전에서 시작되었다고 했죠. '유럽의 전국(戰國)시대'가 유럽 초기근대의 기원이 된 것입니다. 그러면서 거의 동시에 이 전국(戰國)성이 '대항해'를 통해 해외로 팽창했습니다. 이 과정에서 중상주의, 절대주의, 군사혁명과 같은 변혁이 이뤄집니다. 역사가들이 '유럽의 초기근대적 발전'이라고 부르는 현상들입니다. '대항해'를 통한 해외팽창은 식민화를 위한 전쟁을 수반하기 마련입니다. 그러면서 유럽 강국들이 세계를 거의 분할지배 하게 되었죠. 그런데 유럽의 세계분할의 궁극적 귀결이 무엇이었습니까. 두 차례의 세계전쟁, 1, 2차 세계대전이었습니다. 그러니 양차 세계대전은 '대항해'를 통한 팽창근대의 필연적 귀결이었던 것이지요.

여기서 유럽내전의 1단계와 2단계를 구분할 수 있습니다. 우선 1단계부터 볼까요. 유럽내전은 16세기 유럽 종교전쟁에서 시작되었습니다. 이 전쟁을 일단락한 게 17세기 베스트팔렌 체제였죠. 베스트팔렌 체제에서부터 소위 '유럽공법체제'가 발전합니다. 유럽 내부끼리는 전쟁을 하더라도 룰(rule)을 가지고 하자는 것이었습니다. 그러나 유럽 바깥의 팽창 전쟁에서는 '유럽공법'의 룰과 제한이 적용되지 않습니다. '문명'이 아닌 '미개'와 '야만'에 대해서는 '문명적 전쟁 룰'이 불필요하다는 것이죠. 이렇듯 유럽 종교전쟁에서 시작해서 베스트팔렌 체제로 일차 마무리된 유럽내전 시기를 '유럽내전의 1단계'라고 할 수 있습니다.

유럽의 '대항해'는 유럽내전의 내적 적대를 유럽 밖으로 전이하여 외부화한 것이었습니다. 유럽 내부의 전쟁체제를 유럽 밖으로 팽창시킨 것이죠. 그래서 대항해 시기의 식민지 전쟁들을 '유럽내전의 2단계'라고 하는 것입니다. 이 식민지 전쟁들은 일단 19세기 중반까지 영국의 완승으로 귀결되는 것으로 보였죠. 그러나 산업혁명이 유럽의 다른 국가들에 확산되면서 이제 영국의 독점적 우세를 따라잡으려는 세력들이 서서히 형성됩니다. 유럽 세력들 사이의 경쟁은 특히 아프리카에서 치열해지죠. 프랑스를 선두로 독일, 벨기에, 이탈리아, 스페인, 포르투갈 등이 아프리카 식민지 경쟁에 뛰어들어 상당한 영역을 차지합니다. 기득권자인 영국은 자신들이 주장하는 '핵심 이익선'인 지중해-이집트-홍해 라인에서 남아프리카까지 이어지는 아프리카 횡단 축을 지키려 합니다.

勢1

스페인
프랑스
프랑스 　　　이탈리아
프랑스
영국　영국
스페인
프랑스령 서아프리카
이탈리아
프랑스
영국
포르투갈
영국　　영국
이탈리아
영국
독립국
독립국
영국 독일　독일
영국
스페인　프랑스
벨기에
독일
인도양
대서양
포르투갈
영국
독일
영국　포르투갈
프랑스
독일
영국
영국

〈그림 3-3〉 콩고회의 이후 유럽에 의해 분할된 아프리카

　　1884~1885년 베를린에서 개최된 '콩고회의' 때까지만 해도 이런 아
프리카 분할에 유럽 세력들이 적당히 만족하고 타협하는 것처럼 보였
습니다. 이 회의 참가국은 영국, 독일, 프랑스, 오스트리아-헝가리 제
국, 벨기에, 덴마크, 스페인, 미국, 이탈리아, 네덜란드, 룩셈부르크,
포르투갈, 러시아, 스웨덴, 노르웨이, 오스만 제국이었고, 의장은 독
일 제국의 수상 비스마르크였습니다. 이 회의의 결과가 「콩고 의정서」
인데요, 카를 슈미트는 이 의정서를 "아프리카 대륙의 무주지(無主地)

에 대한, 즉 유럽의 선점에 개방되어 있는 토지에 대한, 깨어지지 않은 신념에 근거한 유럽의 주장을 보여주는 주목할 만한 마지막 문서"라고 했습니다.[15] 유럽의 세계지배 질서가 '유럽공법'적 규칙에 의해 자율 규제되었던 '마지막' 사례였다는 뜻이죠.

그러나 아프리카와 세계분할, 식민지화는 서구 세력들 간에 결코 영구히 만족스럽게 타협될 수 없었습니다. 소위 '팍스 브리태니카'는 흔들리고 있었습니다. 애초에 이 '팍스' 즉 평화라는 게, 유럽 열강들 사이의 평화였을 뿐이지만 말이죠. 유럽 밖 식민지는 전쟁 상태요 신음 중이었으니까요. 그런데 이제 그 '열강들 사이의 팍스' 역시 독일, 러시아와 같이 영국의 독점과 독식에 도전할 만한 세력이 형성되면서 흔들리기 시작했죠. 남북전쟁 후 급속하게 성장해서 남미를 영향권 안에 확보하고 아메리카 밖으로의 진출을 꾀하고 있었던 미국도 영국의 자리를 대체할 만한 잠재적 세력이었습니다. 이렇듯 신흥 강국들이 등장하면서 세계지배권를 둘러싼 날카로운 경쟁이 지속되다 이윽고 폭발했던 것이 1차 세계대전이었습니다.

그런데 국제정치 이야기가 나오면 '지정학(geopolitik, geopolitics)'이라는 말이 자주 나옵니다. 키신저나 브레진스키 같은 미국의 저명한 외교 전략가들이 늘 강조해서 이제는 일반인들에게도 제법 익숙한 말이 되었습니다.[16] '지정학'이란 세계지리적 '발견'이 완료된 이후, 팽창근대 세력 내부의 경쟁과 충돌이 벌어지면서 출현했던 이론체계입니다. 관련 연구자들이 공히 인정하고 있는 지정학적 저술의 효시(嚆矢)는 미국의 해군 제독 출신인 전쟁 역사가 앨프리드 머핸(Alfred Mahan)이 1890년 출판한 『The Influence of Sea Power upon History 1660~1783』라는 책입니다. 이 책은 우리가 서론에서부터 쭉 추적해왔던 유럽 특히 영국 팽창근대의 '시파워(sea power)'의 역사에 관한 연구서입니다. 영국과 같은 해군 중심의 시파워 국가가 프랑스와 같은 육군 중심의 랜드파워(land power) 국가보다 우월하다, 영국이 바다를 장악했기 때문에 결국 세계패권의 승자가 되었다고 주장한 책입니다.[17] 17~18세기 팽창근대의 역사를 자기 나름대로 지리적 · 군사적 시각에서 정리한 것이에요. 그 과정을 '시파워'와 '랜드파워'라는 서로 대립하는 두 힘이 충돌해온 역사로 정리했어요. '팽창근대 내부에 알력하고 충돌하는 두 힘이 있다'는 통찰, 바로 이 점이 오늘날까지도 정치학의 국제관계론(IR, international relations) 분야에서 신줏단지처럼 받들고 있는 '지정학적 사유'의 핵심입니다.

그러한 '지정학적 사유법'에는 오직 팽창근대의 운동, 그리고 그 팽창근대 내부의 대립적 힘들만이 존재합니다. 여기에는 내장근대의 존재에 대한 인식은 물론이거니와 그와 비슷한 발상조차 존재할 수가 없습니다. 세계정치경제 현상을 오직 팽창적 권력과 그 지리적 근거에 관한 설명만으로 일관하니까요. 그 이면을 읽으면 내장적 힘을 억제하려는 팽창근대의 전략적 욕망을 표현한 것이라고 할 수 있습니다. 무의식까지 아주 일관되게 팽창근대적인 사고법입니다. 국가권력의 원천을 주로 지리적 위치에서 찾으니까 지리학과 정치학을 합해서 '지정학'이라고 했습니다. 지정학의 학술사에서 머핸 다음으로 늘 강조되는 사람이 영국 지리학자 핼퍼드 매킨더(Halford Mackinder)입니다. 지정학의 학술적 프레임을 체계적으로 구축한 사람은 머핸이 아니라 매킨더라고 할 수 있습니다. 매킨더는 팽창근대의 역사만을 본다는 점에서 머핸과 완전히 같지만, 머핸보다 랜드파워의 잠재력을 훨씬 크게 강조했다는 점이 다릅니다. 머핸보다 한 세대 후 사람이어서 랜드파워인 독일과 러시아의 급속한 성장을 직접 목격할 수 있었기 때문입니다.[18] 매킨더는 영국인의 입장에서 독일, 러시아와 같은 랜드파워를 시파워가 억제하고 제압할 방안을 여러모로 궁리했어요. 이 팽창근대 내부의 대립과 그에 관한 '지정학적 이론'들에 대해서는 뒤에서 더 심층적으로 살펴보겠습니다. 어쨌든 팽창근대 내부의 대립적 힘에 대한 머핸과 매킨더의 이러한 통찰은 결국 1차 대전이라는 대사건의 발발로 입증되었다고 할 수 있습니다.

1차 대전은 유럽문명에 엄청난 충격을 주었습니다. 그전까지 유럽은 세계를 식민지화했지만 유럽 내부에서는 평화를 유지하고 있었거든요. 나폴레옹 전쟁을 마감한 빈(Wien)회의 이후 '100년 평화'를 누리고 있었습니다. 유럽의 근대문명도 화려하게 개화하고 있었죠. 이 100년은 유럽문명의 최전성기라고 할 수 있습니다. '1848년의 혁명' 이후의 또 다른 유럽내전의 기운이 싹트고 있었지만 '100년 평화'를 깨뜨릴 정도는 결코 아니었습니다. 그 '유럽의 100년 평화'를 단번에 깨뜨린 것이 1차 대전이었습니다. 깊이 봉합되었던 유럽내전이 단번에 엄청난 규모로 폭발했던 것이죠. 이로써 여태까지 유럽의 팽창근대가 유지해온 '유럽 안의 평화와 유럽 밖의 전쟁'이라는 '전쟁체제의 양면화'가 한꺼번에 무너졌습니다. 유럽 내부가 가장 끔찍한 제1전장이 되었습니다. 산업화한 전쟁능력을 보유한 국가들끼리의 무한전쟁은 가공(可恐)할 결과를 낳았습니다. 당시 많은 유럽인들이 '묵시록적', '세계종말적' 절망을 느꼈습니다. 전사자가 1000만, 민간인 사망자가 2000만이었습니다. 게다가 이런 세계전쟁을 같은 논리로 또 한 번 치렀죠. 2차 세계대전입니다. 그 사상자 수는 1차 대전의 세 배에 이릅니다.

이처럼 엄청난 참화였기 때문에 1, 2차 대전의 기원에 대한 연구는 매우 많습니다. 그러나 근대세계사를 보다 전면적인 시각에서 다시 보면서 크고 긴 호흡에서 이 세계사적 대참변의 연원을 다시 정리할 필요가 있어요. 무엇보다 두 차례 세계전쟁의 기원에 '유럽내전'과 '대항해'가 있다는 사실을 깊게 숙고할 필요가 있습니다. 처음에는 유럽내전의 제1단계에서 형성되었던 적대를 '대항해'를 통해 유럽 밖의 외부로 전환하는 데 성공하는 것처럼 보였지만, 그렇게 외부화한 적대가 점점 커지다 결국은 다시 안으로 응축하여 대폭발했던 것이 두 차례 세계전쟁이었어요. 결국 '유럽내전의 2단계'는 '대항해'를 통해 내부적대를 외부화하면서 시작되지만 결국 다시 안으로 향하여 폭발한 두 차례 세계전쟁으로 종식되었던 것입니다. 따라서 유럽내전과 유럽 팽창근대는 한 몸과 같습니다. 결국 유럽의 팽창근대란 16~17세기 유럽내전으로 시작해서 1, 2차 세계대전으로 끝나는, '전쟁으로 시작해서 전쟁으로 끝나는 체제'였어요. 그렇지만 2차 대전 이후에도 팽창근대의 에너지는 아직 다 소진되지 않았지요. 그래서 마지막 불꽃을 태웁니다. 그게 유럽내전의 제3단계입니다. 그러나 그 주역은 이제 더 이상 유럽이 아니었죠. 유럽에서 파생된 두 대국인 미국과 소련이었습니다. 미소 냉전이 팽창근대의 마지막 불꽃이 되었습니다. 세계대전으로 확대되었던 유럽내전이 이제 세계화된 냉전체제, 세계내전체제로 바통을 넘긴 것이죠.

총력전 체제와 조숙한 전쟁국가 일본

북선생　　저는 전쟁, 전쟁체제의 진화와 관련해서 1차 세계대전이 특별한 의미를 갖는다는 사실을 강조하고 싶군요. 1차 대전을 '총력전 (total war) 체제'가 처음 출현했던 사건이었다고 하죠. 1차 대전 직전까지 유럽은 매우 평화로운 듯 보였습니다. 그동안 많은 유럽인들은 식민지에서 벌어지는 전쟁과 참상에 대해 잘 몰랐습니다. 그래서 이 시기를 유럽인들은 태평스럽게 '아름다운 시절', '벨 에포크(bell epoch)'라고 불렀어요. 그런 아름다운 시절이 갑자기 하루아침에 무서운 전쟁판으로 뒤바뀔 줄은 아무도 몰랐습니다. 1차 대전 이전까지 유럽은 대부분의 전쟁을 유럽 밖에서 했습니다. 자국 땅에 전쟁 자체가 없었는데 총력전, 토털 워(total war)란 건 생각할 수도 없었죠. 유럽에서는 배 만들고 대포 만들고 군인들 실어서 해외로 보내면 됐으니까요. 당시까지는 식민지 저항 세력과의 무기와 전투력 차이가 컸기 때문에 유럽인 사상자도 많지도 않았습니다. 간혹 보불전쟁이나 크림전쟁과 같은 유럽 내부에서 벌어진 전쟁이 있었지만, 그 전쟁들도 해당 국가들이 국력의 모든 것을 걸고 '총체전' 식으로 끝까지 싸우는 방식이 아니었어요. 힘의 우열이 가늠되면 빠르게 적당한 수준에서 봉합했죠. 여전히 '유럽공법'식의 제한전쟁 개념이 작동했던 것입니다. 그러나 1차 대전은 이런 제한전쟁 개념을 완전히 깨뜨렸습니다. 유럽의 관련국 모두가 모든 국력을 다 동원해서 끝장에 이를 때까지 싸웠던 것입니다.

겉모습으로는 유럽 전체가 전장(戰場)화되었던 300년 전 베스트팔렌 조약 이전의 모습으로 돌아간 양상인데요, 물론 실제 상황은 훨씬 나빴죠. 우선 그동안 무기와 전쟁능력이 비교할 수 없을 만큼 발전했습니다. 그래서 전쟁이 민간 인명과 시설에 주는 파괴 정도는 비교할 수 없을 만큼 훨씬 심각했죠. 1차 대전 이전의 유럽 전쟁에서는 한쪽 언덕에서 대포 쏘고 말 달리며 싸우지만 조금 떨어진 곳에서는 농부들이 농사짓는 풍경이 가능했습니다. 전쟁과 일상이 구분될 수 있었어요. 그러나 '총력전'에서는 전쟁과 일상이 구분되지 않습니다. 모든 에너지와 자원이 전쟁으로 집중됩니다. 베스트팔렌 체제가 안정된 18~19세기의 유럽의 풍경은 16~17세기보다 훨씬 평화롭고 풍요로웠습니다. 전쟁과 적대는 바다 바깥으로 거의 완전히 '외부화'되었으니까요. 그렇기 때문에 이때도 유럽에서 '총력전'이란 전혀 존재할 수도, 상상할 수도 없는 개념이었죠. 그런 모든 기존의 전쟁 방식과 전쟁에 대한 관념이 1차 대전에 이르러서 단번에 그리고 완전히 깨졌습니다. 온 유럽이 휘말려 끝장이 날 때까지 싸우는 '무제한적 국가동원 전쟁체제'가 발동된 것입니다.

남선생　　일본은 메이지유신을 통해 팽창근대로 전환하면서 거의 동시에 전쟁체제로 전환했다고 할 수 있어요. 엄밀히 말하면 이미 그 이전 막부 세력과 반막부 세력 간의 내전에서부터 전쟁체제는 시작되었다고 봐야죠. 메이지 체제는 내전 과정에서 형성된 군사적 에너지와 적대감을 재빨리 외부로 전환, 전가합니다. 1868년 천황의 왕정복귀 '대호령'에서부터 '해외웅비'의 뜻이 표명되고, 유신 주역들에게서 바로 정한론(征韓論)이 나오죠. 1873년엔 징병령을 발하여 군을 대폭 증강하고, 바로 다음 해엔 대만침공을 감행합니다. 대만침공 때 군인을 실어 날랐던 군함이 이어 조선의 해안을 위협하고 개항시키는 데 이용되죠. 바로 운요(雲揚)호입니다. 일본이 주문해서 1868년 영국에서 건조한 군함이었죠.

　당시 일본 농민들은 징병령에 반대했어요. 온 식구가 매달려도 빠듯한 게 농사인데 장정을 빼 가면 당연히 생계에 큰 타격을 받게 되니까요. 그러나 번을 해체하면서 농민의 토지 소유를 보장해주고, 징병된 농민병사들에게 천황이 직접 '군인칙유'를 내려 사기를 북돋아주는 방식으로 계속 병력을 확장해갑니다. 그리고 폐번치현으로 확보한 과거 번(藩)의 수익을 주로 군비확충에 쓰지요. 해외 차관의 용처도 군사력 확대가 1순위였습니다. 내부 재정에 부하가 생길 수밖에 없죠. 이렇게 생긴 내부 불만을 침략 정책의 성공으로 보상하려고 했습니다. 그래서 아주 초기부터 침략전쟁의 성패가 메이지 체제의 성패에 관건적인 문제가 되었어요. 1874년 대만침공의 책략이 성공해서 청으로부터 은화 50만 냥을 배상금으로 받아낸 데 대해 후쿠자와 유키치가 그토록 기뻐하는 논설을 썼던 것은 그가 그만큼 메이지 체제의 작동논리를 잘 이해하고 있었다는 것을 보여줍니다. 침략이 이익을 가져다준다는 것을 보여줘야 하니까요. 그랬으니 후쿠자와가 청일전쟁의 승리에 거의 황홀경에 빠졌던 이유도 충분히 이해가 되죠. 그만큼 그는 전쟁 승리가 그의 언어로는 '문명개화', 우리 언어로는 '팽창근대체제의 구축'에 얼마나 중요했는지를 간파하고 있었던 것입니다.

전쟁 승리의 열광이 있었다 하더라도 메이지 초기부터 강행군한 전쟁체제로의 전환은 일본 사회에 큰 압박과 부담이 되지 않을 수 없었습니다. 그 압박과 부담은 1차 대전 이전 유럽 국가들이 받았던 것과는 비교할 수 없을 만큼 컸습니다. 유럽 팽창근대는 굉장히 오랜 세월 동안 서서히 진행되었던 것 아닙니까. 군사력 강화도 마찬가지죠. 그러나 일본은 아주 짧은 시간에 근대적 개혁과 군사력 강화를 동시에 이루어야 했습니다. 대만출병에서 러일전쟁에 이르는 초기 과정에서 이미 출병 횟수가 굉장히 많았습니다. 병력도 빠른 속도로 증가했죠. 군부의 비중이 그만큼 커질 수밖에 없습니다. 일본 군부는 매우 일찍부터 내각으로 독립한 독자적 세력을 유지하려 했어요. 그래서 일본제국

勢1

육군의 참모본부가 정부 내각 육군성(陸軍省)으로부터 독립하였죠. 이렇게 되는 데는 '일본제국 육군의 창시자'라는 야마가타 아리토모(山縣有朋)가 큰 역할을 했습니다. 군부가 문민 통제의 바깥에 있게 된 겁니다. 군부는 오직 통수권자인 천황에게만 책임을 진다는 논리였는데요, 일본에서 천황이야 역사적으로 항상 무력이 강한 쪽에 정통성을 주어왔던 존재였죠. 결국 일본 군부, 특히 육군이 일본 제국을 좌지우지하는 시스템이 초기부터 형성된 것입니다.

이제 갓 산업화를 시작한 상태에서 급격한 군사화를 추진했던 만큼, 사회 전반에 그 압박이 유럽 국가들에 비해 훨씬 높을 수밖에 없었습니다. 압박과 희생이 컸던 만큼 전쟁을 통한 보상의 욕구도 강해졌지요. 1904~1905년 치러진 러일전쟁의 예를 들어볼까요. 이 시기 참전한 일본 육군은 50만 이상이었는데, 그중 10분의 1에 해당하는 5만여 명이 전사했습니다. 그렇게 힘든 승리에도 불구하고 돌아온 보상이 크지 않자 거의 폭동에 준하는 소동이 일본 도처에서 벌어졌습니다.〈그림 3-4〉그만큼 전쟁을 통한 보상욕구가 컸다는 것이죠. 이렇듯 일본은 메이지유신 직후부터 항시적 전쟁준비와 전쟁수행, 그리고 전쟁을 통한 보상의 요구가 대단히 높은 전쟁국가가 되었습니다. 이런 상태는 이후 1차 대전에서 전모를 드러내는 '총력전 체제'를 예고하는 모습이 아닐 수 없습니다. 이러한 조숙한 '전쟁체제'가 메이지유신 직후부터 작동하기 시작해서 1945년 패전 때까지 지속합니다. 조숙했을 뿐 아니라 매우 장기간 지속했던 것이죠.

북선생 제가 이 당시 일본 군부의 동향에 대해 매우 흥미롭게 생각하는 게 하나 있습니다. 유럽에서 1차 대전이 터지자 일본 군부의 소장(小壯) 브레인들이 이 전쟁의 성격에 대해 매우 일찍부터 큰 관심을 가

〈그림 3-4〉 러일전쟁 후 일본에서 열린 배상금 지불을 요구하는 궐기집회

지고 연구를 시작했다는 사실입니다. 그들은 1차 대전을 보면서 이제 현대전은 '무한 자원동원 전쟁'이 되었다고 판단했습니다. 이제 미래 전쟁은 국가의 전 산업을 동원할 수 있어야 하고, 또 이를 뒷받침할 수 있는 풍부한 자원을 갖춘 식민지를 확보해야 한다고 결론 내립니다.[19]

유럽인들 대부분이 전쟁의 총력전 현상에 깊은 충격을 받고 있을 때, 일본 군부는 오히려 깊은 흥미와 관심을 가지고 사태 진행을 주목하고 있었습니다. 일본 군부가 총력전의 사태 진행에 대해 이미 그들에게 익숙한 무엇인가를 느꼈기 때문이라고 생각합니다. 유신 이후 일본 군부가 추구해왔던 목표와 가까운 무엇을 보았던 것이죠. 그들의 결론도 그들이 품고 있던 신념을 확인해주는 방식으로 이뤄졌다 할 수 있죠. 결국 아시아 팽창의 논리적 근거를 다시 한 번 확인하는 것이었

으니까요. 다만 그것을 외부에 의지함 없이 자기 힘으로 무제한전쟁을 치를 수 있는 '아우타르키(autarky)'라는, 당시 독일에서 유행하던 개념을 더한 것뿐입니다. 아우타르키는 '자족경제권' 정도로 번역되겠는데요, 나중에 히틀러에 의해서 '민족생활권(Lebensraum)'이라는 말로 다시 표현되지요. 간단히 말해, 게르만 제국의 통치영역을 말합니다. 이걸 확보해야 한다는 것이죠.

유명한 중국에 대한 '21개조 요구'도 이즈음에 나옵니다. 1915년입니다. 1차 대전이 벌어져 중국에서 유럽 세력의 힘이 약화되자 일본이 재빠르게 독일과 러시아가 차지하고 있던 이권을 빼앗으려고 일본 군부와 외무성이 합작하여 요구사항을 정리해 들이밀었죠. 안 받아들이면 전쟁이라고 최후통첩을 합니다. 당시 황제를 자칭하며 신해혁명의 성과를 가로채려 했던 위안스카이는 일본의 강압에 굴복합니다. 결국 이런 나약한 모습 때문에 황제 자리에서 물러나게 되지만 말이죠. 중국인들의 반발이 워낙 컸기 때문입니다. 중국인들은 그 전까지만 해도 일본이 서양 침략 세력에 끼어서 1/n 정도의 몫을 챙겨가려는 세력 정도로 생각하고 있었어요. 그러나 이 '21개조 요구'에서 일본의 야욕이 서구 세력을 대신해서 중국 전체를 차지하려는 데 있다고 읽어 냅니다. 그래서 반일 감정이 크게 고조되지요. 위안스카이가 일본의 요구에 굴복한 날을 '국치일'로 선언하고 중국인들이 반일운동에 나서죠. 중국인의 반발이 거세지자 일본은 한발 물러서지만 그래도 일본은 산동과 만주를 비롯하여 중국 전역에서 상당한 이권을 확보하게 됩니다.

이어서 1917년 러시아혁명이 발발하자 일본 군부는 이를 동북아에서 러시아를 몰아낼 수 있는 절호의 기회로 봅니다. 그래서 1918년 시베리아와 연해주에 7~8만의 대군을 출병시키죠. 비록 소련 적군(赤軍)

의 강한 반격으로 1922년 철군하지만, 일본 군부는 그 기회에 '군수공업동원법'을 통과시키는 성과를 얻습니다. 그들이 구상한 '국가 총동원 전쟁체제'의 법제적 준비를 차근차근 진행한 것입니다. 결국 1차 대전의 '총력전'에서 일본 군부가 배웠던 '교훈'이 이후 만주사변과 중일전쟁, 그리고 태평양전쟁으로 계속 전쟁을 확장하게 하는 밑거름이 되었죠. 참 아이러니입니다. 1차 대전의 당사자인 유럽에서는 전쟁의 참혹함을 경험하면서 기존 유럽문명에 대한 근본적인 반성이 일어나고 있었는데요, 일본 군부는 오히려 이 전쟁이 자신의 팽창 노선에 어떤 기회를 주는가를 열심히 연구하고 있었어요.

1차 대전 직후인 1918년 슈펭글러의 『서구의 몰락』이 출판되지 않습니까.〈그림 3-5〉 유럽문명에 대한 유럽인들의 자기비판이 심각하게 대두된 것인데, 일본에서는 이를 거꾸로 읽는 기류가 생겼던 것입니다. 서양이 몰락하는 지금이야말로 일본에게는 최대의 기회라고 말입니다.

여기서 우리는 일본의 팽창근대에는 유럽의 그것과는 또 다른 양면성이 있었음을 보게 됩니다. 유럽의 팽창근대에 '문명화'를 앞세우면서 멀쩡한 비유럽인들을 '야만화'시키는 지극히 '비문명적'인 양면성이 있었다면, 일본의 팽창근대에는 그 양면성이 좀 더 복잡합니다. 한편으로는 유럽의 '문명화/야만화'의 이중성을 그대로 베껴옵니다. 그러면서 '탈아입구' 선언을 하죠. 우리는 이제 〈비유럽=야만, 미개〉가 아니라 〈유럽=문명〉이다, 라고 말입니다. 그러나 겉에서야 그게 가능한 '선언'이지만, 속으로는 또 다릅니다. 동양인으로서 자신을 짓밟아 오는 유럽에 대한 숨은 분노가 있습니다. 원래 강력한 양이론(攘夷論)에서 시작했던 게 메이지유신 아닙니까? 후쿠자와 유키치의 글에서도 그것이 분명히 드러납니다. 젊은 시절 동양의 식민지 사람들을 노예처

勢1

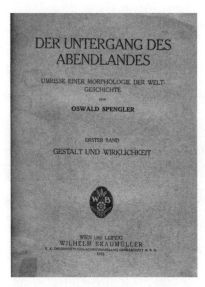

〈그림 3-5〉 슈펭글러 『서구의 몰락』 초판(1918) 표지

럼 막 대하는 서양인 목격담을 보면, 그런 분노가 바로 느껴지죠. 그러나 메시지는 우리는 그렇게 당하는 노예가 되지 말자는 것으로 됩니다. 우리도 힘을 길러 당하는 아시아가 아니라 큰소리치는 유럽이 되자는 것이죠. 후쿠자와도 이런 논리의 빈약함을 때론 자백하곤 합니다. 지금은 어쩔 수 없으니 그렇다. 먼 미래에는 우리가 좀 더 고상할 수 있을 것이라는 식이죠. 사실 이런 말은 하지 않느니만 못한 거예요. 우리가 지금 못된 짓을 하지만 본심은 안 그래, 나중에는 착해질게, 라고 말하는 식이니까요. 당하는 쪽에서는 그렇게 하는 것이 더 나쁜 짓이죠. 나쁜 짓하면서 착한 척까지 하려고 하니까요. 어쨌거나 유럽 팽창근대든 일본식 팽창근대든 그 논리는 결국 힘의 논리입니다.

이시와라 간지의 '세계최종전쟁'

동선생　'힘의 논리' 맞습니다. 그러나 제가 한 단계 더 들어가 보겠습니다. 세상에는 '힘의 논리'만 있는 게 아니라, '논리의 힘'이라는 것도 있으니까요. 그 논리의 힘이라는 게 누구의 논리든, 어떤 논리든, 결국 일관성의 힘입니다. 그 '힘의 논리'가 끝까지 가면 어떻게 됩니까. 만약 유럽의 힘이 약해지면 어떻게 될까요. 그 '힘의 논리'의 자기 일관성대로 가보면 말입니다. 이번에는 묻어둔 분노나 원한이 터지는 겁니다. 힘의 관계가 달라졌으니까요. 그래서 일본의 팽창근대에는 한편으로 '탈아입구'의 얼굴이 있지만, 그 반대쪽에는 우리 힘이 더 강해지면 다시 뒤집어서 이번에는 우리가 유럽 너희를 타도하고 정복할 것이라는 복수 의식이 있습니다. 당했던 대로 똑같이 하겠다는 것이죠. 그래서 **일본 팽창근대의 양면성은 2중의 양면성입니다. 한편으로는 유럽의 양면성을 그대로 베껴 오면서, 다른 한편으로는 내심 그것을 뒤집어놓겠다는, 면종복배(面從腹背)의 2중성이죠.**

이 2중적 양면성은 두 단계로 드러났습니다. 먼저 1차 대전이 터지자 강한 쪽인 영미 연합에 붙죠. 그러면서 동아시아에서 독일의 이권을 빼앗습니다. 아울러 영미가 견제하는 러시아의 이권도 탈취했죠. 여기까지는 여전히 영미에 복종하고 있기는 하지만, 서구 팽창근대 논리에 충실합니다. 두 번째 단계는 1929년의 미국 발 대공황으로 미국, 영국까지 흔들리자 이번에는 영미와의 동맹까지 깨뜨려가면서 맞대결하는 길로 나가죠. 이제 2중적 양면성의 둘째 얼굴, 면종복배를 벗어던지고, 숨겨둔 원한을 표출하는 것입니다. 일본의 '전후 반성'이란 대부분 바로 이 두 번째 단계로까지 몰려나간 데 대한 반성에 그치고 있습니다. 그러니까 피상적이라고 하지요. 영미까지 적으로 돌린 것은 무리였다는 정도의 반성밖에 안 되는 것이니까요. 이런 식으로는 팽창 근대적 힘의 논리에서 결코 벗어나지 못합니다. 결국 그 테두리 안에서의 반성에 머무르게 됩니다. 이기는 팽창은 좋다, 그러나 지는 팽창은 안 된다는 것 아닙니까.

원래부터 일본의 동양침략은 영미의 동의 아래 이뤄졌어요. 청일전쟁 직전에 영일동맹을 맺었고, 러일전쟁 직후에는 미일동맹, 즉 유명한 가쓰라-태프트 밀약을 했지요. 미국은 필리핀을, 일본은 조선을 각각 차지하자는 것입니다. 이미 일본은 메이지유신 직후부터 영미와의 교섭에 큰 공을 기울여왔습니다. 그래서 1차 대전 기간 동아시아에서 유럽의 힘이 크게 약화되었을 때도, 일본은 항상 영미의 눈치를 봅니다. 영미의 동의를 구하고 나서야 독일과 러시아가 차지하고 있던 이권만 빼앗아 챙겼죠. 그러나 20~30년대 대공황으로 영미까지 흔들리는 모습을 보이자 이제 만주사변을 일으키면서 치고 나갑니다. 중국에서 일본의 힘이 과도하게 커지는 것에 대해 이제 영미도 견제하려고 했거든요. 그래서 영미는 국제연맹을 움직여 리튼 조사단을 보내 만주사변과 만주국 건을 조사하고, 일본이 물러서야 한다는 결과를 발표합니다. 여기에 일본이 반발하면서 국제연맹에서 탈퇴해버리는 강수를 던집니다. 이제 우리는 영미 너희들 눈치도 안 보겠다는 것입니다. 그러면서 계속 중국침략을 확장해갔고, 여기에 영미가 계속 제동을 걸자, 급기야 영미를 상대로 전쟁을 벌인 것입니다. 그것이 태평양전쟁, 일본제국의 언어로는 '대동아전쟁'이었죠. 하와이 진주만과 필리핀을 공격하고, 동남아의 영국, 프랑스, 네덜란드 식민지로도 치고 들어갔습니다. 그러면서 일본이 내걸었던 구호가 '타도 영미귀축(打倒 英美鬼

畜)!'이었습니다. 그동안 눈치 보면서 그렇게 받들어 모시던 영국과 미국이 하루아침에 귀축, 즉 귀신과 개돼지가 되었습니다.

일본은 이러한 '2중적 양면성'을 침략 과정에서 사무라이 '이도류(二刀流)'처럼 동시에 휘두르며 이용했어요. 한편으로는 서구 팽창근대의 논리대로 우리는 '문명', 너희는 아직 '미개'이니 문명의 길을 받아들이라는 논리를 앞세워 조선과 중국을 침략했습니다. 그러나 그렇게 하면서도 뒤로는 은밀하게 우리는 같은 아시아인, 황인종이 아니냐, 우리가 힘을 합해야 서양 백인들을 몰아낼 수 있지 않겠느냐고 조선인, 중국인들을 현혹했습니다. 이런 논리가 '동아협동체론', '동아연맹론', '대동아공영론'입니다.[20] 이름이 그럴듯하죠. 그런데 사람들이 일단 수상쩍은 인간의 말은 안 믿지 않습니까. 마찬가지예요. 그럴듯하게 포장했지만 가짜였어요. 본심은 이런 논리로 저항 세력을 분열시키고 침략을 정당화하려 했어요. 역사적 사건들의 앞뒤 흐름을 잘 들여다보면 핵심은 간단한데, 말들은 복잡합니다. 사태의 핵심을 볼 수 있는 눈이 있어야 하는 것이죠. 그러한 역사적 사건의 '앞뒤 흐름'은 지속성이 있어서 말장난처럼 왔다 갔다 할 수가 없어요. 그럼에도 적지 않은 사람들이 이 현란한 논리적 이도류에 현혹되어 넘어가기도 했습니다. 특히 만주침략, 대동아전쟁 이후 이 논리에 넘어간 사람들이 많았습니다. 눈앞의 일에 사로잡히는 인간의 약점이라고 할까요. 일본 내의 제국주의 비판 세력, 저항 세력들도 이 논리에 많이 넘어갔어요. 일본이 제국주의 침략전쟁을 벌이고 있으면서 그것을 두고 서구 제국주의 침략을 끝내기 위한 해방전쟁이라고 하는 말장난에 말이죠.

당시 동아시아에서 문제의 핵심은 〈내장근대화의 길과 팽창근대화의 길 사이의 대립〉이었습니다. 그런데 일본의 침략 세력은 이것을

勢1

〈그림 3–6〉 1943년 11월 도쿄에서 개최된 '대동아회의'의 참석자들의 모습. 좌로부터 버마 수상 바 모우, 만주국 총리 장징회, 중국 난징정부 행정원장 왕자오밍, 일본 수상 도조 히데키, 태국 왕족 완 아이, 필리핀 대통령 호세 라오엘, 자유인도 임시정부 대표 찬드라 보스. 인도와 태국 대표를 제외하고는 모두 일본이 움직이는 꼭두각시 정부의 대표들이었다.

〈서구 팽창근대 노선 대 동양 팽창근대 노선 간의 대립〉으로 바꿔치기 했어요. 동양 팽창근대 노선이란 일본이 맹주가 되는 동양 제국(帝國) 을 건설하자는 것입니다.〈그림 3–6〉 그런데 이 제국은 서양 제국처럼 침략하는 제국입니다. 그래서 조선, 중국을 넘어 동남아를 삼키고 급기야 인도까지 침략하려 했지 않습니까. 1944년 일본이 버마를 통해 인도를 침공하려 했던 임팔 전투가 그거죠. 비록 실패했지만 말이죠. 일본 제국주의자들은 이 전투에 대해 굉장히 흥분했어요. 이제 부처님의 나라 인도까지 위대한 일본 제국의 휘하에 들어오게 된다, 라고 말이죠. 이렇게까지 되니 서세동점 이전 200년 동안 평화 속에 공존했던 '동아시아 내장체제'가 이제 '팽창적인 일본제국'으로 그 성격이 완전히 변하게 될 것이냐. 중대한 기로에 서게 되었습니다. 동아시아 내장근대의 원형(形)이 서세동점에 의해 흔들리는 단계(流)를 지나, 이제 일본이 맹주가 되어 동아시아 전체를, 아니 인도까지도 팽창근대의 제국적 지배체제로 변형시키려는 단계(勢1)에 이르렀습니다.

남선생   저는 일본 제국주의가 꿈꾸었던 동양 팽창근대의 전망을 가장 가식 없이 보여주었던 것이 이시와라 간지의 『세계최종전쟁론』이라고 봅니다. 이시와라는 중앙육군유년학교-일본육사-육군대학이라는 '제국육군의 엘리트 코스'를 거친 군인입니다. '총력전 체제', '만주사변', '만주국 수립'을 기획한 인물로 알려져 있죠. 그는 항공전과 대량살상무기의 출현을 일찍이 예고했던 재능 있는 군사 전략가이기도 했습니다. 그는 결국 세계전쟁은 최종 강자 둘이 남아 싸워 결판이 남으로써 마감된다고 하였죠. 나름 명쾌하고 직설적입니다. 1940년 그가 강연에서 했던 말이 이렇습니다.

그렇게 놓고 보면 아무래도 굼떠 보이는 우리들 동아(東亞)와 갑자기 졸부가 되어 거들먹거리고 있지만 혈기왕성한 미주 지역, 그 둘이 결승에 남지 않겠는가. 이 둘이 태평양을 사이에 두고 인류 최후의 대결전, 극단적인 대전쟁을 하게 된다. 그 전쟁은 오래 걸리지 않는다. 지극히 단기간에 팍팍 결판이 난다. 그리하여 (일본) 천황이 세계의 천황이 될지, 아니면 미국 대통령이 세계를 통제하게 될지, 인류 역사상 가장 중대한 운명이 결정되리라 생각한다. 즉 동양의 왕도(王道)와 서양의 패도(覇道) 둘 중 하나가 세계 통일의 지도 원리가 될 수 있을지가 결정 난다는 이야기다. 유구한 옛날부터 동방 도의(道義)의 도통(道統)을 전승받은 천황이, 곧 동아연맹의 맹주, 그다음으로 세계의 천황으로 추앙받는 일은 우리의 굳은 신앙이다.[21]

유럽과 소련은 강하지만 서로 싸우다 자멸할 것으로 보고, 결국 일본과 미국이 남아 '최후의 극단적인 대전쟁'을 해서 결판을 본다는 이야기입니다. 글로벌판 진시황 논리죠. 그리고 '대일본제국'의 무사답게 세계최종전쟁의 승자, 진시황의 지위에 일본 천황, 텐노를 올려놓습니다. 그리고 그 길이 맹자가 밝힌 '왕도의 길'이라고 하고, '도의의 도통을 이어받은 길'이라고 말하고 있습니다. 일본제국이 걸었던 길은 정확히 맹자가 반대했던 패도의 길인데도 말입니다. 아무튼 앞뒤 없이 제멋대로 갖다 붙이는 게 하도 엉뚱해서 귀엽다는 생각이 들 정도입니다. 왕도니 도통이니 이해가 전혀 엉망이기는 하지만 아무튼 솔직하지 않습니까. 이시와라에게는 최소한 교활하거나 음험한 것은 없습니다. 자기기만이라 해도 좋지만 어쨌든 군인으로서의 솔직함과 순진한 이상주의가 있습니다. 그래서인지 만주국이 독재화되자 반발하고 중일전쟁에도 반대했다고 하죠. 그러다 군부에서 왕따 신세가 되었다가 결국 태평양전쟁을 주도한 도조 히데키와 대립하여 군에서 강제 예편됩니다. 그런데 이런 전력으로 패전 후에 전범(戰犯) 신세는 면합니다. 이런 일을 두고 새옹지마라고 하지요.

맹자야말로 전국(戰國)시대 한가운데에서 팽창전쟁을 반대하고 내장형 번영과 평화를 주창한 인물입니다. 대국과 소국 간에도 사소(事小)하고 사대(事大)하여 서로 받들면서 공존하자 하였죠. 맹자가 '사대' 이전에 '사소'를 강조했음을 주목해야 합니다. '사(事)'란 '예(禮)'로 받드는 것을 말하는데, '사소', 즉 큰 나라가 작은 나라를 예로 받드는 게 먼저라고 한 겁니다. 그러나 불행하게도 일본의 무사유교는 결국 이런 유교의 핵심정신에서 일탈하고 말았어요. 일본이 동아시아에서 내장근대를 발전적으로 주도해나갈 기회가 전혀 없었던 것은 아닙니다. 앞서도 논의되었습니다만, 막부의 개국 노선은 내장근대 노선을 유지하면서 발전시키자는 것이었거든요. 그런데 충동적으로 양이(攘夷)를 앞세웠던 반막부 사무라이가 내전의 승자가 되면서 일은 크게 꼬이고 말았습니다. 그 결과가 메이지유신이죠. 그 이후 일본의 팽창전쟁의 승리에 한껏 도취하고 확전을 고무하던 시대에 군인으로 자라난 이시와라 간지도 결국 메이지 팽창근대의 사고법을 벗어날 수 없었습니다.

전쟁으로 전쟁을 끝낸다는 생각은 너무나 단순합니다. 군인으로서도 너무나 단순해요. 진정으로 좋은 군인은 그런 식으로 생각하지 않습니다. 더구나 '세계최종전쟁'이라는 발상은 너무나도 위험한 것입니다. 이시와라는 앞으로 "한 방 맞으면 몇만 명이 싹 쓰러질" 엄청난 대량살상무기가 나올 것이라 했어요. 나름 세계정세를 읽고 있었죠. 그런데 그것이 핵무기가 되고, 또 그것이 제일 먼저 일본에 떨어질 것임을 예고하는 꼴의 발언이 되고 말았습니다. 이사와라는 맹자님에게서 말만 빌려올 것이 아니라, 그 정신을 제대로 이해해야 했어요. 맹자가 말한 큰 나라가 작은 나라를 섬긴다는 '이대사소(以大事小)'의 사상은 무(武)적 사고방법에서는 성립하기 어렵습니다. 문명 수준이 높아 자신감이 있고 그런 높은 문명(文)의 수준에서 무(武)를 통제할 수 있는 상태, 맹자의 말로는 '인자(仁者)'가 '낙천(樂天)'하는 상태에서 비로소 가능하죠.[22] 전쟁으로 전쟁을 끝낸다는 것은 전형적인 무(武)적 사고에 불과합니다. 정확히 말하면, 문에 의해 통제받지 않는 브레이크 없는 무적 사고죠. 이런 방식으로는 오히려 전쟁을 더 자극할 뿐입니다. 초기근대 동아시아가 '200년 평화'를 유지할 수 있었던 것은 이 세계에 맹자적인 사소, 사대의 원리가 어느 정도 작동하고 있었기 때문이기도 합니다. 그러나 류(流)의 단계를 지나 세(勢)의 시대에 접어들면서 그런

勢1

원리가 작동하던 형(形)은 파열되고 맙니다. 동아시아 전체가 전쟁의 원리가 행동과 사고를 지배하는 '전쟁체제'의 아수라장으로 휘말려 들어갔습니다.

전쟁체제 속의 동아시아

|

두 번의 조일전쟁과 러시아혁명

북선생   전쟁은 원래 '비상(非常)한' 사태입니다. '비상'이란, 일상(日常)적인, 정상(正常)적인 상태가 아니라는 말이죠. '전쟁체제'란 이러한 '비상사태'가 일상화, 항상화되는 체제입니다. 군대가 대치하고 총알이 오가는 전선(戰線)만이 아니고 후방의 일상에서도 전선의 적대가 작동합니다. 그것을 '적의 편만성(遍滿性)'이라고 합니다. 전후방 가릴 것 없이 어디나 전선이 되니 도대체 어디가 전선인지 모호해지는, '전선의 모호성'이 발생하기도 하죠. 그래서 '전선의 모호성'은 '적대의 편만성'과 짝을 이룹니다. 이러한 상태에서는 언론, 집회, 결사 등의 민간의 자유와 권리가 정지되고 전후방 가리지 않고 언제, 어디서든 적을 색출하고 처분할 수 있게 됩니다.

 이렇게 설명하고 보면, 이것이 호랑이 담배 피던 시절의 옛날 역사 이야기가 아니라, 자신이 직접 경험한 바로 엊그제 이야기처럼 들리는 분들이 많으실 겁니다. 그럴 수밖에 없습니다. 남북으로 분단된 코리아 현대사가 바로 '전쟁체제'의 시간이었거든요. 한국전쟁(Korean war)만이 아니라 휴전된 이후에도 줄곧 그랬죠. 북이나 남만 그랬던 것도 아닙니다. 남북 모두가 그랬습니다. 남북이 서로 '적'이고, 적과 대치하는 전선은 휴전선에만 존재했던 게 아니었습니다. 후방에서도 항상 '적'을 색출하겠다고 혈안이었습니다. '적'은 휴전선 저 밖에도 있지만, 더욱 위험한 적은 '내부의 적'이라고 했죠. 따라서 남의 체제는 내부의 적인 '북한 간첩, 빨갱이'를 탐색하고 제거하는 고도의 정화 기계이고, 북의 체제는 또한 내부의 적인 '미제와 남조선 괴뢰도당의 끄나풀, 간첩'을 색출하여 말살하는 고도의 검열 장치였습니다. 전선의 적대가 전후방 구분 없이 사회 전면을 포획한 체제가 바로 전쟁체제였습니다. 이런 체제에서 '적'으로 낙인찍히면 체포, 구금, 고문, 장기투옥의 폭력에 무방비 상태로 노출됩니다. 국민으로서, 아니 인간으로서의 어떤 기본적 권리와 존엄도 박탈당한 채, '한 마리의 무력한 짐승'이 되어야만 했습니다. 어느 철학자는 이러한 상태를 '벌거벗은 생명'이라고 했지요.[23]

이러한 체제에서 사는 사람들은 많은 제약과 감시 아래 살아가기 때문에 일상 자체가 고통과 두려움의 연속입니다. 우리는 이러한 고통스러운 전쟁체제를 너무나 오랜 시간 경험해왔어요. 서로 총만 안 쐈지 남북 모두가 사실상의 전쟁상태였던 것이죠. 이를 진정으로 벗어날 계기를 2016~2017년의 촛불혁명을 통해서야 비로소 찾아가기 시작하고 있습니다. 과연 이 지긋지긋한 전쟁체제는 어디서부터 유래한 것일까요? 흔히 한국전쟁으로 알고 있지만, 그 기원은 훨씬 깊습니다. 바로 이제 논의할 '동아시아 전쟁체제'와 함께 형성된 것입니다. 따라서 '동

勢1

아시아 전쟁체제'에 대한 이야기는 우리가 직접 경험해온 오랜 고통의 체제적 기원에 대한 논의이기도 합니다.

남선생　　일본의 조선강점 체제에서 시작해보겠습니다. 일본의 조선강점은 조선 민중과 두 번의 큰 전쟁을 치르고서야 가능했어요. 보통 청일전쟁과 러일전쟁만을 이야기합니다. 그러나 일본이 청일전쟁 때는 동학농민군과, 러일전쟁 때는 의병과 전쟁을 치렀고, 이 전쟁에서도 승리함으로써 비로소 조선강점이 가능했던 것입니다. 이것을 '두 번의 조일전쟁'이라고 부르기도 합니다.[24]

　동학군과 의병은 그 '두 번의 조일전쟁'에서 패배해 나라를 잃게 되었지만, 독립의지는 꺾이지 않았어요. 많은 잔존 세력이 조선 밖, 중국과 연해주 등으로 나가 항쟁을 이어갔죠. 일본은 조선왕조-대한제국의 국권을 강탈할 수는 있었지만 여기에 저항하는 독립운동 세력과의 전쟁을 조선의 안과 밖에서 지속해야 했습니다. 일본이 조선강점을 '무단(武斷)통치'로 시작했던 이유도 여기에 있습니다. '무단통치'란 군대와 헌병, 즉 순전히 무력의 힘으로 독립의지를 꺾자는 것입니다. 조선강점기 일본 총독은 모두 군인들이었어요. 일본 군부가 일본 내각에서 독립하여 천황에게만 책임을 지웠던 것처럼, 조선 총독 역시 내각의 통제와는 전혀 무관하게 천황에게만 책임을 묻도록 되어 있었습니다. 조선 내에서의 권력분립이나 조선인의 기본권 보장은 상상조차 할 수 없는 지극히 폭력적인 군인총독 독재체제였죠.

　이 무단통치의 야만성은 1919년의 3·1운동의 진압 과정에서 여실히 드러나고 맙니다. 세계만 아니라 일본 내 여론도 좋지 않았어요. 순전히 평화적인 만세운동을 아주 야만적인 폭력으로 짓밟으려 했으니까요. 그래서 3·1운동 이후 '문화통치'라는 걸 내걸었는데, 그 본질은 분열공작입니다. 친일파를 키우면서, 반일(反日) 세력을 고립시키자는 것이었죠. 이렇게 되면 누가 반일이고, 누구는 아니냐는 감시와 색출의 날이 더욱 날카로워집니다. 1925년부터 작동한 「치안유지법」이 '문화통치'의 그러한 본질을 잘 보여줍니다. 무단통치기에는 철저히 금지되었던 조선인의 언론과 단체 활동을 일부 열어주면서, 그 속에서 드러난 반일 세력을 색출하여 뿌리를 뽑겠다는 것이었죠. 그러다 만주사변·중일전쟁 이후가 되면 이번에는 노골적인 전쟁동원정책으로 전환합니다. 이 시기의 본질은 1938년 선포된 「국가총동원법」에서 잘 드러나죠. 앞서 언급된 '총력전 체제'가 본격화된 것입니다. 조선총독부 체제 36년을 일관한 것은 반일 세력, 조선독립 세력에 대한 폭력적인 적대와 압살이었습니다.

서선생　「치안유지법」과 「국가총동원법」이 제정된 곳은 일본 제국의회였습니다. 그러나 막상 그러한 '전쟁체제 법안'으로 인해 더 큰 피해를 본 곳은 일본이 아니라 조선이었어요. 일본에서는 자국민에 대한 법적 보호장치가 어느 정도 작동하지만, 식민지에서는 그런 것이 전혀 작동하지 않거든요. 일본의 침략 확장으로 동아시아 전반이 전쟁체제가 되었지만, 그 전쟁체제로 인한 피해 정도는 장소에 따라 차이가 컸습니다. '전쟁체제 압박의 강도(强度) 차이'라 할 수 있겠어요.

이 강도는 전선, 전장에서의 거리에 비례합니다. 일본 영토에서 전쟁이 벌어진 것은 아니었잖아요. 태평양전쟁 때 미군이 일본 본토를 폭격하기 전까지는 말입니다. 전선과 전장은 식민지화와 전쟁이 벌어진 조선, 중국에 형성되어 있었지요. 그래서 일본에서 느끼는 전쟁체제의 압박은 조선과 중국에서 체감하는 것보다 약했어요. 전쟁체제의 압박이 식민지와 식민 모국에 불균등하게 작용하는 것입니다. 전쟁체제는 일본과 일본이 침략해 들어간 전 지역에서 형성됩니다. 그러나 전선의 접면(接面)이 형성되는 침략지역에서는 전쟁체제의 강도가 매우 높고, 일본 내부에서는 그 강도가 상대적으로 약하게 나타났던 것이죠.

그렇다 해도 '제국일본'이 자국민의 기본권을 보장하는 정도란 유럽에 비하면 매우 미약한 것이었어요. 물론 1, 2차 대전 시기의 유럽은 그 비교에서 제외가 되겠습니다. 이 당시 유럽은 '총력전 체제'에 돌입한 지극히 비상한 기간이었으니까요. 일본은 유럽에 비해 매우 늦게 팽창근대로 전환했지 않습니까. 그렇다 보니 유럽이 200~300년간의 식민지 운영을 통해 이뤄놓은 국력의 여유가 일본에는 없었어요. 팽창근대 노선으로 전환하자마자 벌이기 시작한 연이은 전쟁이 국내에 미치는 부담도 그만큼 컸습니다. 그래서 일본은 유럽 전역이 '총력전 체제'가 되는 1차 대전 이전에 오히려 유럽보다 먼저 본격적인 전쟁체제에 돌입했다고 할 수 있습니다. 식민지 수탈을 이용하여 내부 성장을 다질 만한 충분한 시간적 여유 없이 계속 침략전쟁에 나서야 했고, 그 부담이 체제에 주는 압박이 그만큼 컸기 때문입니다.

북선생 러시아혁명이 '동아시아 전쟁체제'에 가한 충격과 영향도 컸습니다. 러시아혁명은 유럽 팽창근대의 내부에서 발발한 파열이었습니다. 또한 유럽내전이 이윽고 제3단계에 이르렀음을 보여주었습니다. 유럽내전의 1단계에서는 팽창근대에 내재한 적대성이 종교적 적대의 형태로 표출되었고, 2단계에서는 그것이 '대항해'를 통해 유럽 밖으로 외부화되었습니다. 그러나 3단계에서는 계급내전의 형태로 다시 유럽 안에서 폭발한 것입니다. 그러나 유럽에 의한 세계 식민지화가 진행된 상태에서 러시아에서 폭발한 유럽의 계급내전의 여파는 결코 유럽 안에만 국한되지 않았어요. 러시아혁명이 유럽의 제국주의와 싸우는 것을 보면서 세계 도처의 식민지 저항 세력들이 러시아혁명에서 '구원의 빛'을 보았던 것입니다.

유럽에 머물다가 러시아혁명의 소식을 접하게 된 베트남의 호치민(1890~1969)〈그림 3-7〉이나 중국의 저우언라이(1898~1976)의 예를 들어 볼까요. 이들은 당시 20대의 청년들이었습니다. 이들이 당시 유럽까지 건너간 이유는 그로부터 40~50년 전 후쿠자와 유키치나 이토 히로부미가 유럽 견문을 했던 이유와 크게 다르지 않았어요. 어떻게 하면 조국이 서양의 침략을 받는 신세를 벗어나 부강한 독립국가가 될 수 있을까. 그러나 이미 처지와 해법이 크게 달랐죠. 후쿠자와나 이토는 유럽의 팽창근대 노선, 침략의 길을 배워서 따라 했습니다. 반대로 호치민과 저우언라이는 유럽과 일본의 식민지 침탈에서 벗어나 부강한 독립국이 되는 길을 찾아야 했습니다. 이런 청년들이 러시아혁명에서 빛을 봤어요. 유럽의 다른 사회주의운동은 팽창근대가 가져다주는 소득에 취해 식민지의 실상에 대해 진정한 관심을 두지 않는 반면, 러시아혁명은 정면으로 식민지 민족해방을 강조하고 있었기 때문입니다. 이러한 뉴스는 동아시아에도 빠르게 전파되어 동아시아 여러 나라에서도 속속 볼셰비키형 공산주의 운동이 시작되었습니다.

유럽에서는 1차 대전이 끝나면서 '총력전 체제', '전쟁체제'도 끝났지만, 혁명 중의 러시아에서는 전쟁체제가 계속 존속했습니다. 레닌은 친유럽적인 케렌스키 정부를 무장봉기 전략으로 단기간에 무너뜨릴 수 있었습니다. 이것이 1917년 10월의 볼셰비키 혁명이죠. 그러나 혁명 성공 이후가 훨씬 험난했지요. 러시아혁명이 유럽으로 확산될 것을 우려한 유럽 여러 나라들이 러시아 반혁명 세력(=백군)을 지원하면

〈그림 3-7〉 20대 시절 프랑스에서 정치집회에 참석한 호치민

서 러시아 전역이 심각한 내전상태에 빠졌기 때문입니다. 이 당시 시베리아 연해주 쪽에서도 일본을 비롯한 5개국이 반혁명 백군을 지원하여 출병했었다는 것은 이미 이야기했죠. 소설과 영화로도 유명한 『닥터 지바고』의 배경도 바로 이 러시아 내전 시기입니다. 이때 소비에트 정부는 시베리아 동쪽에 '극동공화국'이라는 임시 국가를 설립해서 일본군의 지원을 받아 백군이 우세하던 극동 연해주와의 중간지대를 만든 적이 있는데요, 『닥터 지바고』의 여주인공 라라의 운명을 파탄 낸 악인으로 나오는 타락한 법률가 코마로프스키가 인생역전을 해보려고 찾아가던 곳이 바로 그 '극동공화국'입니다.

이 소설을 보면, 당시 러시아 전역이 토머스 홉스가 250여 년 전에 영국에서 목격했던 내전 상황보다 훨씬 더 심각하고 공포스러운 상태였음을 잘 알 수 있어요. 홉스는 '만인이 만인의 늑대'가 되는 그러한 내전상태, 즉 그가 말한 '자연상태'는 그러한 공포를 종식시킬 수 있는 절대적 힘을 가진 '괴수=리바이어던'을 부른다고 했습니다. 앞서 홉스적 발상이 근대국가의 배경에 있다고 논의한 바 있지요.[1부 3론] 정말이지 그 외골수 홉스에게 통찰력이 있었던 것일까요? 250년 후에도 그의 예언이 들어맞았으니까요. 러시아의 처절한 내전 상황을 종식시켜야 했던 소련, 특히 레닌 사후 출현한 스탈린체제 역시 또 하나의 리바이어던이었으니까요. 가볍게 말하기에는 너무나 입맛이 쓴 이야기입니다.

러시아에 스탈린체제가 등장했던 것은 당시 러시아가 그만큼 심각한 전쟁체제에 휘말려 있었음을 입증합니다. 홉스가 목격했던 영국내전 상황보다 훨씬 심각한 것이었죠. 러시아혁명은 사회주의 혁명을 유럽에 수출하려고 했지만, 실제의 압도적인 현실은 오히려 유럽이 반혁명을 러시아로 수출하는 형국이었죠. 유럽만이 아니라 극동 쪽으로 일본, 미국, 캐나다에서도 반혁명 군대가 들어왔으니까, 팽창근대의 전 지구적인 반혁명 세력이 러시아로 홍수처럼 들이닥쳤다고 할 수 있겠지요. 유럽에 비해 발전 수준이 뒤떨어져 있었던 러시아가 유럽과 일본의 반혁명 연합 세력의 홍수와 같은 침공을 받게 되었으니 러시아가 감당해야 할 전쟁체제의 압박은 막대했습니다. 그와 비견할 수 있는 정도의 막대한 압박은 벌떼처럼 몰려든 서양 열강들, 그리고 더하여 일본 제국주의로부터 이권 분할과 침략의 압박을 받고 있던 중국에서 찾아볼 수 있겠습니다.

勢1

2중의 대립선과 비운의 삶: 김산과 김경천

동선생　그렇습니다. 고통스러운 이야기지요. 러시아혁명을 계기로 유럽내전이 3단계로 접어들면서 동아시아 전쟁체제의 구도가 한층 복잡해졌어요. 원래 동아시아 전쟁체제는 유럽과 일본의 침략과 그 침략에 맞서 주권회복과 자주적 근대화를 이루려는 세력 사이의 대립과 투쟁에서 시작했습니다. 이를 우리는 **팽창근대 추진노선(A)과 그에 맞서는 내장근대 완성노선(B) 사이의 대립**이라고 했지요. 이 대립만으로도 격렬한 전쟁체제가 이미 형성되어 있었습니다. 그러나 이 대립 위에 (대립선1), 이 대립선을 가로지르는 새로운 대립선이 그어졌습니다(대립선2). **자본주의적 발전노선(C)과 사회주의적 발전노선(D) 간의 대립선**입니다. 부르주아적 발전노선과 프롤레타리아적 발전노선 사이의 대립선이라고도 하지요. 이렇게 A, B 두 노선 간의 양자 대립에 C, D 두 노선의 대립이 더해져 1, 2, 3, 4라는 네 개의 유형 간의 복잡한 대립과 투쟁과 제휴의 관계가 성립하게 되었습니다.〈그림 3-8〉

전쟁체제의 적대선이 이렇게 복잡하게 되었다는 것은 그 안에서 살아야 했던 사람들의 삶이 그만큼 더 힘들게 되었다는 뜻이기도 합니다. 예를 하나 들어보겠습니다. 미국인 작가 님 웨일스가 쓴 전기 『아

	팽창근대 노선(A)	내장근대 노선(B)
자본주의 노선(C)	3	1
사회주의 노선(D)	4	2

〈그림 3-8〉 동아시아 전쟁체제의 두 개의 대립선

리랑』으로 널리 알려진 김산(1905~1938)의 삶의 궤적을 살펴보기로 하죠. 이분의 본명은 장지락입니다. 당시 항일 혁명가들은 탄압을 피하기 위해 본명을 숨기고 가명을 많이 썼죠. 김산도 그가 사용한 여러 가명 중의 하나입니다. 평북 용천에서 태어났는데요, 10대 때 3·1운동의 좌절을 보고 항일운동을 결심하고 압록강을 건넙니다. 나이가 불과 열다섯입니다. 그때는 이 나이에도 기백 있는 소년들이 많았나 봅니다. 만주에서 신흥무관학교 속성반을 마치고 임시정부가 있는 상하이로 가죠. 이때까지 그는 조국 독립을 위해 일제에 맞서 목숨 걸고 싸울 각오가 된 열혈소년이었을 뿐입니다. 이때 그의 영웅이었던 이동휘와 안창호를 만나는데요. 김산은 이 두 사람의 독립 노선이 사회주의와 자본주의로 각각 다르다는 사실을 그때까지는 몰랐습니다. 그때 이미 조선 독립 노선의 분열이 생겼던 것이죠.

상해에서는 의혈단의 폭력투쟁, 무정부주의에 매료되었다가 이론 공부를 많이 한 금강산 승려 출신의 선배를 만나면서 그의 영향으로 차츰 마르크스주의로 기웁니다. 그래서 1922년 중국 공산당원이 되고 재중 조선인을 사회주의로 이끄는 역할을 하게 됩니다. 그러던 1927년 광저우 봉기에 참여했다가 구사일생으로 목숨을 구하는데, 이 봉기는 중국 공산당과 국민당의 대립 속에서 발생한 사건이었어요. 1927년 4월 국민당 장제스가 공산당을 공격하여 국공합작을 깨자 여기에 대해 광둥의 공산당 세력이 반격을 시도했던 것이죠. 이미 당시 중국에서는 같은 반제국주의, 반일을 표방하면서도 사회주의 노선과 자본주의 노선 간의 대립이 날카로워져 있었던 것입니다. 서로 총을 들고 전쟁을 할 만큼 말입니다. 광둥봉기에서 희생된 공산당원 7000여 명 중 200여 명이 조선인으로 알려져 있습니다. 여기서 20대의 김산은 구사일생으로 살아남았습니다. 이때 이미 동아시아 전쟁체제의 양상은 복잡해져 있었고, 김산의 운명은 기구한 소용돌이 속으로 빨려 들어갔습니다. 그의 생명을 최초로 앗아갈 뻔했던 쪽은 일본 제국주의가 아니라 같이 반제국주의를 표방하는 중국 국민당 군대였으니까요.

기구함은 여기서 그치지 않습니다. 생사의 고비를 수없이 넘으며 노련한 혁명가로 성장한 김산은 베이징, 상하이 등의 대도시에서 공산당 지하조직을 지도하다 1930년과 1933년 두 차례 베이징 경찰에 의해 체포됩니다. 베이징 경찰이란 국민당 경찰입니다. 국민당 경찰이 공산당을 잡는 것입니다. 내전 상태인 중국의 국민당 지구에서 공산당원임이 밝혀지면 사형입니다. 일본의 「치안유지법」보다 더 탈법적이었죠. 국민당과 공산당은 내전 중이었으니까요. 전쟁 중에는 법이고 뭐고가 없습니다. 붙잡혀 잔인하게 고문받았지만 김산 자신은 공산당원이 아니고 조선혁명청년연맹의 회원일 뿐이라고 버팁니다. 증거를 못 찾은 국민당 경찰은 김산을 일본 영사관으로 넘깁니다. 이 자는 너희가 처리하라는 것이죠. 공식적으로 조선은 일본 식민지니까 조선인은 일본에 넘긴다는 논리도 있고요. 일본 영사관은 넘겨받은 김산을 조선 총독부 경무부로 다시 이송합니다. 다시 고문이 시작되죠. 그러나 김산은 두 차례 모두 중국과 일본 경찰의 고문을 이겨내고 조사에 잘 대응해서 풀려납니다.

그리고 1937년에는 중국 공산당이 고난의 대장정 끝에 자리 잡은 옌안에 조선민족해방동맹의 대표로 합류하여 군정대학에서 한국어, 일본어, 물리학, 화학 등을 가르쳤죠. 이때 옌안에 와 있던 님 웨일스를 만나게 된 거예요. 그녀는 저널리스트, 작가이자 『중국의 붉은 별』로 유명한 에드거 스노의 부인이기도 합니다. 님 웨일스가 조선의 혁명가 김산의 삶에 관심을 갖게 되면서 긴 연속 인터뷰가 이뤄졌고 그 결과가 후일 『아리랑』으로 빛을 보았던 것이죠.[25]

그러나 그의 중국 동지들은 두 번이나 국민당과 일제에 잡혔으면서도 풀려난 김산을 의심하고 있었어요. 국민당과 일본의 스파이가 아니냐는 것이죠. 그는 1938년 갑자기 사망했는데 사인은 오랫동안 알려지지 않았습니다. 1986년에야 당시 공산당 비밀기록이 공개되면서 알려졌어요. 님 웨일스가 김산을 만났을 때도 그는 이미 공산당 보위처에서 스파이 혐의에 대해 조사받고 있었습니다. 그러나 증거가 나오지 않았죠. 그럼에도 공산당 보안기관의 고위간부인 캉성이라는 사람의 지시로 결국 비밀리에 처형했습니다. 그처럼 어처구니없는 일이 다반사로 벌어지는 것이 전쟁 상황입니다. 결국 조선 독립을 위해 바치기로 결심했던 김산의 목숨을 앗아갔던 것은 기구하게도 그가 함께 투쟁했던 중국 공산당이었습니다. 사후에 중국 공산당은 이를 오류로 인정했지요. 1983년에 이르러서였습니다. "그의 처형은 특수한 역사 상황 아래서 발생한 잘못되었던 조치"였다고 말이죠. 사후에나마 정의가 회복되었습니다. 그런 후에야 그 사건 기록도 공개되었던 것이죠. 대한민국 정부는 2005년 김산에게 건국훈장을 추서하였고, 중국에 살고 있던 김산의 아들은 이 훈장을 받기 위해 한국으로 초청되었습니다. 그나마 그때 한국에서 '민주정부'가 들어섰기 때문에 가능했던 일이었습니다.

김산이 1933년(쇼와 6년) 중국 톈진(天津)에서 체포되었을 때, 일본 총영사관이 그의 가슴에 신원 사항과 처리 방침을 적고 사진을 찍었습니다.〈그림 3-9〉이 식별표를 확대해 자세히 보면 앞으로 3년간 중국 체류를 금지한다고 써 있습니다. 김산은 『아리랑』 233쪽에서 "천진의 영

〈그림 3-9〉 김산(1933)

사재판소에서 할 수 있는 일은 고작해야 명치 28년의 법률 80조에 따라 중국의 사회제도에 위험한 인물은 누구나 3년 동안 중국에서 추방된다고 하는 것뿐"이라고 말하고 있어요. 목숨이 경각에 달려 있는데 조금도 흔들리지 않습니다. 그는 자신의 활동과 관련된 중국과 일본의 법률들을 미리 충분히 숙지하고 항상 대비하고 있었던 '직업적 혁명가'였습니다.

남선생　저도 그러한 기구한 운명의 예를 하나 더하고 싶네요. 김경천(1888~1942) 장군 이야기입니다. 이분은 원래 일본육군 중앙유년학교와 일본육사를 졸업하고 일본군 장교가 된 분입니다. 일본군 중에서도 최고 엘리트 코스를 거친 군인입니다. 같은 코스를 거친 이시와라 간지의 한참 선배님이 되시는 거죠. 그분 부친이 대한제국의 군인 출신으로 재력이 있어 아들을 일찍부터 일본에 유학 보낼 수 있었다고 합니다. 이분은 일본에서 청년으로 성장하면서 점차 일본군 엘리트로서 자신의 위상에 대해 회의하게 되었던 듯합니다.

그러다 3·1운동을 계기로 일본 군복을 벗고 조선을 탈출하여 만주의 신흥무관학교로 가죠. 여기서는 또 묘하게 소년 김산의 경로와 비슷합니다. 신흥무관학교는 유학자로서 지도적 독립운동가가 된 이회영, 이상룡 선생이 조선의 재산을 정리하고 만주로 건너와 건립한 학교입니다. 이 학교를 잠시 거쳐 그는 연해주 쪽으로 갑니다. 그가 연해주로 갔던 것은 이곳에 고려인이 많이 살고 있고, 또 일본군이 러시아혁명 이후 이곳에 출병해 전투를 벌이고 있음을 알았기 때문이겠죠. 여기서 그는 조선인을 모아 '수청의병단', '고려혁명군' 등을 만들었고 1922년에는 그의 부대와 적군(赤軍)의 연합부대가 수적으로 우세한 백군 부대를 격파하는 전공을 올립니다. 이분의 이 당시 군사 활동은 전설적이어서 연해주 한인들 사이에는 '백마 탄 김장군'으로 유명했다고 하죠. 1922년 일본군이 시베리아에서 철수하자 연해주 적군 사령관은 연해주 한인 군사조직을 모두 무장해제합니다. 조선 무장부대의 힘으로 조선침공을 구상하고 있던 김경천 장군은 이 일로 크게 상심했다고 하죠. 그러나 이후에도 활동을 계속하여 임시정부의 군사담당위원으로 대표회의에 참석했고, 블라디보스토크의 극동고려사범대학에서 일본어와 과학과목 등을 가르치기도 했다고 합니다.[26]

그러던 그가 1936년 갑자기 소련 당국에 체포되어 3년형을 받아요. 아직까지 공식 조사 기록이 발굴되지 않고 있어 정확한 이유는 밝혀지지 않았습니다만, 유가족들은 일본 스파이로 몰렸다고 증언했습니다. 김경천 장군의 일본군 경력이 너무나 화려한 데다가, 일본을 너무나

472

勢1

잘 알고, 일어를 너무나 잘하고, 거기에다 이 분은 적군(赤軍)과 연합해서 싸우기는 했지만 공산당 활동에는 적극적이지 않았다고 해요. 이런 점들이 질시와 의심의 요인이 되었던 모양입니다. 모든 장점과 재능이 전방위적 의심과 공포의 세계에서는 의심과 적대의 대상이 되었던 모양입니다. 김산도 마찬가지였지만, 중국과 연해주의 조선인들은 항상 일본과 가깝다는 의혹의 시각에서 자유롭지 못했습니다. 조선이 이미 식민화된 상태였고, 많은 조선인들이 실제로 일본의 협력자, 앞잡이 노릇을 하던 것이 부인할 수 없는 사실이기는 합니다. 그러나 온 삶을 던져 일본과 투쟁했던 경력이 이처럼 분명했던 김산, 김경천과 같은 분들조차도 그러한 의심의 시선을 피할 수 없었다는 사실은 매우 불편할 뿐만 아니라 깊은 우울감을 줍니다. 때론 생사를 초월한 성자(聖者)와 같아 보이기도 하는 김산이 『아리랑』에서 극도로 어려웠던 때를 회상하며 몇 번 언급했던 '인간성에 대한 깊은 실망'이 이러한 감정과 닿아 있는 것 같습니다.

그렇듯 언제 어느 쪽에서 적이 불쑥 튀어나올지 모르는 공포가 공기처럼 어디에나 깔려 있는 상황. 그것이 바로 극단화된 '전쟁상태'의 전형적인 분위기이기도 합니다. 김경천 장군은 이때 3년을 복역하고 출옥한 후 가족이 강제이주되었던 카자흐스탄으로 가는데요, 여기서 다시 1939년 간첩죄로 수용소에 끌려갑니다. 그리고 이곳에서 강제노동을 하다 사망한 것으로 알려졌습니다. 조국 광복을 위해 바치려던 김경천 장군의 목숨은, 그가 한때 한편이 되어 싸웠던 소련 공산당의 '회색분자 대숙청'이 앗아간 것입니다. 연해주 20만 고려인의 중앙아시아 강제이주도 스탈린이 일본과 인접한 곳에 거주하고 있던 고려인들을 믿지 못했기 때문인 것으로 알려졌지요. 일본과 전쟁이 벌어지면 고려

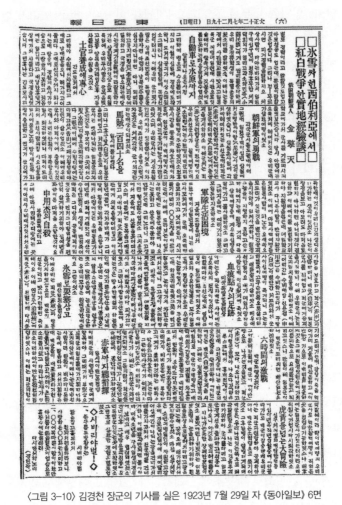

〈그림 3-10〉 김경천 장군의 기사를 실은 1923년 7월 29일 자 《동아일보》 6면

인들이 일본 편에 설 수도 있다는 의심이었습니다.

〈그림 3-10〉의 기사를 확대해보면 그 제목은 "氷雪싸인 西伯利亞에서 紅白戰爭한 실지경험담. 俄領朝鮮軍人 金擎天"으로 되어 있습니

다. 지금 말로 하면, '빙설 쌓인 시베리아에서 적군–백군 전쟁에 참여한 실지 경험담, 러시아의 조선군인 김경천'이 되겠습니다. 이 기사 끝에는 김장군이 직접 쓴 것으로 보이는 시가 한 수 실려 있습니다. 이시를 지금 말로 풀어 옮기면 다음과 같습니다. 이 시에서 ○○이라 된 대목은 앞의 것은 무궁(화), 뒤의 것은 독립 또는 해방이 아닐까 짐작됩니다.

시비리야 벌판[27]

뜬구름도 방황하는 시비리야 벌판
칼 잡고 홀로 서서 흰 산 저편을 바라보니
사랑하는 ○○화는 희미하고

○○에 목마른 사람이 애환만 애처롭다
뜻을 펼 곳이 없으니
흑룡강물에 눈물 뿌려
다시 맹서하노라

서선생 가슴이 먹먹합니다. 앞서 팽창근대와 내장근대, 그리고 자본주의와 사회주의 사이에 그어진 선이 단지 개념적 구분선이 아니라 서로 총을 들이대고 싸우는 전쟁의 전선이 되었다는 사실이 무서운 것 같습니다. 더구나 그 전선은 이제 2중 전선이 되었어요. 그래서 전방과 후방도 없는 전쟁이 됩니다. 어느 곳에서든 숨은 전쟁이든 공개 전쟁이든 전쟁이 진행 중입니다. 그래서 같이 반일운동을 하면서도 반일운동 내부가 민족 노선과 사회 노선으로 갈라집니다. 이 두 노선은 상대의 배후에 일본이 있지 않은지 소련이 있지 않은지, 서로 깊게 의심하고 적대합니다. 일본 내부에서도 반대 세력에 대한 의심과 탄압이 강해졌습니다. 러시아혁명 전에는 전쟁반대 세력을 강하게 탄압하지는 않았습니다. 그러나 러시아혁명 후 일체의 반대운동에 대해 매우 민감해졌죠. 그 반대가 사회주의 반체제운동이 아니냐는 의심과 적대였어요. 일본의 침략에 의해 가장 큰 피해를 당한 쪽이 조선과 중국의 민중들이라는 사실은 굳이 말할 필요도 없는 너무나 자명한 사실입니다. 그러나 일본 내에서도 반체제 분자로 몰려 피해를 당한 사람들이 적지 않다는 사실 역시 기억해야겠습니다. 일본이 패전할 때까지 「치안유지법」으로 일본 국내에서 피해를 본 사람들이 7만여 명이라고 합니다. 단지 문제가 전쟁 찬성이냐 반대냐였다면, 이렇게 많은 피해자가 나오지 않았겠죠. 여기에다 사회주의자, 반체제 분자, 소련 첩자라는 적대의 기준이 한 겹 더 추가되니까 적대의 강도가 몇 갑절 증폭되고 말았죠.

중국은 일본에 맞서는 두 세력인 국민당과 공산당이 아주 치열한 내전을 벌였지요. 쑨원이 살아있을 때는 1924년 이후 양당이 국공합작을 할 수 있었지만 1925년 그가 사망한 이후 이 둘을 묶어줄 통합중심이 사라졌어요. 장제스는 중국 재건에서 자신의 진정한 적수는 공산당이라고 보았기 때문에 1926~1927년 공산당을 선제공격해서 국공합작을 종식시켰지요. 그래서 조선인이 항일혁명가라고 하여도 공산당에 가깝다고 생각되면 가혹하게 탄압했습니다. 공산당 역시 마찬가지입니다. 조선인이지만 국민당의 밀정이라고 의심되면 일본의 밀정과 다름없이 가혹하게 취급했어요. 최초의 사회주의 국가인 소련은 자신이 사회주의를 건설해가는 과정이 '반혁명 세력', '인민의 적'들과의 끊임없는 전쟁 과정이라고 생각했어요. 그리고 그 적들은 항상 세계반동 세력과 연결되어 있다고 선전했죠. 그 과정에서 엄청나게 많은 무고한 사람들이 영문도 모른 채 희생되었습니다. 김경천 장군도 그러한 분들 중 하나였습니다. 1937~1938년의 악명 높은 '대숙청'의 희생자가 된 것입니다.

원래 이렇게 전선이 복잡해지고 전쟁체제가 경직될수록 강자와 독재자의 힘만 커집니다. 반면 저항 세력은 무력화되고 일반인의 일상세계는 공포, 침묵, 냉소에 함몰됩니다. 분할지배(divide and rule)는 원래 강자의 약자 지배전략의 제1조입니다. 그러니 적대적 분열선이 늘어날수록 강자에게는 좋을 수밖에 없죠. 약자를 갈라 칠 틈새가 늘어나는 것과 같으니까요. 동서고금이 같아요.

동선생 그런데 원래 시작에는 그렇게 갈라 치는 대립선이 없었지 않습니까. 원래 동아시아에는 내장형 발전의 길, 하나만 있었어요. 내부에 팽창적 요소가 있었더라도 전혀 지배적이지 않았죠. 그래서 내장적 판을 세로로든 가로로든 갈라 치는 분열선으로 발전할 수 없었습니다. 이 원래의 상태를 항상 기억해두어야 하겠습니다. 나중에야 팽창근대 대 내장근대, 그리고 자본주의 대 사회주의라는 분열선이 차례로 그어졌어요. 그 분열선들이 어떻게 만들어졌습니까? 결국 동아시아 바깥에서 들어온 힘들의 영향 때문이었지요.

그러나 어쨌든 그렇게 분열선이 그어지고 동아시아는 분열되었어요. 그런데 이게 또 시작입니다. 그러면 이제 어떻게 되는 것이냐. 먼저 하나는 우리가 이미 이야기했습니다. 팽창근대가 내장근대를 완성시킨다고 했지요. 팽창근대는 팽창의 극한까지 가면서 내장근대를 전 지구 차원으로 완성한다는 것이었습니다. 팽창이 끝까지 가서 더 이상 팽창할 곳이 없어지면 그 전체가 내장화된다는 것이었습니다. 그렇게 해서 그 첫 분열선은 사라집니다. 그렇다면 그다음의 분열, 즉 자본주의 사회주의의 분열선은 또 어떻게 되는 것일까요. 두 번째 분열선은 첫 번째 분열선 위에 얹혔던 것이니까 첫 번째 분열선이 사라지면 두 번째 분열선도 함께 사라집니다. 이렇게 두 개의 분열선이 사라지는 것이 동아시아 내장근대의 완성이겠지요. 그리고 그 완성은 내장근대의 전 지구 차원에서의 완성과 동시에 이루어지는 과정이 되겠습니다.

勢1

제4론

자본주의, 사회주의, 파시즘

자본주의는 권력현상이다

북선생　이제 다시 '역사의 새'가 보았던 것으로 돌아가 볼 시간입니다. 앞서 제기되었던 '분열선' 논의를 가지고 형-류-세-형'을 다시 풀어볼까요. 먼저 내장근대의 초기형태, 즉 형(形)이 이후 바깥으로부터 들어온 팽창근대 노선에 의해 1차 분열되고, 그리고 이후 자본주의/사회주의라는 2차 분열선에 의해 다시 한번 가중적으로 분열됩니다. 그리고 팽창근대가 극한까지 진행되면서 역설적으로 내장근대를 전 지구적으로 완성하는 형'(形')에 이릅니다. 앞서 동선생은 이 형' 상태에서는 내장/팽창의 분열선만이 아니라 자본주의/사회주의의 분열선도 사라진다고 했고요. 그렇다면 형-류-세-형'를 '역사의 새'가 본 〈내장근대-팽창근대의 전 지구적 변증법〉이라고 부를 수 있겠습니다.

　이 분석틀은 기존의 근대 세계사 분석틀과 다릅니다. 지금까지는 주로 자본주의의 발전 그리고 자본주의와 사회주의의 관계를 중심으로 근대사를 해석해왔습니다. 그렇다면 〈내장근대-팽창근대의 변증법〉이라는 새로운 분석틀이 〈자본주의-사회주의의 변증법〉이라는 기존의 분석틀과 어떤 점에서 다르고, 어떤 점에서 더욱 우월한 설명력을 가질 수 있는지를 밝혀보기로 하겠습니다. 그리고 자본주의, 사회주의와 함께 파시즘 문제도 함께 다루어야 하겠습니다. 지금 다루고 있는 '세1(勢1)'의 시기에 파시즘이 자본주의와 사회주의를 넘어서는 대안을 표방하면서 크게 부상했기 때문입니다. 유럽만 아니라 일본에서도 파시즘이 강력하게 대두했던 만큼 이 3부 논의에서 빠뜨릴 수 없는 대상입니다. 과연 〈내장근대-팽창근대의 변증법〉은 파시즘을 어떻게 풀이할 것인가, 흥미로운 주제입니다. 기대가 됩니다.

서선생　　우선 자본주의에서부터 시작해볼까요. 우리는 서론에서부터 유럽 팽창근대의 역사적 진행 과정을 분석해왔습니다. '자본주의'란 유럽 팽창근대의 진화 과정의 어느 시점에 출현했던 것이지요. 자본주의가 최초로 완성된 모습을 보였던 것은 18세기 말~19세기 초중반의 영국 사회라고 했습니다. 이때의 영국 자본주의는 15세기 말부터의 '대항해' 이래 발전해온 유럽 팽창근대의 종합판, 완성판이었습니다. 아메리카 획득과 아시아 직항로, 은과 노예, 삼각무역, 해적활동, 군사혁명, 중상주의, 식민지, 산업혁명이 누적된 정상에 자본주의 영국이 우뚝 섰습니다. 포르투갈, 스페인, 네덜란드, 프랑스 등의 선두주자, 경쟁자들을 누르고 앞지른 결과이기도 합니다.

따라서 자본주의란 단순히 '경제체제'가 아닙니다. 경제체제만으로 보아서는 자본주의가 무엇인지 전혀 이해할 수 없어요. '대항해' 초기부터 분명한 것이었지만 팽창근대 성공의 요점은 군사력이었어요. 무력의 우위와 폭력행사를 통해 카를 슈미트가 어처구니없게도 '무주지

(無主地)'라고 불렸던 거대한 땅과 자원과 노예 노동력, 즉 막대한 경제적 자원을 확보할 수 있었지요. 여기에 더해 거대한 시장까지 폭력의 힘으로 확보했습니다. 마르크스가 유럽 자본주의의 기원에 있다고 했던 '자본의 시초축적(primitive accumulation of capital)'이란 바로 그런 것이었습니다. 마르크스는 아울러 영국에서 대규모로 진행되었던 인클로저 운동(enclosure movement), 즉 '농민들을 농토에서 내쫓기'를 언급했죠. 자본주의의 기원에 엄청난 폭력과 피가 있었다는 사실을 지적한 것입니다. 이 초기축적 과정을 이끌었던 주요한 힘은 단연코 중상주의 국가, 즉 팽창전쟁국가입니다. 자본주의 금융체제는 이 국가들이 벌이는 끊임없는 전쟁비용을 조달하기 위해 발명된 것입니다. 전쟁, 식민지, 금융, 국가는 일체가 되었죠. 이 전쟁국가 없이 자본주의는 태어날 수 없었어요.

그래서 **자본주의는 무엇보다 우선 권력현상이고 권력체제입니다**. 자본주의의 기원만이 아니라 완성된 자본주의도 항상 권력현상이고 권력체제였습니다. 그렇게 만들어졌으니 그렇게 작동하는 것이 당연하죠. 이런 걸 보지 못하고 '자본주의'를 수학공식으로 존재하는 '순수 경제현상'이라고 생각하면 그 실체를 전혀 이해할 수 없습니다. 신고전파 경제학이 그런 오류를 범했고, 신자유주의 경제학은 그 오류를 아주 극적으로 증폭시켰지요. **자본주의 경제현실은 아주 폭력적인데, 자신들의 수학공식 속에서는 아주 '아름답다'고 헛소리를 한 것**이니까요. 원래 경제란 정치-군사와 분리할 수 없어요. 시원적 폭력이 경제의 프레임을 짜거든요. 그래서 자본주의를 경제현상만으로 국한해 보는 허상, 착시를 타파하기 위해서 현실의 자본주의를 '**권력자본주의(power capitalism)**'라고 부릅니다. **현실의 자본주의란 군사, 정치, 경제적 권력**

의 합체로서의 권력체제임을 강조하는 표현입니다.

동선생 그렇군요. 그런데 현실 자본주의가 '권력자본주의'라면, 이를 뒤집어서 **권력과 폭력이 제거된 자본주의는 현실에서 가능할 것인가, 가능하다면 그 역시 자본주의라 부를 수 있겠는가,** 라는 질문도 가능하겠네요. 그 질문에 대한 답은 이후 5부에서 '후기근대'를 논의할 때 다시 논의할 기회가 있겠으니,^{이 책 842~843쪽} 여기서는 앞서 논의를 이어 팽창근대와 내장근대와 사회체제의 관계에 대해 검토해보도록 하겠습니다.

우리가 그동안 팽창/내장근대, 근대 노선, 근대화라는 표현을 써왔는데요, 여기서 '근대'는 시대이고, '팽창/내장'은 서로 다른 체제적 특징을 말합니다. 따라서 '팽창/내장근대'란 '서로 다른 두 가지 근대사회체제(two modern social systems)', 즉 '팽창적 근대사회체제'와 '내장적 근대사회체제'를 줄여서 표현한 것입니다. **팽창/내장근대는 자본주의보다 큰 개념**입니다. 자본주의는 유럽 팽창근대의 지구적 발전 과정에서 출현한 체제이니까요. 동아시아 내장근대에서는 자본주의가 나오지 않았습니다. 서선생이 요약해준 것처럼 자본주의는 지구 차원의 폭력적 팽창 시스템과 그 노획물 위에서만 출현했어요. 앞서 '권력자본주의'라는 개념을 소개했는데요, 그렇듯 자본주의란 근대사회를 포획하고 지배하는 종합적 권력 메커니즘입니다. 근대사회체제 내부에서 자라났지만, 그 모체를 포획한 약탈적 상부구조로 발전했습니다. 프랑스 역사가 페르낭 브로델이 보는 자본주의가 그렇습니다. 세계지배를 관철하는 군사, 금융, 산업, 정치의 상부 네트워크를 자본주의라 했죠.²⁸ 이것이 '권력자본주의'의 실체죠. 따라서 근대세계, 근대사회체제와 자본주의를 구분해 보아야 합니다.

이러한 '권력자본주의'에 대한 가장 강력한 반발이 사회주의운동으

勢1

로 표출되었죠. 자본주의가 팽창근대사회에서 출현해서 내장근대사회로 팽창해간 것처럼, 여기에 반발하는 사회주의운동도 팽창근대 내부에서 출현하여 내장근대사회로 확산되어 갔습니다. 이 흐름은 빈 체제를 붕괴시켰던 1848년의 유럽혁명에서부터 그 본격적인 모습을 드러냈지요. 유럽내전의 3단계도 이 '1848년 유럽혁명'에서부터 시작했다고 할 수 있겠어요. **유럽의 사회주의운동이란 전 지구화한 팽창근대의 산물인 자본주의 체제에 반대하고 나섰던 것이니까 그 자체로 내장적 성격을 가지고 있다고 할 수 있습니다. 그렇기는 하지만 팽창근대 노선 자체를 분명하고 일관되게 반대하고 나섰다고 할 수는 없습니다.** 마르크스도 유럽의 인도나 중국 침략에 대해 애매한 태도를 취했어요.[29] 결국 1차 대전 때 유럽의 사회주의 정당들은 전쟁에 찬성하게 되지요. 팽창근대의 식민지 이권(利權)에 유럽 사회주의운동도 소극적이지만 말려 들어갔던 것입니다. 반면 러시아혁명은 전쟁 반대, 식민지 이권의 포기를 선언했습니다. 이 점이 진정으로 혁명적이었죠. 이건 단지 반자본주의를 넘어서 팽창근대 노선의 포기를 선언한 것이거든요. 그래서 여기서 식민지 혁명가들이 러시아혁명에서 '구원의 빛'을 보았던 것입니다. 그러나 그 포기 역시 일관성있게 지속되었다고 보기 어렵습니다. 주변 세계가 팽창근대이고 이 힘이 계속 밀고 들어오는데 혼자 그 바깥에 있을 수가 없어요. 그래서 이후 스탈린체제, 소련체제도 팽창적 특징을 갖게 됩니다.

그런데 이매뉴얼 월러스틴 같은 분은 소련, 동구권, 기타 사회주의권 모두가 세계자본주의 체제의 일부였다고 합니다. 사회주의가 아니었고 다만 자본주의의 일부였다고 보는 것이죠. 자본주의 개념을 너무 확대하다 보니까 생긴 착시입니다. 현실의 자본주의가 '권력자본주의'였던 것처럼 현실의 사회주의도 '권력사회주의'였습니다. 권력자본주의에 맞서기 위한 '프롤레타리아 독재'를 선포했죠. 현실 사회주의 체제의 '당-국가 독재체제'란 권력중심 사회주의 체제, 즉 '권력사회주의'일 수밖에 없는 것입니다. 권력자본주의 체제에서 팽창적 낙차가 증대하는 것처럼, 권력사회주의 체제에서도 당·국가와 인민 사이에, 그리고 종주국과 후견국 사이에 낙차가 발생하고 증대했습니다. 성별 간, 인간과 자연 간의 낙차 역시 좁혀지지 못했죠. 어떤 측면에서는 더욱 증폭하기도 했습니다. 그렇지만 이 두 개의 낙차적 체제가 서로를 부정하고 맞서는 적대적 체제였던 것도 분명한 사실입니다. 그런데 월러스틴처럼 과거 소련 동구권이 자본주의 체제의 일부였다고 해버리면 이해를 돕는 게 아니라 오히려 혼란만 준다고 봅니다. 제가 월러스틴 선생을 존경하지만 이 대목에서는 이의를 제기하지 않을 수 없네요. 일반의 상식과 너무나 동떨어진, '이론을 위한 이론' 아닐까요? 이 두 체제가 어떤 공통성이 있었다는 직관은 정확합니다. 그러나 **서방세계와 소련 동구권의 공통성은 (월러스틴이 말하는 것처럼) 양자 모두가 '자본주의 체제'였던 것이 아니라 '팽창근대체제'**라는 점에 있었죠. 모두 팽창적 낙차를 생성했지만, 그 논리와 방식에서 구분되었던 것입니다.

이 지점에서 참고할 수 있는 입장은 헝가리 출신의 출중한 사상가인 칼 폴라니(Karl Polanyi)를 들 수 있겠습니다. 그는 경제체제를 장기적인 인류학적 시각에서 호혜경제, 국가재분배경제, 시장경제, 셋으로 구분해 보았습니다. 그러한 시각에서 보면 현실의 자본주의와 사회주의는 물과 기름처럼 전혀 섞일 수 없는 체제가 아닙니다. 자본주의 체제에서는 시장경제가 지배적이고 사회주의 체제에서는 국가재분배경제가 지배적이라고 할 수 있어요. 절대적 차이가 아니라 상대적 차이일 뿐입니다. 사회주의에도 시장-교환경제 영역이 있었고, 자본주의에도 국가재분배 영역이 있었죠. 북구의 사회복지체제를 어떻게 말합니까. 자본주의지만 사회주의 요소가 강하다고 하지 않습니까. 북구만이 아니라 유럽 나라들 거의 모두가 자기 나라 체제는 그렇게 두 요소가 섞여 있다고 말하죠. 그렇기 때문에 개혁개방 이후 오늘날의 중국은 더 이상 사회주의가 아니고 자본주의라고 하는 말도 맞지 않습니다. 중국은 국유 부문과 공동소유 부문, 폴라니의 틀로 보면 국가재분배(국가재정과 국유기업)와 호혜경제(소농체제와 향진기업) 부문이 여전히 큽니다. 중국 역시 자기 체제를 사회주의 시장체제라고 하고 있습니다. 억지로 갖다 붙인 말이 아닙니다. 이렇게 말할 만한 충분한 근거가 있어요. 북구나 유럽과 마찬가지로, 그러나 배합 이율을 반대로 해서, 사회주의지만 자본주의 요소가 섞여 있는 체제라고 할 수 있는 것이죠.

이념이나 이론에만 존재하는 자본주의, 사회주의가 아니라 현실의 권력이 되었던 '현존 자본주의', '현존 사회주의'는 모두 팽창근대의 범주를 벗어나지 못했습니다. 그래서 경제성장 지상주의나 대결적·공격적 대외관계 등 서로 공유하는 점이 많았던 것이죠. 자연 생태를 완전히 외부화시켜서 그 희생 위에 산업화를 추진했다는 점도 완전히 동일합니다. 그래서 **자본주의/사회주의 구분보다 팽창근대/내장근대의 구분이 더 기본적**이라고 보는 것입니다.

남선생　아나코 소셜리즘(anarco-socialism)이나 생태사회주의(eco-socialism) 등은 성장지상주의나 제국주의적 팽창성에 대해 분명히 반대해왔지 않습니까?

동선생　물론입니다. 사회주의 운동에는 아주 여러 흐름들이 있죠. 그중에는 내장적·생태적 지향이 강한 운동들이 많습니다. 제가 말했던 것은 현실의 권력이 되었던 집권 사회주의 체제의 특징들로 국한하고 있다는 것을 유념해주시기 바랍니다. 그리고 굳이 사회주의를 표방하지 않더라도 생태주의나 공동체주의를 표방하는 사조나 운동들은 많죠. 또 반대로 침략전쟁을 막고 과도한 자연 파괴를 억제하는 '선한 자본주의'도 가능하다고 믿는 사람들이 있어요. 그렇다면 이런 양 흐름은 서로 접점을 찾을 수 있는 것 아닐까요. 오히려 자본주의/사회주의라는 구분을 벗겨내고 보았을 때 더욱 다양한 방식의 내장적 발전 모색의 시도들을 더 잘, 그리고 더 많이 볼 수 있습니다. 그런 흐름들은 오랜 역사를 가진 고유한 전통과 문화 속에서 자기 근거를 갖는 경우가 많죠. 그런 자원들은 지배적이었던 팽창근대 노선과는 다른 내장 근대적 전통에 뿌리를 두고 있습니다. 사회주의/자본주의의 기준만을 고집하게 되면, 팽창근대/내장근대라는 더욱 근본적이고 본질적인 구분을 못 보게 됩니다.

파시즘, 후발 팽창근대의 공격적 만회운동

남선생　자본주의/사회주의 문제를 이렇게 정돈해놓았으니 이제 파시즘을 논의할 수 있겠습니다. 파시즘은 1차 대전과 러시아혁명 이후인 1920년대부터 활발해지는데요, 많은 사람들의 이목을 끌고 현혹하는 데 성공한 운동이었습니다. 한편으로는 과학기술을 강조하고 그에 기반한 속도 증대, 공간 압축 같은 최신 트렌드를 내세우고 동시에 다

〈그림 3-11〉 뉘른베르크에서의 나치당 전당대회 모습.
나치당은 상징 조작에 능했다. 로마제국의 상징을 빈번히 동원하여
나치 독일이 고대로마제국과 신성로마제국의 후계자임을 선포했다. 소위 '제3제국'이다.

른 한편으로는 종족, 민족, 공동체정신 같은 전통적 요소를 부각시켰
어요. 또 사회주의 사상에 호감을 보이거나 사회주의 운동의 전력이
있는 사람들이 파시즘 운동에 많이 가담했지요. 무솔리니 같은 사람이
대표적입니다. 히틀러는 사회주의 · 공산주의 운동을 매우 싫어했지
만 사회주의 · 공산주의 운동과 조직방식을 열심히 연구하고 모방했지
요. 그가 쓴 『나의 투쟁』을 보면 적의 언어를 모방해서 적을 공격하는
용도로 변형하는 데 천재적인 재능이 있다는 것을 잘 알 수 있습니다.
그가 만든 당 이름도 '국가사회주의 독일노동자당(Nationalsozialistische
Deutsche Arbeiterpartei)'입니다. 나치(Nazi)란 이 '국가사회주의'에서 따
온 말이고요.

앞서 논의에 등장했던 이시와라 간지 같은 사람의 사상도 유럽의 나치즘, 파시즘 운동에 큰 영향을 받았습니다. 독일 군부에 유학했던 독일파였지 않습니까. 이 사람의 동아협동체, 만주국 사상은 결국 독일 나치즘이 내세웠던 민족생활권(Lebensraum) 사상과 상통하는 것이지요. 게르만 민족의 영토팽창 사상이죠. 이시와라에게는 목표가 결국 일본제국의 팽창, 천황주의 팔굉일우(八紘一宇)의 완성인데, 이걸 동아시아 동종동문, 동아시아 협동체론 등으로 버무려서 그럴싸하게 만들려고 했습니다. 사회주의자들을 현혹하는 데도 재주가 있었죠.

이시와라와 같은 세대인데 파시즘적 특징을 보다 선명하게 보여준 사람으로는 기타 잇키(北一輝)를 들 수 있어요. 교주와 같은 풍모가 있었던 그는 약관 20대부터 국가사회주의 사상을 주창하여 주목을 받고, 중국으로 건너가 신해혁명에도 참가합니다. 중국 인민을 도와 중국혁명을 성공시켜야 한다는 취지였지만, 같이 활동했던 악명 높은 '흑룡회'의 성격이 말해주듯 중국침략 사상과 혼란스럽게 뒤섞여 있었죠. 그의 사상의 파시즘적 성격은 오히려 유럽의 파시즘 사상을 앞서는 것이었다고 할 수 있습니다. 이후 그의 국가사회주의 사상이 일본 군부의 야심적인 젊은 장교들의 관심을 끌어 그들의 우상이 되죠. 그러다 1936년의 2·26 군부 쿠데타 모의에 연루되어 처형되고 말았어요. 그러나 그의 사상은 살아남아 일본 군부가 독재권을 장악하고 중일전쟁, 태평양전쟁으로 나가게 하는 바탕이 되었습니다.

유럽에서든 일본에서든 파시즘은 자유주의, 자본주의, 개인주의를 맹렬히 비판했습니다. 그러면서 동시에 사회당과 공산당, 특히 러시아혁명을 극히 혐오하고 적대시했어요. 그래서 자본주의/사회주의의 구분으로는 파시즘운동이 깔끔하게 설명되지 않습니다. 양쪽 다 공격하면서 또 양쪽 다 뒤섞거든요. 반면 팽창근대/내장근대의 시각으로 보면 쉽게 풀려요. **파시즘을 '후발 팽창근대 국가들의 공격적 만회(catch-up)운동'으로 보는 것입니다.**

역사적으로 그 공격적 만회, 또는 추격 세력의 선두주자는 독일이었습니다. 독일은 19세기 후반 국가 주도의 중공업 중심 산업화의 선두가 됩니다. 화학, 물리학 등의 과학적 성과를 바로 국가 주도 산업화로 연결시켜 '2차 산업혁명'의 선두주자로 나서죠. 그 힘으로 독일통일을 이루고 프랑스를 격파하고 유럽 대륙의 강자로 부상합니다. 여기까지의 주역이 비스마르크입니다. 그러나 독일은 여기에 만족할 수 없었어요. 독일황제 빌헬름 2세의 꿈은 영국을 따라잡는 것이었습니다. 독일 왕가와 영국 왕가가 원래 친척 간입니다. 왕가 간 친족모임을 하면 영국 왕족들이 은근히 독일 왕가를 무시하고 뻐기는 것을 빌헬름 2세는 견딜 수가 없었다고 해요. 원래 질투와 질시는 가깝고 비슷할수록 강합니다. 빌헬름 2세는 반드시 영국을 따라잡고 말겠다고 결심했고, 영국 따라잡기의 핵심은 해군력 증강에 있다고 결론 내렸습니다.[30] 육군은 독일이 강합니다. 그러나 해군이 밀리니까 영국에 밀린다고 본 거죠. 그래서 해군을 급속히 증강시킵니다. 대형 전함만 아니라 잠수함을 개발해서 해군 전략에 새로운 차원을 열었습니다.

독일은 그렇듯 군사력을 증강하여 영국의 세계지배 기득권에 도전하려고 했습니다. 전형적으로 팽창근대적인 사고법입니다. 지키는 자와 추격하는 자의 치열한 경쟁은 결국 1차 대전으로 폭발했습니다. 그러나 1차 대전에서 추격 세력은 패배했고 더욱 깊은 좌절에 빠졌죠. 영국, 프랑스에 도전한 독일과 오스트리아제국은 영토도 뺏기고 가혹한 배상의 짐까지 지게 되었습니다. 혹 떼려다 혹 붙인 격이죠. 이탈리아는 1차 대전 때 눈치를 보다가 영국 편에 섰지만 전후 처리에서 보상받은 게 없었습니다. 군사적으로 크게 한 일도 없었으니까요. 그래서 이쪽은 이쪽대로 힘이 약해서 제몫을 못 챙겼다는 억울함과 좌절감이 커졌습니다. 이런 분위기에서 이탈리아 파시즘과 독일 나치즘이 급속하게 성장했던 것입니다.

서선생   팽창근대의 선진과 후발의 두 힘이 대립하고 투쟁하게 되었다는 말씀이죠. 파시즘은 그 두 힘 중 후발 팽창근대의 공격적 만회운동이었고요. 제가 앞서 2론에서 언급했던 '지정학' 논리와 정확히 맞아 떨어지는 말씀입니다. 지정학을 학술적으로 정립했다는 매킨더가 '랜드 파워의 잠재력'을 강조했다고 했습니다. 매킨더는 특히 러시아, 그리고 러시아와 독일의 동맹을 경계했어요. 그는 세계지도를 늘 옆에 끼고 살면서 열심히 봤다고 합니다. 나중에 국회의원이 되고 정부 특사도 지냅니다만 직업상 지리학자입니다. 매킨더는 그가 '세계섬(world-island)'이라고 부른 유라시아의 엄청난 자원과 규모에 주목했습니다. 그리고 그 중심을 이루는 지역을 '추축지역(pivot area)' 또는 '핵심육지(heart land)'라고 불렀어요. 이 영역을 매킨더는 1904년에 발표한 「역사의 지리적 축(The geographical pivot of history)」이라는 논문에서 오른편과 같이 도시했습니다.

　매킨더는 당시 유럽인들에게는 익숙하지 않은 방식으로 세계지도를 펼쳐 보였습니다. 그때까지 유럽인들은 당연히 유럽을 세계지도의 중심에 두고 보아왔지요. 그러나 매킨더는 지구판의 중심이 유럽이 아니라 그가 '세계섬'이라고 부른 유라시아의 중심부임을 한눈에 보여주려 했습니다. 점선으로 표시한 지역이 그곳(핵심육지)입니다.〈그림 3-12〉 그리고 핵심육지를 둘러싼 두 개 층위의 외곽을 표시했습니다. 첫 번째

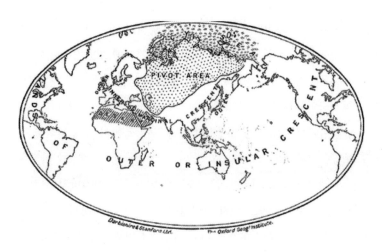

〈그림 3-12〉 매킨더가 그린 세계권력의 지정학[31]

충위는 '내부 또는 주변 초생달 지역(inner or marginal crescent)'이라 했고, 그 바깥의 2차 외곽은 '외부 또는 도서 초생달 지역(outer or insular crescent)'이라고 했어요. 1차 외곽에는 유럽, 동유럽, 서부러시아, 중동, 페르시아, 인도, 중국, 극동러시아가 포함됩니다. 그리고 2차 외곽으로는 영국, 일본, 남북아메리카, 그리고 오세아니아를 포함시켰어요.

매킨더가 활발하게 연구 활동을 하던 19세기 말~20세기 초는 '팍스 브리태니카'의 최후 절정기로서 시파워 영국이 아직 세계를 지배하고 있었지요. 그러나 매킨더는 이 '하트랜드(핵심육지)'를 장악한 쪽이 세력을 1차 외곽 지역까지 팽창해서 바다 진출 길을 열게 되면 이 힘은 영국조차도 막을 수 없다고 우려했습니다. '하트랜드' 또는 '랜드파워'가 '팍스 브리태니카'를 위협할 수 있다는 것이죠. 매킨더가 '팍스 브리태니카'에 대한 도전 후보로 본 '랜드파워'의 핵심이 바로 러시아와 독일이었습니다. 그렇지만 매킨더의 이론은 당시의 영국에서는 별로 주목받지 못했어요. 독일, 러시아 따위야 하고 가볍게 보았기 때문이죠. 그러다가 독일이 1차 대전을 일으키자 놀랐지만 결국 독일은 1차 대전에서 패전국이 되었어요. 그리고 나니 또 그거 봐라 하고 맙니다. 또 러시아를 한때 경계했지만 볼셰비키 혁명으로 그 힘이 크게 약화된 것으로 보았습니다.

그런데 흥미롭게도 영국에서는 그렇게 잊혀가던 매킨더의 지정학을 다시 살려놓은 게 바로 나치 독일입니다. 독일 육군 장성 출신이자 전쟁사 교수였던 카를 하우스호퍼라는 사람이 연결고리가 되지요. 지정학이란 말이 유명해진 것도 하우스호퍼 때문입니다. 미국인 머핸이나 영국인 매킨더는 시파워, 하트랜드, 세계섬 등 주요 개념을 만들었지만 '지정학(Geopolitik)'이라는 말은 독일산입니다. 나중에 나치가 채용한 '민족생활권' 개념을 창시한 독일 정치지리학자 라첼과 그 스웨덴 제자인 첼렌이 사용했던 개념인데, 이를 칼 하우스호퍼가 채용해서 유명하게 만들었지요.

하우스호퍼는 영국에서는 별로 주목받지 못하고 있던 매킨더와 머핸의 논문과 책을 열심히 연구했고, 그렇게 연구한 결과를 권력에 오르기 전의 히틀러에게 열심히 가르쳤습니다. 히틀러의 오른팔이었던 루돌프 헤스가 하우스호퍼의 학생이었던 인연이 있습니다. 나중에 히틀러가 집권하자 하우스호퍼는 독일에서 큰 영향력을 행사하게 되죠. 그리고 그가 설파하는 '지정학'이라는 개념이 영미권의 서방세계에서 큰 주목을 받게 됩니다. 따라서 처음에는 서방세계에서 '지정학'이라는 말이 좋은 의미에서 '유명해진(famous)' 것이 아니라, 나쁜 의미에서 '악명을 떨치게(notorious)' 되었던 것입니다. 하우스호퍼라는 '사악

勢1

한' 교수가 히틀러에게 침략정책을 가르쳐왔는데, 그가 설파하는 이론을 '지정학'이라고 한다더라는 식이지요. '지정학'은 그래서 나치의 '민족생활권' 정책, 즉 나치 침략정책을 상징하는 말이 되었습니다.[32] 그런데 또 재미있는 일은, 이렇듯 나치 정책이라고 외면당했던 '지정학'이라는 용어를 다시 살린 사람이 이번에는 새로운 강대국 미국의 외교정책 브레인 헨리 키신저였다는 사실입니다. 키신저는 독일에서 태어났어요. 그런데 키신저가 나고 자란 바이에른주의 퓌르트는 나치의 본거지이자 하우스호퍼가 주로 활동하던 지역이었다고 합니다.[33] 역사란 참 기기묘묘하죠.

키신저는 나치의 유대인 박해를 피해 가족과 함께 독일에서 미국으로 피난했던 사람입니다. 1938년, 그 나이 15세 때였죠. 그러나 그가 성년이 되었을 때는 나치시대가 아니라 냉전시대입니다. 이제 미국인 키신저의 적은 나치 독일이 아니라 소비에트 러시아가 되었죠. 키신저는 닉슨 대통령의 안보보좌관 시절 냉전시대의 '하트랜드' 소련을 약화시키기 위해 중국과 손을 잡는 정책으로 유명해졌습니다. 영국을 이은 시파워 미국의 세계패권, '팍스 아메리카나'를 유지하기 위해서 말이죠. 나름 매킨더의 시파워 세계전략을 계승한 셈입니다. 어쨌든 이리하여 '지정학'이라는 개념은 닉슨-키신저를 통해 냉전체제와 팍스 아메리카나의 축복을 받음으로써, 그 어두웠던 나치 전력에 대한 '죄사함'을 받고 밝은 세상으로 나오게 되었습니다. 물론 어두운 죄의 빛을 띤 독일 외래어 'Geopolitik'은 이제 'geopolitics'라는 '밝은' 영어로 개조되었지요. 그리하여 오늘날까지도 국제정치학 논문에서 '지정학(geopolitics)'이라는 용어가 심오한 학술 개념 대우를 받고 있습니다.

'지정학'의 계보

북선생　파시즘이 후발 팽창근대 국가들의 공격적 만회운동, 따라잡기(catch-up) 운동이었다고 보면 왜 일본에서 파시즘적 행태가 유럽보다 오히려 일찍 나타났고, 기타 잇키와 같은 파시즘 사상가도 오히려 유럽에서보다 먼저 출현했는지도 쉽게 설명될 수 있겠어요. 후발의식, 공격적 만회의식이 유럽보다 일본에서 오히려 더 빠르고 더 날카롭게 나타나고 있었으니까요. 서선생이 말한 소위 '지정학적 사유'의 근원도 좀 더 넓게 다시 볼 수가 있겠습니다.

일본 팽창근대 노선에는 2중성이 있다고 했지요. 겉으로는 유럽형 팽창근대 노선을 선망하고 추종하면서, 속으로는 이들 서양 세력에 대한 적대감, 복수심, 추격의식을 묻어두고 있었던 것입니다. 이것을 팽창성의 두 얼굴, 두 방향이라고 할 수 있겠죠. 유럽 추종노선에서는 팽창의 방향이 조선, 중국 등의 이웃나라로 향하지만, 숨겨둔 유럽 추격의식 속에서는 기회만 된다면 유럽이 확보해놓은 이권을 빼앗겠다는 쪽으로 향합니다. 일본 제국주의 70년이 이 방향으로 순서대로 움직였다고 할 수 있지요. 먼저 대만, 조선, 만주 등을 차지하여 팽창의 제1단계를 달성한 후, 결국은 영미의 기득권에 도전하는 팽창의 제2단계로 나갔던 것이니까요.

일본에서 이 양면은 차례로 나타났던 것이 아니라 초기부터 뒤섞여 있었어요. 후쿠자와 유키치의 생각부터가 그랬지 않습니까. 서양의 동양 멸시에 대해 분개하면서 동시에 서양을 열렬히 추종하는 양면을 보였지요. 이 양면이 뒤섞인 상태가 파시즘적 사고나 태도, 행태가 무성하게 자라날 온상이 되었다고 봐요. 유럽 팽창근대의 폭력성에 대한 비판의식·저항의식은 두 방향에서 가능합니다. 먼저, 나카에 조민과 같이 그 팽창성, 폭력성 자체를 근본적으로 사유하고 비판했던 사람들이 있습니다. 이들은 팽창근대 노선 자체를 부정하고 지극히 내장적인 사상인 '평화주의·소국주의(소일본주의)'로 나갔습니다. 2차 대전 이후 잠시 총리를 했던 이시바시 단잔도 나카에 조민을 이어 소일본주의, 평화주의 사상을 폈던 이입니다. 최근에는 이 흐름을 2009~2010년에 잠시 집권했던 민주당의 하토야마 유키오 총리가 다시 잇고자 했던 것으로 보입니다.[34] 그러나 서양 팽창근대에 대한 반발이 비판적 성찰이 아니라, 똑같은 팽창적, 폭력적 방식으로 반격·복수하겠다는 식으로 나타날 수도 있어요. 이것이 두 번째 대항방식입니다. 이런 흐름이 바로 후발 팽창근대 노선의 공격적 만회운동, 바로 파시즘으로 나타났던 것입니다. 불행하게도 세1(勢1)의 시기 일본에서는 파시즘적 지향(두 번째 길)이 나카에 조민과 같은 내장근대적 지향(첫 번째 길)을 압도했습니다.

앞서 서선생이 독일 지정학을 말하면서 칼 하우스호퍼가 매킨더의 영향을 받고 나치당의 유명한 '레벤스라움' 즉 '민족생활권' 주장을 '지정학'적 논리로 정당화해주었다고 했지요. 그런데 흥미로운 또 다른 측면이 있습니다. 하우스호퍼가 독일육군 초급장교 시절인 1908~1910년 동안 일본을 방문해서 일본육군을 연구합니다. 이 기간 하우스호퍼는 청일전쟁과 러일전쟁을 깊이 팠다고 합니다.[35] 나치의 '민족생활권', '지정학' 사상의 착상이 일본의 조선 팽창정책 연구에 기원하고 있었음을 암시해주는 대목입니다. 세계 팽창근대체제의 변경인 동아시아의 끝에 위치한 일본이 유럽의 변경인 독일보다 오히려 한 발 빠르게 후발주자의 공격적 만회운동의 심리와 행태를 가동시켰다는 것이죠. 유라시아의 양끝에서 독일과 일본이 앞서거니 뒷서거니 서로 영향을 주고받으면서 파시즘의 틀을 만들어간 것입니다.

'지정학이란 팽창근대의 패권다툼 논리'라는 게 여기서도 분명히 드러나고 있어요. 매킨더의 지정학은 기득권이 된 영국의 해양패권을 지키자는 논리입니다. '세계섬'인 유라시아를 시파워가 봉쇄하자는 것이죠. 반면 하우스호퍼의 지정학은 후발 팽창 세력인 독일이 러시아와 연합하여 영국의 유라시아 봉쇄를 깨뜨리고 세계패권을 빼앗아 오자는 것입니다. 각자의 논리가 객관적 필연인 것처럼 학술용어로 치장하고 있지만, 본심은 탐욕과 약탈입니다. 당시 일본 역시 서세로 갈아타고 이 탐욕의 판에 한 자리를 차지하고 있었죠. 위 지도에서 보았던 것처럼 매킨더는 일본을 영미와 함께 제2외곽에 배치해주었어요.〈그림 3-12〉 당시 일본은 영미를 추종하고 있었으니까 유라시아 봉쇄의 2중대 정도로 보았던 거죠. 그렇다고 해서 매킨더가 일본을 믿었던 것 같지는 않습니다. 그는 이 그림이 실린 유명한 위 논문을 다음과 같은 말로 아주 의미심장하게 마무리하고 있습니다.

예를 들어, 만일 중국인들이 일본인들에 의해 조직되어 러시아 제국을 무너뜨리고 그 영토를 정복했다고 가정해본다면, 그들은 세계의 자유 (world's freedom)에 대한 황색 재앙(황화, yellow peril)이 될 것입니다.[36]

이 글에서 '세계의 자유'가 '영국의 자유' 또는 '서양의 자유'를 말한다는 건 자명합니다. 이 논문의 요점은 간단합니다. 이 시파워 세계지배를 유지하기 위해서는 하트랜드의 목을 영국이 꽉 누르고 있어야 한다. 지금은 러시아가 하트랜드를 차지하고 있지만, 만일 중국이나 일

勢1

〈그림 3-13〉 청일전쟁 이후 독일황제 빌헬름 2세가 보았다는 비전을 그린 그림.
저 멀리 어둠 속에서 '황색 재앙'이 다가오고 빛의 세계 기독교 유럽 국가들의 선두에 독일이
서서 그 재앙을 알리고 있다. '황색 재앙'의 중심에 부처의 상이 보인다. 빛과 어둠, 선과 악이라는
유럽 팽창근대의 전형적인 이원적 세계상이 잘 드러나 있다.

본이 그쪽으로 세력을 뻗친다면 그때는 그들이 적이 된다. 더구나 중
국과 일본은 바다를 끼고 있으니 더욱 경계해야 한다. 그것이 결론입
니다. 그러면서 지극히 인종주의적인 '황화(黃禍)'라는 말을 학술논문
마무리에 슬쩍 흘려둡니다. 이런 데서도 '지정학'의 심리적 특성을 잘
볼 수가 있어요. 학술논문의 껍데기를 쓰고 있지만, 팽창근대의 기득
권을 지키기 위해서는 인종주의를 동원하는 데 아무 거리낌이 없습
니다.

영국이든 독일이든 다를 바 없었어요. 당시 독일 황제 빌헬름 2세
자신이 '황화' 이데올로기의 열렬한 신봉자이자 전파자였습니다.〈그림
3-13〉 자신의 제국주의적 야욕을 정당화하려고 침략당하고 있는 동양

에다 거꾸로 침략의 공포를 덮어씌우면서 '황화' 운운했었죠.[37]

그러면 동양의 제국주의 일본은 어땠습니까? 그런 식의 인종주의를 그대로 베껴 와서 같은 아시아인들에게 덮어씌웠지요. 후쿠자와 유키치 기억하시죠? 그런데 일본 제국주의자들이 재미있는 게 나중에 2차대전 때 영미와 싸우게 되니까 이번에는 대항 인종주의를 만듭니다. '영미귀축'이라고 했지요. 영국인, 미국인은 인간이 아니라 인간도 못 되는 비인간, '귀축(鬼畜)' 즉 '귀신이고 개돼지'라고 말이죠. 팽창근대가 서로 싸우는 수준이 그 정도의 막말 수준이었던 것이죠.

남선생　일본의 파시즘이 세계사적으로도 아주 조숙했다, 일찍 출현했다는 것은 분명한 것 같습니다. 그런데 여기서 한 단계 더 깊숙이 들여다볼 점이 있습니다. 그렇게 **조숙했던 일본의 파시즘적 경향은 일본 국내에서보다 오히려 식민지에서, 식민지 통치를 통해 먼저 제도적으로 분명한 형태로 실험되기 시작했다는 사실입니다.** 일본 국내에서는 그래도 한때 법적 지배, 의회주의적 외양을 유지하는 구색이라도 내야 했어요. '다이쇼 데모크라시'죠.[38] 그런데 이 구색조차 중일전쟁 이후에는 모두 무시하고 군부독재의 총력전 체제로 가고 말았습니다만. 그러나 식민지에서는 애초부터 군부독재 파시즘 체제였어요. 총독은 모두 군인 출신이고 군인과 다름없는 헌병경찰을 앞세워 무단적으로 통치했지 않습니까. 법치주의나 의회주의의 외양을 차려두어야 하는 번거로움도 없습니다. 견제하는 곳이 없으니 눈치를 봐야 할 데도 없죠. 총독부가 모든 권력을 쥐고 정치, 경제, 사회, 문화, 사회 전 분야를 일사불란하게 지휘하고 통제하는 식민지 총독부 체제는 파시즘의 이상과 아주 가깝습니다. 일본의 식민지 체제는 유럽에서 파시즘이 출현하기 이전에 이미 파시즘을 몸으로 실천하고 있었던 셈입니다. 그러니 일본의 파시즘은 조선과 대만과 같은 식민지에서 먼저 실험된 후에 일본 국내에서 실행했다고 말할 수 있는 것이고요. 일본의 대만 정책은 조선보다 강도가 덜했어요. 미래의 중국 공략을 염두에 둔 거죠. 그래야 앞으로 본토의 중국인들의 반발이 덜할 것이라고 잔머리를 굴렸어요. 그렇게 보면 세계사적으로도 파시즘의 가혹한 첫 예봉을 맞았던 곳 중의 하나가 바로 식민지 조선이 되는 것이죠.

후발 팽창근대가 선두를 따라잡으려 하니까 그 방식이 더 거칠고 가혹해지기 마련인데요, 그런데 그런 방법을 자국에서가 아니라 먼저 식민지에서 쓰기 시작했다는 것이지요. 이는 식민사에서 거의 보편적으로 나타나는 현상이라고 할 수 있습니다. 예를 들어 미국의 제국주의 팽창사에서도 같은 패턴이 나타납니다. 미국이 냉전시대에 보여준 매카시즘 탄압 수법이나 후버의 FBI 전방위 감시체제가 2001년 9·11 사건 이후 다시 총체적 시민감시체제로 다시 나타났지 않습니까. 그러한 감시체제의 규모가 상상을 뛰어넘는다는 것을 보여준 것이 2013년 에드워드 스노든(Edward Snowden)의 미국 NSA의 글로벌 감시망 폭로였지요.[39] 미국만이 아니라 세계 전체를 감시하고 있는 겁니다. '파이브 아이즈(Five Eyes)'라고 하여 미국이 영국, 캐나다, 호주, 뉴질랜드, 즉 영영방 4개국을 이끌면서 세계감시망을 깔았다는 사실도 스노든에 의해 알려졌습니다. 냉전 종식 이후, 앵글로 색슨의 세계패권을 유지하기 위한 전 방위적 감시장치라고 할 수 있겠습니다. 그런데 일본이 여기에 가입해보려고 애쓰고 있죠. 스노든의 폭로 이전에 이라크 전쟁포로들을 아부그라이브 수용소의 야만적인 고문 실태 폭로도 충격적이었습니다. 그런데 미국 내의 이러한 감시와 고문의 '오랜 전통'이 만들어지기 시작했던 곳은 미국의 첫 식민지였던 필리핀이었다고 합니다.

필리핀에서 스페인을 몰아낸 이후 필리핀인들의 저항이 커지자 이를 분쇄하기 위해 1901년부터 필리핀 미군군사정보부(DMI)가 체계적인 감시-고문체계를 구축하기 시작했다고 해요. 필리핀에서 DMI가 구축한 시스템이 후일 OSS, CIA, 아부그라이브, NSA로 쭉 이어졌다는 것이지요.[40]

그렇다면 과거 민주화 이전의 한국의 독재체제는 일본의 조선 총독부의 감시-고문체제와 해방 이후 미국 OSS와 CIA의 감시-고문체제를 겹치기로 전승했다고 하겠습니다. 굉장히 아픈 사실입니다. 왜 지독한 냉전 대결주의가 이 땅 코리아에 가장 끝까지 질기게 잔존하고 있는지 그 뿌리를 엿보게 하니까요. 역사란 게 참 무정하다는 생각이 듭니다. 가장 먼저 가장 심하게 아팠던 쪽이 가장 빨리 치유되는 게 아니라, 거꾸로 그 고통을 가장 끝까지 겪게 하면서 비로소 새로운 해법을 찾게 하는 것이니까요. 어찌 보면 참 철저하게 비정하달까요. 지정학의 논리도 그렇습니다. 그러나 그 **지정학이 자신의 논리대로 끝까지 가면서 결국 자신을 전복한다는 것, 지정학의 근거 자체를 지우게 된다는 것**을 확인할 수 있습니다. 역시 이 책의 주제인 '팽창근대와 내장근대의 변증법'의 한 표현이죠.

그렇지만 동시에 이 지정학 논리에서 가장 아팠던 곳을 굳이 말하자면 유럽의 대항해가 동아시아와 코리아 이전에 먼저 도달했던 아프리카, 아메리카, 오세아니아, 그리고 인도와 동남아시아가 아닐까 하는 생각이 듭니다. 독일이든 일본이든 파시즘이 보고 배웠던 것은 바로 팽창근대의 선두그룹이 이곳에서 벌였던 행태였으니까요. 우리가 앞서 살펴보았던 후쿠자와 유키치의 언행과 행적이 그걸 잘 보여주었지 않습니까. 그 후발의식, 열등의식이 팽창주의의 폐해를 더 극단화

勢1

했고, 그게 바로 파시즘이었던 것이죠.

팽창적 제국으로 변모해간 소련

서선생   저는 여기서 이제 이야기를 좀 돌려서 또 다른 중요한 문제인 **파시즘의 경제논리**를 살펴보려고 합니다. 메이지유신 이후의 일본은 국가와 군대가 앞장을 서서 식민지 침략을 하고 은행을 만들고 기업을 키웠지 않습니까. 영국과는 전혀 다른 방식의 자본주의화였어요. 영국은 식민지 침략부터 상인들, 자본가들이 주도했습니다. 동인도회사가 대표적이죠. 주식시장도 이런 무역 상인들이 식민지 사업을 위해서 만들었어요. 애초부터 국가에 앞서서 민간 금융자본 · 투기자본이 식민지 팽창의 주역으로 나섰던 것이죠. 이들이 배도 대포도 총도 만들고, 군대도 용병으로 고용했어요. 그래서 '군상(軍商)복합체'라고 합니다. 이렇게 큰돈을 모은 사람들이 영국 왕에게 대부해주는 조건으로 국가의 화폐 발행권을 독점합니다. 이것이 1697년 세워진 '영국은행(Bank of England)'의 기원입니다. 또 그런 세력이 의회에 진출해서 국가정책을 움직이죠. 이런 과정을 통해서 공격적 민간 투기자본이 정치, 군사, 경제를 지배하는 고전적 형태의 자본주의가 만들어진 것이거든요.

일본은 이것을 완전히 거꾸로 한 것인데, 파시즘이란 이런 식의 자본주의화를 국가 주도로 보다 철저하고 **빠르게** 관철하려는 경향이라고 볼 수 있겠죠. 기타 잇키나 이시하라 간지는 재벌 비판을 많이 했는데요, 부패한 자본가들이 의회를 주무르고 국가를 휘두르려 한다고 비난했고, 강직하고 사심 없는 군부 세력이 재벌을 확실히 통제해서 국가의 목표에 철저히 봉사할 수 있도록 해야 한다고 주장했어요. 그러면서 사회주의적 용어도 많이 썼습니다. 그래서 나치를 '국가사회주의'라고 하지 않습니까. 그러니 오늘날까지도 후대의 연구자들을 헷갈리게 하는 거죠.[41] 과연 이들은 자본주의자인가 사회주의자인가. 이 둘이 마구 뒤섞여 있습니다. 그게 파시즘의 실제 특징이기도 했습니다. 그리고 이런 특징을 공유했던 일본과 독일, 이탈리아는 결국 2차 대전에서 동맹을 맺고 연합국과 싸웠죠. 정확히 파시즘 동맹, 후발 팽창국가의 공격적 만회전쟁 동맹이었습니다.

그렇다면 소련의 경제논리는 어떤 것이었나요. 레닌은 '공산주의란 소비에트 권력 더하기 전국의 전력(電力)화'라고 했어요. 산업화를 소비에트 방식으로 이룬다는 것입니다. 레닌에게 자본주의와 사회주의의 차이란 목표보다 방법에 있었습니다. 전력화란 산업화를 말하죠. 산업화란 근대화입니다. 그게 레닌의 목표였습니다. 그러나 그것을 침략전쟁 없이, 계급착취 없이, 밑으로부터의 인민의 자발성과 평화적 국제연대를 통해 이루겠다는 것이었어요. 이때까지 러시아혁명은 내장적 성격이 분명했습니다. 레닌은 러시아에서 혁명이 터지면 유럽에서 이에 호응하는 혁명이 이어질 것으로 예상했지요. 그러나 고대하고 고대했던 그러한 사건은 벌어지지 않았습니다. 거꾸로 주변의 모든 국가가 러시아혁명에 등을 돌리고 적이 되었습니다. 해외지원, 국제연대는 기대할 수 없게 되었어요. 남은 건 내부의 힘을 끌어 모으는 것뿐이었죠.

레닌이 생각했던 소비에트 방식이란, 산업화의 동력을 생산현장, 직업현장의 합의체들로부터 끌고 올라오는 상향적 방식을 말합니다. 그러나 외국의 지원을 받는 반혁명 세력과 긴 내전을 치러야 했고, 적대적인 자본주의 국가들에게 포위되는 상황에 빠졌습니다. 대외 무역은 거의 다 끊겼어요. 이렇듯 피폐한 상태에서 내부의 힘만으로 산업화를 이룬다는 것은 결국 노동자 농민의 무한한 헌신과 희생을 '요구'할 수밖에 없습니다. 누가 '요구'했나요. 소비에트 권력과 소련 공산당이었습니다. 레닌을 이은 스탈린 시대의 '소비에트 권력'은 더 이상 혁명 초기의 소비에트가 뜻했던 밑으로부터의 자발성의 힘이 아니었습니다. 철저히 탑다운 방식으로 치밀하게 조직된 '요구장치', '강압장치', '전동벨트'가 되었어요. 강압적 수평화라는 부작용이 생기기 시작한 것입니다. '반혁명 세력'과 '인민의 적'에 대한 거듭된 대숙청으로 엄청난 인명이 희생되었지만, 소련의 산업화 노선은 그 와중에서도 어쨌든 성공했습니다. 결국 인민의 무한한 헌신과 희생을 얻어냈던 것입니다. 비록 쥐어 짜낸 것이었다 하더라도 말입니다. 높은 성장률을 달성한 1928~1937년 사이의 '1, 2차 인민경제 5개년계획'의 결과가 그것을 보여주었습니다. 〈그림 3-14〉

그렇다면 그 기간 소련은 팽창근대의 밖에 있었던 것일까요? 아닙니다. 1, 2차 대전의 전란에 휩쓸린 어느 나라도 팽창근대의 밖일 수 없었습니다. 그 징표는 과연 그 사회가 전쟁체제에 휘말렸는지의 여부를 보면 압니다. 러시아는 혁명을 통해 1차 대전의 전선에서 퇴각했지만, 그렇게 해서도 원하는 평화를 얻지 못했습니다. 국내외 반혁명 세력의 도발과 포위로 오히려 국내 전체가 항시적인 전쟁상태, 즉 전쟁체제가 되고 말았어요. 그런 가혹한 전쟁체제 속에서, 그 많은 희생 속에서, 이뤄냈던 것이 1, 2차 5개년계획을 통한 경제성장, 산업화였던 것입니다. 3차 5개년계획은 1941년 독일의 침공을 받고 중단되고 말

〈그림 3-14〉 소련 경제 5개년계획 시의 생산 독촉 포스터.
"계획은 법, 할당량 달성은 의무, 할당량 초과는 영광!"

았지요. 원래 소련은 독일과의 전쟁을 피하려고 했죠. 그래서 1939년 독일과 불가침협정을 맺었는데, 이걸 히틀러가 깨뜨리면서 독소전쟁이 시작된 것이지요. 그 1939년 히틀러와 스탈린이 불가침협정을 맺으면서 공개하지 않은 비밀합의가 있었습니다. 우리는 서로 싸우지 말고 두 나라 사이의 중부유럽을 양분하여 나누어 갖자는 것이었어요. 그래서 독소 불가침협정 이후 소련은 바로 폴란드와 발틱3국, 핀란드를 침공했습니다. 그때 완강하게 저항해서 세계를 놀라게 했던 나라가 핀란드죠. 어쨌든 소련도 이「독소 불가침조약」협정 때부터는 분명한 팽창근대 침략국의 행태를 보이기 시작했다고 할 수 있습니다.〈그림 3-15〉

그런데 유럽 서부전선의 승리로 자신을 얻은 히틀러가「독소 불가침조약」을 깨고 밀고 들어오는데요, 초반에는 소련이 별다른 저항도 없이 아주 형편없이 밀립니다. 그러다 겨울이 오자 다시 반격해서 결국 나치 독일에 치명상을 가했죠. 이 모습은 나폴레옹 침략 때 러시아의 쿠투조프 장군이 썼던 전술과 아주 유사합니다. 톨스토이의 『전쟁과 평화』를 보면 이게 아주 잘 묘사되어 있어요. 초반에는 계속 땅을 내주면서 퇴각하다가 겨울이 오기를 기다려 반격하는 거죠. 영토가 아주

〈그림 3-15〉 1939년 「독소 불가침조약」 서명식을 마치고
스탈린(중앙 흰옷)이 만족스럽게 웃고 있다.

넓고 겨울이 혹독하니까 가능한 전술입니다. 아무리 물러나도 나라를
다 뺏긴 것은 아니거든요. 어쨌거나 그때 만일 소련이 나치 독일에게
졌다면 2차 대전의 향방은 정말로 알 수가 없었어요. 최소한 유럽 전
체는 독일이 확고하게 차지했을 것입니다. 소련은 시베리아의 절반 이
상을 뺏앗기고 극동 정도만 남았겠지요. 영국은 아마 점령까지는 면했
다 하더라도 현저하게 약화되었을 것이고, 미국의 힘은 아메리카로 한
정될 수밖에 없었을 것입니다.

그러나 소련은 그 승리를 위해 소련인 2000만 명을 희생했습니다.
200만 명이 아니고 2000만 명입니다. 상상하기도 어려운 엄청난 인명
이 불과 3~4년 사이에 희생된 것입니다. 혹시 〈쥬라블리(Журвли)〉라

는 러시아 노래를 아시는지요. 이렇게 말하면 아마 모르시는 분들이 많을 텐데요, 1990년대의 한국 드라마 〈모래시계〉의 주제가라고 하면 금방 아실 겁니다. '백학(白鶴)'이라는 뜻인데요, 이 독소전쟁에서의 소련 전사자들을 기리는 노래입니다. 얼마나 많이 죽었습니까. 지금도 이 노래를 들으면 고령의 러시아 할머니들은 줄줄 눈물을 흘립니다. 그때 아버지, 남편, 오빠, 애인, 친구와 이웃들을 잃은 분들입니다. 그 세대 구소련인 치고 자신의 가까운 주변에서 전사자가 없는 사람은 찾아볼 수가 없어요. 그 전쟁의 기억이 너무나도 참혹했기 때문에 그 시대를 겪었던 사람들은 지금도 고통스러워합니다. 소련은 그 어느 곳보다 2차 대전의 참화를 혹독하게 겪은 곳입니다. 또 이런 곳이 팽창근대의 바깥이었을 수가 없습니다. 이런 게 고통스러운 역사적 아이러니, 역설입니다.

남선생 　동아시아도 정확히 마찬가지였습니다. 침략을 했던 나라만이 아니라 침략을 당한 나라도 모두 팽창근대의 화마(火魔) 안으로 휩쓸려 들어갔죠. 오히려 침략국 일본보다 전쟁터가 된 피침략국에서 훨씬 더 큰 피해를 보았고요. 그것이 팽창근대의 논리였습니다. 팽창근대는 모든 것을 집어 삼켰습니다. 그러면서 무는 자와 물린 자가 뒤엉켜 피투성이로 싸우면서 서로 닮아갔죠. 소련을 보세요. 그렇게 엄청난 희생을 딛고 이제 승전국이 되어 승자의 권리를 집요하게 챙기게 되었습니다. 그렇게 하지 않을 수 없죠. 피로 얻은 권리 아닙니까. 한 뼘도 물러설 수가 없어요. 전쟁을 통해 지극히 팽창성이 강한 국가로 변모한 것입니다. 그래서 소련군이 진격해 들어간 모든 곳이 소련이 절대로 포기하지 않는 영향권이 되었습니다. 팽창근대의 이러한 메커니즘이 2차 대전 이후의 세계를 소련과 미국이 양분하여 겨루는 세계

〈그림 3-16〉 스탈린그라드 전투(1942.8~1943.1) 끝에 항복하는 독일군.
독일은 이 전투의 패배로 치명적인 타격을 받았고 전세는 연합국 쪽으로 급격하게 기울었다.

냉전체제로 만들었습니다.

동선생　이상의 논의를 토대로 이제 자본주의, 사회주의, 파시즘 문제를 팽창근대/내장근대의 틀 안에서 종합할 수 있겠습니다. 먼저 팽창근대의 두 유형을 정리해볼 수 있습니다. 팽창근대의 선두그룹과 후발그룹이 확연히 나뉘었죠. 그렇게 나뉘어 전쟁을 했으니 이건 아주 분명하게 되었어요. 영국을 중심으로 한 선두그룹은 자유주의, 자유무역을 내세웠습니다. 생산력 우위, 통상권 지배력 우위에 있었으니 그런 자유주의를 내세울 수 있었죠. 이 선두그룹엔 미국, 프랑스, 네덜란드 등이 속해 있습니다. 다음, 후발그룹은 독일이 이끌었습니다. 제2의 산업혁명기에 눈부신 생산력 발전을 이루고, 군사력도 선두그룹에 도전할 만큼 키웠습니다. 동아시아에서는 일본이 이 후발 팽창근대 세력을 대표하고 있었고요. 이들 후발 세력은 국가주의, 보호무역을 내세웠습니다.

그런데 또 하나 주목할 세력이 있었죠. 소련입니다. 소련도 1930년 대부터 거대한 산업국가로 부상합니다. 그런데 소련은 하늘에서 떨어진 혁명국가가 아닙니다. 러시아제국의 후신입니다. 우리가 주의 깊게 살펴왔던 바와 같이 러시아의 팽창은 일찍이 16세기부터 동쪽을 향했습니다.서론부 3론 그리고 혁명 전에 이미 시베리아를 가로질러 베링해, 캄차카, 연해주, 사할린까지 차지하고 있던 대제국입니다.1부 3론 매킨더가 영국을 위협할 '하트랜드'의 축(pivot)으로 러시아를 주목했던 것은 다 이유가 있습니다. 영국이 두려워했던 나폴레옹을 물리친 것도 결국은 러시아였거든요. 나폴레옹이 강국으로 성장한 러시아를 꺾어놓겠다고 들어갔다가 결국 몰락했지 않습니까. 그러니 프랑스보다 러시아가 영국에게, 그리고 영미를 포함한 대영제국권 '시파워'에 더 위협이다, 그리고 이제 통일을 이루고 산업강국으로 성장한 독일과 러시아가 연합한다면 영국에게는 치명적이다, 이런 생각을 매킨더는 하게 되었던 것이죠.

소련은 이렇듯 대단히 큰 저력을 가지고 있던 또 다른 팽창근대 세력이었던 거대한 러시아 제국을 승계했습니다. 혁명 이후 소련이 주변 자본주의 국가들로부터 고립되었지만, 자체 영토만으로 엄청난 자원과 인구를 보유하고 있었어요. 혁명 이후 극심한 외압과 내란에도 불구하고 급속한 산업화에 성공할 수 있었던 배경에 그 광대한 영토와 자원을 빼놓을 수 없습니다. 그래서 혁명 전부터 러시아제국은 독일, 미국과 함께 영국의 패권에 도전할 가장 유력한 후보로 간주되고 있었지요. 토크빌은 일찍이 19세기 초반에 『미국의 민주주의』에서 미래는 미국과 러시아라는 거대한 나라가 좌우할 것이라고 했지 않습니까. 당시 20대의 프랑스 젊은이가 신생국 미국을 돌아보면서 세계와 미래를 굉장히 폭넓게 보았던 겁니다. 러시아 제국 자체가 이미 팽창근대의 후발그룹 중 가장 강력한 세력의 하나였던 것이죠. 소련은 바로 그런 나라를, 그런 전통을, 승계한 것입니다. 그래서 소련의 발전유형이 독일, 일본 등 후발추격 그룹과 비슷하게 된 것은 결코 우연이 아닙니다. 소련 역시 국가 주도고 보호 위주입니다. 영국이 주도하는 세계시장주의가 아니라 자국 중심의 세력권을 먼저 형성해서 선두그룹의 지배력에 맞서려 했던 것입니다.

그래서 독일에서 나치가 집권하고, 일본이 만주사변 이후 팽창을 가속하며, 소련이 5개년 계획경제를 시행하는 1930대부터의 이 삼국의 발전전략이 아주 비슷해집니다. 모두 국가가 주도하는 계획경제, 통제경제죠. 독일은 그걸 '국가사회주의', 소련은 '소비에트 사회주의', 일본은 '총력전/총동원체제'라고 했습니다. 독일, 일본은 파시즘이고 소련은 사회주의지만, 국가 총동원체제라는 공통성이 있어요. 또 독일, 일본의 파시즘은 노골적인 팽창주의를 내걸었고 소련은 방어적 전쟁으로 시작했지만, 전쟁의 확산과 전후처리 과정을 통해 소련 역시 팽창적 성격을 내재화하게 되었습니다. 그래서 파시즘과 소련체제는 구분되지만, 동시에 '맹렬하게 돌진하는 후발 팽창근대체제'라는 공통성을 나누게 된 것이죠.

팽창근대의 선두그룹에서는 최상층 자본가 계급이 자국 국가체제와 세계 무역을 확고하게 지배했습니다. 이들 국가에서 '자유주의'란 이런 확고한 세계 무역 지배력을 배경으로 가능했던 것이고요. 그러나 이런 확고한 지배력이 흔들릴 때가 있었지요. 대공황과 세계대전입니다. 이런 위기 시에는 이곳에서도 국가기구가 전면에 나서야 합니다. 안 그러면 체제 전체가 무너지니까요. 1, 2차 대전 때의 연합국의 전시동원 체제, 대공황 때 미국의 뉴딜정책이 그렇습니다.

1, 2차 대전은 팽창근대 후발그룹의 선두그룹에 대한 도전이었습니다. 그리고 선두그룹은 그 도전을 격퇴했습니다. 그 과정에서 선두그룹의 리더는 영국에서 미국으로 바뀌었죠. 그런데 2차 대전에서 선두그룹에 대한 파시즘 추축국의 강력한 도전은 선두그룹이 후발그룹의 하나인 소련과 연합함으로써만 물리칠 수 있었습니다. 그 결과 이제 승자가 된 소련이 후발 팽창근대 유형을 대표하게 되었습니다. 선두 유형의 대표는 물론 미국이 되었고요. 그래서 **전후 미소 냉전체제란 자본주의 진영과 사회주의 진영의 대결이지만, 동시에 팽창근대의 선발/후발 유형 간의 최종대결**이기도 했습니다.

이 과정에서 내장근대는 팽창근대에 포획된 팽창근대의 내부가 되었습니다. 동아시아의 중국, 조선, 베트남, 대만도 마찬가지입니다. 내장근대-팽창근대는 지리, 지역으로만 한정되는 구분이 아닙니다. 원래 두 가지 서로 다른 근대적 발전노선의 구분이지요. 그것을 동아시아의 서세동점 과정에서 보니까 동아시아=내장근대, 유럽=팽창근대라는 식으로 지역과 등치되었지만, 원래 개념이 그런 것은 아니죠. 어느 지역에든 두 개의 근대적 발전노선이 존재합니다. 그런데 동아시아에는 내장근대 노선이 압도적으로 우세했고, 유럽에서는 반대로 팽창근대 노선이 압도적으로 우세했던 것입니다. 그런 유럽의 팽창근대가 근대세계의 주도적인 힘으로 되었던 것이고요. 그렇게 **팽창근대가 근대세계의 주도적인 힘이 됨에 따라 내장근대는 점차 팽창근대에 의해 포획되고 복속된 팽창근대의 내부이자 하부가 되었던 것**입니다.

그러나 **팽창근대는 그렇게 먹어감으로써 종말에 이르고, 내장근대는**

그렇게 먹힘으로써 완성됩니다. 우주에는 끝이 없을지 모르지만, 지구에는 분명 끝이 있기 때문입니다. 그래서 팽창은 종료될 수밖에 없습니다. 팽창이 종료되면 지구 전체가 내장의 세계가 됩니다. 팽창이 결말에 이르러 팽창근대가 종료됨으로써, 비로소 팽창근대 없는 내장근대만의 세계가 시작되니까요. 이렇게 내장적 세계에 그어진 팽창의 분열선(제1분열선)이 그 끝에 이르러 사라지면, 자본주의/사회주의의 분열선(제2분열선)도 그 적대성, 배타성, 대립성을 잃고 사라져 갑니다. 제2분열선은 제1분열선에 기반하고 의지하고 있었으니까요. **그 두 개의 분열선이 사라진 내장 근대의 세계가 형′(形′)**라 했습니다. 이 형′는 21세기 들어 이미 후기근대의 현실로 시작되었습니다. 그러나 이제 시작되었을 뿐인 미래이기도 합니다.

북선생　　동선생은 본론의 논의를 정리해주는 노고를 한참 넘어서서, 이어지는 다음 4부 그리고 더 나아가 결론인 5부의 테마까지도 미리 예고해 준 것 같습니다. 그렇지만 팽창근대는 그 종국에 이르기까지는 결코 팽창을 멈추지 않을 것이라는 사실은 이번 3부의 논의를 통해서도 충분히 확인할 수 있었어요. 이시와라의 '세계최종전쟁' 논리가 그렇지 않습니까. 이시와라는 빙빙 돌려 말하지 않고 군인답게 직설적입니다. 후쿠자와 유키치와는 스타일이 아주 달라요. 그만큼 단순하지만 또 그만큼 진실을 담고 있어요. 그 논리는 세계 파시즘, 즉 '후발 팽창근대의 공격적 만회운동'의 에토스를 솔직하게 표현해주고 있습니다. 영국이든 미국이든 세계지배의 선두 세력을 꺾고 자신이 전쟁 종결자, 최종 지배자가 되겠다는 것이죠. 이시와라는 그런 식으로 일본의 중국침략을 정당화했고, 히틀러는 자신의 침략과 유대인 학살을 정당화했어요. 그런 걸 숨기지 않아요. 군인이니까.

그런데 사회주의운동의 논리도 '전쟁을 통해 전쟁을 종식시키겠다'
고 주장한다는 점에서 다를 바 없다고 볼 수 있지 않을까요? 세계사회
주의운동의 최종승리를 통해서만 인류사에서 전쟁이 사라진다고 보니
까요. 팽창근대의 선두에 서 있는 영미의 논리는 어떻습니까. 자유주
의, 자유무역의 세계에서는 자유, 인권, 문명이 완성되므로 더 이상의
전쟁이 존재할 이유가 없게 된다고 하였죠. 허버트 스펜서와 같은 19
세기 영국 자유주의자들이 그렇게 설파했습니다. '시장이 전쟁과 갈등
을 종식시킨다'는 것이죠. 그들은 이런 논리로 19세기 '팍스 브리태니
카'의 세계가 이미 역사의 정점, 종말에 도달한 시대라고 믿고 있었습
니다. 그러나 본 3부의 논의를 통해서 우리는 이 당시 팽창근대는 아
직도 여전히 왕성하게 폭력적으로 팽창 중이었다는 사실을 확인하였
을 뿐입니다. 그 왕성함이 극에 이르러 이제 그 팽창의 방향이 유럽의
외부만이 아닌 내부를 향해 자기붕괴로 치닫고 있었습니다. 이제 이어
지는 4부에서 그렇듯 위선적인 자기합리화의 논리에 빠진 팽창근대가
어떻게 그 마지막 절정의 폭력적 질주를 다하게 되는지를 살펴보지요.
그 속에서 앞서 동선생이 예고했던 명제들을 점검하고 검증해볼 수 있
을 것입니다.

─제4부─

勢
2

〈발제〉동아시아 냉전체제

일본 패전과 함께 동아시아 전쟁체제도 종식되었는가? 불행히도 그렇지 못했다. 미소 냉전시대가 이어졌고 동아시아에는 새로운 전쟁체제가 들어섰다. 냉전의 제1선에 남북한과 중국−대만이 섰고, 일본은 제2선으로 물러났다. 과거 세1(勢1)의 시대 전쟁체제의 축은 일본이었지만, 이제 세2(勢2)의 시대 열전의 현장은 한반도와 대만해협이 되었다. 그 결과 전쟁체제가 필연적으로 유발하는 사회적 긴장과 비상상태의 독재 현상도 제2선 일본을 떠나 제1선 한반도와 중국−대만으로 전이되었다.

동아시아 전쟁체제는 전후 새로운 양상으로 재정립되었다. 그것은 한편으로 미국을 축으로 일본−한국−대만이 도열하고 다른 한편으로 소련을 중심으로 중국−북한이 여기에 대치·대립하고 있는, 자본주의 대 사회주의의 냉전체제였다. 가장 치열한 접면은 한반도의 전쟁 그리고 정전체제하 남북한을 가로지르는 비무장지대(DMZ)였고, 그다음은 중국과 대만 사이의 대만해협, 그리고 이어 베트남의 북위 17도선이 되었다. 이 구도 속에서 전쟁체제는 또 다른 모습으로 존속했다. 과거 동아시아 전쟁체제가 일본의 침략과 그에 맞선 항전의 전쟁체제였다면, 한국전쟁 이후의 그것은 동서 냉전의 전쟁체제였다. 냉전이 가하는 압력이 큰 나라일수록 전쟁체제의 성격이 강했다. 그 압력은 냉전 접면과의 거리가 가까울수록 강하고, 멀수록 약했다. 또한 대립관계에서 상대적으로 힘이 약한 쪽일수록 그 압력이 컸다. 그 결과 남북한과 대만, 남북 베트남이 가장 선명한 전쟁체제가 되었고, 중국이 그 뒤를 매우 유사한 형태로 바짝 이었고, 일본은 냉전 접면에서 상대적으로 가장 떨어진 지역이 되었다. 아울러 일본의 전후 냉전체제는 자국의 무장을 포기하는 대신, 자국 내 미군의 주둔에 대한 전면적 보장과 협조의 형태로 이루어졌다는 점에서도 차이가 있었다.

'냉전의 전쟁체제'란 냉전과 열전의 혼합인데, 흔히 이를 묶어 냉전체제로 부른다. 냉전체제의 특징은 대립하는 초강대국 미소 양국 사이의 직접 교전은 없지만, 그 사이 접면 국가들 사이에 전쟁이 발발한다는 점이었다. 냉전의 긴장이 유럽보다 아시아에서 더욱 높았던 것은 전후 이 지역에서 미소의 역사적 기득권이 약했고, 그만큼 상호 세력판도가 안정되어 있지 않아 양국이 느끼는 전략적 불확실성이 그만큼 컸기 때문이다. 중국내전과 한국전쟁이 그러한 불안정한 상태에서 전개되었고, 이 두 전쟁은 이후 동아시아 냉전체제의 기본 프레임을 형성했다. 동아시아 냉전체제는 미소 대립을 축으로 하고 있지만, 그 내용에서는 과거 침략과 항전의 동아시아 전쟁체제의 연속선상에 있다. 그러나 과거 침략-항전 시기, 동아시아 전쟁체제의 축이자 발원지였던 일본은 이제 냉전체제에서 제2선으로 물러섰고, 대신 한반도와 대만-중국이 냉전체제의 제1선이 되었다. 냉전 제1선과 제2선의 상황은 판이했다. 냉전 1선이 동아시아 전쟁체제의 연속이었다면, 냉전 2선은 무장과 전쟁 포기(일본 헌법 9조)를 오히려 고도성장의 발판으로 삼았다.

이렇게 형성된 구도의 변형은 예기치 못한 데서 시작되었다. 먼저 중소 간 심각한 갈등이 발생했다. 그리고 미국이 베트남전에서 수렁에 빠졌다. 중국과 미국 모두 위기를 느꼈다. 중국은 소련으로부터의 안전판, 미국은 베트남전 이후 새로운 아시아 전략과 소련 고립화가 필요했다. 여기서 세계인을 놀라게 했던 미중 데탕트가 시작됐다. 1960

년대 말부터 물밑교섭이 이루어지고, 1971년 중국은 UN에 가입하여 안전보장이사회 상임이사국이 되었다. 반면 전임 상임이사국 대만은 중국의 정부 대표권을 상실해 UN에서 탈퇴했다. 1972년 2월 미국 대통령 닉슨이 중국을 방문해 마오쩌둥을 만났다. 이로써 미국의 중국봉쇄정책이 풀리고 양국은 데탕트(긴장이완, 압력감소) 시대에 진입했다.

미중 데탕트에 대한 동아시아 각국의 대응은 불균등했다. 남북한은 이를 오히려 불확실성이 커진 위기 상황으로 간주하고 체제를 경직시켰다. 반면 일본은 신속히 대응하여 1972년 중국과 수교하고 대만과 단교했다. 중국은 원조와 투자를 얻고 일본은 시장을 얻었다. 일본을 앞세워 중국과 간접 교역하던 미국은 1978년 중국과 정식 수교하여 직접 교역 관계로 들어갔다. 최대 피해자가 된 대만은 일시적으로 계엄상태를 강화했으나 장제스 사망(1975년) 이후 서서히 계엄상태를 완화해갔다.

경제적으로는 또 다른 상황이 전개되었다. 미중 간 긴장이 완화되던 1970~80년대에는 한국, 대만, 싱가포르, 홍콩이 일본에 이어 고도성장을 이루었다. 싱가포르, 홍콩은 금융과 중계 무역으로, 한국과 대만은 수출지향 제조업으로 미국을 중심으로 한 자본주의 국제경제 분업질서에 각각 한자리를 잡았다. 일본과 '동아시아 4룡'의 경제발전에 크게 자극 받은 중국과 베트남은 개혁개방 정책으로 과감하게 전환했다. 중국은 1980년대에 농업생산력이 획기적으로 높아졌고, 이를 기초로 1990년대는 외자유치-수출정책을 펴 2000년대에는 '세계의 공장'이 되었다.

이 시기에는 동아시아 냉전체제가 강고하게 형성되었다가 뜻밖의 요인들로 인해 균열·이완되는 메커니즘이 발생했다. 한편으로 각국의 민주화운동이 냉전체제의 압박에 정면으로 맞서 싸우면서 그 벽을 허물어갔고, 다른 한편 의외의 국제적 상황 변화와 사건들의 의도되지 않은 결과가 냉전체제의 분열선에 균열과 이완을 가져왔다. 그렇듯 의도되지 않은 중대한 결과를 낳았던 중대한 사건들로는 중소 분쟁과 베트남전쟁, 동아시아의 급속한 경제발전 그리고 필리핀, 한국, 대만으로 이어진 민주화를 들 수 있다. 이런 흐름 속에서 1989~1991년 사이 동구권이 붕괴하고 소련이 해체되면서 냉전의 큰 틀이 무너졌다. 그리하여 100년 넘게 지속해오던 동아시아 전쟁체제도 서서히 약화되기 시작했다. 냉전 종식은 하늘에서 툭 떨어진 일이 아니었다. 냉전시대 내부에서부터 냉전의 대립선을 빠져나오는 흐름들이 있었고, 이 흐름들이 주목할 만한 성장세를 이어갔다. 이제 분명해진 것은 냉전의 대립선을 앞서 탈피해갔던 그 흐름들이야말로 '후기근대'의 도래를 알리는 주요한 징후들이었다는 사실이다.

제1론

동아시아 냉전의 안팎

적대의 내면화

북선생　'세2(勢2)'란 팽창근대가 최종점을 향해 마지막으로 질주하는 시대라 했습니다. 팽창근대가 치열하게 경합하는 곳에는 반드시 전쟁체제적 긴장과 적대가 형성되지요. '세2'는 2차 대전 전승국 체제의 시대이기도 한데요, 이는 바로 미소 냉전체제입니다. 세계가 한편은 미국 편으로 집합하고, 다른 한편은 소련 편으로 집합하여 서로 겨루는 체제죠. 마치 전국시대의 마지막 단계처럼 최후의 양강(兩強)이 남아 결승전을 치르는 모양새입니다.

　그러나 미국과 소련 양강은 결국 끝까지 서로 전쟁을 하지 않았어요. 냉전만 했죠. 열전, 즉 실제 전쟁은 다른 곳에서 터졌죠. 동아시아는 어떻습니까. 중국, 코리아, 그리고 베트남을 비롯한 동남아시아의 거의 모든 곳에서 내전과 국제전이 뒤섞인 치열하고 참혹한 전쟁이 이어졌지요. 이들 지역은 서세동점 이전에는 평화로웠던 곳 아니었습니까.1부 2, 3론 이런 현상을 어떻게 보아야 할까요.

앞서 우리는 팽창근대가 팽창근대화 과정에서 내장형 사회를 포획한다고 했습니다. 이렇듯 포획된 사회는 팽창근대를 내면화한다고 했죠. 그 내면화란 포획자·침략자에 맞서는 적대와 투쟁의 내면화이기도 합니다. 이 과정에서 팽창근대의 특징인 적대성 역시 내면화합니다. 적대성이 가해자로부터 피해자에게로 전이(轉移)되는 것입니다. 앞서 우리는 이렇듯 전이되는 적대의 기원을 유럽내전의 1, 2단계에서 찾았습니다. 그다음 단계가 바로 '세2'의 단계인데요, 이때는 그 전이된 적대가 안으로부터 폭발하게 됩니다. 그래서 '적'이 물러간 곳에서 내면화된 적대가 폭발하여 내전이 되고, 또 그 내전이 국제전으로 연쇄 폭발했습니다.

남선생   4부 논의의 시작을 아주 폭발적인 명제로 열어주십니다. 그렇습니다. 말씀대로 '세2'의 시기에는 '세1' 시기에 형성된 내면화된 적대가 식민주의가 물러간 후 격렬한 내전으로 폭발했습니다. 그러나 그 '내전'은 미소 적대의 틀 안에서 터졌던 것이기도 합니다. 또 동남아시아와 인도의 경우에는 식민주의자의 완전한 퇴각이 지체되었기도 하지요.

우선 코리아 내전은 승전국인 미소의 38선 코리아 남북 분할점령에서 판이 짜인 것 아닙니까. 그리고 동남아에서는 영국, 프랑스, 네덜란드가 종전 후에 다시 돌아와 식민지를 유지시키려다 강한 반발을 받고 치열한 전쟁을 치른 후에야 독립을 쟁취할 수 있었습니다. 인도 역시 종전 이후 독립이 지체되다 힌두(인도), 이슬람권(파키스탄), 불교권(실론)으로 분열된 형태로 독립이 이뤄졌죠. 버마도 그 후에야 독립할 수 있었고요.

북선생   남선생의 날카로운 지적으로 제 '명제'를 조금 보완할 수 있 겠습니다. 3부까지의 논의에서 우리는 2차 대전 이후 미소 냉전기를 '유럽내전의 제3단계'라고 했는데요, 이 미소 냉전기에 그 세계내전의 주요 전장은 유럽의 바깥이었어요. 이런 점에서 미소 냉전기의 유럽은 19세기 '유럽의 100년 평화'와 유사한 상태였다고 할 수 있겠어요. 미 국과 소련도 그렇게 보면 마찬가지입니다. 이 시기에 미국과 소련 땅 에서 전쟁이 벌어지지는 않았으니까요. 일본 역시 그렇습니다. '유럽 내전 제3단계'의 주요 전장은 아시아, 아프리카, 남아메리카의 '제3세 계 국가들'이었어요. 결국 유럽내전에서 비롯한 적대를 성공적으로 유 럽 바깥으로 '전이(轉移)'시켰다고 할 수 있습니다. 떠넘긴 것이죠. '제3 세계'의 입장에서는 외부에서 유입된 것이고요. 그런데 이 '제3세계권' 에서 내전들이 격렬하게 터졌다는 것은, 이렇게 유입된 적대가 내면화 되어 안으로부터 폭발했음을 보여주는 것입니다.

이 점이 유럽내전의 제2단계와 다른 점입니다. 2단계에서는 유럽의 팽창 세력이 유럽 밖에서 식민지 전쟁을 했습니다. 그 전쟁은 주로 유 럽의 팽창 세력과 식민지 저항 세력 간의 전쟁이었죠. 그러나 2차 대 전 이후로는 양상이 달라졌어요. 영국, 프랑스 같은 유럽의 승전국들 이 종전 후에도 구(舊)식민지의 이권을 놓지 않으려고 치졸한 모습을 보이기는 했습니다. 그러나 두 번의 세계대전을 통해 구식민지 국가들 의 독립 역량은 크게 성장했기 때문에 역사를 다시 과거로 되돌릴 수 없었습니다. 그래서 종전 이후 1960년대까지 아시아와 아프리카의 구 식민지들이 거의 모두 다 독립할 수 있었지요. 그 결과 그 기간 유엔의 가입국 수가 50여 개국에서 160여 개국으로 크게 증가했습니다. 그러 나 불행하게도 그렇게 독립한 여러 나라에서 아주 비극적인 내전이 벌어졌습니다. 식민지 시대에 내면화된 적대가 적이 물러간 자리에서 내전으로 폭발했던 것입니다.

법정에 선 카를 슈미트, 팽창근대의 세계사를 정당화하다

서선생　2차 대전 이후 유럽의 상태가 19세기 유럽의 '100년 평화'와 유사했다는 지적이 날카롭네요. 유럽은 20세기 들어 두 차례나 유럽을 주 전장(戰場)으로 하는 세계대전을 치렀습니다. 그 결과 세계 주도권을 유럽 밖의 미국과 소련의 양대 초강대국에 내어주고 말았죠. 두 차례 큰 전쟁을 유럽 땅에서 치르면서 유럽인들은 이러다 유럽문명 자체가 몰락하는 것 아니냐는 심각한 우려와 반성을 하게 되었습니다.

　저는 이런 반성에 진지하고 진실한 점이 많았다고 봅니다. 전쟁을 유발했던 나치 팽창주의, 인종주의에 대한 독일의 반성도 그러한 것이죠. 식민주의, 침략전쟁에 대한 내적 반성 기류가 강해지면서, 팽창근대 노선 자체에 대한 비판적 인식도 어느 정도 이루어졌다고 봅니다. 특히 독일, 오스트리아, 이탈리아와 같이 전쟁을 유발했던 추축국 내부에서 팽창정책에 대한 진지한 반성과 '사회국가', '사회적 시장'과 같은 내장형 발전노선에 대한 합의가 형성되었던 사실에서 그런 흐름을 읽을 수 있습니다. 덴마크, 스웨덴, 노르웨이, 핀란드와 같은 북구 국가들에서는 그런 지향이 더 안정적으로 정착되는 모습을 보여주었지요. 반면 주요 전승국인 영국과 프랑스에는 여전히 구식민지 이권에 집착하는 세력들이 영향력을 잃지 않았습니다. 유럽 내의 패전국에 대해 1차 대전 이후와 같이 가혹한 전후배상을 강요하지는 않았지만, 구

勢2

식민지에 대한 '권리'만은 놓으려고 하지 않았죠. 그러나 전반적으로 2차 대전 이후 20여 년 동안은 서유럽 전반에서 과거 팽창 노선을 반성하는 흐름이 강했다고 볼 수 있습니다.

그렇지만 겉모습으로 반성하는 듯하면서도 실은 유럽의 팽창근대 노선을 정당화하는 새로운 논리가 출현하기도 했어요. 저는 이 대목에 주목하는 게 매우 중요하다고 봅니다. 우리가 지금까지 몇 차례 언급했던 카를 슈미트와 같은 인물이 대표적입니다. 그는 나치에 협력했던 법학자 중에서 가장 유명한 인물이죠. 그래서 독일 항복 후 미군 감옥에서 1년간 수감생활을 하다 풀려났었죠. 수감 기간 중 구상하고 석방된 후 열심히 써서 1950년에 출판한 책이 『대지(大地)의 노모스(*Der Nomos der Erde*)』인데 아주 흥미롭습니다. 영향력이 컸던 책인 만큼 내용에 대해 논의해볼 필요가 있습니다.

복잡한 논리를 펴고 있습니다만, 제가 그의 논점을 한마디로 요약해보면, '미국 · 영국은 독일과 뿌리가 같은 유럽 기독교 문명국가이니 서로 싸우지 말고 단결하자'가 되겠습니다. 이런 호소 대상에 소련은 빠져 있습니다. 기독교 문명의 바깥으로 암묵적으로 치부되고 있어요. 러시아의 기독교라 해봐야 동로마 비잔틴 정교회고 여기에 과거 몽골 지배 이후 아시아의 영향이 강하게 묻어 있으니 정통 서구 기독교 문명이라 볼 수 없다는 생각이 깔려 있죠. 이 책의 전체 제목은 『유럽공법의 국제법에서의 대지의 노모스』입니다. 슈미트는 '유럽공법'을 유럽 기독교 문명의 지구적 지배성을 대표하는 의미로 쓰고 있습니다. 이 '유럽공법'이란, 그동안 우리가 몇 차례 언급해왔던 것처럼, 유럽 팽창 세력이 비유럽권을 식민지화하면서 위력을 발휘했던 법체계였죠. 이 유럽공법을 다시 들고 나와 기독교 범유럽권의 단결을 다시 요청한 것입니다. 유럽문명의 기득권을 지키자는 이야기지요. 독일과 유럽만이 아니라 슈미트가 강조했던 '서방(the West)'의 지식계 전체에 상당한 영향을 준 책입니다.

이 책 한국어판 제목이 '대지의 노모스'로 나왔지만, 여기서 'die Erde'는 단순히 대지가 아니라 바다와 땅을 통칭하는 '지구'입니다. '노모스'란 희랍어로 '법(法)'인데요, 슈미트는 '노모스란 질서와 장소 확정의 통일이다'라고 합니다. 즉 지구 공간을 나누어 질서(권력)를 부여하는 힘을 노모스라고 했어요. 이런 점을 고려하면 이 책의 제목은 '지구의 입법자' 정도로 옮기는 것이 맞다고 봅니다. 그래야 저자 슈미트의 의도가 정확히 드러납니다. 또 부제가 '유럽공법' 아닙니까. 그러니까 유럽문명과 유럽공법이 바로 '지구의 입법자'라는 뜻이죠. 제목부터가 아주 제국주의적이고 팽창적입니다. 이 책은 유럽문명의 '대항해' 450년의 팽창사에 대한 황당하고 대담한 정당화로 가득합니다. 몇 대목만 인용해볼까요.

(유럽의 '대항해'를 통해) 대지의 형상이 실제의 지구(Globus)로 나타나자마자 … 전 세계적 공간상은 하나의 새로운 전 세계적 공간질서를 요구하였다. … 신세계의 발견이 있자 곧 이러한 신세계에 대한 육지 취득과 해양 취득을 둘러싼 투쟁이 시작된다. … 16세기에서 20세기까지의 유럽 국제법은 유럽의 기독교 국가들을 전체 대지에 대하여 타당한 질서의 창조자와 유지자로 보았다. 당시 '유럽적'이라는 말은 대지의 비유럽적 부분에 대해서도 규준을 부여할 수 있을 것을 요구했던 규범적 지위(Norma-Status)를 나타내고 있었다. 문명이라는 말은 유럽의 문명과 같은 의미였다. 이러한 의미에서 유럽은 언제나 또한 대지의 중심이었다. … 본질적

勢2

이며 그 이후의 여러 세기 동안 결정적인 중요성을 가졌던 것은 등장하는 신세계가 … 무주(無主)의 공간(freier Raum)으로, 유럽의 선점(先占)과 확장(擴張)을 위한 자유로운 장(場)으로 등장하였다는 점이었다(71~73).[1]

토머스 홉스의 '인간은 인간에 대하여 늑대'라는 말은…새로이 발견된 자유로운 공간으로부터 돌연 등장한 17세기의 대답이었다. 여기서 홉스가 유럽에서 종교전쟁의 인상하에 서 있을 뿐만 아니라 신세계라는 사실의 인상하에 서 있기도 하다는 것은 아주 명확하다. 그는 '자연상태'라는 말을 쓰지만, 결코 무공간적인 유토피아의 의미에서가 아니다. 홉스의 자연상태는 '누구의 것도 아닌 땅(Niemandsland)'이긴 하지만, 그렇다고 해서 나아가서는 '어디에도 없는 것(Nirgendwo)'은 결코 아니다(86~87).

1884~1885년에 베를린에서 개최된 콩고회의 … 결과로 나온 것이 콩고 의정서였는데, 그것은 문명, 진보와 자유무역에 대한 신념이 깨어지지 않았다는 것을 보여주며, 아프리카 대륙의 무주(無主)의 토지에 대한, 즉 유럽의 선점에 개방되어 있는 토지에 대한, 유럽의 주장—이러한 주장은 그러한 깨어지지 않은 신념에 근거하고 있다—을 보여주는 주목할 만한 마지막 문서이다. 이러한 유령회사 범람시대의 개화적인 세계관은 유럽이 아직도 대지의 신성한 중심이었던 시대의 마지막 유물이었다(256).

유럽문명이 '대항해'를 통해 전 지구의 대지와 바다에 공간질서와 정치질서 즉 노모스를 부여했다는 것이죠. 그럼으로써 전 지구를 문명화했다는 논리입니다. 이제 우리가 그 정체를 충분히 이해하게 된 서구중심주의 근대문명론을 다시 노골적으로 표방하고 나온 것입니다. 나치에 부역한 법학자 주제에 그 과거를 반성하기는커녕, '유럽문명'의 인류사적, 전 지구적 '위업'을 다시 한번 '일깨우'면서, '지구의 입법자'로서 유럽문명의 위대한 사명을 훼손함이 없이 끝까지 완수하자고 선동하고 있습니다. 얼마나 대단한 고급 선동입니까. 또 얼마나 위험천만한 선동입니까. 지난 450년의 팽창과 지배를 계속 이어나가자! 카를 슈미트가 아주 박식한 법학자였음은 분명합니다. 그 박식을 유럽 팽창 근대문명을 변호하고 정당화하는 데 훌륭하게 활용하고 있어요. 그런 의미에서 슈미트가 '변호'와 '정당화'를 업으로 하는 일개 법률가로서는 매우 유능했다고 말할 수 있겠습니다. 그러나 인류적 차원에서 사고하는 '사상가'의 수준에는 전혀 미치지 못하는 '일개 법학자'에 불과한 인물일 뿐입니다. 그에게 '독일애' 또는 '유럽애'는 있을지 몰라도 인류애는 존재하지 않습니다.

그가 법률가인 만큼 법정의 언어로 이해하면 그 책의 본지를 꿰뚫어 볼 수 있습니다. 그는 승전국인 베를린 미군정의 법정에 패전국인 나치 독일의 피고인으로 서 있습니다. 피고인으로서 그는 독일을 (그리고 자신을) 중죄로 단죄하는 것은 유럽문명을 분열시키고 약화시키는 것이라고 스스로를 변호하고 있습니다. 크게 봐야 한다고 설교합니다. 침략국 독일을 '도덕적 악'으로 보지 말라고 설교합니다. 원고인 미국, 영국 등 기독교 문명국이 지목해야 할 진정한 악은 따로 있다고 힘주어 강조합니다. '안티 그리스도=적(敵)그리스도' 세력입니다. 기독교 종말론에 나오는 구원의 최후의 적이죠. 그가 미국과 영국이 유럽문명의 수호자가 되어야 한다고 하는 것은, 미국·영국이 바로 이 '적그리스도'를 막는 '카테콘(katechon)'이 되어야 함을 역설하는 것과 같은 뜻입니다.

'카테콘'은 기독교의 신약 「데살로니가 후서」에서 사도 바울이 하는 말에서 나옵니다. "신에 대해 최후의 반란을 일으키는 자"가 나타나지 않도록 "억제하고 있는 자(restrainer)"라는 뜻의 희랍어입니다.[2] 이렇듯 슈미트는 몇백 년의 유럽 법학사를 종횡으로 섭렵하고 기독교 신앙의 언어를 빌려서 자유자재로 정치선동을 하는 아주 '수준 높은(?)' 법학자였던 것입니다. 그의 진의는 무엇이었을까요? 미국·영국이 '카테콘'이 되어 막아야 할 사악한 악마, '적그리스도'가 누구이겠습니까. 유럽의 일부였지만 이제 공산주의 유물론 혁명을 통해 기독교를 배신한 소련이죠. 여기서 우리는 15세기 말 아프리카 찍고, 희망봉을 돌아 아시아로 향하던 바스쿠 다가마, 그리고 브라질 찍고, 희망봉 돌아 아시아로 향하던 페드루 카브랄의 흉중(胸中)에 충만했던 원초적인 '종교적 적대감'을 또다시 만나게 됩니다.

일본 '전후 민주파' 인식의 공백지대

동선생　카를 슈미트, 이분, 만나기 참 싫은데 자꾸 만나게 되네요. 결국 슈미트는 '카테콘'의 신학을 유럽내전-세계내전의 지속을 위해 이용한 것이군요. 신학을 권력 강화의 수단으로 삼는다, 즉 **기독교 종말론을 끝까지 팽창근대의 창끝, 세계지배의 무기로 활용**했던 것이죠. 어쨌든 그가 분명히 아주 영리하고 스케일이 큰 법률가였다는 것은 인정하게 됩니다. 나치 전범으로 몰린 절체절명의 상황에서도 세계사적 적대의 방향을 다른 쪽으로 돌려서 자신은 면죄를 받겠다는 '큰 그림'을 그리고 있었으니까요. 그가 좋아했던 표현대로, 전쟁의 세계에서 '어느 쪽이 정의인가'라는 기준을 벗어 던지는 것이 직업적 법률가의 룰(rule)이겠지요. 이런 '전쟁 법률가'의 논리로 치장한 슈미트의 유럽공법 논리에 실제로 2차 대전 이후 막강해진 소련과 미국의 힘 앞에 위기를 느낀 유럽의 지식인들 일부가 매료되기도 했습니다. 그만큼 대단한 요설가(饒舌家)였던 것이죠. 그러나 '유럽문명의 자부심'이란 게 고작 폭력으로 점철된 팽창근대의 지난 역사를 정당화하는 수준이라면, 그것은 유럽문명의 수호가 아니라 오히려 유럽문명의 가치를 스스로 끌어내리고 훼손하는 것 아닐까요? **유럽문명의 진정한 가치는 유럽이 비유럽에 가했던 오랜 폭력에 대한 근본적인 반성을 통해 진정으로 인류 보편적인 문명의 길을 열어가는 데 있을 것입니다.**

저는 서선생의 슈미트 이야기를 들으면서, 별로 잘 맞지 않을 것 같은데도 카를 슈미트를 시종 높이 평가했던 일본의 '전후 민주주의' 사조의 대표주자 마루야마 마사오에 대한 그동안의 미스터리가 좀 풀리는 느낌입니다. 이미 앞서 북선생이 마루야마 마사오가 후쿠자와 유키치를 높이 평가했던 근거에 큰 맹점이 있다는 지적을 했었는데요, 3부 1론 실제로 마루야마의 '전후 민주'론에서 일본의 아시아 침략에 대한 반성적 인식은 상당히 얕다고 할 수 있습니다. 현실정치의 세계, 냉엄한 국제정치의 세계에서는 불가피한 점이 있었다고 오히려 정당화하는 느낌이 있지요. 왜 그럴까, 이러한 사고방식의 근원이 무엇일까 궁금했는데, 이제는 깨끗이 풀 수 있을 것 같습니다. 결국은 **슈미트나 마루야마나 그들의 인식세계에는 팽창근대 노선 자체에 대한 반성이란 게 비어 있었던 것입니다. 팽창근대 노선을 '인류사에서 불가피했던 유일한 근대화의 길'로 암묵적으로 전제하고 있는 것이죠. 그 길밖에는 없었다**는 자기합리화입니다. 따라서 '**팽창근대 노선에 대한 반성의 부재**'는 '내

장근대 노선의 엄연한 존재에 대한 인식의 부재'와 겹쳐 있습니다.

마루야마 마사오와 카를 슈미트의 지적 만남의 순간을 추적해서 밝혀낸 연구자가 있습니다.[3] 마루야마 마사오보다 한 세대 후의 정치학자인 나카노 도시오인데요, 그는 마루야마가 대학원 조교로서 학문생활을 갓 시작했던 1938년 무렵부터 카를 슈미트라는 나치 법학자에 주목하고 있었음을 밝혀냈어요. 흥미롭게도 대학원생 마루야마 마사오는 슈미트의 나치즘은 독일민족에만 국한되는 '민족사회주의'가 아니라 여러 민족에게 적용 가능한 '국민사회주의'였다면서 높이 평가했다고 합니다. 카를 슈미트를 단순 나치가 아니라, 보편적인 호소력을 가진 특별한 나치 사상가로 주목했던 거죠. 여기에 더해 전쟁 당시의 젊은 마루야마는 일본의 총력전 자체에 반대했던 것이 아니라, 오히려 그 총력전이 국민의 자발성에 의해 이뤄질 수 있게 하는 사상적 근거를 모색했다는, 실로 충격적인 분석을 내놓고 있습니다. 그런 '자발적 총력전'의 방법을 모색해가는 과정에서, 카를 슈미트의 논문들이 마루야마 마사오에게 강한 인상을 주었다는 것이죠.

나카노 도시오는 같은 책에서 마루야마 마사오와 함께 일본의 '전후 민주', '전후 계몽'의 또 다른 대표주자인 저명한 마르크스주의 경제학자 오쓰카 히사오에 대해서도 마찬가지 분석을 하고 있습니다. 마루야마나 오쓰카는 전생 시기에 총력전 자체에 반대한 것이 아니었고, 오히려 일본이 총력전을 통해 동양의 힘을 규합하여 서구 근대를 넘어선다는 '근대의 초극' 사상에 내심 동조하고 있었다는 것입니다. 우리가 앞서 3부에서 자세히 살펴본 것처럼 침략전쟁을 통해 동양의 힘을 규합한다는 생각 자체가 난센스고 어불성설이죠. 그런데 이런 엉터리 논리에 따라 '근대를 초극한다'는 '세계사적 사명'을 다름 아닌 바로 일본이 수행하고 있다는 황당한 착각을 마루야마 마사오나 오쓰카 히사오와 같은 그래도 진보적인 성향의 학자들이 공유하고 있었다는 말입니다.

그러다가 일본이 패전을 하니까 재빨리 입장을 바꿉니다. 일본의 근대는 아직 낙후한 것이어서 근대를 초극할 수준이 되지 못했으며, 일본은 미국·영국 등 서구 근대의 여전한 선진성을 이제 더욱더 적극적으로 배워야 한다는 쪽으로 말입니다. 이렇게 마루야마 마사오나 오쓰카 히사오 같은 이들은 서구 근대성을 더 깊이 배워야 한다는 '전후 계몽', '전후 민주'의 전도사로 변신하여 화려하게 등단했다는 것이죠. 이것도 패자는 패배를 흔쾌히 인정해야 한다는 사무라이 정신일까요? 저는 '전후 계몽, 전후 민주'의 취지 자체를 문제 삼고 싶지 않습니다. 다만 그 '전후 계몽과 민주'에 팽창근대 노선 자체에 대한, 그리고 일본의 아시아 침략에 대한 근본적 반성이 빠져 있다면, 그 논리의 뿌리는 매우 박약할 수밖에 없다는 점은 분명히 해두고 싶습니다. 뿌리가 얕으면 어려움이 닥칠 때 오래 버티지 못합니다. 그것을 우려합니다.

나카노 도시오의 분석이 정확하다면 확실히 마루야마 마사오나 오쓰카 히사오에게는 일본의 아시아 침략이 본질적인 문제가 아니었습니다. '그런 건 중요한 문제가 아니에요. 중요한 건 세계사적 역사발전이지!' 이런 식입니다. 이런 식의 생각으로 식민지 지배를 암묵적으로 정당화하고 있었던 것 아닐까요? 낙후한 아시아가 근대로 가기 위해서는 일본의 '선도(先導)', 즉 침략전쟁이 불가피한 것이었는데, 다만 일본의 근대 자체가 낙후한 것이어서 그 방법이 좀 거칠게 된 것이 문제이긴 했지만, 그런 방식의 '선도' 즉 침략전쟁과 지배는 불가피한 것이 아니었느냐고 말입니다. 그런 방식이 설사 마음에 들지 않는다고 해도, 바로 그런 것이 냉정한 현실의 세계질서, 세계사의 운동법칙이라고 말이죠.

지금 한국에도 이런 식의 논리를 베껴 와서 앵무새처럼 되풀이하는 사람들이 있어요. 일제의 식민지 지배를 통해 우리가 비로소 근대화되고 문명화된 것을 인정해야 한다고 합니다. '식민지 근대화론'이라 하고 '뉴라이트'라고 하더군요. 이미 앞에서 언급한 바 있습니다.^이 ^{책, 111~112쪽} 이들의 생각대로라면 일본 제국주의와 일본의 조선 지배는 코리아와 코리안에게 큰 은인이고 은덕이 되는 것입니다. 그리고 이런 명백한 사실을 인정하지 못하는 코리안들은 '배은망덕'한 사람들이 됩니다. 과거에는 이런 생각을 속으로는 품고 있더라도 겉으로는 감히 표현하지 못했습니다. 그러나 이제는 아주 당당하게 노골적으로 펴는 사람들이 생겼어요. '뉴라이트'의 영향이죠.

마루야마 마사오가 후쿠자와 유키치를 그토록 높이 평가했던 이유도 여기서 다시금 더욱 분명해집니다. 앞서 제가 2019년 일본 아베 정부의 한국에 대한 '경제보복' 조치를 언급하면서 최근 일본 '전후 민주파', '리버럴파'의 힘이 약화해온 이유가 팽창근대 노선에 대한 비판적 인식의 취약함에 있지 않느냐고 지적했었죠.^{3부 1론} 여기서 이 점을 다시 다루게 되는군요. **메이지유신 자체를 포함하여 그 이후의 제국주의적 팽창근대 노선 전체에 대해 더욱 근본적인 재평가가 필요**합니다. 일본인으로서는 결코 간단하거나 쉬운 일은 아니겠지요. 그러나 예를 들어 비스마르크와 그의 통일전쟁이 현대 독일의 정체성의 축임에도 독일의 많은 비판적 지성들이 과감하게 비스마르크를 비판하지 않습니까? 비스마르크의 군사적 통일 노선이 이후 독일 팽창주의 그리고 나치 발흥과 무관하지 않았다고 보기 때문이지요. 더 나아가 독일 정체성의 바탕을 깐 마르틴 루터에 대해서도 과감하게 비판합니다. 특히 2차 대전 이후에는 이러한 방식의 근본적 자기비판이 현재의 독일의 자기인식에서 중요한 축을 이루고 있습니다. 또 그런 지적 분투를 보면서 바깥의 사람들은 독일의 정신적 폭과 깊이를 인정하게 됩니다.

저는 **팽창근대의 과거를 반성적으로 극복할 역사적 근거가 독일보다는 오히려 일본 쪽에 더욱 분명하고 풍부하게 존재하지 않는가** 생각해왔습니다. 일본 근대의 또 다른 가능성이었던 도쿠가와 막부의 개국 노선, 아시아 평화주의 노선이 엄연히 과거 일본의 주류 노선이지 않았습니까? 그리고 이러한 평화 노선과 내장 전통은 일본 군국주의 시대의 막심한 억압 속에서도 면면히 이어져왔지요. 저는 **이제야말로 일본의 평화적·내장적 전통과 역사에 대한 적극적인 재평가가 이뤄질 수 있는 때**라고 봅니다. 세계 역사에서 팽창근대의 시대가 저물고 있는 만큼 미래는 이제 내장적 방향에 있으니까요. 최근 한국에서 촛불혁명이 있었던 것처럼 일본에도 그에 걸맞은 나름의 혁명이 있어야 하는 것 아닐까 생각해봅니다.

한일 간의 역사를 보면 평화롭게 지냈던 시기가 압도적으로 깁니다. 근대사로 보더라도 초기근대 시기인 도쿠가와 막부 시기에 200년 넘게 조선과 평화롭게 잘 지냈지 않습니까. 일본의 '전후 민주', 특히 일본의 평화헌법과 평화주의는 세계사적으로도 의미가 큽니다. 일본의 평화주의, 평화헌법은 결코 단순한 외적 강요의 소산이 아니라 깊은 내적 뿌리가 있습니다.[4] 이 점을 분명히 인식하고 인정하는 것은 매우 중요합니다. 그런데 지금 일본의 상황을 보면 바로 그 전후 평화주의, '전후 민주파'가 크게 위축되고 있어요. 일본에서 평화헌법 수호 세력, 전후 민주파가 무너지면 반드시 제국주의적 팽창근대 노선이 다시 기승을 부리게 됩니다. 막는 힘이 없어지니까요. 이 명백한 상호관계에 주목해야 합니다. '진실한 한일 협력'이란 바로 이러한 구조를 이해할 때 제대로 된 가닥이 잡힐 것입니다.

서선생　역시 문제를 '근본적으로, 뿌리로부터 본다'는 것이 매우 중요하다는 사실을 다시금 느끼게 됩니다. 팽창근대 노선 자체를 비판적으로 본다는 시각, 이 점이 그동안 취약했다는 것이 분명해 보입니다. 아무튼 전후 유럽과 일본에서는 '제 손에 피를 묻히게 되는' 적대의 제1선은 '초강대국'이 된 미국과 소련에게 넘겨주고, 우리는 제2선에서 평화를 누리면서 경제 실속을 챙기면 된다는 생각이 있었습니다. 과거의 다소 거칠었던 점에 대해서는 반성하되, 그러나 팽창근대의 영광스러운 기억에 대해서는, 이제 더 이상 제 손에 피를 묻히는 짓은 하지 않으면서, 우아하게 보존하겠노라는 것 아니겠습니까. 이런 걸 '제2선의 우아함'이라고 하나요. 그래도 유럽은 두 번이나 유럽 땅에서 세계전쟁을 치르면서 진심에서 우러난 뼈저린 반성을 하게 될 계기가 있었어요. 반면에 일본은 아직 그런 수준에 이르지 못한 것 같습니다. 바깥에서 저지른 수많은 만행과 범죄에 대해서는 별다른 죄책감이 없어보여요. 오히려 미국에게 일본 열도가 공습당하고 원폭 맞은 것만 생각하는 것 아닌가요. 오히려 자신이 피해자라고만 생각하는 흐름이 커지고 있는 것 같습니다. 그러면서 가해자로서의 일본은 기억에서 슬쩍 지우는 것이지요.

어쨌거나 전후 유럽과 일본은 냉전의 제2선에 물러앉아 평화와 번영을 누릴 수 있었습니다. 전후 체제의 최대수혜자가 되었던 것이죠. 그렇다고 미국과 소련이 맞대결하면서 영웅적으로 적대의 제1선에 서 주었느냐 하면 그것도 아닙니다. '보스'는 항상 '넘버 투(number two)'

의 머리 꼭대기에 있어요. '양강'이 맞대결해서 쓰러지면 좋을 쪽이 어디이겠습니까. 당연히 '넘버 투'죠. 더구나 이 두 나라도 적대의 제1선에 선다는 것이 얼마나 참혹하고 자멸적인지 1, 2차 세계대전을 통해 확실히 깨닫고 있었거든요. 그러니까 전쟁은 하되 자기들 영토에서는 하지 말자. 미소는 이걸 확실히 배웠습니다. 그래서 미소 냉전시기 실제 전쟁은 미국과 소련 땅에서는 전혀 벌어지지 않았습니다. 냉전만 했죠. 영리했던 거죠. 진짜 전쟁, 열전은 어디서 했습니까. 다른 곳에 '하청' 주는 방식, 아, 이 표현은 너무 냉소적인가요, 그럼 '대행'하는 방식으로 진행되었죠. 대결은 하되, 피는 다른 쪽에서 뿌리도록 하자는 것입니다. 이런 것을 국제정치학의 '교과서'들에서는 이제 세계 공용어가 된 영어로 'pass the buck'이라고 하죠. '수건돌리기'입니다.[5] 그런데 이 놀이에서 술래가 되는 쪽은 항상 슬프게도 팽창근대의 피해자 쪽이었어요. 아직도 여전히 말입니다. 가해자 쪽에는 절대 '수건'이 떨어지지 않아요. 이쪽에서는 전쟁이 벌어지지 않는 것입니다. 그래서 여전히 이 '세2'의 시기는 팽창근대의 시대였지만, 그 팽창근대가 굉장히 영리해진, 교활해진 시대였다고 할 수 있습니다. 제 손에 피를 묻히지 않으면서 얻을 것은 다 얻겠다는 거죠.

미국과 소련은 맞대결이 가져올 파멸을 서로 잘 알고 있었습니다. 그래서 자기들끼리 직접 부딪치지는 않죠. 더구나 경쟁적으로 원자폭탄, 수소폭탄을 개발했지 않습니까. 그런 두 나라가 1, 2차 대전과 같이 전력을 다해 '총력전'으로 서로 부딪치면 승자도 패자도 없다는 것을 잘 알고 있었습니다. 모두 전멸하는 거죠. 미소 두 나라만 망하는 게 아니라 인류문명 자체가 망하는 것입니다. 미소 핵전쟁은 핵탄두가 두 나라 사이에만 교환되는 전쟁이 아니었어요. 미소 양국은 상대방을

勢2

포위하면서 전 세계 동맹국에 핵무기를 배치해 놓고 있었거든요. 그런 상태에서 핵전쟁이 벌어지면 미소 양국의 전략적 핵심부만이 아니라, 전 세계에 배치된 상대편의 핵무기 기지로도 핵무기가 발사됩니다. 이렇게 서로 수천 개의 핵폭탄을 주고받다 보면 인간이 살만한 곳은 남아나지 않습니다. 인류 종말의 시나리오죠. 미소 어느 쪽도 이런 최악의 시나리오를 바라지 않았습니다.

'근대 국민국가의 완성'을 넘어

남선생　　내전과 전쟁에 대한 논의로 넘어가기 전에 팽창근대의 침탈에 처했던 동아시아 국가가 도달하고자 했던 애초의 목표가 무엇이었던가를 먼저 정리해 둘 필요가 있습니다. 지금 한국의 '국사'나 '동아시아사' 교과서들을 보면 그 목표를 흔히 '근대적 국민국가의 완성'이라고 쓰고 있는데요, 이 표현을 다시 생각해봐야 할 때가 되었다고 봅니다. 목표로서 '완성'해야 한다는 '근대적 국민국가'란 유럽사에서의 'modern nation state'를 말하고 그건 결국 영국이나 프랑스와 같은 서구 국가를 말하는 것이겠죠. 그러나 이제 서구 국가를 우리의 모델로 한다는 점에 대해서 다시 생각해볼 때가 되었어요. 이들 서구 국민국가들이 만들어진 과정이 내전과 유럽전쟁, 그리고 제국주의 팽창전쟁을 통했던 것 아닙니까? 유럽사에서는 nation이든 state든 부단한 팽창전쟁을 통해 만들어진 단위들입니다. 그래서 전쟁이 근대민족국가(modern nation state)를 만들었다는 말이 유럽에서는 정확히 들어맞습니다. State는 전쟁장치(war apparatus)였고, nation은 그 전쟁장치의 몸체(war body)였던 것이죠. 그런데 그런 의미의 '근대국가'를 우리가 목표로 삼아 맹목적으로 이상화해버리면 곤란하지 않을까요?

과연 그러한 팽창근대형의 국민국가가 동아시아 사회가 지향했던 목표였던 것일까요? 동아시아의 국가와 민족은 유럽보다 훨씬 이전에 이미 형성되어 있었습니다. '동아시아의 200~300년 평화'라는 게 이미 안정된 국가와 민족을 전제하고 있는 것입니다. 그러나 팽창근대에 압도당하면서부터는 갑자기 동아시아에는 애초에 국가도 민족도 없었던 것처럼 생각하는 이상한 풍조가 생겼지요. 그러면서 재빨리 팽창근대 국가 모델로 갈아탄 일본을 모범으로 생각했던 때도 있었어요. 그래서 청일전쟁에서 일본에 지니까 일본에서 배우자고 일본으로 유학 간 중국 청년들도 있었고, 또 러일전쟁에서 일본이 이기니까 일본에 아시아의 희망이 있다고 일본으로 유학 간 베트남 청년들도 있었습니다. 물론 그보다 먼저 일본의 '개화'에서 배우자고 일본으로 건너간 조선의 '개화파' 청년들도 있었습니다. 그러나 결국 어떻게 되었습니까? 일본의 침략주의적 정체가 다 드러난 후에는 대부분 실망해서 돌아섰죠. 물론 일본의 앞잡이로 변신하거나 또는 대세이니 할 수 없다고 따라간 사람들도 적지 않았지만 말이죠.

만일 19세기 당시 그들의 순수한 마음속으로 들어가 당시 그들이 진정 바랐던 자신들의 조국의 상(像)을 그려본다면 그것은 어떠한 것이었을까요. 무엇보다 그들은 오랫동안 존재해왔던 강토와 국체와 민족을 온전히 '보전'하고 싶었지요. 그것이 여의치 않자 일본과 같이 성공적으로 산업화하여 자립과 자강을 이루자는 것이었고요. 그래서 일본을 배우자고 일본으로 유학을 간 것입니다. 그러나 여기서 그들에게 중요한 점은 자립하고 자강하되, 영국, 프랑스, 일본처럼 타국을 침략

勢2

	팽창근대 노선(A)	내장근대 노선(B)
자본주의 노선(C)	1	3
사회주의 노선(D)	2	4

〈그림 4-1〉 동아시아 전쟁체제의 두 개의 분열선

하지 않는 나라를 만들겠다는 뜻이 있었다는 점입니다. 그런데 지금 그런 사정은 다 빼놓고 덜렁 '근대적 국민국가의 완성'이 목표라고 해놓으면 엉뚱한 말이 될 수 있어요.

북선생　이제 21세기 후기근대에 이르러서도 '근대적 국민국가(민족국가)의 완성'이 목표라고 하면 확실히 시대에 맞지 않는 표현이 된 것 같습니다. '근대적 국민국가' 자체를 재검토해야 하는 상황에 말이죠. 그렇기는 하지만, 지금 우리의 논의는 일단 19세기 후반에서 식민지 시대를 거쳐 냉전시대를 살았던 사람들의 당시의 의식수준, 시대인식을 생각하면서 진행할 필요가 있겠습니다. '내장근대'나 '팽창근대'에 대한 의식이나 구분이 당시 사람들의 의식 속에서는 그렇게 명확하게 정리되지 않았다고 보아야 하겠죠. 그 의식 속에는 여러 가지 길들이 잘 정리되지 않은 채로 가능한 선택지로 복잡하게 얽혀 있었습니다. 앞서 논의를 다시 상기하자면,3부 4론 **한 몸에 그어진 두 개의 분열선을 따라 복잡하게 분열된 상태**였습니다. 그 그림을 다시 가져와볼까요.〈그림 4-1〉

먼저 한쪽은 영미의 자본주의 다른 쪽은 소련의 사회주의를 내세우며 분열했지만, 실은 현실의 미국·영국이나 소련이 모두 팽창근대체제의 서로 다른 유형들임을 알지 못했습니다. 이것을 1, 2의 분열 유형이라 할 수 있겠어요. 여기에 속한 세력들을 '현실파'라고 할 수 있겠죠. 현실이 팽창근대의 세계였고, 그 팽창근대의 패권 국가들의 힘을 믿었으니까요. 반면 상대적으로 현실의 패권 국가들에 대한 의존을 경계했던 세력도 존재했죠. 이들을 '이념파'라고 불러볼까요. 팽창근대의 현실 너머의 보다 이상적인 세계상을 그리고 있으니까요. 그러나 이런 세력의 내부 역시 자본주의 지지와 사회주의 지지로 나뉘어 있었죠. 이게 3, 4의 분열 유형이 되겠습니다. 그러나 그들이 이해했던 자본주의와 사회주의도 당시의 인식지평에 갇혀 모호하거나 제한적인 것일 수밖에 없었어요. 그런데 이러한 이념형적 구분이 역사의 수레바퀴가 한참 지나간 지금에 와서 우리가 정리해보니 선명하게 구분되는 것 같지만, 당시의 현실을 살아가는 사람들의 의식 속에는 이런 게 모호하게 뒤섞여 있었던 것입니다.

이렇게 보면 확실히 지금 우리가 한 시대를 넘어선 '이후의 시간'에 서 있는 건 분명한 것 같습니다. 이미 지난 시대의 이야기이기 때문에 우리가 뒤돌아보며 '정리'를 할 수 있는 것 아니겠습니까. 그것이 '후기근대'의 관점이고, 또 '역사의 새'의 관점이겠죠. 그 시대의 내부에 있었을 때는 모호함과 혼란이 어쩌면 불가피한 것이겠지요. 그래서 돌아보았을 때는 막을 수도 있었을 것 같은 '내전'이나 '내전+국제전'과 같은 참사 안으로 휘말려 들어갔던 것이고요.

동선생 그럼에도 한국의 여러 역사 교과서들이 아직도 '근대 국민국가의 완성'을 동아시아 또는 한국 근대의 목표로 설정하고 있는 것은 '민족분단의 문제 해결' 즉 '분단민족의 통일'을 염두에 두기 때문입니다. 그러나 남북 코리아의 분단문제 해결을 염두에 두고 '근대 국민국가의 완성'이라는 표현을 쓴다고 해도 여전히 문제는 남습니다. 우선 '근대' 개념에 팽창형과 내장형의 구분이 없다는 것에 대한 중요한 지적은 앞서 남선생이 했으니 넘어가겠습니다. 그런데 그다음 '국민국가의 완성'이라는 표현도 문제가 있어요. 코리아 남과 북을 염두에 두고 쓴 표현이라면, 남쪽의 대한민국(ROK)이나 북쪽의 조선민주주의인민공화국(DPRK)이 모두 '아직 완성되어 있지 않은 국민국가'라는 뜻입니다. '미완성 국가', '반쪽짜리 국가'라는 것이죠. 과연 그런가요? 지금 한국(ROK)과 조선(DPRK) 두 나라가 정상적인 국가로서의 함량이 부족한 '절반 국가들'에 불과한 것일까요? 그러면 한국을 정상적 주권국가로 인정하여 수교한 190개국과 조선을 정상적 주권국가로 인정하여 수교한 161개국은 뭔가 잘못 알고 있었던 것일까요? 참고로 그중 157개국은 양국 모두와 수교하고 있고, 또 한국과 조선 두 나라는 33개의 국제기구에 국가로서 동시가입한 상태입니다.

그렇긴 하다, 그렇지만 한국은 확실히 정상이 맞지만, 북은 솔직히 함량 부족이 아닌가, 그래서 부족한 북을 끌어안아 통일을 해줘야 비로소 남북이 '완전한 국민국가'로 완성되는 것 아닌가. 그런 생각도 있겠죠. 그런데 그 역시 과연 그럴까요? 우리만의 생각이 아닐까요? 우선 북이 그런 생각에 동의할까요? 반발할 수밖에 없죠. 역작용만 생깁니다. 통일에 전혀 도움이 되지 않지요. 그러면 해외의 여러 나라들은 모두 그런 식의 생각에 동의하고 있을까요? 지금도 노르딕 북구나 아프리카, 남미 쪽의 어느 나라에 가서 '코리아'에서 왔다고 하면 '사우스(south)'보다 '노스(north)'로 아는 나라들이 꽤 있습니다. 그동안 남쪽보다 북쪽과 더 교류가 많았던 나라들이 있기 때문입니다. 아마 잘 안 믿기시겠지만, 사실이 그렇습니다. 내가 '노스가 아니라 사우스 코리아에서 왔다'고 하면, 상대가 '의외'의 답변에 좀 당황하면서 '아 거기도 잘 안다. 잘사는 나라 아니냐'고 답하죠. 두 개의 코리아를 다 정상국가로 보고 있는 것입니다. 코리아 '남은 정상, 북은 비정상'이라는 식의 생각에 동의하지 않습니다.

원래 1000년 넘게 한 나라 한 민족입니다. 역사적으로나 지리적으로나 분단은 자연스럽지가 않아요. 그러나 말로만 통일이 아니라 통일로 가는 실제적 길이 무엇인지 깊이 생각해야 합니다. 그동안 '통일의지', '통일열정'이 없어서 지난 70년간 죽자 사자 적대해온 것이 아니지 않습니까? 우선 현재 남북의 상태부터 있는 그대로 잘 보아야 하지 않겠어요? 다 아시듯, 지금 북쪽(DPRK)에서는 '국민'이라는 말을 쓰지 않습니다. 남쪽(ROK)에서만 쓰는 말이죠. 그러면 '국민국가의 완성'이란 아직 반쪽인 대한민국(ROK)의 완성, 즉 대한민국 중심의 통일을 뜻하는 말로 오해될 수 있어요. 지금도 남북이 이런 국명이나 주권개념에 관련한 언어나 표현에 대해서는 사소한 것까지도 아주 민감한 상태인 것을 인정해야 합니다. 그러니 **남이든 북이든 아직 국민국가 또는 주권국가로 완성되지 못한 '반쪽짜리 국가'라는 의식도 문제고, 또 통일이 남쪽 중심으로 돼야 한다는 식으로 읽히게 되는 표현도 문제입니다.** 정말로 통일로 가려고 한다면 우리가 한층 더 지혜로워야 합니다. 장애물이 많거든요. 밖에도 있지만 우리 안에도 있습니다. 말만 통일을 앞세운다고 통일이 되는 게 아닙니다.

한국(ROK)이나 조선(DPRK)이나 이제 각각이 다 멀쩡히 완성된 근대국가입니다. 그것을 국민국가라 부르던, 민족국가라 부르던 말입니다. 하나의 민족이 얼마든지 두 개의 국가를 이룰 수 있습니다. 지금 코리아 남북이 그렇죠. One nation, two states입니다. 독일과 오스트리아 보세요. 그렇다고 그런 국가들을 아직 완성되지 못한 국민국가, 민족

국가라고 하나요? 두 코리아도 마찬가지죠. 코리아에 두 개의 국가가 존재하고 있다는 것은 이제 삼척동자도 다 알고 있는 사실입니다.

그런데도 이상하게 이 두 국가만은 아직까지도 서로를 국가로서 인정하지 않고 있어요. 세계 157개국이 두 국가를 동시에 인정하고 있는데 막상 당사자인 이 두 국가는 서로를 국가로서 인정하지 않고 있는 것입니다. 그것이 문제입니다. 아직까지 여전히 남북 모두 상호를 적으로 보는 '내전상태'를 벗어나지 못하고 있어요. 서로를 토머스 홉스와 카를 슈미트적 의미의 '적대적 외부'로 보고 있는 것이죠. 그러면서 한쪽에서는 '국민국가의 완성'이 목표라고 쓰고, 다른 쪽에서는 '민족해방의 완수'가 목표라고 쓰면 어떻게 되겠습니까. 서로 체제가 다른 두 국가가 서로를 국가로서 인정할 생각 없이 통일만을 앞세우고 있다면 통일이 잘 될까요? 오히려 갈등의 불씨가 될 수 있지 않겠어요? 그렇게 '국민국가의 완성', '민족해방의 완성'만 앞세우다가 6·25전쟁도 터졌던 것 아닙니까? 북선생은 우리가 이제 한 시대를 넘어서 있다고 했습니다만, 이런 사실들을 보면 아직도 코리아의 남북 두 나라는 아직 한 시대를 넘어서지 못하고 있습니다.

21세기 후기근대에 코리아 남북 두 국가의 당면한 역사적 목표는 더 이상 문제 많은 '근대적 국민국가의 완성'이라는 말로 표현될 수 없습니다. '한 민족의 두 나라가 긴밀하게 협력하여 동아시아와 세계의 평화와 번영에 적극적으로 기여하는 것'이 되겠죠. 그러자면 두 나라가 하루 빨리 서로 국가로서 인정하여 공존하면서 적극적으로 협력할 수 있어야 합니다. 서로 국가로서 인정할 때 두 국가가 연합이든 연방이든 평화롭게 공존·협력하는 틀을 만들 수 있겠죠. 그것이 2000년 6·15 때 남북 정상이 만나 합의했던 '(남북)연합' 또는 '(낮은 단계의) 연방'의 실체적 모습일 것입니다. 그러나 6 · 15 선언에서 두 정상은 '(남북)연합'과 '(낮은 단계의) 연방'은 합의했지만, 그 전제가 되어야 할 서로를 국가로서 인정하는 합의는 이루지 못했습니다. 첫 번째 구멍에 두 번째, 세 번째 단추를 먼저 꿰려고 해서는 옷을 제대로 입을 수 없어요. 일단 밥을 해놓아야 비빔밥이든 볶음밥이든 만들 것 아닙니까. 먼저 남북 두 나라가 서로를 국가로서 상호인정해야 합니다, 그런 기초 위에서 남북연합 · 연방이 실체화되어야 동아시아의 평화도 공고해질 수 있습니다. 그렇게 되면 미중 간 충돌을 완충하고 예방하여 세계 평화의 안정에 기여할 수 있지요. 남북연합 · 연방은 그러한 커다란 역할을 수행하면서 새로운 차원의 연방적 국가로 발전해나갈 수 있습니다. 코리아 통일은 그런 방식으로 이루어져갈 것입니다. **그때 이루어질 통일은 적대적 쌍방의 어느 한쪽에 의한 흡수통일을 전제하는 '근대적 국민국가의 완성'이 아니라, 적대적 과거를 한 단계 높은 통합과 발전의 디딤돌로 전환해 낼 수 있는 후기근대의 포용적 연합 · 연방국가의 출현을 의미할 것입니다.**

제2론

중국내전, 베트남전쟁, 코리아전쟁

이 전쟁들은 피할 수 없었나

서선생　이제 동아시아의 냉전과 내전을 검토할 차례입니다. 2차 대전 후 미소 냉전이 동아시아 내전에 큰 영향을 주었지요. 반대로 동아시아 내전이 냉전을 격화시켰던 측면도 있습니다. 냉전은 유럽만이 아니라 동아시아에서 동시에 만들어졌습니다. 실제로 냉전시대 최대 격전은 코리아와 베트남에서 벌어졌습니다. 또 그 배경에는 중국혁명이 있습니다. 중국내전에서 중국 공산당의 승리는 미국의 냉전적 위기의식을 비상하게 강화시켰지요. 따라서 2차 대전 이후 동아시아 냉전의 흐름을 이해하기 위해서는 중국내전의 뿌리부터 먼저 살펴보아야 합니다. 여기서부터 흐름이 쭉 이어지니까요.

　19세기 말 20세기 초에 베트남과 조선이 국권을 잃고, 중국은 청조가 붕괴한 이후 군벌시대의 혼란에 빠집니다. 쑨원(孫文)의 국민당이 1919년 창당되고 1924년 공산당과의 국공합작을 이루면서 중국 재건의 기틀이 마련되었다고 할 수 있습니다. 국권상실 후 많은 조선 사람들이 중국으로 건너가 이 과정에 합류했어요. 일본의 위협을 받고 있는 중국이 일본에 이겨야 조선의 국권도 다시 찾게 된다고 보았기 때문입니다. 실제로 1920년대에 중국은 정치나 경제 모두 상당한 회복세를 보였어요. 이 기간 공산당과 합작한 국민당은 여타 군벌에 대해 분명한 우위를 보였습니다. 국공합작의 성공은 쑨원의 지도력이 큰 역할을 했습니다. 그런데 1925년 쑨원이 서거하고 국민당의 군사지도자인 장제스(蔣介石)가 후계자로 부상하지요. 장제스는 쑨원과 달리 공산당 세력을 매우 경계하고 있었어요. 쑨원은 러시아혁명에 우호적이었지만, 장제스는 내심 적대적이었습니다.

그러다 1927년 4월부터 갑자기 총부리를 돌려서 공산당에 대한 군사적 공격을 시작합니다. 공산당은 반격해보지만 패배하고 그때부터 국민당 군대에 쫓기는 신세가 됩니다. 이걸 '4·12 사건'이라 하는데요, 이 사건을 통해 장제스는 확고한 당내 독재권을 확보하고 이듬해에는 북경에 입성해서 '북벌 완료'를 선언합니다. 그러나 장제스는 공산당을 척결해야만 진정한 중국 재건·재통일이 이뤄진다고 보았기 때문에 공산당에 대한 탄압과 공격의 고삐를 결코 늦추지 않았습니다. 그래서 공산당의 잔존 부대가 국민당 군대에 계속 쫓기다 결국 서북 한구석인 옌안(延安)에까지 이르죠. 중국 공산당은 이를 '대장정'이라 불렀고, 장정 과정의 지도력을 통해 마오쩌둥이 중국 공산당의 확고한 지도자로 인정을 받게 되었습니다.

공산당 쪽에서 '백구(白區)'라고 불렀던, 국민당 지배 지역에서도 국민당은 지하화한 공산당 잔존 세력을 척결하기 위해 가혹한 탄압을 가했죠. 『아리랑』의 김산이 바로 이 시기 중국의 백구에서 활동한 지하

공산당원이죠. 김산은 분명 일제를 물리치고 조국을 되찾기 위해 중국까지 오게 된 것인데, 그가 주로 싸운 대상을 보면 막상 일본보다 주로 중국국민당입니다. 그가 두 번 붙잡힌 것도 국민당의 남의사(藍衣社)와 같은 특무대, 비밀경찰에 의한 것이었지요. 그렇게 국민당 경찰이 잡아놓고는 조선 사람이라고 해서 또 일본경찰에 넘깁니다.3부 3론 그래서 김산은 일제의 만행에 대해 분노하지만 국민당 체제의 잔혹성에 대해서도 자주 이야기해요. 직접 맞닥뜨려 싸워야 할 대상이 국민당과 국민당 비밀경찰이 되었으니까요. 일본에 잡히면 법과 재판이라도 있지만, 남의사에 잡히면 법도 없이 무조건 사형이라고 비판하죠. 국민당과 공산당은 이미 전쟁 중이었던 것입니다. 전쟁터에는 법이 없지 않습니까.

일본이 1931년 만주사변을 일으켜 만주를 장악했지만, 장제스는 일본에 맞서기보다 공산당을 추격하여 섬멸하는 것에 더 주력했습니다. 그러던 1935년 일본이 만주를 넘어 허베이 지방으로 밀고 들어와 항일여론이 비등하는데도 장제스는 여전히 옌안의 공산당을 공격하는 데만 몰두했어요. 그러자 1936년 시안에서 장제스의 부하인 장쉐량이 그를 감금하고 그에게 내전을 중지하고 힘을 합쳐 일본에 맞서자고 호소 반 강요 반을 합니다. 유명한 '시안(西安)사건'이죠. 결국 장제스가 압박에 떠밀려 울며 겨자 먹기로 1937년 제2차 국공합작을 하게 됩니다. 합작이라 하지만 서로 공격하지는 말고, 각자 일본과의 전쟁에 우선 전념하자는 정도의 합의였어요. 그랬으니 일본이 패전하여 물러나자마자 바로 다시 국공(國共)내전이 발발하게 되었던 것이죠. 그 내전 결과 공산당이 승리하여 1949년 오늘의 중국인 '중화인민공화국'이 선포되었습니다. 장제스 국민당의 '중화민국'은 타이완으로 밀려났지요.

동선생　중국 국공내전의 기원이 되는 '4·12 사건'에 대해 좀 더 살펴볼까요. 이 사건에서 두 세력 간의 분열과 적대가 처음으로 분명히 드러났으니까요. 이런 분열이 쑨원에게는 보이지 않습니다. 그러니까 쑨원과 쑨원 사후, 그 사이에 큰 단층선이 하나 있는 셈입니다. 쑨원은 신해혁명기의 인물입니다. 1866년 태어나 중국사의 마지막 왕조가 된 청조를 타도하는 데 청년기와 장년기를 바쳤어요. 그리고 공화주의 '중화민국'을 선포했죠. 이후 위안스카이가 다시 황제를 참칭했습니다만, 그건 한때의 해프닝이었죠. 결국 수천 년 중국 왕조사를 끝낸 자리에 쑨원이 있습니다. 쑨원은 '내장근대를 분할한 두 개의 적대선'과 무관했던 인물이라 할 수 있습니다. 그런 적대와 분열이 발생하기 이전 세대의 인물이라고 해야겠죠. 그러나 그의 생전에 그런 분열의 계기들이 이미 생기고 있었습니다. 그렇지만 그는 그런 분열을 항상 넘어서려고 했죠. 일본을 경계는 했지만 항상 배우려는 자세를 가지고 있었어요. 일본이 중국을 침략하지 않는다면 얼마든지 배우고 협력하겠다는 것이었죠. 이후 일본의 침략의도가 점차 명확해지자 경계심이 강해지지만 말이죠. 또 자본주의, 사회주의에 대해서도 좋은 점은 모두 받아들인다는 자세였지요. 이 둘을 대립적·적대적으로 생각하지 않았습니다. 영국이나 미국에서도 좋은 점을 많이 보고 배우려고 했고요. 좋은 점은 배운다, 다만 침략만 하지 말라는 것이었죠. 러시아혁명에 대해서도 긍정적으로 보았고 사회주의 사상에도 좋은 점이 많다고 생각했습니다. 그래서 소련 공산당과 우호적인 관계를 맺고 중국 공산당과의 합작에도 적극적일 수 있었던 것입니다.

　반면 쑨원보다 20년 연하인 장제스는 또 다른 시대를 살았던 또 다른 인물입니다. 혁명가라기보다 야심가고, 정치가라기보다 군인이었습니다. 일본으로 유학 가서 일본육사를 졸업하고 2년간 일본군으로 복무했죠. 일종의 신세대 엘리트입니다. 그러다 신해혁명이 나자 중국으로 돌아와 쑨원의 무장(武將) 역할을 시작했습니다. 국민당의 군사학교인 황포군관학교의 교장으로 재임하면서 국민당의 장교들을 길러냈고 이를 통해 국민당의 군사 지도자로 부상합니다. 군인으로서는 뛰어난 인물이죠. 그는 쑨원 생전에는 국공합작 노선에 전혀 반기를 들지 않았습니다. 그러나 쑨원 사후에는 달라집니다. 후계자 경쟁에서 공산당에 우호적인 왕징웨이(汪精衛)와 경쟁하게 되면서 공산당과의 갈등과 적대가 시작됩니다. 쑨원 사후의 국민당대회에서는 왕징웨이가 수석 중앙위원이, 장제스가 그다음 지위의 중앙위원이 되었죠. 그런 와중에 장제스는 국민혁명군을 창설하고 자신이 총사령관이 되어 북벌완수 선언을 합니다. 자신의 입지를 그런 방식으로 분명히 세우고 다진 것입니다. 그런데 공산당과 소련 고문단이 북벌이 성급하다며 비판적으로 나오고, 왕징웨이가 여기에 동조하는 모습을 보이자 장제스는 분노합니다. 그들이 자신을 제거하려고 작당하는 것이 아닌지 의심하죠. 그래서 1926년 '중산함 사건'을 터트립니다. 군사력을 동원해 왕징웨이의 지도권을 무력화시키고, 소련 고문단을 추방했던 사건입니다. 당 대표를 무력을 앞세운 하극상으로 몰아낸 쿠데타죠. 이 사건으로 왕징웨이는 권력 정상에서 밀려나고 장제스가 국민당의 당권을 장악하게 됩니다. 그렇게 당권을 장악한 다음 해인 1927년, '4 · 12 사건'을 통해 공산당 세력을 일거에 폭력으로 말살하려 했던 것입니다.

청의 붕괴 이후 군벌 시대는 방향 없는 혼란기였고, 국공합작을 통해서 비로소 '새 중국'에 대한 일정한 방향이 섰다고 할 수 있어요. 그런데 그 내부에 국공 간 차이가 있었던 것이죠. 그런데 장제스라는 야심가의 권력욕이 그 양 세력의 차이가 적대적인 형태로 폭발하게 만들었던 것입니다. 흔히 국민당은 돈, 도시, 군대를 가지고 있었고, 공산당은 농촌, 농지, 농민을 가지고 있었다고 하죠. 그런데 국민당은 금융, 경제, 군대가 차례로 무너지면서 공산당에 패하고 맙니다. 반면 궁벽한 산골에 박혀 아무것도 없어 보였던 공산당은 농촌과 농지, 농민에 의거하여 결국 내전에서 승리했죠. 장제스는 강적 일본과의 전쟁을 가급적 피하면서 산업화를 이루어 공산당과의 경쟁에서 주도권을 잡으려 했지만, 결국 일본의 침략에 맞서지 않을 수 없었죠. 산업화 방침도 이미 1930년대 이후부터 대공황의 영향을 받으면서 금융부터 무너지고, 이어 산업이 무너지면서, 군사력을 유지할 기반도 굉장히 취약해졌어요. 국민당이 군대의 장비와 보급에서 공산당에 비해 월등히 우월해 보였지만 실은 미국, 영국 등의 지원을 빼면 속빈 강정 같았죠. 1946~1949년의 내전 과정을 보면 국민당은 싸워서 졌다기보다 스스로 무너진 것입니다.

반면 공산당은 돈이 많이 드는 정규전 방식이 아니라 농촌을 근거로 돈 적게 드는 비정규전, 게릴라전을 했습니다. 경제도 농촌의 현물경제, 교환경제가 있었을 뿐이죠. 그런데 이렇게 농촌에 근거해 있으니까 자본주의 공황기에는 오히려 국민당보다 상대적으로 타격을 덜 받았습니다. 약점으로 보였던 것이 오히려 강점이 되어 궁극적인 승자가 될 수 있도록 한 것이죠. 중국 공산당은 창당 초기에는 도시 노동자 조직과 파업, 봉기에 주력했는데, 이 노선은 계속 실패하면서 점차 근거지를 농촌으로 옮겨갈 수밖에 없었어요. 그런데 초기부터 농촌을 중시하고 농촌 중심의 혁명을 주창했던 사람이 마오쩌둥입니다. 그래서 처음에는 촌뜨기로 따돌림 받았습니다. 집안 배경도 시골의 일개 농민

勢2

출신 아닙니까. 그러나 결국 그의 노선이 중국 현실에 더 맞다는 것이 입증됩니다. 그래서 그가 결국 서구형, 러시아형 혁명을 주장했던 초기 지도자들을 모두 제치고 결국 당의 지도권을 장악하게 되었던 것입니다.

북선생 제가 앞서 논의에서 "돌아보았을 때는 막을 수도 있었을 것 같은 '내전'이나 '내전+국제전'과 같은 참사 안으로 휘말려 들어갔던 것"이라고 했는데요, 물론 이것은 사후적 관점이 되겠습니다만, 이런 시각은 현재의 문제를 다른 각도에서 볼 수 있게 하는 장점이 있습니다. 특히 '후기근대'라는 완전히 다른 새로운 시대 상황에서는 미래가 더 많은 가능성에 열려 있기 때문에 더욱 그렇습니다. 이러한 시대에 중요한 과거 사건들을 '달리 진행될 수 있었을 가능성'의 시각에서 재검토한다면, 현재 처한 문제들을 풀어갈 방법과 방향에 대한 생각의 폭을 한 단계 넓혀줄 수 있거든요. 아직까지도 동아시아에서는 과거의 내전에서 유래된 적대와 대립의 극복이 여전히 아주 현실적이고 중요한 문제이기 때문에 더욱 그렇다고 하겠습니다.

그럼 이야기 나왔던 중국내전부터 살펴볼까요. 쑨원이 나이 60에 서거했는데요, 만일 10년쯤 더 오래 살고, 이후로도 '4·12 사건'과 같은 일이 발생하지 않고 국공합작이 성공적으로 이어져, 내전에 막대한 경비와 정력을 쏟아붓는 일 없이 자강(自强)에 합심해 전념했다면 어땠을까요. 20년대의 상대적 안정을 30년대로 이어갈 수 있었지 않을까요. 그런 상태였다면 일본의 침략 확대도 쉽지 않았을 것이고, 확대했다 해도 피해를 줄일 수 있었겠죠. 또 2차 대전 후의 내전 역시 반드시 필연적인 것이 아닐 수 있었겠고요. 그 내전에서 공산당이 승리했지만 내전 과정에서 그렇지 않아도 취약했던 중국의 경제적 기초는 거의 폐허가 되었습니다. 그 폐허와 같은 맨땅 위에서 중국 공산당은 산업화를 이루고 재정구조를 세우고 내장근대를 완성해야 했어요. 오늘날 중국이 G2로 운위될 만큼 성장했지만, 잘 아시다시피 여기까지 오는 과정은 너무나 힘들었죠. 특히 80년대 '개혁개방'으로 전환하기까지, 그 산업적, 재정적 기초 마련 과정에서 겪어야 했던 고통은 엄청난 것이었습니다.

코리아에서의 전쟁을 계기로 중국에 대한 소련의 공업화 지원이 시작되었지만, 1950년대 말 소련군의 중국 철병 문제와 영토 문제를 둘러싼 불화가 표출되자 소련은 투자를 끊어버렸죠. 이때부터 중국은 맨손으로 주로 농민 잉여에 기초해 '자본의 시초축적6'을 이뤄가야 했어요. 중국의 삼농(三農)주의자 원톄쥔(溫鐵軍)은 1950~1960년대 중국의 '대약진운동', '농촌하방운동'이란 결국 농민과 노동자의 잉여를 국가가 추출하고 점유하여 '내향형 공업화'의 기초를 마련하는 과정이었다고 했습니다. 또 이때까지의 공업화라 해도 주로 군사산업 육성에 치중된 것이어서 민생을 호전시키는 역할을 할 수 없었습니다. 그러나 아무튼 그런 거대한 고통과 희생이 있었기 때문에 1970년대부터 비로소 민생에 관련된 산업화와 제대로 된 '경제계획'을 시행할 정도의 기초가 형성되었고 했습니다. 또 서방과의 관계도 정상화할 수 있었고요. 1980년대 이후의 '개혁개방'도 광범한 소농인구의 도시 부양과 추가 소득을 위해 도시로 흘러든 수천만 농민공의 밑받침이 없었다면 성공할 수 없는 것이었습니다. 원톄쥔은 이러한 과정을 '후발국가 중국의 내향형 공업화'라 부르면서 다음과 같이 요약한 바 있죠.

서구처럼 해외 식민지를 통해 재부를 약탈하고 모순을 전가하는 것이 불

勢2

가능한 상황에서 … 중국은 주로 내향형의 시초축적에 의존해서 공업화를 할 수밖에 없었다. 그 방식은 첫째, 고도의 조직화(농촌의 집단화와 도시의 단위화)를 통해 전체 노동자의 노동잉여가치를 점유하고, 공업과 농업생산품의 협상(鋏狀)가격 차이를 이용하여 농업의 잉여를 추출하는 것이며, 둘째, 노동력 자원을 자본화하여 국가의 기본적인 건설에 대규모로 집중 투입함으로써 거의 제로에 가까울 정도로 결핍되어 있는 자본을 대체하는 것이었다. 중국은 사회 경제 전반을 아우르는 이런 '총동원체제'를 가동함으로써 비로소 산업자본에 대한 국가적 수요를 창출할 수 있었고, 독립국가의 주권을 유지하면서 공업화를 위한 시초축적을 완성하는 '경이적인' 도약을 이룰 수 있었다.[7]

중국의 정책이론가이자 농촌운동가 원톄쥔은 농촌·농민·농업의 '3농(農)'이 중국의 '내향형 공업화'의 기초에 있음을 강조하고, 산업화로 이 3농이 위협받아서는 안 된다고 주장합니다. 그는 앞서 인용에서 중국이 이룬 성과를 "경이적 도약"이라 쓰고 있지만, 또 그 '내향형 시초축적' 과정에서 겪어야 했던 곤란과 고통을 솔직하고 직설적인 언어로 표현하고 있습니다. 사실 그동안 세계는 중국을 잘 몰랐습니다. 중국이 가진 잠재력을 이제야 겨우 이해하기 시작하고 있는 정도죠. 그 잠재력이란 사실은 서세동점에 의해 침탈당하기 이전에 오랜 시간 중국이 보여주었던 저력에서부터 이미 분명했던 것인데 말이죠. 그 잠재력은 동시에 동아시아의 잠재력이었고, 이것을 우리는 '동아시아 내장근대'로 부르며 분석해왔습니다. 그 원래의 상태인 형(形)이 고난의 길을 헤쳐 나와 이제 21세기에 들어서 비로소 그 원래의 저력을 회복하고 있는 형′(形′)에 이르게 되었다고 했죠. 그런데 여기서 중국이 내전이라는 거대한 내적 소모를 우회할 수 있었다면, 그 엄청났던 고통과 희생을 줄이면서, '내장근대의 완성'이라는 목표에 더욱 빠르게 이를 수 있지 않았겠느냐는 것입니다.

당시 쫓고 쫓기며 죽고 죽여야 했던 내전의 당사자들은 무덤 속에서라도 펄쩍 뛸지 모릅니다. 그자들은 절대로 믿을 수 없는 자들이라고 말이죠. 서로를 향해서 말입니다. 그들의 시대에는 도저히 화해할 수 없는 모순과 적대가 가로놓여 있는 것으로 보였겠지요. 그러나 이제 돌아보면 어떻습니까. '내장근대의 완성'이라는 목표를 같이하던 사람들 아니었나요. 방법과 강조점이 달랐다고 해서 그렇게까지 파괴적으로 싸워야 했을까요. 그 결과는 엄청난 소모와 손실이 있지 않았습니까? 그렇기 때문에 그 목표에 도달하기까지 훨씬 더 힘들고 더 먼 길을 더 오래 달려야 했던 것 아닐까요. 그것이 반드시 불가결했고 필수적이었던 소모요 손실이요 희생이었을까요. 그때 그 **원점에서 방법과 강조점의 차이를 인정하면서, 그 차이의 인정 위에서 공존 · 공생하는 길로 나갔더라면 바라던 목표에 더욱 일찍, 더욱 바람직한 모습으로 도달할 수 있었지 않을까요?** 비록 많이 늦기는 했지만, 2005년의 「양안(兩岸)의 평화적 발전에 관한 공동선언」에서 시작해 공산당과 국민당의 역사적 화해가 시작되었다는 사실 자체가 내전의 지난 역사에 대한 새로운 해석의 가능성을 열어주고 있는 것으로 보입니다.

맥나마라의 베트남전 회고

남선생　중국의 국공내전에 대해, 실제 벌어졌던 역사에 대해 다시 사고해보자는 제안이군요. '만일 그때 그렇게 되지 않았고, 이렇게 되었더라면'이라는 가정을 통해서 말이죠. 실제로 역사학계에서는 그러한 연구 방법을 '역(逆)사실적 추론(counterfactual reasoning)'이라고 부릅니다. 엄연한 학문적 방법론의 하나인 것이죠. 베트남전쟁의 평가를 놓고 이러한 가정적 접근이 실제로 이뤄졌던 적이 있습니다. 전쟁이 끝난 20여 년 후, 1997년 6월 20일부터 23일까지 베트남 하노이에서, 당시 전쟁에서 서로 적으로 맞섰던 미국과 베트남의 주요 정책결정권자와 참모들이 다시 모여, 과연 그때 그 베트남전쟁은 정말 피할 수 없는 것이었는가에 대해 3박4일 동안 토론했거든요. 매우 흥미로운 이벤트였습니다.[8]

베트남전쟁의 맥락은 중국내전과는 조금 다릅니다. 베트남에서는 식민지 해방운동 과정에서 내부 분열이 그다지 심하지 않았습니다. 호치민은 베트남 독립운동에서는 쑨원에 비견될 정도의 위치이고 세대인데요, 그 호치민이 1960년대 초까지 지도력을 발휘해서 내부의 노선상의 분열이나 적대를 최소화할 수 있었다고 볼 수 있습니다. 쑨원이 한 20년쯤 더 살아 있었던 셈이라고 할까요. 1945년 8월 일본의 패망과 함께 전국적인 '8월 봉기'를 조직하고 9월에 '베트남 민주공화국'의 수립을 선포할 수 있었던 것도 호치민 지도력의 힘이 컸죠. 그가 주도하여 1941년 결성한 베트민(베트남독립동맹)이, 8월봉기와 '베트남민주공화국' 수립의 축이 되었죠. '베트남민주공화국'의 독립선언서에 호치민이 미국의 독립선언서를 인용해서 베트남 독립의 정당성을 호소한 것은 유명합니다. 자신은 러시아혁명의 대의에 공감했던 공산주의자였지만 항상 서방 세계에 베트남 독립운동의 정당성을 전파하는 데 큰 관심을 기울였지요. 사태를 항상 폭넓고 길게 보고 있던 뛰어난 지도자였습니다.

이렇게 수립된 베트남민주공화국을 주변에서 가만두었으면 내전이 일어날 일도 없고 순탄하게 발전했을 것인데, 세상일이 그렇지가 않죠. 프랑스가 염치도 없이 다시 들어와 식민 지배를 연장하려고 했어요. 그래서 1946년부터 호치민 독립 세력과 프랑스가 전쟁을 시작하게 됩니다. 미국은 처음에는 프랑스의 이 전쟁을 탐탁지 않게 보았어요. 그런데 중국내전에서 공산당이 승리하자 생각을 싹 바꿔서 프랑스를 지원하기 시작합니다. 중국 혁명이 동남아로 확산될 것을 우려한 미국이 베트남전쟁에 개입하기 시작한 것이죠. 전쟁은 프랑스가 했지만 전쟁비용의 8할을 미국이 댔습니다. 그러나 1954년 베트남은 유명한 디엔비엔푸 전투에서 프랑스의 주력군을 물리치고 전쟁은 끝납니다.

그 정도까지 하고 끝나면 좋은데, 미국은 그래도 베트남을 놔주지 않았어요. 제네바 회담에서 베트남을 북위 17도로 나누고 남쪽에 친미 정부를 세웠습니다. 또 대규모 원조를 해서 북베트남에 맞서도록 했어요. 베트남은 이미 1945년에 독립선언을 했던 나라 아닙니까. 그리고 다시 들어온 프랑스와 전쟁까지 해서 이겨 내몰았습니다. 그런데 이걸 다시 미국이 개입해서 나라를 둘로 나눠놓으니 억지가 너무 심했죠. 베트남 내부에서 분열이 생겨 분란이 났던 게 아니라, 미국이 베트남을 억지로 나눠놓고 남쪽에 친미 세력을 만들어 분열과 대립을 무리하게 창조해 냈던 것입니다. 그래서 1960년부터 남북 간에 전쟁이 시작됩니다. 미국이 군사고문단을 만 명씩 보내고 무기와 물자를 아무리 지원해도 남베트남 쪽이 밀리니까 1965년부터는 미군을 남베트남에 파병하고 북베트남에 폭격을 시작하죠. 미군이 가장 많았을 때는 54만 명에 이르렀고 폭탄 투하량은 2차 대전 때보다 3배나 많았다고 합니다. 잘 아시다시피 한국도 미국의 원조를 대가로 연 5만 명씩 군인을 보내 참혹한 전쟁의 일익을 담당했지요. 미국의 동맹국 중 한국이 가장 많은 군대를 보냈습니다. 우리가 일본의 조선 침략을 비판하면서 이 문제를 모르는 채 넘어가면 위선이 되지요. 그래도 한국의 역대 민주정부 대통령들은 베트남에 분명한 사과의 뜻을 정중히 표한 바 있습니다. 아무튼 이렇게 엄청난 물량을 쏟아부었지만 미군은 고전을 거듭했어요. 미군 사망자수가 급증하여 5만 8000명에 이르렀습니다. 미국 내에서는 반전여론이 들끓고 결국 1973년 미국은 퇴각합니다. 완전한 패배였어요. 미국으로서는 건국 이래 최초의 패배였기 때문에 충격이 컸을 뿐 아니라, 미국은 정의로운 나라라는 자국민의 믿음, 그리고 신화도 깨졌습니다. 많은 미국인들이 미국이 베트남에서 잘못된 전쟁, 추악한 전쟁을 했다고 보았습니다.

그러던 중 베트남 통일 후 20년째인 1995년에 미국에서 흥미로운 책이 하나 발간되었죠. 『베트남전쟁의 비극과 교훈(*In Retrospect: The Tragedy and Lesson of Vietnam*)』이라는 제목인데 베트남전쟁은 미국이 저지른 과오였다고 인정하는 내용이었습니다.〈그림 4-2〉 이게 학자나 작가가 쓴 것이었다면 크게 새로울 게 없었을 겁니다. 그런데 그 저자가 다름 아닌 베트남전쟁 당시(1961~1968) 미국 국방장관이던 로버트 맥나마라였던 것입니다. 미국 내에서부터 커다란 논쟁을 불러일으켰죠. 베트남에도 즉각 번역되어 베스트셀러가 되었습니다. 다른 사람이면 몰라도 베트남전쟁을 총지휘했던 미국의 국방장관이 베트남전쟁은 과오였다고 인정하는 책이었으니까 커다란 센세이션을 일으킬 만했습니다. 이 책으로 맥나마라의 인기가 베트남에서 크게 치솟았다고 합니다. 베트남인들이 이 책으로 어느 정도 위안을 느꼈던 것 같습니다.

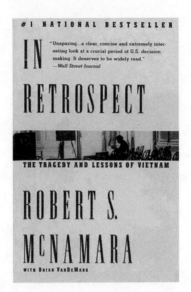

<그림 4-2> 맥나마라의 책 『베트남전쟁의 비극과 교훈』

  그런데 맥나마라가 정말 회한이 컸던지 북베트남의 당시 정책결정
자들과의 솔직한 대화를 원했고, 그것이 성사되어 1997년 대화의 자
리가 마련되었던 것이죠. 재미있는 내용이 많지만 핵심만 짚어보겠습
니다. 핵심은 상대의 적대의지에 대한 오판이었습니다. 미국은 베트남
이 소련, 중국과 한통속으로 똘똘 뭉쳐 동남아 전체를 공산화하려 하
고, 이걸 막으려는 미국과 어떤 타협도 할 생각이 없다고 굳게 믿고 있
었습니다. 반면 북베트남은 미국이 베트남 전토를 완전히 장악하여 과
거 프랑스, 영국이 이 지역에서 누리던 지배권을 차지하려 한다고 굳
게 믿고 있었죠. 서로 상대의 의도를 과잉해석하고 있었고, 상대가 악
을 행할 능력을 과잉평가하고 있었습니다. 그런 과잉해석, 과잉평가에
서 과잉반응이 나옵니다. 그리고 그런 **과잉반응을 주고받으며 과잉해석**

은 **계속 상승**됩니다. 한 방을 때리면 두 방으로 돌아오고 두 방은 네 방으로 되돌아오죠. 이러면서 피차 걷잡을 수 없는 무한전쟁의 늪에 빠져들었습니다.

1997년의 대화에서 맥나마라가 말했듯 "베트남에게 통일이라는 목표, 미국에게 동남아시아에서 중국과 소련의 패권 확대 저지라는 목표는 전쟁을 하지 않고도 달성될 수 있었던 것"이었습니다.⁹ 이것은 물론 베트남전쟁으로 얻은 것보다 잃은 게 훨씬 더 컸던 미국 쪽의 회오(悔悟)일 수 있습니다. 그러나 어쨌든 그 전쟁을 미리 막을 수 있었다면, 그것은 미국보다 오히려 베트남에게 더욱 큰 이익이었을 것임도 분명합니다. 이 전쟁으로 인한 베트남의 피해는 상상을 넘어서는 수준이었으니까요. 그러나 미국이 전면전으로 개입해 들어갈수록 북베트남 내의 온건파는 설 자리를 잃었습니다. 일시적 양보를 하더라도 최악의 상황은 피해가려고 노력했던 호치민조차 미국의 전면개입이 굳어지면서 지도권을 강경파들에게 내어주지 않을 수 없었으니까요. 북베트남에도 분명 미국이 생각했던 것과 비슷한 강경파가 있었고, 미국에도 제국주의적 지배욕에 가득 찬 세력이 있었습니다. 그렇듯 **충돌로 매진하는 적대적 힘들을 제어하면서 서로에게 이익이 될 수 있는 길을 찾는 데 결국 양측은 실패했습니다.**

북선생　　제게는 베트남전쟁의 협상 시도에서 두 장면이 인상적으로 기억됩니다. 하나는 남베트남의 응오딘지엠 정부(1956~1963년)의 중립화 가능성 문제입니다. 호치민은 남베트남의 중립화 가능성을 끝까지 타진했습니다. 이를 통해 베트남 통일이 늦추어지더라도 미국의 전쟁 확대를 막을 수 있다면 적극적으로 고려해야 한다고 보았어요. 그러나 레주언 등 베트남노동당 새 지도부는 응오딘지엠 정부에 대한 적대감이 너무 강해서 타협할 의도가 없었습니다. 또 미국 역시 자신들 뜻대로만 움직여주지 않는 응오딘지엠을 점점 불신했습니다. 결국 미국은 남베트남 군부를 동원해 응오딘지엠을 쿠데타로 쫓아내고 살해하고 말았죠. 남베트남에서는 미군 파병을 환영하는 군부정권이 들어섰고, 북베트남에서는 호치민이 당의 주도권을 강경파에게 내주게 되었습니다.

또 하나의 장면은 1967년 이후부터 전세를 회복할 수 없다는 것을 깨닫고 하노이에 비밀평화회담 사인을 보내던 미국이 그러면서도 하노이와 북베트남에 대한 북폭(北爆)을 계속했던 것입니다. 미국은 폭격을 강하게 할수록 하노이 쪽은 피해를 줄이기 위해 비밀회담에 응할 것이라고 생각했어요. 그러나 하노이 쪽은 정반대로 생각했지요. 북폭을 당할수록 그들의 분노만 커졌습니다. 그리고 미국이 북폭을 계속하면서 평화회담 사인을 보내는 것은 기만이나 능멸이라고 간주했어요. 북폭을 하는 한 평화협상은 없다는 원칙이죠. 그러나 미국은 거꾸로 생각했죠. 압박이 클수록, 손실이 클수록 협상에 응할 것이라고 말이죠. 이런 걸 미국식 '합리적 선택이론', '게임이론'의 논리라고 하지요? 사고방식의 엄청난 차이를 볼 수 있습니다. 미국에도 온건협상파는 북폭이 협상을 막고 있다는 인식이 있었어요. 그러나 군부와 군산복합체의 강경논리에 밀리고 있었습니다. 결국 북폭은 계속되었고 미국의 협상요청은 받아들여지지 않았습니다. 그래서 그들이 원하던 것, 즉 그 전쟁에서 발을 빼는 일도 이룰 수 없었습니다. 미국은 1967년부터 철군하고 싶었지만 이룰 수 없었고, 이후 미국의 정권교체 등 정치적 변화와 겹쳐 4~5년이나 늦게 아무런 양보도 얻지 못하고 1973년 굴욕적인 철군을 해야 했죠. 그 4~5년 동안 미국 역시 원하지 않는 무의미한 전쟁을 무의미하게 계속해야 했던 것입니다.

승자 없는 전쟁

동선생　이제 코리아의 6·25전쟁을 검토해볼 차례입니다. 먼저 우리가 남북 두 국가가 포괄하는 영역을 통칭하는 말로 흔히 쓰는 '한반도' 대신 '코리아'를 쓰는 이유를 먼저 밝혀두겠습니다. Korean Peninsula를 한국(ROK)은 '한반도'라고 하고, 조선(DPRK)에서는 '조선반도'라고 합니다. 그러니 '한반도'라고 하면 남쪽만의 언어가 되기 때문입니다. 또 '코리아'라 하면 지리적인 Korean Peninsula만 아니라 코리아 사람, 민족(Korean people, nation)을 함께 지칭하니 보다 포괄적입니다. 그래서 앞으로 남북 양국을 지리적·민족적으로 통칭하는 언어를 찾아 합의하기까지는 아쉬운 대로 '코리아'를 쓰기로 하겠습니다.

　우리는 앞서 중국내전과 베트남전쟁의 승자의 입장이라고 해도 그 **전쟁을 막을 수 있었더라면 원래의 목표를 더 적은 희생으로 더 빨리 이룰 수 있었을 것임**에 동의할 것이라고 보았습니다. 코리아전쟁도 마찬가지입니다. 아니 더욱 그렇다고 할 수 있습니다. 왜냐하면 중국내전과 베트남전쟁에서는 그래도 승패가 분명했기 때문에 승자의 입장이라는 것이 성립하지만, 코리아전쟁에서는 승자가 없었기 때문입니다. 승자는 없고, 전쟁으로 인한 피해는 막대했죠. 그렇기 때문에 이 전쟁의 정당성을 옹호할 당사자부터 분명치 않습니다. 전쟁 당사자 모두가 공식적으로는 내가 시작하고 원했던 전쟁이 아니었다고 하지 않습니까. 모두가 상대 때문에 전쟁이 났다고 하죠. 이런 사실 자체가 애초에 이 전쟁이 떳떳했던 것이 아니었음을 보여주고 있습니다.

　우선 이 전쟁의 피해를 간략히 요약해볼까요. 우선 전쟁터가 된 남북 코리아의 사망자만 해서 전투원 50만, 민간인 100만이 넘습니다.

사상자로 보면 세 배 이상이 되고요. 국토는 잿더미가 되었죠. 특히 미군의 북폭으로 북쪽의 산업시설은 제로가 되었습니다. 중국군은 18만여 명, 미군은 3만 5000여 명이 죽습니다. 이렇게 큰 희생을 치른 전쟁이 결국 어느 쪽도 승자 없이 끝났습니다. 그러면 전쟁은 승자 없이 끝났더라도 전쟁의 결과는 과연 참전국들에게 득을 가져다주었을까요?

6 · 25전쟁이 끝나고 코리아 남북에는 준전시적인 '**항시적 비상국가체제**(permanent emergency state system)'가 들어섰습니다. '비상국가체제'란 카를 슈미트의 주권 이론인 '예외 독재권' 개념을 한반도 남북의 국가주권 상황에 적용한 것입니다.[10] 코리아 남북에 준전쟁 상태가 지속됨으로써 남북 두 국가는 국가의 독재권이 무제한적으로 작동하는 나라가 되었습니다. 남북의 두 국가가 단일주권을 놓고 필사적으로 다투다 보니 서로를 절대적 적으로 간주하지 않을 수 없게 되었죠. 이렇듯 절대적 적과 필사적 쟁투를 벌이겠다는 권력은 필연코 절대적 독재권을 휘두르게 됩니다. 이런 극단적인 상황에서는 남에서든 북에서든 정상적인 정치 경쟁이 허용되지 않았습니다. 독재권을 틀어쥔 '집권 세력' 쪽은 그런 현실이 행복(?)했을지 모르지만, 독재체제에 시달려야 했던 남북 대다수 사람들에게는 결코 그렇지 않았습니다. 남북은 서로 '원수'가 되어 적대했고, 그 적대를 증폭시켜 남북 집권 세력에 대한 일체의 비판 세력을 말살했습니다. 코리아는 오랜 역사를 가진 나라지만, 그 오랜 역사 속에서도 전례를 찾아볼 수 없는 민족 간의 지독한 적대가 체제화되었습니다. 이를 '분단체제'라 불렀죠. 코리아와 코리아 사람들이야말로 코리아전쟁의 최대 피해자입니다.

중국은 어떻습니까. 코리아전쟁으로 미국과 정면으로 충돌하게 되었죠. 미국은 코리아에서 싸우면서 동시에 대만해협을 틀어막고 중국

勢2

과 대치하게 되었습니다. 이로써 중국의 대만 통일은 아주 요원한 일이 되어버렸습니다. 참전을 통해 중소동맹이 강화되고 소련으로부터 군사원조를 받게 되었지만 오래 가지 못했습니다. 스탈린 사후 갈등이 불거져 중소관계는 1950년대 말부터 험악하게 되고 말았지요. 결과적으로 소련과의 관계에서도 장기적으로는 별다른 득이 없었습니다. 그러니 중국으로서는 코리아전쟁으로 얻은 건 별로 없고 잃은 건 큽니다.[11] 미국은 어떻습니까. 이 전쟁을 통해 호황을 누린 군산복합체와 한국을 포함한 동아시아와 태평양에 거대한 군사기지를 구축한 미국 군부는 행복했을지 모릅니다. 그러나 그렇게 해서 괴물처럼 커지기 시작한 미국의 군산복합체 지배체제에 대한 우려와 반발이 미국 내에서도 점점 커지게 되었습니다. 이후 베트남전쟁으로 이어질 재앙의 조짐이 이때 이미 시작된 것입니다.

그럼에도 지금도 그 코리아전쟁을 다시 하자고 하는 사람들이 있을까요? 내놓고 말하지는 못하지만 요즘도 정말 그렇게 생각하는 사람들이 전혀 없지는 않은 것 같습니다. 잘 생각해보십시오. 그러한 세력은 지금 코리아 안에도 있고 코리아 밖에도 있습니다. 그러나 그걸 내놓고 말하지 못한다는 사실 자체가 그런 생각을 품고 있는 사람들이 떳떳하지 못하다는 걸 말해줍니다. 그런 세력이 여전히 존재하고 있는 것이 현실이기 때문에 이 전쟁에 대한 정확한 분석은 결코 과거의 일이 아니고 바로 현재의 일이기도 합니다. 우리 생각은 분명합니다. 그 코리아전쟁은 있어서는 안 될 전쟁이었고, 앞으로도 다시 벌어져서는 안 될 전쟁입니다. 그런데도 그 코리아전쟁은 어떻게 왜 벌어지고야 말았던 것일까요? 여기서부터 이야기를 시작해볼까요.

북선생 코리아전쟁이 내부 갈등 때문에 시작된 것인가, 미소의 냉전 전략에 따라 외부의 필요에 따라 시작된 것인가, 즉 내전이냐 국제전이냐는 주제는 오랫동안 갑론을박이 이어져왔습니다.[12] 1990년 초 러시아 쪽 자료가 공개되면서 이제는 이 논란에 대해 밝혀질 큰 자료는 거의 다 나왔다고 볼 수 있고 논란도 어느 정도 큰 틀에서는 합의점을 찾아가고 있지요.[13] 우리가 코리아전쟁을 '내전+국제전'이라고 한 건 그렇듯 모아지는 논의를 반영한 것이기도 합니다. 앞서 우리 논의를 이어보면, 코리아 문제는 중국과 베트남 문제를 섞어놓은 꼴입니다. 국공내전은 분명한 내전형이고, 베트남전쟁은 거의 이뤄진 베트남 통일에 미국이 뛰어들어 싸운 국제전형이죠. 코리아 역시 식민지시기에 내적 갈등이 내전적 수준으로 발전하지는 않았다는 점에서 출발은 베트남과 비슷합니다. 그래서 애초에 미소 간의 코리아 분할이 없었다면 내부 갈등이 없을 수는 없었겠지만 그 갈등이 코리아전쟁과 같은 파국적 국면으로까지 나가지는 않았을 것입니다.

원칙적으로 따지면, 전후 분할을 해야 한다면, 유럽에서 패전국 독일을 분할했듯이, 동아시아에서는 일본을 분할해야 마땅한 것이었겠죠. 그런데 코리아가 전승국인 미국과 소련의 세력선에 끼어 분할되고 만 것입니다.[14] 이렇게 엉뚱하게 코리아가 분할되고 또 이 분할이 전쟁으로까지 이어지게 되면서 가장 큰 이득을 본 곳은 일본이었습니다. 먼저 일본을 기지로 삼은 미군이 코리아전쟁에 대거 참전하자 일본은 후방기지로 '전쟁 특수'를 누렸습니다. 더욱 큰 것은, 코리아전쟁이 벌어지자 미국은 일본의 지위를 처벌을 받아야 할 패전국-적대국에서 성장을 도와줄 동맹국-후원국으로 180도 전환해주었다는 것입니다. 1951년 샌프란시스코 회담을 통해서입니다. 일본 '전후 번영'의 주춧돌이 모두 코리아전쟁이 터지는 바람에 갖춰지게 되었던 것입니다.

〈그림 4-3〉 마을 한가운데를 가르는 38선 표시

이 '38선'이란 게 논두렁 밭두렁 사이로, 심지어 마을 한가운데를 가르며 지나가게 그어진 일직선의 분단선입니다.〈그림 4-3〉 이렇게 어이없이 그어놓고 길목마다 미소 양국 군인들이 바리케이드와 차단기를 설치하고 막고 나선 게 시작이에요. 그다음에 북에는 친소 세력이 남에는 친미 세력이 권력을 잡도록 한 거죠. 그러니까 원래는 없던 내전적 구도를 군사분계선을 가지고 미소가 만들어놓은 꼴입니다. 그렇지만 원래 미국, 소련은 남북에 친미, 친소 정권은 확실히 세워두지만, 이를 앞세워 전쟁으로 나갈 생각까지는 없었습니다. 서로 조심스럽게 일단 합의된 세력권을 지키자는 것이었어요.

그런데 일단 그렇게 분단이라고 하는 내전적 틀이 만들어지자 그 안에서 내전적 갈등이 계속 고조되었습니다. 중국의 쑨원이나 베트남의 호치민과 같은 통합적 지도력이 발휘될 수 있는 여건이 형성되지 못했어요. 통합파·중도파는 남에서든 북에서든 주도권을 잡을 수 없었습니다. 그렇게 해서 남북에서 정권을 잡게 된 세력은 모두 자기중심의 통일을 하루라도 빨리 이루고 싶어 했어요. 양측 모두 후견 세력인 미국과 소련의 힘을 빌려서 상대방을 몰아내고 통일을 하루라도 빨리 이루고 싶어 했던 것입니다. 북에서 친소 정권이 세워지면서 상당수 지주층과 기독교 세력이 이탈해 남쪽으로 내려오고, 남에서는 친미정권을 세우는 과정에서 좌파, 반정부 세력에 대한 대대적인 탄압이 이뤄집니다. 1948년의 제주 4·3사태와 여순반란사건은 이미 상황이 내전으로 기울어 있었음을 보여줍니다. 1948년 8월과 9월에는 남과 북에 정부가 각각 수립되고, 1949년에는 개성, 옹진, 양양 등에서 남북 군대 간의 상당한 규모의 전투가 이어집니다.[15]

1949년 10월 중화인민공화국 수립으로 국공내전의 승패가 가름나자 북의 정권은 굉장히 고무되었죠. 이미 중국내전의 향방에 대해 확신을 갖게 된 1949년 8월부터 김일성과 박헌영은 평양의 소련 대사에게 '중국처럼 우리 역시 남조선을 전쟁을 통해 해방시킬 수 있다'는 자신감을 표명하고 있습니다. 같은 시기 남쪽의 이승만 역시 그의 CIA 연락선인 올리버에게 군사공격을 통해 김일성 일당을 압록강 두만강 너머로 몰아낼 수 있다고 큰소리치고 있었습니다.[16] 그는 그대로 내부 좌파 저항 세력을 성공적으로 제압했다는 자신감을 가지고 있었기 때문에 미국만 끝까지 밀어준다면 '북진통일'까지 이룰 수 있다고 보았던 것입니다.

결국 애초에 상황을 전쟁으로 몰고 가고 싶었던 쪽은 오히려 코리아 남북의 집권 세력이었지 미국, 소련이 아니었습니다. 김일성은 이미 1949년 3월 모스크바를 방문해 스탈린을 만나 '남조선 공격'에 대한 승인과 지원을 요청했지만, 이때 스탈린은 미국의 참전 가능성을 들어 거절한 바 있습니다. 이승만은 그보다 일찍 소련군이 북에서 철수한 직후부터 38선 일대 여러 곳에서 소규모 전투를 벌이고 '북진통일'을 주장하기 시작합니다. 그러나 미국 역시 이승만에게 자제할 것을 주문하고 있었지요. 이때까지 미소는 코리아에서 전쟁을 벌일 의사가 없었습니다. 미소 간에 직접 군사적 충돌이 벌어지는 것을 양측 다 피하려 했으니까요.

서선생 1949년까지 동아시아에서 미국과 소련은 서로 충돌을 피하려고 매우 조심스러운 모습이었습니다. 중요한 점은 이때까지는 미소 모두 중국에 대한 정책이 최종적으로 결정되지 않은 상태였다는 것입니다. 미국도 소련도 국공내전에서 양다리를 걸쳐놓은 상태였습니다. 물론 미국은 국민당 쪽에, 소련은 공산당 쪽에, 더 중심이 가 있었지만, 양쪽 다 계란을 한 바구니에 다 담아두려고 하지는 않았던 것이죠. 중국 공산당의 승리로 내전이 귀결된 후에도 한동안 미국의 태도는 그랬습니다. 1950년 1월 12일 발표된 유명한 '애치슨 라인 선언'도 미국이 마오쩌둥의 신중국에 우호적 입장을 표명한 것이라고 볼 수 있습니다. 대만과 코리아는 미국의 태평양 방어선에 포함되지 않는다고 한 것은, 무엇보다 우선 미국이 대만 편에 분명히 서지 않겠다는 말이거든요. 즉 중국과 적대하지 않겠다는 신호를 보낸 것이었습니다. 미국이 중국에 협력의 가능성을 타진해본 것으로 볼 수 있습니다.

이때 마오쩌둥은 모스크바에서 스탈린과 회담 중이었는데, 마오쩌둥은 스탈린과 장제스가 1945년에 맺은 「중소우호동맹조약」을 폐기하고 새로운 조약을 맺으려 했죠. 그 핵심은 장제스가 그때 스탈린에게 넘겨주겠다고 약속했던 중국 동북의 옛 러시아의 이권을 다시 돌려받으려는 것이었어요. 이 문제를 둘러싸고 마오쩌둥과 스탈린 간에는 겉으로 드러나지는 않았지만 아주 날카로운 갈등이 있었습니다.[17] 애치슨 선언은 이 갈등을 파고 들어가 중국에 우호적인 사인을 보냄으로써 중소동맹을 저지해보려는 의도가 있었던 것입니다. 스탈린과 마오쩌둥은 1949년 12월 16일, 24일, 그리고 1950년 1월 22일 세 차례 회담을 하는데, 동북 이권 문제는 최종 회담인 1950년 1월 22일에야 스탈린이 양보를 해주죠. 이 문제가 풀리고 난 후 실무진 협의를 거쳐 2월 14일 중소 간의 새로운 「중소우호동맹호조조약」이 체결됩니다.

이런 우여곡절을 통해 새로운 중소동맹이 맺어지자 여러 가지 중대한 변화가 이어집니다. 우선 미국의 동아시아 정책이 '소련과 공산권에 대한 강경 봉쇄' 쪽으로 선회하기 시작합니다. 미 국방부와 국무부 내에서 강경파가 득세하고 '애치슨 라인'은 점차 실효를 잃게 됩니다. 그 강경파 부상의 배경에는 2차 대전에서 괴물처럼 성장한 군산복합체가 있습니다. 이들은 거대한 군사산업을 다시 가동하고자 했습니다. 애치슨 선언은 '정치적 한정 봉쇄'를 전략으로 하는 국가안전보장회의 문건 NSC-48에 기초하고 있었는데, 1950년 새 중소동맹의 체결 이후 강경파들은 '군사적 전면 봉쇄'를 내세운 NSC-68을 제출하여 그 영향력을 크게 넓혀가고 있었어요. NSC-68은 국방 예산을 국민총생산의 6~7%에서 20%까지 증액하자고 요구하고 있었지요. 그러니 어디선가 전쟁이 터져주면 이들은 아주 행복한 것입니다.

그런데 공교롭게도 이즈음 스탈린의 코리아 전략에도 중요한 변화가 생깁니다. 그동안 스탈린은 김일성의 집요한 '남조선 공격 승인' 요청에 대해 거부 의사를 밝혀왔는데, 마오쩌둥과 새로운 중소 조약에 합의한 직후인 1월 30일 평양의 소련 대사에게 전보를 보내 '김일성의 계획을 토론해보고자 김일성이 모스크바를 방문할 것'을 제안한 것입니다. 그리고 이제는 널리 알려진 것처럼 1950년 4월 김일성과 박헌영은 모스크바를 방문하고 스탈린과 회담하여 전쟁에 대한 최종 승인과 지지를 얻게 되었습니다. 그런데 '스탈린의 승인'에 대해 마오쩌둥은 김일성과 박헌영이 5월 베이징에 와서 도움을 구하는 과정에서 확인해 줄 때까지 모르고 있었어요. 그만큼 김일성의 모스크바 방문과 스탈린 승인이 비밀이었던 것이죠. 이렇게 스탈린의 승인과 마오쩌둥의 지지를 얻은 북측은 6월 25일 공격을 시작했고, 이미 중소동맹 체결 이후 강경봉쇄 방향으로 전환한 미국은 즉각 참전을 선언하여 파괴적인 전쟁이 3년간 벌어지게 되었습니다.

왜 스탈린이 중소동맹 체결 결정 직후에 코리아전쟁에 대한 생각을 바꾸었는지 그 의도에 대해서는 아직도 정론은 없습니다. 자신의 생각을 솔직하게 밝힌 기록이 없으니까요. 그렇다고 영원한 미궁은 아닙니다. 객관적인 사실들의 조각을 놓고 꼼꼼하게 맞추어보면 어느 정도 정확한 그림을 얻을 수 있으니까요. 그렇게 맞춰보면, **스탈린에게 코리아전쟁은 조선(DPRK)과 중국을 이용해 미국의 반응과 힘을 테스트한 실험장**이었던 것으로 보입니다. 스탈린은 크게 두 가지 시나리오를 생각해보았을 것입니다. 핵심은 미국의 반응 방식입니다. 첫째 시나리오로 만일 미국이 방관한다면 소련의 영향권이 확대되어 이득을 취하게 되겠죠. 미국의 대소 방침이 강경대응 일변도가 아닌 것을 확인하게 될 뿐 아니라 영향력을 코리아 반도 전체로 확장할 수 있으니 일거양득입니다. 두 번째 시나리오는 미군이 참전하는 것입니다. 그러나 그럴 경우를 대비해서 스탈린은 적당한 때에 중국이 나서서 싸우게 하도록 준비해두었습니다. 이렇게 중국과 미국이 전쟁에서 맞붙어 확실한 적이

되면 소련에게는 전략적으로 분명한 이익이 됩니다. 당시 스탈린에게 미국은 확실한 적이었지만, 중국에 대해서는 아직 확실한 믿음이 없었어요. 그런데 그 둘이 싸우게 되면, 확실한 적인 미국은 분명히 약화시킬 수 있고, 중국은 좀 더 확실히 자기편으로 끌어당길 수 있을 것이라고 타산했겠죠. 첫째 시나리오가 좋지만, 두 번째 시나리오도 나쁘지는 않다고 스탈린은 판단했을 것입니다.

현실은 두 번째 시나리오로 전개되었습니다. 소련이 물론 팔짱만 끼고 있었던 것은 아닙니다. 후방에서 할 수 있는 최대한의 지원을 했습니다. 그러나 미국과 직접 부딪치는 일은 극구 피했죠. 미국도 소련의 후방 참전을 알고 있었지만 이를 기밀사항으로 처리했습니다. 미국 역시 소련과 정면 대결하는 상황을 피하려 했던 것입니다. 스탈린은 미국에 대한 힘의 열세를 인식하고 있었어요. 그리고 그의 주 관심은 어디까지나 유럽에 있었습니다. 그런데 유럽에서 미국이 마셜플랜을 펼치며 소련을 압박하고 나오자 아시아에서 중국과 조선(DPRK)을 이용해 전선을 펼쳐 미국의 힘을 분산시키려 했던 것이죠.

당시 코리아 남이든 북이든 자체의 힘만으로는 통일할 수 없다는 것을 잘 알고 있었습니다. 그래서 남쪽은 미국의, 북쪽은 소련의 동의와 지지를 필사적으로 구하려 했죠. 남북의 두 정권이 이렇듯 폭력적 수단을 통해서라도 기필코 통일을 이루겠다고 생각하게 되었던 것이 이미 막장에 도달했다는 것을 말해주지요. 다른 선택을 생각할 여유가 없어진 상황, 다른 가능성을 다 지우고 가장 극단적인 선택만 남은 상황, 그것이 막다른 골목이고 막장입니다. 이 상태에까지 이르렀을 때 코리아의 정치적·평화적 통일은 이미 실패해 있었던 것입니다. 그 이전에 이미 두 번의 실패가 있었지요. 1948년 코리아에 두 개의 정부가

勢2

들어선 것, 그리고 1945년 12월 말 모스크바 3상회의에서 제안된 신탁통치 방안을 받아들이지 못한 것입니다. 이 방안이 받아들여졌다면 오스트리아식 통일의 길을 모색해볼 수도 있었을 것입니다. 어쨌든 이렇듯 이미 빗나간 궤도 위를 달리며 두 정부는 필사적으로 자기 중심의 통일을 이루려고 했고, 그런 오도된 열망이 결국 코리아를 미소 두 슈퍼파워 간 힘겨루기의 참혹한 전쟁터로 만들고 말았습니다.

분단체제: 내전적 적대의 지속

남선생　전쟁도 잘못된 것이었지만, 그 후의 남북관계 역시 최악의 길로만 달려왔지요. 분단에서 전쟁을 거쳐 오늘에 이르기까지 남과 북의 코리안들이 갖게 된 상호 적대와 불신을 생각해보세요. 같은 민족 간에 이렇게 깊고 철저한 적대감은 그 이전 코리아의 역사에서는 전혀 상상할 수도 없었던 것입니다. 남과 북의 두 코리아는 전쟁의 결과 이제 군사적으로, 그리고 이데올로기적으로 아주 지독한 '적'이 되었어요. 더 나아가 그 적은 휴전선 저 밖에도 있지만, 더욱 위험한 적은 내부에도 있다는 강박관념에 쫓기게 되었습니다. 그 결과 남(南)의 체제는 긴 세월 내부의 적인 '빨갱이'를 탐색하고 제거하는 고도의 정화 기계가 되었고, 북(北)의 체제는 또한 내부의 적인 '미제와 남조선 괴뢰도당의 끄나풀, 간첩'을 색출하여 말살하는 고도의 검열 장치로 되었습니다. 이 정화와 검열의 장치는 그 속에 사는 모든 인간의 마음과 뇌까지를 예외 없이 점유하여 그 지배를 완성하려고 했습니다. 이로써 분단의 골은 인간의 내면 가장 깊숙한 곳까지를 차지하게 되었던 것이죠.

그러나 이렇듯 전면화된 분단체제가 그곳에 사는 인간들에게 가하는 위협과 압박은 너무나 큰 고통이 되었기 때문에 바로 그 분단체제의 현실에 대한 강렬한 비판의식을 불러일으키지 않을 수 없게 되었습니다. 그러한 비판운동이 두드러지게 전개되었던 곳은 재야, 야당, 학생운동이 활발하게 전개되었던 한국이었습니다. 그런데 한국의 역대 독재정권은 이러한 비판을 '이적', '용공', '친북'으로 몰아 탄압해왔습니다. 이들이 통치체제를 비판하면서 주장하고 있는 분단극복, 통일이란 결국 대치하고 있는 적의 편에 동조하는 통일일 수밖에 없다는 논리였죠. 이러한 상황은 정치체제의 차이만 있을 뿐 남과 북에서 동형적으로 진행돼왔습니다. 분단체제란 이러한 분단체제 비판 세력을 식량으로 먹어치우면서, 즉 무자비하게 공격하고 탄압하면서 자신의 몸체를 괴물처럼 더욱 키워온 것입니다. 반면 독재정권이 비판 세력을 '적'으로 상정하고 탄압하는 한, 극악한 탄압을 당하는 비판 세력 역시 자신의 생존을 위협하는 독재정권을 '적'으로 상정하고 맞서 싸우지 않을 수 없었습니다. 여기에 독재정권은 비판 세력이 자신을 '적'으로 규정하는 것이야말로 그들이 '이적단체'에 불과한 것을 입증하는 것이라고 강변해왔습니다. 이로써 상호를 적으로 간주하여 투쟁하는 상승적 순환 구조가 남과 북의 정권 사이에서, 그리고 남 내부와 북 내부 각각에서 형성되고 교차하면서 가속도를 얻어 작동해왔던 것입니다.

결국 **분단체제란 분단의 부정, 즉 자기부정을 통해 자기를 확대재생산하는 기묘한 체제**였습니다. 이 기묘한 작동 논리는 2중의 차원에서 전개됩니다. 먼저 남북의 분단체제가 공식적으로 표방하는 체제의 목적이 분단의 극복이었죠. '조국통일', '북진통일', '흡수통일', '붕괴통일', '통일대박', 모두 한 가지였습니다. 모두 분단을 부정하고 자기중심의 통일, 즉 '분단의 극복'을 표방했습니다. 이렇듯 분단체제가 분단을 부정하면 할수록 남북 양측에서 서로에 대한 의심과 대립과 적대의 힘, 즉 분단의 장력(張力)은 더욱 팽팽하게 당겨집니다. 그러나 분단체제의 자기생산력이란 이것만이 아니었습니다. 이렇듯 자기생산성을 갖는 분단체제의 기득 권력을 비판하고 맞서는 힘 역시 '분단극복'을 표방했죠. 분단을 극복해야 분단체제가 종식될 것이니 당연한 주장이라 할 수 있겠습니다. 분단체제는 바로 이렇듯 '분단체제극복'을 부르짖는 세력을 기다렸다는 듯이 체제비판 세력, 내부의 적, 예외, '호모 사케르'로 낙인찍어 잡아들여 왔습니다. 수많았던 기획된 간첩 사건, 체제전복 사건, 내란선동 사건들이 그런 것이었어요. 이렇듯 분단체제의 적대적 장력은 서로를 외부·예외로 간주하는 남북 간에 형성될 뿐 아니라, 바로 남북의 내부에 외부·예외를 설정하는 방식으로, '겹2중'으로 형성되어왔습니다. 이 '겹2중'이 맞물려 돌아가는 동력 구조가 분단체제였습니다. 내부에 외부를 설정하는 이 '내부 적대'의 장치 마련을 통해 '외부 적대'의 동력을 증폭시키는 메커니즘이었던 것이죠. 분단체제란 이렇듯 강고할 뿐 아니라 교묘한 자기생산-재생산체제였습니다. 70년 가까이 생명을 이어온 데는 그만한 이유가 있습니다.[18]

북선생 천만다행으로 이제 2016~2017년 한국의 촛불혁명을 계기로 그러한 적대관계에 큰 변화가 진행 중입니다. 우리가 크게 주목해야 할 변화입니다. 분단 이후 남북은 적대관계를 완화하고 해소할 여러 번의 기회를 놓쳐왔습니다. 이제라도 그렇듯 잘못된 길을 걸으며 누적해온 적대관계를 평화적·공존적 관계로 반드시 전환할 수 있어야 하겠습니다. 이제 미소 냉전이 해체된 오늘날의 세계에서 지금의 코리아 남북과 같이 너무나 낡아버린 이념적 적대감을 불태우고 있는 곳은 어디에도 없습니다. 우리는 지금까지 근대세계사의 흐름을 검토하면서 유럽내전에서 기원한 '내전적 적대'의 세계적 확산이 중요한 팽창적 동력을 이루어왔음을 확인할 수 있었습니다. 그런데 지금 현실을 보면 '근대적 형태의 내전적 적대'가 역사적으로 발원(發源)했다고 할 수 있는 유럽에서는 그런 적대가 거의 사라지고 없습니다. 심지어 미소 간에도 과거의 치열했던 '세계내전'의 적대감은 존재하지 않습니다. 그런데 그런 적대가 그것도 아주 지독한 형태로 코리아에만 남아 있습니다.

이걸 어떻게 봐야 할까요? 일제 강점기에도 독립운동 내에 노선의 차이가 있었고, 그로 인한 갈등, 알력, 대립이 있었습니다만, 이런 정도로 필사적인 적대감은 아니었습니다. 해방 초기, 분단 초기만 해도 이런 정도는 아니었어요. 결국 바깥에서 강요된 분단과 냉전이라는 갈등의 틀을 슬기롭게 녹여내지 못하고 그 틀 안에서 내전적 적대를 오히려 시종 폭발적으로 고조해왔던 결과입니다. **적대의 외적 요인을 약화시켜 가면서 통합의 힘을 키우는 길이 아니라, 적대의 외적 요인을 오히려 끌어당기고 증폭시켜서 내전적 적대를 극대화해왔던 것이에요.** 그래서 결국 전쟁까지 하게 되었고, 그 결과 코리아 남북은 서로에게 굉장히 적대적이고 공격적인 두 개의 국가가 되어버렸습니다.

아주 냉정하게 말하면, 17~19세기 유럽의 국민국가들이 내전과 전쟁을 통해 만들어졌던 것처럼, 지금 코리아 남북의 두 국가도 내전과 전쟁을 거쳐 만들어졌다고 해야 하겠지요. 물론 코리아 사람들이 원했던 결과가 전혀 아니었습니다. 그렇지만 그렇게 되고 말았던 것에 대해서 가치판단을 떠나, 이제는 그것이 되돌릴 수 없는 역사적 사실이 되고 말았다는 것을 냉철하게 받아들일 수 있어야 합니다. 그런데 여전히 그 사실을 부정하면서, 서로가 '나는 너를 국가로서 인정하지 않는다'고 하면, 또다시 전쟁을 해서 최종 결판을 짓자는 이야기밖에 되지 않습니다. 그런데 이게 정말 지금도 코리아에서 서로를 국가로서 인정하지 못하고 있는 사람들의 진심일까요? 아마도 실제로 다시 한번 전면 전쟁을 해서 끝판을 보고야만 말겠다는 세력이 전혀 존재하지 않는다고 단언할 수는 없을 것입니다. 그러나 이제 그런 세력은 남에서든 북에서든 다수가 아닙니다. 전쟁을 바라지 않는 쪽이 남이든 북이든 압도적 다수일 것입니다. 그나마 다행이지요. 주변 국가들도 지금 코리아에서 전쟁이 터지면 이익이 된다고 생각하는 곳이 없습니다. 만일 코리아 반도에서 다시 한번 전쟁이 터진다면 이제는 그 전쟁은 과거 코리아전쟁처럼 코리아 반도에만 국한되지 않을 것이니까요. 어느 누구도 수습할 수 없는 전쟁이 될 가능성이 매우 큽니다.

그렇다면 이러한 상황에서 우선 풀어야 할 매듭이 무엇일까요? 우선 그토록 지독한 상호적대를 끊어야죠. 그 적대는 두려움에서 나옵니다. 그 두려움은 저쪽이 이쪽을 부정하고 멸망시키려 한다는 믿음에서 오죠. 그런 믿음은 남북이 내전상태에 있기 때문에 생깁니다. 그 내전상태를 종식시켜야 합니다. 내전상태, 즉 하나의 주권, 하나의 영토를 놓고 벌이는 필사적인 전쟁상태, 적대관계를 우선 끝내야죠. 방법이 무엇일까요? 서로를 국가로서 인정하면서, 서로의 주권을 위협하지 않으며 공존하는 상태를 이루는 것입니다. **대한민국(ROK)과 조선민주주의인민공화국(DRPK) 두 국가가 서로를 국가로서 인정하여 평화롭게 공존하는 '코리아 양국체제'**가 그것입니다. 양국체제를 통해 내전상태는 종식됩니다. 그것이 통일의 첫 단추고 첫 고리가 됩니다. 이 양국체제가 안정화될 때 평화적 통일로 가는 길은 비로소 열릴 것입니다. 통일의 길이 비로소 열리며, 또한 그때야 비로소 필연적인 미래가 됩니다. 코리아가 하나였던 것은 1천 년 이상입니다. 코리아가 하나인 것이 자연적으로나 문화적으로나 자연스러운 것이죠. 그러나 그 첫 고리를 풀지 못하면서 통일 먼저 하자고 나서면 문제는 더욱 꼬일 뿐이고 그럴수록 통일은 오히려 멀어질 것입니다. 이 문제는 4부의 마지막에서 다시금 상세히 다루기로 하겠습니다.

제3론

내장근대 완성의 우회로,
냉전 종식과 동아시아의 부상

팽창근대, 한계에 이르다

서선생　2차 대전 후 20세기 말까지, 50여 년이라는 그다지 길지 않았던 그 시간 동안, 세계는 참으로 요동도 많았고 반전(反轉)도 많았습니다. 우리의 시각에서 그중 단연 두드러진 것은 팽창근대의 쇠퇴 현상입니다. 동시에 긴 우회로를 돌았던 내장근대의 완성이 서서히 모습을 드러내기 시작했습니다. 이 둘은 동전의 앞뒤 양면과도 같은 모습입니다. 동아시아 차원에서는 '세2(勢2)'의 시대인데, 이는 팽창근대가 동아시아 내장근대를 지배하고 변형시키던 역사적 힘의 최종단계였습니다. 20세기 말에 이르면 팽창근대의 힘은 쇠진하기 시작하고 동아시아에서 형′(形′)가 그 모습을 드러내기 시작합니다.

　이 시기 팽창근대의 힘이 크게 약화되었다는 것은 우선 근 400년 (16~19세기) 동안의 유럽의 팽창성이 1, 2차 대전을 통해 크게 꺾였다는 데서 확인할 수 있습니다. 거의 모든 유럽의 구식민지들이 2차 대전 후 독립했다는 사실이 그것을 분명하게 보여줍니다. 물론 구식민지에서 유럽은 쉽게 물러가려 하지 않았죠. 베트남이나 인도네시아, 알제리처럼 돌아온 유럽 식민주의자들과 전쟁을 치러야 했던 곳도 있습니다. 또 독립을 찾은 일부 나라들에서 내전이 벌어지거나 분단되는 사태가 벌어지기도 했지요. 그러나 세계사의 큰 흐름은 명백했습니다. 이들 돌아온 식민주의자들은 거의 모두 패배하고 물러갔습니다. 유럽의 팽창근대는 2차 대전 이후 명백하게 하강기로 접어들었던 것이죠.

유럽 팽창근대의 특징은 군사력을 앞세운 '권력자본주의'의 식민지 지배에 있었습니다. 2차 대전이란 독일, 일본 등 공격적인 후발 팽창근대-파시즘 국가들이 미·영 등 선두 팽창근대 국가들에 도전했던 전쟁이었죠. 2차 대전의 승자는 미국, 그리고 뜻밖에 소련이 되었습니다. 영국, 프랑스만 아니라 패전국인 독일, 일본은 모두 미국의 하위동맹으로 재편되었죠. 패전국 독일과 일본은 비무장화되었는데 이는 상당한 상징적 의미가 있습니다. 비무장한 자본주의는 더 이상 '권력자본주의'로서의, 공격적 팽창근대로서의 기능을 온전히 수행할 수 없거든요. 이렇듯 '비무장한 자본주의'를 어떻게 봐야 하는가. 흥미로운 주제입니다.

물론 하위 승전국 영국, 프랑스는 여전히 상당한 군사력을 보유했고 따라서 '권력자본주의'로서의 기능을 어느 정도 유지했습니다. 중동이나 아프리카에서 여전히 제국주의적 영향력을 행사하기도 합니다. 이런 '제국주의적 영향력'이란 게 꼭 좋다고 할 수 없는 것이, 그렇다 보니 요즘도 종종 이슬람 근본주의 세력의 테러 공격의 대상이 되기도 하거든요. 유럽에서 왜 유독 파리와 런던이 테러 공격의 대상으로 자주 등장하는지 깊이 생각해볼 문제입니다. 영국과 프랑스가 그만큼 식민지 경영에 공격적인 팽창성이 있었다는 것을 말해주는 것이죠. 그렇지만 그 팽창성, 공격성, 지배력은 과거 1, 2차 대전 이전과는 비교할 수 없게 낮은 수준입니다. 그래서 전체적으로 팽창근대의 세계지배는 이제 정점을 찍고 하강기에 접어들었다는 것이죠. 굉장히 의미심장한 현상입니다.

그렇지만 물론 미국이 남아 있죠. 미국은 2차 대전을 통해 유럽과 동아시아만이 아닌 세계 도처에 거대한 군사기지를 두고 운영하는 '기지제국(base empire)'이 되었습니다. 그러나 그 힘은 주로 맞수 소련을 포위하고 압박하기 위한 것이었습니다. 과거 유럽 제국들처럼 직접적인 식민지 장악이 주목적이 아니었던 것이죠. 미국이 자본주의 팽창근대를 대표하는 거대 제국이 되었지만, 세계 전체의 힘 관계를 보면 구식민지 세력이 거의 다 독립하게 됨으로써 이들 지역에 대한 팽창근대의 지배 강도(强度)는 결코 과거 1, 2차 대전 이전의 구식민지 세력의 수준에 미치지 못하는 것입니다.

소련은 어떻습니까. 앞서 스탈린그라드 전투를 다루면서 언급했던 것처럼3부 4론 나치의 막강했던 군사력을 무너뜨리는 데 소련이 결정적인 역할을 함으로써 2차 대전의 양대 승자로 올라설 수 있었죠. 그래서 미국과 함께 전후의 세계를 거의 양분하는 영향력을 획득할 수 있었습니다. 그런 세계분할체제를 보통 얄타체제라고 하죠. 1945년 3~4월 얄타회담에 스탈린, 미국의 루스벨트, 그리고 영국의 처칠이 참석했습니다만, 당시 영국은 이미 '지는 해'라 미소 양강 체제에 미국을 곁다리 들어주는 정도의 역할밖에 하지 못했습니다. 그렇게 해서 소련은 미국과 함께 2차 대전 이후 최후의, 그리고 최대의 팽창근대 세력의 하나가 되었습니다. 동구권과 북조선에서 시작해서 그 후 중국, 베트남,

쿠바 등을 하위동맹으로 거느린 대(大) 세력이었죠. 그뿐 아니라 유럽을 포함한 전 세계 거의 모든 곳의 공산당 역시 소련의 하위동맹에 포함되어 있었습니다. 이 힘으로 미국과 거의 대등한 수준에서 세계전략을 구사하며 맞설 수 있었던 것입니다.

그런데 이 미소 양대 블록은 1, 2차 대전 이전의 유럽 식민지 세력들과는 다른 방식의 경쟁을 해야 했습니다. 구식민주의가 쟁탈한 식민지의 크기로 경쟁을 했다면, 미소는 최소한 이념적으로는 식민지 해방의 가치를 앞세우고 경쟁을 해야 했지요. 말하자면 프랑스혁명의 구호였던 '자유, 평등, 박애'가 이제 경쟁하는 양대 진영의 구호로 세계 어느 곳에서든 경쟁적으로 표방해야 했던 상황이 된 것이죠. 구식민주의 세계에서 프랑스혁명의 이 구호는 유럽의 세계 식민지화라는 현실 속에서는 결코 보편화될 수 없는 '유럽인들만의 가치'에 불과한 것이었지만 2차 대전 이후에는 확실히 달라졌습니다. 식민지 해방이 보편적인 가치가 되었고, 따라서 자유, 평등, 박애의 가치도 이제 진정으로 인류 보편적인 가치로 공인되었습니다. 그래서 2차 대전 이후의 이러한 세계 상황을 두고 이제 유럽의 팽창근대가 정점을 찍고 하강기로 접어들었다고 말하는 것입니다. 팽창근대가 정점을 찍었다는 것은 그 한계까지 발전해갔다, 팽창해갔다는 뜻이죠. 그리고 **팽창근대가 이렇듯 한계까지 팽창해감으로써 그 한계 너머의 새로운 세계상, 침략과 식민지가 없는 세계, 즉 '세계화된 내장근대'라는 새로운 세계 지평을 열어주었다는** 뜻이기도 합니다. 그것이 '후기근대'라는 새로운 시대, 새로운 세계상입니다.

냉전의 최전선, DMZ

남선생　지금이야 우리가 그러한 변화를 마치 당연한 것처럼 생각할지 몰라도 사실 그 이전의 과거를 생각하면 상상하기 어려웠던 놀라운 변화였죠. 역사적 대변동이란 게 늘 그런 것 같습니다. 대단한 변화가 벌어지고 나면 그 후로는 그것이 당연한 것처럼 생각하지만, 사실 그 이전에는 사람들 대부분이 그러한 변화가 불가능하다고 생각하는 것이죠. 우리가 미래를 생각할 때도 항상 염두에 두어야 할 대목입니다.

　2차 대전 이후의 20세기가 이렇듯 거대한 변동이 진행되는 시간이었다는 사실을 우리가 처음으로 어렴풋하게나마 감지할 수 있게 된 것은 1989~1991년 소련과 동구권의 붕괴 이후였습니다. 돌아보면 정말 엄청난 세계사적 반전과 변화의 시간이었죠. 그러나 사람들은 대부분 그런 거대한 변화가 진행 중인 사실을 느끼지 못했어요. 그저 과거와 똑같은 세계 상황이 여전히 계속된다고 생각했습니다. 특히 '냉전의 섬'에 살고 있었던 우리 한국인들은 더욱 그랬어요. 냉전 붕괴 이전까지는 세계의 큰 흐름이 이런 방향으로 움직이고 있다는 사실을 감도 잡기 어려웠어요. 우리가 살고 있었던 '냉전의 섬', '남북분단 사회'란 그런 큰 흐름을 읽기에는 너무나 억눌리고, 너무나 제약받고 있었던 세계였기 때문입니다. 바깥 세계가 어떤지, 어떻게 돌아가는지 전혀 몰랐죠. 그나마 외국 잡지라도 구해 '골방에 숨어서라도' 읽어볼 수 있는 사람은 극히 소수였고, 직접 해외로 나가 두 눈으로 확인해볼 수 있는 사람은 더더욱 소수였습니다. 인터넷도 없던 시절이고, 바깥세상을 알려면 고작 별 볼 일 없는 외국 잡지나 어렵게 구해 읽고 넘겨짚어보는 수준에 머물렀어요. 지금이야 한국 사람들이 세계 어디든 자유로

이 해외여행을 하게 되었지만 첫 시작은 1990년대 냉전 종식 이후였지요. 그 후 정말 엄청나게 큰 변화가 이어졌습니다.

요즘 젊은이들에게는 '냉전의 섬'이었다는 당시의 상황이 잘 실감이 안 나실 겁니다. 제가 그때 직접 겪었던 일 하나를 말씀드려볼까 합니다. 1980년대 초 육군 사병으로 강원도 전방 ○○사단에 '강제징집'되어 휴전선의 비무장지대인 DMZ에서 근무하던 시절 겪었던 일입니다. 이 일 이후 이십몇 년쯤 지나 어느 미술단체에서 DMZ 관련 전시회에 발표를 부탁해서 글을 쓰게 되었습니다. 1980년대 초반이면, 전두환 신군부가 쿠데타로 정권을 잡고 '광주학살'을 자행한 지 얼마 되지 않은 아주 살벌했던 시절입니다. '강제징집'이란 대학 캠퍼스의 학생운동가들 즉 그들의 말로 정권에 반대하던 '문제 학생'들을 정보기관이 추려내서 연행하면 '학교당국'이 '지도휴학' 등의 징계로 협조하여 강제 입대시키던 것을 말합니다.

DMZ에서

잘 알려진 대로 'DMZ'란 Demilitarized Zone, 즉 '비(非)무장 지대'를 뜻한다. 문자대로라면 이곳은 평화로운 곳이어야 한다. 그러나 실상을 보면 이 지구상에 한반도의 DMZ만큼 중무장된 폭력의 공간은 따로 또 없다. 남북 양쪽으로 가장 가공할 최신 병기들이 총집결해서 3중, 4중으로 서로를 겨누고 있는 곳이다. DMZ가 아니라 EMZ, Exceptionally Militarized Zone, 예외적으로 중무장된 지역이라 불러야 마땅한 곳이다.

이곳 DMZ에서 평화를 이야기할 수 있을까? 많은 이들은 생각할 것이다. 비현실적이지 않은가? 너무나 나이브한 것 아닌가? 과연 그럴까? 나는 반대로 평화를 이야기하기에 이곳보다 더 적합하고, 더 현실적인 곳은 없다고 생각한다. 엄혹한 현실과 나이브한 비현실을 극적으로 대비시킨다고 하는 뻔한 수법을 통해서가 아니다. DMZ라는 매우 특이한, 예외적인 공간에는 밝혀 보아야 할 무엇인가가 있다.

이탈리아의 철학자 조르조 아감벤은 국가권력 행사의 '예외상태(state of exception)'를 특이하게 풀이한다. 우선 그것은 국가권력이 모든 것을 포획하고 집어삼켜 자신의 지배 아래 묶어두는 블랙홀적 장치다. 계엄령, 비상사태, 전쟁 상태에서 행사되는 권력, 또는 아우슈비츠, 관타나모, 아부그라이브(Abu-Graib)와 같은 수용소에서 관철되는 권력이 국가가 '예외상태'를 설정하고 이 속에서 절대 권력을 행사하는 사례들이다. 이렇듯 '예외상태'를 선포할 수 있는 권한을 통해 국가는 법을 넘어선 법의 행사권을 장악한다.

확실히 DMZ는 이런 의미에서 '예외상태'요 '예외공간'이다. 이곳에서는 저곳, '후방', '민간세계'에서의 법적 권리가 작동을 멈춘다. 따라서 이곳은 법 밖의 공간, 일종의 '무법(outlaw) 지대'다. 이곳은 '적'과의 대치 공간, 준 전쟁상태의 공간이다. DMZ 내 남북의 수색대, 잠복근무 병사들은 항상 일촉즉발의 교전 위험 상태 속에 있다. 남북 병사들이 받는 지침은 '사전 통고 없이 아측의 경계선, 철책선에 접근하는 누구든 사살하라'이다. 이 '사살'이라는 폭력에는 어떤 법적 정당화의 필요도 존재하지 않는다. '북'이라는, 그리고 '남'이라는, 절대적인 적을 설정하고, 이 절대적인 적을 일체의 법의 적용 밖으로 밀어내 '자의(恣意) 처분'할 수 있는 권력, 이것이 남과 북의 국가권력이 행사하고 있는 '예외상태'의 주권의 본질이며, 이것이야말로 법적 정당화의 필요성에서 풀려난 절대적 폭력의 자의적 행사권을 장악한 법이다.

그런데 흥미로운 것은 아감벤이 이러한 '예외상태'를 법과 폭력의 결탁이 여지없이 폭로되는 공간이자, 이를 통해 법과 폭력의 연계가 끊어진 또 다른 '예외상태'를 상상할 수 있는 해방의 공간으로 상정한다는 점이다. 아감벤은 이러한 '법과 폭력의 연계가 끊어진 또 다른 예외상태'를 '메시아 도래 이후', 또는 '최후심판 이후'라 비유하고, 이러한 예외적 시간과 공간 속의 법이란 법과 폭력의 연계가 소멸된 '새로운 법'일 수밖에 없다고 한다.

"폭력과 권력 사이의 연결망이 절단된 후에도 여전히 가능한 법의 형상이 있다. 효력을 발휘하지도 적용되지도 않는 법이 그것이다. 그것은 마치 [카프카의 소설 속에서] '우리의 낡은 서적의 책장들'을 펼치는 '신임 변호사'가 이리저리 궁리하고 있는 법 또는 푸코가 훈육 및 주권과의 모든 관계에서 해방된 '새로운 법'이라고 말했을 때 떠올렸을 법과 같은 것이다." (아감벤, 『예외상태』)

1983년 초여름 난 DMZ의 병사였다. 그때의 경험이 아감벤이 말하는 '예외상태'의 양가성, 이중성에 닿는 바 있다. 1982년 11월 난 전두환 정권에 의해 대학 캠퍼스에서 연행되어 바로 강원도 103 보충대 신병훈련소로 직송되었다. 소위 '강제징집'이었고, 당시의 난 포로나 다름없는 신세였다. 신병훈련 후 난 DMZ 철책선을 지키는 GOP에 배치되었다. 강원도 고지의 겨울은 혹독했다. 서른네 개까지 껴입은 옷가지와 방한모, 3중 털장갑도 아무 쓸모가 없었다. 밤새 지켜야 했던 하얀 밤은 언제나 뼛속까지 삭막했다. 내 시야의 모든 것, DMZ 안팎의 모든 것이 야수적 예외상태를 예증하고 있었다. 매일 밤 난 끝 모를 무력감에 시달렸다.

그러던 중 서서히 변화가 왔다. 주변의 '사람'들이 하나둘 보이기 시작했다. 나와 함께 매일 낮밤 같이 '근무'(보초)를 서며 긴 시간을 함께 해야 하는 사람들, 같은 소대의 사병들이었다. 그들은 근무 시간 내내 '인생 이야기'를 한다. 절대적으로 입대 전의 '사회 이야기'여야 하고, 주워들은 남이야기가 아니라 반드시 자기 자신의 체험담이어야 한다. 근무수칙엔 대화가 금지되어 있지만, 일 년 내내 그 긴긴밤을 이야기 없이 때운다는 것은 애당초 불가능하다. 이야기는 주로 고참 근무자가 졸병에게 주문하는 (=명령하는) 식으로 시작하는 데, 언제나 가장 인기 있는 주제는 언제나 '여자 이야기', '연애담'이다. 그러다 같이 놀았던 친구들 이야기, 말썽 친 이야기, 직장 생활, 사회 생활, 가족사 등으로 이어진다. 당시엔 대학생이 많지 않았다. 농촌에서 도시로 나와 밑바닥에서 닥치는 대로 살아가야 했던 사람들이 대부분이었다. 술집 '기도'를 해봤던 사람들이 그리 많다는 것을 처음 알았다. 이렇게 서너 달만 지나면 소대원 모두에 대한 신상을 모두가 서로 쫙 꿰게 된다. 이렇게 되면 처음엔 무섭고 두렵기만 했던 고참들도 하나 둘 인간의 얼굴로 돌아온다. 그러다 개중엔 친구가 되어, 둘만 근무를 설 때는 고참-졸병 없이 서로 '야자'하는 관계가 만들어지기도 했다.

가장 놀라운 변화는 '풍경'의 발견이었다. 초봄의 어느 날, 주간 근무를 서고 있던 난 내 눈앞의 광경이 아름답다는 것을 느꼈다. 놀라웠다. 이런 곳에 도대체 어떤 아름다움이? 이런 상황 속의 내게 어떻게 아름다움에 대한 감각이? 이상했다. 겨울 내내 저 흰 산, 흰 벌판은 언제나 춥고 삭막했을 뿐이었다. 나를 가두고 있는 철창이요 간수(看守)였을 뿐이었다. 서서히 눈이 녹고 하나둘 푸른 싹이 돋아날 때도 난 무심했었다. 그러던 어느 날 내 눈앞의 풍경 전체가 하나의 살아있는 아름다움으로서 갑자기, 마치 '밤손님처럼' 내게 다가왔던 것이다. 그날 이후 내 근무는 더 이상 고통과 고역이 아니었다. 매일 낮, 매일 밤, 새로운 아름다움을 발견했다.

철책 기둥에 뿌리내린 잡초들, 그 잡초들이 바람에 흔들릴 때의 자유로움과 아름다움, 철조망 위를 달리는 다람쥐들, 철조망 너머에 한 없이 펼쳐진 푸른 초원, 밤에 우는 노루의 처연한 울음, 어둔 바람에 실려 오는 달콤한 풀냄새, 월광에 비친 장엄한 산하(山河). 내 근무지는 휴전선과 북한강이 교차하는 곳이었다. 우거진 자연림과 북한강의 조화는 완벽했다. 난 DMZ의 아름다움과 사랑에 빠졌다. 지금껏 내게 1983년 여름 DMZ의 장엄한 아름다움은 최고의 것으로 남아 있다.

사람과 풍경이 발견되고 나자 그곳 역시 사람 사는 곳이 되었다. 처음엔 생경하기만 했던 북한 방송도 두 달 세 달 이골이 나다 보면 이제 농담거리가 된다. 처음엔 외계인 보듯 했던 포대경 속의 '북한' 병사들의 모습 역시 이젠 두려움이 아니라 동정과 농담의 대상이 된다. '저 짜식은 세수도 안 했나, 저 시커먼 상판 좀 봐라~' '너나 나나 뺑이 친다~' 그들 모습 속에서 자신들을 보는 것이다. 사병들 간의 이런 류의 '불온한' 농담에 지나가던 소대장도 눈 한번 찡긋하고 '얌마!' 한번 하는 것으로 못 본 채 하고 만다. 이 역시 특이한 '예외상태'가 아니었던가.

그 특별했던 시간은 1983년 8월 수도보안사령부에서 나를 '특별초청'해 주면서 끝이 나고 말았다. 이제 작대기를 하나 더 달고 일병이 되어 DMZ의 시간을 본격적으로 느긋하게 즐기기 시작했던 즈음이었다. 당시의 '보안사'는 대통령 전두환을 배출한, 당시에는 안기부(현재의 국정원)를 능가하는 권부의 핵심이었다. 날 초대한 그들의 주문은 재학시절 학생운동 관련 정보를 뱉어내라는 것이었다. 서울 모처의 '안가(安家)'에서 날 맞이하면서 그들이 맨 처음 내게 휘두르듯 차갑게 내뱉었던 말 역시 특별했다. "너 같은 놈은 휴전선에서 탈영해서 월북하다 DMZ에서 사살했다고 하면 끝이야!" 죽여도 그만이니 고분고분 토해내라는 으름장이었다. 죽여도

처벌받지 않는 버려진 자, 아감벤이 말했던 바로 그 '호모 사케르(Homo Sacer)'가 바로 나였다. 아아, 그런가. 내가 근무했던 곳 DMZ는 결국 그런 곳이었던가? 가장 기본적인 생명권조차 보장받지 못하는 곳? 아마 그들에게는 그러했으리라. 그러나 이미 나에게는 더 이상 그런 곳만으로 머물지 않는, 또 다른 의미에서 예외적인 공간이었다.

저들의 '안가'에서 난 버텼고, 나의 몸은 부서졌다. 회복을 위해 이후 1년간 전국의 국군병원(당시 명칭으로는 통합병원)을 전전해야 했다. 당시 나와 같은 신세에 국군병원 행은 또 하나의 예외였다. 그들은 오른팔의 신경이 완전히 죽어버린, 집총도, 거총도, 발사도 할 수 없는, 군인으로선 폐기처분된 날 DMZ-GOP의 자대(소속부대)로 다시 보내려 했다. 나의 병원 행은 가형(家兄)의 친구였던 수도보안사 소령의 개입을 통해서만 가능했던 일이었다. 망가진 내 몸을 보고 형은 얼마나 울었던가. 이상하게 형의 쏟아지는 눈물 앞에 난 한 방울의 눈물도 나오지 않았다.[19]

세계는 거꾸로 돌아가고 있었는가

북선생　그 시절에는 정말이지 말이 안 되는 일들, 있어서는 안 되는 일들이 너무나 많이, 너무나 자주 벌어졌어요. 요즘 젊은이들은 앞서 남선생의 경험담이 도대체 무슨 이야기인지 상상이 잘 안 될 거예요. 요즘 젊은이라면, 미우나 고우나 입대와 군복무는 '신성한 국방의 의무'고 이를 통해 자신의 시민적 권리의 근거도 갖게 되는 것이 아니냐고 생각하겠죠. 그러나 그 당시는 그 '신성한 국방의 의무'가 '비상국가체제'의 탄압수단으로 악용되고 있었던 것입니다. 대학생들만이 아니라 노동자, 농민들도 '불온한' 활동을 한다 싶으면 강제로 군대로 끌고 갔었죠.

수도보안사령부의 그 안가(安家)에서 그 보안대 요원이 남선생에게 했다는 말은 결국 '너하고 나는 지금 전쟁 중이다'는 뜻이지요. **너는 나의 적이므로 나는 언제든 너를 죽일 수 있다, 그래도 정당하다, 나에겐 그러한 권력이 있다. 내가 여기서 너를 죽여도 그로 인해 나는 처벌받지 않는다고 큰소리치고 있는 것입니다.** 그런 식으로 **'허락받은 살인의 특권'이 '비상국가체제'의 궁극적인 권력 원천**이겠죠. 자신에 반대하는 자라면 누구든 '호모 사케르'로, '빨갱이'로 호명하여 살해할 수 있는 권력. 그것이 1980년 5월 광주에서 전두환 신군부가 자신을 반대하는 시민들을 무참하게 살해하면서 생생하게 보여준 모습 아니었습니까? 전두환 체제의 비상국가적 성격이 적나라하게 드러나 있는 곳이 바로 DMZ이기도 했던 것이고요. 그 보안대 요원이 '너를 죽이고 DMZ에서 사살했다고 하면 된다'고 했던 말의 뜻이 그런 것이었습니다. 'DMZ는 살해가 정당화되는 곳'이라는 말이죠.

조르조 아감벤에 따르면 '호모 사케르'란 간단히 말해 '합법적으로 죽여도 되는 자'입니다.[20] '호모 사케르'라고 딱지를 붙이면 그가 누구든 죽여도 처벌받지 않는다는 것입니다. 원래 고대 로마 시대에 유래했다는 그 말을 이제 독재시대의 한국말로 옮기면 '종북', '좌경', '빨갱이', '간첩'이 됩니다. 수도보안사나 중앙정보부 또는 치안본부 대공분실 같은 곳에서 고문받다 억울하게 죽었지만 그 시신 위에 '빨갱이' 딱지만 붙여놓으면 '만사형통', '노 프러블럼'이었던 때가 있습니다. 그렇게 억울하게 죽었던 분들이 얼마나 많았습니까. 학생, 지식인들만이 아니라 수없이 많은 일반 시민들이 피해자가 되었습니다.[21] DMZ 건너편 북쪽도 물론 거울처럼 좌우가 뒤집혀 있을 뿐 꼭 같은 상황이었습니다. 6·25전쟁의 시간이 1980년대의 코리아 남북에 여전히 지속되고 있었던 것입니다. 항시적으로 총구 앞에 서 있는 공포스러운 상황이죠. 앞서 남선생 경우처럼 '강제징집'되어 군대 정보기관에서 조사받다 목숨을 잃었던 아까운 젊은이들도 많지요. 그런 방식의 조사를 '녹화사업'이라고 했었죠. '적화'된 인간을 '녹화'시킨다고 말이죠. 아주 비열하죠. 남의 생명을 가지고 장난을 치는 잔인한 표현입니다. 코리아 남북의 '비상국가체제'란 극단적 내전상황을 영구화하려는 독재장치입니다. '녹화사업'이라는 비열한 언어가 그런 체제에서 나왔습니다. 왜 300여 년 전 토머스 홉스가 극단적 내전상황의 삶을 "solitary, poor, nasty, brutish, and short"라고 했는지를 충분히 이해하게 됩니다.

남선생 개인적인 체험을 이 자리에서 꼭 꺼내야 하나 많이 망설였습니다. 제 경우보다 훨씬 고통스럽고 처참한 일을 겪었던 분들이 얼마나 많았습니까. 다만 이 대목에서는 그 많았던 피해자의 한 사람으로서 그 일의 대소 여하를 떠나 자신이 직접 겪었던 일을 직접 밝혀야 한다고 생각했습니다. 개인적으로는 결코 유쾌한 일이 아니죠. 그러나 증언에 대한 의무감이 있고 이미 이 사건 진술은 국가의 공적조사 기록으로 남아 있기도 합니다.[22] 이 대목에서 저의 당사자 증언이 당시 냉전시대의 한국 사회의 현실에 대한 이해와 실감을 높이는 데 도움이 되기를 바랄 뿐입니다.

당시의 상황을 돌이켜볼 때마다 그 이후 세계가 얼마나 크게 변했는가, 저는 항상 거듭 놀라게 됩니다. 도대체 그렇게 어처구니없는 세상이 어떻게 가능했을까. 그러나 그때는 모두가 세상이 다 그런 줄 알고 있었죠. 그때가 1983년이었으니까 소련 동구권이 붕괴되고 냉전이

해체되기 불과 6~7년 전의 일입니다. 그때로부터 불과 10년이 채 지나지 않아 세계가 그렇게 엄청나게 변하리라고 그때 그 누가 예상할 수 있었겠습니까. 아무도 몰랐습니다. 그 살벌했던 냉전의 극성기에도 1980년대 초반의 한국 상황만큼이나 냉전의 힘이 폭력적이고 절대적으로 작동하고 있던 곳은 세계 어느 곳에서도 찾아보기 어려웠을 것입니다. 그렇게 보면 실로 **세계 냉전의 최전선은 바로 코리아였고, 남북 코리아가 군사적으로 대치하고 있던 DMZ였던 것**이죠. 1945년 얄타에서 세계 세력권을 분할하기 위해 마주 앉았던 스탈린과 처칠에게는 세계 냉전의 최전선이 유럽으로 보였겠지만, 최전선의 고통을 정말 온몸으로 감내해야 했던 곳은 유럽이 아니라 동아시아의 코리아, 중국, 베트남의 힘없는 민초들이었어요. 애초부터 그랬던 것입니다. 그 고통스러운 냉전의 짐을 그중에서도 가장 최후까지, 가장 극한적 형태로 지고 있었던 곳이 역시 바로 이곳 코리아였고요. 아니 어쩌면 아직까지도 그 짐을 다 벗지 못하고 있다고 해야겠죠. 여전히 남북 코리아는 '휴전선'을 사이에 두고 군사적으로 대치하고 있고, 그 너머로 아직도 자유로이 왕래할 수 없으니까요.

서선생　　그렇습니다. 냉전시대의 세계는 지극히 폭력적이고 고통스러웠을 뿐 아니라 기이하게도 피해자가 고통받고 가해자는 면죄받는 매우 부당한 세계이기도 했어요. 먼저 동아시아에 침략을 일삼았던 일본은 어땠습니까. 코리아전쟁이 터진 후 1951~1952년 샌프란시스코 회담에서 미국의 동맹국으로 단번에 신분세탁을 해서 고도성장의 길로 나갔지요. 반면 침략의 고통을 받았던 코리아와 중국, 베트남 등은 세계 냉전의 최전선에서 참혹한 전쟁을 치러야 했습니다. 세계가 왠지 거꾸로 돌아가고 있다는 느낌이 들지 않을 수 없었죠. 유럽도 마찬가지입니다. 독일만 죄인이고 나머지는 죄가 없다고 할 수 있을까요. 세계를 식민지화하려는 팽창근대의 선두 다툼 끝에 다시 한번 터졌던 것이 2차 대전 아닙니까. 서방세계 내부에서야 침략했던 독일만을 전범국으로 처리하면 되었겠지만 전 지구적 차원에서 보면 세계를 식민지화하려 했고 전쟁을 전 세계로 확산시킨 유럽 전체의 책임도 있는 것이지요. 그런데 2차 대전 이후 냉전체제 속에서 유럽은 연합국이든 추축국이든 모두가 평화와 번영을 누릴 수 있게 되었지 않습니까. 동아시아 냉전지대가 참혹한 전쟁과 빈곤으로 신음하던 2차 대전 이후의 30여 년 동안 유럽과 미국은 영국 역사가 홉스봄이 말했던 '황금시대(golden age)'를 구가했습니다.[23] 대호황이 이어졌고 정치적 자유와 평등은 확장되었으며 1970년대까지는 경제적 불평등도 크게 완화되었죠.[24] 그 각각으로 보면 물론 좋은 일이죠. 그러나 세계 전체를 놓고 보면 불균형과 불균등, 정의의 실종이 너무나 두드러져 보입니다.

그러나 세계란 거꾸로 돌아가는 것처럼 보이는 운동을 통해서 결국 자기소명을 다한다는 독일 철학자 헤겔(Hegel)의 묘한 발상이 어쩌면 맞는지도 모르겠습니다. 영국, 프랑스, 독일, 그리고 일본은 1, 2차 대전 이전까지 세계의 식민지 침략전쟁의 선두에 섰던 지극히 제국주의적인 팽창근대 국가들이었습니다. 그러한 국가들이 이제 더 이상의 침략전쟁과 식민지 없이도 번영할 수 있었고, 번영하면서도 자유와 평등을 더 확장할 수 있었습니다. 비록 미국 군사력의 보호 아래였다고 해도 사정은 마찬가지입니다. 문제의 핵심은 **군사적 침략과 전쟁 없이도 산업사회, 후기산업사회는 번영할 수 있으며 더 많은 자유와 더 많은 평등을 이룰 수 있다는** 사실을 보여준 것입니다. 그것이 완성된 내장근대가 보여주려고 했던 것 아니겠습니까. 이제 전쟁과 침략을 포기한 독일과 일본이 그것을 앞서서 보여주었던 것 아니겠습니까. **과거 팽창근대의 진앙이 이제 역사적 역설에 의해 완성된 내장근대의 시범지대가 되어 번영과 평화를 앞서 엿보여주었던 것이라고 할 수 있겠습니다.**

전후체제 자체가 내장근대의 세계화를 향한 중요한 도약대가 되었습니다. 1, 2차 세계대전이란 10여 개 제국주의 열강 간의 다툼인데, 그 결과 그 절반은 사라진 것이죠. 세계적 팽창세가 그 절반만큼 꺾인 거예요. 더구나 싸우던 두 팽창패권 블록 중에서 상대적으로 더 강압적이고 더 고약한 쪽이 꺾였습니다. 파시즘 동맹이 패배하고 연합군이 승리했죠. 그런데 2차 대전에서 승리한 연합군 중에서 여전히 팽창적 패권을 유지한 쪽은 결국 미소 두 나라입니다. 영국과 프랑스도 주요 승전국가지만 그 힘은 미국 곁다리 서는 역할 정도로 크게 줄어들었습니다. 중국 역시 승전국이지만, 아시다시피 내전 때문에 승전국 행세를 할 수가 없었어요. 그래서 미소라는 초강대 팽창패권 둘만 남고 그 나머지는 팽창패권의 세가 크게 꺾여 이미 사라져가는 상태가 된 것입니다. 그리고 **팽창세가 사라져가는 바로 그 자리가 내장적 힘이 성장해 올라오는 터전이 되었던 것이지요.** 그리고 그 양강체제도 40년 만에 한쪽(소련)의 붕괴로 끝납니다. 이렇게 되면 팽창패권은 이제 하나만 남게 되지요. 그래서 이제 '유일 패권'으로 역사가 끝나나 했는데 이제 그조차 무너지고 있는 것이 현재의 상황입니다. **팽창패권이 이렇듯 양극화, 단수화, 그리고 이제 마지막으로 남은 그 하나마저도 사라져가는 상황**을 뒤집어 읽으면 어떻게 됩니까. **내장근대의 힘이 전 지구화하는 과정**이 됩니다.

물론 하나든 둘이든, 남은 패권은 결코 쉽게 사라지지 않습니다. 예를 들어 냉전기 미국은 유럽과 일본의 번영이 자신의 우세를 위협할

勢2

정도라고 생각될 때마다 자기에게 유리하게 자본 거래의 룰을 바꿔 동맹국들에게 강요했지요. 1971년 달러와 금의 태환제도를 일방적으로 폐지해서 전후 서방진영의 경제교류 룰인 브레턴우즈 체제를 파기한 것으로부터 시작해서, 1979~1980년 레이건-대처의 통화주의 전환, 1985년 플라자 협약, 1995년의 역플라자 협약 등이 그렇습니다. 미국 자본의 수익률이 낮아질 때마다 마르크화와 엔화에 대한 미 달러화의 환율을 상황에 따라 일거에 대폭 높이거나 낮추어 손해의 부담을 독일과 일본의 제조업자에게 떠넘기는 방식입니다. 팽창근대의 패권행사가 냉전시대에도 또 다른 방식으로 여전히 관철되고 있었던 것이죠. 자본주의 팽창근대의 동맹 내부에서도 말입니다. 그러나 이러한 방식도 영원히 통할 수 없습니다. 특히 냉전 해체 이후의 세계상황은 유일 패권의 존재 자체를 의문시하는 쪽으로 돌아가고 있습니다.

북선생   그것을 상징적으로 보여준 사건이 2003~2011년 이라크전쟁이었지요. 냉전 종식 직후 벌어진 1991년의 걸프전쟁까지만 해도 미국 유일 패권의 위세는 절대적인 것처럼 보였습니다. 서방진영 모두가 전쟁에 동의했고 군대를 보낼 수 없는 독일과 일본은 두둑한 지원금을 공손히 바쳤습니다. 그러나 이라크전쟁은 시작부터 삐꺽거렸죠. 독일, 프랑스 등 유럽의 절반이 반대했고, 중동의 친미국가들 역시 동의하지 않았습니다. 그럼에도 전쟁을 강행했던 부시는 일단 후세인은 쉽게 제거할 수 있었지만, 이후 깊은 수렁에 빠져 '제2의 베트남전쟁'과 비슷한 처지가 되고 말았습니다. 냉전 해체 이후 영원할 것 같았던 미국 일극주의가 너무나 빨리 막을 내렸던 것이죠.

미국 일극주의가 흔들린 것은 미국의 '적'이 사라졌기 때문입니다. 역설적으로 들리지만, 실은 당연하고 필연적인 결과입니다. '적'이 없으면 패권의 힘이 빠져요. 그래서 미국 대통령 조지 부시는 이 '사라져 버린 적'을 찾아야만 했습니다. 정 없으면 억지로라도 만들어내야 합니다. 그게 이라크의 후세인이었죠. 후세인이 만들었다는 '대량살상무기'가 빌미였습니다. 처음부터 의심쩍은 빌미였죠. 점령해서 조사해봐도 그런 게 없었습니다. 시작부터 미국 동맹국의 절반 이상이 이 전쟁에 반대했던 데는 다 이유가 있었던 것입니다. 이거 이렇게까지 해야 되는 일이냐고 발을 뺐었죠. 그러나 부시는 무리하게 밀어붙였습니다. 영국 수상 토니 블레어만 동조를 해줬죠. 이 일로 토니 블레어는 한때 참신했던 이미지를 다 잃고 '부시의 푸들'이라는 오명만 얻었습니다. 왜 부시는 그렇게까지 무리를 해가면서까지 '적'을 만들어냈어야만 했을까요.

여기에 세계패권체제, 즉 팽창근대 세계체제의 중요한 비밀이 있습니다. **냉전체제는 미국에게는 소련이라는, 그리고 소련에게는 미국이라는, '절대적인 적'이 존재함으로써 존립 가능했던 세계 양대 패권체제였습니다.** 이 세계내전 체제를 우리는 '유럽내전의 제3단계'라고 했죠. 그 1단계는 유럽 내의 종교 내전으로 시작했고, 2단계는 그 적대를 유럽 밖으로 돌려 서구 대 비서구의 적대선을 창출하면서 만들어졌고, 이제 끝으로 3단계에 이르러 그 적대들이 냉전, 즉 미국 자본주의 진영 대 소련 사회주의 진영이라는 '이념적 진영적대'의 형태로 나타났던 것 아닙니까. 그런데 유럽내전이 한 단계씩 진행될 때마다 그 이전의 적대들은 해소되어왔음에 주목해야 합니다. 그래서 먼저 유럽의 종교적 적대가 해소됐고, 2차 대전 이후에는 서구 대 비서구의 문명적·인종적 적대 역시 해소되었던 것입니다. 이 대목에서 과연 그렇게 뿌리 깊은 게 '해소'될 수 있느냐 물으실지 모르겠습니다. 완전히 사라졌다는 뜻은 아닙니다. 여기서 '해소'란 어떤 대립과 적대가 현실의 지배적인 힘으로 더 이상 작동하지 못하게 되는 정도면 충분히 쓸 수 있는 말입니다. 그리고 이제 냉전 해체를 통해 마지막으로 형성되었던 소련 사회주의 진영과 미국 자본주의 진영의 적대 역시 마찬가지 의미에서 '해소'되고 말았던 것 아닙니까. 그런데 이렇게 되고 보니 어떻습니까. 냉전해체 이후의 세계에는 이제 더는 적이 없습니다. **'적이 사라진 세계'**가 된 것입니다.

이로써 길고 길었던 유럽내전이 마감되었습니다. 그 유럽내전이란 출발점부터 '세계화된 유럽내전' 즉 '세계내전'이기도 했습니다. 소위 '대항해'부터가 그렇습니다. 그런데 그런 방식으로 **세 개의 단계를 거쳐 글로벌하게 확대되어갔던 세계내전이 이윽고 종식되었습니다.** '적이 없는 세계'인데 이제 '세계내전'도 끝난 것 아니겠습니까. 그리고 그와 함께 길고 길었던 팽창근대의 팽창사 역시 종료되었습니다. 팽창과 정복이 이제 드디어 끝에 이른 것입니다. 유럽내전체제, 그리고 팽창근대체제는 적을 설정하고, 적과 싸우고, 적을 먹어치우면서 성장해왔던 체제였습니다. 팽창근대체제 작동의 그 핵심 비밀을 아주 명료하게 들추어주었던 것이 바로 우리의 스타, 카를 슈미트의 예외주권론, '대지의 노모스=지구의 입법자' 이론이었지요. 유럽문명의 승리, '적그리스도'를 무찌를 카테콘(katechon)의 승리를 위해서는 유럽문명의 '적', 카테콘의 '적'이 필요하다고 말입니다. 2차 대전 이후임에도 그런 말을 한 것입니다. 그는 확실히 영악했습니다. 소련과 사회주의권이 새로운 '적'이 되어 줄 것을 뚫어보고 있었으니까요. 또 그렇듯 여전히 적을 만들어내고 싶은 세력들의 숨은 의도를 정확히 읽고 있었으니까요. 그러나 이제 소련마저 무너지고 말았습니다. 이제 누구를 적으로 삼아야 할까요? 그 영리한 카를 슈미트가 살아 있었다면 무어라 했을까요? 또 '지정학'의 창시자 핼퍼드 매킨더는 또 무어라고 했을까요?

이것은 500년 팽창근대체제의 생사존망이 걸린 극히 중대한 문제가 아닐 수 없습니다. **이 세계에 적이 사라지면 팽창근대 역시 사라져야 하기 때문입니다.** 한때 대한민국 모든 학생들이 외워야 했던 「국민교육헌장」을 아시는지 모르겠습니다만, 그래서 조지 부시와 미국의 네오콘(neo-con)은 '팽창근대 부흥의 역사적 사명을 띠고' 그 사라진 적을 다시 창출해내기 위해 이라크전쟁을 일으켰던 것이겠지요. 이렇게 보면 역시 미국 대통령 조지 부시 2세는 참으로 역사적 사명감을 가진 인물이었습니다. 조지 부시 2세가 기독교 근본주의(fundamentalist) 신앙의 독실한 신자였다는 사실은 어쩌면 그러한 '역사적인' 전쟁을 일으키는 배역으로 너무나 잘 어울렸다는 것을 말해주는지 모르겠습니다. 카를 슈미트부터 '적그리스도', '카테콘' 등 성서의 언어를 가지고 유럽의 세계지배를 정당화하는 것을 즐겨했지 않습니까. 그럼에도 역사의 신은 무정하셔서 조지 부시 주니어로 하여금 그 전쟁에 자승자박되어 결국 미국 일극주의의 짧은 영광을 더욱 짧게 끝마치도록 하셨습니다. '역사의 신'의 오묘하신 뜻을 누가 다 알겠습니까. 종교적 차원에서 말하면 그가 찾았던 신의 참뜻이 그것이 아니었음을 가르쳐주신 것이라고 해야겠지요. 나를 오독하지 말라, 나를 엉뚱한 목적에 이용하지 말라고 말입니다.

동아시아의 평화적 부상과 냉전의 종식

동선생   그런 흐름 속에서 보면 '동아시아의 부상'이 내장근대 확산의 중요한 축이 되어왔음이 분명히 드러납니다. '동아시아의 부상'은 1950년대부터 일본의 '고도성장'에서 시작되었습니다. 침략국이었던 일본이 동아시아 냉전의 최대수혜자가 되어버린 사실은 씁쓸하지만 그래도 그 고도성장을 '평화헌법' 체제를 지켜가면서 이루게 되었다는 것에 주목해야 합니다. 전쟁과 무장을 포기한 전후 일본의 「헌법 9조」는 과거의 세계 헌법사에서는 유례가 없었던 것입니다. 이것을 단순히 미국에 의해 강요된 것으로만 볼 수 없습니다. 전후 미군정기 일본 총리인 시데하라 기주로(재임 1945.10~1946.5)가 오히려 먼저 맥아더에게 제안했다고 하죠. 일본 내에도 평화주의의 오랜 전통이 있습니다.[25] 패전에 더해 수십 년간 일본육군 대본영의 전쟁 광기에 많은 일본인들이 지치고 질려 있었습니다. 이런 배경이 있기 때문에 일본 우파들이 이 조항을 폐기하려고 오랫동안 노력해왔지만 아직까지도 이루지 못하고 있는 것입니다. 그만큼 일본인의 민심에 이 조항에 대한 지지가 아직 깊기 때문입니다. 일본은 아시아 냉전의 제2선, 후방이 되어 평화를 누리며 경제성장에 몰두할 수 있었습니다. 어쩌면 **이 평화적 성장 노선은 메이지유신 이전의 도쿠가와 막부가 가고자 했던 길이 아니겠는가** 싶기도 합니다.

1970년대 후반부터는 일본의 성장유형의 독특함에 대한 국제적 관심이 높아지기 시작했는데요, 이건 영미식 자본주의와는 다르다, 이게 뭐냐는 관심이 일었지요. 영미형 자본주의란 세계 도처에 패권적 거점을 구축한 공격적 민간자본 그룹들이 금융, 군사, 정치를 지배하며 주도해가는 방식이지 않습니까. 그런데 전후 일본은 국가가 해외에 대한 군사정치적 야심을 완전히 접고, 대신 경제성장과 교역 확장에 올인했습니다. 국가가 금융을 주도하면서 관민협치 방식으로 성장과 복지의 목표를 추구했어요. 고용과 소득의 안정화를 추구하는 경제주의적 노조운동과 함께 사회당, 공산당 등 좌파 정당 활동도 활발했습니다. 그 결과 빠른 경제성장을 하면서도 빈부격차가 작고 고용안정이 이뤄지는 결과를 얻을 수 있었습니다. 이 결과에 대해 많은 학자들이 큰 관심을 가지게 되었지요. 당시 일본을 돌아보았던 미국 학자인 차머스 존슨(Charlmers Johnson)은 1970년대 후반의 일본을 "성공한 일국 사회주의의 독특한 사례로 보인다"라고까지 했어요. 오히려 사회주의를 표방하고 있던 소련이나 중국보다 "자원의 부적절한 분배나 동기의 결여 같은 문제를 피하면서" 사회주의의 목표를 훨씬 잘 이루고 있는 것으로 보았습니다.[26]

흥미로운 분석입니다만, 차머스 존슨이 말한 '성공한 일국 사회주의'가 정확한 표현은 아니겠지요. **냉전 상황을 잘 이용해서 성공적으로 이룰 수 있었던 '내장근대적 성장'**이었습니다. 경제체제로 말하자면 **자본주의와 사회주의적 요소를 섞은 혼합경제체제**였다고 볼 수 있겠고요. 패전의 결과 팽창주의적, 파시즘적 독소가 제거되었다는 게 일본에 오히려 전화위복이 된 것입니다. 그래서 패전 이후 일본의 장수 총리인 요시다 시게루는 "1차 대전 이후의 일본보다 2차 대전 이후의 일본이 더 낫다"는 묘한 말을 남겼습니다. 1차 대전 이후의 일본은 승자가 되었지만, 유럽, 미국, 소련의 강한 견제를 받아 오히려 곤혹스러운 처지가 되었지요. 반면 2차 대전에서는 패자가 되었지만 냉전체제의 미국의 군사적 보호막 뒤에서 여러 시혜를 받으면서 안전하게 경제성장에 올인할 수 있었거든요. 미국이라는 강력한 팽창제국의 보호 아래서이 지만, 그 보호 아래서 이룬 성장은 과거처럼 전쟁에 휘말려 들어가지 않았기 때문에 이룰 수 있었던 내장형의 성장이었습니다. 역설이지요. 파시즘의 독소를 미국이 빼주면서 일본은 내부의 내장적 발전 동력을 오히려 충분히 동원할 수 있었으니까요. 군사적 팽창의 부담이 없어지 니 오히려 평화적 성장과 교역에 치중할 수 있었어요. 요시다 시게루 가 말한 묘한 말의 뜻이 그것이었습니다.

일본의 전후 고도성장을 뒷받침했던 것이 '평화헌법 체제'였습니다. 차머스 존슨이 봤던 시기의 일본은 이러한 '평화헌법 체제'에 대한 국 민적 합의가 확고하던 때였습니다. 과거 일본의 침략과 패전에 따른 상처와 반성도 일본인들의 마음에 아직 강하게 남아 있고, 또 평화 속 에서 번영을 누리게 되었으니, 일본 국민들이 여기에 지지를 보냈던 것은 당연한 일이었지요. 그러나 냉전 붕괴 이후의 일본 우익은 이 흐 름을 뒤집어 줄곧 평화헌법 체제를 무너뜨리려 하고 있습니다. 전후 내장적 발전노선을 통해 번영을 이루다가 이제 냉전 종식 이후 다시 팽창적 발전노선 쪽으로 되돌아가려고 하는 모습이지요. 일본은 냉전 기 코리아전쟁 이후의 고도성장이 80년대 들어 하향하다 냉전 종식 이 후 '잃어버린 20년'이라 부르는 긴 정체에 들어섰는데, 이러한 슬럼프 를 정치적 우경화로 벗어나려고 하는 것입니다. **자신들이 성공했던 이 유를 잊어버리고 세계사의 흐름에 역행하고 있는 것이지요.** 안타까운 일 입니다. 옳지도 않고, 맞지도 않는 길이니까요.

2차 대전 후 크게 약진한 유럽의 사회민주주의 모델 역시 명백하게 내장적 발전의 길의 성공을 보여주고 있습니다. 이 모델이 강했던 곳 은 과거 식민지 팽창성이 강하지 않았던 북구 노르딕 국가들, 그리고 강대국이었지만 패전 이후 철저한 자기반성을 통한 평화 노선을 걸었던 독일이었어요. 내장근대적 발전 모델이 어느 곳에서 친화성을 가지고 성공할 수 있었던가를 잘 보여줍니다. 스위스, 오스트리아, 핀란드와 같이 냉전에서 중립을 유지했던 나라들이 번영을 이룰 수 있었다는 점도 주목할 만합니다. 역시 팽창이 아닌 내장적 모델이죠. 동아시아의 홍콩, 싱가포르도 군사적 부담에서 비교적 자유로운 조건이 고도성장의 조건이 되었습니다.

대만과 한국은 물론 다릅니다. 냉전의 제1선이 되어 아주 강압적인 군사독재체제 아래서 경제성장을 이뤘으니까요. 그러나 이 역시 과거 제국주의 시대 식민지와는 사정이 크게 달랐습니다. 미소 냉전이란 이념전쟁이기도 했어요. 힘의 지배만으로 안 되고 정당성이 필요했습니다. 그래서 미국은 대만과 한국에서 한편으로 강권적인 군사독재를 지원하면서 동시에 경제성장이 가능하도록 원조했어요. 자본을 대주고 미국 시장을 열어줬죠. 원래 내장적 성장의 저력이 있는 대만과 한국은 그 틈새를 놓치지 않고 빠른 성장을 이뤄냈습니다. 경제성장을 이룬 두 나라가 1980년대 들어 강고한 군사독재의 지배를 끊어내는 '민주화'를 이뤘다는 것도 놀라운 사실입니다. 냉전의 최전선에 내몰려 있었기 때문에 팽창적 군사국가화의 길로 갈 수 있는 근거는 충분했습니다. 그러나 이 두 나라의 성공적 민주화는 이 길에 저항하는 양국 내부의 문민적 저력이 매우 강했음을 말해줍니다. 내장적 전통의 저력이라고 해야 하겠지요.

'동아시아 부상'은 일본, 홍콩, 싱가포르, 대만, 한국에 이어 중국이 경제성장에 성공함으로써 이야기가 완성됩니다. 이 사이에 냉전 종식이 끼어 있죠. 그런데 돌아보면 '동아시아의 부상'이 냉전 종식의 중요한 한 요인이 되었다고도 볼 수 있어요. 소련식 사회주의 발전 모델의 매력은 유라시아 서쪽으로는 유럽형 사회민주주의 모델에 크게 밀렸을 뿐 아니라, 유라시아 동쪽으로는 동아시아형 모델에도 미치지 못했거든요. 유라시아 양쪽에서 체제적 유인력에서 이미 밀리고 있었습니다. 그런데 **유럽 사회민주주의 모델이나 동아시아 발전모델은 자본주의와 사회주의를 뒤섞은 혼합경제체제입니다.** 이런 **혼합경제체제의 실험 속에서 자본주의 대 사회주의의 대립이 이미 조용히 해체되기 시작했다**고 할 수 있습니다. 또 이러한 상황에서 중국이 소련과 관계를 끊고 미국과 손을 잡는 일대 사건이 벌어졌습니다. 중미 데탕트. 마오쩌둥과 닉슨, 저우언라이와 키신저의 만남이었죠. 팽창적·군사적 대결은 이제 소련과 미국에게 떠넘기고 중국 역시 평화를 얻으면서 '전후 동아시아식 내장적 발전의 길'을 가겠다는 것이었습니다. 영리한 선택이었습니다.

그 후 다 아시다시피 중국이 이토록 빠르게 성장할 줄은 아무도 몰랐지요. 그러나 전후 일본에 대해서도 비슷하게 말할 수 있어요. 미국이나 서방 쪽에서는 전후 일본이 그토록 빨리 부상하리라고 아무도 예상하지 못했거든요. 서방 쪽에서는 애초에 일본이든 중국이든 동아시아의 진정한 저력이 무엇인지 전혀 이해하지 못했어요. 해봐야 얼마나 하겠나 했던 거죠. 그러다 '어어' 하다 결국 크게 놀라게 되는 겁니다. 일본에 대해서도 그랬고, 한국에 대해서도 그랬지만, 이제 중국도 그런 저력을 보여주니까 정말 놀라는 것이죠. 과연 이 저력의 근원이 무엇인가.

서구 발전의 역사는 군사적 패권 없이는 생각할 수 없는 것이었지 않습니까. 그러나 동아시아의 부상은 군사적 패권 추구 없이 급속한 성장이 가능함을 보여주었습니다. 오히려 **군사적 패권 추구를 괄호 안에 넣어버림으로써 안정된 고도성장을 이룰 수 있다는 것을 보여주었죠.** 낙차가 아닌 밀도를 증강시켜 이루는 동아시아 내장형 발전의 길이었습니다. 이런 과정이 누적되다 21세기에 접어들면 '동아시아의 부상'의 전체적 효과가 무엇인지 선명해지죠. **'동아시아의 부상'이 단순히 구미 '선진국' 따라잡기(catch-up)가 아니라, 세계체제의 성격 자체를 바꾸고 있다**는 것이 이제 분명해졌습니다. 500년 팽창근대의 역사가 이제 제 소임을 다하고 사라지고 있습니다. 동아시아는 한 시대를 끝내고 새로운 시대를 열어가는 역할을 했던 것이지요.

애덤 스미스적 발전노선과 동아시아 내장형 발전노선의 친화성

남선생　서구근대 성공의 비밀이 군사적 경쟁과 패권의 유지에 있었기 때문에, 군사적 패권 없이 이룬 '동아시아의 부상'은 확실히 놀라운 세계사적 사건이라고 볼 수밖에 없죠. 일본은 평화헌법으로 무장을 포기하고 군사적 경쟁의 일선에서 물러섬으로써 놀라운 경제적 번영을 이룰 수 있었고, 중국의 덩샤오핑도 비슷한 취지에서 '도광양회 (韜光養晦)'를 내세웠습니다. 도교적인 언어인데요, 자신을 낮추어 힘을 기른다는 뜻입니다. 군사적 패권을 추구하지 않겠다는 뜻을 표현한 것이죠. 이 노선 역시 놀라운 성공을 거두었습니다. 그래서 일본의 부상 이후 또 한 번 크게 놀란 거죠. **이 '동아시아적 노선'이란 과연 무엇이냐. 성공의 비밀이 도대체 무엇이냐.**

　여기에 관해서 우리는 서론에서부터 줄곧 내장형과 팽창형 발전의 차이에 대해 이야기해 왔습니다. 짧게 요약하면, 동아시아에는 내장형 발전노선이 이미 정착되어 있었는데, 200년 전부터 유럽의 팽창 노선이 동아시아의 내장적 길을 억눌렀다가, 그 팽창적 힘이 한계에 이르자, 이제 다시 내장적 발전노선의 눌렸던 저력이 피어나는 것이죠. 내장적 발전이란 군사적 침략과 식민지화 없는 평화로운 성장을 말합니다. 17, 18세기 동아시아의 초기근대 국가들에서 그 원형을 보여주었다고 했지요. '동아시아 유교소농체제'가 그러한 내장적 성장을 가능하게 했던 사회체제였습니다. 이미 이 책 1부에서부터 상세히 살펴보았던 바와 같습니다. 이런 내장적 전통과 능력을 가지고 1, 2차 산업혁명의 성과를 빠른 시간에 따라잡을 수 있었을 뿐 아니라, 1990년대부터는 3차 정보통신 산업혁명에서 구미사회와 거의 같은 수준에서 동시 주도하는 모습을 보여주고 있지요. 정보통신과 반도체 산업의 성격이 밀도적 조직력 그리고 제한된 공간에 집적(集積)하는 능력에 친화적일 수 있었던 이유는 동아시아의 내장적 전통의 발전패턴과 통했기 때문입니다.1부 2론

20세기 후반 '동아시아의 부상' 역시 '내장체제의 밀도에너지'의 뛰어난 응집력과 적응력의 결과로 풀이할 수 있습니다. 2차 대전 직후 일본에서부터 볼까요. 패전 이전에 전파 관련 일을 했던 이부카 마사루 같은 사람이 동료 몇 명과 구멍가게 전파사라 할 만한 곳에서 시작해서 뚝딱거리면서 전자 밥솥, 녹음기, 라디오를 만들면서 나중에 소니(SONY)라는 기업으로 성장했지요. 처음에는 플라스틱 테이프가 없어 종이로 녹음 테이프를 만들었다는 이야기는 유명합니다. 수십 명이 밤새 달라붙어 엎드려 일하면서 그 일을 해냈습니다. 이런 회사가 처음에 열 명, 스무 명에서 시작해서 나중에 수천 명, 수만 명의 회사

가 되었죠. 처음에는 좀 엉성한 걸 만들었지만 지치지 않고 계속 개량해서 소형 트랜지스터라디오, 소형 녹음기를 만들어 세계시장을 석권했어요. 또 패전 이전에 자동차 피스톤링을 납품했다는 혼다 소이치로 이야기도 있죠. 패전 이후 사람들이 교통수단이 없어 힘들어하는 것을 보고 역시 몇 명을 모아 자전거에다 소형 모터를 달아 팔았다고 하죠. 동네 자전거포인 거죠. 그게 성공해서 나중에 세계 굴지의 오토바이, 자동차 회사 '혼다'로 성장한 것도 마찬가지 경로입니다.[27]

모두 패전의 폐허 위에서 맨손과 기술 하나로 노동집약적인 방식으로 성공 신화를 이룬 사례들입니다. 왜 하필 일본 이야기냐? 인정할 건 인정해야죠. 큰 자본이 없는 상태에서 주변에 있는 재료를 이용해 제한된 공간에서 여러 사람이 협업해서 무엇인가를 만들어내고 그 생산물을 시장에다 판매하여 경영을 확대해가는 이런 솜씨는 동아시아 소농사회의 오랜 소농경영 전통과 결코 무관할 수 없습니다. 좁은 땅에 엄청난 근면과 조직력, 경영능력을 쏟아붓는 것이니까요. 그런 걸 내장형 사회의 밀도에너지라고 했습니다. 그래서 일본의 전후 성장모델이 같은 밀도적 생산의 전통을 가지고 있는 싱가포르, 홍콩, 대만, 한국으로 이어지고 또 중국과 동남아시아 전반으로 확대될 수 있었던 것입니다. 그런 바탕을 가지고 1, 2차 산업혁명의 노하우를 빠르게 자신의 방식으로 마스터하고, 한발 더 나아가 3차 산업혁명 단계의 컴퓨터나 반도체, 휴대폰을 만드는 데 앞서갈 수 있었던 것이지요.

서선생 이탈리아 출신의 세계체제론자인 아리기는 그러한 내장적 발전의 길, 내장근대 노선을 '애덤 스미스적 발전노선'이라고 불렀죠.[28] 애덤 스미스의 『국부론』은 '신자유주의자들'에 의해 이용되기만 했지 제대로 읽히지 않은 책입니다. 제대로 읽지도 않고 왜곡해서 '신자유주의'니 '시장근본주의'니 하는 교조에 애덤 스미스의 이름을 갖다 붙인 겁니다. 『국부론』은 농업에 기초한 내부 시장 확대와 평화로운 국제 교역을 강조했지 군사력에 의한 식민지 약탈이나 패권적 지배를 지지하지 않았습니다. 그가 지지하는 전자의 길을 '자연적 성장의 길', '시장적 발전의 길'이라 했고, 그가 비판했던 후자의 길을 '비자연적 성장의 길', '중상주의(mercantilism)'라고 불렀어요.

그러니 **애덤 스미스적 발전노선은 동아시아 내장형 발전노선과 분명한 친화성이 있는 것입니다.** 애덤 스미스가 유럽 제국의 식민지 전쟁을 거론하기는 합니다. 그러나 카를 슈미트 같은 사람하고는 정반대로 이야기하죠. 그런 침략전쟁을 절대 지지하지 않아요. '카테콘'이니 뭐니 하는 괴상한 논리를 끌고 와 정당화하지도 않습니다. 현재는 유럽과 비유럽 사이의 군사력 차이가 커서 어쩔 수 없는 현상이 되었지만, 군사력에 의한 지배는 결국 한계에 이를 것이라고 보았어요. 당하던 나라들도 어느 날에는 군사력을 갖추게 될 것이라고 했습니다. 그는 군사적 패권에 의한 지배가 아니라 서로에게 이익이 되는 세계교역에 의한 평화로운 번영을 주장했습니다.[29] 내장근대 노선과 정확히 일치하는 입장이지요. 오늘날의 내장근대는 군사적 지배 없는 성장노선일 뿐 아니라, 팽창근대의 생산력을 흡수한 새로운 노선이기도 합니다. 단순한 흡수만이 아닙니다. 남선생이 지적한 대로 팽창근대의 힘의 근거였던 1, 2차 산업혁명의 성과를 흡수하면서 이제 20세기 후반 이후 진행되고 있는 3, 4차 산업혁명의 주도자로 나서고 있습니다.

앞서 전후 1970년대 일본의 발전유형이 '사회주의적으로 보였다'는 언급이 있었습니다만, 또 중국의 최근의 급속한 발전에 대해서는 거꾸로 '자본주의적으로 보인다'는 지적도 많지요. 일본은 분명히 자본주의를 표방했는데 '사회주의적으로 보였다'고 하고, 중국은 분명히 사회주의를 표방하고 있는데, '자본주의적으로 보인다'라고 하는 것을 보면, 확실히 '자본주의'니 '사회주의'니 하는 말 자체가 큰 혼란에 빠져 있음을 보여줍니다. 이런 상황이 문제일까요. 글쎄요. **'문제'가 아니라 오히려 거꾸로 '문제의 해법'을 가리키고 있는 것** 아닐까요. 자본주의니 사회주의니 하는 틀, 시각 자체가 이제 더는 문제를 제대로 보는 데 유효하지 않다고 말이죠. 기존의 틀 자체의 유용성이 해체되어 버리는 현상이야말로 지극히 '후기근대적'입니다. 사실은 **자본주의와 사회주의가 물과 기름처럼 빙탄불상용(氷炭不相容)의 관계이듯이, 서로 철저히 배타적이고 적대적인 것처럼 보아왔던 기존의 관념이 정말 순전히 관념적인 것일 뿐이었습니다.** 대결을 위한 '이데올로기'가 되었던 것이죠. 정치적으로 보면 너무 순진하거나, 또는 거꾸로 매우 불순한 의도를 감추고 있는 주장인 경우가 많습니다. 현실 역사에서 그렇듯 '순수자본주의'와 '순수사회주의'란 존재하지도 않았고, 그런 것을 주장했던 노선은 모두 실패했습니다.[30] 이런 사실이 '후기근대' 들어 갑자기 분명해졌습니다. 시대전환이란 참 이상하지요. 어제까지 전혀 안 보이던 것이, 오늘은 뚜렷하게 보입니다.

현재 중국의 금융 관리나 과학기술 개발의 수준은 상당히 높은데요, 그 운영방식을 사회주의적이라 해야 할까요 아니면 자본주의적이라 해야 할까요. 주로 국유기업(SOE)과 국가연구기관들에서 주도하고 있지만 그 내부경쟁은 강합니다. 또 국유경제 부문은 급성장한 민간경제 부문과도 경쟁합니다. 여기에 주로 농촌과 도시의 연결부에 거점을 두고 있는 향진기업과 같은 향촌공동소유기업(VOE)도 상당한 비중을 가지고 있습니다. 여기에 더하여 토지는 기본적으로 모두 국유입니다.

그런데 또 경작 농민의 토지 보유는 철저히 인정해줍니다. 그래서 과거 영국식 인클로저나 급격한 농민해체는 발생할 수가 없습니다. 이런 경제를 사회주의다 자본주의다 어느 한쪽으로 단정하려고 하는 것이 잘못입니다. 그렇게 흑이냐 백이냐 단정을 해야 속이 시원해진다고 하는 관점 자체에 오히려 큰 문제가 있다는 것입니다.

실상은 '혼합경제'입니다. 이것은 꼭 개혁개방 이후의 중국이 원조(元祖)가 아닙니다. 북구형 사회민주주의가 이미 그렇고, 영미 사회에서도 부분적이기는 하지만 사원 지주제를 제대로 하고 있는 민간 기업들이 꽤 있는데, 이런 기업들을 그저 자본주의라고 하면 너무 단순한 거죠. 스페인의 몬드라곤처럼 협동조합이 소유하고 운영하는 기업을 단순히 자본주의 기업이라고 할 수 있을까요? 이런 경제 형태를 '사회적 경제' 또는 '중간경제'라고 하는데 자본주의 사회에서도 이런 경제 영역이 상당히 넓습니다. 몇 가지 예만 들어보았습니다만, 모두가 혼합경제입니다. 혼합경제를 지지하는 주장이 진보적인 경제학자들만이 아니라 자본주의를 옹호해온 경제학자들, 기업가들로부터도 빈번하게 나오고 있음에 주목해야 합니다.[31] 자본주의도 사회주의도 이 '혼합경제'의 경로를 통해 진화 중이라고 보아야 하겠지요. 이러한 상황을 '세계화된 내장경제'의 생태계라 부를 수도 있겠습니다. '후기근대'는 이러한 다양하고 창조적인 형태의 혼합경제들이 세계적 차원에서 경합하고 있는 시대이기도 합니다.

제4론

|

미중 관계와 코리아 양국체제

|

미중 전쟁은 불가피한가

남선생　전후 일본의 성장이나 개혁개방 이후 중국의 놀라운 성장은 분명 전쟁 없이 평화라는 조건 속에서 이루었다는 점에서 확실히 내장근대적입니다. 지금과 같은 평화의 기조가 유지된다면 동아시아뿐 아니라 동남아시아, 더 나아가 인도까지 번영의 물결이 확산해갈 것도 분명합니다. 우리가 앞에서 동아시아를 『장자』에 나오는 '붕새'에, 남아시아를 『마하바라타』에 나오는 '가루다'에 비유해보았는데요, 붕새와 가루다가 포괄하는 영역은 태평양과 인도양 그리고 시베리아에서 인도에 이르는 광대한 아시아 대륙입니다. 이 영역의 넓이는 대략 지구 육지의 4분의 1에 해당하지만, 이 영역의 인구는 전체 인류의 절반에 가깝습니다. 이런 광대한 영역이 완성된 내장근대의 상태에 이른다면 팽창근대 500년이 만든 지구적 불평등은 분명하게 감소할 뿐 아니라 그동안 억눌려왔던 아시아 문명의 잠재된 가능성도 크게 발양(發揚)

될 것입니다.

그러나 남은 문제들이 있습니다. 우선 동아시아와 미국과의 평화적 협력관계의 유지 문제가 있고, 또 하나는 생태적 지속가능성 문제입니다. 두 번째 문제는 5부에서 깊게 다룰 것이니 여기서는 첫째 문제에 집중하기로 하겠습니다. 과연 미국은 동아시아의 내장적 성장에 끝까지 협력하면서 나갈까요, 아니면 이 성장을 가로막고 억누르려 할까요. 특히 미국과 중국과의 관계가 어떻게 될 것인지 주목하지 않을수 없습니다. 미국은 냉전의 승자를 자부하고 있습니다. '냉전의 승자'란 2차 대전 이후 세계체제에서 최후의 승자, 유일한 챔피언이라는 뜻이기도 하지요. 결국 팽창근대의 최후의 헤게모니, 패권국가가 되었다는 것입니다. 미국은 2차 대전 이후 군사적으로는 소련권을 포위하는 군사동맹체제−세계군사기지체제와 경제적으로는 IMF와 GATT체제를 통한 금융과 무역 관리체제, 그리고 정치적으로는 UN을 통한 다수 국가 지지 및 동원 체제를 통해 세계질서를 주도해왔습니다. 이러한 체제를 가지고 소련의 자체붕괴를 이끌어 우리가 논의해온 '팽창근대의 500년 유럽내전'을 이윽고 종식시켰다고 볼 수 있습니다. 이 과정에서 20세기 후반의 '동아시아의 부상'은 이러한 미국중심 세계체제의 우월성을 입증해주는 근거로 인식되기도 했습니다.

그러나 이렇듯 '미국중심 세계체제' 안에서 성장해온 동아시아의 경제 규모가 21세기 들어 미국과 EU를 능가하게 되고 특히 중국의 국력이 미국에 바짝 따라붙을 정도가 되자, 미국의 중국에 대한 경계와 견제가 부쩍 두드러지고 있습니다. 이런 상황을 세계사적 '패권 교체기'로 보고 미중 간의 군사적 충돌이 불가피하다고 보는 입장들도 제기되고 있습니다. 이런 주장을 하는 사람들을 보면, 미국과 미국이 대변하는 세계체제의 기득권을 지키자는 입장이 압도적으로 다수이지만, 미국에 비판적이면서도 자본주의 세계체제의 성격상 선두 패권국 간의 군사적 충돌은 불가피하다는 식의 '객관주의적 비관론'도 존재합니다.

서선생　글쎄요. 미중 간의 전쟁, 그리고 여기서 시작될 제3차 세계대전의 가능성인데요, 그러한 가능성이 100% 없다고 단언할 수는 없겠지만, 현실적으로 그렇게 될 가능성은 낮습니다. **현 상황을 '패권 교체'로 보는 시각의 결정적 맹점은 오늘날의 상황을 '팽창근대 500년 논리의 연장'으로만 읽고 있다는 것이에요. 이제 '팽창근대 500년'이 종식되고 있는 만큼, 세계사의 흐름을 과거 500년과는 다른, 새로운 시각과 논리로 보아야만 한다**는 것을 놓치고 있어요. 큰 변화를 놓치고 있으니 잘해야 사태의 반쪽밖에 못 보는 것이고, 결국 완전히 엉뚱한 이야기를 하게 됩니다. 외눈으로는 사물의 상이 잡히지 않아요. 진행 중인 중대한 변화를 못 보는 사람들은 '미중전쟁은 불가피하다'고 쉽게 단정하죠. 그러나 외눈박이 현상이고 무책임한 주장이기도 합니다. 그 의도가 의심스럽기도 해요. 그러기를 바라는 사람들이 그렇게 주장하는 것으로 보이니까요. '객관주의적 비관론'을 말하는 사람들도 그렇게 되지 않을 대책을 내놓지 못하니까, 무책임하기는 마찬가지입니다. 현재의 중미 상황을 세밀하게 들여다보는 전문연구자들의 견해를 보면 그렇게 간단하지 않습니다. 미중의 전쟁 결과가 미국과 중국은 물론이려니와 주변 당사국 모두에게 파국적인 것을 익히 알고 있기 때문에 직접 충돌은 피해갈 것이라는 견해가 훨씬 다수입니다.

이미 미소 간의 냉전이 미소 양국 간의 직접적인 군사적 충돌 없이 종식되지 않았습니까. 이미 냉전 단계에서 양대 패권 세력의 군사적 충돌이 즉각 통제 불가능한 인류적 재앙이라는 계산이 나왔으니까요.

결국 핵전쟁이 된다는 거죠. 현대 무기체제는 핵폭탄의 폭발력을 가공할 수준으로 높였을 뿐만이 아니라, 군사적 신경망 즉 초급을 다투는 감지와 보복체계가 아주 고도로 발전된 상태입니다. 이 군사적 신경망은 지금 이 순간에도 계속 빠른 속도로 진화하고 있죠. 어느 한쪽의 치명적인 공격 신호가 포착되면 즉각적인 반격, 이번에는 그 공격의 몇 갑절, 몇십 갑절에 해당하는 보복으로 이어지도록 설계되어 있습니다. 따라서 '보복이나 반격의 불가능성이 보장된 치명적 기습'이란 군사적으로 성립할 수 없는 개념이 되었습니다. 즉 어느 한 편의 초강대국이 상대편 초강대국을 기습하여 자국을 안전하게 보전한 상태로 결정적인 승리를 거둔다는 것이 핵전쟁 시대에는 불가능하게 되었습니다.

이런 결론은 이론가·전략가들의 계산 결과 나온 게 아닙니다. 호전적인 전략가들은 항상 도발의 결론을 미리 전제해놓고 시나리오를 짜니까요. 핵전쟁 시대에 어느 한쪽의 완전 승리가 불가능하다는 결론은 등골이 오싹해지는 실제 경험들을 반복하면서 불가피하게 받아들이게 된 것입니다. 1962년 미국과 소련 간의 쿠바 핵위기는 널리 알려진 이야기죠. 그렇게 널리 알려진 일들 말고도 비밀에 묻힌 위기의 순간들이 많았습니다. 하나만 예로 들어볼까요. 1983년 9월 26일 모스크바 근처의 인공위성 감시경보 시설에서 소련 인공위성이 미국에서 발사된 '5발의 ICBM'이 포착되었다는 경보가 울렸습니다. 당시 당직 책임 장교가 스타니슬라프 페트로프라는 공군 중령이었는데요, 그가 그 순간 '이거 ICBM 핵무기가 맞다'라는 판단을 내리면 즉각 소련 서기장에게 보고를 하게 됩니다. 그러면 소련 서기장은 미국에서 핵무기가 날아오고 있다는 데 어떻게 하겠습니까. 즉각 수백 기의 보복 핵무기를 미국의 주요 거점만 아니라 전 세계 미 군사 시설과 주요 전략 거

勢2

점으로 발사하도록 시스템이 되어 있었죠. 미국도 마찬가지였고요. 이 페트로프 중령에게 주어진 판단 시간은 25분입니다. 이 시간을 놓치면 이미 미국의 핵미사일이 소련 영토에 떨어져 폭발한 이후이기 때문에 치명적 타격을 받은 소련은 제대로 보복·반격을 할 기회를 놓치게 됩니다. 이 25분. 그야말로 절체절명의 순간이죠. 페트로프 자신만이 아니라 인류 전체의 절체절명 말입니다. 그 몇 분의 순간 그는 두 개의 수화기를 들고 패닉상태에 빠져 있었다고 합니다. 하나는 보고받는 수화기, 하나는 서기장에게 보고하는 수화기. 서기장 쪽으로 통하는 비상전화의 빨간 버튼을 누를 것이냐 말 것이냐.

결국 그는 '미국이 핵공격을 한다면 ICBM 5발만 쏘았을 리가 없다'는 판단을 내리고 서기장에게 보고하지 않았습니다. 다행히도 그 'ICBM 5발'은 석양에 비친 구름의 빛 반사를 소련 인공위성이 잘못 읽은 것으로 판명되었죠. 만일 그때 페트로프 중령이 그렇게 판단을 내리지 않았다면 지금 우리가 여기 앉아서 이런 이야기를 하고 있지도 못하겠죠. 이렇듯 우발적 오판의 가능성이 있는 초미의 긴박한 사태를 미국과 소련은 여러 차례 겪었습니다. 미국과 소련이 끝까지 직접 충돌을 피했던 것은 이러한 우발적 긴급사태를 겪으면서 세계종말적인 상황을 직접 체험해보았기 때문입니다. 상대를 잡으려다 모두 죽게 될 수 있다는 것을 서로 실감한 거죠.

현재의 미중 역시 비슷한 상황에 있습니다. 그래서 쉽게 충돌할 수 없습니다. 그렇지만 그렇다고 해서 낙관하고 있을 문제는 물론 아니죠. 지금 남중국해에서 벌어지고 있는 미국과 중국의 힘겨루기는 언제든 자칫 잘못하면 통제 불가능한 전쟁 상황으로 발전할 가능성이 있으니까요. 2018년 9월에도 난사(南沙)군도(spratly islands) 근해에서 미국과 중국의 군함이 거의 충돌 직전까지 갔었죠. 아직 무기를 사용하는 수준은 아니지만 전투기나 전함들이 서로 부딪치기 직전까지 근접하여 상대를 위협하는 방식으로 갈등이 진행되고 있습니다. 지금까지는 서로의 움직임을 최대한 모니터하면서 상황전개를 통제범위 안에 두고 있다고 생각하겠지만, 그런 접근이 계산에 넣지 않았던 물리적 충돌로 이어지게 되면 예상 밖의 상황이 전개될지 아무도 모릅니다. 그런 돌발 변수가 생기면 서로 준비된 시나리오 1, 2, 3으로 얼마든지 번져나갈 수 있습니다. 그리고 모든 현실, 특히 전쟁은, 결코 미리 생각해둔 시나리오대로 진행되지 않죠. 통제를 벗어나 확대되는 것입니다.

북선생　지난 2018년 남중국해 난사군도 충돌은 소위 '미중 간 무역전쟁'이라는 상황과 함께 읽어야 하겠어요. 군사적 충돌 자체를 목표로 했던 것이라기보다 무역전쟁에서 중국에 압박을 더하기 위한 하나의 수단으로 이용했던 것으로 보입니다. 과거 독일과 일본이 급성장했을 때, 미국이 플라자 합의, 역플라자 합의 등 미국에 유리한 파격적인 환율조정 정책으로 독일과 일본을 눌렀지 않습니까. 이제 미국은 중국에 대해서도 그런 힘을 행사하려고 하는데, 중국이 과거 독일, 일본만큼 고분고분 따라주지 않으니까, 군사적 압박 수위도 높이고 있는 것이라고 봐야겠죠. 그러나 경제적인 차원에서만 보면 중국과 미국 경제의 이해관계가 서로 맞물려 있는 점들도 있고, 또 국제적으로 중국이 미국에만 의지하고 있는 것이 아니기 때문에, 이 게임은 서로 득실을 나누면서 진행되어갈 것입니다. 현재까지는 군사적 충돌이 1차적인 문제가 아닌 상황이라는 것이죠. 문제가 그런 방향으로 튀어 나가지 않도록 미중 당사자들은 신중해야 할 것이고 주변국가와 국제사회도 적극적인 목소리를 내야 하겠죠. EU나 UN까지 포함해서 말입니다. 이미 세계가 어느 한쪽만을 편드는 상태가 아닙니다. 과거 미소 간 냉전의 상황과는 아주 다르니까요. 지금은 중국, 동아시아의 경제가 세계 여러 곳의 경제상황과 깊은 상호관계를 맺고 있습니다.

이러한 상태는 현재의 세계가 과거 냉전시대에 비해 내장형 발전에 더욱 친화적인 것으로 되었다는 것을 말해줍니다. 미소 냉전시대에는 양 진영 사이에 높은 벽을 쌓고, 서로 교류하는 것이 많지 않았습니다. 이해관계를 나누고 있는 바가 적었던 것입니다. 그러나 지금의 상황은 크게 다릅니다. 중국과 세계와의 경제적 연관이 매우 크거든요. 미국도 마찬가지입니다. 이런 상태에서 미국이 중국을 과거 소련처럼 철저히 봉쇄해서 붕괴시키려고 하면, 세계의 여러 지역이 큰 불이익을 당하게 됩니다. 반대할 수밖에 없죠. 아니 미국부터 그렇습니다. 과거 소련과 미국은 경제적 의존관계가 거의 없었지만, 지금의 중국과 미국은 매우 큰 경제적 의존관계가 있거든요. 그래서 미국 혼자서 세계를 마음대로 하지 못하게 된 상황일 뿐 아니라, 미국 자체도 일부 강경파만의 힘만으로 좌지우지할 수가 없습니다.

군산복합체는 영원한가: '냉전의 설계자' 조지 케넌의 경고

남선생 너무 낙관적인 견해가 아닐까요. 미국이 중국뿐 아니라 세계 여러 곳에서 군사적 긴장을 만들어내는 이유는 그를 통해 해당 지역의 경제적 지배권을 강화하겠다는 것도 있지만, 미국의 강력한 군산복합체 자체의 강력한 이해관계가 있기 때문이기도 하지 않습니까? 군사적 긴장을 자꾸 조장해야, 군비경쟁을 유도할 수 있고, 그래야 군산복합체는 호황을 누리게 되니까 말입니다. 지금 미국이 중국만 아니라 다른 모든 국가에 대해 압도적인 우위를 누리고 있는 분야는 바로 군사 분야입니다. 전 세계 군사비 지출의 40% 정도를 미국 한 나라가 지출하고 있습니다. GDP 점유율도 4%대에 가까워 서방 국가들 중에서는 가장 높습니다.

잘 아시다시피 미국 정부의 고위 공직자들은 재계의 CEO 출신들이 아주 많습니다. 이들이 백악관과 국무부, 국방부, 재무부의 주요 요직을 차지하고 미국의 정책을 자본 친화적으로 움직입니다. 이들 중 군산복합체 출신이 특히 많은 것에 주목해야 합니다. 예를 들어 이라크전쟁을 벌였던 미국 백악관 팀을 볼까요. 우선 대통령 조지 W. 부시는 텍사스 석유 산업을 대변합니다. 그의 아버지인 조지 H. 부시 때부터 그렇습니다. 부통령 딕 체니도 석유산업체의 CEO 출신입니다. 석유산업이 미국 중동패권 전략의 축이라는 건 잘 알려진 사실이죠. 이들 정부에서 국방장관을 했던 도널드 럼즈펠드나 폴 월포비츠와 같은 강경파들도 모두 군산복합체와 깊은 관련이 있습니다. 이런 사람들이 군사 강경주의자들인 네오콘의 주축이 되었죠. 한때 미국을 이런 강경파들이 움직였던 것이 사실 아닙니까?

동선생　그때 그랬던 것은 분명 사실입니다. 그렇다고 '그때는 맞았고 지금은 틀렸다'는 건 아닙니다. 언제든지 그런 세력들이 주도권을 잡을 수 있다고 봐야겠죠. 그러나 조지 부시 때 강경파들이 주도해서 이라크전쟁을 벌였던 것이 워낙 실패작으로 끝나서 한때 기세를 올렸던 '네오콘'들이 이제는 거의 힘을 쓰지 못하고 있습니다. 지난 트럼프 정부에서는 존 볼턴 정도가 과거 네오콘의 논리를 폈는데, 아시다시피 별 힘을 쓰지 못하고 잘리고 말았죠. 그렇다 해도 군산복합체의 동

순위	국가	2013년 군사비(억불)	GDP 대비(%)	전체 대비(%)
1	미국	6400	3.8	37
2	중국	1880(추정)	2.0(추정)	11
3	러시아	878(추정)	4.1(추정)	5
4	사우디	670	9.3	3.8
5	프랑스	612	2.2	3.5
6	영국	579	2.3	3.3
7	독일	488	1.4	2.8
8	일본	486	1.0	2.8
9	인도	474	2.5	2.7
10	한국	339	2.8	1.9

〈그림 4-4〉 2013년 세계군사비 지출 톱10과 GDP 대비 군사비 비율

향에 대해서는 항상 특별한 주의를 가져야 한다는 데에는 전적으로 동의합니다. 특히 한국과 같이 미국 군산복합체와 긴밀한 관계를 가지고 움직이는 집단이 존재하는 경우에는 더욱 그렇습니다.

한국에서는 2008~2016년간 이명박, 박근혜 정부 시기 군사비 총액이 크게 상승합니다.〈그림 4-5〉 이 시기에 성능 문제와 성능 대비 가격 문제로 논란이 되었던 F-35A 전투기 도입에 미 국방장관, 그리고 제작사인 록히드 마틴의 입김이 강했다는 게 드러났었죠. 또 그보다 더 시끄러웠던 사드 도입 시 이미 2013년부터 주한 미군 사령관인 커티스 스캐퍼로티가 로비를 시작했지 않습니까. 특히 한국과 같이 군사적으로 여전히 휴전 상태에 있고 미국이 주둔 중인 나라에서는 미국 군산복합체의 영향력이 강하기 때문에 더욱 그렇습니다. 어쩌면 한국이야

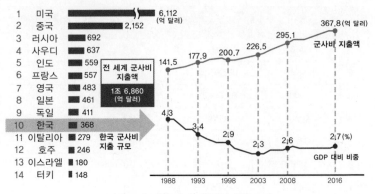

1	미국	6,112 (억 달러)
2	중국	2,152
3	러시아	692
4	사우디	637
5	인도	559
6	프랑스	557
7	영국	483
8	일본	461
9	독일	411
10	한국	368
11	이탈리아	279
12	호주	246
13	이스라엘	180
14	터키	148

전 세계 군사비 지출액
1조 6,860 (억 달러)

한국 군사비 지출 규모

군사비 지출액
367.8 (억 달러)
141.5 177.9 200.7 226.5 295.1

GDP 대비 비중
4.3 3.4 2.9 2.3 2.6 2.7 (%)

1988 1993 1998 2003 2008 2016

〈그림 4-5〉 세계군사비 지출액 순위(2016년)

말로 미국 군산복합체가 국내 정치에 미치는 영향력을 가장 경계해야 하는 나라라고 할 수 있습니다.

서선생　　미국이 이라크전쟁을 벌였던 것은 9·11이라는 특별한 사건이 있었기 때문에 가능했어요. 미국은 베트남전쟁의 트라우마가 굉장히 깊습니다. 이 트라우마를 1991년 아버지 부시가 걸프전쟁을 쉽게 승리로 끝내면서 잠깐이나마 약간 극복하는 것으로 보이기도 했습니다만, 아들 부시가 이라크전쟁으로 너무나 무리를 하는 바람에, 그만 다시 베트남전쟁과 비슷한 트라우마에 빠지고 말았어요. 불과 2년이 채 안 되어 반대여론이 더 커졌으니까 베트남전쟁보다 반전(反轉) 속도가 훨씬 빨랐습니다. 미국 내에는 군산복합체의 영향력 확대를 경계하는 흐름의 뿌리가 깊습니다. 따져보면 베트남전쟁 반대운동보다 훨씬 과거로 올라가죠. 미국의 군산복합체 반대운동은 반개입주의, 고립주의, 무정부주의적 전통 등 깊은 뿌리를 가지고 있습니다. 그렇게 보면 걱정할 곳은 오히려 한국인지도 모르죠. 한국은 군산복합체에 대한 경계의 전통이나 뿌리가 미국보다 훨씬 약하다고 봐야 하니까요.

미국의 반전운동 전통, 군산복합체 반대 운동의 흐름은 일반적인 미국 역사서들에도 잘 소개되어 있기 때문에 여기서 다시 설명하지는 않겠습니다. 그러나 거꾸로 현재 미국의 주류라고 할 수 있는 개입주의적 전통 속에서도 군산복합체의 과도성장에 대한 경계의 흐름이 분명히 존재한다는 사실은 잘 소개되어 있지 않습니다. 흑과 백과 같은 명백한 차이보다 흑 내의 미세한 차이, 백 내의 미세한 차이가 더 중요할 수 있습니다. 실천적으로는 이런 미세한 차이가 엄청나게 큰 차이로 결과할 수가 있습니다. 이 대목도 그렇습니다. 이야기해보려는 당사자는 우리에게도 익히 알려진 조지 케넌(George Kennan)입니다. 우리에게 흔히 '미소 냉전의 설계자·기획자'로 알려진 인물이죠. 그러나 바로 그 사람이 군산복합체에 대한 강력한 비판론자가 되었던 사실은 잘 알려져 있지 않습니다.

케넌이 2차 대전 직후인 1946년 미 국무성 외교관 신분으로 모스크바에서 워싱턴으로 보낸 '긴 전문(long telegram)'을 통해 소련에 대한 '봉쇄(containment)' 전략을 최초로 제시했던 것은 널리 알려져 있죠. 이 비밀 전문은 다음 해 《포린 어페어스(Foreign Affairs)》에 실려 대중에 공개되기도 했습니다. 그로 인해, 그는 하루아침에 아주 유명해져서, 그가 아주 싫어했다고 하는 '냉전의 설계자'라는 별명을 얻게 됩니다. 그러나 일찍이 1948년경부터 케넌은 미국 정부와 군부 내에서 급속히 커져가는 군사적 대결론에 심각한 경각심을 느끼기 시작합니다. 자신이 말했던 것과는 다른 방향으로 미국의 대응이 흘러간다고 본 것입니다. 그가 주장했던 것은 정치적·제한적 봉쇄였지, 군사적·전면적 봉쇄나 대결이 아니었습니다. 그러나 1949년에 이르면 펜타곤, 백악관. 국무부까지 강경한 군사적 대결론자가 절대다수를 이루면서 케넌은 주변으로 밀려나고 결국 국무부를 떠나 학자의 길을 걷게 됩니다. 그로부터 30여 년 후인 1984년, 케넌은 강연을 통해 당시를 회고하면서 다음과 같이 말했습니다.

미국에는 언제나 외부에서 단일한 악의 중심을 찾아서 우리가 직면한 모든 문제의 책임을 여기에 돌리려는 흥미로운 경향이 있는 것 같습니다 … [이로 인해] 우리의 사고뿐만 아니라 삶까지도 극단적으로 군사화하는 결과가 생겨났으며, 이런 점이야말로 전후 시대의 두드러진 특징이 되었습니다. … [군사화로 인해] 우리는 매년 국민소득의 막대한 부분을 무기 생산과 수출에 지출하고 거대한 규모의 군대를 유지하는 데 익숙해져야만 했습니다. … 이런 게 습관이 되다 보니 제가 감히 진정한 국가적 중독이라고 부를 만한 현상으로까지 치닫고 있습니다. … 수백만 명이 군복을 입고 있을 뿐만 아니라 다른 수백만 명이 군산복합체에 생계를 의존하는 데 익숙해져 있습니다. 수천 개의 기업이 군사복합체에 의존하게 되었고, 노동조합과 지역사회는 말할 것도 없습니다. … 무기를 만들어 판매하는 이들과 무기를 구입하는 워싱턴의 당국자들 사이에 전혀 건전하지 않은 정교한 유대가 형성되고 있습니다. … 냉전의 기득권 세력이 생겨난 겁니다. … 이른바 사악한 적국인 소련이 없었더라면, 다른 적을 만들었어야 할 거라고 말해도 틀린 말은 아닙니다.[32]

온건한 자유주의자·현실주의자고, 외교관 출신답게 평소 늘 부드럽고 우회적인 언어와 문필을 구사하는 그가 이 정도로 강한 어조를 풀어놓았다는 것이 놀랍습니다. 그는 자신이 이렇게 말하는 이유가

勢2

"우리 마음속에 각인된 냉전관의 거대한 군사화가 우리나라에 대한 외부적 위험일 뿐만 아니라 내부적 위험이기도 하다는 주장을 하기 위해서"라고 고백했어요. 그리고 이렇게 된 근원이 전후 초기부터 소련의 정책과 의도를 과장하여 대응한 것과 핵무기를 비롯한 대량살상 무기에 우월한 지위를 부여하여 군비를 증강한 데 있다고 하였습니다.[33]

케넌의 기록들을 보면 2차 대전 직후 동아시아에 대한 미국 권부(權府)의 정책결정 과정의 속내를 투명하게 보여줍니다. 전쟁이냐 평화냐의 선택이 미리 결정되어 있지 않고 매우 유동적으로 움직이고 있는 상황에 대해서 아주 생생한 보고를 해주거든요. 특히 중국내전과 한반도 분단, 전쟁, 그리고 일본의 역할에 대한 흥미로운 서술들이 아주 많습니다. 이러한 유동성들은 바로 오늘의 동아시아의 상황과 상당 부분 중첩되는 바 있기 때문에 더욱 흥미롭습니다. 시각을 좁혀 미국을 군산복합체와 동일시한다면 우리의 전략적 선택 범위를 스스로 좁히게 됩니다. 그럴 필요가 있을까요? 우리도 당연히 전략적으로 사고하고 대응해야 합니다. 케넌은 물론 보수적인 리버럴이지만, 그러면서도 신중하고 합리적인 입장에서 미국의 군사화를 반대했어요. 이런 입장이 미국에 상당이 폭넓게 존재한다는 사실을 놓쳐서는 안 되겠어요.

북선생　조지 케넌의 이야기를 듣다 보니 2000년 출판된 『블로우백』으로 명성을 얻은 차머스 존슨이 생각나는군요. 앞서 동선생이 1970년대 일본에 대해 논하면서도 한번 언급한 적이 있습니다. 마치 예언이라도 한 것처럼 어떤 사건을 예고하여 유명해진 책들이 있는데 『블로우백』도 그렇습니다. 출판 다음 해에 벌어진 9 · 11 때문에 유명해졌죠. 미국이 소련에 맞서 세계 도처에 군사기지를 건설하고 무리한 군사적 개입정책을 편 결과가 그 정책으로 피해를 보게 된 나라와 세력

〈그림 4-6〉 1960년대 미국 청년들의 반전운동

들의 반작용으로 미국에 되돌아올 것이라고 예견했거든요. '블로우백 (blowback)'이란 1차 대전 때 독가스를 전쟁무기로 사용하면서 나온 말입니다. 적을 대량 살상하기 위해 살포한 독가스가 풍향이 바뀌는 바람에 거꾸로 우군을 살상하게 되는 것, 바로 그런 치명적 '역풍'을 뜻하는 군사용어입니다. 차머스 존슨은 1960년대 초임 교수 시절 미국 전역의 대학 캠퍼스에서 뜨거웠던 반전운동 학생들을 매우 못마땅하게 생각했다고 합니다.〈그림 4-6〉그때까지는 코리아전쟁 참전 용사 출신의 지극히 평범하고 애국적인 미국의 정치학자였으니까요. 그러다 미소 냉전 종식 전후에 비로소 미국의 제국적 개입정책이 유발하는 부정적 '역풍 효과'에 주목하게 되었어요. 『블로우백』을 보면 마치 9·11과 같은 사태가 벌어질 것을 미리 알고 있었던 것처럼 생생하게 예견하고 있어요. 어쨌든 조지 케넌이나 차머스 존슨과 같이, 미국의 국익을 위해서 미국의 제국적 군사화를 반대하는 입장 역시 미국 내

勢2

에서 하나의 큰 흐름을 이루고 있다는 사실은 꼭 유념해두어야 하겠네요.

역주행: '기본합의'에서 전쟁위기로

남선생　저는 미국의 군산복합체를 주목해야 한다고 했지, 미국이 바로 군산복합체라고 하지 않았어요. 미국의 군산복합체도 지금 당장 중국과 전쟁을 벌이자는 것은 아닐 겁니다. 다만 계속 군사적 갈등을 조장하면서 여러 나라에 무기를 팔아먹을 생각이겠죠. 그래서 '세계 1등' 좋아하는 한국이 2014년에는 무기 수입에서도 세계 1등을 했지 않습니까. 그중 9할이 미국에서 사온 무기에요. 이건 참 웃을 수 없는 이야기인데요, 사실 지금까지 미국과 중국의 군사적 긴장 이야기를 했습니다만, 실제로 미중 사이에 직접적인 군사적 충돌은 벌어지지 않았거든요. 고작해야 양국 군함이 몇십 미터 거리까지 접근했다, 양국 전투기가 몇백 미터까지 접근했다는 정도였죠. 서로 함포를 쏘고 미사일을 날리며 교전하지 않습니다. 서로 통제범위 내에서 갈등을 관리하고 있는 것이죠. 둘 사이에 정말 전쟁이 벌어지면 서로가 이익이 되지 않는다는 것을 아니까요. 그러나 이 기간에 정말로 전쟁이 벌어지기 일보 직전까지 갔던 곳이 있지요. 그게 어디였습니까. 남중국해에서가 아니라 바로 이곳 코리아에서였어요. 그게 1994년 6월의 '북폭 위기' 아닙니까.

동선생　그렇네요. 그 1994년 5~6월이 1950년 6월 25일 이후 코리아가 전쟁에 가장 가깝게 갔던 순간이라고 하죠. 정말 일촉즉발이었습니다. 워싱턴D.C. 펜타곤 작전 회의실에서 코리아전쟁 재발 대비 비상 군사회의가 열렸죠. 1994년 5월 18일입니다. 존 페리 국방장관과 존 샐리카쉬빌리 합참의장, 그리고 해외 주둔 미군 사령관 일부를 포함한 미군부 내 모든 현역 4성 장군들과 해군제독들이 모인 회의였습니다. 전쟁에 대비한 병력과 군수품의 코리아 배치 및 항공모함과 지상발진 전투기 배치가 논의되었습니다. 전체 미국 전투 병력의 절반을 이 전쟁에 재배치하는 내용의 대폭적인 병력확충 계획이었죠. 이 회의에 참석했던 당시 해군 제독 토머스 플래니건 대장은 그 회의가 '도상(圖上) 훈련'이 아니라 실제 병사들이 어떻게 전략을 수립할지를 결정하기 위한 실전(實戰) 회의'였고 그날 회의가 '극도의 긴장 속에서 진행되었다'고 증언했습니다. 이 계획은 여러 추가적 세부 검토와 시뮬레이션을 통해 6월 중순 최종 확정되었는데, 이 전쟁이 발발하면 최신 무기의 성능으로 인해 최초 석 달에만 8만에서 10만 사이의 미국인을 포함한 총 100만 명 이상의 사상자가 예상되며 미국은 전쟁비용으로 1000억 달러 이상이 필요하고, 재산 파괴와 경제활동 중단으로 관련 당사국과 주변 국가들에 1조 달러 이상의 손실이 발생할 것이라는 내용이었어요.[34]

6월 13일 한국은 전시동원에 대비한 사상 최대의 민방위훈련을 실시했고 한국의 증권 시세는 이틀 만에 25% 하락했습니다. 이때 한국에는 쌀과 라면, 양초가 동네 골목 슈퍼까지 모두 깨끗이 동이 났어요. 그리고 6월 16일 아침 백악관에서는 클린턴 대통령, 고어 부통령, 크리스토퍼 국무장관, 페리 국방장관, 샐리카쉬빌리 합참의장, 제임스 울시 CIA 국장, 매들린 올브라이트 유엔대사, 앤서니 레이크 안보보좌관, 그리고 다른 고위급 외교정책 및 국방 담당 관리들이 북폭 문제에 대한 최종 결정을 내리기 위한 회의가 열렸습니다. 이 정도 상태가 되면 평택과 오키나와의 미군 전폭기들은 북폭을 위해 폭탄을 풀(full)로 장착하고 엔진 켜놓고 대기하는 것입니다. 그리고 회의 결과 대통령이 오케이 하면 바로 뜨는 초긴급 상황인 거죠.

남선생　　그렇습니다. **동아시아에서 정말 실제 전쟁이 터진다면 그 제1후보는 남중국해가 아니라 바로 이곳 코리아가 된다**는 것을 그대로 실증해준 사건이었습니다. 그때 북폭과 전쟁 발발을 막았던 것은 바로 6월 16일 평양으로 날아간 미국 카터 전 대통령과 북측의 김일성 주석이 긴급회담을 하면서 극적인 합의를 도출했기 때문입니다.〈그림 4-7〉한국 스스로의 힘으로 당시 이 땅의 전쟁 발발 가능성을 막을 수 없었다는 사실을 정말 부끄럽게 생각해야 합니다. 이날 아침 백악관의 회의에서 클린턴 대통령도 CNN 뉴스를 통해서 평양의 회담 결과를 들었다고 하지요. 당시엔 그렇게 절체절명의 순간들이 숨 가쁘게 이어졌던 것인데, 오늘날에는 그 섬뜩했던 순간에 대한 기억이 벌써 희미해진 것 같아요.

　그러나 지금 특히 촛불혁명 이후의 상황에서는 1994년의 당시의 상황을 다시 한번 잘 되돌아보아야만 하는 충분한 이유가 있습니다. 1994년 6월의 그런 일촉즉발의 위기가 있기 불과 2년 6개월 전인 1991년 12월, 코리아 남북은 실로 1948년 두 정부 수립 이후 처음으로 "남과 북은 서로 상대방의 체제를 인정하고 존중한다"고 합의했거든요. 바로 「남북기본합의서」입니다. 이 선언은 남북관계에서 실로 획기적인 진보였습니다. 물론 과거 냉전시대에도 주도권 경쟁 차원에서 그와 유사하거나 또는 그렇게 해석될 수 있는 구절들을 사용한 경우가 없었던 것은 아닙니다. 그러나 그 이전까지 그것은 공격과 방어 차원의 일방적 언어 공세에 불과했었죠. 오직 「남북기본합의서」를 통해서 최초로

〈그림 4-7〉 1994년 6월 16일 평양 회담에서의 김일성과 카터

양측 정부 간에 서로의 체제를 인정한다고 합의했던 것입니다. 그런데 그런 획기적인 진보가 이뤄 진지 불과 2년 몇 개월이 지나고 나서 코리아에는 다시 일촉즉발의 전쟁 위기가 닥쳐왔던 것입니다. 왜 그랬을까요? 어떻게 그럴 수 있었을까요? 이것을 지금 잘 돌이켜보아야 그런 말도 안 되는 과거의 역주행이 다시금 벌어지지 않도록 우리가 대비할 수 있지 않겠습니까?

북선생　그렇지요. '역주행'이라고 하니 정신이 번쩍 드네요. 특히 2019년 2월 28일 하노이에서 북미 간 두 번째 정상회담이 '노딜(no deal)'로 끝나자마자 마치 이때를 기다리기라도 했다는 듯이 보수 언론의 '북한 붕괴론'이 다시 고개를 들고 나오지 않았습니까. 이거 어디서 많이 보았던 그림이다 싶었거든요. 정말 '데자뷔'에요. 1991년 12월, 역사적인 「남북기본합의서」에 남북 양측 총리가 서명한 잉크가 채 마르기도 전에 한국 보수 언론에서 '북핵 위기론—북한 붕괴론'을 들고 나왔지 않습니까. 이거 굉장히 비슷하지 않아요?

그 당시, 그러니까 1991년 하반기에서부터 1992년 상반기 정도까지는, 남북 유엔 동시 가입, 「남북기본합의서」, 「한반도(조선반도)비핵화 공동선언」이 연이어 합의되었기 때문에, 그런 엉뚱한 소리를 해서 방해를 해봐야 대세에는 지장이 없다고 생각했지요. 그러나 어땠습니까. 보수언론의 훼방이 갈수록 요란해지더니 결국 1993년부터 남북, 북미 관계가 적대적으로 변하지 않았습니까? 그러다 1994년 5~6월엔 전쟁 소동이 나고 사람들은 라면, 양초 사재기하고, 그러면서 코리아의 평화화해 무드는 완전히 물 건너 가버렸어요. 돌이켜보면 1991년에서 1994년까지 3년간 완전히 극과 극을 오갔어요. 그리고 1994년의 전쟁 위기 이후 남북관계의 주도권은 완전히 냉전대결 세력 쪽으로 넘어가 버렸지요.

정말 1992년에서 1994년까지의 상황이 중요했습니다. 한쪽에서는 '북폭' 하겠다 하고, 다른 쪽에서는 '불바다' 만들겠다고 하니까 양쪽에 적대감만 계속 높아졌죠. 그렇게 해서 흐름이 한번 냉전 대결 쪽으로 넘어가고 나니까 그 이후에는 그 흐름을 뒤집을 수가 없었어요. 그런 상태를 '기울어진 운동장'이라고 했었죠. 이 기울어진 운동장에서 아무리 열심히 공을 차 봐야 상대 골대는 저 위에 있고 우리 골대는 저 밑에 있는데, 그 경기가 제대로 되겠습니까? 세계는 냉전이 끝났는데 한국만은 유독 다시 냉전 세력이 기승을 부리게 되었습니다. 세계사의 역행이자 유별난 비정상이었죠. 중간에 '민주정부 10년' 그리고 그 기간의 '6자회담 4년'도 이런 추세를 결코 돌려놓지 못했어요. 오히려 그런 평화 노력을 북핵 만들라고 북에 '퍼주기' 했다, NLL 북에 내줬다 운운하면서 역공했죠. 결국 그렇게 다시 힘을 키운 냉전대결 세력이 이명박, 박근혜 정부를 만드는 데 성공했고요.

여기서 다시 생각해볼 점이 있습니다. 그러했던 흐름 속에서 만약 2016~2017년의 촛불혁명이 없었다면 사태는 어떻게 진행되었을까요. 2017년에 트럼프와 김정은 간의 그 살벌했던 대결 상황을 생각해보세요. 촛불혁명이 없었고 한국의 대통령과 정부는 여전히 냉전대결주의자들로 꽉 차 있었다면 그때도 역시 전쟁 위기로 휘말려 들어갔을 가능성이 매우 컸습니다. 1994년에 터질 뻔했다가 간신히 모면했던 전쟁이 2017~2018년에 이윽고 터졌을 가능성이 매우 컸다고 할 수 있어요. 박근혜 대통령이 탄핵되지 않고 그대로 남아 있었다고 생각해봅시다. 1994년 때는 한국 대통령이 그래도 민주화운동을 했던 김영삼 씨여서 전쟁 발발만은 기필코 막으려고 했지만, 박근혜 정부의 군사안보 라인(국가안보실, 국가정보원, 국방부)은 모두 군부 강경파로 채워져 아주 호전적이었습니다. 혹시 미국이 미적거리면 오히려 부분 타격이라도 해야 한다고 밀어붙일 사람들이었단 말이죠. 그랬던 박근혜 정부의 기조가 촛불혁명이 없는 상태에서 차기 정부로 이어졌다면 어땠을까요? 박근혜 정부의 숙원이던 '제2유신'을 꼭 성사시키려고 하면, 전국을 공포와 침묵으로 몰아넣는 비상사태가 꼭 필요했을 것입니다. 그럴 때 북의 핵실험과 북미의 긴장 고조만큼 비상사태 선포에 적합한 것이 없죠. 그러니 2017~2018년 코리아에 아주 섬뜩한 일이 벌어질 수 있었어요. 그러니 촛불혁명이 아슬아슬했던 상황에서 굉장한 일을 한 것이죠. 가능성이 매우 높았던 대형참사를 예방한 것이니까요. 돌이켜보

勢2

면서 다시 한번 가슴을 쓸어내리게 됩니다.

이렇게 되돌아보면서 1990년대 초에 「남북기본합의서」의 교환과 같은 평화공존 기조가 왜 갑자기 뒤집어지고 말았는지, 그걸 다시 복기해보는 게 정말 중요하다고 생각됩니다. 정확히 알아야 합니다. 2019년 2월의 북미 하노이 회담 이후의 상황도 가만 보면, 그때와 비슷하게 다시 한번 뒤집어보려는 세력들의 움직임이 눈에 들어오지 않습니까? 그 하노이 정상회담 바로 며칠 전에 스페인의 조선(DPRK)대사관을 훈련된 '무장괴한'들이 침입해 대사관 직원들을 제압하고 중요 자료를 빼갔던 황당한 사건도 있었죠. 스페인 쪽 언론에서는 이걸 미국 CIA 작품이라고 확신하고 있더군요. CIA가 주도하지 않으면 불가능한 수준의 '작전'이었다고 해요. 북미 대화를 어떻게든 흔들어놓으려는 세력이 항상 부산하게 움직이고 있는 건 분명합니다. 제대로 짚어보아야 할 문제입니다. 남선생이 중요한 이야기를 먼저 꺼내주었으니 우선 문제의 큰 테두리가 뭔지 정리를 해주시죠.

또다시 역주행을 반복할 것인가

남선생   우선 우리가 서두에서부터 쭉 논의해왔던 큰 틀 속에서 이 문제를 살펴야 합니다. 남북관계, 북미관계라는 게 깊게 보면 그 내부에 팽창근대의 적대성과 팽창성이 맹렬하게 작동하고 있었던 것임을 알 수 있습니다. 코리아 문제란 결국 전쟁과 팽창이냐, 평화와 내장이냐의 두 길 사이의 선택 문제입니다. 먼저 전쟁과 팽창의 길이란 게 무엇입니까. 일본의 조선, 중국 침략에서 시작된 길이고, 이후 미국과 소련이 이은 길입니다. 그렇다고 코리아 남북은 무죄였냐 하면 전혀 그렇지 않습니다. 팽창근대의 적대성, 팽창성을 우리 안에, 남북 안에 내재화한 책임이 있습니다. 그것을 우리는 〈팽창근대-내장근대의 변증법〉이라 했지요. 침략을 받으면서 적대성을 내재화하게 되었습니다. 이 부분은 2, 3부에서 충분히 논의했으니 다시 반복하지 않겠습니다.

그렇게 팽창근대의 적대성, 팽창성을 내재화한 결과 1948년 수립된 남북의 두 정부는 모두 분단문제를 적대적 방식으로, 전쟁으로 해결하려고 했습니다. 남과 북 중에 전쟁 발발에 책임이 더 큰 쪽이 어디냐를 따지는 건 무의미합니다. 똑같습니다. 우리 내부가 아니라 외세가 시작한 일이 아니냐, 왜 우리 탓이냐고 책임을 회피하려는 것도 도움이 되지 않습니다. 외세에서 비롯되었으니 어쩌자는 것입니까. 코리아에서 외세는 늘 기본 조건입니다. 코리아가 코리아보다 크고 강한 4개의 나라 사이에 있다는 것은 상수입니다. 안이든 바깥이든, 책임을 바깥으로 돌리려는 자세도 팽창성, 적대성의 또 다른 표현에 불과할 수도 있습니다. 바깥으로 탓을 돌려 내적 적대성, 팽창성을 합리화하고 정당화하는 것이죠. 남 탓하기 이전에 우리 자신부터 책임을 느끼고 문제를 풀어가려는 태도가 시작입니다.

그렇다면 1994년의 '실제의 전쟁 위기'든, 2016~2017년의 촛불혁명이 없었다고 가정할 때의 '가상의 전쟁 위기'든, 코리아에서 전쟁 위기의 뿌리가 어디에 있습니까. 1950~1953년의 코리아전쟁입니다. 그리고 이 전쟁은 아직도 당사자 간에 공식적으로 끝나지 않고 있습니다. 모든 전쟁을 보십시오. 전쟁을 합니다. 끝나지 않는 전쟁은 없죠. 전쟁이 끝나면 전쟁을 했던 당사자들끼리 정전협정-평화협정을 맺습니다. 더는 싸우지 않는다. 이제 서로 적이 아니라는 약속입니다. 이렇게 정전-평화협정을 맺은 나라들끼리 그럼 어떻게 합니까. 서로 수교합니다. 이제 서로 친구로 지내자는 것이죠.

지금 우리 주변 나라들을 볼까요. 과거에 전쟁을 했지만 지금은 서로 다 수교하고 잘 지냅니다. 미국과 일본이 전쟁했지만 수교하고 잘 지냅니다. 코리아에서 미국과 전쟁한 중국은 어떻습니까. 미중 수교했지 않습니까. 이제 중국이 너무 커지니까 미국이 중국을 견제하고 있지만, 양국 간 교류의 양은 이미 엄청나게 늘어났습니다. 이걸 없던 일로 돌릴 수가 없습니다. 미국을 패배시켰던 베트남은 어떤가요. 여기도 지금 미국과 수교하고 정상적으로 교류하고 있습니다. 역사상의 모든 전쟁이 다 그런 겁니다. 전쟁하죠. 그런데 전쟁 끝나면 다시 다 수교하고 잘 지냅니다. 물론 뭐 침략해서 나라를 삼키고 지도에서 지워버리는 그런 전쟁은 빼고 말입니다. 심지어 그런 나라와도 나중에 나라를 되찾으면 수교하고 교류하며 지내지 않습니까. 지금 우리와 일본이 그렇지 않았습니까. 2019년 아베 정부의 뜬금없는 '경제보복조치'로 조금 삐걱거리고 있는 것 같아 걱정이긴 합니다만, 대다수 한국인과 일본인은 수교를 파기하고 서로 다시 '적'이 되자는 데 동의하지 않습니다.

그런데 코리아전쟁은 전쟁이 끝이 났어도 그렇게 하지 못했습니다. 한국과 조선, 조선과 미국이 아직 종전하지도 수교하지도 못했습니다. 그러니까 사실은 아직 전쟁이 끝나지 않은 것이죠. 우리가 1950년에 코리아전쟁을 벌인 것도 어리석지만, 이후 70년 가까이 그 전쟁을 아직도 못 끝내고 있다는 것은 더더욱 어리석은 일입니다. 난센스죠. 왜 이러고 있는 것일까요. 전쟁을 계속하자는 세력이 여전히 존재하고 있기 때문입니다. 이들은 1950년의 전쟁도, 지금의 전쟁상태 유지도 매우 정당하다고 봅니다. 왜냐. 반드시 전쟁을 해서 반드시 절멸시켜야 할 적이 있기 때문입니다. 지난 70년을 그런 지독한 적대감으로 맞서 왔습니다. 아직도 부족하다고 하는 사람들이 있습니다.

가끔 주말에 광화문과 대한문 앞에 나가면 태극기와 성조기를 들고 나와 흔들면서 극성스럽게 적대와 증오의 언어를 쏟아내는 사람들을 볼 수 있었죠. 이들은 촛불혁명을 인정하지 않습니다. 여전히 아무에게나 빨갱이 타령입니다. 촛불혁명이 빨갱이고, 촛불혁명으로 들어선 정부도 빨갱이고, 촛불혁명 때 촛불을 들었던 시민들도 모두 빨갱이입니다. 냉전이 끝난 지가 언젠데 아직도 빨갱이 타령일까요. 이분들의 시계는 냉전시대, 코리아전쟁에 딱 멈춰서 있습니다. 과거 전쟁과 적대의 공포를 유지하기 위해 아무나 붙잡아다 고문하고 조작해서 빨갱이를 만들었던 바로 그 사람들이 옷장에 넣어두었던 군복을 다시 입고 빨간 유격 모자와 새까만 선글라스를 쓰고 나옵니다. 군대식으로 두발 딱 버티고 서서 '탄핵무효'라고 쓴 깃봉을 불끈 쥐고 '이거 뭐지?' 흘끔 쳐다보며 지나가는 행인들을 위협적으로 쏘아봅니다. 너희도 촛불들었지? 너희도 빨갱이지? 깃봉으로 행인들을 찌르고 젊은이들 뺨을 때리기도 한다죠.[35]

이러한 집회에 과거 냉전시대 억압자·가해자의 입장에 섰던 사람들이 자신들의 기득권을 지키기 위해 악착같이 참석하는 것은 어쨌거나 왜 그러는지 최소한 그 이유를 이해할 수는 있는 일입니다. 누구든 빨갱이로 몰아 마음껏 핍박할 수 있었던 그들의 시대를 대표하는 마지막 상징이 박근혜 전 대통령이었습니다. 그들의 '상징'에 대한 '탄핵'은 그들의 시대, 그들이 마음껏 휘두를 수 있었던 공포권력의 정당성에 대한 부정이기도 했습니다. 그러니 바로 그 공포권력의 일부였던 이들이 그런 집회에 참여하게 됩니다. 그렇지만 일부 교회 목사들이 반(反) 촛불 집회에 신도를 대거 동원하는 것은 일반인들이 보기에 쉽게 이해할 수 없는 대목입니다. 미국 성조기에다 이스라엘 국기까지 등장했죠. 한국의 집회에 미국 국기가 나오는 것도 이해하기 어렵지만, 때론 이스라엘 국기 또는 일장기까지 등장하니까 이건 아주 희한한 일이 아닐 수 없습니다.

집회에 신도들을 몰고 나온 목사들의 언어는 매우 폭력적이고 섬뜩합니다. 종교부흥집회에서 사용하는 언어를 그대로 정치 언어로 둔갑시키니까 자연히 그렇게 됩니다. 대통령 이하 누구든 탄핵에 찬성했던 세력을 '악마'와 '사탄'이라 부르고 '영원한 지옥'이나 '불의 심판'과 같은 격렬한 저주의 언어를 퍼붓지요. 정치권에서 밀려난 '막말' 정치인들이 나타나 이를 부추기고, 극우 유튜버들이 밑도 끝도 없는 황당한 가짜뉴스를 퍼뜨립니다. 코로나 사태 때는 아예 팬데믹에 대한 방역 활동 자체를 부정하면서 난폭한 행동을 했지요. 이렇게 되니 일반 국민들의 정서와 이들의 언어와 행태 사이의 괴리가 너무나 커지고, 심각한 의문이 제기될 수밖에 없습니다. 기독교는 이웃사랑의 종교라고 하지 않는가? 저렇게 독선적이고 난폭하게 행동하는 것이 기독교인가? 많은 국민들이 당혹감에 빠졌습니다.

한국 기독교에는 과거 군사독재 시절 고난의 민주화운동에 대한 든든한 지원자로서 커다란 역할을 했던 흐름이 있습니다. 일제 식민통치에 대해서도 믿음의 힘으로 저항했던 자랑스러운 역사도 있습니다. 그런데 이제는 그 기독교계의 일부가 민의의 거대한 흐름에 폭력적으로 맞서려 합니다. 정말 곤혹스럽게 된 쪽은 기독교계입니다. 가짜뉴스와 폭력선동에 기독교가 이용되고 있으니까요. 내부에서부터 비판과 자성의 목소리가 나옵니다. 그런 흐름을 방치하면 한국 기독교가 뿌리부터 흔들릴 것을 걱정합니다.

한국의 정치적 극우파와 기독교 극우파가 연합하여 개최하고 있는 소위 '태극기집회'에서 늘 반복되는 주장의 핵심은 결국 냉전적 적대감을 다시 불러일으키자는 것입니다. 독재시대의 과거로 돌아가자는 것이죠. 촛불혁명도, 촛불혁명으로 들어선 정부와 여당과 대통령도 모두 '빨갱이'니 모두 몰아내야 한다고 선동합니다. 결국 '내전 선동'입니다. 그 '내전 선동'의 힘, '빨갱이' 주문의 힘을 아직도 굳게 믿고 있는 것입니다. 지난 70년 동안 통했던 주문인데, 지금이라고 안 통할 이유가 없다, 아직도 굳게 믿고 있는 것으로 보입니다. 바로 촛불혁명 직전까지도 그렇게 신통하게 잘 통했던 주문 아닙니까? 자기 뜻을 다 이루어주었던 그토록 신통한 마법의 주문을 쉽게 버리고 싶지가 않겠지요.

1992년에서 1994년 사이에 여론을 크게 한번 뒤집었던 것처럼 이번에도 뒤집어야 한다고 생각합니다. 1991년 12월의 「남북기본합의서」는 코리아전쟁 이후 최초로 남북이 공식적으로 화해의 의사를 교환했었죠. 그러나 1992년부터 '북한 붕괴와 북핵 개발' 설을 유포해 흐름을 뒤집는 데 성공했습니다. 그래서 1993~1994년 사이 코리아를 전쟁 일보 직전까지 몰고 갈 수도 있었지요. '기울어진 운동장'이 그렇게 만들어졌습니다. 이것을 거의 30년 만에 간신히 정상으로 되돌려놓은 게 촛불혁명이었죠. 이제 극우파는 이걸 다시 한번 뒤집고 싶은 것입니다. 그것이 여전히 가능하다고 믿고 있는 것 같습니다.

새로운 가능성이 열리다

서선생　　믿었다가 말았다가, 오락가락하고 있습니다. 2019년 2월 하노이 북미 회담이 성과 없이 끝나니까 기세를 올리다가, 같은 해 7월 판문점에서 트럼프-김정은 간의 극적인 회동이 이뤄지니까 한풀 죽는 식이죠. 그 당시 아베 정부가 도발한 '경제보복' 사태에서 엉뚱하게 "아베 수상님, 죄송합니다" 하면서 일본 총리 편을 들다가 된서리를 맞기도 합니다. 여기에 더해 태극기 부대와 극우 유튜버들이 떠받드는 강연 내용을 담았다는 『반일 종족주의』라는 책은 큰 충격을 주었지요. 이 책을 읽어보면 **이들이 적으로 삼고 싸우고 있는 대상은 '북한'만이 아니라, 남의 한국인 전체, 북의 조선인 전체, 즉 자신들만 뺀 코리안, 코리아 민족 전체가 되어 있습니다. 남북을 막론하고 코리아 민족 전체가 샤머니즘과 반일주의에 빠져 있는 미개한 종족이라고 비하합니다.** 설마 그렇게까지 할까, 과장이 아닌가, 이 말이 의심스러운 분이 계시면 꼭 직접 읽어보시기 바랍니다.[36] 내용이 너무 심하다 보니까 보수 세력 내에서도 이 책에 대한 반발이 나오고 있어요. 이건 아니지 않느냐, 너무하지 않느냐, **어떻게 자기 민족, 자기 역사를 몽땅 부정하는 게 보수냐.**

촛불 이후에도 우리 내부에 여전히 남북대결의 맹렬한 적대성, 공격성을 불태우는 세력은 여전히 존재하고 있습니다. 이 세력은 기회만 되면 뚫고 나와 판을 뒤집어보려고 합니다. 이런 흐름을 밀어주는 일본과 미국의 우파 후원 세력도 만만치 않습니다. 이런 메커니즘을 '팽창근대의 적대성과 팽창성의 작동'이라 했는데, 그 메커니즘을 아직도 써먹으려고 하는 게 너무나 시대착오적이죠. 미소 냉전이 끝난 지 30년입니다. 더 크게 보면 500년 유럽내전의 마지막 3단계가 그로써 종료되었던 것입니다. 그럼에도 500년 전 유럽내전의 시발이 되었던 그 '내전적 적대'를 충성스럽게 이어받아 아직도 맹렬하게 태우려 하는 세력이 아직도 존재하고 있다는 사실이 놀라울 뿐이죠. 그런 적대와 충돌이 이제 유럽도 아니고 미국과 소련도 아니고, 그곳에서는 오히려 이미 거의 사라져가고 있는데, 바로 이곳 코리아에서 끝까지 아주 지독한 형태로 살아남아 있습니다.

지금 그런 적대의 불길을 계속 일으켜보겠다는 쪽이 자나 깨나 물고 늘어지고 있는 문제가 '북핵'입니다. 1990년대 초반부터 거의 30년을 끌고 있는 문제인데요, 하도 오래 끌다 보니 사람들이 앞뒤를 냉정하게 생각해보기 전에 그냥 진절머리부터 내는 것 같기도 합니다. 떠올리는 것 자체가 지겹다는 것이죠. 젊은 세대는 어릴 적부터 보아온 TV 뉴스에 북쪽 아나운서의 분노하고 위협하는 어투가 떠오를 뿐입니다. 그 세대 말로 '걍 웃긴다'고 지나가고 맙니다. 심각하게 생각해보려고 하지도 않습니다.

그러나 정말 중요한 문제입니다. 이제부터라도 차분하고 냉정하게 따져봐야 합니다. 핵심을 잘 잡아보면 그렇게 복잡한 문제도 아닙니다. 이제 이 문제의 뿌리와 정체가 무엇인지도 명확해졌습니다. 오히려 단순해요. 2018년 6월의 북미 정상회담에서 김정은 위원장이 요구한 게 뭐였습니까. 북을 붕괴시키려고 하지 말라, 우리 체제를 인정해달라고 했죠. 그래서 '북미수교'하자고 했습니다. 그렇게 해주면 핵을 폐기하겠다고 했고요. 북핵의 용도가 무엇이었나? 이것으로 분명해졌어요. 북이 핵개발 하기 이전인 1990년 초에도 같은 요구를 미국에 했었죠. 그때 미국이 거부했습니다. 그때 북을 인정하고 북미수교했다면 오늘날과 같은 북핵 문제는 존재하지 않았을 겁니다. 북이 금방 무너질 것이라는 당시 미국의 판단이 틀렸습니다. 결국 그러한 오판의 결과 30년이 지나면서 북은 사실상 핵보유국이 되었지요.

북이 핵개발에 성공하고 난 후, 이제 미국의 네오콘-군산복합체 강경파들은 북핵에 대해 소위 CVID, 즉 확실하고(Certain), 검증가능하고(Verifiable), 불가역적인(Irreversible) 폐기(Destruction)를 요구하고 있습니다. 이렇게 되면 북측도 마찬가지로 대응할 수밖에 없습니다. 북의 체제에 대한 확실하고(C), 검증가능하고(V), 불가역적인(I) 인정과 보장(Guarantee)을 요구하는 것입니다. 그렇다면 해결 방법은 무엇일까요? 어렵지 않습니다. 그 양측의 CVI'D'(폐기)와 CVI'G'(보장)의 요구가 맞아떨어지도록 하면 됩니다. 북이 어려운 위치에서 북미수교를 갈구하던 30년 이전과 비교해보면, 핵을 보유하게 된 현재의 북의 입장이 오히려 더 여유 있게 되었어요. 이러한 명백한 전략적 실패를 가져다준 그동안의 심각한 오판에 대해 강경일변도로 큰소리만 쳐왔던 쪽은 아무런 책임을 지지 않고 있습니다. 정책에 대한 책임성(accountability)이 없는 겁니다. 이제는 분명히 책임을 물어야 합니다.

'북핵' 문제가 시작된 상황을 돌아볼까요. 1989~1991년 사이 동구권이 붕괴하고 소련이 해체되면서부터입니다. 북으로서는 큰 위기감을 느끼지 않을 수 없는 상황이었습니다. 그런 위기감이 있었기에 남북대화도 이뤄지고 1991년 남북이 유엔에 동시가입하고 「남북기본합의서」도 채택할 수 있었습니다. 이때 북은 그 이전까지의 통일 노선을 포기한 것입니다. 남북이 유엔에 동시 가입한다는 것은 서로를 국가로서 인정하고 공존하자는 것이거든요. 「남북기본합의서」 역시 서로의 체제를 인정한다는 것입니다. 그런 변화를 확실히 보여준 일이 있었죠. 1991년 말까지 남북 간의 그런 합의를 이룬 바로 며칠 후인 1992

년 1월, 북의 노동당 국제비서 김용순이 밀사로 미국으로 가서 '미군철수를 요구하지 않을 테니 북미수교를 하자'고 제안한 것입니다.[37] 북의 통일 노선 변화의 의도를 처음부터 솔직하게 밝힌 것이에요. 그런데 미국은 즉각 이 제안을 거부했습니다. 거부했을 뿐 아니라 거꾸로 '북핵 의혹'과 '북한 붕괴론'을 퍼뜨리기 시작해요. 동구권이 붕괴한 것처럼, 루마니아 차우셰스쿠 정권처럼, 북도 곧 무너진다는 것입니다. 한국의 냉전대결 세력은 아주 신이 나서 이걸 퍼다가 열심히 한국의 언론에 퍼트렸죠.

우선 그 '북한 붕괴론'의 허구성은 이미 그 후 30년이라는 시간이 충분히 반증했으니 여기서 더 이야기할 필요가 없겠습니다. 그 30년 동안 알게 된 것은, '북한 붕괴'는 사실이 아니었지만 '북한 붕괴론'으로 권력을 영원히 누리고 싶어 하는 세력은 분명히 존재한다는 사실이었습니다. 문제는 '북핵 의혹'인데요, 미국이 처음 문제를 제기하던 당시 북의 영변에 핵발전소가 있기는 했습니다. 그러나 발전용량도 적고 여기서 핵폭탄 원료인 플루토늄을 추출할 시간도 거의 없었어요. 이후에 미국의회 조사단이 이 당시 북의 핵 제조 능력에 대해 조사하여 보고한 게 2002년의 닉시 보고서(Niksch report)인데요, 미국 측 시각에서도 당시의 핵능력은 극히 초보적인 수준에 불과했습니다.[38] 이때부터 체제보장-북미수교를 요구하는 북과 북핵 폐기를 요구하는 미국 간의 긴 줄다리기가 시작된 것입니다. 1992~1994년 사이에 미국이 북미수교와 북의 핵무기 개발 시설의 완전한 폐기를 교환했다면 그 딜은 훨씬 쉽게 이뤄질 수 있었습니다. 북의 핵개발 수준이 당시엔 아주 초보적인 단계였으니까요. 그러나 미국은 그렇게 하지 않았습니다. 반대로 북을 계속 압박해서 계속 위기 상황을 이어갔죠. 계속 압박하면 북은 붕괴한다는 거죠. 그래서 '북한 붕괴론'과 '북핵 위기론'은 동전의 양면입니다. 그런데 그 결과가 무엇입니까. '북한 붕괴'는커녕, 2017년 북의 핵 완성 선언입니다.

그렇다면 '북핵'은 도대체 누구의 작품이었다고 해야 할까요. 물론 핵무기 하나 믿고 올인해서 붕괴 위협에 맞서보자는 북의 작품이지요. 결국 성공했습니다. 그러나 그것이 북만의 작품이었을까요. 계속 위협하면서 핵무기 개발에 올인하도록 밀어붙인 미국의 작품이기도 합니다. 또 그 장단에 맞춰 북에 대한 증오와 적대를 열심히 부채질해댔던 한국의 냉전대결 세력의 작품이기도 하지요. 대단한 합작에 대단한 작품입니다. 그런데 이게 도대체 누구에게 좋은 작품이었습니까? 전쟁을 하자는 쪽에는 좋은 작품일지 모르겠지만, 전쟁을 바라지 않는 쪽에는 전혀 좋은 작품이 아닙니다. 지금 누가 코리아에서의 전쟁을 바라고 있습니까? 남북의 코리안? 아니면 미국인, 중국인? 또는 러시아인, 일본인인가요? 그 어느 쪽도 아닙니다. 우리는 주변국을 생각할 때 코리아의 통일을 반대하는 정치 세력만 있다고 보아서는 안 됩니다. 그들은 극히 일부에 불과합니다. 평화를 바라는 일반인들이 다수입니다. 지금 또다시 코리아에서 전쟁이 나면 이제 그 여파는 코리아반도에만 국한되지 않습니다. 핵을 실은 미사일은 이제 일본에도, 괌에도, 미국에도 날아갑니다. 코리아의 전쟁은 이제 과거처럼 코리아만이 아니라 주변국 모두의 재앙이 됩니다. 누가 그것을 바라겠어요?

그렇다면 이 문제의 북핵을 어떻게 해야 폐기할 수 있을까요? 겉보기에 복잡해 보이는 문제도 사태의 본질을 파악하면 그렇게 어렵지 않습니다. 북핵이 어떻게 만들어졌는지를 돌이켜볼까요. 북을 인정하지 않고 없애려고 했기 때문에 북핵이 만들어졌어요. 인과관계가 분명합니다. 결과(북핵)를 풀고자 하면 원인(북 부정)을 풀어주면 됩니다. 원래는 미국에서 북을 죽이려고 했다가 북에서 핵을 만들어서 버티니까 이제는 거꾸로 미국과 일본에서 북이 우리를 죽이려고 하고 있다고 거꾸로 소동을 벌이고 있죠. 이제 그런 속 보이는 일 그만 해야죠. 세계가 다 아는데요. 먼저 자신부터 상대를 죽이려 하지 말아야, 내가 상대에게 죽임을 당한다는 공포에서도 벗어날 수 있어요. 미국은 북에 비해 나라도 크고 국력도 훨씬 강한 나라입니다. 대국이 소국을 죽이려 해서는 안 되죠. 맹자님이 말씀하신 '대국 대접받고 싶으면 작은 나라를 먼저 섬기라'는 '사소(事小)'의 미덕과 지혜를 모르는 처사입니다. 작은 나라라고 죽이고 없애려고 하면 어느 누가 얌전히 죽어주겠어요.

북선생 맹자님이 맞아요. 북을 인정하고, 대국이 소국을 먼저 존중해야 합니다. 그래야 미국도 대국 대우를 받죠. 먼저 미국은 북미수교하고 조선(DPRK)도 베트남처럼 자유롭게 해외 교류해서 번영할 기회를 줘야 합니다. 그럼 곧 일본도 북일수교를 하겠지요. 물론 중일수교(1972년) 때처럼 눈치 빠른 일본이 미국에 앞서서 먼저 북일수교를 할 수도 있습니다. 어쨌거나 미국과 주변국이 북의 안전과 번영을 '확실하고, 검증가능하며, 불가역적으로(CVI) 보장(G)'해주면, 북도 핵을 'CVI하게 폐기(D)'할 수 있겠지요. 그러한 보장은 북미 간만이 아니라 동북아 6개국(남북과 미중러일)이 참여하는 지역 안보체제로 두텁게 이뤄져야 할 것입니다. 과거 동서독 기본조약 체결(1972) 이후 유럽안보협력회의가 창설되고(1975), 미소 간의 중거리 핵전력 협정이 체결되었던 것(1987)을 다시 기억할 필요가 있습니다. 코리아의 양국평화체제가 확립되면 그 기세가 우선 동북아 안정보장체제 성립으로 이어지고 이는 세계 핵 감축으로 가는 중요한 고리가 될 수 있습니다.

이러한 전망을 가능하게 하는 중요한 변화가 있었습니다. 무엇보다 한국의 촛불 민의가 큰 동력이 되고 있습니다. 동아시아 평화 동력의 중추가 되었습니다. 여기에, 역설적이지만, 북은 핵을 완성하면서 비핵지대화를 주장할 근거를 갖게 되었지요. 또 마침 그 시점에 미국 정계의 국외자이자, 국외자이기 때문에 미국 군산복합체의 요구에 덜 종속적일 수 있었던 도널드 트럼프가 미국 대통령이 되었습니다. 이 3박자가 절묘하게 맞아떨어지면서 2018년부터 남북미 관계가 평화와 공존의 방향으로 역사적인 대전환을 할 수 있었지요. 그러면서 2018년 4월 27일에 남북 정상이 만났고, 6월 12일에는 싱가포르에서 북미 정상이 만날 수 있었죠.〈그림 4-8, 9〉

2019년 2월 하노이에서의 두 번째 북미정상회담은 기대했던 성과를 못 냈지만, 'CVIG와 CVID를 교환한다는 딜(deal)의 기본 틀'은 바뀌지 않았습니다. 그때 미국 측이 무리한 요구를 한 겁니다. 체제보장에 대해서는 분명한 것을 하나도 안 내놓으면서, 상대에게는 처음부터 가진 것 다 내놓으라고 하면 공정하지 않죠. 애초에 부동산 사업가에 불과한 그에게 기대하기 어려운 일이었겠지만, 어쩌면 지금은 후회하고 있을지도 모르겠어요. 볼턴 일찍 자르고 그때 딜을 성사시켰더라면 재선에 성공할 수도 있었을 텐데, 라고 말이죠.

앞서 말했듯 〈1992~1994년의 뒤집기〉 어게인(again)을 바라는 세력은 여전히 존재합니다. 그렇다고 그 '어게인'이 항상 가능한 건 아니죠. 1992~1994년 뒤집기의 핵심은 당시 한국 여론의 방향을 뒤집어놓는 데 성공한 데 있었어요. 남북화해 기조에서 남북적대 기조로 뒤집어놓는 데 확실히 성공했어요, 그때는 말입니다. 그런데 그게 또 가능한가? 제일 중요한 게 우리 자신의 중심입니다. 1990년대 초에는 남북대

〈그림 4-8〉 2018년 4월 27일 판문점 남북정상회담

〈그림 4-9〉 2018년 6월 12일 싱가포르 북미정상회담

결체제를 남북공존체제로 밀고 나갈 중심 세력이 약했어요. 노태우 정부는 군부통치 연장 세력인데다가 허약했고, 87년 시민항쟁을 이끌었던 민주화 세력도 분열되어 있었지요. 게다가 그 반쪽은 냉전대결 세

勢2

력 쪽과 합쳐버리고 말았거든요. 바로 1990년 1월의 '3당 합당'입니다. 그때 냉전 세력과 합당한 민주화운동 세력의 한 축이 '북한 붕괴론–북핵 위기론'에 동조했습니다. 그래서 쉽게 내부에서부터 무너지고 말았어요. 그러나 지금은 상황이 완전히 다릅니다. 촛불혁명이 바로 그 '기울어진 운동장'을 소멸시켰어요. 그리고 촛불혁명 이후 들어선 정부는 정통성이 강합니다. '북한 붕괴론'은 더 이상 통하지 않게 되었고, '북핵'은 이제 '위기론' 선동의 용도가 아니라 '평화적 해법'을 찾기 위한 협상의 문제가 되었죠. 이제는 보수도 이러한 현실 변화를 인정해야 살 수 있게 되었습니다. 그런데 냉전대결을 여전히 고집하는 세력이 대통령 탄핵 자체를 거부하고 폭력적이고 억지스런 대중동원을 고집하면서 합리적인 보수층의 마음으로부터 멀어지고 있습니다. 스스로 망하는 길로 가는 것이죠. 그러한 고집스런 냉전대결 세력에게는 이제 미래가 없어요. 1990년대 초와는 크게 다른 상황입니다.

국제적인 상황은 어떻습니까. 1990년대 초반은 냉전 이후 미국 일극주의의 전성기였습니다. 1990년 8월에서 1991년 1월 사이의 '걸프전쟁'이 어땠습니까. 전 지구상에 미국의 뜻대로 되지 않는 일이 하나도 없는 것처럼 보였죠. 또 소위 '북한 붕괴론'이 먹히는 분위기도 있었어요. 그 엄청난 소련이 무너졌으니 '북한'도 곧 무너지지 않겠느냐고 보았던 여론이 있었던 것입니다. 국내적으로도 그렇고 국제적으로도 그랬습니다. 그러나 지금은 어떻습니까. 미국 일극주의는 완전히 흘러간 옛이야기가 되었습니다. 또 '북한 붕괴론'이 실제와 동떨어진 엉뚱한 이야기였다는 것도 이제는 분명해졌습니다. 이렇게 30년 전과 전혀 다른 상황에서 30년 전의 이야기를 되풀이하고 있으니 이런 말에 귀 기울일 사람들이 있겠습니까. 지금 세계의 변화는 과거 보지 못했던 수준이지요. 그런데도 그걸 전혀 인식할 수 없고, 따라서 인정할 수 없는 층이 생겨나고 있습니다. 그렇게 현실감을 잃은 사람들이 모여 자기들끼리 옛말을 반복하며 '골방의 신념'을 증폭시킵니다. 현실은 자신들과 무관하다. 오직 우리 생각만이 진실이다, 라고 믿는 사람들이지요. 한국의 태극기부대만이 아니라 2020년 미국 대선 결과에 불복했던 트럼프 지지자들도 같은 유형의 함정에 빠져 있습니다. 현실이야 어찌되었든 그건 현실이 아니라고 우기는 것입니다. 그래서 미국에서 트럼프의 별명이 무조건 우기는 '베이비 트럼프'였지요.

세계정세나 국내상황이나, 촛불 이후의 현실은 1992~1994년과는 비교할 수 없을 만큼 훨씬 안정된 조건입니다. 이 역사적 기회를 결코 놓치지 말고 남북평화공존체제, 코리아 양국체제로 완전히 이행할 때까지 촛불혁명은 계속되어야 합니다. 혁명은 실패로 끝날 수도 있고, 성공으로 완성될 수도 있습니다. **촛불혁명이 코리아 양국체제로 '체제전환(system change)'이 되었을 때, 그때 비로소 촛불은 혁명으로 완성되는 것이죠.**[39]

코리아 양국체제와 한조수교

동선생　　지금 코리아에 평화와 공존이 정착되는 것은 코리아만의 문제가 아니라 세계사적인 전환과도 깊게 맞물려 있는 일 아니겠습니까. 코리아의 남과 북, 대한민국(ROK)와 조선민주주의인민공화국(DPRK), 이 두 나라가 세계 앞에 큰 책임감을 가지고 코리아 문제를 주도적으로 풀어갈 큰 비전을 품어야 할 때입니다. 북핵 문제도 마찬가지입니다. 북미 간의 협상이 진행되겠지만, 한국과 조선 두 나라가 협력하여 이 문제 해결에 주도적인 모습을 보일 필요가 있습니다. 저는 '한조(韓朝)수교'가 큰 돌파구가 될 수 있다고 봅니다. 한국과 조선, 두 나라가 평화조약을 맺고 정식 수교를 하여 대담하고 획기적으로 교류의 폭을 늘려가는 것입니다. 휴전선의 무장 수준을 낮추는 일, 군비경쟁을 줄이는 일과 함께 북핵 시설의 점차적 해체가 현실화되고, 두 국가가 서로 상대의 주권, 영토, 국민을 인정하는 제도적 작업도 이뤄집니다. 이 길을 통해서만 남북 간의 뿌리 깊은 적대와 불신은 비로소 해소될 것입니다.

한국과 조선 모두 유엔 회원국인데요, 그 192개 회원국 중에서도 한민족의 두 나라 관계는 아주 특별한 것이 아닐 수 없습니다. 이 두 나라는 1991년 유엔에 회원국으로 동시가입했습니다. 그런데도 30년 동안 서로 수교하지 못하고 지내왔습니다. 1950년에는 큰 전쟁을 했고, 이후로도 시종일관 적대해왔지요. 1991년 유엔에 동시가입하고 「남북기본합의서」도 교환하면서 이제 두 코리아도 과거 동서독처럼 서로 싸우지 않고 잘 지낼 수 있으려나 했는데, 그 이후로도 또다시 적대의 함정에 휘말려 들어가 빠져나오지 못했습니다. 이런 모습이 세계인들의 시각에서는 이해가 잘 안 되고 답답했던 겁니다. 저 사람들은 말로는 오랜 역사를 공유한 똑같은 코리안이라고 하면서 왜 저럴까. 그러다가 2018년 연이어 세 차례의 남북정상회담을 하게 되니까 생각이 바뀌고 있어요. 아, 저 사람들 자기 문제 해결의 의지가 있기는 하구나. 이제 정말 코리안들이 무얼 제대로 해보려나. 이제 이런 기대가 생겼어요.

이럴 때 코리아 남북이 이 지점에서 담대하게 큰 발걸음을 내딛는 모습을 보여주어야 합니다. 주변 강대국 탓만으로 돌릴 일이 아니라 양국이 주도해서 코리아와 동아시아의 평화 정착을 앞장서 이끌어가야 합니다. 대한민국과 조선 양국 간의 수교는 이 길을 여는 획기적인 발걸음이 됩니다. 우리가 비록 과거 전쟁을 하고 70년을 적대해왔지만 이제 그것을 모두 과거로 돌리고 이제 양국이 서로를 한 민족이 이룬 정당한 국가로서 상호인정한다는 것을 세계만방에 알리는 것이죠. 세계여론의 큰 환영과 찬사를 받을 것입니다. 이럴 때 조선도 국제사회의 신뢰를 얻고 '제재'의 압박에서도 벗어나는 지렛대를 찾을 수 있습니다. 아울러 한국도 조선의 성공을 위해 국제사회에서 더욱 적극적인 역할을 할 수 있는 근거와 명분을 얻게 되지요.

북선생　　이런 상황에서 모든 문제는 결국 미국이 열쇠를 쥐고 있다, 또는 결국 북미 갈등이 해결돼야 모든 문제가 풀린다는 식의 사고가 작동합니다. 사태의 일면만을 보는 것입니다. 남에도 북에도, 좌에도 우에도, 이런 심리가 남아 있습니다. 그런 주장의 심리를 잘 들여다보면 미국에 대한 신화나 우상 같은 게 있습니다. 이렇게 하든 저렇게 하든 결국 미국이 다 알아서 하는 것이다. 겉으로는 굉장히 반미적으로 보일지 모르지만, 실은 미국을 실체보다 훨씬 크게 우상화하는 심리입니다. 미국은 모든 것을 다 할 수 있다. 모든 것을 다 안다는 식이죠. 반미보다는 오히려 숭미(崇美)가 됩니다.

　남측만 아니라 북측에도 이런 심리가 있습니다. 과거 미소 냉전기라면 모르겠지만 이제 더 이상 그런 관점으로는 현실을 제대로 볼 수 없습니다. 미국을 있는 그대로 봐야 합니다. 과거에도 그랬지만 현재와 미래에는 더욱 그렇습니다. 냉전 종식 이후의 세계가 크게 달라졌어요. 냉전시대에도 미국은 전능하다는 생각은 오류였어요. 냉전 이후에는 더 말할 나위도 없습니다. 미국이라는 나라는 하나가 아닙니다. 평화 세력과 풀뿌리 민주주의 전통이 강한 나라이기도 합니다. 이런 미국과 친구가 될 수 있는 큰 배포가 필요합니다. 양면을 알아야죠. 알면 두려움이 없지만, 모르면 두려움에 빠지니까요.

남북문제도 꼭 북미관계 개선이 앞에 가고 남북관계 개선이 뒤따라 가야 하는 것은 아닙니다. 거꾸로 남북 간 신뢰의 고리를 튼튼하게 해서 북미관계 개선을 끌어갈 견인차를 만들 수 있어요. 그런 방식이 더 바람직하고 현실성이 있죠. 그러한 남북관계 개선의 획기적 고리가 한국, 조선 양국이 상대를 국가로서 인정하는 것이죠. 그것이 '코리아 양국체제'의 핵심입니다. 그 '한조수교'가 '북미수교=조미수교'에 앞서 이루어질 수 있음을 알아야 합니다. 이제 그럴 역량이 남북 코리아에 있어요.

'한조수교'는 세계적으로 매우 특별한 의미를 갖는 사건이 될 것입니다. 세계냉전의 마지막 적대관계 · 폭발장치를 해체하는 역사적 장면이 될 것이니까요. 이 수교는 코리아 남북만이 아니라 미중러일 등 주변국에도 분명한 기회와 이점을 제공합니다. 이미 중국과 러시아는 그런 의견을 표명하고 있습니다. 미국과 일본도 국민의 입장에서 생각한다면 명확히 그렇죠. 우선 코리아에서의 전쟁 위기 때문에 자국의 안보가 위협받는 위험이 사라집니다. 또 코리아 양국체제의 성립은 동아시아 평화체제 성립의 관건입니다. 동아시아에서 전쟁 위기가 완전히 사라지면 미국과 일본 민간에는 경제적으로도 또 새로운 기회가 열리게 됩니다. 미국과 일본 국민이 반대할 이유가 없어요. 북미, 북일 간에 적대와 의심이 해소되고 북미, 북일 수교가 이뤄져 활발한 교류가 이뤄지면 미국, 일본에서 코리아 남북의 적대관계를 이용하려는 세력들도 힘을 잃게 됩니다. 그래서 **'북미, 북일 수교는 코리아 양국체제의 일부'**

라고 하는 것입니다. 촛불을 지지하고 평화를 성원하는 큰 힘이 미국, 일본에도 분명히 있습니다. 미국, 일본은 결코 하나가 아닙니다. 흑이냐 백이냐 이렇게 너무 단순하게 볼 필요가 없습니다. 코리아 평화체제·양국체제에 대한 지지와 연대를 획기적으로 넓혀나갈 국제적 안목과 포부가 필요해요.

정치 문제에서는 상징적 고리를 풀어가는 일이 매우 중요합니다. 1972년 동서독이 서로 국가로서 인정하면서 대표부를 교환했죠. 대표부 교환은 대사 교환보다 한 단계 높은 외교 관계라고 할 수 있습니다. 수교이되 특별한 수교였습니다. '한 민족 두 국가(one nation, two states)'라는 특별한 관계의 두 국가 간의 수교이니 특별하지 않을 수 없지요. 이 동서독 수교가 빌리 브란트 동방정책의 꽃이었어요. 그리고 1974년 미국과 동독도 수교했지요. 1972년 동서독 수교 이후 동서독 간 교류는 매우 활발해졌습니다. 그러나 양측 모두 당장의 큰 성과보다는 서로의 신뢰를 쌓아나가는 과정을 중시했죠. 그 신뢰란 상대가 우리 체제를 위협하지 않겠다는 믿음입니다. 동서독은 서로 전쟁을 하지 않았던 나라들입니다. 그런데도 그렇게 점진적으로 조심스럽게 진행했어요. 코리아 남북은 더욱 그렇습니다. 전쟁을 했지 않습니까. 바탕에 깔린 그 불신과 적대를 서서히 장기적으로 풀어가야 합니다.

세계사의 큰 방향이 이러하고, 또 촛불과 판문점·싱가포르 정상회담으로 이제 문제 해결의 큰 매듭은 일단 풀어놓았으니, 일희일비 흔들리지 말고 긴 호흡으로 차분하고 꾸준하게 한길로 나가야 하겠습니다. 2019년 한 해만 보더라도 하노이에서 2월의 2차 북미회담이 성과 없이 끝나는 것 같으니까 금방 낙담했다가, 또 6월 30일 판문점에서 남북미 정상이 극적으로 만나니까 또 금방 당장 뭐가 다 될 것처럼 들뜨다가, 그 후로 별 뚜렷한 결과가 안 나오니까 또 불안 · 초조해하는 식으로 왔다갔다 흔들렸지 않습니까. 미국에만 매달리다가 아무것도 이루지 못했지요. 그럴 이유가 없습니다. 날씨(weather)는 요변덕해도 기후(climate)는 장기적 경향, 안정성이 있다고 하죠. 목표가 분명하고 흐름이 분명하니 그 방향으로 하나씩 하나씩 꾸준히 해결해가면 됩니다.

서선생 　그런 변화를 한사코 가로막으려고 하는 세력이 여전히 국내외에 존재하고 있는 것이 분명한 사실입니다. 그들은 공포와 불안, 초조를 끊임없이 부추기려 합니다. 그러나 그들에게는 어디서든 당당하게 표명할 정당성이나 호소력이 없어요. 요즘 세상에 핵전쟁까지를 불사해서 반드시 북을 멸망시켜야 한다는 주장에 누가 공감할 수 있겠습니까. 트럼프조차도 그런 극단적 주장을 폈던 철 지난 네오콘 존 볼턴은 해임하지 않았습니까? 냉전 종식 이후의 세계인들은 볼턴과 같은 극한의 적대와 부정의 심리상태를 이해하지 못합니다. 그저 군산복합체의 기득권 유지 때문에 억지를 쓰고 있다는 것을 누구나 알고 있어요. 여기에는 논리도 미래도 없습니다. 혹이나 현혹되어왔던 분들은 이제 그 좁은 상자에서 나와야 합니다. 그래야 미래가 있습니다. 세계가 그렇고 코리아가 그렇습니다. 양국체제를 인정하고 그 위에서 경쟁하겠다고 생각해야 합니다. 그래야 비로소 한국에서 정치적 '보수'의 입지가 확보될 수 있습니다.

　변화에 대한 두려움이 남아 있겠지요. 그래서 변화 없는 현상 유지(satus quo)에 집착합니다. 남이나 북이나 말이죠. 코리아에서 내전적 적대 상태가 너무 오래돼서 그렇습니다. 전쟁을 했던 상대를 믿는다는 것이 두렵겠지요. 그래서 용기가 필요합니다. **대범하고 담대한 지도력이 필요한 때입니다.** 전쟁 이후 70년이 지났어요. 이제 미소 냉전체제

도, 미국 일극주의도 이미 한참 흘러간 옛이야기가 되었습니다. 세계
는 다극화되었고, 한국은 촛불혁명이 일어났고, 조선은 사실상의 핵보
유 국가가 되었어요. 이제는 70년 적대와 고착을 풀 수 있으며, 풀어야
만 하는 때입니다. 이 절호의 기회를 놓치지 말아야 합니다.

**가장 중요한 고리는 북미수교, 북일수교가 아니라 오히려 남북수교, 즉
한국과 조선 간의 '한조수교'입니다.** 북미수교는 물론 좋은 일이고 반드
시 이뤄져야 합니다. 그러나 남과 북이 서로를 국가로서 인정하지 못하
면서, 북미수교만 되면 모든 일이 다 잘 될 것이라고 생각하는 것은 서
로가 정직하지 못한 것입니다. 깊은 내심에서는 결국 상대에 대한 뿌리
깊은 불신을 지우지 못하고 있다는 것을 보여줄 뿐입니다. 상대를 인정
할 진정한 용기가 부족한 것입니다. 불안과 강박, 집착에서 과감하게
빠져나와야 합니다. 그 고리를 깨고 나오지 못하면 불신, 불안, 강박,
집착은 꼬리에 꼬리를 물며 무한히 제자리를 돕니다. 정신분석학의 창
시자 프로이트는 이러한 강박의 순환적 반복과 증폭 현상을 '반복강박'
이라고 했지요.

반복강박(Wiedeholungszwang, repetitive compulsion)은 쾌락의 가능성
을 전혀 포함하고 있지 않는 과거의 경험, 그리고 억압된 본능 충동에서
도 만족을 가져올 수 없었던 과거의 경험을 회상해낸다 … 모든 원치 않
는 상황과 고통스런 감정을 반복하고 대단히 정교하게 그것들을 재생시
킨다 … 옛 경험을 통해서 보면 이러한 작용이 오직 불쾌만 낳았다는 사
실에서도 … 아무런 교훈도 얻지 못한다. 그럼에도 불구하고 그것들은 강
박의 압력 밑에서 반복되고 있는 것이다 … 그 인상은 어떤 악운에 쫓기
거나 어떤 악마적인 힘에 붙잡혀 있다는 것이다.[40]

남과 북 두 개의 코리아가 국가로서 상호인정하는 것이 그러한 병적인 '반복강박'을 깨고 나오는 첫걸음입니다. 그래야 꼬리를 무는 모든 교착의 연쇄고리가 풀리기 시작합니다. 남북 간 교류·협력 역시 남북수교를 통해 제대로 물꼬가 터집니다. '실질적인' 남북 교류협력이 비로소 가능해질 것입니다. 교류협력이 일시적이지 않을 것이라는 분명한 보장이 있으니까요. 공식 수교란 두 나라를 넘어 세계의 약속입니다. 세계가 공증하는 가운데 양국의 약속이 있습니다. 코리아 양국체제가 평화적 세계체제의 일부가 되는 것입니다.

하나가 되자고 하면 오히려 하나가 되자는 둘이 우선 분명해야 합니다. 두 쪽 모두가 각각 정당성이 있고 자신이 있어야 서로를 인정할 수도 있는 것입니다. 남북이 그동안 그렇게 못해온 것은 솔직히 말해서 그런 정도의 실력과 자신을 갖추지 못했기 때문이었어요. 그러나 이제 달라졌습니다. 2018년 한 해 동안 남북 정상이 세 차례나 정상회담을 할 수 있었던 것은 이제 한국과 조선 두 나라가 서로를 국가로서 인정할 만큼의 자신감과 정당성을 확보했다는 신호였습니다. 이제 준비가 되어 있다는 것이죠. 둘임을 인정할 수 있어야 하나가 될 수 있습니다. 평화적 통일을 하려면 둘이 먼저 제대로 서야 합니다. 그것이 '코리아 양국체제'죠. 한 민족 두 국가의 공존을 통해 평화적 통일로 가는 길입니다.[41]

코리아 양국체제 정립은 결코 코리아만의 국지적 사건이 아닙니다. 세계사적 의미가 있어요. 70년간 극단적으로 적대해왔던 두 주권이 평화적 공존의 과정을 통해 통일로 간다는 것은 토머스 홉스나 카를 슈미트가 생각했던 근대 주권관으로부터의 탈피를 의미하기 때문입니다. 새로운 시대의 질적으로 다른 주권관이 여기서 나올 것입니다. 새로운 시대의 새로운 주권이란 홉스적, 슈미트적 의미의 '적대적 외부'를 전제하지 않는 '내장적 주권'이 되겠지요. 새로운 주권모델을 코리아 남북에서부터 만들어간다는 포부를 가져야 하겠습니다. 팽창근대의 주술을 여기서부터 끊고 내장적 문명으로 가는 길을 힘을 모아 같이 열어가자는 것입니다.

노자『도덕경』이 가르쳐주는 코리아 양국체제의 지혜

북선생　　그동안 우리가 논의한 것은 그러한 세계사적 변화의 방향에 대한 역사적 논증이었다고 할 수 있겠습니다. 그것은 분명하지만, 동시에 코리아 남북 간의 솔직한 현실에 대해서도 분명히 해두어야 하겠습니다. 지금껏 남북접촉은 많았어요. 1972년 「7·4공동성명」 이후 160여 건에 가까운 남북 간 합의서가 나왔지요. 그러나 지금 실효 있게 남은 게 무엇입니까? 1991년의 「남북기본합의서」가 실종되어버린 곡절은 앞서 살펴본 바와 같고, 김대중·노무현 정부 때 그 많았던 남북합의도 이명박·박근혜 정부 들어 백지가 되어버렸지요. 백지 정도가 아닙니다. 오히려 더 나빠진 측면도 있습니다. 북의 핵개발에 대한 'UN 제재'가 갈수록 높아지면서 남북 간 지원협력 사업의 끈도 거의 다 끊기고 말았으니까요. 과연 2018년의 판문점과 평양의 공동선언은 어떻게 될까요? 들떠 있을 때가 아닙니다. 같은 분단국가였던 서독과 동독은 코리아가 첫 남북접촉을 했던 1972년에 서로 국가임을 인정하면서 양국체제로 들어가 결국 통일했습니다. 그러나 코리아 남북은 1972년은 고사하고 1991년 「기본합의서」에서도 서로를 국가로서 인정하지 못했어요. 그러면서 불신과 갈등은 치유되지 못하고 어떤 점에서는 더욱 심화되어왔죠. 그 상태가 지금까지 이어지고 있습니다. 서로를 국가로 인정한다는 근본 고리를 아직도 풀지 못했어요. 이 고리를 풀지 못하면 또다시 원점으로 돌아갈 수 있다는 사실을 직시해야 합니다.

남북 모두 큰 시야를 가지고 통 크게 행동해야 할 때입니다. 남북수교와 양국체제는 남북 간의 '깊은 신뢰'를 확고하게 표현하는 것입니다. 서로 상대를 위협하고 말살하지 않겠다는 확증이지요. 그런 깊은 신뢰, 근본적 신뢰를 만들어야 합니다. 그게 기초죠. 아직도 부족함이 많습니다. 그런 근본적 신뢰가 단단하지 못하니 아직도 이상한 일들이 벌어질 수 있습니다. 2020년 6월, 합의사항이 제대로 이행되지 않는다고 돌연 개성에 어렵게 설치한 남북공동연락사무소를 폭파해버린 일이나, 같은 해 9월에는 한국의 실종 해수부 어업지도원이 북측 해안에서 군인들에게 사살당하는 돌발사건이 그렇습니다. 아직까지도 신뢰보다 불신, 소통보다 불통이 더 크다는 것을 보여줍니다. 그나마 9월의 사건에 대해서는 김정은 위원장이 신속하게 사과하고 한국 정부가 이를 수용하면서 문제가 더욱 심각하게 악화되는 것은 일단 막았어요. 촛불 이후의 시기임에도 민간인의 '불법' 월경에 대해 남북 모두가 과거 냉전기와 전혀 다를 바 없는 방식으로 대응했다는 것은 심각하게 반성해야 할 문제입니다. 이런 일이 반복되면 상황은 언제든 남북 모두 원치 않는 방향으로 퇴행할 수 있습니다.

우선 남북합의의 국회 동의에서 시작해야 합니다. 그래야 남북 상호인정의 법적 실효성이 전면화됩니다. 코리아 양국체제의 정당성과 필연성에 대한 명확한 인식이 우선입니다. 지금까지 남북 정상합의는 6·15(2000년 평양), 10·4(2007년 평양), 4·27(2018년 판문점), 9·10(2018년 평양), 네 차례 있었지요. 그러나 놀랍게도 그 어느 하나 지금껏 국회에서 비준동의된 바가 없어요. 그 결과가 어땠습니까? 그렇듯 중요한 남북합의가 두터운 평화의 매개가 되지 못하고, 늘 일시적인 평화 '무드'를 가져다주는 듯하다가 정치적 상황이 변하면 짧은 시기에 그 '무드'가 깨끗이 소실되고 마는 불쾌한 반복을 경험했지요. 6·15나 10·4의 경우 당시 정부 여당은 그 정상합의를 국회 동의에 부칠 자신감을 갖지 못했습니다.[42] 그렇다면 과연 '촛불 이후'의 남북 정상합의 경우는 어떻게 될까요.

우선 문재인 정부는 2018년 9월 11일, 판문점선언 비준동의안을 국회에 제출한 바 있습니다. 그러나 20대 국회에서는 제1야당의 거부로 상임위에 상정조차 하지 못했어요. 시도는 하였으나 촛불 이후임에도 여전히 국회에 남북합의의 국회 동의를 거부하는 세력이 강했기 때문입니다. 이어 2018년 10월 23일, 판문점-평양선언의 부속합의인 군사합의서에 대해 국무회의 심의를 거쳐 대통령이 비준한 바 있지요. 이 비준에 대해 당시 제1야당은 (조약의 체결·비준에 대한 국회동의권를 명시한) 헌법 60조를 위반했다고 그 적법성을 공격했습니다. 국회에 제출한 비준안에 대해서는 비토하고, 부속합의에 대한 대통령 비준에 대해서는 국회 동의를 구하지 않았다고 비판한 것이죠. 결국 당시 야당은 이리하든 저리하든 남북합의에 관한 일체의 법제화 시도를 반대하고 봉쇄하려는 입장이었다고 볼 수밖에 없었어요.

그렇다면 이제 2020년 4·15총선 이후 과반다수당이 된 여당과 정부가 이제 이 문제를 어떻게 풀어갈 것인지 지켜볼 일입니다. 남북 정상합의는 대한민국 국회의 동의 절차를 밟고 완전한 법적 효력을 발휘해야 마땅합니다. 그래야 얇고 위태로운 평화가 아니라, 두텁고 안정된 평화상태에 이를 수 있습니다. 주지하듯이 1민족 2국가 체제에서

양국 관계의 법적 성격을 원만하게 정리한 사례는 이미 존재하고 널리 연구되어 있어요. 독일의 예죠. 1972년 동서독 기본조약에서 1민족 2국가의 '특수한 성격'에 대해 법적 정리를 한 바 있고, 1973년 서독 연방헌법재판소는 이에 대해 "(기본조약의) 형식은 국제법적 조약이지만, 그것의 특수한 내용을 볼 때는 특별한 내부관계를 규정한 조약"이라 판시했지요. 1민족 2국가의 법적 2중성의 합헌성에 대한 판결이었습니다.[43]

그동안 반대만 하던 쪽에서도 이제는 그렇게 무조건 반대만 해서는 더 이상 민심의 지지를 받기 어렵게 되었음을 느끼고 있을 것입니다. 코리아 남북이 평화 속에서 공동번영할 수 있어야 한다는 것은 남북과 좌우를 넘어선 공동가치이자 기본 전제가 되었습니다. 이제 여야, 진보/보수 모두가 1민족 2국가의 현실을 인정하는 새로운 길 위에서 건강한 정책 경쟁을 해야겠지요. 과거 서독 기민당이 사민당이 주도했던 동서독 기본조약에 대해 처음에는 반대했지만 결국 이를 인정하여 당론으로 수용함으로써 독일통일에 큰 역할을 할 수 있게 되었지 않습니까?

남선생　　이제 마무리해보죠. 저는 한국과 조선의 두 나라가 양국체제를 통해 통일로 가는 이 길이 『도덕경』 22장에 나오는 "곡즉전 왕즉직(曲則全 枉則直)"이라는 표현과 너무나 잘 맞아떨어진다고 생각해왔습니다. '휘어진 것(曲)이 온전한 것(全)이고, 굽은 것(枉)이 똑바른 것(直)'이라는 뜻이 되겠는데요, 아주 재미있는 말입니다. 우주에는 모든 것이 곡선이라고 말합니다. 질량을 가진 우주 사물의 중력 때문입니다. 그래서 휘어가는 경로가 사실은 최단 경로가 됩니다. 아인슈타인의 일반상대성 이론이 밝혀준 사실이지요. 그래서 우주에서 모든 가장 빠른 길은 사실은 휘어가는 곡선의 길입니다. 항공로도 그래요. 최단 항공로를 2차원 평면으로 보면 곡선으로 나타나지 않습니까.

지금 코리아의 남과 북은 같은 민족이지만 서로 전쟁을 했던 사이입니다. 그것도 3년에 걸친 아주 참혹한 전쟁이었어요. 그 전쟁으로 코리안의 10% 이상이 죽거나 심하게 다쳤습니다. 게다가 전쟁 이후에도 거의 70년을 솔직히 말해 별로 사이 좋게 지내오지 못했지요. 그런 사이가 하루아침에 단번에 좋아지고 단숨에 합쳐질 수 있겠습니까? 시간은 거짓말을 하지 않습니다. 과거야 어찌 되었든 지금 당장부터라도 '우리는 애초에 하나이니 마음만 먹으면 지금 당장 하나가 될 수 있다'고 하면 당장 통일이 될까요? 남북 모두에서 내전적 갈등과 적대만 더 키우고 말 것입니다. 그래도 그것을 감수하고 밀어붙이자고 하면, 그 적대와 갈등이 증폭되고 극단화되어 남북 모두에 적대적 강경파가 크게 대두하여 득세할 가능성이 아주 큽니다. 그러다 결국 다시 전쟁을 하자는 쪽으로 몰려갈 수도 있어요.

잘 생각해보아야 합니다. 뜻하는 바와는 정반대의 결과를 가져올 수 있습니다. 통일만 보려고 하면 통일이 안 보입니다. 밤하늘 아래 누워 별 하나를 골라 오래 지켜보세요. 2~3분도 안 돼 희미해지면서 사라져버립니다. 오히려 그 별의 주변을 보아야 그 별을 볼 수 있습니다. 아마추어 천문 관측자는 누구나 아는 이야기입니다. 별을 제대로 보기 위해서는 주변보기, 돌아보기가 필요하다, 통일로 가기 위해서는 '코리아 양국체제'라는 중간역을 반드시 거쳐야 한다는 이야기입니다. 겉보기에 휘어지고(曲) 굽은(枉) 길 같아 보일지 모르겠지만, 결코 그렇지 않습니다. 노자 선생님과 아인슈타인 박사가 가르쳐준 것처럼, 그것이 가장 '온전하고(全) 똑바른(直)' 길입니다.

더 나아가 이 길은 코리아만을 위한 길이 아니라 세계를 위한 길이지요. 지금 세계가 팽창적 대결의 길로 가느냐, 내장적 공존의 길로 가느냐는 인류의 미래 방향을 결정하는 핵심적인 선택지입니다. 5부의 이야기가 되겠습니다만, 앞으로 시간이 갈수록 동서의 차이는 줄어들어 평평해집니다. 그럴수록 이 추세를 거스르고 싶은 세력들의 도발이 커질 수 있습니다. 이럴 때 동아시아가 앞서 길을 열어가야 합니다. 이제 동아시아가 그러한 역할을 해야 할 때가 되었습니다. 이 점에서 중미관계와 코리아 문제는 깊이 연결돼 있습니다. 미국 매파의 대결 노선에 대해 중국은 내장적 공존 노선을 흔들림 없이 견지할 수 있어야 할 것입니다. 자국만이 아니라 세계 전체를 보아야 합니다. 세계의 여론은 세계질서의 내장적 전환과 평화적 안정을 선호하는 쪽이 훨씬 다수입니다. 서방권 전체적으로도, 미국 내에서조차 대결보다 공존을 지지하는 여론이 훨씬 커요. 그게 세계인의 상식이고 공통감각입니다. 이러한 세계여론은 코리아 남북이 양국체제를 통해 평화와 공존의 길로 들어설 때 크게 환영하고 지지해줄 힘입니다. 코리아 남북의 평화와 협력의 정착은 미중 간 군사적 대결의 빌미를 크게 줄이게 됩니다. 남북 코리아가 합심하여 적극적으로 행동한다면 미중 공존에 큰 역할을 할 수 있습니다. 미중 관계가 안정된다면 세계의 내장화는 큰 걸림돌을 걷어내는 것이죠. 이러한 시나리오가 현실이 된다면, 100년 후의 세계사 교과서는, 인류사의 내장적 문명전환은 동아시아에서부터, 코리아에서부터 시작되었다고 씌어 있을 것입니다.

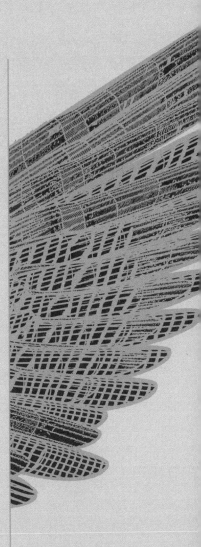

제 5 부

形 문명의 진로

〈발제〉 후기근대와 내장적 문명전환

미소 냉전 종식 이후 세계는 크게 변했다. '서구패권의 세계'라는 지난 200년의 통념이 깨졌다. 지구의 세력 판도는 지난 200년에 비해 훨씬 더 다극화·균등화되었다. 동아시아권은 북미권, 유럽권과 대등한 위치에 서게 되었다. 인도, 동남아시아, 남미의 약진도 돋보인다. 이리하여 서구중심 문명 판도가 종식되고 세계는 보다 균등한 다원 문명 체제로 전환하고 있으며 팽창적 세계원리는 내장적 세계원리로 점차 바뀌어가고 있다. 500년 주도권을 행사해온 팽창적 문명원리에 근본적인 변형이 발생하고 있다. 문명전환의 순간이 다가오고 있다.

세계근대사의 이 새로운 단계를 '후기근대'라 한다. 이제 동아시아는 지난 150여 년 사로잡혀 있던 '동아시아 전쟁체제'의 질곡을 벗어나 새로운 평화의 시대로 나갈 전망을 갖게 되었다. 동아시아는 또한 후기근대의 다극적 세계질서를 평화롭게 이끌어갈 수 있는 가장 유력한 새로운 중심 권역으로 인식되고 있다. 이러한 세계상황의 큰 형국은, '역사의 새'가 지난 500년의 시간 비행에서 보았던 〈형-류-세1-세2-형'〉의 순환, 즉 형(形)이 형'(形)에 이르는 과정으로 보인다. 그러나 동아시아 21세기의 '형"는 200년 전 과거의 '형'의 단순한 반복이 아니다. '형"에는 옛것과 새것, 지속과 창조가 섞여 있다.

동아시아 근대는 17, 18세기의 평화와 19, 20세기의 전쟁이라는 교차 사이클을 경험했다. 아편전쟁에서부터 냉전 종식까지 동아시아에서 지속된 150여 년의 전쟁체제는 동아시아인 대다수에게 커다란 고통과 시련의 시간이었다. 이제 동아시아에 새로운 평화, 동아시아 내장근대 완성의 길이 열리고 있다. 지금 우리가 전망하는 '동아시아 전쟁체제를 대체하는 동아시아 평화체제', '동아시아 내장근대의 완성'에는 분명한 역사적 전례가 있다. 동아시아 초기근대 200년이 평화로운 공존의 시기였으며, 내장근대의 초기 형태가 이미 그 200년 동안 충실히 발전하고 있었다. 이를 동아시아 근대 사이클의 출발 상태, '형'이라 하였다.

그러한 역사적 기억과 문화적·물질적 구조가 오늘날 동아시아 근대의 바탕에도 여전히 존재하며, 이러한 자원을 바탕으로 한 내장근대의 완성의 경로는 이미 '동아시아의 부상' 속에서 가동되기 시작했다. 이를 '형''라 하였던 바, '형''는 이미 현실 속에서 진행 중인 사건이 되었다. 동시에 '동아시아의 부상'은 팽창근대의 지배력이 그 한계에 이르러 내장근대가 세계적 차원에서 완성되는 '동아시아 내장근대와 서양 팽창근대의 변증법'의 매개체이기도 하였다. 따라서 '형''는 다시 떠오른 동아시아의 상태를 나타내는 기호에 그치지 않는다. 내장근대가 세계적 차원에서 전면화하여 '내장적 세계체제(inpansive world system)'가 작동하기 시작함을 알리는 신호이기도 하다. 후기근대 들어 '서구/비서구'의 낙차는 좁혀지고 국제관계를 평화 속에 유지하려는 여러 차원의 국제기구들의 활동이 활발해지고 있다. 이러한 국제적 여론 구도 속에서 과거 팽창근대의 공격적 가치들은 비판받고 각하되며 공존·공영의 평화적 방안들이 적극적으로 모색된다. 이렇듯 세계체제의 내장화는 동아시아만이 아닌 전 세계적 현상으로 진행되고 있다. 이렇듯 새로운 세계사적 시간으로서 후기근대가 분명해짐에 따라 이제 우리는 근대세계사의 전체 흐름을 다시금 돌아볼 수 있게 되었다.

1820년 6월 25일, 헤겔은 베를린에서 "미네르바의 부엉이는 땅거미가 깔리는 황혼녘에야 비로소 날개를 편다"고 썼다. 근대사회의 구성

形

원리를 집약한 『법철학』의 서문에서다.[1] 그는 자신이 근대 세계역사의 마지막 단계를 보고 있다고 생각했다. 과연 하루, 한 생, 또는 한 시대의 의미는 황혼녘에야 비로소 총체적으로 반성(reflect)된다. 헤겔은 근대 역사와 근대성의 의미를 최초로 세계사적으로 그리고 체계적으로 사유했던 대철학자였음에 분명하다. 그러나 헤겔이 그렇게 언급했던 200년 이후, 우리는 다시 묻는다. 그가 보았던 것이 근대 역사의 진정한 황혼, 최종 단계였던가?

미소 냉전 해체 이후 30년의 시간을 분석해본 지금, 이제 우리는 말할 수 있게 되었다. 헤겔이 보았던 것은 하나의 특수한 유형으로서의 근대성, 즉 서구의 세계지배 기획으로서의 근대성이 비로소 날개를 펴기 시작한 순간이었을 뿐이었다고. 헤겔 이후 200년, 이제 우리는 헤겔의 어깨 위에 서서 근대세계사의 시간을 더욱 전면적이고 깊게 볼 수 있게 되었다. 근대세계사는 세 개의 단계를 밟아 진행해왔다. 그 첫 단계는 유라시아 문명권의 동등한 공존 단계로서 초기근대(근대1.0=근대의 형성단계)였고, 두 번째 단계는 서구의 비서구에 대한 우위와 지배 단계로서 서구주도근대(근대2.0=근대의 장성단계)였으며, 이제 이를 이은 제3의 단계는 지구문명권이 상대적으로 동등한 공존단계로 접어드는 후기근대(근대3.0=근대의 황혼단계)의 시대다. 근대2.0의 세계체제가 글로벌한 지배−피지배의 구축 위에 서 있었던 만큼, 그 선명했던 격차가 점차 해체·해소되는 방향으로 움직이고 있다는 징후야말로 근대2.0이 종식되고 질적으로 새로운 단계의 근대(후기근대=근대3.0)가 시작되고 있음을 보여주는 신호다.

후기근대는 서구의 세계지배 기획이 정점에 도달한 이후, 지배의 대상이 되었던 세계가 근대의 역사를 '되감는' 역사적 시간대다. 그것은 단순히 뒤떨어졌던 쪽의 따라잡기(catch-up) 현상이 아니라, 세계 전체의 변화과정이다. 세계사의 전체상에서 우열이 분명했던 〈하나의 중심(서구) 대 여러 주변들(비서구)의 대립서열체제〉로부터 보다 균등한 〈여러 중심들의 병립공존체제〉로 이동하고 있다. 이 모습은 서구 세계 패권 이전의 세계상, 즉 역사학자들이 '유라시아 초기근대'라 부르는 시대의 세계상과 가깝다.

후기근대의 '되감기'란 우선 비서구 세계가 서구 세계와의 격차를 따라잡는 되감기고, 동시에 초기근대의 동등한 공존의 세계상으로의 되감기라는, 2중의 의미를 가진다(2중운동 I). 이러한 이중운동은 내장근대가 세계적 차원에서 확산되고 있는 운동과정이기도 하다. 이러한 후기근대의 되감기는 질적 변동 과정에서 반드시 수반되는 이력현상(hysteresis), 즉 변화 방향이 역진하는 운동방식을 말한다. 그러나 후기근대의 되감기=이력현상은 단순히 과거로 되돌아가는 회귀를 의미하지 않는다. 오히려 질적 변동을 뜻하는 상전이(phase transition), 또는 임계전이(critical transition) 과정이다. 이것이 바로 위상학과 동역학에서 말하는 되감기=이력현상의 핵심이다.

따라서 후기근대의 되감기 현상은 진정 '후기'근대적 현상들, 즉 근대의 최후 변형 과정이라 할 여러 현상들을 포함하고 있다. 따라서 그 되감기란 형태상 근대의 안쪽으로 시간을 되돌리는 것으로 보이지만, 내용적으로는 근대 바깥으로 밀고 나가는 강력한 동력을 포함하는 운동적 현상이기도 하다(2중운동 II). 그 결과 상층 과두 세력의 수직적-독점적 재편(reformulation)의 힘과 그 이하 광범한 대중 세력의 수평적-개방적 재편의 힘이 맞물리며 밀고 당겨 날카로운 긴장을 형성하고 있다. 여기에는 인류문명과 지구환경 간의 지속가능한 공존 여부의

形

문제가 깊이 맞물려 있다. 급격한 기후변화 문제, 즉 기후위기가 팽창근대 500년의 성장 원리, 발전 논리에 근본적인 의문을 제기하고 있다.

이제는 지구 생명권과의 공존 여부가 인류문명의 미래지속성을 담보할 관건으로 부각되면서 문명적 가치와 지향에 대한 근원적 재검토가 요청되고 있다. 이러한 사실 역시 후기근대가 근대문명이 발본적 차원에서 새로운 문명적 방향으로 전환해가는 시기임을 알려주는 신호다. 후기근대에 수평적–개방적 힘과 수직적–독점적 힘이 동시에 작용하고 있음은 근대세계사의 제3단계에도 내장적 힘과 팽창적 힘이 여전히 길항하고 있음을 보여준다. 세계는 내장화되었지만, 세계 도처에서 낙차에너지를 창출하려는 팽창적 힘은 여전히 남아 작동 중이다. 그렇듯 대립하는 힘의 긴장된 맞물림은 한편으로 불안정한 위기를 낳지만, 동시에 창조적 재구성을 향한 거대한 역사적 기회를 열어주고 있다. 후기근대에는 내장근대적 힘이 팽창근대적 힘을 흡수하여 서서히 약화시켜가고 있기 때문이다.

서세동점의 폭풍에 휩쓸렸던 동아시아의 지난 200년은 거대한 분열이고 피흘림이었다. 오늘날에도 그 상흔은 여전히 남아 있다. '동아시아의 시대'가 왔다고 하지만, 동아시아 내부의 깊은 상처는 아직도 완전히 치유되지 못했다. 이 책은 '역사의 새'의 눈으로, '붕새의 날개'를 타고, 그 분열과 상처의 시간을 돌아보았다. 자신의 몸에 난 상처와 분열이었기에 '역사의 새'는 고통스러웠고, 그 분열과 상처를 치유하고 넘어설 치유력을 제 몸 안에서 찾으려 하였다. 자신의 몸의 깊은 곳의 치유의 '형'이 이제 200년의 피흘림 이후 이윽고 다시 '형"로 돌아오고 있음을 확인할 수 있었다.

동아시아의 창공을 나는 그 '역사의 새'의 이름은 2500년 전 장자(莊

子)가 「소요유(逍遙遊)」에서 기억해 낸 붕새(鵬)였다. 붕새는 동아시아의 기후와 문명의 규칙성과 장기지속성, 그리고 생명력을 상징한다. 붕새는 여전히 매년 동아시아의 북명(北冥)과 남명(南冥) 사이를 날고 있다. 수천 년 아니 수백만 년 동안 한 해도 거르지 않았던 비행이다. 그것이 '역사의 새'의 항상심이고 치유력이다. 붕새가 일으키는 그 바람은 동아시아 문명, 더 나아가 인류문명의 시원에서부터 불었을 뿐 아니라 이제 오늘날 인류문명의 미래를 향해서도 불고 있다.

그렇다면 역사의 새의 시간 비행에서 목격하였던 '형(形)의 복귀'가 갖는 의미는 무엇일까? 우선 19세기 중반 이래 동아시아에 깊게 파여온 식민–피식민, 서구–비서구의 차별과 불균등의 상흔을 거꾸로 지워가는 힘찬 흐름이다. 동아시아만이 아니다. 세계 전체가 수평화되어가고 있다. '대수렴'은 전 지구적 현상이다. 또한 이러한 수평적 되감기는 단순한 과거로의 되돌아감이 아니다. 동서 대분기로 억눌렸던 동아시아 초기근대(形)의 내장적 발전 가능성은 이제 그 질곡을 풀고 대수렴의 거대한 에너지를 모아 미래를 열어가고 있다. 이로써 그 본래의 가능성을 더욱 높은 수준에서 완성하는 길로 나아가고 있다. 그렇게 완성될 '형"는 더 이상 동아시아의 것만이 아니다. 새롭게 고양된 문명적 지평 위에 동과 서의 구분을 넘어 새롭게 완성해가는 인류 공통의 미래다. 그 미래는 내장근대의 세계화이며 이를 통해 근대 자체를 넘어서는 새로운 문명단계로의 진입이다. 그 새로운 문명은 인류공존, 자연공존의 장기지속을 담보할 내장적 문명이 될 것이다. 그리하여 형'는 **문명전환의 시간**이고 **인류공통의 새 시간**이 된다. 이것이 '수백 년 시간의 대지 위를 높이 난 역사의 새'가 우리에게 보여주고 가르쳐주는 바다.

形

제1론

|

후기근대, 근대세계사의 제3단계

|

대전환

동선생　이제는 '대전환'이라는 말이 지구촌의 유행어가 되었습니다. 최근 한국에도 '대전환'을 다룬 좋은 외국 서적들이 많이 번역되어 나왔더군요.[2] 그러나 동아시아 시각에서, 그리고 한국에서, 동서와 고금을 가로질러 '대전환'을 종합적으로 분석한 책은 아직 찾아보기 어려운 것 같습니다. 이제 제5부에서는 우리의 고유한 시각으로 최근 글로벌 유행이 된 '대전환' 논의를 다루어보고자 합니다. 사실 '대전환'은 지구적 차원의 유행이 되기 한참 전부터 우리가 붙들고 씨름하던 오랜 화두였지요. 지금껏 대화로 풀어낸 논의의 시발점인 서론의 〈종합발제〉는 초고가 2013년에 작성됐고,[3] 그 발제의 이론적 기초는 2000년 초중반부터 제시되었던 것이니까요.[4] 이제 그 오랜 작업을 마무리할 마지막 단계입니다.

　우리는 서론에서부터 제1~4부 논의를 거쳐 이제 이윽고 마지막 제

5부인 형´(形´)의 시간에 이르렀습니다. 서론 〈종합발제〉에서 '역사의 새'가 보았다고 했던 〈형-류-세1-세2-형´〉의 마지막 단계이고, 바로 지금 우리가 살아가고 있는 21세기 초반의 역사적 시간대입니다. 형´의 구조적 형상, 세계판도에서의 위상은 '역사의 새'의 비행의 출발점인 형(形)과 유사하다고 했었지요. 서론 〈종합발제〉에서 그 대목을 다시 볼까요. 먼저 형에 대해서는 "당시 동아시아 주요 국가의 국가 결집도, 문명과 생활수준은 같은 시기 영국, 프랑스, 스페인, 네덜란드, 러시아 등 유럽의 당시 선두 국가들과 대등한 상태였다"고 했고, 그 순환의 끝인 형´에 이르면 다시금 "동아시아의 기본 형국, 즉 세계 속에서 동아시아가 점하는 비중과 동아시아 여러 나라의 정립 상태와 힘 관계가 19세기 이전의 모습으로 되돌아가고 있다"고 했습니다.

형과 형´의 이러한 상동성(위상동형)을 간단하게 확인할 수 있는 표를 먼저 보겠습니다. 2019년 세계 총생산(GDP/PPP)에서 동아시아가 점하는 비율을 보여주는 IMF의 통계자료입니다.〈그림 5-1〉

GDP(PPP)란 구매력 기준(PPP) GDP를 말하는 것으로 총생산의 해당 국가 달러 기준 구매력 가치를 반영하는 값입니다. 구매력이 반영되므로 GDP보다 실질 생활물가에 더 근접하는 값입니다. 2019년의 세계 GDP(PPP) 상태를 보여주는 통계인데요. 상위 15개국에 동아시아 3개국(중, 일, 한)이 모두 포함되어 있고, 이 세 나라의 총생산을 합하면 세계총생산의 24%에 이른다는 것을 보여줍니다. 구매력이 아닌 총생산 자체에 대한 달러 명목가치 기준인 GDP를 보면 그 순위가 약간 달라지지만(중국 2위, 일본 3위, 한국 12위) 전체적 비중에서는 큰 차이가 없습니다.[5] 이 정도면 어느 기준으로 보더라도 동아시아의 이 세 나라가 17~18세기에 세계경제에서 차지했던 비중에 접근하고 있다고 하

순위	국가	비율(%)
1	중국	19.3
2	미국	15.1
3	인도	7.98
4	일본	4.05
5	독일	3.13
6	러시아	3.07
7	인도네시아	2.63
8	브라질	2.44
9	영국	2.21
10	프랑스	2.16
11	멕시코	1.85
12	이탈리아	1.72
13	터키	1.65
14	한국	1.64
15	스페인	1.37

〈그림 5-1〉 2019년 GDP(PPP) 상위 15개국과 세계 속에서 점하는 비율(IMF 통계)

겠지요. 앞으로 중국의 성장 속도가 다소 둔화해도 여전히 상대적으로 높은 성장률과 거대한 인구를 고려하면 그 비중이 앞으로도 계속 더 커질 수밖에 없어요. 10~20년 후라면 17~18세기의 동아시아의 실제 점유 비율이었던 30%대를 충분히 넘어설 것으로 예상할 수 있습니다. 또 위 표는 인도와 인도네시아가 세계경제에서 점하는 비율도 이미 상당한 수준에 달했음을 보여줍니다. 동남아시아와 남아시아 전반이 빠르게 상승하고 있습니다. 이 두 경제권의 성장 속도 역시 빠르기 때문에 앞으로 동아시아—중국과 마찬가지로 더욱 큰 비중을 점하게 될 것입니다.

전체적으로 상위 15위권 내에 비서구 국가가 동아시아 3국(중, 일, 한), 남아시아 1국(인도), 동남아시아 1국(인도네시아), 라틴아메리카 2국(브라질, 멕시코), 이슬람권의 터키를 합하여 8개국이 됩니다. 비서구권이 오히려 다수를 점하게 된 것이지요. 세계판도가 '서구주도'에서 '다극 균형'으로 가고 있음을 한눈에 보여주고 있습니다. 지금으로부터 30년 전이었다면 누구도 상상하기 어려웠던 놀라운 변화가 아닐 수 없습니다. 이러한 변화를 학계에서는 일찍부터 조심스럽게 예견해왔지만, 이제는 여러 국제기구나 국가연구소에서도 이러한 추세를 공식적으로 확인하고 있습니다. 그런 예의 하나로 2012년 발표된 미국 국가정보위원회(National Intelligence Council)의 보고서『글로벌 트렌드 2030 (*Global Trend 2030*)』을 들어볼까요. NIC의 보고서는 대부분 공개됩니다만, NIC는 미국 대통령 직속의 정보자문기구이기 때문에, 그 보고서들의 제1 보고대상이자 제1 독자는 항상 미국 대통령이기도 합니다.

2030년까지는 국가들 사이의 힘의 분산이 극적인 임팩트를 가져올 것이다. GDP, 인구규모, 군사비, 그리고 기술투자를 고려한 글로벌 파워의 차원에서 아시아는 이미 북미와 유럽을 합한 힘을 추월해있을 것이다. 중국은 혼자만으로도 2030년에 다다르기 몇 년쯤 전 이미 미국을 추월하여 세계 최대의 경제권이 되어있을 것이다.[6]

미국 정부의 정보위원회까지 이런 전망을 한다는 것은 이러한 변화 추세가 이미 객관적 사실로 널리 인정되고 있다는 뜻이지요. 이러한 변화는 10~20년 단위로 요동치는 중단기적 변화가 아니라 실로 수 백 년 단위로 벌어지는 '역사적 대변동'이 아닐 수가 없습니다. 지난 역 사에서 아시아가 '글로벌 파워'의 중심이었던 시기는 18세기 이전으로 거슬러 올라가야 합니다. 18세기 이전이라 하면 대부분의 사람들에게 별 기억이 없지요. 그렇다 보니 많은 사람들이 다시금 아시아가 세계 의 중심이 되고 있는 이 현상을 마치 역사상 처음 보는 희한한 일로 생 각합니다. 그러나 사실은 세계사의 중심추가 오랫동안 익숙했던 '원래 상태'로 되돌아가고 있는 것뿐입니다. 인류문명사의 대부분의 기간 중 심 위치에 있었던 것은 아시아였으니까요. 유럽문명이 전 지구적인 지 배력을 행사했던 지난 19~20세기의 200년 동안이 오히려 매우 이례적 인 시기였을 뿐입니다. 다만 현재를 살아가는 사람들의 감성과 세계관 이 대부분 서구패권의 시대였던 19~20세기에 만들어진 것이기 때문 에, '서구주도근대'를 익숙하게 보고, 이제 더 이상 그렇지 않게 된 형 다시(形)의 세계를 오히려 낯설다고 생각합니다.

우리는 4부 3, 4론의 논의를 통해 미소 냉전시대에 세계의 내장화 가 역설적인 방식으로 이미 상당히 진행되고 있었음을 밝혀보았습니 다. 팽창근대의 전성기에 내장근대의 세계화가 조용히 준비되고 있었 던 것이지요. 핵무장한 미소는 공포의 대치를 했지, 서로 직접 전쟁을 하지 않았기 때문에, 대치선 바깥에서 평화가 유지되는 한 내장적 성 장이 가능했습니다. 돌이켜보면 1, 2차 세계대전 이후의 미소 냉전기 는 상대적으로 전쟁이 많지 않았습니다. 1, 2차 세계대전의 참화에서 배운 경각심과 핵전쟁에 대한 공포가 강력한 억제력으로 작용했기 때 문이었지요. 소련 동구권의 붕괴로 냉전이 종식되면서 이후 10년 정도 미국 일극주의, 단일패권이 들어서는 것처럼 보였지만, 그것은 환상이었음이 곧 드러나고 말았어요. 이로써 팽창근대의 500년 동력은 유럽 내전의 3단계를 경과하면서 이제 그 동력을 다 소진했습니다. 이제 질적으로 새로운 동력이 형성되어야 할 시점입니다. 이러한 시대를 '역사적 전환기'라고 하지요.

그러한 시간이 형'(形 다시)의 시간이고, '후기근대'라고 했습니다. 이 '후기근대'는 결코 '역사의 종언'과 같은 태평한 시대가 아닙니다. 형(形)이 형 다시(形)로 되돌아왔으니 이제 모든 갈등과 문제가 해결된 시대로 생각하면 큰 착각입니다. 새로운 문제로 가득 차 있는 매우 역동적인 시대입니다. 17세기 동아시아가 많은 도전에 직면해 있었듯이, '후기근대'의 세계사도 매우 큰 도전에 직면해 있습니다. 지난 몇 세기 동안 동아시아와 비서구세계가 직면했던 도전은 상승일로에 있던 서양 팽창근대의 성장력에 대응하는 것이었습니다. 그러나 '후기근대' 시기 세계가 당면하고 있는 도전의 핵심은 이제 하강일로에 있는 팽창근대의 마지막 저항력에 대한 대응에 있습니다.

팽창근대의 힘은 그 상승기에 서구/비서구, 부/빈, 남/녀, 인간/자연 간의 낙차를 줄곧 증폭시켜왔다고 할 수 있습니다. 그렇다면 이제 '후기근대'에 이르러 그 낙차증대의 경향은 과연 분명히 꺾이고 감쇄되고 있는 것일까요? 팽창근대의 낙차를 감쇄하고 수평화하는 새로운 힘이 작동하고 있습니까? 그러한 힘은 무엇이며 어디서 어떻게 형성되고 있는 것일까요? 문제도, 해답도, 결코 간단하거나 단순하지 않습니다. 지난 500년의 세계사의 추세가 '대전환'하고 있기 때문입니다. 이러한 거대한 문제에 대한 답이 간단하거나 단순할 수가 없습니다. 이 책 서론에서 지난 4부까지의 논의를 통해 우리는 이 5부 논의를 위한 사전 준비를 해왔다고 할 수 있습니다. 그렇지만 이제 마지막 결론

形

부에 이르렀다고 하여 너무 급하게 가려고 하면 곤란합니다. 마라톤에서도 마지막 5분의 1의 시간 관리가 가장 중요합니다. 더구나 이 5부가 다룰 최근 30여 년 동안의 세계변동의 폭이 매우 클 뿐 아니라, 그 변동들이 매우 복잡한 형태로 진행되어왔습니다. 이런 흐름들이 어느 방향을 향하고 있는 것인지, 잘 살피지 않으면 길을 잃기 매우 쉽습니다. 조심스럽게 하나하나 살피고 정리하면서 진행해 갈 필요가 있습니다.

먼저 '후기근대'라는 시대의 세계사적 위치가 어디쯤인지 정확한 정리와 이해가 필요합니다. 우리가 지금까지 '후기근대'를 자주 논의해왔지만, 후기근대의 역사적 위상과 단계에 대해 총체적인 개념 정리를 하였던 것은 아닙니다. 이제 그런 작업이 필요한 때입니다. 그렇게 해두어야 후기근대에 작동하는 힘들의 기본성격과 그러한 힘들의 복잡한 관계에 대해서 정돈된 이론적 인식을 갖게 됩니다. 그래야 '후기근대'에 진행되는 여러 힘들의 복잡한 작용을 전체적 시각에서 균형 있게 이해할 수 있게 됩니다. 이런 과정을 통해 서론에서 지난 4부까지의 논의 전체를 다시 한번 정리할 수 있습니다. 이후에 우리는 비로소 후기근대 현상에 대해 오류의 가능성을 최소화해가면서 제대로 된 결론에 접근해갈 수 있을 것입니다. 이런 취지에서 5부의 1론은 후기근대의 기본개념과 이론에 대한 논의에서부터 시작해보려고 합니다. 먼저 남선생이 물꼬를 터주시겠습니까?

후기근대란 무엇인가

남선생   그러죠. 우리는 서론에서 지난 4부까지의 논의를 통해 우리는 〈형-류-세-형'〉의 변화 과정이 동시에 세계적 차원에서 초기근대-서구주도근대-후기근대의 전환 과정이기도 하였음을 확인할 수 있었습니다. 이를 간략히 그리면 〈그림 5-2〉와 같이 됩니다. 비슷한 그림이 앞서 이미 몇 차례 나왔었기 때문에 익숙하실 것입니다. 그림의 윗줄은 근대세계사의 단계, 아랫줄은 동아시아 근대의 형세 변화 과정입니다.

〈그림 5-2〉는 근대세계사가 초장, 중장, 종장의 단계를 거쳐왔고, 후기근대는 〈형-류-세-형'〉라는 순환적 운동을 마무리하는 시대임을 보여주고 있습니다. 한마디로 하면 **후기근대란 근대세계사의 마지막 단계이며 동시에 근대 역사를 넘어서는 새로운 역사단계를 준비하는 시대입**니다.

앞서 〈발제〉에서 독일 철학자 헤겔이 그와 유사한 의미에서의 한 시대의 종언, 즉 근대세계사의 '황혼'을 이야기했었다고 했습니다. 세계사의 큰 단계를 읽었던 것은 분명 천재적이었으나, 그의 진단은 시기적으로 정확하지 못했다고 지적했지요. 헤겔이 그렇게 썼던 19세기 초는 '근대의 황혼'이 아니라 '서구주도근대'의 본격적인 시작이었을 뿐이라고 했습니다. 이러한 헤겔 차원의 거시적 시야를 20세기 들어 1차 대전 직후에 다시 투사해보았던 이들이 있습니다. 1918년 『서구의 몰락』을 출간한 오스발트 슈펭글러, 그리고 비슷한 시기 유사한 발상을 하며 『역사의 연구』를 집필했던 아놀드 토인비가 그렇습니다.[7] 우리가 말하는 '서구주도근대의 종식'과 상당히 비슷한 발상입니다. 이들 모두

形

초기근대		서구주도근대		후기근대
形	流	勢1	勢2	形'

<그림 5-2> 〈형-류-세-형'〉와 근대세계사의 3단계

서구 우위의 역사가 일시적일 뿐이며, 서구중심의 시대는 마감되어 가고 있다고 보았어요. 그들은 '인류역사의 문명시계'라는 거시적 차원에서 그들이 당면한 시간을 읽었습니다. 그럼으로써 서구중심적 문명관, 근대관을 상당히 이른 시기에 어느 정도 탈피하고, 다가올 미래의 새로운 차원의 역사에 대해 생각해볼 수 있었죠. 이런 점에서 이들의 역사관은 헤겔을 넘어서는 바 있습니다.

그러나 이들의 통찰이 선구적이고 기본적으로 타당했지만, 다가올 새로운 문명의 상에 관한 인식은 정확하지 않았다고 생각합니다. 그들은 막연하게나마 서구문명을 대체할 어떤 새로운 또 다른 중심문명이 등장할 것이라고 예상했어요. 어떤 단일한 중심문명, 패권문명의 존재를 거의 무의식적으로 전제하고 미래를 생각했던 것입니다. 여전히 팽창근대적 방식으로 문명을 생각했던 것이죠. 그러나 19, 20 두 세기 동안 존속했던 세계상황 즉, 하나의 지역 문명이 다른 전체 문명들에 대해 압도적인 우위를 가지고 지배력을 행사하는 상태는 앞으로 세계역사에서 다시 반복되기 어려울 것입니다. 미래의 세계는 오히려 15~18세기에 전개되었던 세계상, 즉 오늘날 역사학자들이 '유라시아 초기근대'라고 부르는 세계 상태에 가까울 것으로 보입니다. 이 당시 세계는 동아시아권, 인도권, 이슬람권, 그리고 유럽권 문명들이 비교적 동등한 상태에서 공존하며 교류했어요.[8] 비교적 동등하다는 것은 문명권 간 낙차가 축소되어 간다는 것입니다. 아울러 이렇듯 공존적이되 교류의 밀도는 더욱 높은 상태가 되겠지요.

우리는 바로 이러한 미래, 새로운 세계 상태에 이미 진입하고 있습니다. 이렇듯 이미 진행되고 있는 미래, 새로운 세계 상태를 후기근대라고 한 것이고요. 따라서 근대 역사는 1) 유라시아 문명들이 비교적 동등한 상태에서 공존·교류하던 초기근대, 2) 세계에 대한 일극적 서구패권이 형성되었던 서구주도근대, 마지막으로 3) 외형상 다시 초기근대의 형세로 전이(轉移)하는 모습을 보이는 후기근대, 세 단계로 진행해왔다고 정리할 수 있습니다.

후기근대에 이르면 한편으로 근대의 과실에 대한 서구 독점적 우위가 점차 해소되어 다극적 구조가 형성되고, 그 속에서 근대성의 본래적 다원성이 재발견되고 새로운 동력을 얻고 있습니다. 이 과정은 사뭇 역설적이라고 할 수 있습니다. 왜냐면 급속히 '지구화'가 진행되어 세계 장소가 가까워지고 여러 곳의 사람들이 섞여서 살게 되면서 오히려 여러 문화와 문명의 독특성이 더 부각되어 왔기 때문입니다. 지구화 이전까지는 오직 하나의 근대성, 즉 서구근대성만 존재하는 것 같았는데, 서로 가까워져 뒤섞이다 보니까 오히려 근대성이 굉장히 다양한 뿌리와 줄기를 가지고 있다는 것을 알게 되었습니다. 이러면서 '근대성을 가진 자(장소)'와 '가지지 못한 자(장소)'라고 하는 서구주도근대 단계의 오랜 배타적 구분선은 어느덧 증발하고, 그 자리에 '여러 근대성, 근대의 여러 역사들이 뒤얽힌 군거(群居)'가 뒤늦게, 새로이 발견되고 있는 것입니다.

이렇듯 형성되어온 근대 역사의 세 단계(횡단)와 근대성의 중층성(종단)은 〈그림 5-3〉과 같이 간략히 도시할 수 있습니다. 이 그림에서 화살표는 시간의 진행을, 상하 실선 사이의 넓이는 시간에 따른 문명적

形

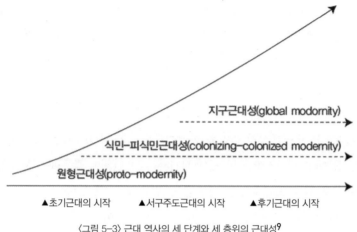

지구근대성(global modornity)

식민-피식민근대성(colonizing-colonized modernity)

원형근대성(proto-modernity)

▲초기근대의 시작　　▲서구주도근대의 시작　　▲후기근대의 시작

〈그림 5-3〉 근대 역사의 세 단계와 세 층위의 근대성[9]

부피를 나타냅니다. 이 그림에서 후기근대의 근대성은 근대성의 세 층위가 복합적으로 상호작용하여 '여러 근대성들', '근대성의 여러 역사들'이 전 지구적 차원에서 오히려 두드러지게 부각한다는 데 가장 큰 특징이 있음을 나타내고 있습니다.

위 그림에서 먼저 시간의 횡축(x축)으로 이어진 〈초기근대-서구주도근대-후기근대〉라는 '근대세계사의 세 개의 단계'에 대해서는 지금까지 여러 차례 논의해왔으니 이제 쉽게 이해하실 수 있을 것입니다. 복습 겸해 각 단계가 시작된 시점과 장소에 대해 간단히 부연해보겠습니다. 우선 이 책 1부에서 초기근대의 시작에 대해 크게 두 가지 이론이 있다는 것을 살펴보았습니다. 먼저 유럽의 '대항해'와 콜럼버스의 아메리카 발견을 출발점으로 보는 입장, 그리고 그 이전인 중국 송대(宋代)의 발전과 그 성과를 이은 팍스 몽골리카의 세계화를 시점으로 보는 입장이었지요. 두 입장 모두 나름의 근거가 있습니다. 그러나 우리는 송대 기원설이 더욱 포괄적인 증거에 부합한다고 생각하고 있습니다.[10] '서구주도근대'의 시작은 아시아로 진출한 유럽 세력이 우위를 점하게 되는 18세기 후반~19세기 전반이라고 보았지요. 후기근대가 시작된 구체적 시점에 대해서는 조금 후에 논의하기로 하겠습니다.

그럼 이제 이 도시를 이해하는 데 남은 것은 그림에서 종(縱)으로 누적되어 있는 '근대성의 층위'와 화살표의 높이와 방향에 대한 설명입니다. '근대성(modernity)'이란 근대세계사의 각 단계에 작동하는 사회원리·정신원리 또는 특징을 말합니다. 위 그림은 그 특징이 근대의 각 단계에서 하나씩 누적되어 중층적으로 발현되어왔음을 보여줍니다. 이 화살표가 (표시하지 않은) y축 기준에서 상승하는 것은 문명과 인구의 부피가 증가해왔음을 표시하고 있습니다.[11] 가장 밑바탕에 놓여진 '원형근대성'이란 유라시아 동서에서 근대적 사고의 출현을 가능하게 했던 세계윤리종교의 문명적 배경을 말합니다. 유럽과 중동에서는 기독교, 이슬람교, 아시아에서는 유교, 불교, 힌두교가 되겠지요. 세계윤리종교의 특징은 자신의 공동체를 넘어 세계를 보고, 자신의 존재를 넘어 인간과 생명 전체를 보는 데 있습니다. 세계를 보는 것을 '세계성', 인간과 생명계를 보는 것을 '윤리-성찰성'이라 할 수 있습니다. 이런 윤리종교의 배경이 있었기 때문에, 일정한 물질적 조건이 개화했을 때, '초기근대'가 출현할 수 있었습니다.

그러나 이 세계성과 윤리성은 팽창적 근대성에 의해 크게 왜곡됩니다. 원형근대성 위에 얹혀진 '식민-피식민 근대성'이 그 왜곡을 적나라하게 드러내지요. 근대가 점차 서양패권적으로 되어가고 세계가 유럽의 식민지가 되어가면서 근대성은 유럽 식민주의의 영향을 강하게 받게 되었습니다. 이때 형성된 근대성의 특징을 '식민-피식민 근대성'

이라고 한 것입니다. 이제 과거의 이야기가 되었지만, 지난날의 역사학은 이 서구지배 근대세계의 성립을 바로 근대의 시작이자, 근대성의 시작이라고 보았어요. 역사학 자체가 서구중심주의의 산물이었던 시대의 이야기입니다. 그러면서 이 '식민-피식민 근대성'을 '근대성' 자체와 동일시했어요. 서양의 세계식민화, 세계지배를 당연한 사실로 받아들이고 전제하고 했던 것입니다. 바로 그렇게 근대성 자체와 동일시한 '식민-피식민 근대성'의 핵심 특징을 저명한 독일 사회학자인 막스 베버는 '사회 전반의 합리화(rationalization)'라는 말로 요약했어요. 그렇게 정의해놓고 나면 근대성이란 그저 모든 것이 '합리적으로' 다 좋아지는 것이 됩니다. 서양 팽창근대의 시각에서 보면 그렇다고 하겠지요. 그러나 한쪽으로만 보면 곤란하죠. '합리성'의 명암과 굴절을 충분히 볼 수가 없어요. 식민지와 피식민지, 팽창과 내장의 대립 문제가 몽땅 은폐되고 맙니다. 어떤 합리화였느냐를 봐야 합니다. 있었던 그대로 솔직히 말해야 합니다. 베버가 말한 '합리화'란 '문명적 · 계급적 · 관료적 · 인종적 · 성적 · 생태적 낙차의 합리화, 또는 위계화'이기도 했다고 말이죠. 낙차의 눈금을 정확히 매기는 것 역시 '합리화'이니까요.12

그렇다면 마지막으로 가장 위층인 '지구근대성'은 무엇일까요. 2차 대전 이후 대부분의 식민지가 차례로 해방되고 세계 교류가 활발해지면서 생겨난 새로운 근대적 멘탈리티를 말합니다. 이 시기 근대성의 새로운 특징은 앞서 말한 베버식의 '문명적 · 계급적 · 성적 · 생태적 낙차의 합리화, 또는 위계화'의 정당성을 의문에 부친다는 것입니다. 식민지가 해방되고, 계급적 · 성적 평등의 문제가 본격적으로 대중화되고, '성장의 한계'에 대한 생태주의적 질문이 제출되기 시작했던 시기입니다.

이러한 '세 개의 근대성'은 근대의 세 단계에서 차례로 출현하여 시간이 지남에 따라 서로 겹치고 섞이게 됩니다. 그래서 오늘날의 근대성의 내면을 파보면 그 안에 이 세 층위의 근대성이 중층적으로 섞여서 다양한 형태로 나타나고 있는 것이죠. 간략히 설명했습니다만, 이렇듯 **근대의 세 단계와 근대성의 세 층위를 구분하고 종합하여 이해하는 논리적 체계를 '근대성의 중층적 구성론', 또는 줄여서 '중층근대성 이론'이라고 합니다.**[13] 중층근대성 이론은 근대성의 역사가 다양하면서도 동시에 그 다양함이 연결돼 있는 하나임을 보여줍니다. 이 책의 뼈대인 〈형-류-세-형′〉의 변증법도, '후기근대론'도, 모두 중층근대성 이론에서 나왔습니다. 서구주도근대는 일시적이며, 형(초기근대)이 형′(후기근대)로 상승하여 귀환하는 것을 예고하고 있으니까요.

후기근대는 지구상의 일부 지역에서만 진행되고 있는 국지적 현상이 아니라, 전 지구 차원에서 동시적으로 진행되고 있는 글로벌한 현상입니다. 그러한 의미에서의 후기근대가 본격적으로 시작된 시기가 언제였는지를 짚어보아야 합니다. 그래야 사태의 총체적 흐름이 어디서 모아져서 변곡하는지를 알 수 있으니까요. 저는 그것을 미소 냉전 종식 이후 중국과 인도의 급속한 성장세가 세계체제 안에 안정적으로 정착하고, 남미가 '워싱턴 컨센서스'의 계도를 뿌리치고 미국의 그늘을 벗어나 부상했던 '21세기의 첫 10년'으로 봅니다. 중국, 인도, 남미, 이 세 지역의 인구는 세계인구의 절반에 가깝습니다. 이러한 광대한 지역의 변화들은 '세계사의 전체상이 우열이 분명했던 〈하나의 중심(서구) 대 여러 주변들(비서구)의 대립서열체제〉로부터 보다 균등한 〈여러 중심들의 병립공존체제〉로 이동'하는 전 지구적 대전환의 출발점으로 간주하기에 충분한 질량과 부피를 가지고 있습니다. 아울러 '그 10년'에는 9·11이라는 가히 묵시록적인 스펙터클과 아프가니스탄, 이라크 전쟁이 들어 있죠. 이 사건들은 앞서 4부 토론에서 살펴본 것처럼 미국 일극주의의 정점 도달과 급속한 쇠퇴를 상징합니다. 이 모두가 '후기근대'의 출현과 깊은 관련이 있습니다.

북선생　　그런데 그렇듯 거대한 역사적 전환에는 이를 예고해주는 계기들, 징후들이 있기 마련이지요. 그런 거대한 세계사적 변화가 어느 날 갑자기 본격적인 형태로 출현할 수는 없으니까요. 모종의 징후들이 본격적인 출현 이전의 어느 시점부터 다양한 형태로 나타나게 됩니다. '사전 숙성기'라고 할 수 있겠습니다. 그런 사전 숙성의 징후들에 대해 제가 조금 보완해보겠습니다. 후기근대는 냉전, 냉전 해체, 그리고 냉전 해체 이후 유행하는 말이 되었던 '지구화(globalization)'로 이어지는 과정에서 조금씩 움을 틔워왔다고 보아야 하겠습니다. 그런데 그 맥락이 직선적이지 않았고 상당히 우회적이고 다층적으로 형성되어왔어요. 그래서 이것을 종합적으로 보지 못하면 혼란에 빠질 수 있습니다. 이 흐름이 지금 앞으로 가는 것인지, 뒤로 가는 것인지, 도대체 방향이란 게 있기나 한 것인지, 도무지 판단을 내릴 수가 없게 됩니다. 이런 지점에서 사태의 총체적 흐름을 보는 '붕새의 눈'이 중요하다고 말할 수 있겠어요. 차근차근 살펴보겠습니다.

　먼저 영국의 저명한 역사가인 홉스봄이 1994년 쓴 20세기의 역사 『극단의 시대』와, 2014년 출판되어 센세이션을 일으켰던 프랑스 경제학자 토마 피케티의 『21세기 자본』을 가지고 시작해보겠습니다. 20년 시차를 두고 출판된 책들인데요, 이 두 저서에서 정확히 일치하는 부분은 2차 대전 후 냉전시대의 호황기였던 1945~1973년의 시간대에 대한 인식입니다. 홉스봄은 이 시기에 "인류 역사에서 가장 거대하고, 가장 드라마틱하고, 가장 빠르고, 가장 보편적인 사회적 전환"이 일어났다고 하면서 이 기간을 "황금시대(the Golden Age, the Golden Years)"라고 불렀습니다. 그는 이 전환의 혜택이 본질적으로 "발전된 자본주의 국가들에 속하는 것"임을 인정했지만, 동시에 사회주의권과 제3세계에도 해당하는 "범세계적인(worldwide) 현상"이라 했어요.[14]

이에 비해 피케티의 시야는 주로 미국, 프랑스, 영국, 독일에 한정되어 있지만, 그 역시 동일한 시기 이들 나라의 자산(capital)/소득(income) 비율이 최저점에 달했음을 밝혔습니다. 자본주의 사회에서 자산 소유자란 압도적으로 개인입니다. 자산을 많이 소유한 자가 부자고 자본가가 됩니다. 이런 사회에서는 부의 구조에서 자산 비율이 높을수록 불평등의 정도가 크게 되기 마련이죠. 이 기준을 가지고 피케티가 조사해보니 그 비율이 '황금기'에 최저점에 이르는 것으로 나왔어요. 그만큼 이 시기에 자산계급과 비자산계급 간의 부의 격차가 좁혀져 보다 평등한 사회가 되었다는 것을 뜻합니다.

여기서 따라 나오는 두 사람의 또 하나의 일치점은 홉스봄이 말하는 '황금기' 이후 구미세계는 이전보다 더욱 불평등해졌고 변화의 활력을 잃고 있다는 인식입니다. 〈그림 5-4〉에 보이듯이 자산/소득 비율이 1970년대 이후 다시 가파르게 상승하고 있습니다. 피케티는 이러한 경향이 누적된 결과 현재 세계 최강국인 미국의 불평등이 21세기 들어 극점에 이르고 있음을 보여주었습니다. 이는 날카로운 경고이기도 합니다. 그는 저서 도처에서 불평등 지수가 비정상적으로 높았을 때 서구 자본주의에 커다란 위기가 왔음을 암시하고 있기 때문입니다. 〈그림 5-5〉에서 보듯 서브프라임 모기지 사태로 월가 금융 붕괴가 일어

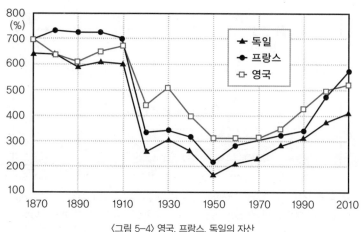

〈그림 5-4〉 영국, 프랑스, 독일의 자산
소득 비율이 1945~1970년 사이에 낮아졌다 그 이후 급속히 상승하고 있음을 보여준다.[15]

낮던 2007년 전후의 비상하게 높은 불평등 정도가 과거의 대공황 발발기인 1929년 전후와 정확히 일치하고 있지 않습니까.

크게 보아 서구의 세계패권은 1차 대전부터 기울기 시작했다고 볼 수 있지만, 그 쇠퇴는 직선적인 것이 아니었습니다. 2차 대전 이후 30년 동안의 '황금기'가 서구의 번영을 오히려 극점에 올려놓았기 때문입니다. 역설적으로 들리겠지만 냉전체제가 이 황금기의 번영에 크게 기여했다고 할 수 있어요. 미소를 양대 축으로 하는 자본주의–사회주의 체제경쟁은 자본주의 체제의 불평등 경향을 내적으로 제어하는 견인력이 되었고, 그 결과인 유럽 사민주의–미국 뉴딜주의 체제는 이 시기 서구 고성장의 기반이 되었거든요. 그러나 홉스봄이 지적한 것처럼 이 시기 서구권 밖의 상당한 지역에서도 산업사회 인프라 구축과 성장의 기본 동력이 형성되었음을 함께 보아야 하겠지요. 또한 이 시기에 식민주의가 종식되면서 완벽하지는 않지만 분명 과거보다는 비교적 동

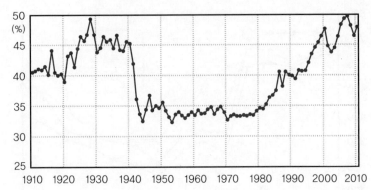

〈그림 5-5〉 1910~2010년간 미국의 연간 총소득(national income)에서 상위 10%가 차지하는
비율. 1929년 대공황기와 2008년 금융공황 시기의 비율이 일치하는 모습을 보여주고 있다.[16]

등한 새로운 국제관계가 성립되었어요. UN 체제나 포스트식민주의 담
론이 이런 시대 상황의 소산입니다. UN 체제가 물론 강대국 중심 특히
미국 중심체제였지만 어쨌든 많은 신생국이 회원국으로 가입하여 독
립국의 목소리를 갖게 된 것도 사실입니다. 그러면서 신생 비서구 독
립국가들의 다양한 접촉과 연대도 시도되기 시작했죠. 이러한 상황과
조건들이 후기근대가 싹이 틀 못자리가 되었습니다.

이 시기는 지구적 불균등에 대한 비서구의 자각이 2중으로 예리해
진 시기였습니다. 한편으로 서구 황금기의 고도성장으로 비서구와의
격차가 상대적으로 오히려 커지는 모습이 나타났고, 이제 독립국이 되
어 이러한 현상을 문제적으로 보는 비서구의 자각적 · 탈식민적 시선
은 그만큼 더욱 날카로워졌기 때문입니다. 1960년대 인도네시아 수카
르노와 이집트의 나세르 등이 중심이 된 '비동맹 운동'의 성공은 이러
한 상황의 산물이었죠. 이 속에서 근대 2기의 지구적 불균등과 차별의
체제는 극점을 지나 서서히 자기부정의 단계로 서서히 접어들었고, 그

극점 이후는 근대3기의 징후들이 바야흐로 표출되기 시작하는 시간이 되었습니다.

1960년대 후반기를 정점으로 서구 황금기는 하향 곡선을 그리게 됩니다. 이어 1970년대부터는 매우 주목할 현상들, 즉 〈냉전의 대립축을 빠져나가는 새로운 힘들〉이 형성되기 시작합니다. 1970년대 초 미중 데탕트의 시작, 1977년 인도 인디라 간디 체제의 붕괴, 그리고 1979년 이란의 이슬람 혁명, 그리고 70년대 후반부터 활발해졌던 남미 군부독재체제의 붕괴와 민주화 과정 등이 그렇다고 할 수 있습니다.[17] 이러한 변화들은 냉전의 두 축인 미소 어느 한 편에 서지 않으면서도 독자적인 기반을 형성해갈 수 있었습니다. 이렇게 형성되기 시작한 세력들은 냉전 종식 이후 오히려 더욱 활발하게 성장했어요. 이러한 동향들이 후기근대가 다가오고 있음을 일찍이 알리기 시작했습니다.

홉스봄이 말한 황금기에 서구는 번영의 정점에 올랐고, 소련 동구권은 일시적 상승 이후 장기침체에 빠져들었습니다. 그로 인해 형성된 선명한 우열의 결과, 냉전은 소련 동구권의 붕괴와 서방진영의 일방적인 승리로 마감되었죠. 냉전 종식 직후 서구 자본주의 체제로 세계가 통합됨으로써 역사가 종식되었다는 주장이 제기되었지만,[18] 이는 너무나 성급한 전망이었어요. 영국 수상 마거릿 대처와 미국 대통령 로널드 레이건에 의해 대표되는 신자유주의 체제란 오히려 '황금기' 이후의 서구의 쇠퇴, 즉 서구의 우위가 정점에 도달한 이후의 위기 상황을 드러낸 것이었습니다. 신자유주의 시대에 서구의 불안정과 불평등은 크게 증대했지요. 냉전 종식 이후 미국과 서유럽의 균열, 그리고 미국 네오콘의 오판과 과욕 속에서 오래 지속될 것으로 예측되던 미국 일극주의는 이라크 전쟁에서의 좌절로 불과 10여 년 만에 그 기세가 꺾이고 말았지요.

우리가 말하는 '후기근대'와는 좀 다른 의미에서 1980~1990년대 초반까지 일군의 유럽 사회학자들이 유사한 개념을 내놓았던 적이 있습니다. 독일의 울리히 벡, 영국의 앤서니 기든스 등이 그들인데요, 이들이 제2근대, 성찰(재귀)근대라는 말과 함께 후기근대라는 말을 쓰기 시작했습니다. 이들의 이런 작업은 한편으로 '황금기'에 유럽 사민주의가 이룬 평등주의의 급속한 퇴조에 대한 불안과 위기의식, 다른 한편 냉전 종식 이후 보다 확대된 세계상(globalization)에 대한 막연한 기대와 낙관이 모호하게 교차하던 상황의 산물이었습니다. 이들 유럽의 후기근대론자들은 1970~1980년대 형성된 서구 신사회운동의 동력을 '제2근대'의 동력으로 전환시켜보자는 기획을 가지고 있었죠. 한때 한국에도 유행했던 제3의 길 노선, 하위정치론 등이 그 표현이었습니다. 그러나 서구에서 이 노선은 신자유주의의 맹렬한 힘 앞에 주변화되거나 포섭되고 말았죠. 이후 서구의 불안정과 불평등은 오히려 강화되었어요. 그리하여 2000년 이후의 서구발 후기근대론은 비관적인 색채를 띠고 힘을 잃었지요. 그렇다 해도 유럽 내부의 개혁적 지향이 소진되지는 않았습니다. 어려운 상황 속에서도 꾸준히 유지되어왔고, 21세기 들어 다양한 분야의 대안운동으로 다시 두각을 드러내고 있지요.

냉전 종식 이후 두드러진 현상은 후쿠야마가 말한 '역사의 종언'도, 헌팅턴(Huntington, 1996)이 말한 '문명의 충돌'도 아닌, 우후죽순처럼 올라오는 후기근대의 징후들이었습니다. 이 징후들은 우선 20세기의 마지막 시간 동안, 1980~1990년대 중국의 개혁개방 노선의 성공, 1990년대 이후 선명해진 인도의 민주적 정치개혁(판차야트 개혁)의 전개, 1990년대 이후 이슬람권에서 근본주의를 벗어난 '포스트 이슬람 민주주의' 세력의 성장, 또 남미권 개혁정치세력의 꾸준한 성장 등의 모습으로 드러났습니다. 그 공통점은 사회 중하층 광범한 대중의 정치적 자각과 진출입니다. 1980년대 후반과 1990년대 한국과 대만의 민주화, 같은 시기 미국 · 베트남 수교와 베트남 개혁개방 정책인 '도이머이'의 안착 등도 이러한 현상 안에 포함됩니다. 이러한 변화들은 냉전 종식 이후 쇠퇴하지 않고 그 동력을 꾸준히 확장해왔다는 공통점을 가지고 있습니다. 이미 냉전 종식 이전에 깊은 기원을 두고 있는, 냉전의 대립선을 벗어나는 움직임들에 기반하고 있었기 때문입니다.[19]

냉전 종식 이후 가속도를 얻은 지구화 현상은 세계를 전례 없는 밀도로 하나로 연결시켰습니다. 이제 글로벌 자본주의가 촉수를 뻗치지 않은 오지(奧地)는 이 지구상에 더 이상 존재하지 않을 정도가 되었어요. **삶, 직업, 일상 관계의 유동화 현상이 커지고 사회안전망이 취약해지며 부의 양극화가 심화**된 것은 그 결과의 하나입니다. 자본, 정보, 노동 이동의 장벽이 크게 낮아지면서 여러 '예상치 못했던 결과들(unexpected consequences)'을 낳았는데, 그중 가장 주목할 만한 것은 그 게임의 수혜자로 중국, 인도, 남미 등의 거대 인구 권역들이 급속히 떠올랐다는 점입니다. 일반적으로 예측되었던 것은 오랜 우위를 구가해온 서구자본의 일방적 우위와 수혜였습니다만, 예상치 못했던 전혀 반대의 결과가 나온 것입니다. 그러면서 세계체제가 다극화되었습니다. 과거와 같이 비서구가 서구에만 의존하는 발전 형태를 넘어서서 비서구 권역 간의 교류를 통해서 상승효과가 발생하는 새로운 메커니즘이 생겨났어요. 이러한 현상은 '포지티브 피드백(positive feedback)' 즉 다극화를 더욱 가속화시키고 있습니다.

후기근대의 되감기와 상전이

동선생　앞서 5부 〈발제〉에서 '후기근대의 되감기는 근대 안쪽을 향하는 되감기지만, 동시에 근대의 바깥을 향해 근대의 성격이 크게 바뀌는 상전이(相轉移) 과정이기도 하다'고 했죠. '되감기'와 '상전이'라는 이 두 측면은 한 사물, 한 과정의 양면이라고 할 수 있습니다. 따라서 후기근대에 관한 전면적 이해를 위해서는 이 양 측면에 대한 균형 잡힌 인식이 매우 중요합니다. 이제 이 부분을 풀어서 설명해보겠습니다.

〈발제〉에서는 몇 가지 과학 용어들을 사용하고 있습니다. 먼저 '상전이(phase transition)' 또는 '임계전이(臨界轉移, critical transition)'란 물이 끓어 수증기가 되는 것처럼 물리적 성격이 급격하게 변하는 과정을 말합니다. 물론 물과 수증기란 여러 상전이 현상의 하나를 예시한 것일 뿐입니다. 상전이는 여러 사물의 '질적' 상태변화에 적용되는 개념이죠. '질적 변화'란 사물의 기본성격이 바뀌는 것을 말합니다. 상전이는 생태계 변화나 사회현상에도 광범하게 적용되고 있는 개념입니다.[20] 과학자들은 모든 상전이 과정에는 〈그림 5-6〉의 점선 부분과 같이 거꾸로 되감는 경로(b-c)가 반드시 상정된다고 말합니다. 그 b-c의 '되감기'를 동역학에서는 '이력(hysteresis, 履歷)현상'이라고 하더군요. 이력현상은 그림의 상하 화살표와 같이 '상방(전방)−하방(후방) 전환력'이 함께 작용하는 불안정계 현상입니다. '불안정계'란 물질의 화학적 상태가 불안정하므로 변화의 폭이 크고, 그 결과 변화의 방향이 고정되어 있지 않은 상태를 말합니다.

후기근대의 되감기는 우선 다극화로 나타납니다. 세계의 권역 간 격

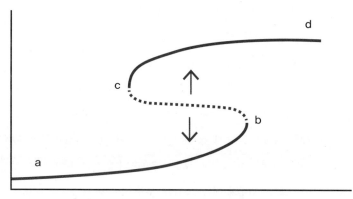

〈그림 5-6〉 상전이와 되감기, 상방(전방)-하방(후방) 전환력

차가 줄어들고, 세계가 그만큼 더욱 비슷해지는 과정입니다. 그런데 〈그림 5-6〉을 보면 되감기 현상이 발생하면 이미 시스템의 질적 변형, 즉 상전이가 시작되었음을 말해줍니다. 위상학-동력학의 이론은 분명 그렇게 말합니다. 그러나 후기근대의 현실도 마찬가지로 말할 수 있을 까요? 의문이 제기될 수 있겠습니다. 후기근대의 되감기가 뒤떨어진 사회가 앞선 사회를 따라잡아 비슷해지는 것이라고 한다면 근대가 질 적으로 변형되는 것이 아니라 기존 근대의 단순한 양적 확장에 불과한 것이 아니냐고 말입니다. 그렇게 보는 사람들이 냉전 종식 이후 최근 역사를 '신자유주의의 전 지구적 지배확장'이라는 단일 코드로 읽고, 중국, 인도, 남미 등 신흥경제권의 성장 역시 신자유주의의 지구적 확 장에 불과한 것이라고 해석하기도 했어요.[21] 이러한 연구들은 국부적 현상들에 대해 예리한 분석을 하고 있지만 아쉽게도 헤겔적 시폭(視幅) 에서의 후기근대는 포착하지 못하고 있다는 한계가 있습니다. 이렇게 보면 세계는 전보다 못한 상태로 퇴행하고 있을 뿐이죠. 현상의 일면

에만 치중하여 그림의 전체를 놓치고 있습니다.

되감기란 모순적이고 양면적인 2중운동입니다. 거대한 평등적 에너지를 분출하며 절대빈곤을 빠져나온 신흥경제권의 수십억 인류, 중국의 농민과 농민공, 인도의 달리트 등 하층신분, 남미의 빈민과 원주민들은 이제 본격적인 자본주의를 경험하며 또 다른 난관에 부딪치고 있지만, 과거의 빈곤으로 다시 돌아가는 길을 이들은 결코 받아들이지 않습니다. 이들에게는 현실을 어떻든 개선하며 앞으로 나아가는 길밖에 없습니다. 과거에 비해 이들 국가는 분명 민주화되었고, 그만큼 수혜를 받았으며, 이들의 정치적 위상도 그만큼 높아졌음을 놓치지 말아야 합니다.

이들은 남미에서는 진보정당들의 약진의 근거가 되었습니다. 인도에서도 신분 낙차를 줄이려는 정책들이 많이 나타나게 되었습니다.[22] 중국 역시 '3농[23] 문제'를 2000년대 들어 지금까지 줄곧 제1 의제로 삼아 중시하고 있습니다. 이후 상세히 논의하겠지만, 1990년대 후반부터 글로벌 지니계수는 저하하고 있습니다.[24] 5부 2론 바로 앞서 말한 "거대한 평등적 에너지를 분출하며 절대빈곤을 빠져나온 신흥경제권의 수십억 인류"의 소득증가 때문입니다. 각 나라 1국 차원에서 보면 분명 지니계수가 대부분 증가하는 추세죠. 그러나 지구 전체로 보면 이렇듯 전혀 다른 반대의 모습이 나타나는 것입니다. 이러한 모순과 긴장의 양면을 놓치면, 주류 경제학자들조차 21세기 들어 신자유주의가 한계에 봉착했다고 단언하고 있는 시점에,[25] 오히려 거꾸로 신자유주의가 정점을 구가하고 있다는 치우친 주장을 하게 됩니다.

요점은 본격근대(=서구주도근대)의 발전모델, 즉 자본주의 세계체제란 세계권역 간의 거대한 낙차 구조 위에서만 작동하도록 디자인되어 있었다는 점에 있습니다. 기존의 자본주의 세계체제가 작동해온 밑바탕에는 산업주의가 먼저 발전한 서구가 비서구 전체에 대해 현저하게 불균등하고 일방적인 우위를 점하는 거대한 인프라가 깔려 있었습니다. 군사적 우위를 기반으로 유럽 자본주의 시초축적의 내적 부담을 외부화할 수 있는 글로벌한 식민-피식민 체제가 존재하지 않았다면, 19~20세기에 이르러 확고하게 구축되었던 자본주의 세계체제도, 서구세계의 번영도 애초에 불가능했어요. 15세기 말부터 시작된 유럽의 아메리카, 아프리카 장악이 시작이었지만 이러한 구조가 전 지구적 차원에서 정립된 시기는 18세기 후반에서 19세기 중반부터입니다. 이때 영국을 선두로 한 유럽 몇 국가의 세계패권이 형성되고, 이 시기에 비로소 자본주의 세계체제는 완성되었던 것입니다.

이 글로벌 자본주의 체제에서의 가치 이전은 군사·경제적 패권의 기울기를 따라 마치 중력장의 현상처럼, 자연법칙처럼 흘러내립니다. 그리고 이러한 비대칭적·불균형적 축적은 역사적으로 대대로 첩첩이 누적되어왔습니다. 이것이 바로 서구 팽창근대의 세계적 지배체제의 핵심구도입니다. 앞서 "중력장의 현상처럼, 자연법칙처럼"이라 했는데요, 이 표현은 정확히 1부 2론에서 말씀드렸던 서구 팽창근대 작동의 에너지 원리인 '낙차(落差)에너지'가 작용하는 모습을 보여주는 것입니다. 그러나 이렇듯 크게 기울어진 낙차의 바탕 구조가 흔들린다면, 패권과 종속이 양극에서 가속적으로 누적되는 불평등의 축적 구조도 흔들리고, 그 결과 건축물 전체, 시스템 자체가 흔들리지 않을 수 없습니다. 바로 되감기에 의한 권역 간 불균등, 낙차 감소가 그러한 효과를 일으키고 있습니다. 그 결과 시스템 자체, 판 자체에 질적 변형이 일어나고 있습니다. '팽창적 낙차 효과'는 점차 사라지고 '내장적 밀도에너지'가 중요해지는 세계상황으로 점차 변화하고 있는 것이죠.

21세기의 다극화는 서구의 전 지구적 패권확장의 지난 역사와 크게 다릅니다. 새로운 단일패권 형성이 아닌, 상대적으로 동등한 다극의 형성으로 가고 있습니다. 이 다극관계는 냉전시대처럼 양극이 서로 배척하는 적대관계가 아니라, 오히려 거꾸로 상호의존이 갈수록 증대하는 관계입니다. 각 권역 내부에서도 이제는 어느 한 나라가 절대적 우위를 점하지 못한다는 것은, 남미에 대한 미국의, 그리고 아시아에 대한 중국의, 중동에 대한 서유럽의 영향을 보면 쉽게 알 수 있죠. 여러 권역 내 각국의 힘의 상대적 증감은 물론 발생하고 있지만, 권역 전체로 보면 그 힘 관계는 분명 다극화 · 수평화되고 있습니다. '팽창근대의 낙차에너지'가 구조적으로 약화되어가고 있는 것이죠. 이것이 바로 팽창근대가 팽창의 극에 이르러 그 반대물인 '내장근대의 세계화'로 나가고 있는 모습입니다.

물론 다극화 추세가 분명해지는 만큼, 또 그것이 기존 시스템에 질적 변형을 가져오는 만큼, 그에 대한 견제와 거부, 반발이 커지는 것은 충분히 예상할 수 있는 일입니다. 세계체제의 거대한 변형이 이뤄지고 있는데, 기존 체제의 관성이 반발하지 않는 것이 오히려 이상한 일이겠죠. 그래서 나타나는 모습의 하나가 주로 지배적 미디어를 통해 되풀이되고 있는 소위 'G2'(=미중) 간 '신냉전 시나리오'입니다. 이런 담론 자체가 기존 세계체제의 기득권 유지 의지와 결코 무관하지 않아요. 그러나 실제 세계의 움직임은 그러한 기득권 수호 '의지'와는 다르게 움직이고 있습니다. 우선 소위 'G2 대결' 조장의 흐름이 현재 세계 동향의 주류라 보기 어렵습니다. 오히려 공존의 접면을 넓혀서 공영을 추구하는 실리적 흐름이 주조를 이루고 있습니다. 서방 내에서도 유럽은 중국과의 대결이 아닌 접면 확장에 훨씬 관심이 큽니다. 이들은 EU 와 '중국을 포함한 동아시아권'과의 교류 확대를 통해 새로운 활력의 기회를 모색합니다. 러시아 역시 이러한 접면 확장을 원합니다. 더 나아가 라틴아메리카, 이슬람권, 인도권, 동남아시아 등 비서구권 전반 역시 대결보다는 권역 간 문명 간 공존과 접면 확장에 훨씬 큰 관심을 가지고 있습니다. 심지어 미국 내부에서도 중국과의 공존이 아닌 대결주의가 지배적이라고 말하기 어렵습니다. 이렇듯 대결이 아닌 공존에서 미래를 찾으려는 세계적 흐름이야말로 후기근대의 기본추세이고 '내장적 세계체제'의 특징입니다.

자본주의 세계체제의 다극화·균등화가 시스템 자체의 질적 변형을 가져온다는 것은 '자본주의 세계체제' 이론가인 월러스틴(2005)에 의해서도 지적된 바 있지요. 그는 자본주의의 전 지구적 팽창이 한계에 이르면 외부효과(=부담의 외부 전가 효과)와 생산비 절감효과 역시 한계에 이르기 때문에 자본주의는 임계점에 이른다고 했습니다. 그렇지만 후기근대의 되감기는 그 결과가 미리 결정되어 있지 않습니다. 결과를 미리 예측할 수 있는 뉴턴 역학과는 근본적으로 다릅니다. 비평형 열역학이라는 학문 분야를 열었던 일리야 프리고진은 이렇듯 미리 그 결과를 계측할 수 없는 현상을 '가지치기(bifurcation) 현상'이라 했어요. 그 가지가 양쪽 어디로 뻗어갈지 미리 결정되어 있지 않다는 것입니다.[26] 월러스틴은 프리고진의 이러한 새로운 과학적 통찰을 세계체제론에 적용했습니다.

상방(전방)전환력 vs. 하방(후방)전환력

서선생 후기근대 되감기 운동에서 '상하방 전환력'의 벡터가 후기근대의 방향을 결정한다고 하였지요. 그러나 그 상하방 전환력의 강도가 미리 뉴턴 역학적으로 결정되어 있지 않다는 말씀이었고요. 여기에 대해 좀 더 설명해보겠습니다. 후기근대의 상방전환력(상향 화살표)은 시스템의 질적 변형을 추동하는 힘이고, 그것은 무엇보다 불균등을 감소시키는 힘입니다. 상방전환력은 커브의 방향을 전방(前方)으로 끌고 가는 힘이기 때문에 전방전환력이기도 합니다. 반대로 하방전환력은 커브를 뒤로 끌고 가는 힘이기 때문에 후방전환력이기도 하죠.

자본주의 세계체제의 불균등이란 앞서 말한 서구─비서구 사이에만 존재하지 않습니다. 서구─비서구의 경계를 넘어 모든 사회 내부에도 강력하게 작동 중이죠. 이 양 측면 모두에서 불균등을 감소시키는 힘이 상전이를 촉진하는 상방전환력이 됩니다. 이 힘은 자원절약적이고 지속가능한 생태친화형 경제모델의 형성 동력과 깊게 연관되어 있기도 합니다.

반면 하방전환력은 서구─비서구 사이 그리고 각 사회 내부의 불균등을 지속 내지 증대시키는 힘입니다. 아울러 자연수탈적 화석에너지 경제성장 패턴을 지속시키는 동력과 연관되어 있죠. 하방전환력은 커브의 방향을 후방으로 끌기 때문에 후방전환력이기도 합니다. 되감기의 진행방향은 이 두 힘의 벡터 효과에 의해 결정된다고 할 수 있습니다. 두 힘이 같다면 되감기는 수평방향으로 지속되고, 같지 않으면 상하로 휘게 되지요.

앞서 언급되었지만, 후기근대를 도출한 세 개의 큰 계기는 1) 2차

形

대전 후 '황금기'의 번영, 2) 냉전과 냉전 종식, 그리고 3) 지구화로 요약할 수 있습니다. 이 흐름들은 균등화와 불균등화의 힘을 동시에 생성하였습니다. 여기에는 우선 앞서 살펴본 권역 간 균등화와 이에 반발하는 흐름이 있습니다. 또 하나 중요한 대항력의 쌍은 후기근대의 사회경제적 추세 자체, 즉 자본, 노동, 정보 이동의 벽이 낮아짐에 따라 한계생산비용이 빠르게 저하하는 상황 속에서 생성되고 있습니다.

이러한 상황에서 우선 자본의 입장에서는 노동 대체가 쉬워지고, 경쟁의 최상층에서는 디지털 기술과 시장·정보의 티핑(tipping) 효과에 의해 승자독식의 법칙이 작용합니다. '신독점화' 경향이 생기는 것이죠. 기술혁신의 가속화에 주목하는 소위 '4차 산업혁명'론도 이러한 신독점화 경향의 일부가 될 수 있습니다. 이러한 힘은 경제 흐름을 잘게 분절하여 포획하려 하며 여기서 생기는 배제적 이익을 최상층이 독식하는 방향으로 경제운영체제를 또다시 독점적으로 편제(編制)하려 합니다. 이는 소수 (경제적·정치적) 독점세력이 자원을 수직적으로 중앙통제하였던 기존의 고(高)자원 착취적 화석에너지 경제성장 방식을 지속하려는 경향과 맞물립니다. 그래서 하방전환력으로 작용합니다. 이 힘은 신자유주의의 동력이었기도 합니다.

그러나 동일한 조건이 기술과 정보의 접근을 분산적, 수평적으로 개방하고 있기도 합니다. 그 결과 대중들의 경험과 지식, 연결망의 효율성과 생산성이 기존의 독점적 방식의 생산성보다 오히려 높아지는 특이하고 놀라운 상황이 벌어지고 있어요. 이러한 변화는 특별히 주목할 필요가 있습니다. 자본/노동 관계에 중요한 변형이 생길 수 있습니다. 팽창근대 500년은 강한 군사력과 거대자본이 항상 대중의 우위에 섰습니다. 산업혁명 이후로는 더욱 그랬죠. 중후장대한 대공장, 골리앗 크레인이나 거대한 용광로와 같은 초고가 시설과 장비가 자본의 지배력을 상징했습니다. 노동의 힘이란 어디까지나 이렇듯 자본이 구축해놓은 마당 안에 결집해야 비로소 행사될 수 있는 것이었어요. 게임의 룰 자체를 노동측이 주도하여 바꿔나가기 어려웠습니다.

그러나 이제는 고도 생산력이 반드시 중후장대(重厚長大)한 장비나 대공장에서만 나오는 것이 아니거든요. 컴퓨터를 보면 알 수 있습니다. 기능이 고도화될수록 얇고 가벼워지죠. 중후장대가 아니라 반대로 경박소형(輕薄小型)화가 오히려 생산력 고도화의 핵심이 됩니다. 그리고 그 생산력도 꼭 한 장소에 거대 인원이 결집해서 나오는 것이 아니거든요. 오히려 반대로 지역이든 국경이든 모든 장소를 넘어서는 사람과 물류의 네트워크가 생명으로 되고 있어요. 이런 모습은 노동이 거대자본의 제약으로부터 점차 벗어나고 있음을 보여줍니다. 중후장대 시대처럼 자본이 노동을 얼마든지 대체하는 것이 아니라, 거꾸로 노동하는 개인들의 네트워크가 자본을 손쉽고 값싸게 대체하는 방향으로 가고 있어요. 여기서 개인들의 수평적 공유 네트워크가 기반이 되는 새로운 경제시스템의 가능성이 나오고 있습니다. 이렇게 되면 거대자본이 만드는 수직적 낙차보다 공유 네트워크가 만드는 수평적 밀도가 중요해집니다. 이런 '수평적 밀도 강화'를 생산적 동력의 축으로 삼는 시스템을 '협력적 공유경제(collaborative Commons)'[27]라고 부르고 있죠. 이러한 새로운 시스템의 저변이 대중적으로 넓게 확장되고 있습니다.

이러한 공유경제는 디지털 기술이 사물인터넷(internet of things, IoT)으로 점차 통합되어 감에 따라 생산과 커뮤니케이션 영역만이 아니라 대체에너지, 대체물류 영역으로도 확산될 수 있습니다. 이렇게 되면 여러 영역에서 경박소형의 네트워크를 통한 탄력적 대중생산의 가능

形

성이 생기죠. 그렇게 되면 최상층의 독점화를 견제하고 대체할 잠재력을 가진 수평적 경제권과 사회층이 형성되는 것이지요. 실제로 이러한 조건을 활용하여 저자본과 중간기술로 시민참여적 · 공동체적 · 생태적 연대망을 밑으로부터 새롭게 활성화하는 다양한 형태의 사회적 경제 양식들이 주목받고 있습니다. 이러한 힘은 신자유주의의 독점적 경향을 감쇄, 삭감, 역진시키는 공유경제적 · 협치적 동력입니다.

그런데 공유경제, 대중에 의한 대중생산, 사회적 경제 등의 모델은 오히려 비서구권에서 시작되어 서구로 확산되는 경로를 밟아왔음을 주목해야 합니다. 구미의 공유경제, 생태경제 운동의 기원이 간디의 자립경제(스와데시) 실험과 불교경제의 작동방식에 영향을 받았던 사실을 상기할 필요가 있습니다.[28] 더 깊게 생각해보면 굳이 비서구가 아니라 산업화 이전의 서구사회에도 광범하게 존재했던 것이 공유경제, 사회적 경제 현상이었습니다. 칼 폴라니(Karl Polanyi)의 명저인 『거대한 전환』은 인클로저와 산업혁명으로 망가지기 이전의 서구사회의 공유경제, 사회적 경제를 부각했습니다. 이것이 인클로저와 산업혁명으로 자연과 인간이 상품화되면서 망가지고 말았다는 것이죠. 그런데 그는 그렇게 '사람이 뽑혀 나간' 인클로저 경제에 대한 반작용이 반드시 올 것이라고 예감했어요. 그 예감이 앞서 말한 '황금기' 서구사회의 사민주의적 평등성의 강화로 어느 정도 현실화되기도 했지요.

그렇지만 1980년대부터 거세진 '신자유주의'의 흐름은 서구사회가 황금기에 이룬 평등주의적 성취를 크게 흔들어 놓았습니다. 그러나 여기에 대한 대항력도 점차 커지고 있습니다. 폴라니의 통찰대로 '사람이 뽑혀 나간 경제', '사회로부터 이탈된 경제'는 결코 자연스러운 경제가 아니기 때문입니다. 반드시 반작용이 옵니다. 그리고 그 반작용은 경제의 자연스러움을 회복하려고 하는, 인류사에 깊은 뿌리와 역사를 가진 힘입니다. 그런 의미에서 그 힘은 '오래된 미래'라고 할 수 있지요. 그렇듯 깊은 뿌리를 가진 공유경제적 활동들이 이제 후기근대의 상황에서 기술적이고 대중적인 백업을 받아 새로운 활력을 얻고 있는 것입니다. 이 '오래된 미래'를 그동안 잊혀 있었던 내장근대의 가능성, '내장근대의 미래'라고 말할 수 있겠습니다. 이러한 힘은 오늘날 독점적 소유, 수직적 통제, 고비용의 화석경제를 분산적 소유, 수평적 조정, 저비용의 녹색경제로 대체하려고 하는 상방추진력으로 작용합니다.

이와 연관하여 녹색에너지(풍력, 태양력, 지열, 바이오에너지 등) 분야에서 중국이 보여주고 있는 괄목할 변화에 주목할 필요가 있습니다. 애초 중국의 급속한 산업화에 대해 '세계의 오염원'이 될 뿐이라는 부정 일변도의 예측이 많았죠. 중국의 과개발과 환경오염 문제는 물론 현재도 심각합니다. 최근에 부쩍 심해진 미세먼지 때문에 이 문제가 다시 조명되기도 했었죠. 그러나 그렇게 문제가 제기되면서 내부에서 이를 감쇄 내지 역진시키려는 힘도 아울러 성장하고 있음을 볼 수 있습니다. 그래서 재생에너지(녹색에너지) 분야에서 중국이 보여준 모습을 주목해야 합니다. 중국은 2000년대 초반부터 정책적으로 화석연료 의존을 줄이고, 녹색에너지를 보급 · 확산하는 데 주력해왔습니다.[29] 그 결과 2008~2009년부터 중국은 세계 최대의 풍력에너지, 태양광에너지 생산국이 되었고, 2015년에 이르면 세계 전체 녹색에너지 생산의 4분의 1 이상을 점하는 세계 최대의 녹색재생에너지 생산국이 되었습니다.[30] 진보 성향의 민간 환경운동가들 역시 그러한 점을 인정하고 있습니다.

놀랄 만큼 단시일 내에, 중국 전체 에너지원 중에서 석탄이 차지하는 비율이 2005년의 72%에서 2018년의 59%로 떨어졌다. 동시에, 중국 정부 자료에 따르면, 같은 기간 풍력은 173배, 원자력은 5.4배 증가했고,[31] 태양에너지는 사실상 전무했는데 이제 연간 전력 170GW를 생산하기에 이르렀다. 전문가들은 중국의 탄소 배출량이 파리협정에서 약속한 2030년 목표치에 그보다 훨씬 앞서서 이를 것으로 예측하고 있다. 트럼프 행정부 아래에서 미국이 기후변화에 대응하기 위한 지도적 노력에서 발을 뺀 상황에서, 중국의 이와 같은 행보는 세계사회에 일정한 정도의 확신과 신뢰를 주고 있다.[32]

중국만이 아니라 또한 에콰도르나 볼리비아 등 남미의 여러 나라가 보여주고 있는 과감한 친환경정책들도 주목해야 합니다.[33] 이러한 모습들은 후기근대 되감기의 모순적 2중운동이 비서구 산업화와 환경문제에도 여실히 관철되고 있음을 입증해줍니다. 한편으로 산업화가 진행되면서, 동시에 그에 수반되는 엔트로피 증가 문제를 스스로 극복하려는 반대경향(=되감기의 전방전환력) 역시 가동되고 있습니다.

이러한 대립하는 두 힘은 후기근대 세계의 거버넌스 방향에도 뚜렷이 반영됩니다. 한편으로 배제와 차별의 구조와 이념을 되살리고, 기술적 진화를 중앙집중적 통제의 강화로 이용하려고 하는 흐름입니다. 이런 흐름은 이주노동자, 외국인, 타문화에 대한 혐오와 거부가 커지거나, 신 국수주의-국가주의가 강화되는 모습, 그리고 정보독점, 정보감시, 언론통제, 지식재산권을 강화하려는 모습으로 나타나고 있습니다. 다른 한편으로는 이러한 흐름에 맞서는 다문화, 국제연대, 정보자유화, 오픈소스, 위키리크스와 스노든에 의해 촉발된 빅브라더 역감

시운동[34] 역시 활발하게 전개되지요. 아울러 각종 정책결정 과정을 수평적으로 넓게 개방하여 보다 다양한 시민이 그 주체가 될 수 있도록 하는 새롭고 대안적인 제도들이 광범하게 시행되고 있습니다. 시민의회, 시민참여예산 등을 예로 들 수 있습니다.[35] 여기서 기술적 진화는 온오프 양 차원에서 공히 보다 양질의 정보가 보다 효과적인 방식으로 공개되고 교환·심의될 수 있도록 하는 근거가 되고 있습니다. 중앙집중적 관료제의 폐해를 최소화하면서 사회안전망 효과를 높이려 하는 기본소득(basic income)제도가 다양한 방식으로 넓게 채택되고 있는 것도 이러한 균등화의 힘의 일환입니다.[36] 이러한 대안적 모색은 서구·비서구를 가로질러 활발하게 일어나고 있습니다. 대안제도·대안운동의 영역에서도 서구의 독점적 우위란 이미 존재하지 않습니다. 후기근대의 두 힘, 2중운동이 서구 비서구의 구획선, 기존 국민국가의 테두리를 가로지르며 작동하고 있어요.

이렇듯 여러 힘들이 얽혀 복합적인 상태에 있는 오늘날 후기근대 지구촌의 사회체제의 성격을 한마디로 규정하려는 것은 무리겠지요. 흔히 '글로벌 자본주의 체제'라 하고, 이 말이 현 세계체제의 주도적 성격을 표현하고 있는 것은 사실이지만, 각 사회의 구체적 상태를 잘 보여주는 것은 아닙니다. 예를 들어 중국 경제는 자본주의적 부문, 공동소유적 부문, 소농경제적 부문이 뒤섞여 공존하고 있는 혼합경제체제죠. 이러한 혼합경제적 양상이 중국만의 유별난 특성인 것도 아닙니다. 자세히 들여다보면 오히려 일반적이라 말할 수 있어요. 물론 그 배합 요소와 비율은 나라마다 제각각 다릅니다. 유럽의 경우, 복지체제의 후퇴에도 불구하고 국가재분배 몫은 여전히 크죠. 또 어느 지역, 어느 국가든 대부분 공공부문과 민간부문의 작동원리, 비율, 주체가 다르고,

形

또 양 부문이 중첩하는 영역에서 제3의 경제양식(사회적 경제, 중간경제 [37] 등)이 활발하게 생성되고 있는 점도 공통적입니다. 이러한 상황에서는 자본주의냐 사회주의냐는 식의 배타적 단순 이분론은 더 이상 의미가 없어요. '인류의 경제'를 인류학적 관점에서 교환경제, 재분배경제, 호혜경제의 세 구성 부분으로 나누어 보고, 그 배합(혼합경제)의 역사적 다양성에 주목한 칼 폴라니와 같은 접근이 더욱 유효하고 실용적입니다.[38] 이제는 현 시스템 기득권의 수혜자들, 주류 경제학자들까지도 혼합경제에 대해 긍정적이고 탄력적인 논의를 제기하고 있는 추세입니다.[39] 결국 후기근대의 세계체제가 그만큼 다채로운 배합의 혼합경제를 생성하고 있다는 사실의 표현이고, 이러한 경향은 미래로 갈수록 더욱 강화되어갈 것입니다.

대파국인가 대전환인가 Ⅰ
사회경제적, 정치군사적 차원

거대한 변화는 분명한 사실이 되었다

동선생 21세기 들어 어언 20년이 지났습니다. '서양중심시대가 끝나가고 있다'는 인식은 이제 오히려 너무나 당연한 상식이 되어버린 것으로 보입니다. 최근 그런 주장이 많이 제기됐고 언론매체를 통해서 뉴스, 특집, 다큐 등을 통해 널리 전파되었지요. 그렇지만 우리가 그런 주장을 처음 펴기 시작했던 2000년대 초반만 해도 그런 말을 꺼내면 엉뚱한 소리 하는 괴짜로 취급받곤 했어요. 그동안 아주 엄청난 변화가 있었다는 사실을 피부로 실감합니다. 이러한 변화를 일시적·국부적 변화가 아니라 '세계사적 대전환'으로 보는 인식도 이제는 널리 공유되고 있습니다. 구글에서 'great transformation'을 치면 5억 개 이상의 기사가 뜹니다. 이 주제를 다룬 책과 논문도 쏟아져 나오고 있습니다. 그러한 '대전환'에 한국과 동아시아가 주요 행위자가 되고 있다는 사실도 눈여겨볼 대목입니다. 2016년 촛불혁명 때는 한국이 세계 민주주의의 모범으로 칭송받더니, 2020년 코로나 사태에서는 'K방역'이 세계 모범이 되었습니다. 미국과 유럽의 여러 나라가 한국을 비롯한 여러 아시아 국가들의 방역 시스템을 자신들이 배워야 할 모범으로 인정하는 모습을 보면서 많은 한국인들, 아시아인들, 아니 전 세계인들이 세계가 정말 크게 변했다는 것을 다시 한번 새롭게 절감하기도 했습니다. 실로 금석지감(今昔之感)을 느끼게 됩니다.

이제 '후기근대'에 대한 인식과 논의가 지식인들 일부의 '찻잔 속의 태풍'을 훌쩍 넘어서 널리 일반화된 시대인식, 새로운 시대정신(Zeitgeist)이 되었다고 분명히 이야기할 수 있게 되었습니다. 그렇다면 이제야말로 이 문제를 정말 본격적으로 파헤쳐볼 때가 된 것이죠. "그래 '세계사적 대전환' 맞다, 그런데 과연 그것이 '어떤 대전환'이냐." 이러한 질문에 대해 이제야말로 제대로 책임있게, 구체적으로 답해야만 할 때가 온 것이죠. 막연하거나 뻔한 말로 대충 얼버무리지 말고, 할 수 있는 데까지 분명하게 말입니다. 우리가 이 문제를 일찍부터 제기하고 고민해왔던 만큼 더 큰 책임을 느낍니다.

앞서 1론에서 우리는 '후기근대'에는 근대를 빠져나가려는 미래지향적 '전방(상방)전환력'과 근대로 되돌아가려는 과거지향적 '후방(하방)전환력'이 깊게 맞물려 길항하고 있다고 보았습니다. 후기근대가 움직이는 기본 동력 구조를 그렇게 집약해본 것이죠. 이제 5부 2~3론에서는 이 문제를 좀 더 깊숙이 파헤쳐보기로 하겠습니다. 이 시대에 모종의 세계사적 대변화가 진행되고 있다는 것은 모두가 느끼고 있다 하더라도, 그 대변화의 핵심을 무엇으로 보고 있는지, 그 변화가 어느 방향으로 가고 있는지에 대해서는 상당히 큰 견해 차이가 존재하니까요.

그 견해 차이를 〈대파국인가 대전환인가〉로 요약할 수 있겠습니다.

形

'전환'이란 새로운 무엇이 생겨나고 있다는 인식을 전제하는 말입니다. 반면 '파국'은 반대로 종말, 붕괴에 주목하는 언어지요. '전환'은 긍정적, 능동적인 반면, '파국'은 부정적, 수동적입니다. 역사를 돌아보면 모든 '대전환기'에는 항상 '대파국'의 정서가 함께 존재했습니다. 기존의 익숙했던 것들이 크게 바뀌니 그러한 상황을 말세적 파국으로 인식하는 사람들이 많아진다는 것은, 어쩌면 자연스러운 반응이기도 합니다. 그런데 뒤집어 보면, 바로 그렇기 때문에, '대파국'의 의식이 높아지는 것을 '대전환'의 뚜렷한 징후의 하나로 볼 수 있어요. 반드시 서로 배척하는 것이 아니라는 말씀입니다. **대파국 의식'을 '대전환 현상'의 일부라고 보는 것**이죠.

그렇지만 어떤 변화가 결국 '파국'으로 끝난다면, 물론 이를 '전환'이라고 부를 수 없겠죠. 붕괴, 몰락일 뿐입니다. 잘 아시듯, 세계사적으로 이러한 붕괴와 몰락의 사례는 많습니다. 5세기 서로마제국의 붕괴, 17세기 남미의 아스텍·마야 문명의 붕괴, 그리고 동아시아에서는 19세기 아편전쟁의 패배 이후 근 1세기에 걸쳐 진행된 청 제국의 붕괴 등등. 이러한 대파국, 대붕괴는 대부분 강한 외적 충격을 이기지 못하고 무너질 때 발생했습니다. 이러한 붕괴와 몰락을 두고 누구도 전환이라고 하지 않습니다. 파국적 위기가 왔지만 이를 이겨내고 역전시켰을 때 비로소 전환이라고 합니다.

우리는 '붕새'의 시간 비행의 이미지에서 논의를 시작했습니다. 그리고 동아시아 형-류-세의 변화의 굴곡을 따라 이제 그 최종단계인 형'의 시간에 이르렀습니다. 그러나 이 비행은 동아시아에 국한되지 않았습니다. 우리는 지금까지 동아시아만이 아니라 지구 전체가 연동되는 거대한 변화의 과정을 살펴보았습니다. '동아시아 내장근대와 서양 팽창근대의 변증법'이라고 했지요. 우리는 이 과정을 단순하게 '서양 중심 세계'에서 '아시아 중심 세계'로의 귀환으로 읽지 않았습니다. 팽창근대의 원리는 여전하면서 중심만 바꾸는 식이라면 이는 과거의 연장에 불과합니다. 그런 식이라면 팽창근대는 결코 종식되지 않을 것이고, 후기근대는 결코 새로운 세계사, 새로운 인류문명을 열지 못할 것입니다. 후기근대가 더욱 파괴력이 커진 팽창적 힘의 충돌의 연장일 뿐이라면 그 귀결은 '대전환'이 아니라 정말 '대파국'이 되겠지요. 동아시아만이 아니라 세계 전체를 물어야 합니다. 이것이 이 책 전체에서 우리가 견지했던 근본 입장이자 기본 전제이기도 했습니다. 대전환이냐, 대파국이냐의 문제를 늘 전 지구적 차원에서 생각해왔습니다. 이 점이 붕새의 시간 비행이 줄곧 그리고 궁극적으로 규명하고자 했던 문제의식이었습니다.

 팽창근대는 문명 간, 지역 간, 계급 간, 성별 간, 그리고 인간/자연 간의 낙차를 줄곧 증대시켜왔습니다. 이 낙차가 후기근대에도 계속 커간다면 전 지구적 대파국으로 귀결되고 말 것입니다. 반면 내장적 힘이 이 경향을 억제하고 역전시킬 수 있다면 이때 비로소 우리는 '대전환'의 가능성을 이야기할 수 있습니다. 이제 1론에 이어 '내장화'와 '팽창화', 이 양면의 추세가 세계사의 최근 시간 속에서 어떻게 전개되어왔는지 좀 더 구체적으로 논의해보겠습니다. 1론에서 보았듯 이 양면은 상당히 복잡하고 아주 역설적인 방식으로 맞물려 있기 때문에 그 내부 움직임을 주의 깊게, 전체적으로 분석해보아야 합니다. 한쪽 모습만 보게 되면 전체의 흐름을 크게 잘못 짚을 수도 있으니까요. 크게 세 가닥에서 문제를 논의해볼 수 있겠습니다. 경제사회적 차원, 군사정치적 차원, 그리고 환경생태적 차원입니다. 이 세 차원은 물론 긴밀하게 연관되어 있습니다. 어디서부터 시작해볼까요?

불평등의 심화: 제2의 인클로저

서선생　제가 먼저 경제사회적 차원에서부터 이야기를 시작해보죠. 아무래도 일반적으로 가장 먼저 피부에 와닿는 문제가 경제사회 문제라고 하니까요. 우리는 앞서 1론에서 후기근대의 '전체상'을 잡아보는 데 주력했습니다. 큰 이론적 그림이라고 할 수 있지요. 그렇지만 그러한 이론적 전체상과 각개 문제의 상황은 보는 위치와 각도에 따라 상당히 다를 수 있습니다. 경제사회 문제도 그렇습니다. 저는 먼저 1론에서 충분히 거론하지 못했던 경제 문제의 가까운 현상에서부터 시작해보겠습니다.

21세기 들어 가장 두드러진 경제 담론은 단연 '불평등의 심화'였다고 할 수 있습니다. 한국의 경우를 보면, 1997년 'IMF 사태' 이후 '불평등', '양극화' 담론이 터져 나오기 시작했으니, 시기적으로 딱 들어맞습니다. 한국사회의 지니계수 변화 추이가 이를 잘 보여주고 있습니다. 지니계수는 1에 가까울수록 불평등이 높습니다. 군사독재 시절에 한국의 지니계수는 이미 높은 수준이었어요. 그러나 1987년 민주화 이후 90년대 중반까지 눈에 띄게 떨어집니다. 민주화의 경제적 위력이 컸던 것이죠. 그러다 1997~1998년 아주 급속도로 다시 올라갑니다. IMF 탓이었죠. 이때 IMF가 요구한 신자유주의적 구조조정이 대대적으로 이뤄집니다. 이후 오르내림은 있었지만 지니계수는 전반적으로 상승하여 결코 1997년 이전 수준으로 돌아가지 못하고 있습니다. 간단히 말

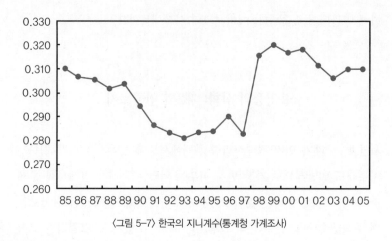

〈그림 5-7〉 한국의 지니계수(통계청 가계조사)

하면, 1987년 민주화는 경제적 평등화를 가져왔다, IMF는 그 평등화 추세를 부러뜨렸다는 것입니다. 이후 2000년대 한국사회를 지배했던 '3포세대', '헬조선', '88만원 세대' '청년 실업' 등 비관적 담론의 배경에 이렇듯 '부러진 평등화'가 있습니다. **'부러진 평등화'는 '부러진 민주화'였습니다.**[40]

지니계수가 상승하는 모습은 같은 시기 세계 거의 모든 나라에서 공통적으로 나타나고 있었어요. 한국에서 1987년 이후 IMF 사태 전까지 근 10년간 일시적이나마 불평등 추세가 크게 꺾여 역진했던 경우가 세계적으로도 매우 드문 예외에 속합니다. '87년 민주화'의 힘은 정치만이 아니라, 아니 정치보다 더욱, 경제에 큰 영향을 주었던 것이지요.

세계적인 차원에서는 한국과 같은 일시적인 역전 추세조차도 없이 불평등이 일로매진 심해지는 추세였습니다. 그런 불평등의 글로벌한 일로매진 추세를 '신자유주의'라고 부르지요. 그러나 역사는 한 방향으로 막 가게 두지 않습니다. 세계적 불평등 심화 추세에 대한 저항을 상징적으로 대표했던 사건이 2011년 초 '아랍의 봄'에서 시작해서 유럽의 '분노한 사람들(Los Indignados)'을 경유해 미국의 '월스트리트를 점거하라(Occupy Wall Street)'로 이어지는 운동이었습니다. 그때 미국에서 나온 '1 대 99' 슬로건은 전 세계적으로 큰 호소력이 있었어요. 전 세계적으로 최상위 1%층의 부의 증가추세가 이해할 수 없을 만큼 엄청났으니까요. 1%가 아니라, 0.1%, 0.01%, 0.001%로 좁혀갈수록 부의 증가폭은 하늘을 향해 치솟았어요. 1 대 99가 아니라 1 대 999, 아니, 1 대 9999로 갈수록 불평등이 더욱 현저해집니다. 이렇듯 극단적인 불평등 심화의 주범으로 지목되었던 것이 세계 도처에서 걷잡을 수 없이 힘을 키워가는 '카지노 자본주의', '투기적 금융자본'이었죠.

글로벌한 불평등의 추세가 언제부터 심화되기 시작했는지를 잘 보여주는 것이 1론에서 살펴봤던 피케티의 '자본/소득 비율'과 '상위 10%의 소득 비율'의 변화표입니다. 피케티는 『21세기 자본』에서 미영독불 등 서방 주요 국가에서 1, 2차 대전을 계기로 저하하던 불평등이 1980년대부터 다시금 뚜렷이 상승하는 모습을 보여주었죠. 미영독불 4개국에서 2차 대전 이후 뚜렷이 나타났던 평등화 추세가 이때부터 크게 꺾였습니다. 원래 세계경제는 선진국-후진국 격차가 워낙 컸고 그 결과 그 이전부터 크게 불평등했습니다. 그런데 한때나마 주요 선진국의 불평등이 약화되었던 때가 있었는데, 이제 그 추세마저 1980년대부터 다시금 역전되고 말았다는 것입니다. 그러니 1987~1997년 IMF 사태 전까지 근 10년간 불평등을 오히려 약화시켰던 한국이 매우 예외적인 사례였다고 하는 것입니다.

1980년대 이래 불평등을 글로벌한 차원에서 강화하는 자본운동을 '신자유주의'라고 했습니다. 투기적 금융자본이 전면에 나오고 공공 부문의 민영화와 재정긴축정책이 대대적으로 추진되었죠. 서방국가에서 2차 대전 이후 본격적으로 구축되었던 사회복지제도가 대대적인 공격을 받고 후퇴하기 시작했던 것도 이때부터입니다. 이 '신자유주의 파동'은 개발도상국가들로 점차 확대되어갔죠. 그러다 소련동구권이 붕괴하면서 이 파동은 쓰나미와 같은 거대한 추진력을 얻게 됩니다. 투기적인 국제 금융자본의 힘의 확장을 가로막고 있던 냉전의 벽이 허물어졌기 때문입니다. 국제적으로도 그렇지만 각 나라 국내적으로도 그렇습니다. 냉전 붕괴 이전까지는 복지나 평등 정책에 대한 무차별적 공격이 쉽지 않았어요. 소련으로 대표되는 사회주의 진영이 자본주의 진영의 불평등 심화를 이념적으로 이용할 수 있다는 불안감이 있었기 때문이죠. 그러나 소련동구권 붕괴로 이러한 제약 또는 억제의 동기도 함께 무너졌습니다. 이로써 투기적 금융자본은 고삐가 풀렸고, 신자유주의적 자본주의의 힘은 아무런 제약 없이 무한정 커가는 것으로 보였습니다.

이러한 현상을 주목하고 경고했던 저작들은 아주 많지만, 여기서는 그중에서 2007년 출판된 나오미 클라인의 『쇼크 독트린』과 2014년 출간된 사스키야 사센의 『축출자본주의』의 논의를 소개해보겠습니다. 나오미 클라인은 대중적 영향력이 매우 큰 독립언론인, 저술가이자 인권·환경 운동가인데요, 그는 신자유주의의 특징을 '쇼크'를 이용한 대개조, 대청소로 풀이했어요. 대개조란 사회를 시장근본주의 원리로 철저히 개조하는 것을 말합니다. 시장근본주의란 사회가 시장의 상품논리, 가격논리대로 100% 돌아갈 때 가장 이상적인 사회상태에 도달한다고 믿는 이념입니다.[41] 대청소란 시장근본주의의 실현을 가로막는 일체의 사회적, 국가적 제도들을 깨끗이 청소하는 것을 말하고요. 나오미 클라인은 신자유주의의 대표적 이데올로그로 시카고 대학 경제학과에 오래 재직했던 밀턴 프리드먼 교수를 지목했지요. 클라인에 따르면 프리드먼의 제자들에는 "미국 대통령, 영국 수상, 러시아 과두재벌, 폴란드 재무부 장관, 제3세계 독재자, 중국 공산당 당서기, IMF의 중역들"이 포함되고, 더하여 "미 연방준비제도 이사회의 총재도 세 명이나 그의 제자"였다고 했어요.[42]

『쇼크 독트린』이 다루는 사례는 많습니다. 1970년대 피노체트 군사독재 정부의 '경제개혁'에서부터 80년대 영국 대처 정부 시절의 대대적 민영화와 노조파괴, 소련동구권 붕괴 이후 러시아와 동구의 국가자산 약탈, 이라크 전쟁 이후의 이라크 사회개조 시도, 그리고 1997~1998년 아시아 금융위기와 한국의 IMF 사태도 사례로 다루고 있고, 2005년 미국 뉴올리언스를 강타했던 태풍 카트리나 이후의 신자유주의적 재건 전략에 대해서도 언급하고 있지요. 클라인은 이 모든 사례에서 신자유주의의 일관된 방침은 '민영화, 정부 탈규제, 사회지출 삭감'으로 집약된다고 했습니다. 그 결과는 공공투자, 공공인프라의 붕괴였습니다.[43] 이러한 사례들이 해당 사회에서 속수무책의 대재앙, 쇼크로 받아들여졌던 것은 분명한 사실입니다. 한국의 'IMF 사태' 역시 그랬었지 않습니까? 그런데 클라인은 이러한 재앙과 쇼크를 신자유주의는 크게 반긴다고 했어요. 자신의 뜻대로 사회를 철저히 '개조'할 절호의 기회가 왔다고 본다는 것이죠. 신자유주의는 시장논리의 100% 관철을 가로막는 어떤 제도도 해로운 것이라고 보지 않습니까? 큰 쇼크를 받았을 때, 사회와 국가가 패닉에 빠져 정신이 없을 때야말로, 시장논리에 저항하는 일체의 제도와 관행을 대청소하듯이 깨끗이 쓸어 없앨 수 있다는 것이죠.

한국의 IMF 사태를 다룬 〈국가부도의 날〉(2018)이라는 영화를 보신 분들은 당시의 위기 상황을 오히려 '신자유주의적 대개조'의 절호의 기회로 보면서 IMF의 조치에 적극 호응했던 한국의 일부 경제 관료들의 모습을 기억하실 것입니다. 픽션이 아닙니다. 사실적인 근거를 토대로 만든 영화입니다. 한국만이 아니었죠. 당시는 IMF 등의 국제금융기구 경제학자들과 대부분의 국가 경제관료의 8할 이상이 '신자유주의적 대개조'의 교조에 주문이라도 걸린 듯 푹 빠져 있었을 때입니다. IMF 조치로 한국의 중산층은 크게 무너졌던 반면, 최상층 재벌은 새로운 도약의 기회를 잡았었지요. 구조조정을 내세워 대대적인 인원감축(해고)을 하고 생산라인을 로봇화할 수 있었습니다.[44] 신자유주의가 눈엣가시로 본 것은 불평등을 예방하고 교정하려는 국가와 사회 차원의 여러 복지제도와 노동조합·사회단체 그리고 시장 감독·규제기관들이었습니다. 이런 제도와 조직들을 타파하자는 슬로건이 앞서 말한 '민영화, 정부 탈규제, 사회지출 삭감'으로 집약됩니다. 사회 전체적으로 엄청난 열풍이 불었죠. 그 결과가 불평등의 급속한 심화로 이어졌다는 것은 충분히 예견할 수 있는 당연한 결과였다고 하겠죠.[45] 클라인은 피케티가 서방 선진국에서 관찰했던 불평등 심화[5부 1론]가 실제로는 전 세계적으로 진행되었던 현상이었음을 잘 보여주었습니다.

클라인이 1970년대 중반 피노체트 정권의 칠레에서 2005년 미국의 카트리나 태풍까지의 30여 년을 다루고 있다면, 저명한 여성 사회학자인 사스키야 사센은 냉전 해체 이후로부터 2010년대 초반까지의 약 20년의 시간에 주목하고 있습니다. **클라인이 '쇼크'에 주목했다면 사센의 키워드는 '축출(expulsion)'입니다.** 이 20여 년 동안 다니던 직장에서, 살던 집에서, 경작하던 땅에서 대규모로 축출되는 사람들이 전 세계적으로 크게 증가했다는 점을 강조했습니다. 이렇듯 축출되는 사람들은 아프리카, 아시아, 남아메리카 빈국의 빈곤층만이 아니고, 2007~2008년의 미국의 서브프라임 모기지 사태의 여파로 집을 잃은 미국의 900만 가구도 포함됩니다.

직접 인용해볼까요. 사센은 자신이 주목한 대상이 "궁핍해지는 부유한 나라의 중산층과 2006년 이래 2억 2000만 헥타르 이상의 토지가 외국 투자나 정부의 손으로 넘어가면서 퇴출된 빈국의 영세농들, 그리고 미국과 러시아를 비롯해 세계 곳곳의 자연환경을 파괴하는 채굴작업 ⋯ 공공 혹은 사설 난민 캠프에 거주하는 무수한 난민과 선진국 감옥에 수감 중인 소수집단, 빈민가에 갇혀 있는 신체 건강한 실업자들 ⋯ 지난 10년 사이 주택 시장의 붕괴로 집을 잃고 퇴거당한 미국 내 900만 가구가 겪은 일" 그리고 "지난 30년 사이 극지방에 이르기까지 전 지구적 규모로 확산된 자연 착취와 훼손 행위"라고 썼습니다.[46] 사센은 이러한 대대적인 '비자발적 이주와 실향'이 1990년대 들어서부터 과거보다 훨씬 대규모로 벌어지고 있음에 주목한다고 했습니다. 그러면서 이런 거대한 '축출'의 동력으로 글로벌한 차원에서 맹렬하게 확산된 '투기지향적인 금융제도와 초고수익에 대한 열망'을 지목했지요.

사센이 채택한 '축출'이라는 용어는 '인클로저'의 강렬한 이미지를 다시금 불러들이고 있습니다. 우리는 이 책 1부에서부터 팽창근대의 초기 역사에서 중요한 역할을 했던 '인클로저'에 대해 여러 차례 논의했습니다. '인클로저'란 영국 농촌에서만 벌어졌던 '농민을 농지에서 내쫓기' 현상이 아니라 전 세계적으로 벌어졌던 식민지 토지 약탈, 자원 약탈을 포괄하는 글로벌한 과정으로 보아야 하며, 이러한 **'글로벌한 차원의 인클로저'를 통해서 서구 팽창근대는 비서구 세계에 대한 거대한**

'낙차'를 창출하는 데 성공할 수 있었다고 했습니다. 사센은 그와 비슷한 현상이 1990년대 이후의 세계에서 다시금 벌어지고 있다고 보는 것 같습니다. '제2의 글로벌 인클로저가 지금 진행 중'이라고 말입니다. 확실히 '축출'과 '인클로저'는 동의어처럼 읽힙니다. 칼 폴라니 『거대한 전환』의 7~10장과 카를 마르크스 『자본론』 I 권의 8편에 생생하게 묘사되었던 '자본주의 시초축적'의 잔혹함과 파괴성을 다시 한번 되풀이하고 있는 것 아니냐고 사센은 절규하듯 묻고 있습니다.

지구 차원의 소득격차 감소: '밀라노비치의 코끼리'

남선생　　서선생이 불평등-양극화에 주목하여 논의의 물꼬를 터주었습니다. 사센과 클라인, 두 여성 저술가의 논증은 굉장히 인상적이고 강력합니다. 누구도 부인할 수 없을 것입니다. 저 역시 완전히 동의합니다. 그럼에도 '후기근대' 현상이 매우 흥미로운 것은 **불평등 문제에 있어서도 완전히 서로 상반되는 추세가 동시에 나타난다**는 점에 있습니다. 앞서 1론의 개념으로 말하면, 상방(전방)전환력과 하방(후방)전환력이 동시에 강력하고 분명하게 작동하는 것입니다. 문제를 공평하게 보기 위해서, 그럼 이제 제가 사태의 또 다른 측면을 살펴보기로 하겠습니다.

최근 20~30년간 세계 거의 대부분의 나라에서 불평등이 심화되는 추세가 나타났다는 것은 누구도 부인할 수 없는 엄연한 '팩트'죠. 그렇지만 시각을 세계 전체 인구의 불평등 추세로 돌려보면 전혀 의외의 또 다른 '팩트'를 발견하게 됩니다. 이것을 간명하게 잘 보여주는 것이

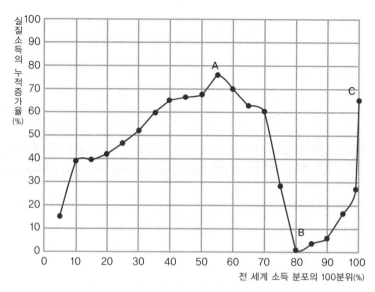

실 100
질 90
소 80   A
득 70   C
의 60
누 50
적 40
증 30
가 20
율 10
(%) 0
     0 10 20 30 40 50 60 70 80 90 100
              전 세계 소득 분포의 100분위(%)

〈그림 5-8〉 밀라노비치의 코끼리 곡선: 1988~2008년간 세계경제인구의 실질소득 누적증가율[47]

〈그림 5-8〉입니다.

이 그림은 세르비아 출신의 미국 경제학자 브랑코 밀라노비치가 제시한 것인데요, 1988년부터 2008년까지 20년간 세계 경제인구의 실질소득 누적증가율을 보여주고 있습니다. 한 나라만이 아니라 통계가 입수되는 세계 거의 모든 나라 경제활동 인구의 소득변화 추이를 오랜 시간 추적하여 작성한 연구 결과죠. 그가 보여준 여러 결과 중 위 그림이 가장 유명한데요, 그 모습이 코끼리와 비슷하다 해서 '밀라노비치의 코끼리 곡선'이라고 부릅니다. 자세히 보면 20개의 점이 있는데요, 이 점들은 세계 경제활동 인구집단을 소득수준에 따라 5% 단위로 나누어 20개로 그룹화한 것입니다. 글로벌 소득 백분위 5%에서부터 100%까지에 분포되는 20개 그룹의 20년간 소득 누적증가율을 나타낸 것이죠.

밀라노비치는 여기서 A, B, C로 표시된 세 개의 점(그룹)에 주목했는데요, 중앙값인 55%의 소득그룹에 속하는 A그룹에는 중국을 중심으로 인도, 태국, 베트남, 인도네시아 등의 '아시아의 신흥국가'의 국민들이 대부분을 차지하고 있다고 했습니다. A만이 아니라 소득분포 40%에서 60%에 속하는 5개 그룹의 20년간 실질소득 증가율이 70~80%에 이르고 있는데요, 밀라노비치는 이 그룹을 '글로벌 신흥중산층'이라 하고 '지구화의 승자' 중 대부분을 차지한다고 했습니다. 이 5개 그룹의 대부분이 아시아를 선두로 한 신흥국가에 사는 사람들입니다. 불룩 솟은 '코끼리의 등'에 해당하는 그룹입니다.

그런데 또 20년간 실질소득 증가분이 70%선에 육박하는 또 하나의 그룹이 있죠. 어디입니까? 바로 C그룹입니다. 그림에서 높이 쳐든 코끼리의 코끝 부분이 되겠습니다. C점과 그 아래 점들의 구간을 잘 봐주세요. 다른 점들은 모두 다 5% 단위로 그룹화되어 있는데 이 C그룹만은 최상위 1% 그룹을 나타내고 있습니다. 밀라노비치는 이 상위 1%의 동향이 심상치 않다고 보아 이 부분을 따로 떼어내 성장률을 들여다본 것입니다. 피케티도 마찬가지 작업을 했죠. 최상위 1%, 더 나아가 0.1%, 0.01% 식으로 최상위의 최상위로 좁혀갈수록 부의 증가율이 가파르게 높아진다는 것을 분명히 밝혀냈습니다.[48] 이들 최상위 1%, 0.1%, 0.01%야말로 지난 30여 년 지구화의 진정한 승자일 것입니다. 이들의 대다수는 짐작하시는 대로 미국을 선두로 한 서방국가들의 슈퍼리치들입니다. 중국, 러시아, 인도, 인도네시아, 브라질 등 거대 신흥국의 거부들도 여기에 포함되어 있습니다. 한국의 최고 재벌들도 여기에 이름을 올리지요. 한 발 더 나가 소득증가 비율이 아니라 증가 소득의 총액, 총량을 따지면 A그룹보다 C그룹의 증가량은 더욱 커지게 됩니다. 이유는 간단하죠. 소득 1000만 원인 사람이 2000만 원으로 소득이 증가하는 것과 1000억인 사람이 2000억으로 증가하는 것은 소득 증가율은 같지만, 증가 총량에서는 엄청난 차이가 나니까요. 따라서 그렇게 소득증가 총량만을 보게 되면 '지구화의 최대 승자'는 단연코 상위 1%의 C그룹이라고 해야겠지요.

그렇다면 지구화의 가장 큰 패자는 누구일까요. 코끼리 코가 땅에 닿은 부분인 B그룹인데요, 20년간 소득의 누적성장률이 0%인 집단입니다. 그렇다면 이 중에는 소득이 오히려 감소한 사람들이 태반이라는 뜻이죠. 밀라노비치는 이 그룹의 대부분이 '고소득 국가의 중하위층'이라고 했습니다. 대략 소득분포 80%에서 90%에 해당하는 3개 그룹의 성장률이 0%에서 10%대로 매우 낮은 것을 볼 수 있습니다. 결코 작은 수가 아닙니다. 전 세계 인구의 10%에 해당합니다. 또 하나의 가장 큰 패자 그룹은 코끼리 꼬리에 해당하는 최하위 5%의 층이 되겠지요. 이 층은 주로 사하라 이남 아프리카와 남아시아, 그리고 남미의 최빈곤층에 집중되어 있습니다. B그룹이 선진국 중산층의 지위를 누리다 최근 30여 년 그 지위가 하락하는 경험을 했던 반면, 이 층은 지금껏 세계 빈곤 계단의 최하층을 벗어나 본 경험이 없습니다. 최근 수십 년 '신자유주의 지구화'뿐 아니라 팽창근대 500년의 가장 깊은 오지, 진정한 사각지대라 할 것입니다.

좋은 도표가 늘 그렇습니다만, 이 도표도 가만히 들여다보면 아주 많은 것을 이야기해줍니다. 1988년에서 2008년까지의 20년은 소련동구권 붕괴 이후 '지구화'의 바람이 가장 거세게 불었던 시기입니다. 신자유주의의 전성기라고 할 수 있었던 때였죠. 그 지구화 20년의 결과를 집약하는 위 그림을 저에게 한마디로 요약하라고 하면 '지구 불평등이 증가했으면서 또한 감소했다'라고 모순적으로 말할 수밖에 없습니다. 우선 최상위 5% 소득 그룹과 최하위 5%의 소득 그룹의 격차가 더욱 커진 것을 볼 수 있습니다. 높이 추켜올린 코끼리 코끝과 밑으로 축 처진 코끼리 꼬리의 격차를 보세요.

그렇지만, 그럼에도 불구하고, 밀라노비치는 A를 정점으로 하는 코끼리의 등에 해당하는 5개 그룹, 더 넓게는 소득 백분위 35%에서 75%에 속하는 8개 그룹이 60% 이상의 누적성장률을 보이면서 전체적인 불평등 정도를 감소시켰다고 주장하고 있습니다. 이 층의 인구는 전 세계 인구의 40%를 점할 만큼 매우 크기 때문에 생기는 결과입니다. 이를 실증하기 위해 밀라노비치는 불평등 지수인 지니계수를 지구 전체에 적용하여 계속 상승하던 글로벌 지니계수가 1990년 즈음부터 상승세가 꺾이고 하락하기 시작하는 모습을 보여줍니다. 지니계수란 '완벽한 평등을 0, 완벽한 불평등을 1'로 상정한 후 통계조사를 대입하여 해당 단위의 불평등 정도를 나타내주는 수학적 지표입니다. 〈그림 5-9〉가 그 결과입니다. 이 그림은 두 개의 연구조사의 결과를 보여주고 있는데요, 양 조사 모두 1990년대부터 지니계수의 상승 추세가 꺾이는 것을 보여줍니다. 그중 위쪽의 L-M 연속선은 그 이후의 연구 결과인데요, 조사 기간이 1990~2011년 사이에 집중되어 있고 조사의 빈도 역시 더 촘촘합니다.

먼저 아래 커브를 보면 세계 불평등은 조사 대상이 된 1800년대 초반 이래 계속 증가하다 1950~1970년 사이에 약간 꺾이는 것으로 나오죠. 이것은 앞서 1론에서 논의했던 홉스봄의 '황금기'에 주로 서구 국가들 내부의 평등화 경향이 강해지면서 나타난 결과입니다. 피케티도

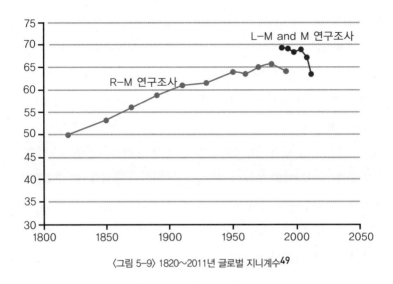

〈그림 5-9〉 1820~2011년 글로벌 지니계수[49]

같은 주장을 했지요. 그러다 신자유주의가 위세를 떨치면서 불평등은
다시 올라갑니다. 피케티의 표를 보면 미영불독 등 구미 선진국의 불
평등은 21세기 들어서도 계속 올라갑니다. 그런데 시각을 세계 전체로
확장한 밀라노비치의 연구 결과를 보면 이 추세가 1990년대부터 다시
밑으로 꺾이기 시작하는 것으로 나타나고 있어요. 앞서 살펴본 나오미
클라인이나 사스키야 사센의 시각에서는 이런 측면이 잘 잡히지 않았
습니다. 그러나 '밀라노비치의 코끼리'의 등이 이때부터 솟아오르기 시
작한 것입니다. 위 그림에서 아래쪽 커브는 2000년까지의 조사로 마감
됩니다. 이어 1990년대부터 2011년까지의 통계자료를 더욱 세밀하게
보강해서 나온 결과가 위쪽의 커브라고 했지요. 보시다시피 보강 자
료에 따르면 글로벌 지니계수 자체는 아래 커브보다 높고 하강 추세는
동일하게 나타납니다. 2000년 이후의 하강 추세가 아주 가파르다는 점

을 주의해 보아야 합니다. 역시 '후기근대'란 서로 모순되는 현상들이 동시에 발생하는 시기라는 점을 아주 선명하게 보여주고 있으니까요.

이제 다시 앞의 '코끼리 곡선'으로 돌아가서 이야기해보겠습니다. 이제 우리는 여기서 솟아오른 코끼리의 등 부분이 글로벌 지니계수가 1990~2010년의 20여 년 사이에 급속히 저하했던 것과 맞물려 있음을 알 수 있습니다. 코끼리의 솟아오른 등 부분은 바로 우리가 지금까지 논의해온 '동아시아의 부상'이 중요한 일부이기도 합니다. 여기에 동남아시아, 인도의 부상 역시 포함되고, 또 남미의 광범한 저소득층의 처지 개선도 들어가 있지요. 우리가 논의해온 '후기근대'의 특징과 정확히 부합하는 모습입니다.

또 이 코끼리 곡선은 동시에 왜 트럼프 같은 사람이 대통령에 당선되는지도 보여주고 있어요. 미국이 냉전 붕괴 이후 '지구화'를 주도했는데, 뜻밖에도 미국이 이 '지구화'를 감당할 수 없게 되었다는 뜻입니다. 미국만이 아니죠. 유럽에서도 인종주의, 반이민 정치세력이 크게 약진하고 있습니다. 바로 B그룹, 넓게는 소득 누적성장률이 10%대 이하에 머물렀던 '지구화의 패배자' 그룹이 반발하고 나서면서 트럼프와 같은 정치세력에 표를 던지고 있는 것입니다. 이들은 '지구화의 반대자'가 되었고, 어떤 식으로든 기존의 '지구화의 룰'을 자기들에게 유리하게 바꿔보려고 하고 있습니다. 미국 트럼프 대통령이 중국에 대해 무리한 관세 분쟁을 일으킨다거나, 동맹국들에 대한 소위 '방위비 부담금'을 턱없이 높여 받아보겠다고 하는 것이나, 영국이 갑자기 유로에서 탈퇴(브렉시트)하려는 모습도 그런 이유 때문이죠. '밀라노비치의 코끼리'는 이렇듯 하나의 도표를 통해 여러 가지 들쑥날쑥한 모습을 다각도로 잘 보여줍니다.

대분기에서 대수렴으로

북선생 '제2의 인클로저'냐 '코끼리의 등'이냐. 아주 흥미롭군요. 돌아보면 사실은 우리가 지난 2부 1론에서 '두 근대의 충돌과 동서 대분기'를 논의하면서부터 이 문제를 이미 예고해두었습니다. 세계 GDP의 점유추세가 1820년에서 2000년대 초반까지 극적인 반전과 재반전을 보인다고 말이죠. 중국과 인도는 19세기 내내 크게 떨어졌다가 1990년대부터 다시 급속히 올라오고, 반대로 유럽과 미국은 1820년 이래 크게 올라갔다가 1990년대부터 다시 떨어지고 있음을 이미 통계를 통해 살펴보았습니다. 〈그림 2-1〉이죠. 그래서 19~20세기 200년을 '대분기(Great Divergence)'의 시대였다고 했어요. 그러면 이제 1990년대 이후의 대변동은 무엇이라 불러야 할까요? 대분기의 반대, '대수렴(Great Convergence)'이라고 부르고 있습니다.[50] '대분기'란 거대한 차이, 낙차가 생겼다는 것입니다. 반면 '대수렴'은 이 거대한 상하가 서로 접근하여 낙차가 줄어들면서 수평화되고 있다는 것이죠. 수렴, convergence가 그런 뜻입니다.

'대분기'의 시대는 산업화에 성공한 몇 '선진국'과 그 희생양이 되었던 대다수 비산업화 '후진국' 사이에 엄청난 격차, 낙차가 생겼습니다. 그 차이는 결코, 영원히 극복할 수 없는 숙명적 격차인 것처럼 보이기도 했어요. 그러나 이제 '대수렴'의 시대에 그 격차가 무너지고 있습니다. 핵심은 비산업화 후진국의 성공적인 급속한 산업화에 있습니다. '대수렴'이라는 용어를 대중화시킨 리처드 볼드윈이 이 점을 잘 보여주었어요. 그는 '대수렴'의 핵심이 그가 I-6이라고 부른 6개 개발도상국의 세계 제조업 점유 비율의 급속한 증가에 있다고 보았습니다. 여기

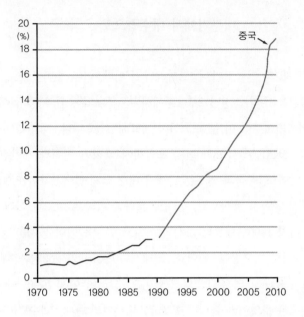

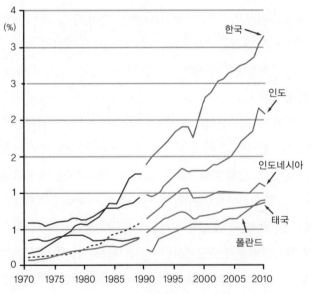

〈그림 5-10〉 I-6의 세계 제조업 점유율 상승[51]

서 'I'는 industrialization, 산업화를 말합니다. 그는 특히 1990~2010년 사이의 20년간의 급속한 변화추이에 주목했습니다.

그 6개국을 점유율 성장 순서로 보면 중국, 한국, 인도, 인도네시아, 태국, 폴란드 순입니다. 6개국 중 중국의 세계 제조업 점유율이 1990년 3%에서 2010년 18%로 압도적인 성장세를 보입니다. 나머지 5개국은 대략 같은 기간 1~2% 정도의 세계 점유율 증가를 이룹니다. 반대로 기존 산업중심국이자 제조업 강국이었던 G7, 즉 미국, 일본, 독일, 이탈리아, 영국, 프랑스, 캐나다의 세계 제조업 점유율은 눈에 띄게 저하하고 있습니다. 결국 I-6의 제조업 급성장이 각국의 세계 GDP상 점유율을 크게 변하게 만든 핵심 요인이 되었습니다.

이 변화는 제조업에 국한되지 않았습니다. 볼드윈은 1990년에서 2010년까지 세계 GDP 점유율이 상승한 11개 국가를 R11이라고 부릅니다(중국, 인도, 브라질, 인도네시아, 나이지리아, 한국, 호주, 멕시코, 베네수엘라, 폴란드, 터키). 여기서 'R'은 Rise(상승)를 말합니다. 볼드윈은 I-6가 아니면서 R11에 포함된 나라들은 주로 I-6의 급속한 제조업 성장에 힘입어 국제 원자재 수요가 크게 상승하면서 그 붐을 타고 GDP 점유 비중을 높일 수 있었던 것으로 보고 있습니다. I-6의 제조업 성장이 브라질, 나이지리아, 호주, 베네수엘라, 터키 등의 GDP 동반 상승효과를 가져왔다는 것이죠. 그 기간 G7이 점하는 세계 GDP상의 비율 역시 마찬가지로 눈에 띄게 저하했습니다.[52]

앞서 이 책 2, 3부 논의에서 우리는 19세기 서양 팽창근대의 침탈 앞에서 동아시아의 과제는 〈산업화 없는 초기 상태의 내장근대〉를 〈산업화와 결합시킨 발전된 내장근대〉로 전환하는 데 있었다고 했습니다. 그런데 이 과제를 서양 팽창근대와 같은 군사적 침략과 식민화 없이,

내장적인 방법으로 이뤄냈어야 했다고 했습니다. 폭력적 '대분기'로 생겨난 거대한 낙차를 평화적 '대수렴'으로 수평화해야 한다고 주장했던 셈입니다. **폭력과 침탈로 만들어졌던 거대한 낙차, 세계적 불평등 구조를 폭력과 침탈로 되갚음 없이, 어떻게 줄여갈 수 있을 것인가? 냉혹한 국제 관계의 속성을 고려하면 도저히 이뤄질 수 없는 목표로 보였을 것입니다.** 그러나 실제로 그러한 변화가 발생하고 있습니다. 산업적 동력의 중심과 세계 GDP의 분포가 점차 수평화하고 있습니다. 더구나 그러한 놀라운 변화가 군사적 침략과 식민화 없이 이뤄지고 있습니다. 어떻게 이러한 변화가 가능할 수 있었던 것일까요?

'대수렴'을 주창한 볼드윈은 정보통신(IC) 혁명의 효과를 강조합니다. 지식 이동의 거리가 사실상 소멸함으로써 첨단기술이 저임금 노동력이 풍부한 지역으로 쉽게 이동하게 된 결과 제조업의 중심이동이 가능했다는 것이죠. 저는 여기에 더해 자본 간 경쟁의 압박이 커진 것, 그리고 냉전의 장벽이 붕괴한 것을 함께 고려해야 한다고 봅니다. 이러한 몇 가지 굵직한 요인들이 함께 작용하면서 G7의 자본과 기술력이 제약 없이 중국, 인도, 베트남, 인도네시아, 폴란드, 브라질 등의 저임금 노동과 결합할 수 있는 강력한 동력이 생겼습니다. 그런 방식을 택한 자본은 성공했고 그렇지 못한 쪽은 경쟁에서 밀려났죠. 그것이 냉전 종식 이후 한바탕 큰바람으로 몰아쳤던 '지구화'의 풍경이었습니다. 냉전의 벽이 허물어지면서 자본의 침투력은 이제 어떤 장애도 장벽도 없이 그야말로 자유롭게 '전 지구화'되는 모습이었죠. 따라서 이런 과정을 클라인과 사센이 자본의 거대한 세계적 약탈 운동, 즉 또 한 번의 '글로벌 인클로저'로 보았던 것도 충분히 그만한 근거가 있었습니다. 그러나 이 과정에서 누구도 정확히 예상하지 못했던 전혀 다른 결과가 생겨났던 것이죠. G7의 기술을 흡수한 신흥개발국들이 일부 분야들에서부터 독자적 제조업 생산 중심으로 부상하기 시작했던 것입니다. 이런 변화가 점차 커지면서 세계 제조업 점유율과 세계 GDP 점유율이 과거에 비해 훨씬 더 수평화되는 결과가 야기되었습니다. '대수렴'이 그렇게 시작되었어요. 팽창근대 세계화의 틀 안에서 내장근대의 세계화가 나온 것입니다.

　냉전 해체 이후 "세계가 평평해졌다(The world is flat)"라는 말을 미국의 언론인 토머스 프리드먼이 유행시켰는데요,[53] 그의 지구화 찬미론은 일면적이고 신자유주의적이었지만, '평평해지고 있다'는 표현이 포착했던 직관은 정확했다고 봐요. 물론 그가 그런 표현을 썼을 때 그 수평적 변화가 지금처럼 거대한 규모로, '대수렴'의 수준으로 진행될 것이라고는 짐작하지 못했겠지요. 다만 자본의 이동이 더 평탄하고 쉬워진다는 정도로 생각했죠. 그런데 전혀 예기치 않았던 대대적인 '역류' 현상이 발생했던 것입니다. **냉전 종식이 열어놓은 신자유주의적 지구화가 그 반대물인 '대수렴'으로 귀결된 것이죠.** 이 역시 변증법적인 역설입니다. '플랫하다'는 것은 '낙차'가 없다는 것입니다. '후기근대'는 프리드먼이 생각했던 신자유주의적 이상과는 전혀 다른 현실입니다. 신자유주의야말로 세계의 낙차를 유지하자던 '권력자본주의'의 마지막 이념이었어요. 그런데 **의외로 신자유주의적 플랫화가 대수렴으로 걷잡을 수 없이 확대되면서 '권력자본주의'를 지탱하던 낙차 지형이 크게 약화되어버리고 만 것입니다.** 그래서 영원히 주전 선수가 되지 못할 것 같았던 중국, 인도 등의 비서구 국가들이 저주의 봉인을 풀고 갑자기 세계경기의 주전 선수가 된 것 아닙니까? 기울어진 운동장이 붕괴한 거죠. 기울어지면 팽창근대의 낙차(落差)가 발생합니다. 그러나 평평해지면 낙차가 사라지죠. 세계가 내장화되고 있는 것입니다.

볼드윈이 말한 '정보통신 혁명'은 리프킨이 강조했던 '3차 산업혁명'의 범위에 포함됩니다. 리프킨은 정보통신 혁명과 청정에너지가 결합한 3차 산업혁명의 성격이 수평적, 분산적이라고 했지요.[54] 정보기술의 대중화, 범용화는 개인의 힘을 키워주고 있습니다. 이를 정보통신 혁명을 통한 '개인의 역량 강화(empowerment of individual)'라고 하죠. 후기근대의 에너지가 낙차에서 밀도로 이동하고 있는 분명한 증거입니다. 그리고 재생에너지는 화석에너지와 크게 다르게 그 생산과 유통 방식이 명백하게 분산적입니다. 앞서 보았듯 '대수렴' 현상도 서구, 비서구 간의 낙차를 줄이고 수평화시키는 것이고요. **3차 산업혁명의 이러한 수평적, 분산적 성격은 후기근대 세계의 내장화 흐름과 부합합니다.**

중국의 '일대일로' 사업은 평화적으로 계속될 수 있을까

동선생　저는 '대수렴'이나 '3차 산업혁명'과 같은 매우 놀라운 현상이 평화 속에서 진행되고 있다는 사실을 특히 주목하고 싶습니다. 먼저 앞서 언급되었던 I-6과 R11의 제조업 성장이 식민주의적 강압 없이 평화적으로 진행되었죠. G7의 첨단기술과 R11의 저임금의 결합이 양쪽 모두에게 이익이 되었기 때문에 굳이 군사적 강압이 필요하지 않았습니다. 물론 냉전 이후이기 때문에 이념적 배척이나 군사적 적대가 필요하지 않았다는 점도 중요합니다. 이런 요인들로 인해 앞으로도 이러한 '평화적 대수렴'의 추세는 꾸준히 지속될 것으로 보입니다. 이와 관련해서 또 하나 주목해 볼 일은 중국의 '일대일로' 사업이 앞으로도 평화적으로 지속될 수 있을지의 여부입니다.

'대수렴'은 전 세계적으로 벌어지고 있는 현상이지만 그 가운데에서도 중국의 급속한 성장이 차지하고 있는 비중은 매우 큽니다. 이미 2014년에 구매력 기준 GDP(PPP) 크기가 미국을 앞섰으니까요. 이제 그 중국이 자신의 성장만이 아니라 주변국의 성장도 지원하겠다고 나섰는데, 그게 2013년 시진핑 주석이 카자흐스탄의 수도인 아스타나(Astana)에서 처음으로 공식 천명한 '일대일로' 사업입니다. 영어로는 'One Belt, One Road(OBOR)', 최근에는 'Belt Road Initiative(BRI)'라고 합니다. 여기서 '일대(一帶)'란 과거 유라시아 역사상의 육지 실크로드를, '일로(一路)'란 바다 실크로드를 가리키고 있습니다. 과거 중국 번영기에 중국과 유라시아를 이었던 육지와 바다의 실크로드를 다시금 잇겠다는 야심 찬 계획이죠. 〈그림 5-11〉은 그 주요 거점만 개괄적으로 표시한 것인데요, 이것만 보아도 일대일로 사업이 포괄하는 지역이 아주 넓다는 것을 알 수 있습니다.

원래 일대일로의 중앙에 놓인 중앙아시아는 냉전 종식 직후부터 미국이 지정학적 요충지로 눈독을 들였던 곳입니다. 그래서 2011년 미국 국무장관 힐러리 클린턴은 인도 첸나이에서 남아시아와 중앙아시아를 잇는 새 실크로드를 열자고 제안했었죠. 그래야 중국과 러시아를 갈라놓을 수 있고, 관계가 나빠진 이란도 배후에서 압박할 수 있으니까요. 그러나 미국의 실크로드 지정학은 작동하지 못했습니다. 그 지정학은 유라시아를 연결하고 소통시키는 것이 아니라 오히려 갈라놓자는 것이었으니까요. 그러나 이어 중국이 제안한 일대일로 사업은 지금까지 성공적이었습니다. 중앙아시아만이 아니라 동남아시아, 남아시아, 중동아시아, 그리고 러시아와 동유럽까지를 실제로 거의 이어놓았거든

〈그림 5-11〉 일대일로의 주요 거점들과 연결망: 육지 실크로드와 바다 실크로드

요. 중국의 거대 국책은행들이 이 지역의 요충지대에 수많은 고속도로, 철도, 고속철, 항만과 인터넷망을 건설하는 데 막대한 자본을 투자했지요. 더 나아가 아프리카와 카리브해 남미에까지 중국의 인프라 투자는 확장되었어요.

지금까지 이 사업이 모든 곳에서 수익을 내면서 잘 운영되고 있는 것만은 아닙니다. 그러나 이 과정이 여태껏 무력충돌 없이 평화적으로 진행되어왔다는 사실에 주목해야 합니다. 유라시아 당사자들의 이해관계가 합치했기 때문에 그것이 가능했던 것이죠. 중국의 이익만을 앞세워서 밀어붙였다면 성공하기 어려웠을 것입니다. 여러 나라가 이 사업을 자신의 국익에도 부합한다고 생각할 수 있는 조건을 중국 쪽에서 내놓았기 때문에 성사될 수 있었죠. 미국 중심의 서방언론들은 일대일로 사업 과정에서 생긴 갈등만을 부각하는 경우가 많습니다. 사소한 갈등을 크게 부풀리는 방법이지요. 국가 간에 새로운 관계가 만들어지고 급속한 변화가 진행 중일 때 갈등이 전혀 없을 수는 없겠지요. 그러나 그렇듯 편향적인 보도들이 이어졌지만, 지금까지 이 사업에서 큰 무력충돌까지 나가는 심각한 갈등은 존재하지 않았습니다. 이런 점에서 과거의 서구 강대국의 팽창과정과는 다른 모습을 보여주고 있습니다.

예를 하나 들어볼까요. 지금 중국은 파키스탄 남쪽 해안의 과다르(Gwadar)에 현대식 항만을 건설하고 있습니다. 이를 위해 중국 신장의 카슈가르와 파키스탄을 잇는 고속도로와 철도 등의 인프라 건설도 함께 진행 중이죠. 그렇게 되면 중국과 중동의 석유지대가 바다를 통해 바로 연결되는 것입니다. 이 사업이 진행되는 지역을 '중국-파키스탄 경제 회랑(China-Pakistan economic corridor, CPEC)'이라고 하는데요, 여기에는 도로망과 함께 발전소, 광섬유망, 제조업 및 농업 인프라 투자가 포함됩니다. 현재까지 중국의 투자 규모는 600억 달러를 넘는다고 하죠.[55] 그런데 인도는 파키스탄과 오랜 갈등 관계에 있고 인도, 중국, 파키스탄의 접경 지역인 카슈미르 역시 삼국 간의 국경 문제가 아주 민감한 곳입니다. 이런 곳에서 개발이 이뤄지다 보니까 안보상의 문제를 놓고 갈등이 발생합니다. 그렇지만, 그럼에도 불구하고, 이러한 갈등이 지금까지 파국에 이르지 않고 밀고 당기는 가운데 일대일로 사업은 파키스탄에서든 인도에서든 큰 문제 없이 계속 진행되고 있거든요. 이렇게 될 수 있는 이유도 마찬가지입니다. 인도와 중국의 관계 역시 대국 간의 갈등 요인이 있지만 서로 협력하면서 얻게 되는 이익이 훨씬 더 크기 때문에 큰 이익의 측면에서 관계의 지속을 중시하는 것이죠. 한국의 언론사들도 지금 대부분 미국 중심의 서방 정보를 가지고 보도를 하고 있는데요, 그렇다 보니 한국의 외신 보도만을 보면 중국-인도는 물론이고 중국과 필리핀, 베트남, 인도네시아 등과의 관계 역시 아주 나빠서 거의 교류가 없는 것처럼 보일 정도입니다. 그러나 이곳을 자주 방문한 분들은 잘 알고 있는 것처럼 실제는 전혀 그렇지 않아요. 남중국해의 영유권 문제로 갈등이 있지만 상호교류를 통해 얻는 이익이 훨씬 크기 때문에 오히려 관계가 아주 활발하죠. 통상적 교류는 활발히 하면서 갈등은 부차적인 것으로 분리하여 적당한 선에서 관리하는 것이죠.

일대일로 사업이 그동안 성공적으로 이뤄진 것은 우선 해당 국가들의 국익과 부합했기 때문이라고 했지요. 연관된 개발국과 미개발국 간의 '정의(正義)'의 문제를 살펴보아야 합니다. 일대일로 사업은 중국과 유럽이라는 양 종점이 아니라 오히려 그 사이의 광대한 중간지대가 중요합니다. 그 중간지대란 대부분 그동안 서양 팽창근대가 강성할 때 몰락하고 피폐했던 국가들입니다. 서양 제국주의가 오랫동안 이곳에 장밋빛 '문명화'를 약속했지만 그 약속이 지켜지지 못했던 곳들이죠. 서방에는 부가 남고 이곳에는 빈곤만 남는 불균등 거래였죠. 자원 약탈, 노동력 약탈만 했지, 이곳 사람들을 잘살게 하지 못했어요. 도로도 집도 병원도 생산시설도 빈약하고 낙후되어 있었죠. 인터넷망, 무선전신망은 전혀 존재하지 않았고요. 일대일로 사업은 이렇듯 방치되고 낙후되었던 지역과 분야에 오히려 집중했습니다. 군사적 침략이나 점령 없이 말입니다. 이런 점이 해당 국가들의 호의적 반응을 얻을 수 있게 한 것입니다. 이들 저개발 지역은 기후위기에 의해 가장 먼저 그리고 가장 크게 타격을 받게 되는 곳이기도 합니다. 따라서 이러한 지역에 대한 산업, 농업 및 통신 인프라에 대한 지원은 '기후정의'에 오히려 부합하는 일이 됩니다. 그래서 기후변화 국제기구들도 이러한 기후변화

취약지역, 우선 피해지역의 인프라 개발에 대해서는 문제를 제기하지 않고 있습니다. 온실가스 감축의 우선적인 책임이 이쪽에 있지 않다는 것이죠. 수백 년 산업화에 따른 기후변화의 최대 피해자이자 우선적 피해자가 바로 이들 지역이니까요.

더 나아가 일대일로 사업은 정보기술과 재생에너지 인프라 투자가 큰 비중을 차지하고 있기 때문에 '녹색성장'의 성격을 갖고 있다고 더욱 적극적으로 평가하는 입장도 존재합니다. 최근 '글로벌 그린 뉴딜'을 주창하고 나온 리프킨도 그중 한 사람입니다.[56] 유럽연합(EU) 역시 이런 디지털 인프라를 통한 유라시아 연결 사업에 매우 적극적입니다. 녹색에너지와 디지털혁명의 결합을 강조한 리프킨의 '3차 산업혁명' 주장에 가장 적극적으로 호응했던 곳이 중국과 EU인 것은 우연한 일이 아닙니다.

지금 중국이 크게 부상한 세계상황을 'G2'라고도 합니다만 저는 이 말이 후기근대의 실제 세계현실을 잘 표현해주는 것은 아니라고 봅니다. 'G2'라는 말에는 냉전 종식 이후의 세계를 '신냉전' 기류로 다시금 몰고 가려는 의도가 묻어 있어요. '적이 사라진 세계'에 다시금 적을 불러들이고 싶어 하는 불순한 욕망이 엿보입니다. 특히 미국은 지금까지의 절대 패권적 지위를 결코 순순히 내어주려고 하지 않을 것입니다. 2020년에 발생한 코로나 팬데믹을 '중국 왕따 시키기'로 몰아가기 위해 여러 거친 수단을 쏟아내고 있는 쪽도 물론 미국입니다.

반면, 혹시나 중국 쪽에서도 'G2'니 '신냉전'이니 하는 용어를 은근히 반기는 세력이 있다면, 그쪽의 욕망의 질도 다르지 않다고 해야겠지요. '중국을 더 이상 만만했던 과거의 중국으로 보지 말라! 우리도 이제 당당한 초강대국, 패권국가다!'라고 외치고 싶은 심리일 것이니까요. 이러한 심리가 중국 외교의 일각에서 '전랑(戰狼, wolf warrior) 외교'로 나타나고 있다 합니다. 미국이 힘으로 밀면 똑같은 방식으로 거칠게 맞받아치겠다는 것입니다. 그러나 이런 식으로 나가면 중국을 고립시키자는 미국의 의도에 오히려 말려들 뿐입니다.

미소 냉전의 종식과 함께 '유럽내전의 제3단계'가 종료되었고, 그리하여 적을 지속적으로 창출해냄으로써 존속할 수 있었던 팽창근대의 오랜 역사도 함께 종식되고 있습니다. 이런 상황에서 'G2'를 운운한다는 자체가 아직 팽창근대 시대의 인식 수준에 머물러 있음을 보여줄 뿐입니다. 그러한 사실을 알면서도 굳이 이런 말을 애용하는 사람들이 있다면 그 의도는 빤한 것 아니겠어요? 그럼에도 혹시 중국 안에 G2 개념을 속으로 은근히 반기면서 궁극적으로 미국을 대체할 팽창적 일극 패권을 추구하는 세력이 있다면 이는 분명히 자승자박의 결과에 이르고 말 것입니다. 중국이 지금까지 성공적으로 '굴기'를 해올 수 있었던 것은 팽창적 패권의 길과 다른 내장적 경로를 택했기 때문입니다. 성공했던 방법을 이어가고 더욱 발전시켜야죠. 그걸 버리고 실패할 것이 빤한 방법을 택하는 것은 어리석습니다.

'도광양회'는 책략이 아니다

남선생 공감입니다. 중국은 분명 대국이지만, 대국이기 때문에 '대국주의'로 나갈 위험을 스스로 경계해야 합니다. 대국과 대국주의는 다릅니다. 대국주의는 팽창주의죠. 지금까지 중국이 도광양회(韜光養晦)하며 성공했던 내장적 길과 반대의 길입니다. 중국이 그 길로 나가면 중국은 반드시 실패할 것입니다. 도광양회, '빛을 드러내지 않고 은은함을 기른다'는 뜻의 이 말은 덩샤오핑이 대담한 개방정책을 펼치면서 내세운 말로 유명해졌지요. 전형적인 도가(道家)적, 노장(老莊)적 언어입니다. 그 말 자체에는 힘이 약했을 때 빛을 가리고 힘을 기르다가, 힘이 커지면 빛을 드러내겠다는 마키아벨리적, 후흑(厚黑)학적 책략의 함의가 없습니다. **'도광'과 '양회' 자체가 노장적 자기완성과 치국(治國) 의 방법이자 목표이지요. 동아시아 교양인들은 그 깊은 의미를 잘 이해합니다. 중국이 대국주의로 빠지지 않으려면 우선 맹자가 가르쳤던 '사소(事小, 작은 나라를 받듦)의 미덕'을 다시금 깊이 음미해야 할 것입니다.** 맹자는 인자(仁者)여야 '사소'할 수 있다고 했습니다. 사소가 있어야 사대(事大)가 따릅니다.[57] 힘으로 사대를 얻으려 하면 오히려 사대를 잃습니다. 또한 절대권력을 견제했던 유가의 분권주의, 향촌주의 전통을 현대적으로 살리는 것도 대국주의의 위험을 방지하는 훌륭한 해독제가 될 것입니다. 이것은 모두 오랜 시간 중국에 내재한 훌륭한 전통입니다.

후기근대는 팽창근대의 근원적 적대가 종식된 이후의 다극화된 세계의 시간입니다. 일대일로의 중국이 세계를 다시금 두 개의 적대적 진영으로 나누고 있는 것처럼 인식을 오도하는 주장들도 많습니다. 세계를 다시 그쪽으로 되돌리고 싶은 것이죠. 속지 않아야 합니다. 어려운 일이 아닙니다. 실상을 있는 그대로 보면 됩니다. 예를 들어 2015년 발족한 아시아 인프라 투자은행(AIIB)은 중국이 주도적으로 설립했지만, 영국, 독일, 프랑스, 이탈리아 등 서유럽의 주요 국가들이 거의 모두 참여하고 있습니다. 이렇듯 유럽 역시 여러 방식으로 일대일로 프로젝트에 참여하고 있어요. 그 역시 자신들의 필요에 부합하기 때문입니다. 유럽은 유럽대로 다극적 세계의 중요한 한 축입니다. 그렇다고 지금 유럽이 중국과 한편이 되어 미국을 따돌리자는 것일까요? 전혀 아니죠. 그럴 필요가 뭐 있습니까. 일부 언론을 보면 2020년 코로나 팬데믹 이후 마치 유럽이 트럼프 정부의 요청에 따라 중국과 관계를 끊어가고 있는 것처럼 보도하고 있지만, 일부를 가지고 전체를 왜곡하는 오보입니다. 유럽 입장에서는 미국은 미국, 중국은 중국이에요. 양쪽 다 친하게 지내면서 자신이 필요한 부분을 얻는 것이 좋지요.

인도 역시 마찬가지입니다. 지금 미국과 일본의 우파는 중국과 인도가 서로 적대하게 하려고 안간힘을 쓰고 있습니다. 중국을 포위한다는 '인도-태평양 전략'를 내세우고, 국경을 접한 양국의 국경분쟁을 크게 부풀려 보도합니다. 그런 보도들을 보면 중국, 인도, 두 나라 사이에 마치 금방 전쟁이 터질 것만 같습니다. 그렇지만 그런 식의 혹세무민에 넘어가면 안 됩니다. 자신의 눈을 가져야 합니다. 현실은 전혀 달라요. 정상 외교 관계를 맺고 있는 나라들 간에 생길 수 있는 정상적 국경 마찰과 과거 냉전시대의 비정상적 적대관계는 질적으로 다릅니다. 지금 급성장 중인 인도가 역시 크게 성장한 중국과 굳이 냉전적 적대관계로 돌아서서 모든 관계를 끊고 죽자 살자 싸워야 할 이유가 없습니다. 오늘은 국경 분쟁에 대해 성토하지만 내일은 만나서 분쟁 방지책을 논의합니다. 오늘은 미국에 귀를 잠시 빌려주지만 내일은 중국에도 귀를 빌려줍니다. 과거 한나라였다가 분단이 된 파키스탄과의 관계도 마찬가지입니다. 군사적 긴장이 아직 남아있지만 어디까지나 서로 인정하고 수교한 국가들 간의 정상외교의 범위 안에서 갈등을 관리해 가고 있지요. 그러면서 인도 독립 이후 오랜 우호 관계를 유지해 온 러시아와도 여전히 친하게 지냅니다. 물론 한국, 일본과도 친하게 지내려고 노력합니다. 인도로서는 너무나 당연한 일입니다.[58] 지극히 당연하고 정상적인 국제관계, 외교관계의 모습입니다.

이러한 변화는 이미 전 세계적 현상입니다. 세계의 국가 간 관계가 정상적 상태로 되어가고 있는 것입니다. 여전히 **양국 간 수교가 이뤄지지 않고 있는 코리아 남북, 북미, 북일 관계가 매우 예외적인 상태죠.** 그렇다고 세계에 분쟁이 완전히 사라졌다는 뜻이 아닙니다. 그런 상황은 현실에서 불가능합니다. 그러나 확실히 줄었습니다. 과거에 냉전시대에 비하면 분명 정상적 상태죠. 이러한 변화가 가능해진 것은 거듭 강조하는 바와 같이 미소 냉전, 세계내전이 종식되었기 때문입니다. 냉전 종식 이후의 '후기근대'의 상황에서는 과거 미국·소련과 같은 'G2'가 따로 존재하지 않습니다. 냉전 시대에는 그렇게 세계가 양 진영으로 나뉘어 줄을 서야만 했지요. 세계가 사실상의 내전 상태였으니까요. 이제는 더 이상 그럴 필요도 이유도 없어요. 따라서 가능하지도 않습니다. 미국이든 중국이든 냉전 시대의 미소처럼 초강대국, 종주국 행세를 할 수도 없고, 한다고 해서 되는 일도 아닙니다. 그렇게 하면 자신만 고립되어 곤경에 빠질 뿐입니다. **여러 다극적 힘들이 서로 복합적인 관계를 맺으면서 균형을 이뤄가는 세계가 된 것입니다.** 정치도, 군사도, 경제도, 무역도 그렇습니다. 미국 국가정보위원회(NIC)의 보고서도 2030년의 중국이 미국과 유럽을 지배하는 패권국가가 될 것이라고 전망하지 않았어요. 강대국 힘 관계에 있어서는 '힘의 분산(diffusion of power)'이 이뤄질 것이라고 했을 뿐입니다.[5부 1론] 기억하시지요? 다극적 관계가 된다는 말입니다. 그 '힘(power)'이라는 것도 이제는 더 이상 과거처럼 '세계팽창적'이지 않고 '세계내장적'인 것으로 되지 않을 수 없어요. 늘 전쟁으로 폭발하는 것이 더는 힘의 행사방식이 아니고,

서로의 힘을 여러 방식으로 조절하고 조정하는 방식이 힘의 행사의 주요한 메커니즘이 될 수밖에 없다는 것입니다.

지정학 시대의 종언

북선생　그런 의미에서 **서구패권적 '지정학'은 이제 그 시효를 다해가고 있다**고 말할 수 있습니다. 과거 팍스 브리태니카 시대에 앨프리드 머핸과 핼퍼드 매킨더가 기초를 잡고 이후 히틀러와 일본군 대본영, 그리고 냉전시대의 소련 크레믈린과 미국 국무성 · 국방부가 그토록 집착했던 그 '지정학'의 본질이 무엇이었습니까? 이제 최종적으로 정리해 마침표를 찍을 때가 되었습니다.

지난 3부 2, 3론 논의에서 서선생이 몇 차례 정리했던 것처럼, 결국 **기존의 지정학은 '팽창근대의 패권다툼 논리'에 불과한 것**이었습니다. 팽창근대의 배경에는 '타자(외부)에 대한 근원적 적대'가 있다고 했죠. 그 '타자(他者)'란 종교적 타자였던 때도 있고(유럽내전의 제1기), 인종적 타자였던 때도 있고(세계로 확장된 유럽내전의 제2기), 이념적 타자였던 때도 있었습니다(세계로 확장된 유럽내전의 제3기=미소 냉전기). 그 최종 국면이 미소 냉전이었지요. 그런데 그게 무너졌어요. 전 세계를 근원적 적대의 양극으로 몰아 대치했었죠. 냉전 붕괴란 그러한 적대 전략의 승리가 아니었어요. 정반대로 그러한 '타자에 대한 근원적 적대'라는 비정상적 상황에 인류가 더 이상 붙잡혀 있을 이유가 없게 되었다는 것을 입증하는 사건이었지요. 미소 간의 핵전쟁의 불가능성에 대한 인식도 그런 것입니다. 적대와 공포의 극한에서 그 토대 자체, 전제 자체의 불가능성이 인식되게 된 것이죠. 이러한 과정 속에서 〈팽창근대의 극한도달을 통해 내장근대가 완성된다〉고 하는 〈팽창근대와 내장근대의 변증법〉이 냉전 종식 이전에 이미 선취되고 있었습니다.

'패권을 통한 질서'라는 지정학적 사고법은 폭력으로 획득한 서구 팽창근대의 역사적 기득권을 힘으로 지키자는 지극히 폭력적인 욕망의 표현일 뿐입니다. 서구 팽창근대 500년의 역사를 생각해보세요. 유라시아 한 귀퉁이의 유럽 세력이 아메리카, 아프리카, 아시아로 뻗어가 그 모든 지역을 석권했습니다. 그 경로는 크게 두 가지였죠. 하나는 바다를 통한 석권이었습니다. 그 최종 계승자는 영국, 그리고 미국이었죠. 이 지배적인 패권지역에서 머핸과 매킨더의 '지정학적 사고'라는 게 출현했습니다. 그들의 논리는 간단합니다. 이제 기득권이 된 영미의 기존 세계 패권(hegemony)을 굳게 지키자는 것입니다. 영미의 유라시아-아프리카 지배를 영속하자는 것이죠.

팽창근대 세계지배의 또 하나의 경로가 있었죠. 육지를 통한 길이었습니다. 매킨더가 말했던 '유라시아(=세계섬)의 하트랜드'란 어디입니까? 시베리아 중앙지역 그리고 중앙아시아, 이란, 아프가니스탄에 해당하는 지역입니다. 왜 이 지역에 주목했을까요? 그는 영미의 해양지배권, 소위 '시파워'를 위협할 미래의 '랜드파워'의 중심을 러시아 그리고 독일로 보았죠. 역사적으로 러시아가 중요합니다. 16세기 서유럽이 바다를 통해 '대항해'에 나갔을 때, 러시아는 시베리아 육로를 통해 '대동진'에 나섰습니다. 서유럽이 유라시아라는 세계섬을 바다를 통해 우회하면서 장악해갔던 반면, 러시아는 육로를 통해 유라시아 중앙을 관통하면서 동진했던 것입니다. 20세기 초의 영국인 매킨더는 세계의 지배권을 놓고 영미의 시파워와 러시아·독일의 랜드파워가 건곤일척의 싸움을 벌이게 될 것이라고 예상하고 사뭇 거창하게 '그레이트 게임'이라고 했죠. 그러니까 **지정학이란 지구의 땅과 바다를 놓고 유럽의 시파워와 랜드파워가 벌이는 자기들끼리의 체스게임이었던 것입니다. 이 게임에서 하트랜드를 시파워가 장악하느냐 아니면 랜드파워가 장악하느냐가 게임의 결판을 지을 것이라는 이야기였어요.** 이 이야기에서 시파워와 랜드파워의 핵심인 몇 개의 유럽 세력을 뺀 세계의 나머지 국가와 인류는 모두가 장기판의 일개 졸의 신세로 전락하고 말지요. 이것이 당시 패권국가였던 영국의 세계인식이었어요. 매킨더는 그런 세계인식을 솔직하고 노골적으로 드러냈던 것이고요. 영국은 러시아와 독일의 도전을 예상하면서 전략구상을 했던 것이고, 여기서 '지정학'이라는 사고법이 나왔습니다.

매킨더는 거창하게도 그의 '시파워-하트랜드 지정학'이 인류가 결코 벗어날 수 없는 '지리학적 필연'이라고 했습니다. 그러나 이것은 역사의 본말을 뒤집는 오류고 착시이자 허풍에 불과합니다. 이제 누구나 조금만 생각해보아도 알 수 있습니다. 팽창근대 500년, 영미패권 200년은 인류문명사 전체에서 보면 극히 짧았던 한 시기에 불과합니다. 인류문명사의 대부분의 시간은 '매킨더의 지정학' 그리고 '팽창근대의 세계판도'와는 전혀 다른 세계였습니다. 일부 소수 세력이 글로벌 패권을 행사하는 것이 아니라, 여러 두터운 문명권들이 다극을 이루어 서로 교류하던 세계였죠. 이런 점에서 오늘날의 다극적 상황이 인류역사의 대부분의 시간대와 그 형세가 일치하고 있다고 하는 것입니다. 그런 상태에서도 국가 간의 관계 역학은 물론 존재했지요. 그러나 그것은 매킨더류의 '팽창근대의 지정학', '세계섬과 시파워의 지정학'과 같은 것이 결코 아니었어요. 여러 문명권, 세력권의 다원적 공존이었죠.

매킨더류의 '팽창근대의 지정학'을 신봉하는 세력은 이미 크게 약화됐어요. 그 축의 내부에서부터 그래요. 앞서 '대수렴'을 논의할 때 나온 볼드윈은 세계 주류 자본의 시각을 보여주는 경제학자인데요, 주류 자본조차 이제 더 이상 시파워니 랜드파워니 하는 과거의 구분법에 얽매이지 않고 있다는 것을 잘 보여주었죠. 그들로서도 더 이상 그런 그림에 얽매일 이유가 없게 되었으니까요. 첨단기술의 컨텐츠를 지구 어디든 순간적으로 전송할 수 있게 된 세상에서 지배력의 범위를 거리 단위, 바다와 육지 단위로 나눌 이유가 없습니다. 세계자본의 최상층은 이미 더 이상 국경이나 민족 단위에 묶여있지 않습니다. 바로 이러한 상황을 내장근대의 동력이 자기완성을 위해 활용하게 된 것입니다. 이런 점이 **역사의 흐름을 읽으면서 발견하게 되는 변증법적 묘미**입니다. 그럼에도 아직도 랜드파워니 시파워니 운운하면서 군사적 긴장에 기초한 '신냉전' 구도, 또는 시파워의 세계지배 판도를 연장해보려고 안간힘 쓰는 쪽은 이미 세계시계와 세계추세에 한참 뒤떨어져 있을 뿐이죠. 물론 그러한 과거의 구도를 되살리려는 시도가 당장 사라지지는 않을 것입니다. 여기에 이해의 사활을 걸고 싶은 세력들이 분명히 존재하니까요. 그러나 성공할 수 없습니다. 역사의 큰 판도가, 기울기가 그렇게 되어있기 때문입니다.

이상으로 '세계섬'이니 '시파워'니 하는 지정학적 기본개념의 '전략적' 유효성이 사라지고 있다는 측면에서 '지정학의 종언'의 근거를 찾아보았습니다만, 아울러 전쟁 테크놀로지 차원, 즉 '전술적' 차원에서도 '지정학의 종언'의 충분한 근거를 제시할 수 있습니다. '지정학' 즉 '팽창근대의 패권논리'는 전쟁능력, 전쟁기술에서의 서구/비서구 또는 동/서의 압도적인 차이, 낙차를 전제하고 있었습니다. 16세기 아메리카 침략이나 19세기 아편전쟁에서처럼 말이죠. 그러나 이제 더 이상 과거에 제국주의 시절에 그랬던 것과 같은 현저한 군사기술적 낙차는 존재하지 않습니다. 압도적 전비를 쓰고 있는 미국이 빈곤한 이라크와 아프가니스탄에서 여전히 헤매고 있지 않습니까. 군사적 다극화가 이뤄졌기 때문입니다. 특히 지리적, 지형적 조건이 전투의 향배에 매우 중요한 육전(陸戰)에서는 군사적 낙차감소가 큰 위력을 발휘합니다. 무선 컴퓨터 네트워크와 소형 고폭(高爆) 무기로 무장한 게릴라적 저항의 군사적 위력이 커졌습니다. 특히 육지침략 전쟁은 지극히 어렵게 되었습니다. 앞으로도 군사 대국과 소국의 차이는 물론 존재할 것이지만, 양자의 관계는 결코 과거와 같이 일방적일 수 없게 되었어요. 오늘날 미국이 카리브와 남미를 과거와 같이 압도할 수 없는 것처럼, 중국 역시 동남아시아, 동아시아에서 과거의 제국 시절과 같은 일방적 지배력을 결코 행사할 수 없습니다.

종합해보면, **군사정치 차원에서 팽창근대의 낙차에너지 역시 분명 정점에 이르러 감소하고 있다는 것**이죠. 물론 '군비경쟁'이 끝난 것은 아닙니다. 냉전 종식 이후 미국 군비의 독주를 보면 군비의 낙차가 오히려 커지고 있다고 볼 수도 있겠죠.4부 4론 그러나 군비증강의 '효력'은 분명 정점을 찍고 내리막길에 있거든요. 앞으로도 미국이 계속 지금과 같은 막대한 군사비 지출을 유지할 것이냐. 글쎄요. 가능하지도 않겠지만 굳이 그래야 할 필요도 희박해질 것입니다. 이제는 더 이상 전쟁과 정복을 '문명화의 사명'이라고 정당화할 수가 없게 되었어요. 냉전시대처럼 세계를 양편으로 갈라 세계내전의 상태를 만들 수도 없어요. 앞으로 전쟁이 없어진다는 말은 아닙니다. 그러나 전쟁의 효력이 크게 감소했을 뿐 아니라 전쟁 자체가 굉장히 조심스러워졌습니다. 이제 전쟁

形

의 정당성은 자국민만이 아니라 세계사회에 입증해야 합니다. 미국이 벌인 이라크전쟁이 잘 보여줬습니다. 전쟁 정당성의 입증 부담이 지난 시대에 비해 아주 커진 것이죠. 정당한 방어전쟁을 빼고는 정당한 전쟁이란 말 자체가 성립하기 어려워졌습니다. **오늘날의 세계사회가 전쟁을 자기규제하고 상호규제하는 힘이 그만큼 커진 것이죠. 후기근대의 다극주의가 무정부적 전국(戰國)시대로 퇴행하기 어려운 이유입니다.**

대파국인가 대전환인가 Ⅱ
기후환경적 차원과 '후기근대 신과학'

인류세와 기후위기

서선생　'대전환'인가 '대파국'인가, 2론의 검토를 통해 우선 **사회경제적인 그리고 군사정치적인 차원에서는 대전환의 힘이 대파국의 힘보다 우세하다는 종합적 판단에 이를 수 있었습니다.** 이제 이 주제에 관련해 또 하나 매우 중요한 차원의 문제를 검토해볼 시간입니다. 환경생태와 기후변화 문제입니다. 앞서 사회경제적, 정치군사적 차원의 논의가 길어졌기 때문에 논의의 호흡상 분량을 나누어 논의의 Ⅱ부를 3론으로 이어가 보겠습니다. 우리가 환경·기후 문제를 뒤로 미뤄 둔 것은 결코 그 문제가 가볍거나 부차적이라고 생각해서가 아닙니다. 오히려 반대로 현시점에서 가장 중요하고 심각하며 또 여러 문제가 여기서 가장 중첩적으로 나타나고 있다고 보기 때문입니다. 우리는 앞서 경제사회나 군사정치적 차원에서는 팽창근대의 낙차에너지가 신자유주의로 인해 한편 커졌지만 동시에 이를 상쇄하는 수평적 힘이 분명하게 형성돼 있음을 볼 수 있었습니다. 그러나 그런 상쇄적 힘(상방전환력)이 아직 분명해 보이지 않는 영역이 바로 인간과 자연 사이의 낙차 문제입니다. 바로 인간에 의한 자연의 약탈과 착취죠.

문명 간이든, 국가 간이든, 계급 간이든, 성별 간이든, 확대된 낙차는 반드시 박탈당한 쪽의 반발과 저항과 비판을 부르기 마련입니다. 그러한 저항과 비판이 낙차를 감소시키는 힘으로 작용해왔지요. 그게 인간의 문명사였고, 팽창근대의 지난 500년은 그 과정이 특히 격렬하고 역동적으로 진행되어왔다고 할 수 있습니다. 그러나 인간과 자연 간의 낙차에 있어서는 그렇지 못했습니다. 자연만은 아무리 빼앗고 침범해도 저항하고 반발하지 않고 그저 무한정 묵묵히 내줄 것이라고 생각했어요. 오랜 세월 모든 인류 모든 문명이 그렇게 생각하고 행동했던 것은 결코 아닙니다. 그러나 지난 팽창근대의 시대에는 이러한 생각과 행동이 분명히 압도적인 주도권을 잡게 되었어요. 그 결과 인간이 자연을 무한정 지배할 수 있다는 믿음이 우월해졌습니다. 자연이 품은 힘을 인류가 장악해서 무한히 증폭시킬 수 있다고 믿었죠. 그렇게 해서 석탄을 무한정 채굴해서 태웠고 석유를 뽑아내고 화학 분해해 온갖 자원으로 쓰고, 이제 원자를 양자적으로 쪼개고 충돌시켜 그 에너지를 이용합니다. 자연을 아무리 그렇게 파헤치고 분해하고 충돌시켜도 자연은 고분고분하게 인간의 능력 앞에 순순히 무한히 복종할 것이라고 믿었지요.

이런 팽창근대적 자연관의 단초는 일찍이 1627년 영국의 프랜시스 베이컨이 쓴 유토피아 소설인 『새로운 아틀란티스』에서부터 이미 엿볼 수 있습니다. 이 이야기는 주인공 일행이 페루에서 중국과 일본을 향해 항해하다 우연히 새로운 땅인 '뉴아틀란티스'에 도착해보니 이곳 사람들이 과학의 힘으로 자연과 생명체를 '조작'하고 '해부'하여 놀라운 발전을 이루고 있더라는 식으로 전개됩니다. 유토피아 이야기를 빌려 베이컨 자신의 꿈을 쓴 거죠. 그런 자연개조를 주관하는 기관의 이름을 구약 「창세기」에서 하나님이 6일 동안 세상을 창조했다는 이야기를 끌어와 '6일의 창조 대학(College of the Six Days Work)' 또는 '솔로몬 학술원'이라고 했습니다. 신의 천지창조에 비견하는 또 하나의 인위적 창조를 꿈꾸었던 것이죠.[59] 인간의 힘을 신에 견준 것입니다. 이후 무한히 거대해질 팽창근대의 대단한 야심과 오만의 단초를 프랜시스 베이컨이 일찍이 드러내 보였습니다.

그러나 이제 달라졌습니다. 고분고분할 줄만 알았던 자연이, 지구가, 인간에게 경고를 보내고 있어요. 보통 경고가 아닙니다. 베이컨이 꿈꿨던 '6일간의 재창조'가 아닌 (앞으로 이야기할) '6번째 대멸종'의 신호입니다. 그 경고를 이제 갈수록 많은 사람들이 실감하며 두렵게 여기고 있습니다. 지구가 보내는 이러한 신호에 대한 과학적이고 종합적인 인식이 생겨난 것도 후기근대부터입니다. 물론 그 이전에도 자연착취의 문제를 지적했던 여러 선각자들과 운동이 있었습니다. 그러나 종합적인 분석틀과 분명한 데이터를 가지고 현재 진행 중인 기후위기의 의미를 제대로 파악하기 시작했던 것은 후기근대 들어서부터입니다. 그런 의미에서도 후기근대가 아주 특별한 시대라고 할 수 있겠습니다.

지금 지구가 보내고 있는 그 신호를 인류는 '기후변화' 또는 '기후위기'로 읽어내고 있습니다. 기후변화 문제는 1992년 브라질 리우에서 「유엔기후변화협약(UNFCCC)」을 154개국이 채택하면서 최초로 공론화되었다고 할 수 있습니다. 그러나 당시 대중적인 관심이나 인식도는 미미했어요. 지구가 더워지고 있다고 하는데 그러다 또 추워지곤 하는 거 아니냐, 빙하가 녹고 있다는데 그러다 또 새로 생기는 거 아니냐, 그게 기후 아니냐는 식이었어요. 더 나아가 인간 활동이 주원인이라는 지적에 대해서도 인간이 어떻게 지구 기후를 변화시킨다고 하느냐, 인간의 능력에 대한 터무니없는 과대평가, 오만이 아니냐는 식으로 거꾸로 뒤집어씌우기도 했죠. 1998년 교토에서 2차 「유엔기후변화협약」이 채택될 때까지도 이런 기류에 큰 변화는 없었다고 할 수 있겠어요.

그러다 2000년대 들어서면서 기후재앙을 예고하는 여러 가지 두드러진 사건들이 연쇄적으로 벌어집니다. 대표적인 예로 여름 폭염을 들어보죠. 2003년 여름 유럽 8개국에서 폭염으로 7만여 명이 사망하고, 2010년 여름에는 모스크바에서만 1만 1000여 명이 사망합니다. 그리고 2010년대 중반부터 우리도 경험했다시피 기록적인 폭염현상이 지구 여러 곳에서 동시에 나타났지 않습니까? 바다 역시 더워지면서 한반도 주변 바다가 점차 아열대화되고 있다는 것도 널리 알려졌습니다. 북극빙이 거의 다 녹고 있는 것을 명확히 보여주는 위성사진을 보고 놀랐고, 해수면 상승으로 태평양에서 실제로 사라지는 섬들이 생기고, 해안 도시들의 해수면 역시 실제로 점차 높아지고 있음도 알게 되었죠. 여러 곳의 가뭄이 심해지는가 하면 동시에 다른 쪽에서는 태풍의 규모와 빈도, 그리고 피해가 커지는 것도 매년 보고 있습니다. 그래서 이제 더 이상 지구가 더워지고 있다는 사실에 의문을 제기하기 어려워졌습니다. 이런 여러 현상을 묶어보면 그게 기후변화, 기후위기로 나타나고 있다고 할 수 있는 것이지요. 이제 이렇듯 여러 가지 매우 우려스러운 사건들이 빈번해지고 있을 뿐 아니라, 갈수록 더욱 큰 규모로 벌어지고 있음을 인정하지 않을 수 없게 되었어요. 그래서 이제는 더는 기후변화가 나와 무관한 먼 곳의 이야기라고 생각할 수 없게 되

없죠. 그 결과 2015년 파리에서 3차 기후협약이 채택될 즈음에는 이 문제가 부정할 수 없는 현실문제로 광범하게 인식되기에 이르렀습니다.

기후변화 문제의 심각성에 대한 인식 제고에 초기부터 결정적인 역할을 한 기구가 있습니다. '기후변화에 관한 정부 간 협의체(Inter-governmental Panel on Climate Change)', 약자로 IPCC죠. 주로 기후 관련 과학자들의 협의체인데요, 1988년 유엔 산하기구로 출범한 이후 주기적으로 기후변화에 대한 평가보고서를 발표해왔습니다. 그전부터 기후 과학자들은 대기 중의 이산화탄소(CO_2)가 지구온난화의 주원인이며 그 농도가 점차 높아지고 있음을 알고 있었어요. 그래서 1958년부터 하와이를 시작으로 세계 여러 곳에서 대기 중의 이산화탄소(CO_2) 농도를 측정해왔습니다. 분자 농도의 단위는 공기 분자 100만개 중 이산화탄소 분자의 수를 나타내는 ppm(particle per million)인데요, 조사를 해보니 산업혁명 이전에는 280ppm 수준을 유지했는데, 1958년엔 315ppm이었다가 점차 증가하더니 2013년엔 400ppm을 넘었고 그 이후 매년 2ppm씩 증가하고 있는 것으로 나타났어요. 관측 이전의 과거의 농도는 극지방 빙하 코어를 추출하여 그 시기의 빙하에 갇힌 공기 기포를 분석하면 알 수 있습니다. 과학자들은 이러한 이산화탄소 농도 증가 속도가 과거 지구역사에서 찾기 어렵다고 합니다. 그 결과가 지금 우리가 체감하고 있는 더워지는 지구죠. 그런데 IPCC도 1, 2차 보고서까지는 지구온난화의 핵심원인이 무엇인지 아직 확정해내지 못했어요. 그러다 3차(2001년), 4차(2007년), 5차(2013년) 보고서에서는 주원인이 인간의 활동에 있음을 점차 높은 확률로 확증해왔습니다. 지금은 95% 이상, 즉 움직일 수 없는 확신의 수준이죠.[60]

과학의 경고

이 문제에 대해서는 다소간의 과학적 배경지식이 필요하기 때문에 제가 이 분야의 논의를 약간 소개하는 것을 양해해주시기 바랍니다. 지구를 덥게 하는 주범이 이산화탄소라고 했죠. 그런데 그 이산화탄소를 대기 중에 대량 방출하고 있는 게 인간입니다. 지금 인간이 화석연료, 즉 석탄, 석유, 천연가스를 엄청난 양으로 뽑아내는데, 이게 모두 땅속에 묻힌 화석 탄소 응결체입니다. 이걸 태우면 이산화탄소가 돼서 대기로 대량 방출되는 것입니다. 인류가 화석연료를 이렇듯 땅속에서 대량으로 뽑아내서 태우기 시작한 것은 잘 아시는 것처럼 산업혁명 이후입니다. 산업혁명 이전의 이산화탄소 농도가 280ppm 수준이었다고 했습니다. 이게 200년여 만에 거의 두 배 가까이 되었고, 그 증가 속도는 최근으로 올수록 더욱 빨라지고 있습니다. 이 속도가 문제입니다. 원래 탄소는 수백만 년, 수천만 년이라는 장구한 지질학적 시간 동안 대기와 땅속을 순환하는데, 산업혁명 이후에 대기 중에 방출되는 이산화탄소 증가의 속도는 지구 역사의 과거 어느 때와도 비교할 수 없을 만큼 너무나 빠르다는 것입니다. 지구가 빨간 불을 켜고 있다는 것이죠.

이런 현상이 왜 정말 심각한 문제인지를 우리에게 가르쳐준 건 기후학자들만이 아니라 지질학자, 고생물학자들의 공로가 큽니다. 이들은 지구 각처의 지층과 화석을 조사 분석해서 수천만 년, 수억 년 전의 지구의 상태를 퍼즐 맞추듯 밝혀가고 있습니다. 이들이 밝혀낸 중요한 사실은 지구에 고등 생명의 꽃이 만발하기 시작한 **5억 4000만 년 전의 캄브리아기 생명 대도약 이후 현재까지 '다섯 번의 생명의 대멸종(Five**

Mass Extinctions)'이 있었다는 것입니다. 각 대멸종의 강도에 따라 생명체의 75~96%까지가 멸종했고, 그 대재앙 속에서도 생존했던 (주로 먹이사슬 하부의) 강인한 생명체들이 다시 진화의 끈을 이어왔다고 해요. '대멸종'이라 하면 우리는 흔히 외계 소행성이 충돌해서 공룡이 멸종했다는 '백악기 대멸종'만을 떠올리는데, 그것은 그동안 공룡 이야기가 대중문화 흥행에 너무 성공한 까닭입니다. 백악기 소행성 충돌은 다섯 차례 대멸종 역사에서 오히려 작고 아주 이례적인 사건에 불과했다고 합니다. 그렇다면 다른 네 개의 더 치명적이었던 대멸종의 주원인은 무엇이었을까요? 바로 대기 중 이산화탄소, 메탄 등 온실가스의 급속한 증가가 공통적 원인이었다고 하죠. 이 과거의 대멸종 시기에는 인간이 존재하지도 않는데 누가 어떻게 온실가스를 그렇게 대규모로 대기에 방출했을까요? 엄청난 규모의 지구 활동입니다. 땅속에 묻힌 탄소를 초대형 지각운동이 엄청난 규모의 장기적인 마그마 분출과 화산 활동을 통해 대기 중으로 뿜어 올렸다는 것이죠. 그렇게 해서 지구가 더워지면 바다 바닥에 깔린 엄청난 양의 메탄이 수면 위로 올라오는데 이 메탄은 이산화탄소보다 온난효과가 더 큰 온실가스입니다. 이산화탄소든 메탄이든 지구를 덥게 만드는 온실가스란 점에서 마찬가지입니다. 이런 요인들이 엮여 가속적 상승작용을 하면서 지구 생명계를 대멸종으로 몰아갔다고 합니다.[61]

산업혁명 이후 20세기까지 200년간 지구의 온도는 1도 올랐습니다. 그 1도 상승에도 이미 적지 않은 환경 문제를 겪었어요. 20세기 말부터 이상기후가 심해지면서 지구 이곳저곳에서 폭풍이나 가뭄으로 인한 대형 재해가 많아졌습니다. 그로 인한 분쟁도 증가했지요.[62] 1도가 뭐가 문제냐, 과장이고 엄살 아니냐 하실지 모르겠습니다. 지구 평균

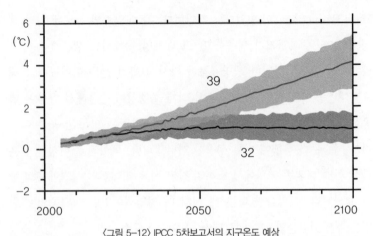

〈그림 5-12〉 IPCC 5차보고서의 지구온도 예상
아래 커브는 기후협약이 지켜질 경우, 위 커브는 아무런 제약이 없을 경우의 시뮬레이션 결과이다.
커브 상하의 숫자는 각 경우에 실행된 시뮬레이션 모델의 수. 희미한 부분은 오차범위를 나타냄.

온도 1도 상승은 인간 체온의 1도로 생각하면 됩니다. 1도 이상 올라
가면 건강에 문제가 있는 것이고, 2도 이상 올라가면 확실히 병이 든
것이며, 3~4도 올라가면 사경을 오락가락하게 됩니다. 그런데 현재의
탄소 방출이 지금 추세로 방치되면 2100년에는 지구온도가 4도 올라
간다고 합니다.〈그림 5-12〉

그런데 이 4도 상승은 여러 예측 데이터 중 충분히 검증되고 합의
된 자료만을 기준으로 한, (정치적 용어가 아니라) 데이터 처리의 용어
로 '보수적인' 예측입니다. 6도 또는 그 이상까지 올라간다고 보는 시
뮬레이션이 적지 않아요. 그런 견해를 주장하는 연구자들이 점점 늘어
나고 있습니다. 만일 6도 또는 그 이상까지 올라간다면 지구에서 인간
이 살아갈 수 있는 곳은 크게 줄어들고, 바다는 과도한 산성화로 생명
체의 대부분이 사멸하게 됩니다. 문자 그대로 문명적 '대파국'이죠. 그

런데 여기가 끝이 아니라 그런 과정을 통해 이제 진짜 '여섯 번째 대멸종'으로 갈 수 있는 길이 열린다는 주장들이 나오고 있습니다. 지구 온도가 4도 이상 오르게 되면 여러 기온 상승 요인들이 더욱 가속적으로 상승작용을 할 것이기 때문입니다. 그러면 이제 문제는 인류문명의 대파국 정도가 아니라 지구사에서 말하는 생물계 전반의 '대멸종(mass extinction)'으로 치닫는 것이죠. 그렇게 되면 인류 자체가 완전히 사라질 위험성도 있다는 공포가 퍼지고, 이를 근거로 세계종말 · 인류종말의 묵시록적 시나리오도 유행하고 있습니다.

지구기후 시스템을 체계적으로 연구하는 학문 분야들이 21세기 들어 크게 활성화되면서 사태의 진행을 점점 더 정밀하게 보여주는 데이터들이 쌓여가고 있습니다. 노벨화학상 수상자인 폴 크루첸(Paul Crutzen)이 '**인류세(Anthropocene)**'라는 말을 처음 제안한 것도 20세기가 끝나는 2000년이었죠. 크루첸은 오존 문제, 즉 지구기후와 온실가스 전문가입니다. '인류세'라는 말 자체가 '기후위기' 의식에서 나온 것이죠. 지질학적으로는 빙하기가 끝나 인류가 문명을 이뤄 살게 된 지난 1만 2000년을 '홀로세(Holocene)'라고 합니다. 이 시기에 형성된 지층의 화석은 '모두(그리스어로, Holo)' 현재 존속하고 있는 생물체에 의해 만들어진 '지질시대(그리스어로, cene)'라는 뜻입니다. 인류에게 기후적으로 가장 살기 좋았던 시기였죠. 그래서 문명도 발전했고요. 그런데 '인류세'라는 말은, 언제부터인가 '인간(Anthropo)'이 만들어낸 부산물이 지층의 내용물을 주로 구성하기 시작한 '지질시대(cene)'라는 뜻입니다(Anthropo-cene). 결국 '인간 활동'의 지배적 영향으로 '홀로세'가 종식되고 새로운 지질시대가 시작되었다는 말이죠. 크루첸은 '인류세'가 인류가 대기에 이산화탄소를 대량 방출하기 시작한 산업혁명으로부터 시작되었다고 보고 있습니다. 그로부터 대기와 여기에 영향을 받는 지표와 지각의 구성이 바뀌고 있다는 것이죠. '인류세'라는 용어는 아직 제안 단계에 있고, 지질학계(국제지질과학연맹)에서 공식적으로 채택한 개념은 아닙니다. 그러나 지질학 단계의 새 개념이 제출되기에 이르렀다는 사실이 지구 시스템에 큰 변화가 발생했다는 인식을 분명히 표현하고 있습니다. 이런 학문용어상의 결정에 신중할 수밖에 없는 지질학계에서 이 개념을 공인하기 이전에 이미 '인류세'라는 개념은 세계인들이 널리 사용하고 있는 일상 언어가 되었지요.

아무튼 이렇듯 지구 기후의 불길한 미래를 예측하는 데이터와 연구가 계속 쌓이다 보니까 이윽고 2015년 파리에서 195개국 대표가 모여 2100년까지 지구온도 상승을 2도 이내로 막자고 합의하기에 이르렀던 겁니다. 마침 그 시기인 2014~2016년 3년간, 세계가 연속적으로 기록적 폭염을 겪었지 않습니까. 이때 지구온도가 0.27도 상승했다고 하는데, 이걸 보고 그 의미를 이해하는 기후학자들은 극심한 공포감에 빠졌다고 해요. 이후 주로 유럽과 미국을 중심으로 하는 척 시늉만 내고 있는 정치권에 대한 압박이 강해지면서 관련 입법 활동이 눈에 띄게 활발해졌습니다. 2018년이 상징적인 해가 될 것 같습니다. 스웨덴 여중생 그레타 툰베리의 결석 항의 시위가 큰 주목을 받은 것도 이 해입니다. 또 IPCC는 2100년까지의 목표 온도를 1.5도로 낮춘 특별보고서를 채택하고 2030년, 2050년까지 탄소 감축의 구체적 목표를 설정했습니다. 또 그해부터 미국에서는 '그린 뉴딜' 선풍이 불기 시작했지요. 2018년의 이런 바람은 2019년 유럽의회 선거에서 녹색당의 약진과 미국 대선 민주당 후보경선에서 급진적 환경정책의 부각으로 이어졌지요.[63]

形

지구는 말할 수 있는가

북선생　인간/자연의 낙차증대란 결국 자연이 자기회복하고 자기순환할 틈을 주지 않는 인간의 과도한 약탈 때문에 생겨난 것이죠. 앞서 프랜시스 베이컨 이야기도 나왔습니다만, 기존의 팽창근대적 과학은 조작하고 변형하는 것만 알았지, 그러한 조작과 변형이 어느 범위와 수준을 넘어설 때 어떤 결과를 가져올 것인지에 대해서는 별로 생각하지 않았습니다. 그러나 최근 과학 동향은 오히려 이런 점에 더 주목하는 모습입니다. 복잡계 과학이 그렇고, 기후과학, 지구시스템론도 그렇습니다. 사회과학 쪽에서 나온 '위험사회론'도 그러한 '의도치 못했던 결과'를 중시합니다. 어떤 의미에서는 현대과학이 인류의 오랜 전통적 지혜에 다시금 가까이 다가서고 있다고 할 수 있겠어요. 자연의 순환과 재생에 늘 주목하고 그 흐름을 거스르지 않도록 노력해왔던 게 여러 인간문명의 공통된 특징이 아니었습니까? 이 점에서 팽창근대적 자연관만이 특이하게도 예외입니다.

　그렇다면 기후위기에 대한 대응의 성패도 결국 자연의 순환과 재생의 힘을 얼마만큼 보존하고 다시 살려낼 수 있느냐에 달려 있다고 보아야 하겠습니다. 현재의 기후위기란 인간이 화석연료 연소로 방출하는 이산화탄소의 양이 식물의 광합성이나 암석과 토양의 풍화작용을 통해 땅과 바다로 회수하는 속도를 한참 추월해버렸기 때문에 발생하고 있는 것이니까요. 그 추월량이 이미 많이 누적되어 있을 뿐 아니라, 현재의 증가 속도는 더욱 빨라지고 있으니 이건 우선 무조건 줄여가야 합니다. 그렇게 줄여 나가서 이산화탄소의 인위적 방출과 자연적 흡수가 도합 0이 되는 상태를 '탄소방출 넷제로(net zero)'라고 하지요. IPCC

는 이 넷제로의 목표를 2050년까지 달성해야 한다고 했습니다. 2018년에 IPCC가 인천에 모여 2100년까지의 상승 제한 목표를 2도에서 1.5도로 낮추면서 동시에 긴급제안한 내용입니다. 그만큼 최근 데이터들이 안 좋게 나오고 있다는 것이죠. 이 문제를 연구하는 과학자들의 우려는 분명히 심각해지고 있습니다.

저는 지금 인류가 자연으로부터 그리고 지구로부터 이러한 압박을 받고 있다는 이 상황이 철학적으로 굉장히 의미심장하고 무겁게 느껴집니다. 그동안 팽창근대의 사고법 안에서 자연은 항상 침묵하고 무한히 복종하도록 상정되어 있는 존재였거든요. 그런데 그렇듯 **말하지 않는, 말할 수 없는 존재로 상정되어온 가장 근원적인 외부자, 타자가 발언을 하기 시작한 것입니다.** 이게 팽창근대를 바탕으로부터 흔들고 있어요. 토대를 흔들고 있습니다. 포스트식민주의 연구 분야에서는 '서발턴(subaltern)은 말할 수 있는가'라는 경구가 유명한데요,[64] 여기서 '서발턴'은 서구지배체제 바깥의 식민지 사람들을 말합니다. 그 경구는 식민지 사람들은 입이 있어도 말할 수 없고, 말을 해도 들리지 않는다는 기막힌 상황을 함축하는 것입니다. 그러나 이제는 그 식민주의가 흔들리고 무너지면서 서발턴도 말할 수 있게 되었죠. 그 경구 자체가 강력한 발언 행위이지 않습니까. 이 역시 엄청난 변화를 말해줍니다. 그런데 이제 그 서발턴까지 그렇듯 발언할 수 있게 된 상황에 와 보니까, **진정으로 최후까지 '말할 수 없는 존재'로 치부되어왔던 쪽은 바로 자연이었고 지구였다는 사실이 분명해지고 있는 것이죠.**

조금 풀어 설명해보겠습니다. 팽창근대란 낙차 위에 선다고 했죠. 낙차를 만든다는 것은 대상을 외부화 · 타자화하는 것입니다. 팽창근대가 전개되었던 유럽내전의 3단계를 다시 돌아볼까요. 제1차 유럽내전이었던 유럽 종교전쟁에서는 구교와 신교라는 신앙적 외부를 만들어 타자화했었죠. 그다음 2차 유럽내전은 유럽 바깥에 지리적, 인종적 외부를 만들어 침략과 식민화를 정당화하는 방식으로, 유럽내전의 적대를 유럽 바깥으로 팽창시키는 방식으로 전개되었습니다. 끝으로 3차 유럽내전은 세계가 미소 양진영으로 갈려 서로를 이념적·적대적 외부로 맞서는 방식으로 진행되었습니다. 타자화와 외부화는 타 계급, 타 성(性), 타 문명, 타 인종(민족)의 적대적 외부화라는 방식으로 이어집니다.

그런데 이런 과정에서 자연의 외부화, 타자화가 아주 근본적인, 토대의 역할을 해왔다는 것입니다. 자연을 철저한 외부, 철저한 타자로, 따라서 철저히 정복, 해부, 변형, 소유할 대상으로 생각하는 것과 자신과 다른 문명, 민족, 성, 계급을 마찬가지 방식으로 생각하는 것은 아주 깊게 맞물려 있습니다. 팽창근대의 사고법에서 자연은 가장 근원적인 타자였던 것입니다. 그래서 서양근대 역사철학의 토대를 구축한 헤겔이 자신이 근대 역사의 목표라고 했던 자유의 완성을 '자연으로부터의 분리(separation from Nature)'에서 찾았다는 것은 결코 예사로운 일도 우연도 아닙니다.[65] 자신은 의식하지 못했겠지만, 팽창근대의 자유 개념의 토대를, 본질을 고백한 것이죠. 헤겔의 정신현상학에서 '주인과 노예의 변증법'을 보면, 다른 모든 낙차, 즉 문명 간, 국가 간, 성간, 계급 간 지배-피지배 관계는 결국 전복되고 수평화될 운명에 있습니다. 그러면서 주체와 타자가 대등해질 수 있어요. 그러나 인간과 자연의 관계만은 그렇지 않았습니다. 자연만은 오히려 완전한 타자로 철저히 외부화하면서 완성됩니다.

그런데 기후위기 문제가 이러한 기존의 사고법을 완전히 바꿔놓았어요. '주인과 노예의 변증법'이 이제 자연과의 지구와의 관계에서도 작동하기 시작했다고 할까요? 침묵하던 지구가 발언하기 시작했어요. 아니 귀머거리가 되었던 인간들이 지구의 음성을 이제야 조금씩 듣게된 거죠. 아직도 자신이 자연을 지배하고 있다고 생각하는 일부 오만한 인간의 눈으로 볼 때는 노예 지구가 반항하기 시작한 것으로 보일지도 모르겠습니다. 그런데 과연 그럴까요? 아니죠. 반대죠. 인간의 한계를, 거역할 수 없는 힘으로, 조용히 보여주고 있는 겁니다. **인간의 영원한 자연 지배라는 그동안의 망상을, 망상의 틀 자체를 단번에 소멸시키고 있습니다.**

동선생　'지구는 말할 수 있는가'. 이 문제를 어떻게 푸는가가 '대전환'이냐 '대파국'이냐를 가름하는 결정적 요인이 될 수 있겠군요. 북선생은 계급, 성, 민족 간 낙차가 인간/자연 간 낙차와 결부되어 있음을 지적해주었습니다. 그렇다면 인간/자연의 낙차가 제한 없이 계속 커진다면, 다른 영역에서 낙차가 줄어들더라도 전체적인 낙차는 제자리걸음을 하거나, 또는 더욱 커질 수도 있겠지요. 그렇게 된다면 '팽창근대의 극점 도달을 통해 내장근대가 완성된다'고 했던 〈팽창근대와 내장근대의 변증법〉도 마지막 단계에서 큰 장애에 봉착하게 될 것입니다.

이즈음에서 두 가지 중요한 문제를 검토해야 하겠습니다. 첫째는 과연 인간/자연 간 낙차는 그동안 계속 커져만 왔으며 이를 제약하고 감쇄할 힘은 존재하지 않는 것인가. 두 번째는 급속한 개발을 통해 팽창근대 500년의 낙차를 줄여가고 있는 비서구 세계의 산업화가 기후위기를 가속화하는 원인이 되어 〈팽창근대와 내장근대의 변증법〉의 완성에 오히려 장애물이 되는 것은 아닌가.

남선생　굉장히 중요한 질문들입니다. 첫 번째 질문부터 답해볼까요. 팽창근대 500년간 인간/자연 간 낙차가 증대해온 것은 분명한 사실입니다. 그러나 인간에 의한 자연의 약탈, 남획, 오용에 대한 저항과 비판 역시 아주 일찍부터 존재해왔지요. 역사적 뿌리가 깊습니다. 유럽 팽창근대 초기의 인클로저에 대한 농민의 저항부터 그런 맥락에서 보아야 합니다. 17세기 영국의 퓨리턴 혁명에서 수평파와 디거스(Diggers)가 바로 그런 사람들의 목소리였던 것이죠. 이들의 한결같은 주장은 인간과 자연의 공생이 복원돼야 한다는 것이었습니다. 이후 산업혁명 초기 산업주의의 극심한 착취와 환경오염에 대한 분노와 저항도 아주 컸습니다. 자연과 인간을 상품화하여 무제한적 산업주의의 착취 기계 안에 갈아 넣는 당시의 체제를 '사탄의 맷돌'이라고 직격탄을 날렸던 윌리엄 블레이크 같은 시인은 영국 민중의 가슴 깊이 맺힌 그러한 분노와 저항의 정서를 표현했던 것이지요.

정복자가 된 팽창근대의 힘 앞에 땅을 빼앗기고 노예화된 식민지 사람들은 자연의 파괴를 훨씬 더 심하게 겪었습니다. 조상의 땅이 불태워지고 그 위에 식민모국을 위한 플랜테이션이 세워졌지요. 원주민과 수입 노예들은 탐욕스런 광물 채취의 도구로 무한정 혹사당했습니다. 이런 의미에서 반식민지 운동이란 빼앗긴 주권만이 아니라 약탈당하는 자연을 회복하려는 운동이기도 했습니다. 제국주의/식민지 간의 낙차 심화가 인간/자연 간의 낙차 심화를 가져왔으니, 식민주의에 저항하는 운동 역시 당연하게도 인간/자연의 낙차 심화에 대한 저항을 수반했습니다.

2차 대전 이후가 되면 이러한 경계와 각성이 산업주의적 근대적 발전노선 자체에 대한 '파국의식'으로 심화됩니다. 우선 1960년대부터 반핵반전운동이 대중화되었죠. 반핵운동은 평화운동이자 생태환경운동이기도 했습니다. 미소 간의 핵전쟁이 인류가 살아갈 자연적, 생태적 기반 자체를 말살한다는 사실을 깨닫게 되었으니까요. 아울러 1970년대에 '성장의 종말' 담론이 크게 대두되었던 것도 주목할 만한 일입니다.[66] 이 담론이 큰 파급력을 갖게 된 것은 오일쇼크의 영향이 컸어요. 머지않아 고갈될 것이 분명한 석유자원에 크게 의존하고 있는 현대 산업사회가 과연 언제까지 지속가능할 것인가에 대한 의문과 위기의식이 본격적으로 제기되었습니다. 산업화로 인한 공해와 독성물질에 대한 항의와 경계는 그 이전부터 꾸준히 제기되어왔죠. 1962년 출판된 레이첼 카슨의 『침묵의 봄(Silent Spring)』은 본격적인 현대 환경운동의 등장을 알린 신호탄으로 볼 수 있습니다. 이런 여러 흐름들이 합류하면서 후기근대 이전에도 반핵, 환경생태 보전운동이 활발하게 이뤄졌습니다.

그러나 미소 냉전 종식 이후 신자유주의의 파고가 높아지면서 이러한 반핵, 환경운동이 잠시 타격을 받고 위축되었던 때가 있습니다. 클라인이 말한 '쇼크 독트린', 사센이 지적한 '축출자본주의'가 강력해지면서 양극화와 함께 자연 약탈과 또 다른 인클로저의 물결이 일어나는 모습을 보였지 않습니까. 또 공공재에 대한 침탈이 커지면서 대대적인 복지 삭감과 함께 환경운동에 대한 공격도 강화됐죠. 그러나 2009년 미국 금융위기를 계기로 신자유주의의 기세는 크게 꺾였습니다. 그와 함께 기후문제의 심각성에 대한 공감대가 빠르게 확대되고 있습니다. 과거 반(反)인클로저, 반전반핵, 무한성장론에 대한 반대, 환경생태운동의 흐름들이 기후위기에 대응하는 기후행동의 흐름으로 모아지고 있습니다. 최근 '그린 뉴딜'에 대한 요구가 세계 여러 곳에서 거세게 일어나고 있는 사실에 주목해야 합니다. 기후위기에 대한 경각심이 대중적으로 크게 고조되고 있습니다.

여기에 더해 또 하나 꼭 강조하고 싶은 것은 지금 고조되고 있는 '기후행동'이나 '그린 뉴딜' 운동을 지지하는 사회적 저변이 대단히 넓어지고 있다는 사실입니다. 북선생이 지적한 바와 같이 팽창근대의 여러 낙차는 분명 서로 맞물려서 영향을 주고받는 것 같습니다. 지난날을 돌아보면 인간 외부의 생명과 자연을 철저히 타자화했던 만큼 인간 간의 차별과 격차에 대한 민감성 역시 둔감해졌던 것 같아요. 그런데 이제 자연과 지구 생명에 대한 공감이 커지면서, 인간 간의 격차에 대한 민감성도 아울러 커지고 있습니다. 또 반대 방향으로, 사회의 숨은 차별에 대한 민감성의 증대가 자연과 지구 생명에 대한 공감을 확장하고 있습니다.

그래서 겉으로는 환경생태운동을 뚜렷이 표방하고 나서지 않는 것으로 보여도, 안으로는 기후행동과 녹색운동을 지지하고 공감하는 흐름이 넓게 형성되고 있는 것입니다. 최근 사회 여러 부분에서 과거에는 침묵 속에 묻혔을 여러 차별, '갑질', '추행'에 대한 문제제기 그리고 그에 대한 지지와 공감의 표현이 뚜렷하게 커지고 있지 않습니까.[67] 이런 모습은 국내만이 아니라 국제적인 현상입니다. 이런 현상이 광범하게 나타난다는 것은 최근 인간의 공감 능력에 대한 학문적 재발견이 아주 활발하게 이뤄지고 있다는 사실과 결코 무관하지 않습니다.[68]

공감 능력은 같은 처지에 있는 인간에 대한 공감에 그치지 않지요. 같은 능력이 인간과 같이 살아가고 있는 가축, 동물, 식물, 자연에 대한 공감으로 나타나는 것이거든요. 그래서 그동안 침묵 속에 묻혀 있던 숨은 차별에 대한 민감성, 피해자의 고통에 대한 공감은 인간에 의해 파괴되고 있는 생태계와 생명권에 대한 관심과 공감으로 나타납니다. 실제로 다양한 분야에서 사회적 차별에 반대하는 운동들은 녹색운동과 깊은 친화성을 보여주고 있습니다. 이런 폭넓은 지지기반을 함께 보아야 하겠습니다. 인간/자연의 낙차를 줄여가려는 힘의 저변이 우리가 보통 생각해왔던 것보다 훨씬 넓을 수 있다는 것이죠.

환경 문제와 중국 문제

북선생　이제 제가 '비서구의 산업화가 세계 내장화의 완성을 오히려 가로막는 것 아니냐'는 두 번째 질문에 답해보겠습니다. 초점은 비서구의 산업화가 오늘날의 기후위기를 심화시키고 있는 주범이 아니냐는 일각의 문제제기일 것입니다. 이런 문제제기는 주로 서방 측에서 제기되고 있지요. 산업화가 화석연료에만 의존한다면 탄소배출량을 당연히 증가시키니까 기후위기가 심화된다는 것은 당연한 이야기입니다. 그렇지만 지난 200년 넘게 대기 중에 탄소를 이처럼 많이 뿜어놓아 기후위기를 유발한 나라들이 어디입니까. 모두 유럽과 미국의 서방 국가들이거든요. 그 사실이 명백하기 때문에 서방 국가들도 신흥 산업 국가들에 대해 너희들은 이제 그만하라고 말하지 못합니다. 이제 문제는 지속가능한 산업화냐가 어떤 방식으로 가능한가, 어느 정도 허용될 수 있는가가 되었습니다.

　우선 21세기 후기근대의 3, 4차 산업화는 19~20세기의 1, 2차 산업화와 동일하지 않다는 점을 우선 보아야 하겠습니다. 화석연료를 대체하는 재생에너지의 개발에 대한 관심이 커지고, 수직적인 '권력자본주의'와는 다른 형태의 경제가 형성되고 있습니다. 최근 10여 년간 재생에너지 분야가 아주 비약적인 발전을 했지요. 이미 에너지 가격 경쟁력 차원에서 석유, 석탄, 가스 등의 화석에너지, 그리고 원자력에너지보다 재생에너지가 오히려 우월하게 되었어요. 화석연료와 원자력에 쏟아붓는 엄청난 규모의 보조금을 고려하면 재생에너지의 경쟁력 우위는 더욱 선명해집니다. 이 보조금을 거꾸로 재생에너지 쪽으로 전환한다면 가격 경쟁력 차이는 더욱 크게 벌어질 것입니다. 재생에너지는 태양빛, 바람, 물이 있는 곳이면 어디서나 생산할 수 있기 때문에 분산적이고 밀도친화적입니다. 에너지 연결망의 효율도 높아지고 있지요. 이런 부분에 국가와 사회의 투자가 집중된다면 앞으로 에너지의 미래는 결코 어둡지만은 않습니다.[69]

이러한 변화를 이끄는 중심은 이제 더 이상 유럽 선진국들만이 아닙니다. 20세기까지는 생태 담론이란 잘살고 여유 있는 선진국에서나 나오는 배부른 소리가 아니냐는 짧은 생각, 또는 오해가 있었지요. 우리는 아직 못 먹고 못 입는데 무슨 생태고 환경이냐고 말이죠. 그러나 후기근대에 들어서는 달라졌습니다. 개발도상국에서도 자신들이 직접 화석연료 산업화를 겪어 보니까 정말 심각한 문제가 수반된다는 것을 알게 되었지요. 그러면서 환경·생태 문제에 대한 이해가 보편화하고 있습니다. 이제는 오히려 비서구 국가들에서 더욱 적극적으로 생태 담론을 주도하는 모습도 나타나고 있습니다. 2008년과 2009년에 자연과의 공생을 뜻하는 '수막 카우사이'의 취지를 헌법에 담은 에콰도르와 볼리비아가 그런 예가 되겠습니다. '수막 카우사이(Sumak Kawsay)' 또는 '수마 카마냐(Suma Qamaña)'란 '자연의 품속에서 자연과 조화를 이루는 좋은 삶(스페인어로 buen vivir)'을 뜻하는 남아메리카 원주민의 고유언어라고 합니다. 참고로 에콰도르의 관련 헌법 전문은 "우리는, 서로 다른 부족들로 구성되어 수천 년 지속된 우리의 뿌리를 인정하고, 우리가 살아가고 우리를 품어주는 자연(파차마마)을 찬양하며, 우리 사회를 풍성하게 만드는 모든 문화의 지혜에 의지하고, 모든 형태의 지배와 식민주의에 대항해 자유를 갖기 위한 사회적 투쟁의 후계자로서, 수막 카우사이에 도달하기 위해 자연과 조화를 이루고, 다양성을 유지하며, 더불어 사는 새로운 형태의 삶을 건설하기로 결정했다"로 적고 있습니다.[70]

최근 10여 년 사이에 환경 분야에서 세계의 '골칫덩어리'에서 '모범'으로 급속히 변신한 중국이 크게 주목받고 있습니다. 현재까지 파리 기후협약을 가장 충실하게 이행하고 있는 국가로 평가받는 나라 중 하나가 놀랍게도 중국입니다.[5부 1, 2론] 기후전문가들은 중국이 협정에서 2030년까지 이루기로 한 목표치를 그보다 훨씬 앞당겨 달성할 것으로 보고 있어요.[71] 이렇게 될 것을 누가 예상했겠습니까. 중국은 재생에너지 분야에서도 압도적으로 선두를 달리고 있지요. 재생에너지의 생산비를 불과 10여 년 만에 극적으로 낮추어놓은 주역이 중국입니다. 그다음이 EU죠. 이런 중국이 2018년에는 '생태문명'을 추구한다고 헌법에 아예 못을 박아놨습니다. 기후, 환경문제에 대한 적극적인 대처가 일시적인 것이 아님을 분명히 해둔 것이죠. 여기에다 뉴질랜드의 마오리 원주민들이 자신들의 조상으로 여기는 강과 산에 법인(legal person)의 지위를 부여하는 데 성공했다는 소식도 더할 수 있겠네요. 이제 동물권 정도가 아니라 자연권이 정식으로 헌법과 법률 체계 안으로 입성한 것입니다. 이런 소식들은 인간과 자연 간에 생긴 그간의 낙차를 줄여나가려는 움직임이 세계 도처에서 본격적으로 시작되고 있음을 보여줍니다. 이런 점들을 종합해볼 때 현재 후기근대의 산업화를 19, 20

세기의 산업화와 동일한 현상으로 간주하기 어렵다고 봅니다. 이제 비서구와 서구라는 구분선을 넘어서 내장적이고, 3차 산업혁명적이고, 수평적인 방식의 새로운 산업화가 동시에 진행되고 있습니다. 이런 상황에서 비서구의 산업화만을 기후위기의 주범으로 지목한다는 것은 넌센스죠. 기후위기를 유발하지 않는 발전모델 개발에 모두가 힘을 모아야 합니다.

오늘날 서구와 비서구를 넘어서 공히 봉착하고 있는 문제는 여전히 과거의 팽창근대적 정치, 경제적 기득권을 지키려는 힘을 어떻게 약화시키고 해체하여 내장화할 것이냐에 있습니다. 그런데 중국이 3차 산업혁명 형태의 산업화를 한다고 하더라도, 중국의 디지털 강국화가 결국 세계평화를 위협하는 '빅브라더'를 만들지 않겠느냐는 의심도 있지요. 중국의 군사전략은 방어적이라 하더라도,5부 3론 디지털 방식으로 새로운 패권을 구축하려 한다고 말이죠. 중국 위협론이 '기후 악당'에서 이제 '빅브라더 악당'으로 변종된 것입니다. 중국은 악당이라는 결론을 미리 내려놓고 이야기를 맞추려 하면 끝이 없겠지요. 그러나 여기에 대해 비교적 공정한 시각이라고 볼 수 있는 미국 학자 제러미 리프킨이 최근 저서에서 언급했던 대목을 살펴보겠습니다.

중국이 이 역사적 순간을 장악하고 스마트 인프라를 구축해 감시와 간섭의 도구로 활용하며 대다수 사람들에 대한 통제권을 행사하려는 숨은 의도를 품고 있을지도 모른다고 생각 … 내 개인적인 경험을 말하자면 그것은 그들의 의도가 아니다 … 3차 산업혁명 인프라는 본질적으로 중앙 집중식 통제보다 통제권의 분산을 선호한다는 사실을 상기할 필요가 있다. 네트워크는 폐쇄적이고 독점적인 것이 아니라 개방적이고 투명한 것일

때 효율적일 수 있으며, 총효율 및 순환성의 극대화를 위해 수직적이 아니라 수평적으로 확장한다. 3차 산업혁명 인프라를 위해 생성된 플랫폼은 유연성과 다중성을 선호한다 … 어느 한 국가 혹은 이탈 세력이 감시와 통제를 위해 네트워크를 이용하고 손상을 가하거나 해체하려는 의도를 가지고 있다면 최종 사용자 단계의 시스템 내부에 장착된 저렴하고 단순한 기술적 요소로 인해 가족, 이웃, 지역공동체, 사업체, 지역 및 지방정부 전체가 즉각적으로 전체 전력 그리드로부터 이탈하고 분산했다가 다시 결합하여 작동할 수 있다. 하나의 절대권력이 수백만 개의 지역사회에 있는 수십억 인구를 볼모로 삼고 유라시아 전력 그리드 혹은 글로벌 전력 그리드에서 이탈하여 독자적으로 태양광 및 풍력 에너지를 수확할 수 있는 일종의 숨겨진 경로 따위는 존재하지 않는다.[72]

리프킨은 21세기 3차 산업혁명의 에너지와 인프라의 성격 자체가 빅브라더, 절대권력, 절대낙차의 출현을 불가능하게 한다고 보고 있습니다. 그러나 정보혁명에도 분명 승자독식의 독점적 경향이 나타나고 있으니, 빅브라더 출현이 '절대' 불가능하다고 단언하기는 어려울 것입니다. 그렇지만 그러한 가능성이 쉽게 현실화되기 어렵게 된 것은 분명한 사실입니다. 중국이라고 예외일 수가 없습니다. 2019년의 '홍콩 사태'도 일방적 절대 통제가 불가능한 것을 보여준 셈입니다. 이제는 세계 어디서나 1980년의 광주나 1989년의 천안문과 같은 사건은 다시 벌어지기 힘들게 되었습니다. 모두가 스마트폰을 들고 다니고 자신의 시위 현장을 즉시 전 세계인의 이목과 연결할 수 있는 세계에서 과거와 같은 일방적인 폭압과 압살은 불가능하게 되었지요. 정보통신혁명은 권력 쪽에 빅브라더를 만들지만 동시에 맞은편에 글로벌 네트워크의 개미군단을 만듭니다. 이 게임은 결코 빅브라더의 완승으로 끝날 수 없습니다.

기후위기는 대전환의 핵심동력으로 작용한다

서선생　제가 보기에는, 현재의 기후위기는 팽창근대와 내장근대의 변증법에 딜레마를 조성하고 있다기보다 오히려 반대로 문제를 더욱 근원적인 수준에서 해결하도록 밀고 가는 후기근대의 전진적 힘, 즉 전방전환력의 핵심동력으로 작용하고 있습니다.[5부 1론] 대수렴이 진행되고 있음에도 서방이든 동방이든 양극화가 동시에 진행되고 있는 것은 결국 팽창근대적 독점세력의 힘이 꺾이지 않고 있기 때문입니다. 그런데 그 팽창근대적 독점세력이란 결국 화석에너지의 공급과 수요 루트를 독점하고 있는 세력이거든요, 경제만 아니라 정치 군사적 차원에서도 마찬가지입니다. 그런데 이제 그 화석에너지 권력을 해체하고 재생에너지 체제로 대체하지 않으면 안 되게 되었습니다. 이것은 이제 장기적 차원에서는 그 누구도 부정할 수 없는 분명한 목표요 과제가 되었어요. 화석에너지는 이제 경제적 차원에서도 지난 50년 동안 채굴 가격이 지속적으로 상승해왔습니다. 이미 가격 면에서도 비경제적으로 되었어요. 채굴 비용은 갈수록 더 올라갈 수밖에 없습니다. 반면 에너지 대체는 생산비용이 계속 내려가고 있지요. 환경적으로나 비용적으로나 충분한 정당성을 확보했습니다. 또 재생에너지 체제는 정보통신 혁명과 함께 팽창적 낙차를 줄이는 수평적인 운동성을 가지고 있기 때문에 후기근대의 강력한 전방전환력으로 작용합니다.

지금 기후변화 대응운동 일각에서는 "이미 늦었다"고 자포자기하는 비관적인 분위기도 있습니다. 이제는 바다가 대기의 열을 흡수하는 데 한계에 이르렀고, 시베리아 동토대와 바다 밑 메탄 역시 녹아 방출되면서 기온 상승은 가속화될 수밖에 없다고 합니다. 이제는 방법이 없다는 것이죠. '여섯 번째 대멸종'밖에는 말이죠. 더 넓고 깊게 봐야 하지 않을까요. 거대한 뿌리는 생명의 촉수를 대지에 깊고 넓게 내리고 있습니다. 그래서 수많은 혹독한 가뭄을 이겨내지요. 현재의 기후위기는 물론 매우 심각합니다. 그러나 후기근대의 문제 전체가 탄소배출 하나로 환원되는 것은 아닙니다. 그 문제만 잡고 있다고 그 문제가 해결되는 것도 아닙니다.

여러 힘이 묶여 길항하는 관계 전체를 봐야 하겠습니다. 탄소배출의 실제적 감축도 이런 관계의 전체 구조를 바꿔 갈 때 비로소 본격화될 수 있습니다. 정치경제적 낙차를 줄여나가는 힘은 화석연료 독점체제의 지배력을 약화시키는 힘과 연결되어 있습니다. 식물학자인 수잰 시머드가 밝혀낸 '우드와이드웹(wood wide web)'처럼[73] 낙차를 줄여가는 여러 힘들 역시 숲의 뿌리를 이뤄 서로 연결되어 소통하고 있는 것이죠. 여러 영역에서 낙차를 줄이려는 공통지향을 갖는 힘들이 서로 연결되어 시너지를 만들어낼 수 있습니다. 이런 전체적 시각이 없으면 길을 잃기 쉽습니다. 하나의 연결, 하나의 시나리오만 가지고 있으면 금방 막다른 벽에 부딪히고 금세 뿌리가 말라버리죠. 그러면 자포자기와 절망만 남게 됩니다. 현실을 부정하고, 현세를 포기하고, 하늘나라에서 구원을 찾든가 말이죠. 위기의 역사 속에서 너무나 익숙한 모습들 아닙니까.

이러한 자포자기의 비관론은 역이용 당하기 쉽습니다. 지금 세계의

形

파워 집단 중에서 미국 군부가 일찍부터 기후위기 문제에 민감하게 반응하면서 데이터를 쌓아두고 있는 이유가 뭐겠습니까? 잘 아시듯 이들의 관심은 기후위기의 원인을 해소해보겠다는 것이 아닙니다. 반대로 그로 인해 발생할 수 있는 여러 갈등과 분쟁에 개입할 군부의 힘을 더 키우자는 것이죠. 지금 미국의 트럼프를 '묵시록의 영웅'으로 간주하면서 대통령으로 뽑아놓은 세력 중에 미국의 종말론적 근본주의 세력이 중요한 부분이라는 사실도 잘 알려져 있습니다. 이들은 진화론을 부정하고 기후위기도 부정합니다. 다만 선택받은 나라 미국, 그리고 미국의 자기 종파만이 망해가는 세계에서 구원받을 선민이라는 독선을 퍼뜨리고 있죠. 이런 미국 중심적인 독선적 묵시록(apocalypse), 종말론(eschatology) 해석은 미국 뉴라이트(new Christian right) 사상의 핵심입니다. 새로운 게 아니라 미국 청교도시대 이래 늘 존재했던 선민적 종말론의 새 버전입니다.[74] 후기근대 들어 미국의 유일 세계패권이 기울고 미국 백인 노동자층의 사정이 악화되고 있는 상황을 이용하여 또다시 이 코드에 맞추고 있는 것입니다.

지금 필요한 건 종말론적 절망이 아니라 뿌리의 생명력입니다. 많은 사람들이 실생활 속에서 이대로는 더 이상 안 되겠다는 생각을 하고 있습니다. 그러한 일상의 지점들에서부터 꾸준하게 희망의 근거지를 키워나가는 지구력이 필요한 때입니다. 물론 세계는 여전히 화석연료에 크게 의존하고 있습니다. 그 의존이 클수록 앞으로 올 피해는 클 것입니다. 그렇지만 이제 많은 사람들이 그 문제를 명확히 인식하게 되었고 이를 변화시키려는 의식적 노력이 시작되었다는 것 또한 분명한 사실입니다.

변화를 만들어낼 동력들을 폭넓게 보아야 하겠습니다. 굵직한 큰 동력들도 있지만 무수히 많은 작은 동력들이 모여야 비로소 변화가 지속적인 큰 힘이 될 수 있습니다. 큰 흐름이라면 아무래도 큰 나라의 정부들이 큰 역할을 해주어야 한다는 것이죠. 다행히 UN 등의 국제기구들이 기후변화 문제에 대해 매우 적극적으로 나서고 있습니다. 지금 탄소배출 빅3는 중국, 미국, 유럽연합인데요, 이들이 세계 탄소배출의 50% 이상을 점합니다. 세계판도에 영향력이 큰 이 빅3가 합심해서 협약 준수를 주도하게 되면 다른 나라들도 따라오지 않을 수 없습니다. 큰 변화를 만들 수 있지요. 다행히 중국이 그동안 기후협약 이행에 적극적이었고, 유럽연합에서는 독일이나 북구 노르딕 국가들이 적극적입니다. 유럽연합 전반이 대체로 기후 문제에 대한 인식수준이 높다고 할 수 있지요. 미국의 경우 민주당은 그래도 대응해보겠다는 시늉이라도 내지만, 공화당은 자꾸 부정하고 빠지려고 해요. 트럼프 대통령도 2017년 파리 기후협약 탈퇴를 선언했죠. 앞서 말했지만, 미국의 경우 기후위기 자체를 부정하는 일부 기독교 근본주의 세력이 큰 문제입니다. 자신들만은 종말에서 구원된다고 믿으니까 지금이 기후위기든 아니든 상관없다는 거죠. 이런 세력들이 트럼프의 기후협약 탈퇴를 뒷받침해주고 있습니다. 이러한 역풍을 이겨내고 미국의 여론이 적극적인 방향으로 움직이는 게 매우 중요합니다. 2018년부터 불기 시작한 그린뉴딜 바람을 계기로 미국이 그런 방향으로 움직여주길 기대해봅니다. 더하여 한국이 그동안 기후 문제 대처에 적극적이지 못했다는 사실을 뼈아프게 생각해야 하겠습니다.[75]

현재의 국가나 국제기구란 어차피 기존 탄소 소비 체제의 기득권 수호자에 불과하므로 믿을 것도 기대할 것도 없다고 비판만 하는 것은 도움이 되지 않습니다. 중요한 지렛대를 미리 포기해버리는 것뿐

形

입니다. 국가가 기후위기 해결에 적극적으로 나서도록 최대한 압박해야 합니다. 또 기후·환경 문제에 있어서 그동안 국가기구나 기후협약들이 이룬 성과들을 무시해서도 안 되겠죠. 예를 들어 여러 협의 회의를 통해 '기후정의'라는 개념을 분명히 합의해놓은 것은 중요한 성과입니다. 현재의 기후위기를 만든 책임소재의 경중과 선후를 고려하자는 것이죠. 첫째는 현재의 기후상태를 만든 역사적 책임량에 대한 정의입니다. 역사적으로 구미 선진국가의 탄소 누적 책임이 큰 만큼 탄소 방출 감소의 큰 몫을 선도적으로 감당해야 한다는 것입니다. 둘째는 현재의 기후변화로 먼저 위기에 봉착하는 취약 세계인구층에 대한 고려입니다. 기후변화로 인한 피해는 우선적으로 빈곤국, 빈곤층에 돌아갑니다. 상품과 에너지 소비를 많이 해온 쪽이 그만큼 탄소배출에 책임이 큰데, 소비를 많이 하는 쪽은 기후변화의 피해를 벗어나 있고 궁핍을 강요받는 쪽이 피해를 뒤집어쓰는 상태는 결코 정의롭지 않다는 것입니다. 세 번째는 세대간 정의입니다. 악화된 기후의 피해는 미래세대로 갈수록 더욱 크게 입게 될 것이니까요. '툰베리 현상'이 이를 분명히 보여주고 있지요. 젊은 세대, 어린 세대로 갈수록 기후문제에 대한 위기의식이 큽니다. 이런 수준의 합의가 이뤄질 수 있는 이유는 이제 세계가 다극화하면서 국제기구의 논의나 협약의 수준도 정의의 문제를 제대로 고려하지 않을 수 없게 되었기 때문입니다. 과거처럼 한두 강대국이 좌지우지할 수 없으니까요. 물론 그 합의를 어떻게 얼마만큼 실질적으로 현실화해내느냐, 이것은 여전히 남은 문제죠. 달리 말하면, 다음 단계의 또 다른 문제입니다.

이 '기후정의' 문제는 빈국과 빈곤층을 위한 인프라 구축과 부국과 부유층의 과소비를 위한 과잉생산체제를 구분해볼 수 있게 합니다. 지금 기후위기로 인한 식량, 물, 주거 부족으로 인해 당장 큰 피해를 입게 되는 빈국과 빈곤층을 위한 인프라 투자는 기후정의의 차원에서 오히려 권장해야 합니다. 특히 그것이 대안에너지 체제와 관련된 3차 산업혁명적 인프라라면 더욱 그렇습니다. 반면 부국과 부유층의 과도한 소비는 우선적으로 억제해야 하죠. 이런 방침이 분명히 서야 기후위기에 대한 국제적 공조도 힘을 받을 수 있습니다. 그럼에도 이러한 '기후정의'에 대한 국제적 합의에 대해 유독 미국의 부시 정부와 트럼프 정부가 보여준 역행적 모습은 실망스러운 것이었지요. 더구나 파리기후협약 이후에는 중국, 인도 등의 개발도상국가들 역시 탄소배출 감축에 대해 공통책임을 지겠다고 약속하지 않았습니까. 중국은 이제 이 문제에 있어서 국제사회에서 오히려 앞장서고 있는 모습을 보여주고 있어요. 그런데도 미국의 부시 대통령이 교토의정서를 탈퇴해버리더니 이번에는 트럼프 대통령이 파리 기후협약 탈퇴를 선언해버렸습니다. 세계야 어떻게 되든, 미국만 지금까지처럼 떵떵거리며 살면 된다. 나는 바꾸지 않겠다는 것이죠. 이게 '아메리카 퍼스트'고, 미국판 묵시록이고, '묵시록의 영웅'의 실상인가요. 미국이 제 위치에 걸맞은 책임을 지는 성숙한 모습으로 돌아오는 것이 매우 중요한 때입니다.

위로부터의 변화를 먼저 강조했습니다만, 밑으로부터의 변화가 더욱 중요합니다. 일반인들에게는 '1.5도냐 2도냐', 또는 '넷제로' 등의 목표는 다소 추상적으로 느껴질 수 있을 것입니다. 일상에서 부딪치는 여러 부정의, 불평등 문제를 이산화탄소 하나로 다 설명하긴 어렵겠지요. 평범한 일반인들이 실생활의 문제에서 연관점을 찾고, 자신의 문제로 느끼고, 해결해 나가려고 하는 동기가 생겨야겠습니다. 그렇지 못하면 위로부터의 변화도 지속성을 갖기 어렵습니다. 그러려면 기후

形

위기가 경제사회적, 정치군사적 불평등, 부정의와 맞물려 있는 문제임을 구체적인 계기들 속에서 밝힐 수 있어야 하겠지요.

2020년 2월 세계자연기금(WWF)에서 앞으로 기후변화로 인한 타격이 클 것으로 예상되는 국가들의 순위를 내면서 한국을 일곱 번째로 꼽았습니다. 재생에너지 비율이 낮고 화석연료 의존도가 너무 큰 것, 그리고 식량자급률이 낮은 것이 큰 요인입니다. 기후위기가 결코 남의 이야기가 아니라 오히려 우리가 가장 크게 당할 수 있는 문제가 된 것입니다. 순서대로 보면 미국, 일본, 영국, 인도, 호주, 브라질, 그리고 그다음이 한국입니다. 에너지, 식량, 물, 공기, 이런 아주 기본적인 공공재가 머지않아 위기에 처하게 됩니다. 기후 비용은 갈수록 커집니다. 지금부터 대비해야 합니다. 어디서부터 시작할 것이냐. 주변을 보면 기후변화에 대응해나갈 영역은 매우 넓어요. 대체에너지 분야만 아니라, 식량, 건축과 도시, 토지이용, 운송체계, 각종 소재 및 재료 등의 영역에서도 탄소방출을 감축할 수 있는 여지가 많습니다.[76] 대대적인 인프라 전환에는 정부의 역할이 중요하지만, 이런 모든 문제를 정부가 다 알아서 할 수는 없겠지요. 시민들이 자기 주변에서 이런 문제들을 포착해서 적극적으로 의제화할 수 있어야 합니다. 특히 기후·환경 문제에서는 창의적이고 실속있는 대응방식들이 주로 실생활 속에서 많이 나오는 것 같습니다. 이렇게 밑에서부터 의제 형성이 이뤄질 여건과 틀을 정부나 지자체가 적극적으로 지원하고 제도화해야 하겠고요. 이것은 물론 '환경 문제'만의 의제로 국한되지 않겠지요. 정치, 경제 제도와 긴밀하게 묶여있는 의제가 될 것입니다. 어떻게 그런 장치와 여건을 만들어내느냐. 또 그 속에서 어떤 창조적 대안을 내올 것이냐. 이것이 후기근대의 진정한 도전이 되겠지요. 그동안 많은 역경을 이기고 많은 긍정적인 변화를 이뤄왔던 한국이 이러한 도전 앞에서도 진정한 역동성을 보여줄 수 있어야 할 것입니다.

후기근대 신과학

북선생　앞서 인간본성 이론의 변화, 나무와 숲의 세계에 대한 새로운 이해를 이야기 나누었는데요, 저는 이런 사실이 후기근대 들어, 과학 역시 변화하고 있음을 보여주고 있다고 생각합니다. **'후기근대의 새로운 과학, 신과학(new science)'이 부상하고 있다**는 말씀입니다. 중요한 현상이니만큼 이를 조금 더 상세히 들여다보겠습니다. 이 분야에 여러 선구자들이 있습니다만,[77] 먼저 인간본성에서 공감(empathy)이 차지하는 역할을 일찍부터 강조해온 네덜란드 출신의 저명한 동물학자인 프란스 드 발(Frans De Waal) 교수의 주장을 소개해보죠. 그는 1960년대 이후 20세기 내내 생물학계의 주류 입장을 형성해왔던 '이기적 인간본성론'이, 1990년대 이래 이를 반증하는 새로운 증거들이 엄청나게 쌓이면서 갑자기 사라지게 되었다고 했습니다. 그 '이기적 인간본성론'을 드 발은 '껍데기 이론(vaneer theory)'이라고 부르며 그림과 다음과 같은 설명으로 요약한 바 있습니다.

이기적 인간본성론은 한동안 인간본성에 관한 지배적인 생물학적 시각이었다. 이 이론은 진실한 친절이란 존재하지 않거나 또는 진화적인 착오(잘못된 변이)일 뿐이라고 했다. 도덕성이란 전적으로 이기적일 뿐인 인간본성의 진면목을 제대로 가릴 수 없는 얄팍한 껍데기(vaneer, 〈그림

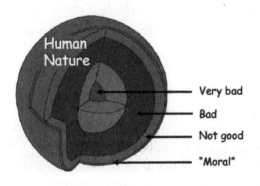

〈그림 5-13〉 인간의 공감 능력을 부정하던 20세기의 이기적 인간본성론의 구조

5-13〉에서 껍데기 Moral 층)에 불과하다는 것이다. 그러나 지난 10년간 껍데기 이론(vaneer theory)은 무너졌다. 인간과 여타 다른 동물의 세계에서 보이는 내재적 공감 능력, 이타성, 협동력의 증거들이 엄청나게 쌓여 왔기 때문이다.[78]

왜 '이기적 본성론'을 드 발 교수가 '껍데기 이론'이라고 불렀는지 그림이 잘 보여주고 있습니다.〈그림 5-13〉 기존의 이기적 본성론을 그는 지구의 내부구조로 비유하고 있습니다. 지구에서 우리가 발 딛고 사는 '지표'는 사과의 껍질보다 훨씬 얇습니다. 지표 아래의 맨틀, 외핵, 내핵이 지구 총물량의 99% 이상을 점하고 있지요. 그런데 기존의 이기적 인간본성론은 그 '99% 이상'의 인간본성은 이기적이고 악하며(very bad, bad, not good), 그 '99% 이상'을 얄팍하게 덮고 있는 '껍데기'는 이기적이지 않은 척하고 있을 뿐이라는 것입니다. 감추고, 속이고 있는 것이죠. 그림에서 "Moral"이라고 따옴표를 쳐둔 것은 '이른바, 소위 모

럴'이라는 뜻입니다. 그런 척하는, 껍데기(vaneer)로 덮어서 위장하는 모럴만 있을 뿐, 진짜 모럴이란 없다는 의미죠. '껍데기 이론'을 주장하는 사람들의 생각이 이렇듯 냉소적이었다는 것이에요. 인간과 동물의 본성(nature)이란 게 원래 그렇다는 것입니다. 기존 생물학의 주류 흐름이 이런 견해를 취해왔다는 사실을 믿기 어려우실지 모르겠습니다만, 대중서로 크게 성공한 리처드 도킨스의 『이기적 유전자』도 바로 그런 흐름을 대변하고 있다고 하면 쉽게 이해할 수 있겠네요. 그런 입장중에서 미국 생물사학자인 마이크 기셀린이 1974년에 썼던 책에서 드발이 직접 인용했던 부분을 옮겨보겠습니다.

감상주의만 벗겨낸다면, 진심어린 도움이란 전혀 존재하지 않음을 알 수 있다. 협동이라 불렸던 것은 기회주의와 빼앗기의 혼합에 불과하고 … 자기 이익대로 행동할 완전한 기회만 부여된다면, 인간이 인간을 두들겨 패고, 고통을 주고, 살인하는 것을 제약하는 것은 오직 그의 편의성밖에 없다. 그 대상이 그의 형제든, 배우자든, 부모든, 혹은 자녀들이든 말이다. '이타'라는 말을 지우고, 거기서 '위선'의 존재를 보라.[79]

이런 주장이 진정 옳다면 정말이지 토머스 홉스가 말한 대로 '인간은 인간에게 늑대'가 아닐 수 없겠습니다. 그런데 조금만 생각해보면 우선 '인간은 인간에게 늑대'라는 말 자체부터가 좀 이상하지 않습니까? 혹시 늑대를 너무나 모독하는 말 아닐까요? 늑대 무리가 얼마나 협동적이고 공감력이 뛰어난지는 잘 알려져 있지 않습니까? 인간과 늑대가 서로를 죽여야 하는 '적대적 외부'로 맞섰을 때의 상황을 인간본성, 늑대본성으로 바꿔치기한 것 아닌가요? 사실 토머스 홉스부터가 그랬습니다. 17세기 영국내전이라는 '적대적 대치'의 특수한 상황 속의 사회관계를 설명하면서 그러한 특수한 심리상태를 보편적 '자연상태(state of nature)'로 슬쩍 바꿔치기한 것이거든요. 저는 홉스가 스스로에게 거짓말을 했다고 생각하지는 않습니다. 오히려 좀 이상하게 보이더라도 철저히 정직하고 싶었겠지요. 그러나 자기 주관과 실제 사실은 구별해 보아야 합니다. 그동안 수많은 인류학자들은 수렵채집의 자연상태의 인류집단이 매우 협동적이고 공감적이라고 보고해왔지 않습니까. 홉스는 그가 보았던 17세기 유럽내전 속의 처절한 심리상태를 인간의 영원한 본성으로 착각했던 것뿐입니다. 이러한 '부분적 시각의 절대화'는 인간의 영원한 약점일지 모릅니다. 그러나 그런 약점을 넘어서는 분투와 도약들이 끊이지 않고 늘 이어졌던 것도 분명한 사실입니다. 힘을 냅시다!

어쨌거나 한때 그렇듯 생물학계의 '정설'이었다는 그 인간본성의 '껍데기 이론'은 이제 어떻게 되었을까요? 드 발 교수의 말을 더 들어 보죠.

그런데 희한한 일이 벌어졌다. 이 '껍데기 이론'이 20세기 말에 이르러 갑자기 증발해버린 것이다. 열병을 앓으면서 천천히 죽어갔던 것이 아니라, 강력한 심장마비로 순간적으로 사망했다. … ('껍데기 이론'을 반박하는) 새로운 데이터들이 처음에는 조금씩, 그리고 점점 더 크고 꾸준한 흐름이 되어 들이닥쳤다. 데이터는 이렇듯 잘못된 이론을 덮어버리는 놀라운 힘을 갖고 있다. … 인류학자들은 세계 모든 곳 사람들의 마음 안에 공정함의 감각이 존재하고 있음을 실증해 보였고, 경제학자들은 기존의 '호모 이코노미쿠스(homo economicus)' 이론이 허용했던 것보다 훨씬 강력한 협동과 이타의 능력을 인간이 가지고 있음을 발견했고, 어린아이와 유인원을 대상으로 한 이타성 실험은 생후 6개월의 아기들이 어떤 인센티브가 없는 상태에서도 '나쁘다(naughty)'와 '좋다(nice)'의 차이를 알고 있음을 보고했고, 신경과학자들은 우리 두뇌가 타인의 고통에 반응하도록 설계되어 있음을 밝혀냈다. 그리하여 이제 2011년에 이르면, 인간은 '슈퍼협동존재(supercooperator)'라는 것이 공식적으로 선포되기에 이르렀다. 모든 새로운 발견들이 '껍데기 이론'의 관에 못을 박았고, 상식이 180도 회전하여 새롭게 되었다. 지금은 인간의 몸과 마음이 타인과 함께 살아가고 서로를 보살피도록 설계되어 있으며, 타인을 도덕적 기준으로 판단하는 자연적 경향을 가지고 있다는 견해가 널리 공유되고 있다. 도덕성은 얄팍한 껍데기가 아니라, 우리들 내부로부터 나온다. 이는 우리 인간 존재의 생물적 일부이며, 다른 동물들에서도 수많은 유사형태를 통해 지지되는 견해가 되었다. 불과 수십 년 사이에, 인간이라는 종에게는 선(善)에 대한 자연적 경향성이 전혀 없기 때문에 우리 아이들에게 상대방에게 '잘하라고(nice)' 가르쳐야만 한다고 생각하던 데에서, 이제는 우리가 선한 존재로 태어나며 선한 사람이 결국 성공하게 된다는 합의로 이동하게 되었다.[80]

너무 냉탕에서 열탕으로 가는 거 아니냐 싶으실지 모르겠습니다. 설혹 좀 그렇다 하더라도 저로서는 오래 고민했던 바를 통쾌하게 탈탈 털어주는 듯하여 아주 반가웠던 대목입니다. 외국 출장 중에 비행기 안에서 갓 나왔던 책을 펴서 읽었던 대목으로 기억합니다. 드 발이라는 이름도 그때 처음 알았죠. 드 발 교수가 이런 변화가 너무 기뻐서 다소 과장했을 수도 있지만, 큰 흐름의 변화에 대한 감각은 정확했다고 봅니다. 저는 이 대목을 읽으면서 무릎을 치면서도 동시에 참 묘하다는 생각을 했습니다. 그가 '껍데기 이론이 갑자기 증발해 버렸다'고 했던 20세기 말이면 바로 정확하게 우리가 '후기근대'라는 새로운 세계사적 단계가 시작되었다고 보았던 그때 아닙니까? 미소 냉전이 종식된 이후입니다. 미소 냉전은 우리가 논의해 온 바와 같이 유럽내전의 제3단계였죠. 따라서 냉전 종식은 16세기 유럽 종교전쟁에서 비롯된 유럽내전의 세계적 팽창의 마지막 단계가 종식되었던 사건이었던 것입니다. 그러니까 드 발이 '껍데기 이론'이 사라져버렸다고 하는 20세기 말의 세계는 오랜 세계내전의 질곡으로부터 비로소 벗어날 수 있었던 대단히 획기적인 시점이기도 하였던 것입니다. 드 발이 말하는 '인간본성의 껍데기 이론'이란 정확히 홉스가 말한 '인간은 인간에게 늑대'라는 '자연상태' 이론과 상통하는 견해였습니다. 홉스의 '자연상태' 이론은 영국내전이 낳은 인간본성론이었습니다. 그렇다면, 20세기 후반의 '껍데기 이론'은 미소 냉전(=세계내전) 시대의 인간본성론이었다고 볼 수 있지 않을까요?

드 발 교수는 영장류인 침팬지와 보노보 전공자입니다. '껍데기 이론'이 지배적 권위를 누리고 있을 때부터 영장류의 공감 능력에 대한 연구로 뛰어난 업적을 쌓아왔습니다. 그러나 지배적 견해에 맞서는 일은 언제나 힘듭니다. 드 발 교수 역시 그런 '왕따' 경험을 오래 했어요. 그럼에도 자기 연구에 확신이 있으니까 흔들리지 않을 수 있었죠. 그러다가 20세기 말 21세기 초에 이르러 인간본성론뿐 아니라 동물관, 자연관 전체가 크게 바뀌게 되었죠. 이 이야기만으로도 책 한 권 분량의 흥미로운 주제입니다만 여기서 길게 이야기할 수는 없겠지요. 어쨌든 그리하여 드 발 교수의 평소의 지론이 더 이상 소수의 외로운 주장이 아니라 넓은 지지를 받는 새로운 표준이론이 되었습니다.

'새로운 자연관'이란 넓게 말해 자연과 인간의 공존을 강조하는 생태주의라고 할 수 있습니다. 생태주의의 대두는 팽창근대의 한계 도달과 깊은 관련이 있습니다. 팽창근대의 자연관은 정복의 대상입니다. 인간의 끝없는 욕망에 무한히 복종하는 말 없는 대상, 자원이었죠. 그러나 어느 순간부터 인간이 자연에 가한 상처가 인간 자신에게 되돌아오고 있음을 깨닫게 되었습니다. 자연의 질서를 보다 섬세하고 깊게 이해해서 그 질서 안에 공생하고 공존해야 함을 깨달아가고 있습니다. 이 역시 포획과 수탈의 대상으로서의 '바깥'이 사라지고 있는 또 하나의 증거라고 할 수 있겠습니다.

그런데 공감적 인간, 호모 엠페티쿠스, 특히 인간만이 아니라 자연과 공감하는 인간의 본성이란 이제 새로 만들어지고 있는 것이 아니라 한동안 무엇에 의해 인위적으로 가려지고 막혀 있다가 이제 그 가림막이 사라지거나 약해지면서 다시 드러나고 있는 것이 아닐까요? 우리에게 낯선 것은 공감적 인간이 아니라 반대로 그 이상한 가림막 아니었을까요? 역사를 깊게, 길게 들여다볼수록 그렇다는 생각이 듭니다. 인간과 자연이 상품화되어버리면 공감 대신 상품 간의 차가운 관계만이 남습니다. 그런데 그렇듯 오랫동안 당연시해왔던 현실이 이제는 의문에 부쳐지고 있는 겁니다. 그동안 '정상'으로 알고 있었던 것이 알고 보니 다시 생각해보니 그렇지 않은 것 같다는 각성이죠. 〈죽은 시인의 사회〉라는 영화가 있었습니다. 그런데 이제 시인만 죽은 게 아니라, 우리 모두가 혹시 지금 '죽은 사람의 사회, 죽은 자연의 사회'에 살고 있었던 것 아니냐는, 한밤에 악몽에서 벌떡 깨어나 주변을 돌아보는 듯한 느낌 말입니다. 그래서 영원할 줄 알았던 무한발전 담론, 무한

形

성장 담론에 대한 대항 담론이 나오고 자연과 함께하는 생태문명에 대한 관심이 높아지고 있는 것이 아닌가.

남선생　달라지고 있는 건 인간과 동물의 공감 능력에 대한 이해만이 아니겠지요. 앞서 언급되었듯 식물 생태계에 대한 이해도 깊어지고 있습니다. 그동안 주류 식물학·삼림학은 식물 역시 각각의 이기적 개체로 보았습니다. 서로 좋은 자리를 차지하기 위해 경쟁하는 개체들일 뿐이라는 것이죠. 그래서 육성하려는 한 가지 종에만 주목하고 그 종 주변의 공생환경을 오히려 저해 요인으로 보았습니다. 그래서 다른 종의 나무와 잡풀은 제거돼야만 했지요. '간벌(間伐)' 또는 '주벌(周伐)'이라고 했죠. 그것을 과학적 삼림관리법이라고 했어요. 주변을 싹 잘라내야 나무가 잘 자란다는 것이죠. 그런 게 20세기식 과학이었습니다. 놀랍게도 이러한 '이기적 식물'에 대한 이론이 학계의 주류 입장이 된 것도 냉전체제가 공고해진 시기와 일치한다고 합니다.[81] 숲속의 나무들이 공생 공존한다는 것이 냉전 이념에 맞지 않았던 것이죠. 인간본성론의 '껍데기 이론'이 주류 이론이 되었던 것과 똑같아요.

　그러나 최근 식물학자·생태학자들은 서로 다른 종의 식물들이 뿌리를 통해 균사(菌絲) 네트워크로 신호를 주고받으며 필요한 원소를 서로 교환하며 상생한다는 것을 밝혀냈습니다. 그래서 이 분야에서 선구적 업적을 내온 캐나다 브리티시 컬럼비아대 수잰 시마드(Suzanne Simard) 교수가 "숲의 지하는 또 다른 세상이며 무한한 생물학적 통로이다", "숲은 나무들을 연결하고 소통하게끔 해, 마치 지능이 있는 유기체와 같다"라고 주장합니다. 이러한 숲과 나무와 뿌리들의 소통망을 '우드와이드웹'이라고 했지요.[82] 과학 분야에서 이러한 변화가 냉전 이후의 후기근대 상황에서 발생하고 있다는 것이 저는 결코 우연이 아니라고 봅니다. 그렇다고 정치가 과학을 '결정'했다고 해버리면 충분하지 못합니다. 냉전 이념이 부추겼던 과학적 패러다임이 과학 자체의 검증을 못 이겨낸 것이죠. '껍데기 이론'이나 '이기적 식물' 이론이 깨진 것은 그 이론을 과학적으로 충분히 입증할 수 없었기 때문입니다. 그 이론을 반증하는 정밀한 과학적 데이터들이 너무나 많이 쌓였기 때문입니다. 수잰 시머드의 '우드와이드웹' 이론도 나무들의 서로 교환하는 분자, 원자 차원의 성분을 정밀하게 분석해서 나온 결론이거든요. 따라서 서로 긴밀히 연관된 인간과 인간, 자연과 인간, 자연과 자연을 재발견해내는 후기근대의 과학은 과학 자체가 고도로 발전한 필연적 결과이기도 한 것입니다.

후기근대의 과학은 땅속 미생물들이 식물 생장에 큰 역할을 한다는 점에 대해서도 많은 사실들을 새롭게 밝혀내고 있습니다. 그러면서 화학비료에 의존하던 기존 농법을 바꿔야 한다는 주장이 커지고 있습니다. 화학비료는 짧게는 수확량을 늘렸지만 길게는 땅을 죽이고 강과 바다까지 죽이고 있지 않습니까. 이런 농법으로는 오래 갈 수 없어요. 화학비료도 결국 화석연료에서 추출하는 것이고, 그 결과 농업이 화석연료 농업이 되고 말았고 현재의 기후변화에 상당히 큰 원인 제공자가 되어버렸습니다. 농업, 임업이야말로 탄소 흡수자가 되어야 하는데 말이죠. 그래서 최근의 신농법은 미생물 농법, 혼농임업, 임간축산, 재생농법, 수목간작 등 화학비료와 화석연료 소비를 줄이고 자연의 재생력을 극대화하는 방법에서 미래를 찾고 있습니다.[83] 이런 사실들을 보면 후기근대의 과학은 확실히 자연에 대한 인류의 전통적 지혜, 유기적 관점을 되살리고 있는 것으로 보입니다. 앞서 이 책 전반부인 1부 3론에서 **동아시아 초기근대 소농체제의 전통적 유기농법과 후기근대 친환경**

신농법 사이에는 매우 깊은 유사성이 있다는 점을 지적했던 바 있지요. 이제 여러 농경문화의 전통농법의 지혜를 후기근대 과학의 성취와 결합시켜 다시 살릴 때가 되었습니다.

500년 유럽내전의 종식과 '적이 사라진 세계'

서선생　지금까지 우리의 기후환경적 논의의 바탕이 되었던 기후과학, 지구시스템 이론이야말로 '후기근대 신과학'의 종합판이라고 할 수 있지요. 인간 활동과 지구시스템 순환이 긴밀한 연관 속에 이뤄지고 있다는 것을 매우 정밀한 방법으로 입증해왔으니까 말입니다. 그 정밀성의 수준은 이제 광합성 단계에서 태양에서 온 광자와 지구 물질의 전자와 물 분자, 이산화탄소 분자 차원에서 이뤄지고 있습니다. 분자와 원자를 넘어서 양자적 차원에서 거대한 전체와 극세밀 부분의 거대한 교환관계가 밝혀지고 있는 것이죠. 다만 우리가 염두에 둬야 하는 사실은 지구시스템 이론도 발전과정에 있다는 사실입니다. 엄밀히 말하면 21세기에 들어서야 비로소 탄생했다고 할 수 있는 신생 과학 분야죠. 이 신생 과학이 현재 도달한 결론을 우리가 반드시 참조해야 하지만, 이제 더 이상의 추가적 발견이나 발전의 여지가 없는 최종 결론이라고 볼 필요는 전혀 없습니다. 지구 자체에 내장된 힘에 대해서, 시스템적 연관부분에 대해서, 아직 우리가 모르고 있는 부분이 여전히 많다는 점을 겸허하게 인정해야 합니다. 그것이 진정으로 과학적인 태도죠.

　아까 우리가 뿌리의 힘에 주목해야 한다고 했는데요, 대지가 가진 회복력에 대해서도 마찬가지입니다. 앞으로 기후위기에 대해서 우리가 지금까지 생각하지 못했던 창조적 대응 방안이 앞으로 얼마든지 나올 수 있다는 뜻이죠. 먼 곳에서가 아니라 오히려 가까운 데서부터 나올 수 있습니다. 대기로 탄소 방출을 줄이고 반대로 땅속으로의 탄소 포집을 늘리고 에너지 효율을 높이는 데서 마이크로한 차원에서의 창발성과 틈새가 많습니다. 매우 다양한 탈화석연료적 농법들, 분산적으로 이뤄지는 재생에너지의 결집과 순환을 효율화하는 마이크로 그리드의 개발 등이 그런 영역이죠. 마이크로가 작지만 실은 작은 게 아닙니다. 극미의 양자, 원자 마이크로 세계가 결국 온 우주를 구성하지 않습니까. 극미에서 통하는 것은 어디서도 통합니다. 기후위기에 대한 인식과 대응도 결코 다르지 않다고 봅니다.

역시 우리가 미리 비관할 이유가 없어요. 이런 측면을 고려하지 못하고 이미 기후위기는 인류멸망의 길로 들어섰다, 돌이킬 수 없다, 멸망 이외의 다른 가능성은 이미 전혀 없다는 식의 단정도 없지 않은 듯해서 부연해보았습니다. 문제의 심각성을 강조하기 위해서 그럴 수도 있겠다는 것을 충분히 이해합니다만, 그런 수준을 넘어서는 '단정적 비관론'도 적지 않은 것 같습니다. 이제 더 이상의 방법이 없다, 끝났다고 체념하는 것이죠. 만일 정말 그렇다면 이제 골방에 들어가 기도하거나 아니면 휴거를 약속하는 사이비 교파에 얼른 가입하는 것 외에는 방법이 없겠지요. 그러나 그러한 식의 대책 없는 단정적 비관은 오히려 사회적 파국의식만 증폭할 뿐입니다. 매우 위험한 종말론적 사조에 이용되기 쉽지요. 단순히 종교 문제가 아니라 정치적 사회적 문제가 됩니다. 과학이 이런 식의 절대적 비관이나 폭력적 절망의 근거로 오용되어서는 안 되겠지요. 특히 후기근대의 신과학이라면 말입니다.

形

앞서 드 발의 공감적 본성론이 '바깥이 없는 세계'에 도달한 후기근대의 상황과 부합한다고 하였지요. 수잰 시마드의 '우드와이드웹' 역시 그렇고요. '바깥이 없는 세계'가 후기근대를 말한다면, 거꾸로 그동안의 팽창근대는 늘 '적대적 바깥-외부를 만들어 이를 공격하면서 팽창해온 세계'였다고 할 수 있겠죠. 신학적 외부, 정치적 외부, 경제적 외부, 인종적 외부, 그리고 자연적 외부를 끊임없이 만들어내서 이를 '외부화=적대화'함으로써 팽창해왔다는 것입니다. 경제학 용어인 '외부화'란 결국 비용을 외부로 떠넘기는 것이고, 또한 동시에 격차를 창출하여 자신의 소유로 장악하는 것이지요. 이러한 격차적 외부의 끊임없는 창출은 동시에 끊임없는 '적의 창출'이기도 했습니다. 이 점이 우리가 카를 슈미트의 예외주권론을 분석하면서 얻었던 결론이었죠. 그렇다면 이제 **후기근대가 그런 의미의 외부-바깥이 없는 세계라고 하면, 이는 동시에 카를 슈미트적 의미의 '적'이 사라진 세계**라고 할 수 있습니다.

그렇듯 **'적이 사라진 세계'란 500년 전 유럽 내부의 내전에서 시작하여 점차 유럽 밖으로 확산되었던 길고 긴 세계내전이 이윽고 종식된 세계**입니다. 그런 의미에서 '내장근대의 지구화'란 '적대적 외부가 사라진 세계'를 말한다고 하였지요.4부 3론 따라서 여기서 '적'이나 '적대적 외부'란 500년 유럽내전 체제에서 작동했던 낙차 창출 메커니즘으로서의 적대와 외부를 말합니다. 세계체제적 차원의 거시적인 의미에서 하는 말입니다. 물론 여러 차원에서 긴장과 대립, 불평등과 부정의의 문제는 여전히 존재하고 있고, 앞으로도 존재할 것입니다. 그러나 팽창사회의 낙차에너지를 내장사회의 밀도에너지가 대체해가면서 그 긴장과 대립의 성격과 강도는 분명히 변화하고 약화해갈 것입니다.

드 발의 공감적 본성론의 의미를 여기서도 찾아볼 수 있겠습니다.

그동안의 인간본성론이 한쪽으로 치우쳤던 이유는 일상 차원에 불가피할 수 있는 대립이나 경쟁을 너무나 극단적이고 공격적으로 몰아갔던 외적 상황·세계상황과 무관하지 않았기 때문입니다. 생물학자들은 '유전자의 발현'이라는 말을 하는데, 유전자는 주어진 것이지만 그것이 어떤 특징으로 표현될지는 주어진 조건에 따라 달라질 수 있다는 뜻입니다. 그래서 생물학자들은 주어진 유전형(genotype)과 그것이 생장의 조건에 따라 발현되는 표현형(phenotype)을 구분합니다. 자연적 본성이란 잠재성과 발현의 합체입니다. 그런데 드 발 교수가 지적한 '껍데기 이론'이란 이러한 자연본성의 양면성, 복합성을 아주 조잡하게 일면화한 것이었어요. 인간본성은 유전적으로 그렇게 오직 이기적으로만 결정되어 있다고 말이죠. 이건 변할 수가 없는 절대적 상수다. 이렇게 단언한 것입니다.

이렇게 큰소리를 쳤습니다만, 실은 조금만 들여다봐도 근거가 아주 허약한 주장임을 알 수 있어요. 생명체가 자기보존 본능을 갖는다는 것은 어쩌면 하나 마나 한 너무나 당연한 말일 뿐입니다. 어느 생명체가 자기보존 본능을 가지지 않을 수 있겠어요? 그런데 그런 당연한 말에다가, 그렇기 때문에 인간에게 공감, 협동, 이타(利他)의 본성 같은 것은 이기심의 껍데기에 불과한 것이라고 엉뚱한 소리를 붙여놓은 것입니다. 너무 심한 오버고 왜곡이 아닐 수 없죠. **인간만 아니라 모든 생명체에 반응과 협동의 유전자가 존재합니다. 식물조차, 미생물조차 그렇습니다.**[84] 일정한 때와 조건이 되면 그런 유전자가 작동하는 것입니다. 이제 우리는 그런 사실을 과거보다 훨씬 잘 알게 되었습니다. 발전한 과학의 성과가 그것을 가능하게 해준 것이죠.

그런데 '껍데기 이론'은 인간본성의 공감적 바탕을 철저하게 부정하려고 했어요. 부정할 뿐 아니라, 냉소하고 적대했죠. 인간본성에 대해 왜 이렇게까지 냉소적이었을까요. 생물학사를 보면 당시의 그러한 냉소적 '정설'에 대해 매우 괴로워했던 생물학자들이 있었음을 알 수 있습니다. 심지어 자신의 재산을 불우한 이웃들에게 기부하고 자살을 택한 조지 프라이스 같은 이도 있죠. 그때가 1975년이었습니다. 자신 내면의 도덕적 요청과 자신이 배우고 가르쳐야 하는 생물학 이론이 너무나 맞지 않아 절망했기 때문입니다.[85] 왜 그랬을까요. 왜 이렇게까지 이상한 이론이 학계의 주류 입장이 되어 권력을 휘두르게 되었던 것일까요? 생각해볼 점이 많습니다.

우선 앞서 지적처럼 당시 그들이 살고 있었던 냉전적 세계상황이 매우 공격적이고 거칠었다는 사실을 결코 무시할 수 없었고, 그런 세계에서 인간본성을 공감적으로 보기 어려웠을 것입니다. 당시에 이기적 인간본성론이 지배적이었던 곳은 생물학계만이 아니었습니다. 사회과학 여러 분야, 아마도 인류학 정도를 제외하고 거의 모든 분야에서 우월한 지위를 누렸죠. 특히 경제학과 국제정치학 분야에서 압도적 대세를 이뤘던 소위 '합리적 선택론'은 생물학의 이기적 인간본성론을 그대로 베껴온 것이라고 할 수 있어요.[86] 학술 언어라는 게 말을 교묘하게 중립적으로 포장하는 기술이 있는데요, 말이 좋아 '합리적 선택(rational choice)'이지 핵심은 정확히 드 발 교수가 말한 '이기적 인간본성론', '비도덕적(immoral) 또는 무도덕적(amoral) 인간본성론'이었습니다. 여기서 '합리적(rational)'이라는 말은 결국 생물학에서 이야기해온 '이기적(selfish)'이라는 뜻이었어요. 20세기 내내 그랬습니다. 앞서 드 발의 인용에서도 언급됩니다만, '껍데기 이론'의 힘이 크게 약화되면서 경제학 등 사회과학 분야 내부에서도 과거의 '합리적 선택이론'의 지배력 역시 약화되고 있습니다. 이 역시 후기근대적 현상입니다. 흥미로운 일이 아닐 수 없지요.

인간본성이란 고정되어있는 정량이 아닙니다. 인간이 살아가는 세계상황과 각자 생애사의 조건과 굴곡에 따라 발현되는 부분이 달라지는 잠재성의 집합입니다. 지구 생명체의 본성이 다 그렇다고 할 수 있지만, 그중에서 인간본성이 유전자 발현의 변이 폭, 자유도가 가장 크다고 할 수 있죠. 달리 말하면, 협동과 경쟁의 복합성이 가장 높은 수준으로 진화했습니다. 그것이 바로 인간의 특징이라고 할 수 있습니다. 생물학에서 말하는 '유전자 발현'이란 쉽게 말하면 유전자의 어느 스위치를 누르느냐에 따라 들어오는 불이 달라지는 것이라고 할 수 있습니다.[87] 그렇다면 내전 상황에서는 적대와 불신의 본성 쪽에, 평화 상황에서는 공감과 협동의 본성 쪽에 들어오는 불이 많아진다, 그러한 쪽의 본성의 잠재성이 더 많이 발현된다고 할 수 있는 것입니다. 인간 본성의 진화적 바탕에 대해서는 우리가 이 책 결론부에서 다시 논의할 기회가 있을 것입니다.

다섯 개의 콘트라스트: 붕새의 날개, 문명의 진로

동선생 지금까지 5부 논의를 통해 여러 차원에서 다각도로 '대전환'과 '대파국'의 향방에 대해 깊이 검토해보았습니다. 논의를 이제 마무리하고 정리해볼 시간이 되었습니다. 앞서 많은 이야기가 나왔는데요, 이를 몇 개의 커다란 콘트라스트(contrast)로 집약해볼 수 있겠습니다. 첫째, '제2의 인클로저'냐 '밀라노비치 코끼리의 등'이냐의 콘트라스트.

形

둘째, '대분기'냐 '대수렴'이냐의 콘트라스트. 셋째, '신냉전'이냐 '지정학의 종식'이냐의 콘트라스트. 네 번째로 '프랜시스 베이컨의 〈6일간의 창조〉의 오만'이냐 〈제6의 대멸종〉을 자각한 인류적 지구생태 의식의 각성'이냐의 콘트라스트. 그리고 여기에 또 하나를 더해 본다면, 다섯 번째로 '20세기 냉전과학'이냐 '후기근대 신과학'이냐의 콘트라스트가 되겠습니다.

이 다섯 개의 콘트라스트 모두가 전 지구적 차원에서 진행되고 있는 것이고, 우리가 살펴본 바와 같이 어느 하나 매우 극적이고 스펙터클하지 않은 게 없습니다. 더구나 그러한 거대한 콘트라스트들이 연속으로 이어져 겹치면서 상호 증폭하고 있고, 그 결과 더욱 거대한 스펙터클을 만들어내고 있습니다. 지금 우리가 살고 있는 이 시대가 우리의 일상 감각을 훌쩍 뛰어넘는 거대한 수준의 진동과 격변의 시대라는 사실을 새삼 절감하게 됩니다. 그런 새로운 각성 위에서 냉전 종식 이후의 지난 30년을 다시 생각해봅니다. 그 시간은 결코 평범한 시간이 아니었습니다. 거대한 전변의 시간이었습니다. 그 30년은 지구의 모든 극(極)들이 최대의 진폭으로 맥놀이를 해왔던 시간이었습니다. 더구나 그렇듯 극과 극을 오가는 그 맥놀이는 하나가 아니고 여럿이었죠. 그 거대한 맥놀이들이 서로 중첩하여 증폭하기도 하고 상쇄하기도 하면서 실로 '시바의 춤'이라 할 만한 대장관을 이루어왔다고 하겠습니다.

그렇다면 그 거대한 진폭의 맥놀이들은 어떤 방향을 향해 움직이고 있는 것일까요. 아니, 도대체 무슨 방향이 있기나 했던 것일까요? 이 맥놀이들에서 각각의 극들은 거의 대립적인 안티테제를 이루고 있습니다. 그리고 그 대극적인 힘들이 서로 교차하면서 거대한 운동, 바람을 일으키고 있습니다. 그 거대한 바람과 운동은 온통 서로 어지럽게 얽히고설킨 무질서하고 무방향적인 카오스에 불과한 것일까요? 아니면 분명 어떤 리듬, 흐름, 그리고 방향을 가지고 움직이고 있는 것일까요? 저는 현대 카오스 이론의 편에 서고 싶습니다. '카오스에도 분명 패턴과 방향이 있다'고 말입니다.

지금까지 5부의 논의를 해가다가 제게 어떤 이미지가 하나 떠올랐습니다. 그것을 '대분기'와 '대수렴'의 흐름을 가지고 설명해보겠습니다. '대분기'란 동서가 크게 갈라지는 것이었고, '대수렴'은 동서가 다시 크게 접근하는 것이었죠. 원래 동양보다 부(富)와 세(勢)가 낮았던 서양이 '대항해'와 팽창근대의 큰바람을 타고 높게 날아올랐습니다. 반면 그때 동양은 서양이 날아오른 만큼 밑으로 하염없이 가라앉았죠. 그것을 '동서 대분기'라고 했습니다. 그러다 20세기 후반부터 이 흐름은 서서히 반전하기 시작했지요. 동양은 바닥을 치고 오르기 시작했고, 서양은 절정의 시간에서 점차 부와 세의 여지를 동양에 내어주지 않을 수 없게 되었습니다. 그리하여 이제 21세기가 되면 양측의 부와 세가 서로 접근해가는 '동서 대수렴'의 시대가 되었습니다. 두 힘이 휘감기면서 하나의 방향을 만들어왔던 것이죠. 이 직관을 도시하면 〈그림 5-14〉와 같이 될 것입니다.

아래서 위로 끝없이 올라갔다 다시 내려오는 선은 팽창근대의 세(勢)이고, 반대로 위에서 아래로 바닥 모르고 추락했다가 다시 올라오는 선은 내장근대의 세(勢)입니다. 이 선들은 이 두 개의 세의 대략적인 글로벌한 추세와 비중의 큰 흐름을 직관적으로 보여주는 이미지이지, 엄밀한 통계 데이터로 만든 그래프는 아닙니다. 이 이미지는 우리가 1부 1론과 2부 2론에서 보았던 동과 서의 GDP 교차 곡선과 유사합니다.〈그림 1-1〉.〈그림 2-1〉 그것을 '부(富)와 세(勢)'의 상대적 비율(%)로 확

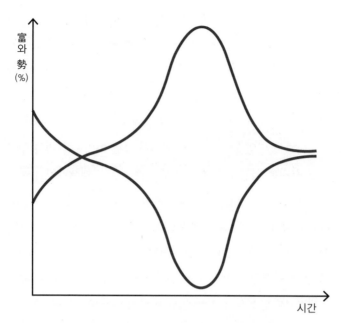

〈그림 5-14〉 붕새의 날개: 팽창과 내장, 대분기와 대수렴의 날갯짓과 하나의 방향

대하여 직관적 이미지로 포착해본 셈이죠. 그림의 좌측에 두 선의 교차가 생기는 지점이 동아시아 내장근대와 서양 팽창근대의 우세의 교체가 일어나는 시점(18세기 후반~19세기 초)이 되겠고, 그 이후 양측 세의 차이가 커다랗게 벌어지는 과정이 바로 '대분기'를 보여줍니다. 그러다가 이 대분기는 절정에 이른 후에 점점 그 격차가 줄어들어 그림 우측의 대등한 수준으로 수렴해 갑니다. 바로 '대수렴'이죠.

그런데 묘하게도 이 그림이 마치 거대한 새 한 마리가 날아가는 형상을 하고 있지 않습니까? 게다가 이 거대한 새는 근대세계사 전체의 시간을 그것도 지구 전체를 포괄하여 날고 있는 새란 말이죠. 그런 새가 어떠한 종류의 새겠습니까? 이 책의 서론의 〈종합발제〉의 첫 대목에서 나왔던, 바로 그 "시간의 대지(大地) 위를 높이 나는 거대한 새"가 아니겠어요? 그런 특이한 새를 "역사의 새"라 하자고 했지요. 그 새가 동아시아를 이야기하면서 『장자』「소요유」편의 '붕새'가 되었고, 그 후로 '붕새'는 이 책에서 줄곧 '시간의 대지 위를 높이 나는 역사의 새'를 상징하는 이름이 되었습니다. 제가 위에서 그린 이미지를 미리 생각해 두고 있었던 것은 아닙니다. 이번 5부의 논의를 진행해가면서 무엇인가 어떤 강렬한 느낌 또는 이미지가 떠올라 그것을 형상화했더니, 그게 묘하게도 붕새의 형상을 띠게 되었어요.

이 붕새는 보시다시피 거대한 날개를 상하로 활짝 펼치고 있습니다. 그 한쪽 날개는 끝없이 상승하는 팽창근대를, 다른 한쪽은 끝없이 추락하는 내장근대를 나타내고 있지요. 이로써 이제 이 붕새는 동아시아의 시간만이 아니라 세계의 시간을 날고 있습니다. 그 양 날개의 거리가 멀수록, 즉 양극의 낙차가 클수록, 붕새의 날갯짓은 더욱 거대해질 것이고 붕새의 비행은 더욱 강력한 추진력을 갖겠죠. 그 양극의 낙차가 이 새의 비행에 동력을 주었다고 할 수 있습니다. 거대한 에너지를 일으켜, 앞으로, 그리고 멀리, 날아가게 했습니다. 그런데 그렇게 앞으로 힘차게 날아가다 보니 그 과정이 바로 낙차를 줄이고 비행의 항로를 '대수렴' 쪽으로 모아가는 것이 되었습니다. 그렇습니다. 이 거대한 새는 거대한 낙차의 힘으로 비행해왔지만, 이 비행의 방향은 낙차를 줄여가는 쪽으로 향하고 있습니다,

제가 이 '붕새의 날개'의 이미지가 5부의 논의 과정에서 불쑥 튀어나왔다고 했습니다만, 다시 생각해보니 그것은 결코 단순한 우연이 아닌 것 같습니다. 위 그림 속의 새는 서양 팽창근대와 동아시아 내장근대

形

를 양 날개로 하고 있고, 그 양 날개가 일으킨 파장은 지구 전체에 미치게 되었지요. 여기서 더 나아가 이제 그 양 날개가 일으킨 에너지와 파장이 미래문명의 향방을 정하는 데 결정적인 역할을 하고 있습니다. 바로 그것이 이 책 서론에서부터 이 순간까지의 우리 논의의 일관된 메시지라고 할 수 있는 것이지요. **'붕새의 날개'란 바로 그런 메시지를 집약하는 상징이자, 이 책의 전 논의의 바탕에 늘 흐르고 있던 라이트모티프(Leitmotiv)였던 것입니다.** 그렇기 때문에, 이 책의 논의를 집약하는 순간에, 우연 같지만 사실은 필연적으로, '붕새의 날개'의 이미지가 불쑥 그 형상을 드러냈던 것이라고 생각하지 않을 수가 없습니다.

이 이미지는 앞서 말한 '다섯 개의 거대한 콘트라스트' 모두에 적용될 수 있을 것입니다. 그 이미지가 전하는 메시지도 마찬가지입니다. 그 콘트라스트들은 격렬한 양극 운동을 하지만 묘하게도 그 거대한 날개짓은 수렴을 향하고 있다고 말입니다. 수렴이란 낙차가 줄어드는 것이죠. 문명, 인종, 계급, 지역, 성별, 그리고 인간과 자연의 낙차 말입니다. 그것이 팽창과 내장의 양날개 운동을 통해 다섯 개의 콘트라스트가 향하는 방향이었습니다. **'대분기'는 '대수렴'의 방향으로, '제2의 인클로저'는 '밀라노비치 코끼리의 등'의 방향으로, '신냉전'은 '지정학의 종식'의 방향으로, '프랜시스 베이컨의 오만'은 '인류적 지구생태의식의 각성'의 방향으로, 그리고 '적대적 냉전과학'은 '후기근대 공존적 신과학'의 방향으로** 말입니다.

그러나 현대과학의 카오스 이론과 일리야 프리고진의 비평형 열역학은 복잡계(complexity system) 카오스 운동에 어떤 패턴, 방향성이 있다고 말하지, 그 방향이 '미리 결정되어 있다'고 말하지 않습니다. 미리 결정되어 있다면 가만 있어도 되는 것이겠지요. 어차피 그렇게 결정되어 있다는 데 우리가 무엇을 할 필요가 있겠습니까. 그러나 그렇지 않다는 것이죠. 자연현상에서도 진행 과정에서 여러 힘들의 새로운 복합 작용들이 생기면서 미결정의 영역이 항상 생겨난다고 합니다. 더구나 우리가 논의해온 이 다섯 개의 콘트라스트의 향방은 단순히 자연적 힘에 의해 결정되는 것이 아니라, 인류의 의식적 선택과 결코 무관할 수가 없습니다. '미리 결정되어 있는' 것이 아니라, 인류가 '의식적으로 선택하고 결정해야 하는' 문제입니다. 따라서 그 방향은 우리의 최선의 지식을 모으고, 최선의 의지를 모아서 결정해야 마땅한 것이 되겠지요.

그렇다면 우리는 어떠한 선택을 해야 할까요? 마땅히 인류의 안녕과 행복에 부합하는 선택이어야 하겠지요. 아울러 신중하게 살펴야 할 점은 그러한 선택이 사물의 흐름, 사태의 흐름, 시대의 흐름에 맞는 선택이어야 한다는 것입니다. 그래야 저항과 피해를 최소화하면서 원하는 바를 이룰 수 있게 될 것이니까요. 따라서 우리가 다섯 개의 콘트라스트에서 일정한 지향성을 찾을 수 있다고 했던 것은, 우리의 선택지향과 결코 무관할 수 없습니다. 즉 우리가 그 방향을 선택했을 때, 그것이 자연의 흐름, 지구의 흐름, 천하의 흐름에 순응하는 것이 되고, 따라서 파국이 아닌 성공으로 귀결될 가능성이 크다는 것입니다. 또한 그렇게 선택한 결과가 인류 미래의 안녕과 번영에 부합한다는 사실을 당연히 전제하고 있는 것입니다.

우리가 선택한 그러한 방향성을 한마디로 말하면 바로 '수평화'이고 '내장화'가 아니겠습니까? 내부로 심화하며 확장해가는 수평적 운동, 또는 안쪽으로 상승하며 넓어지는 와선(渦旋) 운동이 되겠지요. 팽창의 길로 힘껏 나갔는데 그 비행의 길은 어느덧 팽창의 극점에서 내장의 완성 쪽으로 전환하였습니다. 바로 〈팽창근대와 내장근대의 변증법〉이죠. 그래서 〈그림 5-14〉에 나타난 붕새의 이미지가 바로 그 변증법의 운동을 상징해주고 있다고 할 수 있겠습니다. 더하여 말하자면, 그림으로 다 나타내지는 못했지만, 이 새의 비행경로는 평면상의 직선이 아니라 3차원 공간에서 상승하는 곡선, 원운동이었을 것입니다. 상공을 차고 오르며 크게 돌아 다시 출발했던 자리로 날아가는 길 말입니다. 우리가 4부 4론에서 '코리아 양국체제'를 논의하면서 『도덕경』의 '곡즉전 왕즉직(曲則全 枉則直)'과 상대성이론의 우주적 곡선에 비유해 말했던 것을 이 붕새의 비행에 대해서도 적용할 수 있을 것 같습니다. '휘어진 것(曲)이 온전한 것(全)이고, 굽은 것(枉)이 똑바른 것(直)'이라고 말입니다.

'크게 돌아 다시 출발했던 자리로 돌아온다'는 것은 물론 〈형-류-세-형′〉의 순환에서 형(形)에서 형′(形′=형 다시)로의 귀환이지요. 출발점의 '형'과 크게 돌아 다시 돌아온 '형′(형 다시)'는 결코 꼭 같지 않다고 했습니다. 동형(同型)이나 동일(同一)하지는 않다고 했죠. 그것을 '위상동형'이라고 했습니다. 기억하시는 바와 같이, 서론 1부에서부터 여러 차례 강조해왔던 말입니다. 즉 '초기근대의 내장근대'와 '후기근대의 내장근대'는, 동형이나 동일하지 않은, 위상동형의 관계에 있습니다. 후기근대의 내장근대는 팽창근대와 내장근대의 500년 변증법의 결과 높은 수준에서 전 지구로 확대된 내장근대이며, 또한 근대의 바깥을 향하는 새로운 문명적 가능성을 품은 진정으로 탈근대적인 내장근대입니다.

지금까지 우리가 논의해왔듯 **세계의 내장화를 향하는 거대한 변화는 경제사회적, 정치군사적, 기후환경적 차원 모두를 가로지르는 총체적 전**

변(轉變)입니다. 이 거대한 전변에 성공할 때 그것은 문자 그대로 '문명적 차원의 대전환'이 되겠지요. 그러한 대전환은 인간 사회만이 아니라 자연과 인간의 관계까지를 아우르는 '총체적 내장화'를 통해 가능하다는 점에서 그것은 '내장적 문명전환'이라고 집약할 수 있겠습니다.

제4론

'지구선택'과 인류문명의 내장적 전환

문명이란 무엇인가

동선생 우리는 보통 '문명'하면 이집트 피라미드나 파리의 개선문, 뉴욕의 엠파이어스테이트 빌딩과 같은 거대한 기념비나 건축물, 또는 알렉산드로스 대왕이나 로마의 카이사르, 한나라 무제(武帝)의 거대한 정복 사업을 연상합니다. '문명'에 대한 우리의 일반적 이미지 자체가 팽창적인 업적 또는 거대한 낙차에 기반한 성취를 연상하도록 인식 구조에 입력되어 있었던 것이죠. 우리도 모르게 말입니다. 이러한 이미지 속에서는 피라미드를 만든 노예들, 엠파이어스테이트 빌딩을 만든 노동자들, 정복자에 의해 멸망당한 부족이나 국가는 '문명'의 빛 밖의 그림자, '문명 밖의 야만'으로 취급되기 일쑤입니다. 즉 기존의 통상적인 '문명'에 대한 인식에는 '팽창적 문명'의 이미지가 문명 자체와 등치되는 무의식적 연상작용이 들어와 있었던 것이죠. 이런 인식 때문에 '문명' 자체를 비판적, 비관적으로 보는 '반문명적' 입장도 생깁니다.

'근대문명'을 이야기할 때도 마찬가지입니다. 그러한 '팽창성'이 다만 더욱 커지고 빨라진 것을 '근대문명'이라고 이해하고 있으니까요. 그것이 우리가 논의해온 '팽창근대'의 특징이었죠.

그러나 '문명'에 대해 이렇듯 무의식적으로 입력된 선입견을 걷어내고 생각해보면 무릇 모든 문명의 바탕은 오히려 내장적 자생력과 지속성이었음을 알 수 있어요. 나일강 따라 형성되었던 광범한 농업공동체의 자생성과 지속성 없이 피라미드가 어찌 가능했고, 회의체 농업국가였던 로마 공화정 없이 카이사르가 어찌 나올 수 있었겠습니까. 공동체 안에서 안정된 문명기반을 구축하는 것이 문명의 시작이고 또 항상적 근거이기도 합니다. 바깥으로 정복을 한다 하더라도 그렇게 확장된 울타리 안에서 안정된 내장적 지속 구조를 갖추지 못하면 그 문명은 결국 몰락하기 마련이니까요.

결국 **팽창성이 아니라 내장성이야말로 모든 문명을 성립하고 지속하게 했던 원천이자 근거였습니다.** '문명'을 이렇듯 두 개의 차원에서 보게 되면 문명 자체, 일체의 문명적 성취를 억압의 증가로만 보아 반대하고 거부하는 '반문명적 입장'의 일차원성도 넘어설 수 있게 됩니다. 기존의 '문명'과 '문명사'에는 비판하고 극복할 측면도 있고, 보존하고 상승시켜야 할 측면도 있습니다. 물론 인류문명사는 팽창과 정복의 역사를 포함했습니다. 그러나 정복과 정복에 따른 낙차 창출만 가지고는 문명을 지속할 수가 없지요. '말 위에서 천하를 얻을 수는 있으나, 다스릴 수는 없다'라는 우리에게 익숙한 고사가 이런 점을 잘 지적하고 있다고 하겠습니다. 팽창성, 공격성만을 내세운 문명은 모두 단명했습니다. 팽창성, 공격성을 내부에서 제어하고 내장적 결합력을 높이는 방안을 끊임없이 모색한 문명만이 지속할 수 있었습니다.

마찬가지 이야기가 근대문명에도 적용됩니다. 인류사에서 전례 없는 수준으로 특정 문명의 팽창성이 크게 증폭되어 나타났던 것이 팽창근대의 지난 500년의 역사였습니다. 서양 팽창근대의 거대 낙차에너지는 이윽고 전 지구를 완전히 포괄하였을 만큼 강력했으니까요. 그러나 바로 그렇게 굉장했던 파급력이 글로벌한 차원에서 문명의 내부와 외부의 구분 자체를 소멸시켰습니다. 그 결과 이제 세계는 더 이상 어느 쪽이 어느 쪽을 정복하면서 팽창하는 방식 자체가 한계에 도달했습니다. 그리하여 이제는 안으로 품어야 하는 내장적 재구성-재조정의 방향설정, 내장적 지속가능성의 확보 여부가 절체절명의 화두가 되었지요. 이제 다른 길이 없습니다. 현재의 지구 사회의 모습을 보십시오. 군사적 패권이나 GDP 수준이 그 자체로 행복한 나라를 보장해주지 않습니다. 이제는 선진국의 기준이 바뀌어야 하는 때가 왔습니다. 합의에 기초해 내외의 낙차를 줄여가는 내장적 안정성을 갖춘 나라와 그렇지 못한 나라가 있는 것이죠. **이제는 내장성의 성숙 여부가 사회의 문명성의 수준을 가늠하는 기준**이 되었습니다. **근대의 팽창성, 낙차에너지가 극점에 이름으로써 근대의 성격, 방향, 기준 자체가 뒤바뀌게 된 것이지요.** 이를 〈팽창근대와 내장근대의 변증법〉이라고 했습니다. 이로써 지금 우리는 문명의 팽창성 자체의 한계를 목도하고 있게 된 것인데, 이러한 모습은 실로 고대국가 출현 이후의 인류문명사에서 처음 보는 현상이 아닌가 합니다.

인구와 생산의 증가 추세가 꺾이고 있다

서선생　문명의 팽창성 자체가 한계에 봉착했다는 점을 지적해주셨어요. 저는 동시에 우리가 지금 '근대'라는 역사적 시대의 일몰을 목격하고 있다는 사실을 지적하고 싶습니다. 이 책 서두에서 '근대'란 고대-중세-근대의 역사 시대의 구분이라고 했었죠. '팽창근대' '내장근대'란 '근대사회' '근대문명'의 양면을 말하고 우리는 이를 근대세계사에 존재했던 '두 개의 근대'라고 했습니다. 그리고 이 팽창근대, 내장근대를 포괄하는 **근대사회, 근대문명의 핵심적 특징은 '인구증가율과 생산증가율의 급격한 상승'에 있다**고 했습니다.[1부 1론] 그런데 후기근대에 이르러 이러한 근대사회의 핵심 특징에 주목해 보아야 할 중대한 변화가 발생하고 있습니다. **인구와 생산 양쪽 모두에서 증가율이 하강**하고 있어요. **근대 자체가 한계에 이른 것입니다.**

　근대 이전 역사단계까지 인간 사회의 인구와 총생산은 매우 완만하게 증가해왔습니다. 그런데 시간과 인구-총생산 증가율의 함수관계에서 상향 기울기 크기가 증가하는 것이 바로 근대문명의 특징입니다. 완만한 증가란 기울기가 거의 변하지 않는 상태입니다. 수천 년, 수백 년간 거의 비슷했던 증가의 기울기가 커지기 시작하면 이것이 '질적 변화'의 징표가 되는 것이죠. 근대사회의 이러한 특징이 자본주의와 등치되는 것은 아닙니다. 자본주의가 본격화되는 산업혁명 이전에도 '인구와 생산의 급격한 증가' 현상은 나타났으니까요. 동아시아도 그랬고 유럽 역시 그러했습니다. 그것을 '초기근대' 단계라고 했지요. '자본주의'는 18세기 후반부터 산업혁명을 주도한 영국을 중심으로 성립했는데요, 이를 계기로 인구와 총생산 증가의 기울기가 보다 급격하

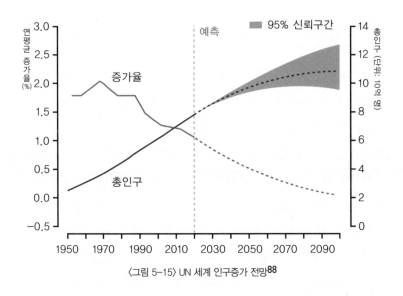

〈그림 5-15〉 UN 세계 인구증가 전망[88]

게 상승하게 된 것입니다. 이로써 근대세계사의 제1단계인 초기근대
는 제2단계인 서구주도근대로 넘어가게 되었다고 했습니다.

　그러나 근대세계사의 제3단계인 '후기근대'에 이르면 근대의 공통
특징이라고 했던 인구와 총생산의 급격한 증가 추세, 증가율에 변곡점
이 생기게 됩니다. 이번엔 상향 변곡이 아니라 반대로 하향 변곡입니
다. 〈그림 5-15〉 우선 인구증가 추세의 급속한 상승세가 꺾이고 있습니다.
아프리카나 중동 일부 나라와 같이 인구증가율이 오히려 높아지고 있
는 지역도 있습니다만, 전체 평균에서 증가율은 분명히 꺾이고 있습니
다. 보통 한 여성이 가임기간에 낳을 것으로 기대되는 평균 출생아 수
를 '합계출산율(total fertility rate)'이라 하는데요, 그 세계평균이 계속 낮
아지고 있습니다. 일부 저소득 국가들에서는 높아지고 있지만 중위소
득 이상 국가들에서 계속 낮아지고 있기 때문에 전체적인 상승 추세는

꺾이고 있습니다. 그러나 평균수명이 늘고 있어 합계출산율 하락이 곧바로 세계인구 감소로 나타나지는 않습니다. 그러나 합계출산율은 계속 저하될 것으로 예상되니까 인구의 밑이 계속 줄어들면서 어느 시점부터는 세계인구가 감소하기 시작할 것입니다. 세계 총인구가 감소하기 시작하는 정확한 시점에 대한 예상은 연구 모델마다 약간씩 차이가 있습니다. 어느 모델은 2050년쯤이면 인구가 절정에 이르러 서서히 감소할 것이라고 보는데, 다른 모델은 2100년에 이르러서야 비로소 감소가 시작된다고 예측하는 것이죠(〈그림 5-15〉의 95% 신뢰구간에서 보이는 차이). 그러나 어쨌든 분명한 사실은 '합계출산율'과 '전체출산율'이 20세기 후반(대략 1970년대)부터 감소하기 시작했다는 것입니다.

세계 총생산증가율도 마찬가지입니다. 이 현상은 경제성장률을 지표로 삼을 수 있습니다. 통상 경제성장률은 산업화 초기에 높게 유지하다가 소득수준이 높아지면 저하되는 경향을 보이지요. 그래서 산업화를 일찍 시작한 선발 산업국의 오늘날의 경제성장률은 낮고, 산업화를 이제 시작한 개발도상국은 높으며, 산업화가 시작되지 못한 곳의 성장률은 아직 낮은 상태에 있습니다. 한국의 경우는 후발산업화를 시작한 1970~1980년대에 높은 성장률을 보이다 1990년대 중반 이후에는 현저하게 낮아지는 추세입니다. 일본은 1960~1980년대에 고도성장을 하다 1980년대 후반부터 낮은 성장률 시대로 접어들었고, 중국은 1990년대부터 고성장을 하다 2010년대 중반부터 그 추세가 약화되고 있지요. 그럼 이제 이렇듯 나라마다 다른 여러 상황을 합산한 세계 전체의 평균 경제성장률 추이는 어떻게 나타날까요? 〈그림 5-16〉에서 보듯 20세기 후반(대략 1970년대) 이래 분명히 그리고 지속적으로 낮아지는 추세를 나타내고 있습니다.

形

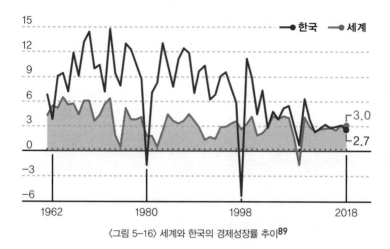

〈그림 5-16〉 세계와 한국의 경제성장률 추이[89]

〈그림 5-15〉, 〈그림 5-16〉은 근대세계의 인구성장률과 경제성장률
이 20세기 후반의 어느 지점부터 꺾이기 시작했음을 분명히 보여주고
있습니다. 두 개의 꺾임 추이가 놀랍게도 시기적으로도 거의 일치하는
모습입니다. 물론 아직 총인구나 총생산의 절대량이 감소하고 있는 것
은 아닙니다. 그러나 증가율이 꺾여 저하하고 있다는 사실은 매우 중
요합니다. **근대의 핵심 발전논리가 흔들리면서 역사적 대변동의 임계점
에 다가가고 있음**을 보여주는 것이니까요. 이러한 변화 추세가 단순히
양적 증가율의 감소만으로 나타나는 것은 아닙니다. 이미 1970년대 석
유파동 때부터 '성장의 한계'에 대한 인식이 널리 형성되기 시작했죠.
이는 단순히 성장의 자원적·물질적 한계에 대한 인식을 넘어서는 것
이었습니다. **'무한한 성장이면 그 자체로 좋은 것이냐'는 새로운 문제의
식**이 생겼어요. 선각적 사상가들은 엔트로피 증가와 문명 지속성 문제
를, 환경운동은 생태계 파괴, 삶의 질의 저하라는 시각을 제기했습니

다. 그리고 이제 21세기에 접어들어서는 '기후위기'라고 하는 '성장의 절대 한계선'에 대한 긴박한 문제의식이 추가되어 널리 공유되기에 이르렀지요.

'축의 시대'와 문명의 시선 전환

동선생　'성장지상주의'라고 하는 근대문명의 절대 명제에 대한 의문과 회의와 비판이 제기되고 있다는 사실이 아주 의미심장합니다. 그것은 말씀대로 단순히 성장이 물질적, 양적 한계에 도달했다는 의식에서 비롯되는 것만은 아닙니다. 그동안의 '성장 숭배'가 타자(他者)의 파괴와 약탈, 지배와 영유에 기반했고, 이를 영속화하려 했던 문명적 욕망의 표현이 아니었느냐는 문명적 자기반성을 수반하고 있습니다. 근대의 성장지상주의란 문명 간, 남북 간, 동서 간, 민족 간, 지역 간, 국가간, 계급 간, 성별 간, 그리고 인간/자연 간의 낙차를 계속 키우고 영속화하려는 지배 욕망의 표현이지 않았느냐는 뼈아픈 각성이지요. 그래서 저임금착취·환경파괴·인종차별 기업 불매운동, 공정무역, 윤리적 소비, 윤리적 투자, 탈성장, 탄소발자국 줄이기 생활운동, 청빈의 삶의 가치에 대한 재평가 등의 새로운 움직임이 여러 나라에서 아주 다양한 형태로 널리 나타나고 있는 것이고요.

근대문명의 목표는 인간의 자연지배를 통한 물질적 향유의 완성, 인간의 모든 필요의 완전한 충족에 있었다고 할 수 있겠습니다. 자본주의에 반대했던 사회주의 운동의 목표도 이와 다르지 않았습니다. 이러한 목표 자체가 잘못되었다고 할 수는 없겠죠. 그러나 그런 목표를 추

形

구하다 보니 한계가 드러났어요. 이건 자본주의의 한계냐 사회주의의 한계냐 이런 차원을 뛰어넘는 문제입니다. 좌우를 막론하고 근대문명의 발전 논리와 방법 자체에 문제가 많았다는 것이 드러나기 시작했습니다. '성장의 한계', '기후위기'가 그런 것입니다. 그래서 이제 목표 자체에 대해서도 다시 생각해보게 되었어요. 어느 정도 기본적 필요나 욕구가 해소된 것 같은데, 욕구 충족을 위한 강박이나 경쟁은 오히려 더 격화되고 있거든요. 좀 살게 되었는데 그만큼 행복해졌느냐, 가만 돌이켜 보니까 그게 아니거든요. 그래서 인간의 욕구 자체에 대해서, 삶의 의미에 대해서 다시 근본에서부터 생각해보게 됩니다. **현재의 시스템이 욕구와 욕망을 무한 증폭시켜 인간을 영속적으로 욕구와 욕망의 노예로 만드는 것이 아닌가**, 하고 말이죠. 과연 이런 방식으로 계속 살아가야 하나. 그것이 맞는 것인가. 이제 많은 평범한 사람들이 스스로 묻게 되었습니다. 철학자들만 묻고 있는 게 아닙니다. 자성(自省)의 성격이 이렇듯 광범하고 보편적이며, 그 문제의식이 현 문명의 시스템 자체에 대한 것에 이르고 있기 때문에, 이를 단지 **개인 차원만이 아니라 시스템적 차원의 자성**이라고 하는 것입니다.

이러한 변화는 문명적 지향의 방향에서 근본적인 전환이 발생하고 있는 것을 말해줍니다. **가치의 시선의 방향이 바뀌고 있는 것이죠. 줄곧 바깥을 향하던 가치의 시선이 이제 안을 향하게 된 것입니다.** 나의 그리고 우리의 욕구 충족, 지위 충족을 위해 우리의 시선은 부단히 바깥으로 향하여 바깥의 욕구 대상을 획득하고 바깥의 지위 경쟁자를 꺾고 앞지르는 데 몰두하다가, 그러한 질주의 의미 자체에 대해 다시 생각하게 되는 것이죠. 그 질주가 바로 자신들의 발판, 삶의 발판을 무너뜨리고 있었음을 깨닫게 된 것입니다. 사회적, 심리적, 윤리적 발판만이 아니라 물질적 발판까지 말입니다.

그렇지만 그러한 '문명적 시선의 변화'가 후기근대에 들어서야 처음 출현하기 시작했다고 할 수는 없겠지요. 어느 시대든 시선을 우리 내면의 깊은 곳으로 돌릴 것을 가르쳤던 위대한 사상가, 스승들, 선각자들이 있었으니까요. 그 기원에는 우리가 **'기축시대' 또는 '축의 시대(the Axial Age)'라고 부르는 위대한 시대에 동서 문명에 거의 동시에 출현했던 위대한 스승들**이 있죠. 부처, 공자, 예수와 같은 분들입니다. 그러나 후기근대의 내향적 시선 변화는 극히 일부의 뛰어난 스승, 사상가와 철학자들의 특별한 영혼과 사고 속에서만 일어나는 특수한 사건이 아니라 시스템적 차원에서, 수많은 다수의 평범한 사람들의 마음속에서 동시적으로 벌어지고 있는 지극히 일반적인 현상이라는 점에 특이성이 있습니다.

코로나19 팬데믹은 무엇을 되돌아보게 했는가

남선생 '기후위기'에 대한 광범한 우려가 대표적인 현상입니다. 세계의 많은 대도시들에서 생명의 위협을 느낄 정도의 지독한 미세먼지, 대기오염을 겪고, 전례 없는 폭염과 그에 따른 흉작이 몇 년씩 이어지면서 많은 사람들이 생명을 잃고 있으며, 바다가 죽어가고 아마존 밀림이나 호주 평원과 산림이 몇 달씩이나 불타는 모습을 수억, 수십억의 평범한 사람들이 당하고 보고 느끼며 충격받고 있습니다. 이것은 발전의 부족, 성장의 부족이 만들어낸 현상이 아니라 그 반대거든요. 문명과 제도와 시스템이 부족해서가 아니라 오히려 과잉인 데다가 그

形

〈그림 5-17〉 '코로나의 역설'
코로나19로 인해 대기가 맑아지고 주변에서 사라졌던 물고기와 새들이 돌아오는 광경이 지구 도처에서 목격되었다.

방향이 잘못되었기 때문에 나타나는 현상 아닙니까. 그래서 **내향적, 내장적 방향 전환이 시스템적 차원에서 발생하고 있다**고 하는 것입니다.

2020년 연초부터 휘몰아쳤던 코로나19 팬데믹 현상도 꼭 마찬가지입니다. 이 역시 저개발이 아니라 과잉개발이 낳은 현상이니까요. 인류의 과잉개발이 자연생태계를 과도하게 침해한 결과 발생했다는 점에서 기후위기와 무관할 수 없다는 인식이 이제 상식이 되었습니다. 자본은 마지막 남은 원시림과 오지의 소농 경작지까지 정복하려 하고 있고 그 결과 지금껏 깊은 오지에 갇혀 있던 바이러스들이 풀려납니다. 이 바이러스는 거대한 공장식 축산으로 면역적 다양성을 상실한 가축을 통해 인간에게 감염되고, 일단 인간에게 감염이 시작되면 세계 거대 주요 도시를 거점으로 폭발적인 속도로 확산됩니다.[90] 구조와 상황이 이렇게 되어 있기 때문에 앞으로 팬데믹의 빈도와 확산의 속도는 더욱 높아질 수밖에 없습니다. 오지(奧地) 보호가 엄격하게 이뤄지고 면역 다양성을 소멸시키고 있는 공장식 축산과 농법의 획기적 대안이 출현하기 전까지는 말이죠. 물론 인류사에서 팬데믹이 새로운 것은 아닙니다. 널리 알려진 것만 들어도 14세기 유라시아 흑사병, 16세기 아메리카 원주민을 쓸어간 천연두, 20세기 초 스페인 독감 등이 있었죠. 그러나 이번 코로나 팬데믹은 과거에 비해 그 확산 속도가 폭발적이고 범위도 훨씬 넓습니다. 2019년 말~2020년 초 중국 우한에서 신종 바이러스 감염이 확인된 이후 불과 두세 달 만에 지구 전역으로 퍼지지 않습니까.

순식간에 일상을 멈춰 서게 했던 이번 팬데믹이 많은 고통과 곤란을 주었지만, 동시에 전혀 예상하지 못했던 새로운 경험도 할 수 있었습니다. 저는 앞서 우리가 논의했던 '시스템적 차원의 돌아보기 현상'을 이번 체험을 통해서도 널리 관찰할 수 있었다는 점에 특별히 주목합니다. 전 지구적 차원에서 말이죠. 지금까지 정신없이 달리다가 일상이 멈추어 서니까 뜻밖에도 그 질주의 룰, 판, 시스템 자체를 되돌아볼 소중한 기회를 갖게 되었어요.

먼저 효율적 방역은 사회구성원들의 자발적 협력에 크게 의존하고 있음이 드러났어요. 방역의 주요 원칙이었던 '사회적 거리두기'와 마스크 착용이란 사실은 시민들의 사회적 책임감과 타인에 대한 배려의 수준에 그 성공 여부가 달린 것이었으니까요. 이러한 **시민적 미덕은 배타적 경쟁이나 제로섬(zero-sum)의 가치가 아니라 그 반대인 호혜적 협력과 포지티브섬(positive-sum)의 가치에 근거한다는** 사실도 저절로 드러났지요. 헌신적으로 방역에 임했던 의료진과 자원봉사자들 그리고 적극적으로 방역 방침을 준수했던 시민들이 공유했던 가치는 분명 과거에 몰두했던 무한경쟁의 질주의 의미를 되돌아보게 하는 것이었습니다.

그런데 이번 팬데믹 대응에서 한국이 대표적인 모범사례로 국제적인 인정을 받으면서 자부심을 갖게 되었죠. 물론 전반적인 복지의 수준이나 평등과 공정의 부분에서 한국이 더 배워야 할 나라들이 여전히 많습니다. 그렇지만 이번 일을 계기로 한국이 세계 선진국들이 부러워할 정도의 공공성과 시민참여의식을 갖추고 있다는 사실을 스스로 인식하게 되었지요. 스스로 놀랐지요. 서방 국가에 대해 품고 있던 두터운 열등감이 빠른 속도로 깨져 나간 순간이었습니다. 한국에서는 확진자가 나오기 이전부터 사전 초동대처가 빨라 초기부터 검사키트 개발과 대량검사가 가능했고, 드라이브 스루와 같이 효율적이고 안전한 검사 방법도 창안되었습니다. 이렇듯 신속하고 효과적인 대응이 가능했던 이유가 있었지요. 그 이전 메르스 확산, 세월호 참사에 대한 과거 정부의 무능하고 무책임한 대응에 대한 심각한 반성이 있었고, 여기에 더해 2016~2017년 촛불혁명을 통한 시민참여의식의 커다란 고양(高揚)이 큰 역할을 했습니다. 물론 이번에 드러난 공공의료 인프라의 부족[91]과 같은 문제는 신속히 개선해야 하겠습니다.

한국을 은근히 또는 노골적으로 비하하려 했던 외부의 시각도 일부 있었어요. 한국의 방역 성공은 정보기술 감시체제의 성공 탓이 아니냐고 말이죠. 그러나 그러한 분석들은 한국에서 방역 성공의 핵심 요인이 무엇인지 모르는 피상적 논평들에 불과했어요. 그러면서 감염자가 폭증하니까 뒤늦게 도시를 봉쇄하고 비상사태를 선포하는 '구식 독재'의 강압적 방법은 한국이 아니라 오히려 그런 비판이 나왔던 유럽 국가들에서 쓰지 않았습니까. 문제의 핵심은 팬데믹이라는 공공보건의 위협에 대해 사회성원들이 얼마나 자발적으로 협력하면서 대응해 갈 역량과 준비가 되어 있느냐에 있었습니다. 이 점에서 뜻밖에 한국이 오히려 서구 국가들에 앞서는 모범으로 나타났던 것이죠. 정보추적 시스템 문제는 분명 존재합니다. 그러나 그것은 4차 산업혁명이 진행되는 모든 나라가 당면한 공통 문제입니다. 모두가 인정하고 합심해서 대응방안을 찾아야 하는 문제지죠. 그런데도 그런 문제가 마치 한국이나 동아시아 국가들에만 존재하는 문제인 것처럼 지적하고 나온 것은 우스운 일이었어요. 지금 하늘에 떠돌아가는 그 많은 정보위성들은 죄다 어디서 띄운 것이며, 미국 NSA의 직원이었던 에드워드 스노든이 폭로했던 '파이브 아이스(Five Eyes)'라는 글로벌 감시망, 도청망은 어디서 운영하고 있는 것인가요?[92]

아울러 주목할 일은 팬데믹 대처 과정에서 대면 접촉이 SNS나 화상 회의와 같은 비대면 접촉으로 신속하게 전환하는 모습이었습니다. IT 기술이 낳은 또 다른 반면이었어요. **밀도의 부정성이 드러난 순간, '장소성에서 풀려난 새로운 비대면(untact) 밀도'가** 출현했어요. 이 역시 매우 중요한 현상인데요, 그 의미에 대해서는 이후 다시 좀 더 깊게 논의하기로 합시다. 앞서 말한 '시선의 전환'과 '되돌아봄'과 관련해서 먼저 이야기해볼 만한 더 새롭고 더 중요했던 '의외의 발견'이 있었기 때문입니다.

대면접촉과 생산활동이 크게 줄어들면서 많은 사람들이 생활과 생계, 그리고 '코로나 블루'로 불렸던 정서상의 고통을 받았습니다. 그렇지만 우선 대기의 질이 확연히 좋아지고 하늘이 푸르러졌음을 모두가 느낄 수 있었고, 가족과 함께 하는 시간이 늘어났습니다. 전혀 예상하지 못했던 놀라운 일들이었죠. **'코로나의 역설'**이라고 했습니다. 세계

저명 관광지의 하천과 공원에 사라졌던 물고기와 새들이 돌아왔고, 영원히 그치지 않을 것 같았던 국내외의 각종 갈등과 분쟁도 저절로 잦아드는 모습이 나타났습니다. **과거의 '정상 상태'가 여러 문제를 가지고 있던 '문제적 정상 상태'였음이 질주가 멈추면서 자연히 드러났던 것입니다.** 이로써 이제 정상으로 되돌아가더라도 최소한 과거와 같은 정상이 아니라 기후, 환경적 차원에서나 정치경제적 차원 또는 일과 여가의 차원에서나 분명히 과거와는 다른 방식의 '정상'이 되어야 하겠다는 문제의식을 가지고 돌아가게 되었어요. 아마 많은 분들이 이미 보셨겠지만, 당시 한국의 SNS에서 아프리카 차드의 한 문인의 글로 소개되어 많은 공감을 받으며 널리 공유되었던 메시지가 있었죠. 앞서 말한 시스템적 되돌아봄, 문명적 되돌아봄의 정서를 잘 표현했습니다. 다시 음미해볼 만합니다.

아무것도 아닌 '그 하찮은 것'에 의해 흔들리는 인류. 그리고 무너지는 사회 … 코로나 바이러스라 불리는 작은 미생물이 지구를 뒤집고 있다. 보이지 않는 어떤 것인가가 나타나서는 자신의 법칙을 고집한다. 그것은 모든 것에 새로운 의문을 던지고 이미 안착된 규칙들을 다시 재배치한다. 다르게 … 새롭게 …

서방의 강국들이 시리아, 리비아, 예멘에서 얻어내지 못한 (휴전, 전투중지) 것들을 이 조그만 미생물은 해냈다. 알제리 군대가 못 막아내던 리프지역 시위에 종지부를 찍게 만들었다.

기업들이 못해내던 일도 해냈다. 세금 낮추기 혹은 면제, 무이자, 투자기금 끌어오기, 전략적 원료가격 낮추기 등. 시위대와 조합들이 못 얻어낸 유류가격 낮추기, 사회보장 강화 등등도 이 작은 미생물이 성취해내었다.

순식간에 우리는 매연, 공기 오염이 줄었음을 깨닫게 되었고 시간이 갑자기 생겨 뭘 할지 모르는 정도가 되었다. 부모들은 자신의 아이들에 대해 알아가기 시작했고, 아이들은 집에서 가족과 함께 하는 시간에 대해 배우기 시작했으며 일은 이제 더 이상 삶에서 우선이 아니고, 여행, 여가도 성공한 삶의 척도가 아님을 깨닫기 시작했다.

우리는 곧 침묵 속에서 스스로를 돌아보기 시작했으며 '약함'과 '연대성'이란 단어의 가치에 대해 이해하기 시작했다. 우리는 가난하거나 부자거나 모두 한 배에 타고 있음을 … 시장의 모든 물건들을 맘껏 살 수도 없으며 병원은 만원으로 들어차 있고 더 이상 돈으로 해결되는 문제들이 아님을 깨닫게 되었다. 코로나 바이러스 앞에서는 우린 모두 똑같이 연약한 존재일 뿐이라는 것도 …

외출할 수 없는 주인들 때문에 차고 안에서 최고급 차들이 잠자고 있으며 그런 식으로 단 며칠만으로 세상에는 이전에는 실현 불가능해 보였던 사회적 평등이 이루어졌다.

공포가 모든 사람을 사로잡았다. 가난한 이들에게서부터 부유하고 힘 있는 이들에게로 공포는 자기 자리를 옮겼다. 우리에게 인류임을 자각시키고 우리의 휴머니즘을 일깨우며 …

形

화성에 가서 살고, 복제인간을 만들고 영원히 살기를 바라던 우리 인류에게 그 한계를 깨닫게 해주었다. 하늘의 힘에 맞먹으려 했던 인간의 지식 또한 덧없음을 깨닫게 해주었다.

단 며칠이면 충분했다. 확신이 불확실로, 힘이 연약함으로, 권력이 연대 감과 협조로 변하는 데에는. 아프리카가 코로나에 안전한 대륙이라는 말, 많은 헛된 꿈들이 거짓말들로 변하는 데에는 단 며칠이면 충분했다. 인간은 그저 숨 하나, 먼지일 뿐임을 깨닫는 것도.

우리는 누구인가? 우리의 가치는 무엇인가? 이 코로나 바이러스 앞에 우리는 무엇을 할 수 있나? 섭리가 우리에게 드리울 때를 기다리면서 스스로를 직시하자. 이 전 세계가 하나같이 직면한 코로나 바이러스 상황에서 우리의 휴머니티가 무엇인지 질문해보자. 집에 들어앉아 이 유행병이 주는 여러 가지를 묵상해 보고 살아있는 우리 자신을 사랑하자.

제도 혁신과 코로나19

북선생　모든 되돌아봄이 그렇지만, 이번 코로나 바이러스 팬데믹을 계기로 많은 이들이 경험했던 그 되돌아봄도 어떤 낯설고 새로운 것의 되돌아봄, 되돌아감이 아니라 우리 안에 잊혀 있던 어떤 익숙한 것으로의 되돌아감, 되돌아봄이었다고 생각합니다. 자신의 시간, 자발적 협력, 공동체에 대한 배려와 헌신의 재발견이 그런 것이죠. 이런 차원에서 제도적인 측면에서도 매우 중요한 재발견들이 있었습니다. 그

중에서도 특히 여러 나라에서 시행했던 '재난지원금' 정책은 생각해볼 바가 많습니다. 한국에서는 몇 지자체를 시작으로 '재난소득' 명의로 지급하기 시작했고, 이어 중앙정부 차원에서도 모든 국민에게 균일지급하는 방식으로 지급이 이뤄졌습니다. 유럽 여러 나라에서도 유사한 방식의 지급이 시행되고 있습니다. 독일의 경우는 우선 프리랜서, 자영업자와 10인 미만 고용의 소고용주를 대상으로 5000~15000유로를 지급했지요. 이번에 긴급지원을 한 모든 나라에서 공통적인 점은 주요 지원대상과 타깃이 재난 상황에서 생계 고통을 크게 받는 일반 서민이었다는 점입니다. 이런 상황에서도 '균형재정'을 내세우면서 긴급지원에 반대하고 이것이 '사회주의'고 '포퓰리즘'이라고 비난했던 일부 세력들이 어느 나라에나 있었습니다만, 민심은 귀 기울이지 않았어요. 재난상황을 방기하는 무책임의 극치로 보였을 뿐이니까요.

'균형재정'의 원칙은 이번 팬데믹 이전까지는 '성장지상주의'와 동급 수준의 절대원칙으로 간주되어왔지요. 국가재정은 세입 한도로 제한된다는 것인데, 그런 '절대원칙'이 이번에 전 세계적으로 순식간에 사라졌어요. 마치 마술처럼 말이죠. 예를 들어 독일의 메르켈 기민당-기사당 연합정부의 재정정책은 '균형재정' 원칙을 중시하는 매우 보수적인 재정정책의 모델로 간주되어왔습니다. 그런데 그 정부가 이번 팬데믹 사태에서 오히려 적극적인 대규모의 긴급지원 재정을 펴는 유럽의 선두주자가 되었어요. 물론 독일은 집권당이 좌든 우든 사회복지정책에 관해서는 적극적인 정책 합의를 하는 오랜 전통이 있기는 합니다. 이제 곧 한국의 중앙 정부만이 아니라 미국, 영국, 프랑스, 이탈리아, 일본 등 거의 모든 소위 '선진국'들도 긴급지원 조치를 실행할 것입니다. 코로나 타격을 최초로 크게 받았던 중국이 도시 봉쇄와 같은 강력

形

한 방역 조치로 확산을 틀어막을 수 있었던 것도 봉쇄로 인한 피해를 보전할 만한 대규모 재정투여가 가능했기 때문입니다. 그래서 이제 어느 나라를 보던 좌우 구분 없이 국가의 적극적인 재정투여가 마치 당연한 상식처럼 되어버렸어요. 하루아침에 갑자기 말입니다.

그렇다면 정말 다시 생각해볼 때가 되었습니다. '균형재정'과 '적극재정', 과연 어느 쪽이 정말 당연한 상식이었던 것일까요. 그동안 '균형재정' 또는 '보수적인 재정정책'이란 말이 어느덧 재정과 경제의 '절대원칙'처럼 되어버렸던 것은 긴축재정, 고금리, 민영화, 구조조정(자유로운 해고)을 핵심교리로 내세웠던 신자유주의가 득세했었기 때문입니다. 그런데 우리가 5부 1론에서 언급했던 2차 대전 이후 30여 년간의 '황금시대'에는 상황이 오히려 반대였어요. 케인스적인 적극적 재정정책이 오히려 상식이고 주류였죠. 그 흐름이 1970년대 중후반부터 신자유주의의 힘 앞에 서서히 밀려나기 시작했죠. 신자유주의는 이후 계속 세력을 키우다 냉전 종식 이후 절정에 이르렀어요. 팽창을 가로막고 있던 소련 사회주의권이 무너졌기 때문이죠. 그러다 2007~2008년 월가 발 신용파탄 사태 이래 크게 퇴조하고 있습니다.

적극적 재정정책으로의 전환은 2008년의 월가의 대형금융사 신용파탄 사태에 대한 미국 연방준비은행(줄여서 연준, Federal Reserve Bank, FRB)의 소위 '헬리콥터 머니' 살포 정책에서 다시 시작되었다고 할 수 있습니다. '헬리콥터 머니'는 당시 연준 의장이었던 버냉키가 했던 말입니다. 어떻게 했습니까? 파산 위기에 처한 다수의 대형 금융사들의 계좌로 연방준비은행이 각각 수억 수천억 달러씩을 쏘아 줬습니다. 주로 부도 위기에 처한 해당 금융사의 부실 증권이나 채권을 대량 매입해주는 방법입니다. 그 돈을 어디서 만듭니까? 연준 컴퓨터로 해당 금융사 계좌에 숫자를 입력하기만 하면 됩니다. 보험금융사인 AIG 한 회사에만 1800억 달러가 지원되었다고 하니 가히 우리 같은 평범한 사람들의 상상을 초월합니다.[93] 지원에 대해 이자를 내는 것도 상환을 해야하는 것도 아닙니다. 그래서 '헬리콥터에서 돈을 뿌렸다'고 하는 것입니다.

그러나 이 말에는 속임수가 있습니다. 생각해보세요. 헬리콥터에서 돈을 뿌렸으면 길가는 사람 누구나 그 돈을 주워야 하는 것 아닙니까? 그런데 그게 아니었죠. 공중에 헬리콥터로 뿌린 게 아니라 대형 금융사들의 계좌로만 컴퓨터로 쏴주었지요. 상상을 초월하는 엄청난 거금을 말이죠. 그 돈이 다 어디로 갔습니까? 부도를 틀어막고, 그리고 남은 돈은 그런 식으로 부도를 틀어막았다는 그 대단한 공로로 금융사 CEO들끼리 보너스로 나눠 먹었죠. 거의 사기에 가까운 부실 금융상품을 팔고 방만과 방종으로 일관한 경영을 하다 대파국을 일으켰던 주범들만 구제해준 것입니다. 헬리콥터에서 뿌렸다고 했지만, 서민들에게 돌아간 것은 아무 것도 없어요. 그런데 무슨 헬리콥터입니까? 속임수고 기만이죠. 그래서 당시 미국 언론의 지탄을 많이 받았어요. 잠시떠들다가 금방 또 조용해졌지만 말이죠. 많은 언론이 월가의 동업자들 아닙니까?

그렇지만 그걸 보고 분노했던 미국 청년들은 침묵하지 않았습니다. 잊지 않았습니다. '월스트리트를 점령하라(Occupy Wall Street)' 운동을 크게 벌였지요. 또 그 운동은 세계로 확산되었습니다. 어쨌거나 이미 그때 적극적 재정정책, 또는 긴급지원은 그런 식으로 대규모로 행해지기 시작했던 것입니다. 그러나 그때는 그 혜택이 일반 서민에게 돌아간 것이 아니라 몇 개의 대형금융사와 그 금융사의 CEO와 직원들에게

만 집중되었을 뿐이죠. 당시 경기침체로 서브프라임 모기지를 매달 제 때 납입할 수 없었던 수많은 미국 서민들, 즉 신용파탄 사태의 실제 피 해자들은 긴급지원을 받기는커녕 집을 빼앗기고 감옥에 갇혀야 했습 니다.

'1 대 99 사회'와 기본소득

그러나 이번 코로나 사태에 대한 여러 나라의 '긴급지원'은 그때와 같이 최고 부자들에게만 혜택을 몰아주는 방식으로 시행될 수가 없 게 되었습니다. 또 이제는 당시처럼 모기지 납부가 어려워진 소위 '불 량신용자'들만의 문제가 아닙니다. 해당 국가의 대다수 일반 서민들이 당장 생활과 영업 유지가 어렵게 된 상황이니까요. 문자 그대로 '사회 전체'가 큰 타격을 받았습니다. 그래서 '사회 전체'에 대한 긴급지원을 하지 않을 수 없게 되었습니다. 그렇지만 여전히 지켜봐야 합니다. 나 라에 따라 그 지원의 실제적 수혜자가 누가 되는지를 말이죠. 긴급지 원을 표방하면서도 여전히 부자와 거대기업에 대한 지원에 치중할지, 아니면 이번에는 생계 타격이 큰 서민에 실제로 집중할지 말이죠. 어 떤 나라가 어느 쪽에 치중을 했는지 지켜보면 재미있을 겁니다. 그 결 과를 보면 과연 그 나라의 그 정부가 누구의 정부인지, 누구를 위한 정 부인지를 분명히 알 수 있을 것이니까요.[94]

지난 30~40여 년간 글로벌한 차원에서 군림해온 신자유주의 경제 정책, 재정정책의 결과가 무엇이었는지 이제는 의심의 여지없이 분명 해졌습니다. 극심한 양극화, 즉 '1 대 99의 사회'의 창출이었죠. 이제 근본에서부터 다시 생각하고 다시 시작할 때가 되었습니다. 이번 긴급지원을 통해서 많은 사람들이 국가재정의 본연의 역할을 다시 생각해보게 되었어요. 이번 재난지원금을 '기본소득'으로 부르는 사람들이 많아졌습니다.[95] 한국의 경우 진보적 성향의 정치인들만이 아니라 일부 보수 정치세력 가운데서도 '기본소득'을 표방하고 나서는 사람들이 있었지요. 그러면서 한국에서 그동안 잔존하고 있던 '기본소득' 논의에 대한 마지막 이념적 금기와 같은 것이 무너졌습니다. 현실과 실제가 그러한 요구를 하고 있으니까 그렇습니다. 진보든 보수든 이러한 현실 구조의 큰 변화를 있는 그대로 정확히 보아야 정치적으로 생존할수 있을 것입니다. 이번 재난 '기본소득'이 제대로 시행된다면 주로 개별 가족과 개인의 생계 유지 그리고 영세사업자들의 영업 유지를 위해제공됩니다. 이 재원이 완전히 소비되고 이를 통해 일자리가 유지되고경제가 정상적으로 돌아가게 되면 재정적으로 아무 문제가 없어요. 정부의 지출이 국민의 소비와 수입이 되어 회계상 +− 제로를 이루게 되니까요.

물론 정부가 실물 생산과 소비의 범위를 초과하는 수준으로 무한정 돈을 풀어 하이퍼인플레이션이 일어나면 안 되겠죠. 그러면 화폐가치가 떨어져 국내만 아니라 국제경제상으로도 난관에 봉착하게 될 것이니까요. 그렇지만 통화량이 늘어난다고 해서 반드시 인플레가 생기는 것은 아닙니다. 앞서 언급한 대로 2008년 신용위기 사태 이후 지금까지 여러 나라에서 양적 완화, 즉 통화량 증가 정책을 써왔지만 그렇다고 인플레 현상이 나타났던 것은 아니거든요. 물론 금융사 구제를 위한 양적 완화 정책이 우리가 말하는 적극적 재정정책의 모범사례가 될 수는 없습니다. 그러나 반면교사라고 하죠. 여기서도 우리가 끌어낼 교훈이 있습니다. 즉 **재정 적극성의 양적 범위에 대해 적정한 한계를 설정한다면 적극적 재정이 반드시 인플레를 초래하지는 않는다는 것**이죠. 그런 적정한 계량적 기준의 예를 하나 들어보면, 경제가 정상적으로 활발하게 돌아갔던 시기에 해당 국가의 화폐 총량과 GDP 또는 세수와의 적정한 양적 비율이 될 수 있습니다. 화폐 총량, GDP, 세수 등은 이미 계량이 가능합니다. 갈수록 더욱 정밀하게 파악될 것입니다. 이러한 기준을 국가적 합의 절차를 통해 공식적으로 채택하면 됩니다. **적극적 재정정책은 적정한 한계설정을 통해 충분히 안정적으로 작동 가능합니다.** 이론적으로나 경험적으로 이제 화폐와 재정의 논리에 관해 더 이상 감추어진 비밀이나 풀리지 않은 문제는 없습니다.[96] 무엇보다 2008년의 금융사태에서 미국 연방준비은행이 편 '헬리콥터 머니' 정책이 화폐와 금융 문제에서 사태의 진실이 무엇인지를 충분히 보여주었어요. 그리고 코로나 팬데믹 이후 여러 나라에서 재난지원 정책을 폈지만, 그 때문에 하이퍼인플레이션이 일어났다는 보고는 여태까지 (2020년 가을) 없습니다.

그린 뉴딜(Green New Deal)

서선생　이번 코로나19 팬데믹이 터지기 전부터 미국에서 강력하게 불었던 그린 뉴딜 바람 역시 적극적 재정정책을 주장하고 있지요. 코로나 사태로 인한 재난긴급지원이나 그린 뉴딜이나 발상 근거가 비슷합니다. 공동체가 긴급한 위기상황에 처해 있다는 인식이죠. 미국의 그린 뉴딜 운동의 바람은 2018년 11월 연방 하원 총선을 기점으로 불붙기 시작했습니다. 배경에는 젊은 층을 중심으로 활발한 활동을 벌린 '선라이즈 무브먼트(Sunrise Movement)'가 있어요. 뉴욕주 14선거구에서 당선된 20대의 여성 하원의원 알렉산드리아 오카시오-코르테스가 이 운동을 대변하는 얼굴로 떠올랐지요. 운동의 핵심 메시지는 미국의 화석연료 중심 인프라를 그린 재생연료 중심 인프라로 일대 전환하자는 것입니다.

미국은 현재 에너지, 대중교통, 도시계획 등 공공시설 인프라 전반이 노후화하여 매우 낙후된 형편입니다. 미국에서 잠시라도 살아본 분들은 잘 알고 있는 사실입니다. 미국 사회를 40년 넘게 신자유주의가 지배해온 결과죠. 신자유주의의 사회 전 영역 민영화 논리는 공공인프라와 공공서비스 부문의 발전을 막고 오랜 세월 퇴행시켜 그 기능을 크게 악화시켰습니다. 2005년 뉴올리언스를 강타한 태풍 카타리나의 막심한 피해는 재난에 대응하는 미국의 공공 인프라 상태가 얼마나 부실한가를 세계 앞에 여실히 드러내고 말았죠. 주택, 의료, 대중교통 등 총체적 부실이었습니다. 최강대국이라는 미국의 내부 실상이 저런 정도였는가, 많은 세계인을 놀라게 했던 사건이었습니다. 그런데 이후로도 유사한 재해 사건들이 벌어질 때마다 같은 약점이 반복되었어요. 그러한 현상이 부분적·한시적 문제가 아니라 미국 전체의 항시적 문제가 되어 있었습니다. 모든 것이 최고급으로 구비된 극소수의 부자 동네가 아니면 항상 각종 재해 앞에서 불안에 떨 수밖에 없는 상태가 되었습니다.

미국의 그린 뉴딜 운동은 이렇듯 낙후된 상황을 역으로 뒤집어 에너지와 산업 기반 전반의 대전환, 대반전의 계기로 삼자는 것입니다. 구탄소에너지 기반시설을 새로운 재생에너지 기반 체제로 전환하는 데

〈그림 5-18〉 '그린 뉴딜'을 요구하며 미하원 의장실 앞에서 벌인 선라이즈 무브먼트 시위 (2018년 10월). 10대와 20대가 주축이 된 운동이다.

는 막대한 인프라 투자가 필요합니다. 이러한 대전환을 통해 기후위기에 적극적으로 대응하자는 것이고, 동시에 이러한 거대 인프라 재구축 사업을 통해 막대한 고용과 소득을 창출할 수 있다는 것이죠. 이 제안은 이후 미국 민주당 대선 후보 예선 과정에서 버니 샌더스나 엘리자베스 워런을 비롯한 거의 모든 진보적 후보들 역시 그린 뉴딜을 적극적으로 표방하고 나왔죠. 그러나 예선 결과는 보수중도파인 조 바이든이 승리로 마감되고 말았습니다. 미국 민주당 지도부가 조 바이든 쪽으로 표가 몰리도록 적극적으로 개입한 결과입니다. 현 민주당 지도부가 기존 체제 기득권의 보수적 유지 쪽으로 기울어 있음을 보여주는 것이죠. 그런 점에서 미국의 전망은 아직은 흐릿하다고 보아야 합니다. 그렇지만 미국 전체에 체제전환의 큰바람이 불기 시작했다는 사실을 이제는 누구도 부인할 수 없게 되었습니다. 그렇게 말할 정도로 대단한 대중적 호응을 불러일으키는 데는 일단 성공했어요. 아울러 미국에 10년쯤 앞서서부터 유럽연합과 중국이 이미 화석에너지에서 재생에너지로의 전환정책을 시작하고 선도했다는 사실을 함께 보아야 하겠습니다.[97] 세계적 차원에서 체제전환의 바람이 불기 시작했다는 것이죠.

'그린 뉴딜'이라는 명칭은 이 운동이 1930년대 미국 대공황기의 적극적인 재정정책이었던 프랭클린 루스벨트 대통령 정부의 '뉴딜정책'을 잇고 있다는 사실을 말해줍니다. 적극적 재정정책, 사회보장정책을 잇는다는 점에서 제2의 뉴딜정책이되, 이번에는 화석에너지 문명을 녹색 재생에너지 문명으로 전환하자는 '문명전환적인 새로운 뉴딜'이라는 뜻입니다.

재난 속에 출현하는 우애와 협동의 공동체

동선생   이번 코로나 팬데믹이 소환한 새로운 의제들이 참으로 많습니다. 무엇보다 우선 코로나 팬데믹은 이제 인류가 새로운 환경에서 살아가야 함을 일깨워주었어요. 덜 쓰고, 덜 움직이고, 덜 만들고, 덜 누려도, 살아갈 수 있을 뿐 아니라, 그 속에서 오히려 더욱 화목하게 더 잘 살아갈 수 있는 새로운 방법들을 더욱 적극적으로 찾아야 한다고 죽비를 때려준 셈이지요. 팬데믹 기간 한국만 아니라 전 세계적으로 나온 논의들, 적극적 재정, 그린 뉴딜, 기본소득, 고용보험, 공공의료 등을 보면 놀라울 정도입니다. 한국의 경우, 촛불혁명조차도 전면화하지 못했던 여러 의제들이 뜻밖에도 코로나 팬데믹 사태로 단숨에 현실화되었다고 할 수 있습니다. 왜 이러한 일이 가능했을까요?

코로나19 재난소득과 그린 뉴딜이 그렇고, 그 모델이 된 과거 1920~1930년대 대공황기 미국의 뉴딜정책에 공통점이 있습니다. **그 모두가 재난 상황에 대한 대응이었다**는 사실이지요. 왜 재난 속에서 낡은 틀을 깨는 새로운 대응이 나오는 것일까요? 이 문제에 대해서는 미국의 사회운동가이자 작가인 레베카 솔닛이 『이 폐허를 응시하라』는 책에서 주목할 만한 중요한 지적을 했던 바 있습니다. 1906년의 샌프란시스코 대지진에서 시작해서, 1917년 캐나다 핼리팩스 대폭발, 1985년 멕시코시티 대지진, 그리고 2005년의 뉴올리언스 허리케인과 홍수에 이르기까지 여러 재난 사태를 다루고 있는데요, 요점은 **재난 속에서 가려지고 묻혀 있던 우애와 협동의 공동체가 되살아난다**는 것입니다.[98] 다른 나라 이야기만 있는 것은 아니죠. 한국에서도 가까운 과거에 그러한 모습을 생생히 보았던 바 있습니다. 1980년 5월 시민학살극을 벌였던 공수부대에 죽음을 두려워하지 않고 맞서 이윽고 몰아낸 이후의 광주의 모습이 바로 '우애와 협동의 공동체'였습니다. 정치학자 최정운 교수가 경이에 가득 차 '절대공동체'라고 불렀던 바로 그 모습이었지요.[99]

재난 상황에서 우애와 협동의 공동체가 출현한다는 사실에는 깊이 생각해볼 점이 있습니다. 과연 이러한 '우애와 협동의 공동체'란 재난과 같이 지극히 이례적인 상태에서만 출현하는 '예외적인 현상'에 불과한 것일까요? 우리 몸에 상처가 생겼을 때 그것이 아무는 과정을 보면서 우리는 인체의 놀라운 자기회복력에 놀라곤 합니다. 이때 인체의 자기회복력을 이례적인 상황에서의 '예외적인 현상'일 뿐이라고 말할 수 없겠죠. 오히려 그때 인체의 본원적 성격과 기능이 무엇인지를 제대로 알게 됩니다. 상처가 난 것을 굳이 '예외'라고 한다면, 그 '예외상황'이 오히려 정상적 인체의 기능이 무엇인지를 제대로 드러내고 가르쳐주는 것이죠. **'예외가 법칙을 입증한다(exceptio probat regulam)'**는 금언은 이런 경우에 아주 잘 들어맞습니다.

인간사회, 인간문명도 마찬가지가 아닐까요? 레베카 솔닛과 같은 날카로운 관찰력과 지성을 지닌 현대인이 재난 상황에서 발견할 수 있었던 '우애와 협동의 공동체'란 어쩌면 인간사회, 인간문명의 가장 근원적인 기초, 원형질을 이루고 있는 정상성의 근원, 골간, 법칙인 것은 아닐까요? 오히려 현대사회, 현대문명이 그러한 인간사회, 인간문명의 근원적인 기초, 골간, 법칙을 묻어버리고 잊어버리고 있었던 것은 아닐까요? 인류학과 사회학, 역사학의 선구적 연구들은 우리의 이러한 추정에 충분한 근거가 있다고 말해주고 있습니다. 산업사회 이전의 농업문명은 동서를 막론하고 구휼적 목적의 곡식저장고(granary)를 두고 있었고 흉년이나 홍수와 같은 재난이 닥치면 이 곡식저장고를 풀었습니다. 유교문명의 상평창이나 사창(社倉), 환곡은 그 가장 발전된 형태였다고 볼 수 있습니다.[100] 농업문명 이전의 수렵채집 사회에서는 어땠을까요? 이때는 인류가 한곳에 정착하지 않았고 따라서 저장도 없었습니다. 그렇지만 모든 수렵과 채집이 협동을 통해서 이뤄졌고 그렇게 얻은 모든 것을 우애의 방식으로 분배했지요.[101]

저는 이렇듯 **인류사회에 깊은 뿌리를 가지고 있는 우애와 협동의 원리가 내장문명과 내장근대의 기초, 골간, 법칙을 이루며 전승되어왔다고** 생각합니다. 우애와 협동은 문명과 시스템 내부의 결속력과 밀도를 고도화하고 확장하는 힘입니다. 그런 의미에서 안쪽으로 확장한다는 내장(內張)의 뜻과 정확히 부합(符合)합니다. 이러한 우애와 협동의 내장적 사회결속원리는 그동안 결코 사라지지 않았습니다. **사라지지 않았기에 오늘날에도 재난상황에서 '예외적인 모습'으로 자신을 드러내는 것이죠.** 그렇다면 왜 예외적인 상황에서만 그 모습을 드러내는 것일까요? 팽창문명과 팽창근대의 우세 때문이었습니다. 그 우세 아래 덮이고 묻혀 있었기 때문입니다.

우리는 그동안 팽창근대의 특징에 대해 여러 각도에서 논의해왔습니다. 그러나 지금 논의에서 문제의 지점을 분명히 집어내기 위해서는 팽창근대의 바탕을 이루는 팽창문명, 그리고 그 팽창문명의 근원을 이루는 인간집단의 '팽창성'의 핵심적 성격이 무엇인지를 먼저 정리해둘 필요가 있습니다. 저는 이 문제 역시 인류학과 고고학의 차원에서 인간집단의 팽창성의 기원을 살펴볼 때 잘 드러난다고 보아요. 수렵채집 사회의 인간집단은 한편으로 우애와 협동을 통해 유지되었지만, 동시에 분출하는 폭력성과 공격성을 가진 집단이기도 했습니다. 이는 주로 집단 밖의 다른 경쟁 인간집단을 향해 표출되지요. 그 이전에 구석기 호모사피엔스 집단은 매우 유능한 사냥집단이었음을 기억해야겠습니다. 어쩌면 너무 유능했다고 해야겠지요. 구석기 시대 호모사피엔스가 지나간 곳에서는 대형동물종이 거의 남김없이 멸종했다고 하니까요. 학자들은 이 사태를 인간에 의한 '과잉 동물살육(overkill)' 또는 '가까운 시대에 벌어진 (인간에 의한 대형동물) 멸종사건(near-time extinction)'이라고 부릅니다.[102]

그래도 여기까지는 인간과 다른 동물 종(種)과의 문제였습니다. 그런데 이렇듯 뛰어난 집단 사냥 능력을 보유했던 구석기 시대의 호모사피엔스 신생 종(種)이 '자연선택'을 통한 성공을 통해 개체수가 증가하면서 이제 문제는 같은 인간 집단 간의 문제로 발전합니다. 근친 관계가 확인되지 않는 서로 다른 호모사피엔스 집단들은 활동 경계가 겹치거나 이웃하게 되었을 때 서로 공격적으로 전쟁을 벌이기 시작했어요.[103] 사냥과 전쟁은 기술적으로 매우 흡사한 활동입니다. 인류학, 고고학, 생물학의 여러 연구 결과를 종합해 볼 때, 우리는 오늘날의 현대인들이 우애와 협동의 DNA만이 아니라 공격과 전쟁의 DNA 역시 구석기 시대 조상들로부터 물려받았다는 사실을 부정할 수 없을 것입니다. 결국 **인류문명의 팽창성의 원형질은 구석기 인류집단의 속성에서 유래한 타집단을 향한 폭력성과 공격성**이라고 할 수 있습니다. 반면 **인류문명의 내장성의 원형질은 마찬가지로 구석기 인류집단의 속성에서 유래한 우애와 협동의 질서**가 되는 것이지요. 집단 내의 내장성과 집단 사이의 팽창성으로 요약할 수 있겠습니다.

앞서 제가 흔히 '문명'이라고 하면 위대한 정복이나 거대한 기념물을 떠올린다고 했던 것은 고대국가 출현 이후의 인류문명사가 팽창문명의 우위와 우세의 역사였음을 말해주는 것이기도 합니다. 우리가 기존 교과서에서 통상 '문명(civilization)'의 첫 단계라고 하는 4대 문명권에서의 최초의 고대국가의 출현부터가 부족 간의 폭력과 정복 없이 이뤄질 수 없었던 일이었습니다. 그렇지만 역시 앞서 언급한 바와 같이, 그렇듯 탄생한 고대국가 이래의 팽창적 문명을 내부로부터 지탱하고 존속할 수 있게 했던 바탕은 문명의 내장적 동력이었습니다.

팽창근대와 내장근대에 대해서도 같은 이야기가 가능합니다. 우리는 지금까지 팽창근대와 내장근대의 변증법을 주로 동아시아 내장근대와 서양 팽창근대의 대비를 축으로 논의해왔습니다. 근대사가 진행되는 과정에서 유럽의 대항해, 그리고 **서구의 비서구 식민화가 서구주도근대의 핵심동력이 되면서, 서양근대의 팽창성이 세계적으로 크게 부각**

되었던 역사적 대비를 선명하게 드러내자는 취지였지요. 그러나 이러한 개념적 대비가 서양 역사에는 줄곧 내장성이 전혀 없었고 동양 역사에는 팽창성이 전혀 없었다는 뜻은 아닙니다. 그래서 제가 앞서도 "서양 역사에도 유구한 내장적 전통이 있고, 동아시아에도 제국적 팽창의 역사가 있습니다. 그러나 대항해 이후의 근대세계사의 구체적 전개 과정에서 서양근대의 팽창성과 동아시아의 내장성이 크게 대비되었기 때문에, 이러한 실제 역사 전개의 패턴을 선명하게 드러내기 위해 '동아시아 내장근대'와 '서양 팽창근대'라는 대비적 개념을 설정했던 것입니다"라고 했었지요.서론 1론 그리고 마찬가지로 같은 논의에서 서선생이 지적했던 바와 같이, **팽창근대와 내장근대의 변증법의 결과 전 지구 문명의 내장화에 이르렀다는 것은 결국 그러한 내장적 근거가 동서를 막론한 모든 문명권에 이미 깊게 내재하고 있었기 때문입니다.**

재난의식과 '지구선택'

북선생　'예외가 법칙을 입증한다'는 라틴어 금언을 언급했지요. 저는 '**인류사란 자신을 법칙으로 관철하려는 두 개의 예외의 힘 사이의 긴 투쟁의 역사였다**'라고 생각해왔는데, 동선생의 설명이 여기에 잘 부합하는 것 같습니다. 그 명제에 대해 좀 더 설명해보겠습니다. 우선 '두 개의 예외의 힘'에 대해서는 앞서 동선생이 이미 그 발단을 제시해주었습니다. 하나는 재난이라는 예외사태에서 출현하는 '우애와 협동의 공동체'라는 예외의 힘이고, 다른 하나는 바깥 집단을 '적'으로 호명하여 전쟁과 정복을 선포하는 적대설정의 예외의 힘입니다. 그런데, '예외가 법칙을 입증한다'고 했지요. 이 두 개의 예외의 힘 역시 각자 자신을 사회의 항구적 법칙으로 입증하려고 합니다. **하나의 힘은 우애와 협동의 공동체를 정상적 질서와 법칙으로 이 세상에 실현하려 하고, 다른 하나의 힘은 적에 맞선 정복적 공동체를 정상적 질서와 법칙으로 이 세상에 실현하려 합니다.** 이 두 힘의 뿌리는 구석기 시대 호모사피엔스 집단의 특징에서 비롯된다고 했습니다. 그만큼 이 투쟁은 뿌리가 깊어요. 그리스 고대 신화에 나오는 '거인족과 신족의 싸움'보다 훨씬 오래된 것이죠. 신화시대 이전에 형성된 인간집단과 인간성의 특성에 뿌리를 두고 있으니까요.

'예외상태'라는 말은 우리가 이 책 1부에서부터 줄곧 논의해온 이제는 아주 익숙한 개념입니다. 이제 이 개념에 대한 그동안의 우리의 해석의 수위를 다시 한 단계 상승시켜 볼 순간입니다. '예외상태'란 나치전력을 가진 독일 법학자 카를 슈미트가 제기했던 개념이라고 했었죠. '국가 주권의 본질은 예외를 설정하는 독점적 힘에 있다'는 뜻이었습니다. 슈미트는 17세기 토머스 홉스의 저서 『리바이어던』에서 그 착상을 얻었죠. 토머스 홉스의 리바이어던을 우리는 "내부의 적대와 공포를 외부(한계, 예외)에 대한 적대와 공포로 전환시킴으로써, 그 적대와 공포를 이용해서 절대권을 행사하는 권력"이라고 풀이했습니다.1부 3론 유럽 팽창근대의 팽창엔진에 그러한 '적대의 외부화'가 작동하고 있었던 것이죠. 그 '적대의 외부화' 논리가 유럽내전의 3단계 증폭과정을 거치면서 유럽 내부로부터 전 지구로 단계적으로 팽창해갔다, '적대적 예외를 설정하는 권력'이 유럽 내부로부터 점차 세계 전체로 팽창해갔다고 했습니다. 그 **'예외설정의 권력'이 자신의 팽창적 낙차 논리를 유럽만이 아니라 전 세계에 관철되는 '법칙'으로 '입증'해갔던 것입니다.** 그 결과가 서양 팽창근대의 세계제패였습니다. 카를 슈미트가 '예외가 법칙을 입증한다'는 금언을 좋아했던 이유가 여기에 있습니다. 그는 자신이 강조하는 적대설정의 예외권력 논리가 전 지구에 관철되는 것을 보고 싶어했으니까요. 그러한 욕망을 사상가로서 카를 슈미트의 야심이었다고 할 수 있겠지요. 팽창근대의 세계제패를 통해 슈미트적 예외권력의 논리가 실제로 세계의 '법칙'으로 한때 실현되었다고 말할 수도 있습니다.

여기까지만 보면 슈미트는 사상가로서 성공했다고도 말할 수 있겠지요. 그러나 문제는 그것이 끝이 아니었다는 것입니다. **슈미트의 사상이 현실에서 실현되는 순간, 그 사상은 정상의 권좌에서 내려와야 하는 운명**이니까요. 우리가 보아온 바와 같이, **'팽창근대와 내장근대의 변증법'에 의해 팽창근대가 지구 끝까지 남김없이 정복한 순간, 팽창근대의 세계사적 역할은 그것으로 종료되어 사라지기 시작하는 것**이니까요. 그의 사상은 결국 실패와 몰락이 예정되어 있었습니다. 따라서 우리가 지금까지 이 책에서 논의했던 논지 전체가 카를 슈미트의 예외권력론에 대한 반증이자, 그의 사상의 예고된 자기붕괴 앞에 울리는 조종(弔鐘)이었다고 할 수 있습니다. 꼭 한마디 더하고 싶은 말이 있습니다. 저는 끝까지 그의 사상이 사악했기 때문에 몰락할 수밖에 없다고 말하지 않았습니다. 아닙니다. 우리의 선악의 주관이 그를 단죄한 것이 아니라고, 세계가 결국 그의 사상을 허용할 수 없었다고, 그 사실을 이제 우리는 확인하게 되었다고 했습니다.

후기근대는 카를 슈미트 이후의 시간입니다. '적대설정의 예외'가 아닌 '우애와 협동의 예외'가 세계의 '법칙'이 될 세계사적 시간이 왔습니다. 이것은 지극히 두려운 **'지구선택'의 시간**이기도 합니다. '문명전환의 시간'

이 온 것이죠. '그동안 팽창문명이 지배적이었던 인류사의 단계가 종식되고 내장문명이 주도적으로 되는 인류문명사적 전환의 시간이 왔다'는 뜻입니다. 인간의 본성이 갑자기 변했기 때문이 아닙니다. 진화론의 언어로 말하면 '자연선택'적인 상황이 그렇게 되었습니다. **인류문명이 처한 정치 · 경제 · 군사적, 기후생태적 상황이 인류가 '우애와 협동의 공동체' 쪽으로 문명적 방향전환을 하도록 떠밀고 있는 것입니다.**

제가 '자연선택'이라는 진화론의 용어를 썼습니다. 좀 더 분명하게 말해보겠습니다. **앞으로 인류문명이 내장적인 것이 될 것인지 팽창적인 것이 될 것인지는 궁극적으로 자연이, 다시 말해 지구가 선택하게 될 것이**라는 뜻입니다. 그것이 '지구선택'이죠. 현재의 기후위기의 상황을 보세요. 지구는 이제 인류의 무한한 팽창적 성장을 더 이상 허용하지 않고 있습니다. 성장의 한계를 설정하고 압박하고 있는 것이죠. 진화론에서는 이런 현상을 자연의 '선택압(selection pressure)'이라고 합니다. 후기근대의 상황을 진화생물학의 언어로 말한다면, **인류문명의 내장적 형질이 팽창적 형질보다 선택확률, 생존확률이 높은 상태가 된 것입니다.** 우리는 앞서 그 이유를 경제사회적으로, 군사정치적으로, 기후생태적으로 분석해보았습니다. 예를 들어 미국의 이라크 침공은 팽창적 형질의 발현이라 할 수 있었는데요, 결국 참담한 실패로 마감되었지요. 후기근대의 문명적, 자연적 조건이, 그리고 최종적으로 말하면 지구가, 그런 방식의 공격적인 군사행동의 성공을 허용하지 않는 상태가 되었다고 풀이할 수 있는 것이죠. **인류가 처한 현재의 조건이, 그리고 최종적으로 지구의 상태가 그런 방식의 행위를 더는 허용하지 않게, 선택하지 않게 된 것입니다.**

지난 30여 년간 미국의 위상이 정체하거나 하강하고 있는 반면, 같

形

은 시간 중국이 꾸준히 상승할 수 있었던 것도, 미국이 팽창적·공격적 기조를 유지하려고 했던 반면, 중국은 상대적으로 내장적·협력적 노선을 견지해왔기 때문입니다. 앞서 5부 1, 2, 3론에서 논의해왔던 내용 전체가 팽창성과 내장성 중 어느 쪽이 후기근대에 진화적 적합성을 보이고 있는지, 어느 쪽이 우세종인지를 비교, 분석, 검토하는 작업이었다고 할 수 있겠지요. 여러 상반된 징후들을 놓고 판단을 내리는 것이 결코 쉬운 작업은 아니었어요. 그러나 우리는 멈추지 않았습니다. 포기하지 않고 계속 분석하고 생각하고 논의했지요. 우리가 당면한 시대전환, 문명전환의 의미가 그만큼 깊고 무거웠기 때문입니다. 오랜 숙의(熟議)의 결과 도달한 우리의 결론은 분명했습니다. **내장형이 우세종이고, 그 결과 세계 전반이 내장화되어가면서 근대문명 자체가 새로운 문명단계로 전환하고 있다**고 했습니다. 이를 '내장적 문명전환'이라 했습니다.

2차 대전과 한국전쟁, 그리고 베트남전쟁 이후, 지구상에 전쟁의 빈도와 규모가 크게 감소하고 있다는 것은 이미 많은 사람들이 지적해온 사실입니다. 예를 들어 『빈서판』으로 유명해진 진화심리학자 스티븐 핑커는 후속작인 『우리 본성의 선한 천사』에서 방대한 역사적 통계를 동원해 이러한 현상이 인류사의 '장기평화추세'의 움직일 수 없는 증거라고 주장했지요. 냉전 종식 이후에는 더욱 그렇습니다. 이 시기 벌어졌던 코소보의 민족분쟁이나 이슬람 근본주의의 테러리즘을 두고 폭력이 오히려 더욱 범람하는 것 아니냐는 주장들이 한때 유행하기도 했지만, 이것은 분쟁뉴스를 늘 부풀리고 싶어하는 거대 미디어가 만들어낸 순전한 착시라고 핑커는 단언합니다. 실제 사상자의 규모를 들어서 냉전 시대나 그 이전과는 비교할 수 없을 만큼 그 수가 작다는 것을 보여주지요.[104] 뭔가 어둡고 종말론적인 발언을 해야 매스컴을 타고 예언자 취급을 받는 세상에서, 핑커가 폭력감소의 분명한 증거를 들어서 미래에 대해 낙관적 전망을 내놓았던 것은 분명 용기있는 행동이었다고 봅니다. 그러나 아쉬운 것은 그의 주장이 여전히 강한 서구중심주의에 머물러 있다는 점입니다. 핑커는 결국 인류가 폭력을 억제할 수 있게 된 것은 오직 서구에서 리바이어던과 같은 강력한 국가권력이 출현하고, 서구근대의 계몽주의와 권리혁명이 이어졌던 탓이었다고 설명하거든요. 그 논조가 '오직, 서구문명에서만 오직, 근대가 시작되었다'고 하였던, 100년 전 독일의 사회학자 막스 베버와 하나도 다를 바 없어요.[105] 낡아빠진 생각을 옷만 갈아입고 여전히 되풀이하고 있는 것이지요. 우리가 이 책에서 입증했던 내용들, 즉 서구 팽창근대가 글로벌하게 창출했던 거대한 폭력구조에 대한 인식이 매우 희박하고, 그 이전에 타 문명권, 특히 동아시아 내장문명이 도달해 있던 전쟁억제, 폭력억제의 두터운 문명적 배경에 대한 인식은 거의 전무합니다. 이렇듯 커다란 허점을 가지고 있기 때문에, 두꺼운 그의 책은 균형을 잃고 휘청거립니다.

그의 단선적인 역사관은 분명 너무 단순하지만, 매크로한 차원에서 '폭력에 대한 인간의 민감성과 경계심이 증가했다'는 그의 테마는 기본적으로 타당하다고 봅니다. 그러나 큰 통계 숫자들만 있지, 역사의 명암이 어떻게 진행되었는지 구체적인 과정에 대한 인식이 미약합니다. 핑커가 크게 칭송하고 자주 인용하고 있는 노베르트 엘리아스의『문명화 과정』도 유럽사에서 '폭력에 대한 민감성의 증가'를 다룬 고전입니다만, 유럽이 대항해 과정에서 유럽 바깥에서 저지른 엄청난 폭력 문제는 완전히 빠져 있습니다.[106] 그래도 엘리아스는 거의 주로 '유럽의

形

문명화 과정'만에 집중하였으니까 이런 공백을 약간 눈감아 줄 수 있 겠어요.[107] 그러나 핑커는 폭력감소 문제를 이제 유럽만의 차원이 아 니라 글로벌한 차원에서 논하고 있음에도 엘리아스의 저서에서 비어 있는 이 부분에 대한 언급이 전혀 없습니다. 그렇다 보니 핑커의 주장 은 오직 유럽인만이 폭력성을 스스로 순화시킬 수 있는 문명적 역량을 가지고 있었다는 자화자찬으로 전락해버릴 수 있습니다.

핑커류의 서구미화적 역사 해석을 '자유주의 휘그(Whig) 사관'이라 고 합니다. 문명의 횃불은 서구에만 존재했고, 그 빛을 세계에 널리 전 파해주었다는 논리입니다. 인류에게 불을 전해주었다는 프로메테우스 처럼 말이죠. 고대 그리스 신화에서 프로메테우스는 '인류의 구원자' 인데, 인류역사에서 서구문명이 바로 그러한 역할을 하고 있다는 것입 니다. 옛적 영국이 세계지배의 정점에 섰던 시절의 집권 정당이 자유 주의 휘그당이었고, 그 당의 영국중심-유럽중심의 자유주의적 세계 해석을 '휘그 사관'이라고 합니다. 서구만(only the West)이 주연이고 그 밖(the Rest)의 '비서구(the non-West)' 인류는 기껏해야 조연이나 소품 이 될 뿐이라고 보는 사관이 어떻게 '인류사의 관점'이 될 수 있겠습니 까.[108] 너무나 어린애 같은 생각이지요. 이제는 한참 전에 부정되어버 린 '유럽중심 세계사 인식(Eurocentrism)'의 퇴화한 자취들일 뿐입니다. 퇴화해버린 충수돌기가 가끔 맹장염과 같은 말썽을 부리고 있는 것과 비슷하지요.

핑커의 주장에서 또 하나 중요한 공백은 기후문제에 대한 위기의식 이 이상스러울 정도로 미약하다는 점입니다. 그 자리에 계몽적 과학 에 대한 18, 19세기적 맹신이 있어요. 과학 내부의 방향전환이 필요하 다는 의식이 없고, 기존과학이 결국 기후위기라는 문제 자체를 해소해

줄 것이라고 믿지요. 팽창근대적 과학과 테크놀로지가 기후위기를 오히려 심각하게 만들고 있는데 말입니다. 그렇다 보니 '후기근대 신과학'에 대한 관심과 동조도 매우 약합니다. 비주류 과학 흐름이라고 간주하고 은근히 무시하는 모습까지 보입니다. 2018년에 출판된 최근 저작을 보아도 달라진 게 없어요.[109] 이러한 태도 역시 서구 중심주의적 '휘그 사관'과 무관하지 않습니다.

지난 500년 세계근대사에서 전쟁과 폭력의 힘은 계속 커져왔지만, 그만큼 그에 대한 경계와 거부감, 즉 폭력에 대한 인간의 민감성 역시 증대되어왔습니다. 이 관계는 반드시 글로벌한 시각에서, 팽창근대의 세계화의 '의도하지 못했던 역설적 결과'로 이해해야 합니다. 근대사에서 이러한 '장기적 평화추세'가 글로벌한 차원에서 분명하게 인식되기 시작한 것은 1, 2차 대전을 겪은 이후이고, 이제 냉전 해체 이후 후기근대 들어서는 그것이 더욱 명확해지고 있습니다. 제가 앞서 2론에서 서양 팽창근대의 군사정치적 팽창논리였던 '지정학'의 시대는 이제 사실상 끝났다고 했던 것도 이러한 상황인식이 배경에 있습니다. 세계가 분쟁해결을 평화적인 방법으로 해결하는 방향으로 변화해가는 것 역시 '자연선택'의 논리로 풀어볼 수 있겠습니다. 인간의 본성이 변해서 그렇게 되고 있다기보다 시대 상황이 평화적인 선택을 선호하도록 만들고 있는 것입니다. 앞서 '후기근대 신과학'에 대한 논의에서도 나온 이야기입니다만, 인간의 본성 안에는 공격성도 있고 공감과 협동성도 있습니다. 후기근대에는 평화적인 형질이 발현될 수 있는 시대상황이 형성되고 있다는 뜻입니다.

내장사회는 어떻게 작동하는가

서선생 북선생이 내장원리와 팽창원리를 문명 유형학의 대기준으로 설정하고, 그 진화적 기원을 정리해주었습니다. 지금까지 **팽창문명이 우세했던 역사 시대에는 재난과 같은 '예외'적 순간에만 출현했던 '우애와 협동의 공동체'가 이제 후기근대에 접어들어 전 지구적 '법칙'으로 자신을 '입증'할 시간이 다가오고 있다는** 말씀이죠. 그것이 어떻게 '입증'될 것이냐. 찰스 다윈이 분명히 밝힌 진화의 작동 기제가 '자연선택'인 것처럼, 내장적 문명전환이라는 또 다른 진화는 '지구선택'에 의해 이루어질 것이라고 이해했습니다. '우애와 협동의 공동체'라는 예외의 힘이 전 지구적 차원에서 적용되는 '법칙'으로 '입증'하는 메커니즘이 '지구선택'이라는 뜻이죠. 그러한 메커니즘이 어느 때부터인가, 대략 21세기 들어선 이후부터, 시스템적으로 작동하고 있는 것으로 보입니다. 묵직하게 인류가 범해서는 안 될 선을 그어두고 있습니다. **'후기근대'의 추세를 내장적 방향으로 '오리엔테이션'하는, 아마도 가장 중요한 식별선이** 아닌가 합니다. 그렇지만 앞서 논의에서도 암시된 바와 같이, '지구선택'이라는 말은 생각해볼수록 굉장히 두려운 말이기도 합니다. **자연에 의해 선택되지 못한 종이 자연생태계에서 사멸해가는 것과 같이, 이제 인류의 문명이 지구에 의해 선택될 수 있는 방향으로 전환하지 못하면 인류문명 역시 사멸해갈 수 있음을** 의미하니까요.

그렇다면 '문명적 되돌아봄'이란 결국 '전 지구적 차원의 재난의식'에서 **비롯한** 것이었다고 하겠습니다. 지구시스템 자체가 인류에게 재난의 신호를 보내고 있고, 이제야 인류는 그 신호를 이해하고 심각하게 되돌아보기 시작하고 있습니다. 그린 뉴딜, 코로나 팬데믹도 바로 그러한 '지구적 재난상황'에서 파생한 현상입니다. 이 두 문제 모두 일시적이고 일과적인 현상일 수가 없습니다. 기후위기는 이미 항시적인 문제가 되었고, 팬데믹 현상도 언제든 또 다른 이름의 바이러스의 모습으로 다시 나타날 수 있다는 사실을 알게 되었어요. 우리가 이렇듯 항시적인 '전 지구적 재난상황'에 처해 있음을 널리 인식하게 되었다는 사실이 매우 중요한 것 같습니다. 알게 되면 대응하려고 하니까요. **재난상황이 항시적인 것을 알면 그에 대한 대응도 항시적인 것이 되어야** 하겠지요. 늘 준비가 되어 있어야 하는 것입니다. 시스템적으로 말이죠. 내장적 문명, 내장적 시스템이란 바로 그런 것이 아닐까요.

코로나 사태로 많은 나라에서 정부에 의한 재난소득 지원이 이뤄지고 있습니다. 균형재정이 아니라 적극재정이 원칙이 되었어요. 앞서 논의되었던 바와 같이, 재난소득이 모두 소비되고 화폐량을 적정 수준에서 조절하면 문제가 없습니다. 구매 기한을 설정한 지역화폐로 지급하는 것도 한 방안입니다. 일단 원리가 성립하는 것을 알면, 더욱 효과적인 방법들은 얼마든지 창의적으로 개발할 수 있습니다. 이러한 긴급지원을 제도화하면 그것이 바로 '기본소득(basic income)'이 됩니다. '재난지원'이 아니라 '재난소득'임을 강조하는 것은 그 때문입니다.

AI와 로봇이 더욱 확대될 미래경제에서 기업이 고용을 창출하는 데는 분명한 한계가 있습니다. 이제 미래사회에서 '완전고용'은 어느 나라에서든 불가능한 목표가 됩니다. 결국 기본소득이 제도화되지 않을 수 없는 상황인데, 이번 팬데믹 사태로 그런 발상이 '긴급지원'이라는 이름으로 갑자기 현실화되어버린 것입니다. 물론 이번에는 부분적이고 일시적인 형태로 말이죠. 이번 경험을 잘 분석하고 다듬어서 머지않은 장래에 기본소득이 탄탄한 제도로 정착할 수 있도록 잘 준비해야겠습니다. 그린 뉴딜도 마찬가지입니다. 이번 코로나 사태로 기후위기 문제의 전방위성에 대한 의식도 높아질 것으로 보입니다. 과잉개발과 공장식 축산에 대한 근원적 대안을 찾아야 하겠지요. 근본적으로 화석 연료에 절대적으로 의존하고 있는 제조업과 농업방식을 분산적 재생 에너지에 기초한 분산적 생산방식으로 대전환할 수 있어야 합니다. 문명전환의 시야에서 산업전환, 인프라 재구성을 생각해야죠. 그런 정도의 시야를 가지고 있어야 정부 차원에서도 정책다운 정책이 나올 수 있습니다.

이러한 전환이 각 나라의 국내 차원에만 그칠 수 없습니다. 2020년 한국산 COVID-19 진단키트에 대한 국제적 수요가 높습니다. 진단키트만이 아니라 한국이 이번 방역에서 효과를 보았던 여러 가지 기술적 노하우도 국제적으로 적극 공유해야겠지요. 이번 사태의 경우 WHO와 같은 의료예방 국제기구들이 국가 간 경험 교환과 적극적 협력의 창구로 발전해야 합니다. 요점은 **재난적 상황에서 우애와 협력을 증진할 것이냐, 반대로 적대와 대립을 고조시킬 것이냐의 선택**입니다. 어느 쪽이 '지구선택'에 친화적인 것일지는 자명한 일입니다. 이번 코로나 사태를 계기로 '전 지구적 재난상황'에 대한 더욱 적극적인 국제협력의 필요성이 분명해졌습니다. 이런 흐름에 역행하는 일부 세력도 없지 않습니다. 자신의 방역 실패를 남의 탓으로 전가하면서 이 재난사태를 이용해 새로운 갈등과 적대의 대립선을 만들어보려고 하지요. 중국과 아시아인을 대상으로 한 인종주의적 선동도 이런 태도에서 나왔습니다. 카를 슈미트적 '예외권력'을 이 마당에도 다시 살려보겠다는 것입니다. 엄중한 '지구선택'이 다모클레스의 칼처럼 인류의 머리 위에 아슬아슬하게 걸려 있는 이 시대에, 적대와 갈등을 또다시 인위적으로 증폭시켜보려고 합니다. 자신들만의 이익을 위해 인류의 운명을 벼랑 끝으로 몰고 가는 일입니다. 실로 문자 그대로 '반인류적인 행태'라 아니 할 수 없겠습니다. '강대국'이라고 자부하는 나라들일수록 인류의 미래를 생각하고 신중하게 처신해야만 하는 때입니다.

남선생　　서선생 논의 중에 내장적 체제에 대한 또 다른 정의가 나온 것 같습니다. **내장적 체제란 사회시스템이 언제 재난 상황이 발생하더라도 여기에 대해 우애와 협동의 원리에 따라 대응할 수 있도록 항시적으로 제도화된 체제**라고 말이죠. '예외' 속에서 '법칙'을 추출해내는 시범을 보여준 듯하네요. 그렇다면 그러한 사회는 어떠한 사회일까를 생각해봅니다. 그 답이 그다지 어려울 것 같지는 않습니다. '출생에서 사망까지 안전함 속에서 살고 빈부격차가 작고 자유로운 사회'가 아니겠습니까. 이 정도 사회라면 꿈속에서나 가능할 대단한 유토피아가 아니죠. 어느 나라나 목표로 삼을 만한 모습 아니겠습니까. 실제로 그와 가깝게 살고 있는 나라들이 존재하고 있습니다. 예를 들어 북구 노르딕 국가들(스웨덴, 덴마크, 핀란드, 노르웨이)과 독일 등이 그렇죠. 이들 나라의 사회제도의 작동원리는 앞서 말한 '우애와 협동의 원리'와 가깝습니다. 북구는 '사회보장국가'라 하고 독일은 '사회국가'라 했습니다.

　이들 나라의 공통점은 내장형 사회라는 점입니다. 유럽의 '대항해'를 앞장서 주도했던 팽창적 열강들이 아닙니다. 스웨덴과 덴마크가 한때 강국이었지만 독일, 러시아에 밀려 자위(自衛)에 주력하게 되었죠. 그 결과 오래전부터 내장형 사회가 되었습니다. 노르웨이와 핀란드는 스웨덴, 독일, 러시아 등 주변 강국들 등쌀에 고생을 많이 한 약소국들이었지만, 역시 중립, 자위, 평화노선을 굳게 지키면서 2차 대전 후 '황금시대'에 번영의 기초를 닦았습니다. 자본가와 노동자가 협약을 이

形

뭐 공동번영의 복지체제를 만들 수 있었어요. 후기산업사회 단계에 들어 완전고용은 어려워졌지만, 상호부조의 정신은 여전히 단단합니다. 불가능해진 완전고용을 보완해줄 기본소득 제도를 일찍부터 실험하고 있지요.

핀란드는 러시아혁명 직후 적백(赤白) 간의 좌우 내전을 겪었으면서도 그 상처를 훌륭하게 치유하고 차근차근 번영의 길로 나갔다는 점에서도 우리가 특히 주목할 만합니다. 코리아는 아직도 남북 간의 대립을 치유하지 못하고 있지 않습니까. 명저『총·균·쇠』로 유명한 재러드 다이아몬드가 얼마 전『대변동』이라는 새 책을 내서 핀란드의 바로 그런 측면에 주목했더군요. 그 대목을 아주 반갑게 읽었습니다.[110] 또 독일은 대표적인 후발 팽창근대국가로서 식민지 경쟁에 뛰어들었던 군사강국이었지만, 2차 대전 이후 이 노선을 완전히 포기하고 평화적 성장노선으로 전환했지 않습니까. 그런 평화노선을 통해 번영을 이룸으로써 영국과 프랑스가 아닌 독일이 유럽의 중심이 될 수 있었지요. 전후 북구 국가와 독일은 내장형 성장을 통해 번영을 이뤘습니다. 자본주의, 사회주의 구분 없이 필요한 제도를 혼합하고 조절했던 '혼합경제체제'였기도 했습니다. 이러한 체제적 실험을 통해 자본주의 대 사회주의라는 이념적 냉전적 대결구도를 안으로부터 무너뜨리는 역할을 했다고 할 수 있습니다.

지금도 국제분쟁이 나면 이들 노르딕 북구 국가들이 중재에 나서는 경우가 많습니다. 대개의 국제분쟁이란 과거 식민지 지역에서의 이권분쟁이 아직도 이어지는 경우가 많아요. 이라크 전쟁이나 그 이후 테러집단 ISIS 문제도 그렇습니다. 이곳은 과거 영국과 프랑스가 분할했던 지역이거든요. 그래서 미국만이 아니라 영국과 프랑스 역시 여전히 이곳의 분쟁에서 막후 역할을 하고 있습니다. 그래서 근본주의 이슬람 세력의 '테러공격'도 주로 미국, 프랑스, 영국을 타깃으로 하고 있는 것이고요. 미국, 영국, 프랑스는 대부분 분쟁의 당사자이기 때문에 분쟁 조정국이 될 수가 없습니다. 그런 역할을 뜻밖에도 조그만 북구 국가들이 합니다. 핀란드나 노르웨이 같이 조그만 나라들이 세계분쟁에 대해 중재의 목소리를 내고 화해와 평화의 가치를 설파하는 것을 보면 대단하다는 생각이 들어요. 이들이 소국으로서 주변 강국의 개입과 침략으로 인한 전쟁과 내전의 고통을 겪어보았고, 이제 그것을 지혜롭게 이겨냈던 교훈의 역사가 있었기 때문에 그럴 수 있는 것이 아닌가 싶습니다.

북구 사회 모델은 먼나라 이야기인가

북구 사회보장국가들에서 배우자고 하면 '그건 우리와 역사가 다른 외국의 사례'에 불과하다고 연목구어(緣木求魚)하지 말라는 의견이 있습니다만, 절반만 맞는 말씀입니다. 유럽의 역사는 분명 동아시아와 경로가 다릅니다. 그렇지만 내장형 사회였다는 점에서 공통성이 있어요. 북구, 노르딕 사회는 미국, 영국, 소련, 프랑스 등의 팽창근대 노선을 가장 빨리 그리고 멀리 벗어난 나라들입니다. 그럼으로써 그 사회의 특징이 내장적으로 된 것이거든요. 이런 점을 특별히 주목해 봐야 합니다. 동아시아 나라들은 이미 초기근대의 내장적 바탕이 있고, 2차 대전 이후 그 원래 바탕을 꾸준히 회복해왔습니다. '동아시아의 부상'이었죠. 5부 1론에서 살펴보았던 것처럼 형'(形)가 그런 방식으로 이루어지기 시작했던 것입니다. 북구와 동아시아 국가들은 기술력을 바탕으로 한 제조업 강국들이고, 패권국가가 아니면서 무역강국이기도 합니다. 북구와 동아시아는 유사한 점들이 많습니다.

이런 걸 놓치고 '연목구어'라고 하면 하나만 알고 둘은 모르는 이야기가 됩니다. 북구 국가들은 팽창근대의 주도국이 될 만한 인구와 지정학적 위치를 갖추지 못했기 때문에 해외 팽창에 앞장서 나설 수 없었습니다. 그러나 이런 상황을 인정하고 꾸준히 안으로 힘을 길렀죠. 영국, 미국 등 선두국가들이 열어놓은 터 안쪽에서 꾸준히 내실을 취한 결과입니다. 그것이 북구 국가의 전략적 선택이었고, 이 선택은 제대로 맞아떨어졌습니다. 그 결과 내장적 체제의 모범국이 될 수 있었지요.

냉전시대에도 북구 국가들은 미소 대결에서 한 걸음 비켜서 있었어요. 소련과 육지로 접경한 핀란드는 아예 중립노선을 표방했습니다. 핀란드만 아니라 북구 국가 전체가 미소 대결의 전면에 나서지 않았습니다. 독일조차 브란트 수상의 '동방외교'로 동서독이 서로 인정하고 미소 사이에서 등거리 외교로 내실을 다졌죠. 반면 냉전 전선에서 정면으로 맞섰던 팽창적 초강대국 미국과 소련은 군사 부분이 기괴하게 컸던 비정상적 사회였습니다. 이 무한 군비경쟁을 결국 먼저 소련이 견디지 못하고 무너졌습니다. 미국의 패권노선을 추종한 영국과 프랑스 같은 나라 역시 그다지 정상적이라 말하기 어렵습니다. 팽창형 성장은 사회를 양극화합니다. 과거 제국주의 국가들의 식민지 정책을 생각해보세요. 군사, 금융, 상업이 결탁한 과두세력이 정치적으로 막강한 힘을 가진 슈퍼리치 그룹이 됩니다. 2차 대전 이후 20여 년 서구사회에 평등추세가 나타났지만, 양극화 논리가 완전히 사라졌던 것은 아납니다. 결국 신자유주의로 다시 살아났지 않습니까. 그 신자유주의 주도 국가들이 이번 팬데믹 현상에서 보여주는 실상이 어떻습니까. 기본적 방역 문제에서 너무나 취약한 모습을 보여주었지요. 같은 구미 국가들이라고 해도 북구 사회와 영미 사회에서 불평등의 정도 차이는 큽니다. 같은 체제라고 보기 어려울 정도죠. 또 미국의 불평등은 영국, 프랑스에 비해서도 더욱 큽니다. 구미사회의 불평등 정도는 군사적 패권노선을 추진하는 정도와 정확히 비례한다고 말할 수 있습니다.

내장사회가 돌아가는 전체 모습

서선생　　결국 내장형 사회란 그동안의 인류 현실에는 존재하지 않았던 비현실적 이상향이 아니라, 이미 현실에서 존재해왔던 사회이며, 우리에게도 이미 익숙한 사회라는 말씀이네요. 사실 '문명전환'과 같은 거창한 일이 아무런 역사적 근거나 준비가 없이 이루어질 수는 없는 일이겠지요. '문명전환의 시간'이라는 말은 현재의 '이 시간'에 이미 '문명전환'이 그만큼 준비되어 있기 때문에 가능한 표현이기도 하겠습니다. 내장적 문명전환으로 완성될 내장적 사회체제는 우리 내부에 이미 절반은 이루어져 있다는 뜻입니다. 그것이 형'(形)의 동아시아이고 세계였습니다. 그렇기 때문에 지금까지 우리가 내장적 사회의 상(像)에 대해 상당히 구체적인 수준에서 여러 논의를 할 수 있었던 것이고요. 이제 다양한 시각에서 검토했던 그 논의를 종합해볼 시간입니다. **내장적 사회는 어떻게 작동하는가. 그 특징은 무엇인가.**

　우선 앞서 남선생이 든 노르딕 사례를 이론적으로 말하면, 〈후기근

　　　　　　　　　　　　　　　　　　　　　　　　　形

대에 작용하는 수평적-개방적이고 평등적-평화적인 힘〉이 상대적으로 강하게 작용했던 사례가 됩니다. 이러한 힘을 5부 1론에서 〈후기근대의 전방전환력〉이라고 했죠. 그 힘이 상대적으로 강했기 때문에 수직적-독점적이고 차등적-대립적인 성격을 갖는 후방전환력을 약화시키고 흡수할 수 있었던 것입니다. 그런데 이 전방전환력은 내장적 특징과, 후방전환력은 팽창적 특징과, 각각 친화성을 가지고 있다고 했었죠. 따라서 전방전환력이 후방전환력보다 강하면 이 사회는 내장성이 강화되는 방향으로 가는 것입니다.

수평적-평등적 경향이 강한 사회는 시민적 연대가 강한 사회입니다. 북구 노르딕 사회가 그렇습니다. 그래서 노르딕 사회를 'association-alism', 즉 시민 '결사체주의', 협동체 전통이 강한 나라라고 합니다. 한 개인이 자발적으로 가입한 시민단체의 수가 가장 많은 나라들입니다. 그 시민단체(civil associations)란 노동조합, 정당조직, 시민단체, 문화예술단체, 스포츠클럽, 자기계발 모임 등 아주 다양하죠. 이런 힘이 사회의 수평적-평등적 경향의 근거가 됩니다. 북구에도 대기업들이 있습니다. 그러나 이쪽은 사회적 합의의 힘이 강하기 때문에 대기업들이 세금도 많이 내고 사회적 공동복리(common welfare)에 대한 기부나 투자도 많이 합니다. 교육, 건강, 문화예술 등의 분야죠. 또 강력한 재분배 정책을 쓰기 때문에 북구의 빈부격차가 세계적으로 가장 낮은 지역에 속한다는 것은 잘 알려져 있습니다. 노동 조직의 기업경영과 국정 참여도가 매우 높고, 교육기회나 문화예술적 향유의 기회, 일반 시민의 창업(start-up) 기회가 상당히 높은 수준에서 균질화되어 있습니다. 일례로 교육 분야에서 평등원리에 기초하여 수월성의 목표를 이룸으로써 세계교육계의 주목을 받은 핀란드의 '페루스코울루(종합학교)' 사

례는 이미 널리 알려져 있지요.[111]

여기에 더해 앞서 지적했던 것처럼 이들 사회는 국가 간 관계에서 중립, 자위(自衛), 평화 노선을 오랫동안 견지해왔습니다. 이 점은 이들 나라의 역사를 볼 때, 단순히 부차적인 특징이 아니라 오히려 무엇보다 핵심적인 사항입니다. 왜냐면 앞서 우리가 논의했던 것처럼, 역사적으로 볼 때 자본주의란 단순히 경제논리만이 아니고 자본의 힘이 국가의 공격적·팽창적 대외정책과 결합하는 '권력자본주의(power capitalism)'이기 때문입니다.[4부 4론] 따라서 군사적 팽창성·공격성을 사회 내부로부터 제어하게 되면 권력자본주의의 독점적–낙차적 힘이 약화되기 마련입니다. 결국 북구 사회에서 내장성이 강한 것은 ① 시민연대의 두터운 전통, 그리고 ② 시민 차원에서 깊게 내재화된 평화공존을 추구하는 국가의 성격이라는 두 축이 튼튼하기 때문입니다.

어느 사회가 수평적–평등적이라는 것은 그 사회의 권력과 부의 '낙차'가 작다는 것입니다. 우리는 그동안 낙차에너지를 이용한 팽창과 성장에 대해 충분히 논의했습니다. 영국의 인클로저 운동은 토지의 소유권과 이용권을 농민에게 빼앗아 지주가 독점하도록 몰아줌으로써 경제적 낙차를 강제적으로 증폭시켰습니다. 해외 식민화란 해외로 나가 벌린 '글로벌 인클로저 운동'이라 할 수 있는 것이었죠. 원주민의 땅을 정복한 식민주의자들이 독차지해서 가파른 착취의 낙차를 창출했으니까요. 요즘 시대의 낙차 창출은 물리적 강제(폭력)보다는 주로 경제적 강제로 이뤄지죠. 최근 우리 주변에서 보는 '젠트리피케이션'도 그렇습니다. 자본이 해당 지역의 건물들을 야금야금 매입해서 전세와 물가를 올려서 원래 살던 주민들을 몰아냅니다. 그런 후 재개발을 통해 해당 지역의 부동산 가격을 크게 올리는 방법이죠. 5부 2론에서 본

形

사스키아 사센의 '축출자본주의'가 그런 논리로 움직였습니다. 그렇지만 이러한 과정에서도 여러 형태의 강압과 폭력이 수반되고 있음을 볼 수 있습니다. 2009년 1월 용산 재개발 지역에서 축출에 저항하던 주민들이 경찰 특공대 진압과정에서 불길에 희생되었던 사례를 기억하실 겁니다. 그럼에도 그 정부가 내걸었던 모토가 '녹색성장'이었어요. 겉과 속이 달라도 너무나 달랐습니다.

튼튼한 내장사회란 이러한 강압적이고 폭력적인 낙차 창출이 애초에 허용되지 않도록 제도적으로 설계된 사회입니다. 수평적 원리, 즉 당사자라면 돈이 많든 적든 모두가 동등한 권리를 가지고 합의를 이뤄갈 수 있는 제도적 틀이 사회 모든 영역에 설치될 것입니다. 합의 없는 집행은 없다는 원칙이 확고해야 합니다. 그것이 시스템 전체의 효율을 높입니다. 민주적 합의보다 강한 효율은 없습니다. 독재적, 팽창적 효율과는 다른 가치 차원의 내장적 효율입니다. **안으로 넓게 퍼지며 길게 지속되는 효율**입니다.

그렇지만 내장사회가 공정한 경쟁과 그 결과 생기는 낙차까지를 부정하는 것은 아닙니다. **내장적 사회는 권력적 낙차가 전제된 불공정한 경쟁을 사전에 예방하여 공정한 경쟁이 이뤄지도록 보장하는 시스템입니다.** 우리가 통상 목격하고 있는 자본주의적 경쟁 상황이란 매우 불균등하고 불공정한 경쟁, 즉 이미 경쟁 이전의, 경쟁 바깥의 사전 격차가 아주 크게 조성된 상황에서 벌어지는 경쟁인 경우가 많습니다. 이미 출발점부터 다르고, 뛰는 트랙의 질도 다르고, 신고 있는 운동화도 너무 다른 상태에서 경주를 해야 합니다. 우월적 지위를 점한 쪽이 한편으로 세금이나 법적 보호, 보조금에서의 혜택을 독점하면서, 다른 편으로는 노동자와 소비자 그리고 소생산자들에게 피해와 비용을 전가

합니다. 권력적 우위를 이용해 탄소와 오염물질 배출의 비용을 면제받거나 수요자 쪽으로 그 부담을 전가하는 것도 그러한 모습의 하나입니다. 이렇듯 비용을 사회적 약자에게 전가한 결과 생기는 우위를 '경쟁력'으로 누리는 사회는 결코 건강할 수가 없습니다. 이렇듯 정당한 수평적 경쟁을 가로막는 불공정한 권력적 낙차가 발생할 수 없는 시스템을 만드는 것이 내장적 체제의 정착에 매우 중요한 관건입니다. 따라서 **내장적 체제는 공정한 경쟁의 입법자요 수호자**이기도 합니다. 일체의 경제적 외부효과가 시스템적으로 예방되며, 설혹 시스템적 간극에서 의도되지 않은 외부효과가 발생할 경우에도 이를 사회로 완전히 환원하는 회계 원리를 바탕으로 한다는 의미에서 '사회적 시장사회'라고 할 수 있습니다.[112] 공정한 경쟁이 보장되는 내장적 경제, '사회적 시장사회'에서도 성공한 대기업이 물론 출현할 수 있습니다. 내장적 체제에서 성공한 기업은 그 성공을 가능하게 했던 사회적 조건과 기여에 대해 그만한 환원의 의무가 있다는 점을 잘 인지하고 있습니다. 수평적-평등적 경향이 강한 내장적 사회는 대자본의 플랫폼 독점을 통한 승자독식의 경향을 억제하고 다중의 집단지성의 플랫폼 공유를 통한 이익공유 · 공동성장이 가능하도록 법적 · 제도적 장치를 마련해갈 것입니다.

앞서 제가 '권력자본주의'를 설명했을 때, 동선생이 '권력자본주의가 아닌 자본주의, 즉 권력과 폭력을 뺀 자본주의가 가능한가?'라는 질문을 했었죠.[3부 4론] 이제 여기에 대해 답을 드릴 수 있겠습니다. **자본주의에서 권력과 폭력, 부정의의 힘을 줄여가는 것은 가능하며, 그것이 성공적으로 완수되었을 때 그 모습은 '사회적 시장체제'와 유사할 것입니다.** 그 변형과정이 성공적일수록 그러한 체제를 굳이 자본주의라고 부를 이유가 없어질 것입니다. 또 현실의 사회주의체제 역시 '권력사회주의'를

形

넘어서지 못했다고 했습니다.3부 4론 따라서 마찬가지로 '권력사회주의가 아닌, 권력과 폭력을 뺀 사회주의가 가능한가?'라는 질문도 가능하고, 그에 대한 답도 동일합니다. 그 역시 '사회적 시장체제'에 가까워진다는 것이죠. **자본주의도 사회주의도 내장적 원리가 강화되면 '사회적 시장체제'로 접근합니다.**

그동안 팽창근대의 역사에서 현실자본주의(권력자본주의)와 현실사회주의(권력사회주의)는 모두 권력과 폭력에 깊이 의존했고, 그런 차원에서 서로 깊게 적대적으로 의존하고 있었지요. 서로 상대를 '적'으로 호명함으로써, 자신의 존립이 가능했던 체제들이었습니다. 이제 그러한 적대적 의존관계, 팽창적 논리로 서로 맞물려 있던 그 차원을 넘어설 때가 되었습니다.

앞서 팽창/내장, 낙차/밀도 감소는 음양 관계처럼 프랙털적이라고 했지요. 양 속에 음이 있고, 음 속에 양이 있는 것처럼 말이죠.1부 2론 다만 어떤 원리가 중심에 있는가가 중요합니다. 내장체제는 공정한 경쟁에 의해 자연적으로 발생하는 낙차에 대해서 결코 반대하지 않습니다. **내장적 원리는 경쟁 이전에 권력적 낙차가 발생하지 않도록 하고, 이러한 수평적 조건에서의 경쟁의 결과 발생하는 자연적 낙차에 대해서는 사회 성원에 대한 응분의 환원을 제도화하여 그 낙폭을 줄입니다.**[113] 그런 방식으로 내장적 중심원리를 견지해갑니다. 그러한 내장적 원리가 작동하는 사회에서는 교육, 의료, 주거 및 공공인프라 투자가 높습니다. 그만큼 교육, 직업, 주거, 토지를 둘러싼 지대추구 현상이 원천적으로 억제되지요. 또 4차 산업혁명 효과로 완전고용이 불가능해지는 상황에 대응하여 보편적 기본소득을 제도화할 것입니다. 따라서 내장사회가 허용할 수 있는 낙차란 존 롤스가 『정의론』에서 했던 말로 하면, '정의의 두 원칙' 중 두 번째인 '최소 수혜자에게 이익이 되는 차등의 원칙'과 가까운 것입니다. 게임의 룰이 공정하고 최소 수혜자도 그 결과에서 최대 이익을 얻을 수 있도록 설계된 차등이죠.[114]

이와 관련해서 이번에는 **내장사회의 밀도에너지 표출방식도 계속 변화하고 있다**는 것을 지적하고 싶습니다. 역시 1부 2론에서 논의했던 것처럼 농업사회(소농집약), 산업사회(공장집약), 후기산업사회(반도체 및 데이터 집적)에서 밀도에너지의 표현방식이 계속 달라집니다. 21세기 후기근대에 내장성이 점차 세계화되면서 시스템 에너지에서 또 다른 진화가 진행 중입니다. 이제 밀도에너지 내에서 '모바일 에너지'가 자라나고 있습니다. 이 에너지는 분명 반도체 및 데이터 집적 시스템에서 나왔지만 이제 연결선 없이(wireless) 자유롭게 움직입니다. 이제 **밀도가 장소성에서 해방된 것이죠**. 이것을 극적으로 보여준 것이 이번 코로나 팬데믹이었습니다. 이제 **밀도성이 팬데믹의 모판이 된 순간, 즉 밀도성의 부정적 측면이 드러난 순간, 장소성에서 풀려난 모바일 에너지가 작동했습니다.** 잘 아시듯 비대면 접촉 즉 이메일, SNS, 화상회의로 대면접촉을 대신했습니다. **대면(contact) 밀도를 비대면(untact) 밀도로 대체한 것이죠.** 이로써 '원격밀도'라는 모순적인 언어가 가능하게 되었습니다. 장소의 제약에서 풀린 비대면밀도, 원격밀도가 '모바일 에너지' 또는 '자유에너지'에 의해 가능해지고 있습니다.

이렇듯 후기근대의 과학기술 발전과 내장성은 깊은 관련이 있습니다. **IT와 인터넷 시대에는 경박소형의 장비를 갖춘 수많은 개인들의 비대면 연결밀도의 강화가 생산력의 핵심축이 됩니다.** 이를 통해 **독립적 개인과 그 독립적 개인들의 연결망의 힘이 극대화되지요.** 온라인 밀도 강화와 오프라인의 밀도 강화는 상호강화적입니다. 그리고 앞서 말한 대

形

로 팬데믹과 같은 상황에서는 대면 밀도가 온라인 밀도로 대체될 수 있는 탄력성을 가지고 있습니다. 이러한 현상은 사회의 내장화와 깊은 관련이 있습니다. 요즘은 컴퓨터 한 대, 휴대전화 하나 가지고 아이디어와 네트워킹으로 소규모 사업을 벌이는 사람들이 많아지고 있지요. 이런 조건에서는 **밀도증강이 그 자체로 생산력**이 됩니다. 과거 초기근대 동아시아 소농형 생산과 유사한 점이 많습니다. 동시에 생계를 위해 꼭 대자본에 의존해야 하는 것이 아니기 때문에 **노동이 자본의 제약을 벗어날 가능성, 즉 자본이 노동을 대체하지 않고 반대로 노동이 자본을 대체할 가능성이 발생하고 있다**는 중요한 사실에 주목해야 하겠습니다. 이제는 생산자·노동자 자신이 경박소형의 생산수단을 소유할 수 있게 되니까요.

연결망 시대의 이러한 온라인 밀도증강은 또한 어느 임계점에 이르면 '창발성'과 '상전이'를 일으키는 질적 변동의 힘이 되기도 합니다.[115] 이러한 조건이 광범한 소자본 네트워크 스타트업이 성공할 가능성 역시 열어주고 있습니다. 특히 청년층이 이 영역에서 두각을 나타내고 있지요.[116] 육식의 대안인 배양육과 대체육 개발, 해초로 플라스틱 봉지를 대체하는 기술, 해양 플라스틱 쓰레기를 수거하는 방법 등 참신한 '그린 테크놀로지'가 주로 이런 청년층 사업가, 발명가들에게서 나오고 있습니다. 이렇듯 탄소배출 감소에 크게 기여하는 사업과 발명에는 그에 응당한 사회적 인정과 보상이 따라야 마땅합니다. 창조적 소자본의 시장성공 가능성은 고급기술과 정보가 수평적으로 개방되고 대중들의 경험, 지식, 연결망의 효율성 제고와 맞물려 있습니다. 또 이러한 변화들이 시민적 부조(扶助) 경제, 나눔 경제, 사회적 경제를 활성화하는 조건으로 될 수 있습니다. 부조-나눔 경제란 서로 가진 것과 부족한 것을 유무상통했던 소농경제의 특징이기도 합니다. 오랜 내역을 가진 공동체 부조 경제가 이제는 도시 생활의 구석구석에서도 밀도가 높아진 온라인 네트워킹을 통해 가능하게 된 것입니다. **후기근대의 내장적 경제체제란 다중(多衆)이 참여하는 밀도증강형 공유경제 활동이 점차 우세해짐으로써 낙차 확대에 골몰하는 신독점과 지대추구 경향을 억제하고 약화시켜가는 체제입니다.**

내장적 경제를 말할 때 빼놓을 수 없는 부분이 국제무역입니다. 내장 경제란 결코 자국 내에 자폐된 경제가 아닙니다. 평평해진 세계와의 수평적 국제무역이 고도로 발전한 국제경제체제이기도 합니다. 2차 대전 이후 내장적 경제가 성공을 거둔 나라들은 하나같이 매우 성공적인 무역 국가들이기도 함을 주목할 필요가 있습니다. 앞서 살펴본 북구, 노르딕 국가들이 그렇고, 한국, 중국, 일본, 대만, 싱가포르 등 동아시아 나라들도 마찬가지입니다. 군사적 패권을 이용해서 무역상의 독점적 낙차를 만들어내지 않으면서도, 주로 제조업 분야에서 기술적 우위를 쌓아 글로벌 가치사슬에서 경쟁력 있는 위치를 점하여 무역 강국이 될 수 있었습니다. 권력적 낙차를 경쟁의 전제조건에서 배제하고 밀도증진을 통해 경쟁력을 높이는 내장적 경제의 일반원리가 무역 부문에서 그러한 방식으로 나타났던 것입니다. **현재의 국제무역은 더 이상 초강대국의 군사력에 의해 유지되는 체제가 아니라, 다극적 무역중심들의 상호의존망에 의해 안정화된 시스템입니다.** 이제는 오히려 일극 슈퍼파워의 무력행사가 안정적 시스템의 작동을 저해하는 상태에 도달했습니다. **국제무역에서도 내장성이 팽창성을 이미 대체했습니다.**

코로나 이후의 세계는 무역량이 비율상 다소 줄고 내수가 그만큼 늘어나게 될 것으로 보입니다. 불가피하게 그렇게 되는 것이지만, 그러

形

〈그림 5-19〉 OECD 주요국의 식량자급률(2010년) 비교

	(단위: %)
프랑스	320.0
체코	198.6
독일	147.8
스웨덴	140.8
미국	125.0
핀란드	113.2
호주	94.5
스페인	81.7
멕시코	63.3
한국	25.3
일본	22.4

자료: 한국농촌경제연구원

한 변화가 부정적인 것은 아닙니다. 어느 사회든 내수가 중심이 된다는 것은 오히려 바람직한 일이죠. 그렇지만 무역이 부정될 수는 없습니다. 기후위기 유발 요인을 줄여나가는 국제분업과 국제운송의 새로운 전략이 부단히 모색될 것입니다. 다만 여기서 농업 문제에 대해서는 무역 일반과는 다른 결에서 문제를 봐야 한다는 점을 꼭 부가해야 하겠습니다. 농업은 무역 의존의 한계가 분명하다는 점에서 특수합니다. 특히 식량자급은 중요한 문제이니 짧게나마 짚고 가겠습니다. **안정된 농업과 높은 식량자급도는 내장체제 안정의 바탕**이 됩니다. 내장적 문명전환이란 '문명의 농(農)적 전환'이라고도 할 수 있습니다.[117] 이 점에서 한국의 경우 식량자급도가 국제 평균보다 매우 낮은 것(20%대)은 크게 우려할 일입니다(일본도 비슷함). 북구 국가들과 중국의 식량자급

y

y

제4론

847

률은 국제평균보다 높습니다(100%대). 기후위기 시대에 낮은 식량자급률은 심각한 결과를 낳을 수 있음에 유념해야 하겠습니다.

끝으로 내장체제의 정치, 거버넌스 문제입니다. 독립적 개인의 밀도 강화를 통해 정치적 내장성을 높여간다는 점에서 다른 영역과 원리가 같습니다. 앞서 언급했듯이 "기술과 정보가 수평적으로 개방되고 대중들의 경험, 지식, 연결망의 효율성이 높아지는 경향"이 일반 시민들의 정치적 역능을 높이고 있습니다.5부 1론 대중들이 그만큼 정보도 많고 똑똑해졌습니다. 그래서 통치에서 피드백의 중요성이 갈수록 커지고 있죠. 점차 통치(統治)가 공치(共治)가 되고 있습니다. 시민들과 네트워킹의 밀도가 높은 권력만이 정당성을 인정받을 수 있게 되었습니다. 정치적 밀도에너지가 그만큼 높아지고 있다는 것이죠. 이 과정에서 민주주의가 새롭게 진화하고 있음에 주목해야 하겠습니다. 다른 모든 사물처럼 민주주의도 멈춰 있지 않습니다. 멈춰 있으면 민주주의도 부패하고 퇴화할 수 있습니다.

그렇지만 다른 한편 "이주노동자, 외국인, 타문화에 대한 혐오와 거부, 신국수주의-신국가주의의 강화, 그리고 정보독점, 정보감시, 언론통제, 지식재산권의 독점을 강화하려는 모습"이 나타나고 있음도 경계해야 하겠지요.5부 1론 여전히 '외부의 적대'와 '정치적 낙차'를 창출하여 지배구조를 강화하려는 '후기근대의 하방전환력'이 작동하고 있습니다. 그러나 그러한 역행적 힘은 이제 지구사회에서 정당성을 현저하게 잃고 있습니다.

권력의 독점적 경향은 늘 시민을 분할하고 차별하여, 내부에 차별적 식민지를 구축하려고 하지만, 그럴수록 여기에 저항하는 힘은 부단히 서로 연결하고 소통하여 분할선을 지우고 내부 식민지를 허물어 갑니

形

다. 이렇듯 시민들이 정치적 · 기술적으로 스마트해질수록 권력은 시민들의 집단지성에 의존하지 않을 수 없게 됩니다. 무엇보다 일단 정치적 양(量)의 차원에서 밑으로부터의 정치적 확장력이 위로부터의 정치적 배제력을 점차 능가해갈 수밖에 없습니다. 그러면서 정치, 행정, 사법의 여러 차원에서 시민의 참여를 확대하는 제도적 장치들이 증가해가죠. 이러한 경향들이 합류하면서 내장적 정치체제와 주권형태는 점차 완성되어 갈 것입니다.

세계정치체제에 대해서도 마찬가지 이야기가 가능합니다. 국가 간 낙차를 국가 간 밀도가 대체합니다. '대수렴' 현상은 부와 권력의 편중을 줄여 세계를 수평화하고 있습니다. 경제적으로도, 정치적으로도 그렇습니다. 수평적 국가관계가 과거의 수직적 국가관계를 점차 대체하고 있습니다. 이에 따라 과거 초강대국의 수족에 불과했던 국제기구들이 세계 내장화의 중요한 매개고리들로 변모하고 있습니다. 세계사회가 수평화되면서 정부만이 아니라 비정부 시민사회의 세계 교류가 크게 증가하고 있습니다. 그 영향이 국제기구를 한 단계 더 진화시키는 힘으로 작용합니다. 즉 국제기구들이 초강대국의 수족 노릇을 벗어날 뿐 아니라, 단순히 각국 정부를 대변하는 차원을 넘어서 점차 세계사회, 인류사회의 공통목적, 공통과제를 추구하는 역할을 하는 방향으로 변하고 있는 것이죠. 이러한 변화에 '방향'이 있다고 감히 말하는 것은, 무엇보다 현재의 인류의 상황이 '지구선택'에 직면하고 있다는 절박한 의식이 점점 더 넓게 확산되고 있는 것으로 보이기 때문입니다.

그러나 이러한 내장적 전환이 제대로 가동되기 위해서는 무엇보다 **화석에너지를 재생에너지로 전환하고 에너지 사용을 줄이고 효율화하며, 삶의 향유 양식과 가치를 검소하고 자족적인 방향으로 바꾸어야 한다는**

대전제가 우선 널리 공유되어야 합니다. 우리 모두의 집에 불이 났음을 인정해야 합니다. 그리고 앞서 언급한 대로 그러한 방향전환에 공감하고 기여하는 개인과 기업, 기관들에 대해서는 그 기여의 크기에 부합하는 응당한 사회적 보상을 해야겠지요.

뜻밖에도 2020년의 코로나19 팬데믹이 이러한 진실을 인류사회에 널리 알려주었습니다. 기존의 무한히 소비지향적인 삶의 양식과 가치를 바꾸지 않는다면 바이러스에 의해서든, 기후위기에 의해서든 인류는 빈번한 재앙에 의해 치명적 곤경에 처하지 않을 수 없게 되었다는 사실을 말이죠. 아울러 팬데믹에 대응하는 과정에서 **우리가 덜 쓰고, 덜 움직이고, 덜 만들고, 덜 누려도, 살아갈 수 있을 뿐 아니라, 그 속에서 오히려 더불어 더욱 화목하게 살아갈 수 있는 새로운 방법들을 더욱 적극적으로 찾아보게 되었다는 것을** 알게 되었습니다. 기본소득, 적극적 재정, 고용보험, 돌봄경제, 공공의료 등이 그렇지요. 이런 발상을 확대하고 제도화하는 것이 내장적 사회이기도 합니다.

'능력주의' 문제를 어떻게 해결할 것인가

남선생　한 편의 깔끔한 소논문이군요. 내장사회가 실제로 어떻게 작동하는지가 한눈에 들어옵니다. 내장사회가 멀리 있지 않고 우리 가까이 이미 와 있음을 느끼게 됩니다. 전체 흐름이 물 흐르듯 이어지는데, 한 가지 걸리는 대목이 있습니다. '내장사회에서 허용되는 경쟁'이라는 부분입니다. 경쟁은 분명 낙차를 줄이기보다 키우는 메커니즘입니다. 따라서 결국 낙차적 수단이 내장적 목적에 부응하도록 하는 것

形

인데요, 과연 이것이 어떻게 잘 작동할 수 있을 것인가. 분명 서선생이 잘 정리해준 바와 같이 '사회적 시장사회'가 내장적 기본소득 장치, 과도한 차등에 대한 환수와 조절 시스템 등을 잘 갖추고, 그러한 조건 위에서 공정하고 정당한 경쟁이 이뤄지게 한다면 그러한 경쟁은 참여자 누구에게나 건강한 생산과 창조의 동기를 자극하여 다양하고 풍부한 부와 가치의 산출을 확대할 수 있겠지요. 그렇듯 확대된 부와 가치는 경쟁에 의해 발생한 자연적 낙차의 폭을 줄이는 데 필요한 자원을 확대할 것입니다. 이런 방식으로 작동하는 정당한 경쟁은 존 롤스가 말한 바와 같이 사회 최소수혜자에게도 돌아갈 몫을 확대해준다는 점에서 정의로울 수 있습니다.

그러나 낙차적 수단이 제대로 제어되지 못해 내장적 목적을 오히려 훼손하게 되는 경우는 없을까요? 요즈음 한국을 비롯하여 거의 대부분의 선진국, 더 나아가 이제는 다수의 중진국들까지도 공통적으로 겪고 있는 문제가 과도한 입시경쟁과 극소수 최고학력층에 대한 과도한 혜택 문제입니다. 소위 '능력주의(meritocracy)' 문제죠. 원래 '능력주의'란 세습적 차별체제를 깨뜨리기 위해 나온 것입니다. 낙차를 줄이기 위해 도입되었던 제도였죠. 따라서 시작은 명백하게 차별을 허물자는 평등적 기원을 가지고 있습니다. 아주 옛날로 가면, 유교의 과거제도가 능력주의의 원조라고 할 수 있습니다. 귀족들이 관직을 세습하면서 독차지하던 구체제를, 혈통(세습)과 무관하게 유교적 학문 능력에 따라 기회를 주는 신체제로 바꾼 것이니까요. 서양에서 이와 비슷한 제도로는 영국에서 1870년에 도입한 공무원 시험제도가 처음이라고 해요. 그래서 '메리토크라시(능력주의)'라는 말을 처음 만든 영국의 시민운동가 마이클 영은 이 1870년을 '능력주의'의 시작이라고 합니다.[118] 물론 '서양에서'가 되겠지요.

능력주의는 실제로 한때 차별적 신분 체제를 타파하는 데 상당한 역할을 했습니다. 1차 대전 이후부터 1970년대까지의 서구사회가 그렇습니다. 유럽은 우리가 보통 알고 있는 것과는 다르게, 귀족적 신분제가 상당히 강하게 남아 있었던 곳이었습니다. 특히 2차 대전 이후 서구에서 평등의 바람이 크게 불었는데, 이 시기는 홉스봄이 근대세계사의 '황금기'라고 불렀던 시기와 겹칩니다.[119] 이때 상층신분의 독점물이던 대학입학과 정부, 직장, 정당의 고위직이 노동계급에게도 어느 정도 열렸지요. 또 잘 아시듯 혁명 이후 러시아는 아예 상층신분을 없애고 근로계급으로 정당이나 대학을 채우려고 했어요. 서구가 능력주의를 부리나케 도입한 건 러시아혁명에서 받은 충격의 탓도 있습니다. 그런데 신분과 무관하게 오직 개인의 재능과 학습 능력만을 기준으로 한다는 능력주의가 힘을 얻을수록 사회는 신분독점체제를 대신하여 학력독점체제가 되어가고 말았습니다. 게다가 이 학력 시스템은 이제 부의 대물림과 결합해버렸어요. 오늘날 미국의 하버드, 스탠포드, 프린스턴, 예일, 영국의 옥스퍼드, 케임브리지, 프랑스의 그랑제콜과 같은 세계 최상위권 대학의 입학생들은 압도적으로 소득 최상위층의 자녀들이 많습니다. 잘 아시듯 한국의 최상위권 대학도 마찬가지가 되었죠. 과거 세습 귀족은 동시에 자산과 소득의 최고위층이기도 했습니다. 이들이 최상급 교육과 사회 최고위직도 독점했었죠. 그런데 이제는 부의 최고위층이 학력의 최고위층을 사실상 세습하게 되었으니, 이건 겉으로만 세습 귀족이 없어졌지, 내용적으로 보면 사실상 같은 또 다른 세습 구조가 되돌아온 것 아니겠습니까? 기막힌 역설이 아닐 수 없습니다. 원래 낙차를 줄이고 없애기 위해서 도입된 제도가 이상하게도 또 다른 낙차체제로 변해버리고 말았으니까요.

　'능력주의'는 1990년대 사회주의권 붕괴와 신자유주의 금융화·세계화 추세와 맞물리면서 더욱 힘이 세졌어요. 최상위 대학 출신의 금융, 국제정치 전공자들이 신자유주의적 세계화를 주도하면서 이제는 '능력주의'가 매우 이데올로기적인 색깔을 갖게 되었죠. 이런 과정에서 노동자당을 자처하던 서구의 많은 중도좌파 정당들이 고학력자 정당으로 바뀌었습니다. 예를 들어 영국의 경우 1959년 노동당 하원의원의 37%가 육체노동자 출신이었지만, 2015년에는 7%만이 그렇다고 합니다. 이러한 변화는 프랑스, 독일, 네덜란드, 벨기에 등에서 모두 유사하게 나타나, 이제는 당이나 정부의 고위직에 노동자 출신은 거의 찾아보기가 어렵게 되었어요. 이곳에서 대학 졸업 인구가 점차 늘긴 했지만, 현재도 비대졸자 인구가 70%에 이른다고 하는데 말이죠.[120] 결국 비대졸자는 과거보다 훨씬 크게 차별받게 되었고, 대졸자 중에서도 대학 서열에 따라 내부의 차별구조가 커지고 있습니다. 미국은 더 심하죠. 미국 노동자의 약 절반이 육체노동, 서비스직, 사무직에 종사하고 있는데, 이 직업군 출신의 미국 연방의회 의원은 2%에 못 미친다고 해요.[121] 최근 세를 얻고 있는 유럽의 극우 정당과 미국의 트럼프 지지자들은 갈수록 벌어지는 이 학력 격차, 학력 차별로 인해 생긴 불이익과 모멸감에 분노하는 사람들이기도 합니다. 토마 피케티(프랑스)나 마이클 샌델(미국)과 같은 학자들이 최근 교육 능력주의를 강력하게 비판하면서 교육 평등주의에 대한 관심의 제고를 다시금 요청하고 나서는 것이 바로 그런 이유들 때문입니다.[122] 결국 제 의문을 한마디로 하면, 낙차를 줄이기 위한 방법으로 도입된 수단이 목적 자체를 잡아먹으면 어떻게 되는가, 라는 문제입니다. 내장사회는 이런 문제에 어떻게 대응하고, 예방할 수 있을까요?

서선생　좋은 질문이 항상 그렇듯, 질문 속에 이미 답이 절반은 들어있는 것 같습니다. 구미 사회에서 '능력주의'가 문제로 된 것은 1980년대 이후 오늘날까지 부의 불평등이 급속도로 심화되었기 때문이죠. 이 둘을 떼놓고 볼 수가 없습니다. 한국의 경우는 주로 1990년대 말 IMF 사태 이후가 되겠습니다. 그렇게 급속도로 심화된 불평등에 능력주의가 올라탄 격입니다. 그렇다면 능력주의 자체에는 문제가 없는가? 그렇지 않죠. 능력주의가 새로운 불평등 구조와 친화성이 없다면, 어떻게 불평등 구조에 올라탈 수 있겠습니까?

원래 마이클 영이 1958년에 『능력주의』라는 소설 형식의 책을 냈을 때, 그건 능력주의의 허점을 지적하고 미래에 경고를 보내기 위한 것이었습니다. 이 책은 세계적 베스트셀러가 되었는데, 묘하게 능력주의를 찬미하는 책으로, 저자의 뜻과는 정반대로, 읽혔다고 해요. 메리토크라시란 '주어진 재능(merit)'이 '다스린다(cracy)'는 뜻입니다. 말 그대로 하면, 혈통이나 '빽'이 아니라 주어진 능력과 재능, 여기에 더한 노력으로 각계각층 지도자가 결정된다는 뜻이니, 분명 신분제 사회보다는 평등주의적인 가치를 담고 있습니다. 그러나 마이클 영은 이 책에 아주 촌철살인적인 문제의식을 담았어요. 과거 신분주의에서는 불평등이 인간의 마음까지 정복하지 못했는데, 능력주의가 완성되면 불평등이 인간의 마음까지를 정복할 것이라고 경고했습니다. 우선 신분제 사회에서는 아랫사람도 윗사람을 마음속으로라도 우습게 볼 수 있었다고 합니다. '너희가 귀족 집안에서 태어나서 잘났지, 너희 자신이 잘났냐?'라고 말이죠. 그런데 능력주의 사회에서는 하층민들이 그런 생각조차 하지 못하게 된다는 겁니다. '그래 너희는 어릴 때부터 공부 잘

形

했고, 나는 못했어. 내가 못사는 것은 내 탓이야. 어쩔 수 없어'라고 말입니다. 또 신분시대 귀족은 어쨌거나 '아랫것들'을 살게는 해줘야 한다는 생각이라도 있었지만, '능력주의' 시대에 최정상에 오른 성공한 자들은 '오직 내가 잘나서 성공했다'고 생각(착각)해서 남 생각할 줄 모르고 오만하게 된다는 것이죠.

『능력주의』는 일종의 SF소설입니다. 2034년이라는 미래를 설정하고 이야기를 풀어갑니다. 능력주의가 완성되어 지배하는 세상을 상상으로 그린 거죠. 소설 끝에 마이클 영은 경고를 남깁니다. '새로운 반란이 시작되고 있다'고. 이 책이 나온 1958년은 구미 사회에서 불평등이 다시금 커지기 이전인데, 그때 이미 능력주의의 어두운 미래를 예견했으니 안목이 아주 날카롭습니다. 그에게는 꼭대기 대학의 입학 문을 열어주는 것보다, 국민 기초 공교육이 차별 없이 충실하게 이뤄지는 것이 더 중요하다는 생각이 있었습니다.[123]

1980~1990년대 이후의 급속한 신 불평등 추세에 이렇듯 결함 있는 '능력주의'가 올라탔을 뿐 아니라 가속페달을 밟은 셈입니다. 능력주의의 정당한 수혜자를 자부하는 최고 경영자층과 엘리트 정치인들의 승자독식 체제가 불평등 추세를 크게 강화하고 있으니까요. 최고위층과 일반노동자층의 임금 격차, 보상 격차가 상상을 초월할 정도로 이토록 벌어진 것은 동서고금에 없는 희한한 일입니다. 귀족사회에서조차 같은 일을 해놓고 보상 격차가 이토록 터무니없게 클 수는 없었어요. 여기에다 능력주의의 상징이 된 세계 최상층, 각 나라 최상층 대학의 입시 관문은 바늘구멍이 되어 저소득층 자녀들은 저학년 단계에서부터 꿈조차 꾸기 어렵게 되었지요. 새로운 세습제라는 비판이 충분히 나올 상황입니다.

해법 찾기는 남선생 질문 속에 예고된 것처럼 우선 이렇게 뒤집어진 과정을 거슬러 되돌아보는 데서 시작해야 할 것 같습니다. 그러한 방식은 우리가 4론 서두에서 발견했던 '시선의 방향이 안을 향하는 문명적 시각 전환'과 무관하지 않습니다. 일종의 '**내장적 되돌아봄**'인데요, 최근 피케티의 신작 『이데올로기와 자본』[124]도 그와 유사한 작업을 하는 것으로 보여 흥미로웠습니다. 그는 1980년대 이래 크게 심화해온 불평등 추세 이전에, 거꾸로 평등화 추세가 강력하게 작동하던 시기가 있었음을 강조합니다. 일찍이 1차 대전 이후부터, 그리고 본격적으로는 2차 대전 이후 1970년대 중후반까지가 그렇죠. 이 점은 우리가 앞서 그의 2004년 저작을 검토하면서 끌어왔던 그림들〈그림 5-4, 5〉에도 이미 잘 나타나 있습니다.[5부 1론] 교육기관의 문호를 넓게 열었던 '능력주의적' 교육 개혁들도 이렇듯 거대했던 평등화 추세의 일부였습니다. 그렇듯 거대한 평등화 추세가 강력하게 작동했던 그 기간을 잘 되돌아보고 깊이 연구해야 한다고 피케티는 거듭 강조합니다. 그러면서 당시 도입됐던 여러 평등화 정책과 제도들을 다시 소환하죠. 주거, 의료, 교육, 에너지 등 기본 인프라 부문의 공공성 강화, 최고 부유층의 상속, 자산, 소득에 대한 누진세, 전 사회 성원의 기본생활권 유지를 보장하는 사회보장제도 등입니다. 피케티 식의 〈형-류-세-형'〉라고 할까요? 피케티 역시 형(形)을 다시 돌아보고 새로운 형'(形)로 가자고 하는 것이니까요.

'정당한 경쟁'이란 이러한 제도적 전제 위에서만 비로소 가능할 것입니다. 교육에서의 정당한 경쟁 역시 마찬가지죠. 피케티가 다시금 상기해주었던 그 당시의 여러 제도들은, 현재의 사람들이 잠시 망각하고 있을지 모르지만, 이 세상에 존재한 적이 없었던 것이 결코 아니고, 현

形

실에서 멀쩡하게 분명히 잘 작동하고 있었던 것이라고, 그는 거듭 강조합니다. 피케티가 논의한 이 대목이 주로 서유럽과 미국 사회에 대한 분석에 집중하고 있다는 한계가 있습니다만,[125] 역사의 흐름을 더 크게 보면 적용 범위가 훨씬 넓어질 수 있습니다. 당연히 우리는 〈내장근대와 팽창근대의 변증법〉의 큰 틀 속에서 문제를 종합적으로 볼 것을 주문해야죠. 그런 시각에서 우리 논의가 전개되었고, 결과가 제가 그려본 〈내장사회 모델〉이었습니다.

이렇듯 '역사적 되돌아봄'이 우선 문제 해결의 단서를 줍니다. 제2단계는 이러한 '되돌아봄' 현상이 후기근대 들어 더욱 가속화하고 있다는 사실에 주목하는 것입니다. 과거 신분사회에서는 차별이 있다는 것을 알면서도 그 차별을 쉽게 바꾸지 못했어요. 그저 '운명'으로 알고 수백 년, 수천 년을 견디며 그대로 살았습니다. 이런 상태이니 사람들 대부분은 차별을 당해도 '이것이 차별이구나!'라는 식으로 생각하지도 못했지요. 차별을 차별로 제대로 '안다'고 말하기 어려운 상태죠. 그러나 더는 그렇지 않습니다. 이 시대에는 누구도 그런 상태를 더는 묵묵히 감내하지 않습니다. 우선 과거에 비해, 여러 문제점에 대해 훨씬 많은 것을, 훨씬 빠르게, 그리고 훨씬 깊게, '알게' 되었죠. 검색 몇 번만 해도 거의 모든 사실에 대한 최근 소식과 통계가 쏟아져 나옵니다. 또 이것을 혼자 하는 게 아니라, 무선으로 연결된 수많은 다중이 집단지성을 통해서 함께 합니다. 문제점이 신속하게 밝혀질 뿐 아니라, 문제를 해결할 힘도 그만큼 신속하게 결집하죠.

아마 '신 불평등주의'나 그와 야합한 '능력주의'가 지금 당장 눈앞에 너무 강해 보여서 이것이 어떻게 변하겠나 비관하는 분도 없지 않을 것 같습니다. 그러나 '능력주의'가 문제로 드러난 것은 불과 20~30년

인데, (젊은 세대에게는 이 20~30년의 일이 태곳적부터의 일로 보일지 몰라
도) 역사로 보면 아주 짧은 시간이죠. 그 짧은 시간에 벌써 강력한 비
판적 피드백 구조가 형성되어 있습니다. 과거 신분체제에서는 상상
할 수 없는 속도죠. 비관보다 희망의 편에 설 이유입니다. '피드백'이
란 '되돌아봄' 시스템 분야의 동의어라고 할 수 있습니다. 저는 이 불
평등 구조가 이 상태로는 오래가지 못할 것이라고 봐요. 이미 강력하
게 형성된 비판적 피드백 구조가 시간이 갈수록 더욱 강해질 것이니까
요. 물론 또 어떻게 교묘하게 변형시켜 또 다른 방식으로 존속해갈지
는 미래 일이니 아직 모르죠. 그러나 지금도 분명히 알 수 있는 건, 설
령 그런 일이 벌어진다고 하더라도, 그에 대한 강력한 비판적 피드백
구조가 다시 한번 틀림없이, 이번에는 더욱 신속하게 형성될 것이라는
사실입니다. 피드백의 빈도와 밀도는 갈수록 높아질 것이니까요. 바로
이 점이 후기근대 사회의 중요한 시스템적 특징입니다.

　우리는 지금까지 내장성의 동력을 '밀도에너지'라고 했습니다.1부 2론
차별적 낙차가 아니라 수평적 밀도의 강화를 통해 내장성은 작동한다
는 뜻이었죠. 사회현상에 대한 피드백의 빈도와 밀도가 높아지는 현상
은 내장사회의 에너지 현상, 즉 밀도에너지 강화와 정확히 일치합니
다. 후기근대에는 피드백이 시스템적으로 빨라진다고 했습니다. 자기
스스로에게 돌아오고, 자기 스스로를 되돌아보는, 이 피드백 현상은
물리적으로는 재귀(再歸, reflexion), 윤리적으로는 성찰(reflection)이라
고 부릅니다. 따라서 밀도에너지가 높아진다는 것은 시스템적 재귀에
너지, 또는 사회적 성찰성이 강화된다는 뜻이기도 합니다.[126] 이제 남
선생의 질문에 대해 짧게 요약해 답할 수 있겠습니다. 남선생이 제기
한 유형의 문제는 내장사회에서 부단히 증강하는 재귀적 밀도에너지

形

의 작용이 교정하고 예방할 것입니다.

벽에 부딪힌 팽창 욕망의 기이한 출구: '지구탈출'과 '인간탈출'

북선생　질문과 답변이 모두 날카로우면서도 깔끔합니다. 서선생이
답변에서 **내장사회는 내부에 변화발전과 수정보완의 강력한 자기동력을
갖고 있다는** 사실을 강조해주었죠. 내장사회의 핵심적 성격을 이해하
는 데 아주 중요한 부분을 짚어주었다고 봅니다. 내장사회를 '낙차가
작은 수평적 사회'라고만 말하면, 움직임이 멈춘 물처럼 역동성과 에
너지가 없는 사회 아닌가, 오해할 수 있지요. 실제는 오히려 정반대라
는 사실을 서선생이 확실히 보여줬습니다.

　중요한 문제이니만큼, 저도 내장사회 밀도에너지의 성격에 대해 약
간 부연해보겠습니다. 우선 거대한 폭포의 낙차에너지보다 좁쌀 안의
원자핵 내부에 담긴 밀도에너지가 비교할 수 없을 정도로 더 크지요.
입자물리학은 원자핵의 밀도적 핵강력이 낙차를 유발하는 중력보다
비교할 수 없게 더 큰 힘이라고 말합니다. 운동성 역시 밀도에너지가
낙차에너지보다 훨씬 활발합니다. 예를 들어 전자의 운동은 대표적인
밀도에너지 현상인데 그 성질은 빛(光子)과 같습니다. 광자는 동시에
모든 방향으로 움직이죠. 오직 일방향으로 움직이는 낙차 운동에 비하
면 하늘과 땅 차이에요. 운동의 속도는 말할 나위가 없지요. 빛의 속도
보다 빠른 건 없습니다. 이렇듯 강도, 활동성, 속도 모두에서 밀도에너
지가 낙차에너지보다 우월합니다.

　겉으로만 보면 내장사회가 조용해 보일 수도 있겠지요. 전쟁과 폭

동의 굉음과 절규, 올라탄 자의 환호와 억눌린 자의 신음, 사회적·정치적·경제적 롤러코스트 타기의 탄성과 비명 등이 별로 안 들리게 될 것이니까요. 그러나 그 내부의 상호작용, 활력 밀도와 속도는 내장사회 쪽이 훨씬 빠르고 다채롭습니다. 내장사회가 훨씬 더 역동적이라는 뜻이지요. 팽창사회에 폭력적 역동이 있다면, 내장사회에는 예술적 역동이 있습니다. 삶의 지적, 예술적, 체험적 편력과 모험의 공간이 훨씬 자유롭고 활발하게 열릴 것입니다. 아울러 반도체에서 보듯 밀도성은 집적성이므로, 같은 기능을 훨씬 작은 공간에서 구현할 수 있게 되죠. 조용해지면서 활발해지고 동시에 작아질 수 있습니다. 이렇게 되면 작은 것이 선(good)이자 미(beauty)가 되지요. 단순히 크기가 작아진다는 것이 아닙니다. 같은 결과를 낳는 에너지의 효율이 증대하면서 진선미의 표현이 더욱 효율적이고 깊이 있게 이뤄질 것이라는 뜻이죠. 생태사상가 에른스트 슈마허의 '작은 것이 아름답다'[127]는 언명의 고상한 취지가 보다 높은 수준에서, 시스템적으로 구현될 수 있다는 말입니다.

그동안 팽창문명, 팽창근대는 항상 낙차의 거대한 스케일에 가치를 두었습니다. 대분기, 강대국, 크고 웅장한 건축, 스펙터클한 파괴력은 팽창문명의 상징과 같은 것이었죠. 그러나 어느새 그렇듯 크고 거대하고 강한 것에 대한 집착이 미숙한 인간의 유치한 자기과시처럼 우스꽝스럽게 보이는 시대가 되었어요. 사회가 점차 내장적으로 변하면서 내장적 가치가 주도적으로 되어가기 때문입니다. 이러한 상황에서 500년 팽창근대의 팽창에너지는 이제 어느 쪽으로 새로운 탈출구를 찾으려 할까요? 최근 아주 새로워 보이는 흥미로운 두 가지 시도가 제 눈에 띕니다. 하나는 지구 밖으로 뚫고 나가려는 '지구탈출', 또 하나는

形

인간을 넘어서려는 '인간탈출'입니다.

첫째 '지구탈출'이란 달이나 화성, 또는 그보다 먼 우주의 어느 행성에 새로운 식민지를 만들겠다는 기획입니다. 잘 알려진 것처럼, 테슬라의 일론 머스크, 아마존의 제프 베이조스와 같은 초 슈퍼리치들이 주도하고 있죠. 이들이 우주 산업에 뛰어들고 위성을 쏘아 올리는 것까지는 좋습니다. 다만 사업을 하더라도 군사적 목적을 배제하고 순수 과학적 목적에 도움이 되는 사업을 많이 해주기 바랍니다. 그러나 달과 화성에 식민지를 만들어 우주여객선을 타고 많은 사람들이 왕복할 수 있게 하겠다는 주장은 이상합니다. 그 꿈이 지금 당장 실현해야 할 만큼 그렇게 급한 일인지, 만일 성공한다고 가정해도 그 우주비행 티켓과 화성의 새 영토를 구매할 수 있는 사람들이 과연 몇이나 될지, 여러 가지가 의문입니다. 엄청난 슈퍼리치가 아니면 꿈도 꾸기 어려울 겁니다. 이미 일부 슈퍼리치들은 오래전부터 기후재앙과 핵전쟁을 대비하여 과거 지하 핵 발사기지에 고도로 차단된 고급 거주지를 짓고 있었죠. 이렇듯 '나만 살자'는 발상법으로 보면 지하 대피보다 달과 화성으로 가는 '지구탈출'이 훨씬 확실하기는 하겠습니다.

머스크나 베이조스는 그런 괴이한 사업을 추진하면서도 늘 '기후위기'를 언급하고 여기에 적극 대응해야 한다는 말을 앞세우기 좋아합니다. 그 말이 진심이라면, 목적이 의심스러운 우주식민화 쪽에 쏟아붓는 엄청난 돈을 우선 기후위기 해결 쪽에 돌려야 하지 않을까요? 한쪽으로 '기후위기'를 강조해서 바람을 잡고, 다른 쪽으로는 '우주 이민'을 강조하는 것을 보면, 아무래도 이것은 '성동격서(聲東擊西)' 식의 비즈니스가 아닌지 의심이 되죠. 『코스모스』로 유명한 우주물리학자 칼 세이건이 살아 있다면 지금 필요한 건 그런 엉뚱한 기획이 아니라 기후위기 해결이라는 데 100% 동의할 것입니다. 그는 기후변화에 대한 선구적 문제제기자였고, 기초과학적 목적을 위한 우주탐사는 적극 지지했지만 일반인의 우주여행이나 우주식민지화는 당면한 목표가 아니라고 부정했죠. 당장 가능한 일도 아니고 엄청난 예산이 필요한 일이어서 그나마 부족한 기초과학 연구기금을 엉뚱한 데 분산시키는 발상이라고 보았습니다.

두 번째로 '인간탈출' 기획이 있습니다. AI와 유전자 공학, 뇌를 포함한 장기(臟器) 교체를 통해 '슈퍼휴먼', 또는 죽지 않는 '호모데우스'가 됨으로써 인간 자체를 탈출하여 넘어서겠다는 것이죠. 발명가 레이 커즈와일과 저술가 유발 하라리 등이 이런 담론을 주도하고 있습니다.[128] '불사(不死)의 인간 프로젝트'죠. 분명 이 분야의 과학기술은 빠른 속도로 발전하고 있습니다. 인간 수명과 건강에 관련된 유전자 분석, 뇌과학, 인공 장기와 나노 로봇 분야 등의 발전은 눈부신 속도로 이뤄지고 있지요. 100세 시대가 멀지 않을 것입니다. 그러나 '불사'란 전혀 다른 이야기입니다. 건강과 장수를 바라는 모든 인간의 자연스런 욕망이 아니라, 죽음을 정복하고 '영생'을 사보겠다는 극소수 인간의 기괴한 욕망입니다.[129] 역시 엄청난 초고가가 될 '불사의 인간' 시술과 유지관리비를 과연 몇 사람이나 감당할 수 있을까요? 또 유발 하라리가 기술 발전의 결과 출현할 것이라고 예상했던 호모데우스(인간-신)란 신은커녕 인류(호모사피엔스)를 노예로 삼겠다는 새로운 노예주를 지칭하는 것 아닙니까? 인간이 양극화되는 현상에 경종을 울리자는 것인지, 아니면 그런 현상을 보며 즐기자는 것인지, 그의 책을 보면 오락가락하고 있습니다. 이러한 괴이한 기획을 보면, 자본주의적 무한 팽창의 욕망이 이제 인간됨과 인간성 자체를 희생물로 삼고 싶어하는

形

것이 아닌지 걱정하지 않을 수 없습니다.

커즈와일은 발전된 기술로 수명을 무한히 연장하여 '불사'와 '영생'을 돈으로 살 수 있는 것처럼 말합니다. 철없는 소리죠. '무한한 수명 연장'이란 말부터가 어불성설(語不成說)입니다. 본디 '무한'에는 '수명'이 없어요. 그러니 애당초 '수명 연장'을 통해 '무한'이나 '불사'에 도달할 수도 없지요. 인간이 '무한'을 인식할 수 있는 것은 '죽음'을 자각할 수 있는 특이한 존재이기 때문입니다. '무한'이나 '불사'는 '한계'와 '죽음'의 필연성을 깊이 느낄 때만 비로소 만날 수 있어요. 역설이죠. 죽음을 자각할 수 있었기 때문에 인간의 삶의 차원이 크게 고양되고 깊어질 수 있었습니다. 현재를 여기 지금 존재하지 않는 먼 과거, 먼 미래와 연결해보는 능력이 생겼고, 이를 통해 인간의 삶의 범위가 자신의 생을 넘어서 공동체의 생으로 넓어졌지요. 내면 역시 개인적 자아를 넘어 깊어질 수 있습니다. 무한은 이렇게 만나게 되죠. 이렇듯 '인간이 죽음에 대한 자각을 통해 무한에 연결되는 일'은 '수명 연장'이라는 행위와 본질적으로 다른 것입니다.

지구탈출이든 인간탈출이든 허황된 망상입니다. 지구생명의 순리에 따르라는 '지구선택'의 방향 지시를 거스르고 있으며, 인류 절대다수의 지지를 받을 수 없는 극소수 슈퍼리치의 희망 사항에 불과하니까요. 본질은 간단합니다. 팽창적 외부 확장과 낙차 창출이 한계에 이르자, 이제 **지구와 인간 자체를 예외지대로 설정하여, 지구의 바깥, 인간의 위에 서서 지구와 호모사피엔스 전체를 새로운 낙차 창출 지대로 삼겠다**는 것이죠. 지금 백척간두와 같은 엄중한 '지구선택' 앞에 서 있는 인류에게 이러한 불장난은 너무나 위험천만합니다. 이러한 망상이 인류문명을 좌지우지하도록 방치해서는 안 될 것입니다. 지구탈출, 인간탈출을 주장하는 사람들이 늘 강조하는 것은 과학과 테크놀로지의 무한한 발전입니다. 거꾸로 말하면, 과학과 테크놀로지가 그렇듯 괴이한 꿈을 꾸는 집단의 힘에 종속되어 있다면 인류의 미래는 매우 어두울 것이라는 이야기입니다. 극소수 슈퍼리치의 막대한 초과이윤을 위해 지구와 인간 자체가 외부화되고 노예화될 것이니까요. 글로벌한 공공합의체와 과학자 공동체가 과학과 테크놀로지를 '전쟁과 정복'이 아닌 '우애와 협동'을 증강하는 방향으로 이끌어가야 합니다. 낙차를 줄여가는 데 기여하는 내장형 과학기술을 응원하고 지원해야 합니다. 과학 내부에서 이미 변화는 시작되었습니다. 우리는 그러한 변화를 '후기근대 신과학' 논의를 통해 이미 살펴본 바 있습니다.5부 3론

동선생 불사 프로젝트(인간탈출), 우주식민화 프로젝트(지구탈출)를 통해 시간적·공간적 '무한'을 독점적으로 소유해보겠다는 발상 자체가 근원적으로 불모적입니다. 방향이 틀렸어요. 커즈와일 같은 이는 죽음을 정복하면 무한과 불사와 영생에 도달할 수 있다고 믿는 것 같군요. 아니죠. 그 방향으로 가서는 결코 무한에 이를 수 없습니다. 또다른 한계에 '무한히' 부딪칠 뿐입니다. 팽창 운동의 영원한 운명입니다. 무한에 이르는 길은 반대쪽에 있습니다. 자신을 되돌아보는 내성(內省)을 통해서만 무한을 이해하고 만날 수 있어요. 현대과학이 무한 개념에 접근해 간 경로도 마찬가지였습니다. 일례로, 수학자 칸토어(Cantor)가 집합 개념을 통해 무한을 수학적 개념으로 정립하고, 여러 무한을 수학적으로 처리했던 길이 그렇습니다. 오직 수학 내적인 논리에 따라 수학의 내적 기반을 더욱 깊이 구축하려 했기 때문에 가능한 일이었어요. 칸토어의 업적 이후 여러 무한, 비교 무한, 닫힌 무한, 순환 무한 등, 무한에 대한 완전히 새로운 인식이 가능하게 되었죠.130

形

이러한 발견들은 인간탈출, 지구탈출 식의 발상법과는 전혀 무관해요. 인간의 고유한 특성인 자기 근원에 대한 내적 추구가 누적되고 심화한 결과이자, 과학적 상호작용과 재귀밀도가 높아진 결과입니다. 그동안 신비로 묻혀있던 인간의 무한성 인식의 오랜 지혜와 영적 능력 역시 이러한 과학기술의 발달을 통해 새롭게 이해되고, 해명되고 있기도 하지요.

위대한 과학적 발견의 근원적 동력은 항상 이렇듯 내성적 탐구에서 비롯합니다. 순수과학의 발전에 대한 관심과 지원이 중요한 이유가 여기에 있어요. 순수과학이 힘을 얻게 되면 과학기술의 팽창적 오용에 대한 내적 억제력도 강해집니다. 아인슈타인, 러셀 등 일급 과학자들이 모두 원자폭탄·수소폭탄의 개발과 확산에 적극 반대했지요. '지구탈출'이나 '인간탈출'과 같은 빗나간 과학적 기획은 무엇보다 먼저 이러한 순수과학의 내적 억제력에 의해 순화될 필요가 있습니다, 이 역시 길들이기죠. 그러면서 자기중심적 폭력성이 탈색되어 건강한 내장적 활동력으로 전환될 수 있습니다. 과학 분야만이 아닙니다. 모든 분야에서 내장원리가 팽창 에너지를 순치시켜 내장적 에너지로 전환해 갈 때, '내장사회 모델'은 제대로 작동할 수 있을 것입니다.

〈내장과 팽창의 변증법〉이 당장 종식될 것 같지는 않지만, 내장적 밀도에너지가 점점 더 강화되면서 '후기근대'가 '후기근대 이후의 세계'로, 전혀 새로운 차원의 역사단계로, 점차 전환되고 있다는 큰 흐름을 이제 우리는 분명히 읽을 수 있게 되었습니다. 그러한 의미의 '큰 흐름'이야말로 요즘 글로벌 유행어가 되다시피 한 '대전환'의 가장 핵심적인 실체라고 할 수 있겠습니다. 그렇듯 거대한 전환 과정에서 〈내장과 팽창의 변증법〉은 점차 〈내장성 내부의 역동적 힘들 간의 상호작용〉에 자리를 내어주겠지요. 그 변화를 추동하는 재귀 밀도, 성찰 밀도의 강화는 민주주의의 강화이자 심화이기도 합니다. 그래서 **민주주의의 심화가 내장적 문명전환의 관건이** 됩니다. 이런 관점에서 보아야 민주주의를 선거와 정당에 국한된 협소한 개념으로 국한하지 않고 인류사 발전과정 전반에 적용 가능한 폭넓은 개념으로 이해할 수 있습니다.

이제 5부 4론의 논의를 마무리할 수 있겠습니다. 지금 이 시간을 '문명전환의 시간'이라고 했습니다만, 분석하고 논의해볼수록 정말이지 **'예사롭지 않은 문명전환의 시간'**임이 분명해졌습니다. 문명의 패러다임 자체가 바뀌고 있습니다. 단지 '내장근대의 세계화'에 그치지 않고, **인류문명사에서 수천 년 지배적이었던 팽창문명이 내장문명으로 전환하고 있는 시간입니다.** 그동안 짧게는 5000여 년, 길게는 1만 년의 인류문명사에서 여러 문명들이 존재했고 한 문명이 다른 문명으로 전환하는 순간들도 여러 차례 있었습니다. 대부분 한 문명이 다른 문명을, 또는 한 체제가 다른 체제를 정복하면서 벌어졌던 문명전환들이었죠. 그러나 지금 우리가 목도하고 논의하고 있는 현재의 이 문명전환은 그러한 과거의 모든 문명전환들과 근본적으로 다른 특수한 점이 있습니다. **인류의 여러 문명 사이의, 그리고 체제 사이의 정복의 위협이 가장 낮아진 상태에서 벌어지고 있는, 대단히 이례적인 차원에서의 문명전환이 진행되고 있다는 점입니다.**

우리의 지난 인류문명사에서 지금과 비교할 수 있는 그처럼 특이한 전환의 시간이 또 있었던가를 생각해봅니다. 오직 하나, 앞서 논의에서 몇 차례 언급되었던, '축의 시대(the Axial Age)'의 시간이 아니었나 싶습니다. 공자와 노자, 부처와 예수의 시간입니다. 그 시간 인류는 최초로 "나의 존재, 나의 가치, 나의 욕망 자체를 대상화"하고 "나를 부

形

정하여 거듭 새로운 자아에 이른다"고 하는 "인류의 재탄생과 같은 기적적 사건"을 경험했습니다. 그리하여 인류는 "그 이전까지의 전통적인 종교인 구복종교, 종족종교, 민족종교를 넘어" 인류사 최초로 "세계종교에 이르게" 되었습니다.[131]

그 당시는 동서를 막론하고 고대국가, 고대문명의 왕성한 형성기, 성장기였습니다. 왕성하게 성장하는 문명의 힘이 서로 끊임없이 충돌하며 전쟁을 벌였던 때였죠. 인류의 시선은 더 강하고, 더 부하고, 더 넓고, 더 높은 성취를 향하고 있었습니다. 그때 출현했던 인류의 선각자, 예지자, 구도자들은 당시의 상황을 커다란 위기로 보았습니다. 그래서 시선의 방향을 바꾸라고 가르쳤지요. 자신의 바깥이 아니라 자신의 안을 보라고 했습니다. 그 가르침은 인류의 심성과 영혼 안에 잠재해 있던 '우애와 협동과 사랑'의 원리를 다시 소환했던 것이고, 그 원리를 철학적, 신학적, 도덕적 완성의 차원으로 높인 것이었습니다. **인류문명의 팽창성·공격성 자체에 대해 근원적 질문을 던진 위대한 순간**이었습니다.

'근원적 되돌아봄의 시간'이라는 점에서 현재의 시간과 '축의 시대'의 시간은 깊은 공통점을 가지고 있습니다. 그러나 우리는 현재의 이 돌아봄은 '축의 시대'와 같이 위대한 스승의 가르침에 의해서보다는 시스템적 반성의 차원에서 이루어지고 있다는 차이점을 지적했습니다. 그렇지만 반성의 방향과 내용은 매우 흡사합니다. 그러한 시스템적 반성 속에서 이제 우리는 인류의 지난 역사 전체를 되돌아보게 됩니다. '축의 시대'의 스승들이 인간 존재와 영혼을 돌아보아 되찾게 했다면, 이제 후기근대 인류의 시스템적 반성은 인간문명 전체를 돌아보아 문명의 본원적 차원을 되찾게 하고 있습니다. 인간문명의 존재 이유와 가치 근거가 무엇인지를 다시 묻고 있습니다. 그리하여 그동안의 오랜 인류문명에서 지배적인 요소였던 문명의 정복성, 침략성, 공격성, 약탈성, 즉 문명의 팽창성 자체를 의문에 부치고 있습니다. 그런 점에서 **현재의 '문명전환의 시간'은 제2의, 이번에는 시스템적 차원의 '축의 시대'** 라고 부를 수 있겠습니다.

形

제5론(총결)

|

붕새의 날개, 거대한 뿌리, 문명의 진로

|

마지막 고개, 마지막 질문

남선생 이제 스물네 번째의 마지막 고개입니다. 앞서 스물세 개의 논의의 총결론이 되겠습니다. 우리는 이 대화를 '시베리아 한극(寒極) 과 태평양의 열극(熱極) 사이를 주기적으로 나는 동아시아 붕새'로부터 시작했습니다. 결론에 이르러 우리는 동아시아를 넘어 세계 전체를 보고 있습니다. 장자(莊子)와 같은 시대를 살았던 추연(鄒衍)은 '구주(九洲)의 세계'를 말하면서, 중국은 '구주의 하나일 뿐'이라고 했지요. 지극히 현대적인 관점이 아닐 수 없습니다. 그렇다면 장자의 원대한 사고 스케일에서의 '붕새' 역시 필경 동아시아만이 아니라 '구주'를 함께 날았을 것입니다.

앞서 스물세 차례의 논의를 통해 우리는 그런 방식으로 동아시아 내 장근대와 서양 팽창근대를 파악하고, 19세기 초반부터 진행된 '대분기' 그리고 20세기 후반부터 진행되고 있는 '대수렴'의 거대한 교차를 보았으며, 그러한 양 날개의 교차에서 '팽창근대와 내장근대의 변증법'을 읽었습니다. 우리는 이 변증법을 동아시아 근대사만이 아니라 동서근대사, 더 나아가 세계근대사의 큰 흐름 속에서 포착했지요. 또한 이 변증법의 끝에 우리는 '지구선택'의 막다른 길에 봉착하게 되었습니다. 그리하여 이른 곳이 '문명전환의 시간'이었습니다.

그렇듯 도달했던 '문명전환의 시간'에 대한 인식은 과거 역사에서처럼 지배문명, 패권문명이 교체된다고 하는, 이미 수없이 반복되어왔던 지극히 진부한 의미에서의 문명전환과는 전혀 다른 것이었습니다. 흔히 '문명의 출현'이라고 하는 고대국가의 등장 이후 지배적이었던 팽창문명이 '전 지구적 차원의 내장문명'으로, 인류문명사 더 나아가 장구한 인류진화사에서 최초로 벌어지는 일대 사건으로서의 '초유의 문명전환'이라는 뜻이었어요.

그러한 '전 지구적 차원의 내장문명'의 성립은 인류사 최초의 사건이고, 그런 의미에서 지금 그렇게 태어나고 있는 문명은 인류사적 차원에서 진실로 '새로운 문명'이지 않을 수 없을 것입니다. 또 그렇기 때문에 현재 진행 중인 이 전환을 인류사에서 진정 거대한 문명적 전환이라 할 수 있겠어요. 우리는 이렇듯 거대한 전환 앞에서 우리 인간성의 가장 깊은 심연 속에서의 깊은 떨림, 전율을 느낍니다. 우리의 논증을 최종적으로 다시 한번 확인하고 검증하고 싶어집니다. 그렇듯 '거대한' 전환이 진행 중이라는 사실에 대한, 그만큼 '거대한' 증거, 근거, 뿌리를, 우리가 확인할 수 있겠습니까? 그 '거대한 뿌리'란 과연 무엇일까요. '결론'이 지금까지의 논의를 단순히 요약하는 일이 아니라, 모든 논지를 종합하여 최종적 고양으로 터트려 올리는 작업이라면, 이 질문을 반드시 먼저 던져야 할 것 같습니다.

形

거대한 전환, 거대한 뿌리

북선생　고생 끝에 '총결론'에 이르렀으니 이제 좀 맘이 가벼워도 되지 않겠나 생각했는데, 정신이 번쩍 들게 해주시네요. 다시 긴장하고 큰 숨을 한번 쉬어봅니다. 제가 서두에서 장자(莊子)의 이름을 빌려 '붕새'의 비유를 시작했으니, 이제 다시 붕새를 불러 그 무겁고 큰 질문에 대한 답의 큰 윤곽이나마 그리며 시작해보도록 하겠습니다.

붕새의 시각은 먼저 유라시아 동서의 근대 500년(초기근대+서구주도 근대+후기근대)에 초점을 맞추었죠. 그러나 경우에 따라 더욱 길게, 인류가 도시와 국가를 만들어 '문명'을 일구었던 지난 5000년의 시간까지를 넘나들며 자유롭게 살펴보았습니다. 그러나 서두에서 말씀드린 것처럼 지금도 우리가 매년 맞이하고 있는 '시베리아 한극과 태평양 열극 사이의 몬순 현상'이 오늘날과 유사한 형태와 규모로 시작된 것은, 지구상에 현재와 같은 5대양 6대주의 형상이 이루어졌던 약 300만 년 전 이후부터입니다.서론 1론 그렇다면 현재 우리가 당면하고 있는 이 '거대한 전환'에 걸맞은, 그만큼 '거대한 뿌리'가 존재하는 것인지, 라는 큰 질문에 대한 가장 우선적인 답을 구하기 위해서는, 우선 그 300만 년의 시간을 날았던 붕새의 눈을 다시 한번 빌려보는 것이 현명할 것 같습니다.

300만 년. 이 시간이면 붕새는 현재의 인류를 지칭하는 생물 종(種, species)으로서의 인간(homo sapiens)에 가장 가까운 인류의 조상인 '호모 속(屬, genus)'이 출현한 250만 년 전에서부터 오늘날에 이르기까지의 인류의 진화과정을 충분히 보아왔다고 말할 수 있겠지요.[132] 그러나 그 '호모 속'이 '인간다워져서' 오늘날의 우리와 몸과 마음의 구조에서 본질적인 차이가 없는 상태에 이르렀던 것은 '호모사피엔스'라는 '인간 종(種)'이 출현했던 20여 만 년 전 이후의 일입니다. 또 그렇게 '인간이 인간이 되어, 인류로 탄생한' 이후, 인간이 상당히 큰 집단을 이루고 도시를 만들어 '왕'을 세우고, '국가'를 만들고, 소위 '문명단계'에 들어선 것은 불과 5000년 전의 일이지요. 메소포타미아 지역에서 첫 초기국가가 출현했습니다. 서양 언어에서 'civilization', '문명'이라는 말은 그리스어 '국가(civitas)'에서 왔습니다. '문명'이란 '왕'과 '국가'를 시점으로 한다는 것이지요. 유교문명권의 역사 경전인 『서경』 역시 '왕', 즉 '요순임금'으로부터 시작하지요. 동서 보편적으로 사람들은 '문명'을 '국가'와 '왕'을 중심으로 생각해왔던 것입니다.

그렇지만 그렇듯 왕을 세워 국가를 이루어 '문명'을 형성했던 시간은 '인간이 인간으로 되었던' 호모사피엔스의 시간에서 '40분의 1' 이하에 불과했다는 사실을 주목해야 합니다. 바로 그 '40분의 1', 즉 마지막 5000년 동안의 인간 문명의 주요한 특징이 팽창적이었을 뿐입니다. 반면 그 이전의 훨씬 장구한 시간, 즉 최소한 20만 년 이상 동안, 인간집단의 지배적 특징은 오히려 내장적이었다고 할 수 있습니다. 물론 지난 5000년의 문명시대에도 인간집단과 인간성의 깊은 내면에는 그러한 내장성이 의연히 존속해왔습니다. 비록 외면적으로 팽창성이 두드러졌다고 하더라도 말이죠. 이 책의 마지막 논의를 열었던 남선생의 중요한 질문에 대해서 저는 '**호모 속**'과 호모사피엔스 출현 이래 오늘날까지 인간성과 인류집단의 성격에 깊이 뿌리내리고 있는 내장성이 현재 진행 중인 '내장적 문명전환'의 '거대한 뿌리'라고 답하겠습니다.

동선생   내장성이 우세했던 호모사피엔스 집단의 20만 년, 팽창성이 우세했던 마지막 5000년, 그리고 팽창문명이 서양의 세계지배를 통해 절정에 이르렀던 지난 200년, 그리고 끝으로 21세기 후기근대에 다시 돌아오고 있는 '전 지구적 내장성'의 시간 20년. 이렇게 불과 '몇 개의 수'로 '새로운 문명'의 출현을 떠받치고 있는 '거대한 뿌리'의 깊이와 규모를 드러내주었네요. **전 지구적 차원에서 내장문명의 도래는 결코 우연히 벌어진 외삽적 현상이 아니라, 인류의 진화사에 깊은 바탕을 두고 있는 거대한 뿌리로부터 비롯한 필연적 현상**이라는 말씀이지요.

이제 제가 그 '거대한 뿌리'에 대해, 이 책의 핵심 개념이기도 한 내장성과 팽창성의 연관을 중심으로, 이야기를 이어보겠습니다. 우리는 그동안 '팽창'이란 문명 간, 인종-민족 간, 국가 간, 계급 간, 성별 간, 그리고 자연/인간 간 낙차가 커지고, 그 결과 그 각각의 관계에서 서열화, 독점화, 수직화, 집중화 현상이 발생하는 것이라고 했고, '내장'이란 반대로 그 각각의 관계에서 낙차가 감소하여 비서열화, 공유화, 수평화, 분산화 현상이 발생하는 것이라 했습니다. 내장형 사회에서는 수평적 밀도강화가 낙차증대를 대신한다고 했습니다. **'팽창'이란 우월한 힘을 통한 지배의 확장이고, '내장'이란 수평적 협력을 통한 생활력, 생산력의 확장**이라고 할 수 있겠습니다.

이러한 양 측면은 어느 단계의 인간사회에서나 병존하고 있었고, 인간성 내부에도 (성별에 따른 상당한 차이가 존재하지만) 그렇다고 할 수 있습니다. 그동안 엄밀한 과학적 입증 이전에 누구나 직관적으로 그렇게 느껴왔던 사실이지요. 그런데 이제는 막연한 추측이 아니라 충분한 근거와 데이터를 가지고 그에 관해 논할 수 있을 만큼 관련 분야의 연구가 이뤄졌습니다. 여러 분야에서 데이터들이 쌓이고 이 결과들이 서로 결합하고 종합되면서 특히 최근 20~30년간 훌륭한 결과가 이어지고 있죠. 앞서 5부 3론에서 우리가 논의했던 '후기근대 신과학'도 그 흐름에서 나왔어요.

인간성과 인간사회의 특징에 대한 근원적 성찰에 큰 도움을 준 분야는 흥미롭게도 영장류, 특히 침팬지 연구입니다. 침팬지는 진화의 가지에서 인류와 가장 가깝습니다. '작은 침팬지'라고 불리는 보노보도 같은 가지이고, 침팬지보다 평화적인 특성을 보입니다만, 전체적인 특성상 침팬지가 인간과 더 가까운 것으로 보고 있습니다. 그래서 그동안 특히 침팬지와 인간 간의 비교 연구가 많았습니다. 우선 인간에 가까운 공감 능력과 높은 지능에 대한 많은 놀라운 보고들이 있었습니다. 그건 공통점이죠. 앞서 소개했던 드 발 교수나 널리 알려진 침팬지의 친구 제인 구달의 선구적 연구가 이 분야에서 큰문을 열어주었습니다. '우리' 인간과 '그들' 침팬지, 보노보, 고릴라 간에 세워졌던 높은 장벽이, 그동안의 연구 결과로 인해 크게 무너졌습니다. '그들'은 우리의 가까운 이웃이었습니다.

그런데 그만큼 가깝기 때문에, 공통점만이 아니라 서로 다른 점에 대해서도 더욱 세밀하게 볼 수 있게 되었습니다. 그런 차이에 대한 고찰에서도 좋은 통찰들이 많이 나왔습니다. 특히 수렵채집 사회의 인간 집단과 침팬지 집단의 비교연구에서 좋은 성과가 많이 나왔어요. 인류학, 고고학, 사회학, 생물학, 동물학, 철학 등의 연구가 종합된 결과들입니다. 침팬지도 인간처럼 잡식성이고 수렵채집 사회의 인간들처럼 집단으로 사냥을 합니다. 그런데 침팬지는 사냥할 때 집단으로 하기는 하지만 각자 자기가 사냥감을 먼저 잡는 것을 목표로 한다고 해요. 협동의 수준이 낮아 각자가 각개 목표만 쫓습니다. 그러나 수렵채집 사회의 인간집단은 높은 협력을 통해 사냥감을 공동으로 잡는 것을 목표로 하죠. 공동 목표가 있는 것입니다. 사냥감을 나누는 방식도 다릅니

形

다. 침팬지는 사냥감을 잡아놓고도 서로 빼앗고 뜯어가거나 혹은 애처롭게 구걸하는 등의 요란한 모습을 보입니다. 반면 수렵채집 사회의 인간집단은 사냥물을 흥겨운 분위기에서 공평하게 분배하죠.

이러한 차이는 매우 큰 것인데, 그러한 차이가 명확해지기까지 수백만 년에 걸친 몇 단계의 인류 진화의 '선적응(preadaptation) 과정'이 필요했습니다. 에드워드 윌슨은 선적응의 마지막 두 단계로 불의 발견과 모닥불을 중심으로 한 캠프사이트(야영지)의 형성을 듭니다.[133] 불을 사용해 영양이 급속도로 개선되고 뇌가 커졌고,[134] 캠프사이트를 통해 집단의 결속력이 높아졌습니다.[135] 사회성 수준에서 도약이 발생한 거죠. 먹이 경쟁에서 맹수는 물론 주변 영장류에 비해서도 특별한 강점이 없던 초기 인류가 다른 주변 종들과는 전혀 새로운 방식으로 진화의 방향을 열어갔던 것입니다. 이러한 차이는 '호모 속'이 약 40~50만 년 전부터 대형동물을 사냥하기 시작하면서 더욱 분명해진 것으로 보고 있습니다. 대형동물을 사냥하기 위해서는 협력의 수준이 더욱 높아야 하니까요. 여러 연구들은 인간과 침팬지의 결정적인 차이가 '협동'과 '상호의존'의 수준의 현격한 차이에 있다는 결론을 공유합니다. 그러한 차이는 호모 속 단계에서부터 존재했고, 호모사피엔스 단계에 이르러 아주 분명하고 뚜렷해졌습니다. 바로 이러한 차이야말로 인간의 고유한 인식구조, 사고방식, 도덕의식의 기반을 이루는 근원적 특징입니다. 영장류 진화의 연구 성과를 철학적 통찰과 연결시켜 주목받고 있는 마이클 토마셀로는 그렇듯 형성된 인간의식의 특징이 상호의존의 조건, 협력의 진화, 무임승차자를 배제하는 '2인칭 도덕', 문화적 집단 정체성에 입각한 '객관적 도덕'의 순서로 형성되어 왔다고 정리합니다.[136]

내장/팽창의 구분과 관련하여 우리가 주목해야 할 점은 이러한 차이가 두 집단의 사회적 성격을 크게 다르게 만들었다는 데 있습니다. 침팬지 집단은 흔히 수컷인 제일 힘센 개체(알파 개체, alpha individual)가 우두머리가 되어, 먹이와 짝 등의 자원을 독점합니다. 협력은 주로 이러한 독점을 달성하기 위한 수컷 간의 동맹 형성의 형태로 나타납니다. 그 결과 수직적인 위계관계가 형성되죠. 수렵채집 인간집단은 크게 다릅니다. 이러한 독점자가 출현하는 것을 철저히 경계하고 막지요. 성과를 혼자 독차지하려고 하거나, 기여 없이 성과를 가로채려는 무임승차를 막고 응징합니다. 침팬지 등의 고등 영장류 집단에서도 알파 개체를 억제하는 한시적 동맹이 출현하지만 지속되지 못합니다. 그러한 억제 현상이 나타나는 지점이 바로 영장류와 호모 속의 진화적 연결부라고 할 수 있지요. 그런데 인류 진화사에서 '호모 속' 단계에 이르면 그러한 억제구조가 상시화하면서 알파 개체 중심의 위계구조 자체가 사라집니다.[137] 그 결과 수렵채집 사회의 인간집단은 수평적이고 반(反)위계적인 특징을 보이게 되지요. 수많은 인류학적 보고들에서 하나같이 일치하고 있는 대목입니다. 이러한 특징이 '호모 속'의 단계에서부터 이미 나타나기 시작해, 20여 만 년 전 호모사피엔스 출현 이후로 인간집단의 뚜렷한 특징으로 자리를 잡은 것이지요. 이러한 **구석기 플라이스토세 호모사피엔스 집단의 협동성과 수평성이야말로 인간성과 인간 사회성의 기원에 깊이 내리고 있는 내장적 뿌리, 앞서 말한 '거대한 뿌리'**라고 할 수 있겠습니다.

문명과 낙차

서선생　이제 여기서 '내장'과 대비되는 '팽창'의 기원에 대해서도 함께 정리할 필요가 있겠네요. 앞서 국가(civitas)와 문명(civilization)의 출현을 인간집단의 팽창성의 기원이라 했습니다. "왕, 전문화된 관료, 사회적 위계, 기념비적 중심, 도시 성벽, 조세 및 분배 체계가 갖추어진 정치체"로서의 초기국가가 인류사상 처음 출현하는 것은 기원전 3000년경의 메소포타미아 지역입니다.¹³⁸ 국가의 출현이란 정치학자 제임스 스콧이 말하듯 "강압에 의한 노동에 체계적으로 기초한 대규모 사회"의 출현이기도 했습니다. 대규모 전쟁이 이어지고 그 결과 대량의 전쟁포로, 노예가 생깁니다.¹³⁹ 이로부터 부족 간, 계급 간, 성별 간의 여러 차원의 낙차가 최초로 시스템적으로 창출되어 구조화되기 시작했던 것입니다. 우리는 오늘날 팽창적 낙차가 큰 상태에서 그 낙차가 감소하는 내장적 문명으로 전환하고 있음을 본다고 했습니다만, 인류사의 전체 흐름에서는 오히려 반대로, 낙차가 매우 미약했던 내장적 상태에서 오랜 세월이 지난 후에야 팽창적 낙차가 생겨나는 순서였습니다.

그렇지만 여기서 자연스런 의문이 하나 나옵니다. 국가 출현 이전에는 인간집단에 팽창성이 존재하지 않았을까? 팽창성을 단순하게 공격성이나 폭력성으로 이해한다면, 국가 출현 이전이든 이후든 인간집단에 그런 특성은 물론 존재했습니다. 인간 종이 오랜 과거에 침팬지와 같은 줄기에서 갈라져 나오지 않았습니까? 거기에다 인류의 조상은 40여 만 년 전부터 대형동물을 사냥하기 시작하면서 육식동물 중에서도 특히나 출중한 사냥꾼이 되었습니다. 직립 보행 이후 땀샘이 발달하여 빠르지는 않아도 장거리를 뛸 수 있게 되었고, 여기에 발달한 지능과 도구, 그리고 놀라운 협동력을 갖추게 된 결과입니다. 이렇듯 뛰어난 '사냥꾼 종'의 본성에 폭력성과 공격성이 없었다고 하면 난센스죠. 우리 본성 깊숙이 그런 폭력성과 공격성이 깔려 있음을 부인해서는 안 될 것입니다. 그걸 제대로 알고 인정해야 비로소 제어할 수 있어요. 인정을 못하면 제어할 수도 없지요.

그러나 여기서 걸음을 잠깐 멈추고 곰곰이 생각해보아야 합니다. 그동안 우리가 사용해왔던 내장/팽창의 개념에서 '팽창성'이란 그렇듯 원초적인 의미에서의 폭력성·공격성과 단순히 등치되는 것이 아니었어요. 집단 내에서, 그리고 집단 간에 구조화된 낙차를 창출하고 지속시키는 힘이 우리가 그동안 논의했던 팽창성이었지요. 침팬지 집단에서 '알파 수컷'의 폭력성은 그 집단의 폭력적 위계질서의 창출/지속과 연결되었죠. 따라서 그 폭력성은 분명히 침팬지 집단의 내적 팽창성을 만들어내고 있습니다. 그렇지만 같은 가지에서 갈라져 나온 초기 인간 집단에서는 집단의 공격성이 전혀 다른 방향으로 작용하기 시작했습니다. 이번에는 낙차의 창출과 지속이 아니라 오히려 반대로 존재하는 낙차를 줄이는 방향으로 발휘되기 시작했던 것이지요. 놀라운 일이 아닐 수 없습니다.

크리스토퍼 보엠이 『숲속의 평등』, 『도덕의 탄생』에서 잘 보여준 것처럼, 수렵채집 사회의 수평성은 독점자, 무임승차자에 대한 억제와 징벌에 의해 이뤄졌습니다.[140] 그러한 '억제와 징벌'을 독점자, 무임승차자에 대해 표출된 공격성이 아니라고 할 수 있겠습니까? 그러나 방향이 뒤집혀 있죠. 초기 인간집단에서 표출된 공격성과 폭력성은 팽창적 낙차를 창출하려는 독점적 힘이 아니라, 완전히 거꾸로, 발생할 수 있는 낙차를 근원에서부터 소멸시키는 협동적 힘으로 작용했습니다. 그 결과 수평적이고, 고도로 협동적이며 평화적인 내장적 질서가 성립할 수 있었어요. 인간의 조상들 누군가가 주도면밀하게 계획해서 이뤄졌던 일이 아닙니다. 오랜 진화적 과정을 통해 인간집단의 성격, 인간성의 특징이 그런 방향으로 변해가면서 이뤄졌던 일이지요. 진정으로 경이롭고 대단한 결과이자 성취였다 아니할 수 없습니다. **홉스가 틀렸던 것입니다. 인간은 원초적 상태에서 내전상황을 종식시키기 위해 리바이어턴을 만들어냈던 것이 아니라, 수평적 협동성을 만들어냈습니다. 팽창성이 아니라 내장성을 창조했던 것이죠.**

그러나 완강한 홉스주의자라면 여기서 아직 다 설복되지 않을 것입니다. 팽창성의 기원에 대한 또 다른 질문을 해 올 것입니다. 원초적 공격성 자체는 그렇듯 협동의 동력으로 방향전환했다고 하자. 좋다. 그러나 선사시대 인간집단 간의 전쟁은 어떻게 보아야 할까? 이것이야말로 선사시대부터 존재했던 팽창성, 즉 낙차 창출의 부인할 수 없는 원인이 아닌가? 그렇습니다. 다시 한번 진지하게 생각해보아야 할 좋은 질문입니다. 질문을 다시 정리해봅시다. 협동력이 강한 인간집단이 진화적으로 성공하여 번성하게 되면, 개체군이 증가하면서 친족 관계가 먼 낯선 인간집단과의 인접도가 커지고, 그렇듯 인접하게 된 인간집단 간에는 습격과 전쟁이 벌어집니다. 인류학자들은 타 집단과 접촉이 적은 수렵채집 집단은 평화적인 반면, 경쟁집단들이 밀집하게 될수록 자신들의 생활영역을 지키기 위해 공격성이 커진다는 점에서 공통된 보고를 해왔습니다. 그러한 '인구학적 이유'로 자연스럽게 벌어지게 마련이었던 수렵채집 집단 간의 전쟁이야말로 인간집단 간의 팽창적 낙차를 구조화시키는 힘이 아니었을까요? 즉 선사시대의 인간집단

간의 전쟁이야말로 인류 팽창성의 기원이 아니었을까? 역시 홉스가 맞았던 것 아닐까요?

인접한 집단 간의 영역 다툼에서 비롯한 습격과 전쟁은 분명 화근이었습니다. 토머스 홉스적, 카를 슈미트적 의미의 '적대적 외부'에 대한 인식의 원초적 싹을 분명 여기서 볼 수 있습니다. 여기서부터 제대로 살펴봐야 합니다. 홉스, 슈미트와 논쟁을 하려면 상당한 끈기와 철저성이 필요합니다. 인류가 농경을 시작하고 상당히 큰 집단을 이루고 살아가기 이전의 순수 수렵채집 집단들(band)은 우선 낯선 집단과 이웃하게 될 확률이 낮습니다. 인간의 밀도가 낮았기 때문에 전쟁의 빈도도 낮았지요. 더욱 중요한 점은, 그러한 접촉이 생겨 수렵채집 집단들 간에 전쟁이 벌어지더라도 그러한 사회 단계에서는 전쟁이 팽창적 낙차를 구조화, 항속화할 수 없었다는 사실입니다. 이웃 집단에 대한 습격에 성공했거나 전쟁에 이겼다 해도, 패배한 집단을 노예로 삼지 않았습니다. 삼을 수가 없었어요. 모두가 도우며 협동 자급하는 수렵채집 사회에서는 노예가 필요하지 않으니까요. 수렵채집인들이 착했기 때문이라는 뜻이 아닙니다. 노예가 아직 존재할 수 없는 사회 단계였던 것이죠. 수렵채집 집단 간 전쟁의 목적은 약탈을 통한 더 많은 축적이 아닙니다. 수렵채집 사회는 '축적' 자체가 없는 사회이니까요. 습격과 전쟁의 목적은 경쟁 집단을 자기 영역 밖으로 몰아내는 데 있습니다. 혹 남자 포로가 생기거나, 여자나 아이를 잡아 와도, 이들은 노예가 되지 않습니다. 적응 기간 이후 집단의 일부로 흡수되어버릴 뿐입니다. 따라서 수렵채집 사회는 다른 집단과 전쟁을 벌이더라도 그 내부는 수평적이고 내장적인 상태로 유지됩니다.

인간이 인간을 노예로 부리자면, 잉여생산물의 축적에 기반하고 더 많은 잉여 축적을 목표로 하는, 수렵채집 사회와는 전혀 다른 원리로 돌아가는 전혀 다른 사회체제가 출현해야 합니다. 우선 정착하고 농사 짓고 저장고를 두어 생산물을 축장하고 축적하는 사회가 출현해야 합니다. 대략 1만 년 전부터입니다. 그런 기초 위에 5000년 전 최초의 국가가 출현합니다. 최초의 모습은 노예제 국가였습니다. 전업 약탈집단, 전사(戰士)집단이 시작입니다. 무기, 기동력, 전쟁능력이 특별히 뛰어난 종족집단이 생겨 주기적으로 주변 집단을 약탈했지요. 그러다 약탈물이 쌓이고 힘이 더욱 커지면 포로를 대규모로 끌고 와 노예로 삼았습니다. 그렇게 해서 노예제 국가가 등장했습니다. 그런데 전사집단의 주기적인 약탈이 가능하기 위해서는 약탈 대상이 정착 상태에 있어야 합니다. 그래서 정착 농업의 출현 이후에야 국가가 나올 수 있었던 것입니다. 늘 이동하는 수렵채집 집단이라면 이러한 약탈 세력에게 한두 번 당할지언정, 영영 당하고 있을 이유가 없습니다. 이들을 피해 멀리 달아나버리면 그만입니다. 그들에게는 논도 밭도 없고, 크게 지어놓은 집도 없습니다. 간단히 이고 지고 날쌔게 멀리 사라지면 끝입니다. 이러한 집단이 아직 신석기 농업혁명, 정주단계에 도달하지 못한 미개사회였다고 낮추어 볼 이유가 없습니다. 그들은 농경민보다 건강하고 자유로웠으니까요. 오늘날의 도시인들은 그들보다 자유로울까요? 결코 쉽게 답할 수 없는 질문입니다. 아무튼 어느 모로 보든지 정착사회와 국가출현 이전 단계의 수렵채집 사회에서는 애당초 낙차를 구조화하고 지속시키는 팽창력이 작용할 수 없었습니다.[141]

내장의 귀환

남선생   그럼에도 국가는 결국 출현했고, 낙차는 구조화되고, '문명'
은 발생했습니다. 그것이 역사죠. 여기서부터는 분명 홉스와 슈미트의
'외부화' 논리가 작동하기 시작합니다. 그렇지만 그런 방식으로 국가와
문명이 출현했다고 해서 가장 짧게 잡더라도 20만 년 이상 우세했던
인류의 집단성 심성의 협동과 수평의 내장적 뿌리가 갑자기 사라져버
렸던 것은 아니었습니다. 그럴 수가 없지요. 세상사의 이치, 사물의 질
서가 오래 있었던 것이 갑자기 사라질 수 없는 것입니다. 사회의 여러
동류집단의 문화와 전통 속에 깊이 흘러 이어져 왔습니다. 우선 과거
농업사회 어느 문명권에서나 볼 수 있었던 농민공동체의 두터운 협동
적 전통이 그렇습니다. 유목민 공동체 문화 역시 마찬가지였어요. 산
업사회에 들어서 공업지대에 밀집한 노동자들이 보여준 노동운동 내
부의 협동성과 수평성 역시 근원에서는 이러한 깊은 전통을 잇고 있는
것이죠. 심지어 전사(戰士) 공동체나 귀족 집단도 자신들 내부에서는
협동적이고 수평적인 동류(同類, peer)의 관계를 유지하려고 했습니다.

   문명의 바탕에 내장적 전통이 깊게 뿌리내리고 있었다는 점은 인류
의 위대한 정신적 각성의 순간에 내장적 가치들이 거듭 다시금 높이
주창되었다는 사실에서도 분명히 확인할 수 있습니다. 앞서 논의했던
'축의 시대'가 대표적이죠.5부 4론 공맹–노장이든, 부처든, 예수든, 고
대국가의 팽창성이 절정을 향해가고 있을 때, 인류의 심성에 깊이 뿌
리내린 내장적 가치를 높은 윤리적, 종교적 차원으로 승화시켜 인류
앞에 제시했던 분들입니다. 인간과 세계에 대한 자비와 사랑은 구석기
시대 인간집단에서 비롯한 우애와 협동의 원리를 넓히고 높인 것이니

形

까요. 이후 이러한 위대한 스승들의 가르침을 잇고자 했던 '학인공동체', '승가집단', '도인집단', '교회공동체'는 그 내부에서 협동적이고 수평적인 내장적 관계성을 높은 수준에서 완성시키고자 부단히 수련했지요. 물론 이런 집단이 타락하여 권력과 탐욕의 주체가 되는 역사적 국면들도 있었지만, 그 운동이 고양되고 순수했던 시대의 모습은 분명 내장적 문명을 완성시키고자 하는 모습이었습니다.

그동안의 인류문명사의 큰 흐름은 낙차 발생 영역이 점차 증가하고 그 낙차 발생의 폭이 점차 커지는 과정이었습니다. '축의 시대'와 같이 그러한 흐름에 경종을 울렸던 위대한 시기들이 있었지만, 큰 추세가 낙차의 영역과 폭의 증대로 가는 것을 막지 못했어요. 낙차의 영역이 늘어가고 그 폭이 커지는 만큼 문명의 위용과 세련미도 커지는 것처럼 보입니다. 그렇게 보이도록 현혹하는 것이 팽창문명의 정신적 특징입니다. 그러다 특히 근대에 접어들면, 특히 서양 팽창근대의 글로벌한 확산을 타고, 그러한 낙차 시스템이 전 지구화합니다. 그 결과가 문명 간, 인종−민족 간, 국가 간, 계급 간, 성별 간, 그리고 자연/인간 간 낙차의 전 지구화였지요. 그러나 이것이 문명사의 끝은 아니었어요. 그렇듯 문명의 출현 이후 한 방향으로 커져만 가는 것으로 보였던 문명의 낙차 증대 추세가 이제 '후기근대' 들어 요동(perturbation)을 일으키며 '추세변동'을 일으키고 있습니다.

문명의 추세가 그렇듯 요동을 일으키고 뒤바뀌기 시작한 이유를 한마디로 줄이면 '물극필반(物極必反)'이 되겠지요. 낙차가 이제 스스로를 지탱하기 어려울 만큼 너무나 커졌습니다. 특히 경제적 양극화와 기후위기 문제에서 두드러졌죠.5부 2, 3론 그중에서도 경제적 양극화는 그나마 상대적인 현상임에 비해 기후위기로 집약된 자연과 인간 간의 낙차의 '물극'은 절대적인 것이어서 아무리 몸을 비틀어 재주를 부려보아도 바깥으로 빠져나갈 틈새가 없습니다. 앞서 북선생과 동선생이 논의했던 것처럼[5부 4론] '지구탈출', '인간탈출'의 '바깥'이란 허황한 이야기일 뿐입니다. 실로 두려운 일이 아닐 수 없습니다. 앞으로 기후위기는 해마다 다르게 더욱 심각해질 것입니다. 그렇듯 뚜렷해지는 기후악화가, 바깥 없는 절대적인 곤경이, 역설적으로 '추세변동'을 강제하는 궁극적 죽비이자 불침번의 역할을 할 것입니다.

그렇지만 '물극'이 그 자체로 반드시 '필반'을 불러오는 것은 결코 아닐 것입니다. 극에 이르러 구조 전체가 무너지고 마는 경우도 있으니까요. '필반'을 준비하고, 수행할 수 있는 힘이 내부에서 성장해야 합니다. 우리는 논의를 통해 그렇듯 '필반'을 준비해가고 있는 힘들을 확인한 바 있습니다.[5부 1~4론] '다섯 개의 콘트라스트'에서 '물극'에 맞서는 '필반'의 쌍들이었죠. 그 대목을 다시 끌어와 보죠.

첫째, '제2의 인클로저'냐 '밀라노비치 코끼리의 등'이냐. 둘째, '대분기'냐 '대수렴'이냐. 셋째, '신냉전'이냐 '지정학의 종식'이냐. 네 번째로 '프란시스 베이컨의 〈6일간의 창조〉의 오만'이냐 〈제6의 대멸종〉을 자각한 인류적 지구생태 의식의 각성'이냐, 그리고 다섯 번째로 '20세기 냉전과학'이냐 '후기근대 신과학'이냐의 콘트라스트.[이 책, 784~785쪽]

즉 비서구 중산층의 성장, 대수렴의 추세, 지정학 패권 논리의 쇠퇴와 다극 균형의 형성, 지구생태 의식과 그린 무브먼트의 고조, 후기근대 신과학의 대두라는 다섯 개의 힘들이 그렇습니다. 이 다섯 개의 힘들을 (5부 1론에서 밝혔던) '후기근대의 전방전환력' 하나로 묶을 수도

形

있겠습니다. 이렇듯 낙차 심화를 저지하는 대항력들이 광범하게 형성되고 있다는 점이 '후기근대'의 주목할 만한 특징이었죠. 이제 우리가 결론에 이르러 그렇듯 후기근대의 내부로부터 뚫고 올라오고 있는 전방전환력들은 결코 역사적 우연으로부터 발생했던 것이 아니라, 인류사의 뿌리에서부터 올라오는 근원적 생명력의 분출이었음을 확인하게 됩니다.

동선생 　생명력의 근원과 분출이라⋯ 여러 가지를 생각하게 하는 말입니다. '후기근대의 문명적 방향전환'의 의미 역시 그런 각도에서 다시 생각해보게 됩니다. **오늘날 인류가 처한 '지구선택'의 위태로운 상황과 과거 초기 인류(호모 속)가 인류(호모 종)로 진화하는 과정에서 처했던 상태 사이에 본질적인 유사성이 있는 것으로 보이니까요.** 높은 수준의 협동성이 인류를 침팬지 등의 다른 영장류와 구분되게 만들었다고 했습니다. 그런데 그 높은 수준의 협동성은 초기 인류가 종의 존속을 기약하기 어려울 만큼 큰 곤경에 처했기 때문에 발전시켰던 특성이었습니다. 이 집단은 수도 적었고, 먹이 경쟁에서 주변 종에게 밀렸으며, 자연적 조건 앞에서도 매우 미약한 존재에 불과했습니다. 인간은 침팬지만큼 나무를 잘 타지도 못했고, 치타처럼 빠르지도 못했고, 사자처럼 강한 턱과 송곳니와 발톱을 가지지도 못했습니다. 이렇듯 미미했던 종이 과연 명맥을 이어갈 수 있을지가 매우 불확실해 보이는 위태로운 순간들이 많았죠. 그러나 그렇듯 위태롭고 약했기 때문에 각각의 인간집단들은 내부에서 서로 절대적으로 의지하고 협력해야만 했습니다.[142] 의지할 곳은 오직 작은 인간집단의 협동과 우애의 힘밖에 없었으니까요. 이건 '이기냐 이타냐'라는 한가로운 구분 이전에 근본적인 생존조건의 문제였습니다. **초기 인류에게 '상호의존'과 '협력'이 엄혹**

한 생존조건에서 달리 다른 선택의 여지가 없었던 불가피한 '당위'였던 것처럼, 오늘날 엄중한 기후위기의 '지구선택' 앞에 선 인류의 대응양식 역시 다시금 '상호의존'과 '협력'일 수밖에 없지 않느냐는 것입니다.

물론 이것이 단순한 '원시반본(原始返本)'일 수는 없겠죠. 오늘날까지 인간이 획득한 고도의 능력과 지식이 공생적이고 협동적인 삶의 양식을 열어가는 방향으로 더욱 높은 수준으로 발전할 수 있도록 추동하는 흐름 속에 있으니까요. 우리는 앞서 이미 현실로 존재하는 내장적 사회시스템에 대한 논의5부 4론와 '후기근대 신과학'이 열어주는 새로운 가능성들에 대한 논의5부 3론를 통해 그러한 추세를 살펴본 바 있습니다.

이제는 인류가 오늘날 자부하고 있는 높은 능력과 지식 그 자체를, 그 연원과 역사를, 깊숙하게 되돌아볼 시간이 되었습니다. 장구한 시간 동안 엄혹한 환경 속에서 진화적으로 발전시켰던 인간사회와 인간성의 바탕 능력은 인류를 점차 생물 진화사의 빼어난 선두주자로 만들어주었습니다. 대략 6~7만 년 전부터 이뤄진 호모사피엔스의 '최후의 아프리카 엑소더스' 이후 인류는 지구 6대주로 점차 뻗어나갔죠. 이즈음부터 다른 생물 종에 대한 인류의 경쟁력에서 두드러진 우위는 '오버킬(overkill)'의 증거에서 분명히 나타납니다. 호모사피엔스가 진입했던 지구상의 모든 곳에서 뛰어난 사냥집단인 인류에 의한 덩치 큰 대형동물들의 멸종 현상이 나타났어요. 인간의 빼어난 협동능력이 월등한 사냥능력으로 발전했던 것이죠. 이 '오버킬'은 이후 인간 문명이 대형동물뿐 아니라 자연 전반에 대한 지배와 낙차 창출을 '브레이크 없이' 거의 무한정 진행할 수 있을 것임을 일찍이 보여준 어두운 예고였다고 할 수 있겠습니다.

形

어쨌든 '오버킬'에서 분명히 나타난 타 생물종에 대한 인간의 우위는 인간집단의 번성을 가져왔고, 그 결과 개체수와 집단수가 크게 증가한 인간집단 간의 접촉이 잦아지면서, 집단 간의 충돌과 분쟁의 빈도 역시 점차 높아졌습니다. 그리고 이 분쟁, 즉 전쟁에서 승리하는 집단에게 더욱 큰 성공이 보장되었죠. 이러한 논리가 이후 문명의 탄생과 발전의 논리에도 그대로 이어졌습니다. 그리하여 인류의 문명사란 인류의 이러한 능력, 즉 자연과 다른 경쟁 인간집단을 지배하는 능력이 우월한 쪽이 승리의 월계관을 쓰게 되는 역사가 되었지요. 어느 쪽이 자연과 타 인간집단에 대해 더 큰 지배력을 가지고 있느냐가 문명 성패의 키를 쥐어 주었던 것입니다. 그래서 지금까지의 인류문명사란 팽창문명이 지배적인 위치를 누린 역사였다고 한 것입니다. 물론 정복과 지배보다 공존과 평화를 선호했던 문명의 내장적 층위가 존재하지 않았던 것은 아닙니다. 그러나 문명사의 시간은 대부분 팽창적 층위가 우위에 있었습니다. 그러나 이제는 자연과 타 인간집단에 대한 지배력의 정도를 인간의 문명적 능력으로 간주하게 되는 바로 그 조건 자체, 생각 자체를 다시 묻고 들여다보아야 하는 '문명전환의 시간'에 이르렀습니다. 과연 그것이 여전히 타당한 것인가, 과연 그런 사고방식이 인류의 존속과 안녕에 여전히 부합하고 있는 것인가.

그 무거운 질문에 대해 우리는 그동안 이 논의 전체를 통해 답을 했습니다. 팽창의 우세가 내장의 전면화로 전환되어가는 변증법적 과정을 살펴보았고, 5부에서는 그러한 전환의 기미를 보이고 있는 구체적 상황들에 대해 많은 검토를 했습니다. 그리하여 이제 마지막으로 다시 한번 모아 짧게 대답할 수 있겠습니다. 팽창적 지배력이 인류사의 성장과 발전에 기여했던 시대는 이제 지났다. 이제는 내장적 공존의 능력이 인류를 자기 파멸로부터 구제할 힘이 되었다. 그런 의미에서 이제 도래하고 있는 새로운 문명은 기존의 문명 논리와는 근본적으로 다른 논리 위에 선 '문명 이후의 문명(post-civilization)'이라고 말이죠.

서선생 '지구선택'의 엄혹한 힘 앞에 당면한 후기근대의 인류사가, '자연선택'의 가혹한 힘 앞에 당면했던 탄생 초기의 인류사의 내장적 바탕을 다시 소환하고 있는 것이군요. 답변의 핵심을 그렇게 들었습니다. '인류사적 차원의 내장(內張)의 귀환'이라고.

그런데 우리가 결론에서 다시 한번 강조해두어야 할 점이 있습니다. 전체의 흐름을 돌아보면, 그 '내장의 귀환'은 '동아시아'라는 배를 빌려 타고 있었습니다. 애초에 동아시아와 '동아시아 내장근대'는 평온해 보였습니다.^{서론과 1부} 그러나 곧 '서양 팽창근대'라는 거대한 파도에 휩쓸려 한 조각 위태로운 조각배가 된 듯했어요.^{2, 3부} 그럼에도 더욱 거세어져만 갔던 폭풍 속에서 곧 침몰할 것만 같았던 그 위태로운 '동아시아 내장호'는 휘청거리면서도 결국 살아남았을 뿐 아니라, 놀랍게도 근대세계사 전체를 내장적 방향으로 이끌어가는, 카오스 이론에서 말하는 '끌개(attractor)'의 역할을 하였습니다.^{4, 5부}

그렇듯 동아시아라는 창을 통해 볼 수 있었던 '동아시아 내장근대의 귀환'이 세계근대사 전체의 차원에서도 발생했습니다. 그리고 그렇듯 근대세계사에서 발생한 '내장의 귀환'은 그동안 정복과 지배의 팽창성이 우위에 섰던 기존의 인류문명의 팽창성의 속성을 근본에서부터 바꾸어나가는 발본적 의미에서의 '문명전환', 즉 '인류문명의 내장화'라는 문명사적 차원의 귀환을 뜻하는 것이기도 함을 확인할 수 있었습니다. 따라서 이 '내장의 귀환'은 근대사와 문명사, 그리고 인류사라는 3개의 차원에서 동시에 진행 중인 거대한 사건인 것이죠. 그 거대한 '3중의 전환'

形

을 우리는 '동아시아'라는 화두를 단서로 해서 연쇄적으로 파악할 수 있었습니다.

동아시아와 내장문명

남선생 그러니까 우리는 '동아시아 근대사'라는 입구로 들어가 '인류사'라는 출구로 나온 것이군요. 인류사라는 강을 건너기 위해 동아시아라는 뗏목을 빌려 탔던 것이라고 할까요. '붕새'는 동아시아를 상징하는 비유로 이 책의 첫 장에 등장했지만, 곧 동아시아 내장근대와 서양 팽창근대를 두 날개로 삼아 변증법적 지구 비행을 하였던 거대한 새가 되었고, 이어 인류문명의 팽창성과 내장성을 두 날개로 한 '문명의 새'로 인식되었으며, 끝으로 인간성의 팽창성과 내장성을 두 날개로 하여 호모 사피엔스의 20만 년의 역사를 날아온 '인류사의 새'가 되었습니다.

이렇듯 거대한 세 개의 차원의 '내장의 거대한 귀환'에 동아시아가 향도(向導)가 되고 끌개가 되었다는 사실이 결코 '역사의 교지(狡智)'에 의한 우연만은 아니었습니다. 무엇보다 이미 고대사 단계에서 치열했던 '전국시대(戰國時代)'를 매우 일찍 졸업했다는 사실이 이후 동아시아 문명에 내장적 각인을 깊게 찍었습니다.

이후 공맹의 가르침, 즉 유교는 팽창적 추세를 시종 억제하는 역할을 해왔지요. 서양 고대문명의 경우는 달랐습니다. 아시리아, 메소포타미아, 이집트, 페르시아, 그리고 알렉산드로스 대왕의 제국, 이어 로마 등, 그 어떤 제국에서도 전국(戰國) 상황이 종식되지 못했습니다. 전국적 상황이 종식되지 못했기 때문에 여기서 출현했던 여러 종교 역시 통합보다는 상쟁의 고리 역할을 하게 되는 경우가 많았어요. 팽창적 세계관에서는 전국(戰國)적 긴장이 유지되는 상황을 생산적인 것으로 보지만, '지구선택'의 위기 앞에 선 오늘날까지 그런 식의 '무한팽창적인' 세계관을 자부하고 합리화할 수는 없을 것입니다.

동아시아 문명의 내장화가 순탄했던 것만은 결코 아니었습니다. 우리가 '만리장성'은 자기 문명권 바깥으로 나가려 하는 팽창성의 자기한계 설정, 즉 중국문명의 내장성을 상징한다고 했지만,1부 4론 전국시대의 종식 이후에도 장성 밖으로부터의 침입과 장성 밖으로의 정벌이 번갈아가며 오래 이어졌지요. 그러한 상태에서는 내장문명이 안정화되기 어려웠어요. 그 장성 안팎의 밀고 당기는 충격은 항상 동아시아 전반에 미쳤고, 코리아와 일본 열도, 베트남 내부에서도 내적 전국 상태와 상대적 안정기가 교차했습니다. '동아시아 초기근대'는 그렇듯 긴 역사적 진동이 이윽고 일정한 한계에 도달하면서 성립했던 안정기였습니다. 그리하여 17세기 초반부터 19세기 초반까지 200여 년간 평화롭게 공존할 수 있게 되었어요. 어느 정도 '안정된 체제적 특징으로서의 내장성'을 말할 수 있게 된 시점이 이 시기였습니다. 이를 우리는 '동아시아 내장근대'라 했고, 그 시스템적 특징을 '동아시아 유교소농체제'라고 하였지요. 그것이 1, 2부의 중심 메시지였습니다. 소농 경작체제와 유교 관료제의 결합에 의한 농업생산력의 큰 성장, 그리고 유교의 예적 질서에 기반한 평화로운 국제관계가 성립했던 시기였습니다. 그것을 '동아시아 내장근대의 형(形)'이라 했고, 그 형은 이후 서세동점의 팽창근대의 힘 앞에 금방 무너져 소멸할 듯하였으나, 결국 후기근대에 이르러 형′(形′)로 소생하여 내장적 문명전환의 중요한 축을 이루고 있습니다.

形

북선생　내장문명이라는 각도에서 동아시아를 봄으로써 우리가 새롭게 발견하게 된 점들이 많습니다. 그동안 간과해왔던 동아시아 정치체제 발전의 고유한 역동성에 대해서도 그렇습니다. '동아시아의 봉건과 군현'에 대한 논의에서,1부 4론 일본의 메이지유신이 중국의 신해혁명, 조선의 3·1운동보다 과연 더 개혁적이었는지, 더 나아가 과연 유럽의 영국혁명, 프랑스혁명이 동아시아의 신해혁명, 3·1운동보다 래디컬한 것이었는지를 물었던 바 있습니다. 이러한 질문들은 지금까지 한 번도 제대로 제기된 적이 없었다고 했지요.이 책. 380쪽 먼저 동아시아에서의 정치적 체제변화의 경로는 '후진적·정체적'인 것이고, 유럽 경로는 '선진적·역동적'인 것이라는 생각, 그리고 일본의 메이지유신은 유럽 모델을 수입한 것이기 때문에, 동아시아 고유의 정체된 경로를 벗어나 선진적인 경로로 들어설 수 있었다는 생각이 너무나 공고하게 굳어져 있었기 때문입니다. 편견에 불과한데, 진리처럼 굳어졌죠. 그래서 그동안 아무도 그런 생각에 의문을 제기하지 않았어요.

　그러나 우리는 중국, 코리아, 베트남에서의 공화혁명, 민주혁명의 뿌리가 유럽의 그것보다 더 깊을 수 있음을 지적했습니다. 동아시아 내장문명에서는 '민(民)의 수평화 현상'이 매우 장기간 지속되었기 때문입니다. 우선 중국에서 전국(戰國)시대가 조기 종식되었죠. 그 결과 매우 일찍부터 팽창성에 자기제한을 할 수 있었습니다. '만리장성'이 그 상징이라 했죠. 전국시대가 종식되면서 봉건제를 대신해 '군현제'가 들어섰습니다. 군현제란 중앙집중적 군주제입니다. 군현제에서는 장기간에 걸쳐 봉건적 신분이 해체되고 민(民)의 수평화 현상이 벌어졌습니다. 아울러 유교 문인들이 군주의 전횡에 대해 일종의 공화주의적 제약을 가했어요. 이를 '유교 문인공동체 공화주의'라고 했습니다.1부 4

론 그 결과 군현제의 역사가 길었던 나라에서 '공화제 혁명'이 일어나면 그 혁명은 거꾸로 돌아가지 않습니다. 공화제와 민주제의 뿌리가 군현제의 토양 밑에서 이미 오랜 기간 자라고 있었기 때문입니다. 동학농민혁명의 의미의 재발견도 그러한 인식 위에서 가능했습니다.2부 3론

그래서 중국(신해혁명)과 조선(3·1운동)에서 공화제가 천명된 이후 '왕정복고'라는 역류 현상이 발생하지 않았습니다. 위안스카이의 허망했던 왕정복고 시도(1915~1916)는 왜 그것이 불가능한지를 역으로 보여주었지요. 처음부터 큰 반발을 일으켰고 1년도 못 돼 끝나고 말았습니다. 그러나 유럽의 경우는 다릅니다. 영국과 프랑스에서 왕의 목을 자르고 공화제 혁명이 일어났지만, 혁명 성공 이후에도 '왕정복고'는 거듭 반복되었습니다. 영국은 오늘날까지도 군주제가 남아 있지요. 봉건제가 종식된 역사가 짧기 때문입니다. 그래서 일반 평민들 속에서도 왕가와 귀족을 숭배하는 감정이 남아 있어요. 일본은 특이합니다. 동아시아에 속해 있지만 봉건제가 유독 오래 지속되었죠. 메이지유신을 통해서야 비로소 봉건제를 최종적으로 종식하고 군현제, 즉 중앙집중적 군주제가 되었으니까요. 일본에서 공화제, 민주제는 2차 대전에서 패배한 후에 점령국 미국에 의해 강요되었던 것이죠. 물론 일본 역사에도 농민공동체의 강한 협동성과 같은 훌륭한 수평적 전통이 있습니다. 그렇지만 결국 자체의 힘으로 군주제와 봉건제의 잔재를 청산하지 못한 것이 사실입니다. 그 결과 입헌군주제라고 하지만 여전히 천황제를 벗어나지 못하고 있지요. 현재 동아시아에서 유일한 군주제 국가죠. 베트남은 제국주의 세력이 군주제를 지속시켜 식민지 지배에 이용하려 했지만 결국 공화주의 세력에 의해 군주제는 종식되었습니다.

동아시아에서 공화제와 민주제가 고유한 방식으로 발전해왔던 것을

形

이해하게 되면, 민주주의에 대한 동아시아적 관점의 정의도 새롭게 나올 수 있습니다. 동아시아에서의 민주주의란, 장기간의 유교 문인공동체의 군주권 견제와 민(民)의 수평화 과정을 토대로 하여, 군주제가 공화제로 대체된 이후, 민의 통치 참여가 본격화하는 정치체제이자 사회현상이다, 라고 말이죠. 또한 동아시아에서 '민의 수평화' 그리고 '지식인의 공화주의적 비판전통'의 역사가 길었던 만큼, 동아시아 민주주의의 미래 발전 가능성도 더욱 크다고 말할 수 있습니다. 그러한 힘이 내장적 문명전환에 중요한 역할을 할 수 있을 것입니다.

동아시아 민주주의의 잠재력을 높게 평가하는 이유는, 동아시아 사회의 내장성의 뿌리가 깊고, 민주주의란 내장체제의 본질적 성격과 부합하기 때문입니다. 내장성이란 문명 간, 인종-민족 간, 국가 간, 계급 간, 성별 간, 그리고 자연/인간 간 낙차를 감소시키는 힘이며, 그 결과 수평화, 분산화, 공유화 현상이 발생하는 것이라고 했지요. 또 내장형 사회에서는 수평적 밀도강화가 낙차증대를 대신한다고 했고, 수평적 협력을 통해 생활력, 생산력이 확장하는 사회라고 하였습니다. **내장체제의 이러한 여러 특징을 종합하여 하나로 집약하면 그것이 바로 민주주의가 될 것입니다.**

서선생　동아시아 전통에서 팽창성의 자기제한은 유교 성왕론에서 이미 분명하게 나타나고 있었죠. 주요 문명권의 발생 신화가 거의 다 폭력적 영웅신화인 반면, 유교의 요순신화는 영웅성과 폭력성을 철저히 탈색하고 있습니다. 영웅성과 폭력성은 수평적 사회를 수직적으로 재편했던 인류문명의 팽창적 시원의 논리를 드러내는 것이죠. 그러나 요순신화는 폭력성이 철저히 탈색된 반영웅을 창조해냈습니다. 문명적 팽창성을 최대한 자기제한하고 내장적 덕목을 강조한, 매우 예외적인 형태의 발생 신화였던 것이죠.[1부 4론] 그렇듯 내장적 특성을 중심원리로 생각했기 때문에 유교 사회에서 장기적인 '민의 수평화'나 '유교 문인공동체 공화주의'라는 독특한 역사적 현상이 발생할 수 있었을 것입니다.

잃어버린 열쇠

동선생 잃어버린 열쇠를 가로등 밑에서만 찾으려고 하지 말라는 금언이 있지요. 모든 금언이 그렇듯이, 이 금언도 비유를 통해 실제 현실에서 자주 벌어지는 일을 경계하고 있습니다. 야밤에 잃어버린 열쇠를 가로등 밑에서만 죽자고 찾으려 했던 사람들이 없지 않았던가 봅니다. 이 길었던 논의 역시 '잃어버린 열쇠'를 찾는 작업이었다 할 수 있습니다.

우리가 '열쇠를 잃어버렸다'는 느낌을 처음 갖게 된 것은 1987년 한국의 6월투쟁에서부터 소련동구권 붕괴와 냉전 종식, 그리고 그 이후의 진동이 이어진 1990년대 초중반까지의 시간이었습니다. 민주화 이후도, 냉전 종식 이후도, 방향을 잃고 표류하고 있는 것으로 보였습니다. 세계는 무엇인가 그 심도를 알 수 없는 깊은 바닥에서부터 엄청나게 변화하고 있음이 분명해 보였지만, 그 변화가 정확히 무엇인지, 어디에서 비롯한 것인지, 어디를 향하고 있는 것인지, 그때는 알 수 없었습니다. 답답했지요. 당시 유행했던 '사회주의에 대한 자본주의와 자유민주주의의 승리를 통한 역사의 종말'(프랜시스 후쿠야마), '문명충돌과 테러와의 전쟁'(새뮤얼 헌팅턴과 조지 부시 미국 대통령 등) 등의 진단

形

이 사태의 근원을 포착하지 못하고 있다는 사실은 분명해 보였습니다. 포스트모더니즘 역시 당시 크게 유행했는데, 그 시대진단은 고작 '거대 담론의 종언'이었어요. 아쉬웠죠. 이제야말로 제대로 된 큰 전망과 시야가 필요했던 때에 말입니다. 또한 '현실사회주의'가 실패한 것이지 사회주의가 실패한 것은 아니라는 좌파 진영의 주장도 자기위안일 뿐 사태변화의 의미를 제대로 읽지 못한다는 점에서 마찬가지로 보였습니다. 이렇듯 무엇이 아닌지는 분명히 알 수 있었지만, 그것이 정확히 무엇인지는 알 수가 없었어요. 습관적인 생각의 틀과 행동이 사태변화의 깊은 흐름을 파악하는 것을 가로막고 있었습니다.

한국의 민주화 역시 마찬가지였습니다. 수십 년에 걸친 엄청난 희생 위에 이룬 민주화였지만, 민주화 진영의 분열로 군부세력이 재집권하였을 뿐 아니라, 냉전 종식으로 열렸던 남북 평화체제 · 양국체제의 가능성도 1992년 이래 급속히 닫히고 말았어요. 북미, 남북 간 대립과 적대 기조는 오히려 더욱 높아져 1994년에는 전쟁 일보 직전까지 갔습니다.4부 4론 한국의 민주화 역시 방향을 잃고 표류하고 있었습니다. 나갈 길이 어디인지, 막막했지요.

그렇게 길을 잃었습니다. 단순히 부주의하거나 길눈이 어두워, 또는 날이 어두워져 길을 잃은 것이 아니었어요. 지형과 방위 자체가 변하고 있었습니다. 지각과 지축이 변하고 있었던 것이죠. 당시의 눈앞의 변화가 그렇듯 엄청난 규모의 대변동이라는 것을 어렴풋이 감지할 수는 있었지만, 그 현상의 전모는 전혀 감 잡을 수 없었습니다. 이러한 당시의 느낌을 '열쇠를 잃어버렸다'고 했습니다. 그것은 정치적 지형만이 아니라 존재론적 지형의 변화이기도 했습니다. 존재는 지향을 가지고 존속해갑니다. 그런데 그 지향 자체가 흔들리고 무너지는 상황이기도 하였던 것입니다. 불교에서는 이런 상황을 '소를 잃었다'고 하죠. 그렇게 잃어버린 소를 찾는 것을 '심우(尋牛)'라고 하고, 잘 아시다시피, 불교에서 심우는 구도와 구원을 상징하는 알레고리입니다. 불교만이 아니라 모든 고등종교에 이렇듯 잃어버린 것을 찾아간다는 비유와 상징이 있습니다. 이것을 우리는 '열쇠를 잃어버렸다'고 한 것입니다.

절박했습니다. 그 열쇠가 가로등 빛 환히 비추는 발밑에 떨어져 있었다면, 우리가 굳이 '잃어버렸다'는 말을 쓸 필요도 없을 것입니다. 그렇지 않았습니다. 가로등 불빛 아래엔 그 열쇠가 없었습니다. 이제 돌이켜 볼 때 그 '가로등 빛'이란 그 당시까지 지배적이었던 '서구중심 역사관·세계관·문명관'이었다고 할 수 있겠습니다. 그 빛이 우리의 시선의 방향과 인식구조를 사로잡고 있었으니까요. 무엇인가 본질적인 것을 잃어버리고 있다. 이러한 깨달음이 왔을 때를 '철학'을 하기에 좋은 시간이라고 합니다. 그 가로등 빛 밖으로 과감히 나가야 했습니다. 그 가로등 빛 안에는 분명 잃어버린 열쇠가 없었습니다. 그 빛 밖으로 나가는 그 길이 '동아시아를 통한 우회'였습니다. '발견의 방법'이었죠.

우리의 그 우회와 탐사의 시간이 어느덧 30년입니다. 그리하여 이 책에서 우리는 '붕새(동아시아 계절풍)'와 '논농사 소농체제'와 '유교', 즉 '동아시아 내장문명과 내장근대'를 이야기할 수 있게 되었지요. 그러나 이 우회로는 단지 동아시아만을 새롭게 발견하자는 길은 아니었습니다. 새로 발견한 동아시아를 통해, 바깥 세계를 다시 비추어보게 되었습니다. 내장문명과 팽창문명이라는 두 개의 거울이 서로를 비추는 것이죠. 이러한 되비춤을 통해, 문명 비교의 방법을 통해, 우리는 근대세계사뿐 아니라 인류문명사, 인류진화사 전반을 관통하는 일관된 흐름을 찾을 수 있었습니다. 그 결과 **내장과 팽창의 장구한 인류사 변증법이**

　　　　　　　　　　　　　　　　　　　　　　　形

이제 전 지구적 차원의 내장적 문명전환으로 귀결되고 있다는 결론에 이르렀지요. 이것이 우리가 가로등 바깥으로 나가는 '긴 우회'를 통해, 30여 년에 걸친 어둠 속의 오랜 탐색을 통해, 이윽고 찾게 된 '잃어버린 열쇠'라고 할 수 있겠습니다.

잃어버린 열쇠를 찾기 위한 우회로가 반드시 '동아시아'의 방향에만 존재한다고 생각하지 않습니다. 어느 경로를 통해서든 가능합니다. '서구중심주의와 오리엔탈리즘으로부터 벗어나기', 즉 '가로등 불빛의 자명함을 벗어나 발견을 위해 어둠 속으로 과감히 나가기'라는 방법론적 취지만 분명하다면 말입니다. 비서구 어느 곳이든 가능할 뿐 아니라, 서양사 내부의 탐색에서도 물론 가능한 일입니다. 서양사 내부에도 팽창과 내장의 대비 속에 드러나는 그늘과 어둠이 많았기 때문입니다.

따라서 동아시아든, 코리아든, 유교든, 우리가 선택한 '발견의 방법', '우회의 경로'는, 불교식으로 말하면 모두가 '방편'일 뿐입니다. 우리 앞의 이 생멸의 강, 존재의 강, 역사의 강을 건너는 뗏목일 뿐이죠. 이 물을 건너 저 언덕에 도달하면 됩니다. 불교에서는 '바라밀(波羅蜜, paramita)'이라고 하지요. 어떤 뗏목이 되었든, 우리가 이 물을 건널 수 있을 만큼 튼튼하면 그것으로 족합니다. 따라서 이 논의의 결론에서 확인해야 할 것은, 동아시아를 통한 '우회의 방법'의 의미 자체에 있다기보다, 그러한 방법과 방편을 통해, 그 뗏목을 타고 우리가 맞는 방향으로 이 물을 제대로 건넜는지, 저 언덕에 잘 도달했는지를 확인해 보는 일이 되겠습니다. 애초의 목적을 달성했는가. 가로등 밖으로 나가 찾은 '새로운 발견'은 무엇인가. 그것은 어떻게 요약되는가. 이제 그것을 끝으로 정리해보기로 하지요. 누가 해주실까요.

열쇠를 잃어버린 사람들

서선생　제가 해보죠. 그런데 '새로운 발견'에 대해 말하기 전에, '열쇠'를 잃어버린 자가 누구이며, 그 '열쇠'로 열려고 했던 것이 무엇인지부터 먼저 밝혀둬야겠습니다. 애당초 '잃어버린 열쇠' 따위는 없다고 생각했다면, 가로등 밑이든 밖이든 굳이 찾으려 노력할 이유도 없었겠지요. 앞서 동선생은 그에 해당하는 세 가지 흐름을 예시했습니다. 1) 냉전 종식을 자본주의의 승리와 미국 일극주의의 완성으로 보는 시각, 2) 당시의 세계사적 스펙터클을 '일체의 거대 담론의 종언'으로 읽었던 포스트모더니즘의 흐름, 그리고 3) 소련동구권 붕괴에도 사회주의의 진정한 대의는 손상된 것이 없다고 믿었던 좌파 담론. '열쇠를 잃어버렸다고 생각했던 이'는 우선 이 세 해석에 동의할 수 없었던 사람들이겠지요. 그러나 그것만이라면 열쇠를 꼭 찾아보겠다고 나설 충분한 이유는 되지 못할 것입니다. 절박함이 있어야 합니다. 정말로 목이 마른 자가 우물을 팔 테니까요.

　30년 전의 한국의 상황 속에서 그 '목마른 자'의 형상을 찾을 수 있습니다. 어찌 꼭 한국만이고 반드시 30년 전만이겠습니까만, 이 논의의 연원이 그러하니 그렇게 설명하겠습니다. 오늘날에는 30여 년 전의 1987년 6월의 민주항쟁이 불가피하게 일어날 수밖에 없었던 당연한 사건으로 보이겠지만, 그것은 세월이 한참 지난 후의 시각일 뿐입니다. 당시의 실감으로는 절대적으로 불가능한 사건이었습니다. 최소한 그해 6월까지는 말이죠. 냉전체제와 군부독재는 철벽과 같았습니다. 하늘 끝까지 무장하고 있었으니까요. 일선에서, 현장에서 모든 것을 희생해 그 벽과 직접 맞서 싸우고 있던 사람들일수록 내심으로는 그런

形

실감이 강했습니다. 설령 밖으로는 그들을 바라보고 있는 사람들을 향해, 또는 위해, '불굴의 신념'과 '혁명적 낙관주의'를 애써 과시하고 있었더라도 말입니다. 다만 맞서고, 다만 싸워야 했습니다. 그것이 다였습니다. 그 외에는 인간으로서 값있게 살아갈 다른 길이 보이지 않았어요. 그만큼 부조리하고 비이성적이고 폭력적인 세계였습니다. 여기서 맞서다 소멸되어 사라지더라도 그 자체로 값있을 뿐이라고 생각했던 것이죠. 예정된 고난이 있을 뿐, 미래는 없었습니다.

그러다 87년 6월 민주항쟁이 일어나 군부독재라는 철벽이 무너졌어요. 이어 미소 냉전체제라는 더욱 엄청나 보이던 또 하나의 철벽이 무너졌습니다. 삶을 짓누르던 두 개의 철벽이 사라졌으니, 이제 누구에게나 정상적 삶이 열리고 미래가 열릴 것이라고 기대하는 것이 당연했습니다. 그러나 그러지 못했어요. 1987년 이후 10여 년을 돌아볼까요. 미소 냉전체제는 미국 일극체제가 되었고, 민주화 세력은 분열되어 방황했으며, 남북관계는 더욱 나빠졌습니다. 더구나 87년 이후 10년째인 1997년에는 'IMF사태'를 맞아 87년 민주화가 그나마 이뤄놓았던 평등화(지니계수의 감소) 추세조차 크게 꺾이고 말았습니다. 이러한 상황 속에서 길을 잃었던 사람들이 바로 열쇠를 잃어버렸던 그 사람들이죠. 군부독재와 냉전체제의 폭력에 의해 삶과 존재의 의미를 박탈당했던 사람들, 냉전체제와 군부독재가 사라졌는데도 이상하게도 미래를 거듭 잃었던 사람들입니다.

이상한 이야기로 들리겠지만, 냉전과 군부독재라는 두 개의 철벽이 엄존했을 때는 그 철벽과 맞서 싸운다는 것이 삶과 존재의 의미가 될 수 있었습니다. 그렇지만 두 철벽이 무너졌는데 세계에는 또 다른 장벽들이 세워지고 있었습니다. 분명히 자유의 공간이 열렸는데, 묘하게 그 자유는 또 다른 더욱 교묘한 방식으로 억눌리고 있었습니다. 고삐 풀린 군사—금융의 일극 패권주의가 '쇼크'와 '축출'을 무기로 새로운 글로벌 점령군이 되었죠. 이러한 상황에 숨 막힘을 느꼈던 자들이 바로 '열쇠를 잃어버린 자들'이며, 이들에게 그 열쇠를 되찾는 일은 삶과 존재, 그리고 미래의 의미를 되찾기 위해 반드시 필요한 것이었습니다.

한때 열쇠를 찾았다고 생각했는데, 아니었습니다. 무엇인가 이루었다고 생각한 순간, 더 크게 길을 잃었음을 깨닫게 되었습니다. 혼란과 방황의 시간이 있었지요. 시간과 공간의 질서, 일상과 대화의 색조가 달라지고 있었으니까요. 다시 생각해야 했습니다. 모든 것을 처음부터 다시 생각해야 했습니다. 더 이상 의존할 자명한 사실은 없었습니다. 가로등 불빛 밖 깊은 어둠 속으로 발길을 향하지 않을 수 없었지요. 눈앞의 변화의 크기와 진원이 당시 우리의 고정관념이 그리는 것보다 훨씬 크고 깊어 보였기 때문입니다. 동아시아인인 우리가 동아시아를 통한 길을 '우회'라고 부르는 것은, 실은 이상한 말이겠지요. 동아시아인이 동아시아의 눈을 통해 세계를 보고, 그렇게 얻어진 시각으로 동아시아를 다시 보는 것은 너무나 당연한 경로이니까요. 그러나 당시 우리에게 주어진 인식의 틀 자체가 그렇게 당연한 경로를 가로막고 있었습니다. 500년 서양 팽창근대가 만들어낸 시각으로만 세계를 보고 동아시아를 보고 있었습니다. 그 가로등 불빛이 너무나 강해서 그 불빛 바깥을 볼 수 없었습니다. 그 '자명성'을 벗어나야 했습니다.

이제 동선생의 요청에 대한 응답으로 돌아가, 그렇듯 가로등 밖 어둠 속에서 찾은 새로운 발견, 또는 갈증에 대한 해갈에 대해, 간략히 정리해보겠습니다. 먼저 우리는 이제 30여 년 우리를 그토록 혼란스럽

形

게 했던 그 격변의 의미가 '500년에 걸친 긴 유럽내전의 종식'에 있다는 사실을 이해할 수 있게 되었습니다. 그 길고 길었던 유럽내전은 유럽 종교내전으로 시작해(유럽내전의 1단계), 세계 식민지 전쟁으로 확대되었고(2단계), 그리고 종국에는 미소 간의 세계내전, 즉 냉전으로 이어졌습니다(3단계). 그 '긴 유럽내전'의 종식은 '서양 팽창근대 500년사'의 종식이기도 한 것이었죠.

우선, 앞서 말한 '자본주의와 자유민주주의의 승리'나 '문명충돌론', 그리고 '미국 일극패권론' 등은 모두가 서양팽창근대의 지속을 전제하고 있다는 점에서 명백한 오류였습니다. 열쇠를 잃어버렸다는 절박함이 없었기에 가로등 빛 밖으로 나갈 뜻도 없었습니다. 자본주의 대 사회주의의 대립은 유럽내전이 세계로 확대해가면서 만들어진 대결 구도였기 때문에, 유럽내전의 종식과 함께 그 대립 역시 발판을 잃었습니다. '문명충돌론'이나 '일극패권론'은 외부적 적대 창출을 무한히 지속하고 싶은 카를 슈미트적 팽창 욕망의 또 다른 버전이었을 뿐입니다. 30년 전의 '사회주의 건재론' 역시 팽창근대의 세계관을 벗어나지 못했습니다. '사회주의 대항 패권' 또는 '사회주의 대안 패권' 논리에는 미래가 없습니다. 패권에 패권으로 맞서는 시대는 이제 지나갔습니다.3부 4론, 4부 3론, 5부 2론 사회주의 운동은 구각(舊殼)을 벗고, 내장문명을 향한 전 지구적 전환에 적극적인 촉진자로 변모함으로써만 미래를 기약할 수 있을 것입니다.

포스트모더니즘

30년 전 세계사적 격변 속에서 '일체의 거대 담론의 종언'을 내세우며 주가를 올렸던 포스트모더니즘의 에너지의 핵심은 허무주의였습니다. 허무주의는 가치판단의 기준을 잃은 정신적 공황 상태에서 나옵니다. 그때 필요했던 것은 거대 담론의 종언이 아니라, 오히려 새로운 통합적 거대 담론이었습니다. 초창기 포스트모더니즘의 빼어난 공헌은 서구근대 담론의 모순과 한계를 내부로부터 날카롭게 해부할 수 있었던 점에 있었죠. 문명, 민족, 계급, 성별, 인간/자연을 포괄하는 보편적 이성(理性) 담론임을 표방했지만 실은 낙차와 차별의 거대한 성을 쌓고 있었던 것이니까요. 1960~1970년대에 미셸 푸코, 어빙 고프먼 등은 근대사회의 의료적, 성적, 법적−규범적 '정상성' 체제의 차별적 성격을 날카롭게 부각하여 낙차체제에 대한 이해의 폭을 크게 넓히기도 했습니다.[143] 그러나 포스트모더니즘이 문제를 예리하게 제기했지만 출구를 제시하지는 못했어요. 낙차, 지배, 차별의 현상을 마이크로하게 적발해낼 수 있었지만, 그런 문제가 단지 '거대 서사'에서 비롯되는 것이라고 잘못 진단했습니다. 그 포스트모더니즘에서 '거대 서사'란 좌우를 막론한 근대 담론을 말하는데, 여기서 그 근대에 팽창근대와는 다른 차원의 근대, 즉 내장근대가 존재한다는 것을 몰랐어요. 그래서 서구 (팽창)근대 담론 비판과 근대 일반의 비판을 동일시했습니다. 여기서도 서양(팽창)근대밖에 보이지 않는 겁니다. '또 다른 근대'는 서구 내부에서든 바깥에서든 존재하지 않았어요. 그런 구분이 없으니 서구든 비서구든, 팽창근대든 내장근대든, 모두가 같은 논리로 무차별적으로 비판될 뿐입니다. 그 눈에는 팽창근대의 담론도, 여기에 대항하는 내장근대의 담론도 모두 한가지로 보입니다. 결국 모두가 같은 거대 담론이니 모두가 틀렸다는 단순 논리가 되어버렸어요. 그래서 포스트모던 담론의 말류(末流)로 내려가면, 일체의 진지한 대안적 논의에 대해 냉소적 거부와 조롱, 희화화를 일삼게 됩니다. 그렇다 보니 냉전 종식 이후 미국 일극주의와 신자유주의가 절정을 구가하고 있을 때 여기에 대한 어떤 뚜렷한 대안이나 새로운 전망도 제시할 수 없었지요. 오히려 수없이 파편화된 '정체성 담론'으로 내부에서부터 분열되어 갈피를 못 잡게 되었습니다. 전망과 대안이 없는 무능력을 포스트모더니즘의 본질이요 강점인 것처럼 자랑하는 황당한 태도까지 나타날 정도였어요.

그 결과 포스트모더니즘은 자신이 그렇게 비판적으로 보았던 서구 근대의 바깥으로 한 걸음도 나갈 수가 없었습니다. 바깥으로 나갈 수 있는 일체의 통합적 논리, 대안적 논의를 스스로 부정하고 거부했기 때문이지요. 이렇게 하여 '포스트모던' 자체가 자폐적이고 자기소거적인 개념이 되고 말았지요. '포스트모던'이란 '모던'의 바깥으로 나가자는 적극적인 의미를 내포한 말인데, 이상하게 한 걸음도 나갈 수 없게 되었죠. 소극을 넘어 철저한 무기력이 되었습니다. 오히려 그 안에 꽉 갇히고 말았죠. 기막힌 역설이죠. 초기의 왕성한 활력과 자극은 빠르게 사라졌습니다. 오늘날에는 스스로를 '포스트모더니스트'라고 자신있게 내세우는 사람을 찾아보기 어렵습니다. 탐색의 뿌리가 충분히 깊지 못했기 때문입니다. '모던(modern)' 자체를 국지적으로, 서양 중심적으로 읽을 수밖에 없었어요. 아니죠. 더 나가야 했어요. 더 넓히고 더 깊게 들어가야 했지요. 동서로 그리고 동서를 넘어 인류사의 공통근거로 말이죠. 푸코가 강조했던 '계보학(genealogy)'과 '고고학

(archaeology)'의 방법은 이런 방향으로 나가야 했던 것 아닐까요? 그것은 후학들에게 남겨진 일이었을 것인데, 아쉽게도 포스트모더니즘은 그런 방향으로 나가지 못했습니다. 저는 포스트모더니즘의 원래의 최선의 부분, 초기의 강점은 내장적 문명전환의 전망 안에서 비로소 충분히 발휘될 수 있다고 봅니다.

다시 본 줄거리로 돌아가보죠. 우리가 발견했던 '긴 유럽내전과 그 종식'이라는 드라마는 '동아시아 내장근대'와의 대비를 통해 그 줄거리를 드러낼 수 있었습니다. 〈형−류−세1−세2−형´〉가 그것이었지요. 그 다섯 단계를 탐색하면서 우리는 근대의 팽창성이 절대적 승리를 구가하는 순간에조차 근대의 내장성은 끊임없이 자신을 완성해가고 있었고, 결국 그 변증법은 팽창근대가 자신의 완성을 통해 자신을 종결하는 방식으로 전개되고 있었음을 볼 수 있었습니다.

〈형−류−세−형´〉의 흐름을 동아시아를 예시로 하여 풀어갔지만, 그 이야기는 결코 동아시아에 국한되는 것이 아니었지요. 서양근대와의 교직과 충돌을 시작부터 전제하였고, 그러한 흐름이 근대세계사 전체 흐름에 공통적으로 나타났다고 했습니다. 그리하여 근대세계사의 흐름을 초기근대, 서구주도근대, 후기근대의 세 단계로 일반화할 수 있었지요. 세 단계의 근대세계사에 대한 논의 전체를 지탱하는 이론적 뼈대는 우리가 꽤 오랜 시간 다듬어왔던 '근대성의 중층적 구성론(중층근대론)'과 '후기근대론'이었습니다. 5부 1론

20세기까지의 근대세계사는 대부분 단지 자본주의의 역사로만 서술되었고, 여기에 자본주의 대 사회주의의 대결의 역사를 그 하위범주로 다루었지요. 그러나 그런 시각에서는 후기근대의 진정한 의미를 전혀 파악할 수 없었습니다. 냉전 종식의 의미도 이해할 수 없었어요. 그 시

形

야에는 단지 사회주의가 끝났으니 이제는 영원한 자본주의만 남았다는 것밖에 없었습니다. 자본주의 옹호자들은 환호하고, 자본주의 비판자들은 절망했지요. 남은 것은 고삐풀린 카지노 자본주의의 광란과 방종뿐인 것 같았습니다. 그것 말고는 남은 게 없는 것 같았지요. 그러한 시야가 극히 좁았다는 것은 이제 분명해진 것 같습니다. 시야를 크게 열어줄 새로운 통합적 시각과 개념이 반드시 필요했습니다. 여기에 대해 우리는 우선 '팽창근대와 내장근대, 그리고 그 둘 사이의 변증법'이라는 해석틀을 제시했습니다.

그러나 '500년 유럽내전의 종식'만으로는 '새로운 발견'의 의미가 아직 완료되지 않습니다. 물론 '전 지구화한 3단계 유럽내전'이라는 시각이 그동안의 근대세계사를 전혀 새로운 각도에서 풀이할 수 있게 해주었습니다. 내장과 팽창의 변증법이 길을 안내했지요. '긴 유럽내전의 종식 이후의 시간'인 '후기근대'는 내장근대가 완성되는 시간이자, 전 지구적 내장문명을 열어가는 시간이었습니다. 단지 근대세계사 차원에서 초기근대가 후기근대로 상승적 회귀를 하고 있는 것만이 아니었습니다. '후기근대'는 인류진화사의 깊은 뿌리를 이루고 있는 내장성이 이제 승화된 문명적 형태로 되돌아오고 있는 시간이기도 함을 아울러 '발견'한 것이죠. 이것을 '내장적 문명전환'이라고 했습니다.

이러한 '두 겹의 발견'을 안내한 내장과 팽창의 두 렌즈는 이 책 서론의 첫 논의에서부터 근대세계사에만 국한되지 않았습니다. 인류문명사, 더 나아가 인류진화사 전반에서 그 존재가 확인되는 근원적 흐름으로 보았습니다. 그러나 서론에서 4부까지의 논의에서는 그러한 전제가 바탕에 깔렸을 뿐, 아직 전면에 나오지는 않았어요. 그러다 마지막 5부 '후기근대'에 관한 분석에서 비로소 전면화되었습니다. 내장 대

팽창의 대비가 인류사의 기원 깊숙이까지 투사될 수 있음이 여기서 밝혀졌습니다. 인류의 기원에 존재하는 '협동의 공동체'와 '적대의 공동체' 사이의 대비가 드러나고, 인류 진화사의 분석을 통해 후자가 아닌 전자가 인간이라는 종(種)의 더욱 본질적인 특성을 이룬다는 사실을 확인할 수 있었지요. 그 깊고 거대한 뿌리가 내장적 문명전환의 바탕에 있었습니다.

희망의 신호

남선생　'가로등 밖' 즉 모두가 그렇게 생각하는 '자명성'의 바깥으로, 어두움 속으로 나아간다는 것은 결코 쉬운 일이 아니었어요. 가로등 빛을 굳게 믿고 있는 사람들에게는 제 발로 어둠 속으로 걸어 들어가는 모습이 도무지 이해되지 않고, 더구나 그 안에서 무엇인가 찾았다고 하는 것도 잘 믿기지 않았을 것입니다. 그만큼 '자명성'의 힘은 강하게 의식을 지배해왔지요. 그러나 시간이 흘렀습니다. 이제 오늘날을 지난 시간과 비교해 보면, 우리의 그동안의 어둠 속에서의 발견에 대해 많은 사람들이 훨씬 넓게 수긍하고 공감하는 큰 변화를 볼 수 있습니다. 문자 그대로 '금석지감(今昔之感)'의 변화입니다. 그만큼 세계가 크게 변했습니다. '자명성' 자체가 크게 변한 것이죠. 이제 세계는 더 이상 칠흑 같은 어둠에 가로등 딱 하나만 켜져 있는 곳이 아닙니다. 동이 터오고 어둠에 가려져 있던 세계의 전모가 서서히 드러나고 있어요. 가로등의 역할은 어둠을 밝히자는 것이었지요. 이제 그 역할은 동 터오는 태양의 빛이 대신할 때가 되었습니다.

形

겉보기에는 팽창적 힘이 여전히 맹위를 떨치고 있는 것으로 보이지만, 내장적 대항력이 세계 도처에서 이미 거대한 힘으로 작용하고 있다는 사실을 다시금 강조하고 싶습니다. 내장적 힘이 팽창적 힘보다 우월하다는 것이 여러 차원에서 입증되고 있지요. 코로나19 팬데믹에 대한 대응방식의 차이에서도 그러한 차별성은 분명히 드러났습니다. 지구사회는 과연 이 위기에 어떻게 대응하였는가. 그 대응 양상도 크게 팽창형과 내장형으로 구분할 수 있습니다. 과연 어느 방식의 대응이 성공적이었고 희망을 주는 것이었는가.

팽창형이란 강자와 약자를 나누고 그 낙차를 이용해 대응하는 방식입니다. 미국의 트럼프 정부가 전형적으로 이런 방식으로 코로나 사태에 대응했지요. 부유한 계층은 건강도 좋고, 생활환경, 근무 조건도 쾌적해 감염 위험이 상대적으로 낮고, 혹시 감염된다고 하더라도 신속하게 고품질의 치료를 받을 수 있습니다. 따라서 감염되더라도 곧 회복할 수 있을 것이라는 자신이 있고, 격리나 치료 기간 받게 될 생활 곤란이나 생계의 위협도 거의 없습니다. 트럼프 정부의 코로나 대응 방침은 주로 이 계층의 정서를 대변하고 있습니다. 감염을 대단치 않은 일이라 하고, 과학적 데이터에 근거한 권고를 무시합니다.[144] 검사는 느슨하고 허술하며, 치료비는 비쌉니다. 그러나 가난한 계층은 모든 것이 정반대죠. 감염 확률이 높고, 감염되면 받게 될 건강과 생계의 타격이 막대합니다. 트럼프 정부의 대책을 보면 이러한 층의 희생을 감수하겠다는 전제가 깔려있음을 알 수 있습니다. **팬데믹 울타리치기(인클로저)죠. 너희(약자)의 희생을 통해서만 우리(강자)는 생존해간다는 맬서스(Malthus) 식의 정당화 논리[145]**가 바탕에 있습니다. 아주 전형적인 낙차논리, 팽창논리죠.

미국에서는 이러한 낙차 창출과 울타리치기가 특히 흑인층(African Americans[146])으로 집중됩니다. 감염자가 폭증하면서 특히 흑인층의 저항과 폭동이 격화되고 있는 것은 결코 우연한 일치가 아닙니다. 트럼프 정부는 이러한 인종 대결을 오히려 재선 전략으로 이용하는 모습입니다. 인종 카드로 다수이자 주류인 백인층을 결집시키려 하고 있죠. 바깥으로는 팬데믹의 원인을 중국으로 돌리면서 전형적인 '외부의 적대 창출' 전략을 쓰고 있습니다. '대수렴'[5부 2론]으로 바짝 접근해 오는 중국을 난폭하게 뿌리치고, 기존의 낙차를 유지하기 위해 '팬데믹 공포'를 '중국 혐오'로 바꿔치기하는 것이죠. 이번 팬데믹을 계기로 지난 트럼프 정부는 낙차 창출의 현란한 기술을 종합판 세트로 보여주었습니다.

이와 대비되는 내장형 대응의 예로는 한국을 들어도 무방하겠습니다. 해외에서도 널리 높은 평가를 받았으니까요. 한국 방역본부의 빠른 진단키트 개발과 효과적인 검사방식, 감염 루트 추적과 예방적 조치는 국내적으로 두터운 신뢰를 얻었고, 국제적으로도 높은 평가를 받았습니다. 예방, 검사, 치료에 차등이나 차별이 없었어요. 더욱 주목할 점은 시민들의 적극적이고 자발적인 참여에 있습니다. 마스크 쓰기나 사회적 거리두기에 적극적으로 동참하는 이유는 다만 자신을 보호하자는 것만이 아니었지요. 자신도 모르게 타인에게 감염할 위험을 방지하겠다는 것도 이유의 절반입니다. 확산 방지라는 공동의 목표를 놓고 모두가 자발적으로 협동하고 있는 것입니다. 사회가 감염으로부터 위협받고 있으니 힘을 모아 지켜야 한다는 생각이 깔려 있습니다.

한국의 방역 성공을 '전체주의적 감시사회' 또는 '유교적 순응주의'의 소산으로 낮춰보는 유럽발 시각이 한국 언론에 보도되기도 했지요.[5부 4론] 학자나 변호사 등 주로 지식인들의 견해였습니다.[147] 일부의 의견이겠지만, 유럽사회가 한국과 동아시아를 보는 시각의 편향성을 드러내고 있습니다. 한국인들의 자발적 참여와 협동 정신의 퀄러티(quality)에 대해 전혀 모르고 하는 엉뚱한 소리였어요. 메르스 사태 때의 대응실패에 대한 학습효과가 있었고, 2016~2017년 촛불혁명에서 높이 고양된 사회적 협력 의식, 민주적 참여 의식이 배경에 있습니다. 한국의 방역 성공에 대한 유럽발 사시(斜視)에는 동양과 아시아에 대한 뿌리 깊은 오리엔탈리즘이 끼어 있음을 부인할 수 없을 것입니다. '동양적 전제주의', '유교적 권위주의'와 같은 편견의 언어와 관념이 끼어 있어, 있는 그대로의 실제를 못 보게 하는 것이죠. 이런 분들은 동아시아에 대한 공부를 더 해야 합니다. 동아시아는 유럽보다 '민(民)의 수평화의 역사'가 오히려 더 깁니다. 유교는 그러한 민의 수평화에 적극적인 역할을 했지요.[1, 2부] 이분들은 그런 동아시아, 그런 유교를 몰라요. 인내와 희생을 감수한 자발적 참여와 사회적 협력을 통해 훌륭한 방역 효과를 낸 한국인들이 개인 자유만 강조하다 뒤늦게 도시 봉쇄와 비상조치를 남발했던 유럽인들보다 자유에 대한 의식이 낮았다고 할 수 있을까요? 어느 편이 개인에게 주어진 자유를 더 훌륭하게 행사했던 것일까요? 이후의 현실이 이미 판정을 해주었습니다. 결국 유럽을 비롯한 세계 많은 나라들이 한국의 코로나 대응 방식을 배우고 따라 하게 되었으니까요.

물론 유럽은 미국에 비하면 비교적 성공적으로 대응했던 셈입니다. 특히 내장적 전통이 강한 북구 국가들에서 유럽에서 가장 성공적인 방역이 이뤄졌다는 사실 역시 결코 우연한 일이 아니라고 봅니다. 사회적 협력이 상대적으로 강했습니다. 이 시각을 동아시아로 그대로 가져올 수 있지요. 한국만이 아니라 중국, 베트남, 대만 모두 성공적인 방역 국가이니까요. 일본의 경우도 정부의 대응에 문제가 있었지만, 시민의 협력 수준은 높았습니다. 모두가 유교 배경과 내장적 전통을 가진 나라들입니다. 활발한 사회적 협력은 동아시아 내장사회의 오랜 전통입니다. 그러한 특징이 이번 팬데믹 대응에서도 드러났던 것이죠.

물론 미국에도 자발적 협력의 강화를 통해 대응하려는 모습이 있었고, 한국에도 협력을 거부하는 세력이 있었어요. 어느 나라나 그랬습니다. 미리 정해진 정답이 없었으니까요. 방역 방법의 차이보다 더욱 우선적인 문제는 앞으로 잦아질 것으로 예상되는 팬데믹 자체를 조기에 대응하고 예방하는 전 지구적 협력 틀을 구축하는 일이겠지요. 더 나아가 화석에너지를 재생에너지로 바꾸고 무한성장과 무한소비 대신 생태공존적 가치체계, 생활양식으로 전환하는 문제가 훨씬 중요한 문제입니다. 재앙의 근원을 막는 일이니까요. 그렇지만 이번 팬데믹에 대응하는 서로 다른 모습 속에서 우리가 나갈 방향이 어느 쪽인지 분명히 알 수 있게 되었습니다. 자발성에 기초한 사회적 협력의 강화야말로 내장적 문명전환으로 가는 행동의 지침이라는 사실을 분명히 깨달았어요. 아울러 이번 일을 계기로 한국인들의 성숙한 대응의 배경에 있는 촛불혁명의 진정한 힘이 무엇이었는지를 다시 한번 생각해보게 되었습니다.

희망의 원리

북선생 코로나19 팬데믹은 분명 '지구선택'이 보낸 엄중한 신호였죠. 그 신호에 대응하는 방법으로 내장적 방식이 분명 더 우월하고 효과적이며 성공적이었다는 사실은 이미 판정이 난 사실입니다. 왜 성공했는가. '재난이 오면 상호의존과 협력을 강화한다'는 인간집단의 DNA와 맞아떨어졌기 때문입니다. 협동성의 강화는 인간과 인간 간의, 그리고 인간과 자연 간의 낙차를 줄여가는 내장의 원리입니다. 그 인류사적 출발은 보엠의 표현으로는 '숲속의 평등'이었습니다.[148] 인류의 탯줄에서 유래한 '뿌리의 민주주의'이자, 미래 인류사에도 지속적으로 발전해 나갈 '보편적 민주주의'의 싹이었죠. K방역의 승리는 협동성 원리의 승리이자, 촛불혁명으로 표출된 민주역량의 승리이기도 합니다. 한국사회가 어느덧 내장적 문명전환의 선두에 서게 되었음을 감지하게 됩니다.

우리는 그동안 9만리 장천(長天)을 나는 장자(莊子) 붕새의 날개를 타고, 단지 500년 동서 근대사만이 아니라 20만 년 인류사 전체를 관통하는 긴 시간여행을 했습니다. 그 긴 여행에서 발견했던 〈내장과 팽창의 변증법〉의 핵심 원리와 문명의 진로에 대해 이제 최종적으로 종합해볼 수 있는 시간에 다다른 것 같습니다. 누구든 하여야 할 일인데, 순서가 이렇게 되었으니 부족하지만 제가 그 숙제를 맡지 않을 수 없네요. 최대한 간명하게 하겠으니, 양해해주시기 바랍니다.

내장이란 수평의 원리고, 팽창이란 수직의 원리입니다. 수십만 년 전 인간집단은 특출한 언어능력과 협동능력에 기초한 사회적 수평원리를 확고하게 정착시켜 지구 생명권 진화의 가지에서 '두드러진 종(spicies)'으로 우뚝 설 수 있었습니다.[149] 진정 놀랍고 위대했던 이 획기적 변화는 영장류 학자들이 '알파수컷(alpha male)'이라 부르는 동물적 지배 개체의 존재를 호모사피엔스 집단 내에서 사라지게 했습니다. 이를 통해 인간은 인간이 되었습니다. 그렇듯 두드러지게 된 종(種)은 이후 수십만 년에 걸쳐 진화적 대성공을 거두었고, 그 결과 인류집단의 크기와 수는 크게 증가했습니다. 그런데 이러한 변화가 역설적이게도 수직원리의 힘이 점차 강화되는 조건으로 되었지요. 지금으로부터 1만 년 전 이래 인류사회에서 부족장-부족국가-고대국가의 순차적 등장이 그 과정을 보여줍니다. 그 과정은 전쟁 규모와 능력의 확대 과정이기도 했습니다. 수직원리는 잦아지는 전쟁을 통해 수평원리에 대한 우월성을 입증하면서 양자 관계에서 지배적인 힘으로 되어갔지요. 수평원리는 수직원리에 비해 상대적으로 위축돼갔습니다. 직각으로 교차하는 두 직선의 관계를 생각하면 되겠습니다. 수직선이 길어지면 그 비율만큼 수평선이 짧아집니다.

유라시아-아프리카의 여러 문명과 아메리카 아즈텍, 잉카 문명에서 하나같이 모두 수직원리가 지배적으로 되었습니다. 그렇다고 수평원리가 사라진 것은 아닙니다. 상대적 비중이 줄었을 뿐, 어느 곳에든 존속하고 있었습니다. 지역과 문명에 따라 두 힘 간의 상대적인 크기와 표현 형태가 조금씩 달랐을 뿐입니다. 동아시아, 남아시아의 경우, '붕새'와 '가루다'로 상징한 거대 계절풍과 몬순 현상이 수평원리의 안정적 보존에 유리한 조건을 이루고 있었습니다. 유교문명권에서는 수직원리의 표현일 수밖에 없는 초기국가 형성기의 원형적 군주신화가 특이하게도 수직적 지배원리를 스스로 부정하는 듯한 비폭력 군주(요순 성왕)의 모습으로 나타나기도 했습니다. 이러한 차이가 서세동점의 첫 단계에서 동서가 대면했을 때, 동양이 상대적으로 더욱 내장적인 모습으로 나타났던 이유입니다.

인류 역사상 수직원리의 힘이 가장 거대하게 성장했던 시간은 서양 팽창근대의 힘이 전 지구를 석권해간 지난 500년(16~20세기)입니다.

形

16~17세기의 유럽내전은 '적대적 외부화'를 통해 팽창에너지를 극대화했고, 그 에너지는 '대항해'의 바람을 타고 유럽 밖으로 퍼져나갔습니다. 이후 그 힘은 지구 식민화와 세계대전, 냉전체제를 경과하여 20세기 후반에 극한에 도달했지요. 이 500년을 팽창적 수직원리의 무단적 경직화만으로 보는 것은 일면적입니다. 수직원리 자체도 세계로 지배력을 확장하면서 팽창적 통합원리로 고도화되었습니다. 서구중심적이었음에 분명하였지만, 그럼에도 문명·과학·문화의 커다란 성장이 수반되기도 하였습니다. 피라미드의 꼭대기에 서양 팽창근대의 최선두 국가 몇이 포진하고 그 아래로 전 세계 국가군이 수직적으로 서열화되어 통합되었습니다. 신무기 개발과 군비경쟁을 통한 군사적 수직통합, 민족국가체제와 국제법 질서를 통한 정치적 수직통합, 무역과 금융 시스템을 통한 경제적 수직통합, 문명화론과 문화예술적 소프트파워를 통한 규범적 수직통합 등이 그렇습니다.

그러나 같은 기간 수평원리 역시 억눌림 속에서도 이를 이겨내고 꾸준히 성장하고 있었습니다. 수직적 통합원리의 힘을 내부로 흡수하여 내장적 통합력으로 변형하고 고도화했습니다. 그 과정이 우리가 추적했던 〈형-류-세-형´〉의 순환적 상승 운동이었습니다. 수평원리의 표현인 민주주의의 확산, 재생, 심화도 그 결과입니다. 그리하여 21세기 후기근대에 이르면, 일극적 수직체제 대신 다극적 균형체제가 들어서, 군사, 정치, 경제, 규범의 모든 영역에서 수직적 통합을 대체하는 수평적 통합이 빠르게 전개되기에 이르렀지요.

특히 주목할 현상은 후기근대에 이르러 수평적 통합원리가 자체의 힘으로 전방추진력을 고도화하고 있다는 사실입니다. 문명시대 5000년간 변화의 1차적 주동력은 주로 문명의 팽창적 동력 쪽에서 나왔다고 할 수 있습니다. 여기서 '변화'란 가치중립적인 표현입니다. '인클로 저', '세계정복', '세계대전'은 지극히 파괴적이지만, 어쨌든 커다란 변화를 일으켰음에 분명합니다. 반면 내장적 수평성은 대부분 팽창에너 지가 일으킨 파괴적 낙차와 파동을 수습하고 중화시키는 방향으로 작동했습니다. 이것이 피동적 의미의 수평성입니다. 외부 충격이 현상을 깨뜨리면 물의 수평 운동이 파동의 파고를 줄여가 다시 균형에 이르는 이미지와 비슷하지요. 그러나 수직원리의 팽창력이 극점을 지난 후 기근대에 이르면 그러한 과거의 주동-피동, 1차운동-2차운동의 관계가 더는 유효하지 않습니다. 팽창에너지는 서서히 한계에 이르러 이제는 현상 변화의 주동적 힘이 되지 못하고 있습니다. 수평에너지가 단지 2차적인 피동에너지만이라면, 이러한 수직적 낙차에너지의 고갈 현상은 반사적 수평운동의 힘 역시 약화시켜야 마땅할 것입니다. 그러나 놀랍게도 수평적 운동은 후기근대에 오히려 더욱 강화되고 있습니다.

수평적 동력이 시스템적 자기강화 메커니즘을 갖추게 되었기 때문입니다. 이를 내장적 밀도에너지의 재귀적(reflexive), 성찰적(reflective) 자기강화 작용이라고 했습니다.[5부 4론] 이를 혹자는 '개(個)의 강화 (empowerment of individual)'라고 하지만, 다(多)의 강화(empowerment of multitude)', 또는 '내장적 시스템의 자기강화(empowerment of inpansive system)'라고 하는 것이 더욱 온전하고 정확한 표현입니다. 이러한 현상은 수천년, 아니 수만년의 역사를 가진 팽창-내장, 수직-수평 운동의 성격과 관계에 근본적인 변화가 발생하고 있음을 보여줍니다. 이렇듯 이제 **제 발로 서게 된 내장적 재귀밀도, 성찰밀도의 자기강화적 추진력이야말로 내장적 문명전환을 확고하게 기약하는 희망의 원리라** 할 수 있겠습니다.

形

동선생　북선생은 총결론의 서두에서 단 몇 개의 수로 내장성의 거대한 인류사적 뿌리를 밝혀주더니, 이제 말미에서는 수직선과 수평선, 단 두 개의 직선을 가지고 내장적 문명전환을 확증하는 '희망의 원리'를 집약해주네요. 일자일구(一字一句)를 더할 게 없는 깔끔한 정리였습니다만, 저도 듣다가 자극된 바가 있어 '인류의 성찰적 자기동력'에 관해 끝으로 한마디만 보태겠습니다. 인류사의 기원에서 찾은 내장성의 뿌리는 초기 인간집단이 이룬 고도의 협력성이라 했지요. 그러한 고도의 협력성과 함께 초기 인류가 이루었던 '또 하나의 중요한 도약'에 관한 이야기입니다.

십여 년 전의 연구에서 우리는 그것을 '맹자의 땀'에 비유해본 적이 있습니다.[150] 숲 길가에 내버려져 험하게 훼손된 부모의 시신에 불현듯 봉착하게 되었을 때 너무나 당황하여 "이마에 땀이 흐르고 그 광경을 차마 똑바로 바라다보지 못했던(其顙有泚 睨而不視, 기상유차 예이불시)" '최초의 인간'에 관한 고찰이었습니다. 『맹자』의 한 구절[151]을 진화론적 시간으로 확장하여 풀이해보았던 대목입니다.

어버이의 참혹한 그 시신은 바로 그 자신이 숲속에 버려두고 떠났던 시신이었습니다. '맹자의 땀'이라는 특이한 생리적·심리적·정신적 현상이 생기기 이전의 수렵채집인들은 집단의 일원이 죽었을 때 잠시 뒤처리를 한 후, 숲속에 버려두고 새로운 사냥감을 따라 이동했을 것입니다. 그렇게 몇 달을 이동해 가다 먼 거리를 한 바퀴 돌아 그 자리를 우연히 다시 지나게 되었을 때, "여우·이리가 뜯어먹고 파리·모기가 빨아대어" 참혹하게 훼손된 어미의, 또는 아비의 그 시신을 맞닥뜨렸을 때, 그는 스스로 무어라 전혀 설명할 수 없는 엄청난 충격을 받게 되었던 것이죠. 그 순간 그가 봉착한 것은 단순히 참혹하게 훼손된 어미의, 아비의 몸뚱이, 시신만이 아니었습니다. '죽음'이라는 관념이 살아있는 그의 내부에 충격적인 '사건'으로 들이닥쳤습니다. 분명히 죽고 없는 그의 어미 또는 아비가 그의 의식 세계에 불쑥 출현했습니다.

그 순간 이전까지의 인류는 훼손된 혈육의 시신 앞에서 '순간적으로 이마에 땀이 주르륵 흐르고 눈동자를 어디에 두어야 할지 모를' 정도로 큰 충격을 받아본 적이 없었을 것입니다. 진화적으로 인류와 가장 가까운 오늘날의 어느 영장류도 그렇게 행동하지 않습니다. '맹자의 땀'을 흘리지 않습니다. 영장류의 그러한 모습과 크게 다르지 않았던 어느 단계로부터 인류는 '기상유차 예이불시'라는 이상한 반응을 보이며 '맹자의 땀'을 흘리는 특이한 존재로 진화했습니다. 아직 언어도 충분히 발달한 상태가 아니었을 것입니다. 따라서 그 충격적인 '최초의 순간' 자신에게 엄습한 그 감정을 무어라 충분히 설명할 길도 없었을 것입니다. 다만 온몸과 정신을 뒤흔드는 충격으로 들어왔습니다. 그래서 그 버려진 시신을 도저히 더 이상 방치할 수가 없게 되었던 것입니다. 그렇게 하지 않고서는 그 엄청난 충격을 어떻게 수습할 수가 없었던 것이죠. 그것은 인류에게 '전혀 새로운 사건'이었습니다. 그렇듯 특이한 땀을 흘리게 된 그 인간은 인류사 최초의 '인간'이 되었습니다. 인간이 비로소 인간이 된 것이지요. 오늘날의 인류 모두는 그 '최초의 인간'이 흘렸던 '맹자의 땀'을 유전적으로, 진화적으로, 우리의 몸과 마음 안에 공유하고 있습니다.[152]

물질적으로는 분명히 죽어 존재하지 않는 부모가 불쑥 이 시간, 이 공간에 그 '최초의 인간' 안으로 들어왔습니다. 설명할 수 없는 충격과 눈동자의 돌아감과 이마의 땀으로 말입니다. 그 사건을 통해 인류는 '시간 밖의 시간, 공간 밖의 공간'의 차원과 함께 살아가는 존재가 되

形

었습니다. 여기 이 시간, 이 공간에 없는, 돌아가신 부모, 혈육, 친구를 느끼며 살아가게 되었으니까요. 인류, 인간은 그렇듯 특이한 차원을 등에 무겁게 지고 있는 특이한 존재입니다. 지구상의 다른 어떤 생명체도 그렇듯 '시간 밖의 시간, 공간 밖의 공간'을 대면하고 무겁게 지고 있지 않습니다. '시간 밖의 시간, 공간 밖의 공간'과 함께 살아가게 되면서 인간은 과거와 미래를 현재와 연결할 수 있었고, 상징과 문화를 만들어 집단의 윤리적 기준을 세울 수 있었습니다. 이를 통해 우애와 협동의 수준은 질적으로 한 단계 높아졌습니다.

그러나 구석기 시대까지 그러한 '우애와 협동의 공동체'의 규모는 수렵채집 인간 단위의 한계 수인 150여 명('던바의 수'[153])을 넘지 못했습니다. 그 한계 수는 부족사회, 고대 농경사회, 고대 국가사회로 가면서 문화적으로 점차 확장되었지요. 상징, 신화, 문자의 공유를 통해 공유영역을 넓혔습니다. 그러나 부족과 종족과 민족과 국가를 넘어서 그 공유범위가 '인류'라는 차원에 최초로 도달했던 것은 '축의 시대'에 이르렀을 때였습니다. 아니, 인류를 넘어, 모든 생명과 존재 전체까지를 포괄하는 생멸의 거대한 흐름, 힘에 대한 깨달음이었지요.[5부 4론]

우리는 근대세계사가 후기근대에 이르러 전 지구적 차원에서 '내장적 문명전환'의 단계로 진행하고 있다고 하였고,[5부 1~3론] 그러한 대전환을 통해 '두 번째의 축의 시대'가 전개 중이라 하였습니다.[5부 4론] 인류의식, 생명의식, 존재의식의 새로운 고양의 시간입니다. 내장적 밀도에너지는 이제 장소의 제약을 넘어 내장적·비대면적 자유에너지로 진화하여 인류를 새롭게 연결하고 있습니다. 그 에너지는 시스템적 재귀(reflextion)에너지이자, 윤리적 성찰(reflection)에너지이기도 합니다. 북선생 말대로, 재귀와 성찰의 무한한 자기강화적 힘이 문명의 내장화를 더욱 가속하여 인류사를 완전히 새로운 단계로 진입시킬 날을 고대해보기로 합시다.

인류사에서 위대한 도약의 시간은 항상 동시에 거대한 위기의 시간이기도 했습니다. 첫 번째 축의 시대에는 고대 국가들 사이의 참혹한 전쟁이 인류를 위협하고 있었습니다. 지금 맞이하고 있는 '제2의 축의 시대' 역시 거대한 위기를 수반하고 있습니다. 그 거대한 위기들이 중첩하여 '지구선택'으로 나타나고 있습니다. 인류가 과연 당면한 기후위기와 환경재앙을 극복할 수 있을 것인지, 아니면 폭력과 욕망의 무한 질주 속에서 몰락할 것인지, 지구가 묻고 있습니다. 인류 존멸을 묻고 있는 '지구선택'의 엄중한 물음 앞에 겸허하게, 또한 용기있게 응답해 나설 때입니다. 우리는 '우애와 협동'을 전 인류의 차원에서 높게 고양하고, 내장문명을 전 지구적으로 완성해야 합니다.

'맹자의 땀'과 '축의 시대'가 말해주는 것은 인류에게는 시간의 제약 안에서 '시간 밖의 시간'을 보고, 공간의 제약 안에서 '공간 밖의 공간'을 느낄 수 있는 초월성과 창조성의 능력이 있다는 사실입니다. 한계와 제약에 직면하더라도, 어쩌면 바로 그러한 한계와 제약을 인고(忍苦)의 발판과 뜀틀로 삼아, 늘 그러한 한계와 제약을 넘고 돌파해왔던 것이 인류의 역사이기도 합니다. 이 논의에서 제기한 〈형(形)에서 형'(形)로〉의 메시지 역시 인류사에 대한 그러한 인식 위에서 포착할 수 있었던 것입니다. 형의 귀환은 근대사만이 아니라, 문명사, 인류사 차원의 귀환이 되고 있습니다. 그 귀환은 형'로의 상승입니다. **1이 2를 통해 더 높은 1로 올라가는, 하나가 더 높은 하나로 올라가는 운동입니다.** 바탕과 뿌리가 깊기에, 그리고 그동안 인류가 이뤄낸 능력과 비전의 고양이 있기에, 가능한 상승일 것입니다.

形

형에서 형'로의 귀환의 모습을 한 그 상승 운동을 우리는 '내장과 팽창의 변증법'이라 했습니다. 그 내장과 팽창의 변증법은 인류사 상승의 동력학(dynamics)이었습니다. 이제 그 '상승'은 나(일신, 가족, 민족, 국가, 인류)를 넘어서 또 다른 나(지구와 우주의 생명권[biosphere] 전체)에 이르는, 작은 나를 넘어서 큰 나에 이르는, 또 한 번의 새로운 상승이 되었습니다. 이 길은 이제 인류 자체의 존속을 위해서 결코 피해갈 수 없는 길이 되었습니다. 이것을 우리는 '인류가 엄중한 지구선택 앞에 서 있는 상황'이라 했지요. 이 길은 결코 피하고 거부해야만 하는 독배가 아닙니다. 정반대입니다. 회피해서는 안 되고, 회피할 수도 없습니다. 이 길을 정면으로 맞이하고 용기있게 헤쳐나가야 합니다. 그럼으로써 인류는 탄생 이래 아마도 가장 거대할 발걸음을 뗄 수 있게 될 것입니다.

이제 마무리할 시간입니다. 24회에 걸친 논의를 여기서 마치겠습니다. 그동안의 논의에서 더 파고 들어가지 못해서, 또는 미처 다루지 못해서 아쉬움이 남는 부분이 있을 것입니다. 그러나 결코 여기가 끝일 수는 없습니다. 우리가 시작한 논의를 많은 분들이 이어 부족함을 메우고 더욱 창조적인 방향으로 활짝 열어주실 것이라 믿어봅니다. 그동안 모두 수고 많으셨습니다. 감사합니다.

주석

서론

1 이 대목에서 하이데거(1998[1927])의 '거기-있음(Dasein, 현존재)', '세계-내-존재
(In-der-Welt-sein)' 등의 개념도 존재의 의미를 공간성과 시간성 속에서 탐구했음
을 상기할 수 있다. 또 하이데거의 영향을 받아 풍토와 문명, 삶의 감각을 연결하여
음미했던 동아시아인의 글로는 와쓰지(2018[1935])를 참조할 수 있겠다. 그러나 하이
데거(1998)에는 존재의 역사성·사회성에 대한 고찰이 부족하고, 와쓰지(2018)의 풍
토유형론은 일종의 지리결정론과 국민성풍토론으로 좁아지고 말았다는 문제점을 지
적해둔다.

2 이 책 탐색의 시선 주체가 한국(코리아), 한국인(코리안) 대신 동아시아로 된 것은, 동
아시아라는 단위에서 보았을 때 코리아에 대한 이해가 더욱 정확해질 수 있으며, 또
한 동아시아라는 단위를 통했을 때 코리아가 세계 전체와 연동되는 맥락도 보다 전체
적이고 동시에 더욱 구체적으로 파악할 수 있기 때문이다. 무엇보다 코리아의 역사적
형성, 코리아의 정체성 자체가 동아시아 역사라는 단위 안에서 형성되어왔다. 물론
이때의 '동아시아'는 '자국사에 갇힌 동아시아'가 아닌, 이 책이 '봉새'로 상징한 '하나
의 흐름으로서의 동아시아'를 말한다. 이에 관해서는 김상준(2015a) 서두에서 언급해
둔 바 있다.

3 Herodotus(2014).

4 그리스 원문에 가깝게 시적 운율을 살려 로버트 파글스(Robert Fagles)가 번역한 판본
Homer(1996)를 참고.

5 여러 연구 중 줄리앙(2015, 2009), 에임즈(2017) 등 참조.

6 Lattimore(1962).

7 Dunn and Kelly(1989).

8   오도릭(2012), Crowley(2015).
9   정수일(2012), 37~38쪽.
10 다이아몬드(1998).
11 Frank(1998).
12 Moore(2016).
13 Min(2018), Defoe(2008).
14 Chen(1949), 김용구(2018).
15 김용구(2018).

제1부 形

1   Weststeijn(2007), p.549.
2   하멜(2014), 34쪽.
3   Tilly(1992).
4   McNeill(1982).
5   Parker(1996), Roberts(1956).
6   김상준(2014a), 2장.
7   Maddison(2007), p.381.
8   김상준(2011a), 9장, 김상준(2011b), 5장과 5장 보론.
9   McNeill(1995), Frank(1998), Wong(1999), Pomeranz(2000), Arrighi(2007).
10 Frank(1998), 김상준(2007a, 2011a), Parker(2010), 마르크스(2014) 등.
11 이영훈 외(2019).
12 Harvey(2005), 클라인(2008), 사센(2016).
13 밀라노비치(2017). 이 책 5부 2론 참조.
14 Maddison(2006).
15 도쿠가와 이에야스가 창건한 막부여서 '도쿠가와 막부'라 하는데, 막부의 근거지가 에
    도(江戸, 오늘날의 도쿄)였기 때문에 '에도 막부'라고도 한다.
16 총생산 증가는 통상 생산성 증가를 수반하지만, 근대의 '경제성장'을 말할 때는 보통
    '총생산(GDP) 증가'를 대표 지표로 삼는다.
17 김상준(2017a).
18 이 주제에 관한 연구사에 대해서는 김상준(2011a), 306~318쪽과 김상준(2014a),
    14~25쪽 참조.
19 Israel(2001, 2006).
20 Israel(2001, 2006). 주겸지(2003[1940]), 클라크(2004[1997]), Weststeijn(2007),
    Min(2018) 등 참조.
21 Min(2018).
22 엄격히 말하면 Dasein이 하이데거의 신조어는 아니지만, 하이데거는 그 의미를 완전
    히 일신시켜 새로운 언어로 만들었다. 하이데거(1998) 참조.

23 Moore(2016).

24 초프라 · 탄지(2017).

25 케네(2014).

26 Pomeranz(2000).

27 하야미(2006).

28 김상준(2011a), 9장.

29 이러한 엄연한 사실에도 불구하고, 이철승(2021)은 한국과 동아시아의 불평등의 원인을 엉뚱하게도 '동아시아 벼농사 체제'에서 찾고 있다. 이 책의 논지 전개는 시종 혼란스럽다. 현재 한국에서 발생하는 모든 불평등 현상의 궁극적 원인이 벼농사 문화에서 비롯된다고 주장하는가 하면(코로나19 기간 생긴 소득격차는 재난 시기에 불평등을 심화시켰던 벼농사 체제 탓이다), 정반대로 벼농사 체제가 오늘날 한국이 거둔 여러 성공의 원인이라 한다(이번에는 K방역의 성공이 벼농사 문화 탓으로 된다). 한쪽에서는 벼농사가 협동과 질시(!)를 통해 평등화를 가져온다고 하다가, 다른 쪽에서는 국가나 지주의 지대추구로 인해 불평등을 가져온다고 한다. 숙성되지 못한 아이디어를 남발하는 느낌이다. 과거 '동아시아 벼농사 체제'의 국가 · 지주의 지대추구 수탈이 굳이 오늘날의 불평등 현상의 원인으로 소환돼야 할 만큼 심한 것이었다고 주장하면, (본서에서 논의했듯이) 누구보다 먼저 이철승이 논의하는 시대와 거의 동시대의 사람들인 17~18세기 유럽의 계몽주의자들이 전혀 동의하지 않았을 것이다. 그들은 동아시아(중국, 조선) 국가와 지주의 농민소득수취율(조세율)이 유럽보다 훨씬 낮았음을 잘 알고 있었다. 평등, 불평등 수준의 차이는 소농체제/봉건체제의 차이에서 비롯하지, 쌀농사/밀농사의 차이에서 기인하지 않는다. 그래서 봉건사회였던 일본은 쌀농사 사회였지만 농민소득수취율이 매우 높았다. '벼농사 체제'가 재난기에 불평등을 심화시켰다는 주장도 사실무근이다. 동아시아 소농체제는 재난기에 매우 안정된 구휼 체제를 운영하고 있었다(Will, 1991, 김상준, 2014a, 4장). 이 책의 '쌀 재난 국가' 발상은 '水力사회 동양전제주의'라는 과거 서구학계의 오리엔탈리즘적 편견을 그대로 답습하고 있다(이에 관한 비판은 김상준 2011a, 346~360쪽 참조). 이 책에서 그나마 일관된 주장으로서 반복되고 있는 논지는 벼농사=집단주의(동아시아 소농체제), 밀농사=개인주의(영미 프로테스탄트 시장 자유주의 체제)로 구분하고, 결국은 밀농사=개인주의 체제가 자유주의와 자본주의 · 복지국가의 결합으로 평등을 이루는 데 벼농사 체제보다 더욱 성공적이었음을 암시하는 대목들(217~225쪽 등 몇 곳)일 것이다. 이 주장은 겉으로 보면 당연한 일반 상식 같지만, 조금만 들여다봐도 근거가 매우 허약한 주장이다. 우선 〈쌀농사=집단주의, 밀농사=개인주의〉라는 도식부터가 역사적 사실과 전혀 다르다. 농민이 자기 땅을 경작했던 동아시아 소농체제의 농민들이 (비교해보자면) 오히려 더 개인주의적이었다고 할 수 있다. 초기근대까지 유럽 봉건 영지에서의 밀 경작은 소농 미작농업보다 훨씬 더 집단적이었다. 인클로저로 땅을 빼앗겨 도시로 축출된 유럽의 농민들, 즉 초기 노동자들의 문화 역시 단연코 집단주의적이었다. 유럽에서 일찍부터 사회주의운동이 강했던 이유는 노동자, 농민, 도시빈민 속에 집단주의가 강했다는 사실을 빼고는 설명하기 어렵다. 유럽의 개인주의는 18세기 중엽 이래 유럽 팽창의 효과를 누리기 시작한 도시 유산시민층으로부터 생겨난 지극

히 근대적 현상일 뿐이다. 결국 〈벼농사=집단주의, 밀농사=개인주의〉 도식은 서양에서 자본주의가 성공한 이후(18세기 후반 이후)의 시각을 과거로 투사한 착시에 불과하다. 그래서 서양의 과거는 일찍부터 성공과 영광이었고, 비서양의 과거는 일찍부터 실패와 좌절이었던 것으로 된다(김상준, 2007a, 본서 1부 1론). 그러나 이제 '후기근대'에 이르면 이러한 왕년의 금색 칠한 도식이 크게 흔들리고 있다. 현실이 크게 변하고 있기 때문이다. 과연 오늘날 대표적인 (구) '밀농사 체제' 나라이자 자유주의, 자본주의 국가인 영미가 한국, 동아시아보다 더욱 평등한가. 이철승은 자신의 주장이 오리엔탈리즘과 무관하다고 미리 변명해두고 있지만(158~163쪽), 동아시아의 역사와 문화를 보는 기본 시각과 방법은 서구중심 근대화론의 편견과 오류를 아직 벗어나지 못하고 있는 것으로 보인다.

30 마르크스(2014), 158쪽.
31 Will and Wong(1991).
32 Reid(1998).
33 최성환(2012), 229쪽.
34 킹(2006).
35 킹(2006), 9~10, 16쪽.
36 콰먼(2017).
37 호컨 외(2019).
38 노르베리-호지(2015).
39 브라운(2017).
40 동아시아 전통 소농사회의 자연관, 경작철학, 삶의 가치에 관해서는 쓰노(2003)를, 19세기 유럽에서 유럽과 미국의 '약탈농법'에 대한 비판적 논의에 대해서는 사이토(2020) 2부를 참고.
41 Beckwith(2009).
42 퍼듀(2012), 윤영인 외(2010), 바필드(2009).
43 세오(2006).
44 세오(2006), 74쪽.
45 Lattimore(1962), Di Cosmo(1999), Beckwith(2009), 퍼듀(2012), 스콧(2017).
46 Parker(1996), Roberts(1956).
47 나와 같으면 가깝고, 다르면 낯설게 여기는 것은 인지상정(人之常情)에 속하는 자연적 편견으로 이러한 태도를 인종주의라 하지는 않는다. 근대 유럽인이 비유럽인에 대해 갖게 된 인종주의란 그러한 자연적 편견과는 크게 다른 현상이다. 일부 유럽인들은 16~17세기에 조우한 아메리카와 사하라 이남 원주민들을 다른 인간종으로 간주하는 태도를 갖기 시작했다(1550년 라스 카사스-세풀베다 논쟁). 18~19세기에는 유럽의 일부 사이비(선무당) 계몽주의자들이 '과학'의 이름을 빌려 피부색과 신체적 차이를 인종의 서열적 종차의 근거로 주장하기 시작했다. 미셸 푸코가 계몽주의적 이성과 지식이 바로 권력으로 전환되는 모습을 많이 분석했는데, 이 당시 인종주의적 계몽주의자들의 인종 분류도 정확히 여기에 해당한다. '인간 이하'의 열등종 또는 '진화 단계가 뒤떨어져 있는 종족'으로 '과학적으로' 규정해놓으면, 이제 그들에게 어떤 비인간

봉새의 날개 문명의 진로

적 행위를 해도 정당화할 수 있기 때문이다. 또한 진화적으로 열등한 이들에 대한 식민지배는 유럽인에 부여된 '문명화의 사명'으로 정당화된다. 계몽의 이름으로 '적대의 외부화' 작업을 철저히 수행한 셈이다[나인호(2019), 키벅(2016) 등 참조]. 이러한 식의 인종 분류가 과학적 근거가 없는 헛소리에 불과하다는 것은 이미 현대 생물학이 입증해놓은 상식이다. 모든 인류는 진화적으로 한 뿌리에서 나온 하나의 종(species)이며, 소위 인종(race) 간 DNA 차이는 해당 인종 내의 변차보다 오히려 작다.

48 슈미트(2010).

49 모겐소(2014), 월츠(2000).

50 볼프(2019).

51 툴민(1997).

52 라블레의 『가르강튀아』와 『팡타그뤼엘』에 대한 탁월한 해석으로는 바흐찐(2001) 참고.

53 Israel(2001, 2006, 2011). 이후로도 연작이 이어지고 있으나, 이 첫 세 권의 책이 유럽 초기근대 내부의 차이를 가장 잘 드러내고 있다. 그가 이 연작의 최종작이라고 밝힌 Israel(2019)에서는 16세기의 '급진 르네상스'와 '급진 종교개혁' 흐름이 17세기 스피노자 등의 급진 계몽주의로 이어졌다고 한다.

54 엥겔스(1988).

55 Hill(1972).

56 Fukuyama(2011).

57 Elias(1994[초판, 1939]), 한글 번역본은 엘리아스(1996).

58 Wagner(1974).

59 김상준(2011a), 3장의 『서경』 요순편 분석 참조. 공맹 이전의 원시유교 사상의 흐름에 대해서는 김상준(2015c) 참조.

60 김상준(2014a), 4장.

61 Beckwith(2009).

62 Hsu(1965).

63 김상준(2011a), 3, 4, 10장 참조.

64 김상준(2011a), 2장.

65 김상준(2011a, 2014a).

66 갈퉁(2000).

67 김상준(2011a), 6장, 김상준(2014a), 3장.

68 민두기(1973).

69 김상준(2015b).

70 박훈(2015).

제2부 流

1 슈미트(1995).

2 김용구(2014), 41쪽.

3 박훈(2013).
4 요나하 준(2013).
5 이헌창(2010), 27~28쪽.
6 유용태 외(2010), 63~65쪽.
7 Frank(1999).
8 Pomeranz(2000).
9 Hay et al.(2011).
10 Wrigley(2010).
11 Allen(2009), 안종석(2014).
12 Pomeranz(2000).
13 Marx(1977), part 8.
14 Tilly(1992).
15 Garnett(1895), p.34의 도판.
16 슈미트(2010, 1995).
17 김상준(2014b).
18 Malanima(2009), Hayami and Tsubouchi(1990).
19 김상준(2011a), 8, 9장. 특히 391~396쪽 참조.
20 스펜스(2009), 김성찬(2009), 김창규(2017).
21 Hung(2008).
22 김상준(2017a, 2020a).
23 현대 한국 민주주의의 뿌리를 이러한 유교적 전통에서 찾는 대표적 연구로는 김상준(2011a, 2014a), 나종석(2017)을 들 수 있다.
24 유영익(1998), 권희영(2001).
25 김상준(2005a, 2011a, 2014a).
26 판 파레이스(2020) 참조.
27 김상준(2011b), 5장 보론, 결론.
28 김상준(2008), 김상준(2011b), 5장, 김상준(2020a).
29 김상준(2005a), 김상준(2011a), 12장.
30 킨(2017), 2장.
31 김상준(2014a), 1, 2장, 김상준(2014b), 1장, 김상준(2015c).
32 보엠(2017).
33 마넹(2004), 왕샤오광(2010).
34 이노우에(2014).
35 나카츠카(2014), 나카츠카·이노우에·박맹수(2014), 하라(2014), 이태진(2000).
36 박맹수(2014).
37 김상준(2005a).
38 황석영·이재의·전용호(2017).
39 최정운(1999).
40 황정아(2020), 34쪽.

41 김상준(2011a), 12, 13장.
42 Wang(2003).
43 그러나 찰스 비어드(2009)에 따르면 독립전쟁 이후 들어선 미국 헌정체제는 귀족적 · 엘리트적 요소가 강하게 가미된 공화제였다. 토머스 페인 등이 주창했던 공화제의 래디컬한 민주주의적 성격이 크게 희석되었던 것이다.
44 김상준(2014a), 73쪽.
45 나카츠카(2014), 나카츠카 · 이노우에 · 박맹수(2014), 하라(2014).

제3부 勢1

1 폴라니(2009[1944]), Carr(1946).
2 1894년 동학농민혁명군과 일본군과의 전쟁, 1907~1910년 조선 의병과 일본군과의 전쟁을 조선 말기의 '1, 2차 조일전쟁'으로 명명하는 연구자들이 늘어가고 있다. 이 책 3부 4론 동학농민혁명 부분 논의와 나카츠카 아키라(2002), 나카츠카 아키라 · 이우에 가쓰오 · 박맹수(2014) 참조.
3 서경식 · 다카하시(2019).
4 이상의 두 글은 다카하시(2000), 142, 143쪽에서 재인용. 원래 출처는 藤岡信勝 · 濤川榮太, 『歷史の本音』(1997), 234쪽, 西尾幹二 · 藤岡信勝, 『國民の油斷』(1996), 236쪽.
5 아오키(2017).
6 마루야마(2007).
7 2019년 4월 9일, 일본 정부는 1만 엔권의 인물을 2021년까지 후쿠자와 유키치에서 메이지 시대 경제인이었던 시부사와 에이이치로 바꾸는 계획을 발표했다.(이후 2024년으로 연기했음.) 시부사와 에이이치는 일본의 해외침략에 반대했던 인물이었다는 점에서 환영할 만한 일이다.
8 이상 인용은 야스카와(2011), 352~419쪽의 '후쿠자와 유키치의 아시아인식의 궤적'에서 저자가 인용해 놓은 색인에 따름. 이하 후쿠자와 인용도 마찬가지임.
9 나카노(2005).
10 마루야마(2007), 제1강.
11 오지영(1979), 박은식(2008), 이돈화(1979), 조경달(2008), 박맹수(2014), 황태연(2017).
12 Ferguson(2002), Crowley(2015).
13 일례로 박훈(2014)의 견해가 그렇다. 미야지마(2015)에 따르면, 박훈의 그러한 견해는 메이지 말기와 다이쇼 시대에 활동했던 일본 언론인 니시무라 텐슈의 입장을 소생시킨 것이라고 한다. 나종석(2017), 259쪽 참조. 그렇다면 니시무라 텐슈는 일본 유교가 서양근대 도입의 촉매가 되었음을 주장한 것인데, 그런 입장을 소생시킨 박훈은 유교와 근대의 연관을 한사코 부정하려 한다. 나종석(상동)은 이러한 논리의 자충성에 대해서도 지적하고 있다. 물론, 박훈에게 보다 우선적인 문제는 동아시아 내장근대에 대한 인식 자체가 존재하지 않는다는 점에 있다. 따라서 막부 자강파가 내장적

근대파라는 인식 역시 존재할 수 없다. 이 문제는 박훈만이 아니라 이 시대를 다루는 일본 사학계 주류의 맹점 지대로 보인다.

14 Mosse(1978), 나인호(2019).

15 슈미트(1995), 256쪽.

16 키신저(1979), 브레진스키(2000).

17 Mahan(1987[1890]).

18 Mackinder(1942[1919]).

19 반하트(2016).

20 김경일(2011).

21 이시와라(2015), 46~47쪽.

22 『맹자』, 「양혜왕 下」, 3장.

23 아감벤(2008).

24 나카츠카(2014), 나카츠카·이노우에·박맹수(2014), 하라(2014).

25 김산·웨일즈(1993).

26 윤선자(2015).

27 시베리아의 현지 발음은 '시비리'임.

28 브로델(1995~1997).

29 그런 입장을 볼 수 있는 여러 글 중 하나로, 마르크스(1990[1853]) 참조.

30 Ferguson(2002).

31 Mackinder(1904).

32 김동기(2020).

33 김동기(2020), 키신저(1979).

34 다나카(2002), 야마무로(2010), 하토야마(2019).

35 김동기(2020).

36 Mackinder(1904), p.437.

37 19세기 말 서양 세계에 유행했던 '황화' 이데올로기에 대한 분석으로는 키벅(2016), 나인호(2019) 참조.

38 나리타(2011), 마쓰오(2012).

39 그린월드(2014).

40 맥코이(2019), 4, 5장.

41 마쓰모토(2010).

제4부 勢2

1 슈미트(1995).

2 *The New English Bible*(Oxford, Cambridge University Press, 1970), p.264.

3 나카노(2005).

4 야마무로(2010).

봉새의 날개 문명의 진로

5   Mearsheimer(2014).
6   카를 마르크스가 『자본』에서 말한 primitive accumulation을 말한다. 보통 '원시적 축적'이라 번역해왔지만, '원시'란 역사 이전을 말하여 적합지 않다. 이후 '시초(始初)축적'이라 옮긴다.
7   원톄쥔(2013), 11쪽.
8   히가시(2018).
9   상동, 71쪽.
10 김상준(2017c).
11 션즈화(2014).
12 Cummings(1981), 박명림(1999), 와다(1999).
13 Weathersby(1995), 토르쿠노프(2003), Armstrong(2013).
14 이완범(2013).
15 정병준(2006).
16 「Syngman Rhee→Robert T. Oliver(1949.9.30.), 국사편찬위원회(1996), 『대한민국사료집[이승만관계서한자료집(1949~1950)』 29집, 158~159쪽. 정병준(2006), 245~248쪽.
17 션즈화(2014).
18 김상준(2017c, 2018, 2019).
19 김상준(2013d).
20 아감벤(2008).
21 해방 이후 국가에 의해 사회 전 계층을 대상으로 자행되었던 국가폭력, 불법체포, 고문, 피살, 수감, 실종 등에 대한 보고서와 저술은 대단히 많다. 이 중 실증 자료에 근거하여 사태의 실상과 구조를 잘 분석한 책으로는 김동춘(2013a, 2013b, 2013c) 참조.
22 2002년 대통령 직속 의문사진상규명위원회 조사 기록.
23 Hobsbawm(1994).
24 Piketty(2014).
25 야마무로(2010).
26 존슨(2003), 31쪽, Johnson(1982).
27 Winchester(2015), ch.2.
28 Arrighi(2007).
29 스미스(1992).
30 김상준(2011b).
31 소로스(1998), 스티글리츠(2002, 2010, 2008), 칼레츠키(2010), 브린욜프슨 · 맥아피(2014).
32 케넌(2012), 340~355쪽.
33 케넌(2012), 357쪽.
34 오버도퍼(2002), 463, 475쪽.
35 언론 보도 일부만 들어보면, '태극기 집회 지나가는 여고생 뺨 때려'(《연합뉴스》 2017.4.2.), "'빨갱이다' 태극기 집회서 깃봉으로 집단 폭행한 참가자 벌금형'(《중앙일

보》2019.2.6.) 등 참고.

36 이영훈 외(2019).

37 오버도퍼(2002), 정세현(2013).

38 이삼성(2018).

39 김상준(2017c).

40 프로이트(1997), 28~30쪽.

41 김상준(2018, 2019).

42 1991~1992년의 「남북기본합의서」의 법제화 역시 마찬가지였다.

43 김상준(2020b).

제5부 形

1 Hegel(1967), 13.

2 다이아몬드(2019), 맥코이(2019), 볼드윈(2019) 등.

3 김상준(2013a).

4 Kim(2000), 김상준(2003, 2007a, 2011a).

5 GDP는 2030년쯤 중국이 미국을 앞설 것으로 예상되고 있다.

6 NIC(2012), iv.

7 그 발상은 널리 알려진 『역사의 연구』 연작(총12권)으로 표현되었다(Toynbee, 1934–1961). 서머빌에 의한 1~6권 축약본 번역(토인비, 2007)이 있다. 『서구의 몰락』은 최근의 한글번역본인 슈펭글러(2008) 참조.

8 Parker(2010), Arrighi(2007), 김상준(2007a), Pomeranz(2000), Wong(1999), Frank(1998) 등

9 김상준(2007, 2011, 2014a).

10 김상준(2017a).

11 〈그림 5–3〉에서 y축을 표시하지 않은 것은, y축의 시작점을 나타내려면 인류문명, 인류사의 시원으로 아주 멀리 거슬러 올라가야 하기 때문이다. 아직 이 단계에서 이 문제까지 함께 논의할 수는 없다. 5부 4~5론에 이르러 비로소 분명해진다. 그러나 이 부분 설명을 통해서도 y축의 의미(문명과 인구의 부피)는 분명히 밝혔다.

12 막스 베버류의 근대성=합리화 정당화에 대한 비판으로는 호르크하이머(2006), 아도르노·호르크하이머(2001)와 김상준(2011, 52~55쪽) 등 참조.

13 '중층근대성 이론'에 대한 더 깊이 있는 이론적 설명은 김상준(2007a, 2011a: 1장, 2014a: 1장, 부록1, 2015d) 참조.

14 Hobsbawm(1994): 288, 259–260.

15 Piketty(2014): 26.

16 Piketty(2014): 291.

17 김상준(2014b).

18 Fukuyama(1992).

봉새의 날개 문명의 진로

19 김상준(2014a, 2015).

20 세퍼(2009), 볼(2004).

21 Harvey(2005), Kipnis(2007), Rofel(2007), Petras and Veltmeyer(2011) 등.

22 김상준(2014b), 2장.

23 농촌, 농업, 농민을 말한다. 원테쥔(2013).

24 밀라노비치(2017).

25 스티글리츠(2008, 2010), 칼레츠키(2010).

26 프리고진(1997).

27 이는 자기생산경제, 생태경제, 비물질 경제, 위키경제, 리눅스경제, 무료경제, 타인을 위한 경제 등을 포괄하는 개념이다. 이들은 많은 부분 중복되지만, 굳이 강조점에 따라 나누어 보면, 공유경제 · 위키경제 · 리툭스경제 · 무료경제에 대해서는 서로위키(2004), 탭스코트/윌리엄스(2007), 서키(2008), Rowe(2013), 리프킨(2012, 2014)을, 비물질경제는 들뢰즈/네그리 외(2005)를, 자기생산경제, 생태경제는 Gorz(1989), 고르(2008)를, 타자를 위한 경제는 깁슨-그레이엄 외(2014) 등을 참고할 수 있다.

28 Schumacher(1973). 물론 그 방향이 일방적인 것은 아니다. 순환적이라고 할 수 있다. 예를 들어 간디의 스와데시 사상은 영국의 길드사회주의의 영향을 받았다. MacLaughlin(1974) 참조. 물론 그 이전에 힌두 고유의 자치(self-rule) 전통이 간디에게 배어있었던 것이기도 하다.

29 *CHINDIA Plus* 51호(2010) '강화되는 중국환경정책' 특집호 논문들과 Chen(2016).

30 *United Nations Global Trends in Renewable Energy Investment 2016*에 따르면, 2015년 재생에너지 국가별 순위는 중국(199 gigawatts), 미국(122), 독일(92), 일본(43), 인도(36) 순이다. 세계전체 생산량이 785 기가와트이니, 4분의 1 이상을 중국에서 생산하고 있는 것이다. (https://www.weforum.org/agenda/2016/06/china-green-energy-superpower-charts/)

31 전력생산을 석탄에 크게 의존해온 중국은 이를 줄이면서 탄소배출량이 상대적으로 적은 원자력발전을 증가시켰다. 그러나 이 방법의 정당성에 대해서는 많은 비판이 있다. 원자력 역시 중대한 비가역적 환경문제를 발생시키기 때문이다.

32 마 티안지(2020), 148쪽.

33 토마스(2014), 김상준(2014a) 223-224쪽.

34 그린월드(2014).

35 덴마크, 캐나다, 등에서 시작되어 네덜란드, 중국, 아일랜드 등으로 널리 확산되고 있는 다양한 유형의 시민의회(citizens' assembly)에 대해서는 Fung/Wright 외(2003), 김상준(2007b, 2011c, 2014a), 오현철(2010), 판 레이부라우크(2016)를, 브라질(포르투알레그리), 인디아(케랄라) 등에서 시작되어 세계적으로 널리 확산된 시민참여예산제도에 대해서는 앞서 Fung/Wright 외(2003)와 함께, Heller 외(2007), Fishkin 외(2010), 김상준(2014a) 등 참조.

36 여기서 언급한 기본소득제도는 van Parijs(1992), Mckay(2001), 최광은(2011), 반스(2016) 등에 의해 제기된 전면적 제도화로서의 기본소득의 제안뿐 아니라. 이미 많은 나라들에서 시행된 바 있는 인구 일부에 대한 현급지급제도나 또는 한시적인 전국민

현금지급 제도까지를 포함한 기본소득을 말한다. 후기근대 기본소득 논의를 이끌어온 판 파레이스(2020) 역시 최근 이런 각도에서 기본소득제도를 폭넓게 논의하고 있다.

37 김상준(2008).

38 폴라니(1983), 김상준(2011a), 8장.

39 소로스(1998), 스티글리츠(2002, 2008, 2010), 칼레츠키(2010), 브린욜프슨 · 맥아피 (2014).

40 한국에서 이러한 변화에 대한 여러 연구 중 김동춘(2006), 정이환(2013), 이원재 (2020) 참조.

41 최근 신작에서 피케티(2020)는 이를 '신소유주의'라고 부르고 있다.

42 클라인(2008), 15쪽.

43 2020년 미국 대선에서 드러난 선거 개표 시스템의 놀라운 낙후성도 미국에서의 근 50 년 공공인프라 투자의 미비가 드러낸 결과의 하나였다. 그 충격은 이미 2000년 앨 고 어와 조시 부시의 대선 과정에서도 드러났던 바 있다.

44 이원재(2020).

45 한국의 경우 이러한 현상은 1997년 IMF사태 이후 급속하게 진행되었다. 1987년 민주 화가 이룬 평등화 추세를 IMF가 선봉이 되어 강제한 신자유주의적 경제재편과 구조 조정이 꺾었던 것이다(〈그림 5-7〉 '부러진 민주화, 부러진 평등화' 부분 논의 참조). 그러나 최근 이철승(2019)은 그렇듯 결정적이었던 구조적 원인들은 거의 다루지 않 은 채, 같은 기간 한국에서 불평등 심화의 원인을 엉뚱하게 '386세대'에 돌리는 데 논 의를 집중하고 있다. 그의 주요 논거는 2010년대의 50대(60년대생)는 그 십년, 이십 년 전의 50대(50년대, 40년대생)보다 경제적, 정치적으로 더욱 우월한 위치에 있다는 통계치를 제시하는 것이다. 통계는 흥미롭지만, 이를 근거로 IMF 사태 이후 한국의 불평등 심화의 원인이 '386세대'에 있다고 주장하는 것은, 낙엽 때문에 겨울이 왔다는 식의 빗나간 〈인과 추리 오류〉다. 겨울 온 것을 낙엽 탓으로 돌리면, 겨울이 오는 진 짜 원인이 감춰진다. 그렇듯 빗나간 추론에 더하여, 한국 불평등 현상의 '보다 근원적 인 원인'으로 (이번에는 더욱 엉뚱하게) '동아시아 벼농사 문화'를 지목하는 데로 나가 고 있는데(이철승, 2019, 2021), 이는 기본사실조차 제대로 인식하지 못한 더욱 심각 한 오류다(이에 관해서는 1부 2론의 주석 29번 참조). '386세대'라는 말 자체가 사회과 학적 개념으로 지극히 모호한 것이지만, 그 연원과 그동안의 용례를 보면 1987년 이 후 민주화 · 평등화 추세에 반대하는 세력이 만들어서 적극적으로 유포했던 용어임을 알 수 있다. 그럼에도 굳이 '386세대'라는 말을 쓰겠다면, 최소한 그 안에는 클라인이 말하는 신자유주의적 '쇼크요법'에 적극 호응하여 변화를 주도했던 층이 있고, 피동적 으로 '대세'에 묻어간 층도 있으며, 소극적 또는 적극적으로 저항했던 층도 존재했음 을 구분할 수 있어야 할 것이다. 사회과학 연구에서 '세대'는 귀속 계급, 자산, 소득, 성별, 학력, 지역, 국적, 정치적 성향 등 여러 기준으로 내부 구분하여 분석하는 것이 기본이다. 이런 방향으로 충실히 나갔다면 이철승의 세대론은 보다 설득력 있는 논의 를 펼칠 수 있었을 것이다. 그러나 내부 구분에 대한 불충분한 논의 위에 '386세대'라 는 모호한 덩어리를 무리하게 개념화 · 변수화할 뿐 아니라, 이를 불평등 심화의 원인 으로 지목하는 '오버'를 거듭하고 있다. 원인 지목이 틀려있으니, (386세대의 '제2의

봉새의 날개 문명의 진로

희생' 요구에 집중하는) 출구제시 역시 과녁에서 크게 벗어날 수밖에 없다. 신자유주의가 낳은 불평등 심화에 대한 본서의 종합적 원인분석과 출구 제시는 본 5부의 논의 전체에서 충분히 개진되고 있으니 참고할 수 있을 것이다. 아울러 이철승의 연구와 비슷한 시기에 출간되었지만, 분석 시각과 출구 제시 방향에서 큰 차이를 보이는 피케티(2020)의 불평등 연구 역시 비교하여 참고할 수 있겠다.

46 사센(2016), 18~19쪽.
47 밀라노비치(2017), 28쪽.
48 Piketti(2014), 피케티(2020).
49 밀라노비치(2017), 167쪽.
50 볼드윈(2019).
51 볼드윈(2019), 104쪽.
52 볼드윈(2019), 3장.
53 프리드먼(2006).
54 리프킨(2012).
55 Frankopan(2018), Khanna(2019), Drache, Kingsmith and Qi(2019).
56 리프킨(2020).
57 『맹자』, 「양혜왕」.
58 Khanna(2019), 이희철(2012).
59 베이컨(2002), 해밀턴(2018).
60 조천호(2019).
61 워드 · 브라운리(2006), 라이너스(2014), 브레넌(2019).
62 Dyer(2010), 벨처(2010).
63 Wallace-Wells(2019), Afterword to the paperback edition.
64 스피박 외(2013).
65 Hegel(1956), Introduction.
66 Meadows(1972), 메도즈(2012).
67 조남주(2016), 김원형(2018), 김지혜(2019).
68 Rizzolati et. al.(1996), Boehm(1999, 2012), Haidt(2001), 야코보니(2009), De Waal(2009, 2013), 김상준(2007c, 2009a, 1장, 2009b, 2011a, 2장), 리프킨(2010) 등.
69 리프킨(2012, 2020).
70 김은중(2013), 100쪽에서 재인용.
71 마 티안지(2020).
72 리프킨(2020), 242~243쪽.
73 《교수신문》 2016.08.16.
74 서보명(2017).
75 국제시민기구인 기후행동추적(CAT, Climate Action Track)은 탄소배출량, 배출량 증감상태, 기후변화대응지수, 석탄발전소 의존도 등의 자료에 의거해 기후협정 준수에 특히 비협조적인 국가들을 '기후악당(climate villian)' 국가로 지목하여 발표해왔는데, 한국은 늘 최상위권 '기후악당' 국가로 지목되어 왔다.

76 호건(2019).
77 이 분야의 선구적인 연구로는 Rizzolatti et.al.(1996), Haidt(2001), Boehm(1999, 2012), De Waal(1996, 2009) 등을 들 수 있다.
78 De Waal(2013), 43.
79 Ghiselin(1974), 247, De Waal(2013), 39.
80 De Waal(2013), 41~42.
81 베니어스(2019).
82 《교수신문》 2016.08.16.
83 호건 외(2019), '식량'과 '미래에너지' 파트.
84 볼레벤(2016), 베니어스(2019).
85 조지 프라이스(George Price)의 사례는 리들리(2001), 33~34쪽 참조.
86 김상준(2004).
87 최근 유전자 생물학에서는 '후성유전학(epigenetics)' 분야가 이러한 현상을 정교하게 분석하고 있다. 이 분야의 최근 성과를 쉽게 풀이한 책으로 프랜시스(2013) 참조.
88 UN, DESA, Population division, *World Population Prospects 2019*.
89 세계은행, 한국은행, 중앙일보 2019.10.25.
90 콰먼(2017), 데이비스 외(2020).
91 공공의료병원의 부족, 이에 따른 공공의료 근무 의사와 간호사, 임상(臨床) 수의 부족을 말한다. 아울러 이번 코로나 방역 방침의 행정 편의주의적 시행의 결과 큰 타격을 받았던 각종 시설 거류 및 지원 노인, 장애인, 노숙인에 대한 대처 방식의 문제점에 대해서도 꼼꼼히 되짚어봐야 한다.
92 그린월드(2014).
93 Johnson(2009), Graeber(2011), p.311에서 재인용.
94 코로나19 사태 이후 미국 슈퍼 리치 467명의 재산이 7318억 달러 증가했다(2020. 8. 18, 《한겨레신문》). 2008년과 마찬가지로 미국 연방은행이 뿌린 헬리콥터 머니가 다시 한번 슈퍼 부자들 호주머니로 몰리고 있음을 말해준다. 특히 최상위권의 제프 베이조스(아마존 최고경영자)와 일론 머스크(테슬라 최고경영자)의 도약이 눈에 띈다(2020. 11. 24, 《조선비즈》). 재난에 임하여 낙차가 오히려 더욱 증폭하는 팽창형 사회의 특징이 여실히 나타나고 있다.
95 '기본소득'에 대한 종합적 논의로는 판 파레이스(2020) 참조.
96 화폐와 재정에 관한 기존 이론의 한계를 밝히고 새로운 종합을 제시한 연구로는 레이(2017), 토튼(2013), 잉햄(2011), Graeber(2011) 등 참고. 특히 '주권화폐(sovereign money)'의 적정한 운용이 양극화의 완화, 그리고 민간은행의 신용(화폐) 남발로 인한 경제위기의 예방에 유효하다는 지적에 주목할 필요가 있다.
97 리프킨(2020).
98 솔닛(2012).
99 최정운(1999), 황석영·이재의·전용호(2012).
100 Will and Wong(1991), 김상준(2014a, 4장).
101 살린스(2012), 보엠(2017).

102 클라이스토세(the Pleicetocene) 말기 인류에 의한 '과잉살육(overkill)', '근시간 멸종(near-time extinction)' 이론의 내력에 대한 알기쉬운 소개는 브레넌(2019), 7장 참고.

103 글라스트르(2002).

104 핑커(2012).

105 Weber(1958).

106 Elias(1994).

107 박식했던 엘리아스는 중국에서 오랜 고대로부터 매우 일찍 '폭력성에 대한 민감성'이 증가하는 '문명화과정'이 진행되었을 수도 있다는 암시를, 극히 짧은 언급이지만, 몇 군데 남긴 바 있다. Elias(1994), p. 99, 103, 533. 그러나 그 이상 이 주제를 천착하지 않았다.

108 이렇듯 문제적인 휘그 사관을 묘하게도 유교의 이름으로 되풀이하는 입장이 최근 출현한 듯하다(황태연, 2021). 이 입장은 "전 세계에서 오로지 11개 극서 제국(미국, 영국, 프랑스, 독일, 오스트리아, 이탈리아, 네덜란드, 벨기에, 덴마크, 스웨덴, 스위스)과 6개 극동 제국(한국, 중국, 일본, 대만, 월남, 싱가포르)만이 근대화"에 성공했다고 하는데, 그 이유는 이들 17개국만이 일찍이 '유교화'되었기 때문이라 한다(상동, 17~18쪽). 이 책 1부 1론에서 비판한 '서구화=근대화' 공식을 '유교화=근대화'로 대체하려 한다. 그러면서 이 '17개국' 외의 국가들은 모두 "전근대적, 비근대적, 저(低)근대적 정체상태", "기형적 혼잡상태" 또는 "반근대적, 반서구적 대결의식"에 빠져 있을 뿐이라고 비하적 표현으로 가볍게 일축한다(상동, 7쪽, 18쪽). 이 입장이 누차 강조하는 (유교문명의 서구문명에 대한) '문명적 열등감 극복'은 '서구중심주의' 대신 '유교중심주의'를 내세우는 방식으로는 결코 이룰 수 없을 것이다. 과거 서구중심주의가 그랬던 것처럼, '유교중심주의'도 반드시 강한, 그리고 정당한 비판을 부를 수밖에 없다. 이 입장은 중층근대론(김상준, 2007a, 2011a, 2014a, 2014b 등)의 서구중심 근대성론에 대한 비판과 분석틀, 논의 영역과 언어를 상당 부분 빌려와 활용하면서도, 그 틀이 담고 있는 핵심 내용과 지향에 대해서는 철저히 함구한다. 중층근대론은 여하한 특정문명 중심주의에 대해서도 반대했다. 중층근대론의 사상적·이론적 바탕은 인류사의 진화적 공통성, 축의 시대(Axial Age)에 나타난 세계윤리·세계종교의 다원적 보편성에 대한 인식에 있다. **인류적 공통기반에 대한 확신이 있어야 특정문명 중심주의에서 벗어날 수 있고, 특정문명 중심주의에서 벗어나야 문명적 우월감이나 열등감에서 비로소 풀려난다.** 중층근대론이 동아시아와 유교 이전에 인류공통적 기반을 강조했던 이유가 여기에 있다. 이 입장이 '극서 11국의 유교화'의 근거로 삼고 있는, 이들 11개 유럽 국가에서의 (17~18세기) "근대적 계몽기획은 **모조리** 공맹철학과 이 철학을 구현한 극동의 평등주의·관용주의·평화주의의 유교문화로부터 유래한 것"이라는 주장도 무리하다(상동, 1096쪽 외 곳곳, 강조는 인용자). 유럽의 초기근대가 동아시아 유교문명·내장문명의 영향을 받았다는 것은 이 책에서도 논한 바 있고(1부 2론 외 여러 곳), 이제는 동서 학계에서도 상당히 넓게 인정되고 있는 사실이다. 그러나 그 영향은 제한적이었다. 500년 서양근대의 지배적·주도적 특징이 줄곧 팽창적이었다는 명백한 사실이 이를 의문의 여지없이 입증해준다. 이 입장은 부분적 영향을 무리하게 전체화, 일반화한다. 문제를 전체적으로 보기 위한 새로운 시각이 필요하다.

이 책이 제기한 〈내장근대와 팽창근대의 변증법〉도 그중 하나일 것이다. 유교가 유럽 초기 근대에 미친 영향을 밝히는 작업은 중요하다(많은 선행 연구가 있다). 그러나 과유불급(過猶不及)이 되어 자승자박하게 될까 우려한다. 힘들게 수행해온 작업의 신뢰성과 정당성을 스스로 허물 수 있기 때문이다.

109 Pinker(2018).

110 다이아몬드(2019), 2장.

111 살베르그(2016), 파르타넨(2017) 참조.

112 경쟁과 시장에 대한 유사한 입장으로는 보울스(2020), 린드블룸(2009), 히로후미(2008) 등 참조.

113 피케티(2020)는 그러한 사회적 환원을 '사회적 일시소유와 자본순환'이라 부르며, 제도화 방법으로 두터운 누진적 소유세, 소득세, 상속세를 강조하고 있다. 역사상의 성공적 '농지개혁'들을 그러한 사회적 환원의 탁월한 예로 들고 있는 것도 흥미롭다(1947~1950년간 일본과 한국의 농지개혁을 '대성공'이라고 부르고 있는데[617쪽]. 비슷한 시기에 이뤄진 북한, 중국, 대만의 농지개혁 사례도 포함돼야 한다), 과거 유교체제에서 개혁론은 항상 농지개혁을 중심으로 이뤄졌고, 농지개혁론의 모범은 항상 맹자가 언급했던 정전제(井田制)였다. 정전제란 땅이 모든 것이었던 농업사회에서 사회적 환원을 이상적으로 제도화한 것이었다.

114 Rawls(1971). 첫 번째는 '평등한 자유의 원칙'이다.

115 카우프만(2002), 바라바시(2002). '온라인 비대면 밀도증강'을 체험하면서 이제 우리는, 이 책 초반부 形의 단계에서 내장성의 특징을 '풍선 불기'로 소박하게 설명했던 것(이 책 151~153쪽)을, 이제 形'(형 다시)의 단계에 이르러 획기적으로 한 단계 높여 새롭게 풀이할 수 있다. 내장성의 특징을 '디지털 스페이스의 무한 확장'에 비유하여 풀이하는 것이 더욱 적절하고 이해하기 쉽게 된 것이다. 디지털 IT 시대의 비대면 밀도증강 현상은 '풍선 불기'와 같은 분자(molecule) 수준에서의 밀도증강의 물리적 한계를 질적으로 훌쩍 뛰어넘는다. 이것은 전자(electron), 양자(quantum) 수준의 초밀도 운동에 의해 가능하다. 디지털 밀도 공간에서는 콩 하나 크기의 작은 틈 속에서도 실로 '무한'에 근접하는 양자적 공간 창출, 밀도 창출의 가능성이 열린다. 그렇듯 놀라운 밀도 창출의 동력은 디지털 소통자들(communicators)의 수평적 자가확장, 자기증강 에너지다. 지극히 내장적인 성격의 동력이 아닐 수 없다. 이로써 디지털 IT 시대의 내장적 밀도성은 '풍선 불기'와 같은 분자적 공간의 물리적 한계를 질적으로, 근본적으로 넘어설 수 있는 획기적 발판을 마련했다

116 서재영 · 박미현(2019).

117 김종철(2019), 1부.

118 영(2020).

119 Hobsbawm(1994).

120 샌델(2020), 163쪽.

121 샌델(2020), 162쪽.

122 피케티(2020), 샌델(2020).

123 『능력주의』의 출간 50여 년 후, 영국 노동당을 노동자 정당에서 고학력자 정당으로 탈

바꿈하는 데 앞장선 토니 블레어가 수상이 되어 '영국을 완전히 능력주의 사회로 바꾸자'고 주장하고 나서자, 마이클 영은 '능력주의를 타도하자'는 글을 발표해서 토니 블레어를 정면으로 반박했다.("Down with Meritocracy", *Guardian*, 2001. 6. 9)

124 피케티(2020).

125 피케티(2020), 10장.

126 김상준(2004b, 2007c, 2009a, 1, 2장, 2장 보론).

127 슈마허(2002).

128 커즈와일(2007), 하라리(2017).

129 전설적인 SF 작가 아이작 아시모프의 「200살을 산 남자」(같은 제목으로 영화화되기도 했음)에서 미래의 로봇은 끊임없이 자기 개량을 해서 점점 인간에 가까워지는데, 200세가 되어 스스로 죽음을 선택한다. 로봇이 진짜 인간이 되어보니, 무한정 산다는 것이 '인간'으로서 감당할 수 있는 일이 아니라는 사실을 깨닫게 되었기 때문이다.

130 뤼미네(2007), 액젤(2002).

131 김상준(2011a), 104쪽, Jaspers(1953), Eisenstadt(1986), Bellah(2011) 참조.

132 호모 속('호모 에렉투스')은 250만~200만년 사이 아프리카에서 처음 출현하였고 그 일부가 대략 150여 만 년 전부터 아시아 방향으로 진출한 것으로 추정된다. 구대륙 비 아프리카 지역으로 퍼진 호모 속의 유전자가 이후 아프리카로부터 다시 들어온 호모 사피엔스의 유전자와 섞였는지의 여부와, 섞였다면 어느 정도 섞였는지에 대해서는 인류학, 고고학, 생물학계에서 논쟁 중인 사안이다. 섞였으되, 그 비율은 높지 않다는 '부분 대체' 가설이 현재까지의 다수 견해다. 릴리스포드(2003), 3장, 웰스(2007), 이상희(2015) 참조.

133 윌슨(2013), 3장.

134 랭엄(2011).

135 윌슨(2013), 웨이드(2009).

136 토마셀로(2016, 2018).

137 Boehm(1999), 토마셀로(상동).

138 스콧(2019), 48쪽.

139 스콧(2019), 233쪽.

140 Boehm(1999, 2012).

141 스콧(2019), 고진(2012, 제1부).

142 Boehm(1999, 2011), 윌슨(2013).

143 Foucault(1988[1961], 1979[1975], 1990[1976]), Goffman(1963, 1976), 김상준(2011b, 73~74쪽, 2014a, 210~213쪽).

144 2020.10월 코로나19 확진 판정을 받고 사흘 만에 퇴원한 후 '별 거 아니다'고 큰소리 쳤던 트럼프 대통령의 태도는 여기서 분석했던 미국 부유층의 심리와 정확히 맞아 떨어진다.

145 인구는 기하급수적으로 증가하나 식량은 산술급수적으로 증가하기 때문에 주기적인 기아와 전쟁을 통한 인구의 감소를 통해서 인류의 적정 수는 균형을 유지해간다는 주장. 영국 고전경제학의 창시자 중 하나인 로버트 맬서스에 의해 1826년 주창되었다.

맬서스는 영국 팽창근대사상의 대표적 이데올로그의 한 사람이라 할 수 있다. 맬서스 (2011) 참고.

146 미국에서는 '아프리카계 미국인(African Americans)'을 '흑인(black)'이라 부르면 '인종 차별적 용어'로 규제를 받는다. 그만큼 인종차별 문제가 민감하다. 그러나 한국어의 관행에서는 아직 '흑인'을 대체하는 다른 용어가 존재하지 않기 때문에 어쩔 수 없이 이 용어를 쓴다.

147 당시 일간지의 많은 관련 기사 중 몇 개만 추려보면, 「"밀고로 돈 버는 한국은 개인의 자유 최악의 나라" 佛변호사 기고 파문」, 《조선일보》 2020.4.11.; 「한국 방역성공은 유교문화 덕?」, 《연합통신》 2020.5.15; 「기 소르망, "한국, 코로나 방역에 최고 성과 … 유교문화 영향 심한 감시사회 때문"」, 《동아일보》 2020.4.30. 등이 있다. 또 하나 흥미로운 점은 한국방역 성공에 대한 몰이해, 그리고 서구의 방역실패의 원인에 대한 잘못된 분석에 상당수의 유럽 좌파나 포스트모던 계열의 지식인들이 가담하고 있다는 사실이다. 어설프게 이해된 '생명정치(biopolitics)'와 '예외상태' 담론을 들고나와 팬데믹 대응 자체를 문제시하는 아감벤 등 일부 포스트모던 계열 철학자들의 인식은 충격적이다(Agamben, 2020). 이 문제를 지적하는 글로 지젝(2020), 황정아(2020) 등 참조. 팬데믹에 대한 대응방식을 구분해 볼 수 있다는 인식 자체가 없다. 다만 팬데믹에 대한 국가의 대응 자체를 문제시한다. 팽창근대의 전 지구적 한계상황에서 출구모색이 어떤 방향으로 이뤄져야 하는지에 대한 시야가 보이지 않는다. 푸코의 '생명정치' 담론에 대한 서구 내부에서의 보다 균형 잡힌 견해에 대해서는 우선 네그리 · 하트 (2014)를 참고할 수 있겠고, 카를 슈미트의 예외상태−비상사태 담론에 대한 아감벤의 혼란스런 인식에 대해서는 본서 전반에서 제시한 슈미트와 홉스의 예외상태 담론 분석이 해독제가 될 수 있을 것이다.

148 Boehm(1999).

149 토마셀로(2016, 2018).

150 김상준(2011a), 2장.

151 『맹자』, 「등문공 상(滕文公 上)」.

152 상세한 논의는 김상준(2011a), 94~102쪽 참조.

153 진화심리학자 로빈 던바(2018)는 대면적 관계를 통해 친밀한 지식과 감정을 교환할 수 있는 개인들의 한계수를 150여 명이라 한다. 이 '수'는 구석기 수렵채집 단계의 사회가 허용할 수 있는 인간 개체수의 한계에서 비롯된 것이다.

봉새의 날개 문명의 진로

참고문헌

갈퉁, 요한, 2000, 강종일 옮김, 『평화적 수단에 의한 평화』, 들녘.

고르, 앙드레, 2008, 임희근 · 정혜용 옮김, 『에콜로지카』, 생각의 나무.

고진, 가라타니, 2012, 조영일 옮김, 『세계사의 구조』, 도서출판b.

권희영, 2001, 『한국 근대사의 근대성 연구』, 백산서당.

그린월드, 글렌, 2014, 박수민 · 박산호 옮김, 『더 이상 숨을 곳이 없다: 스노든, NSA, 그리고 감시국가』, 모던타임스.

김경일, 2011, 『제국의 시대와 동아시아 연대』, 창비.

김동기, 2020, 『지정학의 힘: 시파워와 랜드파워의 세계사』, 아카넷.

김동춘, 2006, 『(1997년 이후) 한국사회의 성찰: 기업사회로의 변환과 과제』, 도서출판 길.

_____, 2013a, 『이것은 기억과의 전쟁이다』, 사계절.

_____, 2013b, 『대한민국 잔혹사』, 한겨레출판.

_____, 2013c, 『전쟁정치: 한국정치의 메커니즘과 국가폭력』, 도서출판 길.

김산 · 님 웨일즈, 1993, 조우화 옮김, 『아리랑』, 동녘.

김상준, 2001, 「온 나라가 양반되기: 조선후기 유교적 평등화 메커니즘」, 『2001년 한국사회학회 전기 사회학대회 발표 논문집』.

_____, 2003, 「조선 후기 사회와 '유교적 근대성' 문제」, 《대동문화연구》 42.

_____, 2004a, 「부르디외, 콜만, 퍼트남의 사회적 자본개념 비판」, 《한국사회학》 38(6).

_____, 2004b, 「한 청록별에 대한 명상—보편적 규범원리는 존재가능한가」, 《사회와 이론》 5.

_____, 2005a, 「대중유교로서의 동학」, 《사회와 역사》 68.

_____, 2005b, 「제2입법부 '시민의회' 도입을 통한 현행 헌정 체제 보완」, 『함께하는 시민행

동 연속기획 헌법 다시보기 제7회 자료집」.

_____, 2007a, 「중층근대성: 대안적 근대성 이론의 개요」, 《한국사회학》 41(4).

_____, 2007b, 「헌법과 시민의회」, 《동향과 전망》 67.

_____, 2007c, 「성찰성과 윤리」, 《사회와 이론》 10.

_____, 2008, 「중간경제론: 대안적 경제의 논리와 영역」, 《경제와 사회》 80:140~164.

_____, 2009a, 『미지의 민주주의(초판)』, 아카넷.

_____, 2009b, 「주자와 스피노자는 왜 비슷한가?」, 《정신문화연구》 32(3): 385~415.

_____, 2010, 「옮긴이 해제, 후기」, 오로빈도 고슈, 2010, 김상준 옮김, 『유쾌한 감옥』, 사회
평론.

_____, 2011a, 『맹자의 땀 성왕의 피』, 아카넷.

_____, 2011b, 『미지의 민주주의(증보판)』, 아카넷.

_____, 2013a, 「동아시아 역사적 근대의 조감, 서(序)」, 『2013년 이론사회학회 하계학술대
회 자료집』.

_____, 2013b, 「유교의 정치적 무의식」, 《다산학》 22: 193~227.

_____, 2013c, 「오로빌의 대안경제」, 『행복과 21세기 공동체』, 아카넷.

_____, 2013d, 「DMZ와 평화」, 『예술, 평화를 열치다』, 경희대 현대미술연구소 학술세미나
자료집.

_____, 2014a, 『유교의 정치적 무의식』, 글항아리.

_____, 2014b, 『진화하는 민주주의: 아시아 라틴아메리카 이슬람 민주주의 현장읽기』, 문
학동네.

_____, 2015a, 「동아시아 근대의 고유한 위상과 특징」, 《사회와 이론》 26.

_____, 2015b, 「다산은 유교철학과 유교국가를 어떻게 재구성하려 했는가」, 《국학연구》
25(4).

_____, 2015c, 「유교윤리의 기원과 보편성: '아버지 살해'와 '억압된 것의 회귀'」, 《사회사상
과 문화》 18(4).

_____, 2015d, 「신성한 천구 바깥으로: 중층근대론과 유교의 정치적 무의식에 관한 의문에
답함」, 《사회와 역사》 107.

_____, 2016a, 「'다른 근대'와 주희 주권론의 현재성」, 《한국사상문화연구》 66.

_____, 2016b, 「실학은 하나인가, 여럿인가, 아니면 애초에 없었던 것인가」, 《한국실학학
회》 32.

_____, 2017a, 「후기근대의 2중운동과 한국사회」, 《한국사회학》 51(1).

_____, 2017b, 「시민정치 헌법화의 경로와 방법: 시민의회를 중심으로」, 《법과사회》 54.

_____, 2017c, 「2016~2017년 촛불혁명의 역사적 위상과 목표: '독재의 순환고리 끊기'와
'한반도 양국체제 정립'」, 《사회와 이론》 31.

_____, 2018, 「코리아 양국체제: 한 민족 두 국가 공존을 통해 평화적 통일로 가는 길」, 《한

국사회학》52(4).

_____, 2019, 『코리아 양국체제: 촛불을 평화적 혁명으로 완성하는 길』, 아카넷.

_____, 2020a, 「동학농민혁명과 '동아시아 內張 근대'의 비전」, 《원불교사상과 종교문화》 83.

_____, 2020b, 「얇은 평화인가, 두터운 평화인가: 남북정상합의의 국회 비준동의에 대해」, 국민대 중국인문사회연구소 세미나 발표문(2020.11.19.).

김성찬, 2009, 『태평천국사의 신연구』, 인제대학교 출판부.

김용구, 2014. 『만국공법』, 소화.

_____, 2018. 『러시아의 만주·한반도 정책사, 17~19세기』, 푸른역사.

김은중, 2013, 「발전 담론과 수막 카우사이(Sumak Kawsay)」, 《중남미연구》32(2).

김종철, 2019, 『근대문명에서 생태문명으로』, 녹색평론사.

김창규, 2017, 「대동적 근대성과 혁명 전통」, 《중국사연구》107.

깁슨-그레이엄, J.K.·제니 캐머런·스티븐 힐리, 2014, 황성원 옮김, 『타자를 위한 경제는 있다: 타자들과 공존하기 위한 경제 탈환 프로젝트』, 동녘.

끌라스트르, 피에르, 2002, 변지현·이종영 옮김, 『폭력의 고고학』, 울력.

나리타 류이치, 2011, 이규수 옮김, 『다이쇼 데모크라시』, 어문학사.

나인호, 2019, 『증오하는 인간의 탄생 인종주의는 역사를 어떻게 해석해왔는가』, 역사비평 사.

나종석, 2017, 『대동민주 유학과 21세기 철학』, 도서출판b.

나카노 도시오, 2005, 서민교·정애영 옮김, 『오쓰카 히사오와 마루야마 마사오: 일본의 총 력전 체제와 전후 민주주의 사상』, 삼인.

나카츠카 아키라, 2014, 박맹수 옮김, 『1894년, 경복궁을 점령하라』, 푸른역사.

나카츠카 아키라·이노우에 가쓰오·박맹수, 2014, 한혜인 옮김, 『동학농민전쟁과 일본』, 모시는 사람들.

네그리, 안토니오·마이클 하트, 2001, 윤수종 옮김, 『제국』, 이학사.

_____, 2014, 정남영·윤영관 옮김, 『공통체』, 사월의책.

노르베리 호지, 헬레나, 2015, 양희승 옮김, 『오래된 미래: 라다크로부터 배우다』, 중앙북 스.

다나카 아키라, 2002, 강진아 옮김, 『소일본주의: 일본의 근대를 다시 읽는다』, 소화.

다이아몬드, 재레드, 1998, 김진준 옮김, 『총균쇠』, 문학사상.

_____, 2019, 강주헌 옮김, 『대변동』, 김영사.

다카요시 마쓰오, 2012, 오석철 옮김, 『다이쇼 데모크라시』, 소명.

다카하시 데쓰야, 2000, 이규수 옮김, 『일본의 전후 책임을 묻는다: 기억의 정치, 망각의 윤 리』, 역사비평사.

다케우치 요시미, 2004, 서광덕·백지운 옮김, 「방법으로서의 아시아」, 『일본과 아시아』, 소명출판.

던바, 로빈, 2018, 김정희 옮김, 『던바의 수: 진화심리학이 밝히는 관계의 메커니즘』, 아르테.

데이비스, 마이크 외, 2020, 『코로나19, 자본주의 모순이 낳은 재난』, 책갈피.

들뢰즈, 질·안토니오 네그리 외, 2005, 자율평론번역모임 공역, 『비물질노동과 다중』, 갈무리.

라이너스, 마크, 2014, 이한중 역, 『6도의 멸종』, 세종서적.

랑시에르, 자크, 2011, 허경 옮김, 『민주주의는 왜 증오의 대상인가』, 인간사랑.

래드, 조지, 2017, 이승구 옮김, 『조지 래드의 종말론 강의』, 이레서원.

랭엄, 리처드, 2011, 조현욱 옮김, 『요리본능: 불 요리 그리고 진화』, 사이언스북스.

랭햄, 리처드·데일 피터슨, 1999, 이명희 옮김, 『악마 같은 남성』, 사이언스북스.

레이, 랜덜, 2017, 홍기빈 옮김, 『균형재정론은 틀렸다: 화폐의 비밀과 현대화폐이론』, 책담.

뤼미네, 장 피에르·마르크 라시에즈 레이, 2007, 이세진 옮김, 『무한: 우주의 신비와 한계』, 해나무.

리들리, 매트, 2001, 신좌섭 옮김, 『이타적 유전자』, 사이언스북스.

리프킨, 제러미, 2020, 안진환 옮김, 『글로벌 그린 뉴딜』, 민음사.

_____, 2014, 안진환 옮김, 『한계비용 제로 사회: 사물인터넷과 공유경제의 부상』, 민음사.

_____, 2012, 안진환 옮김, 『3차 산업혁명: 수평적 권력은 에너지, 경제, 그리고 세계를 어떻게 바꾸는가』, 민음사.

_____, 2010, 이경남 옮김, 『공감의 시대』, 민음사.

린드블룸, 찰스, 2009, 한상석 옮김, 『시장체제』, 후마니타스.

릴리스포드, 존, 2003, 이경식 옮김, 『유전자 인류학』, Human & Books.

마넹, 버나드, 2004, 『선거는 민주적인가』, 곽준혁 옮김, 후마니타스.

마루야마 마사오, 2007, 김석근 옮김, 『『문명론의 개략』을 읽는다』, 문학동네.

마르크스, 로버트, 2014, 윤영호 옮김, 『어떻게 세계는 서양이 주도하게 되었는가: 세계 경제를 장악했던 동양은 어떻게 불과 2백 년 사이에 서양에게 역전당했는가』, 사이.

마르크스, 칼, 1990[1853], 「영국의 인도 지배에 대한 장차의 결과」, 장 세노 외, 1990, 유승희·김윤호 옮김, 『마르크스와 아시아』, 소나무.

마쓰모토 겐이치, 2010, 정선태·오석철 옮김, 『기타 잇키─천황과 대결한 카리스마』, 교양인.

마 티안지, 2020, 「중국은 얼마나 생태적인가」, 《녹색평론》 170호.

맬서스, 로버트, 2011, 이서행 옮김, 『인구론』, 동서문화사.

메도즈, 도넬라, 데니스 메도즈, 요르겐 랜더스, 2012, 김병순 옮김, 『성장의 한계(30주년 기념 개정판)』, 갈라파고스.

메츠거, 토머스, 2014, 나성 옮김, 『곤경의 탈피』, 민음사.

맥코이, 앨프리드, 2019, 홍지영 옮김, 『대전환』, 사계절.

모건, 루이스, 2005, 최달곤, 정동호 옮김, 『고대사회』, 문화문고.

모겐소, 한스, 2014, 이호재, 엄태암 옮김, 『국가 간의 정치』, 김영사.

미야지마 히로시, 2015, 「'유교적 근대론'과 한국과 일본의 역사적 위치」, 배항섭 엮음, 『동
아시아는 몇 시인가』, 너머북스.

민두기, 1973, 『중국근대사연구』, 일조각.

밀라노비치, 브랑코, 2017, 서정아 옮김, 『왜 우리는 불평등해졌는가』, 21세기북스.

바라바시, 알버트-라즐로, 2002, 『링크: 21세기를 지배하는 네트워크 과학』, 동아시아.

바필드, 토마스, 2009, 윤영인 옮김, 『위태로운 변경』, 동북아역사재단.

바흐찐, 미하일, 2001, 이덕형 · 최건영 옮김, 『프랑수아 라블레의 작품과 중세 및 르네상스
의 민중문화』, 아카넷.

박맹수, 2014, 『생명의 눈으로 보는 동학』, 모시는 사람들.

박명림, 1996, 『한국전쟁의 발발과 기원』 Ⅰ, Ⅱ, 나남.

박은식, 2008, 『한국독립운동지혈사』, 소명출판.

박훈, 2014, 『메이지유신은 어떻게 가능했는가』, 민음사.

_____, 2015, 「막말유신기 정치변혁과 봉건 · 군현론」, 《일본역사연구》 42.

반스, 피터, 2016, 위대선 옮김, 『시민배당』, 갈마바람.

반하트, 마이클, 2016, 박성진 · 이완범 옮김, 『일본의 총력전』, 한국학중앙연구원출판부.

베니어스, 재닌, 2019, 『호혜』, 폴 호컨 외, 이현수 옮김, 『플랜드로다운』, 글항아리.

베이컨, 프랜시스, 2002, 김종갑 옮김, 『새로운 아틀란티스』, 에코리브르.

벤야민, 발터, 2008, 최성만 옮김, 「폭력비판을 위하여」, 『발터 벤야민 선집』 5, 도서출판 길.

벨처, 하랄트, 2010, 윤종석 옮김, 『기후전쟁: 기후변화가 불러온 사회문화적 결과들』, 영림
카디널.

보엠, 크리스토퍼, 2017, 김성동 옮김, 『숲속의 평등』, 토러스북.

보울스, 새무얼, 2020, 박용진 외 옮김, 『도덕경제학: 왜 경제적 인센티브는 선한 시민을 대
체할 수 없는가』, 흐름출판.

볼, 필립, 2004, 이덕환 옮김, 『물리학으로 보는 사회: 임계 질량에서 이어지는 사건들』,
까치.

볼드윈, 리처드, 2019, 엄창호 옮김, 『그레이트 컨버전스』, 세종연구원.

볼레벤, 페터, 장혜경 옮김, 2016, 『나무수업』, 위즈덤하우스.

볼프, 크리스티안, 2019, 이동희 옮김, 『중국인의 실천철학에 대한 연설』, 도서출판 길.

브라운, 에즈비, 2017, 정보희 옮김, 『만족을 알다: 녹색삶을 실천한 일도 에도시대로 떠나
는 시간여행』, 달팽이출판.

브레넌, 피터, 2019, 김미선 옮김, 『대멸종 연대기』, 흐름출판.

브레진스키, 즈비그뉴, 2000, 김명섭 옮김, 『거대한 체스판: 21세기 미국의 세계 전략과 유라시아』, 삼인.

브로델, 페르낭, 1995~1997, 주경철 옮김, 『물질문명과 자본주의』 I, II, III, 까치.

브린욜프슨, 에릭·앤드루 맥아피, 2014, 이한음 옮김, 『제2의 기계시대』, 청림출판.

비어드, 찰스, 2009, 장재열, 정성일 옮김, 『미국 헌법의 경제적 해석』, 커뮤니케이션북스.

사센, 사스키야, 2016, 박슬라 옮김, 『축출자본주의』, 글항아리.

사이토 고헤이, 2020, 추선영 옮김, 『마르크스의 생태사회주의: 자본, 자연, 미완의 정치경제학 비판』, 두 번째 테제.

살린스, 마셜, 2014, 박충환 옮김, 『석기시대 경제학』, 한울.

살베리, 파시, 2016, 이은진 옮김, 『핀란드의 끝없는 도전』, 푸른솔.

샌델, 마이클, 2020, 『공정하다는 착각』, 와이즈베리.

서경식·다카하시 데쓰야, 2019, 한승동 옮김, 『책임에 대하여』, 돌베개.

서로위키, 제임스, 2004, 홍대윤·이창근 옮김, 『대중의 지혜』, 랜덤하우스.

서보명, 2017, 『미국의 묵시록』, 아카넷.

서재영·박미현, 2019, 『한국의 SNS 부자들』, 더블북.

서키, 클레이, 2008, 송연석 옮김, 『끌리고 쏠리고 들끓다』, 갤리온.

세오 다츠히코, 2006, 최재영 옮김, 『장안은 어떻게 세계의 수도가 되었나』, 황금가지.

션즈화, 2014, 김동길 옮김, 『조선전쟁의 재탐구』, 선인.

셰퍼, 마틴, 2009, 사회급변현상연구소 옮김, 『급변의 과학』, 궁리.

소로스, 조지, 1998, 형선호 옮김, 『세계자본주의의 위기: 열린사회를 향하여』, 김영사.

솔닛, 레베카, 2012, 정해영 옮김, 『이 폐허를 응시하라』, 펜타그램.

슈미트, 칼, 1995, 최재훈 옮김, 『대지의 노모스—유럽공법의 국제법』, 민음사.

_____. 2010, 김항 옮김, 『정치신학』, 그린비.

슈밥, 클라우스, 2016, 송경진 옮김, 『제4차산업혁명』, 새로운 현재.

슈펭글러, 오스발트, 2008, 양해림 옮김, 『서구의 몰락』, 책세상.

스미스, 애덤, 1992, 김수행 옮김, 『국부론 상/하』, 동아출판사.

스콧, 제임스, 2019, 전경훈 옮김, 『농경의 배신』, 책과함께.

스티글리츠, 조지프, 2010, 박형준 옮김, 『스티글리츠 보고서: 세계 경제의 대안을 말하다』, 동녘.

_____. 2008, 홍민경 옮김, 『인간의 얼굴을 한 세계화』, 21세기북스.

_____. 2002, 송철복 옮김, 『세계화와 그 불만』, 세종연구원.

스펜스, 조너던, 양희웅 옮김, 『신의 아들 홍수전과 태평천국』, 이산.

스피박, 가야트리 차크라보티 외, 2013, 태혜숙 옮김, 『서발턴은 말할 수 있는가』, 그린비.

쓰노 유킨도, 2003, 성삼경 옮김, 『소농: 누가 지구를 지켜왔는가』, 녹색평론사.

아감벤, 조르조, 2008, 박진우 옮김, 『호모 사케르』, 새물결.

_____, 2009, 김항 옮김, 『예외상태』, 새물결.

_____ 외, 2010, 김상운 등 옮김, 『민주주의는 죽었는가?: 새로운 논쟁을 위하여』, 난장.

아도르노, 테오도어, 막스 호르크하이머, 2001, 김유동 옮김, 『계몽의 변증법』, 문학과지성사.

아오키 오사무, 2017, 이민연 옮김, 『일본회의의 정체』, 율리시즈.

안종석, 2014, 「영국 산업혁명의 원인 논쟁에 대한 비판적 검토와 '대분기'의 재고찰」, 《사회와 역사》 103.

암스트롱, 카렌, 2010, 정영목 옮김, 『축의 시대: 종교의 탄생과 철학의 시작』, 교양인.

액젤, 애머, 2002, 신현용 · 승영조 옮김, 『무한의 신비: 수학, 철학, 종교의 만남』, 승산.

야마무로 신이치, 2010, 박동성 옮김, 『헌법9조의 사상수맥』, 동북아역사재단.

야스카와 주노스케, 2011, 이향철 옮김, 『후쿠자와 유키치의 동아시아 침략사상을 묻는다』, 역사비평사.

야코보니, 마르고, 2009, 김미선 옮김, 『미러링 피플』, 갤리온.

에임즈, 로저, 2017, 정병석 · 김대수 옮김, 『중국고대정치철학』, 영남대출판부.

엘리아스, 노베르트, 1996, 박미애 옮김, 『문명화과정』, 한길사.

엥겔스, 프리드리히, 1988, 박홍진 옮김, 『엥겔스의 독일혁명사 연구: 독일농민전쟁, 독일혁명과 반혁명』, 아침.

영, 마이클, 2020, 유강은 옮김, 『능력주의』, 이매진.

오도릭, 2012, 정수일 역주, 『오도릭의 동방기행』, 문학동네.

오로빈도 고슈, 2010, 김상준 옮김, 『유쾌한 감옥』, 사회평론.

오버도퍼, 돈, 2002, 이종길 옮김, 『두 개의 한국』, 길산.

오지영, 1979, 『동학사』, 아세아 문화사.

오현철, 2010, 「토의민주주의와 시민의회—브리티시 컬럼비아 사례를 중심으로」, 《시민사회와 NGO》 8(2).

와다 하루키, 1999, 서동만 옮김, 『한국전쟁』, 창작과비평사.

와쓰지 데쓰로, 2018, 서동은 옮김, 『인간과 풍토』, 필로소픽.

왕샤오광, 2010, 김갑수 옮김, 『민주사강』, 에버리치홀딩스.

요나하 준, 2013, 최종길 옮김, 『중국화하는 일본』, 페이퍼로드.

워드, 피터 · 브라운리, 도널드, 2006, 이창희 옮김, 『지구의 삶과 죽음』, 지식의 숲.

원톄쥔, 2013, 김진공 옮김, 『백년의 급진: 중국의 현대를 성찰하다』, 돌베개.

월러스틴, 이매뉴얼, 2005, 이광근 옮김, 『세계체제분석』, 당대.

월츠, 케네스, 2000, 박건영 옮김, 『국제정치이론』, 사회평론.

웨이드, 니콜라스, 2009, 이용주 옮김, 『종교유전자—진화심리학으로 본 종교의 기원과 진화』, 아카넷.

웰스, 스펜서, 2007, 채은진 옮김, 『인류의 조상을 찾아서』, 말글빛냄.

윌슨, 에드워드, 2013, 이한음 옮김, 『지구의 정복자』, 사이언스북스.

유영익, 1998, 『동학농민봉기와 갑오경장』, 일조각.

유용태 · 박진우 · 박태균, 2010, 『함께 읽는 동아시아 근현대사』 1, 2, 창비.

윤선자, 2015, 「1920년대 초반 김경천의 항일무장투쟁」, 《한국독립운동사연구》 52.

윤영인 외, 2010, 『외국학계의 정복왕조 연구 시각과 최근 동향』, 동북아역사재단.

이노우에 가쓰오, 2014, 「일본군 최초의 제노사이드 작전」, 『동학농민전쟁과 일본—또 하나의 청일전쟁』, 모시는 사람들.

이돈화, 1979, 『천도교창건사』, 아세아 문화사.

이삼성, 2018, 『한반도의 전쟁과 평화: 핵무장국가 북한과 세계의 선택』, 한길사.

이상희, 윤신영, 2015, 『인류의 기원』, 사이언스북스.

이시와라 겐지, 2015, 선정우 옮김, 『세계최종전쟁론』, 길찾기.

이영훈 외, 2019, 『반일 종족주의』, 미래H.

이완범, 2013, 『한반도 분할의 역사』, 한국학중앙연구원출판부.

이원재, 2019, 『소득의 미래』, 어크로스.

이철승, 2019, 『불평등의 세대』, 문학과지성사.

_____, 2021, 『쌀 재난 국가』, 문학과지성사.

이태진. 2000. 『고종시대의 재조명』, 태학사.

이헌창, 2010, 「총론」, 『조선후기 재정과 시장경제체제론의 접근』, 서울대학교 출판문화원.

이희철, 2012, 『문명의 교차로 터키의 오늘』, 문학과지성사.

잉햄, 제프리, 2011, 홍기빈 옮김, 『돈의 본성』, 삼천리.

정병준, 2006, 『한국전쟁: 38선 충돌과 전쟁의 형성』, 돌베개.

정세현, 2013, 『정세현의 통일토크: 남북 관계 현장 30년』, 서해문집.

정수일, 2012, 「역주자 해설」, 오도릭, 『오도릭의 동방기행』, 문학동네.

정이환, 2013, 『한국고용체제론』, 후마니타스.

조경달, 2008, 박맹수 옮김, 『이단의 민중반란』, 역사비평사.

조윤택, 2010, 「강화되는 중국 환경정책: 중국, 세계의 녹색산업 성장 주도: 정부 정책과 거대한 내수시장 바탕으로 성장 가속화」, 《CHINDIA Plus》 51.

조천호, 2019, 『파란하늘 빨간지구』, 동아시아.

존슨, 차머스, 2003, 이원태 · 김상우 옮김, 『블로우백』, 삼인.

줄리앙, 프랑수아, 2015, 이근세 옮김, 『전략: 고대 그리스에서 현대 중국까지』, 교유서가.

_____, 2009, 박희영 옮김, 『사물의 성향』, 한울.

지젝, 슬라보예, 2020, 강우성 옮김, 『팬데믹 패닉: 코로나19는 세계를 어떻게 뒤흔들었는가』, 북하우스.

초프라, 디팩 · 루돌프 탄지, 2017, 김보은 옮김, 『슈퍼유전자: 스스로를 진화시킨 선택과 경험의 기록』, 한문화.

최광은, 2011, 『모두에게 기본소득을: 21세기 지구를 뒤흔들 희망 프로젝트』, 박종철출판사.

최성환, 2012, 『문순득 표류연구』, 민속원.

최정운, 1999, 『오월의 사회과학』, 풀빛.

카우프만, 스튜어트, 2002, 국형태 옮김, 『혼돈의 가장자리: 자기조직화와 복잡성의 법칙을 찾아서』, 사이언스북스.

카치아파키스, 조지, 1999, 이재원 · 이종태 옮김, 『신좌파의 상상력—세계적 차원에서 본 1968』, 이후.

칼레츠키, 아나톨리, 2010, 위선주 옮김, 『자본주의 4.0』, 컬처앤스토리.

커즈와일, 레이, 2007, 김명남 옮김, 『특이점이 온다: 기술이 인간을 초월하는 순간』, 김영사.

케넌, 조지, 2012, 유강은 옮김, 『조지 캐넌의 미국외교 50년』, 가람기획.

케네, 프랑수와, 2014, 나정원 옮김, 『중국의 계몽군주정』, 엠애드.

콰먼, 데이비드, 2017, 강병철 옮김, 『인수공통 모든 전염병의 열쇠』, 꿈꿀자유.

크라우치, 콜린, 2008, 『포스트 민주주의: 민주주의 시대의 종말』, 이한 역, 미지북스.

클라스트르, 피에르, 2005, 홍성흡 옮김, 『국가에 대항하는 사회』, 이학사.

클라인, 나오미, 2008, 김소희 옮김, 『쇼크 독트린』, 살림Biz.

키벅, 마이클, 2016, 이효석 옮김, 『황인종의 탄생: 인종적 사유의 역사』, 현암사.

키신저, 헨리, 1979, 『백악관시절: 헨리 A 키신저 회고록』, 문화방송 · 경향신문.

킨, 존, 2017, 양현수 옮김, 『민주주의의 삶과 죽음』, 교양인.

킹, F.H., 2006, 곽민영 옮김, 『4천 년의 농부』, 들녘.

탭스코트, 돈, 앤서니 윌리엄스, 2009, 윤미나 옮김, 『위키노믹스』, 21세기북스.

토도로프, 츠베탕, 2012, 김지현 옮김, 『민주주의 내부의 적』, 반비.

토르쿠노프, 바실리에비치, 2003, 구종서 옮김, 『한국전쟁의 진실과 수수께끼: 김일성-스탈린-모택동 기밀문서』, 에디터.

토마셀로, 마이클, 2018, 유강은 옮김, 『도덕의 기원—영장류학자가 밝히는 도덕의 탄생과 진화』, 이데아.

_____, 2016, 이정원 옮김, 『생각의 기원—영장류학자가 밝히는 생각의 탄생과 진화』, 이데아.

토마스, 파토이어, 2014, 「부엔 비비르—'좋은 삶'과 자연의 권리」, 《녹색평론》 134.

토인비, 아놀드, 2007, 홍사중 옮김, 『역사의 연구』, 동서문화사.

토튼, 빌, 2013, 김종철 옮김, 『100% 돈이 세상을 살린다』, 녹색평론사.

툴민, 스티븐, 1997, 이종흠 옮김, 『코스모폴리스: 근대의 숨은 이야깃거리들』, 경남대학교출판부.

파르타넨, 아누, 2017, 노태복 옮김, 『우리는 미래에 조금 먼저 도착했습니다: 북유럽 사회가 행복한 개인을 키우는 방법』, 원더박스.

파버, 라하르트, 에어하르트 슈텔링 (외), 2008, 정병기 옮김, 『상상력에 권력을? 1968 혁명의 평가』, 메이데이.

판 레이부라우크, 다비트, 2016, 양영란 옮김, 『국민을 위한 선거는 없다』, 갈라파고스.

판 파레이스, 필리프 · 야니크 판데로보호트, 2020, 홍기빈 옮김, 『21세기 기본소득』, 흐름출판.

퍼듀, 피터, 2012, 공원국 옮김, 『중국의 서진』, 도서출판 길.

폴라니, 칼, 1983, 박현수 옮김, 『사람의 살림살이 I』, 민음사.

_____, 2009[1944], 홍기빈 옮김, 『거대한 전환』, 도서출판 길.

프랜시스, 리처드, 2013, 김명남 옮김, 『쉽게 쓴 후성유전학: 21세기를 바꿀 새로운 유전학을 만나다』, 시공사.

프레이저, 로널드, 2002, 안효상 옮김, 『1968년의 목소리—불가능한 것을 요구하라』, 박종철출판사.

프로이트, 지그문트, 1997, 박찬부 옮김, 『쾌락원칙을 넘어서』, 열린책들.

프리고진, 일리야, 1997, 이덕환 옮김, 『확실성의 종말: 시간, 카오스, 그리고 자연법칙』, 사이언스북스.

프리드먼, 토머스, 2006, 최정임 · 이윤섭 옮김, 『세계는 평평하다』, 창해.

피케티, 토마, 2020, 안준범 옮김, 『자본과 이데올로기』, 문학동네.

필스베리, 마이클, 2016, 한정은 옮김, 『백년의 마라톤』, 영림카디널.

핑커, 스티븐, 2014, 김명남 옮김, 『우리 본성의 착한 천사: 인간은 폭력성과 어떻게 싸워왔는가』, 사이언스북스.

하라 아키라, 2014, 김연옥 옮김, 『청일 · 러일전쟁 어떻게 볼 것인가』, 살림.

하라리, 유발, 2017, 김명주 옮김, 『호모데우스』, 김영사.

하먼, 크리스, 2004, 이수현 옮김, 『세계를 뒤흔든 1968』, 책갈피.

하멜, 헨드릭, 2014, 김태진 옮김, 『하멜표류기』, 서해문집.

하야미 아키라, 2006, 조성원 · 정안기 옮김, 『근세 일본의 경제발전과 근면혁명: 역사인구학으로 본 산업혁명 vs 근면혁명』, 혜안.

하이데거, 마르틴, 1998, 이기상 옮김, 『존재와 시간』, 까치.

하토야마 유키오, 2019, 김화영 옮김, 『탈대일본주의』, 중앙books.

해밀턴, 클라이브, 2018, 정서진 옮김, 『인류세』, 이상북스.

호르크하이머, 막스, 2006, 박구용 옮김, 『도구적 이성 비판』, 문예출판사.

호컨, 폴 외, 2019, 이현수 옮김, 『플랜드로다운』, 글항아리.

황석영 · 이재의 · 전용호, 2017, 『죽음을 넘어 시대의 어둠을 넘어: 광주 5월 민중항쟁의 기록』(전면개정판), 창비.

황정아, 2020, 「팬데믹 시대의 민주주의와 '한국모델'」, 《창작과비평》, 189(48권 3호).

황태연, 2015, 『감정과 공감의 해석학 1, 2』, 청계.

_____, 2017, 『갑오왜란과 아관망명』, 청계.

_____, 2021, 『유교적 근대의 일반이론』, 넥센미디어.

히가시 다이사쿠, 2018, 서각수 옮김, 『적과의 대화: 1997년 하노이, 미국과 베트남의 3박 4일』, 원더박스.

히로후미, 우자와, 2008, 이병천 옮김, 『사회적 공통자본: 진보적 공공경제학의 모색』, 필맥.

Agamben, Giorgio, 2020, "The Invention of an Epidemic", "Clarifications", in https://www.journal-psychoanalysis.eu/coronavirus-and-philosophers/

Allen, Robert, 2009, *The British Industrial Revolution in Global Perspective*, Cambridge: Cambridge University Press.

Armstrong, Charles, 2013, *Tyranny of the Weak: North Korea and the World, 1550~1992*, Ithaca: Cornell University Press.

Armstrong, Karen, 2006, *The Great Transformation. The World in the Time of Buddah, Socrates, Confucius and Jeremiah*, London: Atlantic Books.

Arrighi, Giovanni, 2007, *Adam Smith in Beijing*, London: Verso.

Bauman, Zygmunt, 2000, *Liquid Modernity*, Cambridge: Polity Press.

Beck, Ulrich, 1992, *Risk Society: Toward a New Modernity*, London: Sage Publications.

Beckwith, Christopher, 2009, *Empires of the Silk Road*, Princeton: Princeton University Press.

Bellah, Robert, 2011, *Religion in Human Evolution: From the Paleolithic to the Axial Age*, Cambridge: Harvard University Press.

Boehm, Christopher, 1999, *Hierarchy in the Forest: The Evolution of Egalitarianism*, Cambridge: Harvard University Press.

_____, 2012, *Moral Origins: The Evolution of Virtue, Altruism, and Shame*, New York: Basic Books.

Carr, E.H. 1946, *The Twenty Years' Crisis. 1919-1939: An Introduction to the Study of International Relations*, (revised edition), London: Macmillan.

Chen, Agnes Fang-chih, 1949, "Chinese Frontier Diplomacy: Kiakhta Boundary Treaties and Agreements," *Yenching Journal of Social Studies* IV.

Chen, Yanchun, 2016, "Green technology innovation and energy intensity in China", *Natural Hazards* 84(S1).

Crowley, Roger, 2015, *Conquerors: How Portugal Forged the First Global Empire*, London: Faber & Faber.

Cummings, Bruce, 1981, *The Origins of the Korean War: Liberation and the Emergence of Separate Regimes: 1945~1947*, Princeton: Princeton University Press.

Defoe, Daniel, 2008, *The Farther Adventures of Robinson Crusoe*, ed. W. R. Owens, vol.2 of *The Novels of Daniel Defoe*, London: Pickering & Chatto.

De Waal, Frans, 1996, *Good Natured*, Cambridge: Harvard University Press.

＿＿, 2009, *The Age of Empathy*, New York: Three Rivers Press.

＿＿, 2013, *The Bonobo and the Atheist*, New York: Norton & Company.

＿＿ (ed.), 2014, *Evolved Morality: The Biology and Philosophy of Human Conscience*, Boston, MA: Brill, 2014.

Di Cosmo, Nicola, 1999, "State Formation and Periodzation in Inner Asian History", *Journal of World History* 10(1).

Drache, Daniel, A.T. Kingsmith and Duan Qi, 2019, *One Road, Many Dreams: China's Bold Plan to Remake the Global Economy*, London: Bloomsbury Publishing.

Duara, Prasenjit, 2015, *The Crisis of Global Modernity: Asian Traditions and a Sustainable Future*, Cambridge: Cambridge University Press.

Dunn, Oliver and James Kelly, 1989, *The Diario of Christopher Columbus's First Voyage to America 1492~1493*, Norman, OK: University of Oklahoma Press.

Dyre, Gwynne, 2010, *Climate Wars: The Fight for Survival as the World Overheats*, Oxford: Oneworld.

Eisenstadt, Shmuel (ed.), 1986, *The Origins and Diversity of Axial Age Civilizations*, Albany: State University of New York Press.

Elias, Nobert, 1994[1939], *The Civilizing Process*, Oxford: Blackwell.

Falkenhausen, Lothar, 2006, *Chinese Society in the Age of Confucius(1000~250 BC), The Archaeological Evidence*, LA: Cotsen Institute of Archaeology, University of California.

Ferguson, Niall, 2002, *Empire: The Rise and Demise of the British World Order and the Lessons for Global Power*, New York: Basic Books.

Finley, Moses, 1973, *Democracy Ancient and New*, New Brunswick: Rutgers University Press.

Fishkin, James, Baogang He, Robert Luskin and Alice Siu, 2010, "Deliberative Democracy in an Unlikely Place: Deliberative Polling in China", *British Journal of Political Science* 40(2).

Foucault, Michel, 1988[1961], *Madness and Civilization: A History of Insanity in the Age of Reasons*, New York: Vintage.

＿＿, 1979[1975], *Discipline and Punish: The Birth of the Prison*, New York: Vintage

Books.

    , 1990[1976], *The History of Sexuality*, New York: Vintage.

Frank, Andre Gunder, 1998, *ReOrient*, Berkeley: University of California Press.

Frankopan, Peter, 2018, *The New Silk Roads*, London: Bloomsbury Publishing.

Fukuyama, Francis, 1992, *The End of History and the Last Man*, New York: Maxwell Macmillan International.

    , 2011, *The Origins of Political Order*, New York: Farrar, Straus and Giroux.

Fung, Archon, E.O. Wright et al, 2003, *Deepening Democracy*, New York: Verso.

Ghiselin, Michael, 1974, *The Economy of Nature and the Evolution of Sex*, Berkeley: University of California Press.

Giddens, Anthony, 2000, *The Third Way and Its Critics*, Cambridge: Polity Press.

Goffman, Erving, 1963, *Stigma: Notes on the Management of Spoiled Identity*, New York: A Touchstone Book.

    , 1976, *Asylums: Essays on the Social Situation of Mental Patients and other Inmates*, New York: Penguin Books.

Gorz, Andre, 1989, *Critique of Economic Reason*, London: Verso.

Graeber, David, 2011, *Debt: The First 5,000 Years*, New York: Melville House Printing.

Haidt, Jonathan, 2001, "The Emotional Dog and Its Rational Tail", *Psychological Review* 108(4).

Hamilton, Gary, 2006, *Commerce and Capitalism in Chinese Societies*, London: Routledge.

Hansen, Mogens, 1991, *The Athenian Democracy in the Age of Demosthenes*, Oxford: Basil Blackwell.

Hartz, Louis, 1955, *The Liberal tradition in America: an interpretation of American political thought since the Revolution*, New York: Harcourt, Brace.

Hay, Douglas [et al.], 2011, *Albion's fatal tree: crime and society in eighteenth-century England*, London: Verso.

Hayami, A, and Y. Tsubouchi ed., 1990, *Economic and Demographic Development in Rice Producing Societies*, Leuven, Belgium: Leuven University Press.

Harvey, David, 2005, *A Brief History of Neoliberalism*, Oxford: Oxford University Press.

Hegel, G.W.F. 1967, *Hegel's Philosophy of Right*, London: Oxford University Press.

    , 1956, *The Philosophy of History*, New York: Dover Publications.

Heller, Patrick, K.N. Harilal and Shubham Caudhuri, 2007, "Building Local Democracy: Evaluating the Impact of Decentralization in Kerala, India", *World Development*

35(4).

Herodotus, 2014, translated by Tom Holand, *The Histories*, New York: Viking.

Hill, Christopher, 1972, *The World turned upside down : radical ideas during the English revolution*, London: Temple Smith.

Hobsbawm, Eric, 1994, *The Age of Extremes A History of the World 1914-1991*, New York: Vintage Books.

Homer, 1996, translated by Robert Fagles, *The Odyssey*, New York and London: Penguin Books.

Hsu, Cho-yun, 1965, *Ancient China in Transition*, Stanford: Stanford University Press.

Hung, Ho-fung, 2008, "Agricultural Revolution and Elite Reproduction in Qing China: The Transition to Capitalism Debate Revisited", *American Sociological Review* 73.

Huntington, Samuel, 1996, *The Clash of Civilizations and the Remaking of World Order*, New York: Simon &Schuster.

Israel, Jonathan, 2001, *Radical Enlightenment*, Oxford: Oxford University Press.

_____, 2006, *Enlightenment Contested*, Oxford: Oxford University Press.

_____, 2011, *Democratic Enlightenment*, Oxford: Oxford University Press.

_____, 2019, *Enlightenment That Failed*, Oxford: Oxford University Press.

Jacobsen, Thorkild, 1943, "Primitive Democracy in Ancient Mesopotamia", *Journal of Near Eastern Studies* 2.

Jaspers, Karl. 1953[1949]. *The Origin and Goal of History*. London: Routledge & Kegan Paul.

Johnson, Chalmers, 1982, *MITI and the Japanese miracle: the growth of industrial policy, 1925-1975*, Stanford: Stanford University Press.

Johnson, Simon, 2009, "The Quiet Coup", *Atlantic Monthly*, May 2009.

Kant, Immanuel, 1991, *Political Writings*, Cambridge: Cambridge University Press.

Kean, John, 2009, *The Life and Death of Democracy*, New York: Norton.

Keeley, Laurence, 1999, *War Before Civilization: The Myth of the Peaceful Savage*, New York: Oxford University Press.

Kim, SangJun. 2000. *Inventing Moralpolitik: A Sociological Interpretation of Confucian Ideology, Ritual, and Politics*. Ph.D. dissertation, Columbia University.

Kipnis, Andrew, 2007, "Neoliberalism Reified: Suzhi Discourse and Tropes of Neoliberalism in the People's Republic of China", *The Journal of the Royal Anthropological Institute* 13(2).

Khanna, Parag, 2019, *The Future is Asian*, London: W&N.

Lattimore, Owen, 1962, *Studies in Frontier History*, London: Oxford University Press.

Lieberman, Victor, 2003, *Strange Parallels: Southeast Asia in Global Context c, 800-1830*, Cambridge: Cambridge University Press.

Mackinder, Halford, 1942[1919], *Democratic Ideals and Reality: A Study in Politics of Reconstruction*, Washington D.C.: National Defence University.

_____, 1904, "The geographical pivot of history", *The Geographical Journal* 23.

MacLaughlin, Elizabeth, 1974, *Ruskin and Gandhi*, Lewisburg: Bucknell University Press.

Maddison, Angus, 2007, *Contours of the world economy, 1-2030 AD: essays in macroeconomic history*, Oxford: Oxford University Press.

Mahan, Alfred, 1987[1890], *The Influence of Sea Power Upon History*, New York: Dover Publications.

Malanima, Paolo, 2009, *Premodern European Economy*, London: Brill.

McKay, Ailsa, 2001, "Rethinking Work and Income Maintenance Policy: Promoting Gender Equality Through a Citizens' Basic Income", *Feminist Economics* (1).

McNeill, William, 1982, *The Pursuit of Power: Technology, Armed Force and Society since A.D. 1000*, Chicago: University of Chicago Press.

_____, 1995, "The Rise of the West after Twenty–Five Years", Stephen Sanderson ed, *Civilizations and World Systems*, London: Altamira Press.

Meadows, Donella, Dennis Meadows, Joergen Randers, and William Behrens III, 1972, *The Limits to Growth: A Report for the club of Rome's Project on the Predicament of Mankind*, New York: Universe Press.

Mearsheimer, John, 2006, "China's Unpeaceful Rise", *Current History* 105(690).

_____, 2001, *The Tragedy of Great Power Politics*, New York: W.W. Norton.

_____, 2014, *The Tragedy of Great Power Politics*, (updated version), New York: Norton & Company.

Min, Eun Kyung, 2018, *China and the Writing of English literary Modernity, 1690~1770*, Cambridge: Cambridge University Press.

Moore, Jason, 2016, "The Rise of Cheap Nature", in Jason Moore ed. *Anthropocene or Capitalsocene?*, Oakland, LA.: Kairos.

_____, 2015, *Capitalism in the Web of Life*, London and New York: Verso.

Mosse, George, 1978, *Toward the Final Solution, A History of European Racism*, New York: Howard Fetig.

NIC, 2012, *Global Trends 2030: Alternative Worlds*, www.dni.gov/nic/globaltrends.

Parker, Charles, 2010, *Global Interactions in the Early Modern Age, 1400-1800*, Cambridge: Cambridge University Press.

Parker, Geoffrey, 1996, *The Military Revolution. 1500-1800: Military Innovation and the Rise of the West*, Cambridge: Cambridge University Press.

Petras, James, Henry Veltmeyer, 2011, *Social movements in Latin America: Neoliberalism and Popular Resistance*, New York: Palgrave Macmillan.

Piketty, Thomas, 2014, *Capital in the 21st Century*, Cambridge, MA: The Belknap Press.

Pinker, Steven, 2018, *Enlightenment Now: The Case for Reason, Science, Humanism, and Progress*, New York: Viking.

Pomeranz, 2000, *Great Divergence*, Princeton: Princeton University Press.

Rawls, John, 1971, *A Theory of Justice*, Cambridge: Harvard University Press.

Reid, Anthony, 1988, *Southeast Asia in the Age of Commerce, 1450~1680*, New Heaven: Yale University Press.

Rizzolatti, Giacomo, et.al., 1996, "Premotor cortex and the recognition of motor actions", *Cognitive Brain Research 3*.

Roberts, Michael, 1956, *The Military Revolution. 1560-1660*, Belfast: The Queen's University of Belfast.

Rofel, Lisa, 2007, *Desiring China: Experiments in Neoliberalism, Sexuality, and Public Culture*, Durham: Duke University Press.

Rowe, Jonathon, 2013, *Our Common Wealth*, San Francisco: Berret—Koehler.

Schmitt, Carl, 1985, *Political Theology: Four Chapters on the Concept of Sovereignty*, Cambridge: The MIT Press.

Schumacher, Ernst, 1973, *Small is Beautiful: A Study of Economics as if People Mattered*, London: Blond and Briggs.

Tambiah, Stanley, 1976, *World Conqueror and World Renouncer: A Study of Buddhism and Polity in Thailand against a Historical Background*, Cambridge: Cambridge University Press.

Tilly, Charles, 1992, *Coercion, Capital, and European States AD 990-1992*, New York: Blackwell Publishers.

Toynbee, Arnold, 1934—1961, *A Study of History I-XII*, Oxford: Oxford University Press.

van Parijs, Pilippe ed., 1992, *Arguing for Basic Income: Ethical Foundation for a Radical Reform*, New York: Verso.

Wagner, Edward Willett, 1974, *The literati purges: political conflict in early Yi Korea*, Harvard East Asian monographs, East Asian Research Center.

Wallace—Wells, David, 2019, *The Uninhabitable Earth*, New York: Penguin Books.

Wang Juntao, 2003, "Confucian Democrats in Chinese History", *Confucianism for the Modern World*, ed. by Daniel Bell and Hahm Chaibong, Cambridge: Cambridge University Press.

Weathersby, Kathlyn, 1995, "New Russian Archival Materials, Old and American Debates, and the Korean War", *Problems of Post-Communism*, 42(5).

Weber, Max, 1958, "Author's Introduction", *The Protestant Ethic and the Spirit of Capitalism*, New York: Scribners.

Weststeijn, Thijs, 2007, "Spinoza sinicus: An Asian Paragraph in the History of the Radical Enlightenment", in *Journal of History of Ideas* 64(4).

Will, Pierre—Etienne, Richard Bind Wong, 1991, *Nourish the People: The State Civilian Granary System in China 1650~1850*, Ann Arbor: University of Michigan Press.

Winchester, Simon, 2015, *Pacific*, New York: Harper Collins.

Wong, Bin, 1999, *China Transformed*, Ithaca: Cornell University Press.

Wrigley E.A., 2010, *Energy and the English Industrial Revolution*, Cambridge: Cambridge University Press.

찾아보기

붕새의 날개 문명의 진로

팽창문명에서 내장문명으로

1판 1쇄 펴냄 | 2021년 4월 16일
1판 4쇄 펴냄 | 2022년 11월 9일

지은이 | 김상준
펴낸이 | 김정호

책임편집 | 박수용

펴낸곳 | 아카넷
출판등록 | 2000년 1월 24일(제406-2000-000012호)
주소 | 10881 경기도 파주시 회동길 445-3
전화 | 031-955-9511(편집) · 031-955-9514(주문)
팩시밀리 | 031-955-9519
www.acanet.co.kr

Printed in Paju, Korea.

ISBN 978-89-5733-729-5 93300

이 저서는 2016년 정부(교육부)의 재원으로
한국연구재단의 지원을 받아 수행된 연구임
(NRF-2016S1A6A4A01020426)

맹자의 땀 성왕의 피

중층근대와 동아시아 유교문명

김상준 지음

동아시아 유교문명은
지구적 문명 재편에 주도적 역할을 할 수 있는가?

미지의 민주주의

신자유주의 이후의 사회를 구상하다

김상준 지음

2016년 촛불혁명이 되살린
시민의회론을 최초로 제안하다.

코리아 양국체제

촛불을 평화적 혁명으로 완성하는 길

김상준 지음

한조(韓朝) 수교를 통해
남북의 내전적 적대를 풀어라.